Wenhua Rujian

规章制度管理规范篇

文化汝检

GUIZHANG ZHIDU GUANLI GUIFAN

河南省汝州市人民检察院 / 编

刘新义 / 主编

中国检察出版社

图书在版编目（CIP）数据

文化汝检．规章制度管理规范篇／刘新义主编．—北京：中国检察出版社，2016.11

ISBN 978 - 7 - 5102 - 1715 - 9

Ⅰ.①文… Ⅱ.①刘… Ⅲ.①检察机关 - 工作 - 汝州 - 文集②检察机关 - 规章制度 - 汝州 Ⅳ.①D926.32 - 53

中国版本图书馆 CIP 数据核字（2016）第 263934 号

文化汝检．规章制度管理规范篇

刘新义　主编

社　　址：北京市石景山区香山南路 111 号 （100144）

网　　址：中国检察出版社 （www.zgjccbs.com）

编辑电话：(010)88960622

印　　刷：河南盛华印务有限公司

开　　本：710 mm × 960 mm　16 开

印　　张：33.5

字　　数：443 千字

版　　次：2016 年 11 月第一版　　2016 年 11 月第一次印刷

书　　号：ISBN 978 - 7 - 5102 - 1715 - 9

定　　价：113.00 元

《文化汝检》编纂委员会

主　　编：刘新义

副 主 编：张现周　魏二广　马聚法　雷红东

　　　　　张延斌　顾武修

执行编辑：宋振中

编　　辑：陈冬伟　吴迎利　黄飞豹　陈媛媛

序　言　一

检察文化建设是检察工作的有机组成部分,是检察事业发展的精神支撑和力量源泉。检察文化在凝聚人心、激励斗志、规范行为、陶冶情操、营造氛围、树立形象等方面具有不可替代的重要作用。

当前,在进入全面建成小康社会的决胜阶段,在深入推进"五位一体"总体布局和"四个全面"战略布局,落实创新、协调、绿色、开放、共享发展新理念,主动适应经济发展新常态的新形势下,检察机关面临着全面深化司法体制改革和检察改革的发展机遇,肩负着全面提升检察工作能力水平,深入推进平安建设、法治建设,为全面建成小康社会,实现中华民族伟大复兴的中国梦创造良好法治环境的历史重任。检察机关只有重视和加强检察文化建设,依靠检察文化的引领和熏陶,激发广大检察干警的责任感、使命感、紧迫感,才能为检察工作科学发展凝神聚力。

近年来,汝州市检察院认真贯彻党的十八大、十八届三中、四中、五中全会精神,按照"文化育检、文化兴检、文化强检"的总体思路和部署,把提升检察人员综合素质能力,提高检察管理水平作为切入点和着力点,以凝聚精神为根基,完善机制为支撑,涵养文化为目标,致力于打造"文化汝检",使检察文化在建设高素质队伍、规范文明司法中发挥潜移默化、润物无声的原动力作用,有效提升了队伍建设水平,促进了各项检察工作的深入开展。

为进一步加强检察文化建设,充分发挥检察文化的凝聚力、推动力、辐射力,汝州市检察院编印了《文化汝检》十二篇章,这对于全面提升检察干警的政治素质、业务素质和职业道德素质,促使检察干警保持高昂的工作热情和奋发进取的精神状态,保证检察工作持续健康发展具有积极地推动作用。《文化汝检》十二篇章是汝州市检察院加强检察文化建设的经验总结,是创建学习型检察院的有力载体,要珍惜和运用好这个载体,弘杨和学习好相关经验,充分发挥十二篇章在提升检察干警的思想境界、职业良知和廉洁自律意识等方面的作用。

检察工作的健康发展离不开高素质的检察队伍,打造一支忠诚可靠、执法为民、务实进取、公正廉洁的检察队伍离不开先进检察文化的引领和凝聚,只有把检察文化与检察工作紧密结合,才能在执法办案中真正做到"理性、平和、文明、规范"。检察文化建设任重道远。期待汝州市检察院在已有工作成绩的基础上,积极探索和创新检察文化建设的新思路、新方法,以文育检、以文兴检、以文强检,为检察事业创新发展增添多彩篇章!

2016 年 8 月

序 言 二

　　检察文化建设的核心任务是凝聚力量、提升素质、推动工作。近年来,汝州市检察院认真贯彻党的十八大和十八届三中、四中、五中、六中全会精神,按照上级院"文化育检、文化兴检、文化强检"的总体思路和部署,把提升检察人员综合素质能力,提高检察机关管理水平作为切入点和着力点,积极推进检察文化建设,为检察工作发展提供了有力的思想保证、精神动力和智力支持。

　　2016 年是"十三五"开局之年,也是司法体制改革全面推进之年和攻坚之年,检察机关要有新担当、新作为,检察工作更需要强有力的检察文化支撑和检察文化传播。汝州市检察院编印的《文化汝检》十二篇章,不仅符合新时代检察工作主题,而且对于全面提升检察干警的政治素质、业务素质和职业素质,促使检察干警保持奋发进取的精神状态,保证检察工作持续健康发展等方面都具有积极地推动作用。

　　篇章中的《规章制度管理规范篇》,体现了立规矩、守规矩的制度文化。要让制度这个"软实力"对检察人员的行为形成"硬约束",必须突出抓好制度落实,只有制度被自觉遵守并内化于心、外践于行,制度文化建设才算真正见到成效。当前,要通过案件管理、检务督察、检务督办等手段狠抓制度落实,使制度权威得到进一步确立,使干警行为得到进一步规范,使按规矩办事成为检察机关的新常态。

　　《先进集体篇》《先进人物篇》《工作创新篇》《工作思路·工作报告篇》以及

《镜鉴》《当代刑事错案沉思篇》等篇章,注重运用身边人、身边事去打动人、感染人,运用反面典型案例去警示教育人,运用先进人物、先进事迹去鼓舞士气,运用争先创优机制激营造比学赶帮的良好氛围,从而引导检察干警在依法履职中展现自身的优秀品质、过硬素质、人格修养,在司法办案中传递检察文化建设形成的理念、风范和形象,推动检察文化建设落地生根、开花结果。

《文化汝检》十二篇章是汝州市检察院加强检察文化建设的一个有效载体,是创建学习型检察院的一项有力措施。要运用好这个载体,落实好这项措施,通过多种方式组织全院干警学习篇章、运用篇章,切实发挥十二篇章在提升检察干警思想境界、职业良知和廉洁自律意识等方面的积极作用。

检察文化建设永远在路上。要把检察文化建设融入贯彻落实创新、协调、绿色、开放、共享五大发展理念,全面提升检察工作水平之中,融入为"十三五"时期经济社会发展提供有力司法保障的总体部署之中,一年一个抓手、一步一个脚印地推进,通过富有特色、寓教于乐的多种检察文化活动,夯实检察文化基础、打造检察文化品牌,让检察文化为检察事业持续、健康、协调发展提供源源不竭的强劲动力。

刘海奎

2016 年 8 月

目　录

CONTENTS ▶ ⅼⅼⅼⅼⅼⅼⅼⅼⅼⅼⅼⅼⅼⅼⅼⅼⅼⅼⅼⅼⅼⅼⅼⅼⅼⅼⅼ

第一编　检察队伍管理规范

第二编　检察业务工作规范

第三编　检察事务工作及其他规范

第一编

检察队伍管理规范

第一章
上级队伍建设管理规定

中共中央关于改进工作作风、
密切联系群众的八项规定

（2012 年 12 月 4 日，中共中央政治局会议审议通过）

一、要改进调查研究，到基层调研要深入了解真实情况，总结经验、研究问题、解决困难、指导工作，向群众学习、向实践学习，多同群众座谈，多同干部谈心，多商量讨论，多解剖典型，多到困难和矛盾集中、群众意见多的地方去，切忌走过场、搞形式主义；要轻车简从、减少陪同、简化接待，不张贴悬挂标语横幅，不安排群众迎送，不铺设迎宾地毯，不摆放花草，不安排宴请。

二、要精简会议活动，切实改进会风，严格控制以中央名义召开的各类全国性会议和举行的重大活动，不开泛泛部署工作和提要求的会，未经中央批准一律不出席各类剪彩、奠基活动和庆祝会、纪念会、表彰会、博览会、研讨会及各类论坛；提高会议实效，开短会、讲短话，力戒空话、套话。

三、要精简文件简报，切实改进文风，没有实质内容、可发可不发的文件、简报一律不发。

四、要规范出访活动，从外交工作大局需要出发合理安排出访活动，严格控制出访随行人员，严格按照规定乘坐交通工具，一般不安排中资机构、华侨华人、留学生代表等到机场迎送。

五、要改进警卫工作，坚持有利于联系群众的原则，减少交通管制，一般情况下不得封路、不清场闭馆。

六、要改进新闻报道,中央政治局同志出席会议和活动应根据工作需要、新闻价值、社会效果决定是否报道,进一步压缩报道的数量、字数、时长。

七、要严格文稿发表,除中央统一安排外,个人不公开出版著作、讲话单行本,不发贺信、贺电,不题词、题字。

八、要厉行勤俭节约,严格遵守廉洁从政有关规定,严格执行住房、车辆配备等有关工作和生活待遇的规定。

中共中央办公厅印发中央纪委、中央组织部《关于对党员领导干部进行诫勉谈话和函询的暂行办法》《关于党员领导干部述职述廉的暂行规定》的通知

（2005 年 12 月 19 日 中办发〔2005〕30 号）

各省、自治区、直辖市党委，中央各部委，国家机关各部委党组（党委），解放军各总部、各大单位党委，各人民团体党组：

中央纪委、中央组织部《关于对党员领导干部进行诫勉谈话和函询的暂行办法》、《关于党员领导干部述职述廉的暂行规定》已经中央同意，现印发给你们，请结合实际情况，认真遵照执行。

中共中央办公厅

2005 年 12 月 19 日

关于对党员领导干部进行诫勉谈话
和函询的暂行办法

第一条 为加强和改进对党员领导干部的日常教育和管理,根据《中国共产党党内监督条例(试行)》,制定本办法。

第二条 根据党委(党组)要求,纪律检查机关和组织(人事)部门按照干部管理权限,对党员领导干部进行诫勉谈话和函询。

对下一级领导班子成员,根据具体情况,也可以委托其所在党委(党组)的主要负责人进行诫勉谈话。

第三条 党员领导干部有下列情况之一的,应当对其进行诫勉谈话:

(一)不能严格遵守党的政治纪律,贯彻落实党的路线方针政策和上级党组织决议、决定以及工作部署不力;

(二)不认真执行民主集中制,作风专断,或者在领导班子中闹无原则纠纷;

(三)不认真履行职责,给工作造成一定损失;

(四)搞华而不实和脱离实际的"形象工程"、"政绩工程",铺张浪费,造成不良影响;

(五)不严格执行《党政领导干部选拔任用工作条例》,用人失察失误;

(六)不严格执行廉洁自律规定,造成不良影响;

(七)其他需要进行诫勉谈话的情况。

第四条 诫勉谈话时,应当向谈话对象说明谈话原因,认真听取其对有关问题的解释和说明,指出需要注意的问题,并要求其提出改正措施。

第五条 纪律检查机关和组织(人事)部门应当采取适当方式,对诫勉谈话对象存在的主要问题的改正情况进行了解。

对于没有改正或者改正不明显的,应当根据党委(党组)的意见,予以批评教育并督促改正,或者作出组织处理。

第六条 纪律检查机关和组织(人事)部门针对群众反映的党员领导干部政治思想、道德品质、廉政勤政、选人用人等方面的问题,也可以用书面形式对被反映的党员领导干部进行函询。

第七条 党员领导干部在收到函询的十五个工作日内,应当实事求是地作出书面回复。

如有特殊情况不能如期回复的,应当在规定期限内说明理由。

对函询问题未讲清楚的,可再次对其进行函询或者采取其他方式进行了解。

对无故不回复的,应当责令其尽快回复。

第八条 对党员领导干部进行诫勉谈话和函询,要严格履行审批程序。

一般应当按照干部管理权限,由纪律检查机关或者组织(人事)部门的有关单位提出意见,报本机关或者本部门领导批准。

第九条 党员领导干部接受组织诫勉谈话和函询,要如实回答问题,不得隐瞒、编造、歪曲事实和回避问题,不得无故不回复组织函询,不得对反映问题的人进行追查,更不得打击报复。

对违反者,应当进行批评教育,情节严重的给予组织处理或者纪律处分。

第十条 党员领导干部的诫勉谈话记录(需经本人核实)和回复组织函询的材料,由进行诫勉谈话和函询的机关或者部门留存。

第十一条 有关工作人员对党员领导干部进行的诫勉谈话和函询内容要严格保密。

对失密、泄密者,按照有关规定处理。

第十二条 非中共党员领导干部,需要进行诫勉谈话和函询的,适用本办法。

第十三条 中国人民解放军和中国人民武装警察部队关于对党员领导干部进行诫勉谈话和函询的办法,由解放军总政治部参照本办法制定。

第十四条 本办法由中央组织部商中央纪委解释。

第十五条 本办法自发布之日起施行。

关于党员领导干部述职述廉的暂行规定

第一条 为加强对党员领导干部的管理和监督,根据《中国共产党党内监督条例(试行)》,制定本规定。

第二条 本规定适用于中央各部门的领导班子成员,全国人大常委会、国务院、全国政协工作部门的党组(党委)成员,最高人民法院、最高人民检察院党组成员;地方各级党委、纪委及党委工作部门的领导班子成员,人大常委会、政府、政协、人民法院、人民检察院及政府工作部门的党组(党委)成员;县级以上党委、政府派出机关、直属机构、办事机构、直属事业单位和工会、共青团、妇联等人民团体的领导班子中的党员干部。相当于上述级别的党组(党委)的领导班子成员。

上述单位中的非中共党员领导干部,适用本规定。

第三条 党委(党组)负责本地区本单位党员领导干部述职述廉工作的组织实施。

第四条 述职述廉的主要内容是:学习贯彻邓小平理论、"三个代表"重要思想、科学发展观和党的路线方针政策情况,执行民主集中制情况,履行岗位职责和党风廉政建设责任情况,遵守廉洁从政规定情况,存在的突出问题和改正措施,其他需要说明的情况。

第五条 述职述廉分别在届中和换届前一年结合领导班子民主生活会进行。没有届期的领导班子参照有届期的执行。

各地区各部门可以从实际出发,适当扩大参加述职述廉会议的人员范围。

第六条 在述职述廉前,党委(党组)要广泛征求干部群众对领导班子成员的意见,并由主要负责人如实反馈给本人。

对领导班子主要负责人的意见,由上一级纪律检查机关和组织(人事)部门反馈。

领导干部本人也要通过谈心等形式，充分听取意见。

第七条 党委(党组)于本地区本单位的述职述廉工作结束后一个月内，将述职述廉工作总结报上一级党委(党组)，并分别抄送上一级纪律检查机关和组织(人事)部门。

第八条 纪律检查机关和组织(人事)部门要加强对下一级领导班子开展述职述廉工作的督促指导。

要派人参加述职述廉会议，了解有关情况；述职述廉后，结合当年的年度考核组织民主评议或民主测评。

发现领导干部在述职述廉中隐瞒、回避重要问题，以及对存在的突出问题不认真改正的，根据党委(党组)意见，对其进行诫勉谈话，情节严重的给予组织处理。

第九条 在地方党委、政府领导班子中担任两个以上领导职务的党员干部，应当分别在任职的领导班子的民主生活会上述职述廉。

在县级以上党委、政府工作部门领导班子中担任两个以上领导职务的党员干部，可以在任主要领导职务的领导班子的民主生活会上述职述廉。

第十条 基层党委、纪委，党总支、党支部负责人的述职述廉工作，由省、自治区、直辖市纪委、党委组织部根据《中国共产党党内监督条例(试行)》和本规定，结合本地实际情况，制定实施办法。

第十一条 中国人民解放军和中国人民武装警察部队的党员领导干部述职述廉的规定，由解放军总政治部参照本规定制定。

第十二条 本规定由中央组织部商中央纪委解释。

第十三条 本规定自发布之日起施行。

检察机关办理案件
必须严格执行的六条规定

（2001 年 4 月 9 日最高人民检察院
第九届检察委员会第八十五次会议通过）

一、举报线索必须统一管理，个人不得私自处理，更不得瞒案不报、压案不查。

二、立案必须严格执行法定的案件管辖、立案条件和程序；撤销案件，必须严格审批手续，不得违反规定立案、撤案。

三、审查逮捕必须严格依法进行，对于有证据证明有犯罪事实，符合逮捕条件的，应当依法批准或者决定逮捕，坚决防止该捕不捕、打击不力；公安机关认为不批准逮捕的决定有错误要求复议的，必须更换承办人予以复议。

四、变更、撤销逮捕措施，必须严格按照法律规定的条件和程序进行，不得随意、私自变更、撤销逮捕措施。

五、审查起诉必须严格依法进行，不得对符合起诉条件的案件作出不起诉决定；公安机关认为不起诉的决定有错误要求复议的，必须更换承办人予以复议。

六、办理申诉案件必须由两名以上办案人员依法进行，不得私自接待申诉人，不得私自处理申诉案件。

最高人民检察院

2001 年 5 月 22 日

最高人民检察院
关于严格执行重大事件报告制度的通知

高检办发〔2004〕4 号

各省、自治区、直辖市人民检察院,军事检察院,新疆生产建设兵团人民检察院:

近几年来,绝大多数地方检察机关按照高检院《关于重大事项报告制度的通知》(高检办发〔1998〕17 号)要求,较好地执行了重大事项报告制度,及时将本地区发生的重大事件向高检院进行了报告。但仍有一些地方报告重大事件不及时、不全面,甚至个别地方存在瞒报、漏报现象。

为确保高检院全面及时掌握检查工作和检察干警的重大情况,加强宏观指导和对重大、突发事件的处理,根据高检院领导指示,现重申规定如下:

一、以下事件要及时向高检院报告:

1.省(自治区、直辖市)党委对检察工作的重要部署和党委主要领导同志关于检察工作的重要指示、批示;

2.在小案中发生的犯罪嫌疑人逃跑、行凶和嫌疑人、证人死亡事件;

3.检察机关枪支被盗、丢失事件;

4.发生的重大失、泄密事件;

5.检察干警在执行职务、抢险救灾中或因见义勇为牺牲的情况;

6.检察干警自杀和其他非正常死亡的情况;

7.有关社会稳定的重大事件。

二、报告的时限至迟不超过事发后两日,紧急事项应立即报告。

各地检察机关对当地发生的重大火灾、塌方等安全事故,要及时上报,直至报告高检院。涉嫌渎职问题的都要从强化法律监督,贯彻"三个代表"重要思想的高度及时依法介入。

高检院负责人接受各地报告重大事件的工作部门为办公厅秘书处值班室,电话:(010)65209102、65230528;传真:(010)65209162,特此通知。

最高人民检察院办公厅

2004 年 2 月 16 日

关于印发《河南省检察机关七条禁令》的通　知

豫检发(2005)10号

各市分院、省院直属各单位：

《河南省检察机关七条禁令》已经河南省人民检察院检察长办公会于2005年8月24日研究通过,现予下发,请认真贯彻执行。

河南省人民检察院

2005年9月2日

河南省检察机关七条禁令

一、严禁违反枪支管理规定佩带和使用枪支或携带枪支饮酒,违者给予行政警告至撤职处分或予以辞退;造成严重后果的,给予行政开除处分。

二、严禁在工作时间饮酒,违者给予行政警告、记过、记大过处分;情节严重的给予降级、撤职处分;造成严重后果的,予以辞退或给予行政开除处分。

三、严禁酒后驾驶机动车,违者予以辞退;造成交通事故并致人重伤、死亡或重大经济损失的,给予行政开除处分。

四、严禁无证驾驶机动车,违者给予批评教育或行政警告至撤职处分;经教育或处分仍不改正的,予以辞退;造成交通事故并致人重伤、死亡或重大经济损失的,给予行政开除处分。

五、严禁交通肇事后逃逸,违者一律给予行政开除处分。

六、严禁警车私用,违者给予警告至撤职处分;造成交通事故并致人重伤、死亡或重大经济损失的,给予行政开除处分。

七、严禁参与赌博,违者给予警告至撤职处分或予以辞退,情节严重的予以行政开除处分。

以上涉及领导干部的,先停职,再按有关规定处理。因管理不善导致检察人员发生违反上述规定的行为并造成重大事故的,按照《检察机关党风廉政建设责任制实施办法》的规定追究有关领导的责任;对违反上述规定的人员不批评、不教育或隐瞒不报、压案不查、包庇袒护的,从严追究有关领导的责任。

检察人员纪律处分条例(试行)

（2004 年 6 月 1 日经第十届第十三次最高人民检察院检察长办公会上讨论通过。2007 年 3 月 6 日第十届第三十八次最高人民检察院检察长办公会修改）

第一章 总 则

第一节 目的、原则和适用范围

第一条 为规范检察人员行为,严肃检察纪律,保证检察人员依法履行职责,根据《中华人民共和国人民检察院组织法》、《中华人民共和国检察官法》,结合检察机关的实际,制定本条例。

第二条 执行检察纪律处分,应坚持实事求是的原则、纪律面前人人平等的原则、宽严相济的原则、惩戒与教育相结合的原则。

第三条 检察人员履行职责的权利和其他合法权益受法律保护。非因法定事由、非经法定程序,检察人员不受纪律处分。

第四条 本条例适用于检察机关除工勤人员以外的工作人员。

第二节 检察纪律处分的种类和适用

第五条 对违反检察纪律的检察人员,应根据其错误行为的事实、性质和情节,依照本条例的规定,给予纪律处分;情节显著轻微,经批评教育确已认识错误的,可以免予处分或者不予处分。

第六条 检察纪律处分分为:警告、记过、记大过、降级、撤职、开除。

第七条 有下列情形之一的,可以依照规定从轻或者减轻处分:

主动交代本人应当受到纪律处分的问题的;

(二)主动检举他人应当受到纪律处分的问题,经查证属实的;

(三)主动挽回损失或者有效阻止危害结果发生的;

（四）主动退出违纪违法所得的；

（五）有其他立功表现的；

（六）本条例分则中另有规定的。

第八条 有下列情形之一的，可以依照规定从重或者加重处分：

（一）强迫、唆使他人违纪违法的；

（二）串供或者伪造、销毁、隐匿证据的；

（三）阻止他人揭发检举、提供证据材料的；

（四）包庇同案人员或者打击报复批评人、检举人、控告人、证人及其他人员的；

（五）有其他干扰、妨碍组织审查行为的；

（六）本条例分则中另有规定的。

第九条 从轻、从重处分，是指在本条例分则中规定的违纪行为应当受到的处分幅度以内，给予较轻或者较重的处分。

减轻、加重处分，是指在本条例分则中规定的违纪行为应当受到的处分幅度以外，减轻或者加重一档给予处分。

本条例规定的只有开除处分一个档次的违纪行为，不适用前款减轻处分的规则。

第十条 一人有本条例分则中规定的两种以上应当受到处分的违纪行为，应当合并处理，按其数种违纪行为中应当受到的最高处分加重一档给予处分；其中一种违纪行为应当受到开除处分的，给予开除处分。

第十一条 基于一个违纪故意或者过失，其行为触犯本条例分则中两个以上条款，依照处分较重的条款定性处理。

一个条款规定的违纪构成要件全部包含在另一个条款规定的违纪构成要件中，特别规定与一般规定不一致的，适用特别规定。

第十二条 二人以上共同故意违纪的，对为首者，除本条例分则中另有规定的外，从重处分；对其他成员，按照其在共同违纪中所起的作用和应负的责任,分别给予处分。

对于经济方面共同违纪的,按照个人所得数额及其所起作用,分别处分。对违纪集团的首要分子,按照集团违纪的总数额处分;对其他共同违纪的为首者,情节严重的,按照共同违纪的总数额处分。

第十三条 纪律处分决定作出后,应当在一个月内向受处分人所在单位及其本人宣布,并在处分决定作出后两个月内,由干部人事管理部门按照干部管理权限将处分决定材料归入受处分人档案;对于受到降级以上处分的,还应当在一个月内办理职务、工资等相应变更手续。

第十四条 纪律处分的影响期限分别为:

(一)警告,6个月;

(二)记过,12个月;

(三)记大过,18个月;

(四)降级、撤职,24个月。

第十五条 受纪律处分者,在处分影响期内不得晋升职务、级别。受记过、记大过、降级、撤职处分的,在处分影响期内不得晋升工资档次。

受降级处分的,自处分的下个月起降低一个级别;级别为对应的国家公务员最低级别的,给予记大过处分。

受撤职处分的,在处分影响期内不得担任领导职务,自处分的下个月起按降低一个以上的职务等级重新确定职务、级别和工资档次。科员受撤职处分的,按降低一个职务等级处理。办事员应当给予撤职处分的,给予降级处分。受撤职处分的,可以同时撤销其行政职务和法律职务,也可以单独撤销其行政职务或者法律职务。对于担任两个以上行政职务的人员给予撤职处分的,其所担任的所有行政职务一并撤销。

第十六条 受到开除处分的,自处分之日起解除其与检察机关的人事行政关系,其行政职务、级别自然撤销,其法律职务依法罢免或者免除,不得再被录用为检察机关工作人员。

第十七条 对于违纪行为所获得的经济利益,应当收缴或者责令退赔。

对于违纪行为所获得的职务、职称、学历、学位、奖励等其他利益,应当由承办单位或者由上级机关建议有关组织、部门、单位按规定予以纠正。

第三节 对违法犯罪检察人员的处分

第十八条 对因犯罪受到刑事处罚的,应根据司法机关的生效判决及其认定的事实、性质和情节,依照本条例规定给予纪律处分,也可根据情况先行给予纪律处分。

第十九条 凡被判处三年以上有期徒刑的,给予开除处分。

故意犯罪被判处三年以下有期徒刑或者被判处管制、拘役的,给予开除处分。

过失犯罪被判处三年以下有期徒刑宣告缓刑的,视情节可以不给予开除处分,但应当给予撤职处分。

被免予刑事处罚的,给予降级或者撤职处分。

第二十条 被劳动教养的,给予降级以上处分。

第二十一条 受到治安管理处罚的,视情节给予纪律处分。

第四节 处分的变更和解除

第二十二条 处分影响期满,由受处分人提出申请,经所在单位或部门提出意见后报原作出处分决定的单位作出解除处分的决定。

第二十三条 解除处分决定应当在一个月内书面通知受处分人,并在有关范围内宣布。

解除处分决定应当在解除处分决定作出后的两个月内,由干部人事管理部门归入受处分人档案。

第二十四条 受处分人在处分影响期内获得一等功以上奖励的,可以缩短处分影响期,但缩短后的期限不得少于原处分影响期的二分之一。

第二十五条 在处分决定作出后发现受处分人另有应当受到纪律处分的同一性质的错误,或者受处分人在处分影响期内又犯应当受到纪律处分的同一性质的错误,应当根据新犯错误的事实、情节和应受到的处分,决定延长原处分影响期或者重新作出处分决定。

第二十六条　解除降级、撤职处分,不恢复原职务、级别,但以后晋升职务、级别和工资档次不受原处分的影响。

第二章　分　则

第五节　违反政治纪律的行为

第二十七条　组织、参加反对党的基本理论、基本路线、基本纲领、基本经验或者重大方针政策的集会、游行、示威等活动的,对策划者、组织者和骨干分子,给予开除处分。

对其他参加人员或者以提供信息、资料、财物、场地等方式支持上述活动者,情节较轻的,给予警告、记过或者记大过处分;情节较重的,给予降级或者撤职处分;情节严重的,给予开除处分。

对不明真相被裹挟参加,经批评教育后确有悔改表现的,可以免予处分或者不予处分。

第二十八条　坚持资产阶级自由化立场,公开发表反对四项基本原则,或者反对改革开放的文章、演说、宣言、声明等的,给予开除处分。

公开发表违背四项基本原则、违背改革开放或者其他有严重政治问题的文章、演说、宣言、声明等的,给予批评教育;情节较重的,给予警告、记过或者记大过处分;情节严重的,给予降级、撤职或者开除处分。

第二十九条　组织、领导会道门或者邪教组织的,对策划者、组织者和骨干分子,给予开除处分。

对其他参加人员,情节较轻的,给予警告、记过或者记大过处分;情节较重的,给予降级或者撤职处分;情节严重的,给予开除处分。

对不明真相的参加人员,经批评教育后确有悔改表现的,可以免予处分或者不予处分。

第三十条　在国(境)外、外国驻华使(领)馆申请政治避难,或者违纪违法后逃往国(境)外、外国驻华使(领)馆的,给予开除处分。

在国(境)外公开发表反对党和政府的言论的,依照前款规定处理。

故意为上述行为提供方便条件的,给予撤职或者开除处分。

第三十一条　违反党和国家的民族、宗教政策,情节较轻的,给予警告、记过或者记大过处分;情节较重的,给予降级或者撤职处分;情节严重的,给予开除处分。

第三十二条　编造谣言丑化党和国家形象,情节较轻的,给予警告、记过或者记大过处分;情节较重的,给予降级或者撤职处分;情节严重的,给予开除处分。

传播谣言丑化党和国家形象,情节较重的,给予警告、记过或者记大过处分;情节严重的,给予降级或者撤职处分。

第三十三条　在涉外活动中,其行为在政治上造成恶劣影响,损害党和国家尊严、利益的,给予降级或者撤职处分;情节严重的,给予开除处分。

第六节　违反组织、人事纪律的行为

第三十四条　违反民主集中制原则,拒不执行或者擅自改变组织作出的重大决定,或者违反议事规则,个人或者少数人决定重大事项的,给予警告、记过或者记大过处分;情节严重的,给予降级或者撤职处分。

第三十五条　在干部选拔任用工作中,违反干部选拔任用规定的,对负主要责任者和其他直接责任人员,给予警告、记过或者记大过处分;情节较重的,给予降级或者撤职处分;情节严重的,给予开除处分。

在选举中,进行违反有关法律、法规以及其他有关章程活动的,对主要责任者和其他直接责任人员,依照前款规定处理。

用人失察失误造成严重后果的,对主要责任者和其他直接责任人员,依照第一款规定处理。

第三十六条　拒不执行组织的分配、调动、交流决定的,给予警告、记过或者记大过处分;情节严重的,给予降级或者撤职处分。

第三十七条 在干部、职工的录用、考核、职务晋升、职称评定等工作中,隐瞒、歪曲事实真相或者利用职务上的便利违反规定为本人或者其他人谋取利益的,给予警告、记过或者记大过处分;情节严重的,给予降级或者撤职处分。

第三十八条 在考试、录用工作中,有泄露试题、考场舞弊、涂改考卷等违反有关规定行为的,给予警告、记过或者记大过处分;情节较重的,给予降级或者撤职处分;情节严重的,给予开除处分。

第三十九条 以不正当方式谋求本人或者其他人用公款出国(境),情节较轻的,给予警告处分;情节较重的,给予记过或者记大过处分;情节严重的,给予降级或者撤职处分。

临时出国(境)团(组)或者人员,擅自延长在国(境)外期限,或者擅自变更路线,造成不良影响或者经济损失的,对主要责任者,给予警告、记过或者记大过处分;情节严重的,给予降级或者撤职处分。

第七节 违反办案纪律的行为

第四十条 隐匿、销毁举报、控告、申诉材料,包庇被举报人、被控告人,或者滥用职权,对举报人、控告人、申诉人、批评人报复陷害的,给予记过或者记大过处分;情节较重的,给予降级或者撤职处分;情节严重的,给予开除处分。

第四十一条 泄露国家秘密、检察工作秘密,或者为案件当事人及其代理人和亲友打探案情、通风报信的,给予记过或者记大过处分;造成严重后果的,给予降级、撤职或者开除处分。

第四十二条 徇私枉法,对明知是无罪的人而使他受追诉,对明知是有罪的人而故意包庇不使他受追诉的,给予开除处分;情节较轻的,给予降级或者撤职处分。

第四十三条 非法拘禁他人或者以其他方法非法剥夺他人人身自由的,

给予记过或者记大过处分;情节较重的,给予降级或者撤职处分;情节严重的,给予开除处分。

第四十四条 非法讯问犯罪嫌疑人、被告人或者非法传讯他人的,给予记过或者记大过处分;情节较重的,给予降级或者撤职处分;情节严重的,给予开除处分。

第四十五条 伪造、隐瞒、涂改、调换、故意损毁证据材料、诉讼文书的,给予开除处分;情节较轻的,给予撤职处分。

第四十六条 非法搜查他人身体、住宅,或者非法侵入他人住宅的,给予记过或者记大过处分;情节较重的,给予降级或者撤职处分;情节严重的,给予开除处分。

第四十七条 刑讯逼供的,给予开除处分;情节较轻的,给予记大过、降级或者撤职处分。

第四十八条 私放犯罪嫌疑人、被告人的,给予开除处分。

第四十九条 非法扣押、冻结公私财产的,给予记过或者记大过处分;情节较重的,给予降级或者撤职处分;情节严重的,给予开除处分。

第五十条 不依法返还扣押、冻结款物,或者侵吞、挪用、私分、私存、调换、外借、压价收购或者擅自处理扣押、冻结款物及其孳息的,对主要责任者和其他直接责任人员,给予记过或者记大过处分;情节较重的,给予降级或者撤职处分;情节严重的,给予开除处分。

第五十一条 私自办理案件或者干预办案的,给予记过或者记大过处分;情节较重的,给予降级或者撤职处分;情节严重的,给予开除处分。

第五十二条 私自会见案件当事人或其辩护人、代理人、申诉人、亲友,或者接受上述人员提供的宴请、财物、娱乐活动的,给予记过或者记大过处分;情节较重的,给予降级或者撤职处分;情节严重的,给予开除处分。

第五十三条 严重不负责任超期羁押犯罪嫌疑人的,对主要责任者和其他直接责任人员,给予记过或者记大过处分;情节较重的,给予降级或者撤职处分;情节严重的,给予开除处分。

第五十四条 体罚侮辱犯罪嫌疑人、被告人及其他人员的,给予记过或者记大过处分;造成严重后果或者恶劣影响的,给予降级、撤职或者开除处分。

第五十五条 违法使用警械、警具的,给予记过或者记大过处分;造成严重后果的,给予降级、撤职或者开除处分。

第五十六条 违反规定插手经济纠纷的,对主要责任者和其他直接责任人员,给予记过或者记大过处分;造成严重后果或者恶劣影响的,给予降级、撤职或者开除处分。

第五十七条 违反监管法规,体罚虐待被监管人员,私自带人会见被监管人员,或者让被监管人员给自己干私活的,给予记过或者记大过处分;情节较重的,给予降级或者撤职处分;情节严重的,给予开除处分。

第五十八条 在执法活动中,具有法定回避情形故意不依法回避,或者拒不服从回避决定,或者对符合回避条件的申请故意不作出回避决定的,给予记过或者记大过处分;情节较重的,给予降级或者撤职处分;情节严重的,给予开除处分。

第五十九条 故意作出违背案件事实的勘验、检查、鉴定结论的,给予开除处分;情节较轻的,给予降级或者撤职处分。

第六十条 违法办案或者严重不负责任,造成犯罪嫌疑人、被告人脱逃、自杀、伤残或者证人、被害人自杀、伤残的,给予记过或者记大过处分;情节较重的,给予降级或者撤职处分;情节严重的,给予开除处分。

第六十一条 在执法活动中,有其他违纪违法行为,情节较轻的,给予警告、记过或者记大过处分;情节较重的,给予降级或者撤职处分;情节严重的,给予开除处分。

第八节 贪污贿赂行为

第六十二条 利用职务上的便利,侵吞、窃取、骗取或者以其他手段非法占有公共财物,情节较轻的,给予记大过处分;情节较重的,给予降级或者撤职处分;情节严重的,给予开除处分。

第六十三条 以单位名义将国有资产集体私分给个人的,对主要责任者和其他直接责任人员,给予记过或者记大过处分;情节较重的,给予降级或者撤职处分;情节严重的,给予开除处分。

第六十四条 利用职务上的便利,索取他人财物,或者非法收受、变相非法收受他人财物为他人谋取利益,情节较轻的,给予记大过处分;情节较重的,给予降级或者撤职处分;情节严重的,给予开除处分。

第六十五条 在经济往来中违反规定收受财物或者各种名义的回扣、手续费,归个人所有的,以受贿论,依照本条例第六十四条规定处理。

第六十六条 利用职务上的便利,通过其他国家工作人员职务上的行为,为请托人谋取不正当利益,索取请托人财物,或者非法收受、变相非法收受请托人财物的,依照本条例第六十四条规定处理。

第六十七条 行贿或者介绍贿赂,情节较轻的,给予记过或者记大过处分;情节较重的,给予降级或者撤职处分;情节严重的,给予开除处分。

行贿人、介绍贿赂人主动交代行贿、介绍贿赂行为的,可以减轻或者不予处分。

第六十八条 利用职务上的便利,挪用公款归个人使用,进行非法活动,或者进行营利活动,或者超过三个月未还,情节较轻的,给予记过或者记大过处分;情节较重的,给予降级或者撤职处分;情节严重的,给予开除处分。

第九节 违反廉洁从检规定的行为

第六十九条 利用职务上的便利,非法占有非本人经管的国家、集体和个人财物,或者以购买物品时象征性地支付钱款等方式非法占有国家、集体和个人财物,或者无偿、象征性地支付报酬接受服务、使用劳务,情节较轻的,给予记过或者记大过处分;情节较重的,给予降级或者撤职处分;情节严重的,给予开除处分。

利用职务上的便利,将本人或者亲属应当由个人支付的费用,由下属单位或者其他单位支付、报销的,依照前款规定处理。

利用职务上的便利,将配偶、子女及其配偶应当由个人支付的出国(境)留学费用,由他人支付、报销的,依照第一款规定处理。

第七十条 违反规定,接受可能影响公正执法的礼品馈赠,不登记交公,情节较轻的,给予警告、记过或者记大过处分;情节较重的,给予降级或者撤职处分;情节严重的,给予开除处分。

第七十一条 违反规定经商办企业,或者违反规定从事营利活动,或者利用职务上的便利为其亲友的经营活动谋取利益,情节较轻的,给予警告、记过或者记大过处分;情节较重的,给予降级或者撤职处分;情节严重的,给予开除处分。

违反规定兼职或者兼职取酬的,依照前款规定处理。

第七十二条 挥霍浪费公共财产,用公款旅游,或者违反规定参与用公款支付的高消费娱乐、健身活动,或者购买、更换超过规定标准的小轿车以及对所乘坐的小轿车进行豪华装修,情节较轻的,给予警告、记过或者记大过处分;情节较重的,给予降级或者撤职处分;情节严重的,给予开除处分。

第七十三条 利用工作上的便利,私自向发案单位或者案件当事人及其亲友借用住房、财物或者交通、通讯工具的,给予警告或者记过处分;情节较重的,给予记大过处分;情节严重的,给予降级或者撤职处分。

第七十四条 私设"小金库",乱收费,乱罚款,拉赞助的,对主要责任者和其他直接责任人员,给予记过或者记大过处分;情节较重的,给了降级或者撤职处分;情节严重的,给予开除处分。

第七十五条 利用职务上的便利操办婚丧喜庆事宜,在社会上造成不良影响的,给予警告、记过或者记大过处分;情节严重的,给予降级或者撤职处分。

第七十六条 有其他违反廉洁从检规定的行为,情节较轻的,给予警告、记过或者记大过处分;情节较重的,给予降级或者撤职处分;情节严重的,给予开除处分。

第十节　违反财经纪律的行为

第七十七条　隐瞒、截留、坐支应当上缴国家财政的赃款赃物的,对主要责任者和其他直接责任人员,给予警告、记过或者记大过处分;情节较重的,给予降级或者撤职处分;情节严重的,给予开除处分。

第七十八条　违反规定将公款、公物借给他人,或者以个人名义存储公款的,给予警告处分;情节较重的,给予记过或者记大过处分;情节严重的,给予降级或者撤职处分。

第七十九条　在财务管理活动中违反会计法律、法规的,对主要责任者和其他直接责任人员,给予警告、记过或者记大过处分;情节较重的,给予降级或者撤职处分;情节严重的,给予开除处分。

伪造、变造会计凭证、会计帐簿,或者编制虚假财务会计报告,或者隐匿、故意销毁依法应当保存的会计凭证、会计帐簿、财务会计报告的,对主要责任者和其他直接责任人员,依照前款规定从重或者加重处分。

第八十条　违反国有资产管理规定,造成国有资产流失的,对主要责任者和其他直接责任人员,给予警告、记过或者记大过处分;情节较重的,给予降级或者撤职处分;情节严重的,给予开除处分。

第八十一条　违反有关规定擅自开设银行帐户的,对主要责任者和其他直接责任人员,给予记过或者记大过处分;情节较重的,给予降级或者撤职处分;情节严重的,给予开除处分。

第八十二条　违反政府采购和招标、投标法律、法规的,对主要责任者和其他直接责任人员,给予警告、记过或者记大过处分;情节较重的,给予降级或者撤职处分;情节严重的,给予开除处分。

第八十三条　在财经方面有其他违纪违法行为,情节较轻的,给予警告、记过或者记大过处分;情节较重的,给予降级或者撤职处分;情节严重的,给予开除处分。

第十一节 失职、渎职行为

第八十四条 不正确履行职责或者严重不负责任,致使发生重大责任事故,给国家、集体资财和人民群众生命财产造成较大损失的,对主要责任者和其他直接责任人员,给予记过或者记大过处分;造成重大损失的,给予降级、撤职或者开除处分。

第八十五条 不积极履行职责,拖延办案,贻误工作的,给予警告、记过或者记大过处分;情节严重的,给予降级或者撤职处分。

第八十六条 违反法定诉讼程序,造成错案或者给当事人造成严重损失的,给予记过或者记大过处分;情节严重的,给予降级、撤职或者开除处分。

第八十七条 丢失案卷、案件材料、档案或者机密文件的,给予警告、记过或者记大过处分;情节严重的,给予降级或者撤职处分。

第八十八条 在执法办案或者管理工作中失职、渎职,造成严重后果或者恶劣影响的,给予降级、撤职或者开除处分;情节较轻的,给予警告、记过或者记大过处分。

第十二节 违反警械警具和车辆管理规定的行为

第八十九条 违反枪支管理规定,擅自携带枪支、弹药进入公共场所的,给予警告、记过或者记大过处分。

私存枪支、弹药的,给予降级、撤职或者开除处分。

第九十条 将枪支、弹药借给他人使用的,给予记过或者记大过处分;造成严重后果的,给予降级、撤职或者开除处分。

第九十一条 违反枪支管理规定,致使枪支丢失、被盗、被骗的,给予记过、记大过或者降级处分;造成严重后果的,给予撤职或者开除处分。

第九十二条 违反枪支管理规定,示枪恫吓他人或者随意鸣枪的,给予记过或者记大过处分;造成严重后果或者恶劣影响的,给予降级、撤职或者开除处分。

第九十三条 因管理使用不当,造成枪支走火,致人伤残、死亡的,给予记大过以上处分。

第九十四条 违反警车、警械、警具管理规定的,给予警告、记过或者记大过处分;造成严重后果或者恶劣影响的,给予降级、撤职或者开除处分。

第九十五条 违反交通管理法规,造成交通事故,情节较重的,给予警告、记过或者记大过处分;致人重伤、死亡或者造成重大经济损失的,给予降级、撤职或者开除处分。

第九十六条 违反车辆使用管理规定,造成车辆丢失或者严重损坏的,给予记过以上处分。

第十三节 严重违反社会主义道德的行为

第九十七条 遇到国家财产和人民群众生命财产受到严重威胁时,能救而不救,情节较重的,给予警告、记过或者记大过处分;情节严重的,给予降级、撤职或者开除处分。

第九十八条 与他人通奸,造成不良影响的,给予警告、记过或者记大过处分;造成严重后果或者恶劣影响的,给予降级、撤职或者开除处分。

与案件当事人及其亲属发生两性关系的,从重处分。

重婚或者包养情妇(夫)的,给予开除处分。

第九十九条 拒不承担抚养教育义务或者赡养义务,情节较重的,给予警告或者记过处分;情节严重的,给予记大过、降级或者撤职处分。

虐待家庭成员情节较重或者遗弃家庭成员的,给予降级或者撤职处分;情节严重的,给予开除处分。

第一百条 诬告陷害他人的,给予警告、记过或者记大过处分;情节较重的,给予降级或者撤职处分;情节严重的,给予开除处分。

侮辱、诽谤他人的,依照前款规定处理。

第一百零一条 有其他严重违反社会主义道德的行为,情节较重的,给予警告、记过或者记大过处分;情节严重的,给予降级、撤职或者开除处分。

第十四节　妨碍社会管理秩序的行为

第一百零二条　进行色情活动的,给予记大过或者降级处分;情节严重的,给予撤职或者开除处分。

第一百零三条　嫖娼、卖淫,或者组织、强迫、介绍、教唆、引诱、容留他人嫖娼、卖淫,或者故意为嫖娼、卖淫提供方便条件的,给予开除处分。

第一百零四条　制作、复制、出售、出租、传播淫秽影视书画或者其他淫秽物品,情节较轻的,给予记过或者记大过处分;情节较重的,给予降级或者撤职处分;情节严重的,给予开除处分。

第一百零五条　观看淫秽影视书画,情节较重的,给予警告、记过或者记大过处分;情节严重的,给予降级或者撤职处分。

观看淫秽表演的,给予降级或者撤职处分;情节严重的,给予开除处分。

第一百零六条　进行淫乱活动的,给予降级或者撤职处分;情节严重的,给予开除处分。

调戏、猥亵妇女的,给予记过或者记大过处分;造成严重后果或者恶劣影响的,给予降级、撤职或者开除处分。

第一百零七条　以营利为目的聚众赌博的,给予开除处分。

参与赌博或者为赌博提供场所的,给予警告、记过或者记大过处分;情节较重的,给予降级或者撤职处分;情节严重的,给予开除处分。

第一百零八条　走私、贩卖、运输、制造毒品,或者违反有关规定种植毒品原植物的,给予开除处分。

违反有关规定吸食、注射毒品或者其他违禁品的,给予记大过或者降级处分;情节严重的,给予撤职或者开除处分。

第一百零九条　寻衅滋事,打架斗殴,情节较轻的,给予警告、记过或者记大过处分;情节较重的,给予降级或者撤职处分;情节严重的,给予开除处分。

第一百一十条　伪造、变造或者买卖、使用伪造的公文、证件、印章,情节较轻的,给予记过或者记大过处分;情节较重的,给予降级或者撤职处分;

情节严重的,给予开除处分。

伪造、变造或者买卖、使用伪造的学历、文凭的,依照前款规定处理。

第一百一十一条 违反人口与计划生育法律、法规超计划生育的,给予记过或者记大过处分;情节较重的,给予降级或者撤职处分;情节严重的,给予开除处分。

第一百一十二条 有其他妨碍社会管理秩序的行为,情节较重的,给予警告、记过或者记大过处分;情节严重的,给予降级、撤职或者开除处分。

第三章 附 则

第一百一十三条 违反本条例规定需要追究领导责任的,按照《检察机关党风廉政建设责任制实施办法》的有关规定处理。

第一百一十四条 在纪律处分决定作出前已经退休的,不再给予纪律处分,但是依照本条例应当给予降级、撤职、开除处分的,按照应当给予的纪律处分相应变更其享受的待遇。

第一百一十五条 给予检察机关所属事业单位工作人员纪律处分,参照本条例办理。

第一百一十六条 本条例所述"以上"、"以下"均含本数。

第一百一十七条 本条例由最高人民检察院负责解释。

第一百一十八条 本条例自颁布之日起施行。1995 年 8 月 7 日颁布施行的《检察官纪律处分暂行规定》同时废止。

本条例颁布前,已结案的案件需要进行复查、复核的,适用当时的规定。尚未结案的案件,如果行为发生时的规定不认为是违纪,而本条例认为是违纪的,依照当时的规定处理;如果行为发生时的规定认为是违纪的,依照当时的规定处理,但是如果本条例不认为是违纪或者处理较轻的,依照本条例规定处理。

最高人民检察院关于印发
《人民检察院执法办案内部
监督暂行规定》的通知

各省、自治区、直辖市人民检察院,军事检察院,新疆生产建设兵团人民检察院:

《人民检察院执法办案内部监督暂行规定》于 2008 年 1 月 24 日经最高人民检察院第十届检察委员会第九十次会议讨论通过,现印发你们,请认真贯彻执行。执行中遇到的问题,请及时报告最高人民检察院。

最高人民检察院

2008 年 3 月 3 日

人民检察院执法办案内部监督暂行规定

（2008 年 1 月 24 日最高人民检察院
第十届检察委员会第九十次会议通过）

第一章　总　则

第一条　为了保证人民检察院及检察人员正确履行法律赋予的职责,确保严格、公正、文明执法,保障公民、法人和其他组织的合法权益,根据《中华人民共和国人民检察院组织法》、《中华人民共和国检察官法》等有关法律规定,制定本规定。

第二条　本规定所称执法办案内部监督,是指人民检察院对自身执法办案活动和检察人员在履行执法办案职责时遵守法律、纪律和规章制度情况实施的监督。

第三条　执法办案内部监督由检察长统一领导,副检察长分工负责,监察部门和执法办案部门各司其职,其他部门和广大检察人员普遍参与。

第四条　执法办案内部监督贯彻从严治检的方针,坚持实事求是、有错必纠、立足防范、注重教育的原则,促进执法办案规范化。

第五条　执法办案内部监督与其他执法办案监督方式相结合,共同构成有效的执法办案监督体系。

第二章　监督对象和监督内容

第六条　执法办案内部监督的对象是各级人民检察院及检察人员的执法办案活动。

第七条　执法办案内部监督的主要内容是:

(一)在执法办案活动中遵守法律规定的情况;

（二）在执法办案活动中遵守检察纪律和规章制度的情况；

（三）在执法办案活动中履行法定职责的情况。

第八条 人民检察院在执法办案内部监督中,应当重点监督下列案件：

（一）初查后决定不立案的具有较大影响的职务犯罪案件；

（二）对犯罪嫌疑人、被告人变更强制措施的职务犯罪案件；

（三）侦查机关或者侦查部门持有异议的不予逮捕或者不予起诉的刑事案件；

（四）犯罪嫌疑人、被告人被逮捕后撤销案件、不起诉或者撤回起诉的刑事案件；

（五）人民法院作出无罪判决,或者被人民法院改变犯罪性质、改变罪名后明显影响量刑的刑事案件；

（六）当事人长期申诉、上访,经备案审查、复查、复核后改变原处理决定的刑事案件及民事、行政申诉案件,或者决定给予国家赔偿的刑事案件及民事、行政申诉案件；

（七）人民监督员提出不同意见,或者在人民检察院内部存在重大意见分歧的职务犯罪案件；

（八）社会普遍关注,或者人民群众反映强烈的刑事案件、民事、行政申诉案件；

（九）上级要求重点监督的刑事案件、民事、行政申诉案件。

第九条 人民检察院在执法办案内部监督中,应当重点防止和纠正下列行为：

（一）侵犯举报、控告、申诉人合法权益,或者泄露、隐匿、毁弃、伪造举报、控告、申诉等有关材料的；

（二）违法违规剥夺、限制诉讼参与人人身自由,或者违反办案安全防范规定的；

（三）非法搜查,违法违规查封、扣押、冻结追缴款物,或者违法违规处理

查封、扣押、冻结追缴款物及其孳息的;

(四)违法违规采取、变更、解除、撤销强制措施,或者超期羁押犯罪嫌疑人、被告人的;

(五)刑讯逼供、暴力取证,或者以其他非法方法获取证据的;

(六)违法使用警械警具,或者殴打、体罚虐待、侮辱诉讼参与人的;

(七)隐匿、毁弃、伪造证据,违背事实作出勘验、检查、鉴定结论,包庇放纵被举报人、犯罪嫌疑人、被告人,或者使无罪的人受到刑事追究的;

(八)违反法定程序或者办案纪律干预办案,或者未经批准私自办案的;

(九)私自会见案件当事人及其亲友、辩护人、代理人,或者接受上述人员提供的宴请、财物、娱乐活动的;

(十)为案件当事人及其亲友、代理人打探案情、通风报信,或者泄露案件秘密的;

(十一)越权办案、插手经济纠纷,利用执法办案之机拉赞助、乱收费、乱罚款,让发案单位、当事人报销费用,或者占用发案单位、当事人的交通、通讯工具的;

(十二)违法违规剥夺、限制当事人诉讼权利,或者妨碍律师参与刑事诉讼的;

(十三)具有法定回避情形而不申请回避的;

(十四)其他不履行或者不正确履行法律监督职责的。

第三章　监督责任主体和监督职责

第十条　执法办案内部监督工作的责任主体是各级人民检察院的检察长、分管执法办案工作的副检察长、监察部门、执法办案部门负责人及其检察人员。

第十一条　检察长、副检察长在执法办案内部监督中承担以下职责:

(一)对执法办案内部监督工作实施领导,提出任务和要求,研究解决工作中的突出问题；

（二）对本院执法办案部门和下级人民检察院的执法办案活动进行监督；

（三）对本院其他领导班子成员、执法办案部门负责人、上级人民检察院检察人员和下级人民检察院领导班子成员履行执法办案职责的情况进行监督；

（四）组织查处本院和下级人民检察院发生的执法过错案件，并责令纠正；

（五）完成上级人民检察院交办的其他执法办案内部监督任务。

第十二条　监察部门在执法办案内部监督中承担以下职责：

（一）对执法办案内部监督工作进行归口管理，研究制定有关的工作措施和规章制度，对本院执法办案部门和下级人民检察院执法办案内部监督工作进行指导、督促和检查；

（二）对本院检察人员和下级人民检察院的领导干部履行执法办案职责的情况进行监督；

（三）受理、核查、处理在执法办案内部监督中发现的执法过错和违纪违法线索；

（四）向本院领导和上级人民检察院监察部门报告执法办案内部监督工作的情况，对执法办案活动中存在的问题提出监察建议，并督促落实；

（五）完成上级交办的其他执法办案内部监督任务。

第十三条　执法办案部门负责人在执法办案内部监督中承担以下职责：

（一）组织制定本部门和下级人民检察院对口部门执法办案内部监督的工作制度，明确岗位职责、办案流程和纪律要求；

（二）对本部门和下级人民检察院对口部门的执法办案活动进行监督；

（三）对本部门其他检察人员、本院领导班子成员和上级人民检察院对口部门检察人员履行执法办案职责的情况进行监督；

（四）协助有关部门调查处理本部门和下级人民检察院对口部门发生的执法过错案件，并责令纠正；

（五）完成上级交办的其他执法办案内部监督任务。

第十四条 执法办案部门检察人员在执法办案内部监督中承担以下职责：

（一）对本院检察长、副检察长和上级人民检察院对口部门检察人员履行执法办案职责的情况进行监督；

（二）对本院和下级人民检察院对口部门检察人员履行执法办案职责的情况进行监督；

（三）及时向上级或者有关部门反映所发现的执法过错问题；

（四）完成上级交办的执法办案内部监督任务。

第十五条 人民检察院的其他部门及其他检察人员发现执法办案部门及其检察人员在执法办案活动中有违纪违法行为的，应当进行监督。

第十六条 下级人民检察院发现上级人民检察院及其检察人员在执法办案活动中有违纪违法行为的，应当进行监督。

第四章 监督措施和监督方式

第十七条 检察长、副检察长、执法办案部门负责人履行执法办案内部监督职责时，可以在其职责范围内组织采取下列措施：

（一）参加或者列席执法办案工作会议，审查和调阅有关文件、案件材料、办案安全防范预案、审讯同步录音录像资料及其他相关材料；

（二）察看办案现场，旁听开庭审理，或者通过局域网对执法办案活动进行网络监控；

（三）听取有关机关、部门或者人民监督员的意见，向发案单位或者诉讼参与人了解情况；

（四）组织检务督察和专项检查；

（五）要求相关单位和人员就监督事项涉及的问题作出解释或者说明；

（六）责令相关单位和人员停止违反法律、纪律或者规章制度的行为；

（七）建议或者责令相关人员暂停执行职务，建议或者决定更换案件承办单位、案件承办人员；

（八）符合有关规定、不影响办案工作正常进行的其他措施。

第十八条 人民检察院监察部门履行执法办案内部监督职责时，可以采取《人民检察院监察工作条例》规定的各种监督措施；经检察长授权后，也可以采取本条例第十七条规定的各项措施。

第十九条 人民检察院各内设部门应当按照分工负责、互相制约原则，对其他部门的执法办案活动进行监督制约。

第二十条 人民检察院各内设部门的检察人员可以采取下列方式对其他检察人员履行执法办案职责的情况进行监督：

（一）在相关的会议及案件管理、案件评查、执法检查等活动中，对其他检察人员的执法过错行为提出纠正建议；

（二）对其他检察人员不履行或者不正确履行执法办案职责的行为予以告诫、提醒；

（三）向主管领导或者有关部门反映其他检察人员不履行或者不正确履行执法办案职责的问题；

（四）符合有关规定、不影响办案正常进行的其他方式。

第二十一条 下级人民检察院和下级检察人员在执法办案活动中，对上级下达的明显违反法律规定的命令、指示，应当予以提醒。必要时，可以向上级人民检察院或者主管领导反映。

第二十二条 检察人员在执法办案活动中遇到说情或者其他干扰时，应当主动向主管领导或者上级人民检察院报告。遇有需要依法回避的情形时，应当主动提出回避申请。

第二十三条 人民检察院应当建立检察人员个人执法档案，将其办案的数量、质量、效果以及在执法办案活动中执行法律、遵守纪律、接受奖惩等情况记录归档。

第二十四条 人民检察院应当将检察人员履行执法办案内部监督职责的情况列为年度岗位目标考核内容。

第五章 罚 则

第二十五条 检察人员在执法办案活动中发生执法过错或者违纪违法行为的,应当依照有关规定追究其执法过错责任和违纪违法责任。

第二十六条 检察人员拒不接受执法办案内部监督,并具有下列情形之一的,应当给予批评教育并责令其改正,构成违纪违法的,应当依照有关规定追究其违纪违法责任:

(一)故意干扰、阻挠执法办案内部监督的;

(二)拒不配合有关部门对执法过错和违纪违法案件进行调查处理的;

(三)拒不纠正执法过错和违纪违法行为的;

(四)对提出监督意见的人员进行打击报复的;

(五)造成其他严重后果或者恶劣影响的。

第二十七条 检察人员在履行执法办案内部监督职责时,具有下列情形之一的,应当给予批评教育并责令其改正,构成违纪违法的,应当依照有关规定追究其违纪违法责任:

(一)不履行或者不正确履行监督职责,导致发生严重违纪违法案件的;

(二)发现严重执法过错和违纪违法行为不及时制止、纠正或者报告的;

(三)非法干预执法办案工作的;

(四)泄露案件或者工作秘密的;

(五)其他玩忽职守、滥用职权的。

第六章 附 则

第二十八条 各级人民检察院及其执法办案部门可以根据本规定制定本单位、本部门开展执法办案内部监督工作的实施细则。

第二十九条 本规定由最高人民检察院负责解释。

第三十条 本规定自发布之日起施行。

最高人民检察院禁酒令

（2009 年 1 月 21 日）

一、严禁工作时间和工作日中午饮酒，违者给予批评教育；情节较重的给予纪律处分；造成恶劣影响的，予以辞退或者开除。

二、严禁执法办案期间饮酒，违者给予纪律处分；造成严重后果的，予以辞退或者开除。

三、严禁携带枪支、弹药、档案、案卷、案件材料、秘密文件或者其他涉密载体饮酒，违者视情节给予记过、记大过、降级、撤职处分；造成严重后果的，予以辞退或者开除。

四、严禁佩戴检察标志和着法警制服在公共场所饮酒，违者给予批评教育；情节较重的给予纪律处分；造成恶劣影响的，予以辞退或者开除。

五、严禁酒后驾驶机动车辆，违者予以辞退；造成严重后果的，予以开除。

河南省人民检察院
《关于落实＜最高人民检察院禁酒令＞和河南省人民检察院"三项规定"的督查办法》

为加强省院机关纪律作风建设,规范工作秩序,强化机关管理,带头树立检察人员良好形象,根据《最高人民检察院禁酒令》和河南省人民检察院制定的《机关工作人员出勤管理规定(试行)》、《机关警车使用管理规定(试行)》、《机关会风管理规定(试行)》三项规定等,制定本督察办法。

省院督察人员将对疑似饮酒人员进行督察。违反规定在工作时间和工作日中午饮酒的,年度内被督察发现一次给予批评教育,两次给予实名通报,三次以上取消年度各类评先资格。造成严重后果或恶劣影响的,视情节给予诫勉谈话、组织处理、纪律处分。

违反工作人员出勤管理规定无故迟到或早退的,年度内被督察发现一次给予批评教育,两次给予实名通报,三次以上取消年度各类评先资格。

警车私用的,按有关规定处理的同时,给予实名通报,取消年度各类评先资格。

违反会风管理规定不按时参加会议的,年度内被督察发现一次给予批评教育,两次给予实名通报,三次以上取消年度各类评先资格。

违反本办法第二、三、四、五条规定的人次年度内单项分别达到本单位总人数三分之一以上的,取消本单位年度先进党支部(先进集体)评选资格。

除本办法第二、三、四、五条规定以外的其他涉及车辆、饮酒、出勤、会风的违规行为,依照有关规定处理。

省院检务督察室每半年汇总一次督察情况,分别抄送政治部干部人事处、综合处和机关党委,作为影响干部晋级、提拔使用和记功、评先表彰的重要参考依据。

本办法由省院监察处,商省院办公室、政治部干部人事处、机关党委负责解释。

本办法自发布之日起施行。

河南省人民检察院

2009 年 1 月 28 日

中华人民共和国
检察官职业道德基本准则(试行)

（2009 年 9 月 3 日最高人民检察院
第十一届检察委员会第十八次会议通过）

第一章　总　则

第一条　为加强检察官职业道德建设，正确履行宪法法律赋予的职责，根据《中华人民共和国检察官法》制定本准则。

第二条　检察官职业道德的基本要求是忠诚、公正、清廉、文明。

第三条　检察官应当高举中国特色社会主义伟大旗帜，深入贯彻落实科学发展观，坚持党的事业至上、人民利益至上、宪法法律至上，在履行职责、行使检察权的各个方面和职务外活动中恪守职业道德要求。

第四条　对模范践行检察官职业道德，品德高尚，业绩突出的，予以表彰奖励；对违反职业道德的行为，予以批评谴责，构成违法违纪的，依照法律和检察人员纪律规定予以惩戒。

第二章　忠　诚

第五条　忠于党、忠于国家、忠于人民、忠于宪法和法律，牢固树立依法治国、执法为民、公平正义、服务大局、党的领导的社会主义法治理念，做中国特色社会主义事业的建设者、捍卫者和社会公平正义的守护者。

第六条　尊崇宪法和法律，严格执行宪法和法律的规定，自觉维护宪法和法律的统一、尊严和权威。

第七条 坚持立检为公、执法为民的宗旨,维护最广大人民的根本利益,保障民生,服务群众,亲民、为民、利民、便民。

第八条 热爱人民检察事业,珍惜检察官荣誉,忠实履行法律监督职责,自觉接受监督制约,维护检察机关的形象和检察权的公信力。

第九条 坚持"强化法律监督,维护公平正义"的检察工作主题,坚持检察工作政治性、人民性、法律性的统一,努力实现执法办案法律效果、社会效果和政治效果的有机统一。

第十条 维护国家安全、荣誉和利益,维护国家统一和民族团结,严守国家秘密和检察工作秘密。

第十一条 保持高度的政治警觉,严守政治纪律,不参加危害国家安全、带有封建迷信、邪教性质等非法组织及其活动。

第十二条 初任检察官、检察官晋升,应当进行宣誓,牢记誓词,弘扬职业精神,践行从业誓言。

第十三条 勤勉敬业,尽心竭力,不因个人事务及其他非公事由而影响职责的正常履行。

第三章 公 正

第十四条 树立忠于职守、秉公办案的观念,坚守惩恶扬善、伸张正义的良知,保持客观公正、维护人权的立场,养成正直善良、谦抑平和的品格,培育刚正不阿、严谨细致的作风。

第十五条 依法履行检察职责,不受行政机关、社会团体和个人的干涉,敢于监督,善于监督,不为金钱所诱惑,不为人情所动摇,不为权势所屈服。

第十六条 自觉遵守法定回避制度,对法定回避事由以外可能引起公众对办案公正产生合理怀疑的,应当主动请求回避。

第十七条 以事实为根据,以法律为准绳,不偏不倚,不滥用职权和漠视法律,正确行使检察裁量权。

第十八条 树立证据意识,依法客观全面地收集、审查证据,不伪造、隐瞒、毁损证据,不先入为主、主观臆断,严格把好事实关、证据关。

第十九条 树立程序意识,坚持程序公正与实体公正并重,严格遵循法定程序,维护程序正义。

第二十条 树立人权保护意识,尊重诉讼当事人、参与人及其他有关人员的人格,保障和维护其合法权益。

第二十一条 尊重律师的职业尊严,支持律师履行法定职责,依法保障和维护律师参与诉讼活动的权利。

第二十二条 出席法庭审理活动,应当尊重庭审法官,遵守法庭规则,维护法庭审判的严肃性和权威性。

第二十三条 严格遵守检察纪律,不违反规定过问、干预其他检察官、其他人民检察院或者其他司法机关正在办理的案件,不私自探询其他检察官、其他人民检察院或者其他司法机关正在办理的案件情况和有关信息,不泄露案件的办理情况及案件承办人的有关信息,不违反规定会见案件当事人、诉讼代理人、辩护人及其他与案件有利害关系的人员。

第二十四条 努力提高案件质量和办案水平,严守法定办案时限,提高办案效率,节约司法资源。

第二十五条 严格执行检察人员执法过错责任追究制度,对于执法过错行为,要实事求是,敢于及时纠正,勇于承担责任。

第四章 清 廉

第二十六条 以社会主义核心价值观为根本的职业价值取向,遵纪守法,严格自律,并教育近亲属或者其他关系密切的人员模范执行有关廉政规定,秉持清正廉洁的情操。

第二十七条 不以权谋私,以案谋利,借办案插手经济纠纷。

第二十八条 不利用职务便利或者检察官的身份、声誉及影响,为自己、家人或者他人谋取不正当利益;不从事、参与经商办企业、违法违规营利活动,以及其他可能有损检察官廉洁形象的商业、经营活动;不参加营利性或者可能借检察官影响力营利的社团组织。

第二十九条 不收受案件当事人及其亲友、案件利害关系人或者单位及其所委托的人以任何名义馈赠的礼品礼金、有价证券、购物凭证以及干股等;不参加其安排的宴请、娱乐休闲、旅游度假等可能影响公正办案的活动;不接受其提供的各种费用报销,出借的钱款、交通通讯工具、贵重物品及其他利益。

第三十条 不兼任律师、法律顾问等职务,不私下为所办案件的当事人介绍辩护人或者诉讼代理人。

第三十一条 在职务外活动中,不披露或者使用未公开的检察工作信息,以及在履职过程中获得的商业秘密、个人隐私等非公开的信息。

第三十二条 妥善处理个人事务,按照有关规定报告个人有关事项,如实申报收入;保持与合法收入、财产相当的生活水平和健康的生活情趣。

第三十三条 退休检察官应当继续保持良好操守,不再延用原检察官身份、职务,不利用原地位、身份形成的影响和便利条件,过问、干预执法办案活动,为承揽律师业务或者其他请托事宜打招呼、行便利,避免因不当言行给检察机关带来不良影响。

第五章 文 明

第三十四条 注重学习,精研法律,精通检察业务,培养良好的政治素质、业务素质和文化素养,增强法律监督能力和做群众工作的本领。

第三十五条　坚持打击与保护并重、惩罚与教育并重、惩治与预防并重,宽严相济,以人为本。

第三十六条　弘扬人文精神,体现人文关怀。做到执法理念文明,执法行为文明,执法作风文明,执法语言文明。

第三十七条　遵守各项检察礼仪规范,注重职业礼仪约束,仪表庄重、举止大方、态度公允、用语文明,保持良好的职业操守和风范,维护检察官的良好形象。

第三十八条　执行公务、参加政务活动时,按照检察人员着装规定穿着检察制服,佩戴检察标识徽章,严格守时,遵守活动纪律。

第三十九条　在公共场合及新闻媒体上,不发表有损法律严肃性、权威性,有损检察机关形象的言论。未经批准,不对正在办理的案件发表个人意见或者进行评论。

第四十条　热爱集体,团结协作,相互支持、相互配合、相互监督,力戒独断专行,共同营造健康、有序、和谐的工作环境。

第四十一条　明礼诚信,在社会交往中尊重、理解、关心他人,讲诚实、守信用、践承诺,树立良好社会形象。

第四十二条　牢固树立社会主义荣辱观,恪守社会公德、家庭美德,慎独慎微,行为检点,培养高尚的道德操守。

第四十三条　不穿着检察正装、佩戴检察标识到营业性娱乐场所进行娱乐、休闲活动或者在公共场所饮酒,不参与赌博、色情、封建迷信活动。

第四十四条　不要特权、逞威风、蛮横无理。本人或者亲属与他人发生矛盾、冲突,应当通过正当合法的途径解决,不应以检察官身份寻求特殊照顾,不要恶化事态酿成事端。

第四十五条　在职务外活动中应当约束言行,避免公众对检察官公正执法和清正廉洁产生合理怀疑,避免对履行职责产生负面作用,避免对检察机关的公信力产生不良影响。

第六章 附 则

第四十六条 人民检察院的其他工作人员参照执行本准则。

第四十七条 本准则由最高人民检察院负责解释。

第四十八条 本准则自发布之日起施行。

检察机关领导干部廉洁
从检若干规定（试行）

（最高人民检察院 2010 年 11 月 16 日
第十一届第 137 次党组会议讨论通过）

第一条 为促进检察机关领导干部廉洁自律和公正廉洁执法，加强检察机关自身反腐倡廉建设，根据《中国共产党党员领导干部廉洁从政若干准则》、《中华人民共和国检察官职业道德基本准则（试行）》和有关纪律规定，制定本规定。

第二条 严禁利用职权和职务上的影响谋取不正当利益。不准有下列行为：

（一）索取、接受或者以借为名占用发案单位、案件当事人以及其他与行使职权有关系的单位或者个人的财物；

（二）接受可能影响公正执行公务的礼品、宴请以及旅游、健身、娱乐等活动安排；

（三）在公务活动中接受礼金和各种有价证券、支付凭证；

（四）以交易、委托理财等形式谋取不正当利益；

（五）利用知悉或者掌握的内幕信息谋取利益；

（六）违反规定多占住房，或者违反规定买卖房改房、经济适用房、廉租住房等保障性住房，重复享受住房优惠政策。

第三条 严禁违反规定办案或者以案谋私、以权谋私。不准有下列行为：

（一）在办案中徇私情；

（二）违反规定过问、干扰、插手其他检察人员、其他人民检察院或者其他司法机关正在办理的案件；

（三）违反规定探询其他检察人员、其他人民检察院或者其他司法机关正在办理的案件情况和有关信息；

（四）违反规定会见案件当事人、诉讼代理人、辩护人及其他与案件有利害关系的人员，或者擅自安排犯罪嫌疑人与其亲友或案件相关人员会见；

（五）接受发案单位、案件当事人以及其他与案件有利害关系的单位或个人提供的各种费用报销；

（六）违反规定为所办案件的当事人介绍辩护人或者诉讼代理人；

（七）违反规定泄露案件的办理情况及案件承办人的有关信息。

第四条 严禁私自从事营利性活动。不准有下列行为：

（一）个人或者借他人名义经商、办企业；

（二）违反规定拥有非上市公司（企业）的股份或者证券；

（三）违反规定买卖股票或者进行其他证券投资；

（四）个人在国（境）外注册公司或者投资入股；

（五）违反规定在经济实体、社会团体等单位中兼职或者兼职取酬，兼任律师、法律顾问、仲裁员等职务，以及从事其他有偿中介活动。

第五条 严禁违反公共财物管理和使用的规定，假公济私，化公为私。不准有下列行为：

（一）用公款报销或者支付应由个人负担的费用；

（二）违反规定借用公款、公物或者将公款、公物借给他人；

（三）私存私放公款；

（四）用公款旅游或者变相用公款旅游；

（五）用公款参与高消费娱乐、健身活动和获取各种形式的俱乐部会员资格；

（六）违反规定用公款购买商业保险，缴纳住房公积金，滥发津贴、补贴、奖金等；

（七）非法占有公共财物，或者以象征性地支付钱款等方式非法占有公共财物；

（八）截留、挤占、挪用、私分扣押、冻结的款物，擅自变卖、拍卖、处理涉案物品，或者利用职务之便购买变卖、拍卖涉案物品。

第六条 严禁违反规定选拔任用干部。不准有下列行为：

（一）采取不正当手段为本人或者他人谋取职位；

（二）不按照规定程序推荐、考察、酝酿、讨论决定任免干部；

（三）不按照规定程序修改、制定干部选拔任用工作实施方案和具体办法；

（四）私自泄露民主推荐、民主测评、考察、酝酿、讨论决定干部等有关情况；

（五）在干部考察工作中隐瞒或者歪曲事实真相；

（六）在民主推荐、民主测评、组织考察和选举中搞拉票等非组织活动；

（七）利用职务便利私自干预下级或者原任职地区、单位干部选拔任用工作；

（八）在工作调动、机构变动时，突击提拔、调整干部；

（九）在干部选拔任用工作中封官许愿，任人唯亲，营私舞弊。

第七条 严禁利用职权和职务上的影响为特定关系人谋取利益。不准有下列行为：

（一）要求或者指使提拔配偶、子女及其配偶、其他亲属以及身边工作人员；

（二）用公款支付配偶、子女及其配偶以及其他亲属学习、培训、旅游等费用，为配偶、子女及其配偶以及其他亲属出国（境）定居、留学、探亲等向个人或者机构索取赞助；

（三）妨碍涉及配偶、子女及其配偶、其他亲属以及身边工作人员案件的调查处理；

（四）利用职务之便，为他人谋取利益，其父母、配偶、子女及其配偶以及其他特定关系人收受对方财物；

（五）默许、纵容、授意配偶、子女及其配偶、其他亲属以及身边工作人员以本人名义谋取私利；

（六）为配偶、子女及其配偶以及其他亲属经商、办企业提供便利条件，或者领导干部之间利用职权相互为对方配偶、子女及其配偶以及其他亲属经商、办企业提供便利条件；

（七）允许、纵容配偶、子女及其配偶，在本人管辖的地区和业务范围内个人从事可能与公共利益发生冲突的经商、办企业、社会中介服务等活动，在本人管辖的地区和业务范围内的外商独资企业或者中外合资企业担任由外方委派、聘任的高级职务；

（八）允许配偶、子女及其配偶、其他亲属担任本人任职的检察机关受理案件的诉讼代理人、辩护人。

第八条 严禁讲排场、比阔气、挥霍公款、铺张浪费。不准有下列行为：

（一）在公务活动中提供或者接受超过规定标准的接待，或者超过规定标准报销招待费、差旅费等相关费用；

（二）违反规定兴建、装修办公楼、培训中心等楼堂馆所，超标准配备、使用办公用房和办公用品；

（三）擅自用公款包租、占用客房供个人使用；

（四）违反规定配备、购买、更换、装饰或者使用小汽车；

（五）违反规定决定或者批准用公款或者通过摊派方式举办各类庆典活动。

第九条 严禁违反规定干预和插手市场经济活动，谋取私利。不准有下列行为：

（一）干预和插手建设工程项目承发包、土地使用权出让、政府采购、招标投标、房地产开发与经营、矿产资源开发利用、中介机构服务等市场经济活动；

（二）干预和插手国有企业重组改制、兼并、破产、产权交易、清产核资、资产评估、资产转让、重大项目投资以及其他重大经营活动等事项；

（三）干预和插手批办各类资金借贷等事项；

（四）干预和插手经济纠纷；

（五）干预和插手各类行政许可、行政检查、行政监督、政处罚等活动；

（六）干预和插手农村集体资金、资产和资源的使用、分配、承包、租赁等事项。

第十条 严禁脱离实际，弄虚作假，损害群众利益和党群干群关系。不准有下列行为：

（一）虚报工作业绩；

（二）对告诉求助群众采取冷漠、生硬、蛮横、推诿态度；

（三）大办婚丧喜庆事宜，造成不良影响，或者借机敛财；

（四）以不正当手段骗取荣誉、职称、学历学位等利益；

（五）耍特权、逞威风，损害群众利益；

（六）从事有悖社会公德、职业道德、家庭美德的活动。

第十一条 各级检察院党组负责本规定的贯彻实施。党组书记、检察长要以身作则，模范遵守本规定，同时抓好本地区本单位的贯彻实施。

各级检察院纪检监察部门协助同级党组抓好本规定的落实，并负责对实施情况进行监督检查。

第十二条 各级检察院党组要加强对领导干部廉洁从检方面的教育，将本规定列为领导干部教育培训的重要内容。

第十三条 各级检察院党组要认真落实党内监督的各项制度，通过贯彻实施民主生活会、重要情况通报、巡视、谈话和诫勉、述职述廉、报告个人有关事项以及考察考核等监督制度,加强对领导干部执行本规定情况的监督检查。

领导干部参加民主生活会和述职述廉,要对照本规定进行检查,认真开展批评和自我批评,自觉接受监督。

第十四条 领导干部组织实施和执行本规定的情况,应列入党风廉政建设责任制和干部考核的重要内容,考核结果作为对其任免、奖惩的重要依据。

第十五条 检察机关领导干部违反本规定的,依照有关规定给予批评教育、组织处理或者纪律处分,构成犯罪的,依法追究刑事责任。

第十六条 本规定适用于各级人民检察院及其直属事业单位。

第十七条 本规定所称"领导干部"是指各级人民检察院领导班子成员、检察委员会委员和内设机构负责人。

各级人民检察院其他县(处)级以上干部及事业单位中相当于县(处)级以上干部,适用本规定。

本规定所称"经商、办企业"是指个人独资或者与他人合资、合股经办商业或者其他企业,以个人或他人名义入股的形式经办企业,私自以承包、租赁、受聘等方式从事商业和其他经营活动。

本规定所称"其他亲属"是指父母、兄弟姐妹、祖父母、外祖父母、孙子女、外孙子女和其他具有抚养、赡养关系的亲属。

第十八条 本规定由最高人民检察院负责解释。

第十九条 本规定自发布之日起施行。

关于印发河南省人民检察院《关于切实改进工作作风密切联系群众的实施意见》的通知

豫检发〔2013〕3 号

各市分院,省院各部门:

现把《河南省人民检察院关于切实改进工作作风密切联系群众的实施意见》印发给你们,请认真贯彻执行。执行中遇到的问题和建议,请及时报告省院。

河南省人民检察院

2013 年 4 月 7 日

河南省人民检察院关于切实改进工作作风密切联系群众的实施意见

中央《关于改进工作作风、密切联系群众的八项规定》对改进工作作风、密切联系群众提出了明确具体要求,充分体现了党中央落实党要管党、从严治党的坚强决心,体现了坚持求真务实、狠抓作风转变的坚强决心。全省检察机关要结合检察工作实际,不折不扣抓好落实,切实在改进作风中强化法律监督,在密切联系群众中提升工作水平,以实际行动进一步树立河南检察机关务实发展、清正廉洁、执法为民的良好形象。

一、注重调研实效。调研立项要务实。要立足为基层解决问题,紧扣检察工作热点难点问题,确立调研主题,带着题目下基层,围绕主题搞调研,没有明确主题和实质内容的调研活动一律不搞。调研安排要科学。既要到工作开展好、成绩突出的单位总结推广好的经验做法,更要到工作被动、困难较多的单位帮助分析问题症结、解决实际困难。省院领导同志不同时安排到同一省辖市调研。多项调研任务尽量兼顾进行,一个地区一般不安排对同一主题进行重复调研。省院领导同志要认真落实联系基层检察院制度,坚持深入实际、深入基层调研,每位领导同志负责联系 2 个基层检察院,每年到联系点调研不少于 1 次。调研成果要有价值。形成的调研报告要客观反映情况,深入分析问题,提出有针对性的措施意见。统一组织的专题调研,调研结束后,要及时向院党组或分管院领导写出专题报告,专题报告经检察长、副检察长审批后,可由办公室编发《检察情况反映》或《领导参阅》,促进成果共享。

二、简化公务接待。从简陪同。省院领导同志下基层调研时,可安排与调研主题相关的部门人员 1~2 名随行。省院检察长到县级检察院调研时,省辖市检察院可安排 1 位主要负责同志陪同;副检察长、院党组成员、专职委员、厅级干部到省辖市检察院及所属基层检察院调研时,省辖市检察院可安排 1 位相关领导陪同;省院内设部门负责人到省辖市检察院及所属基层检察院调研时,省辖市检察院可安排对口部门 1 位负责人陪同。从简接待。省院领导下基层调研,下级院不到高速路口、交界处迎送,确需到高铁站迎送的,由陪同调研的人员迎送。在基层调研期间,入住当地政府定点公务接待宾馆,不安排超规格客房,在机关食堂或者入住宾馆按当地规定吃工作餐,不安排宴请。不张贴悬挂标语横幅,不摆放花草,不安排检察人员列队迎送,不安排接见合影,不组织专场文艺表演,不收送各类纪念品或土特产,不安排到名胜古迹、风景区参观游览,不使用警车开道。严控接待费用。公务接待要严格执行有关规定,严格执行审批程序,接待部门的接待申请经主管领导签字审批后,报计财处审核。未按规定审批程序自行接待的,不予报销费用。上级领导机关、外省来豫检查指导、考察交流人员,一律入住政府定点接待宾馆,在入住宾馆或机关食堂就餐,原则上不安排宴请。因公务活动确需在机关食堂之外安排的,要严格执行公务卡结算制度,实行一次一结算,不得签单、赊账。下级检察院到上级检察院公务的,一律在机关食堂吃工作餐。

三、严管公务用车。严格执行《党政机关公务用车配备使用管理办法》,严格执行编制、价格、排气量等规定,不准违反规定配备、购买、更换、装饰或使用公务用车。公务活动确需安排车辆的,尽量安排集中乘车,不安排警车开道。严禁公车私用。不准利用职务便利,借用、占用、置换、购买转让发案单位或案件当事人等其他单位或个人的机动车辆;不准利用工作便利,借用、占用企事业单位、社会团体或者个人以及下级检察院的机动车辆。不准超编配备警车,非执行紧急公务不得使用警车,严禁违反规定使用警灯警笛、超速行驶、闯红灯,不准开特权车、霸道车。

四、从严控制公文。减少重复性发文。凡国家法律法规和党内法规已作出明确规定的,现行文件规定仍然适用的,一律不再重复发文。可发可不发的文件一律不发。省委、高检院、省院下发的文件,各级院要结合实际提出具体的贯彻落实措施,不折不扣抓好落实,不得层层转发,以文件落实文件。严格控制省院文件和办公室文件数量。除传达贯彻中央、省委、高检院精神,全局性重大工作部署、重要决定,可以印发省院文件外,其他事项需要印发文件的,以办公室文件或部门文件印发。下级院的工作经验、做法原则上以《检察情况反映》《河南检察简报》形式刊发或部门文件转发,确需以办公室文件或院文转发的, 需经省院主要领导同志签批同意。规范领导同志讲话的印发。领导同志在全省市分院检察长会议上的讲话印发省院文件,在其他会议上的讲话一律通过《检察工作通报》形式印发。省院检察长下基层调研时的讲话,印发《检察情况反映》。其他院领导下基层调研时的讲话,原则上不印发,确需印发的,以部门文件印发。省院领导同志参加社会组织年度会议、接见外宾、到有关培训班、有关单位、系统讲课时的发言稿、讲课稿等,一律不印发。省院领导在高检院、省委重要会议上的发言,印发《检察工作通报》。进一步规范文件处理工作。严格按照《人民检察院公文处理办法》处理公文。未经省院批准,各部门不得向下级检察院发布指示性公文,不得要求下级院报文。办公室根据授权,可以对下级检察院和其他机关行文;其他内设部门在各自职权范围内可以对本院其他部门行文, 可以与上下级检察院业务对口部门之间相互行文,可以向其他同级机关相关部门行文,不得直接对下级检察院或者其他机关行文。精简省院简报。省院简报只保留《检察情况反映》、《河南检察简报》、《领导参阅》、《领导同志批示》4 种。省院向省委、高检院和其他机关报送信息统一用《检察情况反映》,市级检察院和省院信息直报点单位报送省院的简报,只保留《检察情况反映》1 种。规范机关各部门简报。机关各部门确需编发简报的, 原则上只保留 1 种, 部门简报名称统一规范为《XX 工作情况》,简报刊头一般采用黑色,确需报送省委有关部门的,经批准可使用红色。各部门简报只上报下发至上下级院对口部门,报省院主管领导及协助厅级干部,抄送省院办公室。着力推行无纸化办公。充分利用检察机关专线网络平台向下级检察机关和机关各部门传送电子文件简报, 优化工作流程,完善运行机制,逐步实现文件简报的网上传输、网上办理,减少纸质文件和简报资料,切实提高文件简报办理工作的质量和效率。已发电子公文的,一般不再印发纸质文件。

五、切实改进会风。精简会议活动。实行会议计划报批制度。每年12月31日前,省院各部门将于下年度拟召开的会议名称、会议时间、参会人员、会议地点、会议费用等,书面报省院办公室,办公室汇总报院党组决定后,由办公室下发省院年度会议计划。严格控制会议数量。省院召开全省性的一类会议每年不超过1次;各内设机构召开二类会议每5年不超过1次,三类会议每年不超过1次,其他确需召开的会议以电视电话会议形式召开。严禁以业务协作会、交流会、研讨会等为名召开区域性的联谊会。未经批准,领导干部一律不出席各类剪彩、奠基活动和庆祝会、纪念会、表彰会、博览会、研讨会及各类论坛等,一律不发贺信、贺电,不题词、题字。控制会议活动规模和时间。非全局性会议,不安排领导班子全体成员参加。各类业务工作会议,时间不超过1天,主要领导同志一般不出席。会议经验交流以书面为主,大会发言单位一般不超过6个。电视电话会议的主会场和分会场都要控制规模、简化形式,一般不邀请下级检察院领导同志到主会场参会,根据需要,有些会议可直接部署到基层检察院。严格控制会议活动经费。严格执行各类会议费用标准。严禁提高会议住宿、用餐标准,严禁以任何名义发放纪念品,严禁以会议名义组织参观游览。会议活动现场布置要简朴,工作会议一律不摆花草、不制作背景板,一般不安排集体合影。严禁向下级院或有关单位转嫁会议费用。

六、严控考察、出差活动。尽量减少出差次数,对确有必要的外出考察等活动,要严格预算和严格标准,没有实质性内容的外出考察活动一律不作安排。出差任务能合则合、能并就并,严格控制公务出差数量和人数。出差期间要提高工作效率,尽量减少出差天数。要严格执行省委、省政府关于外出考察和出差的有关规定,不得超标准食宿;严格按照规定标准乘坐交通工具和舱座,确因工作需要提高标准的,要提前报主管院领导审批;严禁借出差、考察、学习、培训等名义变相旅游。要严格控制公务出国费用。严格执行中央、省委、高检院规定,根据工作需要合理安排出访活动,出访要有明确目的和实质性内容,严格控制出访团组和年度出访人员总量,不把出访作为待遇,不搞平衡照顾。不得违反规定延长出访时间、增加访问国家和地区(包括经停地)。严格执行外事礼品管理规定和出访报审程序。

七、落实节俭措施。加强节约型机关建设。办公用品要避免频繁更新,尽量减少一次性办公用品购置,杜绝长明灯、白昼灯。加强车辆配件更新、维修费支出的管控,堵塞跑冒滴漏,降低运行成本。加大节水、节电、节油力度,把节俭节约渗透机关管理的每个环节、每项职能、每个岗位上。从简安排节庆活动。坚持移风易俗、文明过节。严格控制各类节庆活动,节庆活动要从简务实,不得借节庆之名大吃大喝,不得组织公款消费娱乐活动。上下级之间不准用公款拜年、送礼。严格规范慰问活动。重大节日,除退休老干部、军烈属、劳模、伤残干警和困难干警以及国家规定的慰问对象外,对其他人员一律不进行看望慰问。慰问前要明确标准,明确范围,严格规范慰问活动。

八、改进执法作风。严禁违反规定办案。不准对上访群众冷漠、生硬、蛮横、推诿;不准违反规定过问、干扰、插手其他检察人员、其他人民检察院或者其他司法机关正在办理的案件;不准违反规定探询其他检察人员、其他人民检察院或者其他司法机关正在办理的案件情况和有关信息;不准违反规定会见案件当事人、诉讼代理人、辩护人及其他与案件有利害关系的人员,或者擅自安排犯罪嫌疑人与其亲友或案件相关人员会见;不准违反规定为所办案件的当事人介绍辩护人或者诉讼代理人;不准违反规定泄露案件的办理情况及案件承办人的有关信息。严格涉案款物管理。严格执行《人民检察院刑事诉讼规则(试行)》《人民检察院扣押、冻结涉案款物工作规定》,切实保护当事人和其他诉讼参与人的合法权益。不准截留、挤占、挪用、私分扣押、冻结的款物,擅自变卖、拍卖、处理涉案物品,或者利用职务之便购买变卖、拍卖的涉案物品。各级检察机关对扣押、冻结、保管、处理涉案款物工作每年至少开展一次专项检查。

九、严格廉洁从检。严格执行廉洁自律规定。认真落实《廉政准则》、《廉洁从检若干规定》等要求，严禁违反规定提拔任用干部，严禁违反规定干预和插手市场经济活动，严禁违规收送现金、有价证券和支付凭证，严禁领导干部利用职权和职务影响为配偶、子女以及其他亲属经商办企业提供便利条件，严禁私自从事营利性活动；严禁违反规定多占住房，或者违反规定买卖经济适用房、廉租住房等保障性住房，重复享受住房优惠政策；严禁大办婚丧喜庆事宜，或者借机敛财。严禁以案谋私。不准在办案中徇私情；不准接受发案单位、案件当事人以及其他与案件有利害关系的单位或个人提供的各种费用报销；不准索取、接受或者以借为名占用发案单位、案件当事人以及其他与行使职权有关的单位或者个人的财物；不准接受可能影响公正执行公务的礼品、宴请以及旅游、健身、娱乐等活动安排。着力健全防止利益冲突机制。严格执行高检院《关于规范检察人员与律师交往行为的暂行规定》，检察人员的配偶、子女不得担任其任职检察院办理案件的诉讼代理人或者辩护；从人民检察院离职后三年内，不得以律师身份担任诉讼代理人或者辩护人。建立健全并严格执行执法办案说情报告制度，防止和减少对执法办案活动的干扰。

十、加强监督检查。认真抓好落实。全省各级检察机关都要认真执行中央、省委、高检院的规定和本实施意见，领导干部要带头学习、带头落实，作出表率，要真正做到落实不走样、不变通、不打折扣，用实实在在的成效，拥护中央的决定，树立检察机关形象，密切同人民群众的联系。加强督促检查。办公室、监察处、计财处、服务中心作为主管部门，要严格把关，各部门要积极配合。要把执行上级有关规定和本实施意见情况，列入检务督查，定期组织检查，督促落实。各级院要加强自查，每年底要向上级院报告落实上级规定和本实施意见情况。对违反规定者，将视情作出处理。

河南省基层检察院建设考评实施办法

第一章 总 则

第一条 为指导和规范基层检察院建设考核评价工作,提高基层检察院建设水平,根据最高人民检察院《基层人民检察院建设考核办法(试行)》,结合全省基层检察院实际,制定本办法。

第二条 基层检察院建设考评坚持以邓小平理论、"三个代表"重要思想、科学发展观、习近平总书记系列讲话精神为指导,以业务建设为中心,以队伍建设为根本,以强化管理为动力,以检务保障为支撑,遵循基层检察院建设客观规律,通过考评引导和督促基层检察院全面履行法律监督职责,推进基层检察院执法规范化、队伍专业化、管理科学化、保障现代化建设,促进基层检察院建设科学发展。

第三条 基层检察院建设考评坚持以下原则:

(一)客观公正,公开透明;

(二)导向正确,标准科学;

(三)突出重点,统筹兼顾;

(四)简便易行,注重实效。

第二章 主要内容

第四条 基层检察院建设考评的主要内容:

(一)检察业务建设;

(二)检察队伍建设;

(三)管理机制建设;

(四)检务保障建设。

第五条 检察业务建设主要考评以下项目：

(一)履行各项检察职能；

(二)执法规范化建设；

(三)执法质量；

(四)执法效果。

第六条 检察队伍建设主要考评以下项目：

(一)思想政治建设；

(二)领导班子建设；

(三)专业化建设；

(四)职业道德建设和文化建设；

(五)党风廉政建设和纪律作风建设。

第七条 管理机制建设主要考评以下项目：

(一)制定管理制度；

(二)管理制度运转及改进；

(三)管理创新。

第八条 检务保障建设主要考评以下项目：

(一)经费保障和管理、资产管理；

(二)"两房"等基础设施建设；

(三)网络系统建设和管理、网络安全保密建设；

(四)办案、办公、保障和管理信息化；

(五)司法鉴定、技术性证据审查和技术协助；

(六)警务保障和办案工作区建设。

第三章 基本方法

第九条 基层检察院建设考评为年度考评。每年末,按照省检察院的部署,由市分院对所辖基层检察院本年度的全面工作统一进行考评。省检察院采取抽查、复查等方式进行检查指导。

第十条 基层检察院建设考评采取百分制量化考评。其中检察业务建设60分,检察队伍建设20分,管理机制建设10分,检务保障建设10分。考评总分达到90分以上的为优秀,60-89分的为合格,59分以下的为不合格。

第十一条 检察业务建设考评按照《河南省基层检察院业务考评计分细则》组织实施;检察队伍建设、管理机制建设、检务保障建设考评按照《河南省基层检察院检察队伍建设、管理机制建设、检务保障建设考评计分细则》组织实施。

第十二条 检察业务主要对反贪、反渎、侦监、公诉、监所、控申、民行、预防八项工作进行考评。

八项业务工作总分按千分制计算。各项业务工作中的各分(小)项工作,得最高分(最高率)的基层院视为该分(小)项工作得满分,其他基层院乘以公共系数后为其该分(小)项工作得分。

八项业务工作得分之和为基层院业务工作总分,再将其换算成百分制考评分数。

第十三条 检察队伍建设、管理机制建设、检务保障建设三项考评均先按百分计算,其中基础分为60分,浮动分为40分(浮动分换算前上不封顶下不设限)。

基础分的计算:按照《河南省基层检察院检察队伍建设、管理机制建设、检务保障建设考评计分细则》中所列基础项目,达到要求的得基础分,达不到要求的不得分。

浮动分的计算:按照《河南省基层检察院检察队伍建设、管理机制建设、检务保障建设考评计分细则》中所列加分和扣分项目的规定,算出所加总分和所扣总分,两项合并后所得分数作为原始浮动分。各市原始浮动分得分最高的基层院视为40分,由此计算出浮动分系数(浮动分系数=40÷本地基层检察院最高原始浮动分),其他基层检察院所得原始浮动分乘以该系数为其浮动得分;本地基层院原始浮动分没有达到 40 分的,实际得分即为浮动分。

基础分数和浮动分数相加后得出检察队伍建设、管理机制建设、检务保障建设三项百分制考评分数。

第十四条 各考评项目的实际得分为:

检察业务建设的实际得分 = 考评分数 × 60%

检察队伍建设的实际分数 = 考评分数 × 20%

管理机制建设的实际分数 = 考评分数 × 10%

检务保障建设的实际分数 = 考评分数 × 10%

被考评基层检察院的最后得分为:检察业务建设、检察队伍建设、管理机制建设、检务保障建设各项实际得分之和。

第十五条 市分院对基层检察院工作进行全面综合考评,单项工作考评纳入综合考评之中。上级检察院各内设机构不单独对基层检察院部门单项工作进行考评。

第十六条 基层检察院建设考评情况将作为省检察院评价市分院工作的重要内容。

第十七条 基层检察院建设考评应增强透明度,扩大民主参与,引入社会评价机制,通过民意调查,对群众满意度进行测评,提高考评公信度。

第十八条 不断改进和完善考评方式,把年度考评与日常考评结合起来,实行动态考评,提高考评的质量和效果。

第十九条 充分运用现代信息技术手段,发挥检察专线网的作用,逐步建立网上考评信息平台,降低考评成本,提高考评效率。

第四章 基本程序

第二十条 市分院于考评前制定考评工作方案,并将方案通知基层检察院。

第二十一条 基层检察院按照《河南省基层检察院建设考评实施办法》

的规定,对照有关计分细则,对年度的工作进行总结,形成书面自评材料,做好接受考评的准备。

第二十二条 市分院按照考评方案确定的方法和步骤进行考评,统计考评信息,计算考评得分,确定考评结果。

考评工作应当遵循以下程序:

(一)听取汇报。听取被考评基层检察院检察长关于本年度贯彻《河南省基层检察院建设考评实施办法》、开展各项检察工作情况的全面汇报。

(二)查阅资料。查看被考评基层检察院党组会议记录、检察委员会会议记录、基层检察院建设档案材料、考评台账、有关案卷和相关登记材料等。

(三)民主测评。采取发放测评表、召开座谈会等方式,收集、统计被考评基层检察院干警对领导班子及其成员的评价和意见。

(四)个别谈话。分别听取本院领导、中层干部和干警对本单位贯彻《河南省基层检察院建设考评实施办法》的评价和意见。

(五)征求意见。走访当地党委、人大、政府、政协和其他有关部门,征求对被考评基层检察院的意见。

(六)综合汇总。考评组根据考评情况,汇总各方面的考评信息,并与被考评单位主要负责人沟通情况后,形成综合考评意见。

(七)审核反馈。考评组向市分院考评领导小组汇报考评情况,市分院考评领导小组审查后,向被考评单位通报结果。

第二十三条 基层检察院对考评结果无异议的,由市分院将考评结果书面报告省院政治部,并抄送基层检察院同级地方党委和人大常委会。

基层检察院对考评结果有异议的,在收到通报之日起 7 日内申请复查,市分院应当认真复查,15 日内作出复查决定。

第二十四条 基层检察院发生违法违纪问题正在被调查处理的,应当先进行年度考评,待查明问题并作出正式结论后,再确定其考评结果。

第二十五条 在评比表彰完毕后发现先进单位在受表彰奖励年度有取

消评选先进资格情形的,应当撤销对该单位的表彰奖励决定。授予荣誉称号的,应当取消荣誉称号。

第五章 组织实施

第二十六条 市分院成立基层检察院建设考评领导小组,由检察长任组长,有关领导和部门负责人参加。

考评领导小组下设办公室,负责组织实施考评工作。

第二十七条 考评领导小组负责制定考评计划,监督考评程序,协调考评工作,向所辖基层检察院派出考评组,审查考评结果,受理复查申请,作出复查决定,向本院党组提出考评评定意见。

第二十八条 对基层检察院建设考评人员应当进行培训,使之熟悉标准和程序,以利于考评工作。

第六章 结果运用

第二十九条 基层检察院建设年度考评结果分为优秀、合格、不合格三个等次。

第三十条 市分院表彰的先进检察院,从考评结果为优秀的基层检察院中产生;省检察院表彰的先进检察院,从市分院评定的先进检察院中产生;高检院表彰的先进检察院,从省院评定的先进检察院中推荐。

第三十一条 基层检察院被上级检察院评定为先进检察院或被授予模范检察院称号的,应当对该院检察长和作出突出贡献的检察人员予以表彰奖励,并在提拔任用方面优先考虑。

第三十二条 基层检察院考评不合格的,列为重点帮促对象,并对该院检察长进行诫勉谈话;连续两年考评不合格的,市分院可以建议对该院检察长或领导班子成员予以调整。

第三十三条 基层检察院被取消年度评选先进资格的,列为重点帮促院进行整改,并视情节轻重对相关责任领导和人员作出相应处理。

第三十四条 基层检察院在考评年度具有下列情形之一的,取消评选先进资格:

(一)检察院工作报告在人民代表大会上表决未通过的;

(二)检察人员(含检察专项编制和事业编制)因故意犯罪被依法追究刑事责任的;

(三)发生刑讯逼供、违法取证或其他严重执法过错行为并经查证属实的;

(四)由于违反规定或失职,发生涉案人员自杀身亡等办案安全事故的;

(五)由于违反规定或工作不负责任,发生涉检信访人员自杀身亡等极端安全事故的;

(六)检察长因违法违纪被依法罢免或者受到党纪政纪、刑事处分的;

(七)对违法违纪、办案安全事故和错案等问题隐瞒不报,或在工作成绩上弄虚作假的。

第三十五条 在考评过程中弄虚作假或有其他违法违纪行为的,要依法依纪追究有关人员的责任。

第七章 附 则

第三十六条 年度考评时间为上年度的 12 月 26 日至本年度的 12 月 25 日。

第三十七条 本办法将根据最高人民检察院工作要求和我省工作实际适时调整。

第三十七条 本办法由省院政治部负责解释。

第三十八条 本办法自发布之日起试行。

河南省人民检察院

2014 年 9 月 5 日

关于印发《最高人民检察院机关
严肃纪律作风的规定》的通知

豫检文纪〔2015〕1 号

各市、分院,省院机关各部门,检察职业学院:

为贯彻落实中央全面从严治党、从严治检要求,深化"增强党性、严守纪律、廉洁从政"专题教育活动和规范司法行为专项整治工作,切实加强机关纪律作风建设,高检院党组近期审议通过《最高人民检察院机关严肃纪律作风的规定》(以下简称《规定》),明确提出了严肃纪律作风的"15 条禁令",以实际行动为全国检察机关严肃作风纪律作出了表率。根据省院领导指示,现将《规定》印发你们遵照执行。

各单位要把贯彻执行《规定》作为落实党风廉政建设"两个责任"、开展各类专项教育活动的重要内容,认真组织学习,严格监督管理,不断强化纪律刚性约束,提高纪律执行力,真正使纪律成为每一名干警不敢触碰的红线。各单位领导班子特别是"一把手"要以上带下、率先垂范,带头执行纪律,自觉接受纪律约束,示范带动所属人员把《规定》要求落到实处。

各单位纪检监察(检务督察)部门要认真履行监督责任,切实把贯彻落实"15 条禁令"情况,作为主要内容纳入检务督察范围,加大监督检查力度,对违反"15 条禁令"的行为要发现一起、查处一起,既要依纪依规严肃处理直接责任人,也要严肃倒查追究相关人员的领导责任和监管责任,并点名道姓通报曝光。

河南省人民检察院

2015 年 2 月 10 日

最高人民检察院机关严肃纪律作风的规定

一、严禁发表反对党的路线方针政策、违背四项基本原则、违背改革开放或者其他有严重政治问题的言论、文章、宣言、声明等;

二、严禁利用网络、微博、微信、客户端等媒介编造、传播、散布谣言,丑化或者损害党和国家形象;

三、严禁泄露国家秘密、检察工作秘密,或者为案件当事人及其代理人和亲友打探案情、通风报信;

四、严禁违反规定过问、干预其他检察官、其他人民检察院或者其他司法机关正在办理的案件,为案件当事人说情;

五、严禁私自会见案件当事人或其辩护人、代理人、申诉人、亲友及特定利害关系人,或者接受上述人员提供的财物、宴请、娱乐、健身、旅游活动及其他服务;

六、严禁以权谋私、以案谋利,借办案插手经济纠纷,办关系案、人情案、金钱案;

七、严禁违反规定向案件当事人推荐特定的律师作为本人办理案件的诉讼代理人、辩护人,或者要求、暗示当事人更换律师;

八、严禁工作时间迟到早退、网上购物、观看影视剧、打游戏、办私事等与工作无关的行为;

九、严禁执法办案期间、工作时间和工作日中午饮酒,禁止佩戴检察标志和着法警制服到公共场所饮酒娱乐;

十、严禁对人民群众要特权、逞威风、蛮横无理,或者有与检察人员身份不符的言行;

十一、严禁有违背社会主义道德、检察官职业道德、家庭美德的行为,禁

止参与赌博、色情、涉毒性质的活动;

十二、严禁接受下级检察院公务接待以外的宴请,借婚丧嫁娶、子女升学就业等事宜大操大办;

十三、严禁利用工作上的便利,私自向发案单位或者案件当事人及其亲友借用住房、财物或者交通、通讯工具,或者以各种名义赠送或接受用公款购买的土特产品、贵重纪念品和其他礼品;

十四、严禁违反规定经商办企业及从事营利活动,或者利用职务上的便利为亲友及特定利害关系人的经营活动谋取利益;

十五、严禁使用扣押的机动车辆、公车私用、酒后驾驶机动车辆和交通肇事后逃逸。

河南省人民检察院办公室

2015 年 2 月 10 日印发

第二章
本院队伍管理有关规定

汝州市人民检察院党组会议制度

根据《中国共产党章程》和上级党组织的有关规定,结合本院实际,制定本制度。

本院党组以党组会议形式进行集体领导,部署全院重要工作和重大事项的决策,通过党组会议,充分发挥院领导集体的智慧和作用。

党组会议必须贯彻执行民主集中制原则,少数服从多数。党组成员对党组的决定必须坚决执行;如有不同意见,可以保留,在下次会议提出,但在行动上不得有任何反对的表示。

党组会议议事范围:

(一)研究制定本院贯彻党的路线、方针、政策和各级党委、检察机关的重要指示的具体措施;

(二)研究本院党建工作重要事项;

(三)研究决定本院重大改革措施和阶段性的重要工作部署方案;

(四)研究决定本院机构设置、干部任免、晋升、录用、调动、奖惩及队伍建设上的教育、管理、考核、培训等重大问题。

(五)研究决定干部政治、生活、福利等方面重大问题;

(六)党组成员政治理论学习和民主生活会;

(七)研究其他必须由党组决定的重要事项。

党组会议由党组书记根据情况决定召开。会议由党组书记主持。根据会议的内容和需要,除党组成员外,可请有关人员列席,或采取党组扩大会议的形式举行。列席会议人员名单由党组书记确定。党组会议必须有半数以上成员到会才能召开。党组成员应按时出席会议,因特殊情况不能出席的,应于会前向党组书记请假。

凡提交党组研究决定的议题,党组成员或有关部门必须做好准备,提出较成熟的意见和方案,为党组会议正确决策提供根据。

党组会议的日期、议题和有关资料由政治处或党组书记提前一天通知和收集、发给党组成员,党组成员必须认真考虑准备意见。

党组会议上党组成员研究决定问题、发表意见必须从党性、全局性、公正性出发,客观的实事求是的分析和处理问题,保证党组会议集体决策的科学性、可行性和准确性。

党组会议所作的决议、决定,党组成员及有关部门必须认真贯彻、如期执行,并将执行落实情况及时报院党组书记。

党组会议研究决定的问题,每个党组成员应注意保密,不得外传。需要传达的,由党组指定专人向有关科、局、室、队的人员传达。

党组每月组织一次中心组学习,主要学习马列主义、毛泽东思想、邓小平理论、"三个代表"重要思想和科学发展观以及党中央和上级党委及检察机关的重要指示精神;学习科学管理知识、努力提高党组成员的政治理论水平、政策水平和科学管理能力。

党组每半年召开一次民主生活会,各党组成员应从思想、廉洁自律、工作作风、带头表率作用、团结互助等方面开展批评和自我批评。

党组会议的记录属"机密"等级,由政治处保管。除党组成员外,查阅会议记录必须经党组书记批准。

汝州市人民检察院党组中心组学习制度

为了进一步完善党组中心组学习制度,提高学习质量和学习效果,促进班子建设和队伍建设,根据市委对各级党委(组)的要求,特制定如下规定:

一、目的任务

高举中国特色社会主义伟大旗帜,以邓小平理论和"三个代表"重要思想为指导,深入贯彻落实科学发展观,弘扬理论联系实际的优良作风,坚持学习理论和指导实践相结合、改造客观世界和改造主观世界相结合,按照社会主义法治理念的要求,坚持勤奋学习、善于思考,解放思想、与时俱进、勇于实践、锐意创新,为建设学习型检察院做出表率。

二、学习内容

(一)马列主义、毛泽东思想、邓小平理论、"三个代表"重要思想,科学发展观,和十八大及十八届三中全会重要精神。

(二)围绕党在各个时期的中心任务,认真学习党的路线、方针和政策,传达学习党中央重大决策和重要任务以及重要会议精神。

(三)学习社会主义市场经济理论和有关的法律、政策和上级党委规定的学习内容。

(四)传达学习市委、高检院和省市院对检察工作的重要指示和要求。

三、参加对象

院党组成员,必要时吸收部门负责人参加。中心组学习由院党组负责人主持,政治处负责记录。中心组成员每人要有学习笔记、学习资料、学习心得,每年每人撰写学习心得文章1至2篇。

四、学习时间

每月集中学习半天,安排在月初,具体时间届时通知。

汝州市人民检察院党组民主生活会制度

为进一步完善党组民主生活会制度,提高民主生活会质量,根据党章的规定和上级党委的要求,特制定如下规定:

一、民主生活会以检查贯彻执行党的路线、方针、政策、决议情况为主要内容或解决党员和党员领导干部在思想上、作风上和工作上的问题,沟通思想、开展批评和自我批评,总结经验教训,统一思想认识为目的。党组成员应从思想、廉洁自律、工作作风、带头表率作用、团结互助等方面开展批评与自我批评。

二、党组每半年召开一次民主生活会,一般情况下,每年至少召开两次。民主生活会的议题必须有针对性。会前要把生活会的议题通知党组成员做好准备,每个党组成员要依据议题要求列好提纲,写出书面发言材料。发言内容着重解决思想认识方面的问题。

三、与会人员应遵守团结—批评与自我批评—团结的方针,开展积极的思想斗争。不可互相戒备,有话当面不讲,不交换意见,不交流思想;更不可搞无原则的一团和气或闹无原则的纠纷。批评要注意事实依据,要与人为善,对待批评要本着有则改之,无则加勉的态度。要使民主生活会达到统一思想,增强团结,相互监督,共同提高的目的。

四、召开民主生活会前要向市委组织部、市纪检委、政法委和上级检察院报告,请求派员参加会议。会中要做好会议记录,会后要写出专题报告上报市委和上级检察院。

汝州市人民检察院领导干部
"一岗双责"制度

院领导和部门负责人既是检察业务工作的组织者和实施者,也是思想政治工作的具体组织者和实施者,对业务工作和思想政治工作负全部责任,既管事,又管人。

坚持业务工作和思想政治工作两手抓的方针。在抓好业务工作的同时,要经常深入地做好干警的思想工作,把思想工作融于各项业务工作之中,通过正确引导,化解矛盾,协调关系,理顺思想,充分调动干警的工作积极性。

主管副检察长对所分管部门负责人的思想和生活情况要做到心中有数,每季度要向检察长汇报一次部门负责人的思想和工作情况。

部门负责人要做到"从严治警"、"从优待警",要清楚干警想什么、干什么、有什么困难需要组织帮助解决,解决困难和问题的措施要跟上,每月要向主管副检察长汇报一次干警思想和工作情况。

实行逐级负责的原则。凡部门负责人发生违法违纪问题,要追究主管副检察长的领导责任;凡科室干警发生违法违纪问题,要追究部门负责人责任。责任追究范围按照党风廉政建设责任追究规定执行。

认真落实目标管理方案,全面完成工作任务,实行院领导和部门负责人提请否决制。

(一)否决条件

1.在目标管理年度考核中,连续两年位居全市检察系统后两名的;

2.部门负责人违法党纪、政纪,受到党内严重警告或行政记过以上处分

的;年度考核中,不称职票达到参加测评人数 30%的;

3.拒不执行上级的指示、规定,造成严重后果或受上级院通报批评两次以上的;

4.所在部门一年内发生两期以上违法、违纪案件,受到党纪、政纪处分的。

(二)凡符合上述否决条件之一的,由检察长提出否决意见,经院党组研究同意,对该部门负责人集体解任,在全院范围内公开竞选,重新组建。

(三)对被否决的单位,主管检察长负有重要责任,院党组有权对主管检察长提出警告、通报批评,调整分管工作或提请建议免职。

汝州市人民检察院领导干部
廉洁自律工作规定

党员领导干部要廉洁奉公,忠于职守。禁止利用职权和职务上的影响谋取不正当利益。不准有下列行为:

(一)索取管理、服务对象的钱物;

(二)接受可能影响公正执行公务的礼物馈赠和宴请;

(三)在公务活动中接受礼金和各种有价证券;

(四)接受下属单位和其他企业、事业单位或者个人赠送的信用卡及其他支付凭证;

(五)以虚报、谎报等手段获取荣誉、职称及其他利益;

(六)用公款公物操办婚丧喜庆事宜和借机敛财。

党员领导干部要严防商品交换原则侵入党的政治生活和国家机关的政务活动。禁止私自从事营利活动。不准有下列行为:

(一)个人经商、办企业;

(二)违反规定在经济实体中兼职或兼职取酬,以及从事有偿中介活动;

(三)违反规定买卖股票;

(四)个人在国(境)外注册公司或者投资入股。

党员领导干部要遵守公共财物管理和使用的规定。禁止假公济私、化公为私。不准有下列行为:

(一)用公款报销或者用本单位的信用卡支付应由个人负担的费用;

(二)借用公款逾期不还;

(三)公费出国(境)旅游或者变相出国(境)旅游;

(四)用公款参与高消费娱乐活动和获取各种形式的俱乐部会员资格;

（五）以个人名义存储公款。

党员领导干部要遵守组织人事纪律，严格按照干部选拔任用工作的制度办事。禁止借选拔干部之机谋取私利。不准有下列行为：

（一）采取不正当手段为本人谋取职位；

（二）泄露酝酿讨论干部任免的情况；

（三）在工作调动、机构变动时，突击提拔干部、或者在调离后干预原地区、单位的干部选拔任用；

（四）在干部选拔任用工作中封官许愿，打击报复，营私舞弊。

党员领导干部对涉及与配偶、子女、其他亲友及身边工作人员由利害关系的事项，应当奉公守法。禁止利用职权和职位上的影响为亲友及身边工作人员谋取利益。不准有下列行为：

（一）要求或者指示提拔配偶、子女、其他亲友及身边工作人员；

（二）用公款支付配偶、子女及其他亲友学习、培训的费用；

（三）为配偶、子女及其他亲友出国（境）旅游、探亲、留学向国（境）外个人或者组织索取资助；

（四）妨碍涉及配偶、子女、其他亲友及身边工作人员案件的调查处理；

（五）为配偶、子女及其他亲友经商、办企业提供便利和优惠条件。

党员领导干部要艰苦奋斗、勤俭节约。禁止讲排场、比阔气、挥霍公款、铺张浪费。不准有下列行为：

（一）在国内公务活动中接受超过规定标准的接待；

（二）违反规定用公款装修、购买住房；

（三）擅自用公款包租或者占用客房供个人使用；

（四）违反规定配备、使用小汽车；

（五）擅自用公款配备、使用通信工具。

汝州市人民检察院领导干部述职述廉办法

根据《公务员法》、《检察官法》和干部管理权限的规定以及年度考核的要求,现制定本院领导干部述职述廉办法。

一、述职述廉的主要对象为本院科级以上领导干部和部门正职。

二、述职述廉的主要内容:

1.本年度工作任务完成情况;

2.承担党风廉政建设岗位职责内容及履行情况;

3.执行廉洁自律规定的情况;

4.上级党委和上级检察院要求说明的情况。

三、科级以上领导干部的年度述职述廉工作,按照市委和上级检察院的要求进行。

部门正职的述职述廉工作由院党组安排实施。

四、被考核对象的述职述廉报告,按照规定认真撰写,一般在 2500 字以内。

院党组的集体述职述廉报告,由党组会议讨论研究后报上级。

汝州市人民检察院奖惩制度

为了更好地贯彻落实《检察官法》,结合机关工作实际情况,制定本制度。

实施奖惩,必须坚持原则,实事求是,在奖励上要坚持精神鼓励和物质鼓励相结合,以精神鼓励为主的原则。

检察人员取得下列成绩之一的,应当给予奖励:

(一)依法办案,不徇私情、不谋私利,办案质量好、效率高,成绩显著的,具体是:

1.在本业务系统开展竞赛中,行动积极并做出了显著成绩的;

2.在本科局内比较,办案数量最多,质量最好,全年办案没有错、漏的;

3.主办重大、疑难或复杂案件,充分体现检察人员的侦查技能,在一定范围内有较大影响的;

4.在主办的案件中发现并纠正公安、法院较大的错漏案件,影响较大,受到上级通报表扬的。

(二)刻苦钻研业务,紧密联系办案实践,业务水平和工作能力有明显提高,成绩显著的,具体是:

1.在业务、技术上精益求精,在本职工作上创造出全市检察系统内一流成绩的;

2.精通本职业务,具有一定指导能力,在本科局处室群众公认的业务、技术骨干;

3.在平时工作中能解决业务技术难点,或完成一项重要工作,质量很好,能充分显示业务水平较高或工作能力较强。

(三)严守纪律,忠于职守,埋头苦干,任劳任怨,完成本职工作成绩显著的。具体是:

1.政工、行政人员热爱本职工作、熟悉本职业务,作风端正,任劳任怨,做了大量工作,是领导的好参谋,群众的知心朋友,成绩显著的;

2.调研、宣传工作中,有获奖的作品或质量较高的调研成果,在全市检察系统内成绩突出的。

(四)科室局主要负责同志所领导的部门,连续三年评为"先进集体",个人以身作则,群众威信较高的;

(五)在紧急关头,舍己为公,舍己为人,使国家、集体和人民利益免受重大损失的;

(六)在维护社会治安和保证人民生命财产的安全,机智勇敢地同犯罪分子作斗争,事迹突出的;

(七)坚持原则,敢于同违法乱纪,玩忽职守行为作斗争,事迹突出的;

(八)工作中发明创造或提出改革建议,对于国家和检察机关建设有显著贡献的;

(九)其他方面成绩显著应给予奖励的。

凡符合下列条件的集体,应当给予奖励:

(一)领导成员正确执行党的路线、方针、政策和国家法律、法令,认真贯彻民主集中制原则,在政治上同党中央保持一致。

(二)全体人员团结一致,齐心协力,深入实际,调查研究,奋发向上,敢于创新,作风正,纪律好,没有一人受到党纪、政纪处分;

(三)年度评比进入全市先进的,或主要职能工作受到上级表彰的,或为检察机关建设提供经验,获取较大成绩的。

个人奖励分:授予"先进工作者"、"优秀(模范)检察官"称号,记功(三、二、一等)、升级、升职等。这几种奖励可单独使用,也可并用。

集体奖励分授予"先进集体"称号,记集体功(三、二、一等)。

授予荣誉称号、记功、升级、升职奖励一般在年终评比中进行,但对成绩突出,需要及时奖励的,也可以随时进行。

奖励审批权限：属本院表彰的由本院决定，属上级院表彰的，一律呈报市院，按审批权限逐级申报决定，升职的，由任命其新职的机关批准。

凡批准给予奖励的，视功绩大小，分别颁发奖状、奖旗、奖章、镜匾和奖励证书，并可发给适量奖金。

对于个人和集体奖励，应以适当的形式宣布，进行宣传，个人奖励审批表存入本人档案。

年度考核连续两年不称职的，予以辞退。

有检察官法第三十五条所列行为之一的，给予警告、记过、记大过、降级、撤职、开除等纪律处分，构成犯罪的，依法追究刑事责任。

汝州市人民检察院评先评优工作制度

为使全院的评先评优活动经常化,制度化,特制定本制度。

凡本院评先评优,都纳入本制度之中,实行归口管理。

评比包括:年终评先、临时评先、检察系统内评先和检察机关参加的社会上各种活动的评先。

年终评先、临时评先和参加社会上各种竞赛活动的评先,有政治处实施,检察系统内开展的专项业务评比,由各职能部门实施。

评比的基本步骤和方法:

1.各科室局每半年总结一次工作;

2.每年 6 月下旬进行一次全院初评,总结经验,找出差距,定出下半年的改进措施;

3.每年 12 月下旬,集中一至三天时间,进行年度总评,按本院的《奖惩制度》所规定的受奖条件,评出受奖的个人和集体;

4.次年第一季度的适当时间,以适当的形式,宣布评选结果并给予奖励;

5.大力宣传受奖者的先进思想和先进事迹;

评先工作应遵循以下原则:

1.坚持评奖标准,防止平均主义和形式主义;

2.总结经验,找出差距,明确努力方向;

3.实行领导和群众相结合;

4.注意代表性、保持先进性;

5.精神鼓励与物质奖励相结合,以精神鼓励为主;

6.坚持用先进事迹教育人、激励人、鼓舞人、引导人。

本院的评先工作,结合党委系统、政法系统和检察系统的各种评先活动进行。

年度总评在年终总结的基础上进行,通过个人(科室)总结、汇报、群众提名评议,本部门根据平时考评记录平衡审议,报党组决定。

本院成立考评领导小组,组长由检察长担任,负责评先的组织实施工作。

优秀公务员、优秀党员、先进工作者名额比例一般占总人数 10%-15%,先进科室局以上级院年度表彰为准。

检察人员岗位规范

一、共同规范

全体检察人员必须遵守和做到如下两个方面：

（一）政治素质方面

1.认真学习马列主义、毛泽东思想、邓小平理论、"三个代表"重要思想，科学发展观和十八大以及十八届三中全会重要精神，牢固树立社会主义法治理念。

2.自觉学习现代科技知识，不断更新知识，能适应新形势的要求。

3.熟记高检院提出的检察工作主题和总体要求，认真履行检察人员义务。

4.遵守检察职业道德规范和职业纪律，热爱、忠实于检察事业，履行职责以事实为根据，以法律为准绳，熟记《检察人员纪律》的内容。争做秉公执法，忠于职守，清正廉洁，勇创一流工作的典范。

（二）业务素质方面

1.熟悉《中华人民共和国刑法》、《中华人民共和国刑事诉讼法》、《人民检察院刑事诉讼规则》及相关刑事法律、司法解释。

2.熟悉《中华人民共和国人民检察院组织法》，熟记人民检察院的性质、职权和设置；熟悉《中华人民共和国检察官法》，熟记检察官的权利、义务、任职条件及任免程序。

3.具备法律大专以上学历，具有一定的现代汉语水平，有较强的语言表达能力和文字写作能力，能准确、规范地制作和处理公文及有关法律文书。

4.能熟练操作电脑，会驾驶车辆，熟练掌握所配备枪械的性能及用枪范围，能正确使用枪支。

二、特定岗位规范

全体检察干警在遵守共同规范的同时,根据各自岗位的不同,还必须遵守特定的规范。

(一)主管副检察长、纪检组长岗位规范

1.具有较高的法学理论水平和执法水平。

2.具有较强的组织领导能力和协调能力。

3.精通检察业务,能指导分管部门积极开展工作,全面完成目标任务。

4.能够协助检察长处理各种矛盾和社会关系,在分管的职责内对检察长负责。

5.具有驾驭全局,把握方向的能力,能根据本地区的实际情况,领导并督促分管部门负责人制定工作方向、工作计划、理清工作思路。

6.能指挥或亲自参与办理大案、要案。

(二)部门负责人岗位规范

1.善于领会检察长和分管领导的工作思路,并在工作中认真落实,维护检察长和分管领导的权威。

2.由较强的组织领导能力,能组织并带领本部门人员积极工作,较好地完成上级院下达的目标任务。

3.具有较强的协调能力,能较好地处理上下级院之间、部门之间、与其他机关、团体、企事业单位之间的关系。

4.坚持民主集中制原则,团结同事,当好班长,支持副职工作。

5.体察下情,熟悉本部门人员的工作、学习、家庭、思想、身体等情况,及时解决同志们的困难,作好思想政治工作。

6.具有一定的法学理论水平,精通本部门业务,是本部门的业务权威。

7.熟悉党务知识,并能积极开展党务工作。

8.深入调查研究,能根据实际,理清思路、把握全局,制定本部门工作计划。

9.副职在正职离职时,行使正职职责。

(三)一般干警岗位规范

1.熟记所在部门要求掌握的知识,提高实际工作技能。

2.树立"争先创优"意识、争当办案能手、岗位尖兵。

3.注重调查研究,能结合本部门情况撰写学术论文或调研文章,每年不得少于一篇。

4.注重学历教育,逐步取得本科或研究生学历和司法资格。

5.服从领导,听从分配,加强学习,钻研业务,能很好地完成工作任务。

(四)书记员岗位规范

1.具有一定的社会科学和自然科学的理论知识,有较高阅读理解水平,书写记录水平,以及书面和口头表达水平,达到大专以上学历的要求。

2.掌握一定的法学理论基础知识,熟悉宪法、刑法、民法、刑诉法、民诉法、行政诉讼法等与检察工作直接相关的各部门的法学知识,熟知检察业务,掌握案件记录工作、文书工作、档案工作、统计工作、刑事侦查技术等方面基础知识。

3,熟知有关检察工作的法律、法规、司法解释及有关政策。

4.熟悉询问证人笔录、讯问犯罪嫌疑人笔录,现场勘察笔录,搜查笔录,讨论案件笔录, 出庭笔录, 死刑临场监督笔录等各种笔录的制作要求和方法,在检察员的指导下,依法参加诉讼活动,作好案件记录工作,保证笔录客观、真实、不失原意、字迹清楚、工整。

5.牢记检察机关对于案件材料的保管、装订和归档工作的核心要求,熟悉装订、归档工作的程序,并掌握各工作程序的具体要求和方法。

6.掌握各类公文的基本写作要求,协助检察员制作检察业务文书,处理其他公文,参与案件调查取证并对各类证据进行分类保管、协助作好当事人的教育转化和法制宣传工作。

7.会速记。记笔录每分钟不得少于100字。

(五)内勤岗位规范

1.熟记统计知识及本部门各种报表的填制方法,准确及时地作好统计报表,按月、季、半年、全年写出统计分析报告,为领导决策服务,做到上情下达,下情上报。

2.熟悉机关公文的有关知识,能熟练规范地草拟本部门所发公文,能熟练地处理公文。

3.能对本部门有关工作总结分析,及时撰写信息及其他有关文字材料。

4.熟悉会计知识,能规范管理赃物赃款。

5.熟悉案件管辖及立案、受案标准,规范作好受理案件、交办案件登记督查工作。

6.熟知并能熟练操作年终目标管理实施方案。

7.作好后勤保障,及时提供办公用品及有关文书,资料。

8.掌握本部门全体干警通讯录及个人情况。

9.及时、恰当协调处理本部门日常事务和临时任务。

汝州市人民检察院关于争创"省级文明单位"的实施方案

一、指导思想和目标

创建省级文明单位的指导思想是:在市委和上级检察院的领导下,以邓小平理论、"三个代表"重要思想为指导,深入贯彻落实科学发展观,深刻学习十八大及十八届三中全会重要精神,按照中央和省市委关于加强精神文明建设的要求,以强化法律监督、维护公平正义为主题,以服务和谐社会为目标,大力加强检察队伍的思想政治建设,职业道德和科学文化建设,努力提高检察人员的整体素质,推进检察工作,发展检察事业,更好地为我市经济建设和社会发展服务。

主要任务和奋斗目标是:按照"建一流班子,带一流队伍,创一流业绩"的总体要求,坚持"严格要求、严格管理、严格监督"的从严治检方针,认真解决争先创优活动中存在的问题,狠抓文明队伍、文明科室、文明窗口建设,巩固、发展、创新"文明检察院",努力建设一支政治坚定、业务精通、作风优良、执法公正的检察队伍。

二、具体内容和实施办法

坚持干部队伍"四化"方针和德才兼备的原则,全面加强领导班子的思想、组织、作风建设,把领导班子建设成为整体素质优良、成员优势互补的坚强集体。

一是加强党组的理论学习,不断提高领导干部的思想政治素质。认真学习邓小平理论和"三个代表"重要思想,认真学习实践科学发展观,在全面、正确地掌握和理解科学发展观精神实质上下功夫,以科学发展观统领检察工作。完善和落实党组中心组学习制度,坚持领导干部在职自学和进修,建立领导干部理论学习考核制度。

二是认真贯彻民主集中制,增强领导班子的凝聚力和战斗力。进一步完善落实党组议事规则,健全集体领导与个人分工负责相结合的制度。严格执行党的政治纪律,严格领导干部双重组织生活制度,提高民主生活会质量,开展严肃认真的批评与自我批评,及时解决班子内部的矛盾和问题,加强班子的团结。

三是改进工作作风,加强党风廉政建设,模范遵守党纪国法,以领导干部的表率作用带队伍促工作。坚持重实际、说实话、务实事、求实效,大力发扬脚踏实地,埋头苦干的工作作风,加强调查研究,掌握实际情况,找准工作重点,难点,理清工作思路,积极探索创新,确保检察工作为大局服务取得良好效果。

加强思想政治建设,是检察队伍建设和精神文明建设的基础。在开展争创活动中,我院要重在对检察干警整体思想政治水平的提高。

第一,组织系统的理论学习和思想教育。坚持用科学发展观武装干警头脑,强化理论教育和党课教育。按照中央和省市委的要求,深入开展社会主义法治理念教育活动,进一步统一和提高执法思想,转变执法观念。突出抓好政治纪律、职业道德、民主法制以及群众路线和艰苦奋斗教育,引导检察干警树立正确的世界观、人生观和价值观,增强政治意识、全局意识和责任意识,促进公正、廉洁、文明执法。

第二,坚持抓党建带队伍,大力加强办案中的思想政治工作。党员是检察队伍的绝大多数,要组织党员干警认真学习科学发展观,增强党性,带头讲学习、讲政治、讲正气。

健全机关党的组织,切实抓好"五好"机关党组织创建活动,充分发挥党组织的核心作用和党员的模范带头作用。认真研究新形势下检察人员的思想特点,探索改进做好思想政治工作的内容和方法。建立由党支部书记、中层干部、党小组长、办案组长为主体的思想政治工作骨干队伍,通过谈心交心等方式,把思想政治工作贯穿到办案的全过程。

第三,建立健全思想政治工作制度。重点建立健全领导干部思想政治工作责任制度,"一岗双责"制度,突出抓好党组织和政工部门定期分析队伍思想动态制度、政工部门联系干警制度、领导与下属谈话制度的落实。注重把解决思想问题与解决实际问题结合起来,在关心爱护干警、解决具体困难等方面形成制度。

以提高政治素质、执法水平和实际工作能力为主,培养高素质检察人才。注重抓好大学本科和研究生学历教育以及司法资格考试,提高广大干警的知识层次。广泛开展岗位练兵和技能竞赛,积极组织庭审观摩、疑难案件评析和司法文书比赛等活动,培养一批岗位专业能手。有计划地组织学习现代科技知识,根据推进科技强检工作需要,加强以计算机技术能力为主的现代科技应用知识的培训。

加强机关文化建设,结合检察干警工作和生活实际,采用更加生动活泼的形式,丰富干警的文化生活。抓好图书阅览室、体育活动室、文娱活动室的建立、完善和利用,为干警提供读书学习健身娱乐活动场所。组织干警看优秀影片、读优秀图书、唱优秀歌曲,开展读书演讲、知识竞赛、论文评选、歌咏比赛、书画、摄影视欣赏和各类体育比赛等活动,提高干警的文化素养和身体素质。引导检察干警积极参与社会公德建设、家庭美德建设,模范遵守社会文明公约,人人争当文明市民,积极开展扶贫帮困、救灾助残、绿化美化城市环境等社会公益事业,在全社会思想道德建设中起表率作用。

(无严重违法违纪、无重大责任事故、无错案发生)。坚持"预防为主、教育为主"的方针,加大自身预防工作力度。开展经常性的反腐倡廉教育,增强检察干警自我防范意识。认真探讨从源头上遏制自身腐败的有效办法。

一是加强党内监督,认真落实党内监督条例和党风廉政建设责任制。加强自我防错纠错的内部制约,严格执行侦查工作内部制约规定,搞好业务部门之间的监督,严格执法过错责任追究制度,完善办案跟踪考察、执法检查制度,健全大案要案审查制度。积极推进领导干部分管工作轮换、中层干部竞争上岗和业务、人事、财务人员定期轮岗等项检察工作改革。

二是充分发挥纪检监察职能,加大查处违法违纪案件力度。加强对检察人员执法执纪情况的监督,向社会公布检察人员监督电话,设立投诉信箱,完善案后回访、办案监督卡等制度。

三是完善与人大代表联系制度,自觉接受人大代表及其常委会监督。不断拓展检务公开内容,完善公开形式,增强检察工作的透明度。坚持和完善检察长接待日制度, 健全方便群众举报的各项制度。虚心接受政协民主监督、新闻舆论监督和社会各界及广大人民群众的监督。

三、加强对争先创优的领导

院党组把精神文明建设摆到突出的位置,健全领导责任制,实行上级抓下级,一级带一级。坚持检察长负总责,班子成员履行一岗双责的责任,切实担负起分管部门精神文明建设争创活动的责任。在工作指导上,把精神文明建设和争先创优纳入目标管理,与检察工作一起部署,一起检查,一起验收。要从具体事件抓起,从细微事项抓起,包括机关的环境卫生和日常管理在内的各项工作,狠狠地抓,一项也不放松地抓,一件一件去落实。建立考评、奖励制度, 把各科局室精神文明建设的实绩作为评价干部是否称职和奖励的基本依据。协调处理好"条""块"关系,积极主动争取各部门和各级文明委(办)的指导与支持,促进我院争先创优和精神文明建设上台阶。

成立以党组书记、检察长为组长的精神文明建设领导小组,负责指导、协调本院精神文明建设创建工作。领导小组办公室设在政治处,负责日常事务工作。要发挥各业务部门和工、青、妇等群体组织的作用,形成上下纵横齐抓共管的工作格局。

汝州市人民检察院
关于设立"创新工作奖"的实施办法

为认真贯彻落实科学发展观,大力支持和鼓励全院干警在各项检察工作中大胆探索和创新,现制定"创新工作奖"实施办法。

一、创新工作奖评选条件及奖励标准

1.工作中的新亮点、新经验被市院在全市检察系统推广、省院在全省推广、高检院在全国推广的,分别奖励部门 1000 元、3000 元、5000 元,分别奖励部门正职 500 元、1000 元、2000 元, 创新经验推广以上级院文件或会议材料为准,当年度同一经验按最高档次奖励,同时作为评先报功晋职晋级的主要依据。

2.调研成果受到市院、省院、高检院领导重视转化为领导决策的,分别奖励研究者 1000 元、3000 元、5000 元,并作为评先报功晋职晋级的主要依据。

二、评选办法

1.民主推荐,各部门上报工作经验或调研成果被推广采用的材料依据,交政治处初审。

2.上级审核,工作经验或调研成果上报上级院政治部审查确定。

3. 本院党组对上级院政治部审定的工作经验或调研成果研究决定奖励规格。

汝州市人民检察院干警请销假制度

根据《公务员法》和《中共中央、国务院关于工休假问题的通知》精神,参照《关于干部职工休假制度》,结合我院实际,经院党组研究制定本制度。

一、各部门在确保完成年度工作任务前提下,在工作许可情况下,可以安排本部门干警的轮流年度休假。

二、休假假期以年度计算,每年的 2 月 –10 月为干警休假时间。

三、休假方式一般以就地休假为主,特殊情况确实需要外出的应事先向主管领导请示报告。

四、干警休假规定:

(1)累计工作满 1 年不满 10 年的同志,每年可休假 5 天;累计工作满 10 年不满 20 年的,每年可休假 10 天;累计工作满 20 年的,每年可休假 14 天。

(2)休假期不含公休日和法定节假日,一般事假时间记入休假期内。

五、干警休假审批程序:

(1)干警休假,需由本人提出申请,部门负责人签署意见,经主管领导同意,报检察长批准后送政治处备案。

(2)党组成员休假,由本人提出申请,经检察长批准后报政治处备案。

附件:1.请假条式样

2.休假条式样

3.公务员外出报告单

附件1

请 假 条

请假人		请假事由	
请假时间	年　月　日　午至　年　月　日　午		
部门负责人 意　见			
主管领导 意　见			
检察长			
意　见			
备　注			

说明：

1.请假一天以内的,由部门负责人审批；

2.请假两天的,由部门负责人及主管领导层批；

3.请假三天以上的,由部门负责人及主管领导和检察长层批；

4.部门负责人请假一天以内的,由主管领导审批；请假两天以上的,由主管院领导、检察长层批、党组成员请假由检察长批准。

附件2

休 假 条

休假人姓名：		所在部门：	
参加工作时间：		规定休假时间：	
休假时间：	天。　年　月　日午至　月　日午。		
部门负责人意见：			
主管领导意见：			
检察长意见：			

说明：

1.各部门在确保完成年度工作任务前提下,在工作许可时可安排本部门干警轮流休假。

2.每年2月至10月为休假时间,一般事假折抵休假。

3.干警累计工作满1年不满10年的可休假5天;累计工作满10年不满20年的可休假10天;累计工作满20年的可休假14天。公休日、法定节假日不计入休假期限。

4.干警休假,需要由本人提出申请,部门负责人签署意见,经主管领导同意。报检察长批准后送政治处备案。

附件3

公务外出报告单

公务外出	
人　员	
外出时间	
外出事由	
部门负责人	
意　见	

说明:

1.公务员外出,须事先填写《公务外出报告单》,办理公务外出手续,并报政治处备案。

2.确因情况紧急,事先不能及时办理公务外出手续、或分派领导带队外出执行公务的,可及时电话告知,事先补办有关手续。

3.因外出公务涉密或有其他特殊情况的,可直接向检察长报告。

汝州市人民检察院关于开展依法治市加强平安建设构建和谐汝州的实施意见

按照依法治国、依法治市,加强平安建设、构建和谐汝州的要求,结合我院工作实际,特制定如下实施意见:

以邓小平理论和"三个代表"重要思想为指导,深入贯彻落实科学发展观,深刻领会十八大及十八届三中全会以来习近平总书记的系列讲话精神,以维护稳定、促进发展为主题,以创建和谐稳定的社会环境为总要求,深化打击防范整治,强化社会治安综合治理,加快推进依法治市进程,加强基层,夯实基础,全民参与,多措并举,建立自觉维护社会稳定的长效机制,不断巩固政治稳定、社会安定、人民安宁的良好局面,为构建社会主义和谐社会,创造良好的法治环境。

要充分认识维护社会稳定的重要性,牢固树立和认真实践积极的稳定观、科学的发展观和正确的政绩观,明确发展是政绩,稳定也是政绩,抓稳定就是抓发展的思想认识。院党组要把平安建设作为执法为民的实际行动,摆上重要议事日程,切实抓紧抓好。要明确工作重点,着力解决影响社会治安和社会稳定工作的热点、难点问题,增强平安建设的实效。

依法严厉打击各类刑事犯罪活动,全力维护社会稳定。始终把维护社会稳定,创造良好的社会治安环境作为检察工作的首要任务来抓,依法严厉打击各类危害社会治安和市场秩序的犯罪活动,使人民的基本权力和基本的生产经营秩序得到更有效的保障。进一步加强与公安、法院的协调配合,形成强大的打击合力。建立健全防范和打击刑事犯罪的工作机制,落实办案责任制,坚持对重特大案件适时介入、引导侦查取证,提高收集、固定、审查证据和运用证据揭露犯罪、证实犯罪的能力,确保案件进入检察环节后能够依法快捕快诉。

打防并举,以检察业务全面开展促安定保稳定。充分发挥反贪、渎侦、控申、民行等业务部门的职能作用,认真查处群众反映强烈的职务犯罪案件。积极开展预防犯罪工作。坚持检察长接待日制度和开展创建文明接待室活动,切实解决群众告状难的问题,及时处理群众来信来访和告急案件,做好矛盾排查工作,提高办理效率,化解、疏导社会矛盾,充分发挥法律监督职能,深化检务公开,全力做好检察工作。

发挥法律监督职能,促进司法公正。紧紧围绕"强化法律监督,维护公平正义"的检察工作主题,忠实履行宪法和法律赋予的职责。坚持依法独立公正地行使检察权,强化诉讼监督,依法平等保护各类市场主体和诉讼主体的合法权益,坚决抵制和克服执法中的地方和部门保护主义,维护法律统一正确实施,为改革开放和现代化建设创造良好的法治环境。

加强法制宣传,深入开展普法工作。进一步整合宣传资源,加大创建工作的宣传力度,努力营造浓厚的舆论氛围。认真开展法制宣传和禁毒知识宣传教育,切实抓好领导干部、执法人员、公务员以及企业经管人员、青少年等重点对象的学法用法和农村法制宣传教育工作,通过开展"送法下乡"、"法律进社区"、"法律进万家"等活动,全面提高人民群众的法律素质。鼓励广大群众正确行使自己的各项权利,积极同各类危害社会治安和市场秩序的犯罪活动作斗争。

加强队伍建设。始终坚持政治建检、科技强检、从严治检、从优待检的方针,以开展社会主义法治理念教育活动为契机,以提高"五个能力"为目标,深化岗位练兵和教育培训活动,努力提高工作技能和业务水平。进一步转变执法理念,改进执法方法和执法作风,从解决执法不公和纪律作风方面存在的突出问题入手,抓班子带队伍,不断提高干警的政治素质、业务素质和执法水平。广泛开展各种形式的人民满意创建活动,弘扬先进,树立典型,提高人民群众的满意度,为创建工作提供精神动力。

加强组织领导。成立由检察长任组长、副检察长任副组长、公诉科、侦监科、预防、控申、办公室等部门负责人为成员的领导小组,严格落实平安创建工作领导责任制和责任追究制。

汝州市人民检察院培育和践行社会主义核心价值观主题教育活动实施方案

为全面贯彻落实中央及省、市委的要求,积极培育和践行社会主义核心价值观,推动社会主义核心价值体系建设,增强公民思想道德建设的吸引力和感染力,引导广大干警积极参与道德实践,不断提升我院干警道德水平和精神文明建设程度,结合我院检察工作实际,院党组决定在全院开展培育和践行社会主义核心价值观主题教育活动,现制定方案如下:

一、指导思想

深入学习贯彻党的十八大和十八届三中全会精神,以及习近平同志系列讲话,紧紧围绕坚持和发展中国特色社会主义这一主题,紧紧围绕实现中华民族伟大复兴中国梦这一目标,紧紧围绕"三个倡导"(倡导富强、民主、文明、和谐;倡导自由、平等、公正、法治;倡导爱国、敬业、诚信、友善)这一基本内容,紧紧按照"保底线、促民生、保运转、创环境、促发展"的总体要求,注重在充分发挥和有效履行检察职能过程中,深入开展培育和践行社会主义核心价值观的宣传教育、示范引领、教育养成等各项活动,使社会主义核心价值观融入检察干警生活和精神世界,激励全院干警为推动全市经济转型发展而不懈努力。

二、目标任务

培育和践行社会主义核心价值观,是推进中国特色社会主义伟大事业、实现中华民族伟大复兴中国梦的战略任务。党的十八大提出,倡导富强、民主、文明、和谐,倡导自由、平等、公正、法治,倡导爱国、敬业、诚信、友善,积极培育和践行社会主义核心价值观。这与中国特色社会主义发展要求相契合,与中华优秀传统文化和人类文明优秀成果相承接,是我们党凝聚全党全社会价值共识作出的重要论断。富强、民主、文明、和谐是国家层面的价值目标,自由、平等、公正、法治是社会层面的价值取向,爱国、敬业、诚信、友善是公民个人层面的价值准则,这24个字是社会主义核心价值观的基本内容,为培育和践行社会主义核心价值观提供了基本遵循。

培育和践行社会主义核心价值观,是加强检察队伍建设的现实需要,是促进实现社会公平正义的客观要求,是提高检察干警思想政治素质的重要途径。要通过开展培育和践行社会主义核心价值观主题教育活动,努力促进全院干警的"五个"明显增强:即"忠诚意识明显增强、科学发展理念明显增强、责任感明显增强、业务水平明显增强、奉献精神明显增强",努力锻造一支政治坚定、作风优良、纪律严明、勤政为民、恪尽职守、清正廉洁的检察队伍,为经济转型发展提供优质服务和有力保障。

三、方法步骤

(一)宣传发动

制定活动方案。院机关党委指导各支部、各部门以召开支部会、科(所、队、院)务会等形式进行具体安排布置,支部书记或科室负责人要亲自作动员部署,层层发动,人人参与。通过深入细致的思想发动,使广大干警充分认识开展培育和践行社会主义核心价值观主题教育活动的重要意义,切实增强广大干警参与的自觉性和主动性。

(二)学习实践

认真学习中共中央办公厅《关于培育和践行社会主义核心价值观的意见》、党的十八大及十八届三中全会精神,学习检规检纪、业务知识和重要文件资料。各部门要充分利用工作例会、支部学习和自学等,深刻领会社会主义核心价值体系的丰富内涵,并做好学习笔记。

结合检察工作实际,创新活动载体,切实把培育和践行社会主义核心价值观活动推向高潮,并将活动中的先进典型推荐上报。

(1)组织开展一次"道德讲堂"活动。以"三个倡导"为主要内容,围绕社会公德、职业道德、家庭美德、个人品德等"四德"为主线,组织全院干警开展"道德讲堂"活动,提升干警的道德修养。

（2）开展一次主题演讲比赛。开展全院"道德模范评选活动,并通过演讲比赛的方式与全院干警做经验交流。

（3）开展一次岗位练兵活动。为进一步适应省直管县体制改革对基层检察工作的新要求,加强我院检察队伍思想政治和法律监督能力建设,推动我院工作再上新台阶,在全院范围内开展一次岗位练兵活动,以进一步提高干警执法办案能力和服务群众水平。

（4）开展一次"结对帮扶"经验交流活动。组织各支部带领党员干部大峪镇同丰村与结对帮扶的困难群众开展面对面帮扶。

（5）开展一次"缅怀革命先烈"教育活动。赴市革命烈士陵园开展扫墓活动,组织党员干部赴抗日政府旧址所在地开展集中参观教育活动。

（6）开展检察工作"进农村、进社区、进企业、进学校"活动。在推行"四进"活动中,要以加深检察院同人民群众相互认知为出发点,以矛盾化解为统领,以宣传法律为目标,采取得力措施抓落实。在人力、物物力,财力方面给予大力支持,保障检察人员"四进"活动有序开展。在活动中及时将所到之处群众反映强烈的问题整理出来,发现检察工作需要改进的地方。

(三)总结提炼

认真总结学习实践活动做法,把社会主义核心价值观的要求体现在履行职能和队伍建设的具体实践当中;进一步完善实践培育机制,把社会主义核心价值观的要求转化成具体的、可操作的日常行为细则,使全体干警通过这次学习教育活动,对核心价值观的认识有新提高,精神状态有新面貌,各项工作有新成效。

四、组织领导

为加强对培育和践行社会主义核心价值观主题教育活动的组织领导,成立汝州市人民检察院培育和践行社会主义核心价值观主题教育活动领导小组。由检察长、党组书记刘新义同志任组长,各党组成员任副组长,各科室主要负责人为成员,领导小组下设办公室,院机关党委书记马聚法同志兼任办公室主任。

五、工作要求

开展培育和践行社会主义核心价值观主题教育活动是加强我院干警思想建设、队伍建设的重要举措。各部门要高度重视,作为年内的一项重要政治任务、作为全面贯彻落实十八届三中全会精神、作为深入开展党的群众路线教育的有效载体,精心组织,广泛发动,确保学习教育动横向到边、纵向到底,全面覆盖、全员参与。各部门主要负责人为活动的第一责任人,要充分发挥示范表率作用,带头参与学习教育活动,确保活动顺利推进。

各部门要充分认识到加强学习、扎实开展活动是主题教育活动的重要体现。在开展活动过程中,要结合本人及本部门工作实际,抓住工作重点,突出有针对性的问题得到有效解决。要通过活动,让社会各界和人民群众真正感受到质监部门通过开展培育和践行社会主义核心价值观主题教育活动带来的新变化、新面貌。

各部门要充分做好思想发动工作,帮助消除各种模糊认识和消极情绪,充分利用各种方式方法宣传表扬在这次活动中出现的先进典型和和事例,努力营造"比敬业、讲奉献、守道德"的良好氛围,弘扬正气,激励斗志,确保活动取得实实在在的成效。

汝州市人民检察院干警业绩档案管理办法

为全面真实地考核干警工作实绩,强化队伍管理,激发工作热情,防止在评价使用时凭关系、凭印象,忽视平时、轻视业绩的弊端,营造风清气正、团结向上的工作氛围,在多年实践的基础上,经院党组研究,制定本办法。

一、基本原则

1.导向正确,遵循规律。实施干警业绩档案,要有利于贯彻科学发展观和树立正确政绩观,有利于促进严格公正规范文明执法。坚持从实际出发,遵循检察工作规律,不搞简单下办案指标等做法,防止为追求档案业绩而影响正常办案和工作。记入业绩档案的内容应当与岗位和职责相联系。

2.以人为本,全员参与。业绩档案考核到全院每位干警,与评先、晋级挂钩。

3.自查自评,综合评定。业绩档案是督促干警自觉主动积极做好工作的有效形式和载体。按要求如实填写业绩档案既是每个干警的责任,也是考核的基础。主管领导、各部门负责人和内勤认真负责的综合评定是确保业绩档案有效运行的关键。必须既对党组负责,又对每一位干警负责,公道正派客观全面地做好综合评定工作。

二、业绩档案的对象、内容

1.考核对象。除院领导外的在编在岗人员。

2.考核内容。根据各部门工作职责,本人所完成的全部内容,含办案情况、信息调研宣传完成情况等工作范围内的事务。

三、业绩档案的评定方式及要求

1.考核的评定方式。由各部门干警自己填报,填报内容为:本人完成的主要工作内容、办结的案件名称(是主办还是协办要注明)、完成的信息调研宣传文章(要注明具体刊物、期次等)、部门负责人交办的其它事项等,主办、协办人员签字认可后由部门内勤汇总,部门负责人、主管领导审核并签字。业务部门除部门负责人和主管领导签署意见外,还应由案管中心确认。

2.业绩申报时间。干警个人每两周填写一次业绩档案,部门内勤汇总后于院每两周一次的例会前交办公室存档。逾期不交的,当期业绩为零。年底时进行综合评定。

3.业绩申报要求。干警申报的个人业绩情况要全面、真实、客观,做到准确、详细、具体,发现弄虚作假的,将给予严肃处理。

四、业绩档案的运用

业绩档案由院办公室管理,一人一档,是干警年度评先评优的主要依据和选拔任用干部的重要条件。

五、解释

本办法实行中遇到的具体问题,由院办公室提出解释和解决的初步意见,提请院党组研究解决。

汝州市人民检察院

2014 年 3 月 24 日

第三章
纪检监察工作制度

关于实行党风廉政建设责任制的规定

（2010 年 11 月 10 日）

第一章　总　则

第一条　为了加强党风廉政建设,明确领导班子、领导干部在党风廉政建设中的责任,推动科学发展,促进社会和谐,提高党的执政能力,保持和发展党的先进性,根据《中华人民共和国宪法》和《中国共产党章程》,制定本规定。

第二条　本规定适用于各级党的机关、人大机关、行政机关、政协机关、审判机关、检察机关的领导班子、领导干部。

人民团体、国有和国有控股企业（含国有和国有控股金融企业）、事业单位的领导班子、领导干部参照执行本规定。

第三条　实行党风廉政建设责任制,要以邓小平理论和"三个代表"重要思想为指导,深入贯彻落实科学发展观,坚 持党要管党、从严治党,坚持标本兼治、综合治理、惩防并举、注重预防,扎实推进惩治和预防腐败体系建设,保证党中央、国务院关于党风廉政建设的决策和部署 的贯彻落实。

第四条　实行党风廉政建设责任制,要坚持党委统一领导,党政齐抓共管,纪委组织协调,部门各负其责,依靠群众 的支持和参与。要把党风廉政建设作为党的建设和政权建设的重要内容, 纳入领导班子、领导干部目标管理,与经济建设、政治建设、文化建设、社会建设以及生态文明建设和业务工作紧密结合,一起部署,一起落实,一起检查,一起考核。

第五条 实行党风廉政建设责任制,要坚持集体领导与个人分工负责相结合,谁主管、谁负责,一级抓一级、层层抓落实。

第二章 责任内容

第六条 领导班子对职责范围内的党风廉政建设负全面领导责任。

领导班子主要负责人是职责范围内的党风廉政建设第一责任人,应当重要工作亲自部署、重大问题亲自过问、重点环节亲自协调、重要案件亲自督办。

领导班子其他成员根据工作分工,对职责范围内的党风廉政建设负主要领导责任。

第七条 领导班子、领导干部在党风廉政建设中承担以下领导责任:

(一)贯彻落实党中央、国务院以及上级党委(党组)、政府和纪检监察机关关于党风廉政建设的部署和要求,结合实际研究制定党风廉政建设工作计划、目标要求和具体措施,每年召开专题研究党风廉政建设的党委常委会议(党组会议)和政府廉政建设工作会议,对党风廉政建设工作任务进行责任分解,明确领导班子、领导干部在党风廉政建设中的职责和任务分工,并按照计划推动落实;

(二)开展党性党风党纪和廉洁从政教育,组织党员、干部学习党风廉政建设理论和法规制度,加强廉政文化建设;

(三)贯彻落实党风廉政法规制度,推进制度创新,深化体制机制改革,从源头上预防和治理腐败;

(四)强化权力制约和监督,建立健全决策权、执行权、监督权既相互制约又相互协调的权力结构和运行机制,推进权力运行程序化和公开透明;

(五)监督检查本地区、本部门、本系统的党风廉政建设情况和下级领导

班子、领导干部廉洁从政情况;

（六）严格按照规定选拔任用干部,防止和纠正选人用人上的不正之风;

（七）加强作风建设,纠正损害群众利益的不正之风,切实解决党风政风方面存在的突出问题;

（八）领导、组织并支持执纪执法机关依纪依法履行职责,及时听取工作汇报,切实解决重大问题。

第三章　检查考核与监督

第八条　党委（党组）应当建立党风廉政建设责任制的检查考核制度,建立健全检查考核机制,制定检查考核的评价标准、指标体系,明确检查考核的内容、方法、程序。

第九条　党委（党组）应当建立健全党风廉政建设责任制领导小组,负责对下一级领导班子、领导干部党风廉政建设责任制执行情况的检查考核。

第十条　检查考核工作每年进行一次。检查考核可以与领导班子、领导干部工作目标考核、年度考核、惩治和预防腐败体系建设检查工作等结合进行,也可以组织专门检查考核。

检查考核情况应当及时向同级党委（党组）报告。

第十一条　党委（党组）应当将检查考核情况在适当范围内通报。对检查考核中发现的问题,要及时研究解决,督促整改落实。

第十二条　党委（党组）应当建立和完善检查考核结果运用制度。检查考核结果作为对领导班子总体评价和领导干部业绩评定、奖励惩处、选拔任用的重要依据。

第十三条　纪检监察机关（机构）、组织人事部门协助同级党委（党组）开展对党风廉政建设责任制执行情况的检查考核,或者根据职责开展检查工作。

第十四条　党委常委会应当将执行党风廉政建设责任制的情况,作为向同级党的委员会全体会议报告工作的一项重要内容。

第十五条 领导干部执行党风廉政建设责任制的情况,应当列为民主生活会和述职述廉的重要内容,并在本单位、本部门进行评议。

第十六条 党委(党组)应当将贯彻落实党风廉政建设责任制的情况,每年专题报告上一级党委(党组)和纪委。

第十七条 中央和省、自治区、直辖市党委巡视组应当依照巡视工作的有关规定,加强对有关党组织领导班子及其成员执行党风廉政建设责任制情况的巡视监督。

第十八条 党委(党组)应当结合本地区、本部门、本系统实际,建立走访座谈、社会问卷调查等党风廉政建设社会评价机制,动员和组织党员、群众有序参与,广泛接受监督。

第四章 责任追究

第十九条 领导班子、领导干部违反或者未能正确履行本规定第七条规定的职责,有下列情形之一的,应当追究责任:

(一)对党风廉政建设工作领导不力,以致职责范围内明令禁止的不正之风得不到有效治理,造成不良影响的;

(二)对上级领导机关交办的党风廉政建设责任范围内的事项不传达贯彻、不安排部署、不督促落实,或者拒不办理的;

(三)对本地区、本部门、本系统发现的严重违纪违法行为隐瞒不报、压案不查的;

(四)疏于监督管理,致使领导班子成员或者直接管辖的下属发生严重违纪违法问题的;

(五)违反规定选拔任用干部,或者用人失察、失误造成恶劣影响的;

(六)放任、包庇、纵容下属人员违反财政、金融、税务、审计、统计等法律法规,弄虚作假的;

（七）有其他违反党风廉政建设责任制行为的。

第二十条　领导班子有本规定第十九条所列情形，情节较轻的，责令作出书面检查；情节较重的，给予通报批评；情节严重的，进行调整处理。

第二十一条　领导干部有本规定第十九条所列情形，情节较轻的，给予批评教育、诫勉谈话、责令作出书面检查；情节较重的，给予通报批评；情节严重的，给予党纪政纪处分，或者给予调整职务、责令辞职、免职和降职等组织处理。涉嫌犯罪的，移送司法机关依法处理。

以上责任追究方式可以单独使用，也可以合并使用。

第二十二条　领导班子、领导干部具有本规定第十九条所列情形，并具有下列情节之一的，应当从重追究责任：

（一）对职责范围内发生的问题进行掩盖、袒护的；

（二）干扰、阻碍责任追究调查处理的。

第二十三条　领导班子、领导干部具有本规定第十九条所列情形，并具有下列情节之一的，可以从轻或者减轻追究责任：

（一）对职责范围内发生的问题及时如实报告并主动查处和纠正，有效避免损失或者挽回影响的；

（二）认真整改，成效明显的。

第二十四条　领导班子、领导干部违反本规定，需要查明事实、追究责任的，由有关机关或者部门按照职责和权限调查处理。其中需要追究党纪政纪责任的，由纪检监察机关按照党纪政纪案件的调查处理程序办理；需要给予组织处理的，由组织人事部门或者由负责调查的纪检监察机关会同组织人事部门，按照有关权限和程序办理。

第二十五条　实施责任追究，要实事求是，分清集体责任和个人责任、主要领导责任和重要领导责任。

追究集体责任时，领导班子主要负责人和直接主管的领导班子成员承担主要领导责任，参与决策的班子其他成员承担重要领导责任。对错误决策提出明确反对意见而没有被采纳的,不承担领导责任。

错误决策由领导干部个人决定或者批准的,追究该领导干部个人的责任。

第二十六条 实施责任追究不因领导干部工作岗位或者职务的变动而免予追究。已退休但按照本规定应当追究责任的,仍须进行相应的责任追究。

第二十七条 受到责任追究的领导班子、领导干部,取消当年年度考核评优和评选各类先进的资格。

单独受到责令辞职、免职处理的领导干部,一年内不得重新担任与其原任职务相当的领导职务;受到降职处理的,两年内不得提升职务。同时受到党纪政纪处分和组织处理的,按影响期较长的执行。

第二十八条 各级纪检监察机关应当加强对下级党委(党组)、政府实施责任追究情况的监督检查,发现有应当追究而未追究或者责任追究处理决定不落实等问题的,应当及时督促下级党委(党组)、政府予以纠正。

第五章 附 则

第二十九条 各省、自治区、直辖市,中央和国家机关各部委可以根据本规定制定实施办法。

第三十条 中央军委可以根据本规定,结合中国人民解放军和中国人民武装警察部队的实际情况,制定具体规定。

第三十一条 本规定由中央纪委、监察部负责解释。

第三十二条 本规定自发布之日起施行。1998 年 11 月发布的《关于实行党风廉政建设责任制的规定》同时废止。

汝州市人民检察院关于违反
党风廉政建设责任制实行责任追究的规定

为进一步加强我院党风廉政建设和自身反腐败工作,增强领导干部的责任意识,确保《检察机关党风廉政建设责任制实施办法(试行)》的落实,依据高检院关于对违反党风廉政建设责任制的行为实行责任追究的规定以及相关的党纪政纪条规,结合我院实际,制定本规定。

一、责任对象、责任认定和分解

本规定适用于正副检察长、纪检组长、反贪局长、政治处主任、党组成员、各业务部门负责人。

实施责任追究,检察长负总责,纪检监察、政工部门和机关党组织,是具体实施的职能部门。

责任分解

1.非领导职务的干警发生严重违法违纪案件,其部门负责人负主要领导责任,分管部门的副检察长承担重要领导责任。

2.部门负责人发生严重违法违纪案件,分管副检察长负主要领导责任,检察长负重要领导责任。

3.副检察长(含党组成员)发生严重违法违纪案件,检察长负主要领导责任。

4.检察长发生严重违法违纪案件,上一级院的检察长负重要领导责任。

5.干警发生重大违法违纪案件且造成严重社会影响的,检察长承担领导责任。

对发生的问题,领导干部凡负有教育不到位、监督不到位、管理不到位、失职渎职或对发生的问题查处追究不力的,都应当追究领导的责任。

实施责任追究,坚持实事求是,依法依纪、客观公正的原则;从严治党,从严治检的原则;谁主管、谁负责的原则;教育与惩处相结合的原则;掌握政策,区别对待的原则。

二、责任追究的方式

责任追究的方式包括党纪处分、检察纪律处分、组织处理、经济处罚和批评教育等多种方式。本规定适用检察纪律处分、组织处理和批评教育三种主要方式。需要追究党纪责任的,按党纪处分条例办理。

检察纪律处分包括警告、记过、记大过、降级、撤职、开除。

组织处理包括调整工作岗位、责令辞职、免职、调离检察机关。

批评教育包括诫勉谈话、通报批评、责令作出检查、到上级检察机关检讨责任、取消评先资格。也可以采取扣发岗位补贴等经济处罚手段。

上述追究方式,可以单独适用,也可以合并适用。

三、责任追究的范围

有下列情形之一的,对领导干部通报批评,责令主要领导作出检查。

1.对上级关于党风廉政建设的部署和要求不及时组织学习和传达贯彻,或者不能结合本院本部门实际制定贯彻落实计划的。

2.对开展党性、党风、党纪和廉政教育工作不重视,没有教育计划或虽有计划但不组织学习或不落实的。

3.对本单位和干警党风廉政建设情况疏于监督、检查、考核或对发生的问题不认真总结吸取教训的。

4.对本单位的廉洁自律、查处违法违纪案件,纠止不正之风三项工作不重视,对纪检监察部门履行职责不支持、不配合的。

领导干部有下列情形之一的,予以诫勉谈话、调整工作岗位、责令其辞职或对其免职。

1.对职责范围内的党风廉政建设工作不能按照要求进行部署和安排,不听取党风廉政建设工作情况汇报且造成不好影响的。

2.对职责范围内的党风廉政建设情况不组织检查考核,对有关规章制度不抓落实的。

3.对群众反映或发现的问题,不认真开展批评与自我批评,或不认真予以纠正和解决的。

4.对重大问题不经集体讨论,个人私自决定或虽集体讨论,但个人独断专行,听不得不同意见,造成恶劣影响的。

5.对职责范围内的党风廉政建设情况不组织检查考核,对有关规章制度不抓落实的。

6.对群众反映或发现的问题,不认真开展批评与自我批评,或不认真予以纠正和解决的。

7.对重大问题不经集体讨论,个人私自决定或虽集体讨论,但个人独断专行,听不得不同意见,造成恶劣影响的。

领导干部有下列情况之一的,给予纪律处分或组织处理。

1. 对职责范围内发生的严重违反党和国家政策的问题以及上级检察机关明令禁止的问题不制止、不报告、不查处甚至支持、纵容或者授意、指使下属人员搞不正之风的,给予负主要领导责任者记过、记大过处分,情节严重的,给予降级、撤职处分;给予负重要领导责任者警告、记过、记大过处分。

2.对上级交办的党风廉政建设事项不办理,或者对严重违法违纪问题隐瞒不报、压制不查或不依法依纪处理的,给予负主要领导责任者警告、记过、记大过处分,情节严重的,给予降级以上处分;给予负重要领导责任警告、记过处分,情节严重的,给予记大过以上处分。

3.职责范围内发生重大违法违纪案件致使国家、集体资财或人民群众生命财产遭受重大损失或者造成恶劣影响的,给予负主要领导责任者记过、记大过处分,情节严重的,给予撤职处分;给予负重要领导责任者警告、记过、记大过处分。对上述责任人执行纪律处分的同时,也可以责令其辞职或对其免职。

4.职责范围内发生利用或滥用检察职权违法办案、贪赃枉法、造成恶劣影响的案件或刑讯逼供致人死亡的案件，给予负主要领导责任者降级以上处分；给予负重要领导责任者记大过以上处分。对上述责任人员执行纪律处分的同时，也可责令其辞职或对其免职。检察长和纪检组长，要到上一级检察院检讨责任。

5.职责范围内发生违反《人民检察院立案侦查案件扣押物品管理规定》，侵占、挪用、私分、调换扣押物或将扣押款私存吃利息的，给予负主要领导责任者记过、记大过处分，情节严重的，给予降级、撤职、开除处分；给予负重要领导责任者警告、记过、记大过、降级处分。

6.职责范围内发生违反"收支两条线"和不准经商办企业的有关规定，乱收费、乱罚款、拉赞助或私设"小金库"的，给予负主要领导责任者记过、记大过，情节较重的，给予降级处分，情节严重的，给予撤职以上处分；给予负重要领导责任者警告、记过、记大过或降级处分。

7.违反《检察官法》和《党政干部选拔任用工作条例》以及上级机关关于干部管理的有关规定选拔任用干部，或者违反规定调进不合格人员，造成恶劣影响的，给予负主要领导责任者警告、记过、记大过处分，情节严重的，给予降级、撤职处分。提拨任用明显有违法违纪行为的人的，给予撤职、开除处分、给予负重要领导责任者警告、记过、记大过处分。

8.对配偶、子女违反中央、省市委和检察机关有关经商办企业的规定或对配偶、子女以及身边工作人员严重违法违纪知情不管的，责令其辞职或对其免职；包庇、纵容的，给予降级处分，情节严重的，给予撤职、开除处分。

9.授意、指使、纵容下属人员阻挠、干扰、对抗监督检查或案件查处的，或者对检举控告人、证人打击报复的，给予负主要领导责任者记过、记大过、降级处分，情节严重的，给予撤职、开除处分；给予负重要领导责任者记过、记大过、降级处分。

10.其它违法违纪行为依照有关规定处理。

有下列情形之一的,在追究责任时可以从轻、减轻或免予处分。

1.自查自纠,敢于揭露问题、主动发现问题并按照规定进行严肃查处的。

2.对发生的问题不隐瞒、不袒护,积极主动配合组织调查处理,认真总结和吸取教训的。

3.具有其他条规规定的从轻、减轻或免于处分情节的。

有下列情形之一的,从重或加重处理。

1.拒不承认错误,推卸、转嫁责任的。

2.知情不举、压案不报,对发生的问题庇护或者对上级的调查处理设置障碍的。

3. 职责范围内发生在全国有影响的重大案件或多次发生严重违法违纪问题的。

4.发生问题后不积极主动采取补救措施,致使危害结果扩大的。

5.具有其他条规规定的从重或加重处分情节的。

职责范围内发生严重违法违纪案件的,所在单位和负有领导责任者,当年不得评为先进;具有本规定第十二条所列情形的,不包括在内。

应当追究领导责任而不予追究的,视情节分别追究纪检监察或政工部门负责人相应的纪律责任。

四、责任追究的程序

本院纪检监察部门负责责任追究的纪律处分;政工部门负责组织处理;其他追究方式纪检监察和政工部门都可以运用。

对本院业务部门负责人和一般干警的责任追究,由本院纪检监察和政工部门负责实施;对本院检察长、副检察长的责任追究,由上一级检察院的纪检监察和政工部门负责实施。

需要给予党纪处分的,按照干部管理权限,由纪检监察部门提出处理意见并经党组同意后,报请同级地方纪委实施。

实施责任追究需要给予纪律处分的,具体适用程序,依照《人民检察院监察工作条例》办理。

需要给予组织处理的,由政工部门按照国家有关法规、人事管理权限和处理程序的规定办理。

本规定自下发之日起施行。

汝州市人民检察院
执法办案监察监督实施办法

第一章 总 则

为认真贯彻从严治检的方针,预防和纠正业务部门执法办案过程中发生的违法违纪问题,确保我院干警依法、文明办案,根据《中华人民共和国刑事诉讼法》、《人民检察院监察工作条例》、《人民检察院执法过错责任追究条例(试行)》和《河南省检察机关内部执法办案监督办法(试行)》等有关规定,结合我院实际,制定本办法。

监察监督是指检察机关监察部门依据法律、纪律规定,对本院各业务部门的执法办案活动进行监督、检查,对发现的问题进行调查处理的监督方法。

监察监督工作要立足教育,着眼防范,坚持实事求是、客观公正,法律、纪律面前人人平等,标本兼治、有错必纠、惩处与保护相结合的原则。

监察部门是执法办案监督工作的主管部门,要充分发挥自身作用,正确履行职责,切实抓好执法办案监督工作制度的落实。

第二章 监察监督的主要内容和重点

执法办案监察监督的主要内容:执法办案活动是否符合《刑法》、《刑事诉讼法》、《民事诉讼法》和《人民检察院刑事诉讼规则》等法律、法规的规定和要求;是否认真落实《人民检察院扣押、冻结款物工作规定》、《人民检察院"收支两条线"规定》、《诉讼参与人权利义务告知制度》、《人民检察院安全办案工作规定》等规章制度;是否严格执行《检察人员纪律处分条例(试行)》,对出现的违法违纪问题及时纠正、处理、报告等。

监察部门对执法办案活动进行监督的重点是：

（一）当事人不服不立案、不（予）批准逮捕、不起诉和公安机关提请复议、复核的案件；

（二）撤销案件、错案赔偿的案件；

（三）上级或其他专业部门否定检察技术部门鉴定的案件；

（四）超期羁押和变更强制措施的案件；

（五）法院判决无罪的案件；

（六）民行检察部门提请抗诉，上级院决定不抗诉的民事行政案件；

（七）本地区办理的大案要案；

（八）上级批转、领导交办、人大转办、新闻媒体曝光和人民群众反映强烈的案件等。

第三章　监察监督的主要方法

监察部门对执法办案活动实施监督的主要方法：备案监督、办案同步监督、回访监督、案件调查监督和专项检查监督等。

第一节　备案监督

备案监督是指监察部门对执法监督的重点案件，通过业务部门备案进行监督的一种方法。

备案监督的主要范围：

（一）反贪污贿赂局、反渎职侵权局、监所检察科、民行检察科对立案后报上级院审批同意决定撤销的案件，应当在作出撤销案件决定后十日内将《立案决定书》、《侦查终结报告》、以及《撤销案件决定书》复印件交监察科备案。

（二）侦查监督科对不批准（决定）逮捕的案件，经复议、复核后改变原不批准逮捕决定的，应当在作出逮捕决定后十日内将《不批准逮捕决定书》或《不予批准逮捕决定书》、《审查逮捕意见书》和复议、复核决定的复印件交监察科备案。

（三）公诉科对决定不起诉案件，应当在作出不起诉决定后十日内将《不起诉决定书》和案件审查终结报告复印件交监察科备案。

（四）控告申诉检察科经审查后决定对刑事申诉不立案复查或对举报线索不移交有关部门的,审查结束后十日内将申诉、举报材料和审查结论复印件交监察科备案。

（五）控告申诉检察科经复查、复议改变原不立案、不起诉和撤销的案件，对确认为错案决定进行刑事赔偿的案件，应当在作出决定后十日内将《申诉书》、《刑事赔偿请求书》、《刑事申诉复查决定书》、《刑事赔偿决定书》、刑事错案确认文书副本等文书的复印件交监察科备案。

（六）检察技术科对被上级或有关部门否定的本部门刑事技术鉴定结论,应当在收到上级或有关部门鉴定结论后十日内将本部门、上级或有关部门的《刑事技术鉴定结论书》复印件交监察科备案。

（七）民事行政检察科对本院提请上级院抗诉的案件,经上级院审查决定不抗诉的,十日内将提请抗诉书和上级院不抗诉决定书复印件交监察科备案。

（八）各业务部门在办理案件过程中,对变更强制措施的案件(主要指拘留、逮捕转监视居住、取保候审案件),在作出决定后七日内将变更强制措施的理由以书面材料交监察科备案。

（九）各业务部门在办理案件中,需要扣押、冻结款物的,应当在执行扣押、冻结后五日内将扣押、冻结款物清单复印件交监察科备案。案件办结后十日内将扣押、冻结款物的处理情况,以书面材料交监察科备案。

监察科每月定期对各业务部门应当备案监督的案件检查统计一次,对备案的法律文书应当指定专人及时审查,对审查中发现的问题,应当及时下达《监察通知书》进行纠正。

第二节　办案同步监督

办案同步监督是指监察部门根据工作需要,派员亲临业务部门办案现场进行监督的方法。

办案同步监督主要适用于领导批示的大要案、群众反映强烈的案件、容易引起涉检上访的案件。主要是监督办案中的搜查、讯问(询问)、调查取证、研究案件等环节。

办案同步监督的主要内容:

(一)讯问(询问)、调查取证、搜查时侦查人员是否按法律规定执行;

(二)办案人员有无应当回避的情形;

(三)执行诉讼参与人权利义务告知制度等规定的情况;

(四)有无对证人采取强制措施的情况,有无刑讯逼供和违反规定使用技术侦查手段情况;

(五)有无私自会见案件当事人,或接受案件当事人及其亲属的宴请、现金礼品及有价证券和提供的高消费娱乐活动;

(六)有无在办案中占用发案单位或当事人的交通、通讯工具及其它物品情况;

(七)有无泄露案情、为犯罪嫌疑人通风报信等违法违纪情况;

(八)其它需要监督的情况。

办案同步监督前,监察科应填写《办案同步监督审批表》,呈报检察长或主管领导批准后,由监察科向被监督部门送达《办案同步监督通知书》,实施办案同步监督。

办案同步监督人员对办案人员违反法定诉讼程序和检察纪律的行为应当制止和纠正,对办案中存在的问题向被监督部门提出监察建议,但不得滥用职权,干涉被监督部门正常办理案件。

办案同步监督工作结束后,监督人员应当制作《办案同步监督报告书》一式三份,一份交办案人员入检察内卷,一份由监察科存档,一份报检察长或主管领导。

第三节　回访监督

回访监督是指监察部门对业务部门已办结案件所涉及的单位和当事人及其亲属进行走访,从中了解检察人员执法办案情况,发现和解决问题的一种监督方法。

回访监督的主要内容：办案人员在执法办案过程中有无吃拿卡要、刑讯逼供、徇私枉法、占用发案单位和当事人交通、通讯工具等问题。

监察人员回访时要制作填写《案件当事人及其亲属和发案单位回访卡和反馈意见表》，回访中了解的情况要及时向业务部门反馈，对发现的问题，要及时上报院领导进行调查处理，处理结果要向反映人反馈。

第四节　案件调查监督

案件调查监督是指监察部门依照有关政策法规和党政纪的规定，根据自己的职权和管辖范围，对执法办案活动监督过程中发现的违法违纪问题，以及对受理的违法违纪问题进行调查处理的一种监督方式。

监察科在对执法办案活动监督过程中发现的违法违纪行为，或者对有具体违法违纪内容的控告、举报，经检察长或主管领导批准后，应当进行初步审查。经初步审查，需要追究纪律责任的，应当及时立案调查、处理。

监察部门在案件调查监督中可以采取以下措施：

（一）要求被调查的部门和人员提供与调查事项有关的文件、资料、财务账目、案件卷宗材料及其它有关材料，进行查阅或者予以复制；

（二）要求被调查的部门和人员就调查事项作出解释和说明；

（三）责令被调查的部门和人员停止违反法律、法规和纪律的行为。

第五节　专项检查监督

专项检查监督是指监察部门通过对本院在执法办案活动中遵守和执行法律、法规和上级检察机关决议、决定以及规章制度的情况进行专项检查的监督方法。

监察部门每年根据本院工作需要，经检察长或主管领导同意，或者按上级的要求，可进行专项检查监督。专项检查监督的内容：

（一）《人民检察院执法过错责任追究条例》落实情况的检查；

（二）对执行扣押、冻结款物、"收支两条线"规定情况进行检查；

(三)对超期羁押情况进行检查；

(四)对检察机关执法作风、执法纪律进行专项整顿、检查；

(五)根据党委、政法委和上级院要求进行专项检查；

(六)对其它有关事项进行检查。

专项检查前，监察科应当写出立项报告，经检察长或主管领导批准后方可进行。专项检查可以由监察科单独进行，也可以与其它部门共同进行。专项检查中发现的违法违纪问题，应当及时调查处理，专项检查结束后，要写出专题报告上报院领导及上级院监察部门。

监察部门运用上述五种监督方法对本院执法办案活动进行监察监督的情况，每季度一小结，全年一总结，写出有整体情况、有典型事例、有分析对策、有措施建议的工作报告，上报院领导和上级院监察部门。

第四章 责任追究

对执法办案监督工作中发现的违法违纪问题，要依照党政纪和检察纪律的有关规定，追究当事人的纪律责任；触犯刑律的，依法追究刑事责任。

业务部门负责人在执法办案中，对所属人员教育、管理、监督不力，导致发生违法违纪问题，或不及时向监察部门报告的，按照党风廉政建设责任制等有关规定追究领导责任。

监察部门不依照法律、纪律规定及时指出和纠正业务部门在执法活动中存在的问题，故意隐瞒事实真相，造成严重后果的，要严肃追究相关人员的责任。

故意干扰、阻挠监察部门对执法活动进行监督，或无正当理由，拒不纠正违法违纪问题的，先停止工作，再调查处理。

第五章 附 则

本办法适用于汝州市人民检察院各个部门，由本院检察委员会负责解释。

汝州市人民检察院
执法过错责任追究实施办法

第一章 总 则

为保证检察人员严格执法、依法办案,维护司法公正,根据《中华人民共和国人民检察院组织法》、《中华人民共和国检察官法》《检察人员执法过错责任追究条例》等有关法律规定,结合我院实际,制定本办法。

本办法所称执法过错,是指检察人员在执法办案活动中故意违反法律和有关规定,或者工作严重不负责,导致案件实体错误、程序违法以及其他严重后果或者恶劣影响的行为。

追究执法过错责任,应当遵循实事求是、主观过错与客观行为相一致、责任与处罚相适应、惩戒与教育相结合的原则。

追究执法过错责任,应当根据执法过错责任人的过错事实、情节、后果及态度,作出下列处理:

(一)批评教育。包括责任检查、诫勉谈话、通报批评、到上级人民检察院检讨责任;

(二)组织处理。包括暂停执行职务、调离执法岗位、延期晋级晋职、责令辞职、免职、调离检察机关、辞退;

(三)纪律处分和刑事处理。执法过错构成违纪的,依照检察纪律的规定给予纪律处分;构成犯罪的,依法追究刑事责任。

以上方式可以单独适用,也可以同时适用。

执法过错责任人主动报告并纠正错误,积极挽回损失或者消除影响的,应当从轻或者减轻处理。

执法过错责任人能够承认并纠正错误，积极挽回损失或者消除影响,可以从轻或者减轻处理。

执法过错责任人明知有执法过错而不予纠正或者阻碍调查、追究的,应当从重处理。

检察长、副检察长及内设部门负责人对发生在职责范围内的执法过错隐瞒不报、压制不查、不予追究的,应当依照相关规定追究责任。

对于及时发现、制止、纠正检察人员执法过错并作出突出成绩的检察人员,应当给予表彰奖励。

第二章 责任追究范围

检察人员在执法办案活动中,故意实施下列行为之一的,应当追究执法过错责任:

(一)包庇、放纵被举报人、犯罪嫌疑人、被告人,或者使无罪的人受到刑事追究的;

(二)刑讯逼供、暴力取证或者以其他非法方法获取证据的;

(三)违法违规剥夺、限制当事人、证人人身自由的;

(四)违法违规限制诉讼参与人的诉讼权利,造成严重后果或者恶劣影响的;

(五)超越刑事案件管辖初查、立案的;

(六)非法搜查或者损毁当事人财物的;

(七)违法违规查封、扣押、冻结款物,或者违法违规处理查封、扣押、冻结款物及其孳息的;

(八)对已经决定给予刑事赔偿的案件拒不赔偿或者拖延赔偿的;

(九)违法违规使用武器、警械的;

(十)其他违反诉讼程序或者执法办案规定,造成严重后果或者恶劣影响的。

检察人员在执法办案活动中不履行、不正确履行或放弃履行职责,造成下列后果之一的,应当追究执法过错责任:

(一)认定事实、适用法律错误,或者案件被错误处理的;

(二)重要犯罪嫌疑人或者重大罪行遗漏的;

(三)涉案人员自杀、自伤、行凶的;

(四)犯罪嫌疑人、被告人串供、毁证、逃跑的;

(五)举报控告材料或者其他案件材料、扣押款物遗失、损毁的;

(六)举报控告材料内容或者其他案件秘密泄露的;

(七)矛盾激化,引起涉检信访人多次上访、越级上访的;

(八)其他严重后果或者恶劣影响的。

检察人员个人造成执法过错的,由个人承担责任。

两名以上检察人员造成执法过错的,应当根据其各自所起的作用分别承担责任。

承办人员的意见经主管人员审核批准造成执法过错的,由承办人员和主管人员分别承担责任。

主管人员不采纳或者改变承办人中的意见造成执法过错的,由主管人员承担责任。

承办人员隐瞒、遗漏案件主要事实、证据或者重要情况,导致主管人员作出错误命令、决定并造成执法过错的,由承办人员承担责任。主管人员有过错的,也应当承担相应责任。

下级人民检察院的意见经上级人民检察院同意造成执法过错的,由下级人民检察院和上级人民检察院的有关人员分别承担责任。

上级人民检察院不采纳或者改变下级人民检察院的意见造成执法过错的,由上级人民检察院有关人员承担责任。

下级人民检察院因执行上级人民检察院的错误决定造成执法过错的,由上级人民检察院有关人员承担责任。下级人民检察院有关人员有过错的,也应当承担相应责任。

下级人民检察院隐瞒、遗漏案件主要事实、证据或者重要情况,导致上级人民检察院作出错误命令、决定并造成执法过错的,由下级人民检察院有关人员承担责任。上级人民检察院有过错的,也应当承担相应责任。

人民检察院及其执法办案部门经集体讨论造成执法过错的,由集体讨论的主持人和导致错误决定产生的其他人员分别承担责任。

案件承办人隐瞒、遗漏案件主要事实、证据或者重要情况,导致集体讨论结果错误并造成执法过错的,由案件承办人承担责任。

执法办案活动中虽有错误发生,但具有下列情形之一的,不追究检察人员的执法过错责任:

(一)检察人员没有故意或者过失的;

(二)有关法律、纪律规定免予追究或者不予追究的。

第三章 责任追究程序

检察人员执法过错线索由院监察部门统一管理。

检察长、副检察长或检察委员会专职委员的执法过错线索,由上一级人民检察院受理、调查。

其他检察人员的执法过错线索由其所在人民检察院受理、调查,必要时上级人民检察院也可以直接受理、调查。

检察长、副检察长及内设部门通过下列途径发现执法过错线索后,应当在职责范围内进行初步审查或者初步核实,认为需要进一步调查和追究执法过错责任的,应当及时移送执法过错线索管理部门处理:

(一)受理来信来访和办理申诉、赔偿案件中发现的;

(二)执法办案内部监督和部门间相互制约中发现的;

（三）检务督察、专面检查、案件管理和业务指导中发现的；

（四）通过其他监督途径发现的。

执法过错线索管理部门收到执法过错线索后,应当及时填写执法过错线索受理登记表,并在一个月内审核完毕,分别情况作出以下处理：

（一）认为需要对执法过错线索进行调查的,报主管领导或者检察长批准后进行调查,也可以报请检察长另行指定部门进行调查；

（二）认为没有执法过错或者具有本办法第十三条规定情况之一的,提出不予调查的审核意见,报主管领导批准后回复提供线索的部门或者人员。

调查部门在调查核实执法过错线索的过程中,可以采取以下方式：

（一）查阅有关案件卷宗及其他相关资料；

（二）要求被调查人员就调查事项涉及的问题作出解释和说明；

（三）与相关知情人员谈话、了解情况；

（四）察看执法办案现场,走访相关单位；

（五）符合法律规定的其他方式。

执法过错线索调查结束前, 调查部门应当听取被调查人的陈述和申辩,并进行调查核实。对查证属实的申辩意见应当予以采纳,不予采纳的应当说明理由。

执法过错责任调查结束后, 调查部门应当制作执法过错责任调查报告,并提请检察长办公会审议。调查报告应当包括下列内容：被调查人的基本情况；线索来源及调查过程；调查认定的事实；被调查人的申辩意见及采纳情况的说明；被调查人所在部门的意见；调查结论及处理意见等。

检察长办公会对检察人员涉嫌执法过错的事实、证据研究确认后,应当分别情况作出以下处理：

（一）执法过错事实清楚、证据确实充分、需要追究执法过错责任的,作出追究执法过错责任决定；

（二）执法过错事实不清、证据不足的,退回调查部门补充调查,必要时,也可以另行指定部门重新调查；

（三）虽有执法过错事实，依照本办法规定不应当追究执法过错责任的，作出不追究执法过错责任决定；

（四）不存在执法过错事实的，作出无执法过错责任决定。

调查部门应当根据检察长办公会的决定制作执法过错责任追究决定书、不追究执法过错责任决定书、无执法过错责任决定书，送达被调查人及其所在部门，并抄送执法过错线索管理部门。

追究执法过错责任决定书应当存入执法过错责任的个人执法档案。

追究执法过错责任决定书、不追究执法过错责任决定书和无执法过错责任决定书应当报上一级人民检察院监察部门备案。

检察长办公会决定给予执法过错责任人批评教育的，由检察长办公会指定的部门或者人员承办；决定给予执法过错责任人组织处理的，由政工部门承办；决定给予执法过错责任人纪律处分的，由监察部门承办。需要追究执法过错责任人刑事责任的，由执法过错线索管理部门依法移送司法机关处理。

执法过错责任人对纪律处分或者组织处理决定不服的，可以自收到处分、处理决定书之日起三十日内向作出处分、处理决定的监察部门或者政工部门提出申诉，受理申诉的部门应当按照相关规定进行复查。

执法过错责任人对复查决定仍不服的，可以自收到复查决定书之日起三十日内向上一级人民检察院监察部门或者政工部门申请复核。上一级人民检察院监察部门、政工部门应当按照相关规定进行复核。

复查、复核期间，不停止原决定的执行。

本办法自发布之日起施行。

汝州市人民检察院诫勉办法

为加强检察队伍的管理,认真贯彻"从严治检"的方针,进一步规范与完善本院的内部监督机制,根据《中华人民共和国检察官法》等有关规定,结合本院的实际情况,特制定本办法。

诫勉是指对在思想作风、工作作风、工作态度等方面存在一定问题,又不够纪律处分的检察干警,在批评教育基础上提出警告,要求其限期改正的一种制度。

诫勉是教育干部的一种手段和方式,不是处分。

对检察干警实施诫勉,要坚持爱护、批评、教育相结合的原则。

对检察干警实施诫勉必须听取当事人的陈述和意见,必要时要书面听取意见,并告知当事人享有辩解和申诉的权利。

根据《中华人民共和国检察官法》第三十三条以及其他有关规定,对经调查核实确有轻微违纪行为,但不需给予党纪政纪处分的干部,依照本办法实行诫勉。

凡中层以下(含中层干部)检察干警,有下列情况之一的要给予诫勉:

(一)无正当理由不服从领导和工作安排,经批评教育不改的;

(二)违反考勤制度,1个月内矿工半天或无正当理由迟到早退3次的;

(三)探亲、休假、事假、补休等不按规定办理手续的;

(四)出差外地或集体活动中有参与赌博或变相赌博活动,情节轻微的;

(五)对案件当事人或来访群众敷衍塞责,态度生硬,有损检察官形象,在群众中造成不良影响的;

(六)违反枪支、械具使用和管理规定,情节轻微的;

(七)集体活动、公差等无故不参加,半年时间内有2次者;

（八）违反本院车辆管理规定，未经批准私自使用公车，经批评教育拒不改正的；

（九）违反保密、值班制度，但情节轻微的；

（十）违反本院着装与工作证件使用有关规定，经批评教育仍不能及时改正的；

（十一）工作责任心不强，丢失或毁损公共财物，造成较大损失的话；

（十二）窃取、侵吞公私财物，尚不够纪律处分的；

（十三）接受案件当事人和案发单位及亲属礼物而未上交者；

（十四）中层干部隐瞒、庇护下属干警的错误事实，不及时报告、处理，造成不良影响的；

（十五）违反本院其他规定，需要诫勉的。

发现检察干警存在轻微违纪行为的，先由当事人作出书面检查，所在科室主要负责人作警醒谈话，批评教育，限期改正。经警醒劝告无效的，由所在科室提出诫勉建议报政治处。

政治处核实后认为需要诫勉的，提出诫勉意见报院党组审定。

政治处发现中层干部有第五条、第六条所列情形之一者，应直接提出诫勉建议报院党组审定。

诫勉决定由院党组研究作出，由政治处监察科派员对被诫勉干部进行诫勉谈话。

诫勉期一般为3个月，可以延长，但最长不超过6个月。

被诫勉干警不服诫勉决定的，可自接受诫勉谈话之日起5日内书面向院党组申请复议。院党组在10日内作出复议决定，并书面通知本人。复议期间，诫勉决定不停止效力。

诫勉对象要严以律己，正确对待群众的反映和组织的调查及谈话，不得打击报复反映人。否则，依照有关规定严肃处理。

对于在诫勉期内拒不改正错误，表现较差的，依据有关规定给予纪律处分,并离岗学习。

诚勉期满后,被诚勉者应将诚勉期内工作、思想、纠正错误的情况写出书面汇报,由所在科室加具意见后报政治处,政治处审核后提出是否解除诚勉意见报院党组审定。由院党组决定解除诚勉的,由政治处派员同被诚勉干警作解除诚勉谈话。

被诚勉干部诚勉期取消当年评先资格,一年内被诚勉2次,当年年度考核为不称职,必要时进行岗位调整。

诚勉谈话、解除诚勉谈话均需有书面记录,被诚勉和被解除诚勉的检察干警要在记录上签名,以备存查。

本办法自颁布之日起实施。

汝州市人民检察院接受人民代表大会及常务委员会监督的实施办法

为了使检察机关接受国家权力机关监督经常化、制度化,根据法律规定和检察工作实践,制定本制度。

一、认真贯彻执行人大及其常委会的决议和决定。对人大作出的决议和决定,必须采取行之有效的措施坚决认真地贯彻执行,并将实施结果定期向人大常委会作出书面报告。

二、认真办理人大交办的案件及事项。对人民代表大会及其常务委员会交办的案件及其他工作,应按案件管辖规定依法积极办理,办理情况和结果应及时反馈,要求汇报处理结果的,应在三个月内向人大常委会报告。三个月未办结的,应作出说明,人大常委会要求调卷审查或听取案件汇报时,应积极配合,提供案件材料或进行汇报。对不要求报处理结果的,承办单位也应认真办结,及时答复申诉、控告人。

三、对人大代表提出的议案和建议、批评、意见应积极负责地办理。一般应在两个月内办结,并答复人大代表。两个月内未能办结的,向人大常委会报告进展情况及不能按时办结的原因,并在延长期限内办结。

四、认真接受人大常委会的执法检查。人大常委会和人大专门委员会对执法情况进行检查时应如实汇报情况,对在执法检查中发现的问题必须采取有力措施,及时予以整改。

五、建立健全报告制度。依法定期向市人民代表大会及其常委会报告工作,工作报告或专题工作汇报材料应按要求份数及时报送人大常委会办公室。对审议中提出的意见和建议,要认真研究落实,本院召开的部署全局性工作的重要会议,要邀请人大常委会及其专门委员会负责人参加;本院的工作计划和年度工作总结,重要工作部署,工作中采取的重大措施,上级检察机关的重要指示精神,查处大要案情况、执法情况及队伍建设情况和其他重大事项,应及时向人大常委会报告或通报。

六、根据人民检察院组织法第三条第二款的规定,检察委员会在讨论决定重大问题时,如果检察长不同意多数人的意见,应报请本级人民代表大会常委会决定。

七、依靠人大监督,加强检察队伍建设。严格按照《人民检察院组织法》的规定,依照法定程序提请人大常委会任免检察干部的职务或法律职称,进一步健全和完善在人大代表中聘请监督员等行之有效的制度,倾听和收集人大代表对检察干警执法执纪情况的反映,认真查处检察干警的违法违纪行为。

八、加强与人大代表的联系。定期或不定期邀请辖区内的各级人大代表视察工作,认真听取人大代表对检察工作的建议、批评和意见,耐心解答人大代表提出的问题。

汝州市人民检察院
人大代表、政协委员联系工作制度

为进一步接受监督,促进本院与人大代表、政协委员联系工作的制度化、规范化,努力维护司法公正,根据上级检察机关的有关要求,结合本院工作实际,制定本制度。

人大政协联络室是人大政协联系工作的职能部门,负责同市人大及其常委会、市人大代表、政协委员联系工作的日常事务。

人大政协联络室应当及时向人大代表、政协委员通报上级检察机关重要精神、工作部署以及本院检察工作重大事项。

每年的7月份应当向市人大常委会汇报上半年检察工作情况,每年的12月份向市人大常委会汇报全年的检察工作情况。

每年的年初开展征求意见活动。征求意见既可以采取召开各种形式的座谈会或登门访问的形式进行,也可以采取发函征求意见的形式进行。

对人大代表在审议报告中提出的意见、建议,认真研究,切实整改,及时反馈。

对人大代表的意见、建议和交办事项,要及时汇总,报告检察长认真研究落实。

每年至少一次邀请本地的各级人大代表、政协委员到本单位视察检察工作,视察内容根据实际情况确定。

人大代表、政协委员视察的内容主要是半年和全年的工作进展情况、内部监督和队伍建设等方面的情况。

联络室要做好人大代表视察前的准备工作,应事先与人大的工作部门联系沟通,并做好人大代表意见的收集、汇总、处理和反馈工作。

在市人大代表、政协委员中聘任廉政监督员,监督本院严格履行法律监督职责,并通过廉政监督员听取人民群众对检察工作和检察干警的意见和要求。

联络室根据形势需要和上级检察机关的要求,综合全院工作情况和部门计划,提出当年人大代表、政协委员联系工作要点,提交院检察长办公会议审定。

根据当年人大代表、政协委员联系工作要点,制定当年人大代表政协委员联络工作方案,明确阶段联系内容的基本要求。

对于人大常委会或人大代表交办、提出的事项和个案的办理按照以下规定办理:各级人大常委会或人大的专门委员会、人大代表交办、提出的事项和个案等,各级人大代表致检察长或者本院的信件,上级检察机关交办的事项等,统一由联络室登记。于当天直送检察长批阅。

检察长批示后,联络室应在当天按照检察长批示转交有关承办部门办理。

凡人大代表政协委员的来信经检察长批办且时效性强或影响较大的,承办部门应在15天内办结。处理难度较大的案件,应在一个月内办结。

联络室按照本院有关制度对检察长批示、批转事项进行督办。

人大督办案件和事项由联络室统一回复。

联络室应当加强和上级检察机关人大联络机构和联络人员之间的联系,建立长期工作联系机制。

本制度自颁布之日起施行。

第二编

检察业务工作规范

第一章
汝州市人民检察院侦查监督工作规程

第一节　任务和管辖

侦查监督工作的业务范围：

（一）对侦查机关（部门）的立案活动进行监督；

（二）对侦查机关（部门）的侦查活动进行监督；

（三）对侦查机关（部门）提请批准逮捕、移送审查决定逮捕的案件，审查决定是否逮捕；

（四）对于在履行侦查监督职责过程中发现的职务犯罪案件线索依法初查；

（五）对侦查机关不服不批准逮捕决定提出复议、复核的案件进行复议、复核；

（六）对侦查机关执行强制措施情况进行监督。

办理审查批准（决定）逮捕案件，实行专人审查，部门负责人审核，检察长或者检委会决定的制度。

我院侦查监督部门应自觉接受平顶山市侦查监督处业务指导。

第二节　案件受理

侦查监督部门受理案件后，由内勤统一登记，并进行程序性审查，在一日内决定是否受理，情况复杂的报部门负责人或主管检察长决定。决定受理后，按本部门花名册顺序，指定专人办理。

受理案件时，应当查明提请逮捕书及案卷材料是否齐备。发现材料不齐备的，应及时通知侦查机关（部门）补充报送。

对于不符合受理条件的，在退卷的同时，向侦查机关（部门）出具《不予受理意见书》,并在该意见书中说明不予受理的理由。

对于审查逮捕案件,一般应在接到案卷后三日内完成《审查逮捕案件意见书》的制作,重大、复杂案件最迟不得超过五日。对于有关领导或部门要结果的案件,最迟应在规定的日期前七日内完成书面报告。书面报告完成后,由部门进行讨论,形成部门意见,然后提请主管检察长审查决定,重大复杂的案件,由主管检察长报检察长或提请检委会研究决定。

对于复议、复核案件,应分别在三日内、七日内完成审查报告,经部门讨论、向主管检察长汇报后提请检委会决定。

对于人民监督员监督的案件,严格按照《河南省检察机关侦查监督部门实行人民监督员监督制度的暂行规定》及《平顶山市检察机关关于侦查监督部门实行人民监督员制度的补充规定》办理。收到侦查部门转交的案件材料后,由侦查监督部门负责人另行指定承办人审查,并在三日内提出审查意见,经部门负责人审核后,报主管检察长决定。决定维持原逮捕决定的,承办人应制作《拟维持逮捕决定书》,连同主要证据目录、相关法律规定等材料在七日内移送人民监督员办公室,并作好接受监督的准备;决定撤销原逮捕决定的,除按有关规定办理外,还要将《撤销逮捕决定书》复印件在三日内送人民监督员办公室。

对于承办的案件,应在办理后的三个月内把案卷材料按照规定装订成册,并交内勤统一保管。

第三节　讯问犯罪嫌疑人

侦查监督部门办理审查逮捕案件,原则上必须讯问犯罪嫌疑人(以下简称讯问嫌疑人),讯问应严格依法进行,遵守有关制度和规定,保障犯罪嫌疑人的人身权利和诉讼权利,防止犯罪嫌疑人逃跑、自杀、自伤、行凶等事故,保护检察人员的人身安全和案件卷宗材料、法律文书的安全。

侦查监督部门讯问犯罪嫌疑人,一般不应有侦查机关人员在场。

侦查监督部门审查逮捕中讯问犯罪嫌疑人的任务:

（一）复核犯罪嫌疑人在侦查中有关犯罪的供述和辩解的客观性和真实性；

（二）进一步发现和查明犯罪嫌疑人供述之间、供述与其他证据之间、其他证据相互之间，在涉及嫌疑人是否实施犯罪行为、是否应当负刑事责任、是否具备逮捕的罪行程度和现实必要等问题上的矛盾和疑问，补充讯问侦查中漏讯问的重要问题；

（三）审查犯罪嫌疑人的真实身份、犯罪事实是否嫌疑人所为，是否张冠李戴、冒名顶替或者犯罪嫌疑人已被批准（决定）逮捕而未予执行；

（四）审查侦查机关侦查活动有无违法情况，了解违法的具体情况；

（五）审查有无遗漏罪犯和重要罪行，发现其他重大问题。

侦查监督部门办理审查逮捕案件，除本规定另有规定的情况外，对于未被采取强制措施的犯罪嫌疑人，需要讯问的，应征得侦查机关（部门）的同意。

要做好讯问准备。承办人应当认真审查案卷文书、证据，根据嫌疑人可能涉嫌罪名的法定要件与案件证据证明的事实之间、犯罪嫌疑人供述之间、供述与其他证据之间、其他证据相互之间存在的影响定罪处理的矛盾和疑点，列出具体的讯问提纲，有针对性地进行讯问。

讯问犯罪嫌疑人，应当由检察人员二人以上（其中必须有检察官一人以上）负责进行，其中一人作讯问笔录。

讯问女性犯罪嫌疑人，应当有女检察人员在场。讯问自始至终都应当有检察人员二人以上在场。

讯问在押的犯罪嫌疑人，应当在看守所讯问室进行。自提解犯罪嫌疑人起至讯问终了还押完毕，犯罪嫌疑人必须始终置于检察人员监视控制之下。对于严重暴力犯罪、罪行严重的其他犯罪、累犯和思想情绪不稳定的犯罪嫌疑人，以及看守所要求加戴械具的，都必须给犯罪嫌疑人加戴械具。

讯问未被羁押的犯罪嫌疑人，应当在检察机关、公安派出所或者犯罪嫌疑人所在的村民委员会、居民委员会进行。

讯问犯罪嫌疑人，应当首先进行如下事项：

（一）讲明检察人员身份，并向未被羁押的犯罪嫌疑人出示检察官证件；

（二）让犯罪嫌疑人阅读或向其宣读《犯罪嫌疑人诉讼权利义务告知书》，对于文化程度低、对法律不熟悉的犯罪嫌疑人，要用通俗的语言进行解释，告知后让其在《告知书》上签名。

（三）讯问犯罪嫌疑人是否要求提讯的检察人员回避。犯罪嫌疑人要求检察人员回避的，要问明回避的具体理由，由检察长决定是否回避。

上述情况应当在讯问笔录上记明。

对于案件事实的讯问，要围绕法定犯罪要件和逮捕条件，根据案件具体情况，突出重点，有针对性地进行。

对于侦查人员是否有违法行为的讯问，要注意方式和技巧，一般从讯问侦查过程入手，从侧面考察是否有违法行为。

犯罪嫌疑人控告侦查人员有违法行为的，应当告知其如实控告，向其讲明诬告应负的法律责任，然后让其陈述侦查人员违法的具体情节。犯罪嫌疑人无根据地诽谤、辱骂侦查人员的，讯问人员应当予以制止。

对犯罪嫌疑人控告的事实，讯问人员应当向犯罪嫌疑人讯问相关证据和可以证明的线索，但不要当场作肯定或否定的表示。要通过调查询问看守所管理人员、狱医、驻所检察人员，查阅提讯登记、看守日记，讯问同号人犯等方法，认真查证。

侦查监督人员讯问犯罪嫌疑人时要做到：

（一）严肃认真，实事求是，遇事不急躁，不感情用事，不先入为主。用语规范准确，对嫌疑人不熟悉的法律术语，要用通俗易懂的语言进行准确地解释。

（二）不得指供、诱供，不作无原则许诺，严禁刑讯逼供。

（三）对犯罪嫌疑人的辩解，要认真听取、记录在案，并认真核实。

（四）对推翻原供的犯罪嫌疑人，要告知其如实陈述，并问清翻供的原因和理由，记录在案。

每讯问一次都应做一次讯问笔录。讯问笔录应当按照讯问人问话、犯罪嫌疑人答话的原意，客观记载，并如实记录犯罪嫌疑人在讯问中表现其真实意思的表情和动作，对于犯罪嫌疑人陈述中的方言词语要在括号内用普通话予以准备解释。讯问笔录应当书写清楚，易于识读。讯问完毕，讯问笔录应当交犯罪嫌疑人阅读或向其宣读，补充或纠正记录的错、漏，核对无误后，让犯罪嫌疑人签名或盖章，讯问人、记录人也应当在笔录上签名。

第四节　审查终结

对有证据证明有犯罪事实，可能判处有期徒刑以上刑罚的犯罪嫌疑人，采取取保候审、监视居住等方法，尚不足以防止发生社会危险性，而有逮捕必要的，应当批准或决定逮捕。

"有证据证明有犯罪事实"应当符合以下条件：

（一）有证据证明发生了犯罪行为；

（二）有证据证明该犯罪行为是犯罪嫌疑人实施的；

（三）证据确凿，可以相互印证。

"犯罪事实"既可以是一个犯罪行为的事实，也可以是数个犯罪行为中任何一个犯罪行为的事实。

对具有下列情形之一的犯罪嫌疑人，应当作出不予批准（或不予）逮捕的决定：

（一）不符合刑事诉讼法第六十条规定的逮捕条件的；

（二）具有刑事诉讼法第十五条规定的情形之一的。

作出不捕决定的，要向侦查机关（部门）出具说理透彻的《不捕理由说明书》，对于存疑不捕的，在说明不捕理由的同时还要提出尽可能详细、操作性强的补充侦查意见。

对应当逮捕的犯罪嫌疑人，如果患有严重疾病，或者是正在怀孕、哺乳自已婴儿的妇女,可以作出不批准逮捕的决定。

案件审查终结后,承办人应当负责制作《审查逮捕案件意见书》。《审查逮捕案件意见书》应包括以下几下部分:

(一)"受案和审查过程"主要内容包括:

1.受案日期、提请机关或移送部门,提请或移送案号、案由。

2、审查逮捕承办人的姓名以及审查逮捕的简要工作过程。

该部分的写作要注意完整性和准确性。一是表述受理案件和审查工作概况要完整;二是表述案由要准确、规范,避免不严谨的简化。如将故意伤害罪表述为"伤害",贩卖毒品罪表述为"贩毒",走私普通货物罪表述为"走私"等等;三是对多名犯罪嫌疑人、多个罪名的案件,要注意每个人与其涉嫌罪名要对应,不可一并笼统表述。

(二)"犯罪嫌疑人基本情况"

包括犯罪嫌疑人的自然情况及前科经历,个人简历及家庭情况、被采取强制措施情况三个方面。要注明是否人大代表、政协委员,有无影响羁押的严重疾病。如果犯罪嫌疑人是单位犯罪的直接负责的主管人员和其他直接责任人员,还应当写明单位名称、单位性质、单位住所。

如有多个犯罪嫌疑人,在这一部分应分别列举,按照先主犯后从犯的顺序排列,每个犯罪嫌疑人各用一段文书加以写明。

(三)"发案、立案、破案经过"

指案件的受理、立案、和侦破情况,通常包括在何时、何地发生了何种性质的案件,侦查机关(部门)何时受案、立案,通过何种线索、途径,获悉犯罪嫌疑人的下落,使用了何种侦查手段,抓获犯罪嫌疑人的经过及采取了什么强制措施、涉案物证的收缴情况。

该部分的叙述要做到:案件受理和侦破的机关(部门)、时间、地点、对象、原因及结果等要件齐全。内容具体、叙述清楚、文字简练。

(四)"经审查认定的案件事实及证据"主要内容包括:

1.侦查机关(部门)认定的案件事实。简要写明侦查机关提请审查批捕或侦查部门移送审查逮捕的案件事实。

如果侦查机关(部门)叙述的事实比较充分、完整时,可以依据其随案移送的电子文档合理摘录,在忠实原文的前提下合理的简化,避免重复劳动和文书内容的冗长;如果侦查机关(部门)叙述的事实比较散乱、不清晰时,应当进行归纳整理,不能简单摘录。

2.经审查认定的案件事实及证据。

经审查,如果认为侦查机关或者侦查部门认定的案件事实有证据证明的,不再另述经审查认定的案件事实,应写明"经审查,上述事实有以下证据证实",然后按照证明种类进行必要摘抄,并根据其证明力予以分析或说明。

经审查,如果认为现在证据不足以证明侦查机关(部门)认定的案件事实的,或者虽然现有证据不足以证明侦查机关(部门)认定的事实,但有证据证明有其他犯罪事实的,应当写明经审查认定的事实,然后按照证据种类进行必要摘抄,并根据其证明力予以分析或说明。重新认定的案件事实,是承办人从案件审查者的角度对全案提出的独立认识和观点,在一定程度上是对侦查机关(部门)认定事实的补充甚至否定,是办案责任的直接体现。该部分写作时思路要清晰、态度要认真,对案情的叙述要连贯、完整,对重要细节的描述要确切,遣词用语要讲究,不可文学色彩过重。

经审查,如果认为侦查机关(部门)认定的案件事实非犯罪嫌疑人所为的,应写明"经审查,没有证据证明犯罪嫌疑人实施了侦查机关(部门)认定的犯罪行为",然后按照证据种类进行必要摘抄,并根据其证明力予以分析或说明。

在列举证据时,要把侦查机关取证的时间、地点及取证人员进行注明,然后再将证据的主要内容进行归纳和摘抄,最后还要对证据进行分析,说明该证据证实的内容及其证明效力,分析各证据之间是否存在矛盾,承办人如何认证,要让人能够直观看出该证据的客观性、关联性和合法性。当然,如果是一组证据才能证实犯罪事实的，也可以在将证据进行摘抄后只说明其证明内容，在这组证据的最后，对它们进行全面分析和论证。

（五）"需要说明的问题"主要应包括：

1.本案的社会政治背景。如案件由上级机关督办、在当地有重大影响、新闻媒体关注、有关领导作过批示、指示等情况；

2.可能影响案件处理的背景情况（自首、立功等法定情节的）；

3.需要进行立案监督或有侦查活动监督（如追捕漏犯、纠正违法）的事项及处理意见；

4.需要补充侦查或者继续侦查的事项；

5.有无逮捕必要；

6.需要发出检察建议的；

7.发现其他犯罪线索需要移送的；

8.其他需要说明的问题。

（六）"审查处理意见"

这是审查逮捕意见书的结论部分，在这部分应该对事实进行高度概括，根据案件的犯罪构成要件及逮捕条件作出分析论证后明确提出承办人的处理意见。包括以下三种情况：

1.认为应当批准逮捕的，应当写明："犯罪嫌疑人XX……其行为触犯《中华人民共和国刑法》第XX条，涉嫌XX犯罪，根据《中华人民共和国刑事诉讼法》第六十条，建议批准逮捕犯罪嫌疑人XX……（自侦案件：建议逮捕犯罪嫌疑人XX……）。"

2.认为犯罪嫌疑人不构成犯罪，不应当批准（决定）逮捕的，应当写明："犯罪嫌疑人XX……其行为不构成犯罪（或现有证据不足以证明犯罪嫌疑人犯罪），根据《中华人民共和国刑事诉讼法》第六十条、六十八条之规定，建议不批准逮捕犯罪嫌疑人XX……（自侦案件：建议不逮捕犯罪嫌疑人XX……）。"

3.认为犯罪嫌疑人构成犯罪,但无逮捕必要的,应当写明:"犯罪嫌疑人XX……其行为触犯《中华人民共和国刑法》第XX条,涉嫌XX犯罪,但犯罪情节较轻(或其他理由)无逮捕必要,根据《中华人民共和国刑事诉讼法》第六十条、六十八条,建议不批准逮捕犯罪嫌疑人XX……(自侦案件:建议不逮捕犯罪嫌疑人XX……)。"

案件审结后,由内勤填写《批准逮捕犯罪嫌疑人决定书》(《逮捕犯罪嫌疑人决定书》)或《不批准逮捕犯罪嫌疑人决定书》(《不予逮捕犯罪嫌疑人决定书》)后,送达侦查机关执行。侦查案卷材料同时一并退还,并认真填写《送达回证》。

对因证据不足不批准逮捕的案件,承办人应就需要补充侦查的事实及证据,发函向侦查机关提出建议;函随侦查案卷材料一并移送。

对于作出逮捕或不捕决定的案件,审查逮捕过程中形成的材料应当归入检察(批捕)内卷。检察(批捕)内卷包括:

(一)卷宗目录(打印);

(二)提请批准逮捕犯罪嫌疑人意见书(打印);

(三)提押证(统一编号)、权利义务告知书及讯问犯罪嫌疑人笔录;

(四)询问通知书、权利义务告知书及询问证人(被害人)笔录(根据案件情况);

(五)审查逮捕案件意见书(打印,且签有部门负责人意见、主管检察长意见);

(六)案件讨论记录(根据现场讨论记录整理、打印,并有参加讨论人员签名);

(七)批准逮捕(不批准逮捕)犯罪嫌疑人决定书或逮捕决定书(不予逮捕通知书);

(八)不捕理由说明书(不批准逮捕或不予逮捕的案件);

(九)关于侦查卷宗、逮捕或不捕决定书、不捕理由说明书等的送达回证；

（十）执行回执；

（十一）建议提请批准（或移送审查）逮捕犯罪嫌疑人意见书（根据案件情况）；

（十二）纠正违法通知书（根据案件情况）；

（十三）检察建议书（根据案件情况）；

（十四）其他应当归档的材料。

检察（批捕）内卷由承办人在案件办理完毕之日起三个月内装订完毕，移交内勤统一保管。内勤应于次年二月以前上缴档案室。

对于因侦查机关（部门）主动撤回提请或侦查监督部门要求其撤回提请的案件，承办人也应保存有关材料备查。

第五节　案件请示汇报制度

请示汇报案件的范围：

（一）在审查逮捕案件中对法律政策的适用有分歧、定性有异议的案件、疑难案件；

（二）省院侦查监督处、市院侦查监督处及有关领导或部门要结果的案件；

（三）市院侦查监督处通知要求汇报的案件；

（四）侦查监督部门对于在履行侦查监督职能过程中发现的，拟初查的职务犯罪案件。

事实不清、证据不足的案件，不属于请示汇报案件的范围。

请示汇报案件的程序：

（一）我院侦查监督部门不得越级直接向省院侦查监督处汇报案件，特殊情况需由市院侦查监督处或主管检察长批准，并由市院侦查监督处派人陪同。

（二）我院向市院检察委员会正式请示的案件，须经院检察委员会讨论研究,意见不一致的,检察长认为必要时,方可向市院检委会请示。

(三)我院向市检察委员会正式请示的案件,应以书面形式进行,须报送以下材料:(1)案件请示汇报报告五份,请示报告除写明案情外,还应写明请示目的、部门审核意见、检察委员会意见或检察长意见;(2)全部侦查卷宗;(3)审查逮捕意见书五份。

(四)案卷材料和请示汇报报告须指定专人报送,不得邮寄或传真。如有期限要求,须在规定的时间内报送。

(五)我院侦查监督科口头非正式请示的案件,不受本条第(二)、(三)、(四)项要求所限,可由主管检察长或侦查监督科负责人带领案件承办人携卷及《审查逮捕案件意见书》三份到市院侦查监督处汇报,但须提前电话联系。

(六)对于市院侦查监督处通知汇报的案件,我院应当提前作好准备,由主管检察长或侦查监督科负责人带领案件承办人按时前去汇报。

请示汇报案件的要求:

(一)我院不得在电话中向市院请示汇报案件,但非正式探讨、咨询的除外。

(二)请示汇报时,应当提出明确的处理意见。

(三)口头提请的案件和市院侦查监督处通知汇报的案件,须带《审查逮捕案件意见书》一式三份(去省院汇报一式五份)。

第六节 立案监督

立案监督案件应坚持"能捕、能诉、能判"的原则。

立案监督的范围:

(一)侦查机关(部门)该立案而未予立案的案件;

(二)侦查机关(部门)不该立案而予以立案的案件;

(三)纠正侦查机关(部门)在立案活动中的违法现象。

立案监督的案件来源:

（一）侦查监督、公诉、反贪、渎侦等业务部门在办案中发现的案件；

（二）领导机关批转的案件；

（三）权力机关交办的案件；

（四）行政执法机关反映的案件；

（五）群众举报的案件

立案监督的重点：

（一）严重扰乱社会主义市场经济秩序的案件；

（二）涉嫌徇私舞弊的司法、行政工作人员犯罪案件；

（三）重、特大或在当地有重大影响的案件；

（四）人民监督员提出监督意见的案件。

立案监督案件应当严格执行承办人审查、部门负责人审核、检察长或检委会决定的办案制度。

承办人应审查侦查机关（部门）受理的案件是否符合刑事立案条件，管辖范围以及有无该立案不立案、不该立案而立案的情形，已立案的案件是否在七日内向控告人送达了《立案通知书》。

审查中发现侦查机关（部门）有一般违法行为的，应当予以纠正；有严重违法行为的，应当立即向部门负责人汇报。

对于被害人提供线索的立案监督案件，应查明案发后是否向侦查机关（部门）报案，侦查机关（部门）是否有立案决定书或立案报告表，对于未向侦查机关（部门）报案的，不能作为立案监督案件办理。

对决定监督立案的案件，承办人要及时填写《说明不立案理由通知书》，送达公安机关，要求公安机关在七日内书面说明不立案理由。

侦查监督部门接到公安机关说明不立案理由函件后，应对公安机关不立案理由进行审查，制作《审查公安机关不立案理由的报告》，由科室集体研究其不立案理由是否成立，并填写《对公安机关不立案案件审查表》，逐级审批。

侦查监督部门认为公安机关不立案理由成立的,应当填写《同意公安机关不立案理由通知书》,于决定后的十日内通知公安机关,并及时反馈提供案件线索的部门或个人。

侦查监督部门认为公安机关不立案理由不能成立的,应当制作《认为应当立案审批表》,经检察长或检察委员会决定后通知并监督公安机关立案。

通知公安机关立案的案件,侦查监督部门承办人应填写《通知立案书》连同有关证明应该立案的材料一并送达公安机关,并告知公安机关在十五日内立案,并将《立案决定书》送达发出通知的侦查监督部门。

侦查监督部门发现自侦部门应当立案而不予立案的,应制作《建议立案意见书》,送达自侦部门,建议及时立案,意见不被采纳的,报请检察长决定。

侦查监督部门发现侦查机关不应当立案而立案的,应向侦查机关发出《纠正违法通知书》,并建议其撤案。发现自侦部门不应当立案而立案的,建议及时撤案,意见不被采纳的,报请检察长决定。

侦查监督部门向公安机关发出《通知立案书》,公安机关在十五日内未予立案的,侦查监督部门应发出《纠正违法通知书》,十日内公安机关仍不予纠正的,应报请上级检察机关通知同级公安机关督促下级公安机关纠正,或报同级人大予以监督。对应当立案而不予立案涉嫌职务犯罪的,侦查监督部门可以进行初查,初查后认为有犯罪事实,需要追究刑事责任的,移交反贪或反渎部门办理。

对于通过监督后公安机关决定立案的案件,侦查监督部门承办人应及时填写《立案监督案件跟踪监督表》,并由双方主管领导签字,专职人员要定期、不定期地督促公安机关进行侦查,对符合提请逮捕条件的,应建议公安机关及时提请逮捕。

审查批捕立案监督案件时,侦查监督部门可以邀请本院主诉官参与讨论,以确保案件质量,力争做到案件能诉、能判。

对于立案监督的案件,应按以下要求向上级院侦查监督部门备案:

(一)备案范围

1.侦查监督部门监督的已批准(决定)逮捕的应当立案而不立案的案件;

2.侦查监督部门监督的不应当立案而立案的案件。

(二)备案材料

对于应当立案不立案的案件,应提供以下备案材料:

1.受理被害人提出应当立案而不立案侦查的案件登记表;

2.被害人提出公安机关应当立案而不立案侦查的案件材料;

3.要求公安机关说明不立案理由通知书;

4.公安机关不立案理由说明书;

5.审查公安机关不立案理由报告;

6.对公安机关不立案案件审查表;

7.不立案理由审查意见通知书;

8.通知立案书;

9.公安机关立案决定书;

10.审查逮捕案件意见书;

11.批准逮捕决定书;

12.起诉书;

13.判决书。

对于不应当立案而立案的案件,应提供以下备案材料:

1.当事人提出不应当立案而立案的案件材料;

2.纠正违法通知书;

3.公安机关撤案决定书。

(三)报送时间

1. 备案范围中第1项的案件应当在批捕决定作出之日起十日内将有关材料报市院侦查监督处。

2.备案范围中第2项的案件在公安机关作出立案、撤案决定七日内将有关材料报市院侦查监督处备案。

3.立案监督案件中提起公诉的,应当在判决之日起十日内将判决书层报市院侦查监督处。

报市院侦查监督处的备案材料,须一式两份。

第七节 侦查活动监督

侦查活动监督主要任务是发现和纠正以下违法行为:

(一)对犯罪嫌疑人刑事逼供、诱供的;

(二)对被害人、证人以体罚、威胁、欺骗等非法手段搜集证据的;

(三)伪造、隐匿、销毁、调换或者私自涂改证据的;

(四)徇私舞弊,放纵、包庇犯罪分子的;

(五)故意制造冤、假、错案的;

(六)在侦查活动中利用职务便利谋取非法利益的;

(七)在侦查过程中不应当撤案而撤案的;

(八)贪污、挪用、调换所扣押、冻结的款物及其孳息的;

(九)违反《刑事诉讼法》关于决定、执行、变更强制措施规定的;

(十)违反羁押和办案期限规定的;

(十一)有其他违反《刑事诉讼法》有关规定的行为的。

开展侦查活动监督,般应从受理提请逮捕犯罪嫌疑人时开始。对依法参与侦查活动的案件,可在参与侦查活动过程中实行监督。

对干情节轻微的违法行为,经部门负责人同意后,以口头方式向侦查机关提出。对于情节较重的违法行为,办案人员应当书面报告,经部门负责人审核,主管检察长批准后,向侦查机关发出《纠正违法通知书》。

向侦查机关发出纠正违法通知书的,负责案件审查的办案人员应当落实情况进行监督。没有回复的,应当督促侦查机关回复。

提出的纠正意见不被侦查机关接受的,办案人员应当书面报告,经部门负责人审核,主管检察长批准后,报告上级检察院,并抄报上级侦查机关;提出的纠正意见不被侦查部门接受的,应报检察长决定。

发现侦查活动中的违法行为情节严重,构成犯罪的,应依法开展初查。

《纠正违法通知书》应包括以下内容:

(一)侦查活动违法的案件;

(二)侦查活动违法的内容;

(三)违反的具体法条;

(四)提出的纠正意见。

第八节　复议复核

对侦查机关要求复议的不批准逮捕的案件,应当更换承办人员负责审查办理。并在收到《提请复议书》和案卷材料后的七日内作出是否变更的决定,通知提请复议的侦查机关。

负责案件复议的办案人员对案件审查后,应当制作《复议案件审查报告》,内容包括:

(一)复议案件受案时间;

(二)侦查机关提请复议的理由;

(三)原承办人及作出决定的主要依据;

(四)经过复议可以认定的事实及证据;

(五)复议拟处意见。

复议案件经主管检察长审批后,负责案件复议的办案人员应当制作《复议决定书》,经部门负责人审核,主管检察长签发,并送达提请复议的侦查机关。

经复议改变原不批准逮捕决定的,应当同时撤销原决定,并作出批准逮捕的决定送达提请复议的侦查机关执行。

对于已作出不批准逮捕决定,并通知公安机关补充侦查的案件,公安机关在补充侦查后又提请复议的,侦查监督部门应当建议公安机关重新提请批准逮捕。公安机关坚持复议的,不予受理。

办理复议、复核案件,应当依据原提请审查逮捕时的案件事实和证据,不另行补充侦查。

第九节 人民监督员制度

审查逮捕环节启动人民监督员程序,依照最高人民检察院《关于适用<最高人民检察院关于实行人民监督员制度的规定(试行)>若干问题的意见》,同时遵守下列条款的有关规定。

侦查监督科接受人民监督员监督的案件,是指本院侦查部门查办的职务犯罪案件中,犯罪嫌疑人不服逮捕决定的案件。

侦查部门在向职务犯罪嫌疑人宣布逮捕决定、告知相关权利义务的同时,应告知其如不服逮捕决定可以要求重新审查,并向其介绍人民监督员制度的有关规定。

实行人民监督员制度的基层院侦查部门办理的案件,应当在收到犯罪嫌疑人不服逮捕决定的申辩意见后,立即送达市院人民监督员办公室,同时向市院侦查监督处报送材料。

人民监督员确定后,侦查监督部门应立即将人民监督员的名单通知承办案件的侦查部门,由该部门及时告知当事人及其法定代理人,同时告知其有申请回避的权利。

本办法自发布之日起施行。

第二章
汝州市人民检察院公诉工作规程

一 案件办理

第一节 案件受理

第一条 对于同级侦查机关(部门)移送审查起诉的案件,应对以下内容进行审查:

(一)案件是否属于本院管辖;

(二)《起诉意见书》以及案卷材料是否齐备,案卷装订、移送是否符合有关要求和规定,诉讼文书、技术性鉴定材料是否单独装订成卷;

(三)对作为证据使用的实物是否随案移送,移送的实物与物品清单是否相符;

(四)犯罪嫌疑人是否在案以及采取强制措施的情况。

第二条 经审查,对具备受理条件的,应受理并填写受理审查起诉案件登记表。

对不具备受理条件的,由内勤要求侦查机关补充、整理完毕后再移送审查起诉。

犯罪嫌疑人在逃的,由内勤报部门负责人后,要求在采取必要措施保证犯罪嫌疑人到案后移送审查起诉。

共同犯罪的部分犯罪嫌疑人在逃的,由内勤报部门负责人后,要求侦查机关在采取必要措施保证在逃的犯罪嫌疑人到案后另案移送审查起诉;对在案的犯罪嫌疑人的移送审查起诉应当受理。

重大、疑难、复杂案件,由部门负责人对受理案件情况把关,做好协调工作。

第三条 对于下级院报送上级院审查起诉的案件,同意受理后,由内勤统一接收案卷等有关材料,并做好告知工作。

第四条 案件受理后,由内勤报部门负责人按规定程序决定案件承办人员,并将案卷连同换押证、提押证、当事人诉讼权利告知手续、案件登记卡、审查起诉流程表一并交于案件承办人。

随案赃、证物,应登记统一保管。

第五条 改变管辖交办的案件,应向接受案件的单位移送案件所有材料并办理有关手续。

第二节 案件审查

第六条 承办人接到案件材料后,应当立即阅卷,制作阅卷笔录,制定讯(询)问提纲。

办理同级侦查机关(部门)移送审查起诉的案件,承办人应在受理案件三日内,向当事人告知诉讼权利。

承办人应当尽快提审犯罪嫌疑人。提审时,应到看守所办理换押手续。

承办人应当听取被害人和犯罪嫌疑人及其委托人的意见,并记明笔录。

对证人证言存在疑问或者认为不具体、有遗漏的,应当对证人进行询问,制作笔录。询问前应将诉讼权利告知证人。

第七条 对于侦查机关(部门)移送的各种证据材料应当严格按照《中华人民共和国刑事诉讼法》、《人民检察院刑事诉讼规则》和省院《刑事证据审查规则》的要求进行审查。

对于有疑问的证据,按照法定程序进行复核、复验、复查;对涉及专门技术性问题的证据材料,应当进行审查,专业性质较强的可由具备专门技术的人员审查并出具审查意见。

第八条 承办人审查案件后,认为犯罪事实不清,证据不足,需要补充侦查的,应当提出具体的书面意见,经部门负责人审核、检察长批准后,连同案卷材料退回侦查机关(部门)补充侦查,并向案件管理人员备案。承办人应主动同侦查机关(部门)办案人员协调沟通,明确补查内容及要求。属于第二次退补的,应经部门负责人与侦查机关(部门)协调后,再办理退补手续。

对于具备自行补充侦查条件的,经部门负责人同意后,由承办人自行补充侦查。

同侦查机关(部门)联合补充更利于查清案件事实的,经部门负责人审核、检察长同意后,由承办人与侦查机关联合补查。

退补时,对于需要追诉、逮捕犯罪嫌疑人的,经部门负责人审核、检察长批准后,交侦查机关(部门)和侦查监督部门办理。

第三节　接待辩护与代理

第九条　律师在审查起诉阶段介入的,承办人应当配合律师工作,执行新实施的《中华人民共和国律师法》的有关规定。

对不应向律师提供的案件情况,应当注意保密。

第十条　在律师开始介入时,承办人应当要求律师提交有关证明文件和委托书,按照规定会见犯罪嫌疑人、复制案件材料、申请取保候审、申请调查取证。

对于律师提出的有关申请,承办人要向部门负责人、检察长汇报并将决定及时告知律师。

第十一条　律师以外的辩护人申请查阅、摘抄、复制本案的诉讼文书、技术性鉴定材料,或者同在押的犯罪嫌疑人会见和通信的,应在接到申请后的三日以内对申请人是否具备辩护人资格进行审查,报部门负责人同意后,作出是否许可的决定,书面通知申请人。

第十二条　关于代理的有关情况适用上述规定。

第四节　审查终结

第十三条　承办人审查案件完毕,应当制作审查终结报告,详细列明案件的诉讼过程、当事人的基本情况、案件侦破简要过程、审查认定的事实(拟作存疑不起诉的注明侦查机关(部门)认定的事实)和证据、需要说明的问题、审查结论和处理意见。对其中认定的证据,应当充分论述证据之间的关系和证明的方向。

审查结论和处理意见应当分别按照《主诉检察官办案制度》的规定提起公诉和集体讨论、部门负责人审核后,报检察长决定是否提起公诉、不起诉或者改变管辖。需要向检委会汇报的,由承办人按照检委会要求拟写汇报材料、填写提请检委会讨论案件审批表,经部门负责人审核,报检察长同意后送检委会办事机构。

第十四条 承办人经审查认为,犯罪事实清楚,证据确实、充分,依法应当追究刑事责任,符合起诉条件的,应当立即制作起诉书,按照程序和规定要求签发。

承办人应当按照最高人民检察院规定的检察法律文书制作格式和要求,制作、打印、装订起诉书,并加盖有关印章后,连同主要证据复印件、证人名单、证据目录、换押证、附带民事起诉状一并送达同级人民法院,并向内勤备案。

对于按照简易程序提起公诉的案件,经部门负责人审核后,承办人填写、移送适用简易程序建议书和全部案卷。

第十五条 承办人经审查认为符合不起诉条件,应当按照最高人民检察院《检察法律文书制作》规定的格式和要求制作不起诉决定书,经集体讨论、部门负责人审核后,按照以下程序办理:

(一)依照《中华人民共和国刑事诉讼法》第十五条作出的不起诉,报检察长签发不起诉决定书;

(二)依照《中华人民共和国刑事诉讼法》第一百四十二条第二款、第一百四十条第四款作出的不起诉,经检委会讨论决定后,由检察长签发不起诉决定书。

对决定不起诉的,承办人应在打印、装订起诉书并加盖有关印章后,到被不起诉人羁押地或所在单位、街道、村镇,向被不起诉人公开宣布,并记明笔录。同时送达被害人或者其近亲属及其诉讼代理人、被不起诉人所在单位、侦查机关(部门)。

被不起诉人在押的,应在向侦查机关(部门)送达不起诉决定书的同时,由公安机关出具释放通知书,宣布不起诉决定时当场释放被不起诉人。

第十六条 承办人宣布不起诉时,应当告知被害人或者其近亲属及其诉讼代理人,如果对不起诉决定不服,可以自收到不起诉决定七日以内向上一级人民检察院申诉,也可以不经申诉,直接向人民法院起诉;告知依照《中华人民共和国刑事诉讼法》第一百四十二条第二款规定不起诉的人,如果对不起诉决定不服,可以自收到不起诉决定书七日内向人民检察院申诉。

第十七条 因决定不起诉需要对侦查中扣押、冻结的财物解除扣押、冻结的,由承办人向部门负责人及主管检察长汇报后,书面通知作出扣押、冻结决定的机关或者执行扣押决定的机关解除扣押、冻结。

第十八条 对侦查机关(部门)、当事人各方意见分歧较大拟作不起诉处理的案件,要进行公开审查听取各方意见。

公开听证按照最高人民检察院《办理不起诉案件公开审理规则(试行)》的要求进行。

第十九条 案件审查终结后,承办人发现犯罪嫌疑人没有违法犯罪行为,应当说明理由并将案卷退回侦查机关处理;发现犯罪事实并非犯罪嫌疑人所为的,应书面说明理由并将案卷退回侦查机关建议 侦查机关重新侦查。如果犯罪嫌疑人已经逮捕,应撤销逮捕决定,通知公安机关立即释放。

第二十条 公安机关要求对不起诉决定复议、复核的,由部门负责人另行指定检察人员进行审查并提出审查意见,经部门负责人审核,报请检察长决定。

第二十一条 案件审查终结后,承办人发现案件不属于本院管辖的,应经部门负责人审核后,填写《改变管辖审批表》,由检察长签发,制作相关文书。

按照级别管辖的有关规定,属下级院管辖的,应制作交办案件通知书;属上级院管辖的,应制作报送意见书;属其他检察院管辖的,应制作移交案件通知书。

第五节 出席一审法庭

第二十二条 案件开庭前,承办人应认真制定出庭计划,预测答辩要点,制作答辩提纲、公诉意见书。对复杂疑难、影响重大的案件,要进行出庭预测。

第二十三条 公诉人出庭支持公诉,应着装整齐,按时出庭,遵守法庭纪律,始终保持庄严、威严、公正的形象。

公诉人应严格按照法定程序履行职责,做到讯问到位、示证全面、质证有据、指控有力、答辩有理,充分发挥控诉职能,履行法律监督职责,切实维护当事人合法权益。

公诉人出庭支持公诉,应使用规范语言。

对于事实清楚,证据确实、充分,被告人认罪的案件,由承办人请示部门负责人后,在庭前与合议庭协商一致,采取简化审理方式进行。试行简化审,应严格按照规定进行。

当庭出示的证据材料,由承办人休庭后移送法院。出庭的书记员将庭审情况详细记录。对复杂疑难、影响重大的案件,要进行总结。

第二十四条 法庭审理过程中,遇到下列情形的,公诉人应当要求法庭延期审理:

(一)发现事实不清、证据不足,或者遗漏罪行、遗漏同案犯罪嫌疑人,需要补充侦查或者补充提供证据的;

(二)发现遗漏罪行或者遗漏同案犯罪嫌疑人,虽不需要补充侦查提供证据,但需要提供追加或者变更起诉的;

(三)需要通知开庭前未向人民法院提供名单的证人、鉴定人或者经人民法院通知而未到庭的证人出庭陈述的。

遇到下列情形,经集体讨论、部门负责人审核报检察长批准后,可以变更起诉、追加起诉或者撤回起诉:

（一）人民法院宣告判决前，人民法院发现被告人的真实身份或者犯罪事实与起诉书中叙述的身份或者指控事实不符的，可以要求变更起诉；

（二）发现遗漏的同案犯罪嫌疑人或者可以一并起诉和审理的，可以要求追加起诉；

（三）发现不存在犯罪事实、犯罪事实并非被告人所为或者不应当追究被告人刑事责任的，可以要求撤回起诉。

第六节 一审判决、裁定的审查

第二十五条 承办人收到法院判决、裁定后，应认真对照公诉意见，审查判决、裁定在认定事实、使用法律、定罪量刑、法定程序等方面是否正确，在三日内填写判决、裁定审查表，提出审查意见，交部门负责人审核、检察长审批并按照上级检察院的要求进行备案；对有错误的判决、裁定，应提出是否抗诉的意见，由部门负责人召集集体讨论后报请检察长决定。

决定抗诉后，由承办人按照规定的格式和要求，制作抗诉文书，决定支持抗诉的，应在抗诉期限内通过原审法院提出抗诉，并将抗诉书副本连同案件材料报送上级检察院。

第二十六条 对于被害人及其法定代理人在收到判决书后五日内提出的抗诉请求，承办人应立即审查，提出是否同意抗诉的意见，经部门负责人审核、检察长决定，在五日内书面答复请求人。

第七节 提请抗诉、出庭再审法庭

第二十七条 案件承办人认为同级法院已经发生法律效力的判决、裁定确有错误的，应当提出书面意见，经集体讨论、部门负责人审核后，报检察长提交检察委员会研究决定是否提请上级检察院按照审判监督程序抗诉。决定提请抗诉的，由原承办人制作提请抗诉报告书，连同检察内卷报上级检察院审查。

第二十八条 对于人民法院再审，通知出庭再审法庭的，由部门负责人确定承办人员。

承办人应当对再审决定书、有关卷宗材料进行全面审查,制作案件审查报告,提出出庭意见,经集体讨论,报请检察长批准后实施。

再审法庭,如果原审案件按照第一审程序审理,参照本章第五节的有关规定执行。

二 侦查监督

第一节 案件受理前的监督

第二十九条 对于侦查机关(部门)侦查的重大、疑难案件、证据易灭失案件和社会影响大的案件,经部门负责人同意、检察长决定可以适时提前介入,履行侦查监督职能。提前介入侦查环节的检察人员,应当根据审查起诉证据标准,引导侦查取证;并在参加侦查机关(部门)的案件分析、侦查计划制定、侦查实验等活动中,监督侦查活动是否合法,保障当事人的合法权益。

第三十条 为了巩固自侦案件侦查结果,保证出庭公诉质量,应当对侦查部门在侦查环节对犯罪嫌疑人变更强制措施等情形是否适当,向检察长提出建议。

第三十一条 审查起诉部门应与侦查监督部门相互配合,共同指导、监督侦查机关(部门)依法办案。

第二节 案件受理后的监督

第三十二条 案件承办人应当通过审查案件材料,讯(询)问诉讼参与人,发现和纠正侦查机关(部门)的违法行为。

第三十三条 对于情节较轻的违法情形,检察人员以口头方式向侦查机关(部门)提出纠正;对于情节较重的违法情形,应当向部门负责人汇报后报请检察长批准,向侦查机关(部门)发出纠正违法通知书。构成犯罪的,经检察长决定,移送有关部门依法追究刑事责任。

第三十四条 承办人发出纠正违法通知书后,应当根据侦查机关(部门)

的回复,监督落实情况;没有回复的,应当监督侦查机关(部门)回复、纠正。对纠正意见不被接受的,应当向部门负责人汇报后报请检察长批准,向上一级人民检察院报告,并抄送上一级侦查机关(部门)。

第三十五条 在侦查监督活动中,承办人发现遗漏犯罪嫌疑人、遗漏罪行的,应当经集体讨论、部门负责人审核后,报检察长批准,以书面形式要求侦查机关(部门)补充移送起诉。

第三十六条 发现犯罪嫌疑人没有违法行为或者犯罪事实并非犯罪嫌疑人所为的,依照刑法第十五条规定处理。

三 审判监督

第三十七条 对审判活动进行监督,重点是发现和纠正以下违法行为:

(一)人民法院对刑事案件的受理违反管辖规定的;

(二)人民法院审理案件违反法定审理和送达期限的;

(三)合议庭组成人员不符合法律规定的;

(四)法庭审理案件违反法定程序的;

(五)侵犯当事人和其他诉讼参与人的诉讼权利和其他合法权利的;

(六)法庭审理时有关程序问题所作的决定违反法律规定的;

(七)其他违反法律规定的行为。

第三十八条 案件承办人在审判监督活动中如果发现人民法院或者审判人员审理案件违反法律规定的诉讼程序,应当经集体讨论、部门负责人审核,报检察长批准后,书面向人民法院提出纠正意见。

第三十九条 对人民法院审判违法行为的监督,可参照对侦查机关侦查活动中违法行为监督的规定办理。

第四十条 在审判监督中,应当进一步拓宽监督渠道,通过列席审判委员会、受理申诉等方式深入开展审判监督。

四　其他规定

第四十一条　主诉检察官办理案件,按照省院制定的《主诉检察官办案制度》执行。

第四十二条　信访案件及领导要结果案件依照省院有关规定办理。

第四十三条　文书、卷宗等管理与归档,按照省院有关规定执行。

第三章
汝州市人民检察院反贪污贿赂工作规程

为了认真贯彻执行《河南省检察机关案件流程管理规定》,严格办案程序,规范办案行为,加大办案力度,保证办案质量,依据有关法律、法规和最高人民检察院有关规定,结合我院反贪污贿赂部门工作实际,制定本实施办法。

第一节　线索受理

(一)反贪污贿赂部门接受的案件线索,由内勤统一登记、审查、管理。

(二)对收到的案件线索,内勤应根据情况提出自办、转办、存查、移送等具体的处理意见及理由,报局长审批。需要初查须局长决定或报请检察长批准后方可进行初查,不得隐瞒不报,严禁私自办案。

(三)线索要及时进行分流处理,严禁积压线索。不属于本部门管辖的,转其他部门查处;属于本部门管辖的,安排侦查人员进行初查,符合立案条件的要及时立案侦查。简单线索的初查期限为一周,一般线索为半个月,重大复杂线索为一个月。

(四)对要案线索按上级业务部门案件线索分级管理规定,搞好备案和管理。

(五)严格保密制度,凡获知线索及有关情况的人员,不得向任何人泄露案情。

第二节　初　查

(一)决定初查的举报线索,应确定专人负责办理,并明确分工,落实责任。

(二)侦查人员应针对举报线索的情况和特点制订秘密的初查计划,向局长、分管副检察长汇报。

(三)初查举报线索,应采取秘密方法进行,并可依法采取询问、检查、查询、鉴定等必要措施,初查期间严禁采取强制措施,不得查封、扣押、冻结财产。

(四)案件线索初查前,承办人应制作《提请初查报告》。由局长和检察长批准后,方可进行初查。

(五)案件线索初查终结后,承办人应制作《初查结果报告》由局长报请检察长(或检察委员会)研究决定是否立案或作出相应的处理。

第三节 立 案

(一)需要立案的案件,应当由承办人写出《初查结果报告》经局长审查后,提请检察长或检察委员会审批,决定是否立案。

(二)一般案件立案,由检察长批准,重大案件应提交检委会决定。立案后应按规定制作《立案决定书》。

(三)对科级干部犯罪案件需要立案的,报请检察长批准,并按照干部管理权限的规定,向有关部门通报。

(四)依法对人大代表立案的,必须向该代表所属的人大主席团或常委会通报。对县级以上人大代表的犯罪嫌疑人采取强制措施,必须报该代表所属的人大主席团或常委会许可。

(五)对立案的审批,要认真审查。

1.是否属于本局管辖的案件;

2.立案是否符合最高人民检察院的立案标准;

3.立案是否符合刑诉法第八十六条(或八十三条)规定的条件。

第四节 侦 查

(一)反贪局对已经立案的犯罪案件应当及时进行侦查,收集、固定犯罪嫌疑人有罪、无罪和罪行轻重的证据材料。

(二)讯问犯罪嫌疑人、询问证人,必须依法进行并如实制作笔录,讯问犯罪嫌疑人应实行全程同步录音录像。

（三）第一次讯问犯罪嫌疑人应当告知其有权聘请律师或为其提供法律咨询，代理申诉、控告、为其申请取保候审。

（四）检察人员执行勘察、检查的情况应当制作笔录。

（五）进行搜查，必须向被搜查人出示由检察长签发的搜查证，搜查情况应制作笔录。

（六）在勘验、搜查中发现与案件有关的各种文件、资料和其他物品，应依法予以扣押、查封。

（七）对犯罪嫌疑人采取或者变更强制措施，必须经检察长或主管检察长批准，并严格依法进行。

第五节　侦查终结

（一）经过侦查，认为犯罪事实清楚，证据确实、充分，依法应当追究刑事责任的，承办人应写出《侦查终结报告》，并制作《起诉意见书》。对于犯罪情节轻微，不需要判处刑罚或者应当免除刑罚的案件，承办人应当写出《侦查终结报告》，并制作《不起诉意见书》。

（二）侦查终结的案件要经全局集体讨论，并交《侦查终结报告》和《起诉意见书》或《不起诉意见书》经局长审核后报分管副检察长或检察长批准。《起诉意见书》、《不起诉意见书》以及案卷材料一并移送本院公诉部门审查。

（三）对于没有犯罪事实，或依法不负刑事责任，或不认为是犯罪的；虽有犯罪事实，但不是犯罪嫌疑人所为的；具有《刑事诉讼法》第十五条规定情形之一的案件，承办人应写出拟撤销案件意见书，经侦查部门负责人审核和人民监督员监督，报请检察长或检察委员会研究，经市院业务部门批准后，决定撤销案件。

（四）案件不能在法定侦查羁押期限内侦查终结，应当依法释放犯罪嫌疑人或者变更强制措施。

（五）对于退回补充侦查的案件，补充侦查的期限为一个月，对于补充侦查的案件应当认真补查。

第六节　备案制度

（一）备案审查工作由主管综合工作的局领导直接领导，各副局长亲自把关，专职人员具体承办。

（二）坚持实事求是。向上级院上报办案工作情况时，要做到数字准确、情况清楚、内容确实，不得瞒报、漏报、迟报重要信息。

（三）定期向局长提出新、快、准的统计分析和调查报告，为领导决策服务。

（四）坚守工作岗位，实事求是报准各类统计数字。

第七节　案卷质量和立卷归档

（一）案件侦查终结后，承办人应负责装订好案卷，卷宗质量应符合《河南省检察机关职务犯罪侦查部门个案质量考评细则》的要求。

（二）宗卷装订应符合最高人民检察院制定的《人民检察院诉讼文书立卷归档办法》规定的标准，卷内文件的顺序应符合省院办公室编发的《检察档案手册（二）》中规定的直接受理立案侦查的刑事案卷排列顺序。

（三）案卷装订后，正卷交由内勤统一填写后移送本院公诉部门审查起诉，内卷交由内勤移送本院档案室存档保管。

第八节　办案安全

（一）案件主办人员接受办案任务后，应当制定安全防范工作预案，报主管检察长批准后实施，并对预案的落实负全面责任。

（二）初查一般不接触调查对象，必须接触的应当报经主管检察长或检察长批准，同时应当采取严密的安全防范措施。严禁在初查阶段以任何方式限制、剥夺被调查对象的人身自由。

（三）传唤、拘传犯罪嫌疑人、被告人到检察机关接受讯问，应当在讯问室进行。

（四）传唤、拘传犯罪嫌疑人、被告人的持续时间不得超过法律规定的12小时，不得以连续传唤、拘传的方式变相拘禁犯罪嫌疑人、被告人。

（五）传唤、拘传、提押、看管等工作应交由司法警察或明确专人负责，不得出现脱节、脱岗或由一人提押、看管等情形。

（六）因违法违规办案、玩忽职守致涉案人员自杀、自残、脱逃的，应当分清责任分别给予党纪政纪处分，构成犯罪的依法追究刑事责任。

（七）发生涉案人员自杀、自残、脱逃事故后，逾期不报的，要依照有关规定追究相关领导和责任人员的责任。

第四章
汝州市人民检察院反渎职侵权工作规程

第一节 总 则

为加强和规范本院反渎职侵权工作,根据《中华人民共和国刑事诉讼法》、《人民检察院刑事诉讼规则》等有关规定,结合本院工作实际,制定本规程。

本院反渎职侵权部门负责管辖刑法分则第九章规定的渎职犯罪和国家机关工作人员利用职权实施的非法拘禁、刑讯逼供、报复陷害、非法搜查等侵犯公民人身权利和民主权利的犯罪案件以及依法应当由检察机关直接受理的案件。

反渎职侵权部门应积极开展法律监督工作,及时发现和纠正国家机关工作人员利用职权实施的违法行为。

第二节 线索的受理

反渎职侵权案件线索是指控国家机关工作人员的渎职犯罪、国家机关工作人员利用职权实施的非法拘禁、刑讯逼供、报复陷害、非法搜害等侵犯公民人身权利和民主权利的犯罪的信函信件、电话记录、当事人控诉等资料。

线索管理坚持严格保密原则。凡获知线索及有关情况的人员,不得向涉嫌人员及其家属亲友泄露,也不得在任何无关场合谈论线索情况。

线索由内勤统一接收、登记和保管。接到线索后,内勤应当及时进行逐件登记,填写《渎职侵权案件线索登记表》,注明控告人和被控告人的基本情况,控告的性质和内容,以及线索的时间和编号。

局长对全部线索进行统一分配和管理。内勤应当及时将线索和《登记表》呈报局长审查,局长审查提出意见后,报分管副检察长批示。

线索要及时进行分流处理,严禁积压线索。处理途径为:不属于本部门管辖的,转其他部门查处;属于本部门管辖的,安排侦查人员进行初查,符合立案条件的要及时立案侦查。简单线索的初查期限为一个月,一般线索为二个月,重大复杂线索为三个月。

内勤根据局长和分管副检察长的批示,负责将线索分类处理。内勤将线索转其他部门时,应在《渎职侵权案件线索移送登记表》上登记,并要求接收部门和人员签署姓名和签收日期。内勤将线索分配给本局侦查人员初查时,应在《渎职侵权案件线索分配登记表》上登记,接收线索的侦查人员应当签署姓名和签收日期。

第三节 初 查

局长要加强对线索初查工作的领导、跟踪和检查。线索初查由两名以上侦查人员组成的办案组进行,局长应当指定其中的一名为主要承办人,并根据需要安排本局其他人员协助调查取证。

侦查人员接收到线索后应当尽快提出初查计划,向局长、分管副检察长汇报。重大复杂线索、成案可能性较大的线索要写出书面初查计划。局长、分管副检察长应当提出具体意见,指导初查工作。

初查工作要围绕立案侦查渎职侵权案件的检察职能,严格依照法律程序,以最具有效的方法收集、固定有关证据材料。侦查过程中要注意掌握案件信息和动态,要善于深挖案件线索。

初查工作原则上以秘密方法为主,必要时也可以公开调查。初查期间严禁对被查对象采取强制措施;不得查封、扣押、冻结被查对象的财产。

侦查人员应当随时向局长汇报初查工作进展情况。遇有当事人及亲属说情、送礼,或发现嫌疑人有逃跑、自杀、毁灭证据可能的,侦查人员应当立即向局长汇报,局长向分管副检察长汇报,提出具体意见,迅速处理。侦查人员在初查过程中发现其他有价值的线索和信息,要及时向局长、分管副检察长报告。

侦查人员要在规定的初查期限内查结线索。局长可以根据线索的难易程序、初查工作进展情况,决定缩短或延长初查期限。侦查人员在规定的初查期限内无法查结线索的,要向局长报告并提出延长初查期限。

初查工作结束后,侦查人员应当及时填写《人民检察院渎职侵权案件受理登记表》,提出处理意见,报局长、分管副检察长审批。对于重大复杂的线索,侦查人员还应当写出书面报告。符合立案条件的,依法进入立案侦查程序;没有犯罪事实或事实不清,证据不足或具有刑事诉讼法第十五条规定情形之一的,提请批准不予立案;经初查认为查案条件不成熟,或一时难以获取犯罪证据,但有初查价值需等待时机的,办案人员提出建议,经部门负责人或分管副检察长批准后存查,并向举报中心书面说明情况。

查结的线索,要在规定的期限内及时书面回复控告(举报)部门、督办部门。对不予立案的线索,应制作《不立案通知书》,交由控告(举报)部门答复控告人,向控告人讲明不予立案的理由。

侦查人员在初查过程中要加强法律监督。对不予立案,但需要追究党纪、政纪责任的被控告人,应当发出《检察意见书》,移送有关主管机关处理。发现有明显违法行为或者严重隐患的,应当向有关单位发出《纠正违法通知书》、《检察建议书》等法律文书,依法履行监督职能。

对初查后的有关证据材料,承办人员不得遗失,随意毁损,更不得泄露材料秘密,应当按照有关规定及时装订成卷宗,移交内勤归档备查。

大要案线索的初查,应当按照上级有关部门的规定进行。

第四节 立案侦查

立案侦查的案件,承办人应当制作《审查结论报告》,呈局长、分管副检察长、检察长审批。《审查结论报告》应当写明犯罪嫌疑人的姓名及其基本情况,涉嫌犯罪的事实,触犯的罪名,以及立案的法律依据等内容。

经检察长审批同意立案后,承办人应当填写《立案决定书》。

对人大代表立案侦查的,应当按照有关规定向该代表所属的人民代表大会主席团或者常委会报告。

以犯罪事实立案的,按照最高人民检察院《关于检察机关职务犯罪侦查部门以犯罪事实立案的暂行规定》执行。

案件的侦查工作,根据案件的具体情况公开或秘密进行。重大案件的侦查工作,要经过集体讨论决定侦查的方向、步骤,拟定详细的侦查计划。

案件内容及讨论情况要严格保密。凡获知情况的人员不得向涉嫌人员及其家属亲友泄露,也不得在任何无关场合谈论案件情况。

案件的侦查工作,要通过收集物证、书证,讯问犯罪嫌疑人,询问证人、被害人,勘验、检查、鉴定等工作,来证明犯罪嫌疑人的犯罪事实。讯问犯罪嫌疑人应实行全程同步录音录像。

对立案的犯罪嫌疑人,根据案情的需要,可以采取拘留、逮捕、取保候审等法律规定的强制措施。对犯罪嫌疑人采取强制措施,要严格依照法律规定的程序进行,严禁对证人采取强制措施。

案件的侦查工作,要严格依照《中华人民共和国刑事诉讼法》规定的程序进行,严禁违法办案。

第五节　侦查终结

经过侦查,认为犯罪事实清楚,证据确实、充分,依法应当追究刑事责任的,承办人应当写出《侦查终结报告》,并制作《起诉意见书》。对于犯罪情节轻微,依照刑法规定不需要判处刑罚或者免除刑罚的案件,承办人应当写出《侦查终结报告》,并制作《不起诉意见书》。

侦查终结的案件要经全局集体讨论,并将《侦查终结报告》和《起诉意见书》或者《不起诉意见书》经局长审核后报由分管副检察长或检察长批准。《起诉意见书》、《不起诉意见书》以及案卷材料一并移送本院公诉部门审查。

案件不能在法定侦查羁押期限内侦查终结,应当依法释放犯罪嫌疑人或者变更强制措施。

侦查过程中,发现具有《人民检察院刑事诉讼规则》第二百三十七条规定情形之一的,应当由承办人写出《撤销案件意见书》,经局长、分管副检察长审核和人民监督员监督后,报请检察长或者检察委员会决定,并报请上级院批准后撤销案件。

侦查过程中,犯罪嫌疑人长期潜逃,不能缉拿归案的,或者犯罪嫌疑人患有精神病及其他严重疾病不能接受讯问,丧失诉讼能力的,经检察长决定,中止侦查。中止侦查的理由和条件消失后,经检察长决定,应当恢复侦查。

以犯罪事实立案的,经过侦查,没有发现犯罪嫌疑人的,应当终止侦查。

对于退回补充侦查的案件,补充侦查的期限为一个月,对于补充侦查的案件应当认真补查。

第六节 备案制度

备案审查工作由局长直接领导,承办人准备好需备案的文书材料后,由内勤具体承办。

坚持实事求是。向上级院上报办案工作情况时,要做到数字准确、情况清楚、内容确实,不得瞒报、漏报、迟报重要信息。

定期向局长提出新、快、准的统计分析和调查报告,为领导决策服务。

坚守工作岗位,实事求是报准各类统计数字。

第七节 案卷质量和立卷归档

案件侦查终结后,承办人应负责装订好案卷,卷宗质量应符合《河南省检察机关反渎职侵权检察部门个案质量考评细则》的要求。

卷宗装订应符合最高人民检察院制定的《人民检察院诉讼文书立卷归档办法》规定的标准,卷内文件的顺序应符合省院办公室编发的《检察档案手册(二)》中规定的直接受理立案侦查的刑事案卷排列顺序。

案卷要按照保密制度妥善保管,不得遗失,随意毁损,更不得向无关人员披露。承办人负责装订好案卷,正卷交由内勤统一填写后移送本院公诉部门审查起诉;内卷交由内勤移送院档案室存档保管。

第八节　办案安全措施

办理案件中要坚持依法、规范、文明、安全的原则,坚决预防和杜绝案件安全事故的发生。

案件主办人员接受办案任务后,应当制定安全防范工作预案,报经主管检察长批准后实施,并对预案的落实负全面责任。

初查一般不接触被调查对象,必须接触的应当报经主管检察长或检察长批准,同时应当采取严密的安全防范措施。严禁在初查阶段以任何方式限制、剥夺被调查对象的人身自由。对于符合立案条件的,应当及时立案,严格按照法定程序开展侦查工作。

传唤、拘传犯罪嫌疑人到检察机关接受讯问,应当在讯问室进行。不得把讯问室作为羁押室。异地传唤、拘传犯罪嫌疑人,应当在当地检察机关的讯问室进行。

传唤、拘传犯罪嫌疑人的持续时间不得超过法律规定的 12 小时,不得以连续传唤、拘传的方式变相拘禁犯罪嫌疑人。讯问结束后,符合拘留条件并有拘留、逮捕必要的,应当依法及时办理拘留、逮捕手续,并立即通知公安机关执行;对于不采取拘留、逮捕强制措施的,应当通知其单位或家属领回,或派员将其送回。

讯问在押犯罪嫌疑人必须在看守所进行,因辨认、提取证据、取赃等确需提押到看守所以外的,必须报经主管检察长批准,同时通知人民检察院看守所检察室对提押活动实施监督。在执行提押任务中,应当采取严密的安全防范措施,辨认、提取证据、取赃活动结束后,应当立即还押。

传唤、拘传、提押、看管等工作应当交由司法警察或明确专人负责,不得出现脱节、脱岗或由一人提押、看管等情形。

适用监视居住必须符合刑事诉讼法规定的条件,并依法由公安机关执行。本院不得自行执行监视居住,不得以监视居住的名义拘禁犯罪嫌疑人。

严禁采取刑讯逼供等暴力手段违法取证,不得以协助调查取证等名义变相限制和剥夺证人的人身自由。不得借用其他机关的行政、纪律措施控制犯罪嫌疑人或参与其他机关对违法违纪人员的看管。

办案中发生涉案人员自杀死亡事故的,应当及时将情况报告院里,并按有关规定层报最高人民检察院,发生其他事故的,也要按照有关规定,将事故的发生、处理情况及时向院里和上级业务部门报告。

因违法违规办案、玩忽职守导致涉案人员自杀、自残、脱逃的,应当对相关人员分清责任分别给予党纪政纪处分,构成犯罪的依法追究刑事责任。

发生涉案人员自杀、自残、脱逃事故后,逾期不报、隐瞒不报的,要依照有关规定追究相关领导和责任人员的责任。

第五章
汝州市人民检察院刑事执行检察工作规程

第一节　看守所检察

入所检察的内容

(一)收押人员有无入所法律文书:公安机关签发的刑事拘留证、逮捕证及人民法院签发的逮捕证，检察机关的拘留、逮捕决定书或批准逮捕决定书,公安机关、人民法院、人民检察院签发的通缉、追捕、押解、羁押等法律文书、证件,或被监外执行罪犯的撤销假释裁定书、撤销缓刑裁定书、暂予监外执行罪犯批准收监执行手续;

(二)有无收押正在怀孕或者哺乳自己婴儿的妇女,患有精神病、急性传染病以及其他严重疾病,以及法律规定不负刑事责任的人。

入所检察的方法:

(一)书面审查收押法律文书是否合法、齐全、真实、有效;

(二)核对收押法律文书与被收押人员是否相符;

(三)对法律规定的禁止收押人员进行当面核实。

入所检察中发现有下列情形之一的,应当及时提出纠正意见:

(一)没有入所法律文书或者入所相关法律文书不符合法律规定、不齐全的;

(二)收押相关法律文书与收押人员不相符的;

(三)未告知收押人员羁押期间权利义务的。

(四)依法不应当收押而收押的。

出所检察的内容

(一)有无出所法律文书:刑满释放的证明;撤销案件的决定;不批准逮

捕或者不起诉的决定;取保候审或者监视居住的决定;免予刑事处罚或者无罪的判决;

(二)有无下列出所手续:临时出所的提押证明;转押出所(到其他看守所)的审批手续。

出所检察的方法

(一)查阅看守所出所登记和出所相关法律文书;

(二)对出所人员,可以进行个别谈话,了解情况。

出所检察中发现有下列情形之一的,应当及时提出纠正意见:

(一)没有出所相关法律文书或者出所相关法律文书不齐全的。

(二)出所人员与出所相关法律文书不相符的。

(三)对于临时出所人员或者转押出所人员,没有看守所民警或者办案人员押解的。

(四)对刑满释放的人员,未按期释放或者释放后未向其居住地公安机关送达释放通知书的。

羁押期限检察。检察看守所是否落实预防超期羁押的有关规定:

(一)检察看守所是否严格执行换押制度,对不履行换押手续的是否采取不准提讯被羁押人的措施;

(二)对于被羁押人所处的诉讼环节及其法定羁押期限,应当监督看守所是否及时予以确认;

(二)在法定羁押期限届满的前七天,应当监督看守所是否向办案机关发出预警通知;

(四)对本院办理的案件,在法定羁押期届满前七日,向本院办案部门发出《犯罪嫌疑人羁押期满提示函》。

纠正超期羁押的程序

(一)对同级办案机关超期羁押的,报经分管检察长批准,向办案机关发出纠正违法通知书。

(二)对上级办案机关超期羁押的,及时呈报上级人民检察院监所检察部门纠正。

(三)在发出纠正违法通知书后的十日内,办案机关未回复意见或者仍然押而不决的,报告上级人民检察院监所检察部门处理。

(四)对看守所不履行羁押期限预警和报告职责的,一经发现,立即提出纠正意见。

所内巡视检察的内容

(一)警戒设施检察。

(二)重点在押人员检察。

(三)提讯室检察。

(四)禁闭室检察。

(五)监舍检察。

所内巡视检察的方法

(一)通过监控对监区、监舍、提讯室、会见室、医务室及禁闭室进行动态监督检察。

(二)查阅看守所禁闭室登记和批准手续。

(三)听取在押人员及被禁闭人员反映的意见。

所内巡视检察发现下列情形之一的,应当及时提出纠正意见:

(一)安全警戒设施不落实,对死刑待决犯、危险人员等监控设施不到位的。

(二)对在押人员违法使用警戒、武器的。

(三)使用在押人员管理在押人员的。

(四)办案人员一人提讯的。

(五)律师及在押人员家属违反规定会见的。

(六)适用禁闭条件不符合规定、审批手续不完备以及超时禁闭的。

分管分押检察的内容

（一）犯罪嫌疑人、被告人与罪犯是否分管分押。

（二）未成年人与成年人是否分管分押。

（三）共同犯罪的嫌疑人、被告人是否分管分押。

（四）男性与女性是否分管分押。

分管分押检察的办法

（一）深入监舍进行检查。

（二）与在押人员进行谈话，了解情况。

发现看守所对在押人员未按规定分管分押的，应当及时提出纠正意见。

安全防范检察的内容：

（一）看守所防逃、防暴、防火等安全警戒设施是否落实。

（二）看守所民警对在押人员的生活、学习、劳动三大现场是否直接进行管理。

（三）看守所对于死刑待决犯和危险性在押人员是否掌握情况并实行监控。

生活卫生检察的内容

（一）看守所是否按规定对在押人员伙食执行实物量标准、专款专用。

（二）看守所对在押人员的病情是否予以及时检查治疗。

安全防范检察和生活卫生检察的方法

（一）深入监舍、监区、生产区、伙房等场所进行现场检察。

（二）查看在押人员伙食帐簿，听取在押人员反映的意见。

（三）安全防范和生活卫生存在的突出问题，进行重点检察。

（四）法定节日和重大活动之前或者期间，单独或者联合看守所进行专项检查。发现的不安全隐患和生活卫生问题，应当向看守所提出改进和防范的意见。

分管检察长在法定节日和重大活动之前或者期间，应当亲自参与安全防范检察和生活卫生检察。

交付执行检察的内容

（一）对判处死缓、无期徒刑、有期徒刑余刑一年的罪犯,是否在接到执行通知书后一个月交付监狱执行。

（二）对判处管制、缓刑、剥夺政治权利的罪犯,是否交付执行。

（三）对人民法院决定暂予监外执行的罪犯,是否交付执行。

交付执行检察的方法

（一）查阅检察日志和看守所出所记录及相关法律文书。

（二）与在押人员谈话,了解情况。

发现未按规定交付执行情况的,应当及时提出纠正意见。

留所服刑检察的内容

（一）代为执行的留所服刑罪犯是否属于被判处一年以下或余刑在一年以下的有期徒刑罪犯。

（二）余刑在一年以上的有期徒刑罪犯是否经过公安机关依法批准并经检察机关同意。

（三）监狱拒收的是否符合有关规定。

留所服刑检察的方法

（一）审查看守所《呈报留所服刑审批表》及相关材料,并签署意见。

（二）与在押人员谈话,了解呈报留所服刑人员表现情况。

发现未按规定条件留所服刑的,应当提出纠正。

检察官接待与帮教被监管人。驻所检察室建立检察官接待制度和被监管人约见检察官谈话制度,接待被监管人家属的来访,受理刑事申诉、控告和举报,听取被监管人的反映意见,当面教育规劝,提供法律咨询服务。驻所干警每月应选择两名以上被监管人进行谈话帮教,每半年集体帮教一次,进行法制宣传教育。

第二节　监外执行检察

对人民法院交付监外执行活动检察的内容:

（一）被判处管制、独立适用剥夺政治权利、宣告缓刑决定,暂予监外执行的罪犯的法律文书是否及时送达公安机关,抄送人民检察院;

（二）被判处管制、独立适用剥夺政治权利、宣告缓刑的法律文书交付执行时是否已发生法律效力, 有无尚未发生法律效力的上述判决书提前交付执行的情况。

监所检察部门通过本院公诉部门及时掌握人民法院判处管制、独立适用剥夺政治权利、宣告缓刑、决定暂予监外执行的罪犯情况,取得相关法律文书;发现人民法院没有及时向公安机关及司法行政机关送达上述法律文书,没有及时抄送人民检察院,或者将尚未生效的法律文书提前交付执行的,应当及时提出纠正意见。

对公安机关接收监外执行罪犯检察的内容:

（一）法律文书及相关手续是否齐全;

（二） 对在规定时间内不报到的监外罪犯是否及时查找或者采取相应措施。

发现接收的监外罪犯法律文书及相关手续不齐全或者在规定时间内不报到监外罪犯没有及时查找或者采取相应措施的, 应当及时向公安机关提出纠正意见。

对管制罪犯减刑检察的内容:

（一）公安机关建议减刑的管制罪犯是否符合法定条件;

（二）公安机关报请减刑的程序是否合法;

（三）人民法院作出的裁定是否正确;

（四）人民法院的审理活动是否合法。

对缓刑罪犯减刑检察的内容:

（一）在监督考察期间是否有重大立功表现;

（二）公安机关建议减刑和人民法院裁定的程序是否合法;

（三） 是否有应当减刑并相应缩短其缓刑考验期而没有减刑并相应缩短

其缓刑考验期的情况。

发现建议减刑的监外罪犯不符合法定条件的,或者报请减刑不符合法定程序的,应当及时向公安机关提出纠正意见。

人民法院审理减刑案件适用听证或者庭审程序的,同级人民检察院应当派员参加听证或者庭审。

对于人民法院作出的减刑裁定,在收到裁定书副本书之日起二十日内,实行下列监督:

(一)审查减刑案件的程序是否合法,被裁定减刑的罪犯是否符合法定条件;

(二)认为减刑裁定不当的,报经分管检察长批准,向人民法院提出书面纠正意见并通知监外罪犯执行地人民检察院;

(三)下级人民检察院认为人民法院减刑裁定不当的,应当立即向作出裁定人民法院的同级人民检察院报告;

(四)对减刑裁定提出书面纠正意见的,应当督促人民法院在收到后一个月内重新组成合议庭进行审理,并监督最终裁定是否符合法律规定。

发现减刑裁定不当超过法定监督期限二十日,应当报检察长或者检察委员会批准,向作出裁定或是最终裁定的人民法院提出书面纠正意见,提请人民法院按照审判监督程序依法另行组成合议庭重新作出裁定。

对监外罪犯违法行为处理情况检察的内容:

(一)公安机关对保外就医罪犯未经批准擅自外出的期间是否核实无误,是否将核实的情况通知有关看守所,并是否建议对该罪犯未经批准擅自外出的期间依照规定不计入执行刑期;

(二)对违反法律、行政法规或者公安部等有关监督管理规定、尚未构成新的犯罪的监外执行罪犯,公安机关是否依法给予治安管理处罚。

对缓刑、假释罪犯收监执行检察的内容:

(一)对在缓刑考验期内违反法律、行政法规或者公安部等有关缓

刑的监督管理规定,情节严重的,公安机关是否及时向人民法院提出撤销缓刑的建议;

对在假释考验期内违反法律、行政法规或者公安部等有关假释的监督管理规定,尚未构成新的犯罪的,公安机关是否及时向人民法院提出撤销假释的建议。

(二)被人民法院裁定撤销缓刑、假释的罪犯,公安机关是否及时送达看守所收监执行。

发现应当向人民法院建议撤销缓刑、假释而没有建议的,或被人民法院裁定撤销缓刑、假释的罪犯,公安机关没有及时送交看守所收监执行的,应当及时向公安机关提出纠正意见。

对暂予监外执行罪犯收监执行检察的内容,对具有下列情形之一的暂予监外执行罪犯,公安机关是否及时向交付执行机关提出收监执行的建议:

(一)未经当地公安机关批准,擅自外出,应当收监执行的;

(二)骗取保外就医的;

(三)以自伤、自残等欺骗手段故意拖延保外就医时间的;

(四)办理保外就医后无故不就医的;

(五)经治疗疾病痊愈,病情基本好转,可以收监的;

(六)保外就医期满,没有办理续保手续,应当收监执行的;

(七)违反公安机关监督管理规定经教育不改的;

(八)其他依法应当收监执行的。

发现公安机关具有上述情形之一的而没有及时提出收监执行建议的,或者原交付执行机关收到公安机关的建议后没有收监执行的,应当及时向公安机关或者原交付执行机关提出纠正意见。

监外罪犯迁居检察的内容:

(一)监外罪犯迁出的,迁出地公安机关是否及时向迁入地公安机关通报情况、移送监外罪犯的监督考察档案;

(二)监外罪犯迁入的,迁入地公安机关是否及时接管、接续监督考察。

发现迁出地公安机关没有及时向迁入地公安机关通报情况、移送监外罪犯的监督考察档案的,或者迁入地公安机关没有及时接管、接续监督考察的,应当及时向有关公安机关提出纠正意见。

保外就医罪犯续保检察的内容:

(一)保外就医罪犯提出续保的,公安机关是否及早通知交付执行机关依法办理;

(二)延长保外就医的医疗鉴定是否由省级政府指定的医院作出;

(三)保外就医罪犯的批准续保手续是否及时交付监外执行地执行机关和人民检察院。

发现违反办理保外就医罪犯续保有关规定的,应当及时向公安机关或者交付执行机关提出纠正意见。

期满解除检察的内容:

(一)对执行期满的管制罪犯,公安机关是否按期向其本人和所在单位或居住地群众公开宣布解除其管制,并向其本人发送《解除管制通知书》;

(二)对执行期满的剥夺政治权利罪犯,公安机关是否按期向其本人和所在单位或者居住地群众公开宣布恢复其政治权利。

发现公安机关对执行期满的管制罪犯、剥夺政治权利罪犯,没有按期公开宣布或者提前宣布解除的,应当及时向公安机关提出纠正意见。

期满释放检察的内容:

(一)对于考验期满的缓刑、假释罪犯,公安机关是否按期向其本人、所在单位宣布并向交付执行机关通报;

(二)对于考验期满的假释罪犯,交付执行机关是否按期发给《刑满释放证明书》;

(三)对于刑期已满的暂予监外执行罪犯,公安机关是否按期向其本人宣布刑期执行完毕,交付执行机关是否按期发给《刑满释放证明书》。

（四）发现公安机关对于考验期满的缓刑、假释罪犯,刑期已满的暂予监外执行罪犯,没有按期宣布或者提前宣布刑满释放的,或者交付执行机关没有按期发给《刑满释放证明书》的,应当及时向公安机关或者交付执行机关提出纠正意见。

监管措施检察的内容:

（一）是否对接管的监外执行罪犯及时登记入册、建立被监督管理罪犯的档案;

（二）是否对接收的监外执行罪犯组织监督考察、落实监督管理责任制;

（三）是否对接收的监外执行罪犯宣布服刑期间必须遵守的法律、法规,告知其权利、义务;

（四）对管制、缓刑、假释罪犯是否落实定期向执行机关报告自已活动情况的规定;

（五）是否落实对监外执行罪犯的监督管理措施;

（六）是否向同级人民检察院及时通报监外执行罪犯的监督管理情况;

（七）是否出现监外执行罪犯脱管、漏管情况;

（八）执行机关或者执行机关工作人员有无侵害监外执行罪犯合法权益的情况。

了解监外执行罪犯刑罚执行、监管活动等情况,可以根据工作需要,采取下列方法:

（一）走访执行机关,与有关工作人员谈话;

（二）走访负有协助公安机关对监外执行罪犯监督考察任务的基层组织和所在单位核实有关情况;

（三）与执行机关等单位召开联系会议,通报、研究、协调解决监外执行中的重大、疑难问题;

（四）查阅监外执行罪犯登记册及监督考察档案,审查相关法律文书;

（五）约见监外执行罪犯,了解监外执行罪犯监督考察措施落实情况（约

见监外执行罪犯谈话时,一般应有两名工作人员在场);

(六)受理监外执行罪犯及亲属和群众的申诉、控告和举报,并依照有关规定办理。

对发现的违法情况,应当通过以下程序纠正:

(一)对监外执行活动中的违法问题,应当当场提出口头纠正意见,并向分管检察长报告,记入《纠正违法情况登记表》;

(二)对发现的严重违法或者提出口头纠正意见后,违法单位在十日内既不提出复议意见,又未告知纠正结果的,监所检察部门应当报经主管检察长批准后,向违法单位发出《纠正违法通知书》;

(三)发出《纠正违法通知书》后的二十日内,违法单位不提出回复意见的,应当报告上级检察院监所检察部门;

(四)对纠正违法情况,应当登记和续记《纠正违法情况登记表》。

对监外执行中的普遍性和倾向性问题,以及应当追究执行机关工作人员党政纪责任的,应当报请主管检察长批准,向相关执行机关发出《检察建议书》。

第三节　检察工作方法

驻看守所检察人员必须经常深入看守所实行检察,检察中主要采取以下工作方法:

(一)定期召开座谈会,听取有关人员的情况介绍;找个别人谈话,从中了解情况;

(二)调阅看守所的有关文件、材料、登记,察看监室、在押人员活动场和警戒设施等;

(三)设置举报箱,接受在押人员申诉、控告和举报;

(四)与在押人员谈话,询问、讯问了解有关情况和问题,听取意见、要求和反映。找在押人员谈话时不得少于二人。

(五)接待在押人员家属来访,接受控告和举报;

（六）列席看守所、武警中队召开有关看管工作会议了解情况。

驻看守所检察室在检察中发现看守所存在违法问题，应当首先查明事实和原因，区分轻微违法和严重违法，分别不同情况，采取递进方式提出纠正意见：

（一）对于一般违法情况，可以当场提出口头纠正意见，事后及时报告本院监所检察部门负责人或主管副检察长；

（二）对于看守所执法活动中的严重违法行为，驻看守所检察室应当报请本院检察长批准，向看守所或者主管看守所公安机关发出《纠正违法通知书》。

（三）检察机关发出《纠正违法通知书》后，违法单位在五日内既不提出复议意见，又不告知纠正结果的，应当查明原因并报告上级检察机关，由上级检察机关向同级的主管机关提出意见。

对看守所存在的倾向性和普遍性的违法问题，驻看守所检察室也可以采取检察建议的方式予以纠正。

检察建议应当报请本院主管检察长批准，《检察建议书》向看守所正式发出后，应记入《检察建议书使用情况登记薄》，并及时追记发出《检察建议书》之后的效果等。

驻看守所检察室应当与看守所建立联席会议制度，联席会议每季度召开一次，必要时也可随时召开，及时通报情况，交换意见，分析监管活动和执法监督中存在的问题，研究措施，不断改进工作，提高监管水平和监督水平，参加联席会议应有文字记载。

对于看守所发生的重大事故、重大事件和职务犯罪案件，要及时向上级人民检察院监所检察部门层报和续报。

驻看守所检察室每月应向监所检察部门汇报一次工作，每半年总结一次工作，每季度对工作进行小结找出存在的问题，制定改进措施。

第四节　办理案件

监所检察部门直接受理的职务犯罪案件范围是：刑罚执行和监管活动中

发生的贪污、贿赂、侵权、渎职等职务犯罪案件,以及在监管场所发现的属于检察机关管辖的检察长决定交由监所检察部门办理的案件。

驻看守所检察室发现和受理职务犯罪案件的线索,应报主管副检察长批准后进行初查,初查后应制作审查结论报告,并迅速报上级人民检察院监所检察部门备案。对立案后的诉讼环节均应当填报和续报《看守所干警职务犯罪案件层报表》逐级呈报上级人民检察院监所检察部门备案。

查办职务犯罪案件应当在作出决定之日起七日内向上级人民检察院监所检察部门报送下列备案材料:

(一)初查的,报送有主管检察长批示的《人民检察院提请初查报告》;

(二)立案的,报送《提请立案报告》和《人民检察院立案决定书》;

(三)撤案的,报送《侦查终结报告》和《人民检察院撤案决定书》;

(四)不起诉的,报送《侦查终结报告》和《人民检察院不起诉决定书》;

(五)起诉的,报送《人民检察院起诉书》副本;

(六)抗诉的,报送人民检察院起诉书、一审人民法院判决书或裁定书副本和人民检察院的抗诉书副本。

案件的初查、立案侦查或其它重大问题,应报告检察长或者检察委员会集体讨论决定。

监所检察部门对公安机关提请逮捕、移送起诉的监外执行罪犯及看守所留所服刑罪犯又犯罪案件,负责审查批捕、审查起诉、提起公诉和出庭支持公诉。

监所检察部门对留所服刑又犯罪案件实行立案监督,发现公安机关应当立案不立案的,报经检察长批准,要求公安机关说明不立案理由;认为公安机关不立案理由不成立的,应报经检察长或者检察委员会决定,通知公安机关立案。同时,对公安机关的侦查活动和人民法院的审判活动依法实行监督,发现违法行为,及时提出纠正意见。

办理留所服刑罪犯又犯罪案件的过程中,遇到该罪犯的原判刑期届满时,应当予以逮捕。处在侦查阶段时,由公安机关报请检察机关批准逮捕;处在审查起诉阶段时,由检察机关决定逮捕;处在审判阶段时,由人民法院决定逮捕。

发现留所服刑罪犯有漏罪的,适宜于原审地或者犯罪地审理的,应当转请当地检察机关处理;适宜于羁押地审理的,驻看守所检察室按照《看守所检察工作规程》的有关规定办理。

对犯罪嫌疑人、被告人在看守所内犯罪案件,按照下列情况办理:

(一)犯罪发生在侦查阶段时,转由侦查机关处理;

(二)犯罪发生在审查起诉阶段时,转由人民检察院处理;

(三)犯罪发生在法院审理阶段时,转由人民法院处理。

对收到的在押人员及其家属、法定代理人对看守所和监管干警违法犯罪的控告、举报材料,应当在七日内审查,提出处理意见。

对于留所服刑罪犯及其法定代理人、近亲属提出的申诉,按最高人民检察院高检发刑申字[2003]1号通知的有关规定办理。对犯罪嫌疑人、被告人及其法定代理人、近亲属提出的申诉,应依法受理,并按有关规定办理。

第六章
汝州市人民检察院民事行政检察工作规程

民事行政抗诉案件办案流程

为保障人民检察院依法对民事审判活动和行政诉讼活动实行法律监督，保障办理民行监督案件的高质量、高效率，根据《中华人民共和国民事诉讼法》、《中华人民共和国行政诉讼法》、《中华人民共和国检察院组织法》、最高人民检察院《人民检察院民事行政抗诉案件办案规则》等有关规定，结合本院民事行政检察工作实际制定本制度。

一、受理

（一）当事人或者其他利害关系人申诉的；

（二）上级人民检察院交办的；

（三）国家权力机关或者其他国家机关转办的；

（四）汝州市人民检察院自行发现的；

（五）凡是受理的案件都应当由内勤办理登记；

（六）受理的申诉案件应由科长负责指派案件承办人。

二、立案

（一）受理的案件符合立案条件的，应在三十日内立案；

（二）立案应当由案件承办人办理立案手续，填写立案审批表并报请科长和主管副检察长审批；

（三）办理民事、行政抗诉案件实行主办人负责制，并由两人以上参加。

三、审查

(一)申诉案件立案后,承办人开始对案件进行全面的审查;

(二)需要审查的案件应当在三个月内进行。

四、结案

(一)审查终结后,承办人应制作案件审查终结报告;

(二)审查终结报告需报科长和主管副检察长审阅、批示;

(三)对于符合抗诉条件的案件,可撰写提请抗诉报告书。提请抗诉报告书应当载明:案件来源、当事人基本情况、基本案情、诉讼过程、当事人申诉理由、提请抗诉理由及法律依据;

(四)提请抗诉报告书由科长审阅后报主管副检察长审批;

(五)提请抗诉报告书经审阅后同原审卷宗、检察卷宗报上级人民检察院。

五、息诉

经审查,对于不符合抗诉条件的,由承办人填写终止审查通知书,由内勤将通知书送达当事人。

民事行政检察工作制度

第一章 总 则

为加强和规范本院民事行政检察工作,强化法律监督,维护司法公正,保护当事人的合法权益,根据《中华人民共和国民事诉讼法》、《中华人民共和国行政诉讼法》、最高人民检察院《人民检察院民事行政抗诉案件办案规则》等有关规定,结合本院民事行政检察工作实际,制定本制度。

民事行政检察科负责办理本院管辖范围内的各类民事、行政申诉案件,依法行使法律监督权。

第二章 工作程序

案件受理后,民事行政检察科内勤负责于当日将案件登记入档,交科长审阅,科长应当根据案情于收案次日起三日内指定承办人(或办案小组)。

特殊申诉案件的办理,经主管副检察长批准,其登记和指定可作特殊处理,但是不得违反上级检察机关的相关规定。

承办人应当对案件进行审查。在接收案件之日起十五日内,填写《民事行政案件立案审批表》,提出立案或者不立案建议,报科长审核,呈主管副检察长决定。主管副检察长决定后,承办人应当将《民事行政案件立案审批表》复印三份交内勤。

决定立案的,承办人应当制作《立案决定书》,在决定立案后五日内送达当事人和案件移送单位。无法送达的,应当在《立案决定书》上注明原因。

决定不予立案的,承办人应当制作《不立案决定书》,在决定不立案后五日内送达当事人和案件移送单位。无法送达的,应当在《不立案决定书》上注明原因。

对于不属于立案范围的申诉,经审查涉及民事行政诉讼活动的,应当履行法律监督职责的,核实情况,请示主管副检察长后分别处理,并做好相关记录。

立案后五日内,应当将申诉人提交的申诉书副本送达对方当事人,并告之其可以在十五日内向本院提出申诉反驳意见。

在送达《立案决定书》的同时,应当送达告知书,告知当事人在人民检察院审查案件过程中的权利和义务,应当提交的证据材料、书面申辩意见和期限以及应承担的法律责任。

立案后,承办人必须尽快对双方当事人进行询问,制作询问笔录和调查笔录,并做好相关的案情登记工作。

立案后,承办人应当认真审查法院的庭审笔录和相关证据材料。当事人无法提供庭审笔录时,承办人应当到法院调阅原审卷宗。

承办人审查案件,应当就原审案卷进行审查。非确有必要时,不应进行调查。但是,符合《人民检察院民事行政抗诉案件办案规则》第十八条规定的情形时,可以进行调查。确需调查的,承办人应列出调查提纲,经科长批准后方可进行。

认为符合法律和《人民检察院民事行政抗诉案件办案规则》关于抗诉条件规定的,依法提请抗诉,并将案件移送上级检察机关。

承办人审查案件后,认为申诉人的申诉主张和理由不符合法律和《人民检察院民事行政抗诉案件办案规则》关于抗诉条件规定的,经科长、主管副检察长批准,作出不提请抗诉决定,同时要耐心做好申诉人的息诉工作,并且依照规定予以登记。

当事人提出和解并能自觉履行和解义务,只要不损害国家、社会公共利益和第三人合法利益的,检察机关应予准许,并终止审查。和解协议及履行情况应入卷备查。

民事行政申诉案件,应当自收案之日起三个月内审查终结,并作出提请抗诉、不提请抗诉、终止审查以及其他处理决定。

对于可能提请抗诉的疑难、复杂案件，可以延长一个月。

如因特殊情况需要再延长审查期限的，应当在期限届满前五日内报请主管副检察长批准。延长的审查期限不得超过上级检察机关的规定。

民事行政申诉案件审查终结时，必须报请全科讨论决定，并制作规范的审查终结报告。

提请抗诉的必须制作《提请抗诉报告书》。

提出检察建议的，必须制作《检察建议书》；发出纠正违法通知书的，必须制作《纠正违法通知书》。

作出其他处理的，应当作出相应的法律文书。

上述法律文书应层报主管副检察长审批。

民事行政申诉案件审查终结后十日内，承办人必须将案件处理结果反馈给当事人和案件移送单位，做好当事人的答复工作。该年年度终结时，应将案件卷宗整理好交科内勤归档。

第七章
汝州市人民检察院控告申诉检察工作规程

接待工作规定

第一节 总 则

为进一步明确工作职责,落实岗位责任,促进做好接待群众的工作,树立本院的良好形象,根据法律和上级机关关于文明接待工作的有关规定,结合本院实际,制定本规定。

干警接待群众实行接待工作责任制。各科室干警接待群众来访(信),应当积极履行工作职责,认真处理接待工作事项,对于违反本规定的应当承担相应责任。

接待群众工作必须遵循以下原则:

(一)文明接待,热情服务,公正执法;

(二)方便群众、服务群众、为群众办实事,对群众高度负责;

(三)以事实为根据,以法律为准绳;

(四)坚持法律面前人人平等;

(五)严格遵守保密制度,依法保护控告人、举报人。

接待群众的工作人员要仪表端庄,佩带工作证上岗,以高度的政治责任心,文明、热情地接待来访群众,不得以生硬、推诿的态度对待来访者。

第二节 接待工作程序

院接待室作为专门的接待场所,与控申科合署办公。

院接待室设专职接待员,负责接待来访(信);各科室(局、中心、大队)也要指定工作人员负责接待工作。

检察长接待日由正、副检察长及其他党组成员轮流值班接待。

接待群众工作一般由负责接待工作的人员负责。但群众要求或直接找到哪位干警都必须热情接待,不得推诿、拒绝。

接待来访一般应在接待室进行,接待的工作人员不得少于二人。

接待工作人员必须热情接待,诚心服务,尽职尽责,尽快处理来访的事项。

接待群众工作实行首办责任制和专人(部门)落实制相结合的制度。

第一次接待群众干警为首问责任人,首问责任人按来访(信)的内容,按照职能管辖分流到有关部门或有关干警处理。

负责处理来访(信)事项的部门和个人为落实来访(信)的专门责任人,即实行专人(部门)落实制。

第三节　首问责任人的职责

首问责任人应做好如下工作:

(一)热情接待来访者;

(二)耐心听取来访者的陈述;

(三)向来访者说明其权利、义务;

(四)告知检察机关的受案范围、工作程序。如属举报、控告的,应当向其说明举报、控告必须实事求是,如实反映情况以及诬告他人应负的法律责任等;

(五)做好接待工作笔录。在必要情况下,接待笔录应向来访者宣读或其阅看无误后,由来访者签名或盖章;

(六)如不属本职处理的事项,应根据接访的内容及性质分流归口到有关科室处理,将处理情况在三日内向来访者反馈。

属重要来访的,首问责任人应及时层报部门领导、分管副检察长、检察长。

首问责任人不得向无关人员泄露来访人姓名、身份、来访内容等情况。如违反保密工作规定,损害了来访者的合法权益,责任人对此应当承担相应的责任。

来访(信)事项属本职工作范围,并被授权专门处理的,首问责任人同时还须承担专门落实的责任即同时又是专门落实责任人。专门责任人的职责依照第四节确定。

第四节　专门责任人的职责

专门责任人应当在受理来访(信)的当天,根据来访(信)的内容确定性质,分门别类做好登记,以备查阅。属重要来访的,应及时层报部门领导、分管副检察长、检察长。

专门责任人应当在受理之日起十五个工作日内完成对来访(信)事项的调查、处理工作。特殊情况,不能按上述期限办结的,应当向部门或院领导说明情况。

完成对来访事项的调查工作后,专门责任人应当及时拟出对该事项的调查报告,明确提出处理意见,报部门或院领导审批。

一般情况下,专门责任人员应当自接待之日起十五个工作日内向来访者反馈对来访事项的处理结果。因特殊情况不能如期反馈的,也应将有关情况向来访(信)人作出反馈。需要书面答复的,由专门责任人草拟答复文书,报部门或分管院领导审批后答复。

来访者对本院答复不服提出复核的,有关部门应另行指定人员办理。

负责承办的工作人员为专门责任人,应当及时办理,并在受理之日起十个工作日内提出复核处理意见,报部门或院领导审批后,将复核处理结果向来访者反馈,并向来访者做好解释、说服工作。因情况复杂在十个工作日内不能办结的,应当向分管院领导汇报,并向来访人说明情况。

律师来访的,应当依照法律规定做好接待工作,并保障律师依法享有的各项权利。

专门责任人应当承担如下责任：

（一）在规定的期限内完成对来访事项的调查、处理及向来访者反馈处理结果。在规定的期限不能完成上述工作的，必须书面说明理由；

（二）对调查的事实负责；

（三）不得向无关人员泄露来访人的姓名、身份、来访内容等情况。如违反保密工作制度，损害了来访人的合法权益，专门责任人对此应承担相应的责任。

第五节　院接待室工作人员职责

院接待工作人员应当发扬敬业爱岗精神，热情接待来访者，积极引导来访者按正常渠道反映情况，切实履行好首问责任人的职责。

院接待工作人员通常是第一次接待群众的首问责任人，工作职责依照本规定第三节确定。

院接待室工作人员同时又是接待工作专门责任人的，应当依照本规定第四节的规定确定工作职责。

第六节　特殊情况处理

特殊情况是指紧急举报、打击报复举报人、自首等情况。

举报被举报人正在实施犯罪，或者犯罪后有外逃、串供、毁灭证据、行凶报复等情况的，是紧急举报。

对紧急举报实行优先、迅速处理的原则。接到来访者举报后，接待人员应当立即向检察长报告，根据检察长的指示，迅速采取有效措施查处。

对打击报复举报人的投诉，接待工作人员应当立即向检察长报告，并根据检察长的指示，做好处理工作。

来访者属自首，接待人员要迅速向有关部门联系，并向院领导汇报，同时对自首人给予鼓励，并向其依法讲清自首的构成要件，做好笔录，并将笔录交其阅看无误后由其签名或盖章。

第七节 奖惩措施

对接待群众工作成绩突出、社会反响良好的接待工作人员,视具体情况依照有关规定给予嘉奖、记功、授予荣誉称号或其他奖励。

接待群众的工作人员徇私枉法,或工作严重不负责任以及违反工作程序造成严重后果的,依照有关规定给予处分,尚不够处分的给予批评教育或诫勉。

检察长接待日制度

为进一步密切联系群众,更好接受监督,及时了解民意和取得更好的执法效果,根据最高人民检察院的有关规定,结合本院工作实际,制定本制度。

检察长接待日制度是指本院的正、副检察长和其他院领导在规定的日期亲自接待群众来访,接受群众控告、申诉、举报、亲自为群众释疑解忧的制度。

检察长接待日时间为每月第一、第三个星期三。检察长接待地点为院接待室。检察长接待日的时间、地点应通过新闻媒介和检务宣传向社会公布。

接待日采取检察长轮流值班接待的方式。轮值人如有特殊原因不能当班接访的,事前通知控申部门,由控申部门作调换安排。

控申部门应当为检察长接待做好如下准备工作:

(一)制定好检察长接待值班表,提前一天通知值班检察长;

(二)选派专人参与检察长接待,并做好相关记录;

(三)提供有关政策和法律依据以及相关材料,便于检察长解答和处理。

接访的检察长应当按时到位,热情接待,细心听取意见,切实采取措施解决群众反映的问题。

检察长对接待案件应在接访记录上提出处理意见,由控申部门统一督办和落实。

一般案件应在接访后一个月内落实,将处理结果及时向检察长汇报,并答复来访人,超期不能落实的要向检察长说明情况。

举报工作规程

第一节　总　则

为履行检察机关法律监督职责,保障举报工作顺利开展,根据有关法律和最高人民检察院关于《人民检察院举报工作规定》,结合本院实际,制定本规程。

举报工作的主要任务,是通过受理举报线索,依法追究犯罪,保护公民合法权益,促进廉政建设,维护法律的统一正确实施,维护社会稳定,保障改革开放和社会主义建设事业的顺利进行。

举报中心是受理群众举报贪污、贿赂、渎职、侵权等犯罪活动的专门机构。

举报中心的主要职责是:

(一)受理、管理、审查举报材料;

(二)初步调查(即初查)部分举报材料;

(三)保护、奖励举报人。

举报工作应当遵循以事实为根据,以法律为准绳的原则,依靠群众,方便群众,严格保密,接受社会监督,保证公正执法。

应当采取多种形式开展宣传,发动和鼓励群众举报。

与公安、监察机关以及其他执法机关加强联系,建立协调机制。

第二节　受　理

受理举报的范围是:贪污贿赂犯罪,国家机关工作人员的渎职犯罪,国家机关工作人员利用职权实施的非法拘禁、刑讯逼供、报复陷害、非法搜查的侵犯公民人身权利的犯罪以及侵犯公民民主的权利的犯罪。

本院接受犯罪嫌疑人的投案自首。

举报可以采用书面、口头、电话或者举报人认为方便的其他形式提出。

举报应当实事求是,如实提供被举报人的姓名、单位、住址和犯罪事实。

举报人应当提供真实姓名、单位住址或者联系方法。对不愿公开自己的姓名、单位或者住址的,可尊重本人意愿。

举报人不得捏造事实,伪造证据,诬告陷害他人。

举报信函可以用本民族文字、盲文或者外文书写。

本院设置举报接待室、举报箱、举报专用电话、举报网站,并公布电话号码、邮政编码和举报网址,也可以在举报人认为方便的地方接谈,为举报人提供便利条件。

凡当面举报,且有众多举报人的,可由举报人中选出三至五名代表,集中进行举报。

检察长阅批重要的举报材料,定期或者不定期接待群众举报。检察长接待日向社会公布。

接受举报的工作人员,要坚持文明接待,做到热情和蔼,耐心细致,认真负责。对态度骄横、工作不负责任的工作人员,举报人有权向本院投诉。以查属实,视情况作出处理。

口头举报的,工作人员应当写成笔录,经宣读无误后,由举报人签名或者盖章。接受举报的工作人员,应当向举报人说明诬告应负的法律责任。

电话举报的,工作人员应当询问清楚,如实做好电话记录。网上举报的,对于不属于检察机关管辖的,应在网上予以答复,并向举报人告知有管辖权的部门。属于检察机关管辖的,应将内容下载打印,按规定予以处理。

对以举报为名无理取闹的人,要坚持原则,进行批评教育,对于严重妨碍检察工作人员执行公务,扰乱检察机关正常工作秩序的,应当按照法律或者有关规定处理。

第三节　管　理

本院受理的举报材料有举报中心统一管理。本院院领导接到举报材料的,应当及时批转或者移送举报中心处理。如有特殊情况暂时不宜移送的,应当报请检察长批准。

对暂时不具备查办价值或者经初查未成案的举报材料,经举报中心负责人审核,呈检察长批准后,可暂存待查。

举报中心要严格管理举报材料,及时逐件登记举报人和被举报人的基本情况,举报的主要内容和办理情况。

举报中心要由专人管理科级以上干部的举报材料(以下简称要案材料),按照规定承办要案材料的移送、备案等具体事项。

要定期清理举报材料。针对存在的问题,提出加强和改进意见,完善管理制度。

第四节　审　查

举报中心对举报和自首材料,应当迅速进行审查,提出处理意见,报检察长审批。

举报中心受理举报后,应对举报线索进行初查。根据举报内容涉及的人员和问题性质,按密级划分为秘密、机密和绝密三类,按照线索的轻重缓急程度分为一般、紧急和特急件。

(一)秘密(一般)类线索的范围:

1.一般的匿名举报材料;

2.举报内容不具体的材料;

3.无涉及经济犯罪,属违纪方面的材料;

4.明显不属检察机关管辖的其他举报材料;

(二)机密(紧急)类线索的范围:

1.署名或者匿名举报的重要线索;

2.内容涉嫌经济犯罪的线索;

3.举报人要求不要转办的线索;

4.外地检察机关要求协查的线索;

(三)绝密(特急)类线索的范围：

1.举报党政机关副处级以上干部和企业集团公司负责人的线索；

2.举报内容具体、数额巨大的重要线索；

3.举报检察系统干警的线索；

4.其他特别重大的经济犯罪线索。

工作人员接到紧急或特急的举报线索，不得互相推诿，应当立即呈报检察长阅批。对一般的举报材料，应集中统一，定期呈检察长阅批，按规定作出处理。

对署名举报，经审查认为内容不清的，可约举报人面谈或者补充材料。

对经审查有以下情况的，应当及时报告有关领导，通知有关部门，先采取紧急措施，再按规定移送：

(一)正在预备犯罪、实行犯罪或者在犯罪后即时被发现的；

(二)犯罪嫌疑人企图自杀、逃跑或者在逃的；

(三)有毁灭、伪造证据或者串供可能的：

(四)其他需要采取紧急措施的。

对属于本院管辖的举报材料应当及时进行初查，查明举报事实是否存在，是否需要追究刑事责任。

初查工作一般由侦查部门进行。

举报材料性质不明难以归口、情况紧急必须及时办理、群众多次举报未查处、举报人遭受打击报复和检察长交办的举报线索，由举报中心进行初查。

初查由检察长批准。

初查后应当写出《初查情况报告》，提出立案或者不立案的意见，报检察长审批，并按检察长批示及时处理。

第五节　处　理

举报中心对受理的举报材料，应当按照材料的性质和管辖分工，分别作出处理：

（一）对不属于检察机关管辖的，移送有关主管机关处理，并通知举报人；

（二）对属于检察机关管辖的，是本院管辖的，附《举报材料查处情况回复单》，移送有关业务部门处理；不是本院管辖的，移送有管辖权的检察院处理。

对受理的要案材料，应当严格按照最高人民检察院的规定，逐项填写《检察机关要案移送、备案报表》，向上级人民检察院移送或者备案。不得瞒案不报，不得将检察机关管辖的要案材料移送其他机关处理。

举报材料的移送、备案，应当在接受举报后的七日内办理，情况紧急的要及时办理。

上级人民检察院对本院备案的要案材料审查后有不同意见通知本院的，本院必须认真执行。

办结的举报案件，应当按规定立卷归档。

第六节 反 馈

本院侦查部门和有关业务部门在接到举报中心移送的线索后应按规定开展初查和处理工作，对属"紧急"、"重大"、或者"要案"的举报线索，要在接到举报材料后二个月内，将查处情况回复举报中心；对于"一般"的举报线索，要在接到举报材料后三个月内，将查处情况回复举报中心。

凡由举报中心转交的线索，侦查部门在初查后确定立案、不立案或作其他处理的，应将立案决定书、调查报告或作其他处理的意见送举报中心一份，以便存档备查。

在接到举报线索后一年以上仍未查处的，要书面说明原因，经院领导批准后，退回举报中心存档待查。

对决定提起公诉、不起诉和撤案的举报案件，各业务部门应及时告知举报中心。

对逾期未回复的举报线索,举报中心应当催办。侦查部门和各有关业务部门应在接到催办函后送举报中心备案。

举报中心对署名的个人(单位)举报,能够证实举报人的匿名举报线索,应在三个月内向举报人(单位)反馈查处或处理情况,在查处完毕一个月内将查处结果告知举报人,但对在办案过程中产生的国家秘密,工作秘密不得向举报人泄露。

对人大、上级检察机关和领导批转的举报线索,举报中心应由专人负责,按时上报查处结果。

对重大的举报线索要进行跟踪,定期向主管部门了解查处情况,并做好督促和催办工作,将查处情况和结果报告分管领导。

本院举报中心对侦查部门、其他业务部门或转办单位反馈的信息要定期进行汇总,综合分析举报线索的查处情况,及时为院领导提供相关的情报信息。

第七节　查询和答复

凡是以真实姓名向本院举报的,享有向本院查询有关查处情况,要求本院答复的权利,本院负有答复义务。

本院举报中心负有答复举报人的义务,答复、查询工作由专人负责;本院侦查部门和其他业务部门在举报材料立案后,负有答复举报人的义务,答复、查询工作由案件承办人负责;本院举报中心分转有关单位处理的举报线索,由有关单位负责答复举报人。

凡用真实姓名向本院举报的,自本院举报中心收到举报材料十五日后,举报人可到举报中心查询该举报材料的查办情况或处理结果。

举报人到本院查询其举报材料的处理情况时,应持有身份证或其他有效证件,亲自办理查询手续,本院不接受电话查询或委托他人查询。

负责受理查询的工作人员在接受查询时,首先应对查询对象的身份进行核对、登记、询问,经确认无误后方可答复。

答复举报人的内容主要是告知承办举报线索的主要部门、举报线索的查处和处理情况,但对在办案过程中产生的国家秘密、工作秘密不得向举报人汇露。

答复举报人可采用书面、口头、电话或其他形式进行。

举报中心答复举报人,一般采用信函的方式。信函用普通信封挂号发出。用电话方式答复举报人的,工作人员应制作电话记录。因举报人通讯地址不详,无法与之联系的,存档备查。

凡来院查询并已告知其对举报材料处理结果的,不再书面答复。

对署实名举报的,必须在三个月内向举报人反馈举报线索的查处或者处理情况,最迟不得超过六个月;对匿名举报的,一般情况下不予答复,也不接受查询。

答复工作要有专门记录,对在答复过程中举报人提出的意见和建议及举报人提供的新情况,要认真记载,并向分管院领导报告;对举报人反映的重大、紧急问题,要及时报告检察长,根据检察长的指示进行处理。

对不能找到举报人的匿名举报线索,根据案情和社会影响,必要时,可能过新闻媒体向社会公布处理结果。

第八节 保 护

本院应当依法保障举报人及其亲属的安全,依法保护其人身权利、民主权利和其他合法权益。

举报工作必须严格保密制度:

(一)举报材料是在检察工作中产生的国家秘密和工作秘密,必须严格按照国家和最高人民检察院有关保密规定办理;

(二)举报的受理、登记、转办、保管等各个环节,应当严格保密,严防泄露或者遗换。

不准私自摘抄、复制、扣押、销毁举报材料;

(三)严禁泄露举报人的姓名、工作单位、家庭住址等情况;严禁将举报材料和举报人的有关情况透露或者转给被举报单位和被举报人；

（四）调查核实情况时，不得出示举报材料原件或者复印件，不得暴露举报人；对匿名信函除侦察工作需要外，不准鉴定笔迹。

（五）宣传报道和奖励举报有功人员，除本人同意外，不得公开举报人的姓名、单位、住址等情况。

对违反保密规定的责任人员，要根据情况和后果给予严肃处理，构成犯罪的，依法追究刑事责任。

对打击报复举报人的，经调查属实，应当视情节轻重分别作出处理：

（一）国家机关工作人员滥用职权、假公济私，对举报人实行报复陷害构成犯罪的，应当依法立案侦查，追究责任人的刑事责任。

（二）打击报复举报人不构成犯罪的，应当移送主管部门处理。

凡利用举报捏造事实，伪造证据，诬告陷害他人构成犯罪的，依法追究刑事责任。但举报人只要不是捏造事实，伪造证据，即使举报内容与事实有出入，甚至是错告的，也要和诬告严格加以区别。

第九节　奖　励

对贪污、贿赂和渎职、侵权等犯罪的大案要案，经侦查属实，被举报人被依法追究刑事责任的，应当对举报有功人员和单位给予精神及物质奖励。

对举报的有功人员和单位，按其贡献大小给予相应的奖励。有重大贡献的，要给予重奖。

奖励举报的有功人员，应当在判决生效后进行。奖励工作由举报中心具体承办。

本院根据需要可建立举报奖励基金。奖励基金由后勤服务中心管理，专款专用。

控告申诉检察工作规程

为加强和规范本院控告申诉检察工作,强化检察法律监督,维护公平与正义,根据《中华人民共和国人民检察院组织法》、《人民检察院控告申诉检察细则》等有关规定,结合本院工作实际,制定本规程。

控告申诉检察部门业务范围包括统一受理来信,接待来访,处理涉及刑事问题的自首、控告、申诉、举报;承办刑事申诉复查案件;承办刑事赔偿案件;受理立案监督案件。

来信来访、刑事申诉复查案件、刑事赔偿案件、立案监督案件统一由科内勤受理、登记,接到来访人提供的材料及来信时应及时在《来访登记本》、《来信登记本》中逐件登记。如果来信来访材料转入刑事申诉、刑事赔偿、立案监督,材料要另外进行分类登记。

受理来信来访后,应在七个工作日内分流完毕。

信访案件如需要转本院反贪局、反渎职侵权局、民事行政检察科或者其他业务科室办理的,承办人提出意见,并填写《控申案件处理审批表》,经科长、分管院领导审批后,将线索转交相关业务科室办理。

案件不属于本院管辖的,承办人应出具意见,填写《转办通知单》,将信件或资料交办公室寄出或直接送达。

重大、疑难、复杂的信访案件,应填写《重大信访案件呈批表》,经科长审批,报分管院领导决定,按院领导指示及时办理。

信访案件需展开初查的。科长应指定两名以上干警进行。

署名且留下联系方式的申诉、来信、举报,统一由控告申诉检察科答复申诉人、来访人、举报人。

对受理的控告、举报材料,应当按照材料的性质和管辖分别作出处理:

（一）不属于检察机关管辖的控告、举报材料，移送相关主管机关处理，并告知控告人、举报人。

（二）属于检察机关管辖的控告、举报材料，且属于本院管辖的，对于性质不明、难于归口或者明显达不到刑事立案标准的，由控告申诉检察科初查，其余由侦查部门进行初查；不属于本院管辖的，移送有管辖权的人民检察院办理。

（三）受理的要案线索，按照有关规定办理移送、备案手续。

（四）举报业务的其他有关事项，严格按照本院有关举报工作的规定办理。

刑事申诉复查、刑事赔偿案件，依照《汝州市人民检察院刑事申诉复查案件规定》、《汝州市人民检察院刑事赔偿工作规定》审查办理。

受理的立案监督线索，由控申部门登记，经科长审核呈分管院领导审批，应由刑事检察部门办理的，移交刑事检察部门办理。

控告、申诉首办责任制实施办法

为提高办理控告、申诉案件的质量和效率,减少重复信访、越级上访,解决久诉不息问题,保障公民、法人和其他组织的合法权益,根据有关法律和规定,结合本院工作实际,制定本办法。

首办责任制,是对由本院管辖的控告、申诉,明确责任,及时办理,将控告、申诉解决在首次办理环节的制度。

首次办理本院管辖的控告、申诉的承办人是首办责任人。首办责任人由控告申诉部门负责人指定。

控告申诉部门负责人对本部门承办的控告、申诉负责组织、协调、督促和检查落实等首办领导责任。

首办责任制遵循以下原则:

(一)谁主管谁负责;

(二)各司其职,相互配合;

(三)注重效率,讲求实效;

(四)责权明确,奖惩分明。

首办责任人的责任范围:

(一)负责受理涉及刑事问题的控告、申诉和贪污贿赂、渎职侵权等职务犯罪的举报,同时负责受理犯罪嫌疑人的自首;

(二)群众来访,谁接待,谁负责处理;

(三)重复来访,由初访接待的同志负责接待处理;

(四)群众来信、上级交办、检察长交办和有关部门转办的信件,由首次接办人负责调查处理;

(五)对接待受理后转出查办的线索,负责督促催办、收集查处结果;

（六）对接待受理的自办线索，负责调查处理、答复控告人；

（七）负责解答群众的法律咨询，指引群众到有关部门反映非检察机关管辖问题，并帮助做好联系协调工作；

（八）热情服务，宣传法制，做好息诉工作，尽力帮助群众解决实际问题。对集体访、告急访和上访老户来访，要积极妥善处理，稳定群众情绪，化解社会矛盾，调查处理工作应力争在两周内完成；

（九）履行上述职责，有法律规定需要回避或其它特殊原因除外。

首办责任人履行职责应符合下列要求：

（一）接待群众，应当热情有礼、耐心细致；

（二）接待来访实行挂牌接待，自觉接受监督；

（三）按接待工作规定，如实做好接访记录和登记工作；

（四）查处线索，要严格执行批办程序，做好请示报告和保密工作。

首办责任制的落实情况纳入目标管理考核评比的内容，作为评先选优和考核干部的重要依据之一。对依法办结控告、申诉案件，妥善息诉、群众满意、事迹突出的首办责任人，予以表彰奖励。

有下列情形之一的，对首办责任人予以批评教育，情节严重的，按照有关规定给予组织处理、纪律处分：

（一）对管辖内的控告、申诉不予办理，或者不负责任，办理不当，引发重复来信、越级上访、久诉不息等情况，造成严重后果的；

（二）对管辖内的控告、申诉逾期不能办结，严重超过规定期限，造成当事人重复信访的；

（三）违反其他办案纪律的。

"两访一户"处理规定

"两访一户",是指集体上访、告急访和上访老户。

集体上访,指不属于同一家庭的五人以上,就同一事项或问题有组织的向检察机关提出请求的来访。

对集体上访应以"疏导为主,缓解矛盾,认真查处,妥善处理"为原则,把问题解决在当地。

集体上访事项属于检察机关管辖的,应积极受理,查明事实,依法办理;对不属于检察机关管辖的,应耐心做好说明解释工作,指明投诉渠道,避免事态扩大;需协调有关部门共同处理的,应及时商请有关部门共同研究处理方案。

对人数较多的集体上访,应当请他们选派代表,代表人数最多不超过五名。

对重大集体上访,检察长应亲自过问,协调处理,并及时向当地党委和上级人民检察院报告。

告急访,指可能转化为凶杀、自杀、群殴或导致公私财产重大损失,以及可能造成不良社会影响等严重后果的来访。

处理告急访的基本原则·妥善处理,化解矛盾,平息事态。

上访老户,指上访人提出的问题,几经处理,本人仍不服,且反复上访时间有两年以上的来访。

处理上访老户的基本原则是:认真处理、区别对待;既解决实际问题,又解决思想认识问题;既讲道理,又讲法制。

建立"两访一户"档案,应从接待、受理、处理等工作环节详细记载上访人动态,做到一案一档,材料齐全,保持工作的连续性。

应做好重大节日、重要政治活动期间的处理信访预案工作。对可能引发突发事件的信访情况和上访人员,应做好摸排工作。

对属于检察机关管辖的"两访一户"案件,应当在做好接访工作的同时,落实责任部门,限期办结,并做好息诉息访工作。

对属于检察机关处理的信访案件,经依法处理、解释疏导,信访人仍缠访,符合下列条件之一的,可以提出终结意见:

(一)检察机关经复查作出的决定认定事实清楚,证据确实充分,程序合法,定性准确,处理适当,并已书面告知复查结果,信访人未提出新的证据的;

(二)检察机关对信访人的合理诉求已经按照有关法律政策规定解决,善后工作已经落实,信访人坚持信访,提出的要求不符合法律政策规定的;

(三)信访反映的问题已经依法处理,信访人明确表示接受处理意见,又以同一事由重新信访的;

(四)经过依法开展工作,限于客观条件,案件仍无法侦破或者犯罪嫌疑人暂时无法抓获,信访人又不能提供新的证据或者线索的。

前款第(一)项、第(四)项规定的信访案件终结后,出现新的证据或者线索,足以影响原处理决定的,人民检察院应当重新调查处理。

信访案件终结决定由上级人民检察院作出。

信访案件终结决定应当依照下列程序作出:

(一)不服本院处理决定的信访案件,作出处理决定或者复查决定的人民检察院认为应当终结的,应当向上一级人民检察院书面申报,由上级人民检察院作出终结决定;

(二)申报前,应当对案件进行复查,必要时进行调查核实或者召开听证会听取意见。申报决定应当报经检委会讨论作出。申报时应当一并提交复查报告以及必要的案卷材料。

(三)职能部门应当在三个月内提出审查意见,认为原处理决定正确应当终结的,报检察长决定,必要时提交检委会讨论作出终结决定;认为原处理决定错误应当撤销或者重新调查处理的,报检察长审批决定。

(四)检察长或者检委会决定终结的信访案件,职能部门应当制作《信访案件终结决定书》,连同有关材料移送控申部门;

(五)控申部门应当在作出终结决定后七日内将《信访案件终结决定书》连同有关材料发送申报终结的人民检察院。

(六)原作出处理决定的人民检察院应当在接到《信访案件终结决定书》之日起七日内送达信访人,并通知信访人所在单位或者乡镇、街道做好稳定工作。必要时,采用适当方式向社会公示。

原作出处理决定的人民检察院在向信访人送达《信访案件终结决定书》时,应当做好法律政策解释和思想教育工作,劝其息诉。信访人仍以同一事实和理由继续信访的,人民检察院不再受理,但法律另有规定的除外。

复查刑事申诉案件规定

第一章 任务和原则

为了加强检察机关法律监督职能和完善内部制约机制,规范刑事申诉案件的复查程序,根据《中华人民共和国刑事诉讼法》、《中华人民共和国人民检察院组织法》、《人民检察院复查刑事申诉案件规定》,结合本院实际,制定本规定。

复查刑事申诉案件的任务是:通过复查刑事申诉案件,维护正确的决定、判决和裁定,纠正错误的决定、判决和裁定,保护申诉人的合法权益,保障国家刑事法律的统一正确实施。

复查刑事申诉案件,必须遵循下列原则:

(一)案件的决定权与申诉复查权相分离;

(二)依照法定程序复查;

(三)全案复查;

(四)实事求是,有错必纠。

第二章 管 辖

本院管辖的刑事申诉是指对人民检察院诉讼终结的刑事处理决定以及对汝州市人民法院已经发生法律效力的刑事判决、裁定(含刑事附带民事判决、裁定)不服的申诉。

本院控告申诉检察部门管辖下列刑事申诉:

(一)不服本院不批准逮捕决定的申诉;

（二）不服本院不起诉决定的申诉；

（三）不服本院撤销案件决定的申诉；

（四）不服本院其他处理决定的申诉；

（五）不服汝州市人民法院已经发生法律效力的刑事判决、裁定的申诉以及被害人不服汝州市人民法院已经发生法律效力且尚在执行中的刑事判决、裁定的申诉。

对上级人民检察院交办的申诉复查案件，本院应予以复查。

第三章 受 理

对原案当事人及其法定代理人、近亲属提出的申诉应当受理。申诉人委托律师代理申诉的，也应受理。

在受理申诉人的申诉时，应告知申诉人出具申诉书，提出认为原处理决定、判决、裁定有错误的事实和理由，并提供原决定书、判决书、裁定书的副本或复制件。申诉人口头提出申诉的，应写成笔录，并有申诉人签名或盖章。

收到申诉人的刑事申诉后，应填写《刑事申诉受理登记表》，对申诉材料进行审查，并分别情况予以处理：

（一）对不属于本院管辖的刑事申诉，应及时移送有管辖权的人民检察院或有关部门，并通知申诉人；

（二）对属于本院管辖的刑事申诉，需立案复查的，应制作《刑事申诉提请立案复查报告》，经承办部门负责人、主管检察长批准后立案复查；

（三）对不需要立案复查的刑事申诉，经承办部门负责人批准，可制作《刑事申诉不立案复查通知书》，通知申诉人。

检察长对本院作出的处理决定或同级人民法院已经发生法律效力的刑事判决、裁定，如果发现认定事实或适用法律上有错误可能的，可以交由控申部门立案复查。

原处理决定、判决或裁定是否有错误可能,应从以下方面审查:

(一)申诉人是否提出了足以改变原处理结果的新的事实或证据;

(二)据以定案的证据是否确实、充分或者证明案件事实的主要证据之间是否存在矛盾;

(三)适用法律是否正确;

(四)有无违反案件管辖权限及其他严重违反诉讼程序的情况;

(五)办案人员在办理该案件的时候,有无贪污受贿、徇私舞弊、枉法裁判行为。

对应由上一级检察院受理的刑事申诉,申诉人向本院提出的,本院应在收到申诉材料后三日内将材料报送上一级人民检察院。

第四章 复 查

复查刑事申诉案件,应当由两名以上检察人员进行,原承办人员不得参与。

对立案复查的刑事申诉案件,应全面审查申诉材料和全部案卷,并制作《阅卷笔录》。

经审查认为原案事实不清,证据不足或有其它需要核实的问题时,应当拟定调查提纲,经承办部门负责人同意后进行补充调查。

复查刑事申诉案件,可以询问原案当事人、证人和其他有关人员,并制作《调查笔录》。调查笔录应当经被调查人确认无误,由其签名或盖章。

对与案件有关的场所、物品、人身、尸体等的勘验、检查笔录和鉴定结论,认为需要复核时,可以进行复核,也可以对专门问题进行鉴定或补充鉴定。

刑事申诉案件经复查符合下列标准的可以结案：

(一)原认定的事实、证据和适用法律等情况已经审查清楚；

(二)申诉人提出的新的事实、证据已经调查清楚；

(三)对事实不清、证据不足等问题,已经作出必要的补充调查。

对复查终结的刑事申诉案件,应制作《刑事申诉复查终结报告》。

刑事申诉案件经部门集体讨论,由部门负责人审核后,提出处理意见。若意见为维持原决定,报分管检察长决定；若认为原决定有错误应当改变或者有较大争议的,应报主管检察长提交检察委员会决定。

对不服人民法院已经发生法律效力的刑事判决、裁定的申诉复查后,需要提出抗诉的,复查部门提出抗诉意见,连同案卷一并移送审查起诉部门审查。

对不服人民法院已经发生法律效力的刑事判决、裁定的申诉复查后,不论决定是否提出抗诉,均应制作《刑事申诉复查通知书》,并在十日内通知申诉人。

对不服本院决定的刑事申诉案件复查终结后,应制作《刑事申诉复查决定书》,并在十日内送交申诉人、原案被处理人和有关部门。

对不服本院不起诉决定的申诉,立案复查后,应分别作出如下决定：

(一)不起诉决定正确的,予以维持；

(二)不起诉决定正确,但所认定的部分事实有误或适用法律不当的,应纠正原《不起诉决定书》中不当的部分,维持不起诉决定。

(三)不起诉决定不当,需要判处刑罚的,应撤销不起诉决定,向人民法院提起公诉。

在复查不起诉案件的过程中,接到人民法院受理被害人对被不起诉人起诉的通知后,应终止复查。

对上级人民检察院交办的刑事申诉案件复查结案后,应将复查决定书或复查通知书送达申诉人,并将刑事申诉复查终结报告、刑事申诉复查决定书等材料上报交办的上级人民检察院。

复查刑事申诉案件,应在立案后三个月内办结。案情复杂的,最长不得超过六个月。

对上级人民检察院交办的刑事申诉案件,应在收到交办文书后十日内立案复查,复查期限适用前款规定。复查交办的刑事申诉案件,逾期不能办结时,应向交办的上级人民检察院书面说明情况。

在刑事申诉案件复查结案后十日内,将复查终结报告、复查决定书或复查通知书、讨论案件记录的复印件报上一级人民检察院备案。

涉检案件信访风险评估办法

为加强工作上的协调配合,把信访稳定工作提前融入刑事申诉、民事行政和自侦案件办理等项工作中,把潜在的不和谐、不稳定因素提前化解,从源头上减少和避免涉检信访,根据处理涉检信访工作的要求和实践,制定本办法。

涉检案件信访风险评估,是指由案件承办人(部门)对所办理案件发生信访的可能性进行预测,决定风险等级,并根据等级制定,从而使当事人息诉罢访的工作措施。

涉检信访评估的原则,是坚持以人为本,把解决问题、化解矛盾、促进和谐作为信访工作的出发点和落脚点,以"事要解决"为核心,以息诉罢访为目标,诚心诚意为人民排忧解难。

各部门对拟作出立案(不予立案)、批准逮捕(不予批准逮捕)、决定逮捕(决定不予逮捕)、起诉(不予起诉)、撤销案件、提请抗诉(不予提请抗诉)等处理决定时,案件承办人要对案件举报人、受害人、申请人等案件当事人信访的风险进行评估,提出评估意见,由本部门决定评估的等级。

案件承办人(部门)对案件信访风险进行评估要综合全案整体情况,重点掌握举报人、受害人、申请人等案件当事人对拟作决定的态度,是否有信访倾向。

案件信访风险评估的等级分为"一级"和"二级"两个级别。

举报人、受害人、申请人等案件当事人对本院拟作决定有明显意见,有明确的信访苗头,存在较大息诉困难的,案件信访风险评估的等级为"一级"。

举报人、受害人、申请人等案件当事人对本院拟作决定有接受倾向,但存在部分疑虑和意见,没有明确息诉表示,存在不确定信访因素的,案件信访风险评估的等级为"二级"。

对评估风险等级为"一级"的案件,在报检察长决定或检察会研究的同时,承办部门要填写案件信访风险评估表,送本院控申部门,并在做出处理决定三日内,提出解决问题的息诉工作预案,及时通报本院控申部门。

对评估风险等级为"二级"的案件,在报检察长决定或检察会研究的同时,承办部门要填写案件信访风险评估表,送本院控申部门,并在做出处理决定三日内,将案件相关文书报本院控申部门备案。

案件信访风险评估表一式三份,报送检察长和本院控申部门各一份,办案部门留存一份。

案件承办人要树立全局意识、责任意识、息诉意识,对于评估为"一级"、"二级"的涉检信访案件,当事人有异议、疑问而首次来访的,控申部门人员与有关业务部门承办人共同做好当事人的接待处理工作,由原案件承办人对有关证据认定、法律适用、结案的理由等向当事人释疑解惑和思想教育工作,负责到底,直到当事人息诉罢访为止。

对于应当进行风险评估的案件,办案部门未进行风险评估而出现赴省进京或集体访案件的,按照相关规定追究相关人员及部门的责任。

信访案件责任倒查追究实施办法

第一章 总 则

强化法律监督、维护公平正义,提高检察机关的执法水平和办案质量,有效的预防和控制涉法上访案件的发生,维护社会秩序的稳定,根据《中华人民共和国检察官法》、《人民检察院执法过错责任追究条例(试行)》、《检察官纪律处分暂行规定》等有关规定,制定本办法。

本办法所称涉法上访案件责任倒查追究, 是指依据涉法上访案件情况,倒查追究检察机关内部具有执法过错责任的办案部门、承办人或责任领导渎职失职行为的责任制度。

追究渎职失职执法过错责任应遵循以下原则:

(一)"谁办案、谁负责","谁主管、谁负责";

(二)实事求是、有错必究;

(三)责任与处分相适应,惩罚与教育相结合。

涉法上访案件责任倒查追究的对象,是在检察工作中渎职失职,由执法过错而引发上访案件的责任部门、责任人和责任领导。

第二章 执法过错责任追究的范围

凡具有下列情形之一,造成群众到市上访三次、赴省上访二次、进京上访一次或被市委、市院以上机关确定为挂牌督办案件的,追查责任人的责任,对执法过错行为人员进行责任追究。

(一)在办案过程中违反法律、法规和政策规定的;

（二）在办案过程中违反办案纪律的；

（三）对公安机关或审判机关的严重违法行为不依法履行监督职责的；

（四）对通报的上访案件超过三个月仍未结案或超过三个月应当息诉而未息诉的；

（五）对上级要结果案件或检察长批办的案件逾期未结的。

因执法过错造成群众上访的，根据检察人员在办案中各自承担的责任，区分不同情况，分别予以追究。具体责任的认定，依据《人民检察院执法过错责任追究条例（试行）》的规定执行。

对具有下列情形之一，使案件认定发生变化造成群众上访的不追究责任人的责任：

（一）法律、政策发生变化的；

（二）法律规定不明确或对事实的性质、适用法律认识、理解不一致的；

（三）因当事人过错或者客观原因使案件事实认定出现偏差的；

（四）经其他有关部门协调、决定的案件。

第三章　执法过错责任的追究

对具有本办法第五条规定行为的，依据《中华人民共和国检察官法》、《检察官纪律处分暂行规定》、《对违法办案、渎职失职若干行为的纪律处分办法》等规定，给予警告、记过、记大过、降级、撤职、开除等相应的处分，也可视情节分别做出以下处理：

（一）辞退；

（二）限期调离检察机关；

（三）停止执行职务；

（四）延期晋职、晋级；

（五）通报批评；

(六)停发岗位津贴、奖金;

(七)离岗培训;

(八)取消评选先进资格;

(九)责令做出书面检查。

涉法上访案件执法过错责任人员的行为,已经构成犯罪,应当追究刑事责任的,依法移交有关部门处理。

对涉法上访案件执法过错责任人的处理情况,应当记入人事档案,作为检察机关检察人员年度考核和任用、调整的重要依据。

发生严重的执法过错或者发生三次以上执法过错,引发重大上访案件的;或者涉法上访案件占所办案件率最高的部门,本年度不得评选为先进单位或先进集体。

第四章 执法过错责任追究的程序

对需要倒查追究责任的涉法上访案件,由控申部门提出意见,移交监察部门予以调查,依照有关规定、程序处理。

追究涉法上访案件执法过错责任,应当按照检察官管理权限和有关规定的程序办理。

上级人民检察院有权调查、追究本院涉法上访案件执法过错责任人的责任或者责成本院调查、追究执法过错责任人的责任。本院应当在要求期限内将调查、追究情况报告上级人民检察院。

被追究执法过错责任的检察人员不服追究执法过错责任认定的,可以向上级人民检察院申请复议或申诉;法律、法规另有规定的,依照有关规定办理。

刑事赔偿工作规定

第一章 总 则

为保护公民、法人和其他组织的合法权益,促进检察机关及其工作人员依法行使职权、公正执法,根据《中华人民共和国国家赔偿法》和《人民检察院刑事赔偿工作规定》,结合本院实际,制定本规定。

刑事赔偿工作的基本任务,是通过受理公民、法人及其他组织提出的刑事赔偿请求,审查办理刑事赔偿案件,保障受害人按照国家赔偿法的规定获得赔偿。

坚持依法赔偿的原则,严格依照国家赔偿法关于赔偿范围、赔偿程序等规定办理刑事赔偿案件。

办理刑事赔偿案件,实行主办检察官承办,部门负责人审核,检察长或者检察委员会决定的制度。

第二章 确 认

对于请求赔偿的违法侵权情形,应当依法确认,未经确认有违法侵权情形的赔偿申请不应进入赔偿程序。

本规定所称确认,是指依法认定赔偿请求人提出的赔偿请求是否属于国家赔偿法第十五条第(一)、(二)、(四)、(五)项、第十六条第(一)项规定情形的程序。

有下列法律文书或证明材料的赔偿申请,请求赔偿的违法侵犯人身权情形,以确认论,应当进入赔偿程序:

(一)人民检察院撤销拘留决定书;

（二）人民检察院撤销逮捕决定书；

（三）人民检察院撤销案件决定书；

（四）不起诉决定书；

（五）人民检察院予以纠正的复查决定书；

（六）公安机关撤销案件后予以释放的证明书；

（七）人民法院宣告无罪已经发生法律效力的刑事判决书、裁定书；

（八）对本院工作人员在行使职权中刑讯逼供，或者以殴打等暴力行为，或者唆使他人以殴打等暴力行为造成公民身体伤害、死亡，作出处理决定的文书；

（九）对违法使用武器、警械造成公民身体伤害、死亡，作出处理决定的文书。

但是对人民检察院因证据不足作出撤销案件决定书、不起诉决定书或者人民法院因证据不足作出已经发生法律效力的刑事判决书、裁定书申请赔偿的，人民检察院的逮捕、拘留决定有无违法侵犯人身权情形，应当依法进行确认。

证据不足的撤销案件、不起诉案件或者判决无罪的案件，应当由人民检察院分别下列情形对检察机关作出的逮捕、拘留决定有无侵犯人身权情形依法进行确认：

（一）对不能证明有犯罪事实或者不能证明有犯罪重大嫌疑的人错误拘留的，予以确认，

（二）对不能证明有犯罪事实的人错误逮捕的，予以确认；

（三）对有证据证明有部分犯罪事实的人拘留、逮捕，或者有证据证明有犯罪重大嫌疑的人拘留的，不予确认。

请求返还被人民检察院查封、扣押、冻结、追缴的财产的赔偿请求应当由人民检察院分别下列情形对有无违法侵犯财产权情形，依法进行确认；

（一）人民检察院撤销案件决定书、不起诉决定书、复查纠正决定书及人民法院宣告无罪发生法律效力的判决书、裁定书，对查封、扣押、冻结、追缴的财产作出返还当事人决定的，或者具有对采取查封、扣押、冻结、追缴财产等措施认定为违法的法律文书的，以确认论；

（二）没有履行必要的法律手续，查封、扣押、冻结、追缴当事人财产的，予以确认；

（三）有证据证明查封、扣押、冻结、追缴的财产为当事人个人合法财产的，予以确认；

（四）有证据证明查封、扣押、冻结、追缴的财产属于违法所得的，不予确认。

对于要求确认有国家赔偿法第十五条第（一）、（二）、（四）、（五）项，第十六条第（一）项规定情形之一的，应由刑事赔偿工作办公室按照人民检察院内部的业务分工，将相关材料转交有关部门，有关部门应在二个月内提出违法侵权情形是否存在的书面意见，移送刑事赔偿工作办公室。刑事赔偿工作办公室审查并报检察长或者检察委员会决定后，制作《人民检察院刑事确认书》，送达赔偿请求人。

对于人民检察院依据《中华人民共和国刑事诉讼法》第一百四十二条第一、二款之规定作出不起诉决定的案件，请求赔偿的违法侵犯人身权情形应当依法不予确认。

在刑事赔偿案件受理阶段或者复议阶段发现原确认可能错误的，由刑事赔偿工作办公室提出书面审查意见，报检察长或者检察委员会决定后，通知案件原承办机关或者部门重新审查。

刑事赔偿工作办公室应同时制作《人民检察院重新确认通知书》，送达赔偿请求人。

赔偿请求人对人民检察院不予确认的决定不服，有权申诉。

第三章 立 案

赔偿请求人提出赔偿申请的,本院应当受理。

赔偿请求人提出赔偿申请,应当递交赔偿申请书。赔偿请求人书写申请书确有困难的,可以口头申请。口头提出申请的,应问明有关情况并制作笔录,由赔偿请求人签名或者盖章。收到赔偿申请后,应当填写《人民检察院刑事赔偿申请登记表》。

同时符合下列条件的刑事赔偿申请,应当立案:

(一)请求赔偿的违法侵权情形已经依法确认;

(二)本院为赔偿义务机关;

(三)本院负有赔偿义务;

(四)赔偿请求人具备国家赔偿法第六条规定的条件;

(五)符合国家赔偿法第三十二条规定的请求赔偿时效;

(六)请求赔偿的材料齐备。

对符合立案条件的赔偿申请,应当在收到赔偿申请之日起七日内立案,制作《人民检察院刑事赔偿立案决定书》,并通知赔偿请求人。

对不符合立案条件的赔偿申请,应分别下列不同情况予以处理:

(一) 未经依法确认的, 告知赔偿请求人先向有侵权情形的机关请求确认,本院为侵权机关的,按照本规定第二章的规定办理;

(二)不属于人民检察院赔偿的,告知赔偿请求人向负有赔偿义务的机关提出;

(三)本院不负有赔偿义务的,告知赔偿请求人向负有赔偿义务的人民检察院提出,或者移送负有赔偿义务的人民检察院,并通知赔偿请求人;

(四) 赔偿请求人不具备国家赔偿法第六条规定条件的, 告知赔偿请求人;

（五）对赔偿请求已过法定时效的，告知赔偿请求人已经丧失请求赔偿权；

（六）对材料不齐备的，告知赔偿请求人补充有关材料。

对上列事项，均应在收到赔偿申请之日起七日内填写《人民检察院审查刑事赔偿申请通知书》，送达赔偿请求人。

第四章 审 理

对已立案的刑事赔偿案件，应当全面审查案件材料，必要时可调取有关的案卷材料。

审查刑事赔偿案件，应当查明以下事项：

（一）请求赔偿的违法侵权情形的确认是否正确；

（二）损害是否为检察机关及其工作人员违法行使职权造成；

（三）侵权的起止时间和造成损害的程度；

（四）是否属于国家赔偿法第十七条规定的国家不承担赔偿责任的情形。

对刑事赔偿案件审查后，认为证明材料不足的，可以要求赔偿请求人或者有关部门补充证明材料，并对材料进行审核。

对审查终结的刑事赔偿案件，应制作刑事赔偿案件审查报告，提出是否予以赔偿、赔偿的方式和赔偿数额等具体处理意见，经部门负责人审核后，报检察长决定。重大、疑难案件，由检察长提交检察委员会讨论决定。

审查刑事赔偿案件，应分别下列不同情形作出决定：

（一）请求赔偿的违法侵权事项事实清楚，应当予以赔偿的，依法作出给予赔偿的决定；

（二）请求赔偿的侵权事项事实不清，不符合国家赔偿范围的，依法作出不予赔偿的决定。

办理刑事赔偿案件应当自受理赔偿申请之日起二个月内作出决定，制作

《人民检察院刑事赔偿决定书》,送达赔偿请求人。

受理赔偿申请的时间应当自材料补充齐备之日起计算。

赔偿请求人对本院逾期不予赔偿、决定不予刑事赔偿或者对决定的数额有异议的,可以自期间届满之日起三十日内向上一级人民检察院申请复议。

第五章 执 行

刑事赔偿办公室负责执行本院作为赔偿义务人的刑事赔偿决定。

支付赔偿金的,由刑事赔偿工作办公室办理;返还财产或者恢复原状的,由刑事赔偿工作办公室通知原案件承办部门执行。

赔偿义务机关作出赔偿决定后,赔偿请求人在国家赔偿法规定的期间内未向上一级人民检察院申请复议的,即应执行。复议机关作出复议决定后,赔偿请求人自收到复议决定之日起三十日内未向人民法院赔偿委员会提出申请的,赔偿义务机关即应执行,并将执行情况报告复议机关。

对有国家赔偿法第十五条第(一)、(二)项规定的情形之一,并造成受害人名誉权、荣誉权损害的,负有赔偿义务的人民检察院应当在侵权行为影响的范围内,为受害人消除影响,恢复名誉,赔礼道歉。

经人民检察院依法确认有违法侵权情形存在,人民法院赔偿委员会作出赔偿决定且本院负有赔偿义务的,本院应当执行。

如果认为人民法院赔偿委员会的赔偿决定确有错误,可以向作出赔偿决定的人民法院的上一级人民法院提出确有错误的事实和理由,并向上一级人民检察院报告。

第六章 附 则

对于撤销案件、不起诉案件或者人民法院宣告无罪的案件,重新立案侦查、提起公诉或者提出抗诉的,正在办理的刑事赔偿案件应当中止办理。经人民法院终审判决有罪的,正在办理的刑事赔偿案件应当终结,已作出赔偿决定的,应当由作出赔偿决定的机关予以撤销,已支付的赔偿金应当收回。

本院和人民法院负有共同赔偿义务的,按照有关共同赔偿的规定办理。

本院依法作出的《人民检察院刑事确认书》、《人民检察院重新确认通知书》、《人民检察院刑事确认复查决定书》、《人民检察院刑事赔偿立案决定书》、《人民检察院刑事赔偿决定书》、《人民检察院刑事赔偿复议决定书》均应加盖人民检察院院印,并于十五日内向上一级人民检察院备案。

本院依法作出赔偿后,应向具有国家赔偿法第二十四条规定情形之一的工作人员追偿部分或全部赔偿费用,有关责任认定可以参照人民检察院执法过错责任追究的有关规定办理。

刑事申诉案件公开审查程序规定

第一章 总 则

为了深化检务公开,增强复查刑事申诉案件透明度,接受社会监督,化解社会矛盾,保证案件质量,提高工作效率,结合本院复查刑事申诉案件工作实际,制定本规定。

刑事申诉案件公开审查应遵循下列原则:

(一)司法公正原则;

(二)公开透明原则;

(三)司法民主原则;

(四)权利平等原则;

(五)有错必纠原则;

(六)证据确认原则。

刑事申诉公开审查可以采取多种形式,主要应以举行听证会形式进行。

属《人民检察院复查刑事申诉案件规定》第五条规定的刑事申诉案件,均适用公开审查程序。立案复查后,均可举行听证会,公开听证。但下列情形除外:

(一)案件涉及国家机密或者个人隐私的;

(二)申诉人不愿意举行听证会的;

(三)其他不适合举行听证会的。

对于申诉人首次提出的申诉,可以适用公开审查程序;

举行听证会,公开听证的案件,应当聘请听证员参加听证会;听证员多数人的意见应当作为人民检察院对案件作出复查决定的重要依据。

刑事申诉案件公开审查程序应当公开进行。但应当为举报人保密。

第二章　听证会的组成人员及职责

参加听证会的人员包括:原案件承办人、复查申诉案件承办人、书记员、申诉人及其诉讼代理人、听证员以及其他与案件有关的人员。

听证员由本院根据案件的具体情况,聘请与案件没有利害关系的专家、学者、人大代表、政协委员或者其他社会人士担任。

听证员在举行听证会前临时聘请,不设常任听证员。

每次听证会聘请的听证员为三人以上的单数。

在举行听证会前,应为听证员充分了解案情提供必要条件。

听证员在听证会上,有权向案件承办人、申诉人及其诉讼代理人提问,对案件事实和证据的认定及处理发表意见。

参加听证会的申诉人主要是指原案当事人,也可以是原案当事人的法定代理人或者近亲属。申诉人可以委托律师或者其他诉讼代理人一同出席听证会。

申诉人及其诉讼代理人可以对原处理决定提出质疑,陈述申诉理由。

参加听证会的案件承办人包括:作出原处理决定的检察院的原案承办人、作出原复查决定的检察院的原复查案件承办人、正在进行复查的检察院的复查案件承办人。

在听证会上,原案承办人负责针对申诉理由,阐明原处理决定的事实、证据和法律依据;复查案件承办人负责对案件的事实和证据进行核实。

听证会由复查案件承办人中的主办检察官或其中一人担任主持人,负责组织听证会的全部活动。

听证会的书记员负责对听证会的全部活动制作笔录。

第三章　听证会的准备

根据《人民检察院复查刑事申诉案件规定》第十六条规定立案复查的刑

事申诉案件,复查案件承办人认为可以举行听证会的,应填写《提请听证审批表》,报控申部门负责人审核,经主管检察长批准后,举行听证会。

对决定举行听证会的刑事申诉案件,复查部门应当进行下列工作:

(一)聘请听证员,并将本案的基本情况及原处理情况告知听证员;

(二)将听证会举行的时间、地点,在举行听证会七日以前通知参加听证会的人员。对未委托诉讼代理人的申诉人,告知其可以委托诉讼代理人;

(三)制定听证方案。

第四章 听证会的程序

听证会开始前,书记员应当查明案件承办人、听证员、申诉人及其他应当参加听证会的人员是否到场,并向主持人报告。

主持人宣布听证会开始及案由;宣布参加听证会的到场人员名单;宣布申诉人在听证会上享有的权利和承担的义务;宣布听证会纪律。

主持人介绍申诉人的基本情况,宣读原处理决定和原复查决定。

申诉人陈述申诉理由。申诉人委托的诉讼代理人可以就申诉人的陈述作补充说明。

原案承办人针对申诉人的申诉理由阐述原处理决定认定的事实和法律依据,并展示相关的证据。

在主持人主持下,申诉人及其诉讼代理人、原案承办人可以互相发问或者作补充发言。

复查案件承办人可以向申诉人和原案承办人提问。

主持人对于申诉人及其诉讼代理人、原案承办人与案件无关、重复或者互相指责的发言应当制止。

主持人经询问申诉人及其诉讼代理人、原案承办人没有新的补充说明后,应当请听证员向申诉人、原案承办人提问。

听证员可以就案件的某一事实和证据发表意见,但不能就案件的法律适用及处理发表意见。

在听证会进行过程中,申诉人当场无理取闹或者发生其他致使听证会无法进行的情况,主持人应当宣布中止听证会。

中止听证会的原因消失后,听证会应当恢复进行。

听取各方意见后,主持人宣布休会,组织听证员根据听证的事实对案件进行评议。听证员应当依照法律发表对案件的处理意见和进行表决。

评议完毕,主持人宣布听证会重新开始。由听证员代表宣布听证意见。听证意见应当是听证员通过表决产生的多数人意见。

听取听证意见后,主持人宣布复查决定另行宣布。听证会结束。

举行听证应当制作听证笔录,听证笔录经参加听证会的人员阅读后分别签名或者盖章。听证笔录应当附卷。

复查案件的承办人应当根据已经查明的事实、证据和有关法律规定,以听证员的听证意见为重要依据,提出对案件的处理意见,报检察长决定。

信访案件"双向承诺制"实施细则

为进一步规范涉检信访工作秩序,强化涉检信访案件受理单位与上访人的责任,及时妥善处理解决群众反映的涉检问题,营造涉检信访工作和谐氛围,促进公正执法,维护社会稳定,根据国家有关法律和《信访条例》及首办责任制等有关规定,决定在全院各部门推行涉检信访案(事)件"双向承诺制"。

"双向承诺制"是指本院根据自己的职责范围、权限及工作实际,由本院对上访人承诺案件办理期限、办理质量,上访人承诺遵守《信访条例》规定及在案件处理期间不再上访,积极配合等待处理结果,双方共同遵守承诺协议,相互信任、自我约束、相互监督,确保把问题解决在首问、首办环节,避免或减少越级上访、重复上访、多头上访事件发生的一种工作制度。

"双向承诺制"坚持依法受理、负责到底;双方自愿、相互配合;履行承诺、按时办结;及时反馈、息访息诉的原则。

"双向承诺书"由控申科代表本院商请来访人进行签订。本院承诺事项由控申科和办案部门依据法律法规及案件实际情况进行商定。

双向承诺制适用的案件范围:

(一)来访人反映的问题属检察机关管辖,有承诺必要的案件;

(二)上级院通报及检察长接待阅批的案件;

(三)因本院办理的案件遗留问题而引起上访的案件;

(四)上级交办其他应实行"双向承诺制"的涉检上访案件。

双向承诺的内容

(一)检察机关承诺

1.依法公正办理案件;

2.按法定或约定期限办结案件；

3.及时将查处结果反馈来访人；

4.其它应该承诺的事项。

(二)上访人承诺

1.如实反映情况,要求合理合法；

2.自觉遵守《涉法上访人员行为规范》；

3.案件办理期限内不多头上访、越级上访、重复上访；

4.积极支持、配合案件查处工作,不干扰办案。

各类案件(事件)办理承诺标准：

(一)刑事申诉案件。七日内作出是否立案决定,并在七日内答复上访人。立案后三个月内办结,并在办结后十日内将复查决定书送交来访人,制作答复文书和答复笔录,做好息诉工作。

(二)刑事赔偿案件。受理后七日内决定是否立案,两个月内办结。赔偿义务机关作出赔偿决定的, 或者复议机关、赔偿委员会的决定生效后,承诺六个月内作好兑现工作。及时反馈办理结果,制作答复文书并做好息诉工作。

(三)实名举报案件。件件进入"双向承诺"程序,七日内反馈举报线索分流去向,一个月内反馈初查结果,做到定性准确,引用法律适当,并制作答复文书和答复笔录。

(四)贪污贿赂、渎职侵权案件。七日内反馈是否受理,一个月内反馈初查结果,立案的两个月内反馈查处结果,要制作答复文书和做好息诉工作。特殊案件,办案部门可与来访协商约定。

(五) 不服逮捕案件及侦监部门履行侦查监督职能的案件。对来访人应当承诺十日内给予答复。立案监督案件二月内给予反馈,要制作答复文书并做好息诉工作。也可根据案情与来访人协商约定承诺事项。

(六)公诉部门受理的案件。承诺在二月内结案,依法延长期限的向来访人做好解释工作;重大复杂案件,可与来访人约定承诺期限和事项。反馈时要制作答复文书并做好息诉工作。

(七)技术鉴定部门受理委托后,根据法律规定和来访人的要求,进行协商实行双向承诺,要制作答复文书并做好息诉工作。

(八)民事行政申诉案件。承诺在十日内反馈是否受理,受理后两个月内反馈处理结果。承诺期限也可双方另行约定,要做好答复工作。

(九)对在刑罚执行中来访人反映的问题。监所检察部门与来访人可以约定期限,在期限内保证实事求是的反馈处理结果,反馈时要制作答复文书并做好息诉工作。

(十)反映检察干警违法违纪问题案件。纪检监督部门应当在七日内反馈是否受理,立案后二个月内反馈结果,要制作答复文书并做好息诉工作。

检察机关与上访人签订的"双向承诺书"要一式三份,一份留存,一份交上访人,一份报市院控申处。

对特殊案件,检察机关承诺的内容与有关规定不一致的,报检察长或检委会决定。

实行"双向承诺制"的案件,按照首办责任制的要求,明确首办单位,首办责任人,按承诺内容,依法、公正的及时处理,答复来访人。

实行"双向承诺制"的案件,息诉工作由控申部门配合办案部门共同进行。

承办部门案件办结反馈后,来访人对调查处理结果不服,由控申部门进行复查,复查期限为一个月,复查结束后向来访人出具书面复查通知书,来访人对复查结论仍不服的,持复查通知书可到市院继续反映。

履约措施

(一)承办部门不认真履行承诺责任,或坚持原错误处理意见,造成越级上访及其他不良后果的,由院党组通报批评;情节严重的,由院党组对承办部门主要负责人进行诫勉谈话,直至追究有关责任人的相关责任。

(二)来访人不履行承诺义务的,由承办部门进行批评教育;越级上访的,责令返回;情节严重的,交有关单位依法处理。

本办法如有与法律、法规相抵触之处,应以法律、法规规定为准。

本办法由院控申部门负责解释。

本细则自颁布之日起实施。

群体性上访和突发事件应急处置规程

第一节　总　则

为及时、妥善、有效地解决群体性上访和突发事件,发挥检察职能作用,化解社会矛盾,维护社会稳定,根据上级检察机关有关规定,结合本院的工作实际,制定本规程。

对群体性上访、突发事件的应急处理应遵循预防与化解并重,教育与疏导并举的处置原则。

应急处置的具体协调工作由本院控告申诉检察科负责。

第二节　应急分工与报告程序

本院在上班期间出现群体性上访和突发事件时,由控告申诉检察科负责应急处置,司法警察大队协助处理。

在下班或假期期间发生群体性上访和突发事件时,由值班室首先负责应急处置,迅速通知当天值班负责人员、控告申诉科工作人员、司法警察大队人员到现场履行职责。

五人以上集体访和突发事件应在第一时间向本院分管控申检察工作的院领导报告。十人以上集体访和突发事件应在第一时间向本院检察长报告,并同时向市委、市政府信访部门报告,请示处置方法。在整个应急处置期间,要随时报告应急工作的措施和进展情况。

第三节　应急处置程序

本院出现群体性上访和突发事件时,工作人员应迅速了解现场人员身份、现场人数、反映问题的性质、上访人员的要求等情况,并按本规程进行应急报告。

工作人员要热情接待上访人员,耐心听取对方反映的问题,稳定群众情绪,避免矛盾激化,努力控制好现场局面。

司法警察负责维持现场秩序,做好安全防范措施,保障工作安全,对有意煽动闹事的来访人员,应重点进行法纪教育,必要时可以采取强制手段将其隔离,对故意寻衅滋事、造成严重后果、触犯法律的,依法追究其法律责任。

工作人员在了解清楚上访内容后,应针对具体情况,采取有效措施,疏导上访群众。

针对突发事件的性质和具体情况,工作人员应首先采取有效措施,防止事态恶化,消除不良后果。

对于人数较多的集体访,原则上要求上访群众委派代表反映问题。

根据上访群众反映的问题,在做好工作的基础上进行初步答复。

管辖外的事项,及时向领导汇报,及时移送有管辖权的部门查处。

管辖内的事项,及时向领导汇报,及时移送本院相关职能部门处理,并由控告申诉检察科在限期内答复来访群众,同时做好善后处理工作,平息事态。

应急处置事件的工作人员应及时将事件发展情况向分管院领导汇报,按照院领导的指示开展工作。

应急处置事件应登记备案,在事件处理完毕后,由负责此项工作的人员制作书面报告。

第八章
汝州市人民检察院职务犯罪预防工作规程

第一节　总　则

为加强和规范本院职务犯罪预防工作,发挥检察职能作用,推动依法治市和廉政建设深入开展,根据上级机关的有关规定,结合本院工作实际,制定本规程。

本院的职务犯罪预防工作是以职务犯罪预防科为主导、以其他部门共同参与为辅助的内在协调体系。

职务犯罪预防科是本院的一个职能部门,同时也是汝州市预防职务犯罪领导小组、本院职务犯罪预防工作领导小组的办公室,其主要职责是协助汝州市、本院预防职务犯罪工作领导小组开展预防工作。

各科室应结合本部门检察工作实际,积极协助职务犯罪预防工作领导小组开展各项职务犯罪预防工作。

本规程所称的职务犯罪是指国家工作人员在履行职务过程中,利用职权实施的触犯刑法的各种行为的总称。

职务犯罪预防应当坚持打防结合、标本兼治,专门工作与群众参与相结合,专项预防与社会预防相结合的原则。

第二节　警示教育

本规程所称警示教育是指利用职务犯罪典型案例开展宣传教育活动。

警示教育工作应按照以下程序进行:

(一)预防科应当注意收集适于警示教育的相关素材。

(二)召开警示大会应由科长报请分管院领导决定。

(三)分管院领导批准后,预防科应当积极联系警示教育的参加对象,确定大会的参加人员、议程,准备相关资料。

(四)召开警示大会应进行拍照或者录像,并应建立档案。

(五)警示大会结束后,承办人应当制作相应的《预防信息》。

警示教育可以采取以下形式:

(一)利用广播、电视、报刊等新闻媒介进行广泛的宣传教育活动;

(二)进行正反两方面典型经验、案例和法律知识的宣传;

(三)利用公共场所的电子屏幕、党风廉政教育网站、报栏、电视公益广告进行广泛的社会宣传;

(四)积极面向各单位开展预防工作的讲座;

(五)其他形式。

第三节　联席会议

本规程所称联席会议是指本院预防职务犯罪工作领导小组联席会议及市预防职务犯罪领导小组领导下的各预防单位召开的联席会议。

本院职务犯罪预防工作领导小组联席会议由本院职务犯罪预防工作领导小组牵头,分管院领导、各科室负责人、联络员参加。会议的内容是通报预防工作情况,研究下一步工作方案。

本院职务犯罪预防工作领导小组联席会议采取定期和不定期相结合的形式。定期会议为每半年召开一次,不定期会议根据预防犯罪工作的需要召开。

职务犯罪预防科负责确定定期会议的时间、地点,通知参会人员,拟定会议议程,准备相关资料。

职务犯罪预防科认为需要召开临时会议的,报本院职务犯罪预防工作领导小组同意后,按前款规定办理。

市职务犯罪预防领导小组领导下的各预防单位召开联席会议,由预防科负责协助市职务犯罪预防领导小组召开联席会议。

各预防单位联席会议的内容包括:

（一）进行法制宣传教育，开展职务犯罪预防工作；

（二）及时沟通信息、通报情况，增强发现、揭露、查办和遏制、职务犯罪预防的合力和效果；

（三）相互配合，加强对各行业、各领域发生职务犯罪的原因、特点和规律的调研；

（四）对有关行业、部门和单位在内部管理、监督制约、规程建设、技术防范等遏制、防范职务犯罪方面的措施加以总结、推广，加强预防对策研究，积极提出从源头上预防职务犯罪的策略、措施，推动相关行业、部门和单位建立健全内部防范机制；

（五）职务犯罪预防科负责征求和接受各预防单位对本院提出的建议和意见。

各预防单位召开的联席会议采取定期和不定期相结合的形式。

定期会议的时间定于每年十一月最后一个星期四下午，不定期会议根据预防犯罪工作的需要召开。

职务犯罪预防科工作人员应做好联系工作记录，对需要反馈的问题应及时反馈。在联系工作过程中，应严格遵守保密规定和检察人员有关纪律，严禁利用工作之便谋取私利。

第四节　个案预防

个案预防是指结合本院办理的职务犯罪个案开展的各项职务犯罪预防活动。

个案预防工作的主要内容包括：

（一）要求职务犯罪的犯罪分子写出一份悔过书，剖析自身犯罪根源；

（二）在发案单位召开一次案件分析座谈会，分析发案原因，找出症结所在；

（三）结合办案，找准发案单位在规程、机制和管理上的漏洞和问题，提出一份整改意见或建议；

（四）与发案单位联系，到发案单位召开一次案情通报会，开展警示教育、法制教育；

（五）在落实整改措施中，实行跟踪回访，监督检察建议的落实情况，进行一次整改回访考察；

（六）对个案预防的全部工作装订卷宗，归档备查，形成一套预防档案。

职务犯罪预防科可经院预防职务犯罪工作领导小组同意，根据实际需要调整和增加其他合适的个案预防形式。

上述工作内容由职务犯罪预防科负责组织，必要时可以申请其他有关部门或案件承办人协助办理。

第五节　预防调查

根据高检院《预防职务犯罪工作实施细则》的要求和省院的部署，切实把预防调查作为预防工作重要的基础性和专业性手段，作为强化法律监督的有效途径，作为提高预防对策针对性、科学性和实效性的重要措施，推动预防工作深入发展。通过对重点系统和职务犯罪多发领域的预防调查，了解和掌握职务犯罪的行业特点、犯罪规律及关键症结，制定预防对策，消除严重职务犯罪隐患，发现重大案件线索，强化检察机关预防工作的权威性，形成预防犯罪和查办案件相互促进、相得益彰的良性互动局面。严格执行高检院[2004]21号《关于调整人民检察院直接受理案件侦查分工的通知》的规定，做好职务犯罪案件线索的初查工作，围绕可能引发职务犯罪的隐患、非规范职务行为，以及职务犯罪繁衍化的宏观和微观因素开展预防调查。

开展预防调查，可以根据需要，单独或者联合有关行业、部门、单位进行。

在预防调查中，应当注意发现并依照规定作好职务犯罪线索移送等工作。

预防调查结束后应当提交调查报告，并依据调查结果提出和制订预防措施。

第六节 监督与指导

本规程所称的监督是指本院职务犯罪预防科在研究职务犯罪的规律和特点的基础上,推动有关预防单位加强管理、建立和完善监督制约机制,并指导其积极开展职务犯罪预防工作。

监督与指导工作的主要内容是:

(一)对全市各预防单位的预防工作进行业务监督与指导;

(二)对市预防职务犯罪工作领导小组、上级主管部门、本院检察长办公会议、院务会议决定的有关预防工作事项进行监督。

监督工作采取的主要形式:

(一)单位监督预防:结合办案,分析发案原因,有针对性地提出检察建议,帮助发案单位完善规章规程,堵塞犯罪漏洞,预防职务犯罪;

(二)专项监督治理预防:深入调查分析行业职务犯罪的原因、规律和特点,必要时有针对性的向党委、政府提出"专项治理"的建议,在党委、政府的领导、支持下对高发职务犯罪进行专项监督治理;

(三)工程项目预防:根据实际情况的需要对一些投资大,工期长,易发生职务犯罪的重点工程,必要时在党委、政府的领导和支持下,配合主管部门和施工单位,对工程的招标、物资采购、施工、工程验收等职务犯罪多发环节,进行同步监督,防范职务犯罪的发生;

(四)预防建议:即通过办案,积极总结实践经验,发现发案单位管理上存在漏洞,提出建章立制,堵塞漏洞的建议;发现某些行业极易诱发犯罪的环节和部位,向主管部门提出建立和完善监督制约机制的建议;

(五)监督可以采取走访等多种方式;

(六)重要事项的监督检查情况应及时报告院领导和有关上级领导。

职务犯罪预防科可经院预防职务犯罪工作领导小组同意,根据实际需要调整和增加其他合适的指导监督形式。

第七节　预防信息

预防信息工作主要包括收集信息、制作《预防信息》和对信息档案的整理。

职务犯罪预防科负责对预防职务犯罪信息的收集、整理和分析工作,每月制作一份以上《预防信息》。

《预防信息》初稿经科长审核,报送分管院领导审批方能定稿打印。

定稿的《预防信息》须报送上级主管部门、院领导、预防职务犯罪领导小组成员并送各预防单位。

职务犯罪预防科负责对预防信息档案的整理工作,建立以下档案:

(一)建立职务犯罪预防领导组织档案,包括市预防职务犯罪领导小组成员名单、本院预防职务犯罪工作领导小组人员名单、预防办公室工作人员名单、预防机构等相关材料;

(二)建立各种规章制度档案,包括警示大会、档案管理、联席会议等工作制度;

(三)建立预防职务犯罪成果档案,包括宣传报道、检察建议、调研文章、工作经验等采用情况;

(四)建立预防信息档案,包括上、下级院发送的信息,内、外网络单位上报信息,外地信息等;

(五)根据新情况的发展,建立其他认为有价值的档案。

第九章

汝州市人民检察院案件管理中心工作规程

汝州市人民检察院案件管理中心工作办法

为加强内部监督,提高办案质量,推进执法规范化建设,推动检察事业按照司法规律健康发展,院党组在反复论证的基础上,决定成立案件管理中心。通过成立案件管理中心,建立健全案件监督管理等相关制度,对案件进行程序控制、质量管理,并做到持续改进,以提高办案水平,规范执法行为,促进公正执法。

一、案件管理中心工作职责

(一)负责对本院所有案件的诉讼环节进行程序管理。自侦案件从初查开始,公安机关移送的案件从受理开始,对这些案件各个诉讼环节统一管理;

(二)案件催办。案件管理中心根据案件办理情况,向有关业务部门进行催办,要求办案部门限期整改并向案件管理中心反馈整改意见;

(三)案(事)件督办。对检察长或主管检察长交办的涉及检察业务的案(事)件进行专门督办。对列入督办范围的案(事)件加强督促检查,做好备案,定期向主办单位了解案(事)件的进展情况;

(四)负责管理本院所有法律文书。本院所有法律文书均由案件管理中心统一保管、登记、开具;

(五)负责对办理案件的协调;

(六)负责对办理案件的实体监督,对监督中发现的案件实体、程序和法

律文书等方面存在的问题,及时向检察长或者主管检察长报告;

(七)对赃款赃物处理情况进行管理监督;

(八)案件质量考评。按照本院《干警考绩及目标管理实施方案(试行)》的规定,建立公平公正、科学合理的案件质量考评机制,对案件质量进行考评,考评结果作为业务实绩目标考核的重要依据;

(九)对举报奖励的管理监督;

(十)负责案件在检察环节流转期间案件关系人的会见,接待律师首次来访,接受律师的投诉;

(十一)提出案件管理建议。对在案件日常管理工作中发现的不规范执法办案的情况,向有关业务部门提出管理建议,进一步规范案件办理工作;

(十二)侦查机关移送的没收违法所得案件、强制医疗案件由案件管理部门受理。

(十三)院党组交办的其他工作事项。

二、案件管理中心工作流程和工作规范

案件管理制度

(一)对自侦案件的管理

1. 自侦案件线索一律移送举报中心管理。

2. 举报中心将举报线索分流情况于每月25日前向案件管理中心备案。案件管理中心每月对各部门的案件线索受理及处理情况进行通报。

3. 需要初查、调查的案件线索,承办部门应先到案件管理中心领取《初查、调查审批表》,待检察长签批后,三日内移送案件管理中心备案,初查备案的案件线索由案件管理中心指定专人负责管理。

4. 案件线索经初查、调查终结后,承办部门应在三日内将处理决定意见及案件材料装订成卷,报案件管理中心审查。

案件线索经初查、调查终结后,承办部门对于要求按期结案的案件,在要求期限内向案件管理中心报送结果;无时间要求的,一般在三个月内结案报结果,案件复杂的,经检察长或主管副检察长批准,可延长办案期限。

承办部门初查后,认为需要追究刑事责任的,提请立案;认为不予立案的案件,制作《初查结果报告》,与初查材料一起装订成卷送案件管理中心,案件管理中心对卷宗进行质量考评后归档;认为需要缓查的案件,承办部门将卷宗装订成卷交案件案件管理中心保管,待时机成熟时再查。

5. 自侦案件移送审查逮捕和审查起诉应通过案件管理中心进行。

(二)对刑事案件的管理

1. 案件管理中心在受理公安机关提请逮捕的案件、移送审查起诉的案件时,着重从程序上审查案件,主要审查本院有无管辖权,案卷材料是否齐备、规范,符合有关规定的要求;犯罪嫌疑人是否在案以及采取强制措施的情况;案件办理是否超期等内容,对案件实体不做实质性审查。

2. 公安机关提请批准逮捕和移送审查起诉的案件从受理开始纳入案件管理中心管理,所有案件的受理、退回补充侦查、提起公诉、收取法院判决、裁定等工作,统一在案件管理中心进行。

3. 公安机关提请逮捕的案件,由案件管理中心统一受理。

4. 移送审查(提请)逮捕案件的管辖权由案件管理中心负责审查。对本院有管辖权的案件,案件管理中心应在受理当日分流到侦查监督部门。

对案件审查后,案件管理中心在受理当日通知侦查监督部门到案件管理中心领取卷宗,侦查监督部门应及时派员领取卷宗。

侦查监督部门确定案件承办人后,应在两个工作日内将承办人姓名反馈至案件管理中心,案件管理中心对承办人姓名进行登记。

5. 侦查监督部门认为不符合受理案件标准的,应在二日内报主管检察长决定,书面提出不予受理意见,制作《不予受理案件决定书》,并将案件退回案件管理中心。

案件管理中心审查后,认为确实不符合受理案件标准的,将案件退回提请机关(部门);认为符合受理案件标准的,报检察长或检察委员会研究决定。

6. 对不予受理的案件,因证据发生变化等原因,公安机关重新提请批准逮捕的,案件管理中心审查后,认为符合受理条件的,分流至侦查监督部门;认为不符合受理条件的,向检察长汇报后,退回报请机关。

7. 对公安机关提请批准逮捕的案件,侦查监督部门做出决定后,将做出的决定及卷宗材料最迟于法定期限届满前半日交案件管理中心,由案件管理中心送达提请机关。

8. 公安机关和本院侦查部门移送审查起诉的案件,由案件管理中心统一受理。

9. 移送审查起诉案件的管辖权由案件管理中心负责审查。对本院有管辖权的案件,案件管理中心应当在受理当日分流到公诉部门。

案件管理中心在审查移送审查起诉的案件决定受理后,应当在当日通知公诉部门到案件管理中心领取卷宗,公诉部门应及时派员领取卷宗。

公诉部门确定案件承办人后,应在三个工作日内将承办人姓名反馈至案件管理中心,案件管理中心对承办人姓名进行登记备案。

10. 公诉部门在审查起诉过程中决定退回补充侦查的案件,承办人最迟应于法定期限届满前1日,持主管检察长签发的退查审批表和退查提纲一式两份到案件管理中心登记、编号、开具法律文书,由案件管理中心退回侦查机关(部门)补充侦查。

11. 对于需要延长审查期限的,案件承办人最迟应于法定期限届满前3日,将主管检察长签发的延长审查期限审批表复印件交案件管理中心备案。

12. 对公安机关和本院侦查部门补充侦查完毕重新移送审查起诉的案件,由案件管理中心通知案件承办人员,案件承办人员在审查补查材料后决定是否予以受理。案件承办人员审查后,将审查结果告知案件管理中心,在接到承办人告知前,案件管理中心不受理重新移送起诉的卷宗。

13. 公诉部门向人民法院提起公诉的案件,最迟应于法定期限届满前1日将卷宗、电子文档和其它材料交案件管理中心,由案件管理中心登记后送达人民法院。

14. 人民法院向本院送达的出庭通知书和判决书、裁定书等法律文书,应当由案件管理中心收取;公诉部门收取的,收件人应及时到案件管理中心办理登记手续。

案件管理中心收取上述文书后,于当日转交公诉部门。

15. 侦查监督部门、公诉部门在审查逮捕、审查起诉过程中需要的法律文书应在案件管理中心编号、登记、开具。

16. 侦查监督部门建议公安机关撤回提请意见的案件,公诉部门建议公安机关撤回起诉意见的案件,及侦查监督部门、公诉部门建议公安机关作撤销案件处理的案件,参照上述有关规定执行。

17. 报送上级院管辖的案件或者改变管辖的案件,由公诉部门自行报送,报送后三个工作日内,公诉部门将报送结果反馈至案件管理中心。

18. 上级院决定退回补充侦查的案件,公诉部门接收后应当日送达案件管理中心,由案件管理中心退回公安机关补充侦查。

(三)对其它案件的管理

汝州人民检察院决定立案办理的民事行政申诉案件、刑事申诉案件、国家赔偿案件,办案部门应当自立案决定作出之日起三个工作日内,持立案文书向案件管理中心登记,并将办案人员名单告知案件管理中心。

案件催办、督办制度

(一)案件催办制度

1. 侦查监督部门处理案件过程中有以下情况的,由案件管理中心负责催办:

受理公安机关提请批准逮捕的案件,在法律规定的时限届满前2日内尚未做出处理决定的。

2. 公诉部门处理案件过程中有以下情况之一的, 由案件管理中心负责催办:

(1)受理公安机关报送审查起诉的案件,在法律规定的时限届满前5日内尚未做出处理决定的;

(2)审查本院自侦部门移送审查起诉的案件,自受理之日起,一般案件10日内,重大、复杂案件15日内未做出处理决定的。

3. 本院自侦部门办理的案件,拘留期限届满前1日尚未提请逮捕的,侦查期限届满前5日尚未移送审查起诉的,由案件管理中心负责催办。

4. 监所部门办理自侦案件时,按照上一条规定执行。

5. 对于纳入流程监控范围的案件, 案件管理中心应当按照下列规定的时间要求对办案期限进行预警提示:(一)办案期限在七日以下的,在期限届满一日前;(二) 办案期限在七日以上二十日以下的, 在期限届满二日前;(三)办案期限在二十日以上二个月以下的,在期限届满三日前;(四)办案期限在二个月以上的,在期限届满七日前。办案部门依照有关规定延长办案期限的,应当在决定当日书面告知案件管理中心。

对于办案期限届满未办结案件的,案件管理中心应当向办案人员了解情况,提醒督促。经提醒督促仍未在限定时间内办结的,应当向办案部门发送《案件流程监控通知书》。办案部门应当于收到《案件流程监控通知书》后三个工作日内,将未办结原因和办理情况书面回复案件管理中心。

6. 被催办的主体是办案部门负责人和案件承办人, 办案部门负责人和案件承办人应在《催办通知书》存根上签署名字和接收时间,接到催办通知的承办人后,承办人应在法定期限内结案,并在《催办通知书》存根上签署反馈意见。

（二）案件督办制度

1. 案件管理中心对下列案件实行督办：

（1）在我市有影响的大案、要案；

（2）上级部门批转的案件；

（3）领导交办的案件；

（4）人大转办的案件；

（5）新闻媒体关注的案件；

（6）社会反映强烈的案件；

（7）当事人反映强烈的案件。

2.督办的内容包括案件的办理情况、落实情况等。

3.各承办部门应在规定的时间内办结案件，并将结果形成书面材料报送案件管理中心。

案件协调、案件实体监督制度

（一）案件协调制度

1.在审查逮捕、审查起诉过程中，因案件事实或证据等发生变化可能影响案件诉讼的，侦监、公诉部门的负责人应及时会同案件管理中心同公安机关或人民法院等相关部门沟通、协调。

参与沟通、协调的人员：侦监、公诉部门负责人，案件承办人员及公安或法院办案部门的负责人。

2.在刑事诉讼过程中，因一类或几类案件在法律适用、证据标准等方面存在认识上的分歧，需要同公安机关或人民法院沟通、协调解决的，侦监、公诉部门应及时会同案件管理中心同公安机关或人民法院沟通、协调。

参与沟通协调的人员：侦监、公诉部门的主管领导、部门负责人，案件管理中心负责人，公安机关或人民法院的主管领导和部门负责人。

针对存在的分歧通过协商，形成统一的指导性意见，确保类案的诉讼。

3.由案件管理中心牵头,每季度分别同公安机关、人民法院召开一次联席会议,每半年与公安机关、人民法院召开一次公、检、法三机关联席会议。

联席会议所需的必要经费,由院财务支付。

4.对于本院办案部门认为有下列情形之一的案件,可以提议法律咨询小组研究,由案件管理中心召集法律咨询小组成员对提交的问题进行讨论,并向承办部门反馈讨论意见,供承办部门研究案件时参考:

(1)重大、疑难、复杂案件;

(2)在法律适用上存在严重分歧的案件;

(3)检察长指定研究的案件。

对事实清楚、证据确实充分、法律适用不存在分歧的案件,提交部门或承办人为推卸责任、规避信访风险等原因而提交法律咨询小组研究的,咨询小组不予研究。

(二)案件实体监督制度

1.实行实体监督的案件范围:

(1)侦监部门办理的:

①决定不捕的案件;

②追捕(追漏)的案件;

③立案监督的案件;

④侦监部门对案件处理有分歧,认为需要实体监督的案件

(2)公诉部门办理的:

①减少事实、减少罪名、减少犯罪嫌疑人的案件;

②建议公安机关撤销的案件;

③改变强制措施的案件;

④认为需要提起抗诉的案件;

⑤公诉部门对案件处理有分歧,认为需要实体监督的案件。

（3）本院自侦部门（含监所部门）办理的案件：

①不予立案的案件；

②撤销案件的案件；

③做出逮捕决定后，又改变强制措施的案件；

④自侦部门对案件处理有分歧，认为需要实体监督的案件。

2.监督程序

（1）案件管理中心指定专人对案件进行实体监督；

（2）对需要进行实体审查的案件，侦监部门最迟应在法定期限届满前二日，将卷宗材料全部移交案件管理中心，进行实体审查；案件管理中心审查人员应当在收到卷宗材料后一日内审查完毕，至迟不得超过二日，并将审查结果向检察长汇报；

对需要进行实体审查的案件，公诉部门最迟应在法定期限届满前十日，将卷宗材料全部移交案件管理中心，进行实体审查；案件管理中心审查人员应当在收到卷宗材料后三日内审查完毕，至迟不得超过五日，并将审查结果向检察长汇报；

对需要进行实体审查的自侦案件，自侦部门最迟应在法定期限届满前三日，将卷宗材料全部移交案件管理中心，进行实体审查；案件管理中心审查人员应当在收到卷宗材料后一日内审查完毕，至迟不得超过二日，并将审查结果向检察长汇报；

（3）如果案件管理中心与承办部门意见一致的，应由承办部门及时执行；

（4）如果案件管理中心与承办部门意见不一致的，提请检察长或检察委员会研究决定。

扣押、冻结款物管理

1.管理对象：（1）本院办案部门在依法行使检察职权过程中扣押、冻结的涉案款物;(2)公安机关在办理刑事案件中随案移送的扣押、冻结的款物(物证)。

2.管理原则:扣押、冻结款物统一由院计财科管理,案件管理中心负责监督。

3.管理人员及职责:

(1)计财科设涉案款物专管员,具体负责办案部门移交扣押、冻结款物的登记、查验、入库保管、出库核验等工作;

(2)各办案部门设涉案款物专管员,负责本部门移交扣押、冻结款物的登记、移交、移交前的保管等事宜;

(3)案件管理中心设监涉案款物监督员,负责扣押、冻结款物出入库的全程监督。

4.入库程序:

(1)办案部门向管理部门移交扣押的款物时,应当列明物品的名称、规格、特征、质量、数量或者现金的数额。

(2)办案部门扣押款物后,应当在三日内移交管理部门,并附扣押清单复印件。由于特殊原因不能按时移交的,经检察长批准,可以由办案部门暂时保管,待原因消除后及时移交。

(3)对于不动产、大型物品等不便提取的财物;珍贵文物、珍稀动、植物及其制品;毒品、淫秽物品等违禁品以及爆炸性、易燃性、放射性、毒害性、腐蚀性等危险品由办案部门拍照或者录像后及时依照有关规定处理。

(4)计财科专管员、案件管理中心监督员、办案部门专管员三方共同对入库物品进行查验;

(5)查验无误后,计财科专管员对现金款项开具收据,对非现金物品开具移交物品清单,清单一式四份,一份入卷,一份由计财科专管员存档,一份由办案部门保管,一份由案件管理中心存查;

（6）计财科专管员对入库物品建立书面台帐和电子档案，"一案一帐"，"一案一卡"；现金款项于收到的当日存入指定银行专用帐户；对封存物品加用密封条(密封袋)、密封签，统一编号后分类入库存放。

5.出库程序：

（1）调用部门填写有关文书，写明用途和归还日期，并由主管领导批准；

（2）调用部门专管员、计财科专管员、案件管理中心监督员共同提取、查验物品，三方签字确认后方可出库，物品离库后，由调用人员负保管责任；

（3）调用部门持有关文书归还调用物品，到期未归还的，计财科专管员应及时予以督促；

（4）计财科专管员、案件管理中心监督员、办案部门专管员，三方共同对归还物品进行验收，计财科专管员将验证情况做好记录，验证无误后，方可重新入库。

6.存放保管：

（1）机关设置专用的扣押、冻结款物保管室，赃物、暂扣物保管室配置保险柜、物品架等防护管理设备；

（2）扣押、冻结款物保管室对解交银行前的暂存现金、存折、信用卡等有价证券及金银、古董等贵重物品及其他暂扣物品分类存放；

（3）计财科专管员定期对保管室进行安全检查，保持室内整洁、通风，认真落实防火、防水、防电、防盗等安全措施。

举报奖励款的监督

1.奖励原则：依据《人民检察院举报工作规定》第七章的规定，由院举报中心给予举报人物质奖励。

2.奖励范围：院党组决定的奖励事项及署名举报线索。

3.奖励方法：

（1）对需要初查的案件线索，在填写《初查、调查审批表》时，必须填写线索来源。《初查、调查审批表》作为举报奖励的重要依据。

（2）收缴的涉案款应如数、及时上缴财务室,绝对禁止坐收坐支。

（3）需支付举报奖的,由承办部门报主管检察长审批、案件管理中心备案后,统一由财务室报出。

（4）特殊情况由党组决定奖励数额。

4.所列涉案款包括:案件款、违纪款、犯罪所得款等。

5.监督方法:

（1）案管中心根据《初查、调查审批表》上填写线索的来源,审查被奖励人是否符合规定。

（2）审查奖励数额是否符合《人民检察院举报工作规定》的规定。

（3）对不符合上述规定奖励的,案件管理中心向检察长进行汇报。

（4）举报中心及有关部门收到案件管理中心所提意见后,应在收到意见三日内反馈调查处理结果。

接触、会见、材料收转

1.检察人员不得私自会见案件关系人,或以任何方式不得私自与案件关系人联系。

检察人员不能在非办公场所接受与案件有关的材料。

2.案件管理中心负责案件在检察环节流转期间案件关系人的会见,接待律师首次来访,接受律师的投诉。

3.对律师提交的案件委托手续,案件管理中心收到后及时转交办案部门。

案件分流至办案部门后,对律师提出的查阅、摘抄、复制本案卷宗材料及同在押的犯罪嫌疑人会见和通信的要求,由办案部门予以办理。

4. 案件管理中心对收到的案件材料根据案件的诉讼环节分别转交相关部门。各部门对收到的材料必须订入内卷。

接待辩护人与诉讼代理人提供案件查询

1.案件管理部门负责辩护人、诉讼代理人接待工作,提供、案件查询信息。

2.辩护人、诉讼代理人提出有关申请、要求或者提交有关书面材料的,案件管理部门应当接收并及时移送相关办案部门或者与相关办案部门协调、联系,具体业务由办案部门负责办理。

3.辩护人接受委托后告知人民检察院或者法律援助机构指派律师后通知人民检察院的,案件管理部门应当及时登记辩护人的相关信息,并将有关情况和材料及时通知、移交相关办案部门。

4.案件管理部门对办理业务的辩护人,应当查验其律师执业证书、律师事务所证明和授权委托书或者法律援助公函。对其他辩护人、诉讼代理人,应当查验其身份证明和授权委托书。

5.自案件移送审查起诉之日起,辩护律师或者经过许可的其他辩护人到人民检察院查阅、摘抄、复制本案的案卷材料,由案件管理部门及时安排,由公诉部门提供案卷材料,案卷材料包括案件的诉讼文书和证据材料。因公诉部门工作等原因无法及时安排的,应当向辩护人说明,并安排辩护人自即日起三个工作日以内阅卷,公诉部门应当予以配合。

经人民检察院许可,诉讼代理人查阅、摘抄、复制本案的案卷材料的,参照前款规定办理。

6、查阅、摘抄、复制案卷材料,应当在案件管理部门设置的专门接待室进行。接待室应当配置用于查阅电子卷宗的专用电脑等设备。

7.案件移送审查逮捕或者审查起诉后,辩护人认为在侦查期间公安机关收集的证明犯罪嫌疑人无罪或者罪轻的证据材料未提交,申请人民检察院向公安机关调取的,案件管理部门应当及时将申请材料送侦查监督部门或者公诉部门办理。

人民检察院办理直接立案侦查的案件,按照前款规定办理。

8.案件移送审查起诉后,辩护律师、担任诉讼代理人的律师依据刑事诉讼法有关规定申请人民检察院收集、调取证据的,案件管理部门应当及时将申请材料移送公诉部门办理。

辩护律师向被害人或者其近亲属、被害人提供的证人收集与本案有关的材料,向人民检察院提出申请的,参照前款规定处理。

9.在人民检察院侦查、审查逮捕、审查起诉过程中,辩护人提出要求听取其意见的,案件管理部门应当及时联系侦查部门、侦查监督部门或者公诉部门对听取意见作出安排。辩护人提出书面意见的,案件管理部门应当及时移送侦查部门、侦查监督部门或者公诉部门。

10.辩护人、诉讼代理人对案件办理情况提出查询要求的,案件管理部门负责提供相关诉讼信息。

11.案件管理部门负责提供检务公开所涉及的案件基本信息。

案件质量考评制度

1.本院各部门受理的案件,部门负责人指定一名检察官为主办人负责办理。

2.案件质量考评成绩计入个人年终目标考核内容。

3.各业务部门按照应归档卷宗的规定,将办结的案件卷宗交案件管理中心进行评定。

各业务部门按照应归档卷宗的规定,将办结的案件卷宗由部门评分后交案件管理中心进行评定。案件管理中心评定后,每季度由检委会对已评定过的卷宗抽查2案,对卷宗进行讲评。

4.案件质量考评制度在本院《干警考绩及目标管理实施方案》中已作出明确规定,按照该方案规定内容严格执行。

三、其他

(一)各业务部门按照统计报送要求报办公室的材料,同时抄报案件管理中心。

（二）各业务部门办理的要结果案件处理完毕后应及时报送案件管理中心。

（三）案件管理中心对纳入管理的案件所涉及的环节及法律文书统一编号，每月向业务部门反馈。

四、责任追究

（一）不执行本工作办法规定的，由案件管理中心报政治处进行责任追究，属于部门责任的，每次扣除部门负责人作风纪律分1分；属于干警个人责任的，每次扣除干警作风纪律分1分。

（二）案件管理中心工作人员不严格履行职责的，由本院纪检监察部门报政治处进行责任追究，属于部门责任的，每次扣除部门负责人作风纪律分1分；属于干警个人责任的，每次扣除干警个人作风纪律分1分。

本规定自2014年1月1日施行。

全国检察机关统一业务应用系统使用管理办法（试行）

（2013 年 10 月 22 日最高人民检察院
第十二届检察委员会第十二次会议通过）

第一章　总　则

第一条　为了保障全国检察机关统一业务应用系统规范、高效、安全、稳定运行，根据《人民检察院刑事诉讼规则（试行）》、《人民检察院民事诉讼监督规则（试行）》等有关规定，结合检察工作实际，制定本办法。

第二条　人民检察院使用统一业务应用系统的任务是，实现业务信息网上录入、业务流程网上管理、业务活动网上监督、业务质量网上考评，以加强对执法办案的全面、实时、动态监督管理，加强信息共享和协作配合，规范执法行为，增强法律监督能力，提高检察工作质量和效率，推动检察工作科学发展。

第三条　人民检察院使用管理统一业务应用系统，应当坚持以下原则：

（一）遵循统一配置。各级人民检察院应当依照最高人民检察院统一配置的流程、文书模板、案卡等，使用管理统一业务应用系统。未经最高人民检察院批准，不得修改、删除统一业务应用系统已经配置的相关内容，不得使用其他信息系统代替统一业务应用系统。

（二）全员、全面、全程应用。履行业务办理、审核、审批、监督管理职责的检察长、副检察长和其他检察人员，应当全面、全程使用统一业务应用系统开展相关工作。任何人不得违反要求，脱离统一业务应用系统办理有关业务事项。

（三）规范、高效。各级人民检察院及其工作人员应当分工负责，互相配合，依照规定在统一业务应用系统内及时完成各自相关操作，确保各环节顺畅衔接、高效运行。

（四）安全保密。各级人民检察院及其工作人员应当严格遵守保密规定，做好统一业务应用系统的安全保密工作，严防失密、泄密事故发生。

第四条　人民检察院案件管理部门是统一业务应用系统使用管理的主管部门，主要职责是：

（一）对网上业务办理活动进行监督、管理；

（二）对涉及多个子系统的业务应用问题进行协调；

（三）对本部门接收的案件录入受理信息；

（四）对业务部门提出的需求意见进行汇总统筹；

（五）会同相关部门组织系统应用培训；

（六）与系统使用有关的其他案件管理工作。

第五条　人民检察院业务部门是本部门业务子系统的使用管理部门，主要职责是：

（一）对本部门和下级院对口部门的网上业务办理活动进行指导、管理；

（二）在业务办理过程中执行信息填录、文书制作、业务网上流转等相关操作；

（三）会同案件管理部门和技术信息部门，解答、处理本业务子系统使用过程中发现的应用问题；

（四）对本业务子系统提出修改、优化意见和新的业务需求；

（五）其他与本业务子系统使用有关的管理工作。

第六条　人民检察院技术信息部门是统一业务应用系统的技术主管部门，主要职责是：

（一）系统的软硬件基础建设和运行维护；

（二）系统版本发布、升级；

（三）依照本办法对系统执行相关技术操作；

（四）解答、处理使用过程中的技术问题；

（五）对需求分析进行技术指导；

（六）其他技术保障工作。

第七条 人民检察院办公室部门是统一业务应用系统保密、电子签章的主管部门，主要职责是：

（一）身份认证系统、电子签章系统的软硬件基础建设和运行维护；

（二）身份认证个人身份证书、电子签章的制作、审计、管理；

（三）使用本院院印、检察长印对应的电子印章；

（四）系统的保密管理和监督检查工作；

（五）其他与办公室职能有关的管理工作。

第八条 人民检察院计划财务装备部门是统一业务应用系统的经费和装备的主管部门，负责统一业务应用系统的开发、运行维护所需的经费保障、政府采购等工作。

第二章 信息填录

第九条 各级人民检察院检察长、副检察长和其他检察人员，在履行业务受理、分流、办理、审核、审批、监督、管理、统计等职责时，应当按照要求在统一业务应用系统中填写、录入相应信息。

第十条 信息填录应当坚持谁受理谁录入，谁办理谁录入，谁审核谁录入，谁审批谁录入，谁录入谁负责的原则。具体分工如下：

（一）依照规定，属于案件管理部门统一受理的业务，受理信息由案件管理部门录入；属于控告检察部门以及其他业务部门受理的业务，受理信息由该受理部门录入；

（二）业务办理过程中生成的信息，由该业务承办人录入；

（三）业务审核、审批过程中生成的信息，由检察长、副检察长、部门负责人等审核人、审批人录入。

第十一条 信息填录应当符合以下要求:

(一)准确。填录的信息应当客观、准确反映业务办理的真实情况,禁止弄虚作假。

(二)规范。录入的信息字段、分类等应当符合系统要求,能够满足系统的数据识别、筛选。

(三)同步。信息填录应当与实际业务办理同步进行。特殊情况下不能同步填录的,应当在进入下一流程前完成相关信息填录。

(四)完整。系统设定的数据项,应当根据要求全面填录。

第十二条 业务部门需要修改本部门已经填录完成、处于锁定状态,但尚未生成全国检察统计数据的业务信息,应当经分管检察长审批,交案件管理部门确认后,由技术信息部门执行相关技术操作。

案件管理部门对于已经填录完成、处于锁定状态,但尚未生成全国检察统计数据的业务信息,通过排查、审核发现存在填录问题和异常情况的,应当填写《检察业务信息审核意见表》,经有关业务部门核实确认,在统一业务应用系统中对相关业务信息予以更正。

需要修改已经生成全国检察统计数据的业务信息的,依照本办法第六章的规定办理。

第十三条 严禁违反规定,擅自删除统一业务应用系统中已经录入的案件、线索等。

在生成全国检察统计数据前,因错误操作等原因需要删除已经录入的案件、线索的,经本院检察长审批,报省级人民检察院案件管理部门审查决定后,交技术信息部门执行相关操作。省级人民检察院删除案件、线索的,应当报最高人民检察院案件管理办公室和检察技术信息研究中心备案。

在生成全国检察统计数据后,因错误操作等原因需要删除已经录入的案件、线索的,依照本办法第六章的规定办理。

第三章 文书制作

第十四条 承办人应当依照系统内的文书模板拟制文书,不得擅自修改设置的格式、内容。

第十五条 在统一业务应用系统内制作文书,应当按照要求在系统内进行审核、审批。

地方人民检察院的文书审核、审批要求,由省级人民检察院案件管理部门会同业务部门依照有关规定确定。

第十六条 文书应当适用统一业务应用系统自动分配的编号,严禁变更、自设文书编号。

第十七条 具有下列情形之一的,经案件管理部门确认后,适用统一的文书编号,在系统外制作文书:

(一)系统发生故障,需要及时办理有关业务的;

(二)属于绝密业务的文书。

因前款第一项情形在系统外制作的文书,承办人应当在故障消除后三个工作日内扫描上传至系统,并在系统内完成相关操作。

第十八条 初查、立案侦查职务犯罪案件时,因紧急情况需要提前批量打印文书的,应当符合以下要求:

(一)在系统内已经创建该案件;

(二)填写案件名称、承办人姓名等基本信息;

(三)经检察长或者分管检察长批准;

(四)提交本院案件管理部门审核。

紧急情况消除后,承办人应当及时将相关信息补充填入,并在案件办结后,将未使用的文书交案件管理部门存档,已经使用的文书入卷。

第十九条 统一业务应用系统内制作的加盖电子印章的文书,应当在本院指定的打印机上打印。

上级人民检察院作出的批准逮捕决定书、逮捕决定书、批准延长侦查羁押期限决定书,以及其他能够在统一业务应用系统内远程打印的文书,可以在接收文书的人民检察院打印。

第四章 网上业务流转

第二十条 各级人民检察院办理的机密级和机密级以下的业务,应当在统一业务应用系统内执行受理、分流、移送、报批等流转程序。

第二十一条 案件管理部门统一受理的案件,由案件管理部门在统一业务应用系统内,分流给业务部门,或者按照本院制定的分案规定,直接分派给承办人。

承办人或者承办部门确定的其他人员应当及时到案件管理部门领取案件材料。

第二十二条 承办人需要将案件材料报送审核、审批的,应当通过统一业务应用系统报送,审核人、审批人应当在系统内审核、审批,并将审核、审批后的案件材料通过系统发送至下一个流程节点。

第二十三条 属于案件管理部门统一流转的案件,承办人应当在办结后将案件相关材料发送至案件管理部门进行审核。

承办人应当为案件管理部门的送案审核提供必要的时间,案件管理部门应当及时审核是否符合送案条件、是否规范完成网上小案操作。对不符合送案条件的,应当督促承办人补充材料,或者补充、更正有关操作,对符合送案条件的,应当及时交付送案。

第二十四条 统一业务应用系统出现故障,不能进行网上业务流转的,可以在系统外先行流转,在故障消除后的三个工作日之内,应当补充完成网上流转的相关操作。

第五章 网上业务监管

第二十五条 业务部门和案件管理部门应当设置流程监管员,对网上信息填录、文书制作、流程操作等网上业务办理活动,履行监督、管理、指导职责。

第二十六条 业务部门的流程监管员对本部门网上业务办理活动,履行管理职责。

案件管理部门的流程监管员对本院各业务部门的网上业务办理活动,履行监督职责。

上级人民检察院的业务部门和案件管理部门,应当对下级人民检察院网上业务办理活动,通过抽查、巡查等方式进行监督、检查。

第二十七条 流程监管员应当具有履行业务监管职责相适应的信息查询权限。

案件管理部门的流程监管员可以查阅、了解系统日志中与业务操作有关的内容。

技术信息部门发现有违反法律和本办法规定的行为的,应当及时告知本院案件管理部门的流程监管员。

第二十八条 业务部门发现本部门人员存在下列情形之一的,应当责令其及时改正:

(一)未按规定在系统内填录信息、制作文书的;

(二)未按规定在系统内流转业务的;

(三)未按规定执行相关操作的;

(四)违反系统权限管理、安全保密管理的;

(五)其他违反系统要求和相关规定的行为。

第二十九条 案件管理部门发现本院业务部门具有本办法第二十八条所列情形的,应当向业务部门提出监督、纠正意见,业务部门应当及时核查、纠正并反馈情况。

案件管理部门在网上业务监管中发现同级侦查机关、审判机关存在违法行为的,应当督促相关业务部门履行监督职责。

第三十条　上级人民检察院业务部门、案件管理部门发现下级人民检察院对口部门存在本办法第二十八条规定情形的，应当通知下级人民检察院对口部门处理；下级人民检察院对口部门应当及时核查、纠正并反馈情况。

第三十一条　上级人民检察院案件管理部门发现下级人民检察院业务部门存在本办法第二十八条规定情形的，应当通知本院业务部门或者下级人民检察院案件管理部门处理。处理情况应当及时告知提出监督意见的案件管理部门。

案件管理部门发现本院和下级人民检察院的检察长、副检察长存在违反网上业务办理规定的，应当提示；情节严重的，应当报告本院检察长和纪检监察部门。

第三十二条　对网上业务监管中发现的问题，应当根据情况采取口头提示、网上提示和书面方式提出监督纠正意见。一般情形的，可以使用口头提示、网上提示，并制作工作记录；情节较重的，应当向相关部门发出流程监控通知书；情节严重的，应当在发出流程监控通知书的同时，向检察长报告。

第三十三条　业务部门和案件管理部门应当相互通报网上业务监督、管理情况。

各级人民检察院应当定期发布本地区检察机关网上业务监管情况。

第六章　网上统计管理

第三十四条　省级人民检察院案件管理部门应当定时对统一业务应用系统中的本地区业务信息进行统计汇总，生成所辖各级人民检察院的检察统计业务登记卡和检察统计报表，并由各级人民检察院分别进行审核，填写《人民检察院案件登记卡、统计报表审签表》，经案件管理部门负责人审核、分管检察长签发后，逐级汇总、报送至最高人民检察院案件管理办公室。

第三十五条　案件管理部门对于通过技术排查、统计审核发现的统计信息填录问题和异常情况，应当填写《检察业务信息审核意见表》，及时与有关业务部门沟通核实,并根据核实情况,在统一业务应用系统中对已填录业务信息予以更正,并重新生成检察统计业务登记卡和检察统计报表。

第三十六条 全国检察统计数据汇总完成后，各级人民检察院不得擅自更改统一业务应用系统案卡信息、检察统计数据以及案件登记卡内容。确实需要修正的,要逐级备案、逐级报告至最高人民检察院案件管理办公室审查处理。

第三十七条 各类相关检察业务考评应当依据统一业务应用系统审核认定的数据。

第三十八条 各级人民检察院案件管理部门和业务部门应当定期对网上业务运行情况和检察业务工作总体情况进行分析，有针对性地开展专题调查研究,及时发现问题,总结工作经验,提出改进意见。

第七章 对外信息查询管理

第三十九条 统一业务应用系统中生成的可以公开的信息，应当依照法律规定和检务公开的要求,接受案件当事人及其法定代理人、近亲属、辩护人、诉讼代理人等相关人员和其他相关单位的查询。

第四十条 案件管理部门负责对外接受相关人员和单位的信息查询,相关部门应当提供协助、配合。

控告申诉信息查询和行贿犯罪档案查询另有规定的，依照有关规定办理。

第四十一条 各级人民检察院应当综合运用互联网、检务窗口、电话等方式,接受外部查询申请,提供查询服务。

第四十二条 人民检察院提供信息查询服务，不得以任何方式收取费用、牟取利益。

第四十三条 案件管理部门对本院相关部门以及侦查机关、审判机关等相关单位提出的信息查询申请,应当依照规定及时办理。

第八章 电子签章管理

第四十四条 在统一业务应用系统内制作法律文书、工作文书,需要使用印章、签名的,应当使用电子印章、电子签名,不得使用实物印章,不得进行手写签批。

电子印章、电子签名的效力与实物印章、手写签名的效力相同。

已经在统一业务应用系统中使用电子签名的,不得用手写方式重复签批。

第四十五条 人民检察院办公室是电子签章的管理部门,各内设机构是部门电子印章的日常使用管理部门。

电子印章应当由专人负责管理、使用。

电子签名的责任人应当妥善保管、使用相关载体,严禁私自授权、转让;发生电子签名载体丢失、被盗、被骗、被抢或者被胁迫非法使用等失去控制的,应当立即通知本院办公室锁定。

第四十六条 以院名义制作的法律文书、工作文书,需要加盖印章的,依照规定报领导审批后,发送至本院办公室加盖院电子印章。

各级人民检察院可以授权案件管理部门,在使用院电子印章前,对涉及人身、财产权利和终结性处理决定的法律文书进行审核。

以内设机构名义制作的工作文书,需要加盖部门印章的,经审核、审批后,由本部门内勤加盖部门电子印章。

第四十七条 禁止以任何方式规避电子印章、电子签名的使用。对违反规定,以行政公文的方式代替法律文书、工作文书的情形,印章管理部门应当拒绝加盖实物印章,责令改正,并通知案件管理部门。

因发生系统故障导致电子印章、电子签名不能使用的,经案件管理部门确认,依照规定程序,加盖实物印章,使用手写方式签批。

第四十八条 案件管理部门应当对统一业务应用系统内电子印章使用情

况进行监督。发现用印不规范、不及时等问题的,应当向印章使用部门提出监督、纠正意见。

第九章 系统使用权限管理

第四十九条 各级人民检察院的检察长、副检察长、各业务部门负责人、业务承办人员以及其他负有相关监督、管理职责的人员,在统一业务应用系统内,依照规定具有相应的业务办理、信息查询等系统使用权限。

第五十条 系统使用权限依照下列原则设置、变更和转移:

(一)权限应当依照规定设置;

(二)权限设置与岗位职责相对应;

(三)权限设置例外情形由检察长授权;

(四)设置、变更、转移权限由案件管理部门审定。

第五十一条 系统权限按照下列规定设置:

(一)各级人民检察院检察长,具有各类检察业务的办理权限,以及对本院及下辖各级人民检察院指标数据、案件列表、个案内容的查询权限。

(二)各级人民检察院副检察长、其他院领导,具有分管检察业务的办理权限,以及对本院及下辖各级人民检察院指标数据的查询权限,对本院分管部门以及下辖各级人民检察院对口部门的案件列表、个案内容的查询权限。

(三)各级人民检察院业务部门负责人,具有本部门检察业务的办理权限,对本部门和下辖各级人民检察院对口部门的指标数据、案件列表的查询权限,对本部门个案内容的查询权限,对下辖各级人民检察院对口部门已经办结的个案内容的查询权限。

(四)各级人民检察院案件管理部门负责人,具有案件管理业务的办理权限,对本院和下辖各级人民检察院的指标数据、案件列表的查询权限,对本院个案内容的查询权限,对下辖各级人民检察院已经办结的个案内容的查询权限。

（五）其他检察人员具有与其岗位职责相对应的办理权限和查询权限；需要增加指标数据、案件列表、个案内容查询范围的，应当履行权限变更报批程序，但查询范围不得超过所在部门负责人的权限。

对案件线索、正在办理的职务犯罪案件以及其他机密案件，应当严格限制查询主体和查询内容。

因工作需要，经案件管理部门审核，报检察长批准，可以授权查询其他部门案件信息。

第五十二条 最高人民检察院案件管理办公室，是全国检察机关系统权限的管理部门。

各级人民检察院案件管理部门是本院系统权限的管理部门，负责对系统权限的设置、变更和转移申请进行审定。

各级人民检察院技术信息部门是系统权限的操作执行部门，根据案件管理部门审定的意见，对系统权限的设置、变更和转移执行操作。

第五十三条 需要对系统权限的已有设置进行变更的，由相关部门报分管检察长审批后送案件管理部门审核，案件管理部门报检察长授权后发出权限变更通知书，由技术信息部门执行操作。

因内部工作调整、岗位交流等原因发生的系统权限变更，由案件管理部门按照相关文件内容发出权限变更通知书，由技术信息部门执行操作。

第五十四条 承办人和负有审核、审批职责的部门负责人，因出差、请假、休假等原因不能及时办理、审核、审批案件，需要将其权限暂时转移至其他人员的，应当进行权限转移。

需要进行权限转移的，承办人经部门负责人批准、部门负责人经分管检察长批准后，送案件管理部门审核，案件管理部门发出权限转移通知书，由技术信息部门执行操作。

权限暂时转移原因消除后，相关人员应当及时持部门负责人签批的证明材料向案件管理部门提出书面申请，及时对权限进行恢复。

第五十五条 检察长、副检察长以及其他院领导需要进行权限转移或者取消的,由案件管理部门发出权限转移通知书,由技术信息部门执行操作。

第十章 系统保密管理

第五十六条 各级人民检察院应当按照谁运行谁主管、谁使用谁负责的原则,严格履行安全保密管理职责。

第五十七条 绝密级业务不得在统一业务应用系统中办理、流转。

严禁违反规定,将非绝密级业务认定为绝密级业务,或者将绝密级业务认定为非绝密级业务。

第五十八条 检察业务密级的确定,依照最高人民检察院、国家保密局《检察工作中国家秘密范围的规定》执行。

第五十九条 统一业务应用系统应当在通过分级保护测评的检察专网上运行,并依照涉密信息系统分级保护的要求,落实安全保密技术防范措施和管理制度。

第六十条 检察人员应当使用身份认证系统登录统一业务应用系统,定期修改认证密码,妥善保存自己的身份证书、登录信息,防止丢失、遗忘。

第六十一条 检察人员应当严格执行各项保密安全制度,规范使用终端计算机、打印机,妥善保管涉密设备。严禁连接互联网和其他公共信息网络,严禁与非涉密计算机交叉使用移动存储介质,严禁连接使用无线设备,严禁违规卸载安全保密管理软件。

第六十二条 检察人员在使用统一业务应用系统中应当严守工作秘密,不得违反规定透露本人知悉的工作信息。

第六十三条 统一业务应用系统运行过程中发生失泄密情况的,有关人员应当依照保密工作的有关规定,立即采取补救措施,并向本院保密部门报告,保密部门应当及时处理,并向上级人民检察院报告;发生失密泄密事件的,应当向地方保密行政管理部门报告并同时层报上级人民检察院。

第十一章 系统运行维护

第六十四条 最高人民检察院检察技术信息研究中心是统一业务应用系统运行维护管理工作的主管部门，负责统一业务应用系统的运行维护管理工作。

省级人民检察院技术信息部门是本地区统一业务应用系统运行维护管理工作的主管部门，负责统一业务应用系统在本地区的运行维护管理工作。

各级人民检察院技术信息部门是本院统一业务应用系统运行维护管理工作的主管部门，负责对系统的正常运行提供技术支持与服务等。

第六十五条 最高人民检察院办公厅是统一业务应用系统运行维护保密工作的主管部门，负责统一业务应用系统的运行维护保密工作，以及身份认证系统、电子签章系统等的运行维护管理工作。

各级人民检察院办公室是本院统一业务应用系统保密的管理部门，负责本院统一业务应用系统运行维护保密工作，以及本院身份认证系统、电子签章系统等的运行维护管理工作。

第六十六条 各级人民检察院应当按照统一业务应用系统的部署以及涉密信息系统分级保护的有关要求，设立系统管理员、安全保密管理员、安全审计员，对系统实行严格管理。

第六十七条 系统数据应当依照规定保存，严禁违反规定删除、修改。对重要的业务数据、操作日志、关键数据、数据库，应当及时制作数据备份。

第六十八条 最高人民检察院、省级人民检察院对统一业务应用系统的运行维护管理实行全天候值班制度，省级以下人民检察院应当根据工作需要，确定统一业务应用系统的运行维护值班制度。

第六十九条 各级人民检察院技术信息部门应当按照本院案件管理部门审定的意见执行相关的后台管理操作，其他部门不得直接要求技术信息部门执行后台管理操作。

第七十条 地方各级人民检察院需要在统一业务应用系统基础上进行补充性开发的,应当由省级人民检察院审核同意后报最高人民检察院,由最高人民检察院案件管理办公室、检察技术信息研究中心、保密委员会办公室共同审核研究,并报分管检察长或者检察长决定。

第七十一条 地方各级人民检察院的补充性开发应当依照最高人民检察院有关规定执行,不得修改统一业务应用系统基础代码、数据库结构、信息分类代码和配置参数等内容,不得违反权限管理、保密管理等相关规定。

第十二章 检查考核与责任追究

第七十二条 各级人民检察院应当定期对本院和下级人民检察院的统一业务应用系统配置、使用、运行维护、安全保密等情况进行检查。

案件管理部门负责对信息填录、业务流转、文书制作、流程管理等情况进行检查;业务部门负责对业务办理情况进行检查;技术信息部门负责对运行维护情况进行检查,并会同案件管理部门对系统配置情况进行检查;办公室负责对安全保密工作和身份认证系统、电子签章系统使用情况进行检查。各部门分工负责,相互配合。

第七十三条 统一业务应用系统的使用情况应当纳入各级人民检察院、各部门及其人员的绩效考核。

第七十四条 在使用统一业务应用系统过程中,有下列情形之一的,应当给予警示、通报;情节严重的,依照《人民检察院监察工作条例》由纪检监察部门处理,对单位给予通报批评,对负有直接责任的主管人员和其他直接责任人员给予纪律处分:

(一)违反网上信息填录、业务流转、文书制作、数据统计、信息发布、电子签章、权限管理、运行维护、安全保密等规定的;

(二)隐瞒、虚报、迟报业务信息的;

(三)违反规定扩大权限配置的;

（四）违反规定将系统权限交他人使用的；

（五）不依照规定履行监督管理职责的；

（六）拒绝接受监督管理的；

（七）不依照规定进行后台管理、数据维护的；

（八）未经批准擅自修改系统配置的；

（九）未经批准擅自在系统基础上开发的；

（十）其他违反本办法规定的行为。

第七十五条 在使用统一业务应用系统过程中，检察人员发生执法过错或者违法违纪、失密泄密行为的，应当根据有关规定给予相应的纪律处分；构成犯罪的，应当依法移送有关部门追究刑事责任。

第十三章 附 则

第七十六条 本办法下列用语的含义是：

（一）全国检察机关统一业务应用系统，是指由最高人民检察院按照"统一规划、统一标准、统一设计、统一实施"的总体要求组织开发，适用于全国检察业务工作，融业务办理、管理、监督、统计、查询于一体，在各级人民检察院互联互通，及时、全面、实时、动态地交换数据的计算机信息系统。

（二）业务部门，是指履行网上业务办理职责的部门。本办法将业务部门与案件管理部门并列的条款中，该业务部门是指案件管理部门以外的其他业务部门。

（三）检察统计业务登记卡和检察统计报表，是指由最高人民检察院统一制发并报国家统计局备案的检察机关统计调查系统。

（四）电子印章，是指各级人民检察院和内设机构的公章、检察长名章印模通过扫描、数字化转化后生成的数据文件。

（五）电子签名，是指个人签名通过扫描、数字化转化后生成的用于识别签名人身份并表明签名人认可文件内容的信息。

（六）运行维护，是指为保障统一业务应用系统和分级保护体系安全、稳定、正常运转提供技术支持与服务，以及在统一业务应用系统基础上进行的补充性开发等。

第七十七条 地方各级人民检察院和专门人民检察院可以根据本办法，结合实际情况，制定统一业务应用系统使用管理的实施细则。

第七十八条 本办法由最高人民检察院负责解释。

第七十九条 本办法自 2014 年 1 月 1 日起试行。

人民检察院案件信息公开工作规定(试行)

（2014 年 6 月 20 日最高人民检察院
第十二届检察委员会第二十四次会议通过）

第一章 总 则

第一条 为了保障人民群众对检察工作的知情权、参与权和监督权，进一步深化检务公开，增强检察机关执法办案的透明度，规范司法办案行为，促进公正执法，根据有关法律规定，制定本规定。

第二条 人民检察院公开案件信息，应当遵循依法、便民、及时、规范、安全的原则。

第三条 人民检察院应当通过互联网、电话、邮件、检察服务窗口等方式，向相关人员提供案件程序性信息查询服务，向社会公开重要案件信息和法律文书，以及办理其他案件信息公开工作。

最高人民检察院依托国家电子政务网络建立统一的人民检察院案件信息公开系统，各级人民检察院依照本规定，在该系统办理案件信息公开的有关工作。各级人民检察院互联网网站应当与人民检察院案件信息公开系统建立链接。

第四条 人民检察院对涉及国家秘密、商业秘密、个人隐私和未成年人犯罪的案件信息，以及其他依照法律法规和最高人民检察院有关规定不应当公开的信息，不得公开。

人民检察院应当建立健全案件信息发布保密审查机制，明确审查的程序和责任。案件信息公开前，应当依照《中华人民共和国保守国家秘密法》、《中华人民共和国保守国家秘密法实施条例》、《检察工作中国家秘密范围的规定》等相关规定，审查拟公开的案件信息。各部门对案件信息不能确定是否可以公开的,应当依照规定报保密部门确定。

第五条 人民检察院案件管理部门是案件信息公开工作的主管部门,负责案件信息公开的组织、监督、指导和有关服务窗口的查询服务等工作;案件办理部门负责本部门案件信息公开的密级确定、文字处理和审核;新闻宣传部门负责审核、发布重要案件信息和收集、处理舆情反映;保密部门负责保密检查、管理;技术信息部门负责技术保障。相关部门应当分工负责,相互配合。

第六条 任何单位和个人不得利用案件信息公开工作谋取利益。

第二章 案件程序性信息查询

第七条 人民检察院应当依法、及时履行法律规定的通知、告知、送达、公开宣布等职责。当事人及其法定代理人、近亲属、辩护人、诉讼代理人,可以依照规定,向办理该案件的人民检察院查询案由、受理时间、办案期限、办案部门、办案进程、处理结果、强制措施等程序性信息。

第八条 当事人及其法定代理人、近亲属、辩护人、诉讼代理人查询案件程序性信息,应当向办理该案件的人民检察院案件管理部门提交身份证明、委托书等证明材料。

人民检察院对查询申请人身份审核认证后,对符合条件的,应当提供查询服务,或者提供网上查询账号。查询申请人可以凭账号登录人民检察院案件信息公开系统,查询相关案件程序性信息。

第九条 当事人及其法定代理人、近亲属、辩护人、诉讼代理人需要查询经常居住地以外的人民检察院办理的案件程序性信息的,可以到经常居住地所在的县、区级人民检察院案件管理部门请求协助办理身份认证。被请求协助的人民检察院应当及时与办理该案件的人民检察院联系,传输有关材料,办理该案件的人民检察院审核认可后,应当提供查询服务或者查询账号。

第十条 辩护人、诉讼代理人因与当事人解除委托关系等原因丧失查询资格的,人民检察院应当及时注销其查询账号。

第三章 重要案件信息发布

第十一条 人民检察院应当及时向社会发布下列重要案件信息:

(一)有较大社会影响的职务犯罪案件的立案侦查、决定逮捕、提起公诉等情况;

(二)社会广泛关注的刑事案件的批准逮捕、提起公诉等情况;

(三)已经办结的典型案例;

(四)重大、专项业务工作的进展和结果信息;

(五)其他重要案件信息。

人民检察院对正在办理的案件,不得向社会发布有关案件事实和证据认定的信息。

第十二条 人民检察院可以通过新闻发言人、召开新闻发布会、提供新闻稿等方式对外发布重要案件信息,并且应当同时在人民检察院案件信息公开系统上发布该信息。

第十三条 重要案件信息由办理该案件的人民检察院负责发布。对于重大、敏感案件以及上级人民检察院交办、督办的案件,在发布信息前应当报上级人民检察院批准;对于在全国范围内有重大影响的案件,在发布信息前应当层报最高人民检察院批准。上级人民检察院可以与下级人民检察院同步发布已经获得批准的重要案件信息。

第十四条 各级人民检察院案件办理部门负责拟制本部门应当发布的案件信息,经分管副检察长或者检察长批准后,由本院新闻宣传部门负责发布。没有设立新闻宣传部门的,由案件管理部门负责在人民检察院案件信息公开系统上发布,需要向其他媒体发布的,由办公室或者其他指定的部门负责发布。

第十五条　新闻宣传部门、案件管理部门发现有应当发布的案件信息没有及时发布的,应当协调案件办理部门及时发布。

第四章　法律文书公开

第十六条　人民检察院制作的法律文书,应当依照法律规定,及时向当事人、其他诉讼参与人和有关单位送达、宣布。

第十七条　人民检察院作出撤销案件、不批准逮捕等决定的法律文书,可以通过在本院设立电子触摸显示屏等方式提供查阅。

第十八条　人民检察院制作的下列法律文书,应当在人民检察院案件信息公开系统上发布:

(一)人民法院所作判决、裁定已生效的刑事案件起诉书、抗诉书;

(二)不起诉决定书;

(三)刑事申诉复查决定书;

(四)最高人民检察院认为应当在该系统发布的其他法律文书。

人民检察院不得在案件信息公开系统发布内部工作性文书。

第十九条　人民检察院在案件信息公开系统上发布法律文书,应当采取符号替代等方式对下列当事人及其他诉讼参与人的姓名做匿名处理:

(一)刑事案件的被害人及其法定代理人、证人、鉴定人;

(二)不起诉决定书中的被不起诉人;

(三)被判处三年有期徒刑以下刑罚以及免予刑事处罚,且不属于累犯或者惯犯的被告人。

当事人或者其他诉讼参与人要求公开本人姓名,并提出书面申请的,经承办人核实、案件办理部门负责人审核、分管副检察长批准后,可以不做相应的匿名处理。

第二十条　人民检察院在案件信息公开系统上发布法律文书,应当屏蔽下列内容:

（一）自然人的家庭住址、通讯方式、身份证号码、银行账号、健康状况等个人信息；

（二）未成年人的相关信息；

（三）法人以及其他组织的银行账号；

（四）涉及国家秘密、商业秘密、个人隐私的信息；

（五）根据文书表述的内容可以直接推理或者符合逻辑地推理出属于需要屏蔽的信息的；

（六）其他不宜公开的内容。

第二十一条　案件承办人应当在案件办结后或者在收到人民法院生效判决、裁定后十日以内，依照本规定，对需要公开的法律文书做出保密审查和技术处理，报部门负责人审核、分管副检察长或者检察长批准后，提交案件管理部门复核、发布。

对需要报上级人民检察院备案审查的法律文书，应当在备案审查后十日以内，依照前款规定办理法律文书发布手续。

第二十二条　向社会公开的法律文书，除依照本规定的要求做技术处理的内容以外，应当与送达当事人的法律文书内容一致。

第五章　监督和保障

第二十三条　上级人民检察院应当组织、指导下级人民检察院依法、有序开展案件信息公开工作，发现下级人民检察院在案件信息公开工作中存在不合法或者不适当情形的，应当及时纠正。

案件当事人及其法定代理人、近亲属、辩护人、诉讼代理人或者其他单位、个人认为人民检察院发布案件信息不规范、不准确的，可以向人民检察院案件管理部门反映。案件管理部门应当及时协调相关部门核实、处理。

第二十四条　各级人民检察院新闻宣传部门或者其他指定部门，应当全面收集、研判案件信息公开工作引发的社会舆情，并会同相关部门及时处理。

第二十五条　　人民检察院案件管理部门应当定期统计、通报本院和本地区检察机关案件信息公开工作情况。

第六章　附　则

第二十六条　　人民检察院案件信息公开的技术规范、标准由最高人民检察院另行制定。

第二十七条　　省级人民检察院可以根据本规定，结合本地实际情况，制定案件信息公开工作实施细则。

第二十八条　　本规定自 2014 年 10 月 1 日起试行。

第三编

检察事务工作及其他规范

第一章
办公室工作制度

汝州市人民检察院领导带班制度

为进一步加强检察队伍建设,严格院务管理,特制订制度。

带班领导值班为每人一周,"五一"、"十一"、春节另排值班表。遇有抗灾、抢险、重大案事件时,带班领导应当连夜值班。

带班领导应当坚守岗位,因特殊情况不能带班必须指定具体带班人。

带班领导履行如下职责:

1.督促各部门及门卫确保机关安全保卫工作。

2.监督考勤制度的落实,对考勤情况进行讲评通报。

3.督促各部门保持机关及所属卫生区段的卫生整洁,组织有关部门进行卫生检查评比。

4、处理紧急突发事件,指派有关部门人员避免当事人在机关院内纠缠吵闹。

5.重大问题及时向院党组通报反馈。

因带班领导不积极履行职责而造成后果和不良影响时,带班领导应在党委会上作出检讨,并视情况接受相应处分。

本文颁布之日起执行。

汝州市人民检察院升国旗制度

为了维护国旗的尊严,增强干警的国家观念,发扬爱国主义精神,根据《中华人民共和国国旗法》,特作如下规定。

一、每周一上午八点举行升国旗仪式。

二、全院干警统一着制服,在国旗基座前列队。不按规定着装的,扣作风纪律分 2 分。

三、升旗仪式由司法警察负责实施。

四、升旗仪式程序:

(一)司法警察列队。

(二)带班领导点名。

(三)司法警察宣布:汝州市人民检察院升旗仪式现在开始,全体干警立正。播放国歌,升旗手将国旗徐徐升起,全体干警行注目礼;国歌结束,国旗升至旗杆顶端。

(四)司法警察宣布:礼毕。升旗手固定好国旗。

(五)司法警察宣布升旗仪式结束。

五、讲评工作。上周带班领导讲评上周工作情况,宣布本周带班领导。

六、司法警察宣布解散。

七、除周一外,重要节日需举行升旗仪式的由检察长决定。

八、周一上午不能按时参加升国旗仪式的,须向检察长请假,否则按旷工处理。

信息调研宣传稿件编写培训办法

第一章 稿件编写培训方式

以《汝州检察》刊物为全院干警写作培养园地,鼓励支持引导大家重视反映我院当前工作中的重大事项、重要动态、重要工作部署以及经验成效、亮点特色,深度挖掘和报道与检察工作紧密联系的社会管理中的新情况、新动向和典型案件,积极主动地反映自身工作中的感想和身边的人物事件,弘扬社会主义核心价值观的主旋律和"崇德,笃行,创新,致远"的汝检精神。通过写作演练,不断强化干警的信息发掘意识、善学善思善写意识和争先创优意识,不断提升干警的语言表达和调研分析、归纳总结水平,使更多的信息调研宣传材料被上级机关和新闻媒体采纳,为领导决策和了解基层院情况提供参考依据,为展示我院良好的精神风貌发挥积极作用。

《汝州检察》设有反映我院服务措施、创新经验、亮点工作、汝检动态等重要工作情况的"本刊关注"、"本刊特稿"和"侦查一线"、"预防基地"、"公诉专场"、"监督广角"、"图片故事"、"案件报道"、"育检专栏"、"检察论坛"、"未检专刊"、"代表委员之窗"、"文苑小溪"、"答疑咨询"等栏目,可供全院干警从不同角度写作反映检察工作的各个方面。文章的撰写须主题鲜明,内容丰富详实,立意新颖,层次分明,语言流畅简明。

刊物编辑人员将协同办公室等部门有关人员对干警撰写的稿件给与积极的帮助指导与修改(必要组成专题写作小组),共同提高稿件质量,不仅要达到本院刊物采用的要求,而且争取达到上级机关和新闻媒体采用的要求,多被刊发。积极引导大家"干了会总结,总结要总出点子,点子要亮要新",通过对某项工作的采编总结提炼来推动该项工作不断完善创新、做深做细、发扬光大,释放品牌效应,显示汝检特色。

第二章　编发稿件的相关规定

一、编写报送的稿件内容必须客观真实,不准编造或误报。稿件形成后,部门负责人和主管领导应就其真实性、准确性进行审核签批意见。报送本院刊物的稿件由本院编辑人员审查；报送上级院对口业务部门的稿件由本部门领导或主管领导审查;报送上级机关办公室(研究室)的稿件由办公室领导或主管领导必要时检察长审批；报送各级新闻媒体的稿件由政治处领导或主管领导必要时检察长审批。稿件必须履行审批手续后方能投送,严禁不经有关部门和领导审批私自投稿。否则引起名誉侵权纠纷的, 由撰稿人负责,造成严重影响的,按照检察人员纪律规定,给予责任追究。

二、稿件编发既要确保时效性,又要严防因编发不当给办案及全院工作造成不利影响。对公安及其他机关移送审查的案件报道,须经侦查监督科或公诉科作出决定后,方可编发。内部刊物报道自侦案件须经检察长或主管领导同意,对外宣传自侦案件,须在法院做出终审判决后方可投稿(特殊情况,须经检察长批准)。

三、本院刊物编辑部负责《汝州检察》采用稿件的统计和奖励工作,每季度或半年统计奖励一次,并由检察长或主管领导审批后向全院公开。奖励经费由检察学会支出。

上级机关办公室(研究室)或上级院对口业务部门采用稿件的统计和奖励工作由办公室负责；各级新闻媒体采用稿件的统计和奖励工作由政治处负责;稿件刊发后,作者应将刊物发表稿件的原件收集后报政治处或办公室统计备案方能认可。一篇稿件同时被不同级别的内部刊物和新闻媒体刊发,按级别给与累计奖励。上级机关和新闻媒体采用稿件的奖励经费由院财务支出。被上级机关或新闻媒体采用稿件的撰稿人符合上级院嘉奖记功奖励规定的,由政治处负责申报。

第三章　稿件采用奖励规定

一、本院采用稿件奖励办法。凡被《汝州检察》采用的稿件和新闻图片均给与奖励,动态类 50 元,经验调研类 100 元,图片(每张)30 元。

二、信息调研稿件被上级机关采用奖励办法。凡被市院、省院、高检院办公厅(研究室)及同级党委、政府、人大、政协、政法委办公厅(研究室)主办的内部刊物采用的,动态类的分别奖励 100 元、200 元、300 元;经验、调研类的分别奖励 200 元、300 元、500 元。领导班子副职以上领导作出批示的加倍奖励。

三、宣传稿件被新闻媒体采用奖励办法。凡在汝州市主要媒体发表新闻作品,每篇奖励 50 元(网络媒体每篇 20 元);省级主流新闻媒体发表新闻作品每篇奖励 200 元(报缝每篇奖励 100 元,网络媒体每篇 80 元);国家级主流新闻媒体发表新闻作品每篇奖励 500 元(报缝每篇奖励 200 元,网络媒体每篇 100 元人)。凡发表的作品超过 2000 字或在各级新闻媒体头版、头条发表作品加倍奖励。

国家级主流媒体是指中央电视台、中央人民广播电台、人民日报、中国法制报、检察日报、检察风云、中新网、中国平安网、正义网、中国检察网等新闻媒体。

省级主流新闻媒体是指河南电视台、河南人民广播电台、河南日报、河南法制报、大河报、公民与法、河南平安网、法学网等省级媒体。

汝州市主要媒体是指汝州市电视台、广播电台、今日汝州、汝州信息网等新闻媒体。

四、各部门编写刊登信息调研稿件任务。按照各部门人员数量和工作职责所拥有的信息量,预估分配了 2014 年各部门编写刊登信息调研宣传稿件的任务(详见附表)。其中各部门编写刊登《汝州检察》刊物的全年稿件任务,要平分到每季度中编写投送,不能集中在年底编写投送,否则会降低采用刊登数量而完不成任务。

此办法自 2014 年 1 月 1 日起执行。

附件:1.信息调研稿件奖励标准一览表。

2.宣传稿件(图片)奖励标准一览表。

3.各部门年度信息调研宣传任务表

汝州市人民检察院

2014 年 1 月 1 日

附件

信息调研稿件奖励标准一览表

级 别	动态类	经验、调研类		领导班子副职以上领导作出批示的
		1000字以内	1千字以上每千字加	
中央、国务院、全国人大、全国政协主办的刊物	300元	500元	500元	加倍奖励
高检院刊物	300元	500元	300元	
省委、省人大、省政府、省政协、省委政法委等刊物	200元	300元	200元	
省院办公室研究室刊物及政工简报	200元	300元	100元	
省院部门、市委、市人大、市政府、市政协、市委政法委等刊物	150元	200元	100元	
市院办公室研究室刊物及政工简报	100元	200元	50元	
市院部门、汝州市委、政府等刊物	50元	100元	30元	
《汝州检察》	50元	100元		图片30元

宣传稿件(图片)奖励标准一览表

级别	新闻作品	新闻作品		超过2000字或头版头条
		报缝	网络	
中央电视台、中央人民广播电台、人民日报、中国法制报、检察日报、检察风云、中新网、中国平安网、正义网、中国检察网	500元	200元	100元	加倍奖励
河南电视台、河南广播电台、河南日报、河南法制报、大河报、公民与法、河南平安网、法学网	200元	100元	80元	
汝州市电视台、广播电台、今日汝州、汝州信息网	50元	---	20元	

各部门年度信息调研宣传任务表

部门	信息			调研			宣传			汝州检察
	地市级	省级	国家级	地市级	省级	国家级	县市级媒体	省级媒体	国家级媒体	汝州检察
办公室	3	1	1	3	2	1	6	5	3	15
政治处	2	1	1	2	2	1	6	5	3	15
反贪局	3	1	1	3	3	1	4	3	1	10
反渎局	3	1	1	3	3	1	3	3	1	10
侦监科	4	2	1	4	3	1	5	5	3	15
公诉局	4	2	1	4	3	1	5	5	3	15
控申科	3	2	1	4	2	1	4	3	2	15
预防局	2	1	1	3	2	1	5			15
监所科	2	1	1	2	2	1	2	2	2	10
民行科	1	1	1	2	2	1	2	2	2	10
案管	2	1	1	2	2	1	3	3	3	15
计财科	1	1	1	2	2	1	2	2	1	6
技术科	1	1	1	2	2	1	2	2	1	6
法警队	1	1	1	2	2	1	2	2	1	6
监察科	1	1	1	2	2	1	2	2	1	5
检察室	1	1	1	2	2	1	2	2	2	10

检察长办公会议制度

根据《中华人民共和国检察院组织法》第三条中"检察长统一领导检察院的工作"之规定和党的民主集中制原则,结合本院工作实际,制订本制度。

检察长办公会议,是检察长与副检察长集体研究日常工作,讨论决定办公、行政事务管理的行政会议。

检察长办公会议每月召开一次(一般安排在月初),特殊情况由检察长决定召开。会议由检察长主持或委托副检察长主持。

参加会议人员:检察长、副检察长、其他党组成员。必要时,根据会议内容可吸收有关科、室、局(队)负责人列席会议,列席人员由检察长确定。

检察长办公会议议事范围:

1.研究贯彻各级党委、政府和上级检察机关的指示、要求、任务的具体措施做法;

2.研究布置检察长认为需要在办公会议上协调的案事件;

3.研究制订本院各项办公行政管理制度;

4、总结、分析检察机关队伍建设、业务工作、制度执行情况、经验、做法和存在的问题,研究改进措施;

5.研究决定办公、行政、装备、基建等开支较大的项目;

6.研究决定本院财务、财产处置;

7.研究日常工作重大问题;

8.研究干警职工生活福利有关方面的问题。

会议议题由检察长或办公室向副检察长和各科、室、局(队)收集并交检察长确定。议题所涉及的材料,由办公室收集或督促有关部门做好准备。

会议实行民主集中制原则。与会人员对需研究决定的议题必须以认真负责、严格要求、务实高效、实用节约、公平合理的态度,从长远利益、整体利益、实际情况出发讨论问题,发表意见,保证会议有议有决,决定可行有效。

检察长办公会议所作出的决定,检察长、副检察长及各部门都必须严格执行。如对决定有异议的,可向检察长提出复议,未经检察长办公会议否决的,不得停止执行。

会议由办公室记录并整理,会议决定发各科、室、局(队)及存档。对办公会议决定的事项办公室负责督促检查有关部门贯彻执行情况并及时向检察长反馈。

检察长应听取办公室和承办部门就检察长办公会议决定事项的执行情况的反映,如发现所做的决定确有错误或难以落实时,应及时给予纠正。

工作情况通报制度

为了全面贯彻落实上级检察机关和院党组、院领导交办的工作任务以及日常性的事务,推动全院各项工作上一个新台阶,制定本通报制度。

一、目的

通过工作情况通报,表扬先进,纠正错漏,督促全院各科室人员在繁忙的工作中,增强责任心和事业心,做到事事精益求精,少出差错和不出差错,按时按量保质完成各项工作任务。

二、通报内容

(一)上级领导机关交办及院党组、院检察长办公会议决定事项的落实情况。办公室负责

(二)院保密委员会对全院的保密安全工作检查情况。(不定期)办公室负责

(三)全院干警出勤考勤作风纪律等情况。(每月一次)政治处、办公室、监察科共同负责

(四)各科室每月完成的调研、宣传、信息情况。(每月一次)办公室、政治处负责

(五)各科室的档案管理(归档)落实情况。(年终一次)

(六)对所办理案件的督查督导情况。(不定期)监察科负责

(七)每月的案件管理(统计报表)完成情况,各科室的统计报表必须在当月的 25 日前填报完毕。(每月一次)办公室负责

三、本制度自颁布之日起执行

重大案件、重大问题、重要情况请示汇报制度

为强化组织观念、保证党对检察工作的绝对领导,特制订重大案件、重要问题、重大情况请示汇报制度。

请示汇报包括各科、室、局、处、队向副检察长、检察长、检察长办公会议、党组会议汇报和本院向市委政法委、市委、市院、人大汇报两种。

请示汇报分为口头和书面两种形式,向市人大汇报案件,按照人大常委会有关规定进行。

下列事项属重大案件、重大问题、重要情况:

1.副科以上干部涉嫌犯罪案件;

2.本市知名度较高的企业单位负责人涉嫌犯罪的案件;

3.贪污贿赂、渎职侵权重大案件、窝案、串案;

4.需到本市以外调查取证、追捕追逃的案件;

5.上级指令汇报的案件;

6.与公安、法院认识不一致的案件;

7.本院干警发生的违法违纪案事件;

8.本院干警涉枪案事件;

9.本院干警在执法办案过程中遭谩骂、殴打、围攻、侮辱、报复的事件;

10.本院干警在社会生活中发生的与本院整体形象有关的事件;

11.提讯中,犯罪嫌疑人图谋不轨的;逮捕时,犯罪嫌疑人有反抗的;

12.部门购置装备价值较大的;

13.发现社会上有非法聚集、示威、闹事苗头、或邪教组织活动的;

14.单位失盗、失密的;

15.其他经检察长批准需要汇报、报告的。

向市委政法委、市委、市院、市人大请示汇报工作,由检察长或受指派的副检察长或党组成员进行;部门向检察长或检察长办公会议、党组会议请示汇报的,由部门负责人进行。涉及到部门主要负责人的,由部门副职进行,一般不得越级请示汇报。需要书面请示汇报的,由相关部门或部门内勤准备材料。

部门应当请示汇报而未进行的,给予通报批评;因此造成不良社会影响或严重后果的,给予相关责任人相应纪律处分。

汝州市人民检察院检务公开工作实施方案

为充分保障当事人诉讼权利,进一步规范司法行为,推进司法公开,促进司法公正,提升司法公信,努力实现"让人民群众在每一个司法案件中都感受到公平正义"的工作目标,根据高检院《深化检务公开制度改革试点工作方案》《人民检察院案件信息公开系统部署应用工作方案》《人民检察院案件信息公开工作规定(试行)》和省市院的要求,结合本院实际,特制定本实施办法:

一、目标原则

坚持"依法、全面、及时、规范"的原则和"公开是原则,不公开是例外"的工作标准,正确处理公开与保密的关系。以保障当事人合法权益为前提,以加强检察机关执法办案过程信息公开为重点,以让人民群众在检察机关办理的每一起案件中都能感受到公平正义为目标,进一步充实公开内容、拓展公开形式、健全公开机制、加强公开保障、强化公开效果,充分保障人民群众对检察工作的知情权、参与权、表达权、监督权,不断提高检察执法公信力、亲和力和人民群众对检察工作的满意度。

二、积极拓展检务公开的形式

(一)巩固已有的传统检务公开形式:

1.印发检务公开手册,利用《汝州检察》杂志、报刊、广播、电视等传统方式宣传检察工作。

2.发挥派驻检察室与群众联系密切的优势,加大宣传检察职能力度。

3.按上级院部署开展"检察开放日"、举报宣传周活动。

4.推进检察官进机关、进企业、进乡村、进学校、进社区"五进"活动常态化、制度化、规范化,拓宽联系群众、服务群众渠道。

5.在检察院显著位置设置宣传栏公开检察职能和办案流程。

6.严格落实辩护人、诉讼代理人接待制度,在办案过程中告知当事人及相关人员的诉讼权利。

(二)拓宽检务公开载体形式:

1.加强我院检察门户网站建设。

2.依托高检院即将建立的全国检察机关案件信息互联网统一查询平台,加强案件流程信息公开。

3.充分发挥微博、微信、微视和手机报等新媒体的作用,构建开放、动态的检务公开新机制。

4. 不断加强检务公开硬件平台建设,充分运用电子显示屏等现代化设备,加强一站式检务公开大厅建设,设置电子触摸屏查询系统和滚动式电子显示屏,进一步丰富公开内容和完善便民利民措施,让群众及时了解检察职能、业务流程。

5.举办新闻发布会活动,及时公开检察机关活动,加强与群众的直接交流互动,增加检察工作透明度。

三、进一步充实检务公开的内容

(一)主动公开的内容

1.政务类:

(1)检察机关职能及权力运行流程。

(2)我院检察工作重大部署及开展的系列活动。

(3)高检院司法解释、本院有关规定及规范性文件的背景和内容。

2.执法类:

(1)查办和预防职务犯罪工作重大部署。

(2)检察机关有较大社会影响案件办理进展和结果。

(3)职务犯罪案件查封、扣押、冻结涉案财物处理结果。

(4)对久押不决、超期羁押问题和违法或不当减刑、假释、暂予监外执行的监督纠正情况。

(5)相关司法解释、有关规定及规范性文件的背景和内容。

(6)危害民生、侵害民利的典型案例。

(7)法院已作出生效判决案件的起诉书,以及检察机关直接受理立案侦查案件的不立案、不起诉、撤案决定书等检察机关终结性法律文书。

(8)实名举报检察人员违法违纪行为的处理情况和结果。

(9)案件流程、办案部门、办案期限等程序性信息。

(二)依申请公开的内容

1.依法应申请公开的诉讼文书。

2. 对犯罪嫌疑人延长羁押期限或变更强制措施的办理情况、理由和依据。

3.控告、申诉案件办理情况、理由和依据。

四、工作措施

(一)健全"三项工作制度"

1.健全法律文书说理制度。加强不立案、不逮捕、不起诉、不予提起抗诉的决定书等法律文书书面说理,告知案件当事人检察机关作出决定的事实认定、法律依据及办理程序,用群众听得懂的语言,做好释法说理工作。

责任部门:侦监、公诉、反贪、反渎、监所、民行等业务部门。

2.健全公开审查、公开答复制度。对于案件事实、适用法律方面存在较大争议或在当地有较大影响的拟作不起诉和不服检察机关处理决定的申诉案件,检察机关主动或依当事人申请组织开展公开听证、公开答复,充分听取各方面意见建议。

责任部门:公诉局、民行科、控申科

3.健全新闻发言人制度。加强新闻发布工作,对主动公开的内容以及有重大社会影响的、社会高度关注的、处理上意见分歧较大的、矛盾纠纷难以化解的案件等,在加强舆情收集、研判和回应的同时,根据需要及时通过新闻发言人或在检察机关门户网站发布权威信息等引导舆论。

责任部门:政治处

(二)建立"八项保障机制"

1.加强网站建设。对检察门户网站进一步升级,网站应建成集宣传、互动、便民为一体的平台,突出具有汝州检察特色的网络品牌。

责任部门:技术科、政治处

2.强化检察机关官方微博、微信、微视等新兴媒体公开平台的作用。

责任部门:技术科、政治处

3.建立案件程序性信息互联网同步查询、举报申诉线索受理和流转、法律咨询、民意收集和反馈等在线服务系统;开辟专门版块接受社会公众对检察人员违纪违法行为的控告、举报和投诉,并及时向实名控告、举报和投诉人进行信息反馈。在检察机关门户网站提供案件程序性信息查询服务。建立网上律师预约平台。设立律师预约热线电话、民生检察服务热线电话。

责任部门:案件管理中心、控申科

4、建立检务公开考评机制。科学制定检务公开考评指标体系,明确检务公开工作机构和各业务部门的工作分工和责任要求,将检务公开考评工作纳入整体检察工作绩效考核范围。

责任部门:政治处

5.建立健全检务公开督察机制。由检务公开工作办公室联合检务督察部门,每个季度末定期或者不定期对本院执法办案环节的公开情况进行督促检查。

责任部门:纪检监察科

6.完善民意收集转化机制。利用网络、微信等方式加强与人大代表、政协委员、人民监督员的联系,每半年召开一次座谈会,使联系工作形成常态化。广泛征求人民群众对检察机关的执法办案、工作作风、队伍建设和检察执法公信力等方面的意见和评价。

责任部门:纪检监察科

7. 健全风险评估和预警机制。各部门对拟公开的内容应当进行风险评估,严格审查,同时,要加强涉检舆情动态监控和预警,对可能因公开而引起较大负面社会影响的要制定应急预案,防控风险,维护稳定。

责任部门:本院各部门

8.落实经费保障机制。检务公开工作经费统一纳入本院经费预算。同时,加强检务公开办公室硬件设施建设,配齐必要的办公用品。

责任部门:计财科

(三)落实"五项工作要求"

1.切实加强组织领导。我院成立以党组书记、检察长刘新义任组长的检务公开工作领导小组,下设办公室,办公室设在院办公室,负责日常工作。推进检务公开工作领导小组要经常听取工作开展情况汇报,加强对我院检务公开工作的检查指导。

2.协调联动密切配合开展此项工作。检务公开工作涉及检察机关各个内设部门,牵一发而动全身,因此要树立全院一盘棋的思想,形成各个部门密切配合、齐心协力、全员参与的良好氛围。

3.严格落实领导把关责任。公开内容涉及的部门,由部门报送主管领导签字后方可发布。

4.注重宣传报道和理论研究。宣教科要采取群众喜闻乐见的方式,加强对检察机关性质、职能、作用及深化检务公开试点工作的宣传力度,创造良好舆论氛围,争取人民群众和社会各界的广泛理解和支持;将检务公开工作与检察宣传工作紧密结合起来,以公开促进宣传,以宣传深化公开。办公室要加强对检务公开相关理论、争议性问题和工作情况的调查研究,对发现的问题及时整改;认真总结提炼推广在推进检务公开方面的先进经验和好的做法。

5.通过公开带动工作开展。公开仅仅是必要手段,目的是通过实行检务公开切实改进检察工作,不断提高检察机关的执法公信力、亲和力和人民群众对检察工作的满意度。

汝州市人民检察院

2014 年 8 月 13 日

国家秘密载体保密管理规定

第一章 总 则

为加强本院国家秘密载体的保密管理,确保国家秘密的安全,根据《中共中央保密委员会办公室、国家保密局关于国家秘密载体保密管理的规定》,制定本规定。

本规定所称国家秘密载体(以下简称秘密载体),是指以文字、数据、符号、图形、声音等方式记载国家秘密信息的纸介质、磁介质、光盘等各类物品。(磁介质包括计算机硬盘、软盘、优盘、存储卡、移动硬盘、录音带、录像带等)

本规定适用于负责制作、收发、传递、使用、保存和销毁秘密载体的各部门。

移动存储介质密级分机密、秘密、内部、非涉密三类,介质密级及数量根据部门工作需要自行确定,密级一经确定,原则上不得更改,所有固定的存储介质的密级不得高于使用主机的密级。

密级标识

1.秘密级移动存储介质,标识用代号"MM"表示;

2.内部级移动存储介质,标识用代号"NB"表示。

介质信息存储管理要求

秘密载体的保密管理,遵循严格管理、严密防范、确保安全、方便工作的原则。

1.秘密级存储介质可以存储秘密级和内部级信息;

2.内部级存储介质只能存储内部级信息;

3.非涉密存储介质只能存储非涉密信息;

4.移动存储介质使用时,涉密信息存储介质不应在非涉密的信息系统内或单机上使用。较高密级信息存储介质不应在较低密级信息系统中使用,较高密级信息存储介质用于存储较低密级的信息时应仍按原有密级进行管理。

本院须指定专人负责秘密载体的日常管理工作。

保密办对本院执行本规定负有指导、监督、检查的职责。

第二章 秘密载体的制作

制作秘密载体,应当依照有关规定标明密级和保密期限,注明制作数量及使用范围,并做好书面记录;严禁使用未做标识或私用磁介质载体存储涉密信息。

秘密载体制作必须经主管领导批示,涉及国家秘密信息秘密载体的制作须报请领导审批,并在保密办备案。

纸介质秘密载体应当在本院或保密部门审查批准的定点单位印刷。磁介质秘密载体应当在本院或保密部门审查批准的单位制作。

制作秘密载体过程中形成的不需归档的材料,应当及时销毁。

制作秘密载体的场所应当符合保密要求。使用电子设备的应当采取防电磁泄漏的保密措施。

第三章 秘密载体的收发与传递

收发秘密载体,应当履行清点、登记、编号、签收等手续。

传递秘密载体,应当选择安全的交通工具和交通路线,并进行必要的信息消除处理,清除无关秘密信息。并在封装时标明介质的密级、编号、收发单位名称。

传递秘密载体,应当通过机要交通、机要通信或者指派专人进行,不得通过普通邮政或非邮政渠道传递。

向本院派驻机构传递秘密载体,应当按照有关规定履行审批手续,通过机要通信或者指派专人进行传递。

严禁采用普通计算机网络传输国家秘密信息。

第四章 秘密载体的使用

本院配置的存储介质由保密办统一配发,各部门严禁私自采购存储介质。移动存储介质领用前由信息化管理处工作人员统一注册和登记,再分发到各部门使用人使用,禁止将个人使用的存储介质和电子设备接入系统内使用。

外网数据导入必须使用防摆渡中间机通过光盘进行数据导入,严禁采取其他方式导入数据。

各部门秘密载体必须实行专管制度。阅读和使用秘密载体,应当办理登记、签收手续,管理人员要随时掌握秘密载体的去向。

移动存储介质管理人员变动时应及时办理相应的交接手续。移动存储介质使用寿命结束,应及时交至信息化管理处办理注销手续,同时将履历表和交移动存储介质保密办备案。

传达国家秘密时,凡不准记录、录音、录像的,传达者应当事先申明。

复制秘密载体,应当按照下列规定办理:

(一)复制制发单位部门允许复制的秘密级秘密载体,须经本院或本部门分管领导批准;

(二)复制秘密载体,不得改变其密级、保密期限和知悉范围;

(三)复制秘密载体,应当履行登记手续;复制件应当加盖同等密级标识,并视同原件管理。

因工作确需携带秘密载体外出,应当符合下列要求:

(一)采取保护措施,使秘密载体始终处于携带人的有效控制之下;

(二)参加涉外活动不得携带秘密载体;因工作需要确需携带的,须经本部门分管领导批准,并采取严格的安全保密措施。

因工作需要携带秘密级秘密载体出境的,应当按照有关保密规定办理批准和携带手续。携带涉密便携式计算机出境,按前款规定办理。

第五章 秘密载体的保存

秘密载体的保管,应实施编号、登记管理。保存秘密载体,应当选择安全保密的场所和部位,并配备必要的保密设备。绝密级秘密载体应当在安全可靠的密码保险柜中保存,并由专人管理。

工作人员离开办公场所,应当将秘密载体存放在保密设备里。

每年对当年所存秘密载体进行清查、核对,发现问题及时向保密办报告。按照规定应当清退的秘密载体,应及时如数清退,不得自行销毁。

涉密人员、秘密载体管理人员离岗、离职前,应当将所保管的秘密载体全部清退,并办理移交手续。

需要归档的涉密载体,应当按照国家有关档案法律规定归档。

被撤销或合并的涉密单位,应当将秘密载体移交给承担其原职能的单位或上级部门,并履行登记、签收手续。

第六章 秘密载体的维修与数据恢复

当存储介质出现故障或损坏时,只能报院保密办并由保密办通知信息化管理处进行维护或维修,严禁部门或个人自行处理。

信息化管理处对需出院进行维修或数据恢复的涉密存储介质,在现场维修过程中,相关人员应进行全程陪同。需要带离现场维修时,必须到具有涉密信息系统数据恢复资质的单位进行维修或数据恢复,并做好维修或恢复记录。处理过重要或高涉密文件的存储介质,不得降低密级使用。

第七章 秘密载体的销毁

销毁秘密载体,须经本院主管领导审核批准,并履行清点、登记手续后送至平顶山市院或保密局集中销毁。严禁自行处理。

销毁秘密载体,必须确保秘密信息无法还原。销毁纸介质秘密载体,应当采用焚毁、化浆、符合保密要求的碎纸机销毁、送保密工作部门指定的厂家销毁等方法处理。磁介质、光盘等秘密载体,应当采用物理或化学的方法彻底销毁。

对报废的存储介质,信息化管理处应先仔细查看相应的批准等报废手续是否符合相关保密规定,在处理过程中,所采用的技术、设备和措施应符合国家保密工作部门的有关规定。对报废的存储介质,应建帐登记交到保密处。

报废处理的涉密信息存储介质不能在其他涉密信息系统中降低密级使用。重新使用或利用前应进行信息消除处理。信息消除处理所采取的信息消除技术、设备和措施应符合国家保密工作部门的有关规定。

禁止将秘密载体作为废品出售。

第八章 罚 则

涉密人员或秘密载体管理人员违反本规定,视其情节轻重,分别给予批评教育、通报批评等处理。

违反本规定泄露国家秘密的,按照有关规定给予责任人行政或党纪处分;情节严重构成犯罪的,依法追究刑事责任。

第九章 附 则

用于记录秘密载体收发、使用、清退、销毁的登记簿,应当由有关部门指定专人妥善保管。

　　保密办和信息化管理处不定期对各部门秘密载体使用管理进行检查,对违反本规定的部门给予年度考核扣分处理,并在本院通报。

　　本规定由保密委员会负责解释。

涉密设备及介质管理规定

为贯彻国家保密标准，做好本院涉密信息系统设备与介质的管理工作，特制定本规定。

第一条 安全采购管理

（一）系统中所使用的设备与介质安全采购应实行归口管理，由指定的部门进行统一购置、统一标识、统一发放。

（二）严禁外资企业和有国（境）外背景的机构、组织及其人员参与系统的建设与管理；系统集成与系统服务、安全保密产品的采购，不得进行公开招标，应在具有资质的单位和经国家主管部门批准的范围内，采取邀标，竞争性谈判、单一来源采购和询价的方式进行。

（三）涉及到招标的采购项目，应对招标资料进行严格保密审查，并采取必要的保密措施。

第二条 产品选型管理

（一）系统中使用的安全保密产品应选用国产设备，非安全保密产品充分考虑国家安全保密需要，优先选择国产设备；在选用国外设备时，应进行详细调查和论证，不得选用国家保密工作部门禁用的设备或附件，必要时，应对选用的国外产品进行安全保密检测。

（二）计算机病毒防护产品应优先选择国产产品，并获得公安机关批准；密码产品应获得国家密码管理部门批准，其他安全保密产品（如身份识别、访问控制、安全审计、入侵检测和电磁泄露发射防护等）应获得国家保密工作部门批准。

第三条 检测证书查验

涉密信息系统中所采购使用的安全保密产品要求查验供应商提供的相

关检测证书原件,以验证其真实性。

第四条　货物交付验收

(一)由专人负责对供货方交付的货物进行验收,验收时应对产品型号、数量、配置、检测证书等进行严格核对。

(二)保密要害部门、部位使用的设备和产品,应符合保密管理要求和国家保密标准;使用进口设备、产品(如智能化集成管理系统等),应进行安全保密技术检查。

(三)设备及介质领用前由指定部门统一注册和登记,再分发到各使用人使用,禁止将个人使用的存储介质和电子设备接入系统内使用。

第五条　安全操作使用

(一)涉密设备及介质的安装、运行和安全操作使用应严格遵守操作规程和国家保密工作部门的有关规定。

(二)应制定关于重要涉密办公设备安全操作使用的规则和制度,并对操作和使用人员进行培训。如:《涉密计算机保密管理规定》、《便携式计算机保密管理规定》、《传真机使用保密管理规定》、《复印机使用保密管理规定》、《扫描仪使用保密管理规定》等。

第六条　外出携带管理

(一)按照BMB17-2006中"设备安全"和"介质安全"的要求,加强设备和介质的外出携带管理,防止出现被盗、被毁以及失泄密等情况。

(二)对需要携带外出的涉密介质,应进行必要的审批和登记,明确携带责任人,由携带人保证介质及介质内涉密信息的安全。

(三)对需要携带外出的涉密介质,进行必要的信息消除处理,保证介质上只存有与本次外出相关的信息。

(四)根据工作需要,配备专供外出携带使用的设备和介质,并由专人进行集中管理维护,对于每次归还的设备和介质应进行信息清除处理,所采用的技术、设备和措施应符合相关保密规定和标准。

第七条 设备外联控制

(一)按照 BMB17-2006 中"违规外联监控"的相关要求,加强设备外联控制管理,对用户的违规外联行为(如违规拨号、违规连接和违规无线上网等)进行监督检查。

(二)禁止将用于处理涉密信息的办公自动化设备(如复印机、打印机等)与互联网及其他公共信息网络连接。

第八条 介质使用管理

(一)应按照 BMB17-2006 中"介质使用"的相关要求,加强涉密介质的使用管理,并严禁将个人具有存储功能的介质和电子设备带入系统内使用。

(二)可移动存储介质只作为临时存储介质使用,每次使用完毕后应及时进行信息消除处理,所采用的技术、设备和措施应符合相关保密规定和标准。

(三)严格限制从互联网将数据拷贝到涉密信息设备和涉密信息系统:若确因工作需要,经审查批准后,应使用非涉密移动存储介质进行拷贝,并采取有效的保密管理和技术防范措施(如进行恶意代码查杀,并使用刻录光盘或具有写保护装置的移动存储介质),严防被植入恶意代码程序。

(四)严禁涉密移动存储介质在非涉密计算机上使用;严禁非涉密移动存储介质在涉密计算机上使用。

(五)拷贝涉密信息外传、上报必须报本院分管领导审批;严禁私自拷贝涉密信息带离工作场所。

(六)严禁将个人具有存储功能的电磁存储介质和电子设备带入重要涉密场所。

第九条 安全准入许可

(一)对系统中设备和介质采取安全准入许可制度,任何外来和新增设备在经过授权使用审批后,才能在系统中使用。

(二)外来设备需先经过保密部门经过保密检查后审批认可,再由技术部门进行检查审批,方能授权接入系统。

(三)存储设备及介质在接入系统前应经过计算机病毒与恶意代码检查处理。

(四)禁止将与互联网以及其他公共信息网络连接的办公自动化设备(如复印机、电话传真打印一体机等)接入系统。

第十条　清查登记核对

(一)建立涉密设备和涉密介质资产管理清单,清晰注明每项资产的使用人、安全责任人、安全分类以及资产所在位置。

(二)每六个月对存储涉密信息的设备和存储介质的数量、用途等进行清查核对和登记,发现问题及时向保密办报告。

第十一条　重要设备界定

(一)根据所承载信息和软件的重要程度对设备和介质进行标识和分类,重要设备应进行重点管理。

(二)重要介质的借用、拷贝、收发、传递须经主管领导的书面审批后方可执行,并且各种处理过程应登记在册,介质的收发与传递应按照有关文件的要求采取保护措施。

第十二条　明确责任主体

(一)对每个涉密设备和涉密介质制定安全责任人,与涉密设备和介质使用人签订使用协议,落实安全责任,明确责任主体。

(二)涉密设备和涉密介质需要维修时,应与维修单位或维修人员签订相应安全保密协议,明确责任。

第十三条　维修与报废申报审批

(一)对于不再使用或无法使用的涉密设备和涉密介质及时进行报废处理。

(二)涉密设备和涉密介质需要维修或报废时,应向主管领导提出申请,经过批准后严格按照 BMB17-2006 及有关要求进行相应处理。

第十四条　维修与报废数据保护

（一）设备和介质现场维修时，应有相关人员进行全程陪同，严禁维修人员擅自读取和拷贝计算机、数字复印机等涉密电子设备中存储的涉密信息；需要将设备带离现场维修时，必须将涉密存储部件拆除并妥善保管；涉密存储部件出现故障，如不能保证安全保密，必须在国家保密工作部门指定的具有数据恢复资质的单位进行，并由专人负责送取。

（二）需要报废的设备和介质，应进行信息消除和载体销毁处理，所采用的技术、设备和措施应符合相关保密规定和标准。

第十五条　修改与报废登记备案

（一）对维修、报废的设备和介质进行日志记录，按有关保密规定办理登记备案手续。

（二）对维修的设备和介质的外移进行记录，返回时作返回记录。

（三）对报废设备和介质的密级情况、采取的方法、经办人和最终去向等进行记录。

计算机及网络保密安全规定

为了做好我院计算机及其网络的保密安全以及防范工作,根据国家保密局、上级检察机关和省、市、区各级保密部门的有关规定和要求,特制定我院计算机及其网络的保密安全规定。

一、各部门必须加强对计算机的管理,认真落实保密责任制。坚持国家保密部门关于"控制源头,加强检查,明确责任,落实制度"和"谁上网谁负责"的保密管理原则,严格执行计算机内、外网隔离的管理规定。

二、计算机内网络硬盘中,除由技术部门指定技术人员安装系统软件和办公应用软件外,不准私自安装其他软件。特殊情况须经主管技术工作的领导同意后,由技术部门检测,并指定技术人员协助安装。内网硬盘不准安装游戏软件。

三、对涉密计算机,应加注标签,并明确使用者,一起登记备案。未经主管保密工作领导的批准,其他人不准使用。

四、技术部门要加强对计算机机房的管理,禁止一切无关的人员进入机房。

五、干警对使用的计算机必须设置8位以上的开机密码,并做到每月定时更换,确保安全。

六、干警使用计算机处理工作数据、打印各种行政公文和法律文书时,必须在内网进行,外网硬盘内不准打印和保存任何有关检察工作的数据和资料。

七、凡涉及国家秘密和检察工作秘密信息的文件,不能直接存储在计算机硬盘中,应使用外部存储设备保存,并根据储存文件的最高密级在磁盘上标注密级,按相应密级的文件保管、存档。

八、干警查阅内网服务器中的文档,须经主管保密工作领导的同意,并在档案室备案;外单位人员需查阅的,必须出示单位介绍信,并经主管保密工作领导的批准,方可到档案室办理查阅手续。

九、干警未经主管保密工作领导的同意,不得容许外单位人员使用本院计算机和本院内网。经主管保密工作领导批准同意使用的,须由保密委员会办公室登记备案,并指派干警陪同,任何情况下,都不得容许外单位人员下载和拷贝本院计算机网络中的软件和数据。

十、计算机在开通因特网之前,必须按照上级有关文件的要求,由使用人签写用户上网责任书,做到专机专用,专人管理,并由技术部门指定技术人员登记备案。

十一、不准任何人在因特网上输入、传递、处理检察工作秘密信息。无论是在网上建立主页,还是发布信息、发送电子邮件等,都必须严格遵守保密规定。

十二、不准通过处在内网状态下的计算机,采用任何方式连接因特网或连接本院内网以外的任何计算机(包括台式机和笔记本电脑),不准直接与公共信息网相联接或与其他行业计算机信息系统连接。

十三、干警对自己使用的计算机,应每周定时清查计算机病毒,并至少每月更新一次病毒库。

十四、用于数据交换、报送的软盘或 U 盘要妥善保管,文档要设定密码。外单位数据软盘须清查病毒后方可在本院计算机上使用,不准将可能有病毒的软盘或 U 盘在本院计算机上使用。

十五、干警发现计算机运行不正常时,应填写维护申请表,交由技术部门安排人员进行维修。未经技术部门同意,干警不准私自找外单位人员对本院计算机进行维修。

十六、调出、离(退)休人员在办理调出或离(退)休手续前,应向院办公室办理计算机及相关设备的移交手续。对回收的计算机,要彻底清除内、外网硬盘中的数据资料。

十七、损坏或报废的计算机及配件,在办理相关手续后,必须清除硬盘中的所有数据资料。

十八、违反上述规定,造成泄密事件的,将视违规违纪情节的轻重,对泄密人员作出严肃的处理;触犯刑法的,将依法追究刑事责任。

印章、法律文书使用管理规定

为了加强本院印章及制式法律文书的使用管理,特制订本院法律文书和印章的管理制度。

制式法律文书由办公室专人保管。院印章由办公室主任或指定人员专人管理。

制式法律文书使用时,必须逐页编号。

法律文书的领取及用印,均由科室内勤统一登记办理。加盖公章须有检察长、主管检察长或授权的负责同志批准,用印时由内勤和专管人员予以登记。

制订印章使用登记薄,一切用印都要登记,留存备查。

凡以本院名义向上级的请示、报告和颁布通告、公告、通知、批转函件的用印,凡经检察长办公会议或检察委员会研究决定的文件和函件、奖状及例行报表等用印时,须经检察长或主管检察长签字批准。

凡外出执行任务和联系行政事宜等用印,须经主管检察长或办公室主任批准。

凡向新闻单位投寄重要稿件用印时,须经主管检察长或办公室主任审查批准。

办理私人事宜原则上不准使用院印,但本院正式干警办理与工作或身份有关事宜确属需用院印的,必须经检察长或主管检察长批准同意并签字方可。

不准在空白信纸上和空白介绍信上加盖院印。特殊情况须经检察长或主管检察长批准,并由印章管理人员和用印人填写专项用途审批表,登记编号后方可使用。用印后未使用的要交回办公室印章管理人员备查。

各科室的印章和业务专用章由主管部门按保密制度和相关文件规定管理使用,严格履行审批程序。

印章管理人员要严格按照上述规定执行,凡不符合印章管理规定的不予办理,用印后应将领导批件收回存档备查,不能收回的应填写用印登记留存备查。

违犯本制度,造成不良后果者,区分责任,严肃处理。

公文处理规定

第一章 总 则

根据《国家行政机关公文处理办法》(国发[2000]23号,以下简称《办法》)和《河南省检察机关公文处理实施细则》,以下简称《细则》),结合我院实际,制定本规定。

检察机关公文是在检察行政管理过程中所形成的具有法定效力和规范体式的公务文书,是依法行政和进行公务活动的重要工具。院办公室是全院公文处理的管理机构,主管全院公文处理工作并指导院内各部门的公文处理工作。

院内各部门应有一位负责人分管本部门公文处理工作,并有相对专职的公文处理工作者。

公文处理必须做到及时、准确、安全,努力实现规范化、制度化、科学化。院领导应当把公文处理视为机关的一项重要的基础性工作予以高度重视,模范地遵守本规定,切实加强对部门公文处理工作的领导和检查。要采取切实措施加强对办公室文秘人员和各部门公文处理工作者的培训和教育,使其不断提高政治和业务素质。

第二章 公文的种类和格式

院内行政公文的种类主要有:决定;通告;通知;通报;报告;请示;批复;意见;函;会议纪要。应当根据行文需要,严格按照《办法》、《细则》规定规范使用公文文种,同时注意以下几点:

(一)用于公布全院及社会各有关方面应当遵守或者周知的事项,使用"通告"。

（二）"通知"属于知照性文种，"通报"属于陈述性文种，应根据需要区分使用。

（三）"报告"和"请示"均属上行文，应根据需要区分使用，不可混用、并用。

"报告"属于陈述性上行公文，根据所报事由，可以分为事前、事中、事后报告，不要求上级批复。

"请示"属于请求性上行公文，只可事前请示，要求上级作出批复。

（四）"意见"作为上行文，应按照请示性公文的程序和要求办理；作为下行文，下级应遵照执行；作为平行文，仅供对方参考。

（五）应根据需要正确区分使用"函"、"请示"文种：

不相隶属机关之间互相商洽工作、询问和答复问题、请求批准和答复审批事项，一律用"函"。作为主要文种之一，"函"与其他主要文种同样具有由制发机关权限决定的法定效力。向上级机关请求指示、批准用"请示"。

公文格式必须严格执行《办法》、《细则》的规定，同时应符合下列要求。

（一）上行文应当标识签发人姓名。其中"请示"应在附注处注明联系人的姓名和电话。

（二）公文标题一般由发文机关全称或规范化简称、事由、文种三个部分组成。标题中的事由应当准确简要地概括公文的主要内容。标题中除对法律、法规、规章名称和书名加书名号外，一般不用标点符号。

（三）公文的主送机关应当使用全称或规范化简称、统称。以院名义下发的院内文件，主送单位名称按惯例为"院内各部门"、"院内有关部门"（具体名称移至主题词下，抄送机关之上，按先综合部门、后职能部门、先党务部门、后行政部门的顺序排列。）。

（四）成文日期以负责人签发的日期为准。成文日期应用汉字将年、月、日标全，"零"写为"〇"。

（五）公文除"会议纪要"和以电报形式发出的外，应当加盖印章。

（六）附注是对公文的发送范围、使用时需注意事项及与公文有关的情况说明，加圆括号标识在成文日期下 1 行。

（七）向党委、政府行文的公文应当标注主题词。上行文主题词按照《国务院公文主题词表》标注，先标类别词，再标类属词，最后标文种，词目最多不超过 5 个，词目之间空一字。

（八）抄送机关指除主送机关外，需要执行或知晓公文的其他机关，应当使用全称或者规范化简称、统称。

行政公文用纸采用国际标准 A4 型（210mm×297mm），左侧装订。张贴的公文用纸大小，根据实际需要确定。

第三章 行文规则

行文应当确有必要，注重效用。

"请示"应当一文一事；一般只写一个主送机关，需要同时送其他机关的，应当用抄送形式，但不得抄送其下级机关。

"报告"不得夹带请示事项。

非经检察长授权，院内任何二级部门和个人均不得以院名义对外行文。

为保证全院检令统一，除院办公室及在院办公室备案批准的外，院内各部门不得以部门名义行文。

第四章 公义办理

公文办理分发文办理和收文办理。

发文办理包括公文的草拟、审核、签发、复核、缮印、用印、登记、分发、传递等程序。发文办理应严格执行《办法》、《细则》的相关规定，同时应符合下列要求。

（一）公文拟稿根据内容由主办单位负责。

草拟公文应当做到：

1.符合国家的法律、法规及其他有关规定。如提出新的政策、规定等，要切实可行并加以说明。

2.情况确实，观点明确，表述准确，结构严谨，条理清楚，直述不曲，字词规范，标点正确，篇幅力求简短。

3.拟制紧急公文，应当体现紧急的原因，并根据实际需要确定紧急程度。

4.人名、地名、数字、引文准确。引用公文应当先引标题，后引发文字号。引用外文应当注明中文含义。日期应当写明具体的年、月、日。

5.结构层次序数，第一层为"一"，第二层为"（一）"，第三层为"1."，第四层为"（1）"。

6.应当使用国家法定计量单位。

7.文内使用非规范化简称，应当先用全称并注明简称。使用国际组织外文名称或其缩写形式，应当在第一次出现时注明准确的中文译名。

8.公文中的数字，除成文日期、部分结构层次序数和在词、词组、惯用语、缩略语、具有修辞色彩语名中作为词素的数字必须使用汉字外，应当使用阿拉伯数字。

9.拟稿、审稿、核稿和签发要按规定使用钢笔或毛笔书写。

10.拟制公文，对涉及其他部门职权范围内的事项，主办部门应当主动与有关部门协商，取得一致意见后方可行文；如有分歧，主办部门的主要负责人应当出面协商，仍不能取得一致的，主办部门可以列明各方依据，提出建设性意见，并与有关部门会签后请院办公室协调或院领导裁定。

（二）公文送主管院领导签发前，应当由院办文秘工作人员进行审核。审核的重点是：是否确需行文，行文方式是否妥当，是否符合行文规则和拟制公文的有关要求，公文格式是否符合本办法的规定等。

凡未经院办审核而直接报送院领导的文件，院办将按照行文程序予以返回。

（三）公文经院领导签发后，需要修改的，应按程序复审。

收文办理包括签收、登记、审核、拟办、批办、承办、催办等程序。收文办理应严格执行《办法》、《细则》的相关规定，同时应符合下列要求：

（一）拟办。对于院外来文，院办公室应根据内容提出拟办意见转相关部门承办或送呈院领导批办。拟办意见应尽可能体现建设性、完整性。

（二）批办。审批公文时，对有具体请示事项的，主批院领导应当明确签署意见、姓名和审批日期，其他审批人圈阅视为同意；没有请示事项的，圈阅表示已阅知。对院领导审批过的公文，由办公室登记后及时转有关部门办理。

（三）承办。承办部门收到交办的公文后应当及时办理，不得延误、推诿。紧急公文应当按时限要求办理，确有困难的，应当及时予以说明。院办公室要求各部门对院领导有明确批办意见的公文，在收文后的第二个工作日下班前作出答复，对由院办公室转办的公文，在收文后的三个工作日内作出答复。办理中遇有涉及其他部门的事项，主办部门应主动同有关部门协商办理，有关部门应在主办部门的时限要求内作出答复；如有分歧，主办部门主要负责人要出面协调；如仍不能取得一致，主办部门应将各方意见据实回告院办公室并提出建设性意见请求协调或呈请检察长裁定。

（四）催办。送负责人批示或者交有关部门办理的公文，院办文秘部门要负责催办，对紧急公文跟踪催办，重要公文重点催办，一般公文定期催办。

第五章 附 则

公文办理完毕后，应当根据《中华人民共和国档案法》和其他有关规定，及时整理（立卷）、归档。

个人不得保存应归档的公文。

电子文件的处理，按有关规定执行。

本规定适用于全院各部门，未尽之处参照《河南省检察机关公文处理实施细则》办理，由院办公室负责解释。

文印工作管理规定

为规范本院文印管理工作,提高工作效率,服务各项检察工作,结合本院工作实际,制定本规定。

办公室是全院文印管理工作的职能部门,内设文印室,由文印员负责管理日常具体文印工作事务。

文印工作应遵循安全、及时、高效、节省的原则。严格遵守保密法和本院保密制度的有关规定,严防泄露事故的发生。

院领导的文稿材料由文印室负责打印、装订。

各科室的文稿材料原则上由承办人或科内勤自行打印、装订。

文印人员要积极钻研业务知识,能熟练操作计算机、复印机,所有文件按编号依序打印,打印材料做到字迹清晰,符合要求,保密及时。

侦监、公诉部门的文印费用由院里承担 40%。各种纸张、油墨、机器设备要爱惜使用,妥善保管,注意节约,出现问题及时报告,保障文印设备正常运转。

认真为全院各部门搞好文印服务,保质保量完成工作任务,坚持杜绝缺岗、空岗现象,如遇特殊情况或紧急任务,星期天、节假日保证随叫随到。

立卷归档制度

一、归档范围

凡是记述和反映院机关工作职能活动的、办理完毕的、具有保存价值的、不同载体形式的各种文件材料均属归档范围。

二、归档要求

(一)凡属归档范围的各种载体的文件材料必须由各科、室内勤按整理要求归档后,向档案室移交,任何部门和个人不得擅自处理和保管。

(二)归档的案件材料必须收集齐全、完整,由承办人装订成册后,交内勤保管。

(三)各类文件材料归档一式三份,按保管期限归档一套,按发文号归档两套,除自存按发文号装订的一套外,其余向档案室移交。

(四)凡是向档案部门移交的各门类档案必须编制《案卷目录》、《案卷文件目录》等检索工具,交接双方清点核对,并履行签字手续。

(五)各科室的立卷归档工作,必须受档案部门和档案人员的监督和指导。

三、归档时间

(一)文书、诉讼档案必须于翌年第一季度以前立卷归档完毕。

(二)技术档案于翌年第二季度以前立卷归档完毕。

(三)会计档案由财会人员负责整理立案,在本部门保管一年后,再向档案部门移交。

(四)基建、设备档案在完成工程或购进设备使用一年后再向档案部门移交。

(五)声像档案于一次会议、一项活动结束半个月内向档案部门移交。

(六)实物档案在部门保存一年后向档案部门移交。

档案借阅制度

为了做好档案的管理和保密工作,防止档案在查、借阅过程中丢失和泄密,特作规定如下:

一、查、借阅档案必须严格遵守保密制度和审批制度。

二、查、借阅档案要严格遵守密级规定,在允许的范围内查、借阅。查阅"绝密"文件,仅限于领导本人或委托机要人员办理,要求即借、即阅、即还。

三、本院所存档案只供内部查阅,一般不借出,需要借出使用时,必须严格履行审批、登记手续,不准随便扩大传阅范围。

四、其他检察院、法院、公安机关、纪检、监察部门等外部人员借阅档案必须持本单位介绍信,以及足以证明其身份的证件,按档案员要求填写借阅审批表,经检察长签字批准后,方可借阅,并在阅卷室阅卷。对其他单位原则上不借阅诉讼档案。

五、本院人员借阅档案必须填写借阅审批表,经主管办公室工作的检察长签字批准后方可借阅,借阅时间不得超过三天。

六、借阅档案的单位和个人,必须妥善保管,不得拆散、抽取、涂改、损坏和转让。

七、需要摘抄和复制档案材料时,必须经领导同意,由档案管理部门核对无误后,在院文印室复印(按规定收费),并加盖院公章。未经批准,不准随意摘抄、拍照或复印档案材料。

八、借阅档案要在规定的时间内归还,并认真填写"利用的效果"。归还时,档案员应严格检查,如发现卷内材料有丢失、缺、损等问题,追究有关人员的责任。

督查督办工作实施办法

第一章 总 则

为加强本院督查督办工作,促进督查督办工作的制度化、规范化,转变机关作风,提高办事效率,保证各项检察决策切实执行落实,做到政令畅通、令行禁止,根据上级检察机关的有关规定,结合本院实际情况,制定本办法。

督查督办工作坚持"服务大局、统筹协调、强化责任、狠抓落实"的工作原则和要求。

督查督办工作实行办公室统一协调、科内勤各负其责、各部门落实执行的督查督办工作体系,形成上下一体、良性互动、高效高质的工作机制。

第二章 督查督办工作范围与任务

本院督查督办工作范围与任务:

(一)贯彻党和国家的路线、方针、政策和国家法律、法令、地方性法规的情况;

(二)上级检察机关的工作部署、计划、决定执行情况;

(三)贯彻党委、人大、政府的重大决议、决定及工作部署、重要会议等落实情况;

(四)上级机关或领导批办、交办事项的落实情况;

(五)人大代表、政协委员建议、提案的办理情况;

(六)本院检察长办公会议、院务会议决定事项的落实情况;

(七)本院的重要文件和工作计划提出的任务和要求的执行、落实情况;

(八)检察长来信、来访批示事项的落实情况;

(九)本院领导批办、交办的事项;

(十)其他需要督查督办的事项项。

第三章　督查督办的工作部门和人员

办公室是本院督查督办工作的职能部门,办公室设专人负责督查督办工作。

各科内勤为本科室督查督办工作人员和联络人员,负责协助主要负责人对本科室承办事项的督查督办检查,和办公室以及上级有关督查督办工作主管部门的联系工作。

设立专门内勤组的部门,内勤组负责人为本部门督查办检查工作人员和联络人。内勤组工作人员同时为督查督办工作人员。

各科内勤接受办公室和上级督查督办工作主管部门的工作指导。

第四章　督查督办工作的职责范围和职责要求

办公室督查督办工作的职责范围

(一)对全院的督查督办工作进行业务指导;

(二)对被列入督查督办事项的工作执行情况进行督查督办检查;

(三)制作有关督办登记表格,具体包括:

1.《督查案事件收办情况登记表》;

2.《检察长来信批转督办表》;

3.《人大代表、政协委员提案督办表》;

4.《上级机关(领导)交办事项督办表》;

5.其他需制作的督办登记表格。

(四)通过办公自动化系统等途径,公布、送达督查督办工作事项;

(五)将督查督办情况及时报告检察长和其他相关院领导;

(六)按要求对外反馈、汇报督办检查情况;

（七）将被督办事项办理情况进行登记、备案、归档等工作；

（八）完成领导交办的其他事项。

科内勤督查督办工作的职责范围

主要是督办本部门（科室）承办的事项，具体包括：

（一）对院领导批办的事项进行督办检查；

（二）对办公室转办的事项进行督办检查；

（三）接受督查督办主管部门的业务指导，及时向其反馈工作情况；

（四）完成领导交办的其他事项。

科内勤在本部门（科室）主要负责人的领导下开展督查督办工作。

第五章　督查督办工作遵循的程序和方法

督查督办工作遵循的程序和方法：

（一）拟办

接到有关拟办事项后，办公室应及时提出拟办意见并报检察长审定。

（二）立项

对于需督查督办的事项，按照督查督办工作的职责范围，将督查督办工作的内容分督办事项、承办单位、办理要求、办理期限等项填入相应工作表格，予以备案审查。

（三）交办

1.对于督查督办的事项，办公室在立项登记后，向承办单位交办被督查督办事项，提出完成任务和报送结果的具体要求，并书面送院领导存阅。情况紧急或者时间紧迫的督办事项，应立即通知承办部门收取。

涉及保密的事项，应采取妥善的方式交办。

2.对于"检察长来信批转督查督办事项"，如涉及控申举报线索类的事项，由办公室照常登记并送检察长批示，然后转控申举报部门，由控申举报部门根据线索处理有关规定对线索登记后，再按照检察长的批示将督查督办事项转有关部门办理。

(四)期限

1.承办部门应按照检察长批示要求及时办理有关督办事项。检察长批示中对期限有要求的，按照检察长批示办理，法律和上级机关对期限有规定的，从其规定。

2.代表议案和人大、上级机关督查督办事项,本院应在十五日内答复。承办部门和承办人员应在两周内办结。承办部门和承办人员因特殊情况认为确不能按期办结的,必须在期限届满五日前向办公室提交书面报告,说明原因并提出办理计划,并由办公室呈检察长批示决定。

3.普通事项应在三十日内办结。承办部门和承办人员因特殊情况认为不能按期办理的,必须在期限届满十日前向办公室提交书面报告,说明原因并提出办理计划,并由办公室呈检察长批示决定。

(五)催办

代表议案和人大、上级机关督查督办事项办结期限届满五日前,普通事项办结期限届满十日前,承办部门尚未办结的,督查督办工作人员应通过电话、当面或书面催促检查等形式催办。

(六)报告

1.承办单位或承办人员在督查督办事项办结以后,应由科内勤按时将办理结果以书面形式报送办公室。

2.代表议案和人大、上级机关督查督办事项的回复,统一由办公室办理。

(七)审结

1. 办公室应对照督查督办事项中的办理要求逐项检查,对不符合要求的,应退回并限期补正,保证督查督办事项的落实。

2.督查督办事项办结后,办公室将有关材料分门别类,立卷归档,用以备查。

第六章 督查督办工作要求和责任

督查督办工作部门和人员按照下列要求开展工作并承担相应责任：

（一）督查督办工作部门和人员应对督查督办事项和对象严格督办，确保有关督办事项的落实执行。

（二）督查督办工作部门和人员应不断研究督查督办工作规律，探索督查督办工作新途径，创造性开展督查督办工作。

（三）督查督办工作情况和交办事项落实执行情况，列入岗位目标量化考核范畴。督查督办不力或者落实执行不力，造成工作延误的，视情况给予相应处理。

院务会议制度

第一条 院务会是在检察长领导下,院领导班子成员和院各科局室主要负责人参加的讨论决定本院重大行政管理事项的行政会议。

第二条 院务会议由检察长主持召开,检察长因故不能参加时,可委托一名副检察长召开。

第三条 院务会由院办公室负责收集会议议题并通知会议,检查会议准备情况。作好记录和起草有关文件、决定等。

第四条 院务会根据本院的工作需要召开,必要时可邀请有关人员列席会议。

第五条 院务会讨论决定下列事项:

(1)上级检察院及领导机关部署需要贯彻落实的事项。审定以本院名义上报下达的重要文件。

(2)院内有关行政、事务、机关管理等工作制度的制定修改和检查执行情况。

(3)机关基本建设和办公条件的改善和大型修缮事务及开支。

(4)听取各部门阶段性工作情况汇报,讨论研究各部门的主要工作部署。

(5)研究干警福利。后勤保障和经费管理中的重大问题。

(6)制定检察工作的目标任务、督促、检查、考核岗位责任制的实施情况。

(7)检察长和多数成员认为需要讨论决定的问题。

第六条 院务会讨论的议题由检察长决定或由副检察长和各科局室负责人向检察长报告决定。

第七条 各科局室需要院务会讨论决定的事项须经主管检察长同意后,

及时报院办公室,以便安排会议。有关部门必须事先做好准备,做到意见明确,讨论有根有据。

第八条 院务会讨论决定的事项,分别由相关部门落实,各部门负责人要带领干警认真贯彻执行。

第二章
教育培训工作制度

汝州市人民检察院关于开展"建设学习型党组织、学习型检察院活动"的实施意见

为深入贯彻党的十八大、十八届三中、四中全会精神,按照"五个过硬"的要求, 加强和改进检察机关党的建设与队伍建设, 推动检察事业创新发展,根据上级检察院的部署,我院将在全院广泛开展建设学习型党组织、学习型检察院活动。现提出如下实施意见:

一、深刻认识建设学习型党组织、学习型检察院的重要意义

建设学习型党组织、学习型检察院,是检察机关深入贯彻党的十八大和十八届三中、四中全会精神、加强和改进检察机关党的建设与队伍建设的重要举措,是检察机关加强法律监督能力建设、大力推进专业化建设的有效途径。在科学技术进步日新月异、知识更新日益加快的当今时代,学习在能力建设中越来越发挥着不可替代的作用。建设学习型党组织、学习型检察院,适应了时代发展步伐,有助于不断深化对法律监督工作规律的认识、为检察机关专业化建设注入新的动力和内容。

建设学习型党组织、学习型检察院,是检察事业科学发展、不断开创新局面的必然要求。随着形势不断变化、经济社会不断发展、法治建设和检察实践不断深入,新情况、新问题、新矛盾不断出现。只有重视学习、善于学习、不断学习,才能吸收新思想、积累新知识、掌握新技能,研究和解决发展过程中遇到的新情况、新问题,不断推动检察事业在新的起点上实现新的发展进步。

建设学习型党组织、学习型检察院,是检察人员全面健康成长的客观需要。组织的活力,源自其成员的学习能力、实践能力和创新能力。检察人员是检察机关的主体,是检察事业发展进步的参与者、推动者。开展建设学习型党组织、学习型检察院活动,引导和促进检察人员通过不断的学习,实现自我充实、自我提高、自我超越,这既是检察事业保持强大生机和不竭活力的需要,也是检察人员全面健康成长的需要。

二、指导思想、主要原则和基本目标

建设学习型党组织、学习型检察院的指导思想是:高举中国特色社会主义伟大旗帜,以邓小平理论、"三个代表"和科学发展观重为指导,全面贯彻党的十八大和十八届三中、四中全会精神,着眼于检察机关党的建设与队伍建设的加强和改进,着眼于检察事业的创新发展,更新学习理念、营造学习氛围、创新学习机制,通过开展内容丰富、形式多样的学习活动,促进党员干部不断成长、队伍素质能力不断改善、检察事业不断发展。

建设学习型党组织、学习型检察院,应当遵循下列原则:

——统筹协调,全面推进。坚持把建设学习型党组织与建设学习型检察院紧密结合起来,统筹组织,协调开展,相互促进,全面推进,以学习型党组织建设带动学习型检察院建设,通过学习型检察院建设深化学习型党组织建设。

——联系实际,学以致用。坚持理论联系实际、学用结合、学以致用,联系本地区本单位党的建设、队伍建设、业务建设实际推进学习型党组织、学习型检察院建设,引导党员干部、检察人员紧密结合岗位职责、工作实际和业务专长,广泛学习、突出重点,大力加强专业学习,努力把学习成果转化为运用科学理论和科学知识分析解决实际问题的能力、转化为推进工作的实效。

——领导带头,全员参与。坚持把学习作为提高素质、增长本领、做好工作的根本途径,党员干部尤其是党员领导干部要有更高标准,先学一步、学深一步,作不断学习、善于学习的表率,努力成为专业理论的专家、业务工作的行家。坚持全员学习、全程学习,确保人人参与、共同推动、普遍受益。

——与时俱进,积极创新。突出时代特色、突出检察特色、突出实践特色、突出地方特色。尊重和发扬我院党组织及党员干部、检察人员的首创精神,不断创新学习型党组织、学习型检察院建设的思路、办法和机制。

建设学习型党组织、学习型检察院的基本目标是:

——全员学习、终身学习理念普遍树立、不断强化,重视学习、崇尚学习、坚持学习的氛围日益浓厚,学习的积极性主动性普遍增强、逐渐成为习惯。

——党员干部、检察人员及党组织、各部门等团队的学习与发展目标明确,学习制度逐步建立健全、管用有效、长期坚持,学习内容不断充实深化、学习形式不断拓展丰富。

——党员干部、检察人员的学习能力、实践能力和创新能力不断增强,思想政治水平和理论素养提升,知识结构优化,素质改善,专业功底扎实,运用党的科学理论、专业理论知识和相关知识技能创造性解决检察实践问题的水平不断提高,涌现出一大批各项检察业务领域各有专长的拔尖专门人才。

——党组织的创造力、凝聚力、战斗力不断增强,党员先锋模范作用充分发挥,各项检察工作的原则性、系统性、预见性、创造性不断提高,团队合力日益明显;检察队伍专业化建设不断推进,严格公正廉洁执法、理性平和文明规范执法逐步成为职业理念和职业追求,法律监督能力不断提高,纪律作风和执法的效果、形象不断改善,执法公信力不断提升。

三、学习重点

1.坚持用中国特色社会主义理论体系武装头脑。切实推动党的理论创新成果进教材、进课堂、进头脑,深入学习邓小平理论、"三个代表"重要思想、科学发展观和习近平总书记系列重要讲话,全面系统、完整准确地掌握中国特色社会主义理论体系的重大意义、时代背景、实践基础、科学内涵和历史地位,深刻领会贯穿其中的马克思主义立场、观点、方法,不断增强坚持中国特色社会主义理论体系和中国特色社会主义检察制度的自觉性和坚定性。

2.深入学习党的十八大和十八届三中、四中全会精神。引导党员干部、检察人员准确掌握全面深化改革、全面依法治国、全面建设小康的精神实质，深刻理解全面依法治国对检察工作提出的新要求，不断推动学习实践向深度和广度发展。着力转变不适应不符合全面依法治国要求的思想观念，着力解决影响和制约检察事业科学发展的突出问题，不断创新检察工作服务经济社会科学发展和实现自身科学发展的思路、措施，把汝州市检察院建设成为保障经济社会科学发展的坚定力量。

3.学习践行社会主义核心价值观。广泛开展社会主义核心价值观学习教育，努力把社会主义核心价值观体现到党员干部和检察人员教育管理全过程、融入到日常工作学习生活中。加强思想建设，教育引导党员干部、检察人员增强政治敏锐性和政治鉴别力，始终坚持马克思主义指导思想，始终坚定中国特色社会主义共同理想，始终保持正确坚定立场。加强党的优良传统教育、民族优秀文化教育，自觉发扬党的优良传统、弘扬民族精神和时代精神。

4、深化社会主义法治理念和检察职业道德教育学习。总结巩固、推广社会主义法治理念教育经验与成果，不断把社会主义法治理念教育学习引向深入、努力取得教育学习新成效。着力教育引导党员干部、检察人员树立和强化法治意识、宗旨意识、公正意识、大局意识、党的意识，始终坚持"三个至上"、做到"四个在心中"。加强道德建设，教育引导党员干部、检察人员自觉践行社会主义荣辱观；着力加强检察职业道德教育和廉洁从检教育，大力弘扬以忠诚、公正、清廉、文明为核心的检察职业道德，不断提高严格公正廉洁执法、理性平和文明规范执法的自觉性和水平。突出加强对党员干部的党章党风党纪和反腐倡廉教育，切实促进检察机关党风廉政建设。

5.学习精研政策法律、专业理论。结合司法实践、检察实践和岗位工作，加强对与检察工作相关的政策法律的学习，准确把握政策精神和法律真谛，不断提高正确灵活运用政策法律的水平。认真学习、深入钻研法学理论、检察理论和检察制度,及时掌握有关理论研究的新动态、新成果,不断改善专业素养,提高运用专业理论分析、破解法律监督实践难题的能力。有研究能力的检察人员还应积极参与中国特色社会主义检察制度发展完善有关重大问题的研究。根据岗位职责和工作需要,加强对组织理论、管理理论及其他有利于提高本职工作水平的专业理论的学习。

6.学习精研检察业务。立足本职和实际工作需要,不断学习、更新检察业务知识,努力把握检察业务工作规律。大力研究检察业务实践中的重大疑难问题,积极探索应对检察业务工作新情况和破解新问题、新矛盾、新困难的有效措施。切实加强对检察机关执法规范化建设中有关问题的研究,不断从规范执法行为、改进监督方式、完善监督措施、强化监督保障等方面探索推动法律监督工作机制的健全发展。

7.学习掌握岗位职责和形势任务所要求的其他知识。引导党员干部、检察人员广泛学习履行检察职能、岗位职责及推动检察事业创新发展、实现自身健康发展所需的经济、政治、文化、科技、社会、国际等方面的知识,不断改善知识结构、开阔思路视野。大力加强经济社会发展形势教育和对社会矛盾化解方法、群众工作方法、突发公共事件处置方法、舆论引导与舆情应对处置方法等的学习。领导干部更要博学、深学,不断提高战略思维、创新思维、辩证思维的能力。

8.学习总结、运用和发展检察实践经验。把向书本学习与向实践学习、向群众学习统一起来,结合本地区、本单位、本部门和条线业务工作实践,加强调查研究,总结交流和推广检察机关党的建设、队伍建设和业务建设经验,积极学习借鉴其他行业成功经验,并不断在新的实践中创造积累新经验。

四、方法途径

1.抓好理论武装。按照每年《汝州市检察院政治理论学习计划》的要求认真抓好政治理论学习,采取集中学习、辅导讲座、研讨交流、参观考察等行之有效的方式增强政治学习的针对性和有效性。组织党员干警积极参加省院召开各种专题辅导电视电话会议和市院组织的各类报告会等活动，组织党员干警参与"七一"、"五四"青年节等活动。科级以上党员干警要注重抓好汝州市党员干部在线学习网上的在线学习，进一步完善自己的知识结构，丰富自身的人文素养，实现自身的全面发展。

2.加强检察委员会的学习研究。以提高检委会议事审案质量和检委会委员自身素质为重点，采取组织检委会委员定期集中学习、轮流授课、旁听案件开庭、开展专题调研、参与案件质量监督等多种方式，进一步强化检委会的学习，促使检委会委员有针对性地加强检察业务知识的学习和研究，更加娴熟地处理检察工作中的重大问题和重大案件，更加有力地指导检察机关业务部门开展法律监督工作，切实提高检委会决策的质量和水平。

3.组织党员干警积极参加全员培训。认真落实我院制定的《教育培训规划》突出检察实务技能和执法办案规范化两个重点，结合工作职能积极参加以提高检察官综合素质和出庭公诉能力、法律文书写作能力、侦查突破能力和证据分析运用能力为主要内容的全员"套餐式"培训和岗位技能培训。鼓励党员干警积极参加注册会计师、计算机、网络管理、新闻写作、文秘等级以及统计档案等各类执业资格、技术等级考试和股票证券、知识产权、公共管理等跨学科知识学习，全面提高党员干警的综合素质。加强与北师大法学院的"检校合作"，定期进行专家授课。

4、积极开展岗位大练兵活动。认真落实我院制定的年度《岗位练兵方案》，确定岗位练兵重点和工作措施，以干警本职岗位为平台，苦练基本功，提高检察实务能力和队伍综合素质，通过广泛开展案例评析、对抗辩论、庭审评议、业务竞赛等岗位练兵活动，不断创新岗位练兵的载体和形式，增强实效性。

5.重视专门人才的培养。加大对优秀人才、专门人才的培养和使用，通过人才引进、在职深造、实践锻炼等多种途径，培养一批侦查、公诉方面的业务骨干。积极组织业务骨干分批到北师大大法学院参加进修，鼓励干警参加高层次学历教育,鼓励检察人员参加司法考试,为其创造良好的工作环境。

6. 认真开展主题活动。按照上级要求积极开展各 I 类主题教育实践活动。以"忠诚、公正、清廉、文明"为基本要求,开展正面教育,引导党员干警增强检察职业的责任感和使命感,弘扬廉洁文明的执法作风,提高工作效率和工作质量,塑造检察机关为民务实的良好形象。深入推进平安汝州、法治汝州建设,紧紧围绕经济社会发展大局,充分履行各项检察职能,努力做到在社会矛盾化解中彰显检察机关独特作用,在社会管理创新中体现检察机关开拓精神,在公正廉洁执法中提高检察机关的公信度,为辖区营造安全稳定的治安环境、公平有序的经济环境和安居乐业的生活环境。组织党员干警深入实践,接触群众,积极开展扶贫帮困、结对助学、社会公益等活动,促进党员干警了解国情、民情和市情,增进同人民群众的感情,为确保新常态下经济发展、确保民生持续得到改善、确保社会和谐稳定、提供有效的司法保证。

7.推进检察文化建设。按照上级院加强检察文化建设的要求,通过组织编辑文化育检系列篇章、知识竞赛、青年干部素质大赛、主题征文竞赛、书画摄影作品展、趣味运动会等丰富多彩的活动,陶冶干警的思想情操,丰富检察文化生活,全面推进检察文化建设,积极引导广大检察人员提升文化品味、养成健康的生活方式。

8.开辟"建设学习型党组织、创建学习型检察院"网上专栏。充分发挥网络资源作用,通过开辟专栏,及时报道我院建设学习型党组织、创建学习型检察院的有关情况,通过网络平台进行信息沟通交流,以此项营造良好的创建氛围和学习风气。

五、基本要求

1.加强领导,精心组织。建设学习型党组织、学习型检察院是一项长期任务,必须加强领导,周密安排,科学实施。为保证创建活动的顺利实施,成立建设学习型党组织、学习型检察院活动领导小组,检察长为领导小组组长,其他党组成员为领导小组成员。领导小组办公室设在政治处,由政治处具体负责制定计划、组织实施、统筹协调、调研指导等工作。各科局室队负责人要明确责任，组织开展各种形式的学习活动。进而形成党组全面领导，各部门齐抓共管的领导机制，切实把创建活动的各项要求落到实处。

2.领导带头，作出表率。重点抓好班子成员和中层以上领导干部的学习，坚持做到"二个带头"：即带头学习，每年每名领导干部都要自学一本以上政治理论书籍和其它业务方面的书籍；带头调研，每名领导班子成员每年都要结合分管工作亲自撰写一篇调研报告，每名中层领导干部每年都要结合思想和工作实际，撰写二篇学习心得。

3.联系实际，因地制宜。建设学习型党组织、创建学习型检察院要紧密联系实际，要把创建活动与各项主题教育活动紧密结合，与检察工作实践紧密结合，积极探索，大胆实践，创造性地开展工作，不断丰富建设学习型党组织、学习型检察院的新思路、新内容。同时，还要因地制宜地开展创建工作，妥善处理好"工学矛盾"，做到"两手抓，两促进，两提高"。

4、完善制度，建立机制。建设学习型党组织、学习型检察院必须要有完备的学习制度作为保障，才能形成长效机制。一要建立学习组织制度，对学习时间、学习次数、学习效果等都要有具体制度要求，努力做到勤奋学习、持之以恒，形成崇尚学习的良好风气。二要建立学习考核制度。我院将把学习情况纳入民主评议党员、部门管理和业绩考核的内容，各部门要加强日常管理和年终考核，并把考核结果作为检验创建成效的重要依据。三要建立完善检察人员激励学习和互动交流的机制，注重典型示范带动，促进信息资源共享。

5.深入宣传，形成氛围。要加大对创建活动的组织发动和舆论宣传力度，使广大检察人员明确创建活动的目的、意义，了解内容、方法，形成浓厚的舆论氛围。要以各种形式宣传创建工作中的成功经验做法，引导广大检察人员适应时代发展的要求，积极投入到创建活动中，不断增强学习力和创造力。

汝州市人民检察院

2014 年 12 月 27 日

汝州市人民检察院检察文化建设实施方案

为了全面落实上级院关于加强检察文化建设的工作部署，加快我院检察文化建设步伐，推动检察工作持续协调发展，根据《人民检察院基层建设纲要》，结合本院实际，制定本实施方案。

一、指导思想

坚持以邓小平理论、"三个代表"重要思想、科学发展观为指导，认真贯彻党的十大和十八届三中、四中全会精神，按照以"文化育检、文化兴检、文化强检"的思路，坚持以先进的文化理念引导人、以高尚的文化精神鼓舞人，以浓厚的文化氛围塑造人，不断探索完善具有时代特色、富有汝州特点的检察文化体系，为汝州检察工作创新发展提供有力的思想保证、精神动力和智力支持。

二、工作目标

建设符合检察工作时代主题的观念文化、制度文化、管理文化和行为文化，最大限度地发挥检察文化导向、凝聚、激励、约束等功能，全面提升检察干警的政治素质、业务素质和职业道德素质，促使检察干警保持高昂的情绪和奋发进取的精神状态，自觉把个人的价值、理念、目标融入到检察事业中，保证我院持续健康发展。

三、具体措施

（一）打造理念文化：大力加强政治思想教育，促使干警树立起全心全意为人民服务的人生观、清正廉明恪尽职守的执法观和献身检察事业实现自我价值的价值观。创新教育方法，采取日常教育与专门教育相结合，思想教育与文化活动相结合的形式，变单向灌输为互动交流，变封闭式教育为开放式教育，摆脱空洞说教的做法，寓教于乐。大兴学习之风，深化"争创学习型科室、争当学习型检察官"活动，组织开展多种形式的竞赛活动，从多个角度加强干警们的拼搏意识和团队精神,增强其集体责任感、荣誉感,保证各项检察工作顺利开展。

(二)建设制度文化:建立健全一套符合检察工作根本需求的科学完整的制度体系,对检察工作的各个方面严格规范,切实做到以制度管人、管事、管物。要强化制度执行力,既强调制度执行的刚性特征,把权力关进制度的笼子里,又注重落实制度的人性化要素,以温馨的提示、关怀式的告诫增加制度的亲和力,使干警由被动服从变为主动执行。要积极营造"人人遵守制度,人人监督制度执行"的良好氛围,引导干警充分认识到制度既约束人,也保护人,自觉把制度内化为日常工作、生活的行为准则。

(三)深化管理文化:突出"以人为本"的管理思想,提高干警的工作积极性,培养干警的创新精神。采用教育、启发、引导、吸引、熏陶和激励等多种方式来培养干警们的命运共同感。弘扬"崇德、笃行、创新、致远"的汝检精神,全面落实从优待检规定,增强检察干警对检察院的认同感和归属感。用健康向上的检察文化占领和覆盖干警八小时外的思想文化阵地,引导干警远离是非之地,远离是非之人,远离不良的生活方式,养成有益于身心健康格调高雅的良好生活习惯。摒弃论资排辈观念,推行"能者上、平者让、庸者下"的用人机制,更广泛、更扎实的挖掘人才,做到知人善任,广纳群贤,促使每位干警把内在潜力和创造力最大限度的发挥出来,成为推动检察工作发展的强大动力。

(四)倡导行为文化:深入开展检察职业道德建设,坚持以公正执法为核心,开展敬业、勤业、精业的三业教育,使全院干警明确自己身上的责、权、利,树立正确的职业态度和遵守职业规范的意识,使职业道德的培养上升为全院干警自觉的行动。积极提倡"细节决定成败"的理念,引导干警,特别是青年干警从小事做起,积小善为大善,养成严谨细致的工作作风,维护良好的工作秩序,弘扬美好的社会公德。大力倡导外在形象的"得体高雅",制定礼仪规范,增强干警的礼仪观念;提倡文明用语,以规范促干警提升人格品位,树立良好形象。通过举行升旗仪式、新党员入党宣誓仪式、新干警入队仪式、重大荣誉挂牌仪式、聘书颁发仪式等简朴而隆重的仪式,激发干警的自豪感和责任感,把美好的心灵外践于实际行动中。

(五)构筑环境文化:创造良好的工作环境。按照物要整洁、人要精神的要求,努力营造舒心清洁的办公环境,营造诚信友爱的人文环境、团结平等的民主环境、开拓进取的发展环境,形成管理有序、和谐发展、创优争先的良好氛围。加强文化环境建设,大力加强文化阵地建设,注重构建文艺活动、体育活动、学术交流三大平台。充分利用内部刊物、局域网络,拓展文化建设新空间。在内部刊物开辟文学专栏和"绘画摄影"等固定栏目,发表检察干警撰写的论文,创作的诗歌、随笔、书法、摄影等作品;在局域网上开设"学习天地"、"干警论坛"、"有感而发"、"建言献策"等栏目,为干警提供学习、交流、展示的现代化平台;建置荣誉档案、宣传橱窗、社会监督岗牌,设置文化标牌和文化标语,组建篮球队、乒乓球队、羽毛球队等团队,定期或不定期地组织开展不同主题的文化、艺术、体育活动,营造一种积极向上的检察文化氛围。加强宣传工作,弘扬主旋律,提升检察机关形象。积极创造外部宣传效果,充分利用新闻媒体、公益广告等平台,展示检察文化作品和成果,在社会上营造检察文化的声势和效果,进一步营造蓬勃向上的检察文化氛围。

四、组织领导

成立"汝州市人民检察院检察文化建设领导小组",由检察长刘新义任组长,党组成员任副组长。下设办公室,由政治处牵头,机关党委、办公室有关人员组成,切实形成院领导、中层干部、普通干警三位一体共建检察文化的工作格局。扎实做好检察文化建设的组织、协调、指导、督促工作,确保与其他检察工作同部署、同落实、同检查。定期开展文化调研,认真总结检察文化建设工作中存在的问题,及时分析原因,研究对策。

汝州市人民检察院

2014 年 12 月 27 日

教育培训工作规划

教育培训工作要以邓小平理论和"三个代表"重要思想为指导,全面贯彻落实科学发展观,紧紧围绕"素质建队,科技强检"的工作方针,以资格培训和素能培训为基础,以继续教育为重点,加大培训力度,完善培训措施,改进培训方法,强化培训质量和效果,在深化改革中推动教育培训工作与时俱进。

一、认真组织贯彻落实高检院关于《检察官正规化培训实施意见》的精神。加大检察教育改革力度和工作力度,积极推进教育培训工作系统化、规范化建设。

二、教育培训是经常性工作,摆到院党组日常工作的重要位置,采取由院统一安排教育培训,派员外出学习培训和干警在职自学的方式,进行不间断的教育培训,提升干警的整体素质。

三、结合工作、人员、素质、技能实际,业务部门应对当年的教育培训作出规划,使教育培训按计划、分步骤有序进行,干警必须参加教育培训,保证人员、内容、效果三落实。

四、以新颁布的法律法规为重点,适时进行法律知识教育培训,根据市场经济特点和改革开放的进一步加深,结合检察机关面临的新情况、新任务对干警不断进行有关经贸知识的教育培训。

五、以领导干部和检察官为重点,抓好领导素能培训、任职资格培训和专项业务培训。

六、以全面掌握本岗位职位应知应会的法律知识和业务技能为重点,强化以国家等级标准为基础,适应检察工作需要的计算机操作技能及公文写作等通用基础技能培训。全院45岁以下人员都要达到计算机操作一级水平。办公室人员、各部门内勤及其他有关人员必须学习《河南省行政机关公文处理实施办法》,提高法律文书制作、公文写作能力和检察机关公文处理规范化水平。

七、采用结对帮辅的办法,制定帮辅计划,确定帮辅内容,实施帮辅,积极开展岗位技能竞赛和岗位练兵,对干警实行全员培训。

八、继续开展学历教育。积极采取措施组织年龄在四十岁以下,尚未取得本科学历的干警参加国民教育序列的法律本科学习;鼓励中青年后备干部和业务骨干参加攻取硕士学位或博士学位的研究生教育。加快高层次、复合型人才的培养步伐。根据本院实际情况,制定培训计划,确定培训对象,明确培养措施。

九、根据司法考试制度的要求,配合有关部门做好应试干警的学习辅导备考工作,为他们创造复习备考的有利条件。

教育培训工作规定

第一章 总 则

为规范本院干警教育培训管理工作，提高教育培训工作的管理水平，根据上级院检察机关有关规定，制定本规定。

检察教育培训，是指对检察干警所实施的政治思想、职业道德、科学文化、业务知识等方面的学习培训活动。

检察干警的教育培训必须贯彻党的教育方针，坚持为队伍建设和检察业务建设服务的方向，坚持按需施教、因地制宜、学以致用的原则，努力提高教育培训的质量和效益。

教育培训要有目的、有计划、有组织地进行，努力培养一支知识化、专业化的检察队伍，打造一批高层复合型专家人才。

要保证干警参加培训的时间，为干警提供学习期间应享受的国家和本单位规定的待遇及其他应有的必要条件。

干警教育培训所需的经费开支列入本院预算，并且保证专款专用，不得截留、挪用和私自调整，要保证教育培训经费的逐年增长。

干警有接受教育培训的权利和义务。干警应服从所在部门的安排，参加教育培训并接受检查考核。

抓好教育培训工作是各级领导的岗位责任，要不断完善干警教育培训的各项规章制度，逐步实行不培训不上岗、不培训不任聘、不培训不评聘法律职务的政策。

本规定适用于全体干警。临时聘用人员参照本规定执行，具体办法可以由政治处宣教科单独规定。

第二章　教育培训的组织与管理

院党组负责贯彻上级党委和检察机关关于干警教育的方针、政策、法规，并结合本院工作实际，制定本院教育培训的中长期规划和年度计划，指导、检查、考核本院的教育培训工作。

宣教科是负责全院教育培训工作的职能机构，主要履行以下职责：

（一）负责组织制定培训制度和教育培训规划、计划；

（二）负责组织本院举办的各类教育培训活动；

（三）负责对参加上级举办的各类培训班的审核、备案管理。

（四）负责跨单位、跨部门的培训班的组织、管理；

（五）负责组织对全院干警教育培训工作的督促检查、评估指导、统计总结、交流表彰；

（六）负责培训证书管理工作；

（七）其他有关教育培训的管理工作。

各科室及干警申请参加教育培训应当填写《教育培训申请表，根据院党组决定参加教育培训的应当填写《教育培训备案表》。

参加本院组织的教育培训活动不受前款规定的限制。

各部门可以根据工作的实际需要自行组织形式灵活、多样的专门培训活动，不需要经费开支的，可以不经宣教科审核，但应当提前向宣教科备案。

各部门、各科室自行组织开展的教育培训需要经费开支的，应当向宣教科提出申请，由宣教科审核，并按照以下规定处理：

（一）对于确有必要的，应当及时提出审核同意意见，报检察长批准后组织实施；

（二）对于重复培训、不合理培训，宣教科在说明理由之后，提出不同意意见。

宣教科可以根据检察工作的需要，提出组织全院干警或部分干警进行培训的方案,经检察长批准后组织实施。

对于上级检察机关或者其他机关组织的教育培训活动,没有制定参加人员的范围的,由宣教科提出拟参加人选,检察长决定;明确参加人员的范围的,由分管院领导签署意见,宣教科审核,检察长决定。对于上级检察机关或者其他机关组织的教育培训活动,没有明确要求参加的,由宣教科提出是否参加的意见,检察长决定。

需要组团外出参观学习的,由相关科室填写《教育培训申请表》,分管院领导签署意见后,宣教科审核,检察长决定。

检察长决定组团参观学习的, 外出参观学习团的负责人应当及时填写《教育培训备案表》,并交宣教科备案。

单位干警参加研究生学历教育,毕业后回单位工作5年以上的,要向宣教科提出书面申请,经宣教科报检察长批准,按照规定承担干警部分学习费用。

第三章　教育培训的登记、备案

干警受单位外派参加的各种教育培训和外出考察均应当向宣教科提交书面学习或考查报告,宣教科负责登记、备案、存档。

干警参加的教育培训发放证书的, 应当将证书复印件交政治处登记、备案。

干警在教育培训中有获奖或者其他突出表现的,应当将有关情况书面交宣教科登记、备案。

本院组织的教育培训活动的登记工作由宣教科负责,参加干警可以不再按照本章规定履行登记、备案手续。

第四章　教育培训经费的核销

干警参加有关教育培训的费用由本院从教育培训费中列支。

参加教育培训应当坚持节俭的原则,不得组织与培训内容无关的游览或娱乐活动。

干警参加教育培训的报销凭证首先应当由宣教科审签,未经宣教科审签的报销凭证,不予报销。未按照本规定履行相关手续的教育培训,宣教科对于相关的报销凭证不予审签。

教育培训需要提前预借费用的,经检察长批准,由宣教科通知财务部门办理,未经宣教科通知,不得提前预借费用。预借费用的核销手续,依照本章第二十四条规定办理。

第五章　附　则

本规定由政治处宣教科负责解释。

本规定自颁布之日起实施。

岗位技能培训制度

为了全面提升全院干警业务技能,增强履行工作职责的能力,特制订岗位技能培训制度。

一、岗位技能培训是经常性工作,必须放在重要位置,建立长效机制,分部门、分业务、分类型,有针对性地开展经常性岗位技能培训,熟练掌握工作岗位技能,高效率、高质量完成工作任务。

二、岗位技能培训,采取结对帮辅、请进来、走出去和专项技术人员定向培训相结合的办法进行。做到技能培训与日常工作相结合,突出实用性,注重多方位的岗位技能培训。

三、加强文书制作技能培训,促进检察机关文书制作规范化。

1.严格按照上级院关于自侦案件文书和刑事检察文书制作规定执行,保证文书制作符合要求。

2.强化机关应用文的写作技能培训,保证文稿的规范化。认真学习《河南省检察机关公文处理规定》和《河南省检察机关公文格式细则》,熟练掌握公文种类、公文格式、公文版头的主要形式和适用范围,行文规则等基本要求,保证公文制作的及时与准确。

3.会编发《请示》、《报告》、《简报》、《情况反映》、《通知》等常用公文。

4、会做笔录、会议记录。要求45岁以下干警30分钟能手写1650字。

四、以国家计算机等级为标准,对干警进行培训。45岁以下干警须全部通过全国计算机等级(一级)考试。运用网络办公,掌握办公自动化软件操作规程,并能熟练应用,按照部门文、院文、领导讲话、内部刊物等范围规定及时上网流转。

五、要求掌握《刑法》、《刑事诉讼法》、《人民检察院组织法》、《人民检察院直接受理案件的范围》、《人民检察院刑事诉讼规则》等相关的检察业务知识。强化自侦案件侦查技能，刑事案件审查技能的岗位练兵和业务知识竞赛，培训业务尖子和优秀公诉人。

六、要求干警积极参加全国司法考试，提高法律专业知识水平。努力为参加司法考试干警创造有利条件，帮助解决备考与工作矛盾，提供良好的学习环境。

七、针对法警特殊的工作职能，强化法警押解技巧与法警体能的培训。

八、开展新闻稿件撰写与摄影、录像技能培训，提高干警新闻稿件写作和摄影、录像技能，满足检察业务工作需要。

九、强化检察职业道德和纪律。学好省院政治部编发的《中华人民共和国检察官法学习手册》和《河南省检察干警道德手册》，熟记主要内容，重点掌握高检院九条硬性规定和中政委四条禁令。

十、开展控告申诉检察工作职责、重访、告急访、集体访处理方法的技能培训，使全院干警能够掌握初查的一般方法，初查情况报告内容等信访接待的基本要求，独立妥善处置一般涉检信访事件。

政治业务学习制度

为提高干警的政治理论、法学理论和业务知识水平,根据《人民检察院政治工作纲要》,结合本院实际情况,制定本制度。

学习要坚持注重实效。每周五下午为全院政治业务学习时间。若有特殊情况不能照常学习的,有政治处宣教科负责通知各部门。凡因出差或者其他原因未能参加学习的人员,回院后要按学习的内容自学或补课。

学习内容主要是政治理论和法学理论,由政治处按院党组意见每季度或半年制定一次学习计划。全院性学习活动由政治处、机关党总支负责组织;各科室的学习活动,由科室负责人负责组织。

学习形式为上辅导课、放录像、组织参观、报告会、讨论交流、出题答卷等。

干警参加学习应做到"三有"即有笔记本,有学习资料,有心得体会文章。心得体会文章每人每年至少写1篇。政治处每两个月应对学习情况检查1次,好的表扬,差的批评。

每次集中学习,由主持人认真做好点名、签名。因事需请假的,先由科室负责人同意,再经主管副检察长批准,党组成员请假须经检察长批准。

集中学习时,应遵守时间规定,迟到、早退达三次者,大会点名批评。无故不参加学习,累计2次以上(含2次)者,取消年终评先资格。

坚持理论联系实际,端正学习态度,力戒搞形式,走过场,做到学有所获,学以致用,确有成效。

第三章
计财装备工作制度

财政部、最高人民检察院关于印发
《人民检察院财务管理暂行办法》的通知

财行〔2014〕2号

各省、自治区、直辖市财政厅(局)、人民检察院,新疆生产建设兵团财务局、人民检察院:

为规范和加强人民检察院财务管理,提高资金使用效益,保障人民检察院依法履行职能和各项工作的顺利开展,财政部、最高人民检察院制定了《人民检察院财务管理暂行办法》。现印发你们,请遵照执行。

附件:人民检察院财务管理暂行办法

财政部

最高人民检察院

2014年2月17日

人民检察院财务管理暂行办法

第一章 总 则

第一条 为规范人民检察院的财务行为,加强财务管理,保障人民检察院依法履 行职能和各项工作的顺利完成,根据《行政单位财务规则》和《中共中央办公厅、国务院办公厅印发〈关于加强政法经费保障工作的意见〉的通知》(厅字 [2009]32 号)、《财政部关于印发〈政法经费分类保障办法(试行)〉的通知》(财行[2009]209 号)等有关规定,制定本办法。

第二条 本办法所称人民检察院,是指最高人民检察院、地方各级人民检察院和专门人民检察院。

第三条 人民检察院财务管理的基本原则是:依法理财,勤俭办事;明确责任,分级管理;量入为出,保证重点;综合平衡,讲求绩效。

第四条 人民检察院财务管理的基本任务是:

(一)预算管理。合理编制预算,严格执行预算,统筹安排、节约使用各项资金,保障人民检察院履行职能和事业发展的资金需要。

(二)建章建制。建立、健全内部财务管理制度和内部控制制度,对人民检察院的财务活动进行控制和监督。

(三)资产管理。推动国有资产的合理配置和有效使用,保障国有资产安全。

(四)财务报告。定期编制财务报告,如实反映预算执行情况,进行财务活动分析。

(五)指导监督。制定本辖区人民检察院与政法经费保障有关的各种配套制度和其他指导性计划;对人民检察院直属单位及辖区内下级人民检察院的财务活动实施指导、监督。

第五条 各级人民检察院的财务活动在检察长的领导下,由单位财务部门统一归口管理。检察长对本单位的会计工作和会计资料的真实性、完整性负责。

人民检察院各内设机构和机关工作人员依据法律、法规和本办法规定从事财务活动,参与财务监督,并对相关事项负责。

第二章 预算管理

第六条 人民检察院预算是人民检察院根据其工作职责、工作任务和业务发展计划编制的年度财务收支计划,由收入预算和支出预算组成。

第七条 人民检察院应当根据国家有关方针、政策以及同级政府财政预算编制有关规定,结合实际工作需要,认真编制年度部门预算。政府财政部门要根据人民检察院所承担的工作任务,按照国家有关政策和要求,保障人民检察院履行职能所需经费。

有条件的人民检察院应当成立部门预算编制委员会。年度部门预算在报送财政部门前应当经预算编制委员会讨论通过,并报院党组或检察长办公会批准。

第八条 收入预算依据人民检察院年度工作计划、资金需求和预算年度可能出现的收入增减因素确定。

第九条 支出预算包括基本支出预算和项目支出预算。

基本支出预算包括人员经费、日常运行公用经费和列入基本支出的办案(业务)经费支出预算。人员经费支出预算按照中央和省级有关人员编制、工资和津补贴政策、社会保障政策等规定编制。日常运行公用经费支出应当按照定员定额、实物定额等标准编制预算。

项目支出预算包括列入项目支出的办案(业务)经费、业务装备经费、基础设施建设经费(前两类合称检察业务费)等支出预算。项目支出预算应当根据业务需要和事业发展目标,按照绩效考评结果和轻重缓急程度,结合相关标准和规划合理编制。人民检察院项目支出应当做好项目评估和可行性论证等工作,确保列入年度预算的项目切实可行。

第十条 预算执行应遵循以下原则:

(一)掌握进度,保证用款。各级人民检察院应当根据年度预算安排和项目实施进度等认真编制分月用款计划,及时提出支付申请。

(二)落实责任,加强监督。各级人民检察院应当建立健全预算支出责任制度,将项目预算支出的责任落实到人。加强预算执行分析,及时掌握预算执行动态,促进重点项目切实加快执行进度。对预算执行不力等问题,应当采取通报、约谈等方式,督促有关项目负责单位及时解决。

(三)强化预算约束力,维护预算严肃性。各级人民检察院应当严格执行财政部门核定的部门预算,未经财政部门批准,不得随意进行调整。

第十一条 人民检察院应当按照规定编制决算,审核汇总后报同级政府财政部门审批。

人民检察院应当加强决算审核和分析,规范决算管理工作,保证决算数据的完整、真实、准确。

第十二条 预决算公开应当遵循以下原则:

(一)把握界限,逐步公开。各级人民检察院应当把握好预决算公开与保密的界限,加强研究,做好基础工作,分步骤、分层次稳步推进预算公开。

(二)内容准确,文字精练。预决算公开必须与财政部门的口径保持一致,应当做到数据真实可信、表述清晰易懂。

(三)制定预案,稳妥解答。各级人民检察院应当制定预决算公开后社会关注的预案,做好协调沟通、宣传及舆情引导。

第三章 收入管理

第十三条 收入是指人民检察院在预算年度内依法取得的非偿还性资

金,包括财政拨款收入和其他收入。

财政拨款收入,是指人民检察院从同级政府财政部门取得的财政预算资金。其他收入,是指各级人民检察院依法取得的除财政拨款收入以外的收入。

第十四条　行政事业性收费、国有资产有偿使用收入、以政府名义接受的捐赠收入、财政资金产生的利息收入等政府非税收入,按照国家有关规定管理。

第十五条　人民检察院办案过程中暂扣的款项和应上缴财政部门的赃款不属于人民检察院的收入,必须依法严格管理。

第十六条　人民检察院取得的各项收入均应编入本单位部门预算,严格按照国家有关预算管理规定由单位财务部门统一管理,及时入账,不得设置账外账和"小金库"。

第四章　支出管理

第十七条　支出是指人民检察院为履行职能所发生的各项资金耗费。

第十八条　人民检察院支出的经费包括人员经费、日常运行公用经费、办案(业务)经费、业务装备经费(检察业务费开支范围附后)和基础设施建设经费。

人员经费是指用于人民检察院的各项工资福利支出及对个人和家庭的补助支出。

日常运行公用经费是指保障人民检察院正常运转所发生的支出,包括:办公费、手续费、水费、电费、取暖费、物业管理费、因公出国(境)费用、公务接待费、工会经费、福利费、其他交通费用、其他商品和服务支出以及办公设备购置经费。

办案(业务)经费是指人民检察院为履行特定职责任务发生的办案(业务)相关支出,包括:印刷费、咨询费、邮电费、差旅费、维修(护)费、租赁费、会议费、培训费、专用材料费、被装购置费、专用燃料费、劳务费、委托业务费、公务用车运行维护费。

业务装备经费是指人民检察院各类业务装备的购置经费和安装调试费用。

基础设施建设经费包括办公基础设施建设经费和业务基础设施建设经费。其财务管理按照基本建设财务管理的有关规定执行。

第十九条 人民检察院应当建立健全支出管理制度,严格执行各项经费开支范围 和标准,加强预算约束,明确审批权限,规范支出手续,杜绝违反财经纪律和财务制度的行为。人民检察院应当对经费支出管理的薄弱环节实行重点管理和跟踪控 制,提倡厉行节约,杜绝铺张浪费。支出管理按照以下规定执行:

(一)经费支出实行预算控制与开支范围、支出标准规定相结合。各项支出应当 服从部门预算,严禁无预算、无计划的开支,严禁各项开支相互挤占挪用。应当按照政府收支科目和检察业务费开支范围使用和列支各项经费,其中,业务装备经费 不得用于应由日常运行公用经费解决的办公用品购置,更不得用于非检察业务用口档装备购置、设施改造等;办案(业务)经费不得用于购置固定资产、弥补日常运 行公用经费或基础设施建设经费不足。对于经费的支出标准,财政部门制定有通用标准的,必须严格执行;没有通用标准的, 人民检察院可根据本单位检察业务工作 实际制定内部管理标准,报同级财政部门备案后执行。

(二)审批权限实行分级审批与集体审定相结合。一般性支出由主管检察长与财务部门负责人按一定的经费支出限额分级审批,避免多头审批;重大开支由人民检察院党组或检察长办公会集体审定》

(三)支出手续实行领导审批签字与会计基础规范相结合。不经领导审批,不得办理任何支出;财务人员在办理结算业务时,应当按照规定进行会计监督,并规范会计基础工作。

(四)会计核算实行检察业务费科目与政府支出功能分类科目、支出经济分类科目相结合。人民检察院应当逐步建立符合检察业务费管理特点的会计核算体系,并对年度办理案件进行分类核算,开展办案成本分析。

第二十条 人民检察院应当严格执行国库集中支付制度、公务卡制度和政府采购制度等规定。

第二十一条 人民检察院应当加强支出的绩效管理,提口资金使用效益。

第五章 结转和结余管理

第二十二条 结转资金,是指当年支出预算已执行但尚未完成,或因故未执行,下年需按原用途继续使用的资金。

结余资金,是指支出预算工作目标已完成,或因政策变化、计划调整等因素影响工作终止,当年剩余的资金。

第二十三条 结转资金和结余资金应当按照同级政府财政部门的相关规定进行管理。

第六章 资产管理

第二十四条 资产是指人民检察院占有或者使用的,能以货币计量的经济资源,包括流动资产、固定资产、在建工程、无形资产等。

第二十五条 流动资产是指可以在一年内变现或者耗用的资产,包括现金、银行存款、零余额账户用款额度、应收及暂付款项、存货等。

前款所称存货是指人民检察院在工作中为耗用而储存的资产,包括材料、燃料、包装物和低值易耗品等。

第二十六条 固定资产是指使用期限超过一年,单位价值在 1000 元以上(其中:专用设备单位价值在 1500 元以上),并且在使用过程中基本保持原有物质形态的资产。单位价值虽未达到规定标准,但是耐用时间在一年以上的大批同类物资,作为固定资产管理。

固定资产一般分为六类:房屋及构筑物;通用设备;专用设备;文物和陈列品;图书、档案;家具、用具、装具及动植物。

第二十七条 在建工程是指已经发生必要支出,但尚未达到交付使用状态的建设工程。

在建工程达到交付使用状态时,应当按照规定办理工程竣工财务决算和资产交付使用。

第二十八条 无形资产是指不具有实物形态而能为使用者提供某种权利的资产,包括著作权、土地使用权等。

第二十九条 资产管理应当遵循资产管理与预算管理相结合、资产管理与财务管理相结合、实物管理与价值管理相结合的原则。

第三十条 人民检察院应当严格执行现金管理规定,并指定专职出纳人员负责现金的管理。

第三十一条 人民检察院银行账户应当从严控制和规范管理。银行账户由财务部门统一开设和管理。一个单位只能开设一个基本存款账户。如因工作需要开设案件扣押款等专用账户,须报同级财政部门审批。

第三十二条 人民检察院应当严格控制暂付款的规模。对个人办案、调研出差等借款,应当定期督促报账;对暂付或预付其他单位的款项,应当及时清理、结算,不得长期挂账。

第三十三条 固定资产管理按照以下规定执行:

(一)明确职责。固定资产由财务部门统一建账、核算,资产管理部门统一登记、管理,由使用部门保管和进行日常维护。财务部门和资产管理部门应当定期、不定期地进行固定资产清查、盘点,保证账账相符、账实相符、账卡相符。

(二)科学配置。各级人民检察院应当根据当地业务装备配备标准和工作需要以及经费保障能力,立足当前,着眼长远,采用适用、配套的技术和设备,有针对性地开展设施共建和信息共享,逐步提囗业务装备水平和检察工作的科技含量。

(三)合理使用。各级人民检察院应当充分发挥固定资产的使用效益,防止国有资产使用中的不当损失和闲置、浪费,保障资产安全。

(四)严格处置。固定资产进行报废、报损、变卖、转让、调拨等处置时,应当严格按国家有关固定资产处置审批权限和审批程序办理,并依据相关的批准处置文件进行固定资产处置和账务处理。

业务装备经费补助用于辖区内共建共享项目,对共建共享项目能在各实施检察院间进行明确划分的,由进行共建共享的各检察院分别登记固定资产;对无法明确划分的,由省级人民检察院或牵头实施检察院登记固定资产。

第七章　负债管理

第三十四条　负债是指人民检察院所承担的能以货币计量,需要以资产或劳务偿还的债务,主要包括应缴款项、暂存款项、应付款项等。

应缴款项是人民检察院依法取得的应当上缴财政的资金,包括罚没收入、行政事业性收费、国有资产处置和出租出借收入等。

暂存款项是人民检察院在业务活动中与其他单位或者个人发生的预收、代管等待结算的款项。

第三十五条　应缴款项应当按照国库集中收缴的有关规定及时足额上缴,不得隐瞒、滞留、截留、挪用和坐支。

处理扣押的款项,应当由办案部门提出意见,报请检察长决定。除依法应当返还有关单位和个人、随案移送的以外,待人民法院做出生效判决后,财务部门应当依据判决书等相关法律文书及案件管理部门的出库手续将案款上缴国库。

对依法上缴国库或者返还有关单位和个人的扣押款项,如果产生孳息,应当一并上缴或者返还。

第三十六条 赃款、扣押的款项应当统一由人民检察院财务部门保管,并严格收付手续。

第三十七条 扣押、冻结的物品应当逐案逐物建账设卡,妥善保管。

第三十八条 人民检察院办案部门办结案件后,应当及时处理案件扣押、冻结的款物。财务部门应当会同案件管理、纪检监察等有关部门,定期清查、核对扣押冻结款物,督促办案部门依照规定处理,避免滞留、积压。

第三十九条 人民检察院不得将应当纳入单位收入管理的款项列入暂存款项。对各种暂存款项应当及时清理、结算,不得长期挂账。

第四十条 往来款项的结算票据按照《财政部关于印发〈行政事业单位资金往来结算票据使用管理暂行办法 > 的通知》(财综[2010]1 号)及有关具体实施办法执行。

第八章 财务报告和财务分析

第四十一条 财务报告是反映人民检察院一定时期财务状况和预算执行结果的总结性书面文件,包括财务报表和财务情况说明书。

第四十二条 财务分析的内容包括预算执行、收入支出状况、经费构成、资产利用、绩效考评等。

财务分析指标主要有:财政预算拨款收入增长率、财政预算拨款支出增长率、检察业务费支出增长率;人员经费支出占总支出的比重、日常运行公用经费支出占总支出比重、检察业务费支出占总支出的比重;人均支出水平、人均公用经费支出水平;人车比例;业务工作量构成、结案率、办案成本构成等。

财务分析的内容应当包括在财务情况说明书中。

第四十三条 财务报告应当按时向同级政府财政部门和上级人民检察

院报送,编报的口径应当与财政部门的要求保持一致。

第九章　内部控制

第四十四条　各级人民检察院应按照《行政事业单位内部控制规范(试行)》(财会[2012]21号)的要求,建立内部控制制度,合理保证各级人民检察院经济活动合规合法、资产安全和使用有效、财务信息真实完整,有效防止舞弊和预防腐败,提高履行职能的效率和效果。

第四十五条　各级人民检察院建立与实施内部控制,应当遵循下列原则:

(一)全面性原则。内部控制应当贯穿人民检察院经济活动的决策、执行和监督全过程,实现对经济活动的全面控制。

(二)重要性原则。在全面控制的基础上,内部控制应当关注人民检察院重要经济活动和经济活动的重大风险。

(三)制衡性原则。内部控制应当在人民检察院内部的部门管理、职责分工、业务流程等方面形成相互制约和相互监督。

(四)适应性原则。内部控制应当符合国家有关规定和人民检察院的实际情况,并随着外部环境的变化、人民检察院经济活动的调整和管理要求的提高,不断修订和完善。

第四十六条　人民检察院检察长对本院内部控制的建立健全和有效实施负责。

第十章　财务监督

第四十七条　财务监督是人民检察院根据国家有关法律、法规、财务规章制度,对本单位、下级预算单位的财务活动进行审核、检查和指导,以及对下级人民检察院财务管理进行指导的行为。

第四十八条　财务监督的主要内容包括:

（一）对预算的编制、执行和财务报告的真实性、准确性、完整性进行审核、检查；

（二）对各项收入和支出的范围、标准进行审核、检查；

（三）对有关资产管理要求和措施的落实情况进行检查；

（四）对违反财务规章制度的问题进行检查纠正；

（五）对所属单位财务机构的设置、人员的配备、财务建章建制、具体的会计处理方法等方面提出意见和建议；

（六）指导下级人民检察院财务管理工作，组织财务管理经验交流，推进会计电算化，有计划有重点地培训财务人员。

第四十九条 具备条件的人民检察院应当建立内部审计机构，并按照有关规定开展年度财务收支审计、干部离任审计和经济责任审计。

第五十条 人民检察院应当建立内部岗位责任制和内部控制制度，自觉接受财政、审计等部门的监督检查。

第十一章 财务机构和财务人员

第五十一条 最高人民检察院计划财务装备局归口管理本机关及所属事业单位的财务工作，负责对全国检察系统计划财务装备工作的指导，制定全国检察机关财务人员培训计划并组织实施。

省级及省级以下人民检察院应当设置计划财务装备机构，归口管理本单位财务工作。

省级人民检察院负责指导本辖区下级人民检察院计划财务工作，制定本辖区财务人员培训计划并组织实施。

第五十二条 人民检察院财务人员应当具备相应的专业知识，取得会计从业资格证书。对检察业务费（包括特情费）的管理，应当按照机要人员标准选任政治素质高、业务能力强的财务人员。

担任人民检察院财务机构负责人（会计主管人员）的，应当具备《中华人民共和国会计法》规定的资格要求。

各级人民检察院应当采取措施保持财务人员的相对稳定。

第五十三条 财务人员应根据有关财政法规、财务制度,认真履行会计核算、监督和管理职能,及时向财政部门编报预、决算,并汇报和反映有关情况;参与拟订本单位的财务、物资、装备计划;分析预算、财务计划执行情况;编报检察机关年度财务报表。

第五十四条 对依法履行职责的财务人员,任何单位和个人不得对其进行打击口复。对在财务管理中表现突出的,给予表彰奖励。对违反财经纪律的,按照《中华人民共和国会计法》、《检察人员纪律处分条例(试行)》等有关规定予以处理。

第十二章 附 则

第五十五条 本办法未尽事宜,按照《政法经费分类保障办法(试行)》和《人民检察院扣押、冻结涉案款物工作规定》和《人民检察院刑事诉讼规则(试行)》的有关规定执行。

第五十六条 国家检察官学院及其地方分院、各级检察机关服务中心等人民检察院直属事业单位按照国家有关事业单位财务管理规定执行。

第五十七条 各省、自治区、直辖市、计划单列市财政部门和人民检察院可依照本办法制定具体实施细则,并分别报送财政部和最高人民检察院备案。

第五十八条 新疆生产建设兵团人民检察院参照本办法执行。

第五十九条 本办法由财政部会同最高人民检察院负责解释。

第六十条 本办法自 2014 年 1 月 1 日起施行。财政部、最高人民检察院《关于印发〈检察业务费开支范围和管理办法的规定〉的通知》(高检会[1992]29 号)同时废止。

附件

检察业务费开支范围

检察业务费是为保障人民检察院业务工作特定需要所支出的经费,包括办案(业务)经费和业务装备经费,应根据具体开支的内容列入相应的支出科目。

第一类 办案(业务)经费

办案(业务)经费包括办案费、消耗费、会议费、业务租赁费、业务维修费、检察宣传费、教育培训费、奖励费、派驻机构经费和其他业务费。

一、办案费

1.差旅费:检察人员依法履行检察职责、办理各类案件、开展检务督察和巡视等工作按照有关规定标准开支的城市间交通费、住宿费、伙食补助费和公杂费。

2.侦缉调查费:案件线索收集、备案所需费用;侦查办案所需的勘验费;证人的临时食宿、医疗、交通、误工补助费、劳务费;证人、鉴定人、被害人保护费;上网追逃、通缉和边控等所需费用;国(境)外取证等所需费用;跟踪、守候、出现场、刑场临场监督费;依法采取强制措施所需的活动费、羁押费;犯罪嫌疑人的交通费、食宿费、医疗费;专案分析、汇报、研讨费;执行侦查任务所需的化装服费。

3.协助办案费:聘请有关部门、人员协助办案,审查案件的劳务费、交通费、食宿费;专家咨询、论证费;按规定向专业部门支付的有关费用;侦查协作所需费用等。

4.技术检验、鉴定和翻译费:为鉴定证据、固定证据所发生的法医、物证、声像、司法会计、心理、金融证券、期货、计算机等专业鉴定费;聘请翻译人员进行笔译、口译的翻译费;专业技术资料的咨询费,公证费;当事人行为能力的鉴定费,被鉴定人的交通、食宿费;供检验对比用的各类样品的收集、保管费;司法鉴定实验室的登记费用、认可费用等。

5.印刷费:各类公文、表册、卷宗和各类法律文书的制发费。

6.邮电费:邮寄费、电话费、传真费、网络通讯费、无线移动通讯费。

7.交通费:各类交通工具的租用费、燃料费、维修费、过桥过路费、停车费、保险费、安全奖励费用等。

8.特情费:特情人员生活补助费;执行特殊勤务必须开支的招待费、交通费、交际费、补偿费、职业掩护费;特情人员在履行特情业务中伤亡的医疗费、丧葬费、抚恤补助费、慰问费及遗属的生活困难补助费;特情联络场所的租赁费及活动费,聘请特情联络场所工作人员的工资、医疗及其他所需经费;接待特情人员及港、澳、台等境外联络工作对象所需的费用。

二、消耗费

1.业务装备消耗费:业务技术装备和业务综合保障装备的耗材费;司法鉴定实验室的专用材料购置等费用。

2.武器消耗费:弹药购置费,储运费;枪支弹药保管费。

3.其他消耗费:检察业务工作中需要开支的其他材料消耗费。

三、会议费

各种检察业务及与检察业务相关会议所需的经费。

四、业务租赁费

专用通讯网租费、互联网带宽租费;集中办案场所租用费;设备、器械租赁费等。

五、业务维修费

"两房"维护费,业务装备修理及维护费用(含网络信息系统运行维护费,不含车船等交通工具的维修)。

六、检察宣传费

举报宣传周所需费用;组织新闻、文艺宣传活动,举办展览,制作影片、电视剧,在报刊、电台、电视台、网络进行宣传及开设检察宣传栏等所需费用;舆情监测费用;制作宣传光盘、书刊、组织巡回报告团所需费用;新闻记者采访费;检察宣传工作中必须开支的其他宣传费。

七、教育培训费

1.专业培训费:检察官领导素能培训、任职资格培训、专项业务培训、岗位技能培训所需费用;司法警察训练费;聘请师资人员的授课费和交通、住宿、伙食补助费。

2.教材考试费:检察系统专业培训教材编审等所需费用。

八、奖励费

根据有关规定,对受表彰奖励的个人和集体所发的奖章、奖牌、证书的开支等所需费用;对举报揭发有功人员的奖励费等费用。

九、派驻机构经费

派驻监狱、看守所的检察室开支的办案(业务)费。

十、其他业务费

1.举报控申费:举报人、控告申诉人的临时食宿、医疗、交通补助费;处理冤假错案及应对突发事件所需的经费。

2.司法协助费:与港澳台、国际组织、国家间联络,开展司法协助、个案协查、境外追逃、边境会晤所需费用。

3.资料费:检察业务工作必需的工具书、业务资料、杂志、报刊费及外文资料翻译费;内部刊物、业务资料的编审费、印刷费、发行费、运杂费及稿酬;检察专项主题活动所需书刊费等。

4.物、证保管费:扣押物品及赃(证)物保管场所的租赁费、消毒费;保管物资的保管费、运输费、仓储费和估价费等。

5.检察政策理论研究费:收集管理检察科研信息所需费用;检察科研项

目的立项论证、评审费;组织检察科研学术交流活动所需费用;检察科研成果的鉴定、评审、验收、奖励所需费用;实施检察科研成果推广所需费用等。

6.其他费用:上述开支项目未包括并经财政部门同意开支的其他办案业务经费。

第二类　业务装备经费

一、检察业务技术装备费:查办和预防职务犯罪装备、公诉和民行装备、侦查监督装备、执行监督装备、控告申诉装备、办案工作区装备、法医检验鉴定设备、物证类检验鉴定设备、图像声像处理和电子物证检验鉴定设备、司法会计检验鉴定装备等所需的购置费、安装调试费、运杂费。

二、检察业务综合保障装备费:检察通信设备、视频会议系统设备、信息网络设备、交通设备、档案管理设备、检察业务常规设备等所需的设备购置费、安装调试费、运杂费。

三、司法警察装备费:单警装备、警械专用柜、防暴处突装备等所需的设备购置费、安装调试费、运杂费。

四、服装费:检察人员服装、徽章的设计、定型、购置、运输及保管费;服装试制费和损耗费。

五、其他业务装备费:上述项目中未包括的其他资本性支出。

固定资产管理暂行办法

第一章 总 则

为规范本院固定资产管理,明确固定资产管理职责,防止固定资产流失,维护国家财产的安全, 提高资产的使用效益, 保障本院各项工作的顺利进行,根据财政部《行政单位国有资产管理暂行办法》(2006 年 5 月 30 日财政部令第 35 号)、《省检察机关固定资产管理暂行办法》及《汝州市行政事业单位国有资产管理办法》,结合本院工作实际,制定本办法。

固定资产是指一般设备单位价值在 500 元以上(含 500 元),专用设备单位价值在 800 元以上(含 800 元),使用期限在一年以上,并在使用过程中基本保持原有物质形态的资产。单位价值虽未达到规定标准,但耐用年限在一年以上的大批同类物资,也作为固定资产进行管理。

本院固定资产包括:使用国家财政性资金购置的资产、上级单位调拨给我院的资产、接受的捐赠和其他经法律确认为我院所有的资产。

固定资产管理的主要任务是:完善固定资产管理体制,建立健全固定资产规章制度,落实固定资产管理责任,合理配置固定资产,保证固定资产安全、完整、高效使用。

固定资产管理的主要内容是:资产配置、资产登记造册、资产使用、资产处置、资产清查、资产帐务管理和监督检查等。

固定资产管理应遵循以下原则。

(一)资产管理与预算管理相结合;

(二)资产管理与财务管理相结合;

(三)实物管理与价值管理相结合。

固定资产管理,实行国家统一所有,财政监管,单位占有、使用的管理体制。

第二章 组织机构及工作职责

检察长为院固定资产管理的第一责任人,主管检察长具体负责固定资产管理工作。办公室是我院固定资产管理的职能部门,对我院固定资产进行综合管理,并明确一名同志为院固定资产管理员。其主要职责是:

(一)根据国家、省、平顶山市及我市国有资产管理的有关规定,制定院机关固定资产管理办法并负责组织实施;

(二)负责办理本院固定资产购置、出租、处置的有关报批手续,合理配置本院各部门所需固定资产;

(三)建立本院固定资产实物管理系统,对固定资产进行登记造册,为机关各部门统一配发固定资产台帐;

(四)会同政治处、监察科、机关后勤服务中心等部门,对固定资产的管理、维护、使用情况进行监督检查;

(五)做好本院固定资产的清查登记和统计报告工作;

(六)报告本单位固定资产管理情况,接受财政部门的监督、指导和检查。

本院各部门是本院固定资产的使用部门,其主要职责是:

(一)各部门主要负责人为本部门固定资产管理的第一责任人,并在本部门明确一名同志为固定资产管理员;

(二)做好本部门固定资产的管理工作,将固定资产的管理落实到人,做到资产有人管,责任有人负;

(三)部门资产管理员的主要职责是:建立本部门固定资产台帐,掌握本部门固定资产的分布及使用情况。办理本部门固定资产的领用、上缴、内部调整及人员调动时资产的清缴等日常工作。负责对本部门的固定资产进行

清查,做到帐实相符;

(四)固定资产使用人应合理使用并妥善保管好自己所使用的固定资产,确保其安全完整,使固定资产发挥最大效益;

(五)根据固定资产的使用年限、使用状况,对不能正常使用需报废的,由部门向办公室写出书面申请,按规定的程序进行报废,严禁各部门自行处置固定资产。

第三章　固定资产增加和登记

固定资产的增加主要是指购置、建造、调剂、受赠和调拨等活动引起的固定资产增加。

新增固定资产的购置,由使用部门根据工作需要以书面形式提出申请,报办公室。经有关领导同意后,依照有关规定进行采购。

本院各部门增加的固定资产(包括新购置、调剂及其它方式取得),由部门填制《固定资产分部门使用登记表》(一式四联,使用部门、院资产管理员、资产归口管理部门、院机关财务各一联),写明使用部门、资产名称、规格型号、价格、购买时间,经部门使用人、部门资产管理员、部门负责人签字后,到院资产管理员和资产归口管理部门,办理有关登记手续,作为各部门增加固定资产的依据。

第四章　固定资产的使用和维护

各部门配置的固定资产,自填制《固定资产分部门使用登记表》后,其部门主要负责人即成为本部门固定资产管理的第一责任人,对本部门固定资产管理进行严格的监督。部门资产管理员按院里统一发放的台帐,对本部门新增的固定资产进行登记造册,随时掌握本部门固定资产的分布和使用情况。各部门固定资产管理员所记台帐,应每半年与院固定资产管理员所记台帐进行核对一次,做到帐、卡、实相符。

全院干警要妥善保管和爱护所使用的固定资产,做好防火、防盗、防爆、防潮、防尘、防锈、防蛀等工作,做到物尽其用,充分发挥固定资产的使用效益,保障固定资产的安全和完整,防止固定资产在使用过程中的不当行为而造成的损失和浪费。

各部门在固定资产使用过程中,如有问题,应及时告知资产归口管理部门处理。资产归口管理部门应对固定资产的检修做到快捷、及时,确保固定资产的正常运行。

院机关固定资产需对外出租、出借的,由院党组研究决定或由有关院领导同意后,由办公室办理出租、出借手续。出租、出借固定资产取得的收入,按照政府非税收入管理的规定,实行"收支两条线"管理。

第五章　固定资产调剂

当机构调整、部门之间人员调动时,固定资产可进行调剂。固定资产调剂时,由办公室组织有关部门进行资产清查,办理交接手续。

各部门之间人员调整时,配发给个人使用的办公桌、办公椅、计算机等固定资产留原部门使用。

各部门固定资产管理员岗位变动时,应书面告知办公室,并在本部门负责人的监督下办理好固定资产管理员的有关交接手续。

本院人员退休时,在人事部门下达退休通知的同时,将其办公用房腾出,并将其所使用的办公用品及其他国有资产按照规定的程序交办公室统一调配。对退休返聘的人员,返聘期满后,交出所使用的固定资产。

本院人员调离时,人事部门在办理调离手续前,应事先通知办公室,结清财务欠款,并将其办公用房,所使用的办公用品及其他国有资产按照规定的程序,交办公室。人事部门凭办公室出具的财务结算手续和移交清单,方可办理调离手续。

第六章 固定资产处置

固定资产处置是指本院对各类固定资产的产权转移或核销,包括无偿转让、出售、报损、报废等。

固定资产处置的范围。

(一)闲置的固定资产;

(二)因技术原因并经过科学论证,确需报废、淘汰的固定资产;

(三)盘亏、呆帐及非正常损失的固定资产;

(四)已经超过使用年限无法使用的固定资产;

(五)依照国家有关规定需要进行资产处置的其他情形。

处置固定资产必须严格履行财政部门规定的审批手续,未经批准,不得自行处置。

固定资产需处置时,使用部门应提出书面申请,报办公室,会同财务部门、资产归口管理部门审核、鉴定。对确需处置的固定资产,由办公室提出意见经院有关领导签署意见,报汝州市财政局国有资产清理办公室进行处置。

经批准处置的固定资产,使用部门应如实填制《固定资产处置登记表》(一式四联),经使用部门固定资产管理员、使用部门负责人签字后,到院资产管理员、资产归口管理部门办理核销手续,作为各部门减少固定资产的依据。

固定资产的处置收入应及时、足额缴院机关财务,机关财务按照政府非税收入管理的规定,实行"收支两条线"管理。

第七章 固定资产清查

成立院固定资产专项清查小组,建立固定资产清查长效机制。固定资产清查小组由办公室、政治处、监察科、机关服务中心组成。组长由分管办公室院领导担任,副组长由成员部门的正职担任,组成部门的其他有关人员为小组成员。

固定资产每年进行一次全面的清查、盘点,并根据需要不定期地对使用部门进行抽查,对清查情况进行公示。清查时,首先由各使用部门固定资产管理员按部门台帐进行实物清点,固定资产清查小组,依照院固定资产管理员所记总帐与分部门台帐及实物进行逐一核对,清查盘点,做到家底清楚,帐帐相符、帐实相符,防止固定资产流失。

第八章 法律责任

故意损坏固定资产,除按照固定资产原价进行赔偿外,经资产归口管理部门评估认定后,造成经济损失 200 元以上的,扣发责任人一个月文明奖;造成经济损失 500 元以上的,扣发责任人二个月文明奖;造成经济损失 800 元以上的,扣发责任人三个月文明奖。

在固定资产管理过程中,造成损失的,由办公室责令其改正,对情节严重的下列行为,由院监察室,按照《财政违法行为处罚处分条例》(2004 年 11 月 30 日国务院令第 427 号公布),追究有关部门领导和直接责任人的责任。

(一)因固定资产管理不善,造成 1 万元以上重大损失的,对直接负责的主管人员和其他直接责任人员给予记大过处分;

(二)擅自处置固定资产,或未按规定的程序,将固定资产对外出租、出借的,对直接负责的主管人员和其他直接责任人员给予记大过处分。情节较重的,给予降级或者撤职处分;

(三)以各种原因侵占固定资产或利用职权牟取私利的,对直接负责的主管人员和其他直接责任人员给予记大过处分。情节较重的,给予降级或者撤职处分。情节严重的,给予开除处分。

第九章 附 则

本办法由办公室负责解释。

本办法自发布之日起施行。

枪支弹药管理规定

第一章 总 则

为加强和规范本院枪支管理工作,依据《中华人民共和国枪支管理法》和《公务用枪配备办法》等有关规定,结合本院工作实际,制定本规定。

本院配备的枪支,是执行公务用枪,用于保障检察业务工作的开展。

枪支弹药实行集中统一保管制度,由办公室统一管理。

负责案件侦查任务的检察官,分管侦查工作的正、副检察长,在侦查案件中执行公务的司法警察,经批准可以使用枪支。

对符合本规定第四条可以使用枪支的人员,还必须同时具备以下三个条件:

(一)必须是参加本院工作两年以上的检察官和司法警察;

(二)必须经过政治部门审查;

(三)参加市检察院枪支主管部门或公安机关组织的培训考核,领取《公务用枪持枪证》,没有公务持枪证一律不能持有和使用枪支。

第二章 枪支使用规定

有使用枪支资格的人员在执行公务中确有必要使用枪支时,可以领用枪支。

申请领用枪支时,使用部门须写出书面报告,填写申请表,经部门负责人同意,报检察长或分管副检察长批准;副检察长领用枪支由检察长批准。

携带枪支必须同时携带《公务用枪证》和《持枪证》,做到枪不离身。

检察官和司法警察使用枪支时,必须严格遵守有关武器使用的规定。

严禁将枪支、弹药交给他人玩弄、保管和使用。

严禁用枪支开玩笑和枪口对人，在他人面前炫耀耍威风或恐吓群众、随意鸣枪或打猎。

严禁携带枪支饮酒、游览公共场所或探亲访友。

使用枪支的人员在执行公务后应立即交还办公室保管。

第三章 枪支的管理

枪支、弹药必须放在坚固可靠的库房内、必须安装不易破坏的铁门、铁窗、铁柜及防盗报警装置,枪柜、子弹柜必须采用特制专用柜或保险柜,枪和弹分开保管,实行三人三锁管理制度,或委托公安、武警专业部门管理。

枪支、弹药如发生被盗、丢失、被抢和涉枪伤亡等事故,责任人员必须立即报告本院检察长,并保护好现场,认真追查处理。发生上述事故,应同时报告公安机关和上级检察机关。

建立枪支定期保养制度、枪支应及时擦拭、保养、防止锈蚀损坏、保持枪弹经常处于良好技术状态。

做好枪支、弹药的登记、建档工作。每季度核对一次枪支弹药的帐目、做到帐、物、卡、簿相符合。

严禁将枪支弹药自行转售、转借、转让或赠送其他单位和个人;不得与其他单位和个人调换枪支弹药交换其他物品。

第四章 附 则

本规定由办公室负责解释。

本规定自颁布之日起实施。

关于修订《汝州市人民检察院机关经费包干管理办法》的通知

各科(局、处、队)室:

《汝州市人民检察院机关经费包干管理办法》现部分内容已修订,现印发给你们,请遵照执行。

汝州市人民检察院

2014 年 6 月 30 日

汝州市人民检察院机关经费包干管理办法

为进一步加强财务管理,充分发挥检察经费使用效益,确保办公、办案工作的顺利进行,经我院党组研究,制定本办法。

一、包干经费的使用范围

1.包干经费的使用范围包括:办公费、办案费、招待费、车辆燃油费、车辆保养维修费、差旅费、路桥费、电话费(固定电话)等。

2.包干经费不包括:检察业务常规设备、空调、办公桌、椅、柜等固定资产购置费和车辆保险费、车辆年审费、电子产品耗材等。

二、包干经费的标准

各科、局、处、队、室的包干经费为每人每年7000元,按月拨付。四个乡镇检察室的包干经费为每人每年10000元。(各部门人员数以政治处提供的在编干警为准,如有人员增减,包干经费从下月调整。)

三、包干经费的使用和管理

1.包干经费的签批程序:各部门包干经费的支出,由部门负责人及主管领导签字,经院财务审核后,报分管计财工作的副检察长签批。

2.部门负责人及主管领导切实履行好"一岗双责",各部门干警出差、上级院来人、超过1000元以上的开支部门负责人必须提前向主管领导汇报。超过5000元以上,主管领导提请院党组研究决定。

3.各部门的招待费主要用于因工作关系(市院处长及以下领导,兄弟检察院对口科室和本市有关单位)的来人接待。市院党组成员、本市以上领导、兄弟检察院党组成员来人招待,由院里统一安排。

4.省院、市院统一组织的学习培训,须经院领导批准,培训通知中确定的基本费用,由院里统一解决。

5.上级规定必须订阅的报刊杂志,经院领导批准后,由院里统一解决,部门因工作需要订阅报刊杂志,从包干经费中列支。

6.院里统一配备的车辆,需要维修时,由部门负责支出。

7.包干经费的管理坚持"节约留用,超支不补"的原则。各部门应根据工作需要,对包干经费灵活调配使用,做到精打细算,为完成年度工作任务提供经费保障。

8.各部门所需的办公用品(如水笔、笔记本、印油、订书针、复印纸等)、电子产品耗材由计财科统一购置,费用由院里负担。

9.实行包干经费后,确因特殊情况需要增加经费的,须经院党组研究决定。

10.业务部门办案挽回的损失,经计财部门与市财政局协调后,返还到我院帐户后才予给各业务科室返还。返还的资金比例为:10万元以下,反贪局30%、反渎局40%,其他科室60%。10万元以上返还比例由院党组研究决定。

11.计财科建立包干经费帐目,收支情况每季度分别报院领导和部门负责人。

第四章
机关党委、工青妇工作制度

机关党委、党支部工作制度

贯彻执行党的路线、方针、政策和上级党组织决议指示。

充分发挥党组织的战斗堡垒作用和党员的先锋模范作用,组织并带领党员和群众完成上级党委部署的各项任务。

加强对党员的监督,注意发现和纠正工作中的缺点和错误。

严格组织生活,坚持"三会一课"制度,按期召开党内会议。

加强对党员的管理,按月交纳党费,定期听取党员的思想、工作等方面的汇报,实事求是地做出党员鉴定。

加强对积极分子的培养和发展对象的考察,按照"坚持标准,保证质量,改善结构,慎重发展"的方针及党章规定的程序和手续,发展党员。

积极开展争创五好基层党组织和评选优秀党员等方面的工作。

加强党组织的自身建设,提高党组织成员的政治水平和工作水平。

坚持民主集中制的原则,实行集体领导和个人分工负责相结合,各司其职,通力合作,团结一致,认真负责地做好各项工作。

党组织成员要模范履行党员的各项义务,严格要求自己,处处以身作则,秉公办事,不搞特殊,不谋私利,带头端正党风。

加强对群团组织的领导,正确处理好同他们的关系。经常听取群团组织的汇报,提出指导性意见。加强对群团组织的检查、监督和协调,帮助支持他们的工作,发挥好他们的作用。

机关党委关于发展党员的规定

为严格遵守党章规定的党员标准,切实保证新党员的质量,根据《党章》以及有关规定,结合本院实际,制定本规定。

发展党员必须严格按照《党章》的规定,要有利于逐步改善党员队伍的结构,全面提高党员队伍的素质,提高党的战斗力,增强党在全社会的影响力和凝聚力。

发展党员必须按照"坚持标准,保证质量,改善结构,慎重发展"的原则。

要求入党的人员必须由本人书面向党组织提交入党申请。

入党申请人由党小组推荐,经党支部讨论决定,确定为入党积极分子,并填写《入党积极分子登记表》,接受党组织的培养、教育和考察。

党支部应采取张榜公告或在支部大会上公布等形式对入党积极分子的基本情况(姓名、性别、出生年月、文化程度、职业、家庭成员及主要社会关系等)、奖惩情况以及党组织对其培养、教育和考察等方面的情况进行公示,时间为5个工作日。公示完毕,党支部将有关情况上报党总支备案。

党支部确定1至2名正式党员为入党积极分子的培养联系人。

党支部和培养联系人负责入党积极分子的培养、教育和考察组织他们听党课或参加培训班,交付工作任务,在实际中考察锻炼他们。

培养联系人每季度将考察情况填写到《入党积极分子登记表》上,并由党小组、党支部签署意见。

入党积极分子经过党组织一年以上的培养教育,经党小组讨论通过,将确定为发展对象的名单报党支部。

党支部应当认真听取培养联系人和党外群众的意见,在充分听取意见的基础上召开支部委员会对各党小组上报的名单进行讨论,确定发展对象。

党支部采取张榜公告或在支部全体人员会议上公布等形式对发展对象培养、教育和考察等方面的情况进行公示,时间为 5 日。

党支部应当组织发展对象或者入党积极分子参加党校或上级党委组织的有关党的知识的培训,发展对象必须考试合格并取得证书。

党支部采取查阅档案和必要的函调、外调方式对发展对象进行政治审查。审查内容包括:

(一)发展对象的政治历史情况;

(二)发展对象对三中全会以来党的路线、方针、政策的态度和表现;

(三)发展对象的直系亲属、主要社会关系情况。

党支部要向机关党总支报告发展对象的基本情况,包括:本人档案,政审材料,党内外群众意见,《积极分子登记表》考察综合意见,支部讨论意见和入党申请书,党小组意见和发展对象的思想汇报。党总支对上报材料进行审查,符合要求的上报市直工委。

党支部应将拟吸收为预备党员的发展对象的有关情况予以公示,时间不低于 5 日。

党支部为发展对象指定入党介绍人(一般为培养联系人),入党介绍人指导发展对象填写《入党志愿书》并交党支部审阅。

党支部应当召开支部大会,讨论接受预备党员问题。

到会人数超过应到人数的半数方能召开,会议按照下列程序进行:

(一)发展对象宣读《入党志愿书》;

(二)介绍人介绍培养经过,并发表意见;

(三)大会讨论,到会党员均可发表意见,未到会党员可以向党支部提交书面意见;

(四)支部委员会各委员发表意见;

(五)支部委员会决定大会无记名表决。

党支部应将决议结果上报党总支,填写决议时写明应到和实到正式党员、预备党员人数,同意和不同意的人数,通过表决日期,并由党支部书记签名盖章。表决同意人数须超过应到人数的半数以上方算通过。

党总支在报准申请人入党以前应指派专人与发展对象谈话,了解发展对象对党的认识,入党动机和现实表现,并对党的基本知识进行抽查,然后将座谈情况和意见向发展对象反馈并提出要求和希望,并应当认真填写谈话情况和谈话人的意见。

机关党总支应当召开党总支会对党支部上报的发展对象进行集体审查,对审查同意接受为预备党员的,应报市直工委审批。

预备党员必须面向党旗进行入党宣誓。誓词如下:我志愿加入中国共产党,拥护党的纲领,遵守党的章程,履行党员义务,执行党的决定,严守党的纪律,保守党的秘密,对党忠诚,积极工作,为共产主义奋斗终身,随时准备为党和人民牺牲一切,永不叛党。

党员宣誓后,机关党总支或者党支部应当向预备党员介绍党支部情况,并提出要求。

预备党员经过一年预备期后,由本人提出书面转正申请,由党小组提出能否按期转正的意见,上报党支部。

党支部召开支部委员会会议审查通过后,应当将预备党员拟转正的情况公示,时间为5至7日。

(一)预备期内积极履行党员义务,认真遵守法律和党的各项纪律规定,表现良好,符合正式党员条件和标准的,应当通过转为正式党员的决议;

(二)预备期内不履行党员义务;不注意党员形象,造成不良社会影响;有违法违纪行为等不良表现的,可以延长预备期,但不能超过一年;

(三)有前项规定情况之一,情况严重,确不符合党员条件的,应当取消预备党员资格。表决结果应当上报机关党总支经市直工委批准。

机关党总支对党支部上报的预备党员是否转正的决议,应在一个月内召开党总支会讨论上报市直工委审批,批准转正的应当同时注明党龄自预备期满转为正式党员之日算起。

对于支部做出的不当决议,机关党总支在充分听取支部意见和掌握事实情况的基础上,实事求是地作出批准转正或者延长预备期的决定。

对于延长预备期的党员不得再延长预备期,预备期满及时进行讨论。具体程序和要求按照本规定第二十一条至二十四条的规定执行。

本规定由机关党总支解释。

本规定自颁布之日起实施。

机关党委民主评议党员实施办法

为贯彻落实中央和省市委组织部关于建立民主评议党员制度的要求,规范本院民主评议党员活动,根据本院实际,制定本实施办法。

民主评议党员是从严治党的一项重要措施,是加强对党员进行经常性教育、管理和监督的有效办法。

民主评议是检查和评价每个党员在坚持党的基本路线的实际工作中发挥先锋模范作用的情况,表彰优秀党员推动清除腐败分子和处置不合格党员的一项工作。

民主评议党员每年进行一次,一般在每年十二月份进行。

民主评议党员主要评议和考察以下内容:

(一)是否具有坚强的共产主义信念,能否坚持四项基本原则,坚持改革开放,把实现现阶段的共同理想同做好检察工作结合起来,全心全意为人民服务;

(二)是否坚决执行党的基本路线和各项方针、政策,在政治上与党中央保持一致;

(三)是否维护改革的大局,正确处理国家、集体、个人利益之间的关系,做到个人利益服从党和人民的利益,局部利益服从整体利益;

(四)是否切实执行党的决议,严守党纪、政纪、国法,坚决做到令行禁止;

(五)是否公正执法,文明执法,廉洁办案。

机关党总支应当加强对党员的引导和教育,积极采取上党课、作辅导报告、民主对话、专题讨论、观看电教片等多种形式,对党员普遍进行在新形势下坚持党员标准教育,使大家明确合格党员的标准。

民主评议党员工作要在党总支领导下,以支部为单位,有领导、有计划、有步骤地进行。

民主评议党员工作按照以下程序进行:

(一)自我评价。对照党员标准,总结个人在思想、工作、学习等方面情况,肯定成绩,找出差距,明确方向;

(二)民主评议。以党支部为单位,在个人自我评价的基础上,进行民主评议。评议中 ,要是非分明,敢于触及矛盾,认真地开展批评与自我批评。还应采取座谈会个别谈话的形式,认真听取党内外群众的意见;

(三)组织考察。对党内外评议的意见,进行分析、综合,形成组织意见,转告本人,并向支部大会报告。

民主评议党员必须坚持党的群众路线, 发扬批评和自我批评的优良作风,实事求是地总结优点和长处,中肯的提出缺点和不足。

民主评议中评定的好党员,由党组织通过口头或书面的形式进行表扬。

对模范作用突出的党员,经支部大会讨论通过,报上级党委批准,授予优秀党员的称号。

经评议认为不合格的党员,支部应区别不同情况,提出妥善处理意见,提交支部大会讨论,按照民主集中制的原则进行表决。

对于民主评议的结果有意见的党员可以向党支部或者机关党总支书面或口头反映, 党支部或者机关党总支必须在15日内审查反映情况并做出书面的答复,对于确有错误的评议结果,机关党总支应当作出相应处理。

本办法由机关党总支负责解释。

本办法自颁布之日起实施。

机关党委党费收缴管理规定

为进一步规范本院的党费收缴和管理,特制定本规定。

按时交纳党费是党员的义务,所有党员都必须严格按照标准交纳党费。

党员应从支部大会通过其为预备党员之日起,按月向所在党支部交纳党费。

党费应由党员本人自觉向所在党组织交纳。如遇特殊情况,经党支部同意,党员可以委托其他党员或亲属代为交纳或补交党费,但补交党费的时间不得超过 3 个月。

对不按规定交纳党费的党员,其所在的党组织应及时对其进行批评教育。对无正当理由连续 6 个月不交纳党费的,按自动脱党处理。

党费收缴工作由党支部负责,党支部收缴党费后,于每季度第三个月的 10 日前上缴机关党总支,机关党总支接受党费要出具收款收据。

机关党总支应于每季度第三个月的 15 日前,将本院收缴的党费,通过银行上缴市委组织部。

党费有机关党总支建立专账统一管理。

党费必须存入专用帐户,严禁个人长期保管大量现金。

党费不得挪作他用,不得以任何理由用于其它投资。

党费管理人员应做到党费账目月清季结、帐据相符、账款相符、帐帐相符。

未经领导同意不得擅自动用、支出、转存党费,对违反党费收缴和管理规定的,依据《中国共产党纪律处分条例》以及有关规定查处,触犯刑律的依法追究刑事责任。

机关党总支应当在党员大会上报告党费收缴和管理情况,接受党员的审议和监督。党支部应当每年向党员公布一次党费收缴情况。

本规定自颁布之日起实施。

工会工作制度

为适应新时期工会工作的需要,加强我院工会工作制度化、规范化管理,根据《中华人民共和国工会法》和《中国工会章程》的有关规定,结合我院实际,制定本制度。

一、工会组织

(一)院机关工会是汝州市总工会领导下,由机关在职干警根据《中华人民共和国工会法》和《中国工会章程》,自愿结合起来的工人阶级的群众组织,是党组织开展群众工作的有力助手和密切联系机关广大干警的桥梁和纽带,是促进机关改革、发展、稳定的重要力量,是机关职工合法权益的代表者和维护者。

(二)院机关工会以宪法为根本的活动准则,依照《中国工会章程》独立自主地开展工作,依法行使权利和履行义务。机关工会组织的合法权益受法律保护。各部门应当支持工会依法开展工作。

(三)院机关依法建立工会组织。院机关建立院机关工会委员会,下设经费审查委员会、女职工委员会。

(四)院机关在职干警都有依法参加工会组织的权利,任何组织和个人不得以户籍、就业期限、就业形式等为由,阻挠、限制干警参加工会。

(五)工会组织的建立,必须报上一级工会批准。上级工会组织领导下级工会组织。任何单位和个人不得随意撤销、合并工会组织,也不得将工会组织及其工作机构归属于其它组织或工作部门。基层工会组织所在单位、部门被撤销或终止,该工会组织相应撤销,并报上一级工会备案。

(六)各级工会组织接受同级党组织和上级工会组织双重领导,以同级党组织领导为主。

（七）机关工会每届任期 3 年或 5 年，具体任期由会员大会或会员代表大会决定。机关工会配备专职或兼职工会主席。工会主席缺额时，应当及时补选。

二、工会职责

（一）坚持用马列主义、毛泽东思想、邓小平理论和"三个代表"重要思想武装广大干警，协助单位党组织搞好职工的政治理论学习。配合党组织教育职工努力学习科学文化知识和法律知识，不断提高职工思想道德、职业道德水平和综合素质。

（二）紧密围绕法律监督中心工作开展有自身特色的活动，促进法律监督中心任务的完成。开展适合部门特点的文化体育活动，推动精神文明建设。深入开展建设"干警之家"活动，把工会建成广大干警信赖的"干警之家"。

（三）代表干警利益，依法维护干警的合法权益。组织干警参与内部事务的民主管理和民主监督，保障干警的知情权、参与权和监督权。全心全意为干警服务，发挥工会联系党和广大干警的桥梁和纽带作用。

（四）协助和督促有关职能部门做好有关干警社会保险、劳动保护等工作。与有关部门协商解决涉及干警切身利益的问题，为干警谋取福利。

（五）加强自身建设，推进工会工作的制度化、规范化。依法收好、管好、用好工会经费，按规定上缴经费，管理好工会财产。

三、工会权利和义务

（一）院机关工会就关系干警切身利益的重大问题及其它共同关心的问题进行通报和协商解决。机关工会每年至少召开一次会员大会。

（二）通过干警（代表）大会或会员（代表）大会及工会组织负责人参加或列席党政有关会议、组织干警开展合理化建议活动，对单位内部事务管理中涉及干警切身利益的重大问题的决策和重要规章制度的制定、修订提出意见和建议。

（三）院机关工会有权就涉及干警合法权益的问题进行调查，有关部门及人员应当予以协助,如实提供情况和材料,对发现的问题,接受调查部门应当及时处理和答复。

(四)会同有关部门做好劳动模范、先进工作者的推荐、评选、表彰和管理工作。组织好劳模的疗养、休养活动,所需经费主要由行政经费解决。

(五)工会还应当履行下列义务:

1.协助有关部门对干警进行经常性的安全卫生教育,定期进行健康检查。

2.维护干警的休息、休假权利,协助和督促有关部门组织好干警的短休和休假活动。

3. 督促有关部门依照国家有关规定为干警缴纳各项社会保险和住房公积金等费用。

4.积极开展"送温暖"活动,关心困难干警生活,努力为困难干警办实事、办好事。

四、工会慰问制度

根据我院实际,工会每年实行慰问制度,凡有下列情形者,工会主席或由主席委托工会委员代表机关工会对干警进行慰问,并发给一次性补助款,补助标准视当年实际情况而定。

(一)干警本人、配偶及其子女、父母亲去世。

(二)家庭特别困难。

(三)干警因病住院。

(四)女干警生育。

(五)干警初婚。

五、工会经费管理制度

(一)会员会费的缴纳。工会会员应按个人每月工资收入总额交纳0.5%的工会会费。会费由本级工会独立使用。

(二) 院办公室应当按照全部干警上月工资总额的 2 % 向工会拨缴经

费,并及时向工会提供全部干警和工资总额的相关数据。全部干警是指在院工作并领取工资的各种人员。

(三)办公室应把工会经费列入包干经费,纳入年度预算,按期向工会足额拨付,不得截留和挪用。

(四)院根据财力和实际情况,每年给予工会一定的经费补助,以弥补工会经费的不足。

(五)院工会应当建立独立的预算、决算和经费管理制度,并在银行开设账户,依法管理和使用工会经费;工会经费的使用实行工会主席审批制度。工会经费开支数额较大的,还需报分管领导审批。

(六)工会经费的收缴、管理和使用情况应定期进行审计。

六、工会财产管理制度

(一)院办公室应当为院工会开展活动提供必要的房屋、设施、活动场所以及其它物质条件,并提供相关活动经费。

(二)院工会的经费和用工会经费购置设施等固定资产属于工会资产。

(三)院工会的经费、资产和国家拨给工会使用的其它财产受法律保护,任何组织和个人不得侵占、挪用和任意调拨。

(四)院工会组织撤销、解散时,其财产、经费应当在上级工会的指导下进行审计、清理。

妇女委员会工作制度

1.妇女委员会是党组直接领导下的独立的妇女群众组织,是党组联系全院妇女群众的桥梁和纽带。妇女委员会接受妇联的业务指导。

2.团结、引导全院女职工发扬自尊、自信、自立、自强精神,提高政治思想文化素质,艰苦奋斗,团结协作,努力工作,认真学习业务技术,积极参加本院的文明建设,做好计划生育工作。

3.围绕各时期中心工作,配合院领导做好宣传、发动全院女职工努力完成各项工作任务。

4.参与本单位的民主管理和监督。认真做好女职工的思想政治工作,代表和维护女职工的合法权益,反映她们的意见、建议和要求。配合督促有关部门不断改善女职工劳动保护条件,帮助妇女解除后顾之忧,为女职工办好事、办实事。

5.每隔三年改选妇女委员会。

6.每月或每季度召开委员会议一次,讨论、决定妇女工作问题。定期向院党组请示、汇报工作。

7.向党委、行政部门推荐优秀妇女人才。

8.关心妇女的业余生活,因地制宜地开展有利于妇女身心健康的文化、体育、娱乐活动。

共青团支部工作制度

汝州市人民检察院共青团支部要以＂三个代表＂重要思想为指导,认真学习贯彻党的"十七大"会议精神,加强团的组织建设、干部队伍建设和团员队伍建设,在团员青年中不断增强团组织的吸引力、凝聚力和战斗力,发挥团员的模范带头作用,成为团结、教育、培养青年的核心,结合机关实际,制定本制度:

一、三会一课制度

团员大会:团支部会议每季度召开一次,传达团委精神,提出工作安排。

支委会:团支部委员会一般每月召开一次,支委互通情况,研究和安排支部工作,每季度召开一次民主生活会。

小组会:团小组会每月召开一次,根据支部会决议,结合小组实际情况,确定内容,解决问题。

团课制度:团支部每季度上一次团课,并做到学习内容具体、生动,有针对性。

二、组织生活制度

团支部每季度至少组织团员过两次组织生活,学习文件、报刊、杂志等有关学习资料,或开展适合团员青年特点的活动。

三、汇报制度

团员每季度要向团小组或团支部汇报一次思想、工作和学习等方面的情况。

团小组每月要向团支部汇报一次工作,内容是:支部大会决议和支部部署的任务在本小组执行的情况,团员、青年的思想状况和建议要求及其工作情况。

支部委员要按照各自的职责范围，每月向支部委员会汇报一次工作情况。

四、推优制度

推荐优秀团员、青年做党的发展对象是共青团发挥党的助手和后备军作用的重要方面，是团组织义不容辞的责任。团组织必须充分认识推荐优秀团员、青年做党的发展对象工作的重要作用和意义，在上级团组织和同级党组织的领导下，努力做好推优工作。

推优工作以团支部为单位，一般每年推荐一次或按党组织的要求推荐，推荐的标准是被推荐对象基本达到《党章》规定的党员标准。团组织要积极主动做好团员中党的积极分子的培养考察，并将培养考察的情况及时向党组织汇报。

参与救灾抢险、扶贫助困制度

为倡导以人为本,发扬人道主义精神,体现检察机关和检察干警的爱心和社会责任感,当发生重大灾害和急需救助的困难人员时,全体干警有效地参与到救灾抢险、扶贫助困行动中去,特制定本制度。

一、发生严重自然灾害(大洪灾、大雪灾、大地震)时;

二、发生重大公共卫生事件(大范围传染病流行);

三、本院和本市出现急需救助的见义勇为者、经济困难急重病人;

四、本院联系的农村特困户、五保户、贫困学生;

五、党委和上级检察机关倡议或号召开展的各种参与救灾抢险、扶贫助困活动。

当发生或出现上述情况时,院机关党总支、机关工会和院办公室要迅速、准确地了解、掌握相关情况,并及时向院党组汇报,在党组的领导下,迅速组织开展本院和全体干警捐款、捐物以实际行动参与救灾抢险、扶贫助困活动。

第五章
机关后勤服务中心工作制度

机关事务管理暂行规定

为转变机关办事作风,保证机关高效、有序运行,杜绝各类事故的发生,经检察长批准,特制定本办法。

第一节 上下班制度

尝试取消每日签到制度,全体干警应自觉、按时遵守上下班纪律,外出报告,纪检监察部门、办公室将不定时对上下班情况进行监督、检查,每月不少于4次,外出人员由部门负责人向纪检监察部门作出详细说明,检查结果予以公布。

工作日期间,不得在办公室闲聊、打游戏等有损检察机关形象的活动,纪检监察部门、办公室不定时进行监督、检查,检查结果予以公布。

第二节 卫生制度

全体干警要爱护尊重劳动成果,保持墙面、地面整洁、安全,做到办公楼内外环境清洁、整齐、统一。

严禁随地吐痰,乱扔杂物,杜绝脏、乱、差现象。

卫生要求:

(一)室内窗明几净,橱桌无尘,办公设备及资料摆放统一、整洁、有序,不得随意乱放;墙壁不得乱贴乱钉,如确有必要悬挂版面的,院办公室按统一尺寸制作、打眼,在需要时悬挂。

(二)办公设备离墙 10 厘米摆放,以避免污损墙壁。

(三)办公楼道(楼梯)、卫生间内应保持清洁,无烟头纸屑、无杂物。

(四)各办公室痰盂应及时清洗,里面不能有烟头、茶叶。

办公室内卫生。每位干警各自负责本办公室的室内卫生,打扫卫生时应在每天下班时进行,尽量避免上班前后打扫。

每周五下午为全体干警大扫除时间。

各楼层所处部门负责人为本楼层卫生的第一责任人(五楼责任区含四至五楼楼梯,依次类推;一楼责任区含大厅、雨篷下地面)。

每发现哪个楼层存在烟头、纸屑、痰迹或污损墙壁等不卫生、不文明现象一次的,对该楼层每个部门处罚 1000 元,直接从该部门账上划扣,用于维修、处理或奖励卫生先进部门;部门账上无钱的,停报该部门同志全年出差补助。

值班人员应保持值班室整洁、卫生,检查发现不卫生现象的,对值班人员所在部门罚款 1000 元,值班人员在评先(优)、晋级、干部提拔、使用上将受影响。

实行卫生评比制度,不定期由办公室牵头,组织各部门负责人逐一卫生区域进行评比,对先进部门给予表扬或奖励,同时对卫生环境较差的部门予以批评教育。

本院工作人员应严格遵守院有关卫生规定,不准随地吐痰、乱扔杂物,自觉维护本院环境卫生。

第三节 值班制度

夜间值班时间为(冬天 18:30,夏天 19:30)——次日 8:00;节假日白班值班时间为 8:00——(冬天 18:30,夏天 19:30)

双休日上午 8:00 时至下午 19:00 时由不值夜班的同志轮流值班,法定假日期间的值班由院里统一安排。

严格交接班制度,不得留空档,值班人员因特殊情况不能到位者,应事先向科室领导请假,由科室统一调整,值班人员在值班期间外出需要带班领导批准。

值班人员要坚守岗位,不得擅离职守。值班人员执行每小时楼层、院内巡查制度,要认真做好值班工作记录,每周由纪检监察部门、院办公室对照监控录像检查,对重要事项和重大情况及时向值班领导请示汇报,不得贻误工作。

对领导交办的工作事项,认真、准确、迅速地办理,并及时报告办理结果。对来访人员要做到礼貌、热情,问清具体要求,根据情况与有关领导或单位联系,按领导或单位意见办理。

当班工作要当班处结,并认真填写《值班日志》。当班未能处理完的事宜要交接清楚,认真作好交接记录。

值班人员应爱护公物,保持室内的卫生整洁。

值班室钥匙随班传递,如出现传递失误,由上一班值班人员负一切责任。纪检监察部门、办公室将不定时对值班情况进行监督、检查,每月不少于 4 次,检查结果予以公布。

值班人员原则上第二天上午休息。

值班保安人员对于来访人员应做好登记手续,并负责通知其所联系的本院工作人员。

对携带本院公共财物,或携带非其入本院时所持财物,准备出院大门的外来人员,保安人员应进行检查,确认财物来源的合法性后,方可放行。

对于不认真履行职责,违反巡查、交接班、卫生等规定的,对值班人员所在部门罚款 1000 元,值班人员在评先(优)、晋级、干部提拔、使用上将受影响。

第四节 水电管理

办公室负责对全院水、电进行管理,由电工负责日常维护工作。

全院工作人员应遵循"节约、安全"的用水用电的原则。

各科室办公照明、空调或电话故障须及时报修,电工须在 1 小时内到现场维修,无法及时排除故障,须说明情况,尽快维修。

电工应经常检查电闸、电线、水龙头等水电设施,保持设施的良好状况。

上班期间严禁不关闭门、窗使用空调,空调制冷温度不得低于 25 度,制热温度不得高于 18 度。

下班后,做到人走灯灭,空调关闭。

如违犯规定,空调未关闭或温度设定超标的每次罚款 100 元,未熄灯每次罚款 50 元,并对所属部门予以通报批评。(罚款从部门经费中扣除)。

第五节 车辆管理

办公室为全院车辆统一管理的职能部门,负责全院车辆的管理与使用,办公室有权调配、使用各科室的车辆。

车辆实行定人、定车负责制、分配到各科室使用的车辆,科室主要负责人为车辆管理责任人,负责管理本科室的车辆,车辆管理责任人须为每辆车指定车辆负责人,并报办公室备案,车钥匙由车辆负责人保管。

办公室负责监督本规定的执行,不定期对全院车辆进行检查,对检查中发现问题应提出整改建议和措施,并及时向检察长报告或提交检察长办公会讨论决定。

各部门应合理调配车辆,保证上班时间内的工作用车,严禁上班时间公车私用。

外单位车辆或者其他公务车辆经允许后方可在院内停放。

办公室负责对全院车辆日常管理工作进行检查,负责办理车辆购置、上牌入户、报废更新、年审等手续,负责审批车辆保险费、维护保养等其他事项,并负责处理交通事故、办理车辆保险索赔等工作。

各科室应严格车辆管理,加强车辆防盗措施,妥善保管车辆行驶证、车辆购置附加费、车牌照和保险卡等,当事人对证件遗失有过错的,应当承担因补办而发生的费用。

车辆驾驶员必须加强政治和业务学习,遵守各项规章制度,不准私自出车。不准将车辆交给无驾驶证人员驾驶,不准将车辆借给外单位人员驾驶,不准借给他人学习驾驶技术。

凡违反规定造成损失的,照价赔偿并严格追究当事人的责任。

车辆离开汝州市管辖范围在省内行驶的,车辆使用人先填写用车申请单,经科室主要负责人审批后,再报分管院领导批准,在得到批准后方可使用,并将批准后的用车申请单交办公室备案。

车辆离开河南省的,须经检察长批准,并将批准后的用车申请单交办公室备案。

车辆应当停放在对应的车位,对于违反规定停放的车辆,由办公室通知车辆管理责任人,违反规定两次以上的,由办公室给予通报批评。

本院一切车辆每天晚上 9:30 时之前和节假日必须停入本院指定车位,但下列情况除外。

(一)因工作需要,科室车辆不回院停放的,但必须提前向分管院领导提出书面申请,并把申请批复交到办公室备查。

(二)外出调查办案车辆需要在外过夜的,须事先向分管院领导提出书面申请,并把申请批复单交到办公室备查。

违反本条规定用车的,第一次给予口头警告,第二次以上报告院领导,并由办公室收回该车辆使用权。

违反本条规定造成车辆损坏、丢失的,由当事人承担一切经济赔偿责任,如其行为同时违反了本院其他纪律规定的,还应承担相应的行政责任和其他责任。

本条的"一次"是指当晚车未入库,如连续两个晚上车未入库则为两次,次数以值班人员登记为准。

警车必须由本院干警在执行公务时驾驶,驾驶警车必须着制服。

警车不准配给个人作交通工具,不准用于办私事,不准乘载与执行公务无关的人员,不准将警车借给外单位人员或私人驾驶,非执行公务不准将警车停放在高档宾馆、饭店或娱乐场所门口,执行完公务后,必须严格按要求将警车停放在本院内指定车库。

对于未经批准,私自用车二次以上的给予全院通报批评。私自用车致使车辆损坏、发生交通事故或丢失的,经济损失全部由当事人赔偿,当事人是本院干警的,视情节给予行政处分,是聘用人员的,予以辞退。

对于因私用车的,使用人承担车辆燃油费用。其它情况根据有关规定处理。

车辆驾驶员在出车前必须认真检查车辆仪表等设备是否正常,确保行车前的良好车况;按驾驶要求正确驾驶车辆;在车辆行驶中应注意各仪表和报警装置的指示情况,随时掌握车辆技术状况。发现故障应及时排除,不带故障行车。

驾驶员应服从安排、听从指挥、遵纪守法、文明行车。

车辆发生交通事故,驾驶员必须立即停车,服从交通警察指挥。如无交通警察时应立即抢救伤者、保护现场(争救伤者移动现场须设置标志)并及时报告当地公安交通管理机关及本院办公室等候处理。不得破坏现场,不得擅自处理,更不得驾车逃逸。

交通事故责任的划分,按照交通警察现场处理裁决为准。

我院车辆停放时,非规划车位一律不得停放车辆,车辆通道禁止停车。

警车区不得停放其他民用车辆,警车停放时,车头同向。

本院私人车辆可以在院内停放,但如遇无车位时,请于门口秩序摆放。

晚上,院内停放的外单位车辆以及本单位未在停车位停放的一切车辆,务必于早7:30前开走。

凡分配车库的车辆,不得在院内摆放。院内车库的车辆停放时,车头朝外。

所有车辆应听从保安指挥,不得以任何理由和借口与其发生冲突。

车辆管理责任人和车辆负责人应加强车辆日常检查保养,因长时间不对车辆进行日常检查保养或检查保养明显不及时而导致车辆发生交通事故或机械事故的,经济损失由车辆管理责任人、车辆负责人共同承担,驾驶员有过错的也一并承担。导致重大损失的,除承担经济责任外,相关责任人是本院干警的给予行政处分,是聘用人员的予以辞退。

车辆损坏、发生交通事故和丢失,不说明或不能说明理由和原因的,其经济损失由车辆管理责任人、车辆负责人及车辆驾驶员共同承担。相关责任人是本院干警的,给予行政处分,是聘用人员的予以辞退。

事故评定处理由办公室负责,必要时提请政治处、监察科参与调查处理,需作出行政处分的,由政治处、监察科根据有关纪律规定作出处分。

第六节　附　则

本院其他关于机关事物管理的制度,全体干警均应严格执行。

对以上规定的所有检查内容,一个月内连续被通报五次的部门,对部门负责人予以通报批评。

本办法自公布之日起执行。

机关后勤服务中心职责

1.负责机关办公区和住宿区水、电、汽、暖系统及有关设备、设施的管理、维护、维修和正常运行。

2.负责机关及住宿区的管理、修缮工作。

3.负责机关干警生活服务工作。管理机关餐厅、生活基地等服务项目和服务设施。

4.负责划归服务中心的固定资产的管理工作。确保国有资产保值增值；对可经营性资产进行开发建设，充分发挥资产效益。

5.负责机关和住宿区的绿化、美化、卫生清洁工作。

6.负责的其它临时性工作。

保密制度

根据《中华人民共和国保守国家秘密法》和本院关于保守秘密的规定,结合中心实际,制订本制度。

保密范围:

文件保密。包括秘密文件、资料、图表、计算机硬盘、软盘、声像制品等的保密。

会议保密。重要会议内容和领导在会议上的讲话,在未正式公开之前,均不准泄露。

案件保密。对公安机关呈请批准逮捕、移送起诉的各类刑事案件和检察机关立案侦查的各类经济案件、法纪案件在未正式公开处理实施前,不得任意泄露案情和准备采取的法律措施。

情报信息保密。对各个时期社会治安情况、刑事犯罪动态、内部准备采取的对策、措施,在未正式公开之前,不得泄露。对刑事案件的统计、报表及各类有关数字,不准随意外泄。

公文内容保密。机密级以上的公文的收发、传递、保管、清还、销毁,都应严格执行办理规定。

保守财务秘密。除领导同意外,不准私自向外界提供或者泄露会计信息。

对关键设备的位置、数据等保守秘密,除领导同意外,不准私自向其他人员介绍、泄露。

其他应当保密的事项。

根据"保守秘密,慎之又慎"的要求,全体人员必须遵守以下保密事项:

不该说的秘密,绝对不说;

不该知道的秘密,绝对不问;

不该看的秘密,绝对不看;

不准记的秘密,绝对不记;

不准去的秘密场所,绝对不去;

不在私人通信中涉及秘密事项;

不在非保密本人记录秘密事项;

不在不利于保密的场合谈论秘密;

不在普通邮局寄秘密材料;

不用普通电话谈论秘密事项;

不得为个人需要摘引秘密材料内容;

不得相互赠送秘密资料;

不经领导批准,不得将秘密文件材料送给任何人阅读;

遗失或泄露了秘密应立即向组织报告,不得谎报和隐瞒。

为防止外出时随身携带的机密文件,因不慎而造成失密、泄密事件的发生,必须做到:

因公外出时不得随身携带绝密文件、资料,如遇特殊情况必须随身携带时,事先应经领导批准,办理登记手续,并应二人同行,互相督促,共同负责,严密看管,不得丢失。

携带机密、秘密文件、资料时,必须装在文件包或文件箱内,绝对不允许在没有保密措施的情况下,随便携带机密文件、资料外出。

必须携带秘密文件、资料外出工作时,应做到文件不离人,人在文件在。

不得携带秘密文件资料出入公共场所游览、参观、探亲、访友。

不得借工作之便将秘密文件、资料带回家中。

中心将每年进行一至二次保密教育和保密检查。

凡违反保密规定造成不良影响或后果者,依照有关规定处理,直到追究刑事责任。

工程管理制度

为进一步加强和规范机关办公区及住宿区等区域的工程管理,更好地为干警创造优美、舒适的工作和生活环境,根据实际,制定本制度。

本制度所称的"工程"指预算在 10 万元以下的关于房产以及房产配套设备设施的维护、维修、建设,公共场地的建设、美化,以及有关设备、设施(包括大型设备、办公机俱)的购买、安装、维护、维修等事宜。

还包括领导交办的有关工程项目。

建设维护工程的办理程序如下:

(一)工程项目的提出。由领导、干警、中心职能部门提出及其它有关合理化建议。

(二)调研。由中心领导指定部门进行专门的调查研究,包括市场情况、工程必要性的调查等。

(三)可行性研究。由有关部门对工程进行可行性研究,包括环境预测、设计要求及任务书等,形成报告并拟定工程预算书。

(四)评估、决策。由工程管理领导小组组织有关人员对可行性研究报告进行评估,并最终形成决策意见。

(五)计划。工程决策后,由工程负责部门制订工程进度计划书,并报经工程管理领导小组审批。

(六)勘测、设计。由工程负责部门组织人员进行勘测、设计以及技术、质材设计等,为工程施工做好准备。

(七)施工。由工程管理部门制订施工计划,包括施工图纸、施工要求、施工标准等并按设计要求开始施工。

要以一定形式选择管理组织严密、施工质量高、经验丰富、费用适中、认真负责的施工队伍进行施工。

在施工过程中，负责工程的部门要指派专人现场管理、监督、指导、协调，严把质量关，实行文明施工。

（八）竣工。按计划高标准高质量完成工程，准备好各项工程管理文件并制作竣工报告及工程竣工图。

（九）验收。由工程管理领导小组组织有关人员按照工程要求及有关标准进行验收并签字；对工程预算书进行审核、决算；完成竣工验收报告。

工程验收后，由工程管理部门收集齐全各种相关文字、图表、声像等各种载体的文件材料，分类归档。

廉洁自律制度

坚决执行中政委"四条禁令"、高检院廉洁自律的有关规定和本院的具体规定。

要不折不扣地执行院党风廉政建设责任制,分级落实,各负其责。

要严于律已,清正廉洁,不准以任何方式接受当事人的吃请和礼物,不准在发案单位吃喝;不得借机贪污、受贿、敲诈、勒索、徇私枉法,不得借办事之机假公济私为个人办私事。

不准让企业或其它单位、个人支付请客送礼或其它娱乐性的费用。

要秉公执法,不准办人情案、关系案;不准在家里接待当事人,不准搞伪证、刑讯逼供、办假案。

严格保密纪律,不准向当事人泄露案情,通风报信;不得在家里阅读保密材料,严格保管保密材料,不得丢失,不得宣扬、泄露。

不准以检察人员、法警身份为亲友、熟人追款追物,传唤有关人员,更不准接受款物。

严禁接受施工单位、受托管理单位的请吃、送礼。

严禁虚报、抬高应购置物品的价格及数量,实施假公济私的贪污行为。

在公务活动中接受的礼品,应依照国家规定及时交公。

严禁挪用公款归个人使用,进行非法活动或进行营利活动。

严禁截留、坐支、私分公物、公款。

本制度未尽事宜,以高检院及本院各项廉政纪律为准。

对违反上述规定的,依照《检察官纪律处分暂行规定》及其它相关规定,严肃处理。对情节严重构成犯罪的依法处理。

餐厅安全生产规定

为了加强安全生产监督管理,提高餐厅经营安全生产水平,防止和减少生产安全事故,保障人员生命和财产安全,制定本规定。

1.保持餐厅地面的清洁干净,若液体或食物溅落在地板上时,要立即擦拭,在清除前放置一张桌子或凳子于污点处。

2.在湿滑的地板上铺防滑剂或防滑垫以保行走安全。风雨时要留意所有进出口、以防伤人事故。

3.清洗地板时,每次仅弄湿一小块以拖布擦干再清理他处,隔开清洗的地方,以使客人远离此区域。

4.雨天使用门口垫席,要确实铺平,不可褶皱,确保行人安全。

5.进出配餐间,按规定路线进出避免碰到另方来得人。

6.器皿盘碗类,不能草率地叠放盘碗及玻璃容器或放置过高而且参差不齐,否则常会造成不必要的破损和意外。

7.碗碟要妥当放置于托盘上,以免滑落,不可放置过重以免运送不宜,也不可太高遮住视线以免造成以外和损失。

8.破损的玻璃不可放置于水槽或洗碗池内,以免被割伤。破损的玻璃器及瓷器要立即和完整的器皿分开,并且放置于收拾此物的容器内,破碎器皿要尽快清除。

9.以足够的时间安全妥善地服务,不轻易加快,拿刀叉或其他锐利物时,不可掉以轻心注意安全。

10.用过的玩碗盘容易滑落,要小心拿取,拿特热的菜盘子或煲类把柄时,应用服务巾以免烫伤。

11.开闭抽屉柜门时,应保持掌握以免手指被卡住;或免于橱柜门半开致易撞及受伤。

12.如遇不安全之事,桌椅损坏或器材失调,或遇可疑人物兹事,应立即报告值班领导。

汝州市人民检察院干警文明上网规范

为了进一步规范干警的上网行为,营造良好的文化氛围,制定以下上网规范。

第一条 严格遵守《中华人民共和国计算机信息网络国际联网管理暂行规定》、《互联网信息服务管理办法》等国家法律法规。恪守网络道德,文明上网。

第二条 自觉遵守有关保守国家机密的各项法律规定,不泄露党和国家机密,或传送有损国格、人格的信息;禁止在网络上从事违法犯罪活动。不制作、查阅、复制和传播有碍社会治安及社会公德和有伤社会风化的信息。不得发表任何诋毁国家、政府、党的言论,不得发表任何有碍社会稳定、国家统一和民族统一的言论。

第三条 不得擅自复制和使用网络上未公开和未授权的文件;不得在网络中擅自传播或拷贝享有版权的软件,或销售免费共享的软件。网络上所有资源的使用应遵循知识产权的有关法律法规。不利用网络盗窃别人的研究成果和受法律保护的资源。

第四条 不得使用软件的或硬件的方法窃取他人口令,非法入侵他人计算机系统,阅读他人文件或电子邮件,滥用网络资源。不得制造和传播计算机病毒等破坏性程序。禁止破坏数据、破坏网络资源,或其它恶作剧行为。

第五条 不在网络上接收和散布封建迷信、淫秽、色情、赌博、暴力、凶杀、恐怖等有害信息。不得浏览色情、暴力、不健康的网站网页。

第六条 不得捏造或歪曲事实、散布谣言、诽谤他人、扰乱社会秩序的不良信息。

第七条 要善于网上学习,不浏览不良信息;要诚实友好交流,不侮辱欺诈他人;要增强自护意识,不随意约会网友;要维护网络安全,不破坏网络秩序;要有益身心健康,不沉溺虚拟时空。

第八条 有违反上述规则造成不良影响和后果的,将视情节给予严肃处理。

第六章
检察技术工作制度

办案专用器材设备管理使用规定(试行)

为进一步加强办案专用器材设备的管理、使用和维护保养,有效地服务本院办案工作,根据相关规定,结合本院实际,特制定本规定:

一、登记

(一)本院统一购置、部门自行购置及上级院统一配发的办案专用器材设备均交计财部门登记,列入院固定资产。

(二)计财部门负责办案专用器材设备的分类、编号,及时向办案部门通知设备到位情况,并保证专用器材设备和说明书、配件等完整,按照《检察机关侦查装备建设指导意见》、《县级人民检察院基本业务装备配备指导标准》等规定,确定每台设备使用年限、报废日期等。

(三)计财部门负责配备专用器材设备的保护配件,如相机、摄像机等保护套。

二、保管保养

(一)院配备的办案专用器材设备由技术部门负责保管和保养,日常保养必要经费由院经费保障。

(二)技术部门指定保管员负责管理、保养办案专用器材设备,器材存放于专门房间、专柜。

(三)房间环境应符合办案专用器材设备保管要求,必要时配备空调、除湿、防火、防盗、保养等设备。

（四）技术部门应建立办案专用器材设备保管档案，制作《办案专用器材设备保养登记卡》，详细记载设备日常保养情况。每次借出归还后，及时擦试、除尘、入库，并做好记录。保管员负责搞好器材保管房间的日常卫生。

（五）保管员应熟悉办案专用器材设备的基本操作，定期检查设备性能，保证设备借出时满足办案性能要求。不常用的设备电池，三个月内保证充电一次。

（六）保管员不得参与保管器材的办案使用、私自使用。

（七）使用办案专用器材取得的电子数据、视听资料等，保管员应提醒办案人员及时按照相关法律规定处理，保管员应确保返还的办案专用器材的存储介质中不含办案取得的电子数据等存储文件。

（八）技术部门制作《办案专用器材设备借出登记表》和《办案专用器材设备归还登记表》，列明借出和归还时办案专用器材的基本情况。

（九）借用办案专用器材设备到期不还，技术部门通知计财部门按相关规定处理。

（十）计财部门根据相关规定指定设备使用年限，保管员于设备使用期到期前一个月通知计财部门按照国有资产相关规定移交做相关处理。

（十一）办案专用器材设备的保管条件发生变化，需要加强安全保养措施，保管员应及时向技术部门负责人汇报。技术部门认为需要增加安全保养措施的，通知计财部门解决。

三、使用

（一）办案部门必须严格按照《刑事诉讼法》关于使用技术侦查设备的严格规定。涉及技术侦查、秘密侦查等专用办案器材的使用，借出时须向技术部门出具相关审批文书复印件备案。

（二）办案部门因办案向技术部门借用办案专用器材前，须出具《办案专用器材设备借用通知单》，一个（套）设备填写一个通知单，注明借用部门、使用人员、借用设备、借用用途、借用期限等，并须办案部门负责人签字，加盖部门印章。

（三）办案部门借用办案专用器材时,办案人员须验明所借设备是否符合办案所需、设备是否正常、配件是否到位等,并在《办案专用器材设备借用通知单》中签字。

（四）办案部门借用办案专用器材,须按照指定的使用人使用,借用期间妥善保管。

（五）使用办案专用器材取得的电子数据、视听资料等证据、资料,办案部门归还前须及时处理,保证归还设备的存储介质中不含涉密文件。

（六）办案部门归还设备时,技术部门保管员须检查设备是否完整、设备性能是否正常等,并须在《办案专用器材设备借用通知单》中"归还登记"栏目中注明、签字。设备性能缺失严重,不属于技术部门保养、保管职责范围,保管员可以拒绝接收,及时向技术部门负责人报告,并通知计财部门、办案部门做好设备维修等处理。

（七）办案部门使用办案专用器材设备的借用期限到期时,须按时归还。确因侦查办案需要延长的,办案部门经技术部门主管检察长同意,于借用期限到期前五天内向技术部门出具《办案专用器材设备延长借用申请单》。

四、使用范围

办案专用器材设备使用范围仅限于本院办案部门办案需要。严禁私自转借或用于个人活动。严禁违反法律规定超期使用。

五、维修

保管期间,人为造成办案专用器材设备损坏的,由技术部门负责维修承担费用,并通知计财部门。借用期间,人为造成办案专用器材设备损坏的,由使用部门负责维修承担费用,并通知计财部门。办案专用器材设备因自然损耗、技术升级、超期保管使用的,由计财部门负责维修承担费用。

六、责任

（一）各部门负责人须按照此规定严格履行审查责任。部门负责人不积极履行本规定相关要求,办案专用器材造成损坏、丢失的,独自承担赔偿责任。

(二)因保管或使用不当,人为造成办案器材设备损坏、丢失的,由保管人或者使用人和对应部门负责人共同承担赔偿责任。因私自借出造成损坏、丢失的,由直接责任人独自承担赔偿责任。

(三)部门负责人或保管员因工作调动或其它原因调离本部门或调出本单位的,应当将所借用或保管的办案器材设备,在计财部门主持下进行交接。对无故占用、隐瞒、拒不移交的依法依纪处理。

七、附注

本规定所指的办案专用器材设备由计财科指定,设备清单由计财科发布更新。

人民检察院法医工作细则

（2013年12月3日最高人民检察院
第十二届检察委员会第十三次会议通过）

第一章 总 则

第一条 为了规范人民检察院法医工作,根据《中华人民共和国刑事诉讼法》、《人民检察院刑事诉讼规则(试行)》等有关法律法规,结合检察工作实际,制定本细则。

第二条 法医工作范围包括:

(一)接受检察机关办案部门和其他机关或者单位委托,就案件中涉及人身伤亡的现场进行勘验、检查,对尸体、活体及法医物证进行检验鉴定;

(二)对检察机关办案部门移送的法医学鉴定文书和相关证据材料进行审查;

(三)为检察机关办案部门提供涉及法医学问题的技术协助或者技术咨询,根据办案需要参与法庭审理活动;

(四)开展法医培训和学术交流,组织以应用为主的法医学科研工作;

(五)其他与法医相关的工作。

第三条 法医人员应当遵循《中华人民共和国刑事诉讼法》和《人民检察院刑事诉讼规则(试行)》等关于鉴定人回避的规定。

第四条 法医工作应当遵守法律法规、行业标准和操作规范,应当遵循客观、公正、科学、独立、保密等基本原则。

第二章　工作内容

第一节　勘验、检查

第五条　法医在检察机关案件承办人员的主持下参加勘验、检查。

第六条　法医参加勘验、检查的主要任务是:进行尸体检验、活体检查,发现和收集痕迹、物证,为诉讼活动提供线索和证据。

第七条　法医勘验、检查应当如实反映现场情况,配合其他技术人员对尸体的原始状况及周围的痕迹、物品进行照相、录像、制图固定。

第八条　复验、复查时应当制定预案,并尽可能在与原始现场相同条件下进行重新勘验检查或者侦查实验。

必要时,可以协助检察机关案件承办人员参加公安机关复验、复查或者侦查实验。

第二节　尸体检验

第九条　尸体检验的目的,是确定死亡原因、死亡方式,推断死亡时间、损伤时间及致伤物。

第十条　尸体检验的范围包括:

(一)检察机关渎职侵权检察、监所检察等部门办理案件中涉及非正常死亡的;

(二)检察机关认为有必要进行补充鉴定或者重新鉴定的;

(三)按照相关规定接受其他司法机关委托,对案件中涉及的尸体进行检验的。

第十一条　尸体检验应当由两名以上法医进行。

第十二条　尸体检验原则上应当在解剖室内进行。现场解剖的,应当设置防护隔离设施。

尸体检验禁止有伤风化的行为。涉及少数民族尸体检验的,应当尊重其民族风俗。

第十三条 尸体检验包括尸表检验和解剖检验。尸体检验要全面、系统,应当按相关技术规范提取有关脏器和组织进行组织病理学检验,提取胃内容物、脏器、组织、血液、尿液等进行毒物分析或者其他检验。

上述检材应当留取一定数量,以备复验或者重新鉴定。

第十四条 尸体检验应当进行照相、录音录像。照相和录音录像应当由专业技术人员进行。未经办案部门批准,禁止其他人员照相和录音录像。

第十五条 尸体检验应当形成全面客观的记录,尸体照相应当完整,阳性发现和重要的阴性表现均应当完整反映,细目照相应当有比例尺。

第三节 活体检查

第十六条 活体检查主要是对被检人的个人特征、损伤情况、生理状态、病理状态、精神状态和各器官、系统功能状态等进行检验、鉴定。包括:

(一)查明个人特征,包括性别、年龄、血型及生理、病理特征,提取用于DNA检测的生物检材等;

(二)检查人身损伤情况,判断损伤程度,推断损伤性质、损伤时间、致伤工具、伤残程度等;

(三)检查有无性侵害、妊娠、分娩以及性功能状态,协助查明有无性侵害犯罪方面的问题;

(四)查明人体有无中毒症状和体征,检查体内是否有某种毒物,并测定其含量及判断入体途径等;

(五)检查有关人的精神状态,必要时配合精神病学专家判断是否存在明显的精神异常表现。

第十七条 活体检查一般在法医活体检验室进行。根据办案需要,可以在医院、住处或者监管场所等地进行。

活体检查应当由两名以上法医进行。

检查未成年人身体时,应当有其监护人在场;检查妇女身体时,应当有女性工作人员在场。

第十八条 活体检查时,案件承办人应当将被检人的临床资料及有关材料送交法医鉴定人。涉及临床医学专科问题,可聘请医学专家共同检查。

第四节 法医物证检验

第十九条 法医物证是指与案件有关的人体组织器官的一部分或者其分泌物、排泄物等。

第二十条 法医物证检验主要内容:

(一)血痕检验包括检验检材上是否有血及其种属,判断性别、血型、DNA 基因分型、出血部位等;

(二)毛发检验包括种属认定,确定其生长部位,脱落、损伤的原因,有无附着物,判断性别、血型和 DNA 基因分型等;

(三)精斑检验包括认定是否精斑,判断血型和 DNA 基因分型等;

(四)骨骼检验包括认定是否人骨,是一人骨还是多人骨,推断性别、年龄、身高和其他特征,判断骨骼损伤是生前还是死后形成以及致伤工具等;

(五)对其他人体生物检材的检验。

第二十一条 法医物证检验的步骤一般包括:肉眼检查、预备试验、确证试验、种属试验、个体识别和亲缘鉴定等。

第二十二条 法医物证的提取、包装、送检和保管应当区别不同种类的检材,严格遵照有关规定进行。

第五节 技术性证据审查

第二十三条 本细则所称的技术性证据审查,是指具备法医鉴定资格的人员,受检察机关办案部门委托或者指派,就案件中涉及的法医学证据材料进行审查、判断,并提出审查意见的专门活动。

第二十四条 有下列情形之一的,应当进行技术性证据审查:

(一)对案件定罪、量刑起关键作用的法医学证据与其他证据之间存在明显矛盾且不能排除的;

(二)同一案件对同一法医学专门性问题有两个或者两个以上不同鉴定

意见的,或者对鉴定意见理解不一致的;

(三)犯罪嫌疑人、被告人及其辩护人,被害人及其诉讼代理人提出异议,案件承办人认为应当审查的;

(四)死亡原因鉴定中涉及伤病关系分析的;

(五)损伤检验鉴定意见与鉴定标准的适用条款明显不相符的;

(六)对被鉴定人法定能力的司法精神病鉴定意见存在疑问的;

(七)案件承办人认为有必要进行技术性证据审查的。

第二十五条 技术性证据审查的内容包括:

(一)检验鉴定材料是否全面完整,委托受理是否符合法定程序,鉴定人是否具有专门知识和鉴定资格, 鉴定机构是否在其执业范围内开展鉴定工作;

(二)法医学检验鉴定检材、样本的收集、固定、保管等是否符合有关技术标准和规范,检材、样本是否充足、可靠;

(三)检验鉴定的程序、方法、步骤及仪器选用是否科学规范,检验是否全面细致;

(四)鉴定意见的依据是否科学客观,引用鉴定标准及条款是否恰当,是否符合委托要求,有无遗漏或者需要补充鉴定;

(五)审查保外就医罪犯所患疾病是否达到规定的医学条件;

(六)审查勘验检查笔录中涉及法医学的内容是否客观,有无遗漏勘验检查项目和内容,与检验鉴定是否一致;

(七)其他需要审查的内容。

第二十六条 审查完成后,应当制作技术性证据审查意见书,提出审查意见,并说明理由。

第六节 出 庭

第二十七条 接到人民法院的出庭通知,法医鉴定人应当出庭。确因特殊情况无法出庭的,应当及时向法庭书面说明理由。

根据案件承办部门的要求,技术性证据审查人可以出庭就鉴定人作出的鉴定意见提出意见。

第二十八条 法医鉴定人出庭前应当做好如下准备工作:

(一)熟悉鉴定意见;

(二)向公诉人或者其他出庭检察员了解该案的进展情况及对鉴定意见的异议;

(三)针对出庭可能遇到的问题,拟定解答提纲。

第二十九条 法医鉴定人出庭,应当携带必要的材料,包括:

(一)委托书或者聘请书、受理检验鉴定登记表、送检材料照片或者复印件、检验记录、鉴定文书;

(二)反映有关物证、书证、勘验检查笔录、视听资料等获取、制作过程的有关材料;

(三)与该鉴定意见有关的学术著作和技术资料;

(四)鉴定机构及鉴定人资格证明,能够反映鉴定人专门知识水平与能力的有关材料。

第三十条 法医鉴定人出庭时,应当回答审判人员、检察人员、当事人和辩护人、诉讼代理人依照法定程序提出的有关检验鉴定的问题;对与检验鉴定无关的问题,可以拒绝回答。

第三十一条 鉴定人、审查人因在诉讼中作证,本人或者其近亲属的人身安全面临危险的,可以请求法律保护。

第三章 工作程序

第三十二条 法医接到委托后,应当听取送检人介绍案件情况,明确委托事项和要求,接收并核对送检材料。符合受理条件的,应当受理;不符合受理条件的,予以退回,并说明理由。

第三十三条 法医学鉴定应当在受理后十五个工作日以内完成。疑难复杂的案件,征得委托单位同意,可以适当延长时间。需要进行毒物分析、组织病理学检验和其他特殊检验以及补充材料的时间,不计入鉴定时限。

技术性证据审查应当在受理后五个工作日内完成。

第三十四条 法医学文书包括尸体检验记录、法医学鉴定书、法医学检验报告、技术性证据审查意见书、法医学技术协助工作说明等。制作法医学文书应当语言规范、内容完整、描述准确、论证严谨、意见客观。

第三十五条 法医学文书应当由承办人签名。法医学鉴定书和法医学检验报告应当加盖"司法鉴定专用章",同时附上鉴定机构和鉴定人的资质证明。技术性证据审查意见书应当加盖"技术性证据审查专用章"。

第三十六条 剩余的检材原则上应当退回送检单位。送检单位放弃剩余检材的,应当办理相关手续。

第三十七条 法医工作结束后,应当将案件有关材料、病历资料以及检验鉴定记录、图片或者照片等,按照人民检察院档案管理的相关规定制卷归档。

第三十八条 法医学文书应当与回执单一并发出。案件承办部门在案件终结后,应当将法医工作所起到的作用填写在回执单上,反馈检察技术部门。

对于重大、特殊、疑难案件,鉴定人可以适时回访,总结经验。

第四章 附 则

第三十九条 本细则由最高人民检察院负责解释。

第四十条 本细则自颁布之日起施行。

人民检察院讯问职务犯罪嫌疑人
实行全程同步录音录像的规定

（2014年3月17日最高人民检察院
第十二届检察委员会第十八次会议通过）

第一条 为了进一步规范执法行为，依法惩治犯罪，保障人权，提高执法水平和办案质量，根据《中华人民共和国刑事诉讼法》、《人民检察院刑事诉讼规则（试行）》等有关规定，结合人民检察院直接受理侦查职务犯罪案件工作实际，制定本规定。

第二条 人民检察院讯问职务犯罪嫌疑人实行全程同步录音、录像，是指人民检察院办理直接受理侦查的职务犯罪案件，讯问犯罪嫌疑人时，应当对每一次讯问的全过程实施不间断的录音、录像。

讯问录音、录像是人民检察院在直接受理侦查职务犯罪案件工作中规范讯问行为、保证讯问活动合法性的重要手段。讯问录音、录像应当保持完整，不得选择性录制，不得剪接、删改。讯问录音、录像资料是检察机关讯问职务犯罪嫌疑人的工作资料，实行有条件调取查看或者法庭播放。

第三条 讯问录音、录像，实行讯问人员和录制人员相分离的原则。讯问由检察人员负责，不得少于二人；录音、录像应当由检察技术人员负责。特别情况下，经检察长批准，也可以指定其他检察人员负责。刑事诉讼法有关回避的规定适用于录制人员。

第四条 讯问录音、录像的，应当由检察人员填写《录音录像通知单》，写明讯问开始的时间、地点等情况送检察技术部门或者通知其他检察人员。检察技术部门接到《录音录像通知单》后，应当指派检察技术人员实施。其他检察人员接到通知后，应当按照本规定进行录制。

第五条 讯问在押犯罪嫌疑人,应当在看守所进行。讯问未羁押的犯罪嫌疑人,除客观原因或者法律另有规定外,应当在人民检察院讯问室进行。

在看守所、人民检察院的讯问室或者犯罪嫌疑人的住处等地点讯问的,讯问录音、录像应当从犯罪嫌疑人进入讯问室或者讯问人员进入其住处时开始录制,至犯罪嫌疑人在讯问笔录上签字、捺指印,离开讯问室或者讯问人员离开犯罪嫌疑人的住处等地点时结束。

第六条 讯问开始时,应当告知犯罪嫌疑人将对讯问进行全程同步录音、录像,告知情况应在录音、录像和笔录中予以反映。

犯罪嫌疑人不同意录音、录像的,讯问人员应当进行解释,但不影响录音、录像进行。

第七条 全程同步录像,录制的图像应当反映犯罪嫌疑人、检察人员、翻译人员及讯问场景等情况,犯罪嫌疑人应当在图像中全程反映,并显示与讯问同步的时间数码。在人民检察院讯问室讯问的,应当显示温度和湿度。

第八条 讯问犯罪嫌疑人时,除特殊情况外,检察人员应当着检察服,做到仪表整洁,举止严肃、端庄,用语文明、规范。严禁刑讯逼供或者使用威胁、引诱、欺骗等非法方法进行讯问。

第九条 讯问过程中,需要出示、核实或者辨认书证、物证等证据的,应当当场出示,让犯罪嫌疑人核实或者辨认,并对核实、辨认的全过程进行录音、录像。

第十条 讯问过程中,因技术故障等客观情况无法录音、录像的,一般应当停止讯问,待故障排除后再行讯问。讯问停止的原因、时间和再行讯问开始的时间等情况,应当在笔录和录音、录像中予以反映。

无法录音、录像的客观情况一时难以消除又必须继续讯问的,讯问人员可以继续进行讯问,但应当告知犯罪嫌疑人,同时报告检察长并获得批准。未录音、录像的情况及告知、报告情况应当在笔录中予以说明,由犯罪嫌疑人签字确认。待条件具备时,应当对未录的内容及时进行补录。

第十一条 讯问结束后,录制人员应当立即将讯问录音、录像资料原件交给讯问人员,经讯问人员和犯罪嫌疑人签字确认后当场封存,交由检察技术部门保存。同时,复制讯问录音、录像资料存入讯问录音、录像数据管理系统,按照授权供审查决定逮捕、审查起诉以及法庭审理时审查之用。没有建立讯问录音、录像数据管理系统的,应当制作讯问录音、录像资料复制件,交办案人员保管,按照人民检察院刑事诉讼规则的有关规定移送。

讯问结束后,录制人员应当及时制作讯问录音、录像的相关说明,经讯问人员和犯罪嫌疑人签字确认后,交由检察技术部门立卷保管。

讯问录音、录像制作说明应当反映讯问的具体起止时间,参与讯问的检察人员、翻译人员及录制人员等姓名、职务、职称,犯罪嫌疑人姓名及案由,讯问地点等情况。讯问在押犯罪嫌疑人的,讯问人员应当在说明中注明提押和还押时间,由监管人员和犯罪嫌疑人签字确认。对犯罪嫌疑人拒绝签字的,应当在说明中注明。

第十二条 讯问笔录应当与讯问录音、录像内容一致或者意思相符。禁止记录人员原封不动复制此前笔录中的讯问内容,作为本次讯问记录。讯问结束时,讯问人员应当对讯问笔录进行检查、核对,发现漏记、错记的,应当及时补正,并经犯罪嫌疑人签字确认。

第十三条 人民检察院直接受理侦查的案件,侦查部门移送审查决定逮捕、审查起诉时,应当注明讯问录音、录像资料存入讯问录音、录像数据管理系统,并将讯问录音、录像次数、起止时间等情况,随同案卷材料移送案件管理部门审查后,由案件管理部门移送侦查监督或者公诉部门审查。侦查监督或者公诉部门审查认为讯问活动可能涉嫌违法或者讯问笔录可能不真实,需要审查讯问录音、录像资料的,应当说明涉嫌违法讯问或者讯问笔录可能失实的时间节点并告知侦查部门。侦查部门应当及时予以授权,供侦查监督或者公诉部门对存入讯问录音、录像数据管理系统相应的讯问录音、录像资料进行审查。没有建立讯问录音、录像数据管理系统的,应当调取相应时段的讯问录音、录像资料并刻录光盘,及时移送侦查监督或者公诉部门审查。

移送讯问录音、录像资料复制件的,侦查监督部门审查结束后,应当将移送审查的讯问录音、录像资料复制件连同案卷材料一并送还侦查部门。公诉部门对移送的讯问录音、录像资料复制件应当妥善保管,案件终结后随案归档保存。

第十四条 案件提起公诉后在庭前会议或者法庭审理过程中,人民法院、被告人或者其辩护人对庭前讯问活动合法性提出异议的,或者被告人辩解因受刑讯逼供等非法方法而供述的,公诉人应当要求被告人及其辩护人提供相关线索或者材料。被告人及其辩护人提供相关线索或者材料的,公诉人可以将相关时段的讯问录音、录像资料提请法庭播放,对有关异议或者事实进行质证。

第十五条 公诉人认为讯问录音、录像资料不宜在法庭上播放的,应当建议在审判人员、公诉人、被告人及其辩护人的范围内进行播放、质证,必要时可以建议法庭通知讯问人员、录制人员参加。

第十六条 人民法院、被告人或者其辩护人对讯问录音、录像资料刻录光盘或者复制件提出异议的,公诉人应当将检察技术部门保存的相应原件当庭启封质证。案件审结后,经公诉人和被告人签字确认后对讯问录音、录像资料原件再行封存,并由公诉部门及时送还检察技术部门保存。

第十七条 讯问过程中犯罪嫌疑人检举揭发与本案无关的犯罪事实或者线索的,应当予以保密,不得泄露。违反本条规定,造成泄密后果的,应当追究相关责任。庭前会议或者法庭审理过程中,人民法院、被告人及其辩护人认为被告人检举揭发与本案无关的犯罪事实或者线索影响量刑,需要举证、质证的,应当由承办案件的人民检察院出具证明材料,经承办人签名后,交公诉人向审判人员、被告人及其辩护人予以说明。提供的证明材料必须真实,发现证明材料失实或者是伪造的,经查证属实,应当追究相关责任。

第十八条 案件办理完毕,办案期间录制的讯问录音、录像资料存入讯问录音、录像数据管理系统的或者刻录光盘的原件,由检察技术部门向本院档案部门移交归档。讯问录音、录像资料的保存期限与案件卷宗保存期限相同。讯问录音、录像资料一般不公开使用。需要公开使用的,应当由检察长决定。非办案部门或者人员需要查阅讯问录音、录像资料的,应当报经检察长批准。案件在申诉、复查过程中,涉及讯问活动合法性或者办案人员责任认定等情形,需要启封讯问录音、录像资料原件的,应当由检察长决定。启封时,被告人或者其委托的辩护人、近亲属应当到场见证。

第十九条 参与讯问录音、录像的人员,对讯问情况应当严格保密。泄露办案秘密的,应当追究相关责任。

第二十条 初查阶段询问初查对象需要录音或者录像的,应当告知初查对象。询问证人需要录音或者录像的,应当事先征得证人同意,并参照本规定执行。

第二十一条 实施讯问录音、录像,禁止下列情形:

(一)未按照刑事诉讼法第121条和本规定对讯问活动进行全程同步录音、录像的;

(二)对讯问活动采取不供不录等选择性录音、录像的;

(三)为规避监督故意关闭讯问录音录像系统、视频监控系统的;

(四)擅自公开或者泄露讯问录音、录像资料或者泄露办案秘密的;

(五)因玩忽职守、管理不善等造成讯问录音、录像资料遗失或者违规使用讯问录音、录像资料的;

(六)其他违反本规定或者玩忽职守、弄虚作假,给案件侦查、起诉、审判造成不良后果等情形的。讯问人员、检察技术人员及其他有关人员具有以上情形之一的,根据《检察人员纪律处分条例(试行)》等规定,应当给予批评教育;情节较重,给案件侦查、起诉、审判造成较为严重后果或者对案件当事人合法权益造成较为严重侵害的,应当视情给予警告、记过、记大过处分;情节严重,给案件侦查、起诉、审判造成严重后果或者对案件当事人合法权益造成严重侵害的,应当视情给予降级、撤职或者开除处分;构成犯罪的,应当追究相关责任人员的刑事责任。

第二十二条　本规定由最高人民检察院负责解释。自发布之日起施行。此前规定与本规定不一致的,以本规定为准。

司法会计工作规定(试行)

第一章 总 则

为了规范人民检察院司法会计工作,根据《人民检察院鉴定机构登记管理办法》、《人民检察院鉴定人登记管理办法》、《人民检察院鉴定规则》(试行)等有关规定,结合检察机关司法会计工作实际,制定本规定。

司法会计工作包括司法会计检验鉴定、司法会计文证审查、司法会计技术协助等工作。

第二章 司法会计检验鉴定

司法会计检验鉴定是指在诉讼活动中,为了查明案情,由具有司法会计专业知识的人员,通过对案件中涉及的财务会计资料及相关财物进行检验,对需要解决的财务会计问题进行鉴别判断,并提供意见的一项活动。

司法会计检验鉴定范围:

(一)资产历史成本的确认;

(二)资产应结存额及盈亏的确认;

(三)债权、债务构成的确认;

(四)经营损益、投资损益的确认;

(五)所有者权益的确认;

(六)会计处理方法及结果的确认;

(七)需要通过检验分析财务会计资料确认的其他财务会计问题。

委托单位或部门需要进行司法会计鉴定的,应填写《委托鉴定书》,由委托单位或部门负责人批准后,送鉴定机构,并提交以下鉴定所需资料:

(一)与检验鉴定有关单位的财务会计管理制度;

（二）鉴定中涉及的财务会计资料及相关证据，包括会计报表、总分类账、明细分类账、记账凭证及所附原始凭证、银行对账单等其他财务会计资料；

（三）勘验、检查笔录；

（四）鉴定人认为鉴定所需的其他相关资料。

鉴定机构收到《委托鉴定书》后，指定鉴定人进行以下工作：

（一）听取送检人介绍有关案情，明确检验鉴定目的、鉴定要求。

（二）审查送检材料是否具备检验鉴定条件。对送检材料中的复印件、照片等传来证据，鉴定人认为有必要验证的，可以要求委托单位或部门提供原始证据。

经鉴定人审查，遇有下列情况之一的，不予受理，向送检人说明理由，并向鉴定机构负责人报告：

（一）送检案件不符合案件受理范围；

（二）送检资料不具备检验鉴定条件；

（三）送检资料来源不可靠或虚假；

（四）鉴定要求不属于司法会计鉴定范围；

（五）技术、人员条件不能满足鉴定要求需要；

（六）无法在办案期限内完成鉴定。

对符合法律规定和办案程序、送检资料具备检验鉴定条件的委托，经鉴定机构负责人批准受理，指定两名以上鉴定人鉴定。根据鉴定需要可以聘请其他具有专门知识的人员参与鉴定。

决定受理检验鉴定后，应当填写《检验鉴定委托受理登记表》，办理接收检材手续。

鉴定人受理鉴定后，应当熟悉案情及有关的技术标准，并对检材进行初步检验。

鉴定人应当根据鉴定要求和初步检验结果，作出初步结论，拟定详细检验鉴定方案，确定具体的检验鉴定方法和步骤。

鉴定人根据鉴定需要,可以查阅案卷。必要时,可以在案件承办人员的主持下,参与讯问犯罪嫌疑人或询问证人,但应当由案件承办人员制作笔录,且该笔录不得作为鉴定结论的事实依据。

鉴定人发现检材中的财务会计资料有虚假内容或虚假嫌疑的,应当通知案件承办人员进行核查;已经查明送检材料中有伪造或变造财务会计资料的,送检人员应当提供书面说明;经审查发现送检资料明显不足的,应当要求送检人补充。必要时,鉴定人可以协助案件承办部门收集检材。

检验鉴定过程中遇有下列情况之一的,应中止鉴定,向鉴定机构负责人报告,并书面通知委托单位或部门。

(一)检材不足需要补充检材才能继续鉴定的,应向委托单位或部门提出补充检材的要求;

(二)检察长根据办案需要决定中止鉴定的;

(三)委托单位或部门因侦查需要要求中止鉴定的。

中止鉴定原因取消后,应继续进行鉴定。

检验鉴定过程中遇有下列情况之一的,应终止鉴定,向鉴定机构负责人报告,并书面通知委托单位或部门。

(一)补充的检材仍不足以完成鉴定要求,无法再次补充的;

(二)检验鉴定后无法作出明确结论;

(三)检察长决定终止鉴定的;

(四)委托单位或部门要求终止鉴定的。

检验鉴定过程中遇有下列情况之一的,经检察长批准,可以聘请其他鉴定机构的鉴定人或其他具有专门知识的人员进行会检:

(一)鉴定中涉及有争议的财务会计问题;

(二)鉴定人对某些专门问题无法解决或对鉴定结论有疑虑;

(三)其它需要会检鉴定的情况。

会检鉴定应由受理委托鉴定的鉴定机构负责实施。会检鉴定前,组织会检的鉴定机构应当做好以下工作：

（一）指定会检鉴定主持人；

（二）确定会检鉴定人,会检鉴定人可以由本鉴定机构的鉴定人与聘请的其他机构鉴定人共同组成,也可以全部由聘请的其他鉴定机构鉴定人组成；

（三）准备会检鉴定资料。

会检鉴定人应当不少于三名,采取鉴定人分别独立检验,集体讨论的方式进行。会检鉴定人具有平等的地位,会检鉴定主持人应当保证每位会检鉴定人能够充分阐述自己的意见,并不得干预会检鉴定人的个人意见。

对会检的鉴定结论,应做如下处理：

（一）会检鉴定人意见一致的,由全体会检鉴定人在鉴定书末页上签名；

（二）会检鉴定人意见有分歧的,可以分别出具鉴定意见书,并分别签名,不得采用少数服从多数的形式统一鉴定结论；

（三）会检鉴定人意见有分歧,经检察长决定不形成鉴定文书的,应将会检鉴定情况以工作文书形式书面答复委托单位或部门,并分别写明会检鉴定人意见分歧的内容和理由,将全体会检鉴定人签名的会检意见附后,一并送交委托单位或部门。

对于委托单位或部门就同一案件同一问题委托的补充鉴定,经鉴定机构审查属于下列情形的,应不予受理,并向鉴定机构负责人报告：

（一）依据检验、论证的事实能得出唯一鉴定意见；

（二）原鉴定意见的依据、论证全面、充分；

（三）原鉴定意见准确；

（四）没有出现影响原鉴定意见的新资料；

（五）无其他需要补充鉴定的情况。

对于委托单位或部门就同一案件同一问题委托的重新鉴定,经鉴定机构审查属于下列情形的,应不予受理,并向鉴定机构负责人报告：

（一）原鉴定意见与案件中其他证据无明显矛盾；

（二）无充足理由证明原鉴定意见确有错误或不准确；

（三）司法会计鉴定人没有违反本工作规定；

（四）无其他因素影响鉴定意见正确的。

第三章　司法会计文证审查

司法会计文证审查是检察机关司法会计人员对案件中拟作为证据使用的相关财务会计资料、文书进行审查，并提出审查意见的专业技术工作。

送审部门需要进行文证审查的，应出具《委托文证审查书》，并将技术性证据材料一并送检察技术部门，必要时应当附送相关案件材料。

检察技术部门收到送审材料后，经负责人同意，办理相关手续，填写《文证审查委托受理登记表》。

司法会计文证审查对象包括：

（一）司法会计鉴定书；

（二）司法会计检验报告；

（三）司法会计检查笔录；

（四）审计报告、查帐报告、资产评估报告、验资报告等；

（五）案件涉及的其他财务会计资料。

司法会计文证审查内容主要包括：

（一）证据的技术结构是否完整，取证是否全面；

（二）表达财务会计事实的证据之间有无矛盾；

（三）财务会计资料证据与已认定的财务会计事实是否相符。

对本规定第二十一条中（一）、（二）、（三）、（四）项主要审查以下内容：

（一）文书格式是否规范；

（二）意见是否规范；

（三）根据卷内材料能否得出文书所列意见；

（四）检验、论证的过程、方法、步骤是否运用科学、合理；

（五）意见是否客观、正确；

（六）文书是否有其它不符合证据要求的情况。

对于本规定第二十一条中（一）、（二）、（三）、（四）项证据审查的处理意见：

（一）经审查认为原意见正确，应作出同意性意见，并附相关说明；

（二）经审查认为原意见所依据的证据材料不足，应作出证据材料不足性的意见，同时说明建议补充的材料；

（三）经审查认为原意见错误或部分错误，应对无误的部分作出同意性意见；对证据材料不足部分作出材料不足性意见；对错误部分作出纠正性意见，并说明理由。

对于本规定第二十一条中（五）项主要审查以下内容：

（一）财务会计资料证据的技术结构是否完整，取证是否全面；

（二）表达财务会计业务事实方面的证据之间有无矛盾；

（三）有无违反财务会计制度的处理；

对于本规定第二十一条中（五）项证据的审查意见可分为材料充足、材料不足、材料采用有误三种，同时作出明确的说明和建议。

经文证审查不同意原结论的，应报上一级技术部门备案，备案材料包括原意见材料、司法会计文证审查意见书及其它有关材料。

第四章　司法会计技术协助

司法会计技术协助是指司法会计人员协助各级人民检察院办案部门，提供技术支持，解决技术难题的一项专业技术工作。

办案部门需要司法会计技术协助的，应填写《委托技术协助书》，经负责人批准后送检察技术部门。检察技术部门负责人批准后，由司法会计人员填写《技术协助委托受理登记表》，作为工作备案。

司法会计技术协助的任务：

（一）对财务会计资料及相关财物进行检查和审核；

（二）协助办案部门对与案件有关的财务会计资料进行收集和固定；

（三）为确定侦查范围、定性、立案等提供分析意见；

（四）其他需要进行司法会计协助的。

第五章　司法会计文书

鉴定人检验鉴定后，针对检验鉴定要求，出具鉴定文书。通过论证能够作出明确意见的，应当制作并出具鉴定书；对于无判定性意见鉴定事项的，应当制作并出具检验报告。

形成鉴定意见须遵守以下规定：

（一）鉴定意见的内容不得超出鉴定要求；

（二）鉴定意见不得依据犯罪嫌疑人供述、被害人陈述、证人证言等非财务会计资料形成；

（三）鉴定意见不应涉及财务会计行为的法律属性以及涉及财产权属等法律问题。

司法会计鉴定书主要包括检验、论证和鉴定意见三个部分。司法会计鉴定书由鉴定人制作，报检察长或鉴定机构负责人签发，司法会计鉴定书应按鉴定文书格式的要求打印成正式文书。由两名以上司法会计鉴定人在末页上签名，有专业技术职称的应注明技术职称，并在鉴定书的首页文号处加盖"检验鉴定专用章"。

司法会计检验报告主要包括检验、检验意见两个部分。司法会计检验报告由鉴定人制作，报鉴定机构负责人签发，司法会计检验报告应按鉴定文书格式的要求打印成正式文书。由两名以上司法会计鉴定人在末页上签名，有专业技术职称的应注明技术职称，并在鉴定书的首页文号处加盖"检验鉴定专用章"。

司法会计鉴定书或司法会计检验报告一式二份，一份正本，一份副本，分别加盖"正本"、"副本"章，正本发往委托单位或部门，副本由鉴定机构存档备查。需报上一级检察技术部门备案的应增加一份副本。

对委托文证审查的案件，审查终结后应出具司法会计文证审查意见书。司法会计文证审查意见书主要分为说明、意见两部分。

司法会计文证审查意见书经检察技术部门负责人签发后，由审查人签名，加盖检察技术部门的"文证审查专用章"。司法会计人员应将司法会计文证审查意见书正本连同送审材料一并送达送审部门。

司法会计文证审查意见书一式二份，一份正本，一份副本，分别加盖"正本"、"副本"章，正本发往委托部门，副本由检察技术部门存档备查。需报上一级检察技术部门备案的应增加一份副本。

司法会计进行技术协助，应当形成记录，由参加技术协助人员或见证人签名。

鉴定人对于已经出具的鉴定文书，发现鉴定意见确有错误的，应书面报告检察长，经检察长同意，可以撤销，并向原委托单位或部门出具撤消鉴定的书面通知，同时报上一级检察技术部门备案。

已经出具的鉴定文书仅出现文字错误的，可以进行修改，并在修改处加盖"校对专用章"。

第六章 附 则

司法会计检验鉴定文书应当按照《检察技术检验鉴定文书制作要求》和《人民检察院检验鉴定文书格式标准》执行。

司法会计技术文书的副本，连同有关记录、检材以及复制件一并归档，应参照《检察技术档案立卷归档管理办法（试行稿）》等规定执行。

本规定自颁布之日起施行，由最高人民检察院检察技术信息研究中心负责解释。

文件检验工作细则

（2013 年 12 月 3 日最高人民检察院
第十二届检察委员会第十三次会议通过）

第一章 总 则

为了规范人民检察院文件检验工作，根据《中华人民共和国刑事诉讼法》、《人民检察院刑事诉讼规则（试行）》等有关法律法规，结合检察工作实际，制定本细则。

文件检验工作范围包括：

（一）接受检察机关办案部门和其他机关或者单位委托，就案件中涉及的笔迹、印刷文件、污损变造文件、文件制成材料等文件物证进行检验鉴定；

（二）对检察机关办理案件中有关文件检验技术性证据材料进行审查；

（三）为检察机关侦查工作中的现场勘验、搜查、调取书证提供技术协助，收集、固定证据；

（四）根据办案需要，参与法庭审理活动。

文件检验鉴定和文件检验技术性证据审查应当由具备文件检验鉴定资格的人员实施。

文件检验鉴定人员应当遵循《中华人民共和国刑事诉讼法》和《人民检察院刑事诉讼规则（试行）》等关于鉴定人回避的规定。

文件检验工作应当遵守法律法规、行业标准和操作规范，应当遵循客观、公正、科学、独立、保密等基本原则。

第二章 委 托

检察机关案件承办部门在办理案件时，需要进行文件检验鉴定、技术性证据审查的,应当填写委托书,向检察技术部门提出委托要求。

委托文件检验鉴定时,应当提供文件物证的原件,样本材料应当符合检验要求并经过委托单位确认。

委托文件检验技术性证据材料审查时,应当提供需要审查的鉴定文书及附件,必要时提供历次鉴定文书及附件。

委托单位应当客观介绍案件的有关情况。

第三章 受 理

受理文件检验鉴定时,应当做好以下工作:

(一)查验委托书;

(二)了解案情,明确鉴定要求;

(三)查验送检材料是否具备鉴定条件,核对材料的名称、数量、性状;

(四)查验样本的来源和收集的方法,确定是否满足鉴定要求;

(五)根据查验结果,确定是否接受委托或者要求补充样本材料。对需要补充样本材料的,应当给予必要的技术指导或者协助办案人员提取。

受理文件检验技术性证据审查时,应当做好以下工作:

(一)查验委托书;

(二)了解案情,明确审查要求;

(三)核对鉴定文书及附件是否齐全;

(四)核对鉴定的检材、样本等材料是否齐全。

接受委托时,应当填写受理登记表,经检察技术部门负责人审批,指派具有文件检验鉴定资格的人员进行鉴定和审查。

第四章 鉴定和技术性证据审查

第一节 鉴 定

受理后应当及时进行检验鉴定,一般案件应当在受理后十五个工作日以内完成检验鉴定工作;疑难复杂的案件,征得委托单位同意,可以适当延长时间。

文件检验鉴定的同一认定,按照预备检验、分别检验、比较检验、综合评断的进行,每个程序都应当制作检验记录。

(一)预备检验。应当根据委托要求设计检验鉴定方案,确定检验鉴定方法,做好仪器设备、耗材等相关准备工作。

(二)分别检验。对送检检材、样本分别进行观察研究,进一步明确检材和样本的性质、状态,认识特征的价值、作用及变化规律,制作特征比对表。

(三)比较检验。对送检检材和样本之间相应特征进行比较,全面反映它们之间的异同和内在联系。

(四)综合评断。对比较检验的情况进行分析,综合评断特征的质量和数量,准确解释符合和差异形成的原因,作出鉴定意见。

文件检验鉴定应当依照先无损、后有损检验的原则,对文件物证进行客观全面系统检验。主要包括:

(一)笔迹是否为书写形成,印章印文是否为盖印形成;

(二)文件物证有无消褪、添加、挖补、拼接、污染等异常痕迹;

(三)纸张表面有无异常压痕;

(四)文件物证的整体布局有无明显异常;

(五)文件物证的形成过程与当事人描述是否有明显差异;

(六)其他应当进行检验的内容。

对送检材料要妥善保管,防止丢失和损坏。需对送检材料进行有损检验时,应当征得委托单位同意,并在实施有损检验前采用照相或扫描等方式对原件进行复制。

第二节　技术性证据审查

本细则所称的技术性证据审查,是指具备文件检验鉴定资格的人员,受检察机关办案部门委托或者指派,就案件中涉及的文件检验技术性证据材料进行审查、判断,提出审查意见的专门活动。

文件检验技术性证据审查的主要内容:

(一)鉴定条件是否充分;

(二)采用的鉴定方法是否科学、适用;

(三)鉴定的程序、操作过程是否符合本专业的检验鉴定规程和技术方法要求;

(四)检验是否全面、客观,分析论证是否科学、严谨,鉴定意见依据是否充分;

(五)鉴定文书的专业术语是否准确,相关标识是否规范;

(六)鉴定项目是否有明显遗漏,是否需要补充鉴定;

(七)其他应当审查的内容。

文件检验技术性证据审查应当在受理后五个工作日以内完成。特殊情况下,征得委托单位同意,可以适当延长时间。

第五章　文书制作

文件检验鉴定结束后应当出具鉴定书,鉴定书应当包括:

(一)绪论部分:包括委托单位,委托要求,送检人,送检日期,简要案情,送检检材和样本的名称、数量以及鉴定要求;

(二)检验部分:简要说明检验的方法,描述检验中所见的现象,列举检测结果或者比较中发现的异同;

(三)论证部分:简要论述对检验情况的综合评断,阐明据以作出鉴定意见的依据,可以附图加以说明;

(四)结尾部分:针对鉴定要求,简要明确地表述鉴定意见;

(五)附件部分:包括所有检材的复制件,所有样本或者部分重要样本的复制件。检验中发现的对鉴定意见有重要意义的现象,应当以图表形式展示。

文件检验技术性证据审查,应当出具技术性证据审查意见书,提出审查意见,并说明理由。

文书的签发

(一)鉴定书应当由鉴定人签名,并加盖"司法鉴定专用章",同时附上鉴定机构和鉴定人的资质证明;

(二)技术性证据审查意见书应当由审查人签名,并加盖"技术性证据审查专用章"。

文件检验工作结束后,应当制作技术卷宗。按照人民检察院档案管理的相关规定进行归档。

鉴定书或审查意见书应当与回执单一并发出。案件承办部门在案件终结后,应当将文件检验工作所起到的作用填写在回执单上,反馈检察技术部门。

对于重大、特殊、疑难案件,鉴定人可以适时回访。

鉴定结束后,应当将送件材料于鉴定书一并发还送检单位。对送检材料拟留用的,应当征得送检单位同意,并商定留用时限和保留、销毁的责任。

第六章 出 庭

人民法院通知鉴定人出庭的,鉴定人应当出庭。确因特殊情况无法出庭的,应当及时向法庭书面说明理由。

根据案件承办部门的要求,审查人可以出庭就鉴定人作出的鉴定意见提出意见。

鉴定人出庭前应当做好如下准备:

(一)熟悉鉴定意见和相关情况;

(二)向公诉人或者其他出庭检察员了解该案的进展情况及对鉴定意见的异议;

(三)针对出庭可能遇到的问题,拟定解答提纲。

鉴定人出庭应当准备如下材料:

(一) 委托书或聘请书、受理检验鉴定登记表、送检材料照片或者复印件、检验记录、鉴定文书;

(二)与该鉴定意见有关的学术著作和技术资料;

(三)鉴定机构及鉴定人资格证明,能够反映鉴定人专门知识水平与能力的有关材料;

(四)其他与鉴定及出庭有关的材料。

鉴定人出庭时,应当回答审判人员、检察人员、当事人和辩护人、诉讼代理人依照法定程序提出的有关检验鉴定的问题;对与检验鉴定无关的问题,可以拒绝回答。

鉴定人、审查人因在诉讼中作证,本人或者其近亲属的人身安全面临危险的,可以请求法律保护。

第七章　附　则

本细则由最高人民检察院负责解释。

本细则自颁布之日起施行。

汝州市人民检察院
"汝州检察"官方微博管理暂行规定

为了管理维护好汝州市人民检察院在新浪互联网站开通的"汝州检察"微博,积极利用微博推进阳光检务工作,搭建与网民良性互动交流平台,根据省院有关检察微博管理办法,特制定本规定。

第一条 汝州市人民检察院在新浪网站官方微博名称为"汝州检察",如需在其他网站开通微博,微博名称也定为"汝州检察"。

第二条 汝州检察微博工作要坚持以邓小平理论、"三个代表"重要思想、科学发展观为指导,坚持围绕中心、服务大局;坚持公开为先、服务为本;坚持正面引导、化解矛盾,把维护社会和谐稳定与服务人民群众有机结合起来,把宣传检察工作与通达社情民意有机结合起来,把回应社会关切与加强舆论监督有机结合起来,并积极与上级院形成联动,积极加入检察微博群。

第三条 汝州检察微博是检察机关密切联系群众工作的重要载体。要努力把官方微博建设成为收集社情民意的新平台,宣传检察工作与展示检察队伍形象的新平台,舆情处置与诉求引导的新平台,检务公开与法律咨询的新平台。

第四条 为了推进和加强官方微博工作,成立汝州市人民检察院"汝州检察"微博领导小组及其办事机构。领导小组组长、副组长由汝州市人民检察院有关领导担任,领导小组办公室设在政治处宣教科,成员单位由办公室、政治处宣教科、侦查监督科、公诉科、反贪污贿赂局、反渎职侵权局、监所检察科、民事行政检察科、控申科、预防科、技术科、监察科等组成。官方微博工作人员由检察技术科和宣教科相关人员组成,负责微博的日常管理、维护、信息发布和与网民沟通交流等工作。机关各部门明确一至二名干警作为本部门微博联络员,负责向微博工作人员提供本部门需发布的信息。

第五条 汝州市人民检察院"汝州检察"微博的日常管理工作由官方微博领导小组办公室统一管理。一般性新闻宣传类信息的编辑、审核、发布由宣传科负责,其他一般性信息由检察技术科负责;重大信息或事项由办公室负责;其他业务类信息的编辑、审核、发布,依据各业务部门的职责,由各业务部门微博联络员负责收集,经部门负责人审核,交由微博工作人员统一发布。

第六条 具体发布微博内容,一般性内容报经微博领导小组办公室主任签发;重大信息事项的发布,按照院检察宣传目标管理办法的有关规定执行签发程序。

第七条 微博管理员实行每天坚持网上值班,保持与网民的即时互动。微博工作人员要按照审批要求发布工作信息。微博管理员应积极开展诉求引导,及时发现、收集涉检网络舆情,收到网民举报、控告、申诉、投诉或查询等诉求后,应及时登记、分流、反馈,还可以引导网民通过门户网站举报受理中心或拨打12309等渠道反映诉求。一般性简单的网民咨询,微博管理员认为能够直接答复的,可以直接答复。回答网民要做到合法、合理、合情,防止用语不当引发炒作,防止泄密、失密。回复网友关切时要避免官气、官话,突出人性化,增加人情味。

第八条 为微博工作人员提供上网的设备保障、资金保障与时间保障,适时开展培训学习交流活动。

第九条 汝州市人民检察院在有关互联网站的官方微博应当实名加 V 认证。

第十条 本规定自发布之日起执行。

汝州市人民检察院
互联网门户网站管理暂行规定

为确保门户网站安全、有效、可靠地运行,充分发挥网站在检务公开、检察宣传等方面的作用,根据有关法律法规和检务公开实施办法,结合检察工作实际,制定本办法。

第一条 本规定所指门户网站是指按照高检院统一域名规范化访问的汝州市人民检察院网站(网址:www.haruzhou.jcy.gov.cn/)。

第二条 网站设置网络举报、检察新闻、检察动态、反贪风云、检务公开、犯罪预防、检察改革、百姓话题、检察文化、人大代表政协委员联络平台、案件查询等栏目。

第三条 网站的日常技术维护工作由检察技术科负责,网站的日常管理工作由政治处宣教科负责。

第四条 各部门向门户网站发布信息要严格遵守宣传纪律,必须按照本院检察宣传相关制度执行,履行签批手续。发布的信息由各部门领导负责审核,分管该部门的院领导审批,涉及案件宣传、敏感等重大信息须报检察长审批后发布。

第五条 各部门按照网站管理员分配的账号密码登录网站发布信息。

第六条 院里开展的日常活动均可在门户网站发布,信息发布要做到内容丰富,更新及时。本院政治处宣教科将定期统计各部门发布信息情况,并计入科室绩效考核成绩。

第七条 加强保密措施,严格执行互联网管理的安全规定,涉密信息一律不得在门户网站发布。

第八条 技术科应该指定专人进行网站技术维护,如果发现网站运行出现异常情况,及时向院办公室汇报,并及时和相关单位配合及时排除故障,确保网站安全运行。

第九条 因不遵守本规定导致网站长时间遭到恶意攻击而影响严重的,要追查网络管理维护者的责任。因不遵守本保密规定导致信息泄密的,按照相关规定追究有关人员的责任。

第十条 本规定自公布之日起执行。

关于印发《科技强检示范院创建办法(试行)》的通知

各省、自治区、直辖市人民检察院,新疆生产建设兵团人民检察院:

现将《科技强检示范院创建办法(试行)》印发你们,请结合实际认真贯彻执行。执行中的情况和问题,请及时报告最高人民检察院检察技术信息研究中心。

最高人民检察院

2014 年 8 月 7 日

科技强检示范院创建办法(试行)

第一章 总 则

第一条 为了深入实施科技强检战略,充分发挥科学技术对检察工作的支撑、推动和引领作用,推广科技强检工作的先进经验,结合检察工作实际,制定本办法。

第二条 科技强检示范院是指在科技强检工作中具有表率和示范作用的人民检察院。科技强检示范院的创建活动,坚持公平、公正、公开,坚持实事求是、严格标准、动态管理。

第三条 科技强检示范院每三年评定一次。评定工作采取自愿申请、上级考察确认的方法进行。

第四条 科技强检示范院的创建过程接受检察机关纪检监察部门的监督,对评定结果进行公示。

第二章 科技强检示范院创建活动的组织

第五条 科技强检示范院创建活动由最高人民检察院负责组织实施,具体评定工作由最高人民检察院检察技术信息研究中心组织实施,政治部审核,院党组审定。最高人民检察院主要负责:

(一)制定科技强检示范院的创建标准;

(二)制定创建科技强检示范院的工作方案,并组织实施;

(三)指导地方各级人民检察院开展科技强检示范院的创建活动。

第六条 各省级人民检察院政工部门和检察技术信息部门具体负责本辖区内科技强检示范院创建活动的组织领导及申报的初审和推荐工作。

第三章 科技强检示范院的评定

第七条 科技强检示范院应当具备以下基本条件：

（一）具有科学、合理的科技强检工作领导体制；

（二）具备较为完善的科技强检工作机制；

（三）现代科技手段在检察工作中得到广泛应用，成果显著，具有示范效应；

（四）具有适应执法办案需要的科技装备和较高的科技管理水平；

（五）配备专职检察技术和信息化工作人员。

第八条 参与科技强检示范院创建活动的人民检察院，应自下而上逐级向最高人民检察院申报，并按要求提供申报材料。

第九条 省级人民检察院对本辖区内申报科技强检示范院的人民检察院进行初审。

（一）初审时应审核各人民检察院的申报材料，审核可采取书面审核与现场审核相结合的方式进行；

（二）初审应按照科技强检示范院创建标准进行；

（三）省级人民检察院根据初审的结果向最高人民检察院推荐科技强检示范院，并提出推荐意见。

第十条 最高人民检察院对各省级人民检察院申报和推荐的科技强检示范院进行复核。复核可采取书面复核与现场复核相结合的方式进行。

第十一条 最高人民检察院在复核的基础上，结合创建单位在科技强检工作中的成绩与表现，综合评定，确定授予科技强检示范院。

发现有下列情形之一的，取消评定资格：

（一）在创建活动中弄虚作假的；

（二）检察长、分管检察长或者从事检察技术和信息化工作的检察干警严重违法违纪，受到党纪政纪处分或者被追究刑事责任的；

（三）存在其他不宜评定为科技强检示范院情形的。

第四章 科技强检示范院的管理

第十二条 最高人民检察院采取以下方式对评定为科技强检示范院的人民检察院进行表彰并开展示范。

（一）进行通报表彰，颁发科技强检示范院牌匾和荣誉证书；

（二）转发科技强检示范院的经验材料，组织相关人员到科技强检示范院观摩交流学习；

（三）优先选择科技强检示范院作为科技项目的试点单位和参与单位。

第十三条 最高人民检察院采取实地检查与委托检查的方式，定期或者不定期对科技强检示范院进行复审，发现有下列情况之一的，应撤销科技强检示范院称号：

（一）在创建活动中弄虚作假的；

（二）检察技术和信息化工作出现严重错误，造成严重后果或者恶劣影响的；

（三）从事检察技术和信息化工作的检察干警严重违法违纪，造成严重后果或者恶劣影响，受到党纪政纪处分或者被追究刑事责任的；

（四）其他不宜被评定为科技强检示范院情形的。

凡是被取消科技强检示范院称号的人民检察院，自被取消之日起三年内不得申请参评。

第五章 附 则

第十四条 各级人民检察院的派出检察机构，参照本办法参加科技强检示范院的创建和评定。

第十五条 本办法由最高人民检察院负责解释。

第十六条 本办法自下发之日起实施。

附件:1.省级人民检察院科技强检示范院创建标准(试行)

      2.地市级人民检察院科技强检示范院创建标准(试行)

      3.基层人民检察院科技强检示范院创建标准(试行)

附件 3

基层人民检察院科技强检示范院
创建标准(试行)

一、科技强检工作的组织领导和机制建设

(一)科技强检工作的组织领导

1.成立科技强检工作领导小组,由检察长担任科技强检工作领导小组组长。

2.近三年,党组会议、检察长办公会专题研究科技强检工作的次数每年在两次以上。

3.将科技强检工作列为对各部门或者各部门负责人的工作考评项目。

4.检察技术和信息化工作基础扎实、措施有力,获得均衡、全面发展。

(二)科技强检工作规划

1.制定符合上级要求的科技强检工作规划。

2.检察技术力量整合力度较大,共享程度较高。

3.信息化建设规划科学合理,符合检察工作科学发展需要。

(三)科技强检机制建设

1.建立科技强检工作保障和激励机制,并得到认真执行。

2.建立技术部门与其他业务部门协作配合机制,并得到认真执行。

3.建立信息化建设、应用、管理工作机制,并得到认真执行。

(四)科技强检规范化建设

1.制定完善的检察技术工作规则,并得到认真执行。

2.制定完善的信息化运行维护管理制度,并得到认真执行。

3.制定完善的应急预案和应急保障流程,并得到认真执行。

二、科技强检基础设施建设

(一)信息化基础设施建设

1.网络系统建设。接入三级专线网;完成本院分支网络建设任务;建有完善的综合布线系统和局域网,且人均数据信息点不少于 1.2 个;建有符合检务公开要求的互联网站,互联网站安全防范措施完善。

2.视频系统建设。建有符合标准的电视电话会议室,且通过上级院检查验收;建成高清视频会议系统;各视频系统间共享程度较高。

3.机房建设。建有标准化机房,配有专用不间断电源和空调设备;建有屏蔽机房或者安装屏蔽机柜。

(二)办案工作区建设

1.配备安全防范和监控设备。

2.按规定配备同步录音录像系统。

(三)专业技术用房建设

1.专业技术用房面积达到《人民检察院办案用房和专业技术用房建设标准》的有关规定。

2.建有楼宇智能化系统。

(四)科技投入和装备建设

1.近三年科技经费的预算和支出高于本省(自治区、直辖市)同级院的平均水平。

2.科技装备配备达到相关规定要求。

三、科技强检应用和成效

(一)在检察业务工作中的应用

1.在执法办案和案件管理中的运用。按照规定要求,全员、全面、全程使用全国检察机关统一业务应用系统,各业务条线实现网上办案、网上管理、网上监督和网上考评。

2.在职务犯罪侦查工作中的应用。对讯问职务犯罪嫌疑人全程、全部、全面录音录像;建立集指挥与基础信息收集于一体的职务犯罪侦查信息系统;在职务犯罪侦查案件中,运用技术手段收集、固定、鉴别证据的案件数量达到本院立案总数的70%以上。

3.在侦查监督工作中的应用。网上办理审查逮捕、立案监督和侦查活动监督案件;在办理职务犯罪案件审查逮捕上提一级案件中,应用网络视频系统传输证据材料、提审犯罪嫌疑人;在审查逮捕、立案监督和侦查活动监督案件中,检察技术部门运用专门知识审查、判断技术性证据的案件数量达到本院受理案件总数的10%以上。

4.在公诉工作中的应用。在网上办理审查起诉和复核案件;应用多媒体出庭示证的案件数达到作出起诉决定案件总数的2%以上;办理审查起诉案件中,检察技术部门运用专门知识审查、判断技术性证据的案件数量达到本院受理案件总数的8%以上。

5.在监所检察工作中的应用。完成派驻检察室分支网络建设,开展网上办公办案应用;完成派驻检察室与监管场所监控系统和信息系统联网,建立独立的存储、可录播系统,实现数据交换、信息共享;检察技术部门对被监管人员死亡及罪犯保外就医的医学诊断进行审查的案件数量达到死亡和保外就医案件总数的100%。

6.在民事行政检察工作中的应用。在网上办理民事行政检察案件。

7.在控告申诉检察工作中的应用。在网上办理控告、举报、刑事申诉和国家赔偿案件;应用12309电话举报系统和互联网举报系统;实现到市级人民检察院的远程视频接访;办理控告申诉检察案件中,检察技术部门运用专门知识审查、判断技术性证据的案件数量达到本院受理案件总数的6%以上。

8.在预防职务犯罪工作中的应用。建立职务犯罪信息数据系统和行贿犯罪档案查询系统;应用视听技术和多媒体技术进行职务犯罪预防宣传和警示教育。

9.在法律政策研究中的应用。网上办理提请检察委员会讨论的案件、事项审批,发送会议通知、会议纪要和检察委员会决定事项通知书;发布检察委员会审议通过的规范性文件,完成决定事项执行情况反馈;具有完善的检察委员会会议系统,并实现与检察机关统一业务应用系统的对接。

10.在检察技术工作中的应用。能独立开展一个以上门类的鉴定项目。

(二)在检察办公中的应用

1.应用专线网信息发布系统,且信息更新迅速及时。

2.应用专线网电子邮件系统,且邮件收发顺畅。

3.应用机要公文传输系统,公文收发及时完整。

4.应用法律、法规、司法解释查询系统。

5.应用电子图书馆或者电子期刊阅览室。

(三)在检察队伍建设中的应用

1.应用检察队伍信息管理系统对检察人员信息进行网上动态管理。

2.应用检察教育培训系统,实现网络化教学。

3.运用互联网站、微信、微博、客户端等新兴媒体手段开展检察宣传工作。

(四)在检务保障工作中的应用

1.运用信息系统对固定资产、财务、后勤等工作进行管理。

2.运用定位技术对执法执勤用车进行动态管控。

(五)科技强检工作成效

1.提升法律监督能力方面的成效。近三年,运用科技手段突破自侦案件,且技术部门、技术人员因此立功受奖;近三年,在案件办理过程中,因技术手段的有效运用,对追加漏犯漏罪、扩大案件线索、改变案件定性以及防止冤假错案等方面作用明显,且技术部门、技术人员因此立功受奖。

2.规范执法行为方面的成效。通过信息化手段统一办案流程,规范执法行为,且办案人员无重大违法违纪行为;运用科技手段加强赃证物管理,且近三年内未有违法违纪情况发生。

3.服务人民群众方面的成效。人民群众可在互联网或者检务大厅查询检务公开事项。

四、科技强检管理和队伍建设

(一)落实上级工作部署

1.落实上级科技强检工作部署态度坚决、措施得力、成效明显,并能够及时完成上级交办的科技强检工作任务,积极参加上级组织的各项活动。

2.能够按照上级统一部署,实施电子检务工程。

3.能够按照上级要求,及时上报科技强检工作计划、总结、工程进度、统计报表等。

(二)日常管理工作

1.近三年未出现因本院原因造成的专线网中断事故。

2.近三年未出现因本院原因造成的视频会议缺席、中断、掉点事故。

3.近三年未出现局域网大规模病毒爆发问题;专线网、局域网、互联网站均未出现信息安全责任事故。

4.近三年未出现机房失火、被盗等重大安全责任事故。

5.近三年检察技术工作未出现检验鉴定责任事故,未出现涉及检察技术工作的上访事件。

(三)信息安全保密体系建设

1.完成涉密信息系统分级保护建设,并通过测评。

2.完成非涉密信息系统等级保护建设。

3.部署有防病毒软件。

4.每年一次以上定期对信息安全保密进行自检自查。

(四)人才队伍的素质结构

1.专职技术人员数量应达到《"十二五"时期科技强检规划纲要》的要求,数量高于全国平均水平,并满足检察技术和信息化工作需要。

2.专职技术人员学历高于本院平均水平,本科以上学历技术人员占技术人员总数50%以上。

(五)教育培训工作

1.通过计算机等级考试的干警人数高于在编干警数的70%。

2.近三年,技术人员平均每年参加专业技术培训的时间达到相关规定要求。

(六)其他加分项目

1.近三年,本院科技强检工作经验被省级以上主管部门转发,或者得到市院、区(县、市)委或者市级以上主管部门主要领导批示肯定。

2.近三年,技术信息部门获得一次以上先进集体称号或者被记功一次以上,或者技术信息部门负责人获得一次以上先进个人称号。

3.近三年,技术信息部门或者个人承担一项以上各类科研课题,完成相关研究工作并通过验收或者结题。

4.近三年,技术人员在市级以上专业刊物发表一篇以上专业技术文章。

第七章
检察委员会工作制度

人民检察院检察委员会议事和工作规则

（2009 年 8 月 11 日最高人民检察院第十一届检察委员会

第十七次会议通过，2009 年 8 月 13 日　高检发〔2009〕23 号）

第一章　总　则

第一条　根据《中华人民共和国人民检察院组织法》、《中华人民共和国检察官法》等有关法律规定，结合检察工作实际，制定本规则。

第二条　检察委员会审议议题、作出决定，实行民主集中制原则。

第三条　检察委员会审议议题的范围包括：

（一）审议在检察工作中贯彻执行国家法律、政策的重大问题；

（二）审议贯彻执行本级人民代表大会及其常务委员会决议，拟提交本级人民代表大会及其常务委员会的工作报告、专项工作报告和议案；

（三）最高人民检察院检察委员会审议检察工作中具体应用法律问题的解释以及有关检察工作的条例、规定、规则、办法等，省级以下人民检察院检察委员会审议本地区检察业务、管理等规范性文件；

（四）审议贯彻执行上级人民检察院工作部署、决定的重大问题，总结检察工作经验，研究检察工作中的新情况、新问题；

（五）审议重大专项工作和重大业务工作部署；

（六）经检察长决定，审议有重大社会影响或者重大意见分歧的案件，以

及根据法律及其他规定应当提请检察委员会决定的案件;

（七）经检察长决定,审议按照有关规定向上一级人民检察院请示的重大事项、提请抗诉的刑事案件和民事、行政案件,以及应当提请上一级人民检察院复议的事项或者案件;

（八）经检察长决定,审议下一级人民检察院提请复议的事项或者案件;

（九）决定本级人民检察院检察长、公安机关负责人的回避;

（十）审议检察长认为需要提请检察委员会审议的其他议题。

第四条 检察委员会会议一般每半个月举行一次;必要时可以临时召开会议。

第五条 检察委员会会议由检察长主持。检察长因特殊事由可以委托副检察长主持会议。

第六条 检察委员会会议必须有检察委员会全体委员的过半数出席,方能举行。

第七条 检察委员会举行会议,检察委员会委员应当出席。检察委员会委员因特殊原因不能出席的,应当向检察长或者受委托主持会议的副检察长请假,并通知检察委员会办事机构。

第八条 检察委员会举行会议,经检察长决定,未担任检察委员会委员的院领导和内设机构负责人可以列席会议;必要时,可以通知本院或者下一级人民检察院的相关人员列席会议。

第二章 议题的提请

第九条 承办部门提请检察委员会审议事项或者案件,应当符合本规则第三条规定的范围。

检察委员会委员提出议题的,经检察长同意后可以提请检察委员会审议。

第十条 承办部门提请检察委员会审议事项或者案件,由承办检察官提出办理意见,承办部门讨论,部门主要负责人签署明确意见,经分管检察长审核后报检察长决定。

提请检察委员会审议的重大事项,承办部门应当深入调查研究,充分听取有关下级人民检察院和本院内设机构的意见,必要时可以征求有关部门的意见。

第十一条 提出议题采用书面形式,详细说明或者报告有关问题,附有关法律文书和法律、法规、司法解释等文件,并符合下列内容和格式要求:

(一)提请检察委员会审议报告、司法解释、规范性文件或者其他事项,应当有文件草案及起草情况说明。起草情况说明的主要内容包括:事项缘由及背景,文件起草过程,征求意见情况,对有关问题的研究意见及理由。必要时,对文件的主要条文应当逐条说明。

(二)提请检察委员会审议案件,应当有书面报告,报告的主要内容包括:提请讨论决定的问题;案件来源,当事人、其他诉讼参与人的基本情况,诉讼过程,案件事实和证据,分歧意见或者诉争要点,承办部门工作情况、审查意见及法律依据,其他有关部门或者专家意见。

对主要问题存在分歧意见的,承办部门应当予以说明。

第十二条 检察长决定将议题提请检察委员会审议的,检察委员会办事机构应当对议题进行审查,认为承办部门的议题和提请审议的程序不符合有关规定、书面报告或者说明的内容和形式不符合规定或者欠缺有关材料的,应当提出意见后由承办部门修改、补充。必要时,对议题的有关法律问题可以提出研究意见。

第十三条 检察委员会办事机构提出检察委员会会议议程建议,报请检察长决定。

第十四条 检察委员会会议议程确定后,检察委员会办事机构一般应当在会议举行三日以前,将拟审议的议题、举行会议的时间和地点通知检察委员会委员、列席会议的人员和有关承办部门,并分送会议相关材料。

第三章　议题的审议

第十五条　出席检察委员会会议的人员在接到会议通知和会议相关材料后,应当认真研究,准时出席会议。

第十六条　检察委员会审议议题,按照以下程序进行:

(一)承办部门、承办人员汇报;

(二)检察委员会委员提问、讨论;

(三)会议主持人发表个人意见、总结讨论情况;

(四)表决并作出决定。

第十七条　检察委员会审议议题,应当全面听取承办部门、承办人员的汇报。

承办部门汇报后,检察委员会委员可以就相关问题提问,承办部门应当进行说明。

第十八条　承办部门汇报后,在主持人的组织下,检察委员会委员应当对议题发表意见。发表意见一般按照以下顺序进行:

(一)检察委员会专职委员发表意见;

(二)未担任院领导职务的委员发表意见;

(三)担任院领导职务的委员发表意见。

必要时,会议主持人可以在委员讨论后、总结前请有关列席人员发表意见。

第十九条　发言应当围绕会议审议的议题进行, 重点就审议的主要问题和内容发表明确的意见,并提出理由和依据。

第二十条　经委员提议或者会议主持人决定,对于审议中的议题,如果认为不需要检察委员会作出决定的,可以责成承办部门处理;认为需要进一步研究的,可以责成承办部门补充进行相关工作后,再提请检察委员会审议。

第二十一条　会议主持人在委员发言结束后可以发表个人意见, 并对审议的情况进行总结。委员意见分歧较大的,会议主持人可以决定暂不作出决定,另行审议。

第二十二条 检察委员会表决议题,可以采用口头方式或者举手方式,按照少数服从多数的原则,由检察委员会全体委员的过半数通过。少数委员的意见可以保留并记录在卷。必要时,在会议结束后可以就审议的事项和案件征求未出席会议的委员的意见。

表决结果由会议主持人当场宣布。

第二十三条 受委托主持会议的副检察长应当在会后将会议审议的情况和决定意见及时报告检察长。检察长同意的,决定方可执行。

第二十四条 检察长不同意多数检察委员会委员意见的, 对案件可以报请上一级人民检察院决定;对事项可以报请上一级人民检察院或者本级人民代表大会常务委员会决定。报请本级人民代表大会常务委员会决定的,应当同时抄报上一级人民检察院。

第二十五条 检察委员会审议、决定的情况和检察委员会委员在检察委员会会议上的发言,由检察委员会办事机构工作人员记录存档。

第二十六条 检察委员会审议议题, 应当制作会议纪要和检察委员会决定事项通知书。纪要和检察委员会决定事项通知书由检察委员会办事机构起草,报检察长或者受委托主持会议的副检察长审批。纪要印发各位委员并同时报上一级人民检察院检察委员会办事机构备案;检察委员会决定事项通知书以本院名义印发本院有关的内设机构和有关的人民检察院执行。

检察委员会办事机构应当将会议纪要和检察委员会决定事项通知书存档备查。

第四章 决定的执行和督办

第二十七条 对于检察委员会的决定, 承办部门和有关的下级人民检察院应当及时执行。

检察委员会原则通过的议题，承办部门应当根据审议意见进行补充、修改，必要时应当与有关方面进行沟通、协调，并向检察委员会办事机构书面说明采纳意见情况和补充修改情况。不采纳重要意见的，应当提出书面报告，经分管检察长审核后向检察长报告

第二十八条 承办部门因特殊原因不能及时执行检察委员会决定的，应当提出书面报告，说明有关情况和理由，经分管检察长审核后报检察长决定。

下级人民检察院因特殊原因不能及时执行上级人民检察院检察委员会决定的，应当向上级人民检察院相关部门提出书面报告，说明有关情况和理由，由上级人民检察院相关部门审查后形成书面意见，经分管检察长审核后报检察长决定。

第二十九条 有关下级人民检察院对上一级人民检察院检察委员会的决定如有不同意见，可以请求复议。上级人民检察院相关部门对复议请求进行审查并提出意见，由分管检察长审核后报检察长决定。

检察长决定提请检察委员会复议的，应当在接到复议申请后的一个月内召开检察委员会复议并作出决定。经复议认为原决定确有错误的，应当及时予以纠正。对检察委员会复议作出的决定，承办部门和下级人民检察院应当执行。

第三十条 承办部门应当向检察委员会办事机构通报检察委员会决定的执行情况，并在决定执行完毕后五日内填写《检察委员会决定事项执行情况反馈表》，由部门负责人签字后，连同反映执行情况的相关材料，交检察委员会办事机构存档备查。

第三十一条 检察委员会办事机构应当及时了解承办部门或者有关的下级人民检察院执行检察委员会决定的情况，必要时应当进行督办，并定期将执行情况向检察长和检察委员会报告。

第三十二条 对于检察委员会审议通过的司法解释和规范性文件，承办部门应当定期检查执行情况，对执行中存在的问题进行调查研究，并适时提

出修改、完善的意见。

第三十三条 对擅自改变检察委员会决定或者故意拖延、拒不执行检察委员会决定的,应当按照有关规定追究主要责任人员的法律、纪律责任。

附 则

第三十四条 出席、列席检察委员会会议的人员,对检察委员会会议讨论的情况和内容应当保密。

第三十五条 检察委员会的会议记录,未经检察长批准不得查阅、抄录、复制。

第三十六条 本规则自发布之日起施行。

人民检察院检察委员会议题标准（试行）

（2010 年 11 月 15 日最高人民检察院第十一届检察委员会
第四十七次会议通过,2010 年 12 月 30 日　高检发研字〔2010〕11 号）

第一条　为了规范人民检察院检察委员会审议的议题材料,确保检察委员会议事质量,提高工作效率,根据《人民检察院检察委员会组织条例》、《人民检察院检察委员会议事和工作规则》等规定,结合工作实际,制定本标准。

第二条　提请检察委员会审议的议题,应当属于《人民检察院检察委员会议事和工作规则》第三条规定的事项和案件。

第三条　提请检察委员会审议的事项,应当主题明确,内容清楚,经过全面研究论证,议题材料齐备;提请检察委员会审议的案件,应当事实清楚,证据确实、充分,或者符合规定的条件,议题材料齐备。

第四条　提请检察委员会审议的议题,承办部门应当向检察委员会办事机构提交议题材料。议题材料包括议题呈批件或者登记表、议题报告,以及其他与议题有关的材料组成的附件。

第五条　提请检察委员会审议的司法解释、规范性文件等事项,议题报告应当包括司法解释、规范性文件审议稿和起草情况说明。

起草情况说明的主要内容包括:

（一）立项来源或者事项缘由和背景;

（二）研究起草和修改过程;

（三）征求有关部门、地方检察机关或者专家意见情况;

（四）具体说明文件审议稿的主要条文,包括各方面提出的意见、争议焦点、承办部门研究意见和理由。

第六条　提请检察委员会审议的人民检察院工作报告等其他事项,议题报告应当包括文件审议稿和起草情况说明。

起草情况说明的主要内容包括：

(一)事项缘由和背景；

(二)研究起草和修改过程；

(三)征求意见情况；

(四)对有关问题的研究意见和理由。必要时,具体说明审议稿主要条文或者主要部分,包括各有关部门提出的意见、争议焦点等。

第七条 提请检察委员会审议的司法解释、规范性文件和其他事项,根据议题的具体情况,提供以下材料作为附件：

(一)下级人民检察院的请示以及该院检察委员会会议纪要；

(二)有关单位、部门回复的书面意见或者电话记录；

(三)本院有关内设机构、下级人民检察院回复的书面意见或者回复意见综述；

(四)检察委员会专职委员或者本院检察委员会办事机构的审查意见；

(五)调查研究报告、座谈会以及专家咨询会等相关会议综合材料；

(六)反映有关社会影响的书面材料；

(七)法律、法规、司法解释以及其他规范性文件等有关规定。必要时,附相关指导性案例或者具有参考价值的典型案例等。

第八条 提请检察委员会审议的刑事案件,议题报告的主要内容包括：

(一)提请检察委员会审议决定的问题；

(二)案件来源和案件基本情况；

(三)诉讼过程,以及相关单位、部门认定的基本案件事实和适用法律情况；

(四)分歧意见或者诉争要点；

(五)承办部门工作情况、审查认定的案件事实和证据；

(六)其他需要说明的问题；

（七）承办检察官意见、承办部门讨论情况；

（八）承办部门的审查结论和理由。

根据议题具体情况，征求有关部门或者专家等意见的，议题报告还应当写明有关部门、专家等意见；依据有关规定应当接受人民监督员监督的案件，议题报告还应当写明人民监督员监督、评议情况和表决意见。

刑事申诉案件，议题报告还应当写明：原生效法律文书认定的事实和适用法律情况，申诉理由、依据和要求等。

刑事赔偿案件，议题报告还应当写明：原生效法律文书认定的事实和适用法律情况，申请赔偿的理由、依据和要求，与赔偿请求人协商的情况等。向人民法院赔偿委员会提出重新审查意见的，议题报告还应当写明人民法院赔偿委员会决定的内容，提出重新审查意见的理由、法律依据等。

下级人民检察院提请抗诉的刑事案件，议题报告还应当写明：人民法院判决、裁定内容，提请抗诉理由和申诉理由，提请抗诉的人民检察院检察委员会审议的情况和意见以及检察长的意见。

第九条　提请检察委员会审议的民事、行政抗诉案件，议题报告的主要内容包括：

（一）提请检察委员会审议决定的问题；

（二）案件来源和案件基本情况；

（三）诉讼过程，以及有关人民法院裁判、执行的情况；

（四）申诉人申请抗诉或者下级人民检察院提请抗诉的理由、证据和法律依据；

（五）分歧意见或者诉争要点；

（六）承办部门工作情况、审查认定的案件事实和证据；

（七）其他需要说明的问题；

（八）承办检察官意见、承办部门讨论情况；

(九)承办部门的审查结论和理由。

征求有关部门或者专家等意见的,议题报告还应当写明有关部门、专家等意见。

第十条 提请检察委员会审议的刑事案件和民事、行政抗诉案件,根据议题的具体情况,提供以下材料作为附件:

(一)下级人民检察院的请示以及该院检察委员会会议纪要;

(二)此前本院检察委员会有关本案的会议纪要以及其他有关研究审议本案的会议综合材料,起诉书稿、不起诉决定书稿、抗诉书稿等。抗诉案件、申诉案件,还应当附判决书、裁定书、不起诉决定书等有关法律文书以及申诉书等;

(三)承办部门集体讨论会议纪要或者记录,专家咨询意见或者专家咨询会等相关会议综合材料;

(四)有关单位、部门、本院有关内设机构回复的书面意见或者回复意见综述;

(五)检察委员会专职委员或者本院检察委员会办事机构的审查意见;

(六)诉讼当事人及其代理人的辩护或者代理意见;

(七)反映有关社会影响的书面材料;

(八)法律、法规、司法解释以及其他规范性文件等有关规定。必要时,附案件重要证据,案件事实或者法律关系示意图,相关指导性案例或者具有参考价值的典型案例。

第十一条 检察委员会办事机构依据《人民检察院检察委员会议事和工作规则》和本标准对议题材料进行审查,不符合标准的,应当提出意见并退回承办部门修改、补充。承办部门提交的议题报告,应当标明密级。

第十二条 提请检察委员会审议的议题材料,应当按照统一格式印制纸质文本或者制作电子文本。

第十三条　本标准自发布之日起试行。1999 年 12 月 30 日最高人民检察院第九届检察委员会第五十次会议通过的《最高人民检察院检察委员会议案标准(试行)》同时废止。

最高人民检察院关于加强基层人民检察院检察委员会工作的意见

（2014 年 5 月 8 日）

为贯彻落实党的十八届三中全会关于推进司法改革的精神,充分发挥检察委员会的职能作用,推进基层人民检察院检察工作科学发展,现对加强基层院检察委员会工作提出如下意见:

一、充分认识加强基层院检察委员会工作的重要意义

1.检察委员会是基层院重要业务决策机构。基层院(包括县、县级市、市辖区、旗、自治县及铁路运输、农垦、林业、监狱、工矿、油田、开发区等基层派出检察院)检察委员会是基层检察机关贯彻民主集中制的重要组织形式和重要业务决策机构,其决策质量直接反映基层院执法办案、履行法律监督职责能力与水平。加强基层院检察委员会工作,既是提升基层院履职能力的必然要求,也是加强基层院建设的重要内容。

2.新形势对基层检察工作提出了新的更高要求。基层院要统筹抓好检察委员会制度建设、组织建设、能力建设和理论研究,适应新形势新要求,认真研究解决工作中面临的困难、问题,切实加强检察委员会工作,遵循司法规律,改进决策模式,提高决策能力,明确决策责任,充分发挥检察委员会的职能作用,保证宪法和法律统一、正确、严格实施。

二、进一步规范检察委员会工作,保证检察委员会职能作用的充分发挥

3.强化案件把关、宏观指导和内部监督的职能作用。基层院检察委员会要加强对上级交办的重大案件、有关部门协调的案件、社会广泛关注的热点敏感案件、有关办案部门有重大意见分歧的案件进行集体决策,排除办案干扰阻力,确保案件质量和效果;要加强对贯彻执行上级人民检察院工作部署、决定等重大问题和事项的研究，加强对向本级人大及其常委会工作报告、专项工作报告和议案的研究，加强对检察工作中出现的新情况新问题的研究，增强检察工作的系统性和前瞻性；要加强对领导干部的监督制约，充分发挥内部监督制约作用，防止个人独断专行和案件处理中的不正之风及违法乱纪行为，确保公正廉洁规范执法。

4.明确检察委员会议案范围。严格划分检察委员会、党组会、院务会和检察长办公会的职能作用，规范检察委员会议题范围。检察委员会依法讨论决定重大案件和其他重大问题。具有下列情形之一的案件，应当依法提请检察委员会讨论决定：(1)决定检察长或者公安机关负责人回避的；(2)审查批准或者决定逮捕重大案件犯罪嫌疑人的；(3)对侦查机关报请核准追诉的；(4)对重大、疑难、复杂刑事案件提出抗诉的；(5)侦查阶段经过检察委员会讨论的职务犯罪案件，审查起诉阶段公诉部门对案件事实、证据和处理决定提出不同意见的；(6)对职务犯罪案件提出适用缓刑、免刑量刑建议的；(7)侦查监督部门对直接受理的重大复杂案件决定逮捕、延长侦查羁押期限，或者重新计算侦查羁押期限的；(8)侦查部门认为直接受理的案件犯罪情节轻微，依法不需要判处刑罚或者免除刑罚，提出不起诉意见，公诉部门提出审查意见的；(9)对民事案件提出再审检察建议的；(10)对民事执行活动提出检察建议的；(11)本院检察长不同意人民监督员表决意见的；(12)错案复查、调查报告以及对本院办理错案的确认；(13)对重大、复杂的国家赔偿、国家赔偿监督案件审查终结的处理意见；(14)其他应当提请检察委员会讨论决定的。

5.明确议题的提请时限和标准。对拟提请审议案件，应当在以下时限内向检察委员会办事机构提出：审查逮捕案件一般应当在诉讼时效届满三日以前提出；提请审议事项，一般应当在议题材料完成后及时向检察委员会办事机构提出；有时效规定的，一般应当在时效届满三日以前提出；因特殊原因不能在上述时间内提请的，应当向检察长报告，并及时将相关情况通知检察委员会办事机构。案件汇报材料应当符合《人民检察院检察委员会议题标准(试行)》规定,列明提请检察委员会审议的问题、案件来源和基本情况、诉讼过程以及相关单位(部门)认定的案件事实和适用法律情况、分歧意见或者争议焦点、承办部门工作情况、审查认定的事实和证据、现行法律规定存在的问题或者规定不明确的地方、承办部门审查结论和理由及其他需要说明的问题。对有重大社会影响或者复杂、疑难的案件,检察长可以采取指定专职检察委员会委员或者分管副检察长会前阅卷、要求汇报采取多媒体示证等方式,确保检察委员会讨论和决策的质量。

6.坚持贯彻民主集中制。检察委员会会议必须有全体组成人员过半数出席,才能召开;必须有全体组成人员过半数同意,才能决定。基层院检察委员会要严格按照民主集中制原则进行决策,各位委员要发表具体、明确意见;委员发表意见结束后,检察长或者受委托主持会议的主持人应当对讨论情况进行总结、归纳,按照少数服从多数原则作出决定。受委托主持会议的主持人应当对会议审议时遇到的重要情况和决定意见会后及时报告检察长,检察长同意后,方可执行。检察长不同意多数委员意见的,按照有关规定,分别报请上一级人民检察院或者本级人民代表大会常务委员会决定。

7.严格检察委员会错案责任,保障检察委员会作用充分发挥。根据中央政法委《关于切实防止冤假错案的规定》,检察官在职责范围内对办案质量终身负责。检察委员会应当根据《检察人员执法过错责任追究条例》,明确错案责任。凡经检察委员会集体讨论决定形成的错案,由集体讨论的主持人和导致错误决定产生的其他人员分别承担相应责任。没有故意或者过失的检察长、主持人及其他检察委员会委员不承担责任。有条件的基层院可以对检察委员会讨论案件情况进行同步录音录像,并做好归档工作。

三、切实加强基层院检察委员会制度建设和机制创新

8.严格执行现有规定。基层院检察委员会应当严格执行《关于加强和改进检察委员会工作的通知》、《人民检察院检察委员会组织条例》、《人民检察院检察委员会议事和工作规则》、《人民检察院检察委员会议题标准(试行)》

等有关工作规定和制度要求,不断提高检察委员会工作质量和规范化水平。

9.坚持例会制度。为及时处理检察工作中的重大问题、在法定期限内讨论决定有关重大案件和事项,基层院检察委员会应当实行例会制度,一般每半个月一次,必要时可以临时召开会议。

10.坚持监督检查制度。基层院检察委员会要加强对会议决定、决议贯彻落实情况的监督检查。上级人民检察院检察委员会办事机构要对基层院检察委员会决定执行情况进行指导、检查、督办。基层院检察委员会对于上级人民检察院交办、督办案件及交办事项作出决定的,应当将决定和执行情况及时报上一级人民检察院检察委员会办事机构备案。

11.规范文书制作、存档和报备工作。根据《人民检察院检察委员会议事和工作规则》、《人民检察院检察委员会议题标准(试行)》等规定,规范检察委员会会议纪要、检察委员会决定事项通知书、执行情况反馈表等文书制作,并做好有关报表填报、文书存档工作。检察委员会会议纪要印发各委员同时应当报上一级人民检察院检察委员会办事机构备案。

12.创新工作和学习机制。为适应新形势新要求,要探索建立专业研究小组、专家咨询委员会、会前审查制度等工作机制,对有关议题涉及的专业问题提出研究意见,供检察委员会参考;要探索建立检察委员会委员听庭评议制度和委员办案制度,切实提高委员的履职能力;要将检察委员会集体学习作为检察委员会例会的内容,每季度学习不少于一次。把理论前沿问题以及最新司法动态等纳入学习内容,提高委员的政治、业务素质;要积极开展集中轮训、岗位练兵和经验交流,提升委员议事决策能力和办事机构工作人员服务水平。

四、进一步强化对基层院检察委员会组织领导和保障工作

13.高度重视基层院检察委员会工作。省级人民检察院和分、州、市级人民检察院在抓好自身检察委员会建设的同时,要加强对基层院检察委员会工作的指导,可以采取视频汇报、经验交流、全面检查、交叉检查、回复基层院请示、派员旁听基层院检察委员会会议、工作考评等多种方式,每年检查指导工作不少于一次。最高人民检察院采取实地调研、听取汇报、巡视检查等形式督导各地工作,并对检查情况予以通报。

14.配齐配强检察委员会委员。严格按照《人民检察院检察委员会组织条例》的员额要求,配齐配强检察委员会委员。委员达不到最低员额标准时,应当及时向上一级人民检察院报告。因职务变动、身体健康等原因影响正常履职或不具备履职能力的委员,应当进行调整。任命和调整委员应当向上一级人民检察院备案。要着力改善委员结构,进一步提高委员专业化水平,主要业务部门负责人一般应当担任检察委员会委员。

15.选好用好专职委员。认真落实中央有关文件和《人民检察院检察委员会专职委员选任及职责暂行规定》的要求,真正把政治业务素质好、议事能力强、检察工作经验丰富的人员选配到专职委员岗位,并落实、保障相应工作待遇。专职委员员额不足或者尚未配备的地方,要尽快选好配齐。已配备专职委员的地方,对专职委员要合理分工、明确职责,切实发挥好专职委员在检察业务中的作用。检察委员会专职委员根据本院党组决定分管有关工作,并受检察长委托,负责有关专项工作,原则上不兼任部门负责人。每个基层院至少有一名专职委员负责检察委员会工作;对专职委员的职责分工,应当向上一级人民检察院备案。

16.加强办事机构建设。积极推进办事机构建设,充实人员和力量,案件较多的基层院可以单设检察委员会办事机构;不具备单设检察委员会办事机构条件的,原则上归口研究室管理;编制受限、案件较少的基层院,要有专人负责检察委员会日常工作。

17.加强信息化建设。加强基层院检察委员会的信息化建设,以全国检察机关统一业务应用系统启用为契机,逐步建立和完善基层院检察委员会工作信息平台,将检察委员会议题、会议讨论情况、会议决定事项、决定执行情况及需要向上一级人民检察院报备的数据、情况等内容,作为统计项目纳入信息管理平台,不断提升检察委员会工作化信息化水平。

18.做好有关保密工作。出席、列席检察委员会会议的人员以及检察委员会办事机构工作人员,要进一步强化保密意识,对检察委员会会议讨论的内容和工作情况应当严格保密,不得泄露。对于违反规定,造成失密泄密的,应当按照有关规定追究责任。

汝州市人民检察院
检察委员会工作规则

第一章　总　则

为进一步提高检察委员会工作质量和工作效率,充分发挥检察委员会在检察业务建设中的决策和指导作用,根据《人民检察院组织法》、《人民检察院检察委员会组织条例》等有关规定,结合我院工作实际,制定本规则。

检察委员会委员由检察长、副检察长及有关部门负责人担任。

检察委员会设专职委员。

检察委员会实行民主集中制,在检察长的主持下,讨论决定重大事项和重大、疑难案件。检察长因故不能参加时,可以指定一名副检察长主持。

检察委员会会议每月召开一次,必要时可以提前召开或者延期召开。

检察委员会可以聘请若干法学、经济、金融、科技等方面的专家列席,就检察工作中涉及的特殊领域的专门知识,有关案件中的疑难问题和其他重大事项进行咨询。

第二章　检察委员会讨论案件、事项的范围

下列案件应当由检察委员会讨论决定:

(一)检察机关管辖范围以外的国家机关工作人员利用职权实施的其他重大犯罪案件,需要由人民检察院直接受理并报请省人民检察院决定的案件;

(二)重大或者疑难的审查逮捕案件;

(三)重大不批准逮捕案件;

（四）需要作出不起诉（相对、绝对、存疑）决定的案件；

（五）需要作撤销案件处理的案件；

（六）被不起诉人不服不起诉决定提出申诉，复查后认为需要撤销原决定的案件；

（七）认为公安机关不立案理由不能成立而需要通知公安机关立案的重大或者疑难、复杂的案件；

（八）罪与非罪，此罪与彼罪界限不清的疑难案件；

（九）人民法院刑事裁判确有错误需要抗诉或者提请抗诉的案件；

（十）有关检察长及公安机关负责人的回避；

（十一）办理的错案的确认与重大、疑难刑事错案的赔偿。经检察长、检察委员会决定的错案，报平顶山市人民检察院确认。

下列案件经检察长或者副检察长提请，可以由检察委员会讨论决定：

（一）对公安机关提请的本院拟作不批准逮捕的案件；

（二）本院侦查部门移送的审查逮捕的案件；

（三）犯罪嫌疑人应当逮捕而本院侦查部门未移送审查逮捕，审查逮捕部门向侦查部门提出移送审查逮捕犯罪嫌疑人的建议未被采纳的案件；

（四）公安机关认为不起诉决定有错误，要求复议的案件；

（五）变更、追加或者撤回起诉的案件；

（六）对人民法院已经发生法律效力的民事（经济）、行政判决、裁定需要提请平顶山市人民检察院抗诉的案件；

（七）符合刑事诉讼法第二十八条或者第二十九条规定的情形之一而回避的检察人员，在回避决定作出以前所取得的证据和进行的诉讼行为是否有效；

（八）对犯罪嫌疑人变更强制措施的；

（九）市委、市人大和上级检察院移送的案件和涉及人大代表、政协委员的案件；

（十）检察长、副检察长认为需要讨论的其他案件。

下列事项经检察长或者副检察长提请，由检察委员会讨论决定：

（一）贯彻执行国家法律、政策等重大事项的规定、意见及办法；

（二）贯彻执行上级人民检察院工作指示、部署和意见，总结检察工作经验，研究检察工作中的新情况、新问题；

（三）贯彻执行本级人大及其常委会的决议、决定的意见，报送人大及其常委会的工作报告，答复人大的质询、重要提案及建议；

（四）长期工作规划或者年度工作计划、总结；

（五）检察业务规章制度的制定和修改；

（六）主侦检察官、主诉检察官的任免；

（七）执行法律、法规和检察工作中遇到的需要向上级人民检察院请示的重大问题。

（八）检察长认为需要讨论的其他重大事项。

第三章　检察委员会办事机构

设检察委员会办公室，配备专职委员一名，对检察委员会负责。检察委员会办公室要充分发挥"程序过滤、实体把关、督办落实、总结指导"的综合业务职能和参谋助手作用，积极为检察委员会决策提供参考意见。

检察委员会办事机构具体承办下列事项：

（一）对提交检察委员会讨论的案件和事项材料是否符合要求提出意见；

（二）对提交讨论的案件和事项提出法律咨询意见；

（三）对提交讨论的有关检察工作的规定、规则、意见办法提出审核意见；

（四）承担会议记录、编写会议纪要及整理归档工作；

（五）根据检察委员会决定，起草向上级人民检察院请示适用法律的报告；

（六）审核业务部门根据检察委员会决定起草的文件、法律文书；

（七）对检察委员会讨论决定的事项进行督办；

（八）检察长、检察委员会讨论交办的其他事项；

（九）对检察长、检察委员会决定或者交办的事项的办理情况进行收集汇总并向检察长汇报。

第四章　检察委员会会议的准备

检察委员会会议议题由检察长决定提起。

有关部门需要提起的议题应当由主管副检察长审查后，报检察长决定。

提请检察委员会讨论的案件和事项，由有关承办部门写出书面报告，分别填写《提请检察委员会讨论案件审批表》、《提请检察委员会讨论事项审批表》，征得主管副检察长同意后，由检察委员会办事机构汇总，填写《提请检察委员会讨论案件、事项登记表》，按照本规定第十条（一）、（二）、（三）项规定承办。

对提请检察委员会讨论的案件，承办人、承办部门负责人、主管副检察长应当有明确意见。

对本院业务部门之间有异议的案件，经业务部门负责人、主管副检察长协商后仍有异议的，应当共同向检察长汇报，由检察长决定是否提交检察委员会。

提交检察委员会讨论的案件应当在案件办理时限期满七日前提出，但根据案件情况需要及时作出决定的除外。

对诉讼期限较长的案件以及不受时限限制的事项，承办部门应当及时提出。

检察委员会办事机构对提交检察委员会讨论的事项和案件材料，认为符合提交检察委员会讨论要求的，退回承办部门印制；认为不符合要求的，应当报承办部门的主管副检察长同意后退回承办部门或者与承办部门协商解决。

对于检察委员会讨论的案件、事项中涉及到的专业、技术性的问题,需要向有关专家咨询的,由检察委员会办事机构负责咨询,或者会同承办部门共同咨询。

检察委员会办事机构应当在会前将提交检察委员会讨论的案件、事项报检察长审核决定,并根据检察长决定作出会议议程安排。

检察委员会会议议程确定后,检察委员会办事机构应当及时将会议议题、时间、地点连同有关材料提前三日通知检察委员会全体委员、会议列席人员和有关承办部门。

检察委员会委员在接到通知和有关材料后应当认真作好发言准备,准时出席会议。因特殊情况不能出席的,应当报经会议主持人批准。

第五章 检察委员会会议

检察委员会会议必须有检察委员会全体组成人员的过半数出席,方能召开。

经检察委员会会议主持人同意,有关人员可以列席会议,对讨论的案件或者重大事项发表意见,但不参加表决。

检察委员会会议开始前,由检察委员会专职委员核实到会委员人数,然后向会议主持人汇报。会议主持人认为符合检察委员会会议召开条件的,应当宣布会议开始,并宣布会议议程及有关事项。

检察委员会委员讨论案件和事项时,应当全面听取承办部门的汇报。并随时对有关性质、事实、证据等提出质异。

承办人(部门)汇报后,应依照主持人确定的发言顺序依据事实和法律逐个发表明确意见;发言要简明扼要、避免重复。

委员会委员发言时,其他委员未经主持人许可,不得打断发言者的发言。

对讨论的案件和事项,应当根据少数服从多数的原则,必须全体委员的过半数同意,方可作出决定。少数人的意见可以保留并记录在案。如果委员意见分歧较大,难以形成决议的,应当再行讨论。

如果检察长在重大问题上不同意多数人的意见,可以再行审议或者报请同级人大常委会或者上级人民检察院决定。

第六章　检察委员会决定的执行

检察委员会作出决定后,承办部门一般应在三日内起草相应文件,送检察委员会办事机构审核。检察委员会办事机构应当在三日内审核完毕,呈会议主持人签发。

检察委员会决定签发后,承办部门应当在十日内执行完毕,不得无故拖延或者擅自变更。

承办部门执行后,应当将执行情况及时报告主管副检察长、并通知检察委员会办事机构记录在案。

在执行过程中,需要改变或者停止执行检察委员会决定时,应当经检察委员会再行讨论决定。如果遇有紧急情况来不及再行讨论的,检察长可以先行处理,但事后应当报告检察委员会讨论决定。

检察委员会办事机构应当认真作好督办工作,并于年终将全面例会情况和决定执行情况写出专题报告。

第七章　检察委员会会议记录

检察委员会会议由检察委员会办事机构负责记录。

会议记录要清晰、完整,并准确地记明各发言人的主要观点、争论焦点、会议决议、赞成和反对者的姓名。

检察委员会会议作出决定后,参加会议的委员核实记录后应当在会议记录上签名。会议记录人也应当在会议记录上签名。

会议记录原件存入检察内卷,复制件存档备查。

根据检察长指示或者工作需要,检察委员会办事机构可以编写《检察委员会会议纪要》,由会议主持人签发,按照规定范围发送。

检察委员会办事机构的会议记录应当依例会次序,按年度装订成册,作永久卷归档。

检察委员会会议记录,未经检察长批准,不得查阅、抄录或者复制。

检察委员会讨论和决定的内容需要传达的,按规定范围传达。凡不能公开的内容要严格保密。

第八章　附　则

本规则由本院检察委员会负责解释。

本规则自颁发之日起施行。

汝州市人民检察院检察委员会议案范围

各科、局(处)、室：

为认真贯彻执行《最高人民检察院关于加强基层人民检察院检察委员会工作的意见》(简称《意见》),强化基层院检察委员会案件把关、宏观指导和内部监督的职能作用。现根据《意见》对基层院议案范围的重新规定,结合本院实际,提出本院检察委员会议案范围。

一、强化案件把关、宏观指导和内部监督。检察委员会要加强对上级交办的重大案件、有关部门协调的案件、社会广泛关注的热点敏感案件、有关办案部门有重大意见分歧的案件进行集体决策,排除办案干扰阻力,确保案件质量和效果;要加强对贯彻执行上级人民检察院工作部署、决定等重大问题和事项的研究,加强对向本级人大及其常委会工作报告、专项工作报告和议案的研究,加强对检察工作中出现的新情况新问题的研究,增强检察工作的系统性和前瞻性;要加强对领导干部的监督制约,充分发挥内部监督制约作用,防止个人独断专行和案件处理中的不正之风及违法乱纪行为,确保公正廉洁规范执法。

二、明确检察委员会议案范围。严格划分检察委员会、党组会、院务会和检察长办公会的职能作用,规范检察委员会议题范围。检察委员会依法讨论决定重大案件和其他重大问题。具有下列情形之一的案件,应当依法提请检察委员会讨论决定：

1.决定检察长或者公安机关负责人回避的;

2.审查批准或者决定逮捕重大案件犯罪嫌疑人的;

3.对侦查机关报请核准追诉的;

4、对重大、疑难、复杂刑事案件提出抗诉的；

5.侦查阶段经过检察委员会讨论的职务犯罪案件,审查起诉阶段公诉部门对案件事实、证据和处理决定提出不同意见的；

6.对职务犯罪案件提出适用缓刑、免刑量刑建议的；

7.侦查监督部门对直接受理的重大复杂案件决定逮捕、延长侦查羁押期限,或者重新计算侦查羁押期限的；

8.侦查部门认为直接受理的案件犯罪情节轻微,依法不需要判处刑罚或者免除刑罚,提出不起诉意见,公诉部门提出审查意见的；

9.对民事案件提出再审检察建议的；

10.对民事执行活动提出检察建议的；

11.本院检察长不同意人民监督员表决意见的；

12.错案复查、调查报告以及对本院办理错案的确认；

13.对重大、复杂的国家赔偿、国家赔偿监督案件审查终结的处理意见；

14.其他应当提请检察委员会讨论决定的。

三、明确议题的提请时限和标准。对拟提请审议案件,应当在以下时限内向检察委员会办事机构提出：审查逮捕案件一般应当在诉讼时效届满三日以前提出；提请审议事项,一般应当在议题材料完成后及时向检察委员会办事机构提出；有时效规定的,一般应当在时效届满三日以前提出；因特殊原因不能在上述时间内提请的,应当向检察长报告,并及时将相关情况通知检察委员会办事机构。案件汇报材料应当符合《人民检察院检察委员会议题标准(试行)》规定,列明提请检察委员会审议的问题、案件来源和基本情况、诉讼过程以及相关单位(部门)认定的案件事实和适用法律情况、分歧意见或者争议焦点、承办部门工作情况、审查认定的事实和证据、现行法律规定存在的问题或者规定不明确的地方、承办部门审查结论和理由及其他需要说明的问题。对有重大社会影响或者复杂、疑难的案件,检察长可以采取指定专职检察委员会委员或者分管副检察长会前阅卷、要求汇报采取多媒体示证等方式,确保检察委员会讨论和决策的质量。

四、坚持贯彻民主集中制。检察委员会会议必须有全体组成人员过半数出席,才能召开;必须有全体组成人员过半数同意,才能决定。检察委员会要严格按照民主集中制原则进行决策,各位委员要发表具体、明确意见;委员发表意见结束后,检察长或者受委托主持会议的主持人应当对讨论情况进行总结、归纳,按照少数服从多数原则作出决定。受委托主持会议的主持人应当对会议审议时遇到的重要情况和决定意见会后及时报告检察长,检察长同意后,方可执行。检察长不同意多数委员意见的,按照有关规定,分别报请上一级人民检察院或者本级人民代表大会常务委员会决定。

五、严格检察委员会错案责任,保障检察委员会作用充分发挥。根据中央政法委《关于切实防止冤假错案的规定》,检察官在职责范围内对办案质量终身负责。检察委员会应当根据《检察人员执法过错责任追究条例》,明确错案责任。凡经检察委员会集体讨论决定形成的错案,由集体讨论的主持人和导致错误决定产生的其他人员分别承担相应责任。没有故意或者过失的检察长、主持人及其他检察委员会委员不承担责任。有条件时可对检察委员会讨论案件情况进行同步录音录像,并做好归档工作。

汝州市人民检察院检察委员会

2014 年 10 月 28 日

汝州市人民检察院检察委员会
日常工作若干制度

各科、局(处、队)、室：

为认真贯彻执行《最高人民检察院关于加强基层人民检察院检察委员会工作的意见》(简称《意见》)中对学习、例会、信息化建设的要求,现制定本院检委会学习制度、专家咨询制度、例会制度、信息化制度以及检委会委员听庭评议和办案制度。

一、建立会前审查制度。建立由本院理论业务功底强的检察人员和有关部门专业研究人员组成的专家咨询委小组,对疑难复杂和专业性强的案件实行会前审查,对有关议题涉及的专业问题提出研究意见,供检察委员会参考。

二、建立检察委员会委员听庭评议制度和委员办案制度。对检委会讨论研究的重大疑难复杂案件或有重大社会影响案件,检察长指派检委会委员到庭听庭评议,提出评议意见。按照上级院对基层院副检察长、检委会委员、部门负责人直接办理或参与办理案件的要求,本院检委会委员每年至少办理1件或参与办理2件自侦或审查逮捕、审查起诉、民行提请抗诉等检察机关管辖的案件,提高委员的履职能力。

三、严格落实集体学习制度。要将检察委员会集体学习作为检察委员会例会的内容,每季度学习不少于一次。把理论前沿问题以及最新司法动态等纳入学习内容,提高委员的政治、业务素质。积极参加上级院开展的集中轮训和本院岗位练兵,提升委员议事决策能力和办事机构工作人员服务水平。

四、坚持例会制度。为及时处理检察工作中的重大问题、在法定期限内讨论决定有关重大案件和事项,院检察委员会实行例会制度,一般每半个月一次（与每半个月全院部门负责人例会同步进行），必要时可以临时召开会议，院办公室、检委会办事机构要做好会前准备工作。

五、加强信息化建设。以全国检察机关统一业务应用系统启用为契机，逐步建立和完善本院检察委员会工作信息平台，将检察委员会议题、会议讨论情况、会议决定事项、决定执行情况及需要向上一级人民检察院报备的数据、情况等内容，作为统计项目纳入信息管理平台，不断提升检察委员会工作化信息化水平。

汝州市人民检察院检察委员会

2014 年 10 月 28 日

第八章
司法警察工作制度

汝州市人民检察院司法警察履行职责细则

一 总 则

为进一步规范检察机关司法警察工作,保证司法警察正确履行职责,提高工作效率,确保办案安全,根据《中华人民共和国人民警察法》、《人民检察院司法警察暂行条例》、《人民检察院司法警察执行职务规则(试行)》等有关法律法规的规定,结合我院司法警察工作实际,制定本细则。

人民检察院司法警察的主要任务是通过行使职权,维护社会主义法治,维护检察工作秩序,保护公民的人身安全、人身自由和合法财产,保护公共财产,预防、制止妨碍检察活动的违法犯罪行为,保障检察工作顺利进行。

人民检察院司法警察必须以宪法和法律为活动准则,忠于职守,严格执法,服从命令,遵守纪律,严守秘密,清正廉洁。

人民检察院司法警察在检察官的指挥下依法履行职责。司法警察应积极主动与办案人员配合,各司其职、各负其责,互相支持,互相监督,确保办案工作有序进行。

司法警察执行任务、履行职责时,认为决定和命令有错误,可以提作出决定的上级或检察官负责。

二　职责与任务

人民检察院司法警察的职责：

（一）保护人民检察院直接立案侦查案件的犯罪现场；

（二）执行传唤；

（三）参与搜查；

（四）执行拘传、协助执行其他强制措施，协助追捕逃犯；

（五）提押、看管犯罪嫌疑人、被告人和罪犯；

（六）送达法律文书；

（七）参与执行死刑临场监督活动；

（八）负责检察机关专门接待群众来访场所的秩序和安全，参与处置突发事件；

（九）保护公诉人和检察员出庭安全；

（十）执行检察长交办的其他任务。

人民检察院司法警察的职责应当由司法警察依法完成，严禁有警不用，以检代警。司法警察在执行任务时，不得代行法律、法规明确规定应当由检察官履行的职责。

第一节　保护犯罪案件现场

司法警察要做好现场警戒，维护秩序，制止无关人员和车辆进入现场；防止突发事件，保护现场侦查人员和群众的安全，发现可疑人员或者可疑情况应及时向现场指挥报告。

执行任务时，司法警察到达现场后要听从现场指挥的调遣，采取相应措施，防止可疑人员逃离现场或者转移物品；对以暴力、威胁等方法妨碍现场侦查活动的人员，可以强行带离现场，或者依法采取其他措施。

第二节　执行传唤

司法警察凭《传唤通知书》传唤犯罪嫌疑人。执行前应核实被传唤人的姓名、性别、年龄、住址及传唤内容等。

送达《传唤通知书》应交给被传唤人，如果本人不在可交由其成年家属或者所在单位负责人代收。

送达《传唤通知书》应填写送达回执，并由收件人本人或者代收人签名盖章，如果收件人或者代收人拒绝签名盖章，则应邀请收件人邻居或者其他见证人到场说明情况，把传票留在该处，并在送达回执上注明拒收事由、送达日期等。

传唤被取保候审、监视居住的犯罪嫌疑人、被告人，须先行与采取强制措施的执行机关联系，到被传唤人所属派出所登记后才能执行。

在特殊情况下可以口头传唤，但不应采取间接转告或者捎口信的方式。

第三节 参与搜查

司法警察执行参与搜查任务，要服从命令，听从指挥，明确搜查的对象、任务，了解搜查现场的环境等方面的情况。搜查前应及时布置岗哨，加强戒备，断绝内外联系，封锁消息。

司法警察协助检察官对犯罪嫌疑人、被告人的住所、办公室和人身进行搜查时，应向被搜查人或者家属出示《搜查证》，并应由被搜查人或者其家属、邻居或者其他见证人在场。

司法警察对以暴力、威胁等方法阻碍搜查的，应立即予以制止或者将其带离现场；对女犯罪嫌疑人、被告人进行人身搜查时，应由女司法警察执行；协助执行扣押、查封任务时，应注意警戒现场，保护现场检察人员安全，防止意外事件的发生。

第四节 执行拘传、协助执行其他强制措施、协助追捕逃犯

执行拘传任务前应核实被拘传犯罪嫌疑人的姓名、性别、年龄、住址等情况。执行拘传时，应当向被拘传的犯罪嫌疑人出示《拘传证》，并责令其在《拘传证》上签名或者盖章，拒不签名的，执行拘传的司法警察应在《拘传证》上注明。被拘传犯罪嫌疑人如有抗拒行为，执行拘传的司法警察可使用警械具

强制到案。

司法警察在协助执行拘留、逮捕任务时,必须持有《拘留证》或者《逮捕证》;协助执行拘留、逮捕任务必须认真核对犯罪嫌疑人的姓名、性别、年龄、工作单位、家庭住址、是否是县级以上人大代表、政协委员等情况,防止出现差错。

司法警察经授权可向被执行人员宣布纪律,并告知权利,被执行人拒绝在决定书上签名的,应予以注明;对于抗拒拘留、逮捕的犯罪嫌疑人,可依法采取适当的措施,必要时可以使用武器,防止犯罪嫌疑人逃跑、自杀、自残、行凶等事故的发生。

司法警察协助追捕在逃犯罪嫌疑人时,应详细了解在逃犯罪嫌疑人的情况,协助制定追捕计划,准备所需要的警械具或者武器等。

司法警察协助追捕在逃犯罪嫌疑人时,要采取多种方式,了解和掌握在逃犯的行踪,尤其要注意隐蔽身份,严格保密,防止走漏消息;在协助追逃过程中,如果捕获的犯罪疑人被击伤或者突发急病,应立即通知医院急救,同时向上级报告。

第五节　提押、看管犯罪嫌疑人、被告人和罪犯

司法警察提押犯罪嫌疑人、被告人和罪犯时,凭《提押证》执行。要严格遵守看守所、拘留所、监狱的有关规定,核实被提解人的身份,防止错提、错押。对被提押的犯罪嫌疑人、被告人和罪犯一般应戴上警械具,对老、弱、病、残可视情况处置。

提押女犯罪嫌疑人、被告人和罪犯应当有女司法警察在场。提押犯罪嫌疑人、被告人和罪犯应向其宣布纪律,并责令其严格遵守;办案人员讯问完毕后,应及时将犯罪嫌疑人、被告人和罪犯还押,并向看守人员反映被押人的情绪和表现,提押票证由看守人员盖章后带回。

司法警察执行押解任务时,应向犯罪嫌疑人、被告人宣讲有关法律规定,要严密监视,严防被押人逃跑、自杀、自残、行凶、滋事或者被劫持等。押送途

中如果发生突发事件,应当保护犯罪嫌疑人、被告人的安全,迅速将其转移到安全地点看管,并及时报告。

押送犯罪嫌疑人、被告人乘坐飞机,应事先与民航安全部门联系,并按民航的有关规定执行;押送犯罪嫌疑人、被告人乘坐火车,应事先与列车长和乘警联系,上车后禁止被押人坐在靠窗的位置,必要时可采取相应的防范措施,防止被押人伺机脱逃。押送犯罪嫌疑人、被告人乘坐轮船,应事先与有关人员取得联系,尽可能与其他乘客隔离安置,禁止被押人上甲板活动,并严密监视,防止意外情况的发生;押送犯罪嫌疑人、被告人乘坐汽车,应使用专用囚车,严禁将同案犯同车押送。

押送犯罪嫌疑人、被告人到指定地点后,应及时交给办案人员或者送羁押场所羁押;押送犯罪嫌疑人、被告人除武装押送外,在特殊情况下可以采取秘密押送的办法。

司法警察执行看管任务时,应当根据案件的性质、看管场所的具体情况、犯罪嫌疑人、被告人和罪犯的人数及其危险程度配备警力,制定处置突发事件的工作预案。

司法警察执行看管任务时,应对看管、讯问犯罪嫌疑人、被告人和罪犯的场所及周边情况进行检查,并依法告知其在被看管期间的权利和应当遵守的规章制度。对男性和女性、成年和未成年、同案犯以及其他需要分别看管的犯罪嫌疑人、被告人、罪犯,应当分别看管。对于女性犯罪嫌疑人、被告人、罪犯,应当由女司法警察看管。

司法警察执行看管任务时,应当对犯罪嫌疑人、被告人、罪犯的人身和携带的物品进行安全检查。发现与案件有关的证据和可疑物品,要当场制作记录并予以扣押,由看管对象签字按指印后、,转交案件承办人。

司法警察执行看管任务时,未经批准,不得让无关人员及被看管人的亲友进入看管场所;不得受人之托,给被看管人带食品和其它物品;不得给犯罪嫌疑人、被告人、罪犯传递口信;不得将看管对象擅自提出看管场所;不得允许无关人员在看管场所摄影、录音和采访;不得擅自离开;不得做与看管工作无关的事。当被看管人交出与案件有关的材料时，应及时交给办案人员,不得擅自处理。

看管场所要保持良好的卫生环境，防止疾病传播。看管对象患病的,司法警察应当及时报告案件承办人,并配合做好救治工作。

司法警察执行看管任务时,不得询问或随意谈论案情;不得辱骂、体罚、虐待或变相体罚虐待犯罪嫌疑人、被告人、罪犯。要适时提醒办案人员遵守办案时限,发现办案人员对看管对象体罚、虐待、刑讯逼供时或单独讯(询)问时,应当制止,制止无效时,应当及时向主管领导汇报。

司法警察执行看管任务时,应保持高度警惕,严防被看管人脱逃、自伤、自杀、行凶、串供、传递信物和被劫持等情况。遇紧急情况时可采取相应强制措施,必要时可依照有关规定使用警械具,直至使用武器。

第六节　送达法律文书

司法警察送达法律文书、案卷材料前,应认真清点份数册数,检查所需送达的文书是否符合法定时效,是否留有送达所需要的时间;送达法律文书应准确、及时,严守国家保密规定,不得将公文带到公共场所或者带回家,未能按时送达的,应及时报告并说明原因。

送达法律文书、案卷材料,被送达人需在送达回执上签字盖章。留置送达必须有受送达人的基层组织或者所在单位的代表到场作见证人。

第七节　参与执行死刑临场监督

司法警察参与执行死刑临场监督活动时,要按时到位,听从检察官的指挥,保护检察官的安全,并处理可能发生的紧急情况。

第八节　维护来访场所秩序

司法警察在维护接待群众来访场所秩序时,应劝解疏导个别不遵守上访秩序的人员,制止不法分子的破坏活动,维护检察机关的工作秩序,保护检察官的人身安全。

第九节 保护公诉人和检察员出庭安全

因工作需要,司法警察应对公诉人和检察员出庭和庭审后途中的安全提供保护。

下列案件警务部门应派司法警察保护公诉人和检察员的安全:

1.涉及黑社会、严重暴力犯罪团伙的刑事案件;

2.涉及受害群众较多,可能引发不明真相群众受煽动围攻公诉人、检察员的案件;

3.有可能判处死刑或有重大影响的案件;

4.公诉人、检察员在办案过程中受到案件当事人等相关人员威胁的案件;

5.检察长指定为公诉人、检察员提供保护或检察长出庭支持公诉的案件。

司法警察保护公诉人、检察员安全,应听从公诉人、检察员的指挥,携带必要的警械具。对危险性较大的案件,要提前制定处置预案。

司法警察在保护公诉人、检察员安全过程中,要严格按照法律及相关规定执行任务,严禁超越职权。公诉人、检察员不得指使法警从事与警务任务无关的其他事务性工作。

司法警察在保护公诉人、检察员安全时,要注意与法院的司法警察协调配合。对于特别重大的案件要共同协商、研究,及时制定应急处置预案。

第十节 执行检察长交办的其他任务

司法警察在执行检察长交办的其他任务时,应明确任务的性质、目的、要求及完成任务的时限等情况,制定相应的措施和方案,保证任务顺利完成。

三 履行职责规程

司法警察实行统一用警、统一派警、统一调警机制,切实加强警务协作,搞好协调配合,提高工作效能。

司法警察履行职务实行派警令制度。检察业务部门需要司法警察参与协助办案时,应事先填写《用警申请单》,由所在部门负责同志或分管检察长签署用警意见,并注明用警单位、事由、地点、起止时间等,然后送交警务部门。

警务部门接到《用警申请单》后,应依据有关检察业务部门的要求,及时拿出用警方案和具体意见,并填写《派警令》。一般情况下,《派警令》由警务部门负责人签批;执行重大警务活动,应由主管检察长审批。

司法警察执行职务必须按规定着装,保持警容严整,举止端庄,并按规定和实际需要携带必要的警械具或武器弹药。执行职务时,必须出示《警官证》。

司法警察执行保护犯罪现场、拘传、提押犯罪嫌疑人、被告人和罪犯任务时,不得少于 2 人;执行看管任务时,每看管一名犯罪嫌疑人、被告人或罪犯,司法警察不得少于 2 人。

申请用警的检察业务部门,在司法警察完成任务后,应将司法警察履行职务情况,及时反馈警务部门,并提出加强和改进工作的意见和建议。

四　责任追究

司法警察在执行职务中违反本细则,情节轻微的,应当给予批评教育;情节严重的,依照《中华人民共和国人民警察法》和最高人民检察院的有关规定给予纪律处分;构成犯罪的,依法追究刑事责任。

凡违反本细则,不按规定使用司法警察,发生犯罪嫌疑人、被告人、罪犯逃跑、自伤、自杀、行凶或执行现场混乱、检察官被围攻、伤害,造成恶劣影响的,要依照有关规定追究有关领导和直接责任人的责任。

五　附　则

本细则未涉及到的其他事项,按有关法律、法规和最高人民检察院,河南省人民检察院的规定执行。

第九章

派驻乡镇检察室工作制度

汝州市人民检察院派驻乡镇检察室
工作规则（试行）

第一章 总 则

为规范我院派驻乡镇检察室工作，切实把法律监督触角延伸到广大农村，更好地服务我市经济社会科学发展，根据有关法律，结合我市实际，制定本规则。

派驻乡镇检察室是基层检察院派驻乡镇的工作机构，是基层检察院的组成部分，在基层院领导下开展工作，机构规格与基层院其他内设机构相同。

派山院对派驻乡镇检察室地域管辖范围应当合理划分，及时调整。

派驻乡镇检察室应当遵循立足检察职能、方便群众诉求、化解矛盾纠纷、强化法律监督的工作原则，忠于法律，忠于事实真相，公正廉洁执法，维护国家法律统一正确实施。

派驻乡镇检察室代表派出院在辖区内依法履行以下职责：

（一）受理公民、法人和其他组织的举报、控告、申诉，接受犯罪嫌疑人自首。

（二）畅通群众诉求渠道，排查化解矛盾纠纷。

（三）开展调查研究，对辖区影响社会和谐稳定的源头性、根本性、基础性问题,提出对策建议,参与基层社会管理创新。

(四)发现、收集职务犯罪线索和其他涉检信息。经检察长批准对职务犯罪线索进行初查。

(五)对基层公安派出机构、人民法庭、司法所等执法单位的执法活动开展法律监督。

(六)开展职务犯罪预防工作和法制宣传教育。

(七)协助派出院开展民事督促起诉等工作。

(八)完成检察长交办的其他工作。

派驻乡镇检察室应当立足检察职能,以驻地乡镇为定点,定期或不定期到辖区内非驻点乡镇开展巡回检察活动,将法律监督的职能延伸到辖区所有乡镇。

第二章 分 则

第一节 受理来信来访

参照《人民检察院信访工作规定》,派驻乡镇检察室受理以下信访事项:

(一)反映国家工作人员职务犯罪的举报;

(二)不服人民检察院处理决定的申诉;

(三)反映公安机关侦查活动存在违法行为的控告;

(四)不服人民法院生效判决、裁定的申诉;

(五)反映刑事案件判决、裁定的执行和监狱、看守所、劳动教养机关的活动存在违法行为的控告;

(六)反映人民检察院工作人员违法违纪行为的控告;

(七)加强、改进检察工作和队伍建设的意见和建议;

(八)其他依法应当由人民检察院处理的信访事项。

来访人提出信访事项的,派驻乡镇检察室检察人员应当制作笔录,载明来访人的姓名或者单位名称、地址、信访事项和联系方式,经宣读或者交来访人阅读无误后, 由来访人和检察人员签名或者盖章。对来访人提供的控告、举报、申诉材料认为内容不清的,应当要求来访人补充。

多人来访提出同一信访事项的,应当要求来访人推选代表,代表人数不超过五人。

检察人员应当告知来访人员须对其控告、举报内容的真实性负责,不得捏造、歪曲事实,不得诬告陷害、诽谤他人,以及诬告陷害、诽谤他人应负的法律责任。

信访人采用书信形式提出信访事项的,派驻乡镇检察室检察人员应当及时拆阅。启封时,应当注意保持邮标、邮戳、邮编、地址和信封内材料的完整。启封后,按照主件、附件顺序装订整齐。

对信访人采用电子邮件、电话、传真等形式提出的信访事项,派驻乡镇检察室应当参照本规则第八条、第九条的规定办理。

属于派出院管辖的信访事项, 派驻乡镇检察室能够当场答复是否受理的,应当当场答复;不能当场答复的,应当自收到信访事项之日起十五日内书面告知信访人,但是信访人的姓名(名称)、住址不详的除外。

不属于派出院管辖的信访事项,需要转送有关主管机关处理的,由控告申诉检察部门负责审查分流, 派驻乡镇检察室应当自收到信访事项之日起十五日内书面告知信访人;不需要转送有关主管机关处理的,派驻乡镇检察室应当引导信访人通过正常途径反映问题。

犯罪嫌疑人到派驻乡镇检察室自首,检察人员应当制作自首笔录,填写《犯罪嫌疑人自首情况登记表》,立即移送有管辖权的侦查机关(部门)。

派驻乡镇检察室应当依法保护控告人、举报人的合法权益。严禁把控告、举报材料及有关情况泄露给被控告人、被举报人,以及与办理控告、举报案件(事项)无关的单位和个人。

派驻乡镇检察室受理来信来访,应当逐件填写《来信来访登记表》。

派驻乡镇检察室应当在周五前将本周受理的信访事项移交派出院控告申诉检察部门审查处理。

告急信访事项应当立即移交并报告检察长。

控告申诉检察部门应当在周五前向派驻乡镇检察室书面反馈其上周移交的信访事项审查处理情况。

派驻乡镇检察室应当对其移交的信访事项和自行发现的职务犯罪线索跟踪了解办理情况,协助控告申诉检察部门答复信访人。

派出院业务部门办结信访事项,向控告申诉检察部门回复办理结果时,应当同时抄送受理该信访的派驻乡镇检察室。

派驻乡镇检察室应当对其受理并移交的信访事项的办理情况每月清理一次,清理情况报主管检察长。

经检察长批准,派驻乡镇检察室办理控告申诉检察部门转送的信访事项,应当自收到之日起六十日内办结;情况复杂,逾期不能办结的,报经主管检察长批准,可适当延长办理期限,并告知控告申诉检察部门。延长期限不得超过三十日。法律、法规另有规定的,从其规定。

派驻乡镇检察室承办的信访事项办结后,应当向控告申诉检察部门书面回复办理结果。书面回复文书应当具有说理性,主要包括下列内容:

(一)信访人反映的主要问题;

(二)办理的过程;

(三)认定的事实和证据;

(四)处理情况和法律依据;

(五)开展化解矛盾、教育疏导工作及相关善后工作的情况。

派驻乡镇检察室所承办信访事项与检察业务工作有关的,应同时将办理结果书面告知相关业务部门。

派驻乡镇检察室对于信访人的下列行为,应当进行劝阻、批评或者教育;对于劝阻、批评或者教育无效的,应当移送公安机关依法处理:

（一）在接访场所周围非法聚集，围堵、冲击接访，拦截公务车辆，堵塞、阻断交通，影响正常办公秩序的；

（二）携带危险物品、管制器具的；

（三）侮辱、殴打、威胁检察人员，或者非法限制检察人员人身自由的；

（四）在信访接待场所滞留、滋事，故意破坏信访接待场所设施，或者将生活不能自理的人弃留在信访接待场所的；

（五）煽动、串联、胁迫、以财物诱使、幕后操纵他人信访或者以信访为名借机敛财的。

第二节　畅通群众诉求渠道，排查化解矛盾纠纷

派驻乡镇检察室应当通过建立工作点、受理群众来信来访、下访巡访、聘请检察信息联络员、与相关单位建立涉检信息共享机制等方式畅通群众诉求渠道，全面收集、掌握辖区内的涉检信息。

派出院聘请检察信息联络员应当明确选聘条件、选聘程序、工作职责、工作流程和奖惩措施，加强管理。

派驻乡镇检察室负责检察信息联络员的管理。

检察信息联络员不得参与派驻乡镇检察室业务工作。

派驻乡镇检察室应当确保办公场所工作日时间有检察人员接待群众来访。

派驻乡镇检察室应当确定每周一至二个工作日到驻地乡镇外的乡镇巡回走访或接访。

派驻乡镇检察室应当制定巡回接访计划，确定接访时间、地点以及接访检察人员。

派驻乡镇检察室走访、接访应当有两名以上检察人员参加。

派驻乡镇检察室应当采取发放联系卡等方式，在辖区内公告办公地点、检察人员姓名和联系电话。

派驻乡镇检察室应当在辖区内所有乡镇设置检察服务信箱，定期开放，

及时交内勤处理。

对有信访需求出行不便的老年人、残疾人以交通不便的群众,派驻乡镇检察室应当及时上门接访。

走访和接访应当做好登记,按照《人民检察院信访工作规定》办理。

派出院业务部门对不受理、不立案、不批捕、不起诉、不抗诉、不提请抗诉、不赔偿,以及复议复核维持原决定等可能对社会稳定带来影响的案件,应当在决定作出后三日内对发生涉检信访的可能性进行预测,及时通报案件关联地的派驻乡镇检察室。

派驻乡镇检察室应当加强与业务部门的沟通,矛盾纠纷一时难以化解的,协助业务部门科学制定处置预案,防范和化解风险。

派驻乡镇检察室应当及时、重点排查辖区内的重信重访、可能引起集体访或者群体性事件的涉检信访问题,摸清底数,建立台账。对排查出的问题,应当在三个工作日内层报检察长,落实化解责任。情况紧急的应当立即上报。

派驻乡镇检察室应当采取包括公开听证调解、邀请第三人或人大代表、政协委员、人民监督员、相关单位负责人协调调解以及使用涉法涉诉救助资金等方式,化解涉检矛盾纠纷。

派驻乡镇检察室应关注涉检信访中的民生问题,把依法处理信访与解决群众困难有机地结合起来。信访人生活困难的,积极协调各方救济帮扶。

派驻乡镇检察室应当与辖区公安派出机构、人民法庭、司法所、乡镇党委政府等相关单位及时沟通联系,掌握辖区内影响社会和谐稳定的信息。

派出乡镇检察室排查化解矛盾纠纷应当与派出院控告申诉检察等相关部门沟通联系,互通信息,互相配合。

派驻乡镇检察室应当对辖区影响社会稳定的源头性、根本性、基础性问题进行深入调研,形成调研报告,报经检察长同意后向当地党委政府提出加强和改进工作的对策建议。

派驻乡镇检察室对涉检信息和信访事项进行收集、汇总、分析时,对其他社会管理中不属于检察机关职能范围的事项,应当立足检察职能,通过检察建议等方式提出改进意见,协同有关部门共同参与基层社会管理创新。

第三节 职务犯罪线索的收集和初查

派驻乡镇检察室应当关注辖区内发生的重大群体性事件和其他影响重大的事件,发现、收集职务犯罪线索。

派驻乡镇检察室应当掌握辖区涉及"三农"的财政性建设资金、粮农补贴专项资金、扶贫开发资金等支农惠农资金的管理、发放情况,加强监督,保障国家支农惠农政策的落实。

派驻乡镇检察室对自行发现的职务犯罪线索,应当逐件填写《自行发现职务犯罪线索登记表》,于每周五前移送派出院自侦部门办理,同时报告主管检察长;情况紧急的应当立即移送并报告检察长,并跟踪了解办理情况。

派出院自侦部门应当在办结后三个工作日内将办理情况和结果书面反馈派驻乡镇检察室。

经检察长批准,派驻乡镇检察室可以对辖区内案情简单、职证难度不大的职务犯罪线索进行初查。

初查应当严格依法、全面客观地进行,依法保护被调查对象的合法权利;一般应当秘密进行,需要公开初查的,应当报请检察长批准;一般不接触被调查对象,确需接触被调查对象的,应当报请检察长批准,并依照有关办案安全的规定,采取必要的安全防范措施。

在初查过程中,不得对被调查对象采取强制措施,不得查封、扣押、冻结被调查对象的财产,不得进行搜查。

决定初查的案件线索,承办检察官应当制订初查方案,经派驻乡镇检察室主任报请检察长批准后,组织人员进行初查。

初查方案应当包括以下内容:

（一）对案件线索评估的意见；

（二）初查的方向、范围和目的；

（三）初查的时间、方式和方法、步骤；

（四）对可能出现情况的预测及应急措施；

（五）初查的组织领导、参加人员的安排、任务确定、责任分工；

（六）初查中的保密措施和安全防范预案。

初查应当查明以下情况：

（一）被调查对象的主体身份等个人情况及所在单位的基本情况；

（二）举报线索所反映的问题是否属实或者部分属实；

（三）被调查对象涉嫌职务犯罪的行为及事实发生的时间、地点、情节、结果、涉及的人和事等；

（四）被调查对象所在单位和上级主管部门的规章制度及相关的法律法规，涉嫌渎职犯罪的，还应当查明被调查对象的工作职责范围；

（五）被调查对象所在单位的相关业务知识、操作流程等业务情况；

（六）其他需要查明的情况。

署实名举报的，承办检察官应当在初查前与举报人见面，了解被调查对象的基本情况，掌握所举报的事实、证据等具体情况，并做好记录。

初查期间发现被调查对象有自杀、自残、逃跑或者毁灭罪证等紧急情况时，应当立即采取必要的控制措施，并报告检察长。对确有犯罪事实需要追究刑事责任的，应当及时移送侦查部门办理。

初查应当在一个月内终结。初查发现案情复杂、犯罪涉及面广或取证困难不能按期终结的，应当报经检察长批准移送侦查部门办理。

经检察长批准，控告申诉检察部门移送派驻乡镇检察室初查的职务犯罪线索，派驻乡镇检察室应当在一个月内将办理情况书面回复控告申诉检察部门。

初查期间因被调查对象有精神病、其他严重疾病等情况不宜继续初查的,或者因有关知情人长期无法查找或者不作证而无法继续初查的,或者因其他原因无法继续初查的,应当中止初查。中止初查的理由和条件消失后,应当及时恢复初查。中止或恢复初查,由承办检察官填写《中止／恢复初查审批表》,经派驻乡镇检察室主任报请检察长批准。

有以下情形之一的,应当终结初查,制作《审查结论报告》,提出相应处理意见:

(一)有犯罪事实,需要追究相关人员的刑事责任;

(二)对具有下列情形之一的,提请批准不予立案:

1.认为没有犯罪事实的;

2.事实不清、证据不足的;

3.具有《刑事诉讼法》第十五条规定情形之一的。

(三)被调查对象涉嫌犯罪,但案件不属检察机关管辖的,移送有关主管机关处理。

(四)经初查不认为是犯罪,但需要追究党纪、政纪责任的,移送所在单位或主管机关处理。

派驻乡镇检察室应当在五个工作日内将《审查结论报告》及初查中收集的案件材料移送侦查部门处理。案情重大、情况紧急的应当立即移送并报告检察长。经检察长批准,控告申诉检察部门移送派驻乡镇检察室初查的职务犯罪线索,派驻乡镇检察室应当同时将《审查结论报告》抄送控告申诉检察部门。

侦查部门应当在十个工作日内将《审查结论报告》的处理情况书面反馈派驻乡镇检察室。

经派驻乡镇检察室初查并移送的职务犯罪线索,侦查部门立案侦查的,应当自侦查终结之日起五个工作日内将侦查终结报告抄送派驻乡镇检察室。

派驻乡镇检察室在初查中发现有关单位在管理上存在问题和漏洞,需要建章立制、加强管理的,应当向该单位或其上级主管单位发出《检察建议书》。

第四节　执法活动监督

派驻乡镇检察室应当每季度对辖区内公安派出机构是否存在有案不立、不该立案而立案的情况进行全面了解,并向派出院侦查监督部门通报。

派驻乡镇检察室自行发现立案监督案件线索的,应当逐件填写《执法活动监督线索登记表》、依照本规则第四十四条的规定移送派出院侦查监督部门办理。

侦查活动监督主要发现和纠正以下违法行为:

(一)对犯罪嫌疑人刑讯逼供、诱供的;

(二)对被害人、证人以体罚、威胁、诱骗等非法手段收集证据的;

(三)伪造、隐匿、销毁、调换或者私自涂改证据的;

(四)徇私舞弊,放纵、包庇犯罪分子的;

(五)故意制造冤、假、错案的;

(六)在侦查活动中利用职务之便谋取非法利益的;

(七)在侦查过程中不应当撤案而撤案的;

(八)贪污、挪用、调换所扣押、冻结的款物及其孳息的;

(九)违反刑事诉讼法关于决定、执行、变更、撤销强制措施规定的;

(十)违反羁押和办案期限规定的;

(十一)在侦查中有其他违反刑事诉讼法有关规定的行为的。

派驻乡镇检察室对辖区内公安派出机构的侦查活动实行监督。

情节较轻的违法情形,由派驻乡镇检察室口头提出纠正意见并做好记录;情节较重的违法情形,及时移送派出院侦查监督部门并建议发出纠正违法通知书。

派驻乡镇检察室需要提前介入辖区刑事案件侦查监督工作的,应报经主管检察长批准,并在工作结束后两个工作日内填写《介入侦查情况登记表》,同时抄送派出院侦查监督部门。

派驻乡镇检察室提前介入刑事案件侦查监督的,仅限于提前熟悉案情,引导取证,不得参与案件的侦查活动,不得参与讯问犯罪嫌疑人。

经检察长批准,派驻乡镇检察室可以采用检察建议书的形式对辖区内人民法庭的民事审判和调解活动实行监督,采用纠正意见书的形式对人民法庭执行活动中存在的违法问题实行监督。

监所检察部门应当自收到管制、单处剥夺政治权利、宣告缓刑、暂予监外执行、假释、主刑执行完毕附加执行剥夺政治权利罪犯的法律文书后五个工作日内将法律文书抄送其居住地的派驻乡镇检察室。

派驻乡镇检察室发现行政执法单位在依法查处违法行为的过程中,违法事实涉嫌犯罪,依法需要追究刑事责任的,应当在三个工作日内移送派出院侦查监督部门处理,并报告检察长。

派驻乡镇检察室在开展执法活动监督时,如发现执法单位在业务管理、队伍管理工作中存在漏洞的,应当督促其完善工作制度,加强管理。

第五节　职务犯罪预防和法制宣传教育

派驻乡镇检察室应当通过多种形式开展支农惠农政策、涉农职务犯罪法律法规、涉农职务犯罪典型案例宣传活动,并把宣传工作延伸到村民小组。

立案侦查的涉农职务犯罪案件,派出院侦查部门应当在案件侦查终结后五个工作日内,将案件侦查终结报告抄送辖区派驻乡镇检察室,并通报发案的特点、规律以及管理制度方面存在的问题。

派驻乡镇检察室应当针对发案单位存在的问题,充分发挥检察建议的作用,督促发案单位和有关主管部门完善涉农专项资金的管理制度;督促发案单位实行财务、政务(村务、场务)公开,实现依法管理、民主管理、科学管理。

派驻乡镇检察室制作检察建议书应当严格执行《人民检察院检察建议工作规定(试行)》。检察建议书必须由检察长审批,以派出院的名义制作并送达。

派驻乡镇检察室对发案单位及其主管单位开展职务犯罪预防工作,应当监督其全面落实检察建议的内容,并实行回访制度。

派驻乡镇检察室应当立足检察职能,深入宣传检察工作职责、办案流程、办案纪律等检务内容,派出院各项检察工作取得的成绩、查办的典型案例和涉及群众切身利益的法律、法规和国家支农惠农政策。

派出院相关业务部门应当及时将业务工作流程、办案机制、办案纪律等规章制度以及工作信息等宣传资料提供给派驻乡镇检察室。

第六节　协助配合业务部门工作

派驻乡镇检察室与派出院的业务部门应当互相配合、互相协助。

派出院、上级院相关业务部门或者其他检察院需要派驻乡镇检察室协助工作的,应经派出院检察长同意。

派出院业务部门应当加强和派驻乡镇检察室的协作配合,对派驻乡镇检察室提出的业务咨询负责解答;对派驻乡镇检察室工作中遇到的热点难点问题及时调研,共同研究解决。

派出院相关业务部门需要派驻乡镇检察室派员协助工作的,应当列明协助的具体事项及法律依据,派驻乡镇检察室应当按照业务部门的要求在规定时间内完成协助任务。

经检察长批准,派驻乡镇检察室可以针对个案和派出院业务部门联合开展调查,原则上业务部门主办,派驻乡镇检察室协助。

协助办理职务犯罪案件不得在派驻乡镇检察室办公场所讯问犯罪嫌疑人。

派驻乡镇检察到协助派出院各业务部门开展工作需要发出法律文书的,

统一由各业务部门制作,以派出院的名义发出,由各业务部门立卷归档。

派驻乡镇检察室协助配合侦查监督部门办理的立案监督案件,应当全程跟踪监督,并及时向侦查监督部门反馈公安机关办理案件的进展情况。

调解不成的轻微刑事案件,派驻乡镇检察室应当在十五日内协助配合派出院业务部门监督公安机关按法律程序办理。

因犯罪情节轻微作不起诉决定的,公诉部门应当将不起诉决定书、被不起诉人员名单及其联系方式,自宣布之日起五个工作日内送达被不起诉人居住地的派驻乡镇检察室,派驻乡镇检察室应当逐人建立考察档案;并协助公诉部门做好被不起诉人的跟踪回访考察工作。

监所检察部门收到监外执行罪犯的有关法律文书,应当在五个工作日内将监外执行罪犯的姓名及住址书面告知派驻乡镇检察室。

派驻乡镇检察室应当每半年协助监所检察部门对辖区内监外执行监管和社区矫正工作开展一次全面检查。具体工作时间、内容和方式由监所检察部门与派驻乡镇检察室商定。

派驻乡镇检察室发现监外执法存在执法不规范、管理不严格等可能导致执法不公和脱管、漏管等苗头性、倾向性问题的,应当及时通报监所检察部门,并报主管检察长。

派驻乡镇检察室对自行发现的民事督促起诉案件线索,应当逐件填写《民事督促起诉案件线索登记表》,依照本规则第四十四条的规定移送派出院民事行政检察部门办理。

第七节　综合工作

派驻乡镇检察室应当在每月10日前对上月自行收集的涉检信息和来信来访情况进行汇总分析,提出意见建议,书面报派出院主管检察长。

重大紧急的涉检信息应当立即上报。

派驻乡镇检察室收集的信息、工作情况及成效、调研报告、工作总结等应当报送派出院政治处、办公室,由办公室负责信息简报和工作总结的编辑、报送工作。

派驻乡镇检察室应当建立档案保管制度,及时全面收集、妥善保管开展检察业务工作中所形成的法律文书和案件材料,年底统一交派出院相应的业务部门装订归档。

派驻乡镇检察室在工作中形成的非案件类文字、数据、图片、影像等资料应当分门别类妥善保管,年终在派出院档案管理人员指导下装订归档。

第三章　附　则

本规则由院党组讨论通过后实施并负责解释。

Wenhua Rujian

文化汝检

领导视察批示篇

LINGDAO SHICHA PISHI

河南省汝州市人民检察院 / 编

刘新义 / 主编

中国检察出版社

图书在版编目（CIP）数据

文化汝检．领导视察批示篇／刘新义主编．—北京：中国检察出版社，2016.11

ISBN 978 - 7 - 5102 - 1715 - 9

Ⅰ.①文…　Ⅱ.①刘…　Ⅲ.①检察机关－工作－汝州－文集　Ⅳ.①D926.32 - 53

中国版本图书馆 CIP 数据核字（2016）第 262444 号

文化汝检·领导视察批示篇

刘新义　主编

社　　　址：	北京市石景山区香山南路 111 号（100144）	
网　　　址：	中国检察出版社（www.zgjccbs.com）	
编辑电话：	(010)88960622	
印　　　刷：	河南盛华印务有限公司	
开　　　本：	710 mm×960 mm　16 开	
印　　　张：	5.5	
字　　　数：	66 千字	
版　　　次：	2016 年 11 月第一版　　2016 年 11 月第一次印刷	
书　　　号：	ISBN 978 - 7 - 5102 - 1715 - 9	
定　　　价：	30.00 元	

《文化汝检》编纂委员会

主　　编：刘新义

副 主 编：张现周　魏二广　马聚法　雷红东

　　　　　张延斌　顾武修

执行编辑：宋振中

编　　辑：陈冬伟　吴迎利　黄飞豹　陈媛媛

序言一

检察文化建设是检察工作的有机组成部分，是检察事业发展的精神支撑和力量源泉。检察文化在凝聚人心、激励斗志、规范行为、陶冶情操、营造氛围、树立形象等方面具有不可替代的重要作用。

当前，在进入全面建成小康社会的决胜阶段，在深入推进"五位一体"总体布局和"四个全面"战略布局，落实创新、协调、绿色、开放、共享发展新理念，主动适应经济发展新常态的新形势下，检察机关面临着全面深化司法体制改革和检察改革的发展机遇，肩负着全面提升检察工作能力水平，深入推进平安建设、法治建设，为全面建成小康社会，实现中华民族伟大复兴的中国梦创造良好法治环境的历史重任。检察机关只有重视和加强检察文化建设，依靠检察文化的引领和熏陶，激发广大检察干警的责任感、使命感、紧迫感，才能为检察工作科学发展凝神聚力。

近年来，汝州市检察院认真贯彻党的十八大、十八届三中、四中、五中全会精神，按照"文化育检、文化兴检、文化强检"的总体思路和部署，把提升检察人员综合素质能力，提高检察管理水平作为切入点和着力点，以凝聚精神为根基，完善机制为支撑，涵养文化为目标，致力于打造"文化汝检"，使检察文化在建设高素质队伍、规范文明司法中发挥潜移默化、润物无声的原动力作用，有效提升了队伍建设水平，促进了各项检察工作的深入开展。

　　为进一步加强检察文化建设，充分发挥检察文化的凝聚力、推动力、辐射力，汝州市检察院编印了《文化汝检》十二篇章，这对于全面提升检察干警的政治素质、业务素质和职业道德素质，促使检察干警保持高昂的工作热情和奋发进取的精神状态，保证检察工作持续健康发展具有积极地推动作用。《文化汝检》十二篇章是汝州市检察院加强检察文化建设的经验总结，是创建学习型检察院的有力载体，要珍惜和运用好这个载体，弘扬和学习好相关经验，充分发挥十二篇章在提升检察干警的思想境界、职业良知和廉洁自律意识等方面的作用。

　　检察工作的健康发展离不开高素质的检察队伍，打造一支忠诚可靠、执法为民、务实进取、公正廉洁的检察队伍离不开先进检察文化的引领和凝聚，只有把检察文化与检察工作紧密结合，才能在执法办案中真正做到"理性、平和、文明、规范"。检察文化建设任重道远。期待汝州市检察院在已有工作成绩的基础上，积极探索和创新检察文化建设的新思路、新方法，以文育检、以文兴检、以文强检，为检察事业创新发展增添多彩篇章！

张耕

2016 年 8 月

序言二

检察文化建设的核心任务是凝聚力量、提升素质、推动工作。近年来，汝州市检察院认真贯彻党的十八大和十八届三中、四中、五中、六中全会精神，按照上级院"文化育检、文化兴检、文化强检"的总体思路和部署，把提升检察人员综合素质能力，提高检察机关管理水平作为切入点和着力点，积极推进检察文化建设，为检察工作发展提供了有力的思想保证、精神动力和智力支持。

2016 年是"十三五"开局之年，也是司法体制改革全面推进之年和攻坚之年，检察机关要有新担当、新作为，检察工作更需要强有力的检察文化支撑和检察文化传播。汝州市检察院编印的《文化汝检》十二篇章，不仅符合新时代检察工作主题，而且对于全面提升检察干警的政治素质、业务素质和职业素质，促使检察干警保持奋发进取的精神状态，保证检察工作持续健康发展等方面都具有积极地推动作用。

篇章中的《规章制度管理规范篇》，体现了立规矩、守规矩的制度义化。要让制度这个"软实力"对检察人员的行为形成"硬约束"，必须突出抓好制度落实，只有制度被自觉遵守并内化于心、外践于行，制度文化建设才算真正见到成效。当前，要通过案件管理、检务督察、检务督办等手段狠抓制度落实，使制度权威得到进一步确立，使干警行为得到进一步规范，使按规矩办事成为检察机关的新常态。

《先进集体篇》《先进人物篇》《工作创新篇》《工作思路·工作报告篇》以及《镜鉴》《当代刑事错案沉思篇》等篇章，注重运用身边人、身边事去打动人、感染人，运用反面典型案例去警示教育人，运用先进人物、先进事迹去鼓舞士气，运用争先创优机制激营造比学赶帮的良好氛围，从而引导检察干警在依法履职中展现自身的优秀品质、过硬素质、人格修养，在司法办案中传递检察文化建设形成的理念、风范和形象，推动检察文化建设落地生根、开花结果。

《文化汝检》十二篇章是汝州市检察院加强检察文化建设的一个有效载体，是创建学习型检察院的一项有力措施。要运用好这个载体，落实好这项措施，通过多种方式组织全院干警学习篇章、运用篇章，切实发挥十二篇章在提升检察干警思想境界、职业良知和廉洁自律意识等方面的积极作用。

检察文化建设永远在路上。要把检察文化建设融入贯彻落实创新、协调、绿色、开放、共享五大发展理念，全面提升检察工作水平之中，融入为"十三五"时期经济社会发展提供有力司法保障的总体部署之中，一年一个抓手、一步一个脚印地推进，通过富有特色、寓教于乐的多种检察文化活动，夯实检察文化基础、打造检察文化品牌，让检察文化为检察事业持续、健康、协调发展提供源源不竭的强劲动力。

刘治章

2016 年 8 月

目 录

汝文
检化

第一章 领导视察

Lingdao Shicha

省检察院检察长蔡宁到汝州调研检察工作

2009 年 8 月 18 日，河南省检察院检察长蔡宁在平顶山市委书记赵顷霖、平顶山市检察院检察长刘新年、时任汝州市委书记李全胜等人的陪同下到汝州市检察院调研。

在座谈会上，李全胜书记首先汇报了汝州市的基本情况。汝州市检察院检察长刘龙海向蔡宁检察长、赵顷霖书记和刘新年检察长汇报了汝州市检察院的基本情况，近两年就职务犯罪侦查、法律监督、班子队伍建设方面工作取得的成绩、存在的问题和下一步努力方向。

蔡宁检察长指出，汝州经济发展势头很好，在全市、全省乃至全国都有一定的影响，并且进入了全国 200 强，旅游资源丰富，希望汝州加大宣传力度，经济发展能再上一个新台阶。

在谈到检察工作时，蔡宁检察长指出，到了汝州检察院印象很好，感到汝州市委、市政府对检察工作的支持，听了汝州检察院近两年的工作汇报，感觉做了很多工作，有几个特点：

一是职务犯罪查案工作在全市是突出的，进入了平顶山市检察系统先进行列，职务犯罪立案数是市区个别检察院的3倍，与其他兄弟院形成了你追我赶的良好势头。二是刑事和解工作是个亮点，做得很好，这是贯彻宽严相济刑事政策的体现，省院非常重视这项工作，希望下一步要探索完善刑事和解工作的制度方法，争取拿出成熟的经验做法来。三是法律监督工作也很好，发挥了检察机关的作用。四是在服务大局方面，汝州检察院的做法得到了地方党委的充分肯定，市委书记亲自批示，说明地方党委对检察院的工作是满意的。五是队伍建设开展的岗位练兵"一帮一"帮扶活动做得很好，值得肯定。如岗位练兵结对子就是很好的工作上的创新，在工作上、业务上互帮互助，取长补短，做法值得推广。

但也存在一些问题，一是队伍存在老化现象，人员少、任务重。二是还存在部分通过司法考试但因身份问题而不能取得检察官资格的人员。三是汝州检察院的干警职级待遇和内设机构设置明显偏低，与目前全省的平均水平相比差距较大。

希望汝州市委高度重视和支持检察院的工作，早日解决职级待遇和内设机构升格问题。

蔡宁检察长最后表示："总体上，我对汝州检察院的整体工作是满意的，希望汝州市检察院加大力度，保持好势头，争取走在全省的前列。我非常赞赏要超额完成任务的表述，这是争先创优意识的体现。"

赵顷霖书记强调，汝州市委要认真贯彻落实蔡宁检察长的讲话精神，尽快研究解决汝州检察院干警职级待遇和内设机构升格问题，确保该项工作在全省不落后。

最后，李全胜书记表示：要认真贯彻落实蔡宁检察长的意见，争取在最短的时间内解决检察干警的职级待遇和内设机构问题，要保证高于全省平均水平。

2009 年 8 月 20 日上午，汝州检察院召开了全体干警大会，刘龙海检察长传达了蔡宁检察长在汝州座谈时的讲话精神，并就贯彻落实蔡宁检察长强调的"加大力度，保持好势头，争取走在全省的前列"的指示精神作出部署：一是各部门要认真学习贯彻蔡宁检察长的重要指示，把蔡宁检察长的重要指示不打折扣地落实到每一项工作中去。二是要进一步完善批捕、起诉流程管理，提高案件质量，加强侦查监督和审判监督工作。三是进一步加大反贪、反渎工作力度，加快起诉进度，力争超额完成全年任务。四是进一步做好刑事和解试点工作，探索行之有效的工作方法和制度，争取在年底拿出成熟的经验来。五是进一步做好涉检信访工作，保持赴省进京涉检零上访。

蔡宁检察长、赵顷霖书记、刘新年检察长等在调研期间亲切看望了汝州检察院全体干警并与全体干警合影留念，并参观了汝州检察院职务犯罪询问指挥中心。

中国政法大学教授樊崇义、省检察院副检察长贺恒扬莅汝参加全省首例附条件不起诉案件公开宣布暨研讨会

　　2010年3月18日下午，汝州市检察院探索试行了河南省首例附条件不起诉案件公开宣布会。会上，犯罪嫌疑人马某某和其所住村村委会主任徐某及被害人魏某均到场。在马某某表示认罪，被害人魏某当场表示给予谅解，不再追究其刑事责任后，承办人宣读了《汝州市人民检察院附条件不起诉决定书》。之后，被帮教人马某某和帮教人徐某在《帮教协议》上核实签字。

　　公开宣布会结束后，平顶山市检察院又举办了由中国政法大学教授樊崇义、河南省检察院副检察长贺恒扬、平顶山市检察院副检察长何欣、平顶山市委政法委、汝州市委、市人大、市政协，平顶山和汝州两级公、检、法、司，平顶山其他9个县、市、区检察院和平顶山学院等部门、单位的有关领导及律师界代表参加的附条件不起诉研讨会。樊崇义教授、贺恒扬副检察长作了重要发言

和讲话。研讨会开始前，何欣副检察长、汝州市委副书记张留华先后致词，向与会专家、领导和同志们表示欢迎。会议由汝州市检察院检察长刘龙海主持。

研讨会上，平顶山市公安局副局长赵根元、平顶山市中级人民法院刑庭庭长宋红超、平顶山市律师协会刑法学会副会长陈军校和平顶山市检察院研究室主任吴京伟先后结合各自系统和行业工作实际，围绕探索实践附条件不起诉制度的意义、必要性，附条件不起诉的适用范围、适用条件和案件操作程序，以及附条件不起诉的存在无法律支撑、附条件不起诉与相对不起诉的界限、附条件不起诉的监督制约等方面发表了观点和看法。

研讨会上，樊崇义教授从附条件不起诉的定义，实施附条件不起诉的意义、背景、适用的条件、范围和操作程序的设置等发表了即席演讲。樊教授说我院办理的对盗窃犯罪嫌疑人马某某附条件不起诉案是研究探索附条件不起诉的很好案例。樊教授讲到探索实践附条件不起诉的五个背景：第一个背景，中央提出的化解矛盾、创新管理、公正廉洁执法三项重点政法工作，附条件不起诉就是化解矛盾、社会管理创新的一个具体体现，也是我国司法改革、检察改革的一个重要内容。第二个背景，刑事案件高发，轻微犯罪所占比例不断攀升，要根据不同的犯罪，采取不同的程序。第三个背景，党中央对刑事犯罪从严打到宽严相济的政策转变。第四个背景，国际人权斗争及我国司法现代化的必然产物。一方面是我国的民主与法制建设，追求法律程序的正当性；另一方面是国际上司法的后现代化。当今世界关于被告人认罪程序、刑事和解程序、附条件不起诉程序、刑事暂缓程序正风起云涌，而我国当前的刑事诉讼程序存在机械、复杂化的问题。第五个背景，我国刑事诉讼要坚持程序分流原则。案多人少的矛盾现在是愈演愈烈，节约司法资源，提高司法效能是我国司法领域面临的迫切问题。

樊教授认为附条件不起诉适用的条件和范围要先宽后严，随着时间的推移，经验的积累，可以逐步放宽。对于附条件不起诉与相对不起诉的关系而言，相对不起诉只是刑法规定的不需要判刑和免除刑罚的十种情形。附条件不起诉实际上是突破了相对不起诉。首先是落实了相对不起诉；其次是突破了相对不起诉，从主体范围、犯罪的罪名和认罪的各个方面都有一定的突破。条件的适用要考虑各地的治安形势、城乡差别，以及不同历史时期社会治安情况的差别。

樊教授最后讲到，关于附条件不起诉的程序设置最终要达到节约司法资源的目的。实践中，一要加强刑事和解；二要化解社会矛盾；三要简化程序。要避免程序设计的初衷与现实的背离。

贺恒扬副检察长在讲话中，肯定了平顶山、汝州两级党委和司法部门对于探索实践附条件不起诉制度的支持，肯定了平顶山、汝州两级检察院的创新精神和改革意识，肯定了我院办理的对盗窃嫌疑人马某某附条件不起诉案为探索实践附条件不起诉提供了一个鲜活的案例，对推动我省附条件不起诉制度的建立和完善具有很重要的借鉴作用。贺恒扬副检察长讲到，附条件不起诉制度的建立和实施具有重要的理论研究价值和较强的现实意义。这项制度第一符合司法改革的精神。第二符合宽严相济的刑事司法政策，符合中央三项重点工作的要求，符合中央关于构建和谐社会的具体要求。第三有利于刑事案件繁简分流，解决案多人少的矛盾。贺恒扬副检察长最后强调，附条件不起诉制度在创新实践中一要坚持依法有序原则，要与改革的精神相符，不能与法律相悖。二要注重社会效果，是不是化解了社会矛盾，减少了社会对抗。三要因地而宜、因案而宜，循序渐进。

省人大常委会党组副书记、副主任王文超视察汝州检察工作

　　2011年8月4日，省人大常委会党组副书记、副主任王文超带领省人大常委会视察组一行7人，在省高级法院副院长孔志，省检察院常务副检察长张国臣，平顶山市委常委、政法委书记李永胜，平顶山市人大常委会副主任肖来福，平顶山市中级法院院长郭保振，平顶山市检察院检察长刘新年，时任汝州市委书记李全胜，市委副书记、市长万英，市人大常委会主任樊占营，市委常委、政法委书记彭清旺，市人大常委会副主任张剑奇，

副市长韩自敬，市法院院长吴海松，市检察院检察长乔义恩等陪同下来到汝州市检察院，就检察机关加强基层建设、促进公正执法情况进行视察。

乔义恩检察长向省人大视察组汇报了汝州市检察院的基本情况和近年工作取得的成绩。随后，大家观看了汝州市检察院制作的电视汇报短片。

近年来，我院在省、市院和汝州市委的正确领导下，在市人大、政府的监督、支持下，各项检察工作都取得了新的成绩。有多项工作经验被上级转发推广，连续3年被评为全市先进基层检察院，2011年又被省院评为全省先进基层检察院。开展三项重点工作的做法，被省委和最高人民检察院转发推广，最高人民检察院曹建明检察长专门作出批示，控申接待室被高检院命名为"全国文明接待室示范窗口"，探索建立的涉检信访风险评估机制得到市委和省检察院的充分肯定，"全省信访风险评估工作会"在汝州召开，探索建立附条件不起诉制度的做法，受到省院贺恒扬副检察长和中国政法大学樊崇义教授的肯定。

省人大、省检察院领导听完汇报后又视察了汝州市检察院控申接待大厅，对汝州检察工作所取得的优异成绩给予了充分肯定，并提出了殷切的希望。

高检院监所检察厅副厅级检察员
林礼兴莅临汝州市院指导工作

　　2011年9月18日，高检院监所检察厅副厅级检察员林礼兴一行莅汝，就看守所械具和禁闭使用情况及创建国家一级规范化检察室工作进行检查指导。省、平顶山市检察院有关领导及市人大常委会副主任张剑奇、副市长韩自敬，院党组成员、副检察长管建民、魏二广等陪同。

　　张剑奇、韩自敬对林礼兴一行莅汝指导工作表示欢迎，管建民简要介绍了我院相关工作开展情况。林礼兴一行观看了我院创建规范化检察室纪实短片。

　　林礼兴指出，开展看守所械具和禁闭使用情况专项检查，主要是规范执法活动，保障在押人员人权。通过实地检查和查看资料，汝州市检察院驻所检察人员在规范看守所械具和禁闭使用方面做了很多工作，提高了看守所人员依法使用械具和禁闭的意识，没有发现明显问题，专项活动取得了明显成效。林礼兴还充分肯定了我院创建国家一级规范化检察室工作，认为我院在驻所检察室的硬件建设、人员配备上达到了一定的要求，特别是在执法工作方面，能够发现违法，及时提出纠正意见，并认真查办监管场所职务犯罪，取得了很大成绩，创建国家一级规范化检察室的水平得到了很大提高。

平顶山市检察院检察长刘新年
在汝州市院调研案管工作

2012年11月21日上午，平顶山市检察机关案件管理工作推进会在我院六楼会议室召开，平顶山市检察院党组书记、检察长刘新年，党组副书记、常务副检察长许晓伟，专职检委会委员赵继明，汝州市委副书记、市长万英，汝州市委副书记李运平，汝州市委常委、政法委书记彭清旺出席会议。全市10个基层院的检察长和主管副检察长、案件管理中心负责人及市院有关部门负责同志参加了会议。会议由市院党组副书记、常务副检察长许晓伟主持。

　　这次会议的主要任务是贯彻省院案件管理工作推进会精神，推进全市检察机关案件管理工作。会议开始前，全体与会人员参观了我院案件管理受案大厅和案管中心办公场所，详细了解了我院案管中心的统一受案、流程监控、案件评查、业务统计分析等工作情况。

　　万英市长在大会上致词指出，汝州市检察院在探索创新的"特约检察调解员"参与矛盾化解机制、办案信访风险评估预警工作、监所检察工作、查办和预防职务犯罪工作、乡镇检察室加强基层监督的做法，以及狠抓案件质量管理工作都得到了上级检察机关和社会各界的认可和好评。希望汝州市检察院以这次会议为契机，进一步加强和改进工作，忠实履行宪法和法律赋予的职责，锐意进取，扎实工作，在新的起点上不断创造新的业绩，为服务经济社会发展大局作出新的更大的贡献。

　　会上播放了介绍我院案件管理工作的电视专题短片，我院检察长乔义恩做了经验介绍。

　　赵继明专委就全市检察机关当前和今后一段时期的案管工作进行了安排部署。

　　刘新年检察长在会上作了重要讲话：一是全力推进案管工作。刘检对汝州市院、郏县院在案件管理方面的积极探索给予了充分肯定，并要求全市检察机

关把案件管理工作当作提高案件质量、提升整体工作的一个抓手，按照高检院、省院的要求和这次会议上赵继明专委所作的具体安排，认真抓好落实。二是认真学习贯彻党的十八大精神。对于党的十八大报告和修改后的党章，要运用多种形式，认真学、反复学，准确把握精神实质，把党的十八大精神作为指导思想和精神动力，进一步搞好各项检察工作，进一步提升服务大局水平。三是强力推进争先创优工作。刘检指出，2012 年以来，我们强调以"两学一争"推进整体工作，从目前来看，新刑事诉讼法的学习形式多样，学习效果也比较明显，下一步面临认真执行新刑事诉讼法，要利用实施前的一个多月的时间，继续抓好学习，积极做好实施前的准备工作。学习马俊欣活动还需要进一步深入，进一步创新学习形式，力争推出马俊欣式的先进群体。临近年底，年度考评工作很快就要进行，各单位各部门要结合年初设定的争先创优目标，通过纵向比、横向比，查找差距，固强补弱，奋力争先。四是统筹规划好年底前的各项工作。刘检强调，要按照高检院、省院的统一部署，加强与人大代表、政协委员的联络，通过多种形式，让人大代表、政协委员了解、理解、支持检察工作。要抓好年底前的信访稳定、队伍管理、清理积案等各项具体工作，同时要认真梳理、总结全年工作，理清下一步的工作思路，为明年的工作开展打下良好的基础。

"全国先进基层检察院"考核组、采访团先后莅汝考核、采访检察院工作

2013 年 1 月 15 日和 3 月 20 日，"全国先进基层检察院"考核组和采访团先后对汝州市检察院近两年来的工作情况进行了考核及采访。他们按照评定"全国先进基层检察院"应达到的 7 项先进标准，即思想政治坚定、执法能力过硬、领导班子坚强、队伍素质精良、管理机制健全、检务保障有力、社会形象良好的要求，听取了汝州市委、人大、政协及有关部门领导的意见和反映，听取了汝州市检察院检察长乔义恩的工作汇报，查看了检察院的软硬件建设情况。对我院 2011 年以来，坚持高起点定位，高标准推进，各项检察工作取得了新的进展给予了充分肯定，认为符合申报推荐为"全国先进基层检察院"的各项条件。

平顶山市人大常委会副主任王金山
到我院视察调研民事行政检察工作

　　2012年3月15日，在平顶山市人大常委会常务副主任王金山的带领下，由平顶山市人大常委会法工委、预算委主任及部分人大代表组成的视察调研组到我院视察调研民事行政检察工作。平顶山市人民检察院党组书记、检察长刘新年，平顶山市人民检察院党组成员、副检察长何欣，平顶山市人民检察院民行处处长韩跃武，汝州市市委副书记、市长万英，汝州市人大常委会主任樊占营，汝州市政协副主席杨辉星，汝州市人大常委会党组成员王沧海，汝州市委政法委副书记董占有陪同。

　　视察调研组首先听取了我院乔义恩检察长关于民事行政检察工作的汇报。近年来，我院坚持民行检察工作稳定数量、保证质量、规范程序、提高效率的指导思想，以抗诉为中心，创新开展支持起诉工作，积极尝试开展督促起诉工作，民行检察工作取得了显著成绩。民行检察工作连续3年位居全市检察系统前三名。

视察调研组一行对我院的各项工作，尤其是民行检察工作所采取的创新措施和取得的成绩给予了充分肯定。王金山副主任高度称赞我院的工作，指出我院班子团结，富有凝聚力；干警精神面貌良好，队伍整体素质、业务能力较高；民行检察工作精细、到位，工作开展扎实，措施有力度、有创新，特别是在关注民生、服务大局方面工作到位，执法严格，成效较好。视察调研组对我院的工作非常满意。同时指出平顶山市人大会大力支持检察工作，为检察机关强化法律监督提供保障，通过视察调研，推广检察工作好的做法，规范工作措施，提高监督能力，保障检察机关依法独立行使法律监督权，维护司法公平公正。

在随后的座谈会上，调研组一行听取了部分法官、律师和当事人代表就民事行政检察工作提出的意见和建议，希望我院民事行政检察工作要突出重点，创新工作方法，促进社会和谐稳定，为各项事业科学发展作出积极贡献。

汝州市人大常委会主任张留华到我院视察调研时对"两法衔接"工作提出四点要求

2013 年 5 月 14 日，汝州市人大常委会主任张留华、副主任邓银修，人大法工委主任张延斌、副主任刘亚丽，纪委执法监察室主任高运广，人大常委会委员李转伟、谢中政一行 7 人到我院开展"行政执法与刑事司法衔接工作"专项调研。我院党组书记、检察长乔义恩，党组成员、副检察长管建民，党组成员、工会主席马聚法及侦监科、公诉局、反贪局、反渎局、民行科的部门负责人参加了会议。

乔义恩检察长汇报了两法衔接工作取得的成绩和存在的问题以及改进措施。他指出截至 2013 年 4 月底，我院共查询行政执法案件 1659 件，督促行政执法机关移送涉嫌犯罪案件 36 件 65 人，批准逮捕 36 件 62 人。当前仍存在部分行政执法单位主要领导重视不够，信息录入不及时、不规范，以及漏录、以罚代刑等问题。要采取召开联席会议，制定《行政执法与刑事司法相衔接工作评价办法》，发挥"两法衔接"信息共享平台作用，加强与公安、法院的沟通和协调，统一认识和标准等措施，监督行政执法机关及时移送涉嫌犯罪案件。

与会的市人大调研组成员进行了热烈讨论。张延斌主任指出，检察机关要坚持"能动司法"，检察工作人员对法律的理解，决定了工作中的方向和态度。虽然现实中还存在种种问题，但是希望检察干警们要充分发挥主观能动性，积极发现问题，努力解决问题。比如，可以以汝州市此次"两违整顿"专项活动为契机，监督相关行政执法单位及时录入执法信息，并依法移送涉嫌犯罪的案件。

邓银修副主任强调，"两法衔接"工作，涉及民生领域，影响到人民群众的切身利益，必须切实搞好。针对实践中存在的问题，要积极找出人为因素之外的"硬伤"，确定重点工作，并想办法克服。

张留华主任作总结讲话时强调，行政执法与刑事司法衔接工作，是推进依法治国的重要任务，也是发挥行政执法和司法机关整体合力的重要措施，对于规范行政执法行为、严厉打击犯罪、保障经济社会健康有序发展具有重大的现实意义。做好"两法衔接"工作意义深远、责任重大，并对今后工作提出四点要求：第一，认识要到位。只有认识提高了，特别是一些行政执法单位主要领导们的认识提高了，予以高度重视了，才能切实提高工作效率，促进规范、有效执法。第二，机制要健全。要在原有成绩的基础上，针对目前工作中发现的问题，将建立、健全工作机制作为经常性的工作去狠抓、去落实。尤其是两法衔接工作，如何建立考评机制等，都需要检察机关在原有的基础上去完善。第三，措施要落实。一要总结好，工作中要善于总结好的经验、做法，找出不足，并总结出如何克服、弥补；二要探索好，可以结合我们的工作，借鉴其他地区的先进经验。第四，效果要提升。要将本次调研作为一个新的起点，通过抓好各项工作，最终取得一个实实在在的效果。

张留华主任还强调，市检察院作为该项工作的牵头单位，要以本次调研座谈会为契机，要在市委、上级院的领导和人大的监督支持下，锐意进取、扎实工作，不断开创汝州市"两法衔接"工作新局面，为汝州市实现跨越发展作出新的更大贡献！

省检察院副检察长周新萍到汝州市检察院调研并提出三点要求

　　2013年5月22日上午，省检察院副检察长周新萍、预防处处长易广辉、控申处副处长高保军在平顶山市检察院检察长刘新年、副检察长李东升等的陪同下到汝州市检察院开展调研工作。时任平顶山市委常委、汝州市委书记李全胜，市长万英，人大常委会主任张留华，市委常委、秘书长王英敏和市委常委、政法委书记彭清旺出席了会议。汝州市人民检察院检察长乔义恩以及该院班子成员、控申和预防部门的负责人等参加了座谈会。

　　李全胜书记首先向周新萍副检察长介绍了汝州市的基本情况，并对汝州检察院服务汝州经济社会发展大局所做的工作予以了充分的肯定。

　　乔义恩检察长汇报了近年来的工作情况，着重汇报了创新涉检信访机制，邀请特约检察调解员参与矛盾化解机制的建立及取得的成效。

　　易广辉处长指出：职务犯罪预防工作是一个朝阳工作，只要落实得好，会对整个检察工作产生巨大的正能量。今年，要深入开展预防调查工作，重点开展对土地容积率、新农合组织的专项预防调查。

　　座谈中，周新萍副检察长首先肯定了汝州市检察院在乔义恩检察长的带领下所取得的一系列成绩，为该院有一个勇于争先创优的领导班子和创先争优的集体感到骄傲。并对该院控申、预防等工作提出要求：一是继续做好控告申诉工作。汝州市院的控告申诉工作一直做得很不错，有的成绩在全市、全省乃至全国都走在了前列，但是不能骄傲，要继续创新，要把该项工作做得更好，与时俱进保持先进位次。二是加强职务犯罪预防调查工作。汝州市院的职务犯罪预防工作基础比较好，人员配备到位，平时除做好职务犯罪预防宣传工作外，要注重做好职务犯罪预防调查工作，特别是当前要把土地容积率专项预防调查工作做好，这将对整体工作提供更广阔的发展空间。三是加大服务大局的力度。要紧紧围绕地方经济发展和社会稳定全面正确发挥检察职能，做好服务产业聚集区、保障民生、保护群众合法利益等项工作，用实在的业绩赢得汝州市委、人大及社会各界的支持，使检察工作更上一层楼，为继续保持全国先进基层检察院而努力。

中国检察官文联主席、高检院原党组副书记、常务副检察长张耕到汝州市检察院调研

　　2013 年 5 月 29 日，中国检察官文联主席、高检院原党组副书记、常务副检察长张耕，在省检察院党组副书记、常务副检察长张国臣和平顶山市检察院党组书记、检察长刘新年的陪同下，到汝州市检察院就检察文化建设工作进行调研。时任平顶山市委常委、汝州市委书记李全胜，市长万英，市委常委、秘书长王英敏和汝州市人民检察院党组书记、检察长乔义恩等参加了座谈会。

　　在乔义恩检察长简单介绍汝州市检察院文化育检的基本情况后，张耕

同志指出，检察机关一是充分重视文化建设的作用。经济的发展离不开文化的支持，同样要做好检察工作也离不开检察文化的建设，通过文化这个载体将执法的理念潜移默化、润物无声地渗透到干警的日常工作中，整个检察工作就会焕发出新的生机。汝州市检察院能够获得"全国先进基层检察院"是全院干警共同努力、团结拼搏的结果，这从侧面说明了文化育检的工作做的不错，因为文化育检工作做好了，干警在这个和谐的氛围中工作就会感到精神舒畅，充满干劲。二是搞好检察工作离不开党委政府的支持。我非常欣赏刘新年检察长所提出的"党委想什么，人民盼什么，社会要什么，我们干什么"，检察工作只有想人民之所想，才能做出成绩来。汝州市检察院现在所取得的成绩离不开党委政府的支持，要进一步加强服务大局的意识，紧紧围绕汝州市经济社会发展这个实际，利用汝州市具有的深厚历史文化积淀奠定检察文化建设的根基，正确发挥检察职能，用实在的业绩赢得汝州市委、人大及社会各界的支持，使检察工作更上一层楼，为继续保持全国先进基层检察院而努力。

张国臣副检察长在肯定汝州市院所取得的成绩的基础上，希望汝州市检察院进一步推进检察文化建设，特别是环境文化建设，形成浓厚的文化教育氛围，建成全国知名的检察文化建设基地，推动各项工作全面开展。

省检察院党组副书记、常务副检察长张国臣与汝州市部分省市县人大代表、政协委员座谈

　　2013 年 8 月 21 日，省检察院党组副书记、常务副检察长张国臣在平顶山市检察院党组书记、检察长刘新年的陪同下，到汝州市检察院召开座谈会，征求汝州市部分省市县三级人大代表、政协委员对检察工作和检察机关开展党的群众路线教育实践活动的意见建议。时任平顶山市委常委、汝州市委书记李全胜，市长万英，市委副书记李运平，市政协主席陈国重，市委常委、政法委书记彭清旺，市人大副主任邓银修和省人大代表、金庚医院院长宋兆普，省人大代表、河南巨龙生物工程有限公司董事长刘光等 11 名人大代表、政协委员参加了座谈会。汝州市检察院党组书记、代检察长刘新义及该院侦监、公诉、反贪等部门的负责人参加座谈。

李全胜书记简单介绍汝州市的基本情况后，肯定了近年来检察机关服务社会大局、服务企业的做法。张国臣副检察长在听取他的介绍后指出，省院开展党的群众路线教育实践活动已有一个月，此次调研的目的就是以该教育实践活动为契机，走基层，听取各位人大代表和政协委员对检察机关的意见建议，从而促进检察机关怎样进一步服务社会大局，怎样进一步维护社会公平正义，怎样把检察工作做得更好。

各位人大代表、政协委员先后进行了发言。省人大代表、省检察院人民监督员、万英市长对检察机关提出了三点建议：一是进一步加大职务犯罪预防工作的力度。前一段时间检察机关开展的建设用地容积率调整情况专项预防调查取得了不错的成效。今后希望检察机关多开展诸如此类的活动，继续加大职务犯罪预防工作的服务力度，增强服务的针对性和时效性，充分运用检察职能，有效发挥检察工作对经济社会发展的促进和保障作用。同时建议检察机关积极开展各种形式的警示教育，深化预防职务犯罪工作，发挥监督制约机制，做到事前监督，将错误遏制在萌芽状态，从根源上抑制和减少职务犯罪发生。二是希望省市院加强对基层检察院的业务指导工作。基层检察院在侦查监督手段、经费保障和人员力量上都存在一定的不足，工作压力比较大，建议省市院检察机关多到基层调研，从政策层面帮助基层检察院解决实际困难，进一步提高基层院的办案能力和执法水平。三是加大宣传力度。当前有的老百姓对检察机关的监督职能还不了解，建议检察机关创新检察宣传方式，加大对自身组织机构、职能及工作情况的宣传力度，争取社会各界的理解和支持，使群众更好地认同检察工作。

省人大代表宋兆普、刘光在肯定汝州市检察院历届领导班子对企业发展所作出的努力后，希望检察院在下一步工作中着重加强与经济发展相关职能部门的监督配合，为招商引资和全市经济发展创造更好的法治环境。汝州市政协主席陈国重则从现在立法速度快、法律相互"打架"的情况时有发生的实际出发，对检察机关人员的培训提出了建议，希望检察机关根据队伍结构、职责分类、

业务特点等加强对检察人员的分层次培训，注重对新法和政法干警核心价值观的专题培训，进一步提升检察干警的整体素质。

座谈会结束后，张国臣副检察长代表全省检察干警对与会的各位人大代表、政协委员提出的宝贵意见和建议表示了感谢。他指出这几天到基层调研，感触颇深，对党的群众路线教育实践活动的内涵和意义有了进一步的理解，进一步认识到从群众来，到群众中去，一切为了群众的重要性，并用12个字谈了感受：一是感谢支持。人民检察为人民，代表人民来行使权力，各位人大代表、政协委员提的意见建议字字珠玑、语重心长，对今后检察工作的开展有很好的指导作用。二是践行主体。检察机关要围绕"强化法律监督，维护公平正义"，为整个社会创造良好的社会环境。三是服务大局。检察机关在为党委政府工作做好服务的同时，要做好自觉接受人大、政协的监督，是检察机关正确履行法律监督职能的重要保证。张检最后在肯定汝州市检察院所取得的成绩的基础上，对汝州市检察院新一届领导班子寄予厚望，希望该院自觉接受人大代表和政协委员的监督，开创汝州检察工作的新局面。

刘新义检察长表示，来到汝州院工作，有压力但更多的是动力，今后在保住该院"全国先进基层检察院"这个荣誉的基础上，保持良好的工作势头，接好该院历届领导班子的接力棒，使汝州检察工作向更高更强的目标迈进，回报省市院、汝州市委和各级人大代表、政协委员对汝州检察工作的支持和厚爱，为建设文明富裕、平安和谐汝州提供强有力的司法保障。

高检院控告厅考核验收
汝州院"全国文明接待示范窗口"

　　2013年9月25日，最高人民检察院控告检察厅副厅长李桂兰携高检院"全国文明接待示范窗口"考核组一行5人，在时任平顶山市委常委、汝州市委书记李全胜，平顶山市检察院党组书记、检察长刘新年，省院控申处处长高保军等领导陪同下，考核验收汝州市检察院"全国文明接待示范窗口"创建工作。

　　座谈会上，李全胜书记介绍了汝州市的经济社会发展情况，并对汝州检察院的控申工作给予高度评价。汝州院党组书记、代检察长刘新义向考核组汇报了本院创建工作情况。他指出，2001年至2009年汝州院控申举报接待室连续三届被评为"全国文明接待室"，2010年被评为"全国文明接待示

范窗口"。近3年来，该院积极发挥示范窗口的引领作用，主动创新机制，努力化解社会矛盾，全力维护社会和谐稳定，信访总量大幅下降、办案质量和执法规范化水平明显提高，实现了涉检赴省进京零上访的目标。开展执法办案风险评估预警工作的做法得到高检院的肯定，2011年10月，该院作为全国3000多家基层院的唯一代表在全国检察机关执法办案风险评估预警工作推进会上做典型发言。聘请117名"特约检察调解员"参与涉检矛盾调处的做法得到高检院和省、市检察院的推广。控申科连续3年被评为平顶山市检察机关先进集体，被省检察院荣记集体二等功一次。按照《关于开展全国检察机关文明接待室评比活动的通知》和《人民检察院文明接待室评比标准》的要求，今年该院再次申报，创建第八届"全国检察机关文明接待示范窗口"。

考核组检查了该院接待场所建设和信息化建设情况，查看了控申接待室、候谈室、检察长接待室、案件讨论室、听证室、咨询室、情绪疏导室等接待场所；

检查了安检系统、监控系统、视频接访系统、12309举报电话自动受理系统、检务公开触摸屏系统和LED滚动屏系统，对检察专线网控申举报工作信息办理系统中的工作台账、统计报表和涉检信访案件网上管理、传输、审批办理、答复反馈以及举报线索的横向移送、督办、结果反馈和查询等信息进行了核对；查阅了2010年以来接待来信来访、带案下访、检察长接访和办理初信初访、集体访、告急访、上访老户和上级要结果案件等接访工作档案资料，审查了举报线索统一归口管理、举报宣传奖励、办案质量、刑事被害人救助、信息调研、队伍建设等工作资料，并对照考评计分标准进行了逐项打分。考核标准满分为1700分，考核组对该院当场验收打分为1600分，取得较好的考评结果。"全国检察机关文明接待示范窗口"是在荣获"全国检察机关文明接待室"的基础上评定的，每3年一届。全省检察机关接受这次考核验收的市、县（市）区院共11个，平顶山市检察系统仅汝州院一家。

考核组对该院连续创建"全国文明接待示范窗口"工作给予充分肯定。李桂兰表示，汝州市检察院在开展文明示范窗口创建中领导得力、目标明确、措施有力、成效显著。举报线索管理初核、接待来信来访、检调对接、刑事被害人救助等控告工作取得不错成绩。希望汝州院与时俱进、求真务实，不断开创控告工作新局面，为全国的控告检察工作积累经验、创新做法，为维护社会和谐稳定作出新的贡献。

省检察院副检察长贾世民到汝州
征求省人大代表意见

　　2013 年 12 月 5 日下午，省检察院党组成员、副检察长贾世民带领省检察院正厅级巡视员余秀华、省检察官学院党委书记张永键、侦查监督处处长吴江、检察官学院政治处主任殷宏一行 5 人到汝州市征求省人大代表对全省检察工作的意见建议。平顶山市检察院检党组书记、检察长刘新年，人大联络处处长饶爱兰陪同。时任平顶山市委常委、汝州市委书记李全胜，汝州市委副书记、市长、省人大代表万英，汝州市人大常委会主任张留华，汝州市委常委、秘书长王英敏，汝州市委常委、政法委书记彭清旺，汝州市检察院党组书记、代检察长刘新义参加座谈。

座谈会上，贾世民副检察长代表省检察院介绍了座谈会的目的及省检察院今年以来的工作情况。贾检指出，按照省院的统一安排，省院决定用两个月时间对全省人大代表进行一次走访，征求省人大代表对全省检察工作的意见和建议。贾检指出，近两年来，全省检察工作在新的刑事诉讼法和民事诉讼法实施后，各项主要业务在全国比较靠前，上了更大的台阶，反贪、反渎工作多年在全国排名第一。在刑事检察方面，为促进社会和谐稳定，近年来更加重视非羁押诉讼工作，降低捕后轻刑判决率，最大限度地增加社会和谐因素，教育挽救未成年人，这也是新刑事诉讼法尊重和保障人权的基本理念，符合法治中国的要求。

贾检指出，省检察院在服务大局、两法衔接、转变执法理念、加强自身廉洁教育等方面都取得了较好的成绩。希望人大代表能对检察工作提出好的意见和建议，进一步推进全省检察工作再上新台阶。

时任平顶山市委常委、汝州市委书记李全胜在听完贾检的工作介绍后表示，省院领导能亲自到基层调研和看望代表、听取基层声音，体现了省院扎实的工作作风。近年来省检察院在维护社会和谐，促进公平正义方面工作务实，化解矛盾效果明显，为民司法为大局服务的质量好、效率高，为服务全省经济发展提供了良好的司法环境。随后，李全胜书记介绍了汝州的基本情况及风土人情。并表示，将带领汝州百万人民埋头苦干，不辜负省院领导的关心和支持。

万英市长代表汝州的省人大代表充分肯定了省检察院的工作，并对下一步的工作提出了三点意见和建议：一是进一步加大职务犯罪预防力度，大力开展警示教育活动，使党员干部认识到违法犯罪的危害，为人民用好权，把人民时时放在心中。二是加大宣传力度，增加工作透明度，让社会更多地了解检察机关，传递正能量。三是多到基层指导工作，提高办案能力。明年1月1日汝州要全面省直管，希望省院及市院能支持、帮助基层提高业务能力，更多地关爱和帮助、支持基层的工作。

刘新义检察长汇报了本院的基本情况。刘检说，我们按照年初确定的工作

方向，重点突出服务经济发展，出台了服务企业发展"六个一"措施，取得了明显成效。汝州院班子团结、稳定，工作持续向上，发展态势好，反贪反渎、预防教育、服务企业等项工作受到了党委政府、企业和群众的好评。下一步，将一如既往地主动向省市院和市委人大报告工作，自觉接受各级人大代表的监督，主动对接省直管，紧紧围绕汝州经济发展大局，切实履行好检察职能。

贾世民副检察长听了汇报后，提出了三点感受和一个建议。三点感受是：一是汝州历史悠久，文化底蕴深厚，经济发展快。二是万市长作为人大代表对检察工作给予了充分肯定和高度评价，对检察工作非常理解、关心、支持和厚爱，对检察工作提出了很好的意见和建议。省院党组会认真研究，并主动向代表进行反馈。三是汝州院在新义检察长为班长的新一届党组的带领下强化服务大局意识，开展服务企业"六个一"工作，工作思路清晰，符合汝州院的实际情况，希望汝州院在现有成绩的基础上再接再厉，迈上新台阶。

汝州市人大常委会主任张留华
带领常委会委员视察检察院工作

工作干得好不好，要听代表委员怎么说，看人民群众是不是满意。2013年12月16日，我院邀请汝州市人大常委会主任张留华、副主任崔新法、杨辉星、王沧海、邓银修和部分常委会委员视察检察工作。

2013年8月，我院党组书记代检察长刘新义到任后就提出，要始终把自觉接受人大和政协监督作为推动检察工作科学发展的重要途径和保障，建立完善自觉接受监督的长效机制，每半年邀请人大代表、政协委员视察一次检察工作。 强化外部监督，不断加强与市人大代表、政协委员的联络、沟通，通过向市人大政协汇报工作、征求对检察工作意见等形式，自觉主动接受代表委员对检察工作的监督，不断促进检察干警廉洁执法、公正执法，深化检察机关作风建设，铸造铁的队伍，全面助推检察事业健康发展。

汝州市政协主席陈国重携政协常委出席"检察开放日"

2013年12月19日，按照省、市检察院的统一部署，我院举办了"心系群众、服务民生"为主题的"检察开放日"活动，市政协主席陈国重携政协全体常务委员共计20余人参加了此次活动，部分网民代表和汝州市新闻媒体也被邀请参加。

各位政协常务委员参观了我院的控申接待室、案件管理大厅和办公办案区域，在三楼视频会议室参加了全省检察机关三级院视频会议，听取了省检察院党组书记、检察长蔡宁的工作报告，以及省人大常委会副主任王保存、省政协副主席邓永俭的讲话。

座谈会上，我院党组书记、代检察长刘新义向政协主席和政协常委通报了2013年服务民生的检察工作。2013年以来，我院注重立足检察职能服务

民生，保障了广大人民群众的切身利益。主动服务经济社会发展大局，开展服务企业"六个一"活动，查办严重危害企业犯罪案件 13 件 34 人；结合广大人民群众关心的热点深入开展职务犯罪预防，对汝州市新农合、建设用地容积率调整等关系民生的领域开展专项预防调查，协助地税部门挽回国家经济损失 3117.87 余万元；开展"五进"即"进机关、进企业、进农村、进社区、进学校"法制宣传和职务犯罪警示教育 30 余次，受到社会各界的好评。

各位委员充分肯定了检察院新一届领导班子工作重点突出，在保障社会和谐稳定、促进汝州经济发展等方面取得的工作成效。同时也对检察院工作提出了诚恳宝贵的建议：一是要扩大影响，增加"检察开放日"群众参与面。二是要加大工作力度，继续加大查办和预防职务犯罪工作力度。并表示在今后的工作中继续关心和支持检察工作，争取社会各界对检察工作更大的支持。并希望检察院在今后工作中继续发扬成绩，勇于创新，为汝州经济发展社会和谐稳定作出更大的贡献。

　　市政协主席陈国重在座谈中指出，希望市检察院进一步加大对市里重点工作的支持，发挥好检察院维护社会稳定方面的作用；进一步加大反腐力度，多思考如何把预防职务犯罪工作做得更靠前一些，促进我市各部门工作健康发展，多做保障服务民生的检察工作，依法维护人民群众的合法权益，满足群众对公平正义的期望；进一步加强宣传力度，创新检察宣传方式，推动司法大众化，使更多群众了解和认同检察工作。

　　刘新义检察长代表全院干警对各位委员提出的宝贵意见和建议表示感谢，他表示，我院要以这次活动为契机，进一步深化检务公开，增强检察工作透明度，以公开促公正，不断丰富检察机关接受社会监督的途径，为社会各界亲身感受检察、理解检察、支持检察、监督检察提供有效途径和重要平台。并表示今后每半年邀请人大、政协视察一次检察工作，认真落实各位委员提出的合理化建议，要以更加积极的态度、更加有力的措施、更加扎实的工作推动检察工作全面深入开展，为建设富裕文明、平安和谐汝州作出新的贡献！

汝州市委书记高建军在检察院调研时强调政法机关要为全市经济社会发展提供强有力的法治保障

　　2014 年 3 月 19 日，新到任的汝州市委书记高建军在市委副书记李运平、市委秘书长王英敏、市委政法委书记彭清旺、副市长杨英武、市政协副主席韩自敬等陪同下，深入公、检、法、司、信访等部门调研，在检察院调研时，参观了控申接待大厅、案件管理中心、办案工作区等工作接待场所，并在检察院召开了公、检、法、司信访等部门负责人座谈会，听取了各个单位"一把手"的工作汇报和对市委市政府的意见建议。

　　会上，汝州市群工部部长杜江涛、公安局局长李游、政委祁明安、检察长刘新义、法院院长杨长坡、司法局局长张春生先后向高书记汇报了本单位工作情况及存在问题和困难。刘新义检察长主要汇报了本院 2014 年的工作重点是

突出"服务项目建设年"工作主题，采取积极有效的方法措施，使检察工作的最终目标落实到服务经济发展大局上，实现执法办案的法律效果、社会效果、政治效果的有机统一。

高书记在听取各单位负责人的工作汇报后，充分肯定政法和信访部门近年来为汝州的发展所作的贡献，衷心感谢全体政法干警、信访战线干部职工的辛勤付出，对公检法司信访等部门的维稳工作充满信心。他指出，市委将全力为政法部门的工作环境创造良好的条件，全力支持政法部门的各项工作。在政策允许的范围内，首先考虑政法系统人员的配备和职级待遇问题，把政法系统的队伍和装备建设放在第一位。今天各单位反映的问题和困难由市委主管领导牵头拿出具体方案认真研究解决。全市政法工作会议召开前，要再召开一次公检法司"四长"会议，深入研究全市的政法工作。

他最后强调，中央再次明确强调政法机关是党和人民掌握的"枪杆子"、"刀把子"，对此要有明确清醒的认识，政法机关任何时候都要坚持和服从党的领导。政法各部门要围绕市委中心工作，按照市委提出的"保底线、保民生、保运转、创环境、求发展"的总体要求，重点在信访稳定、社会治安、安全生产、环境保护等方面大力开展工作，公检法司要积极协调并形成强有力的整体合力，要敢于担当，关键时刻要敢于亮剑，进一步推动汝州的法治建设、平安建设，要切实肩负起维护社会大局稳定、促进社会公平正义、保证人民安居乐业的重要任务，努力为全市经济社会科学发展提供强有力的法治保障。

汝州市委书记高建军出席市检察院
表彰会并提出四点要求

　　2014年5月14日上午，汝州市检察院召开全院干警会议。汝州市委书记高建军携市委常委、秘书长王英敏出席会议并作重要讲话。会上，学习贯彻了全省检察机关党风廉政建设和反腐败工作会议精神，表彰了2013年度先进集体和个人，对激励全院干警实现2014年争先创优目标进行再动员、再部署，15个部门负责人作了争先创优的表态发言。院党组书记、检察长刘新义就贯彻高书记讲话精神、创新发展检察工作提出要求。

　　高书记指出，2013年市检察院获得"全国先进基层检察院"、连续为全国检察机关"文明接待示范窗口"、省市级先进基层检察院，这些荣誉的含金量都很高，凝聚着全体干警扎实工作、创先争优的心血和汗水。对检察院的工作，市委是满意的。在这里，我代表市委对检察院全体干警和所有为我市检察事业发展作出贡献的同志们，表示亲切的慰问和衷心地感谢！向获得先进的集体和个人表示热烈地祝贺！

　　他强调，2014年是我市全面直管的开局之年。根据省委、省政府对汝州工作的新要求，结合党的群众路线教育实践活动征求意见情况，市委确定全市工作的总体要求是："保底线、保民生、保运转、创环境、求发展。"保底线就是要加强信访稳定、安全生产、社会治安、环境保护、舆论媒体宣传等五项工作，筑牢工作底线，确保不出事。同时，市委把今年作为"创环境、打基础"的一年，在全市各级干部中树立"发展不发展是能力问题、能不能守住底线是称职不称职问题"的思想，要求各级各部门勇于担当、敢于负责，通过全市上下的共同努力，推进经济社会又好又快发展。检察工作在市委工作格局中担负着重要任务。同时，高书记提出几点要求和希望：

一是要在营造和谐稳定的社会环境上下功夫。"创环境、打基础"是今年市委的核心工作，市检察院要切实增强大局意识、服务意识，树立稳定是第一责任的理念，进一步加大打击刑事犯罪力度，进一步加大化解社会矛盾力度，进一步加大参与社会管理创新力度，确保社会大局和谐稳定。二是要在营造优质高效的服务环境上下功夫。检察机关作为反腐败的重要职能部门，要认真贯彻中央关于加强新形势下反腐倡廉建设的决策部署，坚持标本兼治、惩防并举，充分发挥检察机关在优化发展环境中的职能作用。要突出办案重点，积极参与重点领域治理，注重法律效果与政治效果、社会效果的有机统一。三是要在营造公平正义的法治环境上下功夫。检察机关作为国家专门的法律监督机关，要始终把人民群众的关注点作为诉讼监督的着力点，严格、依法对执法司法活动的每个环节进行有效监督，维护法律的严肃性，增强人民群众对司法公正的信心。四是要在加强队伍建设上下功夫。坚持以公正廉洁执法为核心，全面加强思想、组织、作风和反腐倡廉等建设，不断提高检察队伍的整体素质。要大力加强思想政治建设，大力加强队伍专业化建设，大力加强自身反腐倡廉建设。要以党的群众路线教育实践活动为载体，在思想政治教育、业务培训、执法办案、队伍管理、党风廉政建设等各个环节，全面弘扬"崇德、笃行、创新、致远"的汝检精神，切实树立检察机关"为民、务实、清廉"的良好形象。

高书记最后强调，在今后的工作中，市委将一如既往地支持检察院的工作，做检察院依法独立开展法律监督工作的坚强后盾。希望检察院全体干警在以新义同志为班长的班子带领下，围绕中心，服务大局，开拓创新，勇于担当，努力把检察工作和队伍建设提高到新水平，为汝州经济社会又好又快发展提供更加有力的司法保障。

刘检察长在总结讲话中指出，成绩属于过去，2014年面临着更为严峻的挑战，全院干警要站在新的发展起点上，按照高书记对我院提出的"围绕中心，服务大局，要在营造和谐稳定的社会环境、优质高效的服务环境、公平正义的法治环境和加强队伍建设上下功夫"的四点要求和希望，增强忧患意识、责任意识和创新意识，实干创新，勇争一流。当前要突出抓好三个方面工作：一是强纪律，树新风。深入扎实开展党的群众路线教育实践活动，狠抓各项纪律制度落实，切实让"铁规"发力，禁令发威，用良好的执法作风取信于民。二是强基础，创特色。采取"岗位练兵、岗位成才"等措施，努力造就一支"学习型、专家型、实干型"检察队伍。激发干警争先创优活力，牢树创新理念，强化树亮点、保先进、创品牌意识，努力做到"人无我有、人有我优、人优我精"。三是抓规范，促落实。以"汝检"精神引领我院创新发展，狠抓"业绩档案""荣誉档案""违纪档案""后勤管理档案"等管理考核制度的落实，以管理强队伍，以管理促办案，以管理提质效，充分发挥检察职能作用，为汝州经济社会又好又快发展保好驾护好航。

汝州市人大常委会主任张留华强调
办案质量检查要常抓不懈

2014 年 8 月 6 日上午，汝州市人大常委会主任张留华，副主任杨辉星、邓银修，市人大常委会党组成员张建刚及常委会委员、人大执法监督员、法工委兼职委员等 21 人，在汝州市检察院六楼会议室专题听取该院 2014 年上半年工作及办案质量检查情况汇报，院党组书记、检察长刘新义及全体班子成员和部门负责人参加了汇报会。会议由市人大常委会副主任邓银修主持。

刘检从工作思路、工作创新、工作成效、群众路线教育、作风建设、人才兴院、检务公开、接受监督等方面汇报了上半年的检察工作情况。院党组成员、工会主席、机关党委书记马聚法汇报了自 7 月 10 日市人大常委会召开公检法办案质量检查动员会后，该院对 2013 年办理的各类案件 831 件进行自查的情况，目前该院完成了 90% 的自查工作，建立了自查台账、评查表格，做到了自查数据准确、情况真实、边查边改。对自查中发现的办案质量问题，提出了堵塞漏洞、建章立制、规范执法的具体措施。

　　人大常委会与会领导在观看检察院党的群众路线教育实践活动情况展板、侦查指挥中心、弘扬"崇德、笃行、创新、致远"汝检精神的电视短片和听取检察工作情况汇报后，分别对检察院上半年工作所取得的成绩及当前开展的办案质量检查活动给予了满意评价，并提出了进一步发扬成绩改进不足的宝贵意见和建议。

　　最后，市人大主任张留华在充分肯定检察院领导班子能够站在全市大局、科学谋划，使得服务经济发展和维护社会稳定工作有序推进、责任明确、成效明显的同时，对下半年的检察工作和办案质量检查活动提出明确要求。

　　张留华主任指出，下半年要重点做好五个方面的工作：一是要及时开展回头看，分析查找原因，把今后几个月的工作做好。二是要以党的群众路线教育实践活动为契机，做好各项检察工作。重视民主生活会，对活动中发现的问题要及时进行整改。三是要以优化经济发展环境为己任，切实有效地服务全市经济发展大局。四是要从加强内部管理入手，不断强化检察队伍建设。用制度管人管事，内强素质，外树形象。五是要以倡树先进典型为动力，不断激发正能量。

张留华主任强调，要高度重视市人大常委会当前正在开展的办案质量检查工作，这是推动和促进公检法干警严格、规范、公正、廉洁、文明执法办案的重要举措，检察院采取早动员、早部署、早行动的"三早"措施取得了自查案件的阶段性效果，下一步要从为民服务、强化责任、提高素质三个方面认真抓好办案质量检查工作。一是为民服务。通过办案质量检查活动进一步强化检察干警执法为民的意识，转变执法理念，牢记为民宗旨。二是强化责任。从我们自查中发现部分检察法律文书制作不规范，如用语不准确、没加盖印章、笔录上没签名、卷宗页码编错等问题，这实质上是责任心不强的问题，细节决定成败，强化责任是关键。三是提高素质。要把办案质量检查作为提高检察干警执法素质的重要手段常抓不懈，通过总结好的经验做法，纠正案件质量中常出现的问题，使办案质量再上一个新台阶。

邓银修副主任对本次会议的贯彻和落实作了安排。他强调，汝州市检察院上半年的工作和办案质量检查工作开展得较好，有措施，有亮点，检察院要在此基础上总结经验，发现不足，开展好下半年的工作和办案质量检查工作。希望检察院按照张留华主任的讲话要求，多策并举做好办案质量检查工作，通过评选优质案件、通报质量不高的案件及倡树先进典型等形式，进一步提高检察干警的执法办案素能，使办案质量检查活动取得实效。

高检院对汝州市检察院申报
一级规范化检察室工作进行验收

2014年12月13日，高检院监所检察厅副厅级检察员石秀琴等一行2人在省院监所处处长康健民、看守所组组长原建双等人的陪同下对我院申报一级规范化检察室进行检查验收，平顶山市检察院副检察长马建林、市院监所处处长阮建国、汝州市人大副主任邓银修、政协副主席韩自敬、我院检察长刘新义等陪同检查。

邓银修副主任首先代表汝州市委、市政府、市人大、市政协对石秀琴、康健民处长的到来表示热烈的欢迎，邓银修副主任简单介绍了汝州市的基本情况，汝州市检察院围绕全市工作大局，勇于创新，积极探索，在服务全市经济社会发展、全面履行法律监督职能方面做了许多有益的工作，取得了显著成绩，获得"全国先进基层检察院"的荣誉，为全市经济社会又好又快发展提供了有力的司法保障。尤其针对看守所监督活动、刑罚执行和社区矫正情况，不断创新完善规范化执法监督机制，形成了一些好的经验做法，得到了上级检察院的肯定和推广，为我市政法机关树立了榜样。

刘新义检察长代表我院向石秀琴、康健民等领导同志汇报了我院创建一级规范化检察室的工作情况。我院监所科目前已经按照高检院《关于开展第四届评定一级规范化检察室的通知》和《一级规范化检察室考察评分标准》的要求，归类整理 2011 年至 2013 年驻所检察工作材料 60 册，对独立监控设备进行了升级改造，驻所检察室监控系统与看守所监控系统联网的同时，又有自己的独立监控系统，"两网一线"建设符合上级有关要求，驻所检察室的办公环境、信息化水平等软硬件建设达到和继续保持了国家一级规范化检察室的标准。

随后，石秀琴一行到驻所检察室，实地检查了驻所检察室的软、硬件建设和驻所工作情况。石秀琴详细查看了我院申报一级规范化检察室的申报材料，看守所检察办公自动化软件系统使用情况、监控系统与看守所联网情况，独立监控运行情况，公安信息联网以及检察专线联网情况，观看了创建一级规范化检察室的工作短片等。检查结束后，石秀琴对驻所检察室干净整洁的办公环境，先进的办公设备，完善的工作制度给予了很好的评价，同时也对驻所检察室检察日志不完善的地方提出了意见。

石秀琴最后说，汝州市院派驻看守所检察室在硬件建设、人员配备以及驻所检察等方面已经符合一级规范化检察的标准和要求，但在工作中还要保持扎实的工作作风，以更高的标准要求自己，规范管理，保障监管场所的安全稳定，保护在押人员的合法权利。

省检察院政治部副主任钱进
带队到我院检查工作

2015 年 3 月 28 日，由省检察院政治部副主任钱进带队的基层检察院规范化建设抽样评估组来我院，对我院班子建设、干警素质、检务保障、案件办理等情况进行了为期两天的抽样评估，并进行了意见反馈。

高检院刑事执行检察厅厅长袁其国莅汝检查验收市检察院驻看守所示范检察室

2015 年 4 月 3 日，最高人民检察院刑事执行检察厅厅长袁其国，看守所处副处长迟艳薇、陈景忠一行 3 人和省院副检察长李自民、监所处处长康健民、平顶山市委副书记张遂兴、平顶山市检察院副检察长马建林等人来到汝州市看守所检查验收市检察院驻所示范检察室。汝州市委副书记李

运平，市人大常委主任张留华、政法委书记彭清旺、汝州市院检察长刘新义陪同。

袁厅长一行先后视察了驻所检察室多功能会议室、监控室、接待室、档案室、主任室，并详细查看了检察室监控系统与看守所监控系统联网情况以及独立监控系统运行情况、公安信息联网情况等。在档案室，袁厅长详细查看了近几年查办职务犯罪案件卷宗材料和办理的羁押必要性审查案卷材料，以及去年开展"减刑、假释、暂予监外执行"专项检察活动案卷材料。

刘新义检察长着重汇报了该院刑事执行检察工作开展情况和查办职务犯罪案件情况。

检查结束后，袁厅长指出，我这次来到汝州很振奋，也很高兴，汝州市院刑事执行检察整体工作在全国都是一流的，包括办公设施一流、人员

配备一流、业务开展一流，不愧为连续两届全国检察机关"一级规范化检察室"称号。驻所检察室干警敢于监督、善于监督，在查办职务犯罪案件方面在全国都是第一，查办的职务犯罪案件有法院、公安局、看守所的，说明检察监督工作开展的很全面，也很到位。这次通过实地来汝州看看，汝州市院的刑事执行检察工作有四个我没有想到，第一个没想到是我们驻所检察室办公面积这么大，办公设施这么先进；第二个没想到是我们驻所检察人员业务能力这么强；第三个没想到是我们在查办职务犯罪案件方面成绩这么大；第四个没想到是我们驻所检察室竟然查办的有看守所所长职务犯罪案件。袁厅长最后提出了几点要求，第一，希望领导要继续重视刑事执行检察工作；第二，除了查办职务犯罪案件外还要坚持开展羁押必要性审查工作，虽然我们现在羁押必要性审查工作已经做得很不错，还是希望汝州市院能在这方面多下功夫，走在全国前列。

据悉，今年最高人民检察院将在全国检察机关派驻看守所（监狱）一级规范化检察室中，评定出 10 个示范检察室，每个省（市）自治区向高检院推选一个候选单位，河南省检察院推选了汝州市检察院驻所检察室，该检察室在去年高检院评定一级规范化检察室时名列第一，这次候选示范检察室又名列第一。

对检察院和详尽的[...]珠朱志示祝愿！

希望认真贯彻好[...]全国拉客2评会议精神

再[...]再[...]再创住绩！

中共汝州市人民检察院[...]

汝文
检化

第二章 领导批示

Lingdao Pishi

汝州市委书记李全胜对市检察院
《关于充分履行法律监督职能
积极服务招商引资加快发展的
十条意见》作出批示

　　时任平顶山市委常委、汝州市委书记李全胜于 2012 年 2 月 28 日对汝州市人民检察院《关于充分履行法律监督职能 积极服务招商引资加快发展的十条意见》作出批示："请英敏秘书长阅，可以办文转发全市。"

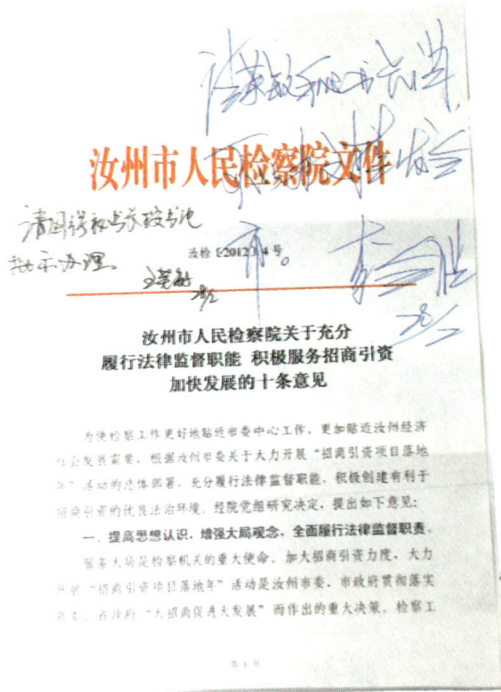

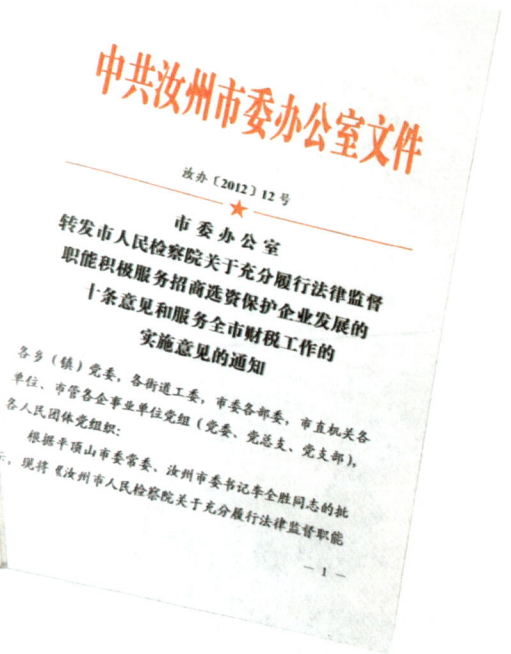

汝州市人民检察院关于充分履行法律监督职能 积极服务招商选资保护企业发展的十条意见

（2012 年 2 月 22 日汝州市人民检察院党组会议通过）

为使检察工作更好地贴近市委中心工作，更加贴近汝州经济社会发展需要，根据汝州市委关于大力开展"全员招商年"和"项目发展提升年"的总体部署，充分履行法律监督职能，积极创建有利于招商选资的优良法治环境。经院党组研究决定，提出如下意见：

一、提高思想认识，增强大局观念，全面履行法律监督职责

服务大局是检察机关的重大使命。加大招商选资力度，大力开展"招商选资项目落地年"活动是汝州市委、市政府贯彻落实省委、省政府"大招商促进大发展"而作出的重大决策。检察工作必须服从、服务于这个大局和中心，全面领会、掌握市委、市政府关于招商选资、项目建设的有关政策和举措，把促进招商选资工作和保护外来投资企业发展作为检察机关2012 年服务经济社会的着力点，自觉树立尊商、宁商、护商、安商意识。全院各部门及广大干警要按照市委的统一部署，在提高认识上着力，在做好检察环节各项服务上用功，在增强效果上见效，做到依法有所为、有所不为。牢固树立文明、规范、维权、谨慎的办案意识，创造性地开展工作，不断丰富服务方法、拓宽服务途径、深化服务效果、提高服务水平。各部门对办理涉及招商选资案件时所遇到的法律、政策适用方面的问题，要加

强调查、认真研究，对办理涉及招商选资的重大案件要及时向市委、市政府汇报，全力保障市委、市政府一系列政策措施的贯彻落实，努力实现办案法律效果、社会效果和政治效果的有机统一，为"全员招商年"活动提供良好的司法保障和司法服务。

二、严厉打击刑事犯罪，为招商选资、加快发展创造和谐稳定的治安环境

把维护稳定作为服务招商选资工作的首要任务，依法从重从快打击影响招商选资工作的黑恶势力犯罪、严重暴力犯罪、严重危害群众安全感的多发性犯罪，切实保护投资经营者人身财产安全，增强企业职工安全感，营造和谐安定的发展环境。面对当前部分投资企业存在周边环境混乱、黑恶势力干扰以及少数群众私接企业水电管线，无偿占用企业水电资源或以征用土地、环境污染为由强行索要、敲诈企业财物的犯罪行为，要始终保持严打的高压态势，认真履行批捕、起诉职能。在案件审理中严格做到"三个一律，三个确保"，即凡涉企案件，一律优先办理，提前介入，快捕快诉，确保办案效率（批捕时间控制在二日之内，起诉时间控制在七日以内）；一律由指定的主办、主诉检察官办理，深挖细查，确保办案质量；案件终结后一律到企业进行回访和征求意见，以确保投资商满意。严厉打击职务侵占、挪用资金、侵犯商业秘密、破坏生产经营等损害投资企业利益的犯罪活动，维护正常的市场管理秩序和经营秩序。

三、依法查办破坏投资环境和市场环境的职务犯罪活动，为招商选资、加快发展创造公正高效的政务环境

严肃查办领导干部以权谋私、贪污贿赂、失职渎职的案件。自侦部门要深入企业开展大规模的调查，从收集企业的收费、罚款情况切入，对行政执法部门收费项目、标准、依据等进行全面清查、重点调查收费依据是否合法，收费管理是否规范，行政审批行为是否及时，是否存在在招商引资项目审批、贷款发放、土地征用、工商管理、税收征管等环节利用职务之便向投资企业吃拿卡要、索贿受贿等行为。在查办投资企业人员涉嫌职务犯罪过程中，要严格执行特别审批程序，即在办理涉及企业负责人以及市委、市政府确定的重点保护企业的案件时，从筛选线索、制定初查方案、初查到立案、案件侦查终结、移送起诉、提起公诉等各项诉讼活动必须事先报检察长批准，未经批准，一律不得擅自办理。另外要认真落实办案前主动联系，办案中寻求支持，办案后及时通报案情的工作机制。确保企业生产经营不受影响，正常运转。

四、深入开展职务犯罪预防工作，保障招商选资项目建设和资金安全

职务犯罪预防部门要围绕项目建设深入开展职务犯罪预防工作，保障招商选资项目建设和资金安全。进一步加强与纪检、监察、审计等部门的联系，坚持监督不干预、服务不添乱的原则，把预防工作的重心放在招商选资重大活动、重点项目、重要区域上。突出重点加强对产业聚集区建设、汝东新城区建设等重点工程、民生工程项目的同步预防和专项预防监督，力争"防小、防早、防了"，保障项目建设和资金安全。

五、依法加强对诉讼活动的法律监督，为招商选资加快发展创造公平正义的法治环境

全面履行诉讼监督职能，破除地方保护主义观念，突出重点加强对涉及招商选资中重大活动、重点项目案件有案不立、有罪不究、以罚代刑，以及违法立案、滥用刑事追诉权插手经济纠纷，对涉及相关企业案件违法冻结、查封、扣押款物等问题的法律监督。始终保持对干扰产业集聚区秩序犯罪活动的高压态势。与有关部门协调配合，建立行政执法与刑

事司法信息共享平台,建立健全检察机关与行政执法机关之间信息共享、联网查询、线索移送、案件协查、共同预防、监督配合的工作制度,进一步加大对扰乱产业集聚区建设犯罪活动的打击力度。

六、进一步发挥民事行政检察部门服务投资企业的作用

进一步加强对招商企业民事行政案件的监督,民行检察部门对外来投资经营者申诉的合同纠纷、承包纠纷、租赁纠纷、知识产权纠纷等民事和行政案件生效判决、裁定,优先受理。案件受理后10天内作出是否立案的决定,立案后1个月内审结。对确有错误的案件,在审查终结后5天内将案件移送上级检察机关提请抗诉或向同级人民法院发出再审检察建议。对不符合抗诉条件的案件,在审查终结后7天内,向申诉人送达《不提请抗诉书》并说明理由,做好申诉人的服判息诉工作。同时要积极办理企业公益诉讼案件,对企业受到侵害造成的财产损失,要通过民事公益诉讼形式进行追讨和保护。同时要进一步健全和完善民行检察引导和解机制,维护招商企业和员工的合法权益,促进招商企业正常生产经营。

七、强化控告申诉职能,多角度、全方位为投资企业和投资商提供服务

一是认真受理、接待投资企业及职工的来信来访,协助市委、市政府及时处理好涉及企业、职工权益的举报、申诉案件;二是对企业职务犯罪的举报线索,接待人员受理后,层报控申科长、主管检察长审查,重大线索报检察长审查,对线索严格登记并由内勤备案;三是对涉及企业的集体访、群众访,在耐心细致接待的同时,务必做好疏导、稳控工作,将上访情况在第一时间内向检察长汇报,并向市委、市政府信访部门汇报,制定完善息诉措施,避免事态扩大影响企业经营;四是对涉企举报线索的处理要做到"四快",即受理快、审查快、转办快、反馈快,对举报线索当

日受理、当日审查，3日内转办，案件办结后及时向举报人反馈；五是多策并举，畅通企业举报通道。利用新开通的"12309"举报电话、网上举报、视频举报、"检察长信箱"等方式，为企业举报提供便利；六是对涉企举报线索强化保密工作，加强对举报人的保护和奖励。

八、注重办案方式和方法，把促进企业生存发展贯穿于依法办案、文明执法的全过程

查办职务犯罪特别是涉及投资企业的贪污贿赂犯罪要严格把握法律政策界限，慎重对待企业发展过程中的新情况新问题，做到"五个正确区分"，即正确区分经济纠纷与经济犯罪的界限，正确区分改革探索中的失误与渎职犯罪的界限，正确区分合法收入与贪污、受贿的界限，正确区分资金合理流动与徇私舞弊造成国有资产流失的界限，正确区分企业依法融资与非法吸收公众存款的界限。查办企业经营管理者和关键岗位工作人员的职务犯罪案件，要注重方法和步骤，加强与党委、政府和有关单位的联系与沟通，依照有关规定执行报告和通报制度，维护外来投资企业正常的生产经营秩序。在办理涉及外来投资企业的案件时，注重维护企业形象和产品声誉；对企业负责人、技术骨干和重要岗位人员涉嫌犯罪需要采取强制措施时，及时通报，做好衔接，尽量避免和减少对生产经营和招商引资活动的影响；慎重采取查封、冻结、扣押企业账目、银行账号、企业财产等措施，必须采取这些措施的案件，快侦快结，经查明与案件无关的，及时解除相关措施，发还被查扣财物。对于被错告、诬告的当事人，及时澄清事实，帮助恢复名誉、挽回影响，并依法严肃查处诬告陷害者。坚持文明办案，充分体现司法人文关怀。慎重选择办案时机。对企业法定代表人、生产经营负责人和技术业务骨干，涉嫌轻微犯罪的，在确保刑事诉讼顺利进行的前提下，可不采用拘留、逮捕等措施，全力维护企业正常

的生产经营秩序。

九、严肃办案纪律、规范执法作风

要求每位检察干警在执法办案中，严禁受利益驱动违法违规办案，坚决纠正越权办案、插手经济纠纷，违法查封、冻结、扣押款物，到涉案单位吃拿卡要、占用交通通信工具和报销费用、拉赞助和接受赞助等破坏投资环境的问题；严禁不文明办案，坚决纠正滥用检察职权损害投资经营者利益的问题；严禁违反保障办案安全的有关规定。不轻易着警服开警车进企业调查，不轻易传唤企业法定代表人，不轻易调取企业账册。努力做到"支持不干预，帮忙不添乱"，把优化企业发展环境和服务企业发展作为己任，做好企业的坚强后盾。对检察干警侵犯投资企业和投资商的违法违纪行为，发现一起查处一起。

十、加强服务招商选资工作的体制机制建设

为加强服务招商选资工作，成立以检察长为组长，各党组成员为副组长，侦查监督、公诉、反贪、反渎等业务部门负责人为成员的服务招商引资工作领导小组。工作领导小组责成政治处制定服务招商选资工作考评实施细则，定期或不定期地对各项工作的落实情况逐一督察、考评考核，对好的做法及时总结，亮点工作及时推广，先进事迹、优秀干警及时表彰奖励。对发现组织不力、措施不实、效果不佳的部门进行通报批评，责令部门负责人向院党组作出检查。政治处要加强与新闻媒体的联系，把我院开展服务招商选资工作的每项具体活动及取得的成效都要以灵活多样的方式，全方位、全过程地向各级领导和社会公众予以传递，为该项工作的顺利开展营造良好的舆论氛围。

汝州市委书记李全胜对市检察院《关于对非法违法采矿案件进行法律监督意见》作出批示

时任平顶山市委常委、汝州市委书记李全胜于 2012 年 6 月 27 日作出批示："请万市长、运平书记、清旺书记阅，检察院工作积极主动，围绕中心，服务大局，抓住关键，发挥作用，体现了正确的社会主义法治理念，要组织政法部门和执法部门学习。希望检察院要按照《意见》要求，履职尽责，严肃整治，保障全市大局稳定。"

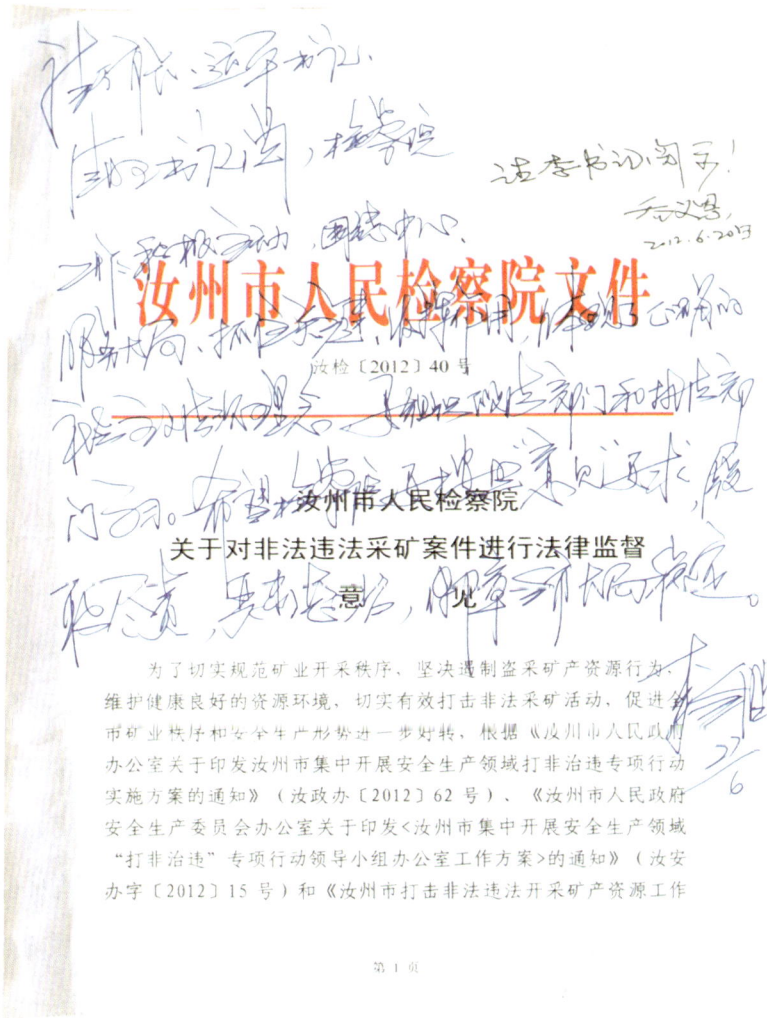

汝州市人民检察院
关于对非法违法采矿案件进行
法律监督意见

为了切实规范矿业开采秩序，坚决遏制盗采矿产资源行为，维护健康良好的资源环境，切实有效打击非法采矿活动，促进全市矿业秩序和安全生产形势进一步好转，根据《汝州市人民政府办公室关于印发汝州市集中开展安全生产领域打非治违专项行动实施方案的通知》（汝政办〔2012〕62号）、《汝州市人民政府安全生产委员会办公室关于印发〈汝州市集中开展安全生产领域"打非治违"专项行动领导小组办公室工作方案〉的通知》（汝安办字〔2012〕15号）和《汝州市打击非法违法开采矿产资源工作领导小组关于在全市开展打击非法违法开采矿产资源集中整治行动的通知》（汝打非领组〔2012〕1号）精神，切实担负起检察机关维护全市合法采矿秩序的法律监督职责，结合职责分工和工作实际，特制定如下工作意见：

一、严厉打击非法违法采矿等犯罪活动，依法快捕快诉各类非法违法采矿的刑事案件。侦查监督部门和公诉部门坚持以事实为根据，以法律为准绳，严格区分罪与非罪、此罪与彼罪的界限，重事实、重证据、重调查研究，不枉不纵，注重执法的法律效果、政治效果和社会效果的有机统一。

二、反贪部门对于矿区监督和管理工作人员中的贪污、受贿、挪用公款、私分罚没财物等经济犯罪案件。依照法定程序认真查处，依法消除腐败现象，推动管理党风廉政建设的深入开展。

三、认真办理矿区监督和管理工作人员中的玩忽职守、滥用职权、徇私舞弊以及侵犯公民人身权利和其他合法权益的重大影响的犯罪案件，确保有法必依，依法行政，执法公正。

四、积极办理打击报复和侵犯矿区监督和管理工作人员合法权益的犯罪案件，依法支持和保护矿区执法工作人员大胆工作，依法行使职权。

五、搞好信访接待，热情接待群众来访，认真做好法制宣传。要公布举报电话或其他举报方式，畅通检举通道，发动全社会积极参与打击非法违法采矿行动，向社会公开曝光典型案例，震慑非法违法采矿者。

六、加强矿业监督和管理部门的职务犯罪预防工作。对矿业监督和管理中易产生职务犯罪的部门和岗位加强监督，建立定期联系制度，帮助建章立制，开展行业犯罪预防，遏制和减少职务犯罪的发生。

七、设立监督机构。成立非法违法采矿综合治理工作小组，反渎职侵权局、反贪污贿赂局、侦查监督科和公诉科按照职责权限，分工负责，齐抓共管，确保打击和预防非法违法采矿各项措施落实到位。

汝州市人民检察院

2012 年 6 月 12 日

附：非法违法采矿综合治理工作小组成员名单

非法违法采矿综合治理工作小组成员名单

组　　长：乔义恩（党组书记、检察长）

副组长：魏洪流（党组副书记、副检察长）

　　　　管建民（副检察长）

　　　　张现周（副检察长）

　　　　魏二广（副检察长）

成　　员：韩建伟（反渎职侵权局局长）

　　　　郭建伟（反贪污贿赂局教导员）

　　　　关文丽（公诉科科长）

　　　　靳京伟（侦查监督科科长）

　　　　王红光（控申科科长）

汝州市委书记李全胜对市检察院《关于加强对违法建设违法违规用地犯罪实施法律监督工作的意见》作出批示

　　时任平顶山市委常委、汝州市委书记李全胜于 2013 年 3 月 6 日对汝州市人民检察院《关于加强对违法建设违法违规用地犯罪实施法律监督工作的意见》作出批示："请运平、清旺书记阅。检察院工作积极主动，围绕大局，服务重点工作，发挥司法监督职能和维护市场经济秩序职责，其做法应在政法机关和其他执法部门推行。"

　　汝州市委副书记李运平于 3 月 8 日作出批示："请彭书记阅处，落实李书记批示。"

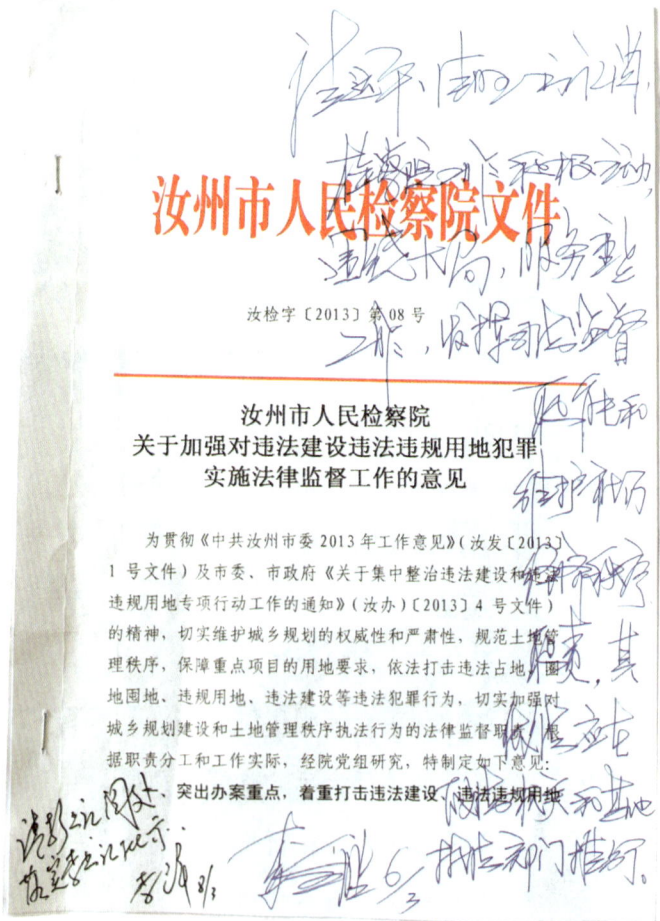

汝州市人民检察院文件

汝检字〔2013〕第 08 号

汝州市人民检察院
关于加强对违法建设违法违规用地犯罪
实施法律监督工作的意见

　　为贯彻《中共汝州市委 2013 年工作意见》(汝发〔2013〕1 号文件)及市委、市政府《关于集中整治违法建设和违法违规用地专项行动工作的通知》(汝办〔2013〕4 号文件)的精神，切实维护城乡规划的权威性和严肃性，规范土地管理秩序，保障重点项目的用地要求，依法打击违法占地、圈地围地、违规用地、违法建设等违法犯罪行为，切实加强对城乡规划建设和土地管理秩序执法行为的法律监督职责，根据职责分工和工作实际，经院党组研究，特制定如下意见：

　　一、突出办案重点，着重打击违法建设、违法违规用地

汝州市人民检察院
关于加强对违法建设违法违规用地犯罪
实施法律监督工作的意见

为贯彻《中共汝州市委 2013 年工作意见》（汝发〔2013〕1 号文件）及市委、市政府《关于集中整治违法建设和违法违规用地专项行动工作的通知》（汝办〔2013〕4 号文件）的精神，切实维护城乡规划的权威性和严肃性，规范土地管理秩序，保障重点项目的用地要求，依法打击违法占地、圈地囤地、违规用地、违法建设等违法犯罪行为，切实加强对城乡规划建设和土地管理秩序执法行为的法律监督职责，根据职责分工和工作实际，经院党组研究，特制定如下意见：

一、突出办案重点，着重打击违法建设、违法违规用地的犯罪案件

切实发挥检察机关的批捕、公诉职能，依法快捕快诉违法建设、违法违规用地等犯罪活动。

严厉打击在开展违法建设，违法违规用地专项整治行动中以暴力抗法等黑恶势力犯罪。

对无土地手续随意建设，随意改变土地性质、规划内容以及村组干部或个人以牟利为目的，违反土地管理法规，非法转让、倒卖土地使用权或者违反土地管理法规，非法占用土地，改变被占用土地用途，造成土地大量毁坏等土地犯罪行为加大打击力度，加强立案监督工作。

侦查监督部门和公诉部门要坚持以事实为根据，以法律为准绳，对违法占地、私搭乱建等违反土地管理法规和城乡规划法的犯罪案件优先办理，专人办理，开通快速通道，只要基本事实清楚、基本证据确凿的依法快捕快诉，坚决遏制违法建设、违法违规用地犯罪行为的发生。

二、加强行政执法与刑事司法衔接，开展违法建设、违法违规用地专项清理活动

侦查监督部门与住建、规划、国土、公安等部门加强沟通，依托行政执法与刑事司法衔接平台，对 2010 年以来的违法建设、违法违规用地行政处罚案件进行一次专项排查，重点排查住建、城乡规划部门办理的违反城建规划的私搭乱建、违规建筑等行政处罚案件，以及国土部门办理的违法占地、以租代卖、非法转让、倒卖土地、改变被占用土地用途等土地行政处罚案件。

对于发现构成犯罪的违法建设、违法违规用地犯罪案件，依法及时监督住建、规划、国土等行政执法机关向公安机关移送涉嫌犯罪的案件，对公安机关应当立案而不立案或者立而不侦、久侦不结等情况开展立案监督。对监督中发现的职务犯罪线索，侦查监督部门及时移送反贪污贿赂、反渎职侵权部门依法处理；涉嫌违纪的，及时移送纪检监察部门处理。

预防部门结合违法建设、违法违规用地的情况在城乡建设、国土资源领域开展一次专项预防调查，督促有关单位积极履行法定职责，预防职务犯罪。对发现的问题，及时研究，分析发现的管理漏洞，形成预防调查报告，向党委、人大、政府以及相关部门提出检察建议。对于从中发现的职务犯罪线索，及时移送反贪、反渎部门立案侦查。

三、加大违法建设、违法违规用地犯罪背后国家工作人员职务犯罪的法律监督力度

反贪污贿赂部门对于住房与建设、城乡规划和国土资源工作人员在履行职责过程中的贪污、受贿、挪用公款、私分罚没财物等职务犯罪案件，依照法定程序认真查处，始终保持惩治腐败高压态势。

反渎职侵权部门要突出办案重点，严肃查办国家机关工作人员滥用职权，玩忽职守，徇私舞弊，直接或间接参与违法建设、违法违规用地行为，非法批准征收、征用、占用土地和非法低价出让国有土地使用权以及不认真履行职责，造成非法占地、非法建筑的案件，集中精力办好社会高度关注，市委、人大交办的危害土地资源和违反城市规划的渎职犯罪案件；人民群众反映强烈，尤其是违法建设、违法占地、违法经营等领域背后的渎职犯罪案件；经新闻媒体曝光，如私搭乱建、违法占地等造成恶劣社会影响的渎职犯罪案件。

坚决查处领导干部、国家工作人员直接或间接参与违法建设、违法违规用地背后的贪污贿赂犯罪案件。坚决查处领导干部、国家工作人员充当黑恶势力犯罪"保护伞"，为其破坏土地资源和城乡建设规划犯罪提供保护的渎职犯罪案件。

四、严格区分违法建设、违法违规用地犯罪的责任，正确把握法律政策界限，认真贯彻宽严相济刑事政策

在查办违法建设、违法违规用地渎职犯罪案件中，根据渎职行为对危害后果所起的作用大小，正确区分主要责任人与次要责任人、直接责任人与间接责任人。对多因一果的有关责任人员，要分清主次，分别根据他们在造成城乡规划、土地资源损害损失结果发生过程中所起的作用，确定其罪责。同时严格区分集体行为和个人行为的责任，对集体研究做出的决定违反法律法规的，要具体案件具体分析。对于采取集体研究决策形式，实为个人滥用职权、玩忽职守、贪赃枉法、徇私舞弊等构成危害城乡规划危害、土地资源渎职犯罪的，应当依法追究决策者的刑事责任。

正确把握相关的法律、行政法规及政策，准确把握工作失误与渎职犯罪的界限，坚持具体案件具体分析，严查擅权渎职、徇私舞弊型渎职犯罪案件，找准法律与政策的结合点，确保办案的法律效果、政治效果和社会效果的有机统一；认真贯彻落实宽严相济刑事政策，慎重对待工作中的失误和法律政策界限不清的案件，严格区分罪与非罪的界限，确保办案的质量和效果。

五、加强与有关部门的联系和检察机关内部的协调，形成打击犯罪的合力

在专项活动中，要加强与市集中整治违法建设、违法违规用地专项行动指挥部以及住建、城乡规划、国土、公安、法院、纪检监察等部门的协调联系，对查办案件中遇到的疑难复杂专业性问题，及时沟通、联系、汇报，共同研究解决，保证办案工作健康发展。

同时加强本院内设机构的协作配合，尤其是侦查监督、公诉、反贪、反渎、监所、控申、预防等部门间的协同配合、沟通联系。建立健全信息沟通和案件线索审查、移送、查处的衔接配合机制，有效发挥检察机关的整体效能，形成惩治与预防国家机关工作人员职务犯罪的整体合力。

六、加强领导，努力营造良好的执法环境

成立检察长任组长、副检察长为副组长、主要职能部门负责人为成员的违法建设违法违规用地犯罪监督工作小组（名单附后），及时研究解决工作中遇到的新情况、新问题。

领导小组下设办公室，办公室设在侦查监督科和预防科，由靳京伟、黄少敏任主任，负责处理日常事务。

工作小组对开展工作的重大部署、查办的重大案件、遇到的重大问题等要及时向市委、人大和上级人民检察院汇报，做好查办案件工作，努力营造良好的执法环境。

汝州市人民检察院

2013 年 2 月 19 日

附：违法占地违法建设犯罪监督工作小组成员名单

汝州市人民检察院违法建设违法违规用地犯罪
法律监督工作小组成员名单

组　　长：乔义恩（党组书记、检察长）

副组长：魏洪流（党组副书记、副检察长）

　　　　管建民（副检察长）

　　　　张现周（副检察长）

　　　　魏二广（副检察长）

成　　员：韩建伟（反渎职侵权局局长）

　　　　郭建伟（反贪污贿赂局教导员）

　　　　关文丽（公诉科科长）

　　　　靳京伟（侦查监督科科长）

　　　　王红光（控申科科长）

　　　　黄爱梅（监所科科长）

　　　　黄少敏（预防科科长）

汝州市委常委、常务副市长丁国浩对《市检察院住房公积金专项预防调查报告》作出批示

2013 年 7 月 24 日，汝州市委常委、常务副市长丁国浩在汝州市检察院报送的住房公积金贷款情况预防调查报告上作出批示："此报告非常好，很有针对性，请住房公积金管理中心严格整改落实到位。"

2013 年 2 月，汝州市检察院职务犯罪预防局到该市有关局委、乡镇进行职务犯罪预防警示教育讲座，在座谈过程中，得知有人用假证件、票据骗取住房公积金贷款的现象，即于 2 月 28 日着手对该市住房公积金贷款情况开展预防调查。

经过调查，发现 2012 年 4 月 10 日至 2012 年 7 月 17 日，汝州市陆浑灌区管理局杨某、杨楼镇二中尚某、计生委王某 3 人各自花费 2000 至 10000 元不等购买伪造过户后的房屋所有权证、买房契约、契税完税证等证件票据，从该市住房公积金管理中心骗取 26 万元、18 万元、16 万元共计 60 万元贷款。杨某、尚某、王某的行为涉嫌犯罪，该院于 3 月 26 日将调查的相关材料移交该市公安机关，公安机关依据移交的材料进一步调查后，于 4 月 15 日对杨某、尚某、王某以涉嫌伪造国家机关公文证件印章犯罪立案侦查。

该院预防局针对调查过程中发现的住房公积金贷款管理中存在的申请贷款手续不合法、不规范，审查不严格，管理混乱，监督盲区等问题和漏洞，撰写出有分析有建议的预防调查报告，得到汝州市政府主管领导的高度重视，作出上述批示。同时，向住房公积金管理中心发出检察建议，该中心接到检察建议书后，迅速行动，采取组织干部职工学习、完善制度、优化内部管理，规范业务流程和服务行为，建立制约机制，做好信息公开，接受社会监督等一系列措施积极整改，并将整改落实情况回复汝州市检察院。专项预防调查为降低住房公积金管理的廉政风险、确保住房公积金正常安全有效运行发挥了积极作用。

汝州市委书记李全胜对《汝州市人民检察院开展服务企业"六个一"活动》情况反映作出批示

时任平顶山市委常委、汝州市委书记李全胜对《汝州市人民检察院开展服务企业"六个一"活动》情况反映作出批示:"请运平(汝州市委副书记)、晓伟(汝州市委常委、纪检委书记)传阅,检察院工作紧扣中心,服务大局,能动作为,为各单位作出了榜样。要结合当前'项目落地月'活动,全力推进企业发展、项目落地环境的优化、提升,为经济发展营造环境。"

汝州市人民检察院开展服务企业
"六个一"活动

为贯彻落实汝州市委、市政府关于在全市开展企业大服务专项行动的通知要求，9月中旬以来，汝州市人民检察院以进企业、送服务、解难题为主题，创新服务方式，提高服务效能，立足职能确立服务企业发展的工作重点和方向，积极开展服务企业发展"六个一"活动，帮助企业解决生产经营过程中存在的困难和问题，着力营造良好发展环境，为提升企业发展信心，促进全市经济持续平稳较快发展发挥了积极作用。

一、发布一个服务企业发展公告。该院围绕省院蔡宁检察长关于服务企业的讲话精神，结合平顶山市院服务企业"12345"工作意见，向各类企业、产业集聚区、乡镇、街道社区等单位印发服务企业发展的具体措施，向社会和企业公开承诺检察机关服务企业严格做到"六个不准"和"六个严禁"，对涉企案件实行优先受理、优先办理、优先结案的"三优先"原则，快速高效办理危害企业发展的刑事、民事行政和职务犯罪案件，优化企业的发展环境，提高服务企业的社会认知度。

二、每月开展一次走访企业活动。党组书记、代检察长刘新义主动到产业集聚区听取各企业对检察机关服务企业的措施和方式方法的意见建议，了解企业发展经营过程中需要检察机关解决的问题和困难。其他党组成员部门负责人也积极到分包的企业，了解和及时解决企业存在的困难及问题。党组成员、副检察长张现周在联系服务电业公司时，通过查办农电工贪污挪用用电款，为企业挽回损失130多万元；党组副书记、副检察长魏洪流协调解决了瑞平公司庇山矿道路被当地群众堵截的问题，均受到企业好评。

三、每半年召开一次服务企业座谈会。建立完善了服务企业发展座谈制度，与相关企业进行面对面的沟通和了解，听取他们对检察机关服务企业的意见和建议，了解企业的发展状况、面临的困境和法律诉求，介绍检察机关服务企业的措施和做法。开展送法上门活动，为企业提供法律咨询，预防干部职工的各类犯罪，增强法制意识。

四、设立一个产业集聚区检察室。2012 年，汝州市汝南产业集聚区实现主营业务收入 98.2 亿元，税收收入完成 6.3 亿元，固定资产投资 64.07 亿元，从业人员达到 15510 人。预计到 2015 年，入驻企业达 85 家，总资产达到 200 亿元以上，营业收入 190 亿元，利税将达 45 亿元，从业人员达到 30000 人。为加强检察机关服务产业集聚区的针对性、有效性，经院党组反复征求各方意见并经汝州市委同意，在汝南产业集聚区设立一个派驻检察室，对涉企案件实行"一站式"服务，统一协调解决产业集聚区内与检察机关有关的工作事项，为服务企业建立"绿色通道"。形成 3 个乡镇检察室加 1 个产业集聚区检察室的"3+1"服务企业模式，实现对汝州市 20 个乡镇办事处各类企业服务的全覆盖。

五、建立一个服务企业的专门机构。建立服务企业发展领导小组，明确检察长、党组成员和全体检察干警为服务主体，辖区及产业集聚区所有企业为服务对象。设立服务企业发展办公室，公布服务热线电话，将检察机关服务企业的宗旨原则、工作纪律、服务承诺、党组成员和部门负责人联络方式等服务企业的内容向全市企业公布。服务企业发展办公室用以协调解决检察机关办理的所有涉企案件，加强与相关企业的沟通和协调。

六、制定一套服务企业发展的长效机制。在认真总结以往服务企业的成效和措施的基础上，出台了《关于建立服务企业发展长效机制的实施意见》，并将每条意见逐项分解，确定工作目标和责任领导、责任部门，确保服务企业的各项工作能有章可循、目标明确、责任到人，增强服务企业工作的实效性。

汝州市委书记高建军对《汝州市检察院强化"六个意识"为优化发展环境提供服务和保障》作出批示

平顶山市委常委、汝州市委书记高建军于 2014 年 10 月 27 日对《汝州市检察院强化"六个意识"为优化发展环境提供服务和保障》作出批示："市检察院在优化发展环境上，敢于担当，动真碰硬，措施得力，首战告捷，取得了积极成效，请各委局及乡镇办学习参阅。"

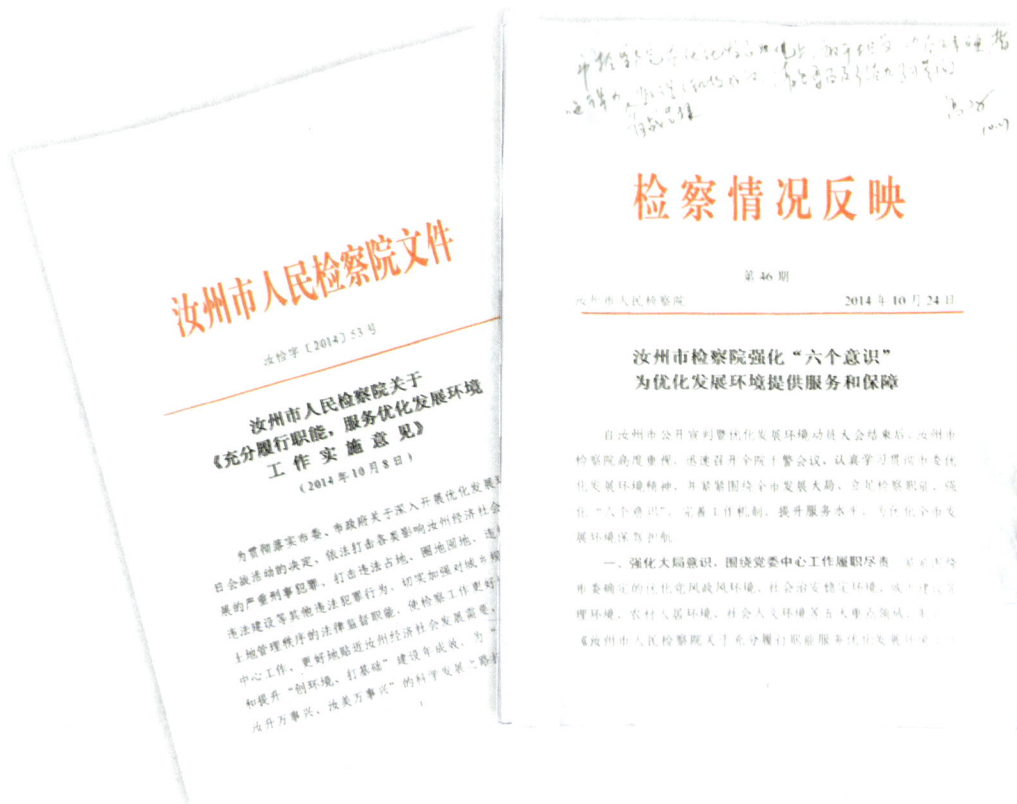

汝州市检察院强化"六个意识"
为优化发展环境提供服务和保障

　　自汝州市公开宣判暨优化发展环境动员大会结束后，汝州市检察院高度重视，迅速召开全院干警会议，认真学习贯彻市委优化发展环境精神，并紧紧围绕全市发展大局，立足检察职能，强化"六个意识"，完善工作机制，提升服务水平，为优化全市发展环境保驾护航。

　　一、强化大局意识，围绕党委中心工作履职尽责。紧紧围绕市委确定的优化党风政风环境、社会治安稳定环境、城市建设管理环境、农村人居环境、社会人文环境等五大重点领域，制定了《汝州市人民检察院关于充分履行职能服务优化发展环境工作实施意见》，明确具体责任人。结合检察职责，印发《汝州市人民检察院服务优化发展环境公告》，围绕五大环境，以抓铁有痕的精神，敢于担当的作风，充分发挥"打击、预防、监督、教育、保护"职能作用，为优化我市发展环境提供有力的司法保障。发挥4个派驻乡镇检察室扎根基层的优势，在全市20个乡镇、街道办事处的每个行政村张贴服务发展环境公告，并在电视台、广播电台、今日汝州等媒体上全文播（刊）发，公布举报电话，使全市人民都能知晓检察机关服务优化环境的具体措施和决心，营造规范有序的发展环境。

　　二、强化司法保障意识，依法整治影响发展环境的重点领域。充分发挥检察机关的法律监督职能，与公安、法院密切配合，严厉打击扰乱市场秩序、阻碍经济发展的严重刑事犯罪，突出查办影响和阻碍汝州经济社会发展的发生在重点领域、重点部门或重点人员身上的职务犯罪案件，服务和保障党委政府优化发展环境的大局。充分利用派驻乡镇检察室熟悉基层环境的特点，积极配合和支持乡镇党委开展优化发展环境专项治理工作，在参与综合治理非法采砂及超限超载工作中，刘新义检察长亲自制定工作预案，亲自听取工作汇报，安排党组副书记、副检察长张现周负责全面工作，指派反渎职侵权局和乡镇检察室人员专职全程参与。行动中，检察室主动与乡镇党委政府沟通，共同协商工作预案，并积极与相关职能部门配合参加联合执法活动。在小屯镇、纸坊镇开展的专项行动中，通过现场监督指导，建议相关执法部门依法履职，联合执法活动高效、依法、有序进行，共强制拆除变压器4台(自行拆除19台)、拉倒传送架18套、下达停工通知书并查封生产设备22家、封存采沙厂23座，封存砂子3604方、石子3936方，查扣超载车辆22辆，起到了较好的震慑作用。

三、强化服务意识，促进经济社会环境持续较好发展。加大优化发展环境宣传力度，整合法律服务团，乡镇检察室和公诉局等力量，利用定期和不定期的方式，现场进行法制宣传，为群众答疑解惑，回答各种法律疑难问题，并以案说法，引导群众学法、知法、守法，通过法律途径解决生活中的实际问题。把送法进企业、进农村、进社区、进学校的"四进"活动作为服务优化发展环境的有效载体，合理安排时间、调配人员，统筹安排公诉局、四个基层检察室、政治处、预防局、控申科、民行科等部门的人员，针对不同对象，开展了灵活多样的法制宣传活动。在汝州市工商银行、汝南产业集聚区瑞平煤电德平热电厂等企业开展服务企业发展法律宣传，在汝州市崎岭乡骑庄村、夏店乡夏店村、大峪乡同丰村、杨楼镇、焦村乡等村镇社区开展依法优化社会治安和农村人居环境法制宣传，通过发放宣传资料，与企业和村民座谈、法制咨询等形式，增强了广大人民群众知法守法和自觉参与优化发展环境的意识。

四、强化责任担当意识，推进严格执法、公正司法，提升公信力。教育检察干警勇于担当，在履职中不回避问题和矛盾，换位思考，公正司法。举办"践行党的群众路线、弘扬汝检精神"主题演讲比赛，由刘新义检察长为全体干警上专题党课，组织各支部开展了"假如我是当事人"大讨论活动，进一步增强党员干警的群众意识。广泛开展岗位练兵活动，根据各部门的工作实际拟定全院岗位练兵方案，并组织岗位练兵闭卷考试，进一步加强检察干警的法律监督能力。向最高人民检察院申请《涉检信访工作机制改革研究》课题并获得批准，组织部分硕士研究生、全日制本科生、业务骨干、办案能手，成立课题小组，提高干警调查研究的能力。充分利用与北京师范大学刑事法律科学研究院签订的"检校合作协议"，邀请北师大中青年法学家为全院干警进行授课，提升干警业务能力。用制度管人、依制度管事。建立完善了干警四项档案管理制度，实行全员责任制，每半月召开一次部门工作汇报会，展示工作亮点、查找工作差距、拿出整改方案、确保工作成效，有力推动了全院工作上台阶、进位次。通过抓素质提升，全院干警责任意识和担当意识提高，执法更加理性平和文明规范，执法公信力得到提高。

五、强化协作配合意识，形成优化发展环境强大合力。加强与纪检监察、法院、公安、住建、规划、国土、城市综合执法等单位的协作配合，向城市综合管理执法局派驻检察室，安排专职人员，建立健全信息沟通和案件线索监督、审查、移送、查处的衔接配套机制，参与对违法占地、违法建设等行为现场执法监督15次，对200多处违法建设行为进行了有效制止，形成打击违法犯罪合力。进一步延伸检察职能，充分发挥派驻乡镇检察室的作用，不断拓展服务空间，深化服务效果。10月10日、11日，产业集聚区检察室、小屯检察室分别参加了辖区内优化发展环境百日会战动员大会，并参加了辖区集中整治违法占地专项行动，为辖区百日会战提供有力的支持。

六、强化监督实效意识，注重"三个效果"的有机统一。对优化发展环境工作中个别人员违反土地管理法规和城镇规划非法转让、倒卖土地使用权或者非法占用土地、随意建设、随意改变土地性质和内容，造成土地资源和城镇规划严重破坏的犯罪行为加强立案监督。优先办理、快捕快诉违法建设、违规违法用地、暴力抗法等严重犯罪案件。加大对违法建设、违法违规用地背后国家工作人员职务犯罪的法律监督力度，重点查处充当"保护伞"不认真履行职责导致资源环境受到严重损害的职务犯罪案件。与公安、法院等部门密切配合，对"黄赌毒"等社会治安突出问题依法进行专项治理，对堵门断路、欺行霸市、强装强卸、强揽工程、恶意讹诈等干扰企业和重点项目建设的行为，以及非法控制客运线路、行业市场、矿产资源开发的地痞村霸、黑恶势力，坚决依法从严打击。百日会战活动以来，共监督土地、地矿等行政执法部门移送非法采砂刑事案件5件8人，批准逮捕3件6人；调阅审查水利、地矿等部门行政执法卷宗31册，注重办案的政治效果、法律效果和社会效果的有机统一，为优化全市发展环境有效发挥了检察机关的法律监督作用。

汝州市委书记高建军对市检察院
《关于全国检察机关刑事执行检察
工作会议精神的报告》作出批示

　　汝州市委书记高建军于 2015 年 6 月 15 日，在汝州市人民检察院送阅的《汝州市人民检察院关于全国检察机关刑事执行检察工作会议精神的报告》上作出批示："对检察院取得的国家殊荣表示祝贺！希望认真贯彻好全国检察工作会议精神，再接再厉，再创佳绩！"

　　2015 年 5 月 28 日至 29 日，全国检察机关刑事执行检察工作会议在北京召开，汝州市人民检察院党组书记、检察长刘新义参加了会议。会上，最高人民检察院表彰了 11 个全国检察机关"派驻监管场所示范检察室"，最高人民检察院检察长曹建明、副检察长李如林、政治部主任王少峰为示范检察室授牌。全国示范检察室评选由各省级检察院推荐，最高人民检察院审核，从全国 3600 多个检察室中选定 11 家，汝州市院成为河南省检察机关唯一获此殊荣的单位。

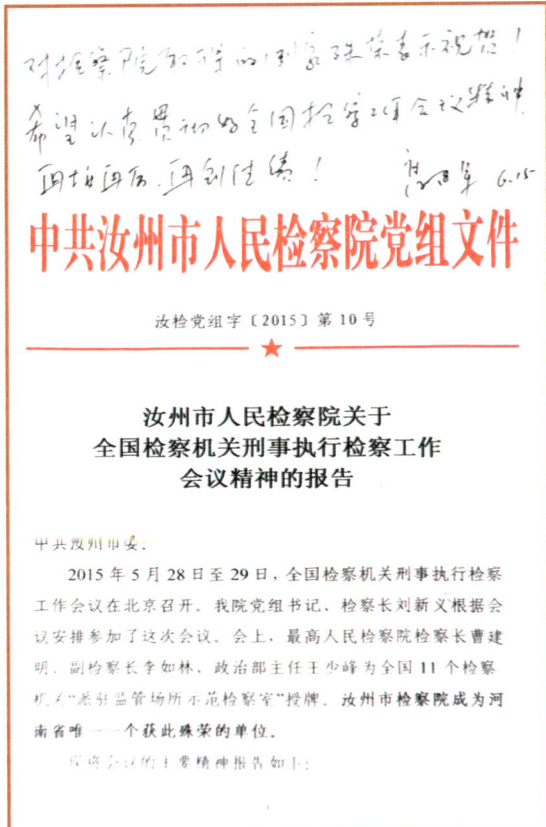

中共汝州市人民检察院党组文件

汝检党组字〔2015〕第 10 号

汝州市人民检察院关于
全国检察机关刑事执行检察工作
会议精神的报告

中共汝州市委:

　　2015 年 5 月 28 日至 29 日，全国检察机关刑事执行检察工作会议在北京召开。我院党组书记、检察长刘新义根据会议安排参加了这次会议。会上，最高人民检察院检察长曹建明、副检察长李如林、政治部主任王少峰为全国 11 个检察机关"派驻监管场所示范检察室"授牌。汝州市检察院成为河南省唯一一个获此殊荣的单位。

Wenhua Rujian

文化汝检

检察礼仪篇

JIANCHA LIYI

河南省汝州市人民检察院／编

刘新义／主编

中国检察出版社

图书在版编目（CIP）数据

文化汝检.检察礼仪篇／刘新义主编. —北京：中国检察出版社，2016.11

ISBN 978 - 7 - 5102 - 1715 - 9

Ⅰ.①文… Ⅱ.①刘… Ⅲ.①检察机关 - 工作 - 汝州 - 文集 Ⅳ.①D926.32 - 53

中国版本图书馆 CIP 数据核字(2016)第 263933 号

文化汝检.检察礼仪篇

刘新义　主编

社　　址：	北京市石景山区香山南路 111 号　（100144）
网　　址：	中国检察出版社（www.zgjccbs.com）
编辑电话：	(010)88960622
印　　刷：	河南盛华印务有限公司
开　　本：	710 mm × 960 mm　16 开
印　　张：	5.25
字　　数：	60 千字
版　　次：	2016 年 11 月第一版　　2016 年 11 月第一次印刷
书　　号：	ISBN 978 - 7 - 5102 - 1715 - 9
定　　价：	17.00 元

《文化汝检》编纂委员会

主　　编：刘新义

副 主 编：张现周　魏二广　马聚法　雷红东
　　　　　张延斌　顾武修

执行编辑：宋振中

编　　辑：陈冬伟　吴迎利　黄飞豹　陈媛媛

序言一

检察文化建设是检察工作的有机组成部分,是检察事业发展的精神支撑和力量源泉。检察文化在凝聚人心、激励斗志、规范行为、陶冶情操、营造氛围、树立形象等方面具有不可替代的重要作用。

当前,在进入全面建成小康社会的决胜阶段,在深入推进"五位一体"总体布局和"四个全面"战略布局,落实创新、协调、绿色、开放、共享发展新理念,主动适应经济发展新常态的新形势下,检察机关面临着全面深化司法体制改革和检察改革的发展机遇,肩负着全面提升检察工作能力水平,深入推进平安建设、法治建设,为全面建成小康社会,实现中华民族伟大复兴的中国梦创造良好法治环境的历史重任。检察机关只有重视和加强检察文化建设,依靠检察文化的引领和熏陶,激发广大检察干警的责任感、使命感、紧迫感,才能为检察工作科学发展凝神聚力。

近年来,汝州市检察院认真贯彻党的十八大、十八届三中、四中、五中全会精神,按照"文化育检、文化兴检、文化强检"的总体思路和部署,把提升检察人员综合素质能力,提高检察管理水平作为切入点和着力点,以凝聚精神为根基,完善机制为支撑,涵养文化为目标,致力于打造"文化汝检",使检察文化在建设高素质队伍、规范文明司法中发挥潜移默化、润物无声的原动力作用,有效提升了队伍建设水平,促进了各项检察工作的深入开展。

为进一步加强检察文化建设,充分发挥检察文化的凝聚力、推动力、辐射力,汝州市检察院编印了《文化汝检》十二篇章,这对于全面提升检察干警的政治素质、业务素质和职业道德素质,促使检察干警保持高昂的工作热情和奋发进取的精神状态,保证检察工作持续健康发展具有积极地推动作用。《文化汝检》十二篇章是汝州市检察院加强检察文化建设的经验总结,是创建学习型检察院的有力载体,要珍惜和运用好这个载体,弘杨和学习好相关经验,充分发挥十二篇章在提升检察干警的思想境界、职业良知和廉洁自律意识等方面的作用。

检察工作的健康发展离不开高素质的检察队伍,打造一支忠诚可靠、执法为民、务实进取、公正廉洁的检察队伍离不开先进检察文化的引领和凝聚,只有把检察文化与检察工作紧密结合,才能在执法办案中真正做到"理性、平和、文明、规范"。检察文化建设任重道远。期待汝州市检察院在已有工作成绩的基础上,积极探索和创新检察文化建设的新思路、新方法,以文育检、以文兴检、以文强检,为检察事业创新发展增添多彩篇章!

张耕

2016 年 8 月

序言二

　　检察文化建设的核心任务是凝聚力量、提升素质、推动工作。近年来，汝州市检察院认真贯彻党的十八大和十八届三中、四中、五中、六中全会精神，按照上级院"文化育检、文化兴检、文化强检"的总体思路和部署，把提升检察人员综合素质能力，提高检察机关管理水平作为切入点和着力点，积极推进检察文化建设，为检察工作发展提供了有力的思想保证、精神动力和智力支持。

　　2016 年是"十三五"开局之年，也是司法体制改革全面推进之年和攻坚之年，检察机关要有新担当、新作为，检察工作更需要强有力的检察文化支撑和检察文化传播。汝州市检察院编印的《文化汝检》十二篇章，不仅符合新时代检察工作主题，而且对于全面提升检察干警的政治素质、业务素质和职业素质，促使检察干警保持奋发进取的精神状态，保证检察工作持续健康发展等方面都具有积极地推动作用。

　　篇章中的《规章制度管理规范篇》，体现了立规矩、守规矩的制度文化。要让制度这个"软实力"对检察人员的行为形成"硬约束"，必须突出抓好制度落实，只有制度被自觉遵守并内化于心、外践于行，制度文化建设才算真正见到成效。当前，要通过案件管理、检务督察、检务督办等手段狠抓制度落实，使制度权威得到进一步确立，使干警行为得到进一步规范，使按规矩办事成为检察机关的新常态。

　　《先进集体篇》《先进人物篇》《工作创新篇》《工作思路·工作报告篇》以及

《镜鉴》《当代刑事错案沉思篇》等篇章，注重运用身边人、身边事去打动人、感染人，运用反面典型案例去警示教育人，运用先进人物、先进事迹去鼓舞士气，运用争先创优机制激营造比学赶帮的良好氛围，从而引导检察干警在依法履职中展现自身的优秀品质、过硬素质、人格修养，在司法办案中传递检察文化建设形成的理念、风范和形象，推动检察文化建设落地生根、开花结果。

《文化汝检》十二篇章是汝州市检察院加强检察文化建设的一个有效载体，是创建学习型检察院的一项有力措施。要运用好这个载体，落实好这项措施，通过多种方式组织全院干警学习篇章、运用篇章，切实发挥十二篇章在提升检察干警思想境界、职业良知和廉洁自律意识等方面的积极作用。

检察文化建设永远在路上。要把检察文化建设融入贯彻落实创新、协调、绿色、开放、共享五大发展理念，全面提升检察工作水平之中，融入为"十三五"时期经济社会发展提供有力司法保障的总体部署之中，一年一个抓手、一步一个脚印地推进，通过富有特色、寓教于乐的多种检察文化活动，夯实检察文化基础、打造检察文化品牌，让检察文化为检察事业持续、健康、协调发展提供源源不竭的强劲动力。

刘治章

2016 年 8 月

目　录

CONTENTS ▶ ▪▪▪▪▪▪▪▪▪▪▪▪▪▪▪▪▪▪▪▪▪▪▪▪▪▪▪▪

第一章
礼仪的涵义、本质、历史演变和功能

作为世界文明古国,我国有着悠久的礼仪传统,向来以"礼仪之邦"著称于世。在我国文化历史遗产中,礼仪文化是其中一个重要的组成部分。本章就礼仪的涵义、本质、历史演变和功能进行阐述,作为全书的开篇,使大家能够在理论上对礼仪文化有个初步的认识。

一、礼仪的涵义

礼仪是一个复合词语,由"礼"和"仪"两个字组合而成。礼是指特定民族、人群或国家基于客观历史传统而形成的,以确立、维护社会等级秩序为核心内容的价值观念、道德规范以及与之相适应的典章制度、行为方式;仪则有法度准则、典范表率、形式仪式之意。

"礼仪"出自于《诗经》中的"礼仪卒度,笑语卒获"一句,意为古之祭祀礼仪尽合乎法度,笑语尽得其节制。历史对礼仪一词的解释不尽相同,将各种概念归纳起来,则礼仪可被定义为在社会生活中约定俗成的,符合礼的要求,维护礼的精神,指导、协调人际关系的行为方式和活动形式的总和。简单地说,礼仪是人们生活中各种礼节和仪式的总称。礼仪的具体体现和表现形式有礼节、礼貌、仪表、仪式、器物、服饰、标志、象征等。礼仪的形式尽管多种多样,但其基本的要素可以概括为三种:仪表、仪节、仪式。仪表就是一个人的外表,包括一个人的容貌、穿戴、表情、姿态、谈吐等;仪节又叫礼节,它是指行礼时注意的分寸等级;仪式一般是指在集体性的活动中按照规定的程序进行的形式。

二、礼仪的本质

礼仪是人类社会为维系社会正常生活而共同遵循的最简单、最起码的道德行为规范。它属于道德体系中社会公共道德的内容,是人们在长期共同生活和相互交往中逐步形成的,并以风俗、习惯和传统等形式固定下来。对个人来说,礼仪是一个人思想水平、文化修养、交际能力的外在表现;对社会来讲,礼仪是精神文明建设的重要组成部分,是社会的文明程度,道德风尚和生活习俗的反映。

三、礼仪的历史演变

礼仪的起源,可以追溯到原始社会。人类最初的礼仪主要是原始人对自然物表示神秘不可知的敬畏和乞求,并由此形成了人类早期的宗教祭祀活动。日益严格完善的祭祀仪式中的等级秩序(礼)反过来又被用来规范人们的日常生活,逐渐发展成为调整人们社会关系的行为准则。

人类进入阶级社会以后,统治阶级把礼仪作为维护其统治地位的一种手段和制度,并且设立专司其职的行政部门,如礼部等。随着奴隶主阶级、封建地主阶级的等级制度日益森严,经统治阶级改变和发展的礼节礼仪也日益繁杂化、规范化和经典化。

从历史发展的角度看,中国古代礼仪的演变可分为四个阶段:公元前21世纪的夏朝产生之前是礼的起源时期,原始的政治礼仪、婚姻礼仪等在这个时期已有了雏形;夏、商、西周三代是礼的形成时期,这一时期礼仪被典制化,并形成了诸如"五礼"等极为重要的礼仪概念;春秋战国时期是礼的变革时期。这一时期,学术界百家争鸣,孔孟等思想家的礼仪思想,构成了中国传统礼仪文化的基本精神,对古代中国礼仪的发展产生了重要而深远的影响，奠定了古代礼仪文化的基础；秦汉到清末时期是礼的强化时期，这一时期的重要特点是尊君抑臣，尊夫抑妇，尊父抑子，尊神抑人，在漫长的历史演变中，它逐渐成为妨碍人类个性自由发展、阻挠人类平等交往，窒息思想自由的精神枷锁。

中国的现代礼仪，许多是在辛亥革命以后尤其是新中国成立以后才形成的。辛亥革命的胜利，掀起了一场推翻封建礼教的斗争。由孙中山出任临时大总统的南京临时政府颁布了一系列法令文告，"废除贱民身份，许其一体享有公民权利"、"革除前清官厅称呼"、"晓示人民一律剪辫"等，表明了其与封建礼教的决裂。如废除了维护尊卑等级的跪拜礼，同时又兼收并蓄，吸取了世界各民族礼仪之长，如举手礼被军队所采用，握手礼被广泛使用。

新中国的成立，标志着中国人民开始进入一个新的文明时代，在马克思主义、毛泽东思想、邓小平理论的指导下，新型人际关系和社会关系的确立，更标志着中国礼仪进入了一个崭新的历史时期。随着社会生产力的发展和人民生活水平的提高，人与人之间逐步建立了平等互助的和睦关系，讲礼貌、礼节、礼仪的传统美德得到了发展。

20世纪60年代，毛泽东同志发出了"向雷锋同志学习"的号召，"雷锋精神"成为这个时代乃至更长的历史时期内我国精神文明的代名词，助人为乐、遵守社会公德的风尚由此得到发扬。在20世纪70年代末，邓小平同志提出："我们要在建设高度物质文明的同时，提高全民的科学文化水平，发展高尚的丰富多彩的文化生活，建设高尚的社会精神文明。"后来，他又指出，精神文明的内容也包括"人与人的同志式关系"在内。为了调适人际关系，建立适合于经济发展的社会秩序和社会风尚，各级党政组织和广大人民群众在实践中探索和积累了一系列行之有效的形式和经验。20世纪80年代，中央发出了《关于开展文明礼貌活动的倡议》，号召全国人民特别是青少年开展以讲文明、讲礼貌、讲卫生、讲秩序、讲道德和心灵美、语言美、行为美、环境美为内容的"五讲四美"文明礼貌活动,成为我国现代礼仪建设的里程碑。1982年2月,中共中央办公厅根据中央书记处的指示,转发中宣部《关于深入开展"五讲四美"活动的报告》,规定每年3月为"全民礼貌月"。这一年的3月1日全国各大城市都有数万以至数十万人走上街头,宣传文明礼貌,清理环境,维持交通秩序。1983年3月,中共中央成立"五讲四美三热爱委员会",在前述"五讲四美"基础上,又加上了"热爱祖国、热爱党、热爱社会主义"的内容。从此以后,这一活动蔚然成风,遍地开花,有力地推动了现代礼仪的建设。在此基础上,诸如建设文明家庭、文明村(镇)、文明单位;提倡文明礼貌用语;提倡建设新时期的社会公德、职业道德、家庭美德;制订市民守则、乡规民约;在全国城乡开展婚礼改革、丧葬改革等移风易俗活动也在不同程度上取得较好的成效。

改革开放把中国推向了整个世界,经济文化的交流也带来了世界各民族礼仪风俗的交流。20世纪80年代,我国逐步恢复了礼炮、国宾护卫队等礼仪形式;20世纪90年代在天安门广场举行的升旗仪式,成为全国人民心目中最庄严的礼仪活动。各种新颖的礼仪形式,生动地体现了礼仪文化的生命力和革新精神。

四、礼仪的功能

礼仪是人们在社会交往中用以沟通思想、交流感情、表达心意、促进了解的一种形式,它的功能主要有:

(一)沟通感情

在人际交往中,双方都自觉地执行礼仪规范,这样便容易使双方的感情得到沟通,从而促进人们之间的人际往来,有助于人们所从事的各种事业得到发展。

（二）协调关系

礼仪的重要功能是对人际关系的调节。从一定意义上说,礼仪是人际关系和谐发展的调节器。人们在交往时以礼相待,有助于加强人们之间互相尊重、友好合作的新型关系,缓和或避免某些不必要的情感对立与障碍。

（三）维护和谐

礼仪是整个社会文明发展程度的反映和标志,同时也反作用于社会,对社会的风尚产生广泛、持久和深刻的影响。社会上讲礼仪的人越多,社会便越和谐安定,从而有效地维护了社会秩序。从这个意义上讲,礼仪可起到弥补与加强法律的作用。

（四）舆论倡导

礼仪通过交往规则和社会舆论评价、倡导、劝阻、示范着人们的交往行为,纠正人们不正确的行为习惯,倡导人们按一定的规范要求去协调人际关系,维护社会的正常生活。民间尊重礼仪的习俗,客观上起着重要的、有效的教育作用。

第二章
检察礼仪的涵义、原则和特征

一、检察礼仪的涵义

检察礼仪是检察人员在履行职责过程中在各种时间、场合处理人际关系和对外交往时正确的言行举止和必要的礼节，也可表述为检察官礼仪。它是检察队伍思想政治素质的外在表现，是道德品行的基本表现方式之一。具体包括谦虚恭敬的态度、文明礼貌的语言、优雅得体的举止及履行职责的特殊程序和日常生活的必要礼节等。

检察礼仪是由检察工作的性质和职能所决定的，明显地带有本行业的职业特点，同时也涵容于中华民族的礼仪之中，接受社会公共道德礼仪的制约和影响，并对社会公共礼仪起到补充和发展的作用。掌握和遵守检察礼仪，对检察机关和检察工作人员能够更好地履行法律监督职能，提升检察队伍形象具有积极的意义。

二、检察礼仪的原则

(一)依法守规原则

检察礼仪必须在依法履行法律监督职能和严格执行检察工作规范的前提下，注意讲究和遵守。它不能取代和违背我国各项法律和检察工作规范，而只是执行法律和检察工作规范的辅助手段。如果违背了检察礼仪，就会受到广大检察工作人员及社会舆论的谴责。

（二）自律自修原则

检察礼仪是为了更好地履行法律监督职能而形成和存在的，实际上反映了检察工作人员和人民群众共同的利益和要求。每个检察工作人员都应当自觉遵守，自我约束，加强修养。在与人们交往的过程中，自觉按照检察礼仪规范去做，而无须别人的提示或监督。

（三）适度把握原则

检察人员在履行职责活动中要注意各种场合下讲究礼仪的尺度，也就是要把握与特定环境相适应的人之间的情感距离，既要彬彬有礼，又不能虚而不实，既要热情大方，又不能轻浮诮诙。

（四）尊重人格原则

尊重和保障人权是社会主义新时期民主法制建设的重要内容，尊重他人是检察礼仪的情感基础。人格尊严是超越法律之外、人类所特有的基本道德规范。检察人员在履行职责活动中，要十分注意尊重他人的人格尊严。

三、检察礼仪的特征

（一）共同性

检察礼仪属于社会公共道德礼仪范畴，因而两者有着相通的共同点。检察礼仪是对社会公共道德礼仪的促进和补充，而不是超越和悖逆。

（二）特殊性

检察礼仪明显带有职业的特点，既有在社会交往中应遵守的礼仪，又有在执法、管理等方面必要的表现程序和手段，以此反映出对公民合法权利的尊重与保护，同时又要维护法律的严肃性。

（三）统一性

检察礼仪不仅是检察人员与公众交往的外在形式，也是其内在的思想品德、各种素质修养的自觉表现，而且后者是前者的基础。只有将内在素质和外在形式结合起来,才能真正体现检察礼仪的意义所在。

(四)继承性

检察礼仪是在长期的社会生活和工作中逐步积累起来的,是维护正常检察工作和生活秩序的经验结晶,是社会进步、人类精神文明的标志之一,但又并不是一成不变的,它是随着社会的不断进步和发展,逐步丰富和完善检察礼仪的内涵的。

第三章
检察礼仪的意义和养成途径

检察机关自重建以来,坚持一手抓业务建设,一手抓队伍建设,认真履行法律监督职能,赢得了人民群众的信赖与支持。随着我国社会主义现代化建设事业的发展和各项法律制度的不断完善,人们群众的物质和精神生活水平有了很大的提高,因而对检察人员履行检察职责的文明程度和水平也提出了更高的要求。在这种情况下,检察人员重视和讲究带有本行业特点的各种礼仪,显得十分重要和必要。

一、检察礼仪的意义

(一)遵守检察礼仪有利于加强社会主义精神文明建设

检察人员的言行举止不仅反映着自身的修养与素质,而且代表着检察机关的形象,同时也反映出一个城市、一个地区、一个民族和一个国家的精神面貌。人民群众往往把检察机关看作是社会公平和正义的象征,把检察机关的形象看作是党风政风的体现。因此,检察人员的文明风尚,必然会产生强大的感染力,并潜移默化地对人民群众文明意识的增强产生积极的影响。如果检察人员在与群众交往或处理工作事务时,态度生硬,傲慢无礼,不仅会损害检察队伍的形象,还会在全社会精神文明建设的发展进程中产生消极的作用。

(二)遵守检察礼仪有利于提高检察队伍的战斗力

检察礼仪对检察队伍的战斗力也会产生某种效应。团结友爱的氛围、健康和谐的环境以及良好有序的群体关系会起到凝聚力量、振奋精神、鼓励斗志的作用。有了同志间、上下级间一定的礼仪规范,会促进检察队伍内部的团结、民主、信任、理解,从而形成强大的战斗力,大大提高工作效率,顺利完成各项任务。

(三)遵守检察礼仪有利于培养和造就合格的人民公仆

讲究礼仪,会潜移默化地促进自身养成高尚的道德情操和精神风尚,做到谦虚礼让,平等待人,诚实守信,团结友爱;讲究礼仪,会增强检察队伍的组织纪律性,做到令行禁止,雷厉风行,检容严整,顾全大局;讲究礼仪,会促使检察人员坚持履行全心全意为人民服务的根本宗旨,以人民的利益为重,为群众服务,尽职尽责;讲究礼仪,会增强人民检察的敬业精神,始终以高尚的道德和行为标准来衡量和调节自己的言行,在工作中做到兢兢业业,勤勤恳恳,精益求精。

二、检察礼仪养成的途径

(一)坚持努力学习,树立礼貌意识

检察人员应在工作和生活实践中不断加强学习,努力掌握更多的政治、业务、科学和文化知识,并注意学习传统及现代社会文明交往的礼仪。尽可能多地了解社会,并能够进行周密的思考和透彻的分析,才能够具备妥善、恰当地处理各种关系和事务的能力,才能够增强文明礼貌意识,提高自己的文明素质。

(二)养成良好习惯,贵在持之以恒

文明良好的习惯可以通过诱导作用抑制和纠正不良习惯。检察人员应自觉养成良好习惯,并以此来约束自己的行为,逐步排除意识和行为的随意性。经常使用文明用语、规范用语,可以帮助避免粗俗语言的出现,时时处处注意谦虚谨慎 、以礼待人, 可以帮助改变和克制不佳形象和行为,坚持从我做起,从现在做起,从点滴做起,并持之以恒,就会养成良好习惯,成为自觉行动。

(三)加强道德修养,陶冶美好情操

道德修养能有效地调节和控制人们的行为,美好情操是文明习惯的自然流露。检察人员通过加强思想道德修养,就会树立起正确的社会道德观和人生价值观,就会增强社会责任感、使命感;通过培养高尚情操,就会从生活中不断汲取美的情感,铸造美好的心灵,就会具备较强的是非观念、审美情趣和鉴赏能力,从而自觉地规范自己的行为,保持良好的形象。

第四章
检察人员的基本礼仪

　　检察人员的基本礼仪是指检察人员在一般场合和情况下应自觉遵守的基本要求，即作为一名检察人员应当具备的基本文明素质。掌握和运用检察基本礼仪，是树立检察机关和检察人员良好形象的重要条件之一。检察人员的基本礼仪主要有检容仪表、言谈举止两个方面。

一、检容仪表

　　检容仪表既是检察人员个体的外表形象和精神面貌、素质的外在表现，也是检察机关权威性、纪律性和检察队伍统一性、正规性的重要体现。

　　（一）仪表

　　1.着装规定

　　全国检察机关统一的制式服装是法律尊严和正义的象征，它意味着国家和人民的利益至高无上，必须严格按照有关管理规定着检察服装，保持检容严整。

　　（1）在编在职属于着装范围的检察人员，在工作需要时必须着检察服装，但在身躯有明显伤残及女性检察人员怀孕后体型发生明显变化等情况时应当着便装。离退休检察人员不得着检察服装，不得佩带检察徽章。

　　（2）检察人员非因公外出和下班后不应着检察服装；因违法违纪正在接受审查或者被停止执行职务的被禁闭期间不得着检察服装。

（3）检察人员着检察服装时，必须严格按规定佩戴胸徽，不得佩戴其他与检察人员身份或执行公务无关的其他标志。

（4）参加重要庆典、集会等活动时应当着较新的、整洁的检察服装。

（5）检察人员非因工作需要，不得着检察服装进入宾馆、酒店和营业性娱乐场所。

（6）不准挽袖、卷裤腿、敞怀或披衣。

（7）严禁将检察服装赠送、转卖或借给非检察人员。

2.着检察服装规范

检察人员的制式服装有夏季、冬季和春秋季之分，应按季节要求整套着装，保持检察服装的洁净、整齐，并经常洗熨。

着冬、春秋季检察服装时，应内着制式衬衫，并系制式领带。若需内加毛衣时，应着"V"字领毛衣，并确保毛衣不外露。钮扣应按照着西装标准扣好，口袋内不要装过多的物品。

着制式衬衫，应扣好第一粒钮扣，领带要系端正，不可松懈或歪扭。领带夹一般位于衬衫第三、四粒钮扣之间的位置。衬衫下摆一定要于裤(裙)内。

检察裤穿着要左右平衡，裤腰松紧适中，档部上下合宜。口袋内不可放过多的物品，以免影响裤形美观。

一般情况下，应穿黑、棕色皮鞋，不得穿式样怪异的皮鞋，不得穿布鞋、拖鞋或赤足。男性的鞋跟不得高于 3 厘米，女性的鞋跟不得高于 4 厘米。皮鞋要保持光亮，不要着花色袜子。

3.着便装规范

一个人的着装服饰反映出其思想品位，情趣追求和文化修养，在与他人交往中起着重要的作用。因此，检察人员在着便装时，也应遵循一定的服饰规范，做到端庄、典雅、大方。

（1）正式场合的着装

出席正式场合一般应着西装。

着西装有一定的讲究。首先，必须着同一面料、同一颜色的套装，并保持整洁、挺括，无破损，纽扣齐全。三件套西装在正式场合不能脱下外衣。出席重大礼仪活动时，应着深色西装，里面不能加毛背心或毛衣；一般活动需穿时，应选择"V"字领的毛衣，并以一件为宜。着西装应配单色衬衫，系领带，穿皮鞋，着颜色与服装相近或相同的袜子。衬衫在穿着前一定要熨烫平整，尤其是衬衫领子更要硬挺整洁，不能有污渍、汗渍。领子要略高于西装领 1~2 厘米，衣袖要稍长西装衣袖的 1~2 厘米，衬衫的下摆要均匀地束进裤内。

系领带时，衬衫的第一个纽扣要扣好，领带的长度以系好后垂到皮带扣下处为标准。领结要饱满，与衬衫的领口吻合并紧凑。领带夹一般夹在衬衫的第三粒至第四粒纽扣之间。西装上衣系上扣子后，领带夹应当是看不见的，领带的宽度应与西装翻领的宽度相适应。

皮鞋应保持鞋面光洁，无破损。正式场合穿着西装不要着轻便布鞋、旅游鞋、露脚趾的凉鞋以及色彩鲜艳的花袜子等，着深色西装时不能穿白色袜子。

西装上衣外侧的口袋只作装饰用，不可装物品，否则会使西装上衣变形。西装上衣胸部的口袋只可放折叠好的装饰手帕。票价、名片盒等小物品可放在上衣内侧口袋。裤袋也不可装物品，以求臀位合适，裤形美观。

西装有单排扣、双排扣之分。双排扣西装一般要求把全部纽扣系上以示庄重。单排两粒扣的应扣上不扣下，或全部不扣。如在正式场合则要求把第一粒纽扣系上，坐下时可解开。

在正式场合也可根据需要或要求着其他服装。无论着何种服装，均应特别注意服饰的整洁与讲究,不可过于随便。

女同志在正式场合应本着庄重、高雅,与身份、职业、场合相称原则着装。一般应着西装、套裙、礼服等;出席轻松场合或作为宾客时,应尽量选择讲究的服饰。

(2)其他场合的着装

一般场合可根据个人的爱好,遵循正派、整洁的原则,适时、适地、适人地着装。同时,应讲究服装式样的随和、颜色的选择与搭配。

(二)仪容

检察人员在各种场合,无论着检察服装或便装,均应注意个人仪容的清洁、美观、端庄,正式场合尤其应注重。

1.发型

检察人员应注意保持头发的整洁,经常理发,不得染彩发,更不要留任何怪异的发型。男性不得留长发、大鬓角、卷发(自然卷除外)、剃光头;女性发辫一般不得过肩。

2.面容

检察人员应保持面部整洁。每天早晚洗脸时要多注意清除附在眼角、鼻窝、耳根、脖颈等处的污垢、污渍等不洁之物,面部如弄脏之后,应及时清洁。女性着检察服装不得化浓妆、戴首饰,男性不得蓄胡须。

3.口腔

要保持口腔清洁,坚持每天早晚刷牙,饭后漱口,缺损的牙齿应及时求医镶补。上班或出席正式场合前,如食用气味不佳的食物或口中有异味应设法清除。不可以当众剔牙缝,饭后若一定要剔牙时,应用手或餐巾加以遮掩。与人交谈时,口中唾液不宜过多,嘴上不应有白沫。进餐时尽量闭嘴咀嚼,不宜发出大的响声。

4.鼻腔

要保持鼻腔的清洁。在洗脸时应彻底清除鼻内污物,定期修剪过长的鼻毛,在他人面前不要用手挖鼻孔,不宜在宾客面前擦鼻涕。

5.手指甲

手指甲要及时修剪整齐,并经常清洗,保持清洁状态。着检察服装时不得涂抹彩色指甲油,不得留长指甲。

6.皮肤

检察人员不得纹身。

二、言谈举止

检察人员的言谈举止不仅是个人风度气质的表现,更是其内在素质的反映,在社会交往中产生着一定的影响。

(一)礼貌用语

1.礼貌用语的概念

礼貌用语是检察人员履行职责时应当经常使用的语言。它具有提供服务和体现形象的双重作用,是检察人员用来与工作对象交流思想感情、沟通信息和提高工作效率的重要交际工具。

我国宪法规定:"国家推广全国通用的普通话。"随着社会主义两个文明建设和改革开放的不断深入,推广普通话已成为新时期的迫切需要,越来越受到党和政府的重视。检察机关使用普通话,对全社会具有表率作用,应做推广普通话的模范。

礼貌用语是在全国推行的十字文明用语"您好、请、谢谢、对不起、再见"基础上的扩展。

2.礼貌用语的特征

(1)言辞的礼貌性

主要表现在检察人员在履行职责过程中正确使用敬语。敬语主要包含尊敬语、谦让语和郑重语三方面的内容。

说话者直接表示自己对听者敬意的语言可称为尊敬语，如见面时称：某先生、某小姐、老人家，早上好、下午好、晚上好、节日好等；告别时：再见、晚安、明天见等；谈话中：祝您身体健康、全家幸福、事业成功、精神愉快、早日痊愈等。

说话者通过自谦或谦让来表示自己对听者敬意的语言称为谦让语，如：做得不够、份内之事、招呼不周、不足挂齿等。

说话者客气、礼貌地向听者表示敬意的语言称为郑重语，如：请问您有什么需要、请稍等、抱歉、劳驾您、麻烦您、打扰您、没关系、让您费心了、让您久等了、让您受累了、请不必客气等。

（2）措辞的修饰性

措辞的修饰性主要表现在语言表达的优美动情和谦谨委婉上，是用能够感染他人并为他人易于接受的、较为含蓄的语言、语气，来替代有刺激性的、对方可能忌讳的词语，或以曲折的表达方式来提示不必直接点明的事物。优美委婉的语言可使对方在没有满足要求的情况下，仍得到情感上的抚慰和理解，从而给予可能的配合。

（3）表达的灵活性

检察人员在与工作对象交往过程中应针对不同的对象、不同的心理和不同的场合，灵活地运用礼貌用语，以促进沟通和理解，从而避免矛盾的产生或使矛盾得到缓解。

一般说来，我们可以通过人们的服饰、语言、肤色、气质等去辨别他们的身份，通过对方的面部表情、语气的轻重、走路的姿势、手势等行为举止来领悟他们的心境。例如，对待孤老、弱者等需要帮助的人，应语言朴实、体贴,语调温柔;对待职业人士,应语言简洁、客气、郑重;接待群众投诉,语言更要谦虚、谨慎、耐心、有礼;在某些场合需要时还可使用幽默的话语调节气氛,沟通感情。

3.礼貌用语的要求

检察人员运用礼貌用语,有三项基本要求:热情诚恳的态度,言之有理的内容,准确通俗的表达,它们构成了一个相辅相成的有机整体。

(1)热情诚恳的态度

使用礼貌用语时态度热情诚恳,表明使用者表里如一,语言发自内心。否则,没有相应态度的配合,再好的语言也会适得其反。这就要求礼貌用语的使用者首先要解决思想感情问题,只有摆正了自己的位置,秉持全心全意为人民服务的宗旨,才能使主观愿望与客观表现相一致,自觉、主动、正确、有效地使用礼貌用语。

(2)言之有理的内容

使用礼貌用语要与依法而言相配合,做到言之有据,以理服人。把礼貌的语言当作虚伪的幌子,只能更加引起对方的反感。因此,要求检察人员既要注意语言的文明,又要掌握必要的法律、法规知识,坚持以和蔼耐心的态度来摆事实,讲道理,两者相得益彰,才会使对方心悦诚服。

(3)准确通俗的表达

使用礼貌用语时要注意用词准确,语义易懂,明白有效,并做到音量适中,语调平稳,吐字清晰。否则,含糊不清。艰涩深奥或答非所问,空话连篇,不但无效,还会使对方对你的态度和愿望产生怀疑。因此,检察人员应掌握一定的语言知识和运用能力,使礼貌用语收到预期的效果。

(二)行为举止

人的立、坐、行及手势表情等姿势是富有说服力的体态语言,也是对话语的补充和替代。检察人员在履行职责和社会交往中的体态语言,也是其真实情感和文明程度的表露与写照,应当举止端庄,精神振作,姿态良好。

1.挺拔的站姿

站姿的基本要求是:端正、挺拔,即所谓"站如松"。其要领为:身体直立,头正目平,嘴唇微闭,略收下颌,面容平和自然。挺胸收腹,腰直肩平,两臂自然下垂,中指贴拢裤缝,两腿相靠站直并拢,脚跟相靠,两脚成60°,肌肉略有收缩感。正确的站姿给人以挺拔向上、舒展俊美、庄重大方、亲切有理、精力充沛的印象。

2.端庄的坐姿

坐姿的基本要求是:稳重、端庄,即所谓"坐如钟"。其要领为:入座后,挺胸收腹立腰,上身正直,头正目平,腰背可不靠或稍靠椅背,两腿自然弯曲,两脚平落地面。

坐姿还应根据椅面的高低及有无扶手,注意两手、两腿、两脚的正确摆法。一般可将两手放在腿上或放在腹部,有扶手时,也可双手轻搭或一搭一放;椅面高度适中时,两膝相靠,两腿并拢或稍分;椅面低时,应两腿并拢,自然倾斜于一方;男性两膝间的距离以一拳为宜,女性两膝不应分开;两脚可靠拢,也可一前一后或交叉。坐在椅子上,应至少坐满椅了的1/3,脊背轻靠椅背。

坐姿切忌二郎腿、搁腿、分腿、"O"型腿、抖动腿脚,也不可重心极偏、频频移动,前俯后仰、过分仰靠等。着检察制服时一般不得席地坐卧。

离座时,要自然稳当,右脚向后收半步,而后站起。

3.平稳的步姿

步姿的基本要求是:轻松、稳健、即所谓"行如风"。其要领为:抬头挺胸、收腹立腰,重心稍前倾。两肩持平,两臂自然前后摆动,摆30°~35°为宜,双肩不宜过于僵硬。两腿步幅适中均匀,两脚步位正直朝前。内侧落地时正确的行走线迹是一条直线。

检察人员着检察服装走路时切忌"内八字"和"外八字"。勿弯腰驼背,摇头晃脑、大摇大摆、上颠下跌;不要过度甩手,扭腰摆臀,左顾右盼,脚不应蹭地面;不得边走边吸烟、用食、扇扇子、把手插入口袋或与同伴勾肩搭背、挽手行走。

4.恰当的手势

礼貌手势的基本要求是:自然优雅、规范适度。其要领为:五指伸直并拢,腕关节伸直,手与前臂形成直线,肘关节自然弯曲,动作明确、肯定、果断,幅度不宜过大或太小。一般认为掌心向上、五指伸直并拢的手势是诚恳、尊重他人的意思,要求适度,给人一种优雅含蓄、彬彬有礼的感觉,忌用手指头指方位。

介绍人、物体或指示方向时,应掌心向上,四指并拢,大拇指张开,以肘关节为轴,前臂带动大臂自然上抬,同时,目光朝往目标方,并兼顾旁人是否意会到目标。

握手时,握力、握距要适中。伸出右手,以手指稍用力握对方的手掌(手掌应与地面垂直),持续1~3秒钟,双目注视对方,面带微笑,上身要略微前倾,头要微低。与上级和女士见面时,由对方先伸手,其他情况可主动伸手。握手的同时,身体前倾并可点头示意,应该注视对方,以示尊重,不要坐着握手。戴手套时,握手前要摘手套。

鼓掌时,应以一只手掌击拍另一只手掌,力度和时间要视情而定,不可出众,以免起到相反的效果。

手势配合说话时切忌做不相干或多余的动作,如用手指指点或提醒对方,特别是指着对方的面部,这样既不礼貌又含有教训人的意思。

5.适度的表情

面部表情是心态的反映,也是文明礼貌的体现。检察人员礼貌表情的基本要求是:平静、温和、自然。其要领为:服务时保持微笑,面部肌肉放松,眉头自然舒展,目光平视对方,嘴角向上翘起;执法中严肃认真,面部表情的变化应根据情况适度掌握。

接待和服务时的表情切忌皮笑肉不笑、目光紧盯不放、东张西望或斜视、仰视、低头窥视他人,也不可噘嘴、撇嘴、皱眉、抽鼻等,这些表情含有轻蔑或讨厌的意思。

6.递物和接物

递交文件。工作中有文件需要上级过目或者签字时,应该用双手递文件,并且使文件的正面对着接物的一方。

递交其他物品。双手递交,不可以随便把物扔给对方。递笔、刀剪之类尖利的物品时,需将尖头朝向自己,握在手中,而不要指向对方。

接物。接受物品,一般来讲,对方双手恭恭敬敬递过来的物品,用双手去接,同时点头示意或道声谢谢。

7.进出办公室

进入领导或他人办公室,应轻轻叩门,得到允许后方叮进入,切不可以贸然闯入。叩门时应以指关节轻叩,不可以用力拍打。不论办公室的门是开着还是关着,叩门都是必须的。

进入办公室应该是轻轻的。如果需要关门的话,应该回身把门关好,不可以随手"砰"的一声把门带上。进门后,应向里面看到你的人点头致意,或问候"您好","你们好"。若是打断了别人,应该道歉说:对不起,打扰了",脚步要轻,动作快,不要妨碍别人。

第五章
检察机关办理直接受理案件的礼仪

侦查是检察机关根据法律赋予的权力,运用各种侦查手段、措施,为查明直接受理案件案情收集证据,揭露、证实犯罪活动的一项专门工作。这项工作虽然是检察机关的重要职能,具有许多特殊的权力和秘密性,但讲究文明办案和礼仪仍是不可缺少的。

一、讯问犯罪嫌疑人的礼仪

(一)程序合法

讯问犯罪嫌疑人,由检察人员负责进行并不得少于2人,一般应在看守所内提审室(特审室)里进行。采用传唤进行讯问时,一次传唤持续时间最长不得超过12小时。讯问聋、哑的犯罪嫌疑人,应当有通晓聋、哑手势的人在场。第一次讯问犯罪嫌疑人或者对其采取强制措施之日起,应当告知犯罪嫌疑人可以聘请律师提供法律咨询,代理申诉、控告或者为其申请取保候审等相关权利,并按规定予以帮助。讯问时,一般应该同步录音、录像,严禁刑讯逼供和以威胁、引诱、欺骗以及其他非法手段获取供述。

(二)尊重犯罪嫌疑人合法权利

要依法给予犯罪嫌疑人自我辩护、核对讯问笔录和拒绝回答与本案无关问题的权利。在其进行自我辩护的陈述时,不宜随意打断、妄加指责,要耐心听取并做好笔录;在核对笔录时,对没有阅读能力的犯罪嫌疑人应如实向其宣读,对其指出的错误或遗漏之处,应认真按其意修改或补充;对确与本案无关问题,受到拒绝时,不应再追问。

（三）允许记忆有误

对犯罪嫌疑人由于可以理解、合乎逻辑的原因,非故意造成口误与其他证据不相符时,要弄清其认识、记忆发生错误的原因,帮助其重新正确回忆和客观全面的认识,给予其纠正的机会。不宜不问青红皂白对其一切都断然否定。

（四）用语合法灵活

讯问用语应体现法律规范,应以对法律负责的态度提出问题。根据实际需要,可灵活运用讯问语言,以便与之沟通,使之能够接受讯问,予以配合。同时,语言宜循循善诱,尖锐中含有诚意,严肃里体现温暖,忌用祈求性语言。

二、询问证人、被害人的礼仪

（一）询问证人

1.程序合法

检察人员应当保证一切与案件有关或者了解案件的公民有客观充分地提供证据的条件并为他们保守秘密。询问证人、被害人时,应该由 2 名以上检察人员进行并告知其相关权利和义务。询问聋、哑犯罪嫌疑人或被告人及被害人时,应当有通晓聋、哑手势的人在场;询问不满 18 岁的证人和被害人时,应当通知其法定代理人在场。

2.尊重证人、被害人,文明取证

询问证人或被害人时,应出示检察机关询问证人、被害人通知书和工作证,工作态度宜庄重不失文明,严肃而又和蔼。首次与证人接触时,用语要客气、诚恳,如"对不起,打扰您了"等用语。切忌有粗暴、盛气凌人或轻蔑的表现。

3.积极宣传,耐心引导

调查访问中,应首先向证人、被害人宣传有关法律法规,说明公民的基本义务和其中利害,引导和启发证人提供实情。收集证据必须依照法定程序进行,不得向证人或被害人泄露案情,严禁采取威胁、引诱、欺骗以及其他非法的方法和手段收集证据。

4.安全保密,减少压力

询问时,宜单独进行,并尽可能创造保密安全的客观条件,同时讲究交谈的方式、方法,营造知无不言、言无不尽的氛围。切忌使证人产生被审问的感觉。对于证人的隐私,应当为其保密。

5.顾及伤病,安抚情绪

向有伤病在身的证人或被害人取证时,要视其伤病情形适当进行。对处于病危或正在抢救的病人,应征得医生的同意,并尽量缩短询问时间或适当推迟。说话宜声音轻缓,态度宜耐心诚恳,照顾到证人的承受能力。

(二)询问不同心理的证人和被害人

1.对有恐惧心理害怕报复的证人和被害人

在询问时间、地点的选择上可以征求证人、被害人的意见确定,询问态度应温和;其人身和财产确实存在危险的,应采取切实有效的保护措施,同时应向证人、被害人作出严格保密的承诺。

2.对有抵触心理的证人和被害人

检察人员应真诚对待,以情动人,以理服人,尽力消除抵触情绪,以"拉家常"等形式表示真诚的愿望,待证人的抵触情绪化解之后再行询问。

3.对有恻隐心理或讲江湖义气的证人和被害人

应由浅入深地阐明利害,晓之以义,明之以理,因势利导,激发觉悟,如实出证。切忌以当面揭穿等简单方式造成询问气氛紧张,影响证人情绪和取证效果。

4.对有羞愧心理的证人和被害人

如是受害方,检察人员应要保持凝重神情,表现出对犯罪的愤慨,表明竭尽全力予以破(结)案的态度,并作出保密的承诺;如是犯罪嫌疑人亲友,要通过宣传法律、道义,启迪和唤醒其正义之心,对他们申明大义的行为及时给予鼓励,对痛心疾首悲伤者予以应有的同情,切不可将其置于对立地位。

(三) 询问不同类型的证人、被害人

1.询问儿童证人、被害人

询问时,可以有儿童的监护人在场。检察人员的态度应和蔼可亲,多使用儿童所熟悉的语言。一般应由女工作人员负责询问,使儿童产生产生安全感和信任感。

2.询问青少年证人、被害人

检察人员应充分尊重他们的人格和名誉,避免使用轻视和不信任的语言,对他们表现出的优点和热情态度应及时予以鼓励;同时,在矫正他们对犯罪嫌疑人的错误认识时,应多从正面加强教育引导。

3.询问女性证人、被害人

应尽量安排女工作人员与之接触。询问时,应注意其情绪变化,避免使用可能激怒情绪的提问方式。在她们激动时,不要以斥责的态度同其争吵;在证人处于怀孕期、哺乳期时,应考虑她们生理上的特点和实际情况,必要时可登门询问。

4.询问聋哑证人、被害人

检察人员应以真诚的态度,与之建立良好的心理接触,不歧视、不冷淡。以笔谈或通过通晓哑语手势的人与之交谈时,应耐心细致,切不可因为难以达到询问目的而激动、发火或以粗暴的态度对待证人。

5.询问眼盲证人、被害人

根据盲人所从事的职业和所受的教育的程度(这两个因素对于证人感知的准确程度有较大影响),采取不同的询问方式、方法,特别注意语言中不宜出现"瞎"的字眼,以礼貌的方式进行询问,避免触发盲人的自卑感。

三、勘验、检查的礼仪

(一)程序合法

检察人员对与犯罪有关的场所、物品、人身、尸体进行勘验或者检查时,应当持有勘查证,并邀请 2 名与案件无关的见证人在场。勘验、检查情况应制作笔录,由参加勘验、检查和见证人签名或盖章。

(二)尊重被检查对象人格

为确定被害人、犯罪嫌疑人的某项特征、伤害情况或者生理状态,检察人员进行检查时应态度平和,寻求对方合作,不作粗暴行为。检查妇女身体时,应由女工作人员或医师进行。

(三)进行侦查实验时,要严格依法

为查明案情进行侦查实验时,禁止一切足以造成危险、侮辱人格或有伤风化的行为。

四、搜查的礼仪

(一)场所、办公室、住宅区等搜查

1.进行必要宣传

搜查时应首先向当事人出示工作证和搜查证,一般应当身着检察制服或法警服。对当事人不理解或不愿配合的,应进行必要的宣传解释;对无理取闹、纠缠不清的,应向其阐明其将承担的法律后果。不宜简单粗暴,任意行事。

2.实行文明搜查

对已明确与案件无关的物件做到不乱翻、乱放、乱摆弄,经检查与案件无关的物品应放回原处,对易碎易损物品做到小心轻放,不给被搜查人家属或工作单位带来不必要的损失。

3.管好扣押物品

对扣押的物品应详细开具扣押物品清单,并由当事人或其家属和见证人签名。对扣押的物品应妥善保管,对有争议的物品,应向当事人申明"如与本案无关,会尽快发还"。

4.顾及被搜查场所年幼(未成年人)、体弱人员(家属)

搜查时尽量顾及体弱情况,作相应的解释,尤其要顾及年幼(未成年人)的身心健康,尽量带离搜查现场。

(二)人身搜查

1.专业人员进行

对被害人、犯罪嫌疑人进行人身检查,须由侦查人员进行,或在侦查人员的主持下,聘请具有职业资格证的医师严格依法进行,不得有侮辱被害人、犯罪嫌疑人的人格或其他侵犯其合法权益的行为。

2.征得被害人同意

对被害人进行人身检查,应征得其本人同意,如果被害人不同意检查,侦查人员应当耐心地进行说服教育,必要时,还可请其家属配合,做好被害人的思想工作,不得强制检查。

3.维护妇女权益

为了保护被害妇女或女性犯罪嫌疑人的合法权益，体现对妇女的特殊保护，检查妇女的身体应当由女侦查人员或女医生进行。

五、其他礼仪

在调取、扣押物证、书证和视听资料，查询、冻结存款、汇款，鉴定、防护、通缉时亦应注重程序合法，并及时取得相关单位、个人的协作，不可盛气凌人，要谨慎从事。

第六章
检察机关"窗口"礼仪

检察"窗口"是指检察机关为人民群众和当事人、律师等有关人员提供服务的保障部门,是检察机关与群众联系的桥梁和纽带,直接关系到检察机关的形象。因此,讲究检察"窗口"接待的礼仪,不仅是现阶段检察队伍建设的迫切需要,更是社会发展的需要,是建设有中国特色社会主义的法治的需要。凡直接与人民群众或当事人、律师等有关人员相接触的部门,都可称为检察"窗口"单位,主要有控审举报、监察、鉴定、案管的接待以及当事人、律师的接待等。

一、接待室的设置

检察"窗口"的接待室是人民群众与检察机关接触最多的地方,也是群众对检察机关的第一印象所在之处,其设置如何是检察机关对待人民群众的态度和感情的表现。如对之不予重视,条件简陋、长期应付、设施不全、拥挤狭小、环境脏、乱、差,必然使群众产生反感,如条件尚可,却无便民设施及接待内容指南、检务公开告示,也会让群众产生不方便和服务不到位的感觉;而把接待室当做服务和展示检察队伍形象的窗口,让办事群众享受到公平、公正、公开和便利的服务,就会使群众感受到检察机关"让人民满意"的真切愿望。

（一）设置合理

接待室附近应设有指示牌,便于找到,出入方便,有良好的采光照明,保持环境和室内整洁,布置整齐有序。信访和鉴定接待室一般不宜设置在人多显眼处,应符合办事群众的心理需求,设置在较偏僻的地方,但应在附近主要路口设置明显的指示牌。案件受理、信访和鉴定接待室应设置数间,尽量分开接待,以保护和尊重群众的隐私权。

（二）检务公开

接待室内应严格按照有关规定,实行检务公开。墙上应张贴、张挂醒目的与受理业务有关的法律政策条规、检务公开内容、办事指南等。接待窗口宜采用敞开式办公方式,实行办公透明化,尽量缩小与办事群众心理上的距离感。

（三）方便群众

接待室应有明显的指示标志,便于群众找到。同时设有供群众休息和使用的桌椅、纸张、笔墨等设施,并保持桌椅的清洁和笔墨、纸张的完好和有效。有条件的可设立专人值班（首席接待）,负责对办事群众的引导和查询。

（四）接受监督

接待室内应有对检察机关和检察人员的举报箱和意见簿。同时,建立专项管理制度,应由单位负责同志对每件举报和意见进行认真、及时的调查和处理,并向当事人反馈,为举报人保密。

二、检察机关"窗口"接待的一般礼仪

检察"窗口"接待的一般礼仪是指"窗口"接待检察人员应共同遵守的基本礼仪,也是"窗口"接待的基本原则和要求。通过一般礼仪的推行,有效地改变"四难"作风,树立检察机关的良好形象。

（一）检容严整

应严格按规定着装，同时佩带胸徽。从事鉴定等技术专业接待人员，可着专业服装（如白大褂等）。要精神饱满，举止端庄，严禁在接待室嬉笑打闹、吃零食。

（二）态度和蔼

接待检察人员应表情自然、诚恳，目光平视对方，认真听取对方的谈话，不摆架子、不耍威风。对老弱病残者，应主动搀扶就座，并予照顾。一切以方便群众为先。

（三）语言文明

必须使用礼貌用语，不讲粗话、脏话。语气谦和、客气，一般应为普通话。

（四）一视同仁

应本着公平、公正、公开的原则秉公办事。不因办事人的身份、地位、年龄、外貌而区别对待，生人熟人一样对待。

（五）不予争执

任何情况下，不得与群众发生争执。办事群众提出意见时，接待检察人员首先要虚心接受，属群众误解的，应虚心表态："对不起，是我没讲清楚"；确属工作有失误的，应立即向群众致歉。

（六）讲究效率

对群众的事情，如不属于检察工作管辖事宜要及时批转，不得推诿、搪塞，并耐心解释。

（七）申明权利

对接待及处理结果有异议的当事人，应耐心向其讲明其应有的权利、义务以及申请复议和相关救济的办法。

三、来访接待的礼仪

来访接待是检察机关实行保护群众权益和自我执法监督的特殊"窗口",其工作性质和接待对象决定了这一"窗口"的重要性和敏感性。因此,讲究来访接待礼仪显得十分必要。

（一）嘘寒问暖

接待的检察人员应主动招呼来访者入座,要面带微笑,说话和气,态度诚恳、谦虚。见面宜先作些寒暄,如家住何方、身体如何等,以缓解和打消来访人畏惧和对立的情绪。

（二）充分理解

要神情专注、认真耐心地听来访者的谈话,并做记录,以示重视和关心。对于某些情绪不稳或喋喋不休的来访者,接待检察人员应有充分的思想准备,可使用同情、理解性的语言予以沟通,辅以安慰,耐心引导,切忌产生厌烦情绪。

（三）适当提醒

接待时可先告知来访者讲述重点,无关紧要的情况尽可能少说或不说;谈话中可作必要提示,启发其讲出心里想说而又表达不清的话,如有必要,也可以让其写成书面材料反映;当其偏离话题时,可以婉转告诉来访者,因人员较多,请尽可能把问题讲得简洁明了,切忌采用生硬的方式或谈判的语气。

（四）委婉告知

须告知来访人查处结果或引导谈话时,宜采用商量的方式和口吻,认真征询来访者的意见,不要轻率表态,应思考后再作答复,并充分加以说明,切忌采用生硬的方式或谈判的语气。并应告知来访者听取答复的途径和方式。

（五）晓之以理

对态度比较极端、带有明显对立情绪或有闹事倾向的来访人,应保持以礼待人的气度,语言文明简洁,语气稳重、果断,说理透彻,措辞恰当完整。

（六）礼貌告辞

来访者告辞时,接待人员应起身相送。对年老体弱者应送至门外,对不熟悉交通线路者应设法查清告知。

四、处理来信的礼仪

（一）及时处理

收到群众来信都要及时拆阅,并及时履行工作程序,不得拖拉。重要来信,可先复函来信人告知信已收到,请耐心等待回音。

（二）必有回音

对群众来信要封封有着落,件件有回复。对信中所反映的情况和要求,要及时进行调查,或督促有关部门和人员落到实处、如将来信转交其他部门处理,应及时通知来信人转交的部门、来信的编号和如何去咨询等。回信措辞要礼貌谦逊。

（三）注意保密

群众的举报信件,不可让被举报人看到,调查时不能公开举报人的姓名、身份。在需要向举报人了解和反馈情况时,采用何种方式,约定什么地点,应征询举报人的意见。

五、接听举报电话的礼仪

（一）建立信誉

设立监督电话和举报电话,要利用多种形式进行广泛宣传,让群众了解监督、举报电话的号码和用途,便于群众有针对性地反映问题。

同时健全监督、举报电话的管理制度,使群众反映的问题得到及时、妥善的解决和处理。

（二）文明用语

在接听电话时,接听人应先自报"家门":"您好!这里是××检察举报中心电话。"然后礼貌地询问要反映的情况。如电话声音受到干扰或因对方语速的问题听不清楚,应客气地告诉对方。接听人不得使用生硬的语言、语气,如"喂!你是谁？"、"干什么？"等。当来电话人说完后,应表示感谢。

（三）认真负责

凡能够立即答复解决的问题均应立即答复解决；不能马上答复和解决的,也要做好电话记录,同时告知来电人再次联系的时间和方法,并表示抱歉。

六、检察鉴定礼仪

检察鉴定是为群众提供法律服务的部门,其接待"窗口"虽专业性较强,但接待礼仪仍是不可忽视的重要环节。

（一）主动招呼

作鉴定时,鉴定检察人员要略带微笑,声调平稳,主动招呼前来接受鉴定的人,使来者消除畏惧心理和不安情绪,以缩短双方距离。在鉴定过程中,鉴定检察人员应有明确表态:"请放心!我们一定会做出公正的鉴定,并尽快给予答复"等。

（二）谨言慎行

鉴定检察人员要保持服装的整洁,给对方以庄重感；工作中要严肃认真,一丝不苟,讲究效率,不得拖拉、推诿；语气宜慎重果断、肯定,不宜犹豫不决、似是而非,更不可带有嘲讽、轻蔑的态度和口吻。

（三）避嫌尊重

对女性被鉴定者鉴定时，应注意避嫌，对有自卑心理的女性被害人因涉及隐私而拒绝回答问题时，鉴定检察人员一般不宜硬性追问，应从感情上予以关切和同情。询问情况时，宜采用商量的口吻，如"好吗？"、"可以吗？"等，并应主动为对方提供联络的方法，嘱咐其可随时联系。

（四）保密承诺

对所有鉴定情况和结果实行严格保密，不向无关人员透露并应向每个被鉴定者作出明确的承诺，使其减轻思想负担和恐惧念头。对具有不信任或抵触心理的被鉴定者，宜以"拉家常"等方式表示接近和沟通的愿望，积极缓解对方的情绪，消除抵触心理。

（五）严肃公正

鉴定检察人员应向被鉴定人预先告知和随时强调鉴定的严肃性和客观公正性，以缓解和打消被鉴定者因经济利益和其他原因产生的过高期望心理。对其中有不当要求者，耐心做好思想疏通工作，劝导其尊重事实，相信组织、法律，相信科学，相信检察机关。

七、律师接待礼仪

律师接待是检察工作应注重的一个重要侧面，涉及自侦案件侦查、批捕、公诉阶段和刑事案件的批捕、公诉阶段，直接关系到律师界对检察机关形象的评价，是讲究礼仪的一个重要环节。

（一）态度端正

接待律师时，不能有律师是与检察工作相对立的错误认识，要本着律师是从法律上维护当事人、犯罪嫌疑人和被害人合法权益的心理为律师工作提供相应的便利，不拖拉、不刁难、不推诿，讲求效率。

（二）尊重法律

接待律师时，应严格按照刑事诉讼法中相应规定，为律师开展工作提供应有的帮助,不得以其他理由阻碍律师开展工作,如律师查阅、摘抄、复制案件诉讼文书、技术性鉴定材料等。

(三)有理有节

个别不理解、违反相关规定和法律、态度不好的律师,应晓之以理,不亢不卑,讲清楚相关法律规定。如果是检察方面工作不到位的缘故,要尽量做好解释工作或主动道歉,不与其争执。

第七章
检察人员出庭公诉礼仪

出庭公诉礼仪指检察人员在代表国家出庭指控、揭露犯罪，履行监督职能过程中应具备的礼仪。公诉人在出庭过程中应时时处处注意自己的言行举止和精神面貌，养成讲求礼仪和尊重他人的习惯。公诉人形象的好坏，直接影响到检察机关的形象，因而，讲究礼仪在公诉人出庭时显得尤为重要。

一、庭前准备

"事实胜于雄辩"，再好的辩才也不如事实更具有说服力。案件是整个庭审活动的主题，案情是中心，法庭调查、法庭辩论无不围绕案情以及与之相关的证据及法律，可谓万变不离其"案"，因此要想出庭时成竹在胸，必须尊重事实，吃透案情，庭前做好充分准备，不打无准备之战。如果庭前准备工作不充分，势必造成公诉人在庭审中漏洞百出、穷于应付，被辩护人甚至被告人置于被动、尴尬局面，影响检察机关的形象。

（一）认真阅卷，全面复核证据，准确认定案件事实情节

自案件移送审查起诉之日起，经办检察人员应认真审阅案卷，全面深入地了解、熟悉案情，才能深入了解、吃透案情。庭前准备中能否认真阅卷，能否在阅卷中发现问题，解决问题，全面把握案件的基本证据和基本事实，直接影响出庭工作质量。

犯罪事实情节必须有证据予以证明,新的庭审方式使控辩双方处于平等的诉讼地位,根据"谁主张,谁举证"的诉讼原则,控辩双方又都极力获取于己有利的证据材料。与案件被告人有利害关系的证人、证言又容易出现虚假成分。这就要求公诉人在庭前准备工作中,严把证据关,从证据的"三性"上全面复核证据,注意复核与案件当事人有利害关系的证人证言,避免和防止出现伪证和变证,利用各种合法手段固定真实证据。在法庭上,让事实和证据说话,是树立良好公诉人形象的前提。

(二)精心制作法律文书,搞好庭前预测

出庭中使用的法律文书主要包括起诉书和公诉意见书,因为整个法庭调查都紧紧围绕起诉书所指控的犯罪事实进行,起诉书必须经得起法庭调查、检验,起诉书的质量也直接反映出检察人员的工作态度。起诉书的制作应做到叙事清楚、扼要,引用法律准确无误,文字力求言简意赅。起诉书如果错别字不断,语法不通,无疑会有损于检察机关形象。公诉意见书一般是运用证据对犯罪构成进行详细论证,揭示犯罪根源,进行适当的法律宣传。所以,出庭公诉人在发表公诉意见时措辞要准确,不使用过激或侮辱性语言。此外,还必须就庭审中讯问、举证、辩论提纲作相应的准备。

古人云:"知己知彼,百战不贻。"庭前预测就是在"知己"的基础上预测被告人在庭上的心理状态,是否会出现翻供情况,辩护人是否会提出新的证据,会提出什么问题等,从而做到"知彼"。

(三)积极依法履行诉讼义务

在审查起诉阶段,对刑事诉讼法规定的告知义务,充分保护诉讼当事人行使辩护权等,检察人员应及时、积极地履行,并耐心、细致、认真听取当事人的意见,在法律允许范围内尽量提供帮助。此外,亦应根据刑事诉讼法的规定为律师会见、查阅、摘抄、复印相关诉讼文书和技术性鉴定材料提供相应的便利。

二、庭审礼仪

出庭公诉人在法庭上首要任务自然是揭露犯罪、证实犯罪,但良好的精神风貌,得体大方的仪容仪表都是整个公诉形象不可缺少的组成部分,出庭公诉人在法庭审理中应注意以下问题:

(一)衣着整洁,规范大方

公诉人出庭时应注意保持头发整洁,不染发、不留任何怪异的发型;应保持面部整洁;着装应根据季节分别着夏季制服、春秋季制服或冬季制服,着西装制服时应内配制服衬衫和领带,而不能随意搭配,要配戴检徽且位置要准确。同时,女性公诉人不得化浓妆、戴首饰;男性不得蓄须。

(二)遵守法庭纪律

出庭公诉人员要按照法院确定的开庭时间、地点准时到庭,不得以任何理由迟到,在法庭审理过程中,公诉人员不得随意走动或离开法庭,即使在多人出庭公诉时,任何一人也不得随意提前退席。

庭审中,要关闭手机等通讯工具。

出庭公诉人在法庭上要依法尊重审判长主持,征得法庭允许才可发言,不得随意与审判人员在法庭上开玩笑。

(三)言语得体,姿态端正

出庭公诉人员要精神饱满,坐姿端正,不得随意扭动身体或出现挖鼻子、擤鼻涕、抓头、揉眼、搔脸等不雅动作。在审判长、辩护人、被告人及其他诉讼参与人发言时,要认真听取,不得随意交头接耳,眼睛要看对方时,应尽量抬头平视、正视,不得低头斜视或用斜光扫视。

公诉人在庭上发言声音要响亮、清晰。普通话咬字准确,要充分注意用语规范,尽量使用通俗规范语言,发问简洁明了,语气要严肃、有力但不能有辱骂、讽刺、挖苦、威逼的语言,还要忌用假设性、推测性、诱导性、模糊性等没有事实依据的用语。如果辩护人或被告人在法庭上出现明显错误观点或过激语言甚至侮辱公诉人人格,出庭公诉人当庭应及时提出反对意见,但切不可以牙还牙当庭争吵甚至面红耳赤,而要不亢不卑、义正词严,有理有节地予以反驳,特别要注意的是,要区别不同对象使用不同语气,比如针对辩护人诱导性发问,可作如下表述:"审判长,辩护人的发问对被告人有强烈地诱导(或暗示)性倾向,企图产生误导,请法庭制止(或注意)。"但是,对被告人,公诉人不宜使用"好吗"等祈求性语气。

此外,公诉人在法庭上发言时尽量不用体态语言,更不能用不适当的手势或动作,如用手指戳对方、耸肩等。

第八章
公务礼仪

公务礼仪是指在公务活动中应遵循的礼貌礼节。它对于更好地明确和理顺各种工作关系,提高工作效率具有十分重要的意义,是检察队伍规范化建设的重要内容之一。

一、公文礼仪

检察机关的公务文书具有严肃的政策性和法律性、高度的机密性、紧迫的时间性以及严格的格式等特点,起到推动检察工作、实施法律、宣传政策、记录历史和资料考证等作用,公务文书在公务往来中,代表着检察机关的形象。

(一)公务行文中的礼仪特点

1.政治性

不论是表达意图、传送信息,还是联系业务、记录凭证,撰写公务文书的主旨都必须站在党和国家利益的立场上, 以党的路线方针政策为依据,为社会主义经济建设服务,为人民服务,对社会公众负责。检察机关代表国家行使法律监督职能,因此检察机关的公文礼仪有着鲜明的政治性。

2.有效性

检察机关在策划拟写公务文书时多必须考虑到它所要起的作用和对社会的影响,否则公文就失去了意义,难以达到预期的目的。在公务行文中,要注意行文对象的身份、地位、级别、场合以及民俗、习惯、语言等,从礼仪角度考虑其有效性。

3.时间性

检察机关的公务文书是为了解决实际问题或为预防和解决将要出现的问题而制作的。传出的信息是否及时，对能否解决这些问题至关重要。写得及时，发得及时，不拖拖拉拉，不放马后炮，是讲究公文礼仪的标志之一。

4. 定向性

检察机关的公务文书都以特定的传递对象为中心，以切实沟通和协调为目的。因此，它的格式、文字及内容均为定向表述。从礼仪角度讲，根据制发对象(上行、下行、平行关系)的不同，采用不同的称谓、语气、格式、风格和内容，以便使对方意识到此文"专为我发"，从而能以负责的态度予以受理，或由于印象深刻，兴趣浓厚而愿意接纳，乐意办理。这样，公务文书在办理和解决实质性问题时就有了良好的开端:为树立良好的检察形象打下基础。

5.规范性

公文作为信息传播的重要载体，其礼仪规范对社会组织存在着潜在的影响。因此，规范、严格的文书格式能有助于树立良好的行业形象。检察机关的文书具有较强的权威性和指导性。其格式也具有较强的规范性。各单位应严格按照国家有关部门的法规、规章、标准等对其加以规范。规范的公文格式有利于维护公文的严肃性，有利于阅读、传递与处理，有利于应用各种现代化信息技术进行管理。

6.法律性

由于检察机关的公文礼仪有其特有的政策性和严肃性，这就使得检察机关的公务文书在行使时，是否做到公文制作规范、审查严格、传送及时和表意明确变得尤为重要。正是因为这一重要特性，才赋予其鲜明的法律性,这也是规范公务礼仪程序,树立检察机关影响力和威信力的重要条件之一。

(二)行文关系礼仪

公务文书按行文方向可分为上行公文、下行公文和平行公文三种。上行公文是下级检察机关向上级领导机关报告情况或者要求对某项工作或问题作出指示、给予答复及审核批准时使用的公文,如报告、请示等;下行公文是上级检察机关处理各种事务时向其下属机关使用的公文,如决定、指示、命令等;平行公文是平行或不相隶属的机关之间用于沟通的文书,如函、通知等。

1.上行公文的礼仪要求

在无特殊情况下,下级检察机关一般应按照直接的隶属关系进行请示、报告,不要越级行文。如遇紧急事宜必须紧急报告时,可同时越级抄报上级机关。

公文中的内容要符合客观实际。对公文中的数据应认真核实;供上级检察机关参考的解决问题的意见,应具体明确。在上行公文中,检察机关可以具体提出对上级的请求,可以为上级献计献策,但不能有要挟的言辞。

上行公文的文字应庄严郑重,朴实无华,简明扼要。减少可有可无的字、句、段,删除空话、套话。

2.下行公文的礼仪要求

要树立"尊重下级"的观念,对于下级检察机关的请示,尤其是希望尽快批复、限时批复的公文,主管上级机关应根据政策规定和实际情况,予以及时、准确的批复,不能拖着不批或推诿敷衍,更不能随便丢弃。

应严格执行有关规定,准确使用公文文种。如不能把适宜"指示"、"通知"的文件,用"决定"的文件去表述、下发。未经会议讨论通过并要求下级机关贯彻执行的事项,不能擅自使用"决议"的名称。对所有决定的问题,都要作出不容置疑的结论式的判断和决策,送交给受文者照章执行,不容违反。

3.平行公文的礼仪的要求

同级检察机关(包括外地)的公文往来一般应在标题上用"请协助(商)"之类的字样,如:"关于请求协助调查××的函"。与其他行业、部门的公文往来,应充分说明发文理由和意图,语气宜谦恭,语言要严谨,文式、语句应简洁明了。

二、会议礼仪

会务活动在检察机关中十分常见,它有着常用的基本礼仪,也因会议的形式不同而有着各自独特的礼仪。这些礼仪是举行会议不可缺少的环节,对确保会议的正常进行起着积极的作用。

(一)会议通用礼仪

1.精简会议,不开长会

坚持少开会、开短会是尊重他人的表现。可开可不开的会尽量不开,可有可无的内容尽量剔除,会议程序宜去繁就简,主席台人员也应尽量压缩,不宜将平衡关系、照顾全面的观点带进会议中。

2.把握中心,顾全整体

会议所安排的程序内容应紧紧围绕主题进行。一般情况下,内容不宜过多,以免喧宾夺主,使与会者备而无防。开会的时间地点也应考虑周全,从顾全大局的角度确定,并注意与当时当地的重大活动错开,以免打扰和影响其他重大活动的正常进行。

3.通知详细,不宜更改

应采用有效的方法及时发出通知,保证与会者有效充裕的时间。通知的内容包括:会议名称、主要内容、时间地点、着装要求、需带材料和物品等。通知事项应详尽具体,如地点除名称外,应有详细地址路线,因会议食宿安排发生的费用等,也应在通知中明确告知。

4.安排周到,提供方便

会场的大小,要根据会议内容和参加者人数而定,不能因估计不足而造成拥堵。如果会场不易寻找,应在会场门口及附近各路口设置会议路标以作指引。会场的布置也要和会议的内容相称。会场音响(录音录像)应事先调试妥当并确保整个会程有人监控。

会议有关材料应预先准备齐全,发放时不宜漏人。其他诸如食宿安排、活动程序等会议事项均应事先准备,既照顾大多数,也应考虑到少数人的方便,如饮食上应为特殊习惯者单独安排,住、行上应为老同志提供便利条件等。会场应安排有联络人员,负责处理各种临时情况。

5.座次讲究,不应随意坐

较为大型的会议通常应安排席卡,其颜色、规格、字体应统一。主席台的排列,以面向台下来看,当主席台人数为单数时,1号人员居中,2号人员在1号人员左手位置,3号人员在1号人员右手位置,依次类推。当主席台人数为双数时,1号人员在中心点偏右的位置,2号人员在中心点偏左的位置,即1号、2号人员之间的中心点即为主席台的中心点,3号人员在1号人员右手位置,4号人员在2号人员左手位置,依次类推。如果发言席设在主席台上,一般位于台上最右侧,主持人席在发言席的左侧;如在主席台外另设发言席,则主持人席设在主席台的最右侧;有时主持人也设在主席台的中央。

发言人席　　　主持人席　　　5　3　1　2　4　6　7

主　席　台

（二）与会者礼仪

1.主持人

会议主持人把握会议中心、贯穿会议全局,一般都由具有一定职位的人来担任,因此一举一动应注意符合身份。其表情应庄重、严肃、大方,一般落座后遇见熟人不再寒暄闲谈;坐姿要端正,对正前方,腰宜挺,颈宜直,目视全场;步姿应自信、自然,步幅适中。整个会程应避免抓头、揉眼、搔脸、抖腿等不雅观的动作出现。

会议主持人的言谈要根据不同的会议气氛或庄重、或喜悦、或轻松、或幽默,并善于调节、控制会议气氛和议题,如出现僵局或冷场时要及时引导。不要以动作、表情或语言等对不同意见者表示不满。

2.主席台就座者及发言人

主席台上的就座者在进入主席台时,要井然有序。与会者向他们鼓掌致意时,主席台就座者应微笑以鼓掌作答。在会议进行时,主席台就座者要注意倾听发言人的发言,而不应与主席台上的其他就座者长时间交头接耳,若有重要或紧急事情须提前离开会场时,应与会议主持人打了招呼,在征得主持人同意后再离席。

发言人或报告人应注意仪容仪表、行为举止,这是尊重听众的具体表现。在走向发言人席位时,步伐应稳健。发言时先敬礼,发言中如遇鼓掌应微笑鼓掌或敬礼作答,待掌声静落,再继续发言。一般应说普通话,并掌握好讲话的节奏、声调、音量与语气。发言或报告结束时,应向所有在场人员表示感谢。

3.参会人员

参加会议的所有人员首先应做到准时入场，若规定着检察服装时,应规范着装。若着便装,也应注意衣着整洁,仪表大方。在会议发言人发言时,要认真倾听,并做好记录,不可与他人交头接耳。发言人开始或结束发言时应鼓掌致意,以示尊重。在会议进行时如需短暂离开会场,应轻手轻脚不致影响别人。如需提前离会,应向有关人员说明原委,并表示歉意,征得同意后方可离开。

4.采访人员

检察宣传、调研或技术部门为进行新闻报道或工作需要对会议进行采访时,应注意尽量减少对会议的影响和干扰。摄影、摄像动作宜简捷、迅速,谨慎从事,说话不宜大声和过多,行为不可张扬过度。对人物的采访应在主要活动(发言)结束后,征得本人的同意方可进行。

(三)各类会议的特殊礼仪

1.工作会议

工作会议是检察机关经常召开的一种会议,它是不同方面的人聚集在一起共同商量、讨论,为达成共识,得出统一结论而召开的会议。工作会议的礼仪主要有:

(1)会议通知应阐明目的

工作会议的通知中应写明会议的目的，以便对方慎重选择会议参加者。如有必要,还应写明会议中计划讨论的事项,以便会议参加者准备资料。

(2)会场安排必须集中

工作会议主要是为讨论工作而召开的,会场如果过大,就不易集中与会者的注意力,甚至会在开大会的同时开起"小会"来。一般来说,工作会议的会场座位安排宜采用圆桌型或椭圆型,使会议的主要参加者围桌而坐,这样有助于提高会议的效率。

(3)尊重与会者的意见

在工作会议的进程中,有时会碰到需要裁决的问题。"少数服从多数"的民主集中制原则固然必须遵循,但对少数人的意见也应予以尊重。在裁决中如能注意到有不同意见存在的事实,有助于将裁决考虑得更加周全。

2.例会

例会是检察机关制度化的一种会议。在一般情况下,它固定开会时间和开会地点,也固定参加者。如检察长办公会。例会的内容往往既讨论工作,又传递信息。例会的礼仪主要有:

(1)与会者都应准时参加

例会是制度化了的会议,会议参加者都应该准时赴会。如遇到特殊情况不能赴会,应事先请假。对例会的主持者来说,如有特殊情况需要取消或者推迟会议,更应事先通知有关人员,以免徒劳往返,浪费时间。

(2)会议室的安排要紧凑

通常用圆桌或长桌,与会者围桌而坐,显得相对集中、紧凑。如果人数较多,可以在会议室四周加入一圈椅子或沙发,中间留有通道。这样可以为会议参加者发言或倾听别人的发言提供方便。

(3)会议简短,议题明确

"短小精悍"是例会的基本风格。每一个与会者发言时应一个接一个,不要冷场,讨论工作时也应议题集中,抓住实质性的问题。切忌把例会开成"马拉松"式的长会。

3.报告会

报告会是检察机关邀请领导干部、专家学者或有关人员就专题报告的会议。较常见的有形势报告会、学术理论报告会、劳模或英模报告会等。作报告者通常为一人，有时也可以是多人。报告会的礼仪主要有：

（1）选准报告人

举行某种专题的报告会，应邀请在某个方面有专门研究或有独到见解的人作为报告者，这样既能让报告者欣然接受，不勉为其难，又能使倾听者有所收获。报告会之前，举办者还应把参加报告会的检察人员情况和时间要求等简要地向报告人作介绍，使报告人事先了解现场概况，以更好地作好报告。如有可能，应派车接送报告人。

（2）安排好会场

让报告人单独坐在台上是不礼貌的，会议主持者也应在主席台上作陪，一般坐在报告人的右侧。报告人作报告时，主持人也应认真倾听，而不能在期间翻看书报、文件，不能显露出疲惫、焦灼等神情。如需将报告录音，必须事先征得报告人的同意。报告会的参加人数不限，但不能太少，座位排成"教室型"。

（3）注意"对话"方式

有的报告会，听报告人与作报告人可以进行对话，此时，听众应井然有序地提问或递交纸条，而不应争先恐后，一哄而起。问题尖锐无妨，措辞却要婉转。

4.座谈会

座谈会是检察机关邀请有关人员交谈讨论某一专题的会议。座谈内容可以是就一个专门问题收集反映，也可以请一些专门人员发表看法。座谈会的参加者，可以是多种层次的人，也可以是某一方面的人员。召开座谈会的礼仪主要有：

(1)会议通知至少提前 3 天

座谈会的内容应提前通知参加人，以便其提早准备。如果是用电话通知，最好应找到参加者本人，并告知其详细内容；通知单位或他人转告时，也应把要点详细讲明，以免会议参加者不知为何而来。

(2)积极创造平等和谐的气氛

会议主持人的座位不宜太显眼，而应与其他人员围圈而坐。如果会议参加者与主持人互不熟悉，主持人最好先做自我介绍，然后请参加者做自我介绍，以融洽会议气氛。主持人应首先明确会议宗旨，以便会议参加者在临场前尚能思考。如果开始时有些冷场，主持人可引导大家从稍远处或外围谈起，待气氛活跃后再逐步靠近座谈主题。

(3)鼓励插话和争论

平等、轻松是座谈会的基本风格，与会者可以你一言我一语，真正做到知无不言、言无不尽，在轻松愉快的气氛中，了解真正需求的内容，从而达到座谈的目的。主持人作为会议的核心人物，应善于引导气氛，保持谦逊的态度，切忌将自己凌驾于他人之上。

5.经验交流会

经验交流会是检察机关邀请工作或学习上有突出成绩的集体和个人，介绍其经验的会议。经验交流会上，发言的人数可稍微多一些。如果让少数人唱主角，则与报告会相差无几。召开经验交流会的礼仪主要有：

(1)选择不同的交流角度

发言人的发言主题应各有侧重，注意不要出现雷同的现象，否则就会显得重复累赘。因此，举办经验交流会之前必须摸清情况，选好典型，然后与发言人一起商议发言角度和提纲，尽可能使每个发言都各具特色。

（2）造成"见贤思齐"的气氛

在经验交流会上发言人一般都应安排在主席台上就座。会议开始时，主持人应对发言人的身份逐一进行介绍。每个发言人进行发言之前，主持人应先通报发言人的发言题目，并引导与会者报以热烈的掌声，还可以提纲挈领地谈一些向先进集体或个人学习的要求等。

（3）适当安排互相交流

会议结束后，主持人可安排一小段时间，组织经验交流者们相互见面，互通情况。这样既是对他们的一种尊重，也能促进他们取长补短，互相借鉴学习。

6.庆祝表彰会

庆祝会一般是为庆祝某项工作或某个节目而召开的；表彰会是表彰某个人或一批人，或某个集体或一批集体而召开的。召开庆祝表彰会的礼仪主要有：

（1）会场布置体现气氛

会场环境的布置应体现热烈、隆重、欢快的气氛。会场大小要与参会人数大体相称，会场上可张贴标语多悬挂彩旗，并播放欢快轻松的音乐。

（2）做好迎送接待工作

对上级领导或被表彰人员要热情、妥善地迎送。如有贵宾参加，可在会议室旁边专门设置接待休息室，并由专人引导以作会前的休息交流。当被表彰人走上主席台时，会场内可播放欢快的进行曲，全体与会人员要报以热烈的掌声。会议结束后，应让领导同志先退场。

（3）会议发言短小精悍

在安排发言时，要注意其中的节奏，最好是一个接一个，一浪高过一浪，不要造成冷场。当一个发言结束时，主持人要引导与会人员热烈鼓掌，这既是对发言人的尊重,也是为了进一步渲染、烘托会议的欢乐气氛。

(4)内容安排突出主题

会议上应有祝辞或宣读表彰决定、表彰人员(单位)名单等。表彰时先由领导宣布表彰决定,宣读时应注意口齿清楚,声音宏亮,语调欢快,符合整个会场的热烈气氛。被表彰人员上台领奖时,应向颁奖人行鞠躬礼,如着制服应敬礼,并握手。颁奖后应面向台下听众微笑致意。

7.新闻发布会

新闻发布会又称记者招待会,是检察机关邀请各新闻媒介的记者参加,公布有关消息或情况,并通过记者向社会公众进一步传播信息的活动形式。新闻发布会的礼仪主要有:

(1)新闻价值和时机选择恰当

举办新闻发布会首先要确定某一消息是否具有专门召集记者前来予以报道的新闻价值;其次是确认这项新闻是否必须在现时发布,应选择最佳时机。

(2)发言人选择合适

主要发言人应该具有一定权威的人物,因为只有他才能准确回答有关的重大问题。主要发言人头脑应机敏,口齿要清楚,具有较强的口头表达能力。另外,对某一消息发布到何种程度,应先在内部取得统一,意见不一致会引起记者的反感,甚至导致报道失误。

(3)主持人的技巧

新闻发布会的主持人要尊重所有记者的提问,并应平等相待,不能用任何动作、表情或语气阻止记者发言。主持人又要切实把握主题的范围,引导记者深入提问,避免重复的提问和回答。主持人的措辞要典雅而有力量,风趣而不失庄重。

三、日常工作礼仪

日常工作礼仪主要有：工作秩序、上下级之间汇报与听取汇报、陪同首长视察、驾驶警车执行公务以及使用电话进行公务往来等。这些日常公务中的事宜，是检察机关工作作风的具体体现。它潜移默化地影响着整个工作氛围，是公务礼仪的重要基础。

（一）工作秩序

良好的工作秩序是检察工作正常高效运转的重要保障，它包括环境卫生、劳动纪律、检察人员间的协调一致等。

要注意美化工作场所的环境卫生，保持办公室的优雅、整洁、干净、办公用品整齐有序、不堆放无关物品，不能乱吐痰、乱倒茶水、乱丢烟蒂。不斜倚或坐在办公桌上，更不应该把脚放在办公桌上。注意个人卫生，保持仪容、仪表整洁、大方、庄重。

每天上下班要自觉接受考勤，不迟到、不早退或中途脱岗。办公时间不打瞌睡、打牌、下棋、吃零食；不准看与工作无关的书刊杂志以及大声喧哗打闹；不无故串门、聊天或做其他私事。如果有私人性的来访，要注意尽量缩短时间。

检察人员之间应相互尊重、相互协助、相互支持，同心协力。自己份内的工作不要推给别人，需要求助时应看对方的具体情况，并以请求的态度和对方商量。要主动真诚地帮助别人，并主动承担责任不明确的各项任务。

（二）汇报工作

下级向上级汇报工作时应按约定的时间到达。过早抵达，会使上级因准备未毕而难堪；迟迟不到，则又会让上级等候过久而失礼。当到达上级的办公室后，应轻轻敲门，待听到上级招呼后再进门。汇报工作时要注意自己的举止，做到站有站相，坐有坐相，文雅大方，彬彬有礼。

汇报工作应实事求是,有喜报喜,有忧报忧。要中心明确,要点突出,不宜长篇大论。不宜把汇报工作看成是"诉苦"的机会,琐事、家事一股脑端出来。

通常情况下,结束汇报应由上级提出,上级未作结束表示前,下级不可频繁看表、打呵欠,以示焦急或不耐烦。下级告辞时,如有可能,应顺手把茶具或桌椅等摆正或做适当处理。

(三)听取汇报

上级检察机关或领导同志听取下级汇报时应遵守约定时间,如有可能则应稍微提前一点,并作好准备。汇报人到达后,应及时招呼其进门入座,并泡茶招待;不可居高临下,盛气凌人,摆官架子。

听取下级汇报时,应与之目光交流,配之以点头等表示自己认真倾听的体态动作,对汇报中不甚清楚的问题可以及时要求汇报者重复、解释,也可以适当提问,但要注意所提的问题要合乎逻辑,不至于打断对方汇报的思路。

听取汇报时不要有频繁看表或打呵欠等不礼貌的行为出现。要求下级结束汇报时可以直接告诉对方。但不宜粗暴打断。下级告辞时,应起身相送。

(四)陪同视察

接待首长视察时,作为陪同人员,应注意一定的礼节。一般两人同行时,以前者、左者为尊;三人同行时,并行以中者为尊,前后行时,以前者为尊。进门、上车时,应让尊者先行;上楼时尊者在前;下楼时则相反。乘坐轿车时,低位者应让尊者由右边上车,然后自己再从车后绕到左边上车或在前排座位就坐。在室内,以朝南或对门的座位为尊位。乘电梯时,陪同人员先走一步按下电梯按钮,一手挡住电梯门一侧,待尊者进入后,自己再进入。如果客人或上级人数很多,则应自己先进去按住按钮以便领导同志从容而进。电梯进门左侧为上,要主动留给客人或上级。

领导视察工作时可能对该处的环境并不熟悉,此时陪同人员应很好地起到引领的作用。引领时应稍侧身走在领导侧前方,与领导保持两三步距离,并适时以手示意(掌心向上),一面交谈,另一面配合领导的脚步,切忌独自在前,背对着领导。

(五)驾驶警车

检察人员驾驶豫 D×× 警字牌照执行公务或外出办事,在一定程度上代表着检察机关的形象。因此,驾、乘警车的人员应注意一定的礼节。

除执行公务时可以使用警灯、警报器外,一般情况下,只使用警灯。需要时,可断续使用警报器;两辆以上警车列队行驶时,前车如使用警报器,后车不应再使用;在禁鸣警报器的道路或区域,不得使用警报器。同时,不要任意超车、抢道、开"威风车",不要随处乱停放车辆,更不要利用特权违反交通规则。尤其要严禁酒后驾车。

(六)电话礼仪

1.向外打电话

为了提高通话效率,向外打电话时,首先要清理通话的内容和要点,做到胸有成竹。电话接通后,打电话的人应当首先问一声"您好",然后自报家门。

如果拨错了电话号码或发生串线,应向对方表示歉意。需要对方转接或传呼某人时,应注意措辞,并适时道谢。如"请(麻烦)您转××处","请(麻烦)您叫一下×××"。对方帮你去找人时,话筒不应离开耳边,更不应与别人高声谈笑,以免导致受话人频频呼叫却不知晓。通话结束时,应道声"再见"。

给领导同志打电话时,应从尊重领导的角度考虑,如果与领导在同层楼办公或与领导办公室距离很近时,尽量不要用电话联系,应直接当面请示或汇报工作。打电话时要称呼领导职务,然后通报自己的部门、职务和姓名。要把需要请示或汇报的内容简洁、准确地说明。领导的指示或意见应记录准确、全面,通话结束后,应主动询问领导还有什么指示或要求,并主动说再见。通话完毕后应待领导放下电话后自己再挂上电话。

给下级打电话时,态度要谦和,不要居高临下打官腔。重要事项的通知应记录受话单位受话人的姓名、职务和部门,以便日后查询。

2.接听电话

听到电话铃声后,应尽量在铃响三次内接听。拿起听筒应首先问声"您好",随即报出单位名称。如果对方询问姓名,应耐心地予以回答。对于对方询问之事也应尽量给予详尽的答复。如果对方要找的人不在,应礼貌地告诉对方并可适当询问"请问您有什么事要转告吗"。如有,则应认真记录,并尽可能复述一遍,以确保无误,最后说声"再见"。

接到打错了的电话,态度要友好,应礼貌地告诉对方,这里不是其要找的单位或号码,请他重拨,不应不加解释地将电话挂断。如有可能,可帮助对方将电话转接至他所要的部门。

接到领导电话,应主动说出自己的部门、职务和姓名。领导如果找本部门负责人通话,要迅速通知,并请领导稍等。如果本部门负责人不在,要请示领导能否转达,如领导同意,要将领导发话内容认真记录下来,以便向本部门领导转达。最后应主动询问领导还有什么要求,待领导放下电话后再挂上电话。

接到下级检察机关打来的电话,要主动询问下级单位名称、检察人员姓名。属于业务工作常规报告的,应认真登记在固定登记簿上。

接听电话,要善于处理电话内容和有关事项。无论是上级领导还是基层单位打来的电话,许多是要求报告单位领导的,不能接一次电话就报告一次,以尽量不要打断领导办公为宜。具体办事人员,可根据情况汇总报告,但重大或紧急事项不能压下不报,更不能擅自处理。

对通话的时间较长、通话内容复杂的电话多应将电话内容认真记录在专门簿册上。电话内容的五个要素有:来电时间(年、月、日、时、分),来话人姓名,单位及职务,电话号码,来话内容(时间、地点、人物、事项或需要解决的主要问题)。另外如有初步结果的,要记录领导意见和处理情况,最后记录人署名。

(七)使用名片

名片一般在初次见面时使用。通常情况下应当是职位低的将名片双手递给职位高的;年轻的先递给年长的;客人先递给主人。名片应放置于伸手可取的位置,以便于必要时立即取出。赠送名片时,一般以左手持名片夹,右手取出自己的名片再双手递给对方,要把名片上的字体正对接受者,还可附上"请多指教"、"请多关照"等礼貌用语。收受名片者也应双手接过,并说声."谢谢",将名片的内容浏览一遍后妥善放入自己的名片夹或包内,也可暂置案前,以便继续交谈。

名片应注意不要胡乱散发或逢人便要,也不要把对方的名片放在臀部后面的口袋里,因为名片是个人身份的象征,应像对待主人一样尊敬和爱惜它。

第九章
公务接待礼仪

近年来,随着改革开放的发展和汝州市地位的提高,前来视察、参观汝州检察工作的各级领导及兄弟单位的同行也增多,正式接待任务日益繁重,这就对我们的接待工作提出了更高的要求。如何能在迎送、会见、会谈、签字等活动中做到工作得体、安排妥当,掌握必要的接待礼仪,已成为不可缺少的重要环节。本章所涉座席安排均按国际以右为尊,国内以左为尊来阐述,实践中大都以国际标准来操作。

一、迎 送

(一)迎送前的准备

迎接来访的代表团,应事先了解对方的来访目的与要求,要确定来访人员的姓名、性别、年龄、身份、人数、职务、级别等,并以此确定迎送规格,安排相应的接待人员和住宿环境。一般来说,对上级检察机关主要领导同志的到来,单位的主要负责人应亲自出面迎送和陪同;兄弟检察机关负责同志的到来,单位的对口副职应出面陪同。食宿安排应按照政府财政部门的专门规定执行,根据其级别作相应的安排,规格既不宜过高,也不要过低。

为了提前安排食宿和交通工具,应准确掌握客人所乘交通工具的抵、离时间。

（二）迎送中的具体事项

去机场、车站、码头接送的人员，其职务可比对方低一级，同级领导可在宾馆、招待所迎候。迎候人员应在客人抵达之前到达机场、车站或码头，不能出现让客人等候的现象。如由于气候条件等其他意外原因，客人不能如期按时抵达时，作为主人也应保证在客人抵达之前到达迎接地点。如果客人是首次前来，互不认识，接待人员可事先指定迎接所带的标志，如小旗或牌子等，让客人容易看到，以便主动前来接洽。

在客人到达后，迎接的领导应上前握手，互致问候。相互介绍时，通常先由主人将前来欢迎的人——介绍给客人，再由客人向主人介绍随行人员。安排接待人员时，应考虑周到，以相对固定为好，切忌随意更换，以免客人感到不便。

接待人员应及时将客人住宿的宾馆（招待所）名称、地址、电话等联系卡发到每个人的手中。或通过对方的联络秘书传达，以便让客人心中有数。迎接身份高的客人，要事先在迎送地点安排贵宾休息室，客人抵达后，应稍作休息，再开展其他活动。

客人离开时，主人可到住地或机场（车站、码头）送行。直接去机场（车站、码头）送行时，应在客人登机（车、船）之前抵达，而且要留出足够的时间保证客人办理有关手续。

二、会见、会谈、签字

（一）会见、会谈的形成

会见是指为了一定的目的而进行的约会、见面。会见的内容有礼节性的、政治性的、事务性的，或兼而有之。礼节性的会见时间较短，话题较为广泛；政治性会见一般涉及社会局势等重大问题；事务性会见则一般为业务商谈、交流等。从礼节上考虑，一般根据来访者的身份和来访目的，安排相应的领导人和部门负责人接见;来访者亦可根据访问目的、身份和业务性质,主动提出拜会某些领导人和部门负责人。这些会见一般属于礼节性会见,如属政治性和事务性的会见,一般都安排相应的会谈。

会谈是指双方或多方对某些比较重大的共同关心的问题交换意见,如业务建设、队伍建设等问题。会谈也包括洽谈公务或业务,一般来说内容较为正式,政治性、针对性和专业性都比较强。会谈开始后,除了陪见人和少数记录员外,其他工作人员均应退出,而且在会谈过程中,无关人员不得随便进出。

会见与会谈均是一方提出要拜会另一方的。提出要求的一方应主动将自己的姓名、职务以及要求见何人,会见、会谈的目的通知对方,接到要求的一方应及时给予答复。因故不能进行会见或会谈的,应向对方说明理由,加以解释。如同意对方的请求,可主动将会见或会谈的时间、地点、自己一方参加人员通知对方。双方人员的人数与身份应大体相当。

(二)会场布置及座位安排

会见厅的布置,应根据参加会见人数的多少、规格的高低、厅室的形状和面积的大小来确定。其形式一般有马蹄形、四字形、正方形等。选择何种布置形式要因地因人而异。

高级领导人之间的会见应安排在较重要的建筑物的客厅内进行,也可在宾客下榻的宾馆会客厅内进行。会见的座位安排有多种形式。有分宾主各坐一方的,也有宾主穿插坐在一起的。通常的安排是主宾、主人席安排坐在面对正门的位置,按国内的以左为尊、国际以右为尊的惯例,国内客人多排在主人的左侧就座,国外客人的座位在主人的右侧。其他客人和陪同人员按礼宾次序各在一侧就坐。

会谈的座位可根据具体情况安排。如果是双方会谈,可用长方形、椭圆形或圆形会谈桌。宾主相对而坐,主谈人居中,以正门为准,客人面向正门,主人坐背对正门一侧。其他人员按惯例(国内以左为尊,国际以右为尊)和礼宾次序排列。记录员一般可安排在后面,如参加会议人数少,可安排在会谈桌就座;如会谈的长桌侧端朝向正门,则以入门方向为准,按照惯例安排。

多边会谈座位可摆成圆形、正方形等,使其无尊卑可言。小范围的会谈,也可以不用长桌,只放沙发,双方座位按会见座位安排。

(三)会见、会谈的注意事项

1.准确掌握会见、会谈的时间、地点和双方参加人员的名单,并及早通知有关人员和单位作好安排。

2.会场布置中应安排好足够的座位并放置好座位卡,以便与会者对号入座;人多时需安装扩音设备并事先调试好,确保会见、会谈的顺利进行。

3.场地正门口应安排人员迎送客人。主人应在会见或会谈开始之前到达以迎候客人。主人可以在正门迎候,也可以等候在会议室的门口,由工作人员负责把客人引入会客室,宾主双方进入会客室后,工作人员负责关好门并退出现场。

4.主人可以请客人首先入座或者双方一起就座,但主人不可抢先坐下。

5.在会见或会谈时应预备茶水招待客人。

6.领导人之间的会见、会谈,除陪见人和必要的记录员等外,其他工作人员安排就绪后均应退出。如允许记者采访,也只是在正式谈话开始前采访几分钟,然后全部离开或会后再进行采访。谈话过程中,无关人员不能随意进出。

7.礼节性的会见、会谈一般在半个小时左右。会见、会谈结束后,主人应送客至车前或门口握手告别时目送客人离去后再退回室内。

8.会见、会谈前一般应合影留念,合影完毕大家再入座。合影时由主人居中,按照礼宾次序和惯例,主宾双方间隔排列,第一排人员既要考虑人员身份,又要考虑场地大小,即能否摄入镜头。一般来说,两端均有主方人员把边。

(四)签字

安排签字仪式,首先应做好文件的准备工作,有关单位应尽早做好文件的定稿、校对、印刷装订等工作,同时准备好签字的文具等物品,并安排双方助签人员洽谈有关细节。签字厅内一般设一张长方桌作为签字桌,桌上覆盖台布,桌后放两把椅子为双方签字人员的座位,按惯例就座。座位前摆的是各自保存的文本,上端分别放置签字文具。

三、宴　请

(一)宴请的桌次和席位安排

1.桌次安排

团体宴请时,桌次排列一般以最前面的或居中的桌子为主桌,桌次高低以离主桌位置远近而定,国际惯例为右高左低。桌子多时,要摆桌次牌,这样既可以方便宾主,也有利于管理。桌数较少的小型宴会,可根据餐厅情况横排或竖排。

2.席位安排

正式宴会一般均排席位,也可以只排部分客人的席位,其他人只排桌次或自由入座。无论采用哪种做法都要在入席前通知到每一个出席者,使大家心中有数。大型的宴会最好先安排好座位,现场要有人引导以免混乱。席位等次以离主人座位的远近而定。

礼宾次序是安排席位的主要依据,一般按各人本身职务排列,以便交谈。如夫人出席,通常把女方安排在一起,即主宾坐在男主人右侧,其夫人坐在女主人右侧(国际)。两桌以上的宴会,其他各桌第一主人的位置一般与主人桌子上的位置相同。

如遇主宾身份高于主人,为表示对他的尊重,可以把主宾摆在主人的位置上,而主人则坐在主宾的位置上,第二主人坐在主宾的左侧。

(二)参加宴请的礼仪

1.宴请方的礼仪

(1)迎宾

在宾客到达时,主人应热情迎接,主动招呼问好,服务员帮助来宾脱、挂外套,引领员按先主宾后一般来宾的顺序,引宾客进入休息厅或直接进入宴会厅,休息厅内应有身份相应的人陪同客人,服务人员要及时递送饮料。主人陪同主宾进入宴会厅主桌,接待人员随即引导其他宾客相继入厅就座,宴会即可开始。

(2)致词、祝酒

正式宴会均有致词,一般入席坐定后,主人宣布宴会正式开始即可致词,有的在第一道热菜上来之后祝词,接着由客人致答词。致词时,服务人员要停止一切活动,参加宴会的人员均应暂停饮食,专心聆听,以示尊重。致词结束后一般应祝酒,所以服务人员在致词结束时应迅速把酒斟好,供主人和主宾等祝酒用。

(3)侍应顺序

侍应顺序应从男主人右侧的女宾或男主宾开始接着是男主人,由此自右向左顺时针方向进行。如宴会规格较高,须有两人担任侍应,则其中一人按上述顺序开始,至女主人或第二主人右侧的宾客为止;另一侍应人员从女主人或第二主人开始,依次向左,至前一侍者开始的邻座为止。上配菜、分汤均按以上顺序进行。

(4)退席

宴会在主人与主宾吃完水果后起立时,即告结束。一般由主宾向主人告辞。此时服务人员应将主宾等的座椅向后稍移,以便宾客离座,如进入休息厅休息,可上茶或咖啡。

2.赴宴者的礼仪

(1)入席

出席宴请活动,要准时到达,过早或过迟、无故提前退场等均被视作不恭和失礼之举。抵达宴请地点,先到衣帽间脱下大衣,然后前往主人迎宾处,主动向主人或其代表问好,如是节庆活动,应表示祝贺,可赠送花束或花篮。入席前,要尽量与更多的宾客主动交谈,沟通感情,以创造一个良好活跃的气氛。入座时应听从主人的安排,如桌次较多,应在进入宴会厅前,先了解自己的桌次,并注意看清桌上的座位卡和自己的姓名,不要随意乱坐。如果没有座位卡,也注意不要轻易坐在尊位上,如果邻座是长者或妇女,应主动协助他们坐下。

(2)进餐

入座后应端庄自然,双腿靠拢,两足平放于地面,不宜将两腿交叠,双手不可放在邻座的椅背上。未上菜时不可玩弄桌上的酒杯、筷子、盘碗等餐具。主人招呼后即可开始进餐。用餐前应先将餐巾打开铺在膝上,餐后叠放在盘子右边,不可放在椅子上。每道菜,要让年长者或职位高的人先动筷。进餐时应闭嘴咀嚼,不要舔嘴或发出声响;喝汤时不要啜,汤菜太热,稍凉后再食用,切勿用嘴去吹热气;嘴内有食物时切勿说话;吃剩的菜、用过的餐具、牙签及骨刺等要放入骨盘内,勿随意乱扔;剔牙时,要用手或餐巾遮口。当有人敬酒时,一定要放下手中的筷子,端起酒杯,待对方饮时跟着饮。住餐桌前咳嗽、打喷嚏应侧身掩口,并要向周围人道歉。进餐时,擤鼻涕、打嗝都是不礼貌的行为。

用西餐时要按刀叉顺序由外向里取用。最大的匙是汤匙,最大的刀叉是吃肉用的。用刀叉切食物时,应右手持刀,左手持叉,每次切一片或一块,不能同时全部切开。每道菜吃完后,将刀叉并拢并排放在盘内,以示吃完;如未吃完,则刀口向内摆成八字或交叉摆放。除喝汤以外,不要用匙进食。汤用深盘或小碗盛放,喝时用汤匙由内向外舀起送入,不能把汤盘或碗端起来喝。在宴席上,遇有上鸡、虾、蟹时,有时会送上一小水盂,水上漂有玫瑰花瓣或柠檬片,供洗手用,切不要误以为是饮用水,洗手时,两手轮流沾湿指头,轻轻涮洗,然后用餐巾或小毛巾擦干。

（3）祝酒

在正式宴会上,一般都有祝酒的习惯。碰杯时主人和主宾先碰,人多可同时举杯示意,不必逐一碰杯,祝酒时不要交叉碰杯。在主人和主宾致词、祝酒时,其他人应暂停进餐和交谈并注意倾听。主人和主宾讲完话与贵宾席人员碰杯后,往往到其他桌敬酒,遇此情况应起立举杯,碰杯时应目视对方致意。宴会上相互敬酒,表示友好,但切忌喝酒过量,不能喝酒时可以声明,但不要把酒杯倒置,一般倒入酒杯的酒要喝完。

（4）退席

参加宴会的人,一般不要中途退席,若有事必须中途退席,则应向本席的主要客人告辞,然后向其他客人点头示意,并向主人告辞。用完水果后,主人和主宾起立,宴会即告结束。告辞时应向主人表示感谢,并礼貌的同其他客人握手告别。

附件一

检察机关文明用语规则

（2010 年 6 月 9 日最高人民检察院第十一届检察委员会
第三十八次会议通过）

第一条 为促进检察机关执法规范化，增强检察人员职业道德素质，提升文明执法水平，根据《中华人民共和国检察官法》、《中华人民共和国检察官职业道德基本准则（试行）》等有关规定，制定本规则。

第二条 全国检察机关应当制定、推广和使用文明用语，规范检察人员执法和工作文明语言，塑造检察队伍良好执法形象。

第三条 检察人员在履行法律监督职责及从事相关活动中，应当自觉使用文明规范用语。

第四条 检察机关文明用语应当遵循宪法和法律规定，尊重和保障人权，体现社会主义法治理念要求和人文关怀，符合法律监督工作特点和民族、宗教及社会风俗习惯。

第五条 检察机关文明用语以国家通用语言普通话为基本载体，同时尊重、使用少数民族语言、聋哑人语言以及地方方言。

第六条 检察机关文明用语包括检察业务和综合工作中涉及的接待、询问、讯问、出庭、宣传和群众工作等执法和工作用语。

第七条 接待用语应当文明、礼貌、亲和、诚恳。做到主动问候，热情周到，细心询问，耐心解释，明确告知权利义务、检察机关的职责范围和取得答复及处理结果的方式、途径,礼貌送别。

第八条　通讯语言应当使用礼貌称谓,做到准确通报本单位名称和个人身份,认真询问或者说明来电、去电事由,问话和气简洁,答话明确具体,结束通话客气礼貌。

第九条　询问用语,应当明示身份,告知权利义务,明确询问事由,笔录送阅或者宣读,应全面细致,告诉联系方式,做到言语得体,态度和蔼。

第十条　讯问用语,应当合法、规范,称谓严肃。应当依法表明身份,明确告知权利义务,讯问案情客观严谨,笔录应当送阅或者宣读。

第十一条　出席法庭用语应当严谨、理性、规范。宣读起诉书、发表公诉意见声音洪亮,吐字清晰。尊重法庭、服从审判长主持庭审活动,出示证据,询问证人、质证,讯问被告人时用语规范、文明。尊重辩护人,答辩合法、礼貌、说理。

第十二条　宣传用语应当准确、生动,富有亲和力、感染力、说服力,诠释法律和检察业务规范严谨、周密,发布检察工作、案件或事件信息客观、真实。

第十三条　群众工作用语应当适应群众工作的特点和变化,以法为据、以理服人、以情感人,态度亲近平和,表达通俗易懂,让群众听得懂、听得进、听得信服。

第十四条　检察机关文明用语的基本规范由最高人民检察院制定。最高人民检察院各内设机构按照其业务工作的不同特点、不同需求,制定文明用语基础文本。

第十五条　各级人民检察院结合本地实际,特别是当地语言风俗习惯和各岗位、各环节的具体情况,依据基本规范和基础文本,制定具体的文明用语。

第十六条 检察人员不得使用不文明语言，避免和防止因不当用语、不良表达使公众对检察机关执法公信力产生不良影响。

第十七条 违反文明用语规范，造成不良影响的，应给予批评、训诫或者责令公开道歉;造成严重后果的，依照党纪、政纪及有关规定给予处分。

第十八条 各级人民检察院应加强对检察文明用语推广使用的监督管理,将文明用语规范纳入检察职业道德教育,列入考核内容,选择适当场所向社会公布。

第十九条 本规则适用于各级人民检察院全体工作人员。

第二十条 本规则由最高人民检察院负责解释。

第二十一条 本规则自发布之日起施行。

附件二

汝州市人民检察院机关工作人员
文明用语 50 句

一、基本用语

1.您。

2.请。

3.谢谢。

4.对不起。

5.请原谅。

6.没关系。

7.别客气。

8.您早。

9.您好。

10.再见。

二、对群众询问

1.请说。

2.请等会儿说。

3.请您简要讲一下。

4.您听懂了吗,是否要再说一次?

5.详见说明,有不懂请问。

6.您的意思,我明白了。

7.请再说一遍。

8.请您问××处室,××同志。

9.请慢慢说。

10.请详细说。

三、为群众办事

1.还没到上班时间,请稍候。

2.请进!

3.请坐!

4.有什么事情,请说……

5.请到这边来(请到××处室)。

6.请稍等片刻。

7.我尽可能抓紧办好。

8.慢慢来,我等您。

9.请慢走!

10.欢迎下次再来!

四、针对批评意见

1.请提宝贵意见。

2.请别着急,慢慢说。

3.请您听解释,这是因为……

4.您提的意见,我们将及时向领导反映。

5.您说得对,我们会及时纠正。

6.请多包涵!

7.请说,您有什么要求?

8.谢谢您的帮助!

9.很抱歉!

10.请配合我们的工作!

五、称谓和其他

1.同志。

2.老大爷。

3.小朋友。

4."老王","小张"。

5.请问您贵姓。

6.请问找哪一位。

7.请放心。

8.这是我们应该做的。

9.请留下您的电话或地址。

10.您好,这里是汝州市人民检察院。

Wenhua Rujian

教育活动·文化生活篇

文化汝检

JIAOYU HUODONG WENHUA SHENGHUO

河南省汝州市人民检察院 / 编

刘新义 / 主编

中国检察出版社

图书在版编目（CIP）数据

文化汝检. 教育活动·文化生活篇／刘新义主编. —北京：中国检察出版社，
2016. 11

ISBN 978 - 7 - 5102 - 1715 - 9

Ⅰ. ①文…　Ⅱ. ①刘…　Ⅲ. ①检察机关 - 工作 - 汝州 - 文集　Ⅳ. ①D926. 32 - 53

中国版本图书馆 CIP 数据核字（2016）第 262446 号

文化汝检. 教育活动·文化生活篇

刘新义　主编

社　　　址：北京市石景山区香山南路 111 号　（100144）

网　　　址：中国检察出版社（www. zgjccbs. com）

编辑电话：(010)88960622

印　　　刷：河南盛华印务有限公司

开　　　本：710 mm × 960 mm　16 开

印　　　张：9. 25

字　　　数：115 千字

版　　　次：2016 年 11 月第一版　　2016 年 11 月第一次印刷

书　　　号：ISBN 978 - 7 - 5102 - 1715 - 9

定　　　价：50. 00 元

《文化汝检》编纂委员会

主　　编：刘新义

副 主 编：张现周　魏二广　马聚法　雷红东

　　　　　张延斌　顾武修

执行编辑：宋振中

编　　辑：陈冬伟　吴迎利　黄飞豹　陈媛媛

序言一

检察文化建设是检察工作的有机组成部分，是检察事业发展的精神支撑和力量源泉。检察文化在凝聚人心、激励斗志、规范行为、陶冶情操、营造氛围、树立形象等方面具有不可替代的重要作用。

当前，在进入全面建成小康社会的决胜阶段，在深入推进"五位一体"总体布局和"四个全面"战略布局，落实创新、协调、绿色、开放、共享发展新理念，主动适应经济发展新常态的新形势下，检察机关面临着全面深化司法体制改革和检察改革的发展机遇，肩负着全面提升检察工作能力水平，深入推进平安建设、法治建设，为全面建成小康社会，实现中华民族伟大复兴的中国梦创造良好法治环境的历史重任。检察机关只有重视和加强检察文化建设，依靠检察文化的引领和熏陶，激发广大检察干警的责任感、使命感、紧迫感，才能为检察工作科学发展凝神聚力。

近年来，汝州市检察院认真贯彻党的十八大、十八届三中、四中、五中全会精神，按照"文化育检、文化兴检、文化强检"的总体思路和部署，把提升检察人员综合素质能力，提高检察管理水平作为切入点和着力点，以凝聚精神为根基，完善机制为支撑，涵养文化为目标，致力于打造"文化汝检"，使检察文化在建设高素质队伍、规范文明司法中发挥潜移默化、润物无声的原动力作用，有效提升了队伍建设水平，促进了各项检察工作的深入开展。

　　为进一步加强检察文化建设，充分发挥检察文化的凝聚力、推动力、辐射力，汝州市检察院编印了《文化汝检》十二篇章，这对于全面提升检察干警的政治素质、业务素质和职业道德素质，促使检察干警保持高昂的工作热情和奋发进取的精神状态，保证检察工作持续健康发展具有积极地推动作用。《文化汝检》十二篇章是汝州市检察院加强检察文化建设的经验总结，是创建学习型检察院的有力载体，要珍惜和运用好这个载体，弘杨和学习好相关经验，充分发挥十二篇章在提升检察干警的思想境界、职业良知和廉洁自律意识等方面的作用。

　　检察工作的健康发展离不开高素质的检察队伍，打造一支忠诚可靠、执法为民、务实进取、公正廉洁的检察队伍离不开先进检察文化的引领和凝聚，只有把检察文化与检察工作紧密结合，才能在执法办案中真正做到"理性、平和、文明、规范"。检察文化建设任重道远。期待汝州市检察院在已有工作成绩的基础上，积极探索和创新检察文化建设的新思路、新方法，以文育检、以文兴检、以文强检，为检察事业创新发展增添多彩篇章！

张耕

2016 年 8 月

序言二

检察文化建设的核心任务是凝聚力量、提升素质、推动工作。近年来，汝州市检察院认真贯彻党的十八大和十八届三中、四中、五中、六中全会精神，按照上级院"文化育检、文化兴检、文化强检"的总体思路和部署，把提升检察人员综合素质能力，提高检察机关管理水平作为切入点和着力点，积极推进检察文化建设，为检察工作发展提供了有力的思想保证、精神动力和智力支持。

2016年是"十三五"开局之年，也是司法体制改革全面推进之年和攻坚之年，检察机关要有新担当、新作为，检察工作更需要强有力的检察文化支撑和检察文化传播。汝州市检察院编印的《文化汝检》十二篇章，不仅符合新时代检察工作主题，而且对于全面提升检察干警的政治素质、业务素质和职业素质，促使检察干警保持奋发进取的精神状态，保证检察工作持续健康发展等方面都具有积极地推动作用。

篇章中的《规章制度管理规范篇》，体现了立规矩、守规矩的制度文化。要让制度这个"软实力"对检察人员的行为形成"硬约束"，必须突出抓好制度落实，只有制度被自觉遵守并内化于心、外践于行，制度文化建设才算真正见到成效。当前，要通过案件管理、检务督察、检务督办等手段狠抓制度落实，使制度权威得到进一步确立，使干警行为得到进一步规范，使按规矩办事成为检察机关的新常态。

《先进集体篇》《先进人物篇》《工作创新篇》《工作思路·工作报告篇》以及《镜鉴》《当代刑事错案沉思篇》等篇章，注重运用身边人、身边事去打动人、感染人，运用反面典型案例去警示教育人，运用先进人物、先进事迹去鼓舞士气，运用争先创优机制激营造比学赶帮的良好氛围，从而引导检察干警在依法履职中展现自身的优秀品质、过硬素质、人格修养，在司法办案中传递检察文化建设形成的理念、风范和形象，推动检察文化建设落地生根、开花结果。

《文化汝检》十二篇章是汝州市检察院加强检察文化建设的一个有效载体，是创建学习型检察院的一项有力措施。要运用好这个载体，落实好这项措施，通过多种方式组织全院干警学习篇章、运用篇章，切实发挥十二篇章在提升检察干警思想境界、职业良知和廉洁自律意识等方面的积极作用。

检察文化建设永远在路上。要把检察文化建设融入贯彻落实创新、协调、绿色、开放、共享五大发展理念，全面提升检察工作水平之中，融入为"十三五"时期经济社会发展提供有力司法保障的总体部署之中，一年一个抓手、一步一个脚印地推进，通过富有特色、寓教于乐的多种检察文化活动，夯实检察文化基础、打造检察文化品牌，让检察文化为检察事业持续、健康、协调发展提供源源不竭的强劲动力。

刘治章

2016 年 8 月

目 录

第一章 精神育检

汝文化检

Jingshen Yujian

廉政建设巡回展

汝州市检察院党组组织全
院干警参观省院举办的

·2010 年 7 月

汝州市检察院开展纪律作风教育整顿活动

2011 年 5 月 23 日上午，我院纪律作风教育整顿活动动员大会召开。院党组书记、检察长乔义恩作动员讲话。院党组副书记、副检察长魏洪流主持会议。院党组成员、副检察长魏二广宣读了《关于在全院集中开展纪律作风教育整顿活动的实施方案》。

乔义恩指出，开展作风纪律整顿教育活动，是市委对全市党政干部的要求，也是对检察干警的要求。极少数部门和个人在纪律作风方面，还存在这样那样的问题，有的问题还比较突出。如班子成员乃至全体检察干警的学习氛围不浓、对待学习教育活动存在应付现象，自身的政治、业务素质不能适应新形势下执法办案的需要；群众工作能力不高，缺乏群众观念，沟通能力不强。要充分利用这次纪律作风教育整顿活动，对照要求进行思想大反思、问题大排查、原因大剖析，实现作风大转变、精神大振奋、面貌大改观。院领导和各科室局（队）主要负责同志要切实负起责任，大胆管理，严格监督，纪检监察、政治处、办公室要强化检查督办，从抓上下班纪律、车辆管理、值班签到等小事入手，确保院里各项纪律、制度及院党组的各项决定和决议落到实处。

乔义恩强调，要增强工作责任感，进一步改进工作作风，做务实进取的检察官。党组成员、部门负责人要当好表率，树好榜样，带头

学习，带头廉政，以自己的模范行动、良好形象和人格魅力，去教育人、说服人、要求人。同时，还要将教育活动与全年工作结合起来，认真思考如何开展工作，明确目标，制订扎实工作举措，以教育整顿活动推动争先创优。

据了解，这次思想纪律作风集中整顿分三个阶段进行：5月16日至6月5日为学习阶段，党组成员和全体干警要认真做好学习笔记，写出心得体会。6月6日至6月20日为查摆问题阶段，班子成员和全体干警要认真对照市委关于加强纪律作风的要求和汝州市人民检察院《关于在全院集中开展纪律作风教育整顿活动的实施方案》中五个方面的整顿内容，认真对照检察人员"八要八不准"等检察纪律，深刻查摆班子、部门和个人存在的问题和不足。6月21日至7月15日为整改及巩固提高阶段，主要任务是着力从健全学习教育制度、管理制度等方面入手，研究制订加强和改进的具体措施。

汝州市检察院组织干警参加《检察机关执法规范》考试

　　为深入贯彻落实高检院组织开展《检察机关执法规范》学习轮训活动的精神，促进我院检察人员执法规范化建设，进一步提升执法公信力，树立良好检察形象。2011年10月21日下午，我院按照高检院关于《检察机关执法规范》考试的统一部署，组织全院包括院党组成员在内的80名干警，在六楼会议室进行考试。

　　考试过程中，广大干警将考试看作是一次提高理论水平、检验学习成果、推动《检察机关执法规范》学习轮训活动开展、促进队伍素质提升的良机。他们立足检察工作实际，结合《检察机关执法规范》具体规定，认真思考，仔细答题，在规定时间内，圆满完成考试考核，考场秩序井然有序。

　　本次考试全面考察了干警对业务、综合基础知识的掌握和适用分析能力。考后，干警们纷纷表示，将以此次考试为契机，进一步读熟、读懂、读透《检察机关执法规范》的相关内容，切实提高自身执法办案的能力，推进全院执法规范化建设的深入发展。

精神育检

Jingshen Yujian

汝州市纪检委人员给全院检察干警上

教育课 廉政 ·2012年2月

文化汝检

汝州市人民检察院廉政教育党课

汝州市检察院组织干警接受红色教育，培育**忠诚**品质

　　为积极培育和弘扬"忠诚、为民、公正、廉洁"的政法干警核心价值观，清明节期间，我院组织 40 余名干警，赴井冈山接受红色传统教育。

井冈山是中国革命的摇篮，红色根据地在这里建立，党的领导在这里得到加强，中国革命从这里走向胜利。全体干警怀着对一代伟人和革命先烈的无比崇敬和缅怀之情，参观了黄洋界哨口、大井朱毛旧居、小井红军医院等革命旧居旧址。在黄洋界，阻击敌人的哨口记录着那段艰苦卓绝的战争岁月；在小井红军医院，一件件实物和一幅幅照片，都展现着当时极其简陋的医疗条件，昭示了革命先烈的高风亮节；在大井朱毛旧居，朴素艰苦的起居条件，都表现着老一辈无产阶级革命家为中国革命殚精竭虑，鞠躬尽瘁的精神。对于这些，参观的同志无不动容，心生敬仰之情。

2012年4月6日上午，40余名干警赴井冈山革命烈士陵园敬献花圈，并在国旗前重温检察官誓词。在革命烈士陵园，一张张真实的图片，一件件历史的实物，记录了井冈山革命先烈们在炮火中英勇战斗、前赴后继的斗争历程；记录了党的第一代领导人忧国忧民、日夜操劳的身影；记录了军民团结共同抵抗敌人进攻的场面。大家无不为"井冈山精神"而强烈震撼，无不感到革命的胜利是那样地来之不易。通过重温检察官誓词，全体干警进一步坚定了理想信念，无不感受到身为国家检察官的强烈荣誉感和责任感。

　　尽管这次学习内容多、时间紧、路途长，但是每位参加的同志都始终保持着饱满的情绪，每到一处都认真参观，仔细听取接待员的讲解，通过现场参观体验，干警们亲身感受了当年井冈山革命斗争的艰苦卓绝，进一步加深了对"井冈山精神"的深刻内涵、历史意义和时代价值的理解，心灵受到震撼，精神得到洗礼，思想受到了震动、觉悟有了新的提高。大家一致表示要以这次红色传统教育活动为契机，认真参与政法干警核心价值观主题教育活动，增强自己的忠诚意识、为民意识，维护社会公平正义，做到清廉自守，无私奉献，认真践行政法干警核心价值观。

汝州市检察院班子成员开设 系列讲座

为进一步加强检察队伍建设，建设学习型检察院，院党组决定在全院开展集中培训活动。在这次培训活动中，院党组要求所有班子成员都必须亲自为全体干警授课。

乔义恩检察长做廉政教育专题讲座

2013 年 2 月 27 日，班子成员系列讲座在院六楼会议室开讲。院党组书记、检察长乔义恩为全体干警做了题为《增强责任意识，筑牢拒腐防线》的廉政教育专题讲座。

乔义恩检察长首先阐述了开展此次廉政讲座的目的。他指出，在过去的一年里，我院广大干警立场坚定、秉公执法、无私奉献，在打击犯罪，维护公共安全，促进经济发展等方面作出了突出贡献。汝州院有 11 项工作进入平顶山

先进行列，继续保持了河南省、平顶山市先进基层检察院的荣誉称号。汝州检察队伍是一支思想过硬、业务精通、战斗力较强、让上级院和汝州市委放心的队伍。但是，也应该清醒地看到，在队伍中，仍有个别干警政治素质较低，公正执法意识淡薄，消极腐败现象依然存在。因此，在全体检察干警中开展廉政教育是十分迫切和必要的。希望广大干警能够在讲座中有所启发，继续保持争先创优的精神，推动我院工作今年再上一个新台阶。

在讲座中，乔检不仅从理论的高度，更运用大量生动的事实，深入浅出地阐明了加强检察官清廉教育的重要性。他指出极少数检察干警走上违规、违法、违纪的道路，往往是道德防线首先被打开缺口。物质诱惑—心理失衡—道德失范—权钱交易—违纪违法，是检察官蜕变的基本轨迹。因此，加强检察官清正廉洁教育对于检察官为人为官，都具有十分重要的意义。通过对检察人员违法违纪手段及原因的深入分析，他指出广大干警一定要筑牢四层"防护堤"，要防权、防名利、防金钱、防人情，做到不因权位而迷失、不因名利而浮躁、不因金钱而驻足、不因人情而枉法。他告诫全体干警要调整好自己的心态，努力克服攀比心理和侥幸心理，要算好自己的政治账、经济账、家庭账、人生自由账，要养成健康的生活情趣和良好的职业操守。

在讲座的最后，乔检以"做事，一勤为径；做人，一善为本；做官，一廉为先"三句箴言与全体干警共勉,希望全体干警能够清白为人,廉洁从政,认真践行"忠诚、为民、公正、廉洁"的政法干警核心价值观,推动我院各项工作取得更大的进步。

刘新义检察长讲授群众路线教育党课

为进一步深入开展党的群众路线教育实践活动,加强检察队伍建设,2014年5月9日下午,汝州市检察院党组书记、检察长刘新义以《践行党的群众路线,做人民满意的检察干警》为题,在六楼会议室给全体干警进行授课。

刘新义检察长首先介绍了中央自2013年4月19日以来开展党的群众路线教育实践活动的实施情况、阶段性成果及第二批教育实践活动的重大意义。他指出,第二批活动的开展,将有力地推动整治"四风"顽症和破解改革的难题相结合,使广大党员干部锤炼思想和作风,增强宗旨意识、大局意识、机遇意识、责任意识,团结带领广大人民群众共同把改革蓝图变成现实。要求全体干警充分认识到第二阶段活动的重要性和紧迫性,切实增强思想自觉和行动自觉。

随后刘新义检察长从党的历史出发，先后讲述了我党从一大到十八大的发展历程，延安整风运动及长征过程中的群众路线方针政策，新时期改革开放的重大成果，并在讲述过程中穿插大量生动的事例，又全面总结了当前形势背景下开展党的群众路线教育实践活动的重大意义，并借鉴历史经验结合检察业务工作实际对第二批活动的开展提出了更高的要求。要求全体干警牢固树立为民思想，认真落实为民务实清廉，着力解决"四风"问题，以身边的先进人物为榜样，务求教育活动取得实效。

在讲座中，刘检不仅从理论的高度，运用大量生动的事实和严谨的数据，深入浅出地阐明了群众路线教育实践活动的重要性。他要求全院干警要以汝州院黄爱梅、郏县院马俊欣等检察系统的先进人物为榜样，通过此次教育活动的开展，使自身作风更加过硬，干警素质进一步提高，把汝州检察队伍打造成党和人民信赖的战斗集体，以优异的成绩向国庆 65 周年献礼。

在讲座的最后，刘检带领大家一起重温了奥斯特洛夫斯基的那段名言：人的一生应当这样度过：当回忆往事的时候，他不至于因为虚度年华而痛悔，也不至于因为过去的碌碌无为而羞愧；在临死的时候，他能够说："我的整个生命和全部精力，都已经献给世界上最壮丽的事业——为人类的解放而斗争。"

汝州市检察院采取五项措施迅速启动党的
群众路线 教育实践活动

中共汝州市委党的群众路线教育实践活动动员大会后，我院党组高度重视，立即采取五项措施认真贯彻市委精神，迅速启动该院群众路线教育实践活动开展。

一是及时学习领会精神，先后召开党组会和全体党员干警大会，分层认真学习全市教育实践动员讲话精神和市委教育活动实施方案，把握教育实践活动的重大意义、总体要求、方法措施、目标任务等，提高班子成员、全体干警开展教育实践活动的主动性和责任性。二是及时成立领导组织，院党组专题研究成立了汝州市人民检察院党的群众路线教育实践活动领导小组和办公室，对领导小组及办公室组成人员进行合理分工，确保各项工作任务责任到人。三是及时制定活动方案和相关活动计划，院党组根据市委活动精神要求，专题研究分析当前检察工作和检察队伍建设中存在的与践行群众路线不相符合的突出问题，主动征求市委督导组意见，认真制定出本院群众路线教育活动实施方案，提交市委督导组和市委活动办，同时根据方案要求，制订专门理论学习计划，发放学习笔记本，分八个专题组织开展学习。四是及时设立学习专题栏目，在院内部局域网上设立了党的群众路线教育实践活动专题，便于干警学习交流。五是及时营造活动氛围，在机关大厅显示屏滚动播出群众路线标语和活动要求，营造了浓厚的活动氛围。

目前，该院教育活动正在积极推进中。

汝州市检察院组织干警观看《焦裕禄》纪录片

为切实加强党员干警党性教育，保持党员干警的先进性和纯洁性，2014年4月22日下午，我组织全体干警观看纪录片《焦裕禄》，为我院深入开展党的群众路线教育实践活动注入新鲜活力。

观影活动结束后，院党的群众路线教育实践活动领导小组要求全院干警，认真学习贯彻习近平总书记概括的焦裕禄精神——"亲民爱民、艰苦奋斗、科学求实、迎难而上、无私奉献"，深入查摆自己在思想、素质、能力、作风等方面存在的问题和不足，用群众看得见的整改成效推动教育实践活动深入开展。干警们纷纷表示，时刻以焦裕禄精神为一面镜子、一把尺子来衡量自己，用党员的标准来提升自己，从点滴细微做起，大力弘扬"人民检察为人民"的主旋律，把群众的司法诉求牢记心头，争做"焦裕禄式"的亲民、爱民、为民的检察干警。

汝州市检察院开展"**假如我是当事人**"大讨论活动

　　为扎实深入开展党的群众路线教育实践活动，汝州市检察院结合检察工作实际，从 2014 年 5 月下旬到 6 月底，在全院开展"假如我是当事人"的大讨论活动。活动以解决人民群众最关心、最直接、最现实的问题为重点，以换位思考的形式，进一步强化检察干警宗旨意识，改进执法作风，树立规范文明、便民高效、廉洁公正执法的新形象。

　　为确保大讨论活动顺利开展，该院制定了实施方案。明确"大讨论"活动，由院机关党委牵头组织，以党支部为单位，组织干警紧密结合各自的工作性质和业务特点，紧紧围绕"假如我是当事人"，"我心目中期盼什么样的作风"等问题展开大讨论。从而牢固树立"权为民所用、情为民所系、利为民所谋"，一切为了群众、千方百计让群众满意的服务工作理念。大讨论活动分为集中动员讨论、剖析查摆问题、对照整改提高三个阶段进行，对每一阶段作了具体安排。

在集中动员讨论阶段，要求组织党员干警围绕在党的群众路线教育实践活动中征求到的意见建议，进行换位思考，充分认识"假如我是当事人"大讨论的必要性、重要性。院班子成员要参加分管科室大讨论活动。要求所有党员干警参加大讨论，非党员干警列席科室所属支部会议。人人都要有讨论稿。各支部集中讨论次数不少于两次，支部要有完整的讨论记录。

在剖析查摆问题阶段，要求采取自己查、领导点、群众评的方法，组织干警自查自纠。重点查摆是否存在执法言行不严谨，在执法中态度生硬、简单、粗暴，不按法定程序，讲人情、讲关系，甚至"吃拿卡要"等不廉洁文明执法行为。召开一次专题民主生活会，抓住反映强烈的问题进行自我反思和自我教育，制定服务细则，抓好整改落实。

在对照整改提高阶段，要求各党支部要针对排查出来的问题，召开专题会议，着眼工作需要、群众需要，拿出切实可行的整改方案和有效措施。属于服务态度、办理程序、工作效率方面的，通过加强作风建设能够立即整改的问题，

要立说立行，马上整改；对受客观条件限制，不能立即整改的应公开承诺整改时限，并对整改结果进行公示，接受社会监督；属于制度方面的不足，要进一步补充完善；属于法律政策规定方面的问题，要向群众做好解释工作。每位干警都要以个人剖析报告为依据，制定详细具体的整改方案。

为确保活动取得实效，院党组要求，领导班子成员要发挥带头示范作用，带头学习规定，带头查摆问题，带头整改，当好表率；各党支部要对"假如我是当事人"大讨论活动高度重视，精心策划部署，认真组织实施；活动要充分体现广泛性、群众性，做到"三有"：有计划方案，有组织领导，有推进措施，确保每名党员干部思想认识到位、问题剖析到位、原因分析到位、立说立行到位，努力形成浓厚的活动氛围。要把开展大讨论活动与促进业务工作、创建省级文明单位相结合，真正做到"两不误、两促进"，以新的精神风貌、新的创造活力、新的工作业绩推进我院检察工作健康有序发展。同时，开展"假如我是服务对象"有奖征文活动，院政治处、办公室、机关党委将对所征集的文章评出一、二、三等奖，并给予奖励。

汝州市检察院机关党委组织党员重温

入党誓词

　　2014 年 6 月 11 日，汝州市人民检察院机关党委组织各党支部书记、党员代表到临汝县抗日县政府旧址重温入党誓词。

　　临汝县抗日县政府旧址位于大峪镇同丰村马安陀自然村，坐北朝南，主房石窑一孔，配房石窑 3 孔。临汝县抗日县政府旧址始建于 1944 年 9 月，

1944 年 11 月，八路军豫西抗日支部在马鞍陀组于培周家成立了中共临汝县委。

看着极其简陋的县长办公室、仓库旧址的实物独轮车、纺花车、马灯、藤条席等陈列物品，听着讲解员讲述皮锭钧、王书声的抗日事迹，党员们深刻体会到了抗日战争时期共产党员艰苦奋斗、勤俭节约的精神。在机关党委书记马聚法同志的带领下，党员们在党旗下宣誓：我志愿加入中国共产党，拥护党的纲领，遵守党的章程，履行党员义务，执行党的决定，严守党的纪律，保守党的秘密，对党忠诚，积极工作，为共产主义奋斗终身，随时准备为党和人民牺牲一切，永不叛党。

宣誓时，党员们神情坚定，拳头紧攥，声音洪亮，铿锵有力。通过此次活动，党员们的心灵得到洗礼，纷纷表示，誓将党的群众路线永远传承，誓将艰苦奋斗的革命精神发扬光大。

汝州市检察院开展"诚信"主题签名活动

　　诚实守信是中华民族的优良传统，诚信是每个人基本的道德操守。检察诚信则是立检为公、执法为民的根本，为了进一步推进社会主义核心价值培育工作，加强司法公信力建设，提高全院干警的诚信意识，2014年8月26日下午，我院举行"讲诚信、树新风"主题签名承诺仪式。签名的横幅一打出来，全院干警纷纷在横幅上签下自己的名字并作出郑重的承诺，用实际行动诠释诚信的内涵，用诚信执法去体现司法公正造福社会、服务民生，让诚信在心中长存。

省委宣讲团成员郭保振
为全院干警做党的十八届四中 全会精神 专题报告

文汝
化检

按照高检院、省院、市院的要求，学习好、贯彻好、落实好党的十八届四中全会精神，是当前和今后一个时期检察机关的首要政治任务。为使全院干警进一步深刻领会党的十八届四中全会精神，2015 年 1 月 15 日下午，我院邀请河南省委党的十八届四中全会精神宣讲团成员郭保振为全体干警做专题辅导报告。

报告紧紧围绕全会精神，深刻阐述了依法治国方略提出的背景、主要内容和全面推进依法治国的重大意义、重点部署等方面的内容。整场报告主题鲜明，内容丰富，既有历史层面的脉络梳理，又有切近现实问题的细致分析，对进一步推进学习贯彻十八届四中全会精神，推进检察工作发展具有极强的指导意义。

精彩的报告内容，不断激起群体干警们的阵阵掌声。干警们纷纷表示，在今后的工作中会进一步加强学习、深化认识，立足本职，办好每一起案件，用自己的实际行动为全面推进依法治国的伟大战略作出自己的贡献。

这次报告会是我院开展的十八届四中全会精神全员培训工作中的一项重要内容。为开展好培训工作，我院及时制定轮训工作方案，制作了详细的学习安排表，保证每名干警人手一册《党的十八届四中全会〈决定〉学习辅导百问》。要求全院干警要采取多种形式进行深入学习和宣传，准确把握和领会全会精神。

汝州市检察院 道德讲堂
实施方案、流程规范及活动记录

"道德讲堂"实施方案

为深入贯彻实施《公民道德建设实施纲要》，扎实推进社会主义核心价值体系建设，培育知荣辱、讲正气、做奉献、促和谐的良好风尚，促进检察事业的全面科学发展，按照市文明建设委员会办公室的通知要求，制定如下实施方案。

一、指导思想

认真贯彻落实党的十八大、十八届三中、四中全会精神，以提升检察干警思想道德修养和文明素质为核心，以加强社会公德、职业道德、家庭美德和个人品德为重点，通过建设"道德讲堂"，普及道德理念、讲述道德故事、弘扬道德精神、展示道德力量，运用典型示范、实践养成、修身律己等多种方式，推进先进道德理念入脑入心、外化于形，培育良好的社会道德风尚，努力使我院道德建设走在前列。

二、工作目标

着力加强全院检察干警社会公德、职业道德、家庭美德和个人品德等"四德"建设，促进干部队伍整体素质的明显提高，培养和造就政治坚定、品行高尚、务实创新、勤政廉洁、人民满意的检察队伍。

（一）党性观念有新增强。进一步加深全院检察干警对中国特色社会主义理论体系特别是科学发展观和社会主义核心价值体系的理解、把握，更加坚信共产党的领导，使立党为公、执政为民的意识得到明显增强，做到始终忠诚于党。

（二）职业道德有新提高。全院检察干警尤其是党员干警，道德建设的首要任务是要确立良好的检察职业道德观。要通过建设道德讲堂进一步树立以人为本、民生为重的理念，牢固确立以爱岗敬业、诚实守信、办事公道、服务群众、奉献社会为主要内容的职业道德。

（三）**工作作风有新突破**。把转变检察执法作风作为建设"道德讲堂"的重要目标，努力使执法水平有提升，重点工作、难点工作有突破，人民满意度有提高，真正使建设道德讲堂的成果能够实实在在地体现在推动全院各项检察工作上。

（四）**检察形象有新提升**。通过"道德讲堂"的引导，使遵守社会公德、践行家庭美德和修养个人品德越来越成为全院检察干警的自觉行动，使"讲道德、知荣辱、树新风"越来越成为一种积极追求，引导干警在工作的八小时以内争做优秀人民公仆，八小时以外争做优秀家庭成员和社会成员，树立检察队伍良好的社会形象。

三、主要内容

社会公德建设以"礼仪"为核心，主要包括文明礼貌、助人为乐、爱护公物、保护环境和遵纪守法等；

职业道德建设以"奉献"为核心，主要包括对党忠诚、服务人民、秉公执法、清正廉明、勇于献身等；

家庭美德建设以"和睦"为核心，主要包括夫妻和睦、孝敬长辈、关爱子女、邻里团结、勤俭持家等；

个人品德建设以"友善"为核心，主要包括友善互助、正直宽容、明礼守信、热情诚恳、自强自立等。

四、讲堂形式

（一）**授课讲堂**。院成立以党组副书记、副检察长张现周为组长，政治处、机关党委主要负责人为成员的领导小组，具体落实道德讲堂活动。定期聘请道德模范和专家授课，通过道德模范讲述亲身经历和专家讲解文明礼仪、社会道德、行为品德等方面的知识及规范，从理论和实践的结合上诠释道德内涵。

（二）**活动讲堂**。组织开展寓文明道德规范于其中的具体活动，如举办道德模范事迹报告会、观看道德电影、讲述道德故事、诵读道德经典等，调动全院干警争做道德楷模的热情。

五、活动载体

为确保"机关道德讲堂"取得扎实成效，将采取统一组织和各处室自行组织等方式，重点开展以下活动。

（一）"讲"——邀请模范宣讲。选取院范围内先进典型、模范人物，以"身边人讲身边事、身边人讲自己事、身边事教身边人"的形式讲述道德事迹。

（二）"树"——选树先进典型。通过从各处室中选树一批事迹感人、贴近群众的平凡道德模范人物，有系统、有步骤地在本单位、本系统中进行集中宣传，带动大家感悟身边先进人物的可贵精神和宝贵品质。

（三）"比"——开展读书、征文评比。结合开展的读书活动，精选和推荐一批具有道德影响力、感染力的影片和名著，有计划地组织党员干警观看、阅读，交流感想，开展征文评比，在看、读、思、写的过程中引发思考，启迪心智，促进道德素养的提升。

（四）"训"——充实教育培训内容。将学习社会主义核心价值观和加强思想道德建设的内容，纳入全院干警培训计划，提高业务骨干的组织能力；纳入中层干部等各类培训，充分发挥培训主渠道在道德建设中的基础优势。并将参与"道德讲堂"活动情况作为年终评优考核的依据之一。

六、活动要求

一是领导率先垂范。领导干部要带头参加"道德讲堂"建设的各项活动，充分发挥示范表率作用。广大检察干警要充分认识建设"道德讲堂"的重要意义，积极参加"道德讲堂"活动。

二是扎实推进实施。各处室要召开动员会，让全院干警明确建设"道德讲堂"的现实意义、指导思想、工作目标。按照"我听、我看、我讲、我议、我选、我行"的模式，认真开展道德建设活动。要组织本处室先进典型，开展"有道德的人讲道德"活动，发掘我院的凡人善举，鼓励和引导大家讲自己、讲他人、讲身边的道德故事。

三是注重工作实效。各处室要从实际出发，将"道德讲堂"与创先争优活动结合起来，与加强党风廉政建设结合起来，寻找道德建设与推动检察工作的结合点、着力点。加大宣传力度，营造崇德尚善、见贤思齐的良好氛围。通过提升思想道德境界，焕发热情、激发斗志、提振信心，从而凝心聚力，在推动科学发展、促进社会和谐、服务人民群众的实践中勇立新功。

汝州市人民检察院

2015 年 3 月 20 日

"道德讲堂"流程及规范

一、确定主题、主持人、道德故事讲述人。

二、确定时间、地点、参加对象。

三、讲堂标准化流程；"道德讲堂"还要形成规范的"六个一"流程，每一场讲堂中实施：

1. "唱一首道德歌曲"：每一次开讲前，组织学唱一首道德歌曲；

2. "看一部教育短片"或"讲一个身边故事"：围绕主题，组织群众观看一部道德建设先进人物事迹的短片；

3. 讲述一个发生在身边的体现民族传统美德、检察职业道德与时代精神的典型事例；

4. "作一番感悟点评"：由干警评议身边好人故事，讲述心中感受，品悟道德力量，升华自身境界；

5. "诵一段中华经典"：组织诵读一段中华传统经典语录；

6. "送一份吉祥"：围绕主题，向需要帮助的人献出自己的爱心和祝福。

汝州市检察院道德讲堂活动记录

学先进事迹　树道德典范

一、时间：2015 年 5 月 14 日

二、地点：院六楼道德讲堂会议室

三、主持人：管怡兵

四、参会人员：院全体干警

五、主题：学先进事迹　树道德典范

六、活动内容：

　　主持人管怡兵主持词：道德力量是国家安定、社会和谐、人民幸福的重要因素。随着社会的不断发展，人们的思想观念和价值取向日趋多元化，文化生活和精神需求更加多样化，诚信缺失、信仰缺乏、道德失范等社会问题不同程度存在。为了主动适应形势发展变化，大力弘扬中华民族道德力量，根据市文明办部署，今年我院将每季度开设一场道德讲堂，让干警用自己的切身感受讲一讲身边好人的故事，这些故事就发生在我们的身边，可亲、可敬、可信、可学，进而在我们全体干警中营造"积小德为大德，积小善为大善"的良好风气，传递正能量，不断提升干警道德水平。今天我们这期道德讲堂的主题是"学先进事迹　树道德典范"，共有六个环节："唱一首歌曲、看一部短片、诵一段经典、讲一个故事、做一番点评、送一份吉祥。"

一、唱一首歌曲

各位领导、各位朋友，请全体起立！让我们一起用激扬的歌声、澎湃的热情和积极的行动，唱响我们心中的爱！让我们一起放声歌唱：

爱的奉献

这是心的呼唤

这是爱的奉献

这是人间的春风

幸福之花处处开遍

这是心的呼唤

这是爱的奉献

这是人间的春风

这是生命的源泉

再没有心的沙漠

再没有爱的荒原

死神也望而却步

幸福之花处处开遍

啊 啊 啊

只要人人都献出一点爱

世界将变成美好的人间

啊 啊 啊

只要人人都献出一点爱

世界将变成美好的人间

这是心的呼唤

这是爱的奉献

这是人间的春风

幸福之花处处开遍

啊 啊 啊

只要人人都献出一点爱

世界将变成美好的人间

啊 啊 啊

只要人人都献出一点爱

世界将变成美好的人间

啊 啊 啊

只要人人都献出一点爱

世界将变成美好的人间

啊 啊 啊

世界将变成美好的人间

啊 啊 啊

二、看一部短片

焦裕禄是人民的好公仆、领导干部的好榜样。

他在担任兰考县委书记期间，带领全县人民战天斗地，奋力改变兰考贫困面貌，积劳成疾，因肝病不幸逝世。他以自己的实际行动，铸就了一个优秀共产党员和优秀县委书记亲民爱民、艰苦奋斗、科学求实、迎难而上、无私奉献的光辉形象。影片《焦裕禄》真实生动地再现了焦裕禄在兰

考工作期间，以坚强的毅力、对党和人民事业高度的忠诚，带领全县干部群众治理"三害"、战天斗地的撼人心魄场面，让现场党员干部重温了"亲民爱民、艰苦奋斗、科学务实、迎难而上、无私奉献"的焦裕禄精神。下面，请大家观看电影《焦裕禄》片段。

三、诵一段经典

今天，我们要诵读的经典是《弟子规》中的一段话看屏幕（主持人先朗诵一遍）：

见人善 即思齐 纵去远 以渐跻

见人恶 即内省 有则改 无加警

看见别人的美好品德，就想着向他靠拢和学习，纵使和他人有很大的距离，也要慢慢地赶上他。看见他人的恶行，就要自我反省，如果自己也有类似情形，就要及时改正，如果没有，也要以此警示自己。这一段话其实化用了《论语》中的两句名言，一句是："见贤思齐焉，见不贤而内自省也。"意思是看见贤德的人要想着向他看齐，看见不贤德的人要内心反省有无和他一样的行为。还有一句是："见善如不及，见不善如探汤。"意思是见到好的行为要像赶不上一样马上照着做，见到不好的行为要像手伸到开水里一样赶紧避开。古人告诉我们，"不积小善，不能成大德；不积小恶，不足以亡身"。凡事包容一些，宽厚一些，仁爱一些，诚信一些，忠恕一些，这是利于自己，利于他人，更利于社会的处世智慧与学问，值得我们学习与铭记。

下面请大家跟我一起大声诵读……

四、讲一个故事

道德讲堂，让身边人讲身边事。

今天我们请到了院小屯检察室主任陈冬伟同志。有请陈冬伟同志做先进事迹报告。

五、做一番点评

在场的各位观看了短片，听取了陈冬伟同志的先进事迹后一定有所启迪，有所感悟，那就不妨和大家共同分享一下自己的体会，不知道现在有哪位愿意为大家分享自己的感受呢？请您举手向我示意。

（发言内容略）

谢谢干警的踊跃发言。榜样蕴藏无穷力量，精神激发奋斗意志。让我们以先进典型为榜样，见贤思齐、知行合一，用智慧和力量立足岗位、创先争优。大力弘扬社会主义先进文化，共同促进检察事业的发展。

六、送一份吉祥

洗涤心灵，感悟道德，从而践行道德，不断提升大家的道德水平和道德境界，这是我们开设道德讲堂的根本宗旨。

"存好心，做好事，当好人，有好报"，让我们共同祝愿：厚德善行，吉祥相伴！

尊敬的各位领导、各位干警，每一期的道德讲堂都使我们感受到一次心灵的洗礼，让我们增强对美好人生与和谐社会的无限信念。今天的道德讲堂到这里就结束了，让我们怀着感动与期待，相约下一期的道德讲堂！谢谢大家！

践行社会主义核心价值观　培养良好职业道德

一、时间：2015 年 6 月 17 日

二、地点：院六楼道德讲堂会议室

三、主持人：管怡兵

四、参会人员：院全体干警

五、主题：践行社会主义核心价值观　培养良好职业道德

六、活动内容：

欢迎来到汝州市人民检察院道德讲堂，我是本期主持人管怡兵。

道德是一种力量，给人震撼；道德是一种精神，给人启迪；道德是一种财富，给人智慧；道德是一盏明灯，给人引路……它犹如一缕春风吹遍了祖国的大江南北，引起了全社会的思想共鸣。本期道德讲堂以倡导富强、民主、文明、和谐，倡导自由、平等、公正、法治，倡导爱国、敬业、诚信、友善，积极培育社会主义核心价值观，以"社会公德、职业道德、个人品德"为抓手，以道德模范和身边的好人好事为榜样，通过身边人说身边事，身边人说自己事，身边事教身边人，用这些温暖如歌的平凡故事，点亮我们前行的道路。我院道德讲堂就是要为全体干警营造出"积小德为大德，积小善为大善"的良好风气，推动形成"我为人人、人人为我"的社会风尚。

今天的道德讲堂我们以"践行社会主义核心价值观，培养良好职业道德"为主题，精心设计了"唱一首歌曲、看一部短片、诵一段经典、讲一个故事、做一番点评、送一份吉祥"六个环节。

一、唱一首歌曲

请大家一起来唱《歌唱祖国》，请大家起立，请工作人员播放音乐。

（歌词内容略）

二、看一部短片

吴斌，男，浙江杭州人，杭州长运司机。

2012年5月29日中午，杭州长运客运二公司员工吴斌驾驶客车从无锡返杭途中，在沪宜高速被一个来历不明的金属片砸碎前窗玻璃后刺入腹部至肝脏破裂，面对肝脏破裂及肋骨多处骨折，肺、肠挫伤的危急关头，吴斌强忍剧痛，换挡刹车将车缓缓停好，拉上手刹、开启双跳灯，以一名职业驾驶员的高度敬业精神，完成一系列完整的安全停车措施，确保了24名旅客安然无恙，并提醒车内24名乘客安全疏散和报警。后被送到中国人民解放军无锡101医院抢救。2012年6月1日凌晨3点45分，因伤势过重抢救无效去世，年仅48岁。

为表彰杭州司机吴斌的先进事迹和崇高精神，2012年6月2日晚，杭州市精神文明建设委员会发布公告，授予吴斌同志杭州市道德模范（平民英雄）荣誉称号。浙江省委常委、市委书记、市人大常委会主任黄坤明作出批示：吴斌同志在危急时刻用生命履行了职责，为我们树立了坚守岗位、舍己为人的光辉榜样。让我们再次感受吴斌同志的感人事迹，请看短片。

三、诵一段经典

中国梦，价值魂。努力建设中华民族的共有精神家园，积极培育和践行社会主义核心价值观，是实现中国梦的价值观建设基础工程。党的十八大提出的"三个倡导"的 24 字社会主义核心价值观，是马克思主义与社会主义现代化建设相结合的产物，与中国特色社会主义发展要求相契合，与中华优秀传统文化和人类文明优秀成果相承接，是我们党凝聚全党全社会价值共识作出的重要论断。今天，我们就来学习社会主义核心价值观的具体内容。

下面，请大家看大屏幕，我们一起来高声朗读这段话。

富强、民主、文明、和谐，

自由、平等、公正、法治，

爱国、敬业、诚信、友善。

远大理想只有变成行动才有力量，崇高追求只有付诸实践才有价值。培育和践行社会主义核心价值观，对于个人而言，首先就要践行爱国、敬业、诚信、友善的价值准则。对于检察干警而言，首先就要培养良好的职业道德——忠诚、为民、公平、正义，强化责任意识、宗旨意识、服务意识和大局意识，切实维护最广大人民群众的根本利益，使检察工作更好地体现人民群众的愿望、符合人民群众的要求，获得人民群众的肯定。

四、讲一个故事

道德讲堂，让身边人讲身边事。

今天我们请到了院公诉科科长关文丽同志，让我们来倾听这位女检察官的点点滴滴。让我们掌声有请！

（讲话内容略）

谢谢关文丽同志为我们讲述的故事，让我们感受到道德不仅仅在书本和颁奖台上，道德的力量就在我们身边，让我们学习身边人身边事，传播道德的力量。

五、做一番点评

在今天的道德讲堂里，我们唱出了道德，看到了道德，诵读了道德，也聆听了道德，那么此时此刻，相信大家一定有许多感受、感想和感悟，下面就把时间留给你们，大家谈谈自己的感受。

六、送一份吉祥

下面，进入第六个环节——送一份吉祥，引导文明新风尚。

道，源于教育；道，重在传承；道，贵在坚持。道德建设、传承美德、争做好人是时代的呼唤，是社会文明进步的需求，更是每个人义不容辞的责任，让我们携起手来，与道德模范为伍，与身边好人同行，认真践行社会公德、职业道德、家庭美德和个人品德，用道德实践的丰硕成果引领社会新风尚，以实际行动为检察文明建设贡献力量！

激发善心，抒发善意，真心希望今天走进道德讲堂的人们，在今后的日常生活中，做一个勤劳的人，做一个善良的人。勤劳是我们的立身之本，善良是我们的处事之道。

积善之家必有余庆，积恶之家必有余殃，这是我们这个千年文明古国所积淀下来的道德古训，有因必有果，好人必有好报，让我们共同祝福我们大家：厚德善行，吉祥相伴。

大力弘扬雷锋精神

一、时间：2015 年 7 月 15 日

二、地点：院六楼道德讲堂会议室

三、主持人：管怡兵

四、参会人员：院全体干警

五、主题：大力弘扬雷锋精神

六、活动内容：

主持人管怡兵主持词：大家好，欢迎大家来到人民检察院道德讲堂，我是主持人管怡兵。我们中华民族自古以来就是"礼仪之邦"，光辉灿烂的中华文化经过了五千年的沉淀，不断凝结、升华而培育了伟大的民族精神，形成了强大的民族凝聚力、创新力。为了大力弘扬中华民族道德力量，倡树文明新风，我们开设了道德讲堂，目的在于通过这个载体，让我们每一个人都能切身感受到我们身边好人的道德故事，发挥道德正能量，构建文明和谐的社会环境。雷锋同志的"螺丝钉"品格、"钉子般"精神和"一滴水"境界是我们时代永不过时的主旋律，今天我们道德讲堂的主题就是：大力弘扬雷锋精神。通过宣传雷锋事迹、弘扬雷锋精神，动员我们检察干警广泛参与其中，大力倡树文明新风，不断提高道德境界，推动雷锋事迹家喻户晓，促进雷锋精神人人践行，为创建省级文明单位工作提供强大精神动力。

今天我们的道德讲堂共有六个环节："唱一首歌曲、看一部短片、诵一段经典、讲一个故事、做一番点评、送一份吉祥。"

一、唱一首歌曲

有这样一首歌，歌颂着一种精神在华夏民族永久地相传；有这样一个人，我们一听到他的名字，心中就会有温暖，时刻感受着他就在我们中间。请大家起立，让我们来唱响这首《学习雷锋好榜样》，请放音乐。

（歌词内容略）

二、看一部短片

雷锋（1940—1962），全心全意为人民服务的楷模、中国人民解放军战士、伟大的共产主义战士。作为一名普通的中国人民解放军战士，雷锋在短暂的一生中助人无数。一部可歌可泣的《雷锋日记》令无数读者为之动容。"雷锋精神"激励着一代又一代人学习。毛泽东同志于1963年3月5日亲笔题词"向雷锋同志学习"，我国把3月5日定为学雷锋纪念日。今天就让我们观看雷锋

的一段真实故事。播放影片《雷锋》片段。

三、诵一段经典

我们诵读圣贤经典，聆听先哲教诲。让我们一起感谢父母给了我们生命和无私的爱；感谢老师给了我们知识和看世界的眼睛；感谢朋友给了我们友谊和支持。恩欲报，怨欲忘，抱怨短，报恩长。是《弟子规》让我们知道感恩，学会做人。下面请全体同学诵读《弟子规》。

泛爱众

凡是人	皆须爱	天同覆	地同载
行高者	名自高	人所重	非貌高
才大者	望自大	人所服	非言大
己有能	勿自私	人所能	勿轻訾
勿谄富	勿骄贫	勿厌故	勿喜新
人不闲	勿事搅	人不安	勿话扰
人有短	切莫揭	人有私	切莫说
道人善	即是善	人知之	愈思勉
扬人恶	既是恶	疾之甚	祸且作
善相劝	德皆建	过不规	道两亏
凡取与	贵分晓	与宜多	取宜少
将加人	先问己	己不欲	即速已
恩欲报	怨欲忘	报怨短	报恩长
待婢仆	身贵端	虽贵端	慈而宽
势服人	心不然	理服人	方无言

四、讲一个故事

在雷锋身上发生的不仅仅是这一件事，还有许多的故事值得我们去好好学习，请宣讲员为我们讲述《雷锋的感人故事》。

（讲述内容略）

五、做一番点评

看了一段短片，听了一个故事，相信大家一定有很多的感触，听听大家此时内心的道德感悟。请大家与我们分享一下你的感受。

（分享内容略）

六、送一份吉祥

各位干警，让我们大家携起手来，从我做起，从小事做起，从现在做起：

一要学习弘扬雷锋热爱党、热爱祖国、热爱社会主义的崇高理想和坚定信念。

二要学习弘扬雷锋服务人民、助人为乐的奉献精神。雷锋是以服务人民为最大幸福，以帮助他人为最大快乐，这是雷锋精神的一个典型的标识，也是我们今天仍然要弘扬的一个崇高品德。

三要学习弘扬雷锋干一行爱一行、专一行精一行的敬业精神。雷锋生前做过多种岗位，但是干一行他热爱一行、干一行他精通一行，这一点在今天这样一个时代仍然是需要的，仍然需要像雷锋那样立足本职、忠于职守、兢兢业业、精益求精。

四要学习弘扬雷锋锐意进取、自强不息的创新精神。雷锋总是把工作作为一种无穷的动力，要钻进去、要吃透它，而且还不断地提升自己、不断地通过学习丰富自己。这种刻苦学习、锲而不舍、锐意进取的精神在我们今天这个社会中仍然受到大家的推崇。

五要学习弘扬雷锋艰苦奋斗、勤俭节约的创业精神。过去叫作艰苦朴素不忘本，今天尽管我们国家发展了，人民的生活普遍改善了，但是勤俭节约、艰苦奋斗这种在雷锋身上所体现的作风我们仍然需要，要本着这种精神来从事今天崇高的中国特色社会主义事业。

本期道德讲堂到这里就结束了，衷心感谢大家的热情参与！谢谢大家，再见！

修身 养德

一、时间：2015 年 8 月 20 日

二、地点：院六楼道德讲堂会议室

三、主持人：管怡兵

四、参会人员：院全体干警

五、主题：修身 养德

六、活动内容：

主持人管怡兵主持词：大家好，欢迎大家来到汝州市人民检察院道德讲堂，我是主持人管怡兵。

我们中华民族自古以来就是"礼仪之邦"，崇德尚善，光辉灿烂的中华文化经过了五千年的沉淀，不断凝结、升华而培育了伟大的民族精神，形成了强大的民族凝聚力、创新力。为了大力弘扬中华民族道德力量，倡树文明新风，我们开设了道德讲堂，目的在于通过这个载体，让我们每一个人都能切身感受到我们身边好人的道德故事，发挥道德正能量，动员检察干警大力倡树文明新风，不断提高道德境界，构建文明和谐的社会环境。同时，也是为我院创建全省文明单位工作提供强大精神动力。

一、做一次静思

音乐声起（节奏舒缓的钢琴轻音乐《初雪》）。

主持人：请大家闭上双眼，在纯净的背景音乐下静下心来，俯视自己的内心，作一次灵魂的反省自问：

工作中，有无推诿扯皮、敷衍塞责？有无知行不一、弄虚作假？

生活中，有无情趣低俗、玩物丧志？有无奢靡之风，讲究排场，铺张浪费？

好，请大家睁开眼睛。

二、唱一首歌曲

现在，请大家起立，让我们跟随音乐一起唱《感恩的心》。

（歌词内容略）

（唱完后）我们坚信：只要人人有一颗感恩之心，世界就一定会变得更加美好！请坐，谢谢大家！

三、诵一段经典

（大屏幕显示《道德经》）

五色令人目盲，五音令人耳聋，五味令人口爽，驰骋田猎令人心发狂，难得之货令人行妨。是以圣人为腹不为目，故去彼取此。

这段话通俗来讲就是：色彩太过于斑斓夺目，就会让人目不暇接成为瞎子；音乐过于繁杂宏大，就会令人不能完全解读成为聋子；美食的味道五味具备，就会令人难以品出滋味，最后失去味觉；刺激的娱乐活动很容易让人失去平常心，变得狂热失神；而难得的也就是珍贵的东西就会让人玩物丧志，竞相追逐。用现在的视角来开，就是我们的生活不要那样总是盛满了追逐名利和祈求繁华，而应该返璞归真，这就是道家清静无为的客观理性思想。

经典需要反复品读，经典需要用心感悟，经典需要世代传承，先贤的灼见，相信会给大家带来新的思考。

四、向"德"鞠一躬

（投影仪投放显示屏上打出"德"字的背景图案）

主持人：中国人自古尚德，"德"是人们行为所依据的内心准则。我们要敬畏祖先、天地、神灵和心中之"德"。让我们用"鞠躬"的方式，表达对崇高道德的敬仰之心。请全体起立，面向"德"字鞠躬。

礼毕，谢谢大家，请坐。

五、学一位模范

今天，我们有幸邀请到我院监所科科长黄爱梅同志来给我们作报告。下面让我们起立以热烈的掌声欢迎她的到来。

她在平凡的岗位上，积极探索创新社会管理的新经验，抓办案、促监督、求发展，使汝州市人民检察院监所检察工作规范化、信息化水平全面提升。2011年11月，汝州市人民检察院驻看守所检察室被最高人民检察院命名为一级规范化检察室。汝州市检察院监所检察科连续多年位居平顶山市人民检察院监所检察系统第一名，并荣立集体三等功一次。她连续多年被评为平顶山市检察机关先进工作者、优秀检察官等，2011年荣立个人二等功，2012年荣获全省检察机关"十佳"派驻监管场所检察员称号，2013年2月平顶山市人民检察院以黄爱梅精神产生辐射效应"检察英模群体传递鹰城检察正能量"为题材在平顶山日报刊登她的先进事迹，2013年7月她被平顶山市人民检察院提名为平顶山市第二届"十佳检察官"候选人，并记嘉奖，2013年平顶山市人民检察院在平顶山市人民代表大会上做报告时也报告了她的先进事迹，2014年被汝州市委评为"学习弘扬焦裕禄精神好干部"。现在，请黄爱梅同志为我们讲述她的故事，大家欢迎！

（报告内容略）

（报告完毕）主持人：谢谢黄爱梅同志的精彩报告。让我们再次以热烈的掌声对她表示感谢和致敬！

六、发一份善心

主持人：激发善心，抒发善意，真心希望今天走进"道德讲堂"的朋友们，在今后的日常生活中，做一个勤劳的人，做一个善良的人。勤劳是我们的立身之本，善良是我们的处事之道。让我们做出一份"道德承诺"，把大家的"善心"发扬光大。请大家跟随我齐声诵读"学习先进模范，树立道德新风；存好心，做好事，当好人，得好报，扬好德"。（建议由主持人带领大家一起诵读）

七、送一份吉祥

积善之家必有余庆，积恶之家必有余殃，这是我们这个千年文明古国所积淀下来的道德古训，有因必有果，好人必有好报，让我把吉祥的祝福送给大家：厚德行善，快乐永存！大爱无疆，吉祥相伴！

同志们，朋友们，道德，源于教育；道德，重在传承；道德，贵在坚持。我们的道德讲堂是属于大家的讲堂，真诚地希望今天走进"道德讲堂"的每个人都能成为道德的传播者、实践者和受益者。茫茫人海，有默默奉献的温馨，也有一呼百应的力量，只要相融相通、相扶相持，就能惠及他人，温暖世界。本期"道德讲堂"到这里就结束了。

谢谢大家！我们下期再见。

汝州市人民检察院『坚守』
道德讲堂

汝州市人民检察院『廉政』
道德讲堂

汝州市人民检察院"明礼诚信"道德讲堂

汝州市检察院举办社会主义核心价值观专题讲座

　　为了深入贯彻落实党的十八届三中、四中全会精神和习近平总书记系列重要讲话精神，进一步弘扬和践行社会主义核心价值观，提升全院干警政治理论水平和文化素养。5 月 15 日，汝州市检察院举办检察文化讲堂，邀请汝州市委党校朱孜慧副教授做社会主义核心价值观专题讲座。全体检察人员聆听了报告。

　　朱孜慧深入浅出地从社会主义核心价值观的基本内容、培育和践行核心价值观的必要性、践行核心价值观的路径分析三个方面，阐述了践行社会主义核心价值观的重大意义和启示。报告内容丰富，语言生动，引经据典，既有理论高度，又紧密联系实际，博得了现场检察人员的阵阵掌声。

　　院党组副书记、副检察长张现周要求，全体检察人员要把培育和践行社会主义核心价值观落实到检察工作中，把践行和培育社会主义核心价值观与推动业务工作和提升服务效能相结合，率先垂范，自觉做社会主义核心价值观的倡导者、参与者、推动者、践行者，使社会主义核心价值观内化于心、外化于行，为不断推进检察工作发展提供精神动力和道德支撑。

汝州市检察院举办"三严三实"专题教育党课

2015年6月9日下午，在汝州市检察院六楼会议室，院党组书记、检察长刘新义以《认真践行"三严三实"，做忠诚履职的检察干警》为题，为全体干警上专题党课，正式开启该院"三严三实"专题教育活动。

刘新义检察长立足检察职能，结合检察工作和队伍建设，从修身、律己、用权、谋事、创业、做人等六个方面，深刻阐述了"三严三实"的理论价值、实践意义和丰富内涵。他指出，"三严三实"既继承了优秀传统文化，又富有新的时代内涵，是党员干部做人行事为官的基本准则,全院干警要坚持把"三严三实"作为立志修身之本、为官从政之道、谋事创业之要、做人正己之基,坚持做到对党忠诚、个人干净、敢于担当。

在党课中,他认真分析了检察队伍中存在的"不严不实"的表现,并以最近发生的诸多反面典型作为警醒。对如何践行"三严三实"、如何提升党性、如何扎实开展"三严三实"专题教育提出明确要求。

刘新义检察长指出,全院上下要着重抓好以下三个方面的工作:一是要进一步强化办案工作。围绕中心、服务大局,是检察机关的重大政治责任,是检察工作科学发展的生命力所在。强化办案,是检察机关服务大局、保障民生的基本手段,是检验检察机关作为和担当的基本判断。在今后的工作中,要进一步加强重点领域查办职务犯罪工作。二是要开展好规范司法行为专项整治工作。司法规范化建设是事关检察事业长远发展的重要基础性全局性工作。目前,规范司法行为专项整治工作已经进入对照检查阶段,这是规范司法行为专项整治工作的关键环节和重中之重。领导干部要以身作则,率先垂范,认真做好对照检查阶段的再动员、再部署工作,尤其要厘清重点问题,查明典型案事例,并予以坚决纠正。要着重从政治思想、司法理念、职业良知、司法作风等方面查找思想、制度、管理、作风方面的原因,总结教训,制定工作台账,按照轻重缓急和难易程度,提出整改落实的具体工作方案,明确整改落实的目标、任务、时限和具体措施,明确分管领导、分管部门的责任,确保整改到位,确保我院专项整治各项工作部署落到实处。三是要努力建设过硬检察队伍。一支过硬的检察队伍,是做好检察工作的基石。要按照政治过硬、业务过硬、责任过硬、纪律过硬、作风过硬的要求,把守纪律、讲规矩和从严治检的要求贯穿班子建设、队伍建设和业务工作的全过程,全面加强思想、能力、作风等各项建设,着力建设一支信念坚定、执法为民、敢于担当、清正廉洁的检察队伍。

国防大学郭伟涛教授为全院干警做

军事安全 专题讲座

为进一步增强检察干警的国防意识和国防精神，激发检察干警的爱国热情，充实检察干警的国防知识，2015 年 6 月 25 日上午，市检察院邀请著名军事问题专家、国防大学郭伟涛教授为全体干警做军事安全问题专题讲座。

郭伟涛教授长期从事中国军事战略教学科研工作，著有《人民战争论》《战争战略军队》等学术专著 6 部，发表学术论文和咨询报告 60 余篇，培养硕士研究生、博士研究生 30 余名。

讲座中郭教授以《我国军事安全的几个问题》为题，围绕我国军事安全问题，深入浅出地对国际安全形势进行了分析，介绍了我国周边的安全形势，并对干警普遍关心的当前热点问题进行了深入探讨。

院党组书记、检察长刘新义要求全体干警要立足岗位，坚定理想信念，培育军人般的优良作风，把军人的作风融入到自己的言行举止和日常工作中，积极履行法律职责，不断提高办案质量、规范司法行为，为汝州的经济快速发展和社会进步作出检察机关应有的贡献。

汝州市委常委、人武部政委蒋泳及驻汝部队部分营级以上军官到现场参加文化大讲堂活动。

汝州市检察院举办 **文明礼仪** 知识讲座

　　为促进单位文明建设，创造良好的工作环境和秩序，进一步培养干警高尚的道德情操和文明的行为习惯，展示检察工作人员的良好形象，2015 年 8 月 3 日上午，我院在六楼会议室举办了文明礼仪知识专题讲座。讲座由我院政治处主任顾武修主讲，院党组成员及全体干警参与听课。

　　讲座首先从多个方面由浅入深、细致生动的讲解了什么是礼仪、为什么要讲礼仪、学习践行文明礼仪的重要意义。接着引用孔子的名言："不学礼，无以立"，提出作为检察人员更应该注重礼仪，倡导文明。并对践行文明礼仪提出了这样的基本要求：

　　——相互尊重、真诚相待。 既要通过良好的礼仪修养，展现自尊自信；也要常怀敬人之心，给他人充分礼遇，不伤他人尊严，不侮辱他人人格。要诚实守信，表里如一，以真诚为纽带，促进人与人之间信息传递、情感交流、思想沟通。

——**宽容大度、严于律己。**要心胸豁达，宽以待人，多为他人着想，多做助人之事，容人之短，谅人之过。要按照礼仪规范待人处世，注意自己该做什么，不该做什么，己所不欲，勿施于人。

——**把握分寸、尊重差异。**要以平等态度对待交往对象，一视同仁，大方得体，把握好度。要了解不同的国情、民族、文化背景，尊重对方的风俗、习惯、禁忌。

——**身体力行、注重养成。**行是知之始，知是行之成。要在实践中体验和养成礼仪规范，从日常做起，从点滴做起，日积月累，形成习惯。

从握手到称谓，从出行到购物，从着装到用餐，从使用电话到网络交流，都能反映一个人的文明素养，体现社会的文明程度。讲座从个人仪容、体态、日常着装及正式场合男、女士着装要求、宴请礼仪、自助餐礼仪七个方面详细地讲述了这些在社会生活经常用到的礼仪知识，从而教育和引导广大干警要从自身做起、从日常保洁、文明出行等小事做起，自觉告别生活陋习，提高文化修养，陶冶道德情操，养成文明习惯。

文明是检察职业道德基本要求中非常重要的一项内容，规范检察着装，是展示检察职业素养的一条重要途径，并使检察官切实体会到自己肩负保障国家法律统一实施的神圣使命。着装上岗，既是维护国家法治尊严、树立检察机关形象的需要，对检察官个人而言，也是便于社会监督、素养的自我暗示和自我约束的需要。顾武修同志在讲座中向全体干警细致讲述了检察制服着装的管理规定，使干警更加明确穿着检察制服、佩戴检徽的场合及要求。

对于此次讲座，我院全体干警一致认为这是一次难得的学习机会，既充实了文明礼仪知识，又开拓了思路和视野。干警们纷纷表示要以此次讲座为契机，进一步增强文化修养，提高文明礼仪水平和岗位工作形象，为推动我院检察工作发展而努力！

缅怀英雄 **先烈** 弘扬革命 **精神**

　　每年的清明节，我院组织检察干警到汝州市烈士陵园参加祭奠革命先烈活动。

进高校提升理论素养　学先进强化业务

技能
文化检

　　为进一步提升干警检察业务技能，推进"学习型"检察院建设，1月22日至28日，我院部分中层及业务骨干一行43人在刘新义检察长的带领下赴北京师范大学刑事科学研究院参加了检察官刑事法培训班学习。在北京师范大学的大力支持下和全体参训干警的积极努力下，培训取得了圆满成功。

一、细致筹备，精心组织

　　自我院与北师大刑科院签订"检校合作"协议，特别是2015年6月，北师大刑科院教学教研基地在我院正式揭牌后，院党组就将此次培训列入了工作议程。经过事前多次沟通、

刘新义检察长在培训班开班仪式上讲话

著名法学家樊崇义教授做题为检察机关应对以审判为中心司法改革问题研析的报告

北京师范大学刑事法律科学研究院院长暨法学院院长赵秉志教授做题为中国刑法最新修正主要争议问题的报告

北京师范大学党委办公室、校长办公室主任康震教授畅论中国文化精神

北京市人民检察院副检察长甄贞做题为检察改革若干重要问题研讨的报告

北京师范大学刑事法律科学研究院证据所法研究所所长刘广三教授做题为刑事证据的收集与运用的报告

全国人大法制工作委员会刑法室副主任雷建斌做题为刑法修正案九的理解与适用的报告

中国人民公安大学侦查学院赵桂芬教授做题为侦查讯问技巧与问题的报告

中国人民公安大学警务实战训练部瞿金鹏教授做题为追逃及特殊侦审手段的报告

北京师范大学刑事法律科学研究院党总支书记张远煌教授在开班仪式上致辞

北京师范大学法学院党委书记、刑事法律科学研究院刑事政策研究所所长卢建平教授做题为宽严相济刑事政策与检察工作的报告

中国人民大学法学院刘品新教授做题为电子证据与科技强检的报告

参训干警在认真听讲

协调，最终确定了此次培训的时间、地点，以及参训人员构成和规模。北师大黄晓亮教授从课程设置、行程计划、食宿安排、安全保障等方面都进行了精心安排和周密布置。到达北京师范大学后，我们又建立了分小组集中统一行动，晚十一点查房报告等制度，强化了纪律要求。这些都为培训活动的成功提供了坚实的组织和物质保障，实现了整个在外期间培训与生活的安全、顺利、圆满完成。

二、认真学习，积极交流

此次培训主题突出，内容丰富。短短的一周时间内，主要围绕当前司法改革、中央政法工作会议、全国检察长座谈会议精神，以及《刑法修正案（九）》等最新法律法规安排了 10 场讲座。参与授课的有樊崇义、赵秉志、康震、卢建平、甄贞、刘广三、雷建斌、刘品新、赵桂芬、翟金鹏等国内一流学者。培训的内容不仅有法学前沿理论知识，还涉及电子证据采集、询问技巧、信息时代追逃等检察实务。7 天时间里，参训干警耳目为之一新，视野大大拓宽，理念上受到了冲击，知识上得到了充实和更新。

为了进一步学习先进基层检察院的工作经验，增强培训的效果，1 月 26 日，刘检带领参训干警到北京市海淀区检察院参观学习。座谈会上，双方相关部门干警就侦查监督、刑事速裁以及查办职务犯罪等方面的工作进行了交流，并互赠了本

院编印的调研、工作回顾和检察文化等方面的书籍。

全体参训人员赴京之际，正值 30 年一遇的大寒潮自北向南席卷中华大地。参训干警早上 8 点从汝州出发，一路之上遭遇雨雪带来的大堵车，到达北京之时已是凌晨一点多。但所有参训干警都能够以最快的速度调整好心态，以最大的毅力克服困难，投入到紧张而又活泼的学习状态之中，充分体现了汝州检察干警优良的工作作风和良好的精神风貌。

三、认真总结，促进转化

为更好地总结培训的经验，1 月 28 日下午，在全部培训结束后，刘检专门组织全体参训人员进行了座谈。座谈会上，案管、侦监、反贪、反渎、民行、法警、技术等部门的负责人围绕培训的内容畅谈了自己的体会。他们纷纷表示要勤奋学习、刻苦钻研，不断提高专业能力，不辜负组织的关心和培养，把培训所学转化为实际能力，严格执法，规范办案，用学习成果推动工作创新发展。

此次培训，虽然时间不长，但是取得了三个方面的成效：一是提高了理论水平，更新了司法理念。这些培训、参观和考察活动都让参训干警们更好地学习到了法学理论前沿知识，从中领悟获取新的理念。二是开拓了视野，增长了才干，学习到了新的办案方法和经验。三是认识到了差距，增进了学习的动力。

在下一步工作中，我院将进一步采取有效措施，消化、吸收学习到的先进经验，扩大培训成果，积极推动我院检察事业向更高的目标迈进。

第二章 演讲比赛

汝文检化

Yanjiang Bisai

汝州市检察院举办"我与检察工作"演讲比赛·2008年12月

汝州市检察院参加平顶山市检察机关

"我心中的检察官" 演讲比赛·2009 年 7 月

汝州市检察院举办『恪守检察

职业道德

促进公正廉洁执法』演讲比赛·2010年5月

汝州市人民检察院竞争上岗竞职演说

中层副职
汝州市检察院进行 竞争上岗 竞职演说·2010年9月

汝州市检察院举办

"强班子、抓队伍、树形象"

教育整顿活动演讲比赛·2011年2月

汝州市检察院举办"分享拓展训练感受，迎接建党90周年"演讲比赛

　　为了迎接建党90周年，激发全院干警爱国、爱党、爱院热情，2011年5月31日上午，我院组织举办了"分享拓展训练感受，迎接建党90周年"演讲比赛。

　　本次比赛邀请了平顶山市院政治部副主任赵丰朝、汝州市委政法委相关领导担任评委，比赛开始前，院党组成员、政治处主任李爱莲代表院党组为比赛致辞。她指出演讲比赛旨在进一步弘扬优良传统，坚定干警理想信念，提升检察队伍凝聚力与战斗力。她希望通过选手们的精彩演讲，使团结协作的精神在队伍中继续发扬下去，激励广大干警群策群力开创工作新局面、树立新形象，实现新发展。

比赛中，10 名干警分别从检察工作实际出发，结合拓展训练营的深切感受，进行了慷慨激昂、富有感情的演讲，讴歌党的丰功伟绩，抒发了热爱检察事业的情怀。

首先上场的张志强以一篇立意深远的《激情满怀，勇创辉煌》博得了观众的阵阵掌声，他真切表达了化感恩为动力，追求卓越的信念和决心。时智锋的《凝聚力量，超越自我》、邓少鹏的《挑战自我，共创辉煌》、马建伟的《团结就有力量、团结才能成功》以感触最深的几个项目为着力点，带领大家重温了拓展活动中队伍成员休戚与共、奋发向前的一幕幕场景，深情诉说了团队意识带给我们无坚不摧的力量。陈晓亮的《团结凝聚力量、拼搏诞生希望》、毛跃帅的《感悟，照亮前方的道路》、淡亚峰的《精诚协作、勇于担当》、任川川的《90 年风雨路》，通过讲述各自在活动中的收获，感恩共产党领导下的美好生活，提出只有具备高度的责任感，才能在工作中忠实履行法律监督的光荣使命，获得人民

群众的信任和支持。

激动人心的演讲令在场的观众备受鼓舞，魏娜的《用团结凝聚力量，用奉献书写忠诚》、朱江艳的《同心同德，携手共进》则是通过讲述干警们在拓展训练过程中团结协作的动人场面，在检察岗位上辛勤耕耘的感人故事，表达了新世纪的检察官在党的领导下，甘愿为党和人民无私奉献的伟大情怀，引起了台下干警的共鸣，把比赛推向了高潮。

经过激烈的角逐，朱江艳、魏娜、张志强、陈晓亮、淡亚峰、邓少鹏等六位同志分获一、二、三等奖。比赛结束后，与会领导们亲自为获奖干警颁发奖品，并对本次比赛给予了高度评价，认为演讲主题鲜明，感情真挚，展示了检察干警良好的精神风貌。

赛后，大家纷纷表示：这是一场分享拓展训练感受的盛宴，也是一场生动实际的党课。通过本次演讲，极大地激发了大家的集体荣誉感和工作热情，为检察工作再上新台阶打下了坚实的思想基础。

汝州市检察院派员参加汝州市妇联"平安在身边"演讲比赛·2011年7月

汝州市检察院开展"践行政法干警核心价值观"演讲比赛

为进一步推进政法干警核心价值观主题教育实践活动的深入开展，使广大检察干警牢固树立"忠诚、为民、公正、廉洁"的政法干警核心价值观。2012年5月15日，我院在六楼会议室开展"践行政法干警核心价值观"演讲比赛。

在演讲中，11名检察干警们用真挚的语言和鲜活的事例，诠释了检察干警立检为公、执法为民的人生观和价值观。自然流畅的语言、运用得体的演讲技巧、充满激情的现场表演，展示了我院年轻干警朝气蓬勃、奋发有为的精神风貌。

院党组书记、检察长乔义恩对参加演讲的11名选手逐一进行了点评。他讲到，开展这次演讲比赛，为检察干警学习、实践政法干警核心价值观提供了一个展示自我、相互交流学习的平台。演讲比赛是主题教育活动的一项重要内容，是我院岗位练兵的一项重要举措，同时也是丰富检察文化建设的一个重要载体。希望全体干警要以这次活动为动力，继续深入学习实践政法干警核心价值观，将检察职业道德教育与日常工作紧密结合起来，大力倡导正确的政法干警核心价值观，进一步强化执法理念，牢固树立政法干警的政治本色、执法宗旨、价值追求和职业操守，以饱满的工作激情推动各项检察工作的创新发展。

经过评委现场打分，侦查监督科干警孙雨蒙获得一等奖，技术科干警李建勋和办公室干警陈媛媛获得二等奖，政治处干警吴迎利、公诉科干警焦小杰、控申科干警罗志强获得三等奖。

汝州市检察院派员参加"弘扬'三平'精神，为党旗增辉"演讲比赛

　　6月29日晚，在汝州市委宣传部举办的"弘扬'三平'精神，为党旗增辉"主题演讲比赛中，我院选手孙雨蒙、李建勋、罗志强获佳绩。其中，孙雨蒙与李建勋获三等奖，罗志强获得优秀奖。我院因组织得力，工作突出，获优秀组织奖。

　　为纪念中国共产党建党91周年，迎接党的十八大胜利召开，市委宣传部专门举办了此次演讲比赛。演讲以弘扬"平凡之中的伟大追求、平静之中的满腔热血、平常之中的极强烈责任感"为主要内容的"三平"精神为主线。共有来自全市不同战线的59名选手参加比赛。参赛人员中有多人曾多次代表本单位参加各类演讲比赛，参赛经验丰富，演讲技巧高超。作为刚刚参加工作的检察干警，我院选手并无太多的临场经验，但他们不畏强手，沉着应对，最后凭借自己的优异表现获得佳绩，充分展示了我院青年干警朝气蓬勃、锐意进取、奋发有为的青春风采。

　　为充分做好参赛的准备工作，几位参赛选手不畏辛劳，加班加点，认真准备演讲稿件，精心修改，反复排练。政治处积极联系相关人员为演讲配图，剪辑音像，为选手在演讲比赛中取得佳绩作出了重要贡献。

汝州市检察院干警参加汝州市总工会举办的
"弘扬正能量，共筑中国梦"演讲比赛

　　2013 年 4 月 26 日下午，市总工会举办的以"弘扬正能量，共筑中国梦"为主题的职工演讲比赛在汝州市第四人民医院会议室展开决赛，经过激烈角逐，我院干警孙雨蒙、罗志强荣获此次比赛的一等奖。

　　此次演讲比赛由市总工会举办，以"弘扬正能量，共筑中国梦"为主题，旨在全面落实贯彻党的十八大精神，庆祝第 124 个国际劳动节，培养"忠诚理想、敬业奉献、感恩奋进、健康生活"的优秀职工队伍，通过宣讲"身边榜样"的感人事迹，唱响劳动光荣、工人伟大的时代主旋律。各乡镇、街道、系统工会、各基层工会共有 40 个单位参加了此次演讲比赛，经过预赛，共有 12 支参赛队伍进入决赛。

　　在院党组成员、工会主席、党总支书记马聚法的领导和临汝镇检察室主任毛跃帅的具体负责下，我院派青年干警孙雨蒙、罗志强参赛，通过宣讲在平凡中创造精彩的我院干警的感人故事，向大家展示了忠诚为民、恪尽职守、无私奉献、积极向上的检察官的鲜活形象，获得了现场观众和评委老师的一致认可，最终取得了此次比赛一等奖的优异成绩。

汝州市检察院举办"树**正气**、转作风、促发展"演讲比赛

　　为进一步推进"树正气、转作风、促发展"集中教育实践活动的深入开展，激发全院干警的工作热情，在全院上下营造爱岗敬业，争先创优的浓厚工作氛围，促进检察工作再上新台阶。2013年5月23日下午，我院在六楼会议室开展了"树正气、转作风、促发展"演讲比赛。

　　参加演讲比赛的8名干警都是近年来我院招录的优秀青年干警。在演讲中，他们用诚挚的语言，讴歌我院近年来在争先创优工作中涌现的先进集体和人物，表达自身爱岗敬业的态度和追求进步的愿望，展现了我院干警对世界观、人生观、价值观的深刻认识，展示了我院年轻干警朝气蓬勃、奋发有为的精神风貌。

　　经过评委现场打分，侦查监督科干警孙雨蒙获得一等奖，控申科干警黄超峰和计财科干警李潇哲获得二等奖，办公室干警陈媛媛、案管中心干警陈珂珂、公诉科干警杜小利、反渎局干警钱小锋，政治处干警吴迎利获得三等奖。

汝州市检察院中层副职"竞职演讲"

　　"在全省控申业务竞赛中荣获第一名……""我作为平顶山市公诉系统仅有的两个代表入选全省公诉人才库"……"我有着扎实的理论功底和丰富的实践经验，从检四年来，我的办案数量稳居科室第一，并成功办理了一批在全市乃至全省有影响力的大案、要案……""我既然选择了这个舞台，就有勇气去接受挑战……"一句句豪言壮语，伴随着阵阵掌声久久回荡。2013年6月14日下午，汝州市人民检察院在六楼会议室召开新增副科长职位竞职演讲暨民主测评大会，18名干警走上讲台进行竞职演讲，他们以饱满的激情分别从工作业绩、德才廉政以及对所竞选职位的设想等方面作了精彩的演讲。经过精心组织和紧张角逐，最终14名干警入围副科长职位人选。

为优化中层干部结构，形成合理的干部梯次。院党组决定从全院干警中选拔一批思想成熟、业务全面、作风扎实的年轻干警充实到院中层岗位。院党组本着"公开、公平、竞争、择优"的原则，经过反复讨论和酝酿，并得到组织部门批准，于6月14日上午下发了《汝州市人民检察院新增中层副职竞争上岗实施方案》，明确规定了竞争上岗组织领导、职位及人数、竞岗人员资格、竞争上岗程序等。确定此次竞争上岗分报名、资格审查、民主测评、党组评议、公示等五个程序进行。竞争上岗在我院虽然不是什么新鲜事，但本次竞争上岗由于组织有序、程序公正、措施得力，在本院受到了干警们的广泛关注和肯定。

一是全员竞争，竞职不竞岗。鼓励年轻人早日脱颖而出，早日承担重要责任，促使他们施展才华、实现抱负是本次竞争上岗的初衷和目的之所在。本次竞争上岗，打破了论资排辈、平衡照顾的旧观念，在严格执行《干部选拔任用条例》的基础上，尽量放宽条件，积极鼓励年轻优秀干部参与平等竞争。规定

"竞选副科长岗位，只需参加检察工作满三年，业务部门副职放宽到助理检察员身份"，只要符合竞选条件的干警，都可以报名参与竞争，机关符合条件的 19 名同志有 18 名报名参加竞岗。同时为避免定岗竞争造成一岗多报，不均衡、不公平竞争情形的发生，院党组采取竞职不竞岗的方式，只要入围，人人都有机会。

二是程序规范，制度健全。为保证竞争上岗公平公正，我院成立了竞争上岗工作领导小组，在经过深入调查研究、广泛征求意见并充分吸收外地经验的基础上，几经修改，最终得以形成针对性和操作性强的实施方案。该方案主要依据功绩分数、民主测评、党组测评来考察选拔干部，综合考虑参与竞争人员的资历、业绩、能力、人品等方面因素，突出符合干部政策、切合我院实际、程序设置科学三大特点。竞争成功的同志绝大多数是大家在日常工作中公认的能力、人品各方面都比较突出的。

三是青年干警表现良好，竞争水平高。参与竞争的 18 名竞岗人员平均年龄 31 岁，最终竞岗成功的 14 名干警平均年龄 32 岁，其中最大的 43 岁，最小的 27 岁。竞争业务部门的 9 名干警，其中 6 名干警第一学历为本科，在竞职演讲环节，年轻干警们充分展示了自己的业务水平和个人风采，大胆畅谈自身优势、提出未来的工作规划，本次竞岗是对我院年轻干警的一次集中检阅，同时也让全体干警看到，汝州检察院是一个生气蓬勃、年轻向上的集体，是一个后继有人、大有作为的集体，他们必将成为我院新的一批中坚力量。

本次竞争上岗，达到了三个方面的预期目标：一是优化了中层干部的年龄、知识结构。二是树立了正确的用人导向，公开、公平的竞争场面，公正的程序告诉大家只有靠自己的人品和实力，靠平时的工作表现，靠勤勤恳恳、任劳任怨的精神，靠遵纪守法、廉政勤政的高尚品德，才能赢得胜利，才能得到群众的支持与拥护。三是通过此次竞争上岗，一些平时不显山露水、埋头苦干的同志，展现了自己的才华，他们思路清晰、观点鲜明、表述流畅，赢得了大家的肯定，也为院党组今后选贤任能，调整充实干部提供了依据。

汝州市检察院举办"践行党的群众路线、弘扬汝检精神"演讲比赛

　　"我甘愿为她在平凡的岗位上诠释热情的奉献……这就是青春的选择，这就是无悔的选择"；"我要成为一名优秀的检察官！为民、务实、清廉！用手中的正义之剑，去为人民群众谋福利"；"一次真诚的长谈，就可以挽救一名轻生在押人员的生命"。2014 年 5 月 9 日上午，在我院六楼会议室，"践行党的群众路线、弘扬汝检精神"主题演讲比赛隆重举行。

　　如何进一步延伸我院开展党的群众路线教育实践活动的深度和广度？如何在完成规定动作的同时做好自选动作，为全体干警践行党的群众路线创造一个良好的载体？如何结合党的群众路线，进一步弘扬"崇德、笃行、创新、致远"的汝检精神，教育引导全院干警上下协同、振奋精神、奋勇争先，推动 2014 年度全院工作保先进、上台阶、出亮点，树立汝检品牌？这一系列的问题，都是党的群众路线教育活动开展以来，院党组一直认真思考的问题。经过认真研究，院党组决定举办这次演讲比赛。全院上下高度重视，各部门积极推荐优秀选手，各位选手精心准备，保证了比赛的整体水平和效果。

比赛中，各位参赛选手紧紧围绕党的群众路线"为民务实清廉"的主题，紧密结合检察工作实践和亲身体验，讴歌了我院近年来在争先创优工作中涌现的先进集体和个人，表现出对党的群众路线的深刻认识，真实地表达了自己对工作的热爱，对检察事业的忠诚。各位选手的演讲声情并茂，真切感人，以小见大，寓意深刻。他们自然流畅的语言、运用得体的演讲技巧、充满激情的现场表演，充分展示了我院年轻干警朝气蓬勃、奋发有为的精神风貌。经过激烈角逐，霍世英同志获得特等奖，孙雨蒙、焦小杰两位同志获得一等奖，胡伊雯、李冬冬、高媛媛、李亚军等四位同志获得二等奖，陈锡平等七名同志获得三等奖。

这次演讲比赛进一步检验了我院全体党员干警在党的群众路线教育实践活动第一阶段的学习效果，必将引导全院干警在检察工作中积极践行党的群众路线，弘扬"崇德、笃行、创新、致远"的汝检精神，不断开创汝州检察工作的新局面，在党的群众路线教育实践活动中为人民奉上一份满意的答卷。

汝州市检察院举办"**青春梦 中国梦**"朗诵比赛

为了进一步延伸汝州市人民检察院开展党的群众路线教育实践活动的深度和广度，进一步弘扬"崇德、笃行、创新、致远"的汝检精神，教育引导检察干警上下协同、振奋精神、奋勇争先，推动 2015 年度汝州院工作保先进、上台阶、出亮点，树品牌。2015 年 6 月 5 日，汝州市检察院举办"青春梦 中国梦"朗诵比赛。

　　"青春永驻辉煌，梦想闪闪发光"；"我要成为一名优秀的检察官！为民、务实、清廉！用手中的正义之剑，去为人民群众谋福利"；"强化法律监督、维护公平正义，让我们情铸检魂"。

　　比赛中，各位参赛选手紧紧围绕"青春梦 中国梦"的主题，紧密结合检察工作实践和亲身体验，讴歌了汝州院近年来在争先创优工作中涌现的先进集体和个人，表现出对青春、梦想的深刻认识，真实地表达了自己对工作的热爱，对检察事业的忠诚。各位选手的演讲声情并茂，真切感人，以小见大，寓意深刻。他们自然流畅的语言、运用得体的演讲技巧、充满激情的现场表演，充分展示了我院年轻干警朝气蓬勃、奋发有为的精神风貌。他们的出色表现博得了在场领导、评委和观众的阵阵掌声。经过激烈角逐，孙雨蒙获得一等奖，于旭光、霍世英、连晨凯等五人获得二等奖，胡伊雯、许泉等六人获得三等奖。

　　平顶山市人民检察院政治部综合处处长赵惠普对比赛进行了点评，他指出：此次朗诵比赛的举办，显示出汝州市人民检察院对检察文化建设、检察队伍建设的重视，为新时期检察工作注入了强大的精神动力。

汝州市检察院中层干部**竞争上岗**竞职演讲·2015 年

第三章 慰问帮扶

Weiwen Bangfu

汝州市检察院组织检察干警为汶川地震灾区捐款·2008年5月

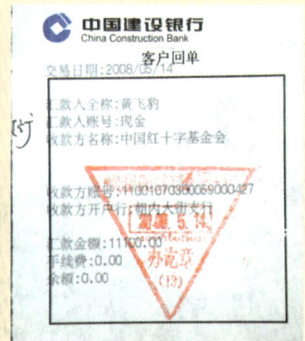

特殊党费

支援地震灾区·2008年5月

汝州市检察院组织党员干警交纳

汝州市检察院组织干警为

玉树

地震灾区捐款·2010年4月

汝州市检察院领导慰问看望农村党员 贫困户

情系 山区儿童 捐献物品助学

深入基层问疾苦　百姓冷暖揣在心

　　为全面贯彻落实河南省九次党代会、平顶山市八次党代会、汝州市六次党代会精神，进一步发扬密切联系群众的工作作风，不断提高检察干警服务基层、服务企业、服务群众的能力和水平，依法维护社会大局和谐稳定、经济社会科学快速发展。我院按照汝州市委、市政府关于在全市范围内开展访贫问苦、访民问需、访贤问计的"三访三问"集中服务活动的要求，积极部署，迅速行动。成立由党组书记、检察长乔义恩担任组长，其他党组成员及副科级以上领导干部（共 12 名）为成员的活动小组，带领检察干警深入基层，认真倾听群众的诉求和愿望，了解群众所需所盼，耐心做好解答和引导工作，尽力帮助群众解决实际问题。

2011年12月26日上午，院党组副书记、副检察长魏洪流带领办公室有关人员深入煤山街道办事处赵庄居委会，开展"三访三问"。通过召开座谈会的形式先后与煤山办事处副主任王国宏和赵庄居委会干部及群众代表进行了座谈。魏洪流听取了他们对市里工作的意见和建议。赵庄居委会干部群众希望煤气能够早日入社区，方便群众生活。魏洪流当场表示，将向市委报告，并积极协调有关部门尽可能早日解决，为赵庄居委会的生产生活创造良好条件。

后经院"三访三问"活动小组研究，由院反贪局指导员郭建伟专门负责此事，协调有关部门尽快对输气管道的线路规划、用地、费用投入等一系列事宜进行解决，争取赵庄村民早日用上煤气。

2012年1月9日，乔义恩检察长亲自到汝州市煤山街道办事处骑庄居委会进行走访，与居委会干部进行座谈了解情况。骑庄村干部反映，修洛汝公路时征用该村17.7亩耕地，每亩地每年700元的青苗补助费，十几年也没有发到群众手中。汝州公路局（2011）第63号文件《对汝州市六届人大五次会议第84号建议的答复》中给出了以下答复：该土地征用款项，待省财政厅解除债务锁定，下拨资金时一定先期归还。群众也不知道财政厅何时会解除债务锁定，希望检察机关帮助敦促解决。了解到这一情况后，乔义恩检察长非常重视，特别安排我院反渎职侵权局局长韩建伟专门负责此事，与公路局相关负责人沟通协调，并进行动态跟踪，只要省财政厅解除对汝州公路局的债务锁定下拨资金，及时敦促公路局先期归还该款，确保群众利益不受损失，维护基层和谐稳定。

1月18日（农历年的腊月二十五），我院党组成员、政治处主任李爱莲带领政治处的相关人员冒雪来到"三访三问"联系点——汝州市煤山街道办事处赵庄和骑庄居委会，向两户困难群众送上食用油、大米、水果等慰问品和慰问金。

在骑庄居委会干部的带领下，李爱莲一行首先来到董红现家中，厨房往外

冒着黑烟，听到居委会主任的喊声，董红现从厨房出来迎接。"他弟兄三人精神不太正常，无生活来源，做饭烧的全是柴禾，是村里的低保户。"居委会主任介绍说。当他从李爱莲手中接过食用油、大米、水果和慰问金时，朴实腼腆的他双眼红润了。

"真是谢谢你们了，下着雪还来到我们家里，给俺带来那么多东西和慰问金，俺也能过个好年了。"在陈和平的家中，陈和平的妻子拉着李爱莲的手激动地说。赵庄的陈和平今年 50 岁，前两年患病，浑身颤抖，软弱无力，已丧失劳动能力，妻子是实实在在的农村妇女，独生子又出外打工，家中全靠老伴打理，生活十分拮据。看到陈和平的家里简陋不堪，没一件正经家具，李爱莲深受触动。她鼓励老两口要振作起来，树立生活信心，保持良好心态战胜疾病，好好过日子。

截至目前，我院副科以上领导干部共走访了 18 个村民组，重点走访农户 61 户，收集到意见和建议 16 条。

对走访的每一户人家，都详细了解农户的生活状况，认真听取他们反映的问题和对党委、政府及检察院工作的意见和建议，如实记录每一份走访登记表，并由被访农户签名确认。此次走访，我院共收集到反映各类问题 10 项，主要涉及四大类：

一是社会保障问题。在走访中我们发现，农民因病致贫或者因病返贫的情况比较突出。仅赵庄村就有 20 余户家庭因病致贫返贫。村干部和群众们认为，民政部门对低保审验要求过于严格，从表面看住着楼房，但一场大病致使家里生活进入窘境，不是低保户享受不了大病救助的硬性规定，使部分确实需要享受低保和大病救助的家庭，没有享受到国家的好政策。

二是失地农民的生活保障问题。骑庄 1、2 组村民反映失地低保费半年都没有发放到位，另有青苗补助费因上级债务锁定十几年没有发放到位，群众意见较大。赵庄部分村民对政府搞储备地，让开发商建商品房一事有不满情绪。群众认为，如征地建学校、建医院等公益设施可以，但政府廉价征收群众的地，再高价卖给开发商建商品房进行营利，子孙今后没地种生活没有保障，房价还一路飙升。

三是基础设施问题。农村基础设施不健全，村民对完善基础设施有强烈的愿望。道路硬化、安装路灯、垃圾统一处理，这些都是群众热切盼望早日实现的，希望政府能加大投入，加快启动农村生活环境综合整治，改善农村生活环境。

四是文化教育问题。群众反映农村中、小学师资力量与市区师资力量差距大，农村师资力量薄弱，教师待遇不好，特别是农村学校文化体育设施及场所亟待完善，文体老师缺乏，文体课基本无法开展。

针对群众反映的问题、意见和建议，我们努力在第一时间现场解决问题、化解矛盾，耐心跟群众解释，跟群众讲政策，讲市里的规划。同时安排专人就走访发现的某个问题专门负责，积极与相关部门协调沟通，传达群众诉求和心声，确保走访活动中发现的每一个问题都有结果、有着落，真正把群众的愿望落实到实处，充分发挥检察机关的服务职能，服务好群众需求，服务好发展大局。

献给农村 留守 妇女儿童特别的爱

2012年2月17日下午，汝州市人民检察院为陵头乡宁庄小学的小学生和家长们送来了一堂生动的普法宣传课。

针对我省农村留守妇女儿童队伍庞大，留守儿童年龄小、防护能力弱又疏于照顾的现状，汝州市人民检察院在三八节前夕，以"牵手共建妇女之家"为主题，邀请汝州市妇联参加，到结队帮扶的陵头乡宁庄村，对宁庄村小学的学生和家长进行了一次普法宣传。

普法宣传会上，检察院政治处主任李爱莲、汝州妇联李曼曼同志分别就这次活动的目的、意义进行了深刻地阐述。汝州市法律援助中心主任邓帅军同志就《刑法》、《民法》、《婚姻法》、《未成年保护法》等基础知识进行了深入浅出地讲解，着重介绍了未成年人法定权利、未成年人刑事责任能力、民事行为能力、未成年人犯罪需追究刑事责任的八种情形、学生在校园内外受到伤害产生的不同民事责任，并对农村留守妇女容易遇到的婚姻问题和民事纠纷进行了专门分析。他通过讲解一些生动的法律小故事，让家长和学生们对法与法治有一个感性的认识，并就校园安全问题，提出了未成年人自我保护、自我防范的意见和建议，还与家长和学生展开进一步的互动交流，现场气氛十分活跃。通过宣讲活动，进一步提高了学生和家长的法制意识和安全防范能力，促进了农村的和谐与稳定。

解决大峪镇同丰村人畜**饮水**困难

　　大峪镇同丰村是汝州市委、市政府确定的检察院对口帮扶单位，同丰村父老乡亲的衣食冷暖牵挂着每一位检察干警的心。乔义恩检察长多次到同丰村实地走访、调研，经了解，人畜饮水困难一直是同丰村的最大问题，同时也是严重影响同丰村致富奔小康的重要原因。由于地质结构复杂，打井取水成了同丰村几代人可望而不可及的梦，缺水问题已经严重制约了同丰村的经济发展。为此，我院积极与市水利部门沟通，同水利工程师一道多次实地勘察，并积极争取，最终确定这一深水井项目。项目于 2012 年 12 月 15 日举行开工仪式正式开工，施工中历经重重困难，三易井址，最终于 2013 年 5 月 11 日圆满完工。该井井深 186 米，出水量达每小时 22 吨，是大峪镇的第一口深水井，建成后可以解决同丰村及周边 20000 余名群众的人畜吃水问题。

　　在出水仪式上，乔义恩检察长指出：186 米的深水井，流出的不仅仅是甘甜的泉水，流出的还是同丰村各位父老乡亲的希望。乔检代表检察院全体干警向同丰村父老乡亲表示热烈的祝贺，向支持工程建设的水利局和为工程多次奔波的大峪镇党委政府、同丰村两委班子表示感谢，向为工程建设付出辛勤劳动的施工人员表示敬意！

汝州市检察院组织干警开展"学雷锋青年

志愿者"活动

2014年4月19日上午，为了进一步弘扬雷锋精神，树立广大检察干警良好形象，展现"汝检"风采，汝州市人民检察院组织干警开展"学雷锋青年志愿者"活动。

上午9点，该院青年志愿者统一戴着"志愿者"小红帽，来到了寄料镇石梯小学，为孩子们带来了学习和体育用品。汝州市检察院政治处副主任黄飞豹说："我们生活中的每一天都应该是'学雷锋日'，这样才能让雷锋精神永存，真正做到为人民服务。"

开展捐资助教活动只是汝州市检察院开展学雷锋活动的一部分。该院党组号召全体检察干警，要将学习雷锋活动与党的群众路线教育实践活动有机结合起来，进一步加强检察职业道德建设和队伍作风建设。

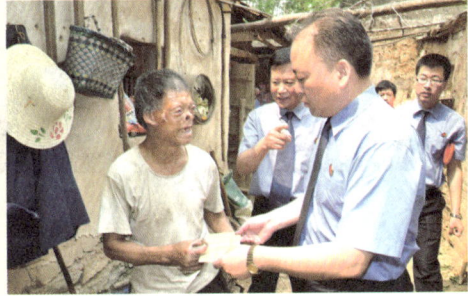

心系群众 **真情** 服务

帮扶山区特困户

　　2014年6月11日，汝州市检察院党组书记、检察长刘新义带领机关党委各支部书记和部分党员干警，带着全院党员干警捐献的帮贫扶困款物（生活必需品和慰问金），来到结对帮扶贫困村（大峪镇同丰村）看望慰问七户特困户，给每个特困户送去大米20斤，面粉50斤，挂面10斤，食用油2桶，慰问金1000元。

泉水引进农家院

　　2014 年 6 月 11 日，检察长和干警们在农家小院里喝着引来的泉水，心里无比甘甜。继去年 5 月我院与各方合力从 186 米的深井中打出泉水，解决了同丰村民吃水难题后，今年我院又协调水利等有关部门把泉水引进每户村民家，目前自来水管道铺设等工程正在紧张施工，该村已有 1/3 的农户用上了自来水，预计 10 月底自来水送到全村（8 个自然村 900 口人）每家每户。

慰问部队加强 军地共建

流火的夏日，橄榄绿的军营，2014年7月30日下午，在汝州市人民检察院党组书记、检察长刘新义，党组成员、副检察长管建民，党组成员、副检察长魏二广，党组成员、政治处主任李爱莲等的带领下，十余名军转干部组成慰问团队，来到汝州市临汝镇解放军某部，进行"庆八一拥军行"慰问活动。

慰问团给官兵送上精心准备的猪肉、矿泉水等拥军物品，并同部队官兵在该部会议室举行了"军地共建座谈会"。会上，院党组成员与部队官兵进行了交流沟通，双方介绍了各自单位的概况和工作范围，对军转干部工作状况及如何更好地开展拥军优属工作进行了深入探讨，并初步确定建立"军地共建单位"。随后，检察长刘新义和部队首长王斌共同签订了"军地共建协议书"，以制度、协议的形式确定了两个单位的共建责任。

活动期间，慰问团参观了部队的储油库和训练基地，观看了部队建设的纪实片，详细了解这支部队的成长历程和发展趋势，并邀请官兵在适当的时候到汝州市人民检察院进行参观交流。

这次活动受到部队官兵的热情欢迎，在进一步深化军队和地方"鱼水之情"的同时，也有力地促进了检察机关精神文明建设和国防教育建设，树立了检察机关的良好形象。

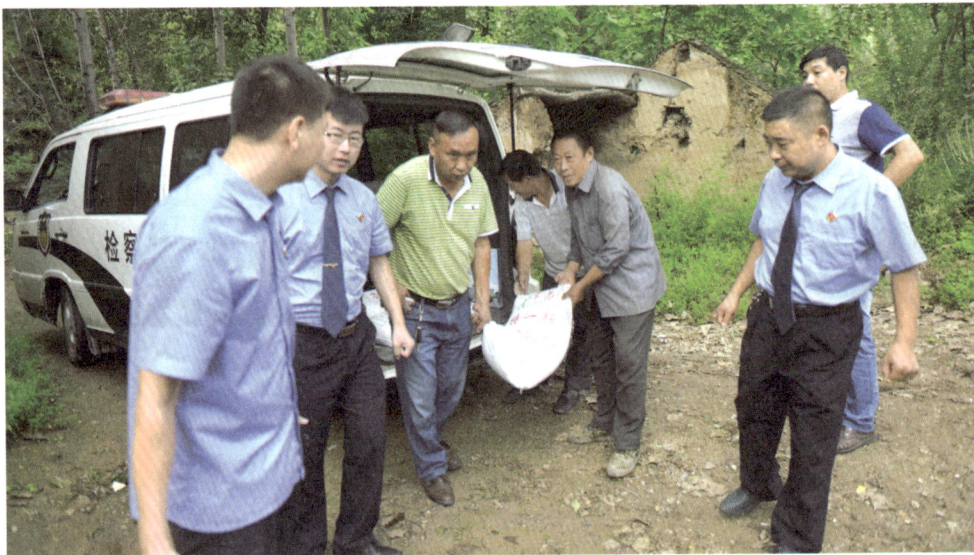

汝州市检察院关于开展"结对帮扶"工作方案

2015 年，我院要以"班子成员挂、帮、包"和"支部手拉手"活动为载体，深入开展"一对一、面对面、手拉手、心连心"活动，通过进村调研和体察民情，与群众面对面沟通交流，倾听民声、掌握实情，全面提升基层组织建设、促进农村科学发展和谐稳定。

一、具体措施

1.深入了解掌握帮扶地区基本情况。要切实深入村、社区开展帮扶工作调研，通过征求意见，与村干部群众座谈，摸清当地产业，基础设施，人居环境等基本情况，明晰帮扶工作基本思路，确定帮扶工作措施。

2.大力开展"送温暖、献爱心"活动。充分发挥党员干部先锋模范作用，针对帮扶对象的基本情况和经济困难的原因，确定帮扶对象，不仅要从生活上予以捐助，还要从思想上鼓励，技术上予以帮扶，促进其自觉自愿地发展产业、增收致富。

3. 协助联系村制定中长期发展规划。强化扶贫解困，把经济发展作为首要任务，针对联系村经济发展需要，突出优势，带动其从根本上走上致富之路。

二、帮扶内容

1. 宣传党的路线、方针、政策，学习其他村脱贫致富的好做法、好经验。

2. 对有劳动能力的贫困家庭，通过资金扶持、项目扶持、信息扶持、技能扶持、就业扶持等形式，帮助其增强"造血"功能；帮助帮扶对象增强致富意识和本领。开辟致富渠道，实现再就业，增加收入，切实改善生活水平。

3. 对无劳动能力、无生活自理能力的贫困家庭，通过发动党员、群众出资、出力，帮助其改善生活状况，增强其生活信心。

4. 在宣传公民道德新风尚，推行移风易俗和计划生育，反对封建迷信，严格遵纪守法，维护社会治安，建设社会主义精神文明方面积极发挥示范引导作用。

三、工作要求

1. 把定期走访落到实处。每季度到帮扶村不少于 1 次。

2. 取得帮扶实效。摸清村情民意，解决群众迫切需要的现实困难，以实际行动赢得群众口碑。

3. 做好帮扶工作记录。小组成员、帮扶干部，对每次帮扶发现的问题以及处理的情况做好登记，按时向相关部门汇报情况。

汝州市人民检察院

2015 年 4 月 10 日

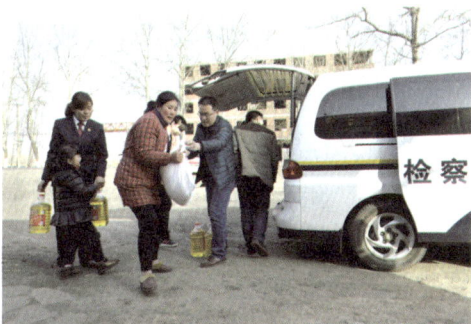

汝州市检察院青年干警赴寄料开展
"学雷锋"志愿者助学活动

　　为大力弘扬"奉献、友爱、互助、进步"的志愿服务精神，并进一步加强检察文化建设，2015年5月22日上午，我院20余名青年志愿者前往寄料镇李店村开展志愿服务活动。

　　在李店小学教学点，院政治处副主任、宣教科长黄飞豹代表院党组向将我院筹集的捐款交给了坚守在山区教学一线的汝州市道德模范高长军老师。青年志愿者们给小学生们发放了铅笔、作业本、球拍等文体用品。

　　通过开展"学雷锋"志愿者活动，我院青年干警的志愿者服务意识得到了进一步提升。他们纷纷表示，在今后的工作中，将进一步弘扬志愿服务精神，从自身本职工作做起，为社会和谐和文明建设贡献自己的力量。

第四章 文体活动

Wenti Huodong

周一上午 **8** 点汝州市检察院 **升国旗** 仪式

汝州市检察院组织干警参加一年一度的 植树节

汝州市检察院 **运动会** 剪影·2008年5月

读书
学习
汝州市检察院举行 活动·2009 年 3 月

汝州市检察干警 **军训** 剪影·2010 年 8 月

汝州市检察干警重渡沟 **拓展训练** 剪影·2011 年 5 月

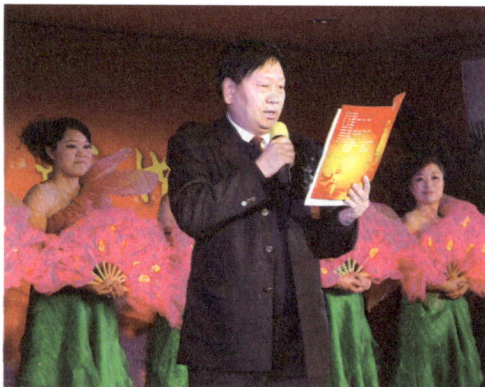

携手共建 迎盛世

　　2012年1月11日，由汝州市检察学会组织举办的"携手共建迎盛世"新春联谊会在天瑞中州国际饭店中华厅隆重举行。平顶山市人民检察院党组成员、反渎局局长卢凤欣，汝州市委常委、常务副市长丁国浩，汝州市委常委、政法委书记彭清旺，汝州市副市长韩自敬、范响立，汝州市政协副主席杨辉星，汝州市人民法院院长吴海松，汝州市人民检察院检察长乔义恩，汝州市人大常委会党组成员王沧海，汝州市人大常委会党组成员、市总工会主席姚军柱，以及来自汝州市检察学会理事单位的相关人员和汝州市检察院全体干警参加了联谊会。

　　联谊会首先由汝州市检察学会会长、汝州市人民检察院党组副书记、副检察长魏洪流作检察学会2011年理事会工作报告，报告回顾检察学会

一年的工作，指出检察学会在院党组重视、理事单位的大力支持下，紧紧围绕全市经济社会发展大局，凝心聚力，开拓创新，锐意进取，通过调研材料全方位展示了汝州市检察理论研究的成果和工作亮点，为领导决策部署提供了强有力的参谋，为推动检察工作做出新成效、服务汝州经济社会发展贡献了积极的力量。展望下一年学会工作，检察学会要进一步强化服务功能，推动检察工作科学发展；进一步发挥学会交流沟通的平台作用，努力做好为各会员单位提供法律服务和创造良好法制环境的基础性工作；进一步利用学会自身优势，通过主办年会、座谈会、组织外出考察进行学术交流等形式，积极组织开展检察理论研究，发挥检察机关与会员单位的合力作用，推动检察理论研究繁荣发展。

汝州市人民检察院党组书记、检察长、汝州市检察学会名誉会长乔义恩在联谊会上致辞。他首先向长期关心、支持检察事业发展的各位领导、各理事单位和为检察事业奋勇拼搏的干警们表达了衷心的感谢和诚挚的敬意。并总结到，检察学会搭建的理论研讨平台，使一批有观点、有分析、有对策的高质量的理论研究文章有效地指导了检察工作的开展，为检察事业谱写新篇章奠定了扎实的基础。在理论的指导促进下，我院出台《关于为全市经济社会发展服务的十条意见》，受到汝州市委李全胜书记的高度肯定；积极开展"执法办案风险评估预警"、"两法衔接"、"另案处理"诉讼监督等工作经验先后被最高检、省院、市院推广；加强队伍建设，精神风貌得到提振、干警的政治素质和业务素质整体得到提高，争先意识进一步增强。他鼓励全院干警要以更加坚定的信心，更加饱满的热情，更加昂扬的斗志，抢抓机遇、创新实干、勇争一流，奋力开创检察工作新局面。并希望理事单位一如既往地支持检察学会和检察院的工作，同心同德为促进我市经济社会和谐发展作出新的更大的贡献。

汝州市委常委、政法委书记彭清旺为联谊会致辞，他指出，在过去的一年里，汝州市检察学会各理事单位、会员和工作者，积极参与检察理论研究工作，以理论指导促进了检察工作的发展，为党委、政府提供了很好的参谋。一年来，检察院在乔义恩检察长党组一班人的带领下，以服务大局、加强法律监督、维护司法公正和社会稳定为己任，又谱写出了令人振奋的新篇章。检察干警服务大局的意识进一步增强，法律监督能力得到提高，查处职务犯罪的力度进一步加大，化解社会矛盾的机制进一步完善，检察干警的政治素质和业务素质进一步提高。广大检察

干警的精神状态和工作业绩，受到了市委的充分肯定，得到了全市广大人民群众的广泛赞誉。在新的一年里，全市政法机关担负的任务将更加艰巨繁重。全体检察干警要充分认识当前政法工作所面临的形势和任务，进一步树立正确的大局观、稳定观和群众观，狠抓维护社会稳定各项措施的落实，继续保持社会治安大局持续稳定，以实现汝州又好又快发展，创造和谐稳定的社会环境和公正高效的法治环境，以优异成绩迎接党的十八大胜利召开。

随后，"携手共建迎盛世"新春联谊会在现场热烈的气氛中上演。一曲欢快喜庆的开场舞《新年快乐》拉开了文艺表演的序幕，歌曲、小品、快板书、舞蹈、双簧、豫剧等形式多样的节目精彩纷呈，现场观众不时发出阵阵热烈的掌声。一首由市人民检察院干警倾情表演的诗朗诵《检察情》感情真挚，鼓舞人心，把现场气氛推向了高潮。联谊会在一曲优美华丽的舞蹈《百花迎春》中圆满落下帷幕。

此次联谊会的举办，借助汝州市检察学会搭建的理论研讨平台，展示了2011年汝州市检察院各项工作取得的成就，干警间、检察院与检察学会理事成员间，进一步增进了感情、增进了交流、增强了凝聚力。

汝州市检察院运动会胜利 **闭幕**

2014 年 6 月 9 日下午，伴随着雄壮的乐曲声，为期两天的汝州市人民检察院 2014 年运动会落下帷幕。此次运动会，是我院进一步加强机关精神文明建设，积极营造风清气正、和谐向上的机关氛围的一项重要举措。

运动会时间紧凑，项目科学。共设拔河、乒乓球、羽毛球、象棋、跳棋、跳绳、踢毽、立定跳远、50 米单腿跳、头上顶物等 10 个项目，运动场地兼顾室内和室外，项目类型融合竞技与娱乐。干警们踊跃报名，积极参加，经过激烈角逐，最终决出了各个项目的冠亚季军。

整个运动会气氛热烈，紧张有序。比赛场上，运动员们团结一致，奋力争先，场下观众积极参与，呐喊助威。比赛过程中，全体参赛人员模范

遵守比赛规则，积极投身比赛项目，力争上游，勇于拼搏，展现了检察干警的昂扬向上的精神风貌和协同作战的团队精神。

通过比赛，不仅加强了检察院的文化建设，丰富了干警的文体生活，同时也增强了队伍的凝聚力和向心力，展现出检察干警朝气蓬勃，健康向上的精神风貌。

汝州市检察院开展

读书交流

活动·2014年9月

汝州市检察院干警踊跃参加汝州"健康万步走"活动

2015年5月13日，汝州市开展"健康汝瓷之都，乐享健康汝州"为主题的"健康万步走"竞赛活动，本次活动以提倡全民健康生活方式为指导，以"每天1万步，健康你我他"为口号，以快乐健走、科学健走、团队健走为主要方式，增强团队凝聚力和执行力，促进参与者之间的相互沟通、相互支持和鼓励，让参与者自觉养成每天运动的良好生活习惯。活动以各街道办事处及市直各单位为团队组团参赛，参赛团队每队不少于20人，共分5个阶段进行，期间参赛者必须佩戴专业统一的计步器设备参赛，每天健走量不低于1万步。在100天的竞赛时间内，率先完成比赛的团队及个人将获得奖励。

我院干警积极响应市委号召，踊跃参与，组成"阳光汝检"团队，力争在此次活动中取得优异的成绩。

汝州市检察院组织干警开展户外活动，

用手机摄影 展示美丽汝州

2015 年 5 月的一个周末，我院组织干警到汝州市寄料镇九峰山开展户外活动，干警们用手机记录美丽的风景和快乐的故事，今天我们挑选部分干警的手机照片进行展示！看看手机上的美丽汝州！

虽然我们的技术很业余，但是我们同样充实、快乐！

汝州市检察院举办"唱响公正廉洁 守护平安汝州"专场晚会

　　由汝州市委宣传部主办，汝州市人民检察院承办举办的"唱响公正廉洁 守护平安汝州"检察院专场晚会于 2015 年 8 月 11 日晚 8 时在汝州剧院广场举行。该院班子成员及全体干警、市直机关各部门、市委、人大、政协等领导共一千余人观看了演出。

　　晚会以开场舞《鲜花的祝福》拉开了帷幕，汝州市人民检察院检察长刘新义致开幕辞，该院推出的手语《国家》，合唱《歌唱祖国》、诗歌朗诵《检察》赢得了广大观众热烈的掌声。

《汝检·儒检》专题片剧照

《汝州检察》_{文化}——宣传法律监督工作的平台

　　《汝州检察》是汝州市人民检察院、汝州市检察学会主办的免费赠阅的内部刊物。创刊于 2009 年，原名为《晨钟》，注重职务犯罪预防宣传；后更名为《汝州检察》，注重反映汝州市检察院的服务措施、创新经验、亮点工作、汝检动态等重要工作情况。办刊主旨是宣传法制，预防犯罪，关注民生，服务大局。刊物设有"本刊关注"、"本刊特稿"、"侦查一线"、"预防基地"、"公诉专场"、"监督广角"、"图片故事"、"案件报道"、"育检专栏"、"检察论坛"、"未检专刊"、"代表委员之窗"、"文苑小溪"、"答疑咨询"等栏目，从不同角度反映汝州检察工作的各个方面。《汝州检察》

为季刊，2009 年至 2016 年 3 月共编发 41 期，主要赠送省市检察院领导和部门领导；汝州市委、人大、政府、政协领导及各局委部门领导；人大代表、政协委员及各乡镇、街道办事处领导。

《汝州检察》实行用稿奖励制度。本刊物编辑部负责《汝州检察》采用稿件的统计和奖励工作，每季刊或半年统计奖励一次，并由检察长或主管领导审批后向全院公开。奖励经费由检察学会支出。

《汝州检察》实行约稿制度。为提高《汝州检察》的办刊质量，在院领导、部门领导带头撰写和鼓励支持引导干警撰写反映当前工作中的重大事项、重要动态、重要工作部署以及经验成效、亮点特色的稿件基础上，商约青年干警依据本院、本部门或本人岗位实际，每 3 个月向《汝州检察》提供 1 至 2 篇（多则不限）质量较高的稿件，为办好《汝州检察》和上级机关及新闻媒体采用稿件提供充实的材料保障。

《汝州检察》实行编辑审定制度。刊物编辑人员协同干警对撰写的稿件给与积极的帮助指导与修改（必要时组成专题写作小组），共同提高稿件质量，不仅要达到本院刊物采用的要求，而且争取达到上级机关和新闻媒体采用的要求，稿件多被刊发。积极引导大家"干了会总结，总结要总出点子，点子要亮要新"，通过对某项工作的采编总结提炼来推动该项工作不断完善创新、做深做细、发扬光大，释放品牌效应，显示汝检特色。每期刊物编发前，交由本院检察长和主管领导及其他院领导审查同意后印发。

主创演员

编剧：蔡云川　河南省检察院职务犯罪预防处检察官

导演：张　喆　主演：袁慧芳　张剑华

参演：蔡云川　范秀娜　魏洪流　黄少民等　作曲：宋清安

《白发亲娘》文化镜 微电影剧照

剧情简介

　　埙（xun），是中华民族古老的乐器，吹奏了几千年，浊也喧喧然，悲也幽幽然。剧中以吹埙、制埙、演埙、贿埙、砸埙、哭埙为线，叙说了郑义从成长到自我毁灭的过程，演绎了郑义母子的爱恨与悲欢。揭示了中国传统文化中法不容情，贪腐是对国家的不忠，也是对父母的不孝的主题。

　　郑义让人唏嘘的命运，正是这个时代贪官的命运缩影。

所谓孝 就是孝道 廉 即是廉洁从政

就是对国家的不忠

百善孝为先

检魂

廉洁

崇德笃行
创新致远

2015 年汝州市检察院干警
书法、摄影 作品选登

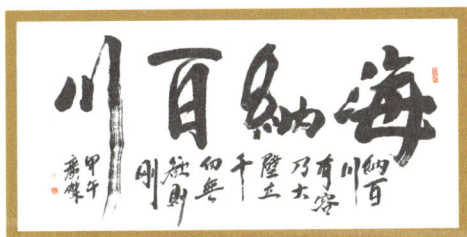

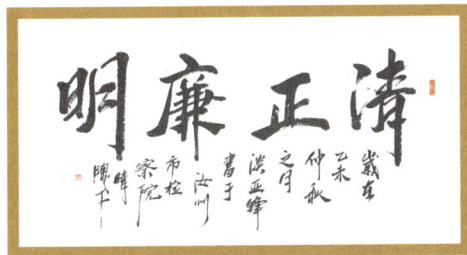

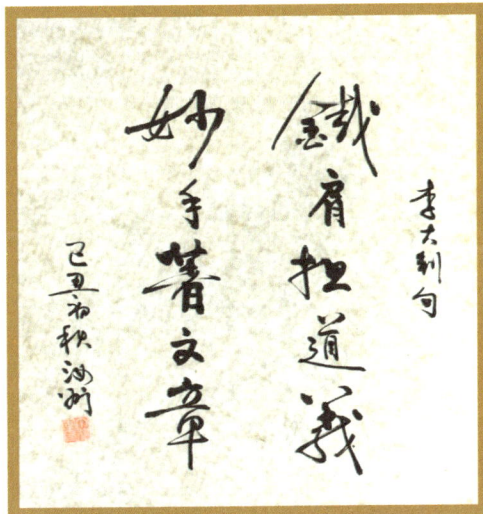

海纳百川

清正廉明

铁肩担道义
妙手著文章

清廉文明

层峦叠嶂　刘新义／摄影

泰山雾海　马聚法／摄影

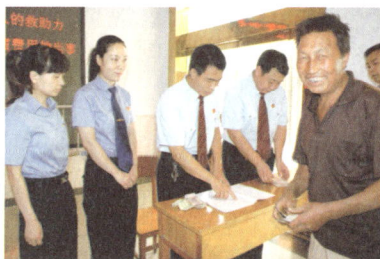

讨要民工工资　黄飞豹／摄影

我欲乘风归去　于旭光／摄影

仙池醉　于旭光／摄影

雨沐龙潭　魏二广／摄影

矗立　顾武修／摄影

牧马人　黄飞豹／摄影

庐山湖光　李爱莲／摄影

笑迎挑战　毛跃帅／摄影

银装素裹　黄飞豹／摄影

攀登　毛跃帅／摄影

Wenhua Rujian

文化汝检

先进人物篇

XIANJIN RENWU

河南省汝州市人民检察院 / 编

刘新义 / 主编

中国检察出版社

图书在版编目（CIP）数据

文化汝检. 先进人物篇／刘新义主编. —北京：中国检察出版社，2016.11

（文化汝检）

ISBN 978 - 7 - 5102 - 1715 - 9

Ⅰ. ①文… Ⅱ. ①刘… Ⅲ. 检察机关 - 工作 - 汝州 - 文集②检察机关 - 先进工作者 - 先进事迹 - 汝州 - 文集 Ⅳ. ①D926.32 - 53

中国版本图书馆 CIP 数据核字（2016）第 263932 号

文化汝检. 先进人物篇

刘新义　主编

社　　址：	北京市石景山区香山南路 111 号（100144）	
网　　址：	中国检察出版社（www.zgjccbs.com）	
编辑电话：	(010)88960622	
印　　刷：	河南盛华印务有限公司	
开　　本：	710 mm×960 mm　16 开	
印　　张：	10.5	
字　　数：	131 千字	
版　　次：	2016 年 11 月第一版　　2016 年 11 月第一次印刷	
书　　号：	ISBN 978 - 7 - 5102 - 1715 - 9	
定　　价：	58.00 元	

《文化汝检》编纂委员会

主　　编：刘新义

副 主 编：张现周　魏二广　马聚法　雷红东

　　　　　张延斌　顾武修

执行编辑：宋振中

编　　辑：陈冬伟　吴迎利　黄飞豹　陈媛媛

序言一

检察文化建设是检察工作的有机组成部分，是检察事业发展的精神支撑和力量源泉。检察文化在凝聚人心、激励斗志、规范行为、陶冶情操、营造氛围、树立形象等方面具有不可替代的重要作用。

当前，在进入全面建成小康社会的决胜阶段，在深入推进"五位一体"总体布局和"四个全面"战略布局，落实创新、协调、绿色、开放、共享发展新理念，主动适应经济发展新常态的新形势下，检察机关面临着全面深化司法体制改革和检察改革的发展机遇，肩负着全面提升检察工作能力水平，深入推进平安建设、法治建设，为全面建成小康社会，实现中华民族伟大复兴的中国梦创造良好法治环境的历史重任。检察机关只有重视和加强检察文化建设，依靠检察文化的引领和熏陶，激发广大检察干警的责任感、使命感、紧迫感，才能为检察工作科学发展凝神聚力。

近年来，汝州市检察院认真贯彻党的十八大、十八届三中、四中、五中全会精神，按照"文化育检、文化兴检、文化强检"的总体思路和部署，把提升检察人员综合素质能力，提高检察管理水平作为切入点和着力点，以凝聚精神为根基，完善机制为支撑，涵养文化为目标，致力于打造"文化汝检"，使检察文化在建设高素质队伍、规范文明司法中发挥潜移默化、润物无声的原动力作用，有效提升了队伍建设水平，促进了各项检察工作的深入开展。

为进一步加强检察文化建设，充分发挥检察文化的凝聚力、推动力、辐射力，汝州市检察院编印了《文化汝检》十二篇章，这对于全面提升检察干警的政治素质、业务素质和职业道德素质，促使检察干警保持高昂的工作热情和奋发进取的精神状态，保证检察工作持续健康发展具有积极地推动作用。《文化汝检》十二篇章是汝州市检察院加强检察文化建设的经验总结，是创建学习型检察院的有力载体，要珍惜和运用好这个载体，弘杨和学习好相关经验，充分发挥十二篇章在提升检察干警的思想境界、职业良知和廉洁自律意识等方面的作用。

检察工作的健康发展离不开高素质的检察队伍，打造一支忠诚可靠、执法为民、务实进取、公正廉洁的检察队伍离不开先进检察文化的引领和凝聚，只有把检察文化与检察工作紧密结合，才能在执法办案中真正做到"理性、平和、文明、规范"。检察文化建设任重道远。期待汝州市检察院在已有工作成绩的基础上，积极探索和创新检察文化建设的新思路、新方法，以文育检、以文兴检、以文强检，为检察事业创新发展增添多彩篇章！

张耕

2016 年 8 月

序言二

检察文化建设的核心任务是凝聚力量、提升素质、推动工作。近年来，汝州市检察院认真贯彻党的十八大和十八届三中、四中、五中、六中全会精神，按照上级院"文化育检、文化兴检、文化强检"的总体思路和部署，把提升检察人员综合素质能力，提高检察机关管理水平作为切入点和着力点，积极推进检察文化建设，为检察工作发展提供了有力的思想保证、精神动力和智力支持。

2016 年是"十三五"开局之年，也是司法体制改革全面推进之年和攻坚之年，检察机关要有新担当、新作为，检察工作更需要强有力的检察文化支撑和检察文化传播。汝州市检察院编印的《文化汝检》十二篇章，不仅符合新时代检察工作主题，而且对于全面提升检察干警的政治素质、业务素质和职业素质，促使检察干警保持奋发进取的精神状态，保证检察工作持续健康发展等方面都具有积极地推动作用。

篇章中的《规章制度管理规范篇》，体现了立规矩、守规矩的制度文化。要让制度这个"软实力"对检察人员的行为形成"硬约束"，必须突出抓好制度落实，只有制度被自觉遵守并内化于心、外践于行，制度文化建设才算真正见到成效。当前，要通过案件管理、检务督察、检务督办等手段狠抓制度落实，使制度权威得到进一步确立，使干警行为得到进一步规范，使按规矩办事成为检察机关的新常态。

《先进集体篇》《先进人物篇》《工作创新篇》《工作思路·工作报告篇》以及《镜鉴》《当代刑事错案沉思篇》等篇章，注重运用身边人、身边事去打动人、感染人，运用反面典型案例去警示教育人，运用先进人物、先进事迹去鼓舞士气，运用争先创优机制激营造比学赶帮的良好氛围，从而引导检察干警在依法履职中展现自身的优秀品质、过硬素质、人格修养，在司法办案中传递检察文化建设形成的理念、风范和形象，推动检察文化建设落地生根、开花结果。

《文化汝检》十二篇章是汝州市检察院加强检察文化建设的一个有效载体，是创建学习型检察院的一项有力措施。要运用好这个载体，落实好这项措施，通过多种方式组织全院干警学习篇章、运用篇章，切实发挥十二篇章在提升检察干警思想境界、职业良知和廉洁自律意识等方面的积极作用。

检察文化建设永远在路上。要把检察文化建设融入贯彻落实创新、协调、绿色、开放、共享五大发展理念，全面提升检察工作水平之中，融入为"十三五"时期经济社会发展提供有力司法保障的总体部署之中，一年一个抓手、一步一个脚印地推进，通过富有特色、寓教于乐的多种检察文化活动，夯实检察文化基础、打造检察文化品牌，让检察文化为检察事业持续、健康、协调发展提供源源不竭的强劲动力。

刘海奎

2016 年 8 月

目　录

汝文
检化

第一章
最高检、省委省政府、省检察院表彰的先进人物

Zuigaojian Shengwei Shengzhengfu

Shengjianchayuan Biaozhang De Xianjin Renwu

最高检、省委省政府、省检察院表彰的先进人物一览表

1989 年 — 宋振中被河南省人民检察院评为 1988 年度全省宣传工作二等奖

1991 年 — 最高人民检察院授予刘万良为检察事业贡献奖称号

1993 年 — 河南省人民检察院授予赵廷盘个人二等功

1996 年 — 关文丽被评选为河南省检察机关"法纪检察优秀侦查员"
　　　　　　张安、王明强被河南省人民检察院表彰为先进个人

1998 年 — 宋振中荣获河南省委宣传部、河南省政法委、河南省人民检察院、
　　　　　　河南省社科联"邓小平法制思想研讨会"优秀论文三等奖

1999 年 — 库彦芳检察长被河南省人民检察院评为 1998 年度全省检察系统
　　　　　　优秀检察官
　　　　　　杨斌被河南省宣传部、团省委评为第五届河南省"十大杰出青年"
　　　　　　关文丽被评选为河南省检察机关"民行检察工作先进个人"

2000 年 — 最高人民检察院授予汝州市人民检察院检察长库彦芳 1999 年度
　　　　　　全国检察机关人民满意的检察干警称号

2002 年 — 宋振中被河南省人民检察院评为 1999–2001 年度全省检察机关
　　　　　　纪检工作先进个人

2003 年 — 关文丽被河南省政法委授予"人民满意的政法干警"荣誉称号

闵秀姣被河南省人民检察院授予个人二等功

朱江艳被河南省人民检察院评为全省检察机关优秀检察干警

2004 年 — 郭建伟被河南省人民检察院评为全省检察机关优秀检察干警

杨斌被河南省人民检察院评为全省检察机关优秀司法警察

2005 年 — 王红光被河南省人民检察院评为 2005 年度"集中处理涉检信访
问题"专项活动先进个人

郭建伟被河南省人民检察院评为 2005 年度全省检察机关优秀检察
干警

2006 年 — 闵秀姣被河南省人民检察院评为 2006 年度全省检察机关优秀女
检察官

毛跃帅被河南省人民检察院评为 2006 年度全省检察机关调研工
作先进个人

王红光被河南省人民检察院评为 2006 年度"集中处理涉检信访
问题"专项活动先进个人

2008 年 — 刘龙海检察长被河南省人民检察院荣记个人一等功

闵秀姣被河南省人民检察院评为省级优秀女检察官

2009 年 — 刘龙海检察长被河南省人民检察院授予调研成果三等奖

2010 年 — 邵华海被河南省人民检察院授予个人二等功

陈晓亮在河南省检察官学校初任检察官培训中被评为优秀
学员

最高检、省委省政府、省检察院表彰的先进人物

Zuigaojian Shengwei Shengzhengfu Shengjianchayuan Biaozhang De Xianjin Renwu

2011 年
— 张志强、关文丽、黄爱梅被河南省人民检察院荣记个人二等功
黄超锋被河南省人民检察院评为全省检察机关优秀控申接待员
刘龙海检察长被河南省委政法委和省人力资源和社会保障厅联
　　合授予河南省"人民满意的政法干警"称号
关文丽被河南省委政法委和综治委联合表彰为"中原卫士"，被
河南省人民检察院评为"刑事审判法律监督专项检查先进个人"
张顺利在全省检察系统控告申诉检察部门岗位练兵竞赛中获奖
邵华海被省政法委评为全省政法系统优秀党员干警

2012 年
— 黄爱梅被评为全省检察机关"十佳"派驻监管场所检察员
魏娜被评为 2012 年度全省检察机关计财装备先进个人

2013 年
— 韩建伟被河南省人民检察院反渎职侵权局表彰为渎职侵权犯罪
　　专项工作先进个人
魏娜被河南省人民检察院表彰为 2013 年度检察机关计划财务装
　　备工作信息先进个人

2014 年
— 黄超峰被河南省人民检察院表彰为申诉标兵
宁晓蕾被河南省人民检察院评为"全省民事行政检察优秀办案人"

2015 年
— 顾武修被河南省人民检察院评为河南省首届"全省检察调研人才"
黄爱梅被河南省人民检察院记个人二等功
陈晓亮获得第一届全国检察机关"未检业务竞赛能手"候选人，
　　以及全省检察机关"首届未检业务竞赛标兵"
刘新义检察长获得"全省检察业务专家"称号，被河南省人民
　　政府荣记个人二等功

刘新义：敬业奉献写忠诚　务实创新谱新篇

● 人／物／档／案 ●

　　1988 年刘新义同志从省司法学校毕业分配至平顶山市检察院后，在检察战线已工作 27 年。2013 年 8 月从叶县检察院检察长调任汝州检察院担任检察长以来，全院在他的带领下取得诸多荣誉。

1. 刘新义获得"全省检察业务专家"称号

2015 年 12 月 8 日，河南省人民检察院根据《第三批全省检察业务专家评审规则》，经严格评审，并报省院党组研究，决定授予 25 人"全省检察业务专家"称号，汝州市人民检察院党组书记、检察长刘新义获得此荣，也是目前平顶山市 10 个县（市）区检察院中唯一获得此项称号的检察长。

评审"全省检察业务专家"，是贯彻落实《检察人才队伍建设中长期规划（2011～2020 年）》和《关于加强和改进新形势下检察队伍建设的意见》，进一步加强高层次检察人才的培养选拔，促进检察队伍专业化、职业化建设，推动检察工作科学发展的一项重要举措。省院成立有全省检察业务专家评审委员会（简称评审委员会）和全省检察业务专家专业评审委员会（简称专业委员会）。评审委员会由省院有关领导和人事、政研、教育、监察以及各业务部门主要负责人组成。负责对专业评审合格人员进行考察和综合评审；审查公示异议，作出评审决议，提出全省检察业务专家人选名单报省院党组研究。专业委员会由我省全国检察业务专家和对检察工作或相关法学领域有较深研究的专家学者、资深检察官、资深法官、优秀律师等人员组成。依照专业评审的各项规定，负责对申请人的理论素养、专业造诣、研究能力、业务能力进行专业评审。

"全省检察业务专家"在提升检察实务能力和理论素养等方面发挥专家的引领、示范作用，在办理疑难复杂案件、带领队伍素质提高和推动检察工作发展等方面起着重要作用，对培养和造就高素质专业化检察队伍，为检察事业的科学发展提供更加有力的智力支持和人才保证具有重大意义。

2. 刘新义被河南省政府荣记个人二等功

刚毅的面孔写着忠诚，矫健的步伐显着精干，思路清晰的谈吐蕴含着睿智，开拓创新的精神凝聚着奉献，他带领全院干警奋力拼搏、大力弘扬"崇德、笃行、创新、致远"的汝检精神，以"强班子、带队伍、抓业务、树形象"为总要求，以推行"业绩档案、荣誉档案、违纪档案、后勤管理档案"四项档案为抓手，坚持高起点定位，高标准推进，高效率工作，该院各项工作全面推进，整体检察业务又有新的发展。2013 年，该院被最高人民检察院评为"全国先进基层检察院"，被河南省委、省政府授予"省级文明单位"、"全省平安建设先进单位"，连续两次被河南省检察院评为"全省先进基层检察院"，公诉部门获得河南省检察机关优秀公诉团队称号。2014 年，控申举报接待室再次被最高人民检察院授予全国检察机关"文明接待示范窗口"荣誉称号。2015 年，该院派驻市看守所检察室被高检院评为全国检察机关"派驻监管场所示范检察室"（全国仅有 11 家，我院系河南省检察系统唯一的 1 家），反贪污贿赂局荣获"河南省人民满意公务员示范岗"称号。

一、站在讲政治的高度，全力服务汝州经济社会发展大局

刘新义同志到汝州院任职后就告诫全院干警，"作为汝州市人民检察院，我们什么时候都不能忘记汝州经济社会发展这个最大的实际，什么时候都不能忘记汝州人民这个最大的根本。汝州市委想什么，汝州人民盼什么，社会要什么，我们检察院干什么"。两年来，该院顺应期待、践行承诺，始终坚持把检察工作放在党委工作大局中去思考和谋划，放在经济社会发展的大背景中去部署和推进，引导全院检察干警不断转变思想，更新观念，找准位置，在服务大局中推动检察工作，彰显检察工作价值，取得了实实在在的成效。

进一步拓展服务大局领域。围绕市委确定的优化党风政风环境、社会治

安稳定环境、城市建设管理环境、农村人居环境、社会人文环境五大重点领域，制订了汝州市人民检察院《关于充分履行职能服务优化发展环境工作实施意见》，明确具体责任人。结合检察职责，印发《汝州市人民检察院服务优化发展环境公告》，围绕五大环境，以抓铁有痕的精神，敢于担当的作风，充分发挥"打击、预防、监督、教育、保护"职能作用，为优化我市发展环境提供有力的司法保障。发挥 4 个派驻乡镇检察室扎根基层的优势，在全市 20 个乡镇、街道办事处的每个行政村张贴服务发展环境公告，并在电视台、广播电台、今日汝州等媒体上全文播（刊）发，公布举报电话，使全市人民都能知晓检察机关服务优化环境的具体措施和决心。与公安、法院密切配合，严厉打击扰乱市场秩序、阻碍经济发展的严重刑事犯罪，突出查办影响和阻碍汝州经济社会发展的发生在重点领域、重点部门或重点人员身上的职务犯罪案件，服务和保障党委政府优化发展环境的大局。充分利用派驻乡镇检察室熟悉基层环境的特点，积极配合和支持乡镇党委开展优化发展环境专项治理工作，参与综合治理非法采砂及超限超载工作。在小屯镇、纸坊镇开展的专项行动中，通过现场监督指导，建议相关执法部门依法履职，联合执法活动高效、依法、有序进行，起到了较好的震慑作用。

进一步改进服务大局的方式。积极推行服务企业"六个一"活动，主动联系企业制度，实现服务大局"零距离"。先后走访了汝州市汝丰焦化有限公司、汝州市欣裕科技有限公司、河南煜达阀门制造有限公司等企业 18 家。在辖区 20 多家企业设立了检察联络员，将集聚区内所有企业法人姓名、联系方式、生产经营范围等信息录入档案，向企业发放联系卡，开通热线电话，使企业在遇到困难问题时，能及时联系检察室干警为其排忧解难。通过开展这项活动，增强服务经济发展的针对性、有效性，受到市委、市政府和社会各界的充分肯定。汝州市委书记高建军对我院服务优化发展环境工作作出批示："市检察院在优化发展环境上，敢于担当，动真碰硬，措施得力，首战告捷，取得了积极成效，请各委局及乡镇办学习参阅。"

二、坚持忠诚履职，着力提升业务工作水平

为汝州经济社会发展服务，最终要体现在检察机关的业务工作上。近年来，我院大力推进争先创优，努力使业务工作与汝州的整体发展相适应，实现了跨越式提升。

一是严厉打击犯罪，维护社会和谐。始终把维护社会稳定放在工作首位，对严重恶性案件，保持高压态势，突出打击重点。两年来，共批准逮捕各类刑事犯罪案件 537 件 637 人，依法提起公诉 874 件 1149 人，着力维护群众生命财产安全。办案中，落实宽严相济刑事政策，对主观恶性不大的轻微刑事案件积极试行"捕前调和"、刑事和解等程序。两年来共受理故意伤害、交通肇事、危险驾驶、过失致人死亡等存在对立双方当事人的轻微刑事案件 180 件，通过积极为双方搭建沟通平台，及时修复了因刑事发案而损害的社会关系，化解了社会矛盾，促进了和谐稳定，取得了较好的法律效果和社会效果。

二是加大查办力度，围绕民生民利，全力开展职务犯罪工作。两年以来，共立案查办各类职务犯罪案件 32 件 61 人，其中贪污贿赂案件 17 件 35 人，渎职侵权案件 15 件 26 人。工作中，我们创新机制，形成合力。加强职务犯罪侦查力度，对内继续推进反贪、反渎与侦监、公诉、预防等部门的"一体化"机制建设，侦监、公诉提前介入侦查，加强证据审查与侦查的引导，建立交流和信息反馈机制、随案跟踪工作机制；对外加强与纪委的联系，扩大案件线索来源，加强配合，进一步整合资源，实现打击腐败合力。围绕民生民利，积极开展职务犯罪预防。以服务民生为主线，将法律监督的触角向民生工程领域延伸，使各项强农惠农政策真正惠及于民。对汝州市移民管理局小型水库后期扶持资金、民政系统福利机构资金的审批和使用情况、村级公益事业建设"一事一议"财政奖补资金使用情况、盐业公司庙下盐库固定资产使用情况开展专项预防调查。两年来，共开展专项预防调查 8 次，通过调查发出检察建议 8 份。同时，以"进机关、进企业、进乡村、进学校、进社区"五进专题预防职务犯罪活动为契机，到米庙镇政府、温泉镇政府、巨龙淀粉厂、焦村小学、汝州市

九中等 41 个单位进行了预防警示教育，受教育干部、学生、群众达 4000 余人。积极创新职务犯罪预防宣传新模式，筹拍的廉政微电影《白发亲娘》荣获全国检察机关首届预防职务犯罪专题微电影评选活动特等奖。

三是强化诉讼监督，维护司法公正。进一步加强对立案侦查活动、审判活动的监督，坚守防止冤假错案底线，全面纠正人民群众反映强烈的司法不公、司法腐败等问题。依法履行刑事诉讼监督职责。通过刑事立案监督，纠正漏捕 28 起，追诉漏犯 39 人；监督公安机关立案 37 件 41 人，监督公安机关撤案 17 件 18 人；提前介入引导侦查取证 8 件 8 人，提高了办案效率。审判监督方面，提出检察建议 15 件，提出抗诉 9 件 16 人。加强民事行政诉讼活动监督。共受理审查民事行政申诉案件 31 起，向市院提请抗诉 8 起，市院支持 6 起，向法院发出执行监督检察建议 39 起。办理行政执法监督案件 20 件，相关单位对我院进行了回复。与汝州市卫生局、食品药品监督管理局会签了《关于加强食品药品和医药卫生领域行政执法法律监督工作若干意见》。再审检察监督经验材料被平顶山市政法委转发推广。强化刑罚执行和监管活动监督。两年来对看守所安全防范检察 712 次，发现隐患 79 处，提出纠正意见 79 次，监督纠正刑罚执行和监管活动违法情况 120 件，纠正看守所减刑、暂予监外执行报请不当 21 件 21 人；向办案单位提出不需要继续羁押犯罪嫌疑人、被告人的审查建议 64 件，办案单位全部采纳。共查办司法工作人员职务犯罪案件 4 件 8 人；审查逮捕罪犯又犯罪案件 12 件 15 人。认真开展减刑假释、暂予监外执行专项检察活动，监督法院收监执行 9 名暂予监外执行罪犯。2014 年全省检察机关监所检察业务工作座谈会暨"减刑、假释暂予监外执行"专项活动工作现场在汝州召开，我院的相关经验做法得到省市院的充分肯定与推广，监所检察科被最高人民检察院表彰为"减刑、假释、暂予监外执行"专项检察活动先进集体。2015 年在全国检察机关刑事执行检察工作会议上，我院荣获全国检察机关"派驻监管场所示范检察室"称号，成为河南省唯一一个获此殊荣的单位。汝州市委书记高建军对此作出批示："对检察院取得的国家殊荣表示祝贺！希望认真贯彻好全国检察工作会议精神，再接再厉，再创佳绩！"

四是积极参与社会治理，防范和化解社会矛盾。认真开展执法办案风险评估预警工作。坚持逐案评估，及早发现问题，妥善处理矛盾。截至目前，共接待来访431人次，均予以妥善处理，有效减少处理信访问题的困扰，有力推动了其他各项工作的健康发展。积极开展涉法涉诉信访案件排查化解，对中央巡视组、省委政法委等上级机关交办的17件信访案件，采取领导包案、分类处理、强化督导等措施集中排查化解，实现结案率100%。同时积极发挥"特约检察调解员"参与信访矛盾化解的作用，实现了涉检进京访和赴省集体访为零的目标。控申科再次荣获全国检察机关"文明接待示范窗口"称号。

五是强化内外监督制约，推进阳光检务。加强内部规范管理，成立办案质量评查领导小组，加强办案管理监督，规范司法行为。积极推进以案件信息公开为核心的检务公开工作，建成集信访接待、案件管理、便民服务为一体的检务公开大厅、案件管理大厅；依托全国检察机关案件信息互联网统一查询平台，实现了案件信息公开常态化；利用手机客户端、微博、微信等新媒体，在官方网站、微博基础上，开通"汝州检察"官方微信，加强了与群众的交流互动。主动接受人大、政协和社会各界监督。建立联系人大代表制度，主动向人大及其常委会报告工作，积极配合开展代表视察、专题调研，认真落实各项决议。自觉接受人大办案质量检查，针对人大常委会反馈的意见召开专题会议进行整改落实，专题汇报。定期召开座谈会，赠阅《汝州检察》杂志，编发检察手机报，认真开展"检察开放日"活动，主动听取人大代表、政协委员对检察工作的意见和建议。坚持从严治检不动摇，严肃办案纪律，强化对重点执法岗位、执法环节、执法人员的监督，确保队伍公正廉洁。近年来，该院未发生一起干警违法违纪事件，社会形象良好。

三、坚持从严治检，着力打造过硬检察队伍

检察机关能否真正成为党和人民掌握的"刀把子"，关键在于有一支什么样的检察队伍。近年来，刘新义带领院党组，通过一系列行之有效的措施，

努力建设一支市委和汝州人民满意的检察队伍。

抓关键，不断强化班子建设。院党组坚持每周集中学习制度，重点学习和领会习近平总书记和郭庚茂书记在党的群众路线教育活动和"三严三实"专题教育活动中的一系列讲话精神，提高班子成员的政治理论和政策水平。

抓活动，加强队伍作风建设。创新活动方式，将党的群众路线教育实践活动和"三严三实"专题教育活动同社会主义核心价值观教育活动、道德讲堂建设、"践行价值观、文明我先行"文明执法活动、"增强党性、严守纪律、廉洁从政"教育实践活动等各项活动结合起来，举办"践行党的群众路线、弘扬汝检精神"主题演讲比赛和"青春梦、中国梦"经典朗诵会，由刘新义检察长为全体干警上专题党课，组织各支部开展了"假如我是当事人"大讨论活动，积极开展批评和自我批评，进一步增强党员干警的群众意识。

抓根本，大力提高执法能力素质。广泛开展岗位练兵活动，根据各部门的工作实际拟定全院岗位练兵方案，并组织岗位练兵闭卷考试，进一步加强干警的法律监督能力。组织全院研究生干警，结合信访办案能手，向高检院理论研究所申报并获批了《涉检信访工作机制改革》的课题，邀请中国人民大学副授魏晓娜、程雷和最高人民检察院检察理论研究所副研究员董坤来我院对课题研究进行现场指导，切实提高检察机关的理论研究水平和检察实务水平。与北京师范大学刑事法律科学研究院签订"检校合作协议"，举行北师大刑事法律科学研究院教学教研实践基地揭牌仪式，北师大副教授、青年刑法学专家黄晓亮为我院全体干警作专题讲座，提升干警业务能力。

抓机制，用制度管人、依制度管事。建立了干警"业绩档案"、"荣誉档案"、"违纪档案"、"后勤管理档案"四项档案管理考核制度，明确创先争优目标，完善奖惩机制，把每项工作量化分解，责任到人，实行两周一例会、每月一汇报、季度一讲评、半年一小结的四步工作法，每半月召开一次部门工作汇报会，由部门负责人汇报，展示工作亮点、查找工作差距、拿出整改方案、确保工作成效，有力地推动了全院工作上台阶、进位次。

陈晓亮：用心照亮未成年人成长之路

人/物/档/案

　　陈晓亮，女，30 岁，汝州市人民检察院公诉局副局长兼未检科科长。自 2009 年参加工作以来，她两次被评为平顶山市优秀检察干警，荣立个人三等功一次，2012 年入选"河南省公诉人才库"，2014 年被评选为"平顶山市优秀公诉人"，2015 年被评为"河南省首届未检业务竞赛十佳标兵"，在 2015 年 12 月举行的全国首届未成年人检察业务竞赛中脱颖而出，成为"未检业务竞赛能手"候选人。

1. 陈晓亮分获全国、全省检察机关"未检业务竞赛能手""竞赛标兵"称号

2015年12月8日至10日，第一届全国检察机关未成年人检察业务竞赛在北京举行，来自全国各地的近百名检察官参加了此次竞赛，河南省检察机关选派3名选手参赛，汝州市检察院公诉局副局长兼未检科科长陈晓亮为参赛选手之一。经过紧张激烈的综合业务笔试和业务答辩，我省3名选手表现突出，发挥出色，全部获奖。陈晓亮获得第一届全国检察机关"未检业务竞赛能手"候选人，省检察院检察长蔡宁亲切接见了载誉归来的3名参赛选手。此前，在2015年9月22日全省检察机关首届未检业务竞赛中，经过业务笔试、论文写作、现场答辩，陈晓亮获得全省检察机关"首届未检业务竞赛标兵"，该奖项共评出10人。省检察院检察长蔡宁为获奖选手颁奖。

一、勤勉敬业，平凡岗位不平凡

"宁肯累死牛，不让打住车"，这是该院领导用当地方言对她作出的

评价。只要是交给她做的事情，就不用担心她做不完、做不好。在刚参加工作担任公诉内勤的4年多时间里，陈晓亮早出晚归，兢兢业业，进行着卷宗审查、文书登记、数据统计、材料撰写等繁杂而琐碎的工作。

"坚持把简单的事情做好就是不简单，把平凡的事情做好就是不平凡"是陈晓亮的座右铭。汝州检察院公诉部门连续多年进入全市先进位次，与她的勤勤恳恳和一丝不苟是分不开的。她执笔总结撰写的汝州院试点刑事和解和附条件不起诉工作经验材料，帮助公诉部门连续两次荣立集体三等功，被评为"全省优秀公诉团队"。在做好局长助手的同时，她还办理了近300起刑事案件，坚持化解社会矛盾与打击犯罪并重，成为"办案骨干"和"调解能手"。

二、用心呵护，关注少年成长

未成年人司法关注的不是行为，而是行为人。自2013年从事未检工作开始，陈晓亮便在汝州检察院推行"捕、诉、监、防、维"五位一体的未检工作新机制，在落实对涉罪未成年人"少捕、慎诉、少监禁"理念的同时，特别注重对未成年被害人尤其是遭受性侵害未成年人的隐私保护，引导公安机关对未成年被害人的询问实行同步录音录像，尽量做到一次询问、全面询问，减少"二次伤害"。同时，针对办案中发现的学校附近开设网吧、游戏厅、KTV等娱乐场所，以及允许未成年人进入上述场所等违反《未成年人保护法》、侵害未成年身心健康的违法现象，及时向相关职能部门发出检察建议10余份，督促开展综合治理，还青少年一个干净的社会环境。此外，她联合该院驻乡镇检察室和预防部门开展"法制宣传进校园"活动，向学生赠送犯罪预防和自我保护手册，开设热线电话和QQ信箱等，与学生和涉案未成年人在线交流、实时互动、及时解答法律咨询，教育学生学法守法、依法维权，将法制意识植根于心，受益学生达8000余人，最大限度地预防和减少未成年人犯罪。

三、心怀大爱，拯救折翼天使

每次在办理案件过程中，看到那些因为几元、十几元钱的上网费而抢劫的孩子，看到那些铁窗里因悔恨而痛哭流涕的孩子，她总会说，这些孩子本质都不坏，我们不能简单的一捕、一诉了之，我们不救他，他就真的没救了。在办理张某等4人抢劫一案中，年仅14岁的张某为了哥们义气，伙同朋友在某中学门口抢劫4名学生。

"他才14岁，主观恶性并不大，只是家庭教育缺失，让他无法辨别、控制自己的行为。如果推一把，他可能把一切的不幸归罪于家庭和社会，从而自暴自弃，永远站在社会的对立面；而如果拉一把，挽救的不只是他一个人，而是整个家庭。"在讨论这起抢劫案时，陈晓亮坚持对张某的不捕意见，并通过跟踪监督帮教，最终对其作出附条件不起诉决定。10个月的考验期内，张某重返校园学习了汽修知识，并利用寒暑假到亲戚的汽修店进行实践，进步很快。

"阿姨，我喜欢汽车，修车能让我找到自信，还能赚钱帮妈妈还债，供弟弟妹妹上学"，考验期满，听到张某对待生活的乐观自信、对待家庭的责任担当，陈晓亮知道这个孩子已经开启了新的人生，她庆幸当初自己做了一个明智的决定。陈晓亮说："无知、冲动让天使折了翅膀，但我们必须肩挑责任与希望，为折翼天使插上新的翅膀。"

四、厚积薄发，争做行家里手

2014年7月，平顶山市人民检察院开展了全市优秀公诉人评选活动，陈晓亮过关斩将，以总分第二名的优异成绩荣获"平顶山市优秀公诉人"称号。

2015年下半年，为备战河南省首届未检业务竞赛，陈晓亮参加了封闭训练，无法照顾年幼的孩子，父母就把孩子接到身边，给了她最大的支持。9月4日其母亲在郑州做心脏介入手术时，她趁着"9·3"大阅兵假期回去看望母亲，为了不耽误她的学习，母亲仅仅让她待了一天便把她"赶"了回来。

在全省业务竞赛中，陈晓亮以遥遥领先的笔试成绩顺利进入答辩环节，流畅的语言、精准的表达、对未检业务的熟练解读给评委留下了深刻印象，最终以全省第五名的成绩入选"全省未检业务竞赛十佳标兵"！

2015年9月28日至30日，经过严格的综合知识笔试、论文答辩，优中选优，陈晓亮和平顶山、郑州的另两名选手共3人入选全国竞赛名单，他们将代表我省检察机关参加全国首届未检业务竞赛。

两个多月备战全国竞赛，加之此前参加全省竞赛和全国竞赛选拔，紧张和疲劳几乎达到了极限，全国竞赛前一个多月，陈晓亮的感冒加重咳嗽不止，但仍然坚持完成了全部训练任务。在全国业务竞赛中，通过笔试的卷宗材料审查、综合知识测试、申论写作，陈晓亮沉着应战，顺利进入全国前40名，最终赢得全国首届"未检业务竞赛能手"候选人这一殊荣。

载誉归来，省检察院党组成员、副检察长王广军亲自带队到车站迎接，蔡宁检察长在接见时提出殷切希望："取得成绩之后，你们更要严格要求自己，保持先进；同时注意要做到宽严相济、挽救为主，做到和风细雨，循循善诱，尽力减少社会对未成年人犯罪的担忧，完成未检工作的光荣使命！"

为了学习弘扬先进，充分发挥先进典型的标杆引领作用，汝州市检察院专门召开座谈会，该院检察长刘新义向全院干警发出学习陈晓亮身上七种精神的号召：学习她爱岗敬业的职业道德、刻苦钻研的工作态度、勤奋好学的良好习惯、对工作高标准严要求的精神境界、和衷共济团结奋进的团队精神、公而忘私的大局观念、勇于争先的汝检精神。

"蔡检的教诲和期望，各级领导的关心和支持，让我备感温暖，更有信心。成绩属于过去，未检工作只有起点，没有终点，今后的工作中，我一定会更加努力，为未成年人检察工作增光添彩。"面对荣誉，陈晓亮如是说。

2. 陈晓亮在全省检察官学校初任检察官培训中被评为优秀学员

　　陈晓亮同志 2009 年 4 月到汝州院公诉科负责内勤工作期间，对侦查机关移送起诉的 1000 余起刑事案件严格审查把关，并逐一录入审查起诉案卡，3 年来所填报数据无一错误。在内勤工作之余她加班加点办理各类刑事案件 81 件，提起公诉准确率达到 100%。共撰写各类文字材料 100 余篇，被省、市院转发 30 余篇。2009 年以来，该院公诉科探索的刑事和解、附条件不起诉等创新机制得到被确定为全省试点单位，经验做法被省、市院推广，公诉科因此荣立集体三等功， 2010 年度全市公诉业务考核中获得第一名的成绩。2011 年由她具体实施的加强"另案处理"人员跟踪监督的做法得到省、市院的认可，经验材料被省、市院转发。

刘龙海：胸怀大局　情系检察

● 人 / 物 / 档 / 案 ●

　　刘龙海，曾任汝州市人民检察院党组书记、检察长。1979年11月入伍，1980年12月调入平顶山市人民检察院工作，历任法警、助检员、检察员、叶县检察院副检察长、平顶山市检察院反渎职侵权处副处长、反贪污贿赂局常务副局长等职，曾多次立功、获奖和受到表彰。

最高检、省委省政府、省检察院表彰的先进人物

Zuigaojian Shengwei Shengzhengfu Shengjianchayuan Biaozhang De Xianjin Renwu

2007 年 3 月，到汝州院工作至今，围绕"加强法律监督，维护公平正义"的检察工作主题，坚持"内强素质、外树形象"的工作思路，抓班子、带队伍、促工作、重保障。该院先后获得"全国检察机关文明接待室"、"国家规范化二级驻所检察室"、"全省平安建设、综合治理先进单位"、"省级文明单位"等多项荣誉称号。

一、当好班长，带好班子，增强党组合力

班子建设是队伍建设的基础，好班子才能带出好队伍。作为一把手，他深知抓好班子建设就要善于当好班长。上任伊始他就提出"从我做起，向我看齐"，以身作则，严于律己。在公务活动中他拒贿、拒礼、拒吃请，对于当事人送的钱物当面退不了的事后主动交到纪检监察部门，在他影响下，两年来班子其他成员和部分干警共向纪检部门上交各种款物数万余元。他注重学习，带头调研工作发展中的难点问题，针对涉法涉检信访突出、批捕起诉质量不高、反贪反渎力度不强等问题组织人员调查撰写有分析、有建议的文章，找出解决办法，厘清工作思路，推动工作发展。他组织撰写的《故意伤害易引起上访》的调查报告，得到省委、市委政法委、上级院及当地党委的重视和领导的批示。在他倡议下该院成立了检察理论学会，以此推动调研工作，提升干警调研能力。他作风民主，集纳群言，注重开展批评与自我批评，带头坚持集体领导的原则，人事任免、工作调整、经济支出等重大事项和重要工作决策，都要经过班子成员共同研究决定。他维护班子团结，善于发挥每个班子成员的作用，尊重、信任、支持副职大胆负责创造性地抓好分管工作。他时时处处作出表率，深入一线指挥办案，掌握干警思想动态，了解办案困难，解决实际问题，给干警上大课，解析办案笔录，点评法律文书，评判案件质量，以求真务实的作风带动干警认真负责积极地工作。在班子建设上，他注重谋大局抓大事把方向。

一是强化党组一班人服务大局意识，紧紧围绕党委的中心工作和上级院的决策部署去开展工作。如去年以来汝州市委按照中央和省、市委关于

"保增长、保民生、保稳定"服务企业发展、加快农村改革发展的重大决策部署，围绕建设富裕文明、平安和谐汝州的目标，相继作出优化经济发展环境着力实施工业强市和大力推进新农村建设的决议。他及时组织传达贯彻，在引导干警进一步增强大局意识、中心意识的基础上，经党组一班人讨论研究，分别作出了保护和促进企业发展的十条意见和服务"三农"的九条意见，从执法观念、法律监督等方面积极服务支持企业发展和新农村建设。

二是在工作的指导思想上，始终把维护社会和谐稳定放在首位，逢会必讲大局，逢案必考虑稳定，始终注意引导班子成员和干警端正执法办案为大局服务维护稳定的思想。在"打黑除恶"和打击"两抢一盗"专项斗争中，指导干警在把好案件质量关的同时，坚持快捕快诉，实行重大复杂案件专人督办、跟踪指导、限期办结措施，严惩了一批严重危害社会治安的犯罪分子，使批捕、起诉工作进入全省第一方阵，受到市委政法委的通报表扬。针对严峻的信访稳定形势，他多次召开党组专题会议，建立完善涉检信访工作长效机制，采取领导包案、下访巡防、联合处访、责任追究等措施，化解了一批影响社会和谐稳定的突出矛盾，连续两年实现涉检进京零上访。涉检信访工作长效机制得到高检院和省、市院的重视和肯定，平顶山市检察院专门召开涉检信访长效机制现场会推广汝州院经验。

三是自觉把检察工作置于市委的领导之下，主动接受人大、政协的监督，积极取得政府和社会各界的支持。每逢重要工作、重大事项他都要事先请示市委政法委，事后及时汇报，同时向市人大常委会征求意见取得支持，并且注意与公安、法院、纪委、组织部、财政局等部门加强经常性的联系沟通，求得各方面对检察工作的支持。对党委和上级院的各项工作部署积极贯彻，带领党组一班人认真抓落实，关系到全局的大事，他及时召开党组会议研究，充分发扬民主，不搞"一言堂"，使班子的凝聚力和战斗力大大增强。

二、多策并举，严管重教，提高队伍素质

他到汝州工作以后，经过调查感到汝州院存在的主要问题是管理松懈、制度执行不力，队伍素质参差不齐，外在形象不佳。因此，他首先把工作目标定位在加强队伍的管理和教育，提高干警素质和改变形象上，确定了"内强素质，外树形象"的工作思路，把主要的精力都放在抓队伍建设上，打算经过两年左右的努力使汝州院的管理水平、队伍素质能上一个新的台阶，为争先进、创一流、出成绩夯实基础。

一是抓思想建设。他亲自拟定《党组中心组学习制度》、《政治学习制度》和院领导、部门负责人《一岗双责制度》，强调从领导做起狠抓队伍的思想建设。2007 年以来在先后开展的社会主义法治理念教育、"大学习、大讨论"、学习实践科学发展观等主题教育活动中，他亲自组织全体干警开展集中学习上大课、专题讲座和理论知识测试，点评干警的心得体会，使广大干警受到深刻的思想教育。开展"学习奥运精神，争创一流业绩"活动中，他带头撰写"奥运带给我们的启示"的心得，用奥运精神激发大家干事创业的积极性。组织干警开展读一本好书活动，人手一本《当代公务员心理健康讲座》，要求大家通读学习写出读后感想，引导干警确立正确的职业心态。

二是抓纪律作风整顿。2007 年 5 月至 12 月，他亲自主持开展了"加强作风建设、狠抓工作落实"专题活动，深入查摆政令检令不畅、工作棚架、思想浮躁、不思进取等严重影响检察工作发展的突出问题，严肃查处违法违纪和不遵守职业道德、不执行法纪规章的人员，统一干警思想，规范执法行为。活动中查摆问题 25 条，落实整改措施 35 条，对加强组织纪律性，改善队伍形象起到了积极作用。

三是抓制度建设。对现有制度进行梳理整合和修改补充，将检察业务、事务、队伍建设工作制度共计 18 章 81 项，汇编为《汝州市人民检察院工作规范》，印发全院干警人手一册。为使规范不流于形式，他要求将规范的内容分 5 个阶段进行学习、考试，并亲自监考，规定考试不及格的要补考，

连续两次考试不及格或者五个阶段共补考 3 次的，取消所在科室和本人年终评先资格，并予以通报批评。通过学规范、用规范，使政治工作、检察业务、机关管理、后勤工作逐步做到规范运作，机关工作秩序有了很大好转。

四是抓组织建设。他注重青年干部的培养，坚持"以德为先，德才兼备"的标准选人用人，重用品质好、能力强的干警，把一些想干事、干好事、会干事、不出事的年轻干部放到适当位置历练。2009 年 4 月通过竞争选拔，6 名年轻干警担任了中层副职。目前该院部门正职 17 人，副职 11 人，形成了有序的发展潜力大的干部梯队。

五是抓岗位练兵。2007 年以来，该院以提高干警岗位技能为重点，开展岗位练兵活动，采取干什么、练什么，缺什么、学什么的方式把练兵内容融于执法岗位中。通过专家讲课、案例研讨、卷宗评比、庭审观摩、演讲比赛、技能测试等练兵模式引导干警实战演练；通过一帮一、一帮二的形式全院结成 72 个帮辅对子，相互签订技能培训达标责任书，使一批业务优秀、专业技能强的骨干在办案一线充分发挥传、帮、带作用。对各项业务技能依据达标质量实行严格的考评，建立了岗位技能实战演练档案管理制度，如实记录每位干警参加业务技能实战演练的情况，考评结果作为选拔业务标兵、岗位能手和提拔任用、晋职晋级的主要依据之一，促进了队伍素质的提高。

六是抓绩效管理。在全院推行工作周报月考制度，干警要将每天工作绩效详细记录，部门要将每周工作情况上报检察长和主管领导备案审查，政治处每月对各部门周报内容认真考核，实事求是地评价干警日常工作学习效果。按照基层院规范化建设量化考核的要求，层层签订目标责任书，在全院初步形成检察长对党组成员、党组成员对部门负责人、部门负责人对干警三级联动的考核体系，推动了全院争先创优的开展。

三、真抓实干，创新发展，开拓工作新局面

他到任后始终把重点难点工作作为开拓检察工作新局面、谋取新发展的关键环节抓实、抓好、抓出成效。

为解决查办职务犯罪力度不够工作落后的问题，他多次召开反贪、反渎干警会议，传授办案经验，分析落后原因，强化责任意识，增强办案信心，并在人员、经费、车辆等使用上向反贪、反渎倾斜。今年 5 月他亲自组织指挥职务犯罪"百日集中办案"活动，动员全院力量，调配有关科室人员协同作战。办案中他与干警同吃同住，指导协调解决困难，仅一个月就立案查处职务犯罪案件 7 件 15 人，是去年全年立案人数的 115.4%，其中重特大案件 3 件，涉及卫生、土地等新领域案件 5 件 5 人，为国家和集体挽回经济损失 100 余万元。在他带领下，百日会战中仅用 4 天时间就成功侦破一起涉及 9 名犯罪嫌疑人集体私分高速公路征地补偿款 38 万余元的重大涉农案件，受到平顶山市检察院党组及汝州市委的充分肯定，平顶山市院专门在汝州召开了全市反贪查案工作经验交流现场会，推广汝州的办案经验。

针对批捕、起诉案件质量稳定性不够，引发涉检信访问题较多，刑事赔偿案件偶有发生，部分群众不满意的问题。上任后他就及时组织干警在调查分析原因和与公安、法院协调沟通形成共识的基础上，加强内外监督制约，积极探索尝试批捕、起诉案件执法过程监督控制方式。率先在平顶山市检察系统使用审查批捕、审查起诉案件操作流程表和犯罪构成要件审查表，细化审查环节，明确审查要求，防止和避免了漏审漏查、责任不清、相互推诿现象。对午均约占批捕起诉案件 1/3 的邻里纠纷轻伤害和交通肇事等轻微刑事案件尝试刑事和解处理，化解矛盾纠纷，去年和解处理的 132 起案件没有再发生上访或重新犯罪等情形，良好的社会效果得到省、市检察院的认同，并作为试点经验予以推广。实行案件信访风险评估，对不批捕、不起诉、不抗诉或退回公安机关做其他处理的案件，在作出决定前均做好举报人、受害人、申请人息诉工作，化解信访风险。开展司法救助，依靠政府和有关部门筹措资金 85000 元，对因犯罪受到伤害生活极度困难或急需救治医疗的 6 名被害人给予了补偿，缓和了矛盾。推行阳光检务，开通了网上案件查询系统，公布批捕起诉环节办案信息，方便群众及时了解相关案件的办理情况，主动接受社会监督，从而使批捕起诉案件质量、群众满意度、社会效果明显提高。2007年以来，批捕起诉准确率均为100%，办理的案件未再发生赴省进京上访，申诉和刑事赔偿案件为零。

狠抓检务保障。在基层院，检务保障是一把手工程，重大公务经费的解决都需要检察长亲自出面。到任后他就紧紧抓住贯彻落实中央11号文件精神的机遇，积极争取汝州市委、市政府的大力支持，使在编在职检察人员每人每年1.6万元的公用经费标准执行到位，基本保障了办公办案需要。又争取财政支持对办公大楼进行了全面修缮，改造了信访接待室，配备了电子触摸屏和大屏幕，配置了视频会议室，楼内院内安装了电视监控系统。建造了面积为350余平方米的自侦案件审讯专用楼，改造了驻看守所检察室及检察专用讯问室。更新了办公桌椅、门窗，添置了空调、沙发、文件柜等。更新车辆14辆，对原有旧车19辆大修一遍，固定资产由2006年的985万元增加到1300万元，院容院貌和办公条件得到明显改善。建成了局域网、开通了检察三级内部网络，配备了职务犯罪讯问全程同步录音录像系统、监所检察监控系统、多媒体示证系统，电脑增至人均一台，科室配有打印机、摄录机等办案办公机具，信息化程度明显提高，为检察工作的全面发展提供了有力的技术装备保障。

在查处省、市及全国有重大影响的原平煤集团物资供应总公司财务科出纳、职工共同贪污、挪用公款5000余万元案；河南省纪委副处级纪检监察员涉嫌受贿、巨额财产来源不明500余万元案；舞阳钢铁公司分厂原厂长受贿50余万元案；平顶山天鹰集团公司原总会计师、工会主席、董事会秘书共同贪污90余万元案，为国家挽回经济损失8.6亿元等10余件大要案中成绩突出，2008年荣记个人一等功。

"雄关漫道真如铁，而今迈步从头越。"刘龙海同志胸怀大局，情系检察，心系百姓，勤勉敬业，带领检察队伍正朝着更高的目标迈进。

魏洪流：誓言无声写忠诚

人／物／档／案

　　从公安局到检察院，从侦查员到副检察长，魏洪流30年如一日，始终坚守在政法一线，忠干职守。他在工作中没有掷地有声的豪迈誓言，没有惊天动地的英雄壮举，有的只是朴实无华的思想和行动，一步一个脚印地履行着一名检察官的职责。多年来，他分管过的部门都取得了不菲的工作成绩，而面对各种成绩和荣誉，他常说："作为一名基层检察院领导班子成员，我深感责任重大，从不敢有丝毫的懈怠和马虎。成绩的取得都是院党组及同志们齐心努力的结果，工作都是大家干的，我只是做了我应该做的事。"

一、山区群众吃上爱民水

"我们永远忘不了检察院的领导和同志们对我们的恩情，永远忘不了魏检为我们的事奔波忙碌，真心实意地感激他们！"汝州市大峪镇同丰村的村民一提起当地检察官就会这样说。他们和检察官结下了深厚情谊。

同丰村地处深山区，全村有8个自然村、9个村民组、230多户村民、近200头大牲畜。该村饮水靠蓄水池，而蓄水池的水达不到饮用水标准。当地地质结构复杂，打井取水成了几代人遥不可及的梦想。每逢干旱，村民还要到3公里以外去找水源。缺水，影响着村民正常生活，制约着该村经济发展。

2012年，汝州市检察院成为同丰村社会主义新农村建设帮扶单位。为解决群众的吃水难问题，作为被检察长和院党组指派的此项工作主要负责人的魏洪流，多次和干警一起到同丰村，实地查看群众吃水问题，征求群众的意见和建议。

车子上不去，就徒步走，一个村组一个村组地跑，一户人家一户人家地看，由于村子分散，几十里的山路，他们一走就是半天。为了尽快为群众解困，魏洪流多次到水利部门协调争取抗旱资金。为保证早日让村民吃上放心水，他多次跟随钻井队到现场查看。由于当地地质结构复杂，井壁两次严重塌方，三移井址，第三次打到186米深才打出井水。每小时30吨的出水量，满足了同丰村及周边数个村子的日常用水。

看到井水喷涌而出，那一刻，同丰村沸腾了，村民纷纷围着魏洪流和其他干警，倾诉着激动和感激之情。"这是检察院带给我们山里老百姓的爱民水，我们会永远记着检察官的恩情！"

二、亲力亲为的"老黄牛"

魏洪流是侦查员出身，有丰富的破案经验。和他共事过的人这样评价他："办案认真细致、身先士卒，经常像老黄牛一样亲力亲为。"

说魏洪流像老黄牛，是因为他在政法一线已奋战了30多年，他的用心和付出都被同事看在了眼里、记在了心里。他没有官架子，常同干警打成一片，和蔼、可亲、乐观。日常生活中，他眉宇间洋溢着亲切、温和，而在讯问犯罪嫌疑人时，透射着威严和正气。

在审理案件时，魏洪流出色的审讯技巧经常能为案件找到新的突破口。为了把握最佳的讯问时间，他经常加班加点，有时过了饭点，就忍饥挨饿坚持工作。了解到犯罪嫌疑人喜欢打牌，他会陪着其打牌，使其放下心理戒备，最终突破其防线。一名当事人的亲属和他是同学，他不仅严词拒绝同学的说情，还苦劝老同学帮忙做当事人的工作。

魏洪流常说："更多的工作都是大家在做，我只是做了些自己力所能及的事。"

作为院党组副书记、副检察长，魏洪流长期主抓政治处和办公室工作。工作任务重且较为烦琐，但他始终严格要求自己，带头示范，各项工作一直在全市位居前列。

近年来，汝州市检察院在全省创出了不少先进经验，省检察院先后在该院召开了全省检察机关监所检察业务工作推进会和信访风险评估现场会。这些会议规格高、参会人员多，为了使会议顺利召开，魏洪流从会议的每个细节入手，事事亲力亲为，保证了会议成功举办。该院的办公室和政治处工作连续多年在平顶山市检察系统处于先进位次，该院连续三届被评为"省级文明单位"。

三、不怕得罪人，就怕得罪法律

检察工作是一份光荣的工作，同时又很容易得罪人。对魏洪流来说更是如此，作为分管反渎职工作的副检察长，在工作中，有时他面对的是自己昔日的老领导、老部下。可他认为，检察工作就是要敢查善办，不怕得罪人，就怕得罪老百姓、得罪法律。

2001年，一名民警涉嫌贪污10万多元。由于涉案金额较大，当事人面临着严重处罚。在公安机关干过多年的魏洪流，面对自己曾经的同事，不仅顶住各种压力，与干警们一道加班加点办案，还积极对当事人劝说教育，减小了办案阻力，使案件顺利进行。

他办案顾大局，从不考虑个人利益。他严格要求自己和干警，规范行为，廉洁执法。他的清廉公正有口皆碑，经他手的案件，无一留下后遗症，件件都是铁案。

近年来，在魏洪流的带领下，该院反渎职侵权局围绕服务经济社会发展大局，重点查办发生在群众身边、损害群众利益、涉及民生领域的渎职侵权犯罪案件，得到了社会各界的好评和称赞。2015 年前 8 个月，该院反渎职侵权局已超额完成全年的立案数，位居全市第一。

四、请不到的"客人"

"魏检，您啥时候能去俺家坐坐啊？"对当事人毛某来说，魏洪流是一位难请的"客人"。

因为一起伤害案件，毛某官司缠身多年，一直得不到解决。魏洪流了解情况后，积极协调有关部门，在最快的时间里为毛某解决了问题。看到其生活困难，魏洪流便多方打听，得知毛某具备救助的资格，便亲自帮他填写、递交申请，使其得到了两万多元的赔偿金。

拿着这笔赔偿金，毛某激动万分，却不知道如何表达感激之情，非要拉着魏洪流到家里做客："去俺家坐坐吧。"魏洪流推辞说改天再去，却一直没去过。他告诉记者："事情解决就好了，去了也是给老毛添麻烦。"

后来，毛某见这位难请的"客人"不来，只好提着红薯、玉米糁跑到检察院，以此表达谢意。

"魏检在政法战线一干就是 30 年，是一个受人尊重、令人钦佩的老大哥，是一个好领导、好同事、好帮手，有着好人品、好口碑、好风范。他以执着和忘我的精神始终忠诚履行检察职责，是我们汝州检察人的典型代表。他的模范带头作用，必将继续引领全院干警奋勇拼搏、争创一流。"汝州市检察院检察长刘新义说。

管建民：以忠诚抒写使命担当

人/物/档/案

　　怎么做才算得上一名优秀的检察官？对汝州市检察院原副检察长、检委会委员管建民来说，就是踏实、负责、细心和知足。他常说，作为检察队伍的一员，要牢记使命和责任，洁身自好，懂得知足和珍惜，踏踏实实地办案、踏踏实实地学习、踏踏实实地做人。管建民从检察新兵成长为副检察长，他在每个检察岗位上都尽职尽责、忠诚履职，一干就是30多年。

一、火眼金睛挖窝案

在同事的眼中，业务精湛的管建民早就练就一双"火眼金睛"，经常能通过案件的表象看到案件的骨子里。

2010 年，汝州市一家 KTV 里，几句口角之争，却引发了消费者喊来大量社会闲散人员在 KTV 里打砸事件，导致被打人员身受轻伤。事发后，犯罪嫌疑人一方迅速对受害人给予经济补偿，并取得了受害人的谅解。承办该案的检察干警将该案向管建民汇报后，他全面审查案卷后发现，犯罪嫌疑人当晚因琐事就喊来大量人员追到受害人房间疯狂打砸，情节极其恶劣，归案后，又拒不供述罪行，"直觉"告诉他：该人涉嫌其他犯罪的可能性极大。

虽然双方民事部分达成和解，但管建民和侦监部门的检察官讨论后认为该案不宜适用非羁押诉讼程序，果断对犯罪嫌疑人作出了批准逮捕决定，并建议公安机关扩大侦查范围，争取发现其他案件的线索。

对犯罪嫌疑人的果断批捕，最终为公安机关的后续侦查工作打下了坚实的基础，提供了便利条件。犯罪嫌疑人在服刑期间，一个以犯罪嫌疑人为头目的黑社会性质组织团伙逐渐浮出水面。公安机关侦查发现，该组织在当地称霸一方为非作歹，实施了开设赌场、故意伤害、寻衅滋事、敲诈勒索等大量违法犯罪活动，严重扰乱了正常的社会秩序。2010 年 11 月，在前期充分侦查、取证的基础上，公安机关一举打掉了这一黑社会性质组织。

"正是管建民的认真、较真，才使得这一犯罪团伙进入侦查机关的视线，而他的这种精神也深深烙刻在我们的身上。"汝州市检察院侦监科科长靳京伟说。

二、案结事了扶危济困

管建民的责任心不仅体现在对案件的一丝不苟上，也体现在对当事人的尽心尽力上。

2012 年，桂某和青某因宅基地施工问题引起纠纷，双方发生争执，青某拿起一把锹追逐桂某，在追逐过程中，青某受伤。青某认为，是对方故意伤害才造成自己受伤，但由于事实不清、证据不足，检察机关依法作出不批准逮捕犯罪嫌疑人桂某的决定。青某对此不服，扬言将赴省进京上访。

管建民认为，办理案件一方面要以事实为依据，以法律为准绳，不能受信访因素干扰；另一方面也要从化解社会矛盾的大局出发，做到案结事了。为了给青某解释清楚检察机关作出不捕决定的原因，管建民多次到青某家里谈心、释法说理，还联系办事处、派出所和村委会负责同志一同对桂某和青某说服教育，最终使双方握手言和。考虑到青某生活困难，管建民向检察院申请救助资金对青某进行救助。最终，青某心服口服，对处理结果表示满意。

三、良师益友受尊敬

一级干给一级看，一级带着一级干。在同事们心中，管建民是一位正直、善良的"老大哥"，工作上的"良师"，生活里的"益友"。由于他资历深、经验丰富，平时院里的"小年轻"吃不准的案件总会请他指点迷津。再难办的案件，只要经他一分析，处理起来都会脉络清晰、游刃有余。

管建民办案的这套硬功夫不是单靠时间就能熬出来的。1975年，他下乡插队劳动，后来到部队服役，退役后转干。被分配进检察院后，面对法律监督的神圣职责，他深感压力，唯有努力学习法律知识才能更好地做一名合格的检察干警。为此，他在自学的基础上，专门报名参加了电大脱产班，刻苦学习3年法律知识。之后的检察工作中，不管岗位如何变化，不管是普通的检察干警还是副检察长，他好学好问的习惯从未改变。

"他是我们身边一位正直善良、和蔼可亲的老大哥，从没有架子，对我们工作上支持、生活上关心。"该院不少年轻干警都这样说。干警们说，不管是同事，还是当事人，进了管建民的办公室，他都会亲自倒茶水，从不麻烦别人。看到年轻干警工作中有困难、有情绪，他总是主动帮助、开导解惑。

四、反腐前沿身子正

管建民常对年轻干警说："能够走进检察队伍是我们的幸运，所以我们更要踏踏实实地工作，踏踏实实地学习业务，踏踏实实地做人。"

　　从 1996 年开始，管建民担任了将近 4 年的反贪局局长。他深知，打铁还需自身硬，从事检察工作，自身的形象意味着检察队伍的形象、意味着政法队伍的形象，任何时候都要把握自己，容不得半点闪失和懈怠。

　　该院民行科科长闵秀娇说，在办理一起民事抗诉案件时，案件当事人为了不让案件被提请抗诉，有一天，专门到办公室找到分管民行工作的副检察长管建民。当事人刚离开办公室，管建民就急忙把闵秀娇叫到办公室："你赶紧去追那个案件当事人，让他把这个拿回去！"闵秀娇定睛一看，管建民摔在桌子上的是一个信封。之后，该案依然被提请抗诉。

　　多年来，管建民带头执行各项检察工作纪律，不仅在工作上如此，生活上也时刻警醒自己，谨慎交友，公私分明。

　　"我也没啥爱好，觉得无聊了，就和单位同事或几个老战友聚一下聊聊天。做我们这行的，生活就是简单。"他开玩笑地说，自己是一个挺"无聊"的人。正是因为他的"无聊"，让那些想"走走后门"的人无可奈何。

　　30 多年来，管建民一直奋斗在检察院的主要业务部门，从一名检察新兵成长为业务型副检察长，他在每个岗位都成绩斐然，他分管的侦监、监所、民行工作一直位居全市先进行列，该院驻汝州看守所检察室被最高人民检察院评定为"国家一级规范化检察室"。

　　"管建民是检察战线的一名老兵，从检 30 多年，他全身心地投入到检察工作中，孜孜不倦，无怨无悔，在平凡的岗位上创造了不平凡的人生。他对检察事业的热爱与忠诚，对工作的尽职尽责，对同事的关心帮助，为全院干警树立了学习的榜样和楷模。"该院检察长刘新义说。

李爱莲：巾帼女检别样风采

人 / 物 / 档 / 案

在汝州市检察院，有这样一位检察官：在年轻干警眼里，她既像长辈又像邻家大姐，工作上谆谆教诲，生活中关怀入微；她干起工作来，风风火火，犹如"女汉子"一般；她勤勉敬业，善于学习，在每个岗位上都业绩不凡。她就是汝州市人民检察院原副检察长李爱莲，一个巾帼不让须眉的女检察官。从检20年来，她用柔弱的双肩、坚定的信念，忠实践行着检察官为民、务实、清廉的铮铮誓言。

一、爱岗敬业当模范

1996 年进入汝州市检察院工作的李爱莲，先后在该院反贪、预防等部门工作过，因为工作出色，她于 2006 年被任命为汝州市检察院党组成员、政治处主任，之后又担任了汝州市检察院党组成员、副检察长。

在同事们眼中，李爱莲干起工作来风风火火、雷厉风行，总是模范带头、冲在前面。

让该院政治处副主任兼宣教科科长吴迎利记忆深刻的是，每当院里有重大任务或活动，作为政治处主任的李爱莲总是带领大家一起迎难而上。2013 年，该院争创"全国先进基层检察院"，李爱莲带领同事们连续加班加点，对撰写的申报材料、先进事迹材料字字推敲、句句斟酌，同时将近年来该院获得的 300 多项荣誉资料按照验收标准进行归类整理，装订成册，每一步都亲自把关。正是大家的团结一心、共同努力，该院顺利通过了考核验收，被最高人民检察院授予"全国先进基层检察院"荣誉称号，这也是该院建院以来获得的最高荣誉。2014 年该院为保持"省级文明单位"荣誉称号，在整个创建工作期间，李爱莲带领同事们累计加班 200 余小时，将创建所需的所有资料全部按照规定保质保量完成。最终，该院顺利通过验收。

在任副检察长之后，她分管的部门不管有任何事情，她仍是一如既往，身先士卒。

"对每一个批捕案件，李检都会召集全科干警集体研究，不仅广泛听取了意见，对干警的办案能力和水平也是一种提高。我们经常说案件说到夜里十一二点，但李检从来都是坚持听完，不管加班到几点。"曾任该院侦监科科长的反渎局教导员靳京伟说。正是有了这种认真负责、爱岗敬业的精神，在李爱莲分管侦监工作的一年多时间里，没有出现一起上访案件。

二、点滴关爱总是情

"有啥困难只管说，需要我做什么也只管说！"这是李爱莲常对干警们说的一句话。

在生活上关爱干警的同时，工作中李爱莲常常告诫干警："检察工作容不得半点马虎，法律来不得半点马虎。"

检察机关办案难免遇见说情的情况，但李爱莲分管业务部门后，经常在研究案件后，与干警们谈心、谈情与法、谈廉洁自律、谈检察官的原则、谈加强政治和业务素质学习等。

"李检常说，办案件难免遇见有人打招呼，但看你如何站在检察官的立场把握法与情的底线和尺度。我们宁可依据事实和法律'伤了和气'，也要坚守社会公平正义，要让每个当事人真正感受到公平正义就在身边。"该院侦监科副科长孙雨蒙说，"经常有人在你耳边敲警钟，你就不会犯错误。李检的时时谆谆教诲、处处耳提面命，保护之意、关爱之情让人感动。"

"她既是好大姐，又是好老师，传帮带作用发挥得很好，她身上良好的工作作风和工作习惯，时刻指导着我的工作。"该院党组成员、政治处主任顾武修如是说。

三、敢于担当写忠诚

"一心为公、敢于担当"是该院专职检委会委员黄爱梅对李爱莲的评价。

黄爱梅告诉记者，近年来，该院监所部门办案力度较大，每次上案件时，作为分管领导的李爱莲总是亲自协调人员、组织办案力量、做好后勤保障，每一件事都是亲力亲为，干警们在院里办案到几点，她就在院里陪伴到几点。

"为了抓捕一个涉案人员，她亲自带领我们到该人员落脚处附近深夜蹲守，一蹲守就是几天，全然不顾她患有多种疾病的身体。"黄爱梅说，她的这种敬业精神感染了每一个干警。

让黄爱梅至今记忆犹新的是，去年的一个周六，监所科发现了一个线索，院党组决定立即进行初查，李爱莲和干警们当即放弃休息，马上投入到紧张的办案中，经过连续数日的熬夜加班，终于有了重大突破。其间，患有高血压病的李爱莲一直靠吃药控制着血压。一天早晨，陪着干警熬了一夜的李爱莲和办案人员一起到检察长刘新义办公室汇报案件进展情况，多日的熬夜和劳累让她的血压急剧上升，她晕倒在了案情分析现场。刘新义给办案干警下了死命令：一定要让李爱莲住院好好休息和调养。可一心挂念案件的李爱莲在医院输了一上午液之后，下午坚持上班，拒绝住院治疗。直至案件告一段落，她才在检察长的命令和同事的劝说下休息了几天。

正是在她这种勇于担当、敬业奉献的精神带动下，多年来，李爱莲分管过的政治处、控申、案管、侦监、监所等部门都取得了不菲的业绩。该院政治工作、教育培训、检察宣传工作连续多年位列平顶山市检察系统先进，该院连续3年被评为"全国检察宣传工作先进单位"、"河南省检察宣传工作先进单位"。

尤其是监所检察工作，多项殊荣创造汝州检察历史，已经成为全国、全省检察系统的一块金字招牌。去年，该院监所科被最高人民检察院评为"全国检察机关减刑、假释、暂予监外执行专项检察活动先进集体"，该院驻市看守所检察室连续被最高人民检察院评定为"全国检察机关派驻监管场所一级规范化检察室"、"全国检察机关派驻监管场所示范检察室"，监所科被河南省人民检察院和河南省人力资源与社会保障厅联合公示为"首届河南省检察系统先进集体"。

"从检20年，她把最美好的时光奉献给了无比热爱的检察事业，她一心为公、忠于职守、爱岗敬业的精神，对同事倾心关怀、热心帮助、团结友爱的情怀，无不诠释着巾帼不让须眉般的担当和一个女检察官别样的风采。她的模范带头作用必将引领和激励全院干警再创工作新佳绩！"该院检察长刘新义说。

顾武修：洁身自好　时刻绷紧廉洁弦

● 人 / 物 / 档 / 案 ●

　　顾武修，男，1972 年 11 月生，汉族，大学本科学历，中共党员，1995 年 7 月从河南大学毕业后分配到汝州市检察院工作，历任书记员、助理检察员、检察员、反贪局侦查科长，一级检察官，2006 年 4 月任办公室主任至今。先后获得了平顶山市委政法委、汝州市委"两打一整顿先进个人"、"优秀政法工作者"等荣誉称号；12 次被平顶山市检察院评为"优秀检察官（干警）"。2010 年、2011 年连续两年被平顶山市委、市政府评为"平安建设先进个人"，2010 年 2 月被平顶山市检察院授予个人三等功一次。负责的办公室综合、检察调研工作连续 3 年获平顶山市检察系统先进。2015 年，顾武修被河南省检察院评为首届"全省检察调研人才"。

2013 年，在平顶山市检察院、汝州市委和院党组的正确领导下，他始终能够坚持用邓小平理论和"三个代表"思想武装自己，牢固树立正确的世界观和人生观，坚持社会主义法治理念，全心全意为人民服务，廉洁奉公，勤政为民，公正执法，拒腐防变，积极参与政务，处理事务，搞好服务，发挥机关的协调枢纽作用，确保机关规范、高效运转，较好地完成了各项工作任务。

一、加强信息调研工作，及时反映检察工作的动态，为领导决策服务

办公室是集信息、调研、文秘、保密机要、统计、督查、档案等工作为一体的综合部门。而信息调研工作则是办公室工作的重中之重，他身体力行，带领办公室同志撰写出了许多指导性强、质量高的工作信息和调研文章。一年来，共编发撰写各类调研材料 20 余篇，信息材料 30 余篇，其中被市级采用 32 篇，省级采用 15 篇，国家级采用 5 篇；信息调研材料多篇被平顶山市委、河南省委、《检察日报》、《中国检察官》等主流刊物采用，多次得到了平顶山市委、汝州市领导的批示。参与撰写总结的国家一级规范化检察室创建经验、建立特约检察调解员参与涉检信访等多项经验做法被省检察院和最高人民检察院转发推广，全方位展示了汝州市检察院法律监督工作的成果和工作亮点。

二、加强督查、联络工作，提高机关工作效率

在督查、联络工作中加大了转办、批办等事项的督查力度，协助领导抓好了院党组会、检察长决定事项的落实，抓好了上级机关和上级领导批示、批办、交办事项的落实。共受理各类督查督办案件 19 件，其中平顶山市检察院交办 2 件、汝州市人大交办 9 件、汝州市委督查室转办 8 件、汝州市信访局转办 13 件。全部逐件予以督办，并及时以书面材料等形式反馈落实情况，无一超时现象。加强对办结案件的审查，所办结案件都有明确的处理意见，做到了事实清楚，证据确实充分。办结报告或办理进展情况均以文件形式上报，并由院领导签发，没有无故被指令到省院、市院汇报或说明情况，也无发生任何当事人再次上访现象，收到了良好的社会效果。

三、加强档案工作，成功创建全省一级规范化档案室

根据国家档案局第8号令《机关文件材料归档范围和文书档案保管期限规定》和河南省人民检察院《档案工作规章制度汇编》等有关规定，重新制定了本院文件材料归档范围及保管期限表，完善了科技、会计等文件材料的归档范围及保管期限表，完善档案管理、借阅规章制度13项，从制度上保证了文件材料的形成、积累、整理、归档的顺利进行。加大科技、装备投入，建成了河南省一级规范化档案室。他负责的档案工作为全院各项工作提供了大量服务，共查阅卷宗及有关资料160余次。为编写他市市志提供了全院及各部门的总结、报表、人事任免、机构设置等有价值的数据、资料200多份。为顺利完成各项检察工作提供了较好的便利条件。

四、做好机要保密、检察统计工作

根据上级要求设置了密码传真专用机房，并配备了报警器、铁皮柜、保险柜、碎纸机、灭火器、空调等，"三铁一器"齐全。在他院经费紧缺的情况下，积极申请经费投入50余万元建成了符合标准的密码机房，开通了三级机要通道，为做好保密密码工作提供了有力的物质保障。一年来，共向平顶山市检察院、汝州市委输送明密文件100余份，接收明密件930余份，有效的服务了检察业务建设。同时，加强制度建设，层层签订保密责任书，经常性地对干警组织保密教育，有效地堵塞了漏洞，特别是对计算机信息网络保密问题，更加关注，每年组织两次保密检查，对全院130多台电脑逐一检查是否违反保密规定，及时通报结果，最大限度地降低风险，确保检察工作秘密的安全。一年来，未发生任何计算机信息失泄密事件。

统计数据的准确性、及时性、全面性进一步提高，统计工作作用进一步加大。每月按时按质完成案件登记卡信息和统计数据、报表的汇总

上报，认真做好统计报表的收集、整理、上报工作，保证上报的统计报表准确、及时、全面，无错报、漏报、迟报、瞒报的现象。上报的报表和案卡数据相一致，统计案卡项目内容录入完整、准确无误，无漏报、瞒报和虚报现象。把统计分析作为统计工作的重要内容，加大统计分析和重点工作力度，每月精心制作业务情况统计报表，为领导决策和业务部门了解、评估检察工作现状，指导检察工作开展发挥了重要作用。一年来，上报统计分析20余篇，为领导正确决策提供可靠的数据，真正发挥统计分析的作用。无一次迟报、漏报现象发生。

五、清正廉洁，默默无闻，树立良好的检察官形象

他能够洁身自好，心中时刻绷紧"廉洁"这根弦，正确对待种种权力，自觉将为人民服务的宗旨落到实处，有效地防止腐败思想文化的侵蚀，增强了自身的政治敏锐性和鉴别力，从而使自己能够坚守清苦，努力工作。他严守检察纪律，时时处处起到模范带头作用，牢固树立甘于清贫，无私奉献的精神。他在办公室工作7年来，勇于创新，默默无闻地在平凡的岗位上创造了不平凡的工作业绩，协助领导完成了大量协调事务，出点子，想办法，任劳任怨，从不为个人得失叫屈喊怨，为广大青年干警作出了表率。他团结同志，服从领导，坚持原则，为人坦诚，以自己的实际行动，树立了优秀检察官的良好形象。

关文丽：追求隐于平凡　无华亦显本色

●── 人/物/档/案 ──●

　　关文丽，女，47岁，现任汝州市检察院公诉局局长。从1985年进院至今，她在检察岗位上已经辛勤工作了29个春秋。29年来，她曾荣获全省人民满意政法干警、市级优秀检察官、市级先进工作者、平顶山市维护妇女儿童权益工作先进个人、汝州市"人民满意的检察官"等称号，她带领的汝州市检察院公诉局被河南省检察院命名为"全省优秀公诉团队"，并荣获集体三等功一次、个人二等功一次。

1. 关文丽被河南省检察院荣记个人二等功

一、维护公平正义，强力打击"涉黑"犯罪

人民检察院作为国家的法律监督机关，代表国家依法行使检察权，检察、批捕、提起公诉是人民检察院的重要职责。关文丽深知作为一名基层检察官的不易，压力大、责任重，但她从不选择退缩。

2009 年 3 月的一天，当几名公安民警带着沉沉的一行李箱卷宗来到公诉局时，负责受理案件的小陈很是吃惊："1、2、3……27，一共 27 卷，这是什么案件啊？"让小陈吃惊的案件是一起涉嫌黑社会性质组织犯罪案，仅公安机关移送的犯罪嫌疑人就多达 11 人，犯罪事实 20 余条，违法事实 10 余条。这个组织在汝州地区横行霸道数年，百姓苦不堪言。从受理这个案件之日起，关文丽就暗下决心，一定把案件办成铁案，强力打击这些严重影响社会稳定的黑社会性质犯罪团伙。

考虑案件人物关系复杂，社会影响大，11 名被告人均不认罪，关文丽和同事们在庭前做了充分的准备，并制作成时长两个小时的幻灯片。开庭时，关文丽与两名同事运用扎实的法律知识和辩论技巧与 11 名辩护人有理有节、不卑不亢地辩论，始终控制庭审的主动权。面对扎实而强大的证据，这些被告人最终低下了头，表示认罪服法。最终该案 11 名被告人分别被判处一年半至 12 年不等的有期徒刑。

2009 年以来，在关文丽的带领下，汝州市检察院公诉局共办理组织、领导、参加黑社会性质犯罪案件 4 件 40 余人，严厉打击了汝州地区黑恶势力犯罪。

二、察微析疑，深挖漏罪漏犯

汝州市检察院每年要承担近 500 起案件的审查起诉任务，作为公诉

局局长，关文丽深知确保案件质量更多的是保证"不枉"，而追诉漏罪、漏犯更多的是保证"不纵"。

为了切实发挥法律监督职能，做到应追就追，能追尽追，尽可能地打击犯罪分子，关文丽采取了一系列切实可行的措施，加大追诉漏犯、漏罪的工作力度。一是在审查时，要求每位干警必须尽职尽责，做到眼明心细，注意从中发现隐藏较深的漏网之鱼，使其能够及时受到法律追究。二是在工作中注重与公安机关搞好沟通协调，在审查案卷时发现的遗漏罪行，要及时向公安机关发出追诉建议，同时加强跟踪监督以确保追诉的漏犯能尽早归案。关文丽总结归纳出利用证据矛盾，发现漏犯、漏罪线索；利用共同犯罪的特点，梳理归类，发现漏犯、漏罪线索等有效的工作方法。

2006 年以来，汝州市检察院追诉漏罪、漏犯工作在平顶山检察系统中一直名列前茅。其中 2009 年追诉的漏犯降某特大盗窃案，一审被判12 年；2010 年在办理李某故意杀人案中发现其还犯有盗窃罪，经追诉，该盗窃罪一审被判 11 年；2011 年办理的史某等人系列盗窃案，经过严审细查，追诉同种漏罪 23 条（涉案金额高达 16 万余元），被告人郭某、杨某、史某一审分别被平顶山市中级人民法院判处无期徒刑；2012 年追诉的马某特大入户抢劫案，一审被判 14 年。

三、心怀大爱，让"折翼天使"重回社会

关文丽是一名检察官，她更是一位母亲，每次在办理案件过程中，看到那些因为十几元钱的上网费而抢劫他人的孩子，看到那些铁窗里因悔恨而痛哭流涕的孩子，她总是哀其不幸、怒其不争。

2008 年，关文丽办理了李某故意伤害一案。16 岁的李某将 17 岁的张某打成轻伤。提讯李某时，关文丽得知李某的父亲患有严重的气管炎，母亲在他 10 岁时就离家出走，至今杳无音信。看着眼前这个又黄又瘦、

衣衫不整的孩子，关文丽的心中一阵不忍。

提讯结束后，关文丽立即赶到被害人张某家中。谁料想，张某家里的情况令她更为心酸：张某的父亲因病去世，母亲没有工作，带着张某兄弟二人艰难度日，这次因张某被打伤住院，家里已经东挪西借了3000多元。关文丽与张某的母亲促膝长谈，谈案情，谈李某的认罪态度，谈他的家庭困难，谈孩子的前途……一次、两次、三次……终于张某的母亲被检察官的执着和善良所打动，同意进行调解。调解以后，考虑到李某是未成年人，又是初犯，并且确有悔罪表现，关文丽提出对李某不起诉的意见并获得通过。李某感激不尽，表示以后再也不干违法的事了。

2009年，关文丽和同事们办理了17岁少年马某故意伤害案，通过多次沟通，帮助马家和受害方家属达成了和解，并基于马某认罪态度、犯罪情节、年龄、监护条件、被害人意愿等因素，最终对马某做出了附条件不起诉的决定。这个案件是全省首例附条件不起诉案件。同年，省检察院确定汝州市检察院为附条件不起诉工作试点单位。

2008年以来，关文丽带领干警们严格审查未成年人犯罪案件，对未成年人坚持"少捕、慎诉"的原则，并把教育融入办案的每个环节。同时，对不捕、不诉的未成年人，同其所在的学校、单位、村委会及监护人共同制定帮教措施，定期进行回访考察帮教，防止重新犯罪，以大爱帮助这些"折翼天使"顺利回归社会。

四、案结事了，兼顾法律效果与社会效果

做一名合格的检察官，不仅要有较强的办案能力，更要有一颗热爱老百姓的心。

2013年8月的一天下午，在汝州市检察院讯问室里，当关文丽向张某甲及张天某宣读完对张某乙的相对不起诉决定书，已经一年没说话的张家兄弟二人终于紧紧地拥抱在一起。

最高检、省委省政府、省检察院表彰的先进人物

出现这一幕的原因还要从 2012 年 9 月说起，张某甲与被害人张某乙系亲兄弟，两人因分家、宅基地和责任田耕种等问题积怨已久。2012 年 9 月，张某乙家与张某甲家再次因宅基地纠纷大打出手，造成的结果是多人受伤。关文丽在接案后，认为该案如果不认真调解消除兄弟二人之间的矛盾，即使法院判决了，也是案结事不了，还有可能加深双方的矛盾。

"虽然我们每天都在接待案件当事人，但每个案件当事人一生中接触我们的机会可能只有一次，我们要用自己的实际行动让案件当事人感受到法律的公正，在法律允许的范围内，尽可能地化解矛盾。"这是关文丽常常与同事们说的一句话。

正是心怀着这样的理念，关文丽与同事们不畏困难，调动各方力量，奔走于双方之间，动之以情，晓之以理，用诚心打动了双方当事人，最终双方互谅互让，达成和解。2013 年 8 月 30 日，汝州市检察院根据本案的性质、情节、和解情况、被害人的意愿、犯罪嫌疑人的认罪悔罪态度等事实证据，依法对犯罪嫌疑人张某甲作出不起诉处理。

关文丽带领公诉局干警把案结事了、群众满意作为办案目标，对年均约占起诉案件总数 1/3 的轻微刑事案件尝试刑事和解处理，化解矛盾纠纷。在审查起诉环节以犯罪嫌疑人认罪、赔偿、道歉并与被害人达成谅解撤诉为条件，自 2007 年以来，共对 285 件轻微刑事案件犯罪嫌疑人作出刑事和解处理，其中 21 件作相对不起诉处埋，实现了法律效果与社会效果的有效统一。

汝州市检察院检察长刘新义这样评价关文丽：追求隐于平凡，无华亦显本色。29 年来，她坚持不懈追求公平正义，认真履行打击犯罪、保护人民的天职。关文丽同志把人生中最美好的青春岁月，都奉献给了她所热爱的检察事业。她的工作忙碌而琐碎，但真正让人不能忘怀的也正是她在日常工作中看似平淡却不平凡的点点滴滴……

2. 关文丽被河南省委政法委和综治委
联合表彰为"中原卫士"

关文丽同志能认真学习邓小平理论，深入贯彻落实科学发展观，积极贯彻党的路线方针政策，政治上同党中央保持高度一致。2010年，关文丽同志带领全科干警围绕三项重点工作不断开创公诉工作新亮点。

一是成功办理全省首例附条件不起诉案件并在全省推广经验。关文丽同志积极探索，制定并提请检委会通过了《附条件不起诉工作制度》。2010年3月18日，全省首例附条件不起诉案件公开宣告会暨附条件不起诉理论研讨会在汝州院召开。著名刑诉法专家樊崇义、省院副检察长贺恒扬到场观摩，对汝州院探索附条件不起诉的经验做法给予充分肯定，并在全省推广其经验。

二是刑事和解工作在全省推广。自2008年以来，共对175件轻微刑事案件犯罪嫌疑人作出刑事和解处理，收到无上访、无申诉、无重新犯罪的社会效果，被省院确定为全省刑事和解试点单位。在2009年12月18日全省公诉工作座谈会和2010年1月26日全省刑事和解专项会议上，汝州公诉部门就刑事和解做法作的典型发言，得到省院领导和与会代表的充分肯定和赞赏。

三是贯彻落实办理职务犯罪案件"双十条意见"工作在全市推广。平顶山市院相继出台了两个提高职务犯罪案件公诉质量和效率的"十条意见"后，关文丽带头办理职务犯罪案件，提出了公诉承办人与主办法官、科长与庭长、分管副检察长与副院长三级协调沟通渠道，使职务犯罪案件审查起诉期限明显缩短，缓、免刑判决率明显降低，实刑判决率由原来的10%上升到70%，2010年12月9日，全市检察机关在汝州召开了贯彻落实办理职务犯罪案件"双十条意见"现场会。

关文丽同志在工作中积极探索，大胆实践，在其带领下，2010年度公诉工作名列平顶山检察系统之首，有两个单项工作在全省推广，一个单项工作在全市推广，取得了优异成绩。2011年，关文丽被河南省委政法委和综治委联合表彰为"中原卫士"。

3. 关文丽被评为全省民行检察工作先进个人

1999年她带领全科干警共办理民行申诉案件48件，经审查后提请抗诉16件，市院已提出抗诉12件；受市院指派出席再审法庭支持抗诉15件；已获再审判决9件，其中改判6件，维持原判2件，终结诉讼1件；对16件不符合抗诉条件的申诉案件做了息诉服判工作。初查国有资产流失案件4件，向法院及有关部门发出检察建议14件，被采纳12件。

一是善抓工作重点，不断提高民行抗诉案件的办案质量和办案效率。对于受理的每一起申诉案件，她坚持案件集体讨论制度，做到专人审查，集体讨论，各抒己见，集思广益，达到事半功倍的效果。另外，她在审查案件的期限上制定了"一般案件不过周，疑难案件不过旬"的目标。通过采取这些措施，使我院民行提请抗诉案件的办案质量和效率得以稳步提高，抗诉案件的再审改判率达到70%，高于全市平均水平，切实将法律监督落到了实处。

二是勇于进取，拓展民行监督新途径。她继续对国有资产流失等公益案件进行监督探索，2015年她调查该类涉及公益案件4件，在查清事

实的基础上发出检察建议督促整改，收到了较好的社会效果。另外，她主动与人民法院沟通，探索以提出再审检察建议作为民行监督的补充形式。今年她向人民法院提出再审检察建议 3 份，这项工作得到了法院的重视。

三是以息诉服判为己任，全力维护社会稳定和司法权威。工作中，她忠实履行"三个代表"重要思想，对于来访的当事人，热情接待，耐心听诉，设身处地为群众着想。2015 年她对 16 起申诉案件的申诉人做了息诉服判工作，所办理的民行申诉案件也没有一起因处理不当而引发当事人上访。

四是以身作则，增强集体凝聚力。工作中，她能够以身作则，秉公执法，廉洁办案，吃苦在前，享受在后，充分发挥每个人的主观能动性；生活上，互相关心，互相帮助，严于律己，宽以待人，努力营造一种积极向上，人人争先创优的工作氛围，使每位干警都能心情舒畅，以饱满的热情投入到工作中去。

黄爱梅：一位刚柔并济铁娘子的使命与情怀

人 / 物 / 档 / 案

　　"铁娘子"黄爱梅，在检察战线上，一马当先、无私地奉献着生命的光与热。她连年被平顶山市人民检察院评为先进工作者、被汝州市妇联授予"巾帼建功"标兵、"三八红旗手"荣誉称号；2014年7月被汝州市委授予"学习弘扬焦裕禄精神好干部"荣誉称号；2015年4月被汝州市总工会授予"五一劳动奖章"；2015年3月，黄爱梅被评为全省检察机关"减刑、假释、暂予监外执行"先进个人。

1. 黄爱梅荣立个人二等功

在同事眼中，她是贴心的大姐；在公婆心里，她是孝顺的儿媳；在疑犯面前，她是刚正不阿的铁娘子；在检察系统，她是大家学习追捧的标杆。她的"刚、柔、细、铁"的情怀与故事被当地百姓传为佳话。

一、创建全国示范检察室——

"从简陋无闻到全国一流，爱梅是一步一个脚印干出来的"

2007年7月，40岁的黄爱梅受命担任监所检察科科长。当时驻所检察室只有4名工作人员、一间十几平方的办公室、两套陈旧的办公桌椅，条件极其简陋。面对眼前的困难，黄爱梅不等不靠，积极与看守所沟通，争取到10间看守所破旧办公用房，然后多次到汝州市政府、汝州市财政局打报告申请专项经费20万元，为提前完成工期，她总是起早贪黑，守在施工现场，对新增的办公用房进行修缮、规范化设计，为节约经费，她总是带领科室人员积极参加劳动。20多天后，陈旧的办公楼焕然一新，所有办公设备全部配备到位，所有的工作制度制定成册。8年来，她深入看守所，与在押人员谈话教育3600余人次，纠正看守所安全隐患300余次，整理驻所检察工作材料1000余册，查办职务犯罪案件16件22人，其中司法工作人员职务犯罪案件9件12人，一本本驻所检察工作材料，一册册查办职务犯罪案件卷宗，使汝州市人民检察院驻所检察室成为河南省检察机关的亮点。

检察院的同志说："爱梅身上有一股刚劲。驻所检察室从简陋无闻到全国一流，爱梅倾注了多少心血没人能算得清，她是一步一个脚印干出来的！" 2010年7月平顶山市检察机关创建规范化检察室现场会、

2011 年 9 月全省检察机关监所检察业务工作推进会、2014 年 11 月全省检察机关"减刑、假释、暂予监外执行"专项检察活动现场会先后在汝州市人民检察院召开。2011 年、2014 年汝州市检察院驻所检察室连续两届被最高检命名为国家"一级规范化检察室"，2015 年 1 月 12 日，汝州市检察院监所检察科被最高检评为全国检察机关"减刑、假释、暂予监外执行"专项检察活动先进集体荣誉称号，2015 年 5 月汝州市人民检察院驻所检察室被最高检命名为国家"示范检察室"。2015 年，在汝州市组织开展的"践行汝州精神"先进人物评选活动中，黄爱梅被评为"开明担当"汝州人。

二、大爱感化特殊群体——

"黄大姐，这么多年，您是第一个没有歧视我们的人"

2013 年 12 月 12 日至 2014 年 5 月中旬，汝州市艾滋病患者陈某、刘某、马某甲、马某乙、尤某 5 人，因涉嫌聚众扰乱社会秩序罪被刑拘、逮捕羁押在汝州市看守所，这是汝州有史以来第一次羁押艾滋病人员。

为确保安全羁押，黄爱梅积极与看守所沟通协调，在监管中对在押人员予以关爱和理解。刚入所时，陈某等 5 名艾滋病在押人员常有抵触情绪，经常违反监规，大喊大叫，甚至绝食。爱梅亲入监室，和在押人员面对面谈心，经过数次谈话，耐心的教育，5 名在押人员认识到了自己的犯罪行为。2014 年 4 月 29 日，她协调汝州市人民法院在看守所开庭审理，依法对陈某等 5 人作出有罪判决，从轻判处陈某等 5 人有期徒刑、缓刑判决。

判决生效后，司法局社区矫正部门不愿将 5 人纳入社区矫正。爱梅多次与社区矫正部门沟通，使 5 名艾滋病罪犯与正常罪犯一样被依法进行社区矫正。陈某被黄爱梅的柔情大爱感动得淌下泪来，说："黄大姐，这么多年，您是第一个没有歧视我们的人。"

三、把"细心"做到极致——
"无论寒暑，在看守所都能看到黄科长亲切、忙碌的身影"

担任监所检察科科长8年间，黄爱梅没有在家过一次完整的春节，每个大年初一，她都要到看守所各监室进行一一查看。2015年的大年初一也不例外，丈夫看着她又要走了，对她说："咱爹今年93岁了，今是大年初一，陪咱爹过节吧。"爱梅的公公是抗战老兵，当她听到儿媳要去值班的时候，理解地说："去吧，甭出事，领导也能过个安生年，早点回来吃饭。"

出于内疚，今年"9·3"抗战胜利70周年阅兵，爱梅破例在家陪着公公看了大阅兵直播，老人高兴极了。

汝州市看守所在押人员多、监管任务重，曾有一段时间，监管秩序较为混乱，时有案件"跑风漏气"现象，黄爱梅任监所检察科长后，首先，查处看守所工作人员帮助犯罪分子逃避处罚案件2件3人，然后，她每天一到看守所都会做这样几件事：通过独立监控系统对看守所的监区情况、提讯情况进行全方位监督；深入监区，与在押人员沟通谈话；有新入所人员时，与其在24小时内进行谈话教育，掌握其思想动向，稳定其思想情绪；查看在押人员的基本情况、羁押原因、采取的强制措施、案件所在的诉讼环节；检查、核对入所、出所情况，同案犯分管分押情况，律师及其他人员会见情况，在押人员入所随身携带物品及其家属所送物品等。驻所8年，这几件事坚持做了2900多天，保证了监管场所的安全与稳定。看守所的同志说："无论寒暑，无论风雨，在看守所都能看到黄科长亲切、忙碌的身影。"

四、不畏困难勇于查案——

"我始终牢记我所肩负的使命，不负党和人民的期待"

铁肩担使命，忠诚写春秋。黄爱梅查办职务犯罪案件铁面无私，不折不扣。我省检察系统查处的首例罚金执行环节的职务犯罪案就是由黄爱梅主办的。

凭着职业敏感，她发现汝州市法院刑事审判庭庭长樊某某涉嫌挪用巨额公款的线索。便顶着各种压力，排除多种干扰，周密调查，慎重取证，准确锁定犯罪嫌疑人，从初查到立案用了 4 天时间，从立案到报送批准逮捕、移送审查起诉仅用了 10 天时间，便成功结案。在短短 14 天时间里，她和同事们一起昼夜不停，连续作战，查阅各类司法文书 600 余份，从审核有关账目和银行有关凭证等情况中取得相关证据 350 余份，讯问犯罪嫌疑人笔录、询问证人笔录及证人证言 20 余份，整理卷宗 4 册 659 页，保证了案件的顺利办理。这起挪用公款案是我省检察系统查处的首例罚金执行环节的职务犯罪案件，被评为"河南省检察机关刑事审判法律监督专项检查活动十佳案件"。

在鲜花与成绩面前，她没有止步；面对压力和忙累，她无畏无惧，始终以饱满的工作热情，迎接每一天、每一次的挑战……她说："作为一名检察官，我始终牢记我所肩负的使命，忠于党、忠于国家、忠于人民、忠于法律，不负党和人民的期待！"

汝州市人民检察院检察长刘新义说：黄爱梅——我们汝州市检察院监所检察科的科长，当之无愧是这面旗帜的旗手。

最高人民检察院刑事执行检察厅厅长袁其国指出："汝州市检察院监所检察工作获得全国三个第一，查办职务犯罪案件工作排名第一，全国'一级规范化检察室'排名第一，全国'示范检察室'排名第一，汝州检察院监所检察工作不愧是全省、全国的一面旗帜。"

2. 黄爱梅被评为全省检察机关
"十佳"派驻监管场所检察员

2011年，她坚持"抓办案、促监督、求发展"的工作思路，不断探索创新监所管理新模式，使汝州院监所检察工作走在全省前列。

一是强硬件、抓管理、创一级规范化检察室。当时驻所检察室只有一间十几平方的办公室，黄爱梅从看守所争取到10间旧办公室，又向市政府申请了20万元专项经费重新改造，购置了办公用具及器材装备，安装了独立监控系统，实现了与看守所微机联网、动态监督和办公自动化。她制定完善22项工作制度，规范装订工作材料500多盒1000余册，得到最高检、省、市院领导的高度评价。2011年11月，汝州市人民检察院驻汝州市看守所检察室被最高人民检察院命名为"一级规范化检察室"。

二是认真查办职务犯罪案件。2011年，查办刘某某等骗取国家助学金新领域犯罪案件3件3人，不仅惩治了罪犯，还为国家挽回一定的经济损失，起到了很好的法制效果和社会效果，同时也对相关单位和个人起到了一定的震慑作用。

三是认真履行法律监督职责。她带领驻所干警认真履行监督职责。坚持每天深入在押人员劳动、生活、学习"三大现场"进行全面检察，坚持每天对看守所的监管活动、执法活动等进行全方位监督，保障了监管场所安全稳定。

2012年，黄爱梅被评为全省检察机关"十佳"派驻监管场所检察员。

朱江艳：走在创新一线的优秀检察干警

人 / 物 / 档 / 案

2003 年，朱江艳被河南省人民检察院评为全省检察机关优秀检察干警。

2003 年，朱江艳同志按照上级检察机关的工作精神，结合我院的实际情况，在创新检察管理机制上进行积极的探索，建立健全各类管理机制，形成能者上，平者让，庸者下的竞争激励机制和检察官业绩评价机制。在日常干部管理中，进一步加强了队伍管理的制度建设。

一是建立了以奖惩为主要内容的勤政机制。严格实行绩效动态管理，通过实绩评价干警的工作，通过严格奖惩机制，在全院形成了一种比学习、比工作、积极向上的竞争氛围。

二是抓好检务保障，努力提高干警的政治待遇和福利待遇。2004 年，她及时准确地为 10 余名干警晋升了检察官等级，为全院在职人员和离退休人员共 108 人办理了工资调标晋档手续；6 月，组织全院干警和离退休老干部共 108 人进行了一次全面体检，并在此基础上建立了干警健康档案。通过尽心尽力为干警办好事、办实事，充分调动了广大干警的工作积极性。

三是建立了以监督制约机制为核心的廉政机制。实行了干警廉政考核档案、执法执纪跟踪监督，案件回访等制度，以制度规范干警的行为。形成了"事事有章可循、人人在约束之中"的廉政监督制约机制。

四是建立了以业绩考核为主体的竞争激励机制。规定中层领导竞争上岗三年任期考核制，连续 3 年部门工作在全市检察系统名列第一或先进位次的，在下届竞争中作为优势给予加分。连续两年排名末位的，该科室负责人将降职使用，连续 3 年考评末位的，其将引咎辞职。

五是实施了目标考核管理。对各科局室的工作实行量化分解，各科室局根据院分解的目标再分解到干警身上，形成人人头上有指标，千斤重担众人挑的局面。通过半年考核和年度考评，检验目标管理完成情况，推进各部门争上游夺名次，最大限度地激发干警爱岗敬业，拼搏向上的精神，各部门工作有条不紊，稳中有升。

郭建伟：狠抓案件消化处理的优秀检察干警

人/物/档/案

2005 年，郭建伟被河南省人民检察院评为全省检察机关优秀检察干警。

2003 年以来，郭建伟同志在院党组、市委及上级院的领导下，根据上级业务部门的具体工作要求，狠抓公诉案件的消化处理。全年共受理案件 249 件 358 人，经审结提起公诉 186 件 262 人，不起诉 6 案 7 人，报送市院 19 件 33 人，合计审结 211 案 302 人，法院已判决 172 案 240 人，在审查起诉过程中，共追诉漏犯 25 人，漏罪 14 条，纠正公安机关错误移送起诉 4 人，对法院刑事判决不公提请抗诉 3 件 4 人，按审判监督程序建议市院抗诉 4 件 5 人，法院已改判 1 件 1 人，其他案件正在办理之中。纠正公安干警违法 24 次，共发表新闻稿件 15 篇。

一、严格执法，狠抓办案，确保一方稳定

2015 年以来，严厉打击刑事犯罪仍然是公诉工作的重点内容。在办案中，他们严把事实，证据关，保证案件质量，保证准确适用法律。在确保公正执法和案件质量的前提下，兼顾办案的社会政法效果，以社会稳定大局为出发点。

二、建立高效办案机制，深挖余罪漏犯

漏犯是侦查监督的重要内容，有罪必究，有罪必罚，是维护司法公正，保证法律统一实施的重要标准。今年以来，通过办案实践，他不断总结和深入研究漏犯漏罪的规律，根据特点分门别类，多方寻找追漏的途径，探索追诉漏犯的新方法，减少追漏的盲目性，使追漏工作收到了事半功倍的效果。

三、加强审判监督，纠正判决不公

2015 年以来，他们公诉科把审判监督作为工作的重点，通过对刑事判决的审查，发现有判决不公，量刑不当的形象，坚决提出抗诉，保证法律的统一实施。2015 年全年共提出抗诉 7 案 9 人，其中按上诉程序抗诉 3 件 4 人，按审判监督程序建议市院抗诉 4 件 5 人，其中中级法院改判 1 件 1 人，发回重审 5 件 6 人。抗诉数为我院历年总数之和，成为我院公诉工作的一个新亮点。

王红光：集中处理涉检信访的协调能手

●——— 人 / 物 / 档 / 案 ———●

王红光同志 2003 年 1 月竞争上岗任控申科长以来，带领全科干警积极发挥控申检察职能，使控申工作连年进入平顶山市检察机关先进位次。2005 年，王红光被河南省人民检察院评为 2005 年度"集中处理涉检信访问题"专项活动先进个人。

一、积极主动，热情高

你急，他比你还急；信访人急，他比信访人更急。接访处访雷厉风行，"快"字当头，这是王红光同志的一贯工作作风。每接到一起上级院电话告知的信访件或来访人的申诉，当他放下电话筒或送走来访人后，就会马上按照有关规定与有关部门及责任人联系协调立即处理，从来没有一起信访件在他手里延误时间。

二、知难而进，勇创新

涉法上访案件中最棘手的案件属久诉不息的疑难案件，这类案件诉期长，问题复杂，上访人情绪对立，也是信访工作的重点。2005年，王红光同志办理的7件涉检上访案件均属疑难信访件，为办理好这些案件，他和同志们除坚持以往行之有效的首办责任制、信访接待处理制、责任追究制、办理承诺制等规章制度的前提下，积极探索建立联手复查制度、公开答复信访人制度和案件回访制度，收到明显效果，目前7件案件的上访人均按诉讼程序投诉。特别是公开答复听证会制度在处理当地久诉不息疑难案件中的作用较大，由有关部门领导、人大代表、政协委员和上访人所在地的干部群众代表参加的听证会，公开案件事实，公开上访人要求，公开法律政策依据，公开处理结果，当事人充分陈述，与会人员认真评议，作出听证结果，使上访人明白事理，口服心服。2014年以来，以院名义由该科组织召开公开答复听证会2次，接受听证的上访人均对该院的处理结果表示满意。

三、营造和谐，善协调

王红光同志最优势的地方就是善于协调。他深知要处理好每一起涉法上访案件需要各有关部门方方面面的合力，其中控申部门的桥梁纽带作用至关重要。因此，平时他非常注重与上级院业务部门、市委政府信访部门、人大政协信访部门和公安、法院、纪检委以及各乡镇信访办等单位联系沟通，主动了解涉法信访动态，掌握未息诉上访人的情况，同时，他还带领本科同志积极与本院各部门协作配合，认真解决每起涉法上访案件。2005年，他接待来访227人次，提供法律咨询170余人次，带领干警深入来访人住地做工作50余人次，经他接处的信访案件，绝大多数上访人都能按照诉讼程序投诉、申诉，不再上访，上访案件比往年明显下降，上访趋势明显减缓。

闵秀姣：废寝忘食为工作的优秀女检察官

人 / 物 / 档 / 案

2006 年和 2008 年被河南省检察院评为省级优秀女检察官。

在闵秀姣同志任办公室副主任期间，以"宁可晚吃一会儿饭，睡在办公室，也不能耽误信息工作的及时性"为自己工作的出发点和立足点，对工作认真负责，3 年中共编发各类信息材料 106 期，情况反映、简报被高检院转发 1 篇，高检院领导做出重要批示 1 篇，被省院转发 20 余篇，市院转发 30 余篇，调研文章被市院采用 10 余篇。对市院要求上报的重要情况均在规定时间内上报，无迟报、漏报、隐瞒不报现象，凡上报市院的信息材料，均做到了上报及时、格式规范、内容准确。

从闵秀姣同志任民行检察科科长以来，按照高检院"加大工作力度，提高执法水平和办案质量"的总体要求，严格贯彻河南省检察院《关于加强民事行政检察工作的意见》，认真落实省市检察机关民行检察工作会议精神，深化"强化法律监督，维护公平正义"的工作主题，坚持"抗诉息诉并举，监督服务双行"的原则，围绕提高"提抗支持率、再审改变率"这个中心，坚决查办执法不公背后的职务犯罪案件。为维护社会和谐稳定作出了一定贡献。

2006 年，我院共受理不服人民法院判决、裁定的民事、行政、经济申诉案件线索 25 件，其中立案审查 11 件，向市院提请抗诉 11 件。市院经审查后已抗诉 10 件，受市院指派出席再审法庭支持抗诉 8 件，已获法院判决、裁定 7 件，其中改变原审判决 4 件，维持原审判决 1 件，中止诉讼 1 件。立案侦查审判人员在审判活动中职务犯罪案件 1 件，该案犯罪嫌疑人郭某某被批捕且移送审查起诉。向法院发出检察建议 6 篇，均收到回执。全年共接待申诉群众 60 余人次，通过耐心解释、热心咨询工作，使一些申诉人息诉服判停止上访，有效化解了矛盾，增强了群众的法律意识。

2006 年，闵秀姣被河南省人民检察院评为 2006 年度全省检察机关优秀女检察官。

闵秀姣同志带领全科同志坚持以邓小平理论和"三个代表"重要思想为指导，深化"强化法律监督，维护公平正义"工作主题，严格贯彻党的"十七大"精神，全面落实全国、省、市检察长会议精神，努力提高执法水平和办案质量，充分发挥部门负责人的应有作用，受到了院领导和同志们的肯定。

2007 年，我院共受理不服人民法院判决、裁定的民事、行政、经济申诉案件线索 23 件，其中立案审查 8 件，向市院提请抗诉 8 件。市院经审查后已抗诉 4 件，3 件尚在审理中。受市院指派出席再审法庭支持抗诉 7 件，已获法院判决、裁定 7 件，其中改变原审判决 3 件，做其他处理 2 件。向法院发出再审检察建议 1 件，被法院采纳 1 件。去年由我院立案侦查的原汝州市人民法院汝西法庭庭长郭某某贪污、挪用公款一案已审理终结，被告人郭某某被判处有期徒刑 1 年 6 个月。

在办理国有资产流失案件方面，向汝州市地矿局发出检察建议 6 篇，向汝州市水利局发出检察建议 2 篇，向汝州市商业总公司发出检察建议 1 篇，均收到回执，有关单位根据检察建议进行了整改，成功的为国家挽回了损失，取得了良好的法律效果和社会效果。向法院发出检察建议（不包括再审检察建议）5 篇，对法院的民事执行活动进行监督，均被法院采纳。

调研文章《如何在民行抗诉案件中发现查办职务犯罪》一文在《职务犯罪预防之声》2007 年第 10 期上发表。

在闫秀姣同志的领导下，我院民行科开展了多层次全方位监督方式的工作方法，将促成当事人和解、加强与法院沟通协调以及查办职务犯罪有机结合起来，在发挥监督职能、增强办案效果方面起到了很好的作用，做倒了办案的执法效果与社会效果的统一。如在李某某与中国人民财产保险股份有限公司汝州支公司申诉案中，民行科同志考虑到抗诉案件办理周期长、受害人急需用钱的现状，试着做双方当事人的思想工作，化解双方的矛盾，通过办案人员的不懈努力，双方终于被检察人员的认真负责的态度所感动，最终在检察机关的主持下，互谅互让，达成了和解协议，使该案得到及时圆满的解决，有效地保护了当事人的合法权益。

我院民行科通过民事行政检察权的有效行使，从法律监督的角度保证了公民在私权上的平等，化解了矛盾，维护了社会稳定。比如汝州市商业总公司擅自将其一处房地产出让给汝州市方正房地产开发有限公司，造成国有资产流失，严重损害了汝州市商业总公司全体职工的合法权益。该公司职工集体到我院进行上访，我院民行科收到该案后对该公司提出了检察建议，该公司根据检察建议进行了整改，并让房地产开发商拿出25万元对职工进行了妥善安置。该案的成功办理维护了全体职工的合法权益，为社会的和谐稳定作出了一定的贡献。

2008年，闵秀姣被河南省人民检察院评为省级优秀女检察官。

毛跃帅：任劳任怨　自我加压

人/物/档/案

　　毛跃帅同志任办公室副主任以来，负责文秘、统计、机要保密等工作。面对任务，任劳任怨，自我加压，尽职尽责，努力完成各项工作任务。在信息工作方面：按照"及时、准确、全面、实效"的原则，采编重大有影响的案件信息，以及反映检察工作进展情况，具有共性的综合信息，为领导、党委和上级院提供决策参考，起到了参谋服务作用。

一年来，编发了80余期《检察情况反映》，被市院转发9篇，被汝州市政法委书记批转1篇。在调研工作方面：紧紧围绕检察工作中的热点、难点和重点，加强与各部门、上级院的联系沟通，认真开展调查研究，编发了24篇《调查研究》篇有情况、有分析、有建议的调研报告，被市院转发9篇。

他在工作和生活中严格要求自己，严格遵守各项规章制度。一是加强团结。一方面，认真维护与领导、同志们之间的团结，强化大局观念和一盘棋思想，大事讲原则，小事讲风格，不利于团结的话不说，不利于团结的事不做。一年来，能够严格要求自己，积极培养"埋头苦干的实干精神，精益求精的敬业精神，不断进取的创新精神"，力求工作的高标准。在生活上，艰苦朴素，时刻维护领导和自身的形象。二是搞好帮带。在自己努力工作的同时，认真搞好帮带，把自己工作中的经验、教训传给新同志，互帮互学，给予新同志力所能及的指导，使少走弯路，尽快适应新形势，提高办文和综合协调能力。

2006年，毛跃帅被河南省人民检察院评为2006年度全省检察机关调研工作先进个人。

邵华海：有韧劲　有原则

◆ 人／物／档／案

邵华海同志从检 15 年，工作认真负责、任劳任怨，无论在哪个岗位上，他都干的有声有色。他本人因为工作突出先后 5 次被平顶山市院评为优秀检察官，两次被平顶山市院评为先进工作者。在他任反贪污贿赂局局长助理不到一年的时间里，他先后指挥、办理了 4 起贪污贿赂案件且均为大案，涉案人员多达 13 人，通过办案为国家挽回损失 90 余万元。所办理的案件案结事了，收到了良好的法律效果和社会效果。

2009 年 3 月， 邵华海同志被任命为汝州市人民检察院反贪局局长助理。再次回到反贪污贿赂工作岗位之后，邵华海同志一方面积极利用其司法会计的特长，对案件查办中涉及的账册凭证他都仔细审查；另一方面他既当指挥员又当侦查员积极投身到反贪污贿赂查案中。为了一个案件的办理他经常一连几天几夜不休息，同志们能做到的他总是首先做到。面对疑难案件他总有一股韧劲，不查个水落石出决不罢休。2009 年 5 月他带领反贪污贿赂局干警经过缜密摸排，在反贪污贿赂局全体干警及我院其他科室的全力配合下一举挖出庙下乡杨庄村原村主任陈某某等 9 人共同贪污高速公路占地补偿款 38 万余元这一特大涉农窝案。被告人均被法院判处有期徒刑。

2010 年，邵华海被河南省人民检察院授予个人二等功。

黄超锋：心系群众　无私奉献

人／物／档／案

　　黄超锋同志，男，31岁，汉族，中共党员，大学本科文化，任汝州市人民检察院控申科副科长。自2006年参加检察工作以来，黄超锋同志接待群众来访700余人次，办理信访案件20余起，办理刑事申诉案件7件，国家赔偿案件3件，经他所办理的案件，件件实现案结事了人和，办理的王志豪申请国家赔偿案在全省检察机关首届控申举报精品案件评选活动中被评选为全省控申举报优秀案件。在办案之余，他还撰写信息、调研材料50余篇，多篇信息材料被上级院采用转发。因工作突出，他先后被评为"汝州市青年岗位能手""汝州市优秀共产党员""汝州市信访工作先进个人""汝州市十八大期间信访稳定工作先进个人""平顶山市优秀检察干警"，被平顶山市人民检察院记"个人三等功"一次，被河南省人民检察院评为"全省优秀控申举报接待员"。

1. 黄超锋被河南省检察院评为
全省检察机关优秀控申接待员

　　黄超锋同志 2006 年大学毕业考录进入汝州市检察院控申科工作以来，凭借着深厚的法学理论功底和对待来访群众的满腔热情，解决或协调督促有关部门解决了一大部分群众的切身利益问题，妥善处理息诉 17 件赴省进京上访案，受到了来访群众的一致好评。

　　2010 年 7 月，省委政法委将宋会琴不服我院对韩某甲涉嫌故意伤害（致人死亡）案作出的不起诉决定赴省上访一案作为要结果案件层层交办下来。接手该案后，黄超锋同志用真诚和热情一点一滴的感化和打动上访人，他多次或与宋某某坐在一起或通过电话进行推心置腹的交流，宽慰宋某某事情既然已经发生了，就要多向前看，人生一世短短几十年不能总活在过去，什么事都要想开点，多想想以后的日子怎么能过好，把过去的一页尽快翻过去，争取早日开始新的生活，慢慢地宋某某的情绪开始转变。

　　他向宋某某庄重承诺，一定认真全面对该案再次进行调查，给其一个明确的结果。他详细调阅了原案卷宗，对事实证据情况进行了详细的核对。调查发现，有 2 名证人证言侦查卷宗中并未予以落实，如果该 2 份证言经查证属实，就将影响对韩某甲行为的最终定性。向领导汇报并得到支持后，他顶着冬日凛冽的寒风开始了严谨细致的调查。由于案发距今已近 10 年，部分证人已经死亡，部分证人长期在外务工，且务工地点分散，因此寻访起来非常困难，但黄超锋以对案件真相高度负责、对当事人高度负责的精神，不怕苦累，寒冬腊月里连续奔波 20 余天，终于将案件中存在的疑点予以排除，案件事实得以查清。调查后黄超锋认为，没有充分的证据证明韩某甲实施了伤害韩某乙的行为，因此我院对韩某甲的做出的不起诉决定并无不当。

虽然宋某某要求追究韩某甲刑事责任的诉求不能成立，但调查中黄超锋发现，因韩某乙、韩某丙均在监狱服刑，没有赔偿能力，而韩某甲因没有认定犯罪，不是赔偿主体，所以法院的附带民事判决一直未执行到位。而近 10 年来宋某某独自抚养一双儿女，日子过的非常艰辛。他积极向领导汇报，争取对宋某某实施刑事司法救助。申请得到批准后，他及时将钱款领出送到宋某某手中。由于黄超锋注意与宋某某保持日常的沟通，虽然其要求追究韩某甲刑事责任的诉求最终未能满足，但宋某某对黄超锋的工作非常满意，自愿停访息诉。至此，一起历时近 6 年的上访老案被黄超锋同志成功化解，他的执法水平和工作作风得到了领导和群众的一致好评，他用自己的行为诠释了新时期人民检察官心系群众、无私奉献的职业精神。

2. 黄超锋被河南省检察院表彰为申诉标兵

在 2014 年 11 月 6 日至 7 日省院组织的"全省检察机关刑事申诉业务能手"评选活动中，黄超锋同志以饱满的热情和良好的精神面貌积极参与其中，经过理论考试、文书制作、案件汇报和答辩三个环节的激烈角逐，最终以第五名的成绩被评选为全省检察机关刑事申诉业务标兵，并入选全省检察机关刑事申诉业务人才库。

一、勤学苦练，扎实备战业务竞赛

2014 年 7 月，省院决定开展全省检察机关刑事申诉业务竞赛活动。10 月 20 日，黄超锋同志受平顶山市检察院控申处领导指派参加竞赛。他深知自己代表着整个平顶山市刑事申诉检察队伍的形象，市院领导和控申处的几位处长对自己寄予了很高的期望，因此一定要努力拼搏，赛出水平、赛出风格，用最好的成绩来回报关心爱护自己的领导们。此次竞赛涉及的内容包括《刑法》、《刑事诉讼法》、《国家赔偿法》、《人民检察院刑事诉讼规则（试行）》、《人民检察院复查刑事申诉案件规定》、《人民检察院国家赔偿工作规定》、国家司法救助的有关规定以及与刑事申诉检察工作相关的司法解释，内容繁多而庞杂。面对繁杂的考试内容，黄超锋同志一一梳理，制订了缜密的复习计划。在短短的 16 天时间内，他将涉及的所有法律和司法解释复习了多遍，对刑事申诉检察的相关规定做到了烂熟于心。

二、处理好工学矛盾，做到工作学习两不误

汝州检察院控申科日常工作量比较大，黄超锋同志作为控申科副科长，不仅要办理案件、处理来信来访，还要协助科长处理科室日常行政事务，工作强度非常大。在这种情况下，黄超锋同志没有请过一天假，他白天忙科室的工作，晚上在办公室或者在家中复习备考，复习备考没有耽误一丁

点的工作。在复习备考的 16 天里每天晚上他都学习至夜里两三点。妻子担心他，对他说"你是家里的顶梁柱，你的健康不仅关系你一个人，也关系着一家人，不能这么拼"。但黄超锋同志总说"领导看的起咱，咱也不能让领导失望"。

三、沉着应试，竞赛取得优良成绩

2014 年 11 月 6 日至 7 日，全省检察机关刑事申诉业务能手评选活动如期举行。评选活动分两轮，第一轮是理论考试和法律文书制作，第二轮是案件汇报和答辩。由于黄超锋同志准备充分，在理论考试和法律文书制作过程中又严谨细致，以优异的成绩顺利进入第二轮。第二轮案件汇报和答辩，是由选手对给出的案例进行审查分析，制作 PPT 课件现场向评委汇报，并由评委提出问题，选手进行答辩。在这一环节，黄超锋将案件分析得非常透彻，现场汇报沉着稳健，在回答评委提问时从容不迫、有条不紊，展现了一名刑事申诉检察人深厚的理论功底和扎实的业务能力，赢得了评委和在场旁听领导的一致赞许。

2014 年 11 月 7 日晚上 7 时许，两轮考试全部结束，黄超锋同志不负众望，以第五名的成绩被评选为全省检察机关刑事申诉业务标兵，并入选全省检察机关刑事申诉业务人才库。从省院蔡宁检察长手中接过获奖证书的那一刻，黄超锋百感交集，因为他知道，这个荣誉来之不易。他也深知，评选活动虽然结束，但学习永无止境，只有通过更加努力的学习、更加扎实的工作才能无愧于这个荣誉，无愧于这个时代。

张顺利：工作热情　踏实勤奋

● 人／物／档／案 ●

张顺利同志，男，37岁，汉族，中共党员，大学本科文化，任汝州市人民检察院控申科副科长、临汝镇检察室主任，三级检察官。工作期间获得多次奖励。

张顺利同志自 2005 年到检察院工作以来，先后在反贪局、公诉科、控申科工作，办理各类刑事案件 220 余件，接待群众来访 1500 人次，办理信访案件 20 余起，办理刑事赔偿、刑事申诉案件 8 件，撰写信息材料16 篇、调研材料 7 篇。经他所办理的案件，件件案结事了人和，无一错案，取得了政治效果、法律效果与社会效果的有机统一。

最高检、省委省政府、省检察院表彰的先进人物

Zuigaojian Shengwei Shengzhengfu Shengjianchayuan Biaozhang De Xianjin Renwu

张顺利同志 2007 年荣获汝州市社会主义法治理念学习教育活动先进个人；2008 年荣立个人三等功一次，被评为平顶山市优秀公诉人；2009 年被评为平顶山市检察机关"信访积案化解年"专项活动先进个人，他所在的控申科荣立集体三等功一次；2015 年 4 月被汝州市总工会授予"五一劳动奖章"。在 2010 年 11 月 4 日至 5 日省院组织的"全省检察机关控告申诉检察部门岗位练兵竞赛"中，该同志能深刻领会岗位练兵活动的重大意义，以饱满的热情和良好的精神面貌积极参与到练兵活动中，很好地锻炼、充实和提高了自己。由张顺利同志和另外两名选手组成的平顶山市人民检察院代表队，经过法律知识考试、文书制作和息诉技能测试三个环节的激烈角逐，最终获得团体第三名、个人第五名（个人奖励前 20 名）的优异成绩。

魏娜：心甘情愿奉献　脚踏实地工作

●──── 人/物/档/案 ────●

魏娜，女，现年 33 岁，中共党员，本科文化，1997 年通过招录进入河南省平顶山市汝州市人民检察院工作。2007 年从事计财工作，2010 年 9 月任计财装备科科长。2013 年，魏娜被河南省检察院表彰为 2013 年度检察机关计划财务装备工作信息先进个人。

2012 年她克服了计财工作人少活多的困难局面，快速实现了思维方式的转变。坚持"上为领导分忧，下为全局服务"的原则，以经费保障为龙头，以"两房"建设和信息化建设为重点，通过加强"两房"建设、财务管理、固定资产管理、车辆管理、枪支管理等工作，为检察业务的开展提供强有力的支撑，推动了检察工作全面快速发展，较好地完成了组织上赋予的各项工作任务。在日常的工作中，她力求做到最好、最细，加强与各科处室的协作，切实做好后勤保障工作，为办案服务，为检察机关建设服务。

从事计财装备工作以来，她努力做到工作上勤奋，纪律上严守，作风上务实，行为上廉洁，在平凡的岗位上，心甘情愿奉献，脚踏实地工作，克服人少活多的困难局面，为汝州院的发展付出了自己的心血，在为单位当家理财、为领导分忧解难的日常工作中做出了不平凡的业绩，受到该院广大干警的一致赞誉。2007 年至 2011 年连续多次被平顶山市检察院授予优秀检察干警荣誉称号。

一、多方争取，积极协调，加大经费保障力度

发展检察事业，实施科技强检，加大两房建设力度，经费是制约的"瓶颈"。她在院党组的带领下，积极协调，为最大化的争取经费制定出三项举措：一是早打算，重视年度预算。把当年度急需的经费用翔实的数据、有影响力的文件做出说明，争取纳入预算管理当中，来提高预算编制的合理性、准确性，切实做到"大预算，小追加"。二是主动说，反映才能引起重视。当前检察机关面临如下困难：信访维稳工作任务重、查办职务犯罪特别是批捕权上提一级办案成本大量增加，乡镇检察室相继成立所需大量的工作经费等。她通过打报告、情况反映等方式把这些困难反映给汝州市委、政府及财政部门，争取理解和支持。经过争取，市委政法委每年拨付救助费 30 余万元，并对乡镇检察室的工作经费纳入了预算管理。三是想办法，多方位筹措办案经费。她深刻认识到，要想经费充足。"等米下锅"不如"找米下锅"。她向院党组倡议：一方面加大办案力度，积极为国家挽回经济损失，争取上交案件款后财政全额返还。另一方面，汝州检察院成立了财税服务工作站，加大打击财税刑事犯罪力度，保证税额及时足额入库。然后，市政府根据查收的税款比例进行奖励，以办案经费的途径下拨院里使用，以此来弥补办案经

费的不足。通过这些举措，2008 年以来，汝州市人民检察院每年的公用经费增长率平均为 31%。

二、规范管理，完善制度，打造计财工作新亮点

一个检察院能够规范、高效的运行，必须有一套科学、操作性强的管理制度。她先后制定和完善了《财务管理制度》、《差旅费报销制度》、《赃款赃物管理办法》等。日常财务工作严格按照上级收支两条线、专款专用的管理规定，实行罚没收入和赃款赃物统一管理。各项支出费用严格实行科长、主管检察长、检察长依次审批，加大了对交通费、差旅费、办公费等经常性支出项目、基建专项等经费的审批管理。她制定了《车辆管理制度》，尤其加大对警车的管理，制作了 "警车九不准" 警示牌悬挂在每辆警车内。每年初检察长与各科室负责人分别签订了《车辆安全责任书》。历年来全院 16 辆警车没有发生一起交通违章、警车私用情况，受到了政法委、市院的一致好评。

《2012 年检察机关计财装备工作要点》下发后，她吃透精神，向院党组提出了以深入开展 "计财装备规范化建设年" 活动为抓手，打造 "检务规范化保障机制" 的亮点。为此，她建立健全四项工作机制，一是建立健全预算编制管理制度，进一步加大检察经费保障力度；二是建立完善科技装备和信息化建设投资机制；三是建立完善计财装备管理机制；四是建立完善队伍管理机制，提高计财装备人员专业化水平。这一亮点被《检察日报》、《河南法制报》等媒体纷纷刊登、给予肯定。

三、完善自我，注重细节，最大可能地搞好服务

从事财务工作，必须有过硬的专业知识。2007 年，她参加了全省组织的会计人员资格考试，以较好的成绩取得了会计证，并通过了全省电算化专业考试。由于计财科人员少，除了科长，只有 1 名工作人员。她既是科长，又是科员。为了完成一些突击性工作，她整天坐在办公桌前忙着一张张财务报表，尤其到年底几乎没有一个完整的双休日。她时刻

以认真严谨的工作态度，总是保质保量按时完成，得到了财政局、市院对口科室的一致好评。

对待本职工作，她力求做到最好、最细。针对往年的案件暂扣款所存在的坐支、杂乱现象，建立了台账，做到了件件有登记，过往有记录。这两年她所在的汝州院固定资产更新较快，为了便于管理，她建立了固定资产明细账，使每把椅子、每张桌子、每台电脑都具体到人。对待同志们的工资福利，更是不敢有一丝一豪的马虎，在一年一度的工资、津贴套改中，调整完毕后，总是张贴公示，让同志们核对后，才发放到位。

四、修身为本，以德为先，树立高度的事业心和责任感

从事计财工作，成天和钱财打交道，她始终认为做人比做事更重要。在工作中她树立了高度的事业心和责任感，时时刻刻把"忠诚"二字放在心头，把握好自已，不做金钱的奴隶。例如院里添置固定资产，她严格执行政府采购制度。对于批准询价后自行采购，坚持做到了不怕麻烦，厉行节约。在财务管理中她能坚持原则，不存私心，一丝不苟地按财务制度办事，忠实履行了财务监督职能。财务工作需要审核大量的票据，哪怕是领导的票据，只要不符合财务规定，她也敢于当面提出，不予报销。

对于本职工作，她总结了这样的一句话：我所处的岗位是基于领导和同志们对我的信任，如果不坚守原则，就愧对这份信任。在工作中要使终秉承一颗公心，还要有高度的责任心，更要有耐心和细心来对待计财工作！

张志强：积极建言献策的得力参谋助手

● 人/物/档/案 ●

张志强，男，1974年12月7日出生，汉族，本科学历。1995年平顶山教育学院毕业后在汝州市七中任教。2003年通过全国统一司法考试，2004年参加河南省检察系统公务员招录考试，以笔试和面试均为第一名的优异成绩被汝州市人民检察院录用，2008年11月被任命为检察员，2009年4月至今任侦查监督科副科长。2011年，张志强被河南省检察院荣记个人二等功。

最高检、省委省政府、省检察院表彰的先进人物

张志强同志参加检察工作以来，先后在民行、公诉、侦监等业务部门工作，期间多次被评为先进工作者。2008 年被平顶山市委、市政府授予"社会治安综合治理先进个人"。 2009 年调整到侦查监督科任副科长以来，在做好侦查监督工作的同时，努力做好院党组及检察长的参谋助手，积极献言献策，为领导决策提供重要依据，推动整体工作上台阶。由他调研起草的汝州市人民检察院深入推进三项重点工作的实施方案，得到了高检院、省委政法委及省市院的充分肯定和认可，高检院和河南省院、平顶山市院作为经验材料分别予以推广，《检察日报》对此做法予以全文刊载；在对汝州市检察院 96 起刑事和解案件调研的基础上，撰写的调查报告，被省院作为经验材料在全省推广，该院由此被省院指定为刑事和解试点单位；起草的服务企业、服务"三农"工作措施，推动了检察工作服务经济发展和优化经济发展环境的步伐，得到了汝州市委主要领导的充分肯定。

一、认真领会精神，克服困难，积极为领导决策提供参考依据

2009 年 12 月 17 日中央政法工作会议召开，会议确定了 2010 年的深入推进社会矛盾化解、社会管理创新、公正廉洁执法三项重点工作。为学习贯彻会议精神，2009 年 12 月 19 日，我院检察长刘龙海及时召开院党组及各部门负责人会议，围绕三项重点工作确定 2010 年新目标、新思路、新举措。如何把三项重点工作落实到检察工作的方方面面，使检察工作的各项部署和要求与推进三项重点工作紧密有机地结合起来，必须尽快制定实施意见。鉴于当时上级院尚未下发实施意见，基层院直接制定实施方案，难度非常之大，为此，院党组将该任务指定给了勤于动脑、思维敏捷、工作认真的张志强同志来承担。

张志强同志接受任务之后，先后 6 次通读了《检察日报》关于深入推进三项重点工作的 7 篇评论员文章，同时深入各科室与科室长进行沟通协

调，在掌握第一手资料之后，开始了艰辛的拟稿工作。为在最短时间内完成任务，张志强同志凭着一股执着，坚持加班加点，每天工作18个小时以上，甚至在走路、吃饭、睡觉的时间都在思考，半夜时分有了灵感，再苦再累也要起来写在纸上，生怕第二天早上忘记。由于加班加点，待该意见完成时，已累得头晕眼花、浑身瘫软、直冒虚汗，同时因休息不好，每天晚上靠吃安眠药才能入睡。经过9天的努力，先后12次修改完善，2009年12月27日长达19000多字的实施方案终于完成。该方案共有62项具体措施，涵盖了2010年我院工作的方方面面，为我院2010年各项工作的开展指明了方向。

二、措施实，操作性强，效果明显

该方案经院党组研究通过下发后，全体干警以饱满的精神状态和扎实的工作作风，立即投入到了各项工作之中。三项重点工作实施方案的落实，有力地推动了各项检察工作的开展，取得了明显成效。2010年3月18日，我院办理全省首例附条件不起诉案件，成功举办了有史以来人数最多、层次最高，影响最大的"河南省检察机关附条件不起诉研讨会"，中国政法大学教授、博士生导师樊崇义，河南省检察院副检察长贺恒扬亲临会场予以指导。我院狠抓涉检信访源头治理，深入推进社会矛盾化解的经验做法在全省检察机关推广，2010年4月21日河南省检察机关信访风险评估现场会在我院成功举办，省院张国臣副检察长出席会议并做了重要讲话。我院反贪部门按照工作方案，加大办案力度，创新工作机制。1～11月共立案侦查15件21人，大要案比例为80%。先后查处了汝州市建筑公司经理陈某某贪污公款500万元一案；汝州市农开办主任于某某（正科）、副主任张某甲、张某乙（副科）系列受贿案；汝州市卫生局副局长王某某（正科）、卫生局公疗办主任杨某某、财政局社保科科长马某某系列贪污案等。目前，我院各项工作按照方案确定的目标任务及措施要求，均保持良好的发展。

三、动作快、思路新、亮点多，引起各方关注

我院深入推进三项重点工作的新思路、新举措、新亮点得到了上级院及媒体的广泛关注，河南省委政法委，河南省检察院全文刊载，作为经验材料在全省政法机关予以推广。2010 年 3 月 16 日《检察日报》第三版刊发了《河南汝州：制订专门的实施方案深入推进三项重点工作》，该文章详细介绍了我院推进三项重点工作的做法，《河南法制报》、《平顶山日报》先后以不同形式予以转载， 人民网、新浪网、中国网、中国平安网、最高人民检察院局域网、正义网、中国人民法制网等重要国家级知名网站分别予以报道。

第二章
平顶山市委市政府、平顶山市检察院表彰的先进人物

Pingdingshan Shiwei Shizhengfu Pingdingshanshi

Jianchayuan Biaozhang De Xianjin Renwu

平顶山市委市政府、平顶山市检察院表彰的先进人物 一览表

1990 年 —— 刘殿立、芦西杰、张安、王国政、赵建敏、马陆惠被平顶山市
人民检察院表彰为 1989 年度先进个人

马武臣荣获平顶山市委党校 88 级党校中专函授优秀学员

郑占柱被平顶山市委市政府评为计划生育先进工作者

1992 年 —— 宋振中被平顶山市人民检察院评为优秀辅导员

平顶山市人民检察院授予赵廷盘、徐建民、丁留才个人三等功

1994 年 —— 丁留才被平顶山市人民检察院、平顶山市财政局评为 1993 年度
平顶山市财税检察先进工作者

1995 年 —— 徐建民、张自军被评为平顶山市检察系统反贪污贿赂优秀侦查员

丁留才被平顶山市人民检察院、平顶山市财政局评为 1994 年度
平顶山市财税检察先进工作者

1996 年 —— 平顶山市人民检察院授予张安、赵建敏、张现周个人三等功

平顶山市人民检察院授予许天仓、张安、黄正明、赵建敏优秀
检察官称号

平顶山市人民检察院授予焦朝京个人三等功

平顶山市人民检察院给张现周、李根有通令嘉奖

关文丽被评为 1995 年度平顶山市级 "优秀检察干警"

1997 年 —— 雷红东、关文丽被平顶山市人民检察院评为 1996 年度优秀检
察官

1998 年 —— 平顶山市人民检察院授予雷红东、张长江、潘军现个人三等功

许天仓、张安、杨西庚被平顶山市人民检察院评为优秀检察官

平顶山市人民检察院授予杨斌个人二等功

宋振中被平顶山市人民检察院评为 1997 年度优秀信息员

杨西庚、魏亚英被平顶山市人民检察院评为 1997 年度全市民事
　　行政检察部门办案能手

宋振中撰写的《加强基层检察队伍建设 狠抓制度落实是治本之
　　道》论文被平顶山市人民检察院评为一等奖

1999 年 —— 平顶山市人民检察院授予许天仓、赵建敏个人三等功

樊天仕、宋振中、杨西庚、张现周、焦朝京、郑占柱、王明强
　　被平顶山市人民检察院评为 1998 年度市级优秀检察官

平顶山市人民检察院对关文丽、雷红东、张朔、靳京伟嘉奖

2000 年 —— 平顶山市人民检察院授予郑占柱、沈建平、靳京伟、顾武修、
　　魏亚英、毛跃帅 1999 年度个人三等功

关文丽被平顶山市委授予政法工作先进个人

魏洪流、管建民、宋振中、焦朝京、郑占柱、张现周、杨西庚、
　　雷红东、关文丽、靳京伟、罗汉伟、潘军现、邵华海等被平
　　顶山市人民检察院评为 1999 年度优秀检察官

2001 年 —— 平顶山市人民检察院授予黄正明、靳京伟 2000 年度个人三等功

关文丽被平顶山市政法委评为市级"优秀检察干警"

平顶山市人民检察院授予张现周、焦朝京、郭建伟、郑占柱、
　　邵华海、王红光、马聚法、黄少敏、韩建伟、罗汉伟、魏亚
　　英优秀检察官称号

平顶山市委市政府、平顶山市检察院表彰的先进人物

Pingdingshan Shiwei Shizhengfu Pingdingshanshi Jianchayuan Biaozhang De Xianjin Renwu

2002 年

雷红东被平顶山市人民检察院评为 2001 年度优秀检察官

雷红东荣获平顶山市第二届"优秀青年卫士"称号

平顶山市人民检察院授予席玉杰、马聚法个人三等功

关文丽被平顶山市政法委评为市级"优秀检察干警"

2003 年

雷红东被平顶山市委政法委、平顶山市人事局评为 2001~2002 年度全市人民满意的政法干警

雷红东、关文丽、邵华海、郑占柱、王红光、韩建伟、黄少敏、潘军现、顾武修、李秋合被平顶山市人民检察院评为 2002 年度优秀检察干警

靳京伟被平顶山市委政法委表彰为 2002 年度全市"严打"整治斗争先进工作者

2004 年

朱江艳、潘军现、韩建伟、王红光、顾武修、马聚法、张自军、邵华海、李爱莲、靳京伟、王霞、张艳丽被平顶山市人民检察院评为 2003 年度优秀检察干警

靳京伟被平顶山市委政法委评为 2003 年度全市"严打"整治争斗先进工作者

郭建伟被评为平顶山市"十佳检察官"

郭建伟、王红光、朱江艳被平顶山市人民检察院授予个人三等功

郭建伟、雷红东、张现周、韩建伟、马聚法、张自军、邵华海、李爱莲、关文丽、潘军现被平顶山市检察院表彰为 2004 年度先进工作者

平顶山市人民检察院授予郭建伟个人三等功

2005 年

王明文检察长被平顶山市委、市政府表彰为 2005 年度综合治理先进个人

— 雷红东、张自军、孟现国被平顶山市检察院授予个人三等功

丁建军被平顶山市委政法委表彰为 2005 年度涉诉信访工作先进
    工作者

潘军现、郭建伟、韩建伟、李爱莲、关文丽、朱江艳、顾武修、
    王红光、郑占柱被平顶山市检察院表彰为 2005 年度先进工作者

王明文检察长被平顶山市委、市政府表彰为治安模范个人

2006 年 — 顾武修、黄飞豹、王红光、潘军现、闵秀姣、靳京伟、朱江艳、
    关文丽、黄爱梅、郭建伟、韩建伟、王霞、张自军、张延涛
    被平顶山市人民检察院评为 2006 年度先进工作者

顾武修、董亚强被平顶山市人民检察院和平顶山市保密局联合
    表彰为 2006 年度"保密工作创优活动"先进个人

2007 年 — 刘龙海检察长、干警张志强被平顶山市委、市政府表彰为 2007
    年度社会治安综合治理先进工作者

刘龙海检察长被平顶山市委、市政府评为 2007 年实现涉检进京
    上访零目标先进个人

王红光、靳京伟、关文丽、黄爱梅、闵秀姣、顾武修、毛跃帅、
    韩建伟、唐延涛、郭建伟、唐雪霞被平顶山市人民检察院表
    彰为 2007 年度先进工作者

丁建军、王红光、朱江艳、张自军被授予个人三等功

黄飞豹、魏亚英被平顶山市委政法委和人事局联合表彰为"践
    行社会主义法治理念先进个人"

2008 年 — 顾武修被平顶山市委、市政府联合表彰为"2008 年度社会治安
    综合治理先进个人"

平顶山市委市政府、平顶山市检察院表彰的先进人物

Pingdingshan Shiwei Shizhengfu Pingdingshanshi Jianchayuan Biaozhang De Xianjin Renwu

关文丽被平顶山市委政法委和综治委表彰为"打击两抢一盗犯罪专项斗争先进个人

沈涛、顾武修、张自军、王红光、关文丽、靳京伟、朱江艳、陈冬伟、丁建军、邵华海、黄爱梅、毛跃帅被平顶山市人民检察院表彰为 2008 年度先进工作者

2009 年

刘龙海检察长被平顶山市依法治市领导小组表彰为"全市法制宣传教育和依法治理工作先进个人"

黄飞豹、张顺利被平顶山市人民检察院授予个人三等功

关文丽、靳京伟、魏亚英被平顶山市委政法委和综治委表彰为"打击两抢一盗"犯罪专项斗争先进个人"

2010 年

顾武修被平顶山市委、市政府表彰为平安建设先进个人

顾武修、朱江艳、郭红伟被平顶山市人民检察院授予个人三等功

黄飞豹、关文丽、靳京伟、魏亚英、陈冬伟、张自军、王红光、沈涛、黄爱梅、黄少敏、李素君被平顶山市人民检察院表彰为优秀检察干警

沈涛、张顺利被平顶山市人民检察院表彰为"信访积案化解年"专项活动先进个人

杨新春、黄飞豹被平顶山市人民检察院授予个人三等功

王武国、张志强被平顶山市人民检察院政治部评为"全市侦查监督十佳检察官"

2011 年

朱江艳、黄爱梅、魏亚英、王红光、关文丽、靳京伟、韩建伟、张自军、魏 娜、黄飞豹、顾武修、张艳丽、邓少鹏、张志军、樊会志被平顶山人民检察院评为 2010 年度优秀检察干警

刘龙海、蒋建红、李素君、张延涛、张顺利、张德民、陈冬伟被平顶山市人民检察院授予个人三等功

沈涛被平顶山市人民检察院评为"优秀侦查员"

靳京伟被平顶山市委、市政府评为平安建设先进工作者

在平顶山市检察机关《纪念中国共产党成立 90 周年》书法、摄影作品展活动中，马聚法、张顺利的作品被平顶山人民检察院机关委员会评为三等奖，李素君的作品被评为优秀奖

2012 年 ── 韩建伟、王红光、魏亚英、王霞、王超阳、郭俊坡、时智峰、李素君、董亚强、唐雪霞、黄超峰、宁晓蕾、淡亚峰被平顶山检察院评为优秀检察干警

顾武修、黄飞豹被平顶山检察院评为平顶山市检察调研和宣传工作先进个人

孙雨蒙被平顶山市人民检察院表彰为全市检察机关侦查监督部门新刑事诉讼法知识竞赛优秀个人

2013 年 ── 黄飞豹、陈冬伟被平顶山市人民检察院授予 2012 年度个人三等功

淡亚锋、王霞、韩建伟、王超阳、唐雪霞、王红光、黄超锋、李素君、宁晓蕾、魏亚英、时智峰、董亚强、郭俊坡被平顶山市人民检察院表彰为 2012 年度优秀检察干警

王武国、毛跃帅、陈晓亮、毕亚峰、邓少鹏、任川川被平顶山市人民检察院授予 2013 年度个人三等功

郭建伟被平顶山市人民检察院表彰为 2013 年度政法干警核心价值观教育实践活动先进个人

2014 年 ── 张书伟被平顶山市人民检察院评为"全市民事行政检察业务能手"

平顶山市委市政府、平顶山市检察院表彰的先进人物

Pingdingshan Shiwei Shizhengfu Pingdingshanshi Jianchayuan Biaozhang De Xianjin Renwu

朱红艳、毕亚峰、王红光、焦小杰被平顶山市人民检察院授予
个人三等功

张顺利被平顶山市委政法委表彰为全市"规范执法行为，保障
公平正义"执法检查活动先进个人

2015 年 —— 关文丽获得首届"感动鹰城十大检察官"提名奖

黄超锋、淡亚锋、唐剑兰、连晨凯、时智峰、吴迎利、蒋建红
被平顶山市人民检察院记个人三等功

朱江艳、董亚强、陈晓亮、闵秀娇、毛跃帅、孙雨蒙、张顺利、
丁建军、陈媛媛、李素君、沈涛被平顶山市人民检察院记嘉奖

焦小杰被平顶山市人民检察院评为2014年度"全市优秀公诉人"

张现周：狠下决心夯实案件质量

　　2004 年，在上级院和市委的正确领导下，张现周同志带领全局干警坚持以邓小平理论为指导，深入贯彻"三个代表"重要思想，切实履行宪法和法律所赋予的职责，集中力量查办大要案，全年共立案 14 件 16 人。其中贪污受贿 10 万元以上的重大案件 1 件 1 人，犯罪嫌疑人为副科级以上干部的案件有 1 件 1 人，涉及"四个重点部位"的 5 件 5 人，侦查终结移送审查起诉的案件 12 件 14 人，有 8 件 10 人（含往年案件）经法院审理后获有罪判决，为国家挽回经济损失 60 万余元，较好地完成了各项工作任务，为我市的经济发展和社会稳定作出了积极贡献。

　　在今年上半年我院反贪局立案数下降幅度较大的情况下，他多次组织反贪干警查找原因，针对原因想对策。在人员少又任务重的情况下，面对这些困难，他广泛征求干警们的意见后，果断将原来的3个侦查科变成了5个办案小组，每组两人，暂定立案3件，并与奖惩挂钩。打破了以前等靠的现象，充分调动了干警的积极性。张现周同志更是切实深入到办案一线，与同志们同甘共苦，在工作中形成了你追我赶的良好势头。

由于措施得当，第三季度，我院反贪局立案侦查贪污贿赂案件8件10人，比前6个月立案数上升了200%。本着质量是案件的第一生命，张现周同志狠下决心，夯实案件质量。规定所立案件一律不许撤案，只要案件能够立得住，就要能够诉得出、判得了。全年共立各类贪污贿赂案件14件，侦查终结移送审查起诉11件。侦结率为80%。法院作有罪判决8件10人。有12起案件经过初查5天之内立案。其中郭某某行贿案和彭某某受贿案立案后在半个月内侦查终结移送起诉。

2004年，张现周被平顶山市检察院表彰为2004年度先进工作者。

马聚法：勇办大要案　注重案件社会效果

　　2004 年，马聚法同志带领全科人员办理了一起又一起大要案，以实际行动践行了"三个代表"重要思想，维护了广大人民群众的根本利益，圆满地完成了各项工作任务，被平顶山市检察院评为 2004 年度先进工作者。

一、勇办大要案，推动渎职侵权检察工作全面开展

　　全年按目标所立 7 起渎职侵权犯罪案件，其中有 6 起为重、特大案件。如今年元月办理的孙某某、贺某某两起涉煤矿事故玩忽职守案，他既是指挥官，又是承办人，为了案件的快速侦破，吃住在发生事故的矿上调查取证，一举查处了汝州市联营孙店煤矿发生的死亡 22 人，受伤 20 人，失踪 1 人的特大瓦斯爆炸事故背后隐藏的上述两起玩忽职守案，现孙某某、贺某某亦被法院作有罪判决。

二、依法办案，确保案件处理彻底

凡是立案侦查的案件，坚持一查到底。如10月8目立案侦查的汝州市粮食局原局长史运申滥用职权案，初查深入细致，不但查清了该案的犯罪事实，还深挖出了原副局长马更贵玩忽职守特大案和原面粉厂厂长黄万江、副厂长兼直属二库主任郭俊杰滥用职权特大案。

三、识大体、顾大局，不以案论案，兼顾案件的社会效果

办案中，对够上案件的坚决立案查处；对于不够立案的情况做好停访息诉工作，为汝州的社会稳定作出了一定的贡献。

四、加强渎职侵权职务犯罪预防工作

为了减少和预防职务犯罪，每办一起案件，他都亲自与发案单位沟通联系，指出案发的原因及存在的漏洞，提出遏制犯罪再生的对策。今年共向发案单位提出预防建议11条，在公安、土地、国税等执法部门成立预防职务犯罪联系机构，上法制课110人次，组织公安和行政执法部门领导召开座谈会3次，收到了良好的效果。在他的带领下，渎职侵权检察科被省院授予检察系统"十佳先进侦查科室"荣誉称号。

顾武修：参与政务　处理事务　搞好服务

　　顾武修，男，37 岁，汉族，大学本科学历，中共党员，1995 年 7 月从河南大学毕业后分配到汝州市检察院工作，先后在公诉科、反贪污贿赂局工作，2003 年元月任反贪局侦查三科科长，2006 年 4 月任办公室主任至今。先后获得了平顶山市委政法委、汝州市委"两打一整顿先进个人"、"优秀政法工作者"等荣誉称号；自 2000 年以来，连续 10 年被上级院评为"优秀检察官"。2005 年被市总工会授予"五一劳动奖章"。一年来，在平顶山市检察院、汝州市委和院党组的正确领导下，他始终能够坚持用邓小平理论和"三个代表"重要思想武装自己，牢固树立正确的世界观和人生观，坚持社会主义法治理念，全心全意为人民服务，廉洁奉公，

平顶山市委市政府、平顶山市检察院表彰的先进人物

勤政为民，公正执法，拒腐防变，切实履行国家权力机关赋予的法律监督职责。积极参与政务，处理事务，搞好服务，发挥机关的协调枢纽作用，较好地完成了全年的各项工作任务。今年，共撰写各类调研材料 90 余篇，信息材料 150 余篇，其中被市级采用 42 篇，省级采用 26 篇，国家级采用 15 篇；信息调研材料实现了被平顶山市委、河南省委、检察日报的采用，得到了汝州市委、市人大等领导的重要批示，刑事和解及涉检信访长效机制的经验做法分别被省检察院和最高检察院进行推广。2009 年 12 月 19 日又通过积极筹备顺利召开了检察学会一届三次年会，通过各类信息调研材料全方位展示了汝州市检察院法律监督工作的成果和工作亮点。

1. 顾武修被平顶山市委、市政府联合表彰为 "2008 年度社会治安综合治理先进个人"

一是加强信息调研工作，及时反映检察工作的动态

他身体力行，带领大家撰写出了许多指导性强、质量高的工作信息和调研文章，同时还能够指导各业务部门撰写好信息调研材料，注重提高各科室内勤人员的写作水平和观察分析检察工作动态的能力。今年，我院办公室共编发各类信息调研材料 148 期，其中被国家级采用的 5 篇，被省级刊物采用 15 篇，被市级采用的 20 篇。我院上报的信息材料的数量和被上级院转发采用量，在 10 个县区院中均居前列。

二是加强机关管理，抓好日常管理制度的落实

他积极发挥办公室的协调服务职能，抓好全院业务、事务管理制度的落实，切实搞好上班考勤、卫生评比、督查督办、值班保卫、财务、统计保密、机要、档案文印、后勤服务工作，为创造良好的机关办公环境和争创先进模范检察院奠定优质的硬件基础。

三是建立完善后勤管理制度，努力堵塞检察经费使用漏洞

一是完善办公用品统一采购，部门领用制度。二是完善办公用品统一管理台账制度，加强对稿纸、复印、文书使用的管理。各科室在领用办公用品时，计财人员都要逐笔登记。三是完善装备统一采购制度。大到计算机，小到桌椅柜子，一律由办公室报政府采购办审批统一采购，按规定标准配发。四是完善固定资产登记管理制度。计财人员对属本院的固定资产，统一列入固定资产账目管理，任何人不得随意处置。

四是加强硬件建设，全面提升我院的基础设施建设

今年他对全院的基本硬件结合工作实际力所能及地完善我院的硬件建设。他结合省市院要求在职务犯罪讯问中进行同步录音录像的总体部署，积极协调筹措经费，按照安全、保密、先进的总体要求在我院建造审讯楼。还安装了电子显示屏，对全院的办公桌椅进行了统一更换，统一安装了空调，对办公大楼进行了彻底的修缮，改建、装修了各个会议室，16个监控探头投入使用，两房建设基本达标，全院内外绿树红花、窗明几净，为干警提供了舒适的工作环境。

2. 顾武修被平顶山市检察院和平顶山市保密局联合表彰为 2006 年度"保密工作创优活动"先进个人

顾武修同志任办公室主任以来，注重提高各科室内勤人员的写作水平和观察分析检察工作动态的能力。今年，我院办公室共编发各类信息调研材料72期，其中情况反映被最高检转发1篇，省院转发3篇，市院转发9篇，调查研究被市院采用转发3篇，省级以上刊物采用3篇，我院上报的信息材料的数量和被上级院转发采用量，在10个县区院中均居前列。

他积极发挥办公室的协调服务职能，抓好全院业务、事务管理制度的落实，切实搞好上班考勤、卫生评比、督查督办、值班保卫、财务、统计保密、机要、档案文印、后勤服务工作，为创造良好的机关办公环境和争创先进模范检察院奠定优质的硬件基础。

2006年度市院考评中，我院的保密工作位居全市第一名。

他主动与财政部门加强联系，使我院上缴财政的赃款返还比例几乎达到100%。今年从省市财政争取办案经费10万元，又从中央、省、市级财政争取检察专项经费 20 余万元，购买了　辆办案用车和　台电脑，弥补了检察经费的不足问题，促进了汝州院的信息化建设和基础设施建设。

他积极协调筹措经费，按照安全、保密、先进的总体要求在我院建造审讯楼，目前工程已基本竣工。同时在我院六楼建造了一个能容纳 120 人的大会议室，并安装了投影仪、先进音响，结束了全院开会时干警要抢占座位的历史。最后，他争取上级财政的支持，在我院一楼大厅安装了 LED 显示屏，将检务公开、社会主义法治理念等内容，既方便了工作，为提高我院的品位和整体形象树立了良好的窗口。

雷红东：捋顺工作机制　完善制度管理

　　雷红东同志任政治处主任以来，能够合理安排，统筹兼顾，搞好专项教育活动，提高干警政治思想素质。2005 年，雷红东被平顶山市检察院授予个人三等功。2004 年度，我院先后开展了"强化法律监督，维护公平正义"等多个专项教育活动。为使各项活动得以顺利有序的开展，每项活动由政治处专门制作记录本，统一发放，使干警学习时能很清楚地知道教育活动的具体要求。政治处将这些活动有机结合起来，达到了事半功倍的效果。另外，除每星期五下午的固定学习时间外，政治处还采取了多种形式，使枯燥的活动多彩起来，如办黑板报，利用局域网设立"政工之窗"，开展演讲活动等，调动了干警参加活动的积极性。

　　重视宣传教育工作，大兴写作之风，使宣传工作更上一层楼。今年我院在国家级媒体发表文章 12 篇，省级 72 篇，市级 35 篇。主要做法是：政治处出台文件，规定了奖励办法，在国家级、省级、市级媒体发表 1 篇文章分别奖励 100 元、50 元、10 元，并把具体任务量化到各科室，从更大程度上激励了各科写稿、投稿的积极性。同时政治处除和上级院外宣人员密切联系外，还积极拓宽发稿途径，增强了投稿的成功率。

在法警管理方面，能够完善制度，加强训练，实行法警编队管理，充分发挥司法警察职能。一是建全组织机构，专门配备了法警队正副队长，在原有法警的基础上，今年又有 7 名通过考核进入法警队。二是完善办公设施，建立了警备办公区，设立警备办公室、值班室、警械室、询问室、健身室、宿舍等设施，购置了警械、交通、通讯装备。三是健全办案机制，分别制定了编队管理制度，建立了警备值班制度，安全办案制度。四是强化法警训练。

韩建伟：虚心学习　加强管理

　　韩建伟同志 1987 年 7 月从洛阳师范高等专科学校毕业后调入汝州市检察院工作，先后在刑事检察科、反贪污贿赂局、技术科工作，2000 年 2 月任反贪局侦查二科科长，2003 年 2 月至今任办公室主任。2004 年，韩建伟被平顶山市检察院评为 2003 年度优秀检察干警。

　　1996 年被平顶山市院评为侦查能手，2000 年、2001 年、2002 年连续 3 年被平顶山市院评为优秀检察官，2002 年被汝州市政法委评为先进工作者，被汝州市市直机关工委评为优秀共产党员。2003 年，他较好地完成了全年的各项工作任务。其主要做法是：

一、加强信息调研工作，大力及时反映检察工作的动态

　　信息调研工作则是办公室工作的重中之重，今年任办公室主任后，他首先参加了汝州党委系统办公室主任培训班，他深知自己原来是在反贪局干业务工作的，现在到办公室是干综合工作，需要转换角色，需要虚心学习。他注意结合检察工作实际，注意在为党和国家工作大局服务中检察职能作用、职责范围、工作任务的研究分析，注重检察机关在执法过程中遇到的新情况、新问题的探索，为上级和领导决策提供参与性强的意见。2003 年我院办公室共编发

检察简报 33 期，被市院采用转发 7 期，编发情况简报 31 期，被市院采用转发 8 期，被省院采用编发 1 期，编发调查研究 34 期，被市院采用转发 15 期，我院上报的信息材料的数量和被上级院转发采用量，在 10 个县区院中均居首位。

二、加强机关管理，抓好日常管理制度的落实

他积极发挥办公室的协调服务职能，抓好全院业务、事务管理制度的落实，切实搞好上班考勤、卫生评比、督查督办、值班保卫、财务、统计、档案文印、后勤服务工作，为创造良好的机关办公环境和争创先进模范检察院奠定优质的硬件基础。今年省级文明单位复查验收，顺利通过，并受到了上级领导的充分肯定。对于督查、统计、机要保密、档案，他坚持责任到人，狠抓落实，严格按照上级院的要求，认真细致地做好，坚持做到及时、准确、安全、到位。

三、建立完善后勤管理制度，努力堵塞检察经费使用漏洞

为了使检察机关有限的经费，发挥出其应有的作用，他和计财人员制定了严格的制度，杜绝跑冒滴漏现象，保证好钢用到刀刃上。一是建立办公用品统一采购部门领用制度。规定办公用品一律由办公室统一采购，部门领用，如需购置新增办公用品，应预先列出购置计划，报经检察长审批后，由办公室统一购置，办公室在购置时应本着节约的原则，货比三家，看质量，保证购到物美价廉的办公用品。二是建立办公用品统一管理台账制度，加强对稿纸、复印、文书使用的管理。各科室在领用办公用品时，计财人员都要逐笔登记。采用这两项制度后，今年元月至 10 月，我院就节约办公经费 2 万元，比去年下降了 20%。

四、改进作风，扎实工作，认真搞好执法检查工作

2003 年 4 月以来，按照省市政法委和省市院的要求，要在全市政法系统开展 2003 年执法检查活动，他按照上级要求填写案件登记表，并自查自纠，共检查案件 28 件 34 人，纠正了一些违法违纪问题，并提出了一些合理化的建议提交院检委会认真研究，经与公安部门磋商，达成了共识，后以两单位联席会议纪要的形式下发各业务部门，要求他们遵照执行，从而提高办案质量和效率，杜绝和预防案件流失，促进公正执法，文明办案。

沈涛：让正义的阳光洒满工作的每个角落

"查办的汝州市环保局副局长王某贪污案，某乡政府常务副乡长彭某受贿案，副乡长宋某等9人贪污30余万元窝案，平煤集团副处级工程师徐某受贿12万元案，市政府农开办主任于某、副主任张某、张某某受贿20余万元串案，市卫生局副局长王某等9人贪污60余万元窝案……"

翻开汝州市检察院反贪局副局长沈涛的查办案件记录，可以发现他所办的每一起案件都是一块"硬骨头"，不是案犯级别高，就是案件数额大。沈涛也坦言，办理这些案件时，来自各方面的压力和干扰经常压得他喘不过气来，但他最终没有退缩，一次次顶住了压力，交出了一份份令人满意的答卷。因为表现突出，2006年被评为汝州市"十大杰出青年"；2008年、2009年被平顶山市检察院评为"先进工作者"，被汝州市委、市政府评为"社会治安综合治理先进工作者"。2010年，他又带领反贪干警，初查立案16件21人，其中科级、处级以上干部8人，通过办案为国家挽回经济损失180余万元。特别是他查办的汝州市卫生局副局长王某等9人共同贪污公费医疗款60余万元串案、窝案，涉案人数之多，赃款数额之大，量刑之重，在平顶山地区医疗卫生系统引起巨大的震动。

一、工欲善其事，必先利其器

"干一行，爱一行，专一行，精一行"是沈涛同志在反贪工作岗位上取得佳绩的主要法宝。在办案实践中，他勤学好问，甘当小学生，从书记员做起，制作好每一份笔录，审查好每一份证据材料，积极探索自侦工作的方法与技巧。

为改变多年来反贪工作的被动、落后局面，他在调查研究的基础上大胆提出，弃用老的办案模式，打破侦查科室界限，全局统一调度侦查力量，实行"大兵团"作战，力求快速突破案件。他这个建议得到了局领导的认可。

2009 年，他在办理宋某等 9 人涉嫌贪污犯罪案件时，首次尝试了"大兵团"作战。他先是秘密指定 2 名侦查员进行摸排。在时机成熟之后，制定出一个缜密的初查方案，然后申请领导调派技术、监所、公诉、侦监、监察等科室 40 余人参与办案，他和另外几名副局长带领各自的侦查小组，统一进行分工，协同作战，仅用五天时间就将该案顺利告破，涉案的 9 名被告人共贪污高速公路补偿款 30 余万元。该案涉及人数之多，数额之大，创造了汝州市检察院历史之最，经法院审理后，有 2 人被判处 10 年有期徒刑，3 人被判处 6 年有期徒刑，其余 4 名被告人也被判处有期徒刑，案件也被平顶山市检察院评为"精品案件"之一。

该案成功告破后，他将胜利的喜悦放到一边，和同事们继续加班加点总结案件，拓宽侦查思路，将个案成功经验形成一种新的办案模式"小初查，大侦查"：初查时，突出一个"小"。（1）线索知悉面小。（2）初查人员规模小。（3）初查接触层面小。突破、侦查案件时，突出一个"大"。（1）参战人员规模大。（2）收集、固定证据范围、力度大。（3）查办案件整体格局大。平顶山市检察院为此专门在汝州市院召开了反贪查案现场会，推广"小初查，大侦查"的办案模式。

二、亮剑出鞘，斩断黑手

近年来，看病难，看病贵一度成为人民群众关心的热点，成为医患之间的焦点，成为新时期影响我国社会稳定的主要矛盾之一。中央一方面加大医疗卫生系统和药品流通领域的改革力度，降低治疗成本，降低药品价格；另一方面不断出台惠民政策，加大财政投入力度，通过公费医疗和新农村合作医疗为城乡居民补贴大量的专项资金，有效缓解了医患矛盾。同时，纪检、检察机关也将医疗卫生、药品流通领域做为查案的重点，斩断伸向医疗专项资金的黑手。

2010年，沈涛带领侦查员在这个热点领域查办了汝州市卫生局副局长王某某、公疗办主任杨某某、财政局社保科科长马某某等9人共同贪污公费医疗款60余万元串案、窝案，并成功运用"小初查"，"大侦查"的办案模式，将"集中优势兵力，速战速决"的特点发挥得淋漓尽致。

6月28日，沈涛获得一重要案件线索：汝州市审计局在审计汝州市公费医疗办公室账目时发现违规拨付给三个乡卫生院公费医疗款共计90余万元。

他先是带领几名侦查人员秘密接触审计人员，了解审计过程发现的细节问题，初步锁定了2名嫌疑对象。在制定初查方案时，他又提出这个案件涉及财政局、卫生局和3个乡级卫生院，涉案人数可能较多，但要分清主次，社保科科长马某某手握拨款大权，公疗办副主任杨某某则在公费医疗报销程序中起着承上启下的作用，要把查清马某某和杨某某任职期间的报销单据做为案件的突破口，几个卫生院能涉及多少人现在不好说，可在时机成熟时再接触。

之后，沈涛申请检察长抽调反贪局、法警队、监所科共20余名检察人员组成专案组。在马某某、杨某某被通知到案后，拒不交代问题的情况下，沈涛他们决定先稳住二人，外松内紧，让其尽情表白掩饰，外围则兵分四路对可疑报销票据的真实性进行调查取证。由于参战兵力充足，指挥到位，取证迅速，在铁的事实和证据面前，马某某、杨某某的谎言被一一戳穿，二人不得不承认犯罪事实。至此，该案件初战告捷。

三、顺藤摸瓜，案中藏案

在审讯杨某某时，沈涛一方面深刻揭露她的犯罪根源，使其认罪；另一方面关心她的饮食起居，指出自首立功才是唯一出路。在法律和真情的感召下，她揭发出汝州市卫生局副局长王某某（正科级）冒名报销7万多元的犯罪线索。已是凌晨时分，沈涛在掌握王某某有每天早上到公园晨练的习惯后，顾不得两天两夜没合眼，于6月30日凌晨五时带领一名侦查员来到市区东关的公园，然而，蹲点守候3个小时也没有发现王某某的身影。踏破铁鞋无觅处，得来全不费功夫。正当他们沮丧地回到检察院大门口时，突然见王某某钻入汽车驶出检察院，沈涛一面向指挥部汇报，一面紧跟王某某的车到了市卫生局，十几分钟后，王某某被带到了询问室，王某某的回答让侦查员们惊出了一身汗。原来，王某某得知马冠军和杨某某相继被检察机关带走后，担心自己的罪行败露，于前一天下午订了两张北京的火车票。并出现了上面的一幕：无心晨练的他早上八点多先到检察院找亲戚打听杨某某的案情，然后到卫生局找局长请假，准备带妻子坐10点钟的火车逃往北京。沈涛和侦查员看看表，已经九点多，好险啊，差一点案件就要搁浅。很快王某某承认了用假公费医疗报销票据骗取公费医疗款77000余元的犯罪事实。

在成功查处3起案件之后，他和侦查员们并没有盲目乐观，继续沿着公费医疗款上报下拨的主线继续深挖细查，使杨某某和马某某贪污公费医疗款的数额达到60余万元，并一举带出了汝州市尚庄乡卫生院院长安某某、报账员薄某某贪污公费医疗款16余万元，王寨乡卫生院院长常某某、会计桂某某贪污公费医疗款24万元，焦村乡卫生院院长陈某某、副院长梁某某贪污公费医疗款20万元等大案。最终，马某某和杨某某一审被分别判处有期徒刑12年和10年半，王某某等7名涉案人员均被作出有罪判决。

之所以该案影响大，一是涉案领域敏感，主要涉及财政局、卫生局。二是涉案金额巨大，本案涉及的违规资金多达100余万元，并最终认定共同贪污60余万元。三是涉案人员多成分复杂，涉案9人中有科级干部，有一般公务员，有事业单位人员，他们相互勾结，共同做案。四是指挥得力，方法得当，穷追不舍，使小案变大案，个案变窝案串案。该案在2010年平顶山市办理的120余起职务犯罪案件中脱颖而出，被评为3起"精品案件"之一。案件在当地引起强烈反响，市委、政府高度重视，责成财政局、卫生局等部门及时制定完善管理制度，对工作人员加强思想作风教育、廉政教育。该案成功告破后，清除了隐藏在医疗卫生系统的大蛀虫，纠正了医疗卫生系统长期存在的贪污腐败之风，彰显了检察机关惩治犯罪，保护国家和人民利益的决心和信心。

四、清白做人，铸写忠诚

"吏不畏我严而畏我廉，民不畏我能而畏我公"，沈涛同志经常告诫自己：权力是党和人民赋予的，严格执法、规范办案、勤政廉洁就是对党和人民的高度负责。他对自己严格要求，认真执行各项办案纪律和工作规定，始终注重模范带动作用，并将廉政教育延伸到工作以外。沈涛正是用他的实际行动，让正义的阳光洒满他工作过的每个角落。多年来，他无怨无悔地战斗在反贪第一线，为党和国家的反腐败工作竭尽全力，用热血铸写忠诚，奉献着人生中最美好最宝贵的青春年华。这，就是新时期一名普通检察官的真实写照。

唐雪霞：认真负责　一丝不苟

唐雪霞，女，35 岁，汉族，大学本科学历，中共党员，现汝州市人民检察院监所检察科工作。2012 年，唐雪霞被平顶山市检察院评为优秀检察干警。

2011 年，她在科长的带领下，坚持"强化监督、狠抓办案、规范管理、夯实基础、创新提高、科学发展"的指导思想，以创建一级规范化检察室为主线，突出工作重点，认真履行法律监督职责，加大监督力度，积极完成领导布置的各项任务，做好领导的参谋和助手。

一、认真搞好创建一级规范化检察室工作

为进一步提高汝州院驻所检察工作规范化水平，建立完善驻所检察工作机制，2011 年，她在做好分内工作的同时，积极协助科长先后制定了驻所人员岗位责任制度、安全检察制度、驻所人员接待制度、法制教育制度、入所谈话及防止跑风漏气制度、提审提讯制度等 22 项管理制度，进一步规范

了驻所检察工作，对各项驻所检察工作及有关资料进行细化分类归档编，有驻所检察日志、在押人员情况检察台账、检察纠正违法情况登记表、日常监督检察记录、安全防范检察记录、监控记录、在押人员谈话记录等 60 余项工作档案，她坚持每天对各项驻所检察监督情况及纠正违法情况全部录入微机管理，并打印成册，整理归档，使电子资料和备案的档案资料一致，做到各项工作全面细致，规范整理了各种工作档案资料 1000 余册，完善了监所检察"四个办法"规定的一志一账六表制度，建立了九种罪犯、监外执行人员、留所服刑人员等人员的档案和台账，她对驻所检察各项工作全部使用微机操作、微机记录，做到了规范有序。受到最高检、省、市院的高度评价。2011 年 9 月 26 日全省检察机关监所检察业务工作推进会在我院胜利召开，推广了汝州院创建一级规范化检察室的经验和做法。2011 年 11 月 10 日被最高人民检察院授予"国家一级规范化检察室"。

二、认真查办职务犯罪案件

2011 年，在科长的带领导下，她协助查处贪污中职中专国家助学金新领域犯罪 3 件 3 人，均系大案。贪污国家助学金属于新领域犯罪案件，由于涉及面广，涉及汝州市各个乡镇、办事处，查处难度很大，为迅速查清案件事实，她和全科干警起早贪黑，顶着炎炎烈日，连续作战 20 余天，走遍了全市 22 个乡镇、办事处，调查走访了所有学生和家长，全面查清了汝州市蓝天科技学校、汝州市南洋信息技术学校、汝州市开拓电脑学校负责人与平顶山外国语学校合作办学过程中，首先采用制造大量虚假学生手段，将国家助学金套取出来，再利用给学生发放助学金之便，将学生储蓄卡上的国家助学金据为己有的犯罪事实。此类案件的办理不仅惩治了犯罪，也为国家挽回了一定的经济损失，而且在教育界起到了强烈的震慑作用。

三、认真履行驻所检察监督职责

在科长的带领下，她和驻所干警把维护监管秩序安全稳定放在首位，突出抓好日常检察监督，坚持每天深入在押人员劳动、生活、学习"三大现场"

进行全面检察，做到每天有谈话记录、安全检察记录、监控监督记录等，每月的驻所时间在 25 天左右。坚持每天深入监区，与在押人员沟通谈话，掌握第一手情况，主动发现和解决问题，防范和打击"牢头狱霸"；坚持对新入所人员在 24 小时内谈话教育，掌握其思想动向，稳定其思想情绪，防止意外事件发生；坚持每天对在押人员的基本情况、羁押原因、采取的强制措施，案件所在的诉讼环节及相应的法律文书逐一登记、输入台账，做到对在押人员情况了如指掌；坚持每天检查、核对入所、出所情况、同案犯分管分押情况、律师及其他人员会见情况、在押人员入所随身携带物品及其家属所送物品等情况，严格防范通风报信、传递信件等跑风漏气现象和违法收押、出所现象发生。全年对看守所安全防范检察 356 次，发现隐患 52 处，提出纠正意见 52 次，杜绝了安全事故的发生，保障了监管场所安全稳定。

四、认真做好社区矫正监督工作

2011 年 4 月，她在领导的带领下到江苏省南京市玄武区学习了该区社区矫正工作经验和做法，并协助科长制定了检察官工作制度、检察官谈话制度、检察官帮扶教育制度、检察官工作联系制度。2011 年 5 月 19 日在小屯镇李湾中心村挂牌成立了社区矫正检察工作站"，她认真核对登记了社区矫正对象底数，对所在社区的矫正对象全部建立了个人档案，实行了一人一档，采取集中为矫正对象上法制教育课、对他们进行法制教育，收到了良好的社会效果，为维护社会秩序的稳定发挥了积极作用。

五、认真做好信息材料工作

在工作中她注重从实践中总结经验，全年共撰写监所检察信息 15 篇、情况反映 13 篇，被市院转发 5 篇；撰写调研材料 6 篇，被市院转发调研 4 篇；被市级报刊采用 1 篇，被国家级报刊采用 1 篇。

她对本职工作尽职尽责，兢兢业业，认真负责，一丝不苟，把一切精力都扑在工作上，不怕苦、不怕累，她这种爱岗敬业的精神，赢得了院领导及全体同志的一致好评。

陈冬伟：制定目标　勇争先进

一年来，他积极参与政务，处理事务，搞好服务，发挥机关的协调枢纽作用，较好地完成了各项工作任务。2011年，陈冬伟被平顶山市检察院授予个人三等功。

一、制定目标任务，保持先进

2010年我院办公室、调研工作位居全市先进。为保持先进位次，2012年他与办公室主任商定了《汝州市人民检察院2012年信息调研工作目标任务及奖励办法》，对该项工作进行了总结，查找了存在的问题，分析了原因，并提出了解决的办法，制定了各部门全年信息调研工作目标任务，有力地推动了全院信息调研工作的开展。

二、完善各项制度，按期召开内勤例会

各部门内勤是全院信息调研工作的主力军，是各科室的信息员和调

研员，为有效调动他们的写作积极性，推动全院信息调研工作，他重新完善了内勤例会制度，明确每月 20 日为全院内勤例会时间，由各部门内勤人员参加，邀请院领导及办公室主任进行工作指导，便于及时总结工作中的成绩，发现存在的问题，共同研究解决。同时，他对全院编发的情况反映和调研文章进行了登记成册，记录在案，便于查询和年终总结。

2015 年，全院共撰写各类调研材料 90 余篇，信息材料 150 余篇，其中被市级采用 12 篇，省级采用 56 篇，国家级采用 26 篇；信息被高检院转发 2 篇，省院转发 2 篇，市院转发 22 篇；调研被省级以上转发 93 篇，其中有全国法律类核心期刊《人民检察》，以及最高人民检察院主办的《中国检察官》杂志、《检察日报》、省检察院的《公民与法》、《河南检察论坛》、《国家检察官学院河南分院学报》等知名刊物。开展执法办案风险评估的经验做法分别被省检察院和最高人民检察院进行推广。

邓少鹏：默默无闻　毫无怨言

　　邓少鹏，男，28 岁，汉族，本科文化程度，2009 年 1 月通过河南省人民检察院统一招录到汝州市人民检察院工作，现在反贪污贿赂局工作。2013 年，邓少鹏被平顶山市检察院授予 2013 年度个人三等功。

　　2009 年 4 月，邓少鹏同志到汝州市人民检察院反贪污贿赂局工作，在反贪污贿赂局工作的一年半中，一直任劳任怨，工作积极，深受领导及同志们的好评。先后参办、协办贪污贿赂类案件 25 件 39 人。邓少鹏同志在反贪污贿赂局工作中，一方面积极利用会计专业的特长，对案件查办中涉及的账册凭证他都仔细审查；另一方面他作为书记员，每次需要讯（询）问犯罪嫌疑人和证人时，总是默默无闻、毫无怨言地冲在第一线，记录下每一份铮铮铁证。

　　一、通过仔细审查账册，积极为查办案件作贡献

　　邓少鹏同志在大学学的是会计专业，到反贪污贿赂局工作后，充分利用会计专业的优势，对每一起案件的账册凭证都仔细查阅、核对，对案件的侦破起到重要作用。

2009年12月，我院得到线索，汝州市客运公司经理吴某甲涉嫌贪污。反贪局干警将账册调取后，邓少鹏同志对吴某甲担任经理以来的账册、凭证，一笔一笔仔细审查、核算，并从中发现汝州市客运公司经理吴某甲、财务科长霍某某、党支部书记吴某乙于2007年2月财务交接时在公司的个人借款共计60000元，用公司所收线路使用费冲抵财务账。审查出来的结果，给办案人员提供了有力的证据，最后侦查查明：2009年2月，在吴某甲等3人的多次预谋下，3人利用收入不入财务账的手段，用不入账的款项将个人在公司的借款共计60000元冲抵。2010年8月，吴某甲被汝州市人民法院判处有期徒刑5年6个月，霍某某被判处有期徒刑5年，吴某乙也被法院作出有罪判决。

2010年6月，我院对汝州市财政局社保科科长马某某、汝州市公费医疗办公室副主任杨某某涉嫌贪污犯罪进行初查，在调取到汝州市公费医疗办公室的财务账册后，邓少鹏同志和司法会计邵华海同志一起，对账册、凭证进行仔细审核，经过近3天的审查、核对，终于从公费医疗款拨付账目及近千册的会计凭证中发现了几笔可疑的报销票据，从而找到了案件突破口，查清了汝州市公费医疗办公室在2008年至2010年给王寨、尚庄、焦村三个卫生院无依据划拨公费医疗款达103万余元，马某某授意杨某某找虚假医疗报销单据，套取公费医疗款75000元人民币，据为己有，杨某某在2009年3月，虚列离休干部于某某医疗费用18769.60元，用于个人消费的犯罪事实。另外邓少鹏同志又从公疗办的账册、凭证中发现汝州市卫生局副局长王刚利用职务上的便利，冒充他人签名骗取公费医疗款77590元，从而侦破了汝州市卫生局副局长王某某涉嫌贪污公费医疗款77590元的犯罪事实。

在对马某某、杨某某立案侦查过程中，通过审查王寨、尚庄、焦村三个卫生院的财务账册，并询问相关人员，又从中发现马某某、杨某某在无依据划拨给 3 个卫生院公费医疗款 103 万余元过程中，二人通过王寨乡卫生院院长常书宾、会计桂某某，尚庄乡卫生院院长安某某、会计薄某某，焦村乡卫生院副院长陈某某、副院长兼会计梁某某，利用虚开发票等手段，套取出公费医疗款共计 54 万元，据为己有。犯罪数额由 9 万余元增至 63 万余元，犯罪嫌疑人由 3 名升至 9 名。该案的成功告破在社会上取得了非常大的反响，也赢得了社会效果和法律效果的双统一。

2010 年 12 月 3 日，汝州市人民法院依法判处马某某犯罪贪污罪，有期徒刑 12 年；判处杨某某犯贪污罪，有期徒刑 10 年 6 个月；王某某、陈某某、梁某某、安某某、薄某某等人均被法院作出有罪判决。现在马某某、杨某某等人特大窝、串案，已被平顶山市人民检察院评为 2010 年"十佳精品案件"。

二、默默无闻埋头苦干，为反贪查案无私奉献

进院伊始，邓少鹏同志从最基本的记录、整理材料、写法律文书、归档等一系列基本办案技能入手，从严要求、刻苦磨炼自己，虚心向老同志和主办人员学习，真正使自己成为主办人员的得力助手。反贪工作是一项斗智斗勇的工作，每一次审讯都是一场心理战、体力战、智慧战，为了提高自己的侦查审讯技巧，邓少鹏同志主动要求参与每一起案件的侦查与审讯，把每一次审讯都当作实践学习的机会，每每需要记录笔录时，邓少鹏同志总是主动地坐在电脑前，在反贪污贿赂局工作的一年半中，记录询（讯）笔录多达 200 余份。除此之外，邓少鹏同志在办案之余还认真翻阅了大量的书籍，阅读了大量的案例，并不断学习各种法律知识，将一些好的经验和做法应用到自己的办案实践中。

整理卷宗是个细致活，每当案件成功告破后，邓少鹏同志马上转入到案件卷宗的整理中，从报请逮捕、起诉到内卷，从整理补充、编页到装订，邓少鹏同志在参加反贪污贿赂局工作的一年半中，共整理各类案件卷宗 40 余卷，有时候时间紧，邓少鹏同志就利用节假日时间加班加点，并且从无怨言，总是默默无闻地做着自己应做的工作。

丁建军：守得住清贫　耐得住性子

丁建军同志从事检察工作以来，始终注重政治学习及个人修养，政治素质不断增强，养成了良好的个人修养和职业道德。2005 年，丁建军被平顶山市委政法委表彰为 2005 年度涉诉信访工作先进工作者。

他始终以一个共产党员的标准和人民检察官应具备的素质严格要求自己，认真贯彻落实党的各项路线、方针、政策和国家的法律法规，吃苦耐劳、勇挑重担，严格执法、秉公办案，不徇私情。为人处事中严于律己、宽于待人，能够顾大局、识大体，尊敬领导、团结同志，光明磊落、不拘小节，深受领导和同志们的好评。他爱岗敬业、认真负责。信访接待工作是一项繁杂的工作，随着人们的法律意识的不断增强，信访量也在不断增长，反映的问题也是形形色色，而做这项工作面对的是各种各样的人和事，受的多是怨气和不理解，甚至还有辱骂声。要做好这项工作，除了具备良好的政治素质和职业操守，还必须守得住清贫、耐得住性子。

丁建军同志凭着娴熟的业务能力和满腔的工作热情，每天早上班、晚下班，把接待室里里外外打扫得干干净净，在接待中做到了文明接待、及时处理，以理服人、以情动人，从各个角度做来访人的思想工作，很多上访苗头被处理在基层。每年接待上千位来访者，但从未与来访者发生过争执，使矛盾激化引起上访。特别是对那些老弱病残的来访者，他都是扶进来、送出去，尽最大努力为他们排忧解难，以此来维护我们党在人民群众中的地位，维护检察机关的形象。领导和同志们都称赞，老丁能把接待工作做得这么好，确实难得。

董亚强：严于律己　认真勤恳

董亚强，男，现年 39 年，中共党员，本科文化。1997 年进院，先后在公诉科、办公室工作。2011 年 4 月计财装备科工作。2012 年，董亚强被平顶山市检察院评为优秀检察干警。

来到新的工作岗位上，能够做到快速实现了思维方式及工作方式的转变。坚持"上为领导分忧，下为全局服务"的原则，工作上勤勤恳恳、任劳任怨，能认真做好院领导交办的各项工作，身为计财工作人员，能严格按照财务制度认真、规范做好财务工作，工作一丝不苟，兢兢业业，从未有因工作失误而造成不良事件的发生，较好地完成了组织上赋予的各项工作任务。

一是思想上，能够认真学习党的路线、方针、政策，使思想和行动与领导要求相一致，做到活学活用所学知识，解决实际工作中思想问题和业务问题，更好地服务于本职工作，成效明显。充分用政治思想武装自己、充实自己，指导自身各项工作的开展。

二是工作上，能够团结同志，爱岗敬业，遵守单位的规章制度，工作关系融洽，较好地推动本职工作的开展。能够认真学习、熟悉各项财务管理制度，能熟练办理各项现金收付和银行结算业务。定期核对账目，做好账证、账账相符，工作中一丝不苟，从未出现错账、误账。在工作中树立高度的事业心和责任感，时时刻刻把"忠诚"二字放在心头，把握好自己，不做金钱的奴隶。例如院里购置办公用品和一些采购，能够严格执行政府采购制度。坚持做到不怕麻烦，厉行节约。坚持原则，不存私心。财务工作需要审核大量的票据，不管谁的票据，只要不符合财务规定，也要敢于当面提出，退回。认真履行岗位职责，熟练地掌握、提高财务技能，严格按照现行《会计法》的要求，遵守各项财经制度。全力以赴做好本职工作，圆满地完成组织上交办的各项工作任务。

三是行动上，严于律己，认真、勤恳、一丝不苟、兢兢业业。我院计财科刚成立一年，人员少，但工作确繁杂琐碎、头绪众多，工作量大，平时既是报账员又是司机、采购员、搬运工，经常牺牲个人休息时间，加班加点。虽然工作显得默默无闻、少人问津。但作为机关正常运转的重要保障，又责任重大，稍有闪失就会牵涉全局，一定要能吃得下辛苦、挨得下劳累。虽然工作辛苦，但能够得到院领导及广大干警的认可和好评，是我最大的荣誉。

黄飞豹：为检察事业发展摇旗呐喊

黄飞豹，男，1977 年 6 月生，汉族，本科学历，中共党员，1997 年 8 月到汝州市人民检察院侦查监督科工作，2006 年 5 月通过竞争上岗任汝州市人民检察院政治处副主任兼宣教科科长至今。2012 年，黄飞豹被平顶山市检察院授予 2012 年度个人三等功。

2006 年、2009 年、2010 年被评为平顶山市检察机关先进工作者，2007 年被平顶山市委和平顶市人事局评为"践行社会主义法治理念先进个人"，2008 年、2010 年荣记个人三等功 2 次。2006 年、2007 年、2008 年、2010 年、2011 年先后 5 次被省检察院评为"全省检察机关宣传工作先进单位"、4 次被平顶山检察院评为"平顶山市检察机关宣传工作先进单位"，2009 年检察宣传工作受到最高检的表彰。

2011 年，在平顶山市院的指导帮助下，在汝州院党组的正确领导和全院干警的关心支持下，他立足本职，坚持既是中层领导，又是办事员的双重角色，默默奉献、兢兢业业地忘我工作，坚持以提高检察队伍综合素能、树立良好检察形象为主线，为汝州市检察院工作的健康发展作出了一定贡献。

一、强化政治理论教育，牢牢把握检察工作的政治方向

他结合工作实际，制订了《院党组中心组学习政治理论学习计划》、《干警政治理论学习计划》，加强干警的思想政治建设。在深入扎实开展"强班子、抓队伍、树形象"，"发扬传统、坚定信念、执法为民"，"三官法执法检查"，"大走访、大排查、大整治"等主题教育实践活动的同时，结合迎接建党 90 周年活动，组织进行了以"分享拓展训练感受、迎接建党 90 周年"的主题演讲比赛，讴歌了党的丰功伟绩，弘扬了优良传统，坚定干警理想信念；组织全院干警集中收看《中央政法机关光荣传统教育报告会》、《当代保尔——马俊欣》等专题片，学习先进人物无私奉献、甘当公仆的为民宗旨。通过典型引路，使广大干警学有榜样，赶有目标，在全院形成了崇尚先进、学习先进、争当先进的良好风气，队伍的工作作风、精神面貌明显得到提升。

全年组织思想政治学习 14 次，收交干警学习心得体会 265 篇，思想剖析材料 114 篇。做到学习有计划、有记录、有考勤、有总结考评，确保政治理论学习在时间、内容、人员、效果上四落实。

二、突出各类岗位培训，提升检察干警综合素能

他制订了《2011 年教育培训计划》，建立干警培训档案，狠抓干警岗位培训、晋升培训、专项业务培训、资格培训和高学历教育。先后 23 次组织全院 14 个部门 320 余人次，对《检察机关执法工作基本规范（2010 版）》中的难点、检察业务、执法实践与执法规范的结合点进行培训。3 月，邀请礼仪职业讲师杨丽娜，给全体干警进行职业礼仪、接待礼仪、生活礼仪等文明礼仪常识辅导，深化干警文明礼仪意识；4 月，邀请专业讲师，针对网上办公办案系统操作、内网管理，举办了 3 次计算机应用培训，5 月底实现了全院网上办公；5 月 13 ~ 15 日，组织全院干警进行拓展训练，着重培养干警的团队意识，使检察干警更加团结、制度执行更加有力、心态更加平和；11 月，邀请河南法制报编辑张军强给各部门内勤及部分干警，进行了新闻信息写作、投稿等知识的培训。并按照《绩效考核方案》，实事求是的记录干警各项学习情况，作为

党组选人用人的参考依据，增强干警对学习培训的重视程度，激发其学习动力，2015 年有 2 名干警取得了硕士学位。

他还组织相关部门负责人参加省市院组织的领导素能、岗位业务等培训共 23 期 80 余人次，组织干警参加初任检察官培训 3 期 3 人。

三、唱响检察主旋律，为检察事业发展摇旗呐喊

在今年的检察宣传工作中，他紧紧围绕检察工作大局，正确把握舆论导向，多层次、多渠道、立体式的开展检察宣传工作。共在各级新闻媒体发表新闻稿件、图片 220 余篇（幅），其中在国家级媒体 47 篇，省级媒体 88 篇，市级媒体 26 篇，本市（县）媒体 64 篇。8 月 10 日《检察日报》刊发了乔义恩检察长的署名文章《重点推行逐案评估从源头治理涉检信访》。2011 年 10 月 12 日全国检察机关执法办案风险评估预警工作现场推进会在山东烟台召开后，他及时撰稿，并在上级院的指导下，在《检察日报》、《河南法制报》、河南电视台、平顶山电视台、中新网、大河网等媒体进行了立体式报道。10 月 31 日，《河南法制报》在头版以《汝州市人民检察院创新风险评估预警机制 群众工作理念贯穿执法办案全过程》为题进行了报道。多层次、立体式的展示我院在执法办案中，创新工作机制，把群众工作理念贯穿执法办案全过程，使一些有信访苗头的案件及时化解在萌芽状态，有效促进社会和谐的做法，扩大人民群众对检察工作的知晓度，更是有力地展示了检察机关在服务大局、促进经济社会和谐发展方面做出的成就。

在院加强培育亮点工作的同时，他注重对检察亮点工作宣传的力度，力争把亮点擦亮。2011 年 11 月，河南法制报记者对汝州市人民检察院进行蹲点采访，把汝州市人民检察院开展的另案处理、绩效考核、案件规范管理、司法救助、"两法衔接"等亮点工作进行了全面系统的挖掘报道，连续在《河南法制报》刊发稿件 20 篇，取得了较好社会效果。

繁重的日常工作，让他在双休日和晚上的加班也成了家常便饭。据不完全统计，2011 年，共加班 100 多个小时，组织形成各种活动文件材料、信息 220 余份 6 万余字，圆满完成了各项工作任务。

靳京伟：把群众疾苦挂在心头

1. 靳京伟被平顶市委、市政府评为平安建设先进工作者

一年来，在院党组及上级业务部门的正确领导下，他带领侦查监督科全体干警，以构建和谐社会为基点，全面领会社会主义法治理念的精神，坚持贯彻宽严相济的刑事政策，正确履行侦查监督职责。

全年共受理批准逮捕各类刑事犯罪案件共受理各种侵财型案件 131 件 180 人，其中抢劫案 31 件 42 人，抢夺案 3 件 3 人，盗窃案 56 件 76 人，诈骗案 16 件 17 人，敲诈勒索 11 件 16 人，其他 14 件 26 人，已经全部批准逮捕。侵财类案件共追捕漏犯 26 件 28 人。严厉打击了该类犯罪的嚣张气焰，为维护汝州的平安稳定提供了保障。在对外宣传方面，2010 年在国家级媒体上发表文章 6 篇，在省级媒体上发表文章 12 篇，市级以下媒体共发表文章 6 篇。

一是制作不捕、追漏案件跟踪监督卡，由专人负责，督促公安机关侦查取证，实行全程跟踪监督，建立全程跟踪机制，形成了公安，检察机关惩治犯罪的强大合力。今年以来，共追加逮捕漏犯 48 件 51 人，目前已有 38 人作出有罪判决，其中 10 人被判处 3 年以上有期徒刑。

二是加强刑事立案监督，依法纠正有案不立、有罪不究或者以罚代刑等问题。注重刑事立案监督效果和质量。2010 年，共受理立案监督案件

40 件 46 人，与上年同期相比上升 35 %，其中向公安机关发出《要求说明不立案理由通知书》42 件，公安机关在法定时限内说明理由 35 件，公安机关全部予以立案，立案后，经审查全部批准逮捕，目前法院已作有罪判决 22 件 25 人，其中 5 人被判处 3 年以上有期徒刑；纠正公安机关不应当立案而立案侦查案件 37 件 43 人。

三是在工作中严格办案程序，恪守办案纪律，严把案件质量关，所办案件准确率为 100%。加强与公安机关的纵向联系，提高报捕、批捕案件的质量，降低案件的不捕率。加强与公诉部门和人民法院沟通联系，保证案件质量。在审查逮捕案件时，心里始终装着国家赔偿法，以"杜绝国家赔偿"为办案的终极目标，从而维护公民的合法权利。从严要求案件质量，争取把每一件案子办成铁案，全年来没有一案引起国家赔偿。

把群众的疾苦挂在心头，正确处理上访事件。全年侦查监督科无涉检信访案件。所办案件无一错案，无一赴省进京上访。以自己的辛勤工作为构建平安汝州、富裕汝州、文明汝州作出了积极的贡献。

2. 靳京伟被平顶山市委政法委和综治委表彰为 "打击两抢一盗"犯罪专项斗争先进个人

全年共受理批准逮捕各类刑事犯罪案件 331 件 445 人。经审查涉嫌犯罪批准逮捕 312 件 419 人，分别占受案数的 94.3% 和 94.2%；不构成犯罪不批准逮捕 2 件 3 人；构成犯罪无逮捕必要不予批准逮捕 10 件 12 人；事实不清、证据不足不予批准逮捕的 5 件 7 人。

受理本院自侦部门移送逮捕的职务犯罪案件 10 件 16 人，均已决定逮捕。通过批准（决定）逮捕及不批准逮捕，为侦查机关查明案件赢得了时间；为打击犯罪提供了有效的法律保证；为维护人权行使了检察职能。在所受理的刑事犯罪案件中，"两抢一盗"犯罪案件 101 件 150 人，占受案数 30.5% 和 33.7%。经审查批准逮捕 100 件 149 人，分别占受理两抢一盗"犯罪案件数的 99% 和 99.3%。严厉打击了该类犯罪的嚣张气焰，为维护汝州的平安稳定提供了保障。

在对外宣传方面，2009 年在国家级媒体上发表文章 6 篇，在省级媒体上发表文章 27 篇，市级以下媒体共发表文章 6 篇。其中张志强同志撰写的《强化侦查活动监督，跟踪治理存疑不捕案件》被省院转发。

依照宽严相济刑事政策的精神和要求，认真区分初犯和再犯、轻微刑事案件和严重刑事案件、过失犯和故意犯的犯罪构成及其社会危害性，为保障社会公平正义、恢复社会平衡和彰显司法正义贡献力量。在工作中严格办案程序，恪守办案纪律，严把案件质量关，所办案件准确率为100%。加强与公安机关的纵向联系，提高报捕、批捕案件的质量，降低案件的不捕率。加强与公诉部门和人民法院沟通联系，保证案件质量。在审查逮捕案件时，心里始终装着国家赔偿法，以"杜绝国家赔偿"为办案的终极目标，从而维护公民的合法权利。从严要求案件质量，争取把每一件案子办成铁案，全年来没有一案引起国家赔偿。

把群众的疾苦挂在心头，正确处理上访事件。全年侦查监督科无涉检信访案件。所办案件无一错案，无一赴省进京上访。以自己的辛勤工作为构建平安汝州、富裕汝州、文明汝州作出了积极的贡献。

李素君：敬业奉献　不讲索取

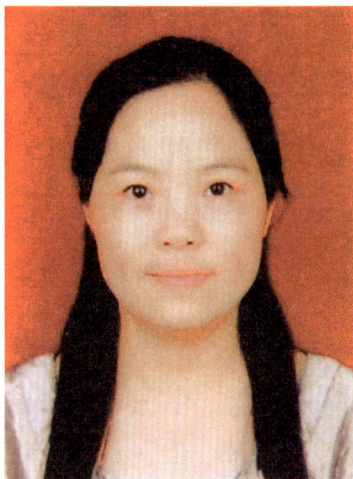

李素君，女，现年40岁，汉族，本科文化，中共党员，自1990年3月到汝州市人民检察院工作以来，先后从事办公室、审查批捕、反渎职侵权等工作，现为反渎职侵权局内勤。2010年，李素君被平顶山市检察院表彰为优秀检察干警。

从检十几年来，李素君同志干一行爱一行专一行，勤勤恳恳，任劳任怨，不懈努力，在平凡的工作岗位上默默的无私奉献着。一年来，她在搞好反渎局线索管理、统计报表、来人接待、上情下达、下情上报、卷宗整理、信息调研撰写等后勤服务工作的同时，积极参与每起案件的办理，在领导、同志们和她的共同努力下，反渎工作取得了骄人的成绩，立案数比去年增加了一倍多、大要案数填补了去年的空白、判决数比去年增加了50%。作为内勤的她在办案一线辛勤的忙碌着，付出了双倍的心血。

一、用心干好内勤服务工作，为领导参谋好、为办案服务好

内勤工作庞杂而繁重，比较费心，是大多数人不愿干的岗位，但她却毫无怨言，一干就是六个春秋，使内勤工作很好地促进了办案工作的发展。她经常说："干工作取决于人的态度，态度明确端正了，工作就能干好"，正是有了"敬业奉献、不讲索取"的人生信念，工作中，她

耐心投入，不烦不躁，严于律己，宽以待人，达到了口勤、腿勤、手勤、脑勤等内勤应具备的素养要求，为内勤工作输入朝气和活力，带动促进了办案工作。比如，在接待群众来访时，勤问、勤记，为取得有价值的线索做好准备。在统计报表时，为支持外勤人员集中精力办案，每次都是主动找办案人员询问、记录案件情况，帮助填写案卡，复印备案材料，协助补充完善法律文书，力求统计报表准确无误，备案材料及时规范。在整理卷宗时，为了保证卷宗质量，几乎每起案件的卷宗，从审查文书、补充材料、编页到打印目录卷皮再到最后核查，都一手包揽，一人干几人的活儿，都无怨无悔。并且还承担了反渎局所有的信息调研材料撰写，一年来，她写的信息宣传材料在国家级报刊发表的 2 篇，省级报刊发表的 7 篇、市级报刊发表的 2 篇，被平市院转发 3 篇；写的调研在省级报纸上发表的 1 篇、被平市院反渎局推广经验 1 篇、编入平市院疑难案例评析杂志 1 篇。同时，还很好地发挥了内勤的桥梁纽带作用，内勤工作既与主管领导、局领导接触的多，又容易和同志们打成一片，她就充分利用其身份优势，尽力协调好各方关系，使反渎局人员心往一处想，劲儿往一处使，为反渎局成为一支团结向上、勇于拼搏的队伍尽到了一份力量。

二、勇挑重担，兼顾办案

作为一名从事反渎工作多年的老兵，对反渎工作比较熟悉，加之司法考试已经通过，加深了其法律运用的功底。况且，现在办案，上级院要求现代化办公。同步录音录像、问人时打印是必须达到的标准。由于局里相当一部分人使用电脑不熟练，所以，每起案件都离不开她的参与协助，她也总是透支着体力坚持办案。遇有案件，一边处理杂务工作，一边同局里男同志一样连明彻夜苦战取证，与犯罪嫌疑人斗智斗勇，侦破了一起起渎职侵权案件，如今年初，反渎局通过摸排，获取了一条林业部门有关人员玩忽职守的线索，为了快速拿到证据，防止相关人员串供对付侦查，她和同志们一起调取书证材料、调阅前案卷宗审查，到滥伐木现场实地勘查，突审犯罪嫌疑人邵某某、李某某，最后一举侦破了汝州市农林局勘验队工作人员邵某某、李某某在对孙某某采伐林木伐前勘验、伐中监督、伐后验收时，不认真履行监督职责，致使孙某某超伐林木 32073 株，蓄积 208.6 立方米的特大玩忽职守案件，现两嫌疑人已被法院作有罪判决。

又如，今年 9 月 8 日凌晨 1 时许，平顶山市新华区新华四矿发生死亡 76 人的特大瓦斯爆炸事故。为快速查清此事，消除社会影响，国务院迅速成立事故调查组。根据上级指示精神，调查组检察组相继成立。并抽调她和另外 2 名干警参与事故调查。作为一名女同志，身负照顾老人和孩子的家庭责任，可她"舍小家顾大家"，始终以大局为重，二话不说迅速赶赴平项山参与调查新华四矿矿难事故。通过她和 2 名同志的努力，事故原因及有关责任人的责任很快查清，目前，3 名涉及此事故的相关煤矿管理人员已被我院立案侦查，现已侦查终结，起诉法院。

三、执法为民，为检清廉

职务犯罪案件不易查，阻力大、干扰多，这是众所周知的，如果没有坚强的毅力和勇气，要想办成一起案件，那只能是一句空话。多年来，李素君同志一直处在打击渎职侵权犯罪的第一线，时刻面临着腐蚀与反腐蚀的严峻考验，但她始终保持着冷静的头脑，自觉加强思想政治和党性教育学习，严格遵守检察人员办案纪律规定，恪守检察职业道德，认真履行检察职责，拒腐蚀，永不沾，秉公执法，不徇私情，依法办案。时时处处把人民满意作为工作的标准，做人民满意的检察干警，多次被院里和有关部门评为先进工作者、优秀党员。

潘军现：从大局出发　时刻保持清醒

　　2004 年度，潘军现同志在院党组和上级院领导下，坚持"严打"维护稳定的方针，着重提高侦查监督工作质量，带领全科同志圆满完成各项工作质量，追捕漏犯 57 人，立案监督案件 37 件，纠正侦查过程违法 16 件，批捕准确率，法定时限内结案率达 100%。2004 年，潘军现被平顶山检察院表彰为 2004 年度先进工作者。

　　对大案要案，一是坚持提前介入、引导取证，为案件的快审快捕奠定基础。二是特事特办。凡遇重大、疑难、社会影响大的案件，均指定专人，集中力量从快办理。三是快审快捕，及时迅速地审结案件，力争"小案不过天，大案不过三"。

　　为提高案件质量，一是坚持个人阅卷，部门负责人审核，主管领导把关的办案制度。二是坚持案件的备案制度，做到每起案件的备案手续完备，材料齐全。三是坚持案件的自查制度，发现问题，及时纠正，不发生错捕、漏捕现象。重视信息调研工作，共编发调研文章 9 篇，信息 16 篇，市级以上刊物新闻报道 30 余篇。加强队伍建设，从正面教育为主，打好思想基础，时刻保持清醒的头脑，树立大局意识，增强为经济建设服务的自觉性，全年度无一起违法违纪现象发生。

时智峰：勤勉敬业　务实进取

　　时智峰，男，33岁，汉族，中共党员，本科文化，通过河南省检察院统一招录考试，于2005年8月到汝州市人民检察院技术科工作至今。2015年，时智峰被平顶山市检察院记个人三等功。

　　时智峰同志从事检察技术工作岗位以来，始终刻苦学习，勤勉敬业，老实做人，务实工作，担负着检察信息化建设、全程同步录音录像、涉检网络舆情检测、统一业务软件运维等工作的重任，工作积极，勇于创新，深受院领导及同志们的好评。2014年，在上级院和院党组的正确领导下，按照涉密信息系统分级保护测评和网络升级改造技术规范的要求，完成了检察专线网升级改造和安全加固，使得汝州市检察院成为省国家保密局测评中心对全省基层检察院除试点基层院外首家通过现场测评的单位，且现场评测反馈得分取得 87.5 分的优异成绩。因工作认真负责， 2013 年和 2014 年连续两届被市院授予"优秀检察干警"荣誉称号。

一、爱岗敬业，勇挑分级保护工作重担

汝州市检察院涉密终端、服务器、输入输出设备、中间机等达 160 多台，涉密信息系统分级保护工作任务极其繁重。检察技术作为责任部门之一，时智峰同志勇于担任推进分级保护测评工作领导小组办公室成员，和办公室保密员骨干团队，对照测评项内容，逐个查找不足进行整改，积极向宣传电脑屏幕不能正对窗和门、内外网网线为何不能交叉、打印机为何不能设置为共享等保密知识，带头给大家传授计算机安全操作技能，赢得了大家的理解和大力支持。为不影响全院干警工作时间网上办公办案，白天忙着对照标准进行统计分析，整改容易的，晚上对网络核心安全设备进行安装调试。正是脚踏实地、爱岗敬业的示范作用，激励了全院干警自觉配合整改，使得分级保护功很短时间内就达到了 15 个"一票否决项"的最低测评要求。

二、勤于钻研，充分发挥技术保障水平

分级保护工作是一项专业性很强的工作，检察技术科必须为该项工作提供强力技术支持。时智峰同志结合三级网网络安全升级改造工程，聘请两名网络工程师临时组成三人技术团队，解决了基层院技术力量薄弱的难题。带头组织学习其他院已经通过现场测评的工作经验，结合本院网络现状，制订切实可行的分级保护设计方案和施工计划，列出详细工作任务，提出"在保证原有网络结构重要应用所占 IP 不变的前提下，重新设计满足涉密要求的网络拓扑结构"、"涉及网络中断的调整必须安排在夜间进行，并积极向上级院报告，并且保证白天上班前网络畅通"、"技术工作中心先放在中心机房设备安装调试到位，涉密终端重新分配地址必须当天完成"等工作要求，三次组织力量"跑终端"，测评前通过上级院对本院网络进

行全面远程"攻击"测试，确保各项安全策略设置到位。由于工作扎实，对网上办公办案影响极小，现场测评前，上级院保密部门领导多次来现场检查指导，对工作取出的成效十分满意。

三、勇于创新，确保涉密网络安全运行

检察技术信息工作虽然没有曲折离奇的过程，但渗透力极强。时智峰同志充分发挥自身技术优势，发扬"崇德、笃行、创新、致远"的汝检精神，严格按照《全国检察机关统一业务应用系统使用管理办法（试行）》、《河南省检察机关统一业务应用系统系统管理员工作规范（试行）》、《河南省检察机关基础网络平台管理办法》、《全省检察机关三级网建设验收技术规范》等文件要求，设立网络监控中心，负责软硬件运维工作，紧密结合分级保护测评工作相关要求，对检察专线网中所有网络设备、涉密终端等采取严格的技术防范措施，中心机房增加门禁、监控系统、红外报警、温湿度报警等安全防范技术，同时通过了网络管理员和系统管理员的技能培训，取得了上岗资格证书，按照网络管理制度开展工作，并做好日常工作记录，确保本院网络安全畅通。

时智峰同志自到检察技术工作岗位上以来，一直默默奉献，务实进取，用实际行动树立了检察技术专业人才的形象，在平凡的工作中践行着一名普通检察干警的职业道德要求。

魏亚英：知难而进　以身作则

魏亚英同志2009年2月到检察技术科工作后，努力学习，自我加压，虚心请教，团结同志，很快理清了工作思路，并大胆开展工作，为全院各项工作的开展提供了有力的技术服务与技术保障。2009年，魏亚英被平顶山市委政法委和综治委表彰为"打击两抢一盗"犯罪专项斗争先进个人。

注重做好请示汇报工作。魏亚英同志到检察技术科工作后，坚持做到履职不越位，服务不添乱，该请示的及时请示，该汇报的及时汇报。工作伊始，主动向院党组汇报工作情况，院党组对检察技术工作高度重视，在人力、财力、物力方面给予了大力支持。在主管检察长张现周同志的带领下，到市院技术处及时汇报了我院的技术工作情况，市院技术处对我院今后的技术工作指出了努力方向：围绕检察技术工作为全院中心工作服务的重点，突出检察技术的监督能力和检察技术的保障能力。按照市院及院党组的要求，魏亚英同志与科里同志一起认真学习领会市院的指示精神，对科里的以往工作进行了回顾、剖析和总结。完善制订了《汝州市人民检察院文证审查工作暂行规定》、《汝州市人民检察院全程同步录音录像工作暂行规定》，同时针对以往各业务部门需要技术协助时随叫随到，使技术部门没有充分时间准备的问题，又制订了《关于规范技术工作流程的通知》，并按《规定》《通知》要求，印制了《委托技术协助书》、《委托文证审查书》等法律文书一一送达各相关部门。规范了检察技术工作流程，使检察技术工作向规范化、制度化方面迈出了一大步，受到市院技术处及院党组的一致好评，为今后检察技术工作的开展奠定了坚实的基础。

明确工作职责，全员掌握检察技术各项技能。检察技术工作对魏亚英同志来说是一项全新的工作，为此，她知难而进，干中学，学中干，不仅自己很快掌握各种技术操作，还带领全科同志全员学习掌握。目前，网络视频调试和全程同步录音录像工作个个都掌握、人人能操作，如今年反贪部门和监所部门办理的两起多人涉嫌重大犯罪案件时，魏亚英和全科同志抛开家务，放弃休息，加班加点参与案件讯问过程的全程同步录音录像，解决了录制人员缺乏的问题，提高了应对复杂案件录制任务的能力。今年以来，她与科里同志一起共配合自侦部门全程同步录音录像 30 件 40 人，录制 145 次，刑事照相、录像 39 次，三级网视频会议调试 60 次，重要会议保障 25 次，为我院各项工作的顺利开展提供了较好的技术服务。

注重工作水平的提升和工作能力的整体提高。魏亚英同志深知，科室不论大小都是一个集体，成员之间是否团结是做好工作的前提。为此，她严格要求自己，处处以身作则，以人格的力量感染、带动同事，要求同志们做到的，她自己首先做到，该说的话或有利于团结的话多说，不该说的话或不利于团结的话坚决不说。信任换来的是信任，目前，检察技术科已形成和衷共事，努力工作的良好氛围。从事文证审查工作的同志能按照制度、规定严格把关，并主动规范了写作格式和书写内容，对每一件文证审查意见书，她都要认真审查把关。截至 11 月 25 日，为侦监部门出具文证审查意见书 121 件，建议重新鉴定 6 件，均做到了客观、公正。工作之余，全科里同志还积极撰稿，及时上报检察技术信息 8 篇，撰写理论调研文章 7 篇，被上级院转发 6 篇。其中，魏亚英同志撰写的《检察技术如何配合好职务犯罪的查案工作》被省、市检察院和我院检察学会转发。

杨斌：见义勇为擒歹徒

    1997 年 9 月 18 日晚，汝州市青年妇女宋某路过市中心的后火神庙街，被一歹徒拦住欲以强奸。宋某的呼救声并没打动过往行人和附近居民，在人来人往的案发现场，遭受了近一个小时的蹂躏。杨斌同志听说此事后，冲出屋门跨上摩托车疾驶现场，与歹徒进行搏斗。歹徒先用砖头砸杨斌的背，杨斌仍死死抓住歹徒的衣服不放，歹徒又用砖头砸杨斌的脚，歹徒趁机逃跑，杨斌忍痛扑上去，将歹徒摁倒在地，歹徒从地上爬起来，抓住了杨斌头发又咬住杨斌的胳膊，杨斌一记重拳打在歹徒的太阳穴上，将歹徒制伏。在杨斌把歹徒扭送公安局的路上，歹徒跪在地上，说给杨斌 5 万元钱，让杨斌放了他，被杨斌厉声严词拒绝。1997 年 9 月 30 日，歹徒徐遂臣被依法逮捕。为表彰杨斌同志见义勇为的精神，平顶山市人民检察院特决定为杨斌同志记个人二等功一次。

张艳丽：认真负责　积极主动

张艳丽，女，39 岁，汉族，本科文化程度，中共党员，1990 年 8 月到汝州市人民检察院工作，先后在民行科、办公室、控申科、反贪局工作。2003 年 2 月至今任反贪污贿赂局办公室主任。2011 年，张艳丽被平顶山市检察院评为 2010 年度优秀检察干警。

一、加强学习，强化自身综合素质

当好反贪局办公室主任，做好局办公室工作，关键应具备较高的综合素质，不断提高自身修养。在平时的工作中，她始终不断加强学习，重点学习了"三个代表"重要思想、科学发展观及党的有关方针政策，使自己能够保持清醒的头脑，坚定正确的政治方向。并不断加强业务学习，了解、掌握办公室工作的基本知识，掌握公文写作等知识，熟知有关贪污贿赂犯罪的专业知识，提高自己的业务水平和侦查技能。

二、积极进取，辛勤努力工作

在局办公室工作中，由于人手少，从不分分内和分外工作，有事总是抢着干。自愿牺牲节假日时间，加班加点，积极做好反贪部门的后勤工作，为办案一线的干警服好务，解决好同志们的后顾之忧。

一是协助局领导搞好协调工作。反贪部门的各项工作与上级业务部门、本院侦监、公诉以及法院的审判部门是密切联系的。因此，在平时的工作是，积极协调领导搞好各部门之间的协调联系，发现工作存在的问题及时沟通，以加快案件的诉讼进程，提高诉判率。还为领导出谋划策，当好领导的参谋助手。

二是注重信息调研工作。反贪污贿赂部门的工作主要是通过信息材料来反映的。在今年的工作中，我进一步加强了这方面的工作，注重收信材料，掌握办案工作动态，发现工作中的亮点，及时写出高质量的信息调研材料。2010年，典编写各类信息材料28篇，调研材料4篇，被《检察日报》转发调研1篇，被省级媒体转发4篇，被市院采用转发14篇。

三是进一步提高案件质量。近年来，通过省、市院对个案质量的检查，我们发现问题，及时纠正，使我们的卷宗质量有了很大提高。我还结合我局制定的《自侦案件工作流程》及省院下发的《个案质量考评细则》。进一步规范办案程序，提高案件质量，使我局所办案件全部达到了90分以上的优秀卷宗。

四是努力为领导和干警搞好服务。反贪局办公室的一切工作都是为办案服务的，在工作中，我围绕办案这个中心工作，尽最大努力为领导和干警服务好，为办案一线干警搞好后勤保障，在他们加班加点办案时，为他们送吃送喝，保证他们能吃饱、吃好、休息好，使他们全身心地投入到办案中去，努力完成上级院的立案目标任务。

三、甘于奉献，积极查处职务犯罪

在做好本职工作的同时，还积极深入反贪一线，配合其他干警搞好侦查工作，工作中以身作则，勤请教、善钻研，和大家同甘共苦，一同作战。在办理杨某某贪污案件的办理中，由于涉案金额大，她和大家一起奋战在办案一线，积极参与询问和调查取证，加班加点，不讲价钱，严守办案纪律，使案件得以顺利侦破，杨某某一审以贪污罪被判处有期徒刑10年。

从事反贪工作用8年来，她总是抱着认真负责的态度，积极、认真、主动地做好各项工作，如文书管理、案件线索管理、信息调研的编写、统计报表、卷宗质量、后勤服务等。每项工作从不在她手里超时，使每项工作都不因她的原因而影响本部门的考核成绩。

平顶山市委市政府、平顶山市检察院表彰的先进人物

Pingdingshan Shiwei Shizhengfu Pingdingshanshi Jianchayuan Biaozhang De Xianjin Renwu

张志军：常思贪欲之害 常怀律己之心

张志军，男，34 岁，汉族，本科文化，中共党员，1997 年 6 月调入汝州市人民检察院工作。1997 年 6 月—2001 年 4 月在法纪科工作，2001 年 4 月至今在侦查监督科工作。先后被汝州市市直工委评为"优秀党员"；被汝州市检察院评为"先进个人"。2011 年，张志军被平顶山市检察院评为 2010 年度优秀检察干警。

一、加强政治理论学习，用政治理论武装头脑

张志军同志能够认真学习马列主义、毛泽东思想和邓小平理论和"三个代表"、科学发展观，全面领会党的十七大对加强和改进政法工作做出的战略部署，坚持党对政法工作的绝对领导，思想、政治、行动上同党中央保持高度一致，坚决贯彻执行党的路线、方针政策，自觉服务于社会主

义和谐社会建设，忠实履行自己的职责。认真贯彻落实"公正执法、加强监督、依法办案、从严治检、服务大局"的工作方针，认真践行社会主义法治理念，模范遵守高检院的"十条禁令"。

二、内强素质、外树形象，全面提高自身素质

新的形势和挑战对侦查监督干警提出了更高的要求，为此，张志军同志一方面认真学习《胡锦涛总书记在全国政法工作会议代表和全国大法官、大检察官座谈会上的讲话》、《蔡宁同志在第十二次全省检察工作会议上的讲话》及社会主义法治理念等，从根上解决为谁执法、为谁服务的问题，牢固树立正确的世界观、人生观、价值观，牢固树立"公平正义、执法为民、服务大局"的法治理念；另一方面，进一步深入学习《刑事诉讼法》、《人民检察院诉讼规则（试行）》、《刑法》及相关的司法解释，不定期参加测试、案件讲评，全面提高自身业务素质。

侦查监督部门是检察机关的热点岗位，手中掌握着批准或决定逮捕的权力，稍有不慎，就可能犯错误。为此，他经常告诫大家，一定要公正执法，不徇私情，廉洁从检，常思贪欲之害，常怀律己之心，用好手中的权力，为人民服好务，切实解决人民群众最关心的问题。对待来访的群众，一定要耐心细致地做工作，千万不可简单粗暴。

三、强化追诉漏罪、漏犯工作，充分发挥法律监督职能

办案中，一是他坚持关口前移，在适时介入中追捕漏罪、漏犯。通过适时介入，及时、准确地发现漏罪、漏犯线索，使犯罪分子难逃法网。二是他坚持把好阅卷、提审、集体讨论"三道关"。在办案中，把追捕漏罪、漏犯作为办理每起案件的"必修课"，从阅卷开始，排查线索；提审时，逐一讯问落实；集体讨论时，承办人提出线索，院、科领导确定线索，形成了阅卷审线索、提审问线索、讨论定线索的"三道关"。经过这样的层层过滤，使漏犯无处藏身。2010年，他共追捕漏犯15件18人，均已批准逮捕。

四、正确贯彻"宽严相济"的刑事司法政策，确保逮捕质量

一是严格执行宽严相济的审查批捕制度。一方面，对于主观恶性较大的暴力性犯罪、黑恶势力犯罪以及严重影响群众生命财产安全的多发性犯罪适用严的刑事政策，从严从快逮捕，以起到震慑犯罪，警示社会的作用，达到预防犯罪和维护社会稳定的目的；另一方面，对初犯、偶犯等主观恶性、社会危害性较小的轻微刑事案件大胆使用轻缓的刑事政策，对符合规定标准、没有逮捕必要的犯罪嫌疑人坚决不捕。2010年，他共办理无逮捕必要案件4件5人，保障了当事人的合法权益，对减少涉检信访起到了很大的作用。

二是认真贯彻捕前和解和刑罚预测制度。在作出决定之前，建议公安机关对轻伤害等轻微刑事案件中的民事赔偿问题进行调解，争取当事人在捕前达成和解，使已产生的社会矛盾及早化解，促进社会和谐，避免在审查起诉、审判阶段因当事人和解而出现相对不起诉或被判处缓刑、管制、拘役等法律后果，防止给犯罪嫌疑人造成不必要的羁押以及出现逮捕质量缺陷；对犯罪嫌疑人的犯罪事实、情节、危害后果进行综合评估，对可能判处的刑罚进行预测，以准确把握逮捕的刑罚条件。全年他共处理10起捕前和解的轻伤害案件，节约了司法资源，同时维护了社会和谐。

一年来，张志军同志共办理公安机关提请批准逮捕各类刑事犯罪案件91件102人。经审查涉嫌犯罪批准逮捕87件95人，构成犯罪无逮捕必要不予批准逮捕5件7人；批捕准确率、法定时限内结案率均达100%。所办案件无一错案，无一赴省进京上访。以自己的辛勤工作为构建平安汝州、富裕汝州、文明汝州作出了积极的贡献。

张自军：秉公执法　严格办案

张自军同志自担任监所科科长职务以来，他带领全科同志团结一致，齐心协力，充分发挥监所检察职能，建立一套完整、规范，符合实际的监督制度和措施，加大对监管改造场所和刑罚执行情况的监督力度。在工作中他以身作则，敢于监督，秉公执法，严格办案，不怕得罪人，敢于充当黑脸，敢于同违法犯罪行为作斗争，在他的带领下，该科的工作取得了一定的成绩。在今年的工作中，他带领全科同志坚持以执法监督为工作重点，以预防犯罪为主，打击犯罪为辅，坚持"打防并举"的工作原则，从重从快打击牢头狱霸和重新犯罪分子，严厉查处监管干警违法犯罪案件，协助查处狱内在押案犯重新犯罪一案 6 人。今年8 月，该驻所检察室被最高人民检察院命名为"国家二级规范化"检察室。

在执法监督中，张自军同志既敢于监督又善于监督。在看守所内开设了对内接待室，设立检察官信箱，开设了检察之窗，把检察室放到阵地的最前沿，他每天坚持对监号巡视及审讯室巡视不少于 3 次，直接了解在押案犯的思想动态，做到有反映，有落实，有答复。一年来，先后向看守所及有关办案单位提出口头建议 70 余次，纠正混关混押 30 案 60 人，发出纠正违法通知书 40 份，检察建议 3 份，纠正律师不按规定会见 3 次，提审提讯人员违犯规定被纠正 8 次，看守所相关人员违犯规定被纠正 15 次，消除狱内各种事故隐患 10 起，依法纠正看守所小卖部、小火灶高价出售物品、食品 50 余次，对在押人员集体教育 12 次，个别谈话 150 余次，同时写出监所检察信息、简报、调研文字材料 18 篇，为打击犯罪，确保看守所监管秩序正常化和刑事诉讼活动的快速顺利进行作出了一定的贡献。

2005 年，张自军被平顶山市检察院授予个人三等功。

汝文
检化

第三章
汝州市委、市政府表彰的
先进人物

———

Ruzhou Shiwei Shizhengfu Biaozhang De

Xianjin Renwu

汝州市委、市政府表彰的先进人物一览表

1989 年 —— 马武臣获得汝州市委党校 1988 ～ 1989 学年学习成绩优秀奖

1990 年 —— 赵廷盘被汝州市委评为 1989 年度政法先进工作者

1992 年 —— 赵廷盘、宋振中被汝州市综治委评为 1991 年度社会治安综合治
理先进个人

赵廷盘被汝州市委评为 1991 年度先进个人

马武臣荣获汝州市 1992 年社教工作先进工作者

马武臣荣获汝州市委第三期社教活动先进工作者

刘万良在纪念汝州市解放四十五周年党史知识竞赛中荣获三
等奖

1993 年

—— 马武臣荣获汝州市 1993 年度社会治安综合治理先进工作者

1997 年

—— 汝州市人大常委会表彰樊天仕、郭中立、宋振中、张现周 4 人
为优秀检察员

2000 年

—— 雷红东被汝州市委、市政府评为 1999 年度优秀政法工作者，被
汝州市委、市政府评为 2000 年 "两打一整顿" 先进个人

2001 年

汝州市人大常委会授予宋振中、雷红东 "人民好检察官" 称号

雷红东被汝州市委评为 2000 年度政法工作先进个人，被中共汝
州市委市直机关评为优秀党员，被汝州市委宣传部、汝州市
委政法委、团市委评为首届汝州市 "杰出青年卫士"

汝州市委、市政府表彰的先进人物

Ruzhou Shiwei Shizhengfu Biaozhang De Xianjin Renwu

2002 年 ── 雷红东被汝州市委政法委评为 2001 年度政法先进个人，被汝州市委宣传部、共青团汝州市委评为第三届"汝州市十大优秀青年"

樊天仕、李根有、魏娜、黄少敏、朱江艳、张艳丽、刘书云、李素君、潘军现、王霞、黄爱梅、郑占柱、魏亚英被中共汝州市委市直机关工作委员会评为 2001 年度优秀共产党员

2003 年 ── 邵华海、郑占柱、朱江艳、黄少敏、韩建伟、郭红伟被汝州市委政法委评为 2002 年度政法先进个人

张安被汝州市委市政府表彰为老干部工作先进个人

史富铁被汝州市委市政府表彰为老干部发挥作用先进个人

王红光被汝州市委评为信访暨清理整顿"三会一部"工作先进个人

张现周、韩建伟、朱江艳、马聚法、王红光被汝州市委评为汝州市政法系统先进工作者

张清申被汝州市委市直工委表彰为优秀党务工作者

郑占柱、杨斌、张龙申、黄少敏、李秋合、陈高潮、唐剑兰、樊会志、黄爱梅、沈建平、张新成、郭中立、王明强、丁留才被汝州市委市直工委表彰为优秀党员

杨现政、李根有、李集利、毛跃帅被市直工委评为抗击"非典"工作中的优秀党员

宋振中被汝州市委宣传部评为宣传思想工作先进个人

沈涛被汝州市委宣传部评为新闻外宣工作先进个人

2004 年 ── 郭建伟、雷红东、张现周、韩建伟、马聚法、王红光、李爱莲、潘军现被市委、市政府表彰为政法工作先进个人

毛跃帅、陈德清被市委市政府表彰为驻村工作先进个人

王明文被评为汝州市扶残助残先进个人

张清申被汝州市委市直工委评为优秀党务工作者

张清申、宋振中、张艳丽、李秋合、李三科、孟现国、沈建平、
　　魏亚英、王明强、黄少敏被汝州市委市直工委表彰为优秀党员

2005 年 —— 雷红东被汝州市委、市政府评为 2004 年度政法先进工作者

韩建伟、杨斌、沈涛、王红光、张自军、靳京伟、张艳丽、马建伟、
　　王霞被汝州市委、市政府评为 2005 年度政法系统先进工作者

朱江艳被市委、市政府表彰为老干部工作先进个人

朱江艳、张艳丽被评为汝州市三八红旗手

张清申被汝州市委市直机关工委表彰为优秀党务工作者

靳京伟、杨斌、张龙申、黄少敏、李秋合、王霞、张艳娜、樊会志、
　　魏亚英、沈建平、王明强、丁留才、张军辉被汝州市委市直
　　工委表彰为优秀党员

韩建伟被汝州市妇联、宣传部评为五好文明家庭

2006 年 —— 韩建伟、杨斌、沈涛、王红光、张自军、靳京伟、张艳丽、王霞、
　　马建伟被汝州市委政法委评为政法系统先进个人

张龙申、杨斌、李秋合、黄少敏、张军辉、靳京伟、王霞、樊会志、
　　张艳娜、魏亚英、沈建平、王明强、丁留才被汝州市委市直
　　机关工委表彰为优秀党员

黄飞豹、毛跃帅被汝州市委、市政府表彰为 2006 年度社会治安
　　综合治理先进工作者

管建民被汝州市委、市政府表彰为 2006 年度依法治市先进个人

朱江艳、张安被汝州市委市、政府表彰为老干部工作先进个人

汝州市委、市政府表彰的先进人物

王红光被汝州市委评为信访工作先进工作者

李爱莲、顾武修、张安、张艳丽、王霞、魏亚英、沈建平、魏娜、
毕亚峰、李素君被汝州市委市直工委表彰为 2006 年度优秀党员

2007 年 —— 丁建军被市委、市政府表彰为信访工作先进个人

郑占柱、黄少敏、王松波、张艳丽、郭红伟、唐剑兰、马建伟、
丁留才、刘伟华、张安、丁建军被汝州市委市直工委表彰为
2007 年度优秀党员

丁建军被汝州市政府记"个人三等功"一次

王红光被汝州市委评为信访工作先进工作者

陈冬伟被汝州市委、市政府评为"综合治理先进工作者"，被
汝州市委评为"学习践行社会主义法治理念先进个人"

魏娜被评为汝州市三八红旗手

2008 年 —— 魏洪流、李爱莲、韩建伟、郭建伟、朱江艳、关文丽、黄飞豹、
魏亚英、张顺利、陈冬伟、张艳娜被市委办公室表彰为政法
系统践行社会主义法治理念先进个人

王红光被汝州市委评为信访工作先进工作者

2009 年 —— 李爱莲被汝州市委、市政府表彰为 2008 年度计划生育工作先进个人

沈建平、王武国、王霞、唐剑兰、张志强被汝州市委政法委、
综治委表彰为"打击两抢一盗犯罪专项斗争先进个人"

杨西庚、王红光被汝州市委、市政府表彰为 2008 年度群众工作
先进个人

郑占柱、黄少敏、董亚强、张艳丽、邵华海、张顺利、张自军、
张志军、毛跃帅、王顺兴被汝州市委市直工委表彰为 2008 年

度优秀党员

2010 年 — 王红光、黄超峰、张志强、唐剑兰被汝州市委、市政府表彰为
2009 年度信访工作先进个人

朱江艳被汝州市委、市政府表彰为 2009 年度计划生育工作先进
个人，被汝州市劳动局表彰为 2009 年度干部工资统计工作
先进个人，被汝州市妇联表彰为 2009 年度优秀妇女工作者，
被汝州市委、市政府评为春季计划生育工作先进个人

张志强被汝州市委、市政府表彰为 2009 年度清理整顿"三会一
部"工作先进个人

顾武修被汝州市政府表彰为 2009 年度安全生产先进个人

黄飞豹被汝州市委宣传部表彰为 2009 年度宣传工作先进个人

魏二广被汝州市委宣传部表彰为 2009 年度学习党的十七届四中
全会精神知识竞赛三等奖

王红光被汝州市委评为信访工作先进工作者

黄爱梅被汝州市妇联表彰为 2009 年度巾帼建功标兵

黄超锋被汝州市团委表彰为 2009 年度新长征突击手，被汝州市
委市政府评为"先进工作者"，被共青团汝州市委评为 2010
年度青年岗位能手

陈冬伟、黄飞豹、郭建伟、张军辉、张艳娜、黄超峰、陈晓亮、
韩建伟、郑占柱被中共汝州市委市直工委评选为优秀党员

2011 年 — 陈冬伟获得 2011 年汝州市普法依法治理先进个人

王红光被汝州市委评为信访工作先进工作者

顾武修、郭建伟、魏亚英、张顺利被汝州市委市直工委评为优
秀党务工作者

汝州市委、市政府表彰的先进人物

Ruzhou Shiwei Shizhengfu Biaozhang De Xianjin Renwu

朱江艳、黄爱梅、闵秀姣、徐建民、邵华海、王明强、王武国、
毛跃帅被汝州市委政法委评为优秀党员干警

朱江艳被汝州市妇联评为 2010 年度巾帼建功标兵，被汝州市委、
市政府评为 2010 年度依法管理人口和计划生育工作先进个人

魏洪流被汝州市委、市政府评为 2010 年度计划生育工作先进个人

韩建伟、靳京伟、王明安、黄超锋被汝州市委、市政府评为
2010 年度信访工作先进个人

黄少敏、郭建伟、张顺利、张志强被汝州市委、市政府评为
2010 年度平安建设先进工作者

李爱莲被汝州市委宣传部评为 2010 年度全市宣传思想工作先进个人

黄飞豹被汝州市委宣传部评为 2010 年度全市新闻宣传工作先进个人

王红光、陈冬伟被汝州市委、市政府评为支持工业经济发展先
进个人

魏洪流、管建民被汝州市人民政府分别荣记三等功

2013 年 ── 黄飞豹被汝州市委表彰为全市宣传思想工作先进个人

2014 年 ── 关文丽被汝州市委表彰为 2013 年度全市维护稳定工作先进个人

黄飞豹、董亚强、张译文、陈冬伟、沈涛、张艳丽、李素君、
王明强、张艳娜、唐雪霞、唐延涛、罗志强、宁晓蕾、毛跃帅、
韩建伟、李国强、钱小峰、郑占杜被汝州市委市直机关工作
委员会表彰为 2013 年优秀共产党员

管建民、顾武修、关文丽、王童谣被汝州市委、市政府表彰为
2013 年度平安建设先进工作者

马聚法、顾武修被汝州市委、市政府表彰为 2013 年度发展工业
经济先进个人

丁建军、靳京伟被汝州市委、市政府表彰为十八届四中全会和北京 APEC 会议期间信访稳定工作先进个人

郭中立被汝州市委、市政府表彰为 2013 年老干部工作先进个人

靳京伟、邓少鹏、罗志强被汝州市委、市政府表彰为 2013 年度信访工作先进个人

毛跃帅被汝州市总工会评为优秀工会工作者

顾武修被汝州市人民政府授予个人三等功

2015 年 —— 黄爱梅被被汝州市委、市政府表彰为开明担当汝州人

刘玉林被汝州市委、市政府评为 2014 年度平安建设先进工作者

黄爱梅、唐剑兰、秦华杰、钱小锋、张书伟被汝州市人大常委会评为 2014 年度办案质量检查工作先进个人

陈冬伟、胡伊雯被汝州市委办公室评为 2014 年度全市党委信息工作先进工作者

郑占柱被汝州市委、市政府评为 2014 年度全市老干部工作先进个人

郭中立被汝州市委、市政府评为老干部发挥作用先进个人

焦小杰、李亚军被汝州市委政法委表彰为 2015 上半年汝州市"十佳平安卫士"

陈冬伟被汝州市委宣传部评为践行汝州精神先进人物

张现周被汝州市城乡规划建设管理及汝东高新技术产业园区建设领导小组评为查控违法建设工作先进个人

黄飞豹、董亚强、毕亚峰、张艳丽、王童瑶、李亚军、罗志强、唐延涛、宁晓蕾、焦小杰、李冬冬、李国强、钱小峰、郑占柱被汝州市委市直机关工作委员会表彰为 2014 年优秀共产党员

汝文
检化

第四章
汝州市人民检察院表彰的
先进人物

———

Ruzhoushi Renminjianchayuan Biaozhang De

Xianjin Renwu

汝州市人民检察院表彰的先进人物一览表

1990 年 ── 赵廷盘、马武臣、徐建民被汝州市人民检察院评为 1989 年度先进工作者

1992 年 ── 雷红东、丁留才、赵廷盘被汝州市人民检察院评为 1991 年度先进工作者
赵廷盘被汝州市人民检察院机关党总支评为 1991 年度优秀党员

1994 年 ── 赵廷盘、徐建民、丁留才被评为 1993 年度汝州市检察院先进工作者

1995 年 ── 赵廷盘、徐建民被汝州市人民检察院评为 1994 年度先进工作者

1996 年 ── 徐天仓、张长江、张安、郭中立、管建民、黄正明、史富铁被汝州市人民检察院度评为 1995 年度优秀党员
樊天仕、张安、管建民、郭中立、史富铁、黄正明、张现周、王明安、赵建敏、杨新春、魏亚英、雷红东被汝州市人民检察院评为 1995 年度先进工作者
赵建敏、雷红东、焦朝京、王红光被汝州市人民检察院评为 1995 年度办案能手
张现周被汝州市人民检察院评为 1995 年度优秀公诉人
王国政、李根有、焦朝京、郭建伟、张新成、张现周、朱江艳被汝州市人民检察院表彰为 "严打" 斗争中先进个人

1997 年 ── 雷红东被汝州市人民检察院评为 1996 年度先进工作者

1998 年 ── 黄正明、管建民、张长江、郭中立、郭东山、张安、王红光、杨现政、邵华海、魏亚英、黄少敏、潘军现、马聚法、顾武修、

汝州市人民检察院表彰的先进人物

Ruzhoushi Renmin Jianchayuan Biaozhang De Xianjin Renwu

魏娜、董亚强被汝州市人民检察院评为 1998 年度先进个人

2001 年　张艳春、张艳丽、张龙申、潘军现、朱江艳、丁建军、王霞、李秋合、张新成、沈涛、刘党卫、樊会志、李集利、郭红伟被汝州市人民检察院表彰为 2000 年先进个人

2003 年　宋振中、朱江艳荣获汝州市检察院敬业奉献先进个人
张艳春、沈涛、李素君、魏亚英、董亚强、张志军、郭红伟、张艳娜、晋现国、张延涛、毛跃帅被汝州市人民检察院评为 2003 年度先进工作者

2004 年　郑占柱、沈涛、靳京伟、王霞、顾武修、董亚强、黄飞豹、张龙申、樊会志、李素君、郭红伟被汝州市人民检察院评为 2004 年度先进个人

2008 年　董亚强被汝州市检察院评为 2008 年度优秀党员

2009 年　董亚强被汝州市检察院评为 2009 年度先进工作者

2012 年　2012 年度汝州市检察院优秀公务员：黄超峰、郭俊坡、时智峰、张龙申、丁建军、陈晓亮、蒋建红，优秀事业人员：黄飞豹、李素君、唐雪霞、董亚强

2013 年　2013 年度汝州市检察院优秀公务员：陈珂珂、唐剑兰、王红光、魏亚英、郭俊坡、焦小杰、时智峰、陈冬伟、黄超锋、邓少鹏，优秀事业人员：唐雪霞、黄飞豹、张志军、徐源、董亚强

2014 年　2014 年度汝州市检察院优秀公务员：唐剑兰、王红光、郭俊坡、焦小杰、时智峰、陈冬伟、黄超峰、陈晓亮、吴迎利，优秀事业人员：唐雪霞、黄飞豹、张志军、李素君、董亚强

Wenhua Rujian

文化汝检

先进集体篇

XIANJIN JITI

河南省汝州市人民检察院 / 编

刘新义 / 主编

中国检察出版社

图书在版编目（CIP）数据

文化汝检．先进集体篇／刘新义主编．—北京：中国检察出版社，2016.11

ISBN 978 - 7 - 5102 - 1715 - 9

Ⅰ.①文… Ⅱ.①刘… Ⅲ.①检察机关 - 工作 - 汝州 - 文集 Ⅳ.①D926.32 - 53

中国版本图书馆 CIP 数据核字（2016）第 263927 号

文化汝检．先进集体篇

刘新义　主编

社　　址：北京市石景山区香山南路 111 号　（100144）

网　　址：中国检察出版社（www. zgjccbs. com）

编辑电话：(010)68682164

印　　刷：河南盛华印务有限公司

开　　本：710 mm×960 mm　16 开

印　　张：11. 25

字　　数：140 千字

版　　次：2016 年 11 月第一版　　2016 年 11 月第一次印刷

书　　号：ISBN 978 - 7 - 5102 - 1715 - 9

定　　价：62. 00 元

《文化汝检》编纂委员会

主　　编：刘新义

副 主 编：张现周　魏二广　马聚法　雷红东

　　　　　张延斌　顾武修

执行编辑：宋振中

编　　辑：陈冬伟　吴迎利　黄飞豹　陈媛媛

序言一

检察文化建设是检察工作的有机组成部分，是检察事业发展的精神支撑和力量源泉。检察文化在凝聚人心、激励斗志、规范行为、陶冶情操、营造氛围、树立形象等方面具有不可替代的重要作用。

当前，在进入全面建成小康社会的决胜阶段，在深入推进"五位一体"总体布局和"四个全面"战略布局，落实创新、协调、绿色、开放、共享发展新理念，主动适应经济发展新常态的新形势下，检察机关面临着全面深化司法体制改革和检察改革的发展机遇，肩负着全面提升检察工作能力水平，深入推进平安建设、法治建设，为全面建成小康社会，实现中华民族伟大复兴的中国梦创造良好法治环境的历史重任。检察机关只有重视和加强检察文化建设，依靠检察文化的引领和熏陶，激发广大检察干警的责任感、使命感、紧迫感，才能为检察工作科学发展凝神聚力。

近年来，汝州市检察院认真贯彻党的十八大、十八届三中、四中、五中全会精神，按照"文化育检、文化兴检、文化强检"的总体思路和部署，把提升检察人员综合素质能力，提高检察管理水平作为切入点和着力点，以凝聚精神为根基，完善机制为支撑，涵养文化为目标，致力于打造"文化汝检"，使检察文化在建设高素质队伍、规范文明司法中发挥潜移默化、润物无声的原动力作用，有效提升了队伍建设水平，促进了各项检察工作的深入开展。

　　为进一步加强检察文化建设，充分发挥检察文化的凝聚力、推动力、辐射力，汝州市检察院编印了《文化汝检》十二篇章，这对于全面提升检察干警的政治素质、业务素质和职业道德素质，促使检察干警保持高昂的工作热情和奋发进取的精神状态，保证检察工作持续健康发展具有积极地推动作用。《文化汝检》十二篇章是汝州市检察院加强检察文化建设的经验总结，是创建学习型检察院的有力载体，要珍惜和运用好这个载体，弘杨和学习好相关经验，充分发挥十二篇章在提升检察干警的思想境界、职业良知和廉洁自律意识等方面的作用。

　　检察工作的健康发展离不开高素质的检察队伍，打造一支忠诚可靠、执法为民、务实进取、公正廉洁的检察队伍离不开先进检察文化的引领和凝聚，只有把检察文化与检察工作紧密结合，才能在执法办案中真正做到"理性、平和、文明、规范"。检察文化建设任重道远。期待汝州市检察院在已有工作成绩的基础上，积极探索和创新检察文化建设的新思路、新方法，以文育检、以文兴检、以文强检，为检察事业创新发展增添多彩篇章！

张耕

2016 年 8 月

序言二

检察文化建设的核心任务是凝聚力量、提升素质、推动工作。近年来，汝州市检察院认真贯彻党的十八大和十八届三中、四中、五中、六中全会精神，按照上级院"文化育检、文化兴检、文化强检"的总体思路和部署，把提升检察人员综合素质能力，提高检察机关管理水平作为切入点和着力点，积极推进检察文化建设，为检察工作发展提供了有力的思想保证、精神动力和智力支持。

2016 年是"十三五"开局之年，也是司法体制改革全面推进之年和攻坚之年，检察机关要有新担当、新作为，检察工作更需要强有力的检察文化支撑和检察文化传播。汝州市检察院编印的《文化汝检》十二篇章，不仅符合新时代检察工作主题，而且对于全面提升检察干警的政治素质、业务素质和职业素质，促使检察干警保持奋发进取的精神状态，保证检察工作持续健康发展等方面都具有积极地推动作用。

篇章中的《规章制度管理规范篇》，体现了立规矩、守规矩的制度文化。要让制度这个"软实力"对检察人员的行为形成"硬约束"，必须突出抓好制度落实，只有制度被自觉遵守并内化于心、外践于行，制度文化建设才算真正见到成效。当前，要通过案件管理、检务督察、检务督办等手段狠抓制度落实，使制度权威得到进一步确立，使干警行为得到进一步规范，使按规矩办事成为检察机关的新常态。

《先进集体篇》《先进人物篇》《工作创新篇》《工作思路·工作报告篇》以及《镜鉴》《当代刑事错案沉思篇》等篇章，注重运用身边人、身边事去打动人、感染人，运用反面典型案例去警示教育人，运用先进人物、先进事迹去鼓舞士气，运用争先创优机制激营造比学赶帮的良好氛围，从而引导检察干警在依法履职中展现自身的优秀品质、过硬素质、人格修养，在司法办案中传递检察文化建设形成的理念、风范和形象，推动检察文化建设落地生根、开花结果。

《文化汝检》十二篇章是汝州市检察院加强检察文化建设的一个有效载体，是创建学习型检察院的一项有力措施。要运用好这个载体，落实好这项措施，通过多种方式组织全院干警学习篇章、运用篇章，切实发挥十二篇章在提升检察干警思想境界、职业良知和廉洁自律意识等方面的积极作用。

检察文化建设永远在路上。要把检察文化建设融入贯彻落实创新、协调、绿色、开放、共享五大发展理念，全面提升检察工作水平之中，融入为"十三五"时期经济社会发展提供有力司法保障的总体部署之中，一年一个抓手、一步一个脚印地推进，通过富有特色、寓教于乐的多种检察文化活动，夯实检察文化基础、打造检察文化品牌，让检察文化为检察事业持续、健康、协调发展提供源源不竭的强劲动力。

刘治章

2016 年 8 月

目　录

汝文
检化

第一章
最高人民检察院表彰奖励的
集体荣誉

—

Zuigao Renmin jianchayuan Biaozhang Jiangli De

Jiti Rongyu

最高人民检察院表彰奖励的集体荣誉一览

2001 年 — 汝州市人民检察院控申举报接待室被最高人民检察院评为全国文明接待室

2004 年 — 汝州市人民检察院驻看守所检察室被最高人民检察院评为二级规范化检察室

汝州市人民检察院控申举报接待室被最高人民检察院评为全国文明接待室

2006 年 — 汝州市人民检察院驻看守所检察室被最高人民检察院评为二级规范化检察室

2007 年 — 汝州市人民检察院控申举报接待室被最高人民检察院评为全国检察机关文明接待室

2009 年 — 汝州市人民检察院被最高人民检察院评为"检察宣传工作先进基层院"

2010 年 — 汝州市人民检察院控申举报接待室被授予全国检察机关"文明接待示范窗口"称号

汝州市人民检察院驻看守所检察室被最高人民检察院授予第三届全国检察机关"一级规范化检察室"称号

2012 年 — 汝州市人民检察院被最高人民检察院表彰为 2012 年度全国检察宣传先进单位

最高人民检察院表彰奖励的集体荣誉

Zuigao Renmin Jianchayuan Biaozhang Jiangli De Jiti Rongyu

2013 年

汝州市人民检察院被最高人民检察院表彰为"第五届全国先进基层检察院"

汝州市人民检察院被最高人民检察院表彰为"2013 年度全国检察宣传先进单位"

2014 年

汝州市人民检察院控申举报接待室被评为全国检察机关"文明接待示范窗口"

汝州市人民检察院驻看守所检察室被最高人民检察院授予第四届全国检察机关"一级规范化检察室"称号

汝州市人民检察院拍摄的廉政微电影《白发亲娘》被最高人民检察院评为特等奖

汝州市人民检察院被最高人民检察院表彰为 2014 年度全国检察宣传先进单位

2015 年

汝州市人民检察院被最高人民检察院评为 2015 年度全国检察宣传先进单位

汝州市人民检察院监所检察科被最高人民检察院评为全国检察机关减刑、假释、暂予监外执行专项检察活动先进集体

汝州市人民检察院驻看守所检察室被最高人民检察院评为第四届全国检察机关派驻监管场所规范化检察室

全国先进基层检察院

中华人民共和国最高人民检察院

二〇一三年二月

凝心聚力谋发展　规范执法铸品牌

——汝州市人民检察院争创第五届全国先进基层检察院事迹

汝州市位于河南省中西部，历史悠久，人文荟萃，是仰韶文化和裴里岗文化的发源地之一。

今天，在这片热土上正活跃着一支勇于创新、敢于担当、脚踏实地、恪尽职守的检察队伍。近年来，他们认真落实《人民检察院基层建设纲要》，以强化监督、公平执法为主题，以优化班子和队伍结构为主线，以创新管理机制和科技强检为动力，以人民满意为根本标准，大力弘扬"扛红旗、争第一"的龙马精神，坚持高起点定位，高标准推进，上下同心，锐意进取，在履行法律监督职责的道路上谱写了一曲风清气正、硕果累累、亮点纷呈的奋斗赞歌。

2010年，河南省检察机关信访风险评估预警工作现场会在该院召开，省院党组副书记、常务副检察长张国臣出席会议，对该院探索推行的信访评估预警机制予以肯定和认可，并在全省检察机关推广。2011年10月，在山东龙口召开的全国检察机关信访风险评估预警工作推进会上，该院作为全国3000多个基层院的唯一代表在大会上作了经验交流，高检院领导给予高度评价和赞扬。

2010年，该院办理了河南省首例附条件不起诉案件，省院党组副书记、副检察长贺恒扬，中国政法大学教授、博士生导师樊崇义到场观摩指导，该院附条件不起诉的经验做法得到省院的充分肯定，并在全省推广。

2011年该院被评为河南省文明单位、河南省先进基层检察院，被高检院授予"全国检察机关文明接待示范窗口"和"全国一级化规范检察室"荣誉称号。

2011年，在平顶山市院组织的全市10县区目标考核中，该院参评的反贪、反渎、公诉、侦监等14项业务有13项进入平顶山市先进行列，整体工作名列全市第一，该院再次被评为河南省先进基层检察院。

2012年12月3日，平顶山市检察机关案件管理工作推进会在该院召开，平顶山市院检察长刘新年及全市10个基层院检察长出席会议，该院检察长乔义恩在会上作了经验介绍。

2012年，在刚刚揭晓的平顶山市检察系统年终考评中，该院再次荣登榜首，基本实现了单项工作抓突破，整体工作抓推进，不甘中流争一流，全面创全优的奋斗目标。

一、抓办案，争创一流工作业绩

2010年底，该院新一届党组成立，成立之初，该院已被评定为河南省先进基层检察院。如何在高标准上定位、在新起点上运作，从更高层次、更高水平上来谋划检察工作成为该院新一届党组思考的首要议题和重中之重。院党组多次召开会议，同时组织干警开展"争创先进靠什么、保住先进抓什么"的大讨论。教育干警要以争创全国先进基层检察院为目标，坚持执法办案为中心不动摇，要多一点自加压力的勇气，多一点敢于争先的锐气，多一点勇于拼搏的豪气。为此，该院制定完善了绩效考评制度，严格按照绩效考核方案内容对全院工作进行考核，定期公布得分排名情况，激励先进，鞭策后进。2012年3月，院党组拿出18万元，对2011年度获得先进的部门和个人进行重奖，让干事创业的人有压力也有动力；进入10月份以后，政治处、办公室、案管中心采取每周"三通报"的方式对业务工作进行督促和安排，从而在全院形成了逢旗必扛、逢先必争、你追我赶、勇创一流业绩的浓厚氛围。两年内，该院共受理批准逮捕各类刑事犯罪案件659件782人，提起公诉781件1019人，追捕漏犯30件31人，监督公安机关立案25件26人，追诉漏罪29条，按照二审及审判监督程序提出抗诉7件8人；立案侦查贪污贿赂职务犯罪案件33件48人；立案侦查渎职侵权案件17件24人。2011年自侦工作提前半年完成全年工作任务，2012年，该院加强办案力量的整合和各部门之间的配合，开展办案竞赛活动，检察长靠前指挥，连续数月奋战在办案一线，全年的自侦办案工作任务在十八大召开之前即提前完成。

二、抓创新，打造工作新亮点

近年来，该院以机制创新和打造亮点为抓手，先后推出了一系列在全省乃至全国有影响的检察品牌。针对亮点工作，明确提出了"三破三坚持"的原则，要求各部门紧盯业务工作发展的前沿，围绕重点抓落实、立足本职出特色、强化优势创品牌。对一些有基础、条件好的创新机制进行重点包装推出；年初即着手对亮点工作进行规划，配套出台考核奖惩等规范性文件，并把亮点工作开展情况作为衡量部门整体工作的一项重要指标纳入目标管理，年底兑现奖惩；将个人取得的荣誉记入个人档案，作为职务职级晋升的重要依据，从而使创新工作更加科学化、管理更加规范化。

2012 年，高检院分别以《河南汝州市院建立"特约检察调解员"参与涉检信访调处机制》、《河南汝州市院四项措施，规范驻所检察室建设》、《河南汝州市院四项措施强化"另案处理"诉讼监督》、《河南汝州市院"一案三评四结合"工作制度推进案件质量监督管理全程化》、《河南汝州市院重视网络建设提升检察工作水平》为题对该院的信访、监所、公诉、案管、信息化建设工作经验进行转发、推广。《检察日报》也分别以《117 名特约检调员架起沟通桥梁》、《一份检察建议引发一场专项整治 汝州关闭 169 家"黑诊所"》、《帮跌倒的孩子站起来》、《绩效考核机制提供发展新动力》等为题，对该院的工作进行宣传报道。另外该院的刑事和解工作机制、乡镇检察室"三个三"工作法等也被省院予以肯定和推广。

三、抓队伍，打造坚强战斗堡垒

检察工作虽然千头万绪，但核心在班子，关键在队伍。该院始终坚持用上级院和各级党委的指示精神统一班子思想，增强贯彻执行的自觉性。院党组成员精诚团结，以身作则，突出表现在"六个带头"：一是坚持带头学习；二是坚持带头创新；三是坚持带头办案；四是坚持带头发扬民主；五是坚持带头廉洁自律；六是坚持带头从优待检。对干警实施人文关怀，帮助解决实际困难，每年对干警进行一次全面体检、组织一次红色之旅。2012 年 12 月，经过院党组的不懈努力，汝州市委一次性为该院解决了 17 名干警的正副科级职级待遇。努力解决干警的实际问题，为干警办实事、办好事，使该院党组的凝聚力和向心力进一步增强。在汝州市委组织部、平顶山市检察院组织的领导班子考察测评中，该院领导班子的满意率连续多年达到 100％。

针对检察官断档，业务骨干少，结构不合理等现状，该院一方面围绕"经得住，打得赢"六个字和"宁可现在听骂声，不等将来听哭声"的口号，以规范化建设为主导，以刚性管理为重点，从严治检。另一方面，该院制定并实行了"人才兴院战略"和"壮筋补钙计划"，围绕两大素质建设开展了一系列工作。首先强化业务培训，2012年针对新修订的《刑事诉讼法》，该院制定了专题学习规划，积极利用院内资源开展学习培训活动。6月12日检察长带队选派7名干警前往中国政法大学参加检察理论与实务高级研讨班。分别组织干警参加了由中国政法大学教授樊崇义、北京大学教授陈瑞华所作《刑事诉讼法》修改条文讲座。10月31日，该院组织50岁以下干警进行了《刑事诉讼法》闭卷考试，检察长亲自监考。考试结束后，根据成绩结成"一帮一"帮辅对子，让成绩好的对成绩差的进行帮教辅导，共同提高。其次深入开展主题教育活动。以学习身边典型马俊欣为抓手，教育干警切实将忠诚、为民、公正、廉洁的核心价值观内化于心，外践于行。4月份分批组织干警到红色革命圣地井冈山等地学习革命先烈感人事迹，重温入党誓词、重读红色经典，接受红色革命教育，以筑牢干警核心价值观，提升职业道德水平。目前该院有干警115人，其中本科以上学历达108人，占全体干警的96%，统招硕士研究生11人，计算机一级等级考试通过人数48人，通过司法考试的干警33人。两年来先后有98人次获得市级以上荣誉称号，全院干警连续多年无严重违法违纪问题的发生，无重大安全办案责任事故。干警的良好形象得到了市委、人大的肯定和社会各界的认可。

"乘风破浪会有时，直挂云帆济沧海。"面对新形势、新任务带来的新机遇和新挑战，汝州市人民检察院将以争创"全国先进基层检察院"为新起点，继承好传统，发扬新精神，扬鞭奋蹄，创强争先，在全面履行法律监督职能，积极服务经济社会发展的征程上再创佳绩，再铸辉煌！

做好控申检察工作　　服务社会稳定发展

——汝州市人民检察院申报"全国检察机关文明接待示范窗口"事迹材料

2007 年以来，我院控告申诉检察工作在上级院及本院党组的领导下，积极开展各项控申检察业务，取得明显成效。2001 年、2004 年、2007 年连续三届被最高人民检察院授予"全国检察机关文明接待室"荣誉称号，2007 年、2008 年连续两年被平顶山市人民检察院评为先进集体，2009 年荣立集体三等功一次，现将三年来的主要工作总结于后。

一、全力做好信访稳定工作，服务经济社会发展大局

2007-2009 年，共接待来访群众 873 人次，受理各类案件线索 111 件，属检察机关管辖的 95 件，全部办结。做到了件件有落实，事事有回音，没有发生因处理不当引发赴省进京上访。

一是加强领导，健全组织。成立院信访工作领导小组，检察长为第一责任人，各副检察长任副组长，各业务部门负责人为成员，领导小组办公

室设在控申科，负责日常工作。三年中，共办结信访案 77 件，其中，院信访工作领导小组共研究解决重大信访案件 35 件，召开会议 50 余次。

二是实施带案下访工作制度。以妥善解决农民最关心、反映最强烈的涉检信访问题为切入点，主动深入基层、深入农村、化解矛盾、维护稳定。2007 年以来，我院坚持每月到涉检信访案件多、"两访一户"集中、存在不稳定因素的乡村、集镇走访群众，配合相关部门做好矛盾纠纷的排查调解。处理解决的董某不服不批捕信访案、李某某不服职务犯罪侦查认定事实信访案、王某某控告徇私枉法上访案等 36 件农民涉法上访案件，每起案件检察长或者主管副检察长都要带领科长及案件责任人深入当事人住地多方协调，解决问题，最终使其息诉罢访。

三是坚持检察长接待日和阅批重要来信制度。三年来共安排检察长接待 157 次，检察长接待来访群众 181 余人次，批办案件 58 件，全部及时办结并上报查办结果。如批办的张某某不服我院对鲁某撤销案件决定信访案，控申科在帮助张某某解决实际问题的同时对案件事实进行了再次调查，调查后认为原撤销案件决定并无不当，遂深入与张某某交流，将案件涉及的事实与法律问题均辨析透彻，解释清楚每一个细节，并且让张本人查看了我院调取的证据，使张某某停访息诉。

四是认真做好初信初访工作。在接待中，狠抓矛盾纠纷排查化解制度的落实，坚持热情接待、文明接待，严把初访息诉关。2007 年 9 月 12 日，汝州市陵头乡农民耿老闷（70 岁）来我院接待室反映，他的孩子被本村人刘某某打死，刘某某已被批准逮捕，但他们因经济困难没钱火化孩子尸体。当得知他与老伴步行 20 公里从家讨饭到城里告状时，接访人员马上掏出自己的钱让他二人买饭和作路费，核实情况后又及时与该乡政府和民政部门联系协调，给予求助，耿老闷和老伴感动地流泪下跪，被接访人员及时扶起。三年来共受理初信初访案件 460 件，占受理总数的 52.7%，不管辖内辖外均认真予以答复，反馈率 100%。

五是认真办理"两访一户"案件。对于集体访、告急访和上访老户案件，我们坚持及时疏导，妥善处置，平息事态，力争把问题解决在基层，消除在萌芽状态。三年来妥善处置集体访9件120余人次。2008年8月24日上午一上班，我市寄料镇竹园村的李某某等17名群众就打着白帐子围在我院大门口，情绪激愤，他们反映该村村主任崔某贪污高速公路占地补偿款不向群众发放，如果这件事处理不公，他们就一直上访到北京。弄清来访意图后接待人员及时向院领导汇报，让来访人选出代表与院领导见面。院领导向他们表明了我院严格依法办事的一贯立场，并及时安排干警对群众反映的问题进行调查，仅用3天时间就查清了崔某涉嫌挪用高速公路占地补偿款达170余万元的案件事实，不仅将崔某刑事拘留，还为群众追回了130余万元的经济损失，李某某等群众对我院的工作非常满意，集体赴京上访苗头得到及时化解。

六是认真履行内部监督制约职责。注重以强化责任为抓手，推动首办责任部门认真办理信访案件。三年来控申科以信访工作领导小组办公室的名义向院纪检监察部门提出责任追究建议11条，由纪检监察部门对履行职责不力导致发生上访的部门负责人及办案责任人进行责任追究。如靳某反映被汝州市洗耳河派出所民警殴打致轻伤的案件，分流到我院反渎局查办，后因事实不清证据不足不能认定犯罪，靳某遂越级上访。控申科评查后认为，导致该案上访的主要原因是责任落实不到位，虽然补救及时，但仍属于首办环节处理不当引发的涉检上访，对照处罚条件提出了通报批评的建议。纪检监察部门核实后对责任领导、首办责任人在全院通报批评。

七是认真开展涉检信访专项活动。紧紧抓住专项活动期间领导重视程度高，党委支持力度大的有利契机，努力消化疑难信访案件，在集中开展信访突出问题专项整治等活动期间，积极争取市委政府在财力、物力方面的支持，使任某某、张某某、陈某某、冯某某等7起久访不决案通过社会救助途径快速解决。

二、加强举报线索管理，努力提高举报工作水平

2007年以来，我院认真开展举报工作，更新了专用计算机，设置了举报网站，严格了保密制度，进一步规范了举报线索的报批、分流、催办、反馈程序。

一是实行举报线索"案前、案中、案后"相结合的统一登记分流管理方法。一般线索案前管理，摸排发现的线索案中管理，特别重大保密的线索案后管理，保证举报线索由举报中心统一管理。

二是严格执行举报线索统一管理、分流、督办、反馈的工作制度。实行举报中心统一登记备案、分流、督办催办的工作方式，定期提醒业务部门和办案责任人案件办理的期限和时间进度，保证所分流的线索办理反馈到位。

三是凡分流到各业务部门的线索，属于署名举报的全部实行首办责任制。首办责任领导和办案责任人都要在线索分流单上签字，保证在规定时间内案件办理完毕并向控申部门反馈结果。

四是坚持每季度对举报线索进行清理，向各部门通报举报线索查办及回复情况，并向上级院业务部门和检察长报告。

五是做好举报线索的分流和线索初核工作。三年来，共受理举报贪污贿赂、渎职侵权案件线索95件，及时分流本院业务部门办理或自行进行初核，做到了登记、分类管理、审批程序规范，分流、反馈及时，备案严格完备。同时抓好举报初核质量，三年来，共初核案件线索70件，移送转立案68件。

六是认真做好举报宣传工作。日常工作中，定期组织干警到烟草、税务、工商、电力等19个联系点上法制课、召开座谈会向干部职工宣传法律，讲解举报知识，三年来共向干部职工上法制课13次，召开座谈会6次。在"举报宣传周"期间，组织干警深入各乡镇及企、事业单位向群众发放法制宣传材料、设置法律咨询台为群众提供法律咨询，在电视、广播、报纸上刊载宣传举报知识的文章等向群众介绍举报常识。三年来共制作宣传版面13

幅，提供法律咨询 370 余人次，发放宣传资料 8700 余份，检察长在电视上发表电视讲话 3 次，收到了良好的社会效果。

七是做好举报奖励工作，及时兑现举报奖，鼓励群众举报积极性。三年来共向 15 起已由法院作出有罪判决案件的署名举报人支付举报奖金共计 13500 元。

三、加大办案力度，提高办案质量和效率

1. 认真办理上级要结果案件。2007 年以来，我们把办理上级交办案件作为重中之重，坚持优先办理、高效办结、注重实效的原则，完成了省、市院及市委人大等领导部门交办的各类案件。共办理省、市院交办要结果案件 18 件，按期办结率 100%。如省、市院交办的王某某不服省、市、县三级检察机关刑事申诉复查决定上访案。分管副检察长多次将该案提交院信访领导小组进行研究。经研究确定了依靠上级院支持，综合运用思想疏导、教育息诉、经济救助手段，促使王某某停访息诉的工作方案。在高检院复查期间和做出维持原决定的同时，分管副检察长多次与王某某促膝长谈，一方面多次对其做思想教育疏导工作，扭转其错误认识；另一方面多次为其送去大米、面粉、食用油等生活物资，在节日期间为其送去慰问品。还多方协调为王某某解决了一家三口人的社会低保待遇，帮助王某某为其孙女办理了农村"五保"，为其协调解决了 28000 元的社会救助款，解决了王某某一家生产生活中的诸多困难，王某某非常感动，主动在息诉笔录上签字，使该起长达十余年的京访重访案成功化解。

2. 认真办理刑事申诉、刑事赔偿案件。在办理刑事申诉、刑事赔偿案件中，按照首办责任制的要求，从实体和程序上严格把关，保证案件质量，注重法律和社会效果的结合，采取公开调查会的形式，引导申诉人和办案干警面对面的交流，将问题摆在桌面上，有效的缓解了当事人的不满情绪，使三年来所办理的 26 件申诉案件和 10 起赔偿案件均收到了良好的效果。

3. 积极开展刑事被害人救助工作。在司法实践中，造成被害人伤亡的

刑事案件中被告人及其他赔偿义务人没有赔偿能力或赔偿能力不足的情况大量存在，有的刑事案件发生后难以查获犯罪嫌疑人或者证据不足无法认定责任者，致使刑事被害人或其近亲属依法要求赔偿经济损失的权利不能实现，生活陷入困境，甚至引发恶性报复事件或久诉不息，直接影响社会和谐稳定。针对该问题，我院按照高检院、省、市院的部署，积极开展刑事被害人救助工作，2007年至今，我院共为18起案件中生活困难的刑事被害人申请了刑事司法救助，累计救助额达21万余元。抚慰了被害人及其近亲属的心理创伤，防止了矛盾激化。

四、加强队伍建设，做好综合信息工作

我院把造就一支政治坚定、业务精通、作风优良、纪律严明的控申检察队伍作为应对严峻信访形势的重要举措，调整了控申科的人员编制，将原来控申科由4名干警调整充实到5名干警，且在人员的年龄结构和知识结构上均进行了优化，将一名长期在刑检部门工作的同志调入控申科担任副科长，并将新招录的一名已经通过司法考试的法学专业本科毕业生安排进控申科，将一名资深检察官安排在控申接待岗位上，显著加强了控申科的力量。三年来，通过举行控申举报业务培训班、开展业务专题讲座等方法大力推行岗位练兵，取得了显著成效。2007和2008年，控申科被平顶山市人民检察院连续评为先进集体，2009年荣立集体三等功。2007年至2009年连续被本院评为先进集体、先进党支部，控申科两名干警分别荣立个人三等功一次，多名同志受到平顶山市人民检察院及汝州市委的表彰。

控申工作是检察院联系群众的桥梁和纽带。工作中，控申科注重收集人民群众对检察机关的意见和建议，对典型信访案件进行剖析总结，认真分析群众信访反映的敏感、热点问题，善于发现本机关在执法思想、执法作风、队伍建设、制度落实方面存在的突出问题，通过对存在问题的思考和总结，探索完善了涉检信访长效机制、涉检信访奖惩机制和涉检信访风险评估机制，使本院涉检信访工作水平不断得到提高。认真开展重大信访

信息报告制度，对可能造成集体访、群体访、告急访的突发性问题，及时纳入视线，迅速启动应急预案予以稳控处理，并及时向检察长和上级院业务部门报告。

五、加强接待场所建设和信息化建设，改善服务条件，提高工作水平

为服务群众，我院加大了硬件设施建设，投资 70 余万元装修了控申接待室、候谈室，检察长接待室，开辟了案件讨论室、听证室、咨询室、情绪疏导室，在控申接待室配备了空调、沙发、饮水机、应急药品、接待桌椅等便民设施，开通了残疾人绿色通道，安装开通了视频接访系统、"12309"举报电话自动受理系统、检务公开触摸屏系统和 LED 滚动屏系统，将来访须知、文明接待公约、受案范围、投诉指南、检察人员纪律、接待用语等规定滚动播放，制作了点名接访指示牌，详细介绍了院领导和其他参与点名接访的部门负责人和控申接待人员的职务、分管工作、职责分工等情况。

依托互联网技术，我院接通了检察专线网，不仅实现了本院各部门之的互联互通，也实现了本院与上级院及其他院的互联互通，依托这一平台，我们实现了涉检信访的网上管理、传输和查询，实现了案件的网上审批办理、答复反馈以及举报线索的横向移送、督办、结果反馈和查询。在汝州市委的大力支持下，我院与信访局、公安、法院共同接通了信访专线网，建立了与上述部门的横向沟通查询系统。

我院控申工作虽然取得了一定成绩，但是仍存在一些不足，如综合信息工作还显薄弱，干警的专业化水平以及控申工作的规范化管理还有待于提高。在今后的工作中，我们要克服不足，与时俱进，不断创新，把控申工作做得更好，再上一个新台阶。

汝州市人民检察院

2010 年 10 月 12 日

附件：

以创建"全国检察机关控申举报文明接待示范窗口"为契机 深入推进社会矛盾化解 着力维护社会和谐稳定

汝州市人民检察院检察长 刘龙海

各位领导，我代表汝州市检察院党组和全院干警热烈欢迎省院检查考核组到我院检查指导工作，向检查考核组的领导和同志们表示衷心的感谢。2001年、2004年、2007年我院连续三次被评为"全国检察机关文明接待室"，按照下发的《人民检察院文明接待室评比标准》和《关于开展2007-2009年度人民检察院文明接待室评比活动有关事项的通知》要求，这次我院拟申报创建"全国检察机关控申举报文明接待示范窗口"现将2007-2009年度我院控申举报的主要工作汇报于后，敬请批评指正。

我院曾是平顶山市10个县区院中的信访大户，涉检信访问题历来突出。2007年3月新一届班子组成后就把做好涉检信访工作作为维护社会和谐稳定的重要任务，针对涉法涉检信访量大、重访越级访比例高、复杂疑难信访案件多、刑事赔偿案件不断发生的情况，坚持把化解矛盾纠纷贯穿执法办案的始终，从抓源头、清积案、建机制入手，使大多数涉检信访问题解决在当地、解决在基层，有效地防止了矛盾上移，连续三年实现涉检进京零上访、赴省个访逐年下降、赴省集体访为零的记录，由涉检上访大户变为涉检信访先进单位。三年来连续被评为汝州市信访工作先进集体、平顶山市控申检察工作先进集体，保持并发挥了"全国检察机关文明接待室"先进典型作用。其主要工作特点有以下几个方面：

一、强化涉检信访工作领导责任制，夯实处访工作基础

做好涉检信访工作的关键在领导，在处理涉检信访中我院把完善落实领导责任放在首位。

一是加强信访工作领导。建立由检察长、副检察长及其他党组成员组成的院信访工作领导小组，统一领导、协调全院信访工作。制定"一岗双责"制度，明确检察长对全院信访工作负总责，副检察长和其他党组成员对其分管部门的信访工作负责，在抓好分管业务工作的同时，抓好信访工作，对分管部门发生的信访问题承担领导责任。领导小组坚持每月例会制度，听取涉检信访排查处理情况汇报，解决重大复杂信访案件和信访工作中突出问题，督查督办上级要结果案件，分析信访形势，研究部署信访工作。

二是认真落实重大案件领导包案制度。对疑难复杂信访案件，实行院领导包案处理制度。包案领导对所包案件实行包劝返、包稳控、包落实、包处理、包息诉的"五包责任制"。

三是强化部门责任。领导小组与部门负责人签订目标责任书，明确规定工作职责范围内不发生赴省进京涉检信访案件，主办的信访案件在规定时限内案结事了息诉罢访。涉检信访工作纳入绩效考评，对发生上访案件的部门，取消评先资格或实行责任追究。

四是强化责任追究。详细列举造成赴省进京涉检上访给予处罚的22种情况，对责任领导和责任人按不同情况分别给予通报批评、书面检查、黄牌警告、免职调离、党政纪处分直至刑事责任追究。领导机制的落实，强化了逐级责任，形成了全院一盘棋的"大信访"格局。在奥运会前夕，院8名党组成员分包有赴省进京上访苗头的涉法涉检案件30件，每位领导亲自带领分管部门干警到当事人住所地见面接待，听取诉求，研究措施，

协调解决问题，息诉 25 件，稳控 5 件，无发生一起省访京访。如自 1999 年以来王某某（男、65 岁）不服省、市、县三级检察院维持不批准逮捕郑某某复查决定不断省访京访的疑难案件，检察长亲自包办，指导召开公开听证会，两次去北京认真向最高人民检察院申诉厅汇报，得到上级院的支持，保证了信访人申诉渠道畅通，同时对王某某实际生活困难实施救助，送去救济款 28000 元，送去大米、白面、食用油等物品价值 1000 余元，为他全家三口人解决了两个低保一个五保，与乡政府等有关部门配合做好王某某思想工作，直到 2009 年 5 月上旬高检院申诉厅维持原复查决定下达他没有再去省访京访一次，并对高检院决定表示同意，停访息诉。

二、推行信访风险逐案评估，强化涉检信访源头治理

为从源头上预防和减少涉检信访案件的发生，近年来，我院深化落实省院《案件信访风险评估实施办法（试行）》，将涉检信访风险评估作为执法办案的必经程序，实行"每案必评估"。结合我院执法办案情况，制定了《涉检信访风险评估预警制度》，将案件信访风险评估预警的基本原则、责任划分、运行流程、风险化解、结案反馈等工作予以规范明确。明确了责任主体、评估范围、评估程序和跟踪督办、考评管理等程序。

将信访风险评估预警纳入执法办案的必经程序以来，通过加强领导、明确制度、狠抓落实，取得了显著成效。

一是风险预警意识进一步增强。实施逐案评估后，全院干警执法办案信访风险意识得到增强，信访早预测、风险早防范、矛盾早化解的工作理念已经成为办案自觉，有效遏止了涉检信访的高发态势，实现了涉检京访、省集体访为零、市访大幅减少的目标。

二是案件质量进一步提高。案件信访风险评估成为提高办案质量的重要环节，健全了案件管理机制，进一步规范了办案流程，加强了对执法办案全过程的动态监督，及时发现和纠正了错案、瑕疵案及违法办案行为，

批捕、起诉、侦查等案件质量明显提高，无错立、错捕、错诉案件。

三是社会矛盾进一步化解。实施逐案评估，各业务部门加强了协调配合，注重了释法说理，加大了矛盾化解力度，问题解决在基层，当事人吸附在当地，越级访、重复访减少，信访案件比例明显下降。如2009年共评估审查逮捕案件351件、审查起诉案件368件、职务犯罪案件24件、民事申诉案件10件，发现和处理涉检信访隐患37件，息诉率100%。如侦查监督科在审查逮捕郑某将邻居佑某致为轻伤一案时，郑某之妻带领一家老小十几口来我院反映其丈夫是正当防卫，不应被追究刑事责任，此案有重大赴省进京集体访隐患，信访风险确定为"一级"。该科审查后认为郑某虽不能认定正当防卫，但被害人存在明显过错，且系邻里纠纷引发，符合刑事和解条件，就及时与当地派出所、村委会民调组织配合，共同做当事人工作，使被害人自愿撤诉，双方达成和解协议，对郑某不予批捕，赴省进京上访隐患得以化解。该做法得到省市院的充分肯定，今年4月21日全省检察机关涉检信访风险评估现场会在汝州召开，推广了我院的经验。

三、严把首次信访关，把涉检信访解决在首办环节

首次信访是矛盾纠纷化解在基层的关键环节，只有加大首次信访办理力度，才能减少越级上访。我院在坚持文明接访、检察长接访、首办责任制等有效制度的前提下，采取点名接访、承诺稳访、排查息访、下访巡访、联合处访的措施严把首次信访息诉关。

一是实行点名接访、预约接访制度。由来访群众点名要求检察长、部门负责人、案件承办人接访。根据来访群众要求，控申部门及时安排领导接访，保证群众诉求和意愿得到充分表达。如去年检察长点名接访84次132人，全部批转业务部门及时办结，无发生一例重访或越级上访。

二是签订双向承诺。凡涉检信访案件均与信访人签订承诺书，一般信访举报件在7日内告知受理情况，一个月内办结并反馈；反映问题较多、

情况复杂的信访举报件，一个月内告知受理情况，三个月内办结并反馈。信访人承诺在检察机关办理其反映问题期间，不重复上访或越级上访。三年来与信访人签订双向承诺书 300 余件，案件都在承诺期间办结。

三是坚持下访巡访。我院与各乡镇信访部门和村街信访代理员建立联系协调制度，坚持每月到各乡镇巡回接访，与村街信访代理员保持联系沟通，搜集涉检信访问题。2007 年以来，通过基层信访联络员共发现涉检信访问题 47 件，均予以妥善解决。

四、建立矛盾纠纷排查化解机制，解决涉检信访积案

实践证明，矛盾纠纷排查化解机制是有效解决重信重访、上访老户等涉检信访积案的重要工作制度，三年来我院不断建立完善了一些主要制度，对减少重信重访和实现涉检进京零上访发挥了重要作用。

1. 推行矛盾纠纷排查制度，做到底数清楚。一是明确排查重点，认真排查不服检察机关处理决定，或者反映检察人员违法违纪的案件，把重信重访、上访老户或有赴省进京苗头的案件作为重中之重；二是做好定期排查，全院各部门每月排查一次；三是抓好专项排查，在重大节假日、中央和省市"两会"党代会等重大政治活动时期组织专项排查；四是建立台账，对排查出的案件逐案建档，动态管理，随时掌握当事人的思想动态。在"十七大"、全国"两会"、奥运会期间我院累计排查有赴省进京上访苗头的涉法涉检案件 52 件，均做好稳控息诉工作预案，有效防止了涉检进京非访或越级访。

2. 完善重信重访专项治理制度。对涉检重信重访案件，在坚持领导包案和首办责任制的前提下，制定完善相关工作措施。一是加强与信访人的"零距离"接触。各分管副检察长、案件承办人通过多次深入信访人家中或打电话联系，以及和信访人亲属联系协同做工作等方法，引导信访人员理智地表达利益诉求。二是坚持"六快三公开"。处理涉检重

访时做到快分流、快调查、快反馈、快答复、快结案、快息诉；对待疑难涉检重访做到检务公开、办案公开、答复公开，增强办案透明度，力争一次性解决问题，不留隐患。2007年至今，我院采取这些措施成功化解息诉重信重访案27件。三是实行信访听证。对一些涉检反复上访案件组织公开听证，给当事人提供表达意见的机会，使信访人的知情权、申诉权得到充分尊重，从而得到广大群众的理解和支持，使信访问题得到公平、公正地评议，达到息诉的效果。如刘某某等5位村民不服我院撤销该村支书挪用公款案件决定的重访案，2007年8月公开听证后上访群众理解支持我院工作，息诉罢访。至今我院已公开听证反复上访疑难案件3件，均得到稳控息诉。

3. **建立联合处访制度。**我院主动把涉检信访工作融入市委政府信访工作大局中，以参加市（县）委书记、市（县）长大接访活动为契机，加强与信访、公安、法院、行政执法部门、乡镇党委政府、村民委员会、乡村信访代理员等有关单位和人员的联系配合，在市委、人大、政法委的支持下，建立了信访工作联席会议制度、信访信息通报制度和处理信访协作制度等，搭建一个联动各方、配合协作、齐抓共管处理涉法涉检信访的工作平台。工作中，我院既立足检察职能为公、法等部门排忧解难，又借用他们的力量解决涉检信访问题，实现了压力分担、优势互补、共同处理诉讼环节疑难信访问题的格局。2007年至今，我院多次与公安、法院等有关部门召开联席会议，协调解决了20余起疑难复杂信访案件。如梁某某、梁某某涉嫌诈骗案因事实不清、证据不足经两次退回公安补查并与法院协商后，仍不符合起诉审判条件，受害人妻子刘某认为我院不起诉是包庇犯罪嫌疑人而数次上访，此案经联席会议决定，由汝州市公安局包案处理，我院负责协助，通过协调受害方所在乡镇党委政府和村委会做好教育疏导工作，并为其挽回了4万余元的损失，刘某停访息诉。

4.探索刑事和解，化解矛盾纠纷。据我院统计，每年轻微刑事案件约占本院年起诉数的三分之一，而轻微刑事案件尤其以轻伤害和交通肇事案引发的涉法涉检上访案占比例最大。2007年3月，最高人民检察院发布《关于在检察工作中贯彻宽严相济刑事司法政策的若干意见》后，我院在办理轻微刑事案件中积极探索运用刑事和解化解矛盾、减少对抗、促进和谐稳定的方法。截至2009年底，在审查起诉环节共对192件轻微刑事案件进行了和解处理，通过回访没有出现当事人另行提起自诉、民事诉讼、申诉、上访或重新犯罪等情形，取得了良好的法律效果和社会效果，该做法被省院作为试点经验在全省推广。

5.实施司法救助，多策并举清积案。2007年以来，我院协调有关部门解决了18起生活困难确实需要帮扶的信访群众，使他们基本生活得到保障，偏执情绪得到缓解。2008年在汝州市委和政府的大力支持下，建立了刑事司法救助基金制度，目前我院共为9名生活困难的刑事被害人实施了司法救助，累计救助额达10万余元。如冯某某（男，63岁）控告汝州市法院审判人员对其非法拘禁、枉法裁判，经调查，冯某某反映的事实不成立，虽多次做工作但冯始终不息诉。当了解到冯某某孤寡无依生活困难，其长子被次子所杀，次子因故意杀人罪被执行死刑，经此打击，冯某某情绪偏执时，协调公、法共同救助其15000元，帮他发展生产，使他感受到司法机关的真情，自愿停访息诉。

五、深化检务公开，拓展便民利民服务平台

我院积极构建联系群众的工作平台，拓宽联系渠道，努力做到检务活动依法公开透明，方便群众行使知情权、参与权和监督权。

一是加强便民服务宣传。投资70余万元装修接待大厅、候谈室等接待场所，向社会公布来信来访工作流程，公示告知检察长和接待人员照片和接待日期。

二是加强信息化服务。设立信访门户网站，公开维权电话、电子信箱，开通了网上举报申诉、网上回馈、网上案件信息查询，接待大厅安装有电子触摸屏查询系统，公开了批捕、不捕、起诉、不起诉和申诉案件诉讼信息方便群众查询。

三是建立举报奖励和保护举报人工作制度。对举报有功人员做好举报奖励工作，及时兑现举报奖，鼓励群众举报积极性。三年来共向 15 起已由法院作出有罪判决案件的署名举报人支付举报奖金共计 13500 元。

四是加强宣传引导，树立正确舆论导向，维护正常信访秩序。在利用"举报宣传周"、"检务公开日"开展"检察工作进基层、阳光检务进万家"活动的基础上，我院成立了检察干警法律服务团，坚持每周六开展"进村入户"法制宣传，通过发放宣传手册、上法制课、法律咨询等形式，向群众广泛宣传法律知识、信访法规和检察职能，引导群众知法守法，为群众指明投诉渠道。2009 年 3 月，我院与公安、法院依法处理了 7 名农村妇女在天安门广场集体非访闹事严重扰乱社会秩序的犯罪案件后，在汝州市委政法委的主持下，共同会签了《关于规范汝州市非正常上访处置工作的公告》，在全市展开大规模的宣传，利用电视滚动播放《公告》内容，将《公告》张贴到村街和居民小区，出动宣传车到各乡镇宣传，将非正常上访的认定以及违法非访的处罚措施详细阐明，既教育群众采取理性的方法正确维权，也维护了正常的信访秩序。

六、建立长效工作机制，实现控申举报工作科学发展

为了适应深入推进社会矛盾化解的新形势，保证控申举报工作制度化、规范化，我院制定了《汝州市人民检察院涉检信访工作长效机制》，推动涉检信访工作的稳步健康发展。该机制受到了平顶山、省、最高检的高度重视和充分肯定，平顶山市院专门在汝州召开了涉检信访工作长效机制现场会，介绍推广汝州化解矛盾的做法。省院控申处将该机制上

报高检院，高检院控告厅向全国检察系统推广。2009年5月27日，高检院控告检察厅全文刊发《汝州市人民检察院涉检信访工作长效机制》的编者按中写到："河南省汝州市院结合本地实际，将一岗双责、检察长接待日、领导包案、信访风险评估、责任追究等涉检信访工作中行之有效的机制、做法进行整合，制定了《汝州市人民检察院涉检信访工作长效机制》。现予转发，供各地交流借鉴。"为保证长效机制执行有力、落实到位，我院以完善奖惩措施为切入点，狠抓各项制度落实。

一是完善党组领导下的涉检信访考评奖惩体系。院党组将解决涉检信访问题视为衡量领导班子成员及全体干警执法能力和水平的一项重要指标。建立以党组为主导的考评体系。成立由检察长任组长、副检察长及其他党组成员组成的院信访工作考评领导小组，每季度对各部门涉检信访情况进行考评通报，考评结果与部门和干警的奖励及评先评优提拔任用挂钩，明确规定对在信访工作中作出突出成绩的部门和个人给予奖励。

二是充分发挥控申部门涉检信访奖惩建议权。控申部门在处理信访事项工作中发挥着内部监督职责，并对分流到各部门办理的涉检信访案件负责催办、督办、反馈。为保障控申部门全面履行职能，院党组决定赋予控申科奖惩建议权，并及时制定了《信访案件质量考评奖惩细则》，由控申部门组织对办结的信访案件进行评查，根据评查情况向院党组提出奖励或惩处的建议。去年以来，共对42起涉检信访案件进行评查，对符合奖励条件或处罚情形的5起案件提出了建议。如靳某反映被汝州市洗耳河派出所民警殴打致轻伤的案件，分流到我院反渎局查办，后因事实不清证据不足不能认定犯罪，靳某误认为检察机关包庇公安干警遂越级上访。反渎局向其做了详尽解释，并协调有关单位补偿其5万元，靳某息诉罢访。经控申部门评查后认为：导致该案上访的主要原因是责任落实不到位，虽然补救及时，但仍属于首办环节处理不当引发的涉检上访，对照处罚条件提出了通报批评的建议。纪检监察部门核实后，院党组对责任领导、首办责任人在全院通报批评。

三是积极发挥纪检监察部门涉检信访责任追究职能。制定了《执法办案监察监督实施细则》，重点监督不服检察机关处理决定，反映检察人员违法违纪，上级批办、领导交办、人大转办的重信重访、上访老户或有赴省进京苗头的案件。通过实施执法检查和质量评查，认真分析原因，对照规定严肃追究责任，防止制度棚架。纪检监察部门每月对各业务部门办理的案件审查一次。对遗漏排查、遗漏评估重要信访问题造成上访的，或对排查、评估出的信访问题不认真落实稳控措施造成上访的，追究有关领导和人员的责任。向案件当事人、上访人及其亲属发放回访卡和意见反馈卡，重点对当事人双方对立情绪明显已办结的案件或正在办理的重大涉检上访案件进行走访，及时掌握思想动态。

四是注重发挥政治处综合考评作用。院党组把涉检信访工作纳入检察队伍、业务、信息化建设量化考核之中，放在一起部署、检查、考核。把信访事项是否解决在萌芽状态、不发生越级上访作为考核的重要依据。建立考核档案，实行周统计、月汇总、季考评制度，全面掌握干警处理信访案件的情况，为评价、任用、表彰奖励干警提供依据。2007年以来，我院共对三个部门5名办案人奖励共计17000元，对两个部门的主管领导和部门负责人给予黄牌警告、通报批评、取消评先资格的处罚。以奖惩促落实强化全员信访责任的做法得到省院的推广，在全省控申工作辉县现场会上作了发言。

我们的工作与深入推进三项重点工作、文明接待评比条件以及上级院的要求相比，还有差距。我们决心以这次检查考核为契机，与时俱进，求真务实，不断开创控申工作新局面，为维护社会和谐稳定作出新的贡献。谢谢大家。

加强管理重建设　服务社会创文明

——汝州市人民检察院 2013 年申报 " 全国检察机关文明接待示范窗口 " 事迹材料

2001 年、2004 年、2007 年我院控申举报接待室连续三次被评为"全国检察机关文明接待室"，2010 年被评为"全国检察机关文明接待示范窗口"。近三年来，我院积极发挥示范窗口的引领作用，主动创新机制，努力化解矛盾，全力维护社会和谐稳定，取得了涉检赴省进京零上访、信访总量大幅下降、办案质量和执法规范化水平明显提高的成效。开展执法办案风险评估预警工作的做法得到高检院的肯定，2011 年 10 月，我院作为全国 3000 多家基层院的唯一代表在全国检察机关执法办案风险评估预警工作推进会上做典型发言。聘请 117 名"特约检察调解员"参与涉检矛盾调处的做法均得到高检院和省、市检察院的推广。2010 至2012 年控申科连续三年被评为平顶山市检察机关先进集体，2010 年被河南省人民检察院记集体二等功一次。按照《关于开展全国检察机关文明接待室评比活动的通知》（高检政〔2013〕132 号）和《人民检察院文明接待室评比标准》（高检发控字〔2010〕5号）的要求，现将2010-2012年度我院控申举报的主要工作总结于后。

一、全力做好信访稳定工作，服务经济社会发展大局

2010-2012年，共接待来访群众1216人次，受理各类案件线索184件，属检察机关管辖的137件，全部办结。做到了件件有落实，事事有回音，没有发生因处理不当引发赴省进京上访问题。采取的主要措施是：

1. **加强领导，深入基层，工作下沉。** 一是充分发挥院信访工作领导小组职能作用。确定检察长为信访工作第一责任人，副检察长为主要责任人，各业务部门负责人和承办人为直接责任人，实行涉检信访奖惩制度。信访领导小组办公室设在控申科，负责日常工作。三年中领导小组共研究解决重大信访案件19件，召开会议23次。二是实施带案下访工作制度。2010年以来，坚持每月到涉检信访案件多、"两访一户"集中、存在不稳定因素的乡村、集镇走访群众，配合相关部门做好矛盾纠纷的排查调解。三是坚持检察长接待日和阅批重要来信制度。实行检察长到市联合接访窗口接访、点名接访以及预约接访制度，三年来检察长接待304次，检察长接访群众180人，批办案件45件，全部及时办结并上报查办结果。

2. **认真做好初信初访工作。** 在接待中，狠抓矛盾纠纷排查化解制度的落实，坚持热情接待、文明接待，严把初访息诉关。2011年6月，我院审查起诉毛某交通肇事一案时，被害人的亲属将被害人的尸体摆在毛家大门口架起灵柩，使毛家人无法居住，毛某的亲属十余人来访我院要求公诉科长接待处理。接到通知后，公诉科长迅速与来访人见面，稳定来访人情绪后，带领案件承办人先后七次给双方当事人亲属做工作，劝导双方互谅互让，最终进行了民事赔偿、移走了灵柩，事态得以平息。三年来共受理初信初访案件603件，无论辖内辖外案件均认真予以答复，反馈率100%，无引发重复访、集体访、越级访和进京访。

3. **认真办理两访一户案件。** 对于集体访、告急访和上访老户案件，

我们坚持及时疏导，妥善处置，平息事态，力争把问题解决在基层，消除在萌芽状态。三年来妥善处置集体访10件80余人次。2011年7月27日上午一上班，我市温泉镇翟庄村的李某某、翟某某等9名群众就围在我院大门口，情绪激愤，他们反映该村村主任翟某印贪污高速公路占地补偿款不向群众发放，要求我院公正处理。院领导接待后，要求反贪局迅速组织对该问题进行调查，查清了翟某某伙同温泉镇纪委书记孙某某挪用高速公路占地补偿款20余万元的事实，依法立案追究了翟某某、孙某某的刑事责任，为群众追回了经济损失，得到温泉镇干部群众的一致好评。

4.认真履行内部监督制约职责。注重以强化责任为抓手，推动首办责任部门认真办理信访案件。三年来控申科以信访工作领导小组办公室的名义向院纪检监察部门提出责任追究建议9条，由纪检监察部门对履行职责不力导致发生上访的部门负责人及办案责任人进行责任追究。如王文旗控告汝州市公安局钟楼派出所民警徇私枉法上访案，分流到我院反渎局查办，后因事实不清证据不足不能认定犯罪，王文旗不服赴省上访。控申科评查后认为，导致该案上访的主要原因是责任落实不到位，虽然补救及时，但仍属于首办环节处理不当引发的涉检上访，遂向纪检监察部门提出责任查究建议，纪检监察部门对首办责任人进行了诫免谈话。

5.认真开展涉检信访专项活动。紧紧抓住专项活动期间领导重视程度高，党委支持力度大的有利契机，努力消化疑难信访案件，在集中开展信访突出问题专项整治等活动期间，积极争取市委政府在财力、物力方面的支持，使王某某、佑某某、常某某、刘某某等多起久访不决案通过社会救助途径快速解决，因工作成效明显，2010年控申科被评为平顶山市检察机关"信访积案化解年"活动先进集体。

二、加强举报线索管理，努力提高举报工作水平

2010年以来，我院认真开展举报工作，更新了专用计算机，设置了

举报网站，严格了保密制度，进一步规范了举报线索的报批、分流、催办、反馈程序。

1. 严格执行人民检察院举报工作规定，加强举报线索统一归口管理。一是实行举报线索"案前、案中、案后"相结合的统一登记分流管理方法。一般线索案前管理，摸排发现的线索案中管理，特别重大保密的线索案后管理，保证举报线索由举报中心统一管理。二是严格执行举报线索统一管理、分流、督办、反馈的工作制度，实行举报中心统一登记备案、分流、督办催办的工作方式，定期提醒业务部门和办案责任人办理案件的期限和时间进度，保证所分流的线索办理反馈到位。三是凡分流到各业务部门的线索，属于署名举报的全部实行首办责任制，首办责任领导和办案责任人都要在线索分流单上签字，保证在规定时间内案件办理完毕并向控申部门反馈结果。四是坚持每季度对举报线索进行清理，向各部门通报举报线索查办及回复情况，并向上级院业务部门和检察长报告。五是做好举报线索的分流和线索初核工作。三年来，共受理举报贪污贿赂、渎职侵权案件线索137件，及时分流本院业务部门办理或自行进行初核，做到了登记、分类管理、审批程序规范，分流、反馈及时，备案严格完备。同时抓好举报初核质量，三年共初核案件线索34件，移送转立案29件。

2. 认真做好举报宣传工作。定期组织干警到烟草、税务、工商、电力等19个联系点上法制课、召开座谈会，向干部职工宣传法律，讲解举报知识，三年来共向干部职工上法制课13次，召开座谈会6次。在"举报宣传周"期间，组织干警深入各乡镇及企、事业单位向群众发放法制宣传材料、设置法律咨询台为群众提供法律咨询，在电视、广播、报纸上刊载宣传举报知识的文章等向群众介绍举报常识。三年来共制作宣传版面30幅，提供法律咨询104余人次，发放宣传资料3900余份，检察长在电视上发表电视讲话3次。

3. 建立举报奖励和保护举报人工作制度。对举报有功人员做好举报奖励工作，及时兑现举报奖，鼓励群众举报积极性。三年来共向 32 起已由法院作出有罪判决案件的署名举报人支付举报奖金共计 32500 元。

三、加大办案力度，提高办案质量和效率

1. 认真办理上级要结果案件。2010 年以来，我们坚持优先办理、高效办结、注重实效的原则，完成了省、市院及市委人大等领导部门交办的各类案件。共办理省、市院交办要结果案件 25 件，按期办结率 100%。如高检院交办王某某不服对郑某敏、郑某丽涉嫌故意伤害罪处理一案，我院在依法对郑某敏、郑某丽作出相对不起诉决定的基础上，积极开展矛盾化解工作。当了解到王某某夫妇均已年近 80 且体弱多病、收入有限，还要负担被害人未成年女儿生活、教育费用，生活一直比较困难后，积极为他们争取了 7 万元的刑事被害人救助金。当得知王某某患心脑血管疾病住院治疗的消息后，检察长、分管检察长主动带领干警到病榻前探望，帮助解决生活中的困难。同时，邀请"特约检察调解员"做申诉人的思想教育和情绪疏导工作，最终使申诉人息诉罢访，该案得到有效化解。

2. 认真办理刑事申诉、刑事赔偿案件。在办理刑事申诉、刑事赔偿案件中，按照首办责任制的要求，从实体和程序上严格把关，保证案件质量，注重法律和社会效果的结合。如办理的宋某某不服不起诉韩某某申诉案，我院全面复查后认为，虽然宋某某要求追究韩某某刑事责任的诉求不能成立，但因该案的附带民事判决一直未执行到位。宋某某多年来独自抚养一双儿女，日子过的非常艰辛，主动为宋某某申请了 10000 元的救助资金，使宋某某非常满意，自愿停访息诉。三年来所办理的 31 件申诉案件和 6 起赔偿案件均收到了良好的效果。

3. 积极开展刑事被害人救助工作。针对刑事被害人或其近亲属依法要求赔偿经济损失的权利不能实现，生活陷入困境，甚至引发恶性报复事件或久诉不息，直接影响社会稳定的问题，按照高检、省、市院的部署，积极开展刑事被害人救助工作，2010 年至今，我院共为 6 起案件中生活

困难的刑事被害人申请了刑事司法救助，累计救助额达 286000 元。抚慰了被害人及其近亲属的心理创伤，防止了矛盾激化。

四、加强队伍建设，做好综合信息工作

我院把造就一支政治坚定、业务精通、作风优良、纪律严明的控申检察队伍作为应对严峻信访形势的重要举措，调整了控申科的人员编制，由 4 名干警调整充实到 6 名干警，优化了年龄结构和知识结构，控申队伍得到加强。三年来，通过举行控申举报业务培训班、业务专题讲座等方法大力推行岗位练兵，取得了显著成效。2010 至 2012 年，控申科连年被评为平顶山市检察机关先进集体，并荣立集体二等功一次。2010 年至 2012 年连续被本院评为先进集体、先进党支部，控申科有二名干警荣立个人三等功，多名同志受到平顶山市人民检察院及汝州市委的表彰。

控申工作是检察院联系群众的桥梁和纽带。工作中，控申科注重收集人民群众对检察机关的意见和建议，对典型信访案件进行剖析总结，认真分析群众信访反映的敏感、热点问题，善于发现本机关在执法思想、执法作风、队伍建设、制度落实方面存在的突出问题，通过对存在问题的思考和总结，探索完善了涉检信访风险评估机制、聘请特约检察调解员参与涉检矛盾调处机制，使本院涉检信访工作水平不断得到提高，得到上级院的充分肯定。认真开展重大信访信息报告制度，对可能造成集体访、群体访、告急访的突发性问题，及时纳入视线，迅速启动应急预案予以稳控处理，并及时向检察长和上级院业务部门报告。同时，积极做好信息调研工作，共撰写调研信息材料 66 篇，其中调研 11 篇，信息 37 篇，综合分析材料 18 篇，被最高人民检察院转发 5 篇，被河南省人民检察院转发 6 篇，被国家级刊物采用 11 篇，被省级刊物采用 5 篇。

五、加强接待场所建设和信息化建设，改善服务条件，提高工作水平

三年来我院加大了控申举报业务的硬件设施建设，投资 70 余万元装修了控申接待室、候谈室、检察长接待室、案件讨论室、听证室、咨询

室、情绪疏导室，接待场所与办公区域分开。在控申接待室配备了空调、沙发、饮水机、应急药品、接待桌椅等便民设施，开通了残疾人绿色通道，开通了安检系统、监控系统、配备有防爆器材等设备。安装开通了视频接访系统、"12309"举报电话自动受理系统、检务公开触摸屏系统和LED滚动屏系统，将来访须知、文明接待公约、受案范围、投诉指南、检察人员纪律、接待用语等规定滚动播放，制作了点名接访指示牌，详细介绍了院领导和其他参与点名接访的部门负责人和控申接待人员的职务、分管工作、职责分工等情况。

依托互联网技术，我院开通了检察专线网，不仅实现了本院各部门之的互联互通，也实现了本院与上级院及其他院的互联互通。建立了控申举报工作信息办理系统，实现了台账、统计报表和涉检信访案件网上管理、传输、审批办理、答复反馈以及举报线索的横向移送、督办、结果反馈和查询。在汝州市委的大力支持下，我院与信访局、公安、法院共同接通了信访专线网，建立了与上述部门的横向沟通查询系统。信息化建设水平明显提高。

我院控申举报工作虽然取得了一定成绩，但是仍存在一些不足，如综合信息工作还显薄弱，干警的专业化水平以及控申工作的规范化管理还有待于提高。在今后的工作中，我们要努力克服不足，与时俱进，不断创新，把控申工作做得更好，再上一个新台阶。

汝州市人民检察院

2013 年 6 月 25 日

附件：

以创建"全国文明接待示范窗口"为契机
推进社会矛盾化解　维护社会和谐稳定

汝州市人民检察院检察长　刘龙海

我代表汝州市检察院党组和全院干警热烈欢迎高检院检查考核组到我院检查指导工作，向检查考核组的领导和同志们表示衷心的感谢。

一、汝州市基本情况

汝州面积 1573 平方公里，辖 20 个乡镇、街道办事处，总人口 118 万，是河南省委、省政府确定的 10 个省直管试点县（市）之一。近年来，汝州市经济社会发展提速，2012 年 GDP 达 322.4 亿元，财政收入 15.9 亿元，经济发展水平高于全国、全省、平顶山市平均水平。

汝瓷、汝石、汝帖并称"汝州三宝"，久负盛名。发源于汝州的曲剧是河南三大剧种之一，被列入全国首批非物质文化遗产保护名录。

汝州市矿产资源得天独厚，其中原煤预测储量 35.5 亿吨，素有"百里煤海"之称，"万古神汤"温泉，水温 63℃，富含 54 种对人体有益的微量元素，"十帝三后"及苏东坡、欧阳修等文人雅士争相来此沐浴浏览。

境内有国家级重点文物保护单位千年古刹风穴寺、张公巷瓷窑遗址、法行寺塔、汝州学宫等名胜古迹和道教圣地崆峒山、南国风光紫云山、中原一绝全长 2000 多米大怪坡群等风景名胜。

汝州工业经济快速发展，初步形成能源化工、装备制造、食品加工、冶金、建材五大优势产业，成为河南省最大的水泥、玉米淀粉、饼干生产基地，河南省重要的煤炭、电力生产基地，全国重要的高速铁路无渣轨枕生产基地，世界领先的重载高速机车合金钢铸件和火车轮铸件生产基地。

二、汝州市检察院基本情况

汝州市院占地面积 10 亩，建筑面积 3694 平米，人均面积 42 平米，1997 年投入使用，2008 年对办公大楼进行了一次大的修缮。

目前，我院现有干警 120 人，其中科级干部 30 人，占总人数的 25%。具有检察员等法律职务的 65 人，占 57%；大学本科以上 107 人，占 93.6%。内设科室 18 个，有 7 个为副科级规格，其他均为股级规格。班子成员 8 名，有检察长 1 人，副检察长 4 人，反贪局长 1 人、政治处主任 1 人、工会主席 1 人。近三年考评中连续获得平顶山市先进基层检察院，连续两年获得全省先进基层检察院，今年初获得全国先进基层检察院。

三、近年来控申工作情况

2001 年、2004 年、2007 年我院控申举报接待室连续三届被评为"全国文明接待室"，2010 年被评为"全国文明接待示范窗口"。按照《关于开展全国检察机关文明接待室评比活动的通知》和《人民检察院文明接待室评比标准》的要求，现将我院 2010~2012 年度控申举报工作的主要情况，向领导们做一简要汇报，不当之处请领导们批评指正。

近三年来，我院积极发挥示范窗口的引领作用，主动创新机制，努力化解矛盾，全力维护社会和谐稳定，信访总量大幅下降、办案质量和执法规范化水平明显提高，实现了涉检赴省进京零上访的目标。开展执法办案风险评估预警工作的做法得到高检院的肯定，2011 年 10 月，我院作为全国 3000 多家基层院的唯一代表在全国检察机关执法办案风险评估预警工作推进会上做典型发言。聘请 117 名"特约检察调解员"参与涉检矛盾调处的做法得到高检院和省、市检察院的推广。2010 至 2012 年控申科连续三年被评为平顶山市检察机关先进集体，2010 年被河南省人民检察院记集体二等功一次。

最高人民检察院表彰奖励的集体荣誉

Zuigao Renmin Jianchayuan Biaozhang Jiangli De Jiti Rongyu

（一）全力做好信访稳定工作，服务经济社会发展大局

2010~2012 年，我院共接待来访群众 723 人次，受理各类案件线索 184 件，属检察机关管辖的 137 件，全部办结。做到了件件有落实，事事有回音，没有发生因处理不当引发赴省进京上访问题。采取的主要措施是：

1.加强领导，深入基层，工作下沉。一是充分发挥院信访工作领导小组职能作用。三年中领导小组共研究解决重大信访案件 19 件，召开会议 23 次。二是实施带案下访工作制度。坚持定期到涉检信访案件多、"两访一户"集中、存在不稳定因素的乡村、集镇走访群众，配合相关部门做好矛盾纠纷的排查调解。三是坚持实行检察长到市联合接访窗口接访、点名接访以及预约接访制度。三年来检察长接待 304 次，接访群众 180 人，批办案件 45 件，全部及时办结并上报查办结果。

2.认真做好初信初访工作。在接待中，狠抓矛盾纠纷排查化解制度的落实，坚持热情接待、文明接待，严把初访息诉关。三年来共受理初信初访案件 603 件，无论辖内辖外案件均认真予以答复，反馈率 100%，无引发重复访、集体访、越级访和进京访。

3.认真办理"两访一户"案件。对于集体访、告急访和上访老户案件，我们坚持及时疏导，妥善处置，平息事态，力争把问题解决在基层，消除在萌芽状态。三年来妥善处置集体访 10 件 80 余人次。

4.认真履行内部监督制约职责。注重以强化责任为抓手，推动首办责任部门认真办理信访案件。三年来控申科以信访工作领导小组办公室的名义向院纪检监察部门提出责任追究建议 9 条，由纪检监察部门对履行职责不力导致发生上访的部门负责人及办案责任人进行责任追究。

5.认真开展涉检信访专项活动。紧紧抓住专项活动期间领导重视程度高，党委支持力度大的有利契机，努力消化疑难信访案件，使王文旗、刘同堂等多起久访不决案通过社会救助途径快速解决，因工作成效明显，

2010年控申科被评为平顶山市检察机关"信访积案化解年"活动先进集体。

（二）加强举报线索管理，努力提高举报工作水平

2010年以来，我院认真开展举报工作，更新了专用计算机，设置了举报网站，严格了保密制度，进一步规范了举报线索的报批、分流、催办、反馈程序。

1. 严格执行人民检察院举报工作规定，加强举报线索统一归口管理。一是实行举报线索"案前、案中、案后"相结合的统一登记分流管理方法，保证举报线索由举报中心统一管理。二是严格执行举报线索统一管理、分流、督办、反馈的工作制度，保证所分流的线索办理反馈到位。三是凡属于署名举报的线索全部实行首办责任制，保证在规定时间内案件办理完毕并向控申部门反馈结果。四是坚持每季度对举报线索进行清理，向各部门通报举报线索查办及回复情况，并向上级院业务部门和检察长报告。五是做好举报线索的分流和线索初核工作。三年来，共受理举报贪污贿赂、渎职侵权案件线索137件，及时分流本院业务部门办理或自行进行初核，三年共初核案件线索34件，移送转立案29件。

2. 认真做好举报宣传工作。定期组织干警到烟草、税务、工商、电力等19个联系点上法制课、召开座谈会，向干部职工宣传法律，讲解举报知识，三年来共向干部职工上法制课13次，召开座谈会6次。在"举报宣传周"期间，组织干警深入各乡镇及企、事业单位向群众发放法制宣传材料、设置法律咨询台为群众提供法律咨询，在电视、广播、报纸上刊载宣传举报知识的文章等向群众介绍举报常识。三年来共制作宣传版面30幅，提供法律咨询104余人次，发放宣传资料3900余份，检察长在电视上发表电视讲话3次。

3. 建立举报奖励和保护举报人工作制度。对举报有功人员做好举报奖励工作，及时兑现举报奖，鼓励群众举报积极性。三年来共向32起已由法院作出有罪判决案件的署名举报人支付举报奖金共计32500元。

（三）加大办案力度，提高办案质量和效率

1.认真办理上级要结果案件。2010年以来，我们坚持优先办理、高效办结、注重实效的原则，完成了省、市院及市委人大等领导部门交办的各类案件。共办理省、市院交办要结果案件25件，按期办结率100%。

2.认真办理刑事申诉、刑事赔偿案件。在办理刑事申诉、刑事赔偿案件中，按照首办责任制的要求，从实体和程序上严格把关，保证案件质量，注重法律和社会效果的结合。三年来所办理的31件申诉案件和6起赔偿案件均收到了良好的效果。

3.积极开展刑事被害人救助工作。按照高检、省、市院的部署，积极开展刑事被害人救助工作，2010年至今，我院共为6起案件中生活困难的刑事被害人申请了刑事司法救助，累计救助额达286000元。抚慰了被害人及其近亲属的心理创伤，防止了矛盾激化。

（四）加强队伍建设，做好综合信息工作

我院把造就一支政治坚定、业务精通、作风优良、纪律严明的控申检察队伍作为应对严峻信访形势的重要举措，调整了控申科的人员编制，由4名干警调整充实到6名干警，优化了年龄结构和知识结构，控申队伍得到加强。三年来，通过举行控申举报业务培训班、业务专题讲座等方法大力推行岗位练兵，取得了显著成效。2010至2012年，控申科连年被评为平顶山市检察机关先进集体，并荣立集体二等功一次。2010年至2012年连续被本院评为先进集体、先进党支部，控申科有二名干警荣立个人三等功，多名同志受到平顶山市人民检察院及汝州市委的表彰。

控申工作是检察院联系群众的桥梁和纽带。工作中，控申科注重收集人民群众对检察机关的意见和建议，对典型信访案件进行剖析总结，认真分析群众信访反映的敏感、热点问题，探索完善了涉检信访风险评估机制、聘请特约检察调解员参与涉检矛盾调处机制，使本院涉检信访工作水平不断得到提高，得到上级院的充分肯定。认真开展重大信访信息报告制度，对可能造成集体访、群体访、告急访的突发性问题，及时纳入视线，迅速启动应急预案予以稳控处理，并及时向检察长和上级院业务部门报告。同时，积极做好信息调研工作，共撰写调研信息材料92篇，其中调研26篇，信息66篇，被最高人民检察院转发5篇，被河南省人民检察院转发5篇，被国家级刊物采用12篇，被省级刊物采用13篇。

（五）加强接待场所建设和信息化建设，改善服务条件，提高工作水平

三年来我院加大了控申举报业务的硬件设施建设，投资70余万元装修了控申接待室、候谈室、检察长接待室、案件讨论室、听证室、咨询室、情绪疏导室，接待场所与办公区域分开。在控申接待室配备了空调、沙发、饮水机、应急药品、接待桌椅等便民设施，开通了残疾人绿色通道，开通了安检系统、监控系统、配备有防爆器材等设备。安装开通了视频接访系统、"12309"举报电话自动受理系统、检务公开触摸屏系统和LED滚动屏系统，将来访须知、文明接待公约、受案范围、投诉指南、检察人员纪律、接待用语等规定滚动播放，制作了点名接访指示牌，详细介绍了院领导和其他参与点名接访的部门负责人和控申接待人员的职务、分管工作、职责分工等情况。

依托互联网技术，我院开通了检察专线网，不仅实现了本院各部门之的互联互通，也实现了本院与上级院及其他院的互联互通。建立了控申举报工作信息办理系统，实现了台账、统计报表和涉检信访案件网上管理、传输、审批办理、答复反馈以及举报线索的横向移送、督办、结果反馈和查询，信息化建设水平明显提高。

我院控申举报工作虽然取得了一定成绩，但是与文明接待室评比条件以及上级院的要求相比，还有差距。我们决心以这次检查考核为契机，与时俱进，求真务实，不断开创控申工作新局面，为维护社会和谐稳定做出新的贡献。

谢谢大家。

健全制度严管理 突出重点强监管

——2011年申报第三届一级规范化检察室主要工作实绩材料

2008年以来，为进一步加强驻所检察室规范化建设，我院认真贯彻落实最高人民检察院《关于加强和改进监所检察工作的决定》和监所检察"四个办法"，以创建规范化检察室为载体，以强化刑罚执行和监管活动监督为重点，以查办职务犯罪案件为着力点，夯实工作基础，创新监督机制，加大办案力度，延伸工作触角，加强队伍建设。使驻所检察室工作条件明显改善、信息化程度明显提高、执法监督水平明显提升，2008-2010年监

所检察科连续被评为平顶山市检察机关先进集体，荣立集体三等功。现将创建二级规范化检察室的主要工作实绩汇报于后：

一、强化保障措施，夯实创建基础

近年来，我院党组针对当前监所检察工作面临的新形势、新任务和新要求，自2008年起就把建设规范化检察室，进一步提高驻所法律监督水平列入重要工作日程。

一是加强组织领导。成立了由检察长为组长，分管检察长为副组长，办公室主任、监所科长、驻所检察室主任等有关部门负责人为成员的创建领导小组，具体领导和实施规范化检察室的创建工作。

二是加强硬件建设，改善办公条件。检察长、分管检察长把抓落实和协调解决规范化建设中的难点问题，作为检查指导驻所检察工作的主要内容，从办公设施、经费保障、人员配备、制度建设等方面，为创建工作提供全方位的指导和给予大力支持。通过与公安机关协调，驻所检察室办公用房由原来的两间增加为10间，办公用房面积由30平米增加到200平米，设置有微机监控室、提讯室、谈话室、会议室、档案室、主任室、休息室等。市政府拨付专项经费对办公用房进行了规范化设计和修缮，配备了电话、计算机、摄像机、数码照相机、传真机、打印机、文件柜、桌椅沙发等办公用具及器材装备和专用车辆。实现微机联网、动态监督，安装了独立监控系统，与看守所联网监控和独立监控并用，监控录像可存储15天以上，应用监所检察业务信息管理软件，实现信息数据自动检索分析，自动生成检察日志、有关台账、表格等。

三是加强队伍建设。院党组注重把政治素质好、业务能力强、工作经验丰富的干警选调到驻所检察岗位上，监所检察科长兼任检察室主任，检察室配备5名干警平均年龄43岁左右，其中4人具有法律本科学历和检察员职称，3人获得国家计算机等级证书。从根本上改变了以往监所检察工作不被看重，驻所检察装备落后、人员年龄偏大精神状态不佳的问题，激发了监所检察干警开拓创新、勇争一流的工作热情和昂扬斗志，为创建规范化检察室夯实了基础。

二、健全工作制度，提升规范化管理水平

按照《人民检察院看守所检察办法》的要求，检察室立足实际，注重实效，完善落实各项工作制度，力求把工作做严、做细、做实，全面提升规范化管理水平。

一是健全岗位目标管理责任制。进一步完善了驻所检察室主任、检察员、内勤岗位目标责任制，将驻所检察工作任务量化、责任细化，实行周报告、月检查、半年小结、年终考核。驻所检察人员每月驻所检察时间不得少于25天，每周两次深入在押人员劳动、生活、学习"三大现场"进行检察，双休日、法定节假日保证驻所人员轮流值班，检察日志中天天有考勤记录。

二是落实驻所检察计算机录入和备案管理制度。坚持每天对看守所的收押、出所、提讯、交付执行及律师会见在押人员等执法活动检察情况和发现纠正违法情况全部录入计算机管理，并把检察日志、出所在押人员的台账打印成册，整理归档，使计算机储存信息资料和备案的文字资料一致。目前规范整理各种工作档案400余册，做到管理工作规范有序、全面细致、不出纰漏。

三是健全检察官接待日制度、法制教育制度、检务公开等制度。在看守所设立驻所检察接待室，每月的15日为"亲属会见日"，由驻所检察官接待在押人员的亲属，并及时提供法律咨询，解答有关疑难问题。坚持每月给在押人员上法制教育课1次。在看守所的接待室、会见室、监室等地方设置检务公开栏，公示驻所检察职责、告示提审等规定，以及在押人员应享有的权利义务等，在监区内外设置检察信箱，收集在押人员和社会各界对驻所检察工作的意见和建议。三年来，共接待在押人员亲属250余人次，给在押人员上法制教育课36次，为在押人员提供法律咨询2000余

人次，深挖犯罪线索 36 起，提高了在押人员的法律意识。同时健全工作联系制度，坚持每周与看守所召开一次联席会议，对工作中存在的问题提出整改建议，并且虚心听取看守所对驻所检察工作的意见，有针对性的改进工作，驻所检察监督质量和效率明显提升。2010 年 7 月 15 日，平顶山市检察机关创建一级规范化检察室现场会在汝州召开，推广了该院驻所检察室的创建经验。

三、突出监督重点，增强监督实效

　　驻所检察工作规范化的核心是监督工作的规范化。检察室紧紧抓住刑罚执行和监管活动监督这一重点，严格执法、规范监督，促进看守所文明管理，保证刑事诉讼顺利进行，维护监管场安全与稳定、保护在押人员合法权益。

　　1. 突出抓好日常检察监督，维护监管安全。近三年来，汝州市看守所年均羁押 4500 人，日均羁押量 380 人左右，针对在押人员多、监督任务重，驻所检察人员把维护监管秩序安全稳定放在首位，突出抓好日常检察监督。认真执行"每日一检查，每周一巡查，每月一大查，重大节假日、重大活动全面查"的安全防范制度。做到"五个坚持"，即坚持每天通过独立监控系统对看守所的监区情况、提讯情况等进行全方位监督，及时掌握和消除一些安全隐患的苗头性问题；坚持每天深入监区，与在押人员沟通谈话，掌握第一手情况，主动发现和解决问题，防范和打击"牢头狱霸"；坚持对新入所人员在 24 小时内谈话教育，掌握其思想动向，稳定其思想情绪，防止意外事件发生；坚持每天对在押人员的基本情况、羁押原因、采取的强制措施，案件所在的诉讼环节及相应的法律文书逐一登记、输入台账，做到对在押人员情况了如指掌；坚持每天检查、核对入所、出所情况、同案犯分管分押情况、律师及其他人员会见情况、在押人员入所随身携带物品及其家属所送物品等情况，严格防范通风报信、传递信件等跑风漏气现象和违法收押、出所现象发生。三年来，对看守所安全防范检察监督 1350 次，日均检查 1.23 次，消除事故隐患 288 起，提出书面检察建议 34 件，依法纠正混关混押 56 人次，纠正违法提讯 28 人次，杜绝了安全事故的发生。

2. 依法保障被监管人的合法权益，稳定监管秩序。三年来，驻所检察室加强对在押人员健康状况、伙食供应、卫生医疗条件、日用商品价格、劳动安全设施和劳动强度等狱政管理活动的检察监督。一是三年来开展伙食供应、日用商品价格专项检查 39 次。针对看守所销售物品价高现象，要求看守所从新制定低于市场价的生活用品及小灶价格清单，并将价格清单张贴在每个监室，保护在押人员消费权益。二是监督看守所对在押人员定期体检。将患有心脏病、高血压、脑梗塞等疾患的在押人员列为重点管理对象，制定出救治措施，排除潜在的不安全因素，保障监所安全。2008 年 4 月，健康检查发现在押人员李某某是艾滋病毒携带者后，立即要求看守协调有关部门对其及时治疗，每天对监区内外进行消毒，做好其他在押人员不受传染的防范工作，同时建议法院启动简易程序尽快审理李某某案件，判决生效后，驻所检察人员又积极协同法院、看守所、疾病控制预防中心、居住地派出所等单位，在李某某缓刑考验期间对其及时救治、注意李某某的去向，确保李某某和其他人的身体健康。三是依法为在押人员追退违法暂扣款物。三年来，共为在押人员向办案单位追退非法暂扣款物 77 件，其中现金 85000 余元、物品 50 余件。2008 年 10 月在押人员康某某因非法拘禁被汝州市公安局煤山派出所抓获时，办案人员将其身上随身所带的现金 21000 余元及手机等物品非法扣押，没出任何手续，多次追要，一直未退，请求驻所检察室帮助。驻所检察人员立即展开调查，查证康某某反映的问题属实，煤山派出所扣押康某某的款物均与案件无关，属非法扣押，责成其如数退回，2008 年 11 月 3 日煤山派出所将所扣款物全部退还给康某某。

3. 加大刑罚执行检察监督力度。加大刑罚执行监督力度是驻所检察干警开展的又一重点工作。在执法监督中，不仅注重对人民法院判处死刑缓期执行、无期徒刑、有期徒刑罪犯的执行通知书、判决书、裁定书和罪犯送交监狱执行的审核监督，而且注重抓好对减刑、假释、保外就医、暂予监外执行的重要执法环节和部位的监督。通过与在押人员谈话、上墙公示减刑罪犯名单、监督疾病检查、审核报批材料、列席看守所会议、建立台账的方法，加强全程监督，以保证留所服刑、减刑等制度的正确实施。三年来，审查法院裁判文书850余件，纠正刑期错误40人次，审查看守所提请减刑报告和法院减刑裁定92人次，纠正不当减刑47人。如2008年5月，建议汝州市看守所对拟定减刑的17名罪犯实行公开测评。测评会上，将17名拟定减刑罪犯平时的表现积分排名后评议，根据排名和表现情况拟定减刑时间，将减刑情况向留所服刑人员公开公布后反映良好，不仅增强了执法透明度，避免了"暗箱操作"，还增强了服刑人员积极改造意识。

4.强化羁押期限监督，严防超期羁押。三年来，驻所检察室把纠防超期羁押案件作为驻所监督的重中之重，坚持"以防为主、纠防并举"原则，对每个案件的诉讼过程实行"倒计时"监督。将羁押期限届满7天设为"警戒日"，实行《犯罪嫌疑人羁押到期提示函》制度，提醒办案单位和人员。在案件即将到期的前3天将提示函送达办案人员，督促其在法定期限办结案件。对已经超期的，经主管检察长签发后发出《纠正违法通知书》，要求其限期纠正并反馈结果。2008年以来共向办案单位发出纠正违法通知书125份，纠正超期125人。

四、加大办案力度，严查职务犯罪

驻所检察室把依法查办发生在刑罚执行和监管活动中的职务犯罪案件，作为保证监督力度和效果的有效手段，坚持"抓办案、促监督、求发展"的指导思想，突出办案重点，在查办大案上下功夫。三年来向本院自侦部门转办职务犯罪线索13件，监所检察科立案侦查职务犯罪案件5件5人，其中大案2件2人，司法及看守监管人员4件4人，起诉后法院均作有罪判决。办理的汝州市法院刑事审判庭庭长樊某某挪用公款（罚金）52.6万元犯罪案件，被评为全省刑事审判法律监督专项检查活动"十佳案件"；查办的汝州市看守所监管人员赵某某、段某某帮助犯罪分子逃避处罚犯罪案件、公安办案人员王某某丢失物证造成犯罪嫌疑人严重超期羁押玩忽职守犯罪案件，均在汝州市政法队伍中引起较大反响。

在办案中，一是注重从刑罚执行和监管活动中职务犯罪易发多发的环节和渠道中发掘案件线索；注重与公诉、侦监、控申等部门加强联系，收集诉讼活动中的职务犯罪线索；注重调动监所检察干警的主观能动性，多方面多渠道收集发现线索。如王某某玩忽职守案是在纠正超期羁押中发现的，赵某某、段某某帮助犯罪分子逃避处罚案是在日常监督看守所跑风漏气现象中挖掘的。二是认真执行查办职务犯罪案件工作制度，树立案件质量第一意识，坚持"一要坚决，二要慎重，务必搞准"的原则，把办案质量的各项要求落实到线索初查、立案、侦查和采取强制措施等各个环节，运用"六率"考评机制来评判案件质量，2008 年以来所办理的职务犯罪案件，其立案率、侦结率、安全率、起诉率、有罪判决率等均达 100%。

五、加强监外执行、社区矫正监督，深入推进社会管理创新

去年以来，监所检察科认真贯彻落实高检院、省市院深入推进"三项重点工作"的部署，将监所检察工作由大墙内向大墙外延伸，加强对监外执行、社区矫正的监督。2010 年 7 月，在院党组和上级院监所处的大力推动下，该科主动与相关职能部门联系沟通，成立了社区矫正工作领导小组，与法院、司法、公安、民政、劳动和社会保障、财政等部门制定出台了《汝州市社区矫正工作办法》。对本市 277 名监外执行罪犯全部建立个人监督档案。选定本市小屯镇、临汝镇、焦村乡为社区矫正监督工作试点，在三个乡镇分别成立了社区矫正工作帮教小组。监所检察干警深入三个乡镇 51 名社区矫正对象居住地，采取个别谈话、集中上法制课、免费订阅法制刊物、协调相关部门给予帮扶安置等措施，提高矫正效果，防止了脱管、漏管和重新犯罪现象的发生，为维护社会秩序的稳定发挥了积极作用。

强化保障夯基础　　完善机制抓重点

——2014年申报第四届一级规范化检察室工作实绩材料

一级规范化检察室

中华人民
共 和 国 最高人民检察院

2011年，汝州市人民检察院派驻汝州市看守所检察室被最高人民检察院评定为第三届"一级规范化检察室"以来，继续严格按照一级规范化检察室的标准和要求加大工作力度，发挥示范作用，取得软硬件建设进一步规范、工作机制进一步完善、信息化程度进一步提高、执法监督水平进一步提升的明显成效。2011年至2013年监所检察科连续被评为平顶山市检察机关先进集体，荣立集体三等功；被汝州市委命名为"人民满意的政法单位"、"我身边的典型"先进集体；平顶山市检察机关创建驻所规范化检察室现场会和全省监所检察工作推进会分别在汝州院召开，推广该院派驻检察室规范化建设经验，洛阳、开封、鹤壁等地监所检察部门先后派员到该院检察室参观学习；驻所检察室建设和提升监所查案水平的经验材料先后被高检院、省院监所检察部门转发。

一、强化保障措施，夯实规范化建设基础

1. 领导高度重视。院党组始终把创建和保持驻所"一级规范化检察室"作为本院的"品牌"和工作亮点培育扶持，成立由检察长为组长，分管检察长为副组长，办公室主任、监所科长、驻所检察室主任等有关部门负责人为成员的创建领导小组，具体领导和实施规范化检察室的创建保持工作。

2. 软硬件及信息化设施完善。驻所检察室现有办公用房10间，办公用房面积200平方米，设置有微机监控室、接待室、谈话室、会议室、档案室、主任室、休息室等；配备有电话、计算机、摄像机、数码照相机、传真机、打印机、文件柜、桌椅沙发等办公用具、器材装备和专用车辆；完成了驻所检察室与监管单位监控系统联网、信息数据联网和与检察机关专线网联网的"两网一线"建设，监控录像可存储15天以上，并应用监所检察业务信息管理软件，自动检索分析信息数据，自动生成检察日志、有关台账、表格等资料，实现了动态监督信息化网络化管理。

3. 以"五个过硬"加强队伍建设。院党组注重把政治素质好、业务能力强、工作经验丰富的干警选调到驻所检察岗位上，以政治过硬、业务过硬、责任过硬、作风过硬、纪律过硬的"五个过硬"加强监所检察队伍建设，落实各项待遇。监所检察科科长兼任检察室主任，检察室干警配备6名，平均年龄46岁左右，其中5人具有法律本科学历并能熟练操作计算机，3人获得国家计算机等级证书。全室干警团结实干、开拓创新、勇争一流，多人多次荣获省市级先进，主任黄爱梅连年被评为平顶山市优秀检察官、先进工作者，荣立个人二等功，荣获全省检察机关"十佳"派驻监管场所检察员称号。

二、完善落实工作机制，提升规范化管理水平

1.认真落实岗位目标责任制。按照《人民检察院看守所检察办法》的要求，推行检察室主任、检察员、内勤岗位目标责任制，将驻所检察工作任务量化、责任细化，实行周报告、月检查、半年小结、年终考核。落实了驻所检察人员每月驻所检察时间不少于 25 天，每周两次检察在押人员劳动、生活、学习"三大现场"，双休日、法定节假日轮流值班，检察日志中天天有考勤记录等制度规定。

2.认真落实驻所检察备案管理制。坚持每天对看守所的收押、出所、提讯、交付执行及律师会见在押人员等执法活动检察情况、发现和纠正违法情况，全部录入计算机管理，并且整理归档备案，确保计算机储存信息与备案的文字资料一致。目前规范整理各种工作档案 600 余册，做到了管理工作规范有序、全面细致、不出纰漏。

3.认真落实检务公开、接待、法制教育等制度。每月 15 日由检察长或驻所检察官接待在押人员亲属，提供法律咨询，解答疑难问题。每月给在押人员上法制教育课 1 次。在看守所设置检务公开栏，公示驻所检察职责、提讯规定和在押人员享有的权利义务等，监区内外设置有检察信箱，收集在押人员和社会各界对驻所检察工作的意见和建议。三年来，共接待在押人员亲属 95 人次；给在押人员上法制教育课 36 次，提供法律咨询 2000 余人次；收集犯罪线索 25 件；联合"关工委"对未成年在押人员教育帮扶 45 人次；与看守所召开联席会议 50 余次，相互提出改进工作建议百余条，促进了监管水平的提升。

4.认真落实羁押必要性审查制度。新刑诉法实施以来，共办理羁押必要性审查案件 17 件 17 人，向办案部门提出变更强制措施建议 17 件 17 人，均被采纳并变更了强制措施，有效地维护了在押人员合法权益，制定撰写的羁押必要性审查工作制度、调研文章和经验材料被上级院转发。

三、突出监督重点，增强规范化监督实效

1. **突出抓好日常检察监督，维护监管安全。** 三年来，汝州市看守所年均羁押 3500 人，日均羁押量 290 人左右，针对在押人员多、监督任务重，驻所检察人员把维护监管秩序安全稳定放在首位，突出抓好日常检察监督。认真执行"每日一检查，每周一巡查，每月一大查，重大节假日、重大活动全面查"的安全防范制度，共对看守所安全防范检察监督 1350 次，日均检察 1.23 次，消除事故隐患 200 余起，提出书面检察建议 36 件，纠正混关混押 27 人次，纠正违法提讯 22 人次，杜绝了安全事故的发生。

2. **突出抓好被监管人合法权益的维护，稳定监管秩序。** 三年来，开展伙食供应、日用商品价格专项检查 39 次，建议看守所制定低于市场价的生活用品及小灶价格清单，张贴在每个监室，保护在押人员消费权益。监督看守所对在押人员定期体检，将患有心脏病、高血压、脑梗塞等疾患的在押人员列为重点管理对象，制定出救治措施，排除潜在的不安全因素。依法为在押人员追退被办案单位非法扣押的合法财物 32 件次，其中现金 50000 余元、物品 20 余件，在押人员的合法权益得到了维护。

3. **突出抓好刑罚执行监督，依法纠正减刑、假释、暂予监外执行不当。** 在刑罚执行监督中，驻所检察室既注重抓好对人民法院判处死刑缓期执行、无期徒刑、有期徒刑罪犯的执行通知书、判决书、裁定书和罪犯送交监狱执行的审核监督，又注重抓好对减刑、假释、保外就医、暂予监外执行的检察监督。通过与在押人员谈话、上墙公示减刑罪犯名单、监督疾病检查、逐案审查、列席看守所会议、建立台账等方法，加强同步全程监督。三年来，审查法院裁判文书 1200 余件，纠正刑期错误 27 人次；审查看守所提请减刑、假释人员名单和案件材料 27 件，提出纠正意见 15 件；审查法院减刑、假释、裁定暂予监外执行案件 10 件，提出纠正意见 4 件；纠正率 100%。

4. 突出抓好羁押期限监督，严防超期羁押。建立了在押人员检察台账，对每个在押人员的案件诉讼期限实行"倒计时"监督，将各诉讼环节羁押期限届满7天设为"警戒日"，及时提醒办案单位和办案人员限期结案，不得超期。2011年以来检察机关办案环节无超期羁押，看守所未发生羁押期限超过三年的久押不决人员。看守所留所服刑罪犯的剩余刑期均在三个月以下。

5. 突出查办刑罚执行和监管活动中的职务犯罪案件。三年来立案侦查职务犯罪案件8件10人，其中发生在刑罚执行和监管活动中的职务犯罪案件5件7人，大案3件3人，查办的看守所民警玩忽职守致使在押人员脱逃案、公安户籍民警不认真履行职责为在逃罪犯"漂白"身份等职务犯罪案件，在本市政法队伍中引起较大反响。所办案件的立案率、侦结率、安全率、起诉率、有罪判决率等均达100%。增强了以办案促监督的力度，有力推进了监所检察工作全面深入、健康发展。

（2015年4月2日）

严格督查"减、假、暂"　突出重点显成效

——汝州市检察院监所检察科被高检院表彰为"减、假、暂"专项检察活动先进集体

2014年，汝州市检察院监所检察科严格按照高检院、省院《开展减刑、假释、暂予监外执行专项检察活动实施方案》的要求，把握宣传发动、清理摸底、纠正查处违法等关键环节，认真开展专项活动。至11月底，对9名无生命危险的暂予监外执行罪犯向法院提出收监检察建议，法院全部采纳，纠正率达到100%，其中3人是职务犯罪，2人曾任科级干部。检察中，注意发现违法暂予监外执行背后的渎职线索，深挖职务犯罪窝案串案，立案查处汝州市看守所原所长涉嫌玩忽职守案，看守所原副所长、狱医等4人涉嫌徇私舞弊暂予监外执行案2件5人，在当地和公安系统产生较大影响，有力保障了刑罚执行的公平公正。

一、精心组织，细致摸查，注重数据核查，确保基础信息准确性

一是领导重视，建全组织机构。为确保专项活动取得实效，汝州市院党组专门召开会议部署专项活动，把专项活动作为2014年监所检察工作的突破口和重点工作来抓。研究制定了《汝州市人民检察院开展减刑、假释、暂予监外执行专项检察活动方案》，专门成立了由刘新义检察长任组长、主管副检察长任副组长的专项检察活动领导小组，在监所检察科设立专项检察活动领导小组办公室，确保专项活动扎实、顺利开展。

二是畅通举报渠道，注重线索收集。为让广大群众积极参与到专项活动中来，调动人民群众的积极性，自3月20日开始，通过多种方式向社会发布《汝州市人民检察院开展减刑、假释、暂予监外执行专项检察活动公告》，公布举报方式，包括举报电话、网址和信箱等，并通过汝州市人大、政协将《公告》

送至每位人大代表、政协委员，争取社会各界和人民群众的参与和支持。通过已经建立起来的暂予监外执行罪犯台账，逐一对汝州市范围内的暂予监外执行罪犯进行全员摸底排查，共收到减刑、假释、暂予监外执行违法犯罪线索4件，并全部进行了落实。

三是对暂予监外执行罪犯进行全员摸底排查。首先是对在汝州市看守所服刑罪犯的减刑、假释情况进行逐一调卷，认真排查，没有发现违法减刑、假释情况。其次是到汝州市法院调阅尚在服刑的9名暂予监外执行罪犯的卷宗材料，包括判决书、裁定书、暂予监外执行决定书和被暂予监外执行人的病例、刑事诉讼医学鉴定书等材料，逐人建立档案和台账；三是对汝州市接受社区矫正的暂予监外执行人员进行摸底，督促汝州市司法局社区矫正部门对在社区服刑的暂予监外执行罪犯进行统计，利用派驻乡镇检察室深入各司法所对所有社区矫正人员建立台账，准确掌握社区矫正特别是其中被暂予监外执行人员的基础信息，为专项活动打下坚实基础。

二、突出重点，边清边纠，注重法律监督，确保刑罚执行权威性

针对汝州市没有监狱，也未发现违法为留所服刑罪犯减刑、假释的客观情况，把检察重点放在社区矫正人员方面，特别是涉及职务犯罪、破坏金融管理秩序犯罪和金融诈骗犯罪、组织（领导、参与、包庇、纵容）黑社会性质组织犯罪的社区矫正人员以及群众有反映、有举报的其他罪犯和刑满释放人员。

一是加强对社区矫正管理部门的监督。向司法局社区矫正部门传达上级院关于开展减刑、假释、暂予监外执行专项活动的工作要求；联合司法局社区矫正部门工作人员对全市纳入社区矫正暂予监外执行罪犯逐人见面,进行谈话,重点检察其在社区服刑情况、其病情鉴定是否与本人病情相符等情况。在对社区矫正人员进行排查时发现连乐平、吴新建两名罪犯自2011年已被法院决定暂予监外执行，但却一直未被纳入社区矫正后，分别向法院、公安局、司法局发出检察建议，及时将连某某、吴某某纳入社区矫正，保证不漏一人。

二是督促法院对所有监外执行罪犯进行重新审查。督促法院对尚在服刑的 7 名暂予监外执行罪犯到黄河水利委员会黄河中心医院重新体检，并派出一名作风正派、经验丰富的检察人员全程监督，体检时采取随机选择、编号管理，最大限度避免徇私舞弊的发生。

三是监督对不符合监外执行条件的罪犯及时收监执行。根据体检情况，发现暂予监外执行罪犯宋某某的体检结果与原鉴定结论完全不相符；陈某某体检结果与其病情不相符，另有两名罪犯体检结果虽然与其病情相符，但在短期内不致危及生命。及时向汝州市人民法院发出收监执行检察建议书，法院及时将暂予监外执行的这 4 名罪犯收监执行。

为使专项活动实现全员覆盖，该院要求法院对没有参加第一次体检的三名罪犯进行重新体检。经体检其中两名罪犯与其病情相符，但在短期内不致于危及生命，同时又发现第一次参加体检的两名罪犯暂予监外执行情形已经消失，其刑期未满，该院建议汝州市法院对该 4 人进行了收监。另外，在对暂予监外执行罪犯周某某重新体检中，罪犯周某某拒不配合法院体检，也不配合社区矫正部门进行社区矫正，该院及时向汝州市司法局建议将罪犯周某某进行收监执行，汝州市司法局向汝州市法院发出收监执行建议书，汝州市法院将罪犯周某某收监执行。

四是纠正法院《暂予监外执行决定书》执行期限不明的问题。针对法院作出的《暂予监外执行决定书》没有载明暂予监外执行期限，存在"一决到底"的问题，及时向法院发出《检察建议》，法院已对尚在服刑的暂予监外执行罪犯重新作出决定并发出《执行通知书》，均载明了一年的执行期限。

三、深挖线索，上下联动，注重办案效果，确保检察监督实效性

一是注意发现暂予监外执行背后隐藏的职务犯罪案件线索。2014 年 5 月 28 日在监督法院组织暂予监外执行罪犯宋某某到黄河中心医院重新进行病情鉴定时，检察人员发现，鉴定结论与原鉴定结论高血压病 III 期、脑梗塞不相符，其身体各项指标都很正常。该院监所科干警得到这个鉴定结论后，敏锐地察觉到这中间可能存在着职务犯罪线索。结合在专项活动前期，曾收到一些

群众举报说一名29岁的年轻人宋某某有脑梗塞、高血压病不符合常理的线索。经研究后开始重点对此线索进行初查。先后到平顶山第二人民医院、驻马店中心医院及黄河水利委员会黄河中心医院进行调查取证。在黄河中心医院调查取证时，发现宋某某在黄河中心医院体检时有一个人以假身份证替宋某某作了脑部CT检查。遂立即对宋某某进行讯问，并利用技侦等手段，将替身吉某抓获。吉某交待了宋某某在医院做鉴定时是魏某安排其代替宋某某做鉴定的，而且与原汝州市看守所副所长张某、狱医王某进行了串通。经细致地调查取证，最终发现汝州看守所原副所长、狱医等人串通为该名罪犯做虚假鉴定、意图逃避法律处罚的重要线索。

二是侦查一体化，排除案件阻力。在发现该案件可能牵涉到看守所干警时，意识到如果要保证案件顺利推进，必须借助上级院的力量，加强对案件的指导并排除来自外界的干扰。向市院监所部门汇报后，市院监所处及时安排骨干力量，全程参与指导办案。同时坚持快速初查、及时立案，在检察长的统一调配下，调集反贪、反渎、法警等部门干警参与到案件的办理中。经过对当时押解在押人员外出体检的汝州市看守所原副所长张某、狱医王某的询问，其交待了魏某为使罪犯宋某某能暂予监外执行，在对宋某某医学鉴定检查期间让曾经患过心脏病、高血压、脑梗塞的吉某代替做脑部CT等项检查，以及收受魏某贿赂，放任其做虚假鉴定的事实。案件从初查到立案，仅用了3天时间。

三是注重深挖，查办案件背后的玩忽职守犯罪案件。在查办张某、王某等人徇私舞弊暂予监外执行犯罪过程中，该院发现看守所原所长张某某存在玩忽职守的犯罪线索。经过侦查发现，张某某在安排罪犯宋某某两次做刑事诉讼医学鉴定过程中，应当经所务会（应邀请检察机关驻所检察人员列席）研究而未召开所务会研究；应当对出所就医的人犯安排武装押解，而未安排武装押解；应当安排将书面意见副本抄送汝州市人民检察院，而未抄送等玩忽职守行为，导致宋某某被非法暂予监外执行八个月零三天，造成了恶劣的社会影响。遂以涉嫌玩忽职守犯罪对看守所原所长进行立案侦查。

注重基础抓机制　以人为本强监督

——汝州市检察院荣获全国检察机关"派驻监管场所示范检察室"称号

2015 年 5 月 28 日，最高人民检察院召开全国检察机关刑事执行检察工作会议，表彰了 11 个全国检察机关"派驻监管场所示范检察室"。全国示范检察室评选由各省级检察院推荐，最高人民检察院审核，从全国 3600 多个检察室中选定 11 家，汝州市院成为河南省检察机关唯一获此殊荣的单位。最高人民检察院检察长曹建明、副检察长李如林、政治部主任王少峰为示范检察室授牌。

近年来，汝州市检察院派驻汝州市看守所检察室严格执行高检院下发的《人民检察院看守所检察办法》和有关工作规定，认真践行"三个维护"有机统一的工作理念，着力强化对刑事监管情况的执行监督，严肃查处发生在刑罚执行和监管活动中的职务犯罪案件，派驻检察工作取得明显成效。监所检察科连续六年在年终考核中被评为河南省平顶山市人民检察院监所检察系统第一名；2011 年以来，派驻市看守所检察室连续两届被评为全国"一级规范化检察室"，2014 年被高检院评为全国检察机关"减刑、假释、暂予监外执行"专项检察活动先进集体。2015 被高检院评为全国检察机关"派驻监管场所示范检察室"。

一、以加强保障为基础，夯实规范化建设基础

汝州市院党组把创建全国检察机关"派驻监管场所示范检察室"作为"品牌"和工作亮点加以培育，高标准，高起点，不断提高科技含量，努力改善办公环境，建成了环境整洁、管理有序的规范化检察室。驻所检察室现有办公用房 10 间，办公用房面积 200 平方米，设施齐全、装备先进。2011 年完成了驻所检察室的"两网一线"建设，并应用监所检察业务信息管理软件，自动检索分析信息数据，自动生成检察日志、有关台账、表格等资料，实现了动态监督

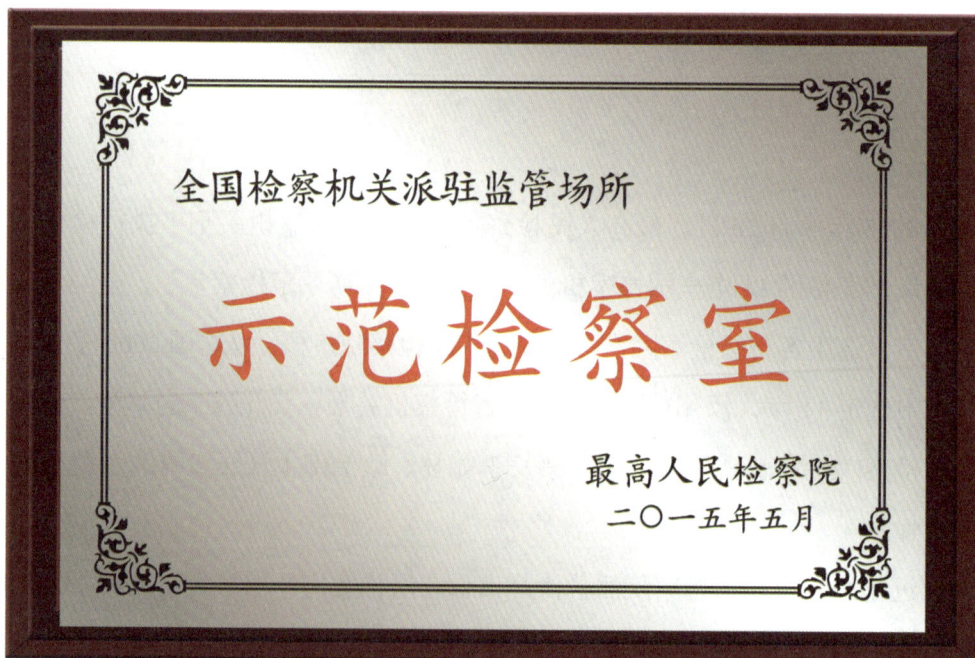

全国检察机关派驻监管场所

示范检察室

最高人民检察院
二〇一五年五月

信息化网络化管理。同时院党组注重把政治素质好、业务能力强、工作经验丰富的干警选调到驻所检察岗位上，以加强监所检察队伍建设，落实各项待遇。检察室配备干警4名，平均年龄43岁左右，其中4人具有法律本科学历并能熟练操作计算机，3人获得国家计算机等级证书。为进一步加强刑事执行工作，根据上级院的要求，该院及时向编制部门申报，拟将监所检察科更名为刑事执行检察局，为副科级规格，设局长、副局长和办公室主任各一名。

二、抓机制建设，不断提升规范化管理水平

从机制建设入手，在执行高检院"一志一账六表"要求的基础上，先后建立完善驻所检察工作制度20余项。

一是实行驻所检察人员岗位目标责任制。将驻所检察工作任务量化、责任细化，实行周报告、月检查、半年小结、年终考核。要求驻所检察人员每月驻所检察时间不少于25天，每周两次深入在押人员劳动、生活、学习"三大现场"进行检查，双休日、法定节假日轮流驻所值班。

二是建立计算机录入和备案管理机制。坚持每天把看守所的收押、出所、提讯、交付执行及律师会见等情况和纠正违法情况，逐项录入计算机管理，并把检察日志、出所在押人员的台账打印成册、整理归档，使计算机储存信息资料和备案的文字资料相互一致。整理近年来的各种工作档案资料60余项1500余册，确保管理工作规范有序、全面细致、不出纰漏。

三是完善检察官接待日、法制教育、检务公开、联席会议等工作制度。每月的15日，由检察长、主管检察长、驻所检察人员接待在押人员亲属，帮助解决有关问题。每月定期给在押人员上法制教育课1次。在监区内外设置检务公开栏、检察信箱。每周与看守所、武警中队召开一次联席会议，对监管工作中存在的问题提出整改建议，并虚心听取看守所、武警中队对驻所工作的意见，有针对性的改进工作，提升了驻所检察工作监督质量和效率。

三、坚持以人为本的执法理念，切实维护在押人员合法权益

一是重视看守所医疗工作。针对看守所缺少符合资质的所医的实际情况，向看守所提出检察建议，促成了汝州市骨科医院派出3名医生进驻看守所进行医疗服务，确保了看守所24小时有资质医生在岗。驻所检察人员在每日上午巡视检察活动中，监督狱医要求在押人员当场服用药品，杜绝安全隐患。

二是积极开展羁押期限监督工作。对每个在押人员的案件诉讼期限实行"倒计时"监督，将各诉讼环节羁押期限届满7天设为"警戒日"，及时提醒办案单位和办案人员限期结案，不得超期。2011年以来看守所未发生超期羁押案件。

三是健全检察官约见谈话制度。保障在押人员的控告申诉权。在押人员可以在检察人员巡视监室时约见，也可以通过检察信箱直接与检察人员约定时间，特殊情况下，可以随时通过管教与检察人员联系，约定谈话时间。

四是实行出入所谈话制度。清除在押人员的思想顾虑，使在押人员敢于向检察官反映情况。在押人员康某某向驻所检察人员反映汝州市公安局煤山派出所对其拘留时，将其随身携带的21000元现金及手机等物品扣押，康某某多

次追要，派出所一直没有退还。经过驻所检察人员认真调查，康某某反映的情况属实，派出所扣押的款物与案件无关，在驻所检察人员监督下，派出所将所扣款物全部退还给在押人员，维护了在押人员的合法权益。

四、以新增业务探索为增长点，积极开展羁押必要性审查工作

修改后的刑诉法实施以来，驻所检察室共办理羁押必要性审查案件 20 件 25 人，向办案部门提出变更强制措施建议 17 件 17 人，均被采纳并变更了强制措施，有效地维护了在押人员合法权益。2013 年 6 月 28 日，驻所检察人员谈话中发现犯罪嫌疑人李某某卧床不起，生活不能自理，系在刚做完手术在医院治疗期间被公安机关刑事拘留，且李某某患有高血压等疾病问题后，遂建议汝州市公安局对其做医学鉴定，鉴定结论为高血压病 III 级，极高危分层。驻所检察人员又通过对犯罪嫌疑人李某某涉嫌非法采矿一案的证据材料全面审查，认为案件情节轻微，且李某某体弱多病，取保候审不致于发生社会危险性，不宜继续羁押，遂建议公安机关变更强制措施，汝州市公安局将其变更为取保候审强制措施。

五、以查办职务犯罪案件为抓手，强化刑事执行活动监督效果

坚持"抓办案、促监督、求发展"的工作思路，2011 年以来共立案侦查职务犯罪案件 10 件 15 人，其中司法工作人员职务犯罪案件 5 件 8 人，均被法院做出有罪判决，一起案件被评为河南省检察机关监所检察系统查办职务犯罪十大精品案件。通过办案，确保了监管秩序稳定，保证了刑事执行活动的正确执行。

一是注重从监管活动检察中发现案件线索。通过深入监管场所与在押人员沟通谈话，及时发现监管活动中的违规违纪问题；通过与办案单位沟通，了解在押人员的认罪态度，对突然发生翻供情况的，及时摸清翻供原因，从中发现问题。2009 年 10 月份，在了解到两名在押的职务犯罪嫌疑人在捕后突然翻供的情况后，通过与在押人员谈话，与原办案单位沟通，及时查办了看守所民警赵某某、段某某帮助犯罪分子通风报信、传递案件信息，致使犯罪嫌疑人翻

供的案件。在 2014 年开展减刑、假释、暂予监外执行专项检察活动中，发现并立案查处了汝州市看守所原所长涉嫌玩忽职守案，看守所原副所长、狱医等 4 人涉嫌徇私舞弊暂予监外执行案 2 件 5 人。

二是注重充分发挥监所检察部门办案一体化机制作用。积极争取上级业务部门和院领导的支持，有效提高了办案的质量和效率。2014 年 5 月 28 日，在监督法院对暂予监外执行罪犯进行重新病情鉴定时，驻所检察人员发现，被暂予监外执行人员宋某是一名 30 岁的年轻人，前后鉴定病情差距很大，并且原鉴定病情与该名罪犯的年龄、身体特征很不符合，不符合常理。结合群众对该罪犯所犯罪行的举报，发现背后可能存在职务犯罪线索，遂秘密展开调查。先后到平顶山市第二人民医院、驻马店市中心医院及郑州黄河中心医院进行细致的调查取证，最终发现汝州看守所原副所长、狱医等人串通一气，为该名罪犯做虚假鉴定、意图逃避法律处罚的重要线索。向院领导汇报后，刘新义检察长亲自审定侦查方案、听取案件汇报、决策重大事项，并从全院抽调精干力量协助该案侦查；主管副检察长李爱莲和监所检察科长黄爱梅作为女同志，更是直接参加案件侦查。经过对当时押解在押人员外出体检的汝州市看守所原副所长张某某、狱医王某某的询问，促使其交代了魏某某为使罪犯宋某能暂予监外执行，在对宋某医学鉴定检查期间让曾经患过心脏病、高血压、脑梗塞的吉某某代替做脑部 CT 等项检查，以及收受魏某某贿赂，放任其做虚假鉴定的事实。

最高人民检察院表彰奖励的集体荣誉

案件从初查到立案,仅用了 3 天时间。同时又发现该看守所原所长存在玩忽职守犯罪嫌疑。经过侦查,该所长在安排罪犯宋某两次外出做刑事诉讼医学鉴定过程中,应当经所务会(应邀请检察机关驻所检察人员列席)研究而未召开所务会研究;应当对出所就医的人犯安排武装押解,而未安排武装押解,放任宋某用其家属安排车辆外出鉴定;应当将书面意见副本抄送汝州市人民检察院,而未抄送等玩忽职守行为,并以涉嫌玩忽职守罪对该看守所原所长立案侦查。在办理汝州市法院刑事审判庭原庭长樊某某挪用公款重大案件时,连夜查阅汝州市法院刑事判决书 600 余份,连续固定相关证据 350 余份,共获取讯问犯罪嫌疑人笔录、证人证言 20 余份,整理卷宗四册 659 页。从初查到立案用了 4 天,从立案到侦查终结移送起诉仅用了 10 天。在办理看守所民警赵某某、段某某帮助犯罪分子逃避处罚案、杨某某、李某某失职致使在押人员脱逃案件中,从立案到法院作出有罪判决仅仅用了 20 余天。2013 年 3 月 18 日,驻所检察干警从公安信息中发现汝州市王寨乡刘凹村四组村民赵某某伙同樊某某在郑州市公交车上行窃后下车逃窜,并持匕首阻止失主追赶,樊某某被当场抓获,赵某某在逃,后赵某某化名为武海军连续作案,先后被判刑两次,汝州市公安局户籍民警很可能涉嫌玩忽职守犯罪。检察室干警展开调查,查清了当时为赵某某"漂白身份"的汝州市公安局户籍民警朱某某和协警钱某某涉嫌玩忽职守的犯罪事实。法院以玩忽职守罪对朱某某、钱某某作出有罪判决。在省院的支持下,同时还查处了河南省义马市公安局户籍民警倪某某为在逃罪犯"漂白身份"涉嫌玩忽职守的犯罪事实。

三是注重强化查办职务犯罪案件的综合效果。驻所检察室注重通过查处职务犯罪案件,在查处职务犯罪行为的同时,强调实现政治效果、法律效果和社会效果的有机统一。同时注重加强总结经验,2013 年 9 月撰写的查办职务犯罪案件经验材料被最高人民检察院监所检察厅《监所检察工作指导》第 3 期转发推广。

加强廉政宣教　预防职务犯罪

——汝州市检察院拍摄的《白发亲娘》荣获全国检察机关首届廉政微电影特等奖

2015年1月6日，汝州市检察院拍摄的廉政微电影《白发亲娘》，以综合评分全国第四名的优秀成绩，荣获全国检察机关首届预防职务犯罪专题微电影评选活动特等奖，也是河南省唯一获得特等奖的作品。

2014年4月最高人民检察院职务犯罪预防厅联合最高人民检察院影视中心、中国检察官文学艺术联合会影视协会、《预防职务犯罪专刊》编辑部共同举办了以"预防职务犯罪，弘扬社会主义法治文化、廉政文化"为主题的首届全国检察机关预防职务犯罪专题微电影评比活动。截至2014年10月底，全国31个省、自治区、直辖市和新疆生产建设兵团检察机关报送了符合要求的作品252部。经过客观公正的评选，最终评选出特等奖10部，一等奖10部，二等奖20部，三等奖32部，优秀奖171部，最佳创意奖5部。

廉政微电影《白发亲娘》剧本由河南省检察院预防处副处长蔡云川亲自执笔创作，由汝州市检察院制作拍摄。该作品以预防职务犯罪为主题，坚持正确舆论导向，体现了社会主义法律原则和法律精神，具备完整的故事情节，具有较强的廉政文化的公共宣传吸引力、感染力和影响力。成功塑造了一个迷失在权利和欲望的漩涡中寒门孝子的形象，对故事的主人公从奋发向上的有为青年逐步坠落成为人民所不齿的腐败分子的过程进行了生动地描述，发人深思。最终从252部参选作品中脱颖而出，荣获全国检察机关首届预防职务犯罪专题微电影评选活动特等奖。

汝文
检化

第二章
河南省委省政府、省人民检察院表彰奖励的集体荣誉

——

Henanshengwei Shengzhengfu Shengrenmin

Jianchayuan Biaozhang Jiangli De Jiti Rongyu

河南省委省政府、省人民检察院表彰奖励的集体荣誉一览

1978年 — 河南省人民检察院监所检察处表彰临汝县检察院监所检察科为先进单位

1996年 — 汝州市人民检察院法纪检察科被河南省人民检察院表彰为先进集体

1999年 — 汝州市检察院被河南省人民检察院评为1998年全省检察系统"五优检察院"

2000年 — 汝州市检察院被河南省人民检察院评为1999年全省检察系统"五好检察院"

河南省人民检察院授予汝州市人民检察院控申举报接待室省级"文明接待室"称号

2001年 — 汝州市检察院被河南省人民检察院评为2000年全省检察系统"五好检察院"

汝州市检察院被河南省政法委评为"全省人民满意的政法单位"

汝州市人民检察院被河南省人民检察院评为"人民满意的检察院"

汝州市人民检察院被河南省人民检察院评为"干部教育先进集体"、"严打先进集体"、"公诉标准化单位"

汝州市人民检察院反贪局被评为省级优秀反贪局

河南省委省政府、省人民检察院表彰奖励的集体荣誉

Henan Shengwei Shengzhengfu Shengrenmin Jianchayuan Biaozhang Jiangli De Jiti Rongyu

汝州市人民检察院被评为全省纪检监察工作先进集体

2002 年
汝州市检察院被河南省人民检察院评为 2001 年全省检察系统"五好检察院"

汝州市人民检察院被评为省级文明单位

汝州市检察院被河南省人民检察院评为"省级先进检察院"

汝州市人民检察院被河南省人民检察院评为"人民满意的检察院"

2003 年
汝州市检察院被河南省人民检察院评为 2002 年全省检察系统"五好检察院"

汝州市人民检察院被河南省人民检察院评为"先进检察院"

汝州市人民检察院控申举报接待室被评为省级文明接待室

汝州市人民检察院被评为全省检察机关宣传工作先进单位

2004 年
汝州市人民检察院被爱委会表彰为国家级卫生先进单位

2005 年
汝州市检察院渎职侵权检察科被省检察院评为全省"十佳渎职侵权检察科"

2006 年
汝州市人民检察院被河南省人民检察院评为省级文明单位

汝州市人民检察院被河南省人民检察院评为 2006 年度检察宣传工作先进单位

汝州市人民检察院监所检察科被河南省人民检察院评为核查纠正监外罪犯脱管漏管问题专项活动先进集体

2007 年 ── 汝州市人民检察院被河南省人民检察院评为检察宣传工作先进单位

汝州市人民检察院控申举报接待室被河南省人民检察院评为省级文明接待室

2008 年 ── 汝州市人民检察院被河南省人民检察院评为检察宣传工作先进单位

汝州市人民检察院被省委、省政府表彰为文明单位

汝州市人民检察院控申举报接待室被河南省人民检察院评为省级文明接待室

2009 年 ── 汝州市人民检察院侦查监督科被省委政法委表彰为"全省打黑除恶专项斗争先进单位"

汝州市人民检察院被省委政法委、综治委表彰为"平安建设先进单位"

汝州市人民检察院被省检察院表彰为"连续两年实现涉检进京（有理）零上访的基层检察院"

汝州市人民检察院被省检察院表彰为"检察宣传工作先进基层院"

2010 年 ── 汝州市人民检察院被省检察院评为 2009 年度全省先进基层检察院

2011 年 ── 汝州市人民检察院被河南省人民检察院评为全省 2010 年度先进基层检察院

河南省委省政府、省人民检察院表彰奖励的集体荣誉

Henan Shengwei Shengzhengfu Shengrenmin Jianchayuan Biaozhang Jiangli De Jiti Rongyu

汝州市人民检察院控申检察科被河南省人民检察院荣记集
体二等功

2012 年 —— 汝州市人民检察院被河南省人民检察院表彰为先进基层检察院

汝州市人民检察院被河南省人民检察院表彰为 2012 年全省
检察宣传工作先进基层检察院

汝州市人民检察院公诉局被河南省人民检察院评为全省检
察机关优秀公诉团队

2013 年 —— 汝州市人民检察院被河南省人民检察院评为 2013 年度全省
检察宣传工作先进单位

汝州市人民检察院被河南省人民检察院表彰为 2012 年度全
省反贪、反渎工作进入前 60 名先进单位

2014 年 —— 汝州市人民检察院被河南省委、省政府评为 "全省人民满
意的政法单位"

汝州市人民检察院被河南省人民检察院表彰为 2014 年全省
检察宣传工作先进基层检察院

汝州市人民检察院预防局被河南省人民检察院表彰为获得
全省检察机关优秀基层院预防部门

2015 年 —— 汝州市人民检察院驻汝州市大峪镇同丰村帮扶工作队被河
南省扶贫小组评为河南省社会扶贫先进集体

汝州市人民检察院反渎职侵权局荣获全省基层院反渎办案
工作前六十名

汝州市人民检察院被中共河南省委、河南省人民政府评为
省级文明单位

汝州市人民检察院反贪污贿赂局被中共河南省委组织部、
中共河南省委宣传部、河南省人力资源和社会保障厅、
河南省公务员局评为河南省人民满意公务员示范岗

河南省委省政府、省人民检察院表彰奖励的集体荣誉

2010 年汝州市人民检察院
荣获全省先进基层检察院

全省先进基层检察院

河南省人民检察院
二〇一一年三月

2009 年以来，汝州市检察院在党委和上级检察院的领导下，全面落实全国基层检察院建设工作会议和《2009-2012 年基层人民检察院建设规划》要求，大力开展创先争优活动，不断提升基层检察院建设整体水平，做出了党和人民满意的突出成绩。

一、抓班子带队伍，突出创优争先意识

坚持以人为本，多措并举，不断加强检察队伍建设，切实提高队伍整体素质，在全院营造出一种团结和谐、干事创业、勇争一流的良好氛围。2009年以来，汝州市检察院共获得集体荣誉12项，其中省级以上荣誉6项；被上级记功、表彰26人次，连续3年无干警违法违纪现象发生，整体工作进入全市先进。

二、围绕三项重点工作，突出社会矛盾化解

为落实全国政法工作电视电话会议精神，扎实有效开展三项重点工作，2010年1月1日出台了《汝州市人民检察院关于深入推进三项重点工作实施方案》，将三项重点工作细化为4大项42小项工作措施，并明确目标任务、明确责任主体、责任事项和完成时限；出台三项重点工作实施方案的做法分别分别被河南省检察院、河南省政法委和最高人民检察院转发推广，并受到《人民文摘》、《检察日报》、《河南法制报》、人民网、正义网等各大新闻媒体的广泛关注。探索办理河南省首例附条件不起诉案件的做法和举办全省附条件不起诉理论研讨会，受到中国政法大学樊崇义教授和省检察院的肯定，并在全省推广。全省检察机关涉检信访案件评估现场会在汝州召开，推广该院经验。近年来，该院信访总量明显下降，案件质量大幅提升，信访案件办结率、息诉率均为100%；连续三年保持涉检赴省、进京零上访；连续多年保持全国检察机关文明接待室荣誉称号。

三、强化法律监督，维护司法公正

1. 充分发挥批捕、起诉等职能，依法准确、有力打击各类刑事犯罪，全力维护社会稳定。2010年，共批准逮捕各类刑事犯罪案件328件430人；依法提起公诉378件521人，收到法院刑事判决355件482人，无错捕、错诉和无罪判决案件。

2. 依法查办和预防职务犯罪，促进反腐败斗争深入开展。2010年共立案查处贪污贿赂职务犯罪案件16件21人，已全部移送起诉，法院作出有罪判决20人，为国家挽回经济损失150余万元。"小初查、大侦查"

的侦查模式被市院、省院推广。职务犯罪实刑判决率由过去的 10% 上升到 60%，得到明显提高的效果。平顶山市检察院提高职务犯罪案件公诉质量和效率现场会在该院召开，推广该院经验。

3．全面加强法律监督，保障法律统一正确实施，维护社会公平正义。2010 年，监督侦查机关立案 34 件 39 人，追加逮捕漏犯 48 件 51 人，追加起诉漏犯 28 人。加强刑罚执行监督，创建一级规范化检察室工作得到省、市检察院领导充分肯定，在该院召开全市监所检察现场会，推广该院创建经验。

4．推行"阳光检务"，促进司法公正。建立完善点了名接访制度，对涉检信访案件实行公开审查、公开听证、公开质证、公开答复制度，对不起诉、不抗诉案件实行答疑说理制度，自觉接受社会各界的监督。组织干警开展"送法进农村、进企业、进社区"活动，在小屯镇、临汝镇和焦村乡设立乡镇检察室，方便群众举报申诉。该院深入基层、贴近群众、服务社区的做法得到了省市检察院领导的充分肯定。

5．加强信息化建设，提高法律监督能力。在汝州市委、市政府和上级财政部门的大力支持下，实现了检察干警人均 1.6 万元公用经费保障标准，完成了监控设备和计算机局域网的数字化连接及三级网建设，建成了标准化法警工作区、询问（讯问）同步录音录像系统、视频接访和视频会议系统，驻看守所检察室实行局域网动态监督，信息化硬件建设基本达到高检和省院的要求标准，为正确履行法律监督职能提供了有力的技术支持和物质保障。

6 月，汝州市人民检察院控告申诉检察科被河南省人民检察院荣记集体二等功。

9 月，汝州市人民检察院被河南省人民检察院表彰为 2011 年全省检察宣传工作先进基层检察院。

2014年汝州市人民检察院荣获
河南省人民满意的政法单位荣誉称号

近日，中共河南省委、河南省人民政府下发《关于表彰河南省人民满意的政法单位和政法干警的决定》，汝州市检察院被评为"人民满意的政法单位"。

近年来，在汝州市委和平顶山市检察院的正确领导下，在汝州市人大、市政府、市政协及社会各界的监督支持下，汝州市检察院党组坚持以党的十八大精神为指导，以"强班子、带队伍、抓业务、树形象"为总要求，弘扬"崇德、笃行、创新、致远"的汝检精神，转变工作思路，创新工作方式，在服务汝州市经济发展和社会和谐稳定中各项工作都取得了新的成绩。1至10月份，该院在平顶山市十个县区院考核通报中，业务工作一直处于第一名。

一、抓执法理念转变，强化大局意识，围绕党委中心工作履职尽责

汝州市检察院始终坚持把检察工作放在党委工作大局中去思考谋划，

放在经济社会发展的大背景中去部署和推进，引导全院检察干警不断转变思想，更新观念，找准位置，在服务大局中推动检察工作，彰显检察工作价值。工作中主动融入经济社会发展的整体格局，始终围绕大局谋划检察工作，结合党委、政府工作重点，深入贯彻落实省院蔡宁检察长在全省检察机关服务企业发展座谈会的讲话精神，开展服务企业"六个一"活动。

2014年8月，围绕市委确定的优化党风政风环境、社会治安稳定环境、城市建设管理环境、农村人居环境、社会人文环境等五大重点领域，汝州市检察院制定了《汝州市人民检察院关于充分履行职能服务优化发展环境工作实施意见》，明确具体责任人。结合检察职责，印发《汝州市人民检察院服务优化发展环境公告》，围绕五大环境，以抓铁有痕的精神，敢于担当的作风，充分发挥"打击、预防、监督、教育、保护"职能作用，为优化汝州市发展环境提供有力的司法保障。发挥4个派驻乡镇检察室扎根基层的优势，在全市20个乡镇、街道办事处的每个行政村张贴服务发展环境公告，并在电视台、广播电台、今日汝州等媒体上全文播（刊）发，公布举报电话，使全市人民都能知晓检察机关服务优化环境的具体措施和决心。与公安、法院密切配合，严厉打击扰乱市场秩序、阻碍经济发展的严重刑事犯罪，突出查办影响和阻碍汝州经济社会发展的发生在重点领域、重点部门或重点人员身上的职务犯罪案件，服务和保障党委政府优化发展环境的大局。充分利用派驻乡镇检察室熟悉基层环境的特点，积极配合和支持乡镇党委开展优化发展环境专项治理工作，在参与综合治理非法采砂及超限超载工作中，院党组书记、检察长刘新义亲自制定工作预案，亲自听取工作汇报，并由党组副书记、副检察长张现周负责全面工作，指派反渎职侵权局和乡镇检察室人员专职全程参与。行动中，检察室主动与乡镇党委政府沟通，共同协商工作预案，并积极与相关职能部门配合参加联合执法活动。在小屯镇、纸坊镇开展的专项行动中，通过现场督监指导，建议相关执法部门依法履职，联合执法活动高效、依法、有序进行，共强制拆除变压器 4 台（自行拆除 19 台）、拉倒传送架 18 套、下达停工通知书并查封生产设备 22 家、封存采沙厂 23 座，封存砂子 3604 方、石子 3936 方，查扣超载车辆 22 辆，起到了较好的震慑作用。

2014 年，汝州市检察院安排干警先后走访了汝州市汝丰焦化有限公司、汝州市欣裕科技有限公司、河南煜达阀门制造有限公司等企业 18 家。在辖区 20 多家企业设立了检察联络员，将集聚区内所有企业法人姓名、联系方式、生产经营范围等信息录入档案，向企业发放联系卡，开通热线电话，使企业在遇到困难问题时，能及时联系检察室干警为其排忧解难。通过开展这项活动，增强服务经济发展的针对性、有效性，受到市委、市政府和社会各界的充分肯定。2014 年 10 月 27 日，汝州市委书记高建军对汝州市检察院服务优化发展环境工作作出批示：市检察院在优化发展环境上，敢于担当，动真碰硬，措施得力，首战告捷，取得了积极成效，请各委局及乡镇办学习参阅。

二、全力提升办案效果，努力促进社会和谐稳定

（一）依法严厉打击刑事犯罪、维护社会和谐

2014 年汝州市检察院共受理批准逮捕刑事犯罪案件 294 件 348 人，经审查批准逮捕 228 件 264 人，着力维护群众生命财产安全。共办理移送审查起诉案件 358 件 480 人，审结后提起公诉 323 件 428 人，出庭支持公诉 379 件，收到法院一审判决 379 件 506 人，有罪判决率 100%。办案中，积极落实宽严相济刑事政策，对主观恶性不大的轻微刑事案件积极试行"捕前调和"、刑事和解等程序，截至目前汝州市检察院共受理故意伤害、交通肇事、危险驾驶、过失致人死亡等存在对立双方当事人的轻微刑事案件 89 件，经多方努力刑事和解 67 件，通过积极为双方搭建沟通平台，及时修复了因刑事发案而损害的社会关系，化解了社会矛盾，促进了和谐稳定，取得了较好的法律效果和社会效果。

（二）围绕民生民利，加大工作力度、全力开展职务犯罪查案工作

加强职务犯罪侦查力度，对内继续推进反贪、反渎与侦监、公诉、技术、

法警、预防等部门的"一体化"机制建设，侦监、公诉提前介入侦查，加强证据审查与侦查的引导，建立交流和信息反馈机制、随案跟踪工作机制；对外加强与纪委的联系，扩大案件线索来源，加强配合，进一步整合资源，实现打击腐败合力。截至目前，汝州市检察院共立案查办各类职务犯罪案件15件32人，其中贪污贿赂案件10件20人，渎职侵权案件5件12人。

紧紧围绕市委中心工作，以服务民生为主线，将法律监督的触角向民生工程领域延伸，使各项强农惠农政策真正惠及于民。对汝州市移民管理局小型水库后期扶持资金、民政系统福利机构资金的审批和使用情况、村级公益事业建设"一事一议"财政奖补资金使用情况、盐业公司庙下盐库固定资产使用情况开展专项预防调查。截至目前，共开展专项预防调查4次，通过调查发出检察建议10份。同时，以"进机关、进企业、进乡村、进学校、进社区"五进专题预防职务犯罪活动为契机，到米庙镇政府、温泉镇政府、巨龙淀粉厂、焦村小学、汝州市九中等16个单位进行了预防警示教育，受教育干部、学生、群众达1800余人。积极创新职务犯罪预防宣传新模式，在省市院的支持下，汝州市检察院筹拍的廉政微电影《白发亲娘》于7月30日完成拍摄工作，经过多次修改、制作，目前在河南电视台政法频道《检察视点》栏目展播，并向最高人民检察院报送。

（三）强化诉讼监督，维护司法公正

进一步加强对立案侦查活动、审判活动的监督，坚守防止冤假错案底线，全面纠正人民群众反映强烈的司法不公、司法腐败等问题。依法履行刑事诉讼监督职责。通过刑事立案监督，纠正漏捕10起，追诉漏犯39人；监督公安机关立案5件6人，监督公安机关撤案6件6人；提前介入引导侦查取证4件4人，提高办案效率。审判监督方面，提出检察建议8件，提出抗诉4件5人，其中2件2人已获改判。加强民事行政诉讼活动监督。共受理审查民事行政申诉案件 6 起，向平顶山市检察院提请抗诉 3 起，均获支持，向法院发出执行监督检察建议 1 起。办理行政执法监督案件 13 件，相关单位均进行了回复。与汝州市卫生局、食品药品监督管理局会签了《关于加强食品药品和医药卫生领域行政执法法律监督工作若干意见》。再审检察监督经验材料被平顶山市政法委转发推广。强化刑罚执行和监管活动监督。对看守所安全防范检察 356 余次，发现隐患 32 处，提出纠正意见 32 次，监督纠正刑罚执行和监管活动违法情况 60 件，向办案单位提出不需要继续羁押犯罪嫌疑人、被告人的审查建议 31 件，办案单位全部采纳，共查办司法工作人员职务犯罪案件 2 件 5 人；审查逮捕罪犯又犯罪案件 3 件 3 人。认真开展减刑假释、暂予监外执行专项检察活动，监督法院收监执行 9 名暂予监外执行罪犯。

（四）认真开展执法办案风险评估预警工作

坚持逐案评估，及早发现问题，妥善处理矛盾。截止目前共接待来访 172 人次，收到群众信件 5 件，均予以妥善处理，有效减少处理信访问题的困扰，有力推动了其他各项工作的健康发展。开展化解积案专项活动。根据"全省检察机关集中排查化解涉法涉诉信访案件专项工作"的活动要求，汝州市检察院集中排查了一批涉检信访案件，专门成立"涉检信访工作领导小组"，积极开展信访积案化解工作。省院交办的 4 起信访案件，省政法窗口交办的 5 起信访案件，中央第八巡视组交办的 6 起案件，均按期结案，结案率 100%，实现了涉检赴省集体访和进京访均为零的工作目标。继续强化基层维稳力量。积极发挥"特约检察调解员"的作用，截至目前"特约检察调解员"共参与院信访矛盾化解工作 10 余次，成功化解 7 起信访案件，其中包括 1 起影响较大的集体访案件，取得了显著成效。同时采取控源头、消积案、畅出口、惩非访等措施，解决了涉法涉诉信访积案 5 件，分流了诉讼外案件 11 件，处理了非法上访 4 件，取得了涉检进京访为零，赴省集体上访为零，赴省个访下降 85% 的成效。控申科再次获得全国检察机关"文明接待示范窗口"单位的称号。

三、深入开展党的群众路线教育实践活动，不断推动检察队伍建设

1. 抓关键，不断强化班子建设。院党组坚持每周集中学习制度，重点学习和领会习近平总书记和省委郭庚茂书记在党的群众路线教育活动中的一系列讲话精神，提高班子成员的政治理论和政策水平。

2. 抓活动，加强队伍作风建设。创新活动方式，将党的群众路线教育实践活动同社会主义核心价值观教育活动、道德讲堂建设、"践行价值观、文明我先行"文明执法活动、"增强党性、严守纪律、廉洁从政"教育实践活动等各项活动结合起来，举办 "践行党的群众路线、弘扬汝检精神"主题演讲比赛，院党委书记、检察长刘新义亲自为全体干警上专题党课，组织各支部开展了"假如我是当事人"大讨论活动，积极开展批评和自我批评，进一步增强党员干警的群众意识。

3. 抓根本，大力提高执法能力素质。广泛开展岗位练兵活动，根据各部门的工作实际拟定全院岗位练兵方案，并组织岗位练兵闭卷考试，进一步加强院干警的法律监督能力。组织全院研究生干警，结合信访办案能手，向高检院理论研究所申报并获批了《涉检信访工作机制改革研究》的课题，邀请中国人民大学副授魏晓娜、程雷和最高人民检察院检察理论研究所副研究员董坤来我院对课题研究进现场指导，切实提高检察机关的理论研究水平和检察实务水平。与北京师范大学刑事法律科学研究院签订"检校合作协议"，定期由北师大中青年法学家为我院干警进行授课，提升干警业务能力。

4. 抓机制，用制度管人、依制度管事。今年，汝州市检察院建立了干警"业绩档案"、"荣誉档案"、"违纪档案"、"后勤管理档案"四项档案管理考核制度，明确创先争优目标，完善奖惩机制，把每项工作量化分解，责任到人，实行两周一例会、每月一汇报、季度一讲评、半年一小结的四步工作法，每半月召开一次部门工作汇报会，由部门负责人汇报，展示工作亮点、查找工作差距、拿出整改方案、确保工作成效，有力推动了全院工作上台阶、进位次。

2014 年汝州市人民检察院
创建省级文明单位事迹材料

汝州市人民检察院现有在职干警 115 名，干部身份 109 人（政法专项编制 85 人，事业编制 24 人），其中科级干部 30 人，占总人数的 26%；具有检察员等法律职务的 66 人，占 57%；内设科室 19 个，7 个部门为副科级规格。近年来，我院在市委和上级院的正确领导下，在省、市文明委的关心指导下，紧紧围绕维护社会大局稳定、促进社会公平正义、保证人民安居乐业三项重要任务，严格按照省级文明单位建设标准，大力开展各项创建活动，取得了检察干警素能水平和各项检察工作双提升的显著成效。特别是近三年来，我院连续进入平顶山市检察系统先进行列，被评为"全市先进检察院"、"全省先进检察院"、"全省政法先进单位"、"全省平安建设先进单位"，2013 年被评为"全国先进基层检察院"。

一、加强领导，扎实开展创建工作

我院自 2002 年被命名为省级文明单位以来，在每年的复查验收和到届创建

河南省委省政府、省人民检察院表彰奖励的集体荣誉

Henan Shengwei Shengzhengfu Shengrenmin Jianchayuan Biaozhang Jiangli De Jiti Rongyu

工作中，历届院党组都高度重视，始终坚持"两手抓，两手都要硬"的方针，把文明创建工作与业务工作放在同等位置，实行"一把手"负责制，纳入全院工作规划、列入党组重要议事日程，坚持做到同规划、同部署、同检查。以党组书记、检察长刘新义为创建领导小组组长的新一届班子，更是把创建和保持省级文明单位作为全院争先创优的头等大事来抓，坚持以党的十八大和十八届三中全会精神为指导，认真学习贯彻习近平总书记对政法工作系列重要讲话和中央、省委政法工作会议、全国、全省检察长会议精神，围绕服务"四个河南"（富强、文明、平安、美丽）建设、服务"汝州项目建设年"的工作主题，认真履行法律监督职能，扎实开展第二批党的群众路线教育实践活动，在完善落实文明创建工作机制和工作责任制的基础上，提出"强班子、带队伍、抓业务、树形象"的总要求，传承弘扬"崇德、笃行、创新、致远"的汝检精神，实现文明、规范、科学管理的工作目标。班子成员以身作则，整"四风"树新风，弘扬焦裕禄精神，践行"三严三实"要求，团结协作，开拓创新，勤政廉政，在创建活动中发挥模范作用，引领全院干警强化创建意识、责任意识，营造了浓厚的创建氛围。

一是深入开展"四创一争"、"两讲一树"活动。即创文明科室、文明干警、文明家庭、文明楼院，争当人民满意的公务员和讲文明、讲礼貌、树新风。每年评选表彰文明家庭6户、文明科室3个、文明干警5人，增强了全院干警"修身律己，做文明人"的意识。

二是积极开展扶贫帮困、奉献爱心等社会公益活动。专门成立了"汝州市人民检察院帮扶农村精神文明建设领导小组"，领导和开展"一帮一"扶贫帮困工作。在对汝州市七里村开展为期三年的结对帮扶中，选派干警驻村，院领导多次到村里调查摸底，与该村共同制定新农村建设发展规划和精神文明建设实施方案，协助搞好"两委会"换届选举，帮助硬化街道路面和架设路灯4公里，组建环卫队和购置运垃圾汽车一台，解决蔬菜基地灌溉用电等问题，设立"法律咨询服务站"，为村民调解纠纷、化解矛盾、排忧解难，使该村形成干群关系和谐、秩序稳定、经济发展的良好局面。2010年6月23日，七里村

民邀请许昌市舞狮队敲锣打鼓抬着"共建新农村，检民一家人"的匾额到检察院感谢。在对山区大峪镇同丰村帮扶中，为解决该村人畜饮水极度困难问题，多次与汝州市水利部门沟通协调，三移井址，历时半年时间，185米的深水井出水，解决了同丰村及周边一千余名村民的吃水问题。2013年5月18日，该村干群代表送来"无私援助，引来甘泉"的锦旗表示感谢。近年来，我院与21户贫困老党员及贫困户结对扶贫；组建青年志愿者服务队，到农村宣传法律排查调处矛盾纠纷百余起；全院为农村贫困老党员、困难户、孤寡老人、贫困学生和灾区捐款捐物10万余元。

三是积极参与汝州市"七城联创"活动。组织干警分包市区路段，投入大量人力、物力，配合交警、城建部门做好街道清理污泥脏水、清扫路面，劝阻和纠正乱停乱放、乱倒乱扔等不文明行为。每年还组织干警参加义务献血、植树等公益活动，树立了检察干警的良好形象。

二、深化教育，培养良好道德风尚

为加强思想道德建设，引导全院干警树立正确的理想信念和世界观、人生观、价值观，广泛深入地开展了思想教育活动。

一是按照省市委和高检及省市检察院的部署。相继开展了"政法干警核心价值观"、"树正气、转作风、促发展"等集中教育实践活动，以及当前正在开展的第二批党的群众路线教育实践活动。通过教育活动，全院干警爱岗敬业、争先创优的氛围浓厚，为民务实清廉的执法理念、执法作风得到了进一步加强和改善。

二是认真落实《公民道德实施纲要》，高度重视青年干警的思想道德教育。利用手机报和检察网站对检察职业道德、纪律规范进行广泛宣传，要求青年干警自觉践行"20字"公民基本道德规范，组织干警观看《女检察官》、《远山》、《守望公正》、《心系百姓、公正执法》、《检微在抗震救灾中闪光》等专题宣传片，大力弘扬"崇德、笃行、创新、致远"的"汝检精神"，激励广大干警做诚实守信、乐观向上、关爱他人、无私奉献、公正廉洁文明执法的检察人。

三是强化自身监督，增强拒腐防变能力。坚持常年开展职业道德和职业纪律教育活动，及时传达高检、省、市院通报的反面典型案例，组织干警收看警示教育专题片和到警示教育基地参观，时时向干警敲响警钟。狠抓"一岗双责"制的落实，层层签订廉政责任书，加强检务检风检纪督查，实行检务公开，自觉接受人大、政协和社会各界的监督，增强了检察人员的廉洁自律意识，多年来全院无一例违规违纪案事件发生。

四是积极开展深入细致的思想政治工作。建立了以院领导、机关党委委员、各党支部书记、科室负责人为主要成员的思想政治工作骨干队伍，落实理论学习制度，采取多种形式开展经常性的谈心活动，及时掌握思想动态，积极帮助排忧解难，为建设政治过硬、业务过硬、责任过硬、纪律过硬、作风过硬的检察队伍奠定坚实基础。

三、注重学习，营造学习进取氛围

一是深入开展"建设学习型党组织，创建学习型检察院"活动。除坚持每周一次党组中心组和科室集中学习制度外，2010年以来，经常组织全院干警开展以学习政策理论、法律法规、专业技能、科学文化、市场经济等知识为主要内容的"读书学习月"活动。目前我院与北师大刑事法律科学研究院和法学院联合，建立刑事理论与检察实务研究基地，为解决疑难案件和培训干警，提升理论业务水平，在全院形成全员学习、终身学习、自觉学习的良好风尚提供有力支撑。

二是大力开展岗位练兵。近三年来，选派100余人参加全国、省、市检察业务培训学习，并结合实际先后组织干警参加庭审观摩学习和优秀公诉人、优秀侦查能手、业务尖子评选等岗位技能训练，开展"上好两堂课、抄好两万字笔记、发表两篇文章、办好两件样板案，出好两次示范庭"活动。广大干警基本实现"精一门、会两门、通三门"的一专多能的目标，全院现有本科以上学历的干警达95%，有硕士研究生9名，通过司法资格考试的23人。三年来在市级以上报刊等媒体发表宣传文章500余篇，调研文章300余篇，连续评为全国检察机关宣传工作先进单位。今年准备向高检院申报检察实务研究课题，向检察机关理论调研的高水平冲刺。

三是坚持不懈地开展各种文体活动。每年的"五一"、"七一"、"国庆"、"三八"、"九九"等重大节日都开展法律知识、书法、绘画、摄影、歌咏、蓝球、乒乓球、登山等10多项比赛活动，并选派代表参加全市、全省各类文体比赛等活动。三年来先后有7名干警获得平顶山市检察机关演讲比赛、摄影比赛、诗歌朗诵比赛等比赛活动的奖励，丰富了干警的精神文化生活。

四、强化管理，树立文明机关形象

一直以来，我们始终把强化内抓管理、外树形象、争创一流业绩作为深入开展文明创建活动的重要抓手。

一是用制度管人、管案、管事。建立了干警"业绩档案"、"荣誉档案"、"违纪档案"、"后勤管理档案"四项档案管理考核制度，着力解决"懒、散、庸、腐"和干与不干、干好干坏一个样的问题。明确创先争优目标，完善奖惩机制，按照上级对院、院对科室、科室对个人三个层次，把每项工作量化分解，责任到人，实行两周一例会、每月一汇报、季度一讲评、半年一小结的四步工作法，在全院形成了"有先必争、有优必创"的争创进取氛围。近三年我院整体工作连续进入平顶山市检察系统先进位次，保持全省先进基层检察院荣誉称号，跨入全国先进基层检察院行列。

二是加强日常管理。在院内设置干警行为基本规范牌，提醒大家时时做到"人要精神，车要干净，院要整洁，事要办好。"在办公楼大厅镶置"八荣八耻"玻璃框，在电子显示屏上经常滚动播出名言警句，警示和强化广大干警荣辱观。每周一组织干警列队升国旗，每周有一名党组成员轮流带班，不定期抽查通报上下班出勤情况、值班等工作纪律的执行情况；改变会风，杜绝会议期间接打手机、交头接耳、迟到早退、抽烟瞌睡现象；严格执行工作日"禁酒令"，加强车辆安全及警车使用管理和财务后勤管理，多年来无发生重大安全事故。

三是认真搞好计划生育工作。全院干警认真执行计划生育政策，采取层层签订责任状、落实责任制等办法，确保了计划生育率百分之百，连年为计生工作先进单位。

四是加强工作环境管理。在搞好院办公楼及附属设施的整改、修缮，达到绿化、亮化、美化的同时，加强了图书室、档案室、健身活动等场所的管理，开展环保节能活动，定期进行卫生检查，落实防疫和体检制度，杜绝随地吐痰、乱扔烟头、乱扔碎纸垃圾等脏、乱、差现象，连续保持为省级卫生先进单位。

五、开拓创新，创造一流工作业绩

紧紧围绕维护社会大局稳定、促进社会公平正义、保证人民安居乐业三项重要任务，抓实做好各项检察工作。

1. 依法打击刑事犯罪，全力维护社会稳定。2009年以来，共批准逮捕各类刑事案件1201件1865人，提起公诉1552件2015人，批捕起诉准确率均达100%，对涉黑、涉暴、"两抢一盗"等严重刑事犯罪案件做到快捕快诉，有力地打击了犯罪分子的嚣张气焰，为确保一方平安积极发挥职能作用。

2. 围绕汝州经济社会发展大局服务民生。制定实施了服务企业"六个一"、服务"项目建设年"，打击非法采矿、违法占地、违法建设、危害食品药品安全等犯罪的法律监督意见和措施，收到明显成效。汝州市委书记多次作出批示，要求在政法执法部门推广我院做法。2012年我院服务招商引资工作成绩突出，市委市政府给予奖励50万元。《河南法制报》头版头条、全版刊发《人民盼什么 我们就干什么——汝州市检察院在服务大局中铸就"汝检"品牌》·文，报道我院服务大局的做法。

3. 依法查处和预防职务犯罪，推进反腐倡廉。2009年以来，共立案查处职务犯罪案件114件146人，其中贪污贿赂案件75件98人，渎职侵权案件39件48人。2012年查办职务犯罪工作进入全省先进行列，省院奖励20万元给予鼓励。结合办案积极开展送法"进机关、进企业、进乡村、进学校、进社区"活动，向广大干部职工、农民群众、在校学生有针对性地开展预防职务犯罪警示教育和法制宣传，帮助发案单位堵塞漏洞、建章立制，协助税务等部门挽回国家经济损失 3000 余万元。开展留守儿童、刑事犯罪未成年人教育关护工作，向相关部门发出检察建议，专项治理"问题校车"和"黑诊所"的做法，被《检察日报》头版和省院简报刊发。

4. 加强诉讼监督，维护司法公正。2009 年以来，共办理立案监督案件 35 件 75 人，追捕、追诉漏犯 215 人，提出刑事抗诉案件 6 件，提请民事抗诉案件 26 件，依法纠正刑罚执行错误案件 31 件，纠正率 100%。2012 年公诉局被评为全省优秀公诉团队，监所检察科连续 5 年名列平顶山市前茅，2011 年驻所检察室被评定为国家一级规范化检察室，相关经验做法被高检院转发推广。

5. 创新矛盾化解机制，用心服务群众。2011 年以来，我院实行检力下沉，建立以 4 个基层检察室为依托覆盖全市 20 个乡镇街道办事处的检察工作联络点，着力发挥检察室贴近基层、贴近群众的优势，化解基层社会矛盾，加强对基层执法部门的法律监督和基层干部职务犯罪预防，取得了较好社会效果。

为努力实现涉法涉诉信访案件"案结事了"息诉罢访。我院在全市 20 个乡镇选聘群众认知度高、德高望重的 117 位知名人士担任"特约检察调解员"，参与涉检信访案件调处工作，实现了初信初访化解息诉率达 98%，连续多年取得了涉检进京零上访和赴省零集体访目标，其经验做法被高检院转发推广。2010 年全省检察机关信访风险评估预警工作会议在我院召开，对我院探索推行的信访评估预警机制予以肯定和认可。2011 年在山东召开的全国执法办案风险评估预警工作推进会上，我院作为全国唯一的基层院代表在大会上作典型发言。我院控申接待室连续多年为"全国检察机关文明接待室"，2011 年被高检院授予"全国检察机关文明接待示范窗口"，在平顶山市检察系统中是唯一获此荣誉的基层院。

创建工作只有起点、没有终点，我们决心再接再厉，巩固创建成果，进一步加大工作力度，加强领导，严格要求，全面推进我院精神文明建设的发展，为我市经济社会科学发展保驾护航。

2014 年 4 月 22 日

2013年汝州市人民检察院反贪污贿赂局荣获"全省人民满意的公务员集体"称号

自2013年河南省深入开展"人民满意公务员示范岗"创建活动以来，汝州市检察院反贪局全体干警深入学习贯彻党的十八大和十八届三中、四中全会精神，把开展争创人民满意公务员活动作为队伍建设的重要载体，大力开展党的群众路线教育实践活动，把以人为本、服务群众作为"人民满意公务员示范岗"创建工作的出发点和落脚点，切实转变工作作风，树立为民务实清廉的良好形象。

近年来，该局多次被评为平顶山市检察机关反贪工作先进集体，荣立集体三等功一次。全局15名干警中有1人荣立二等功，5人荣立三等功，2人被评为省级"人民满意的政法干警"，6人被评为市级"优秀检察干警"。

2011年以来，汝州市检察院反贪局在本院党组及上级业务部门的正确领导下，认真贯彻十八大精神，确立以案件质量为生命线的工作思路，突出办案重点，强化工作措施，克难攻坚，狠抓"查串挖窝"工作，做到办案有数量、有质量、有效果，查办贪污贿赂职务犯罪工作取得了显著的办案效果和社会效果。近年来，相继查处了叶县人民政府副县长张某某（副处级）受贿28万元案；汝州市公路局局长杨某某（正科级）贪污15万元案；汝州市水利局局长李某某（正科级）受贿28万元案；平顶山市湛河区委统战部部长刘某某（正科级）受贿36万元案；汝州市公安局出入境管理股股长崔某某受贿22.5万元案；汝州市煤山办事处赵庄居委会王某某等4人挪用公款700万元案；汝州市南关居委会党支部副书记任某某挪用公款6000万元案等一批重大案件及科级以上要案。

一、全力以赴查办职务犯罪案件，切实维护公平正义

近年来，在反贪任务重，案源少的情况下，院党组高度重视反贪工作，亲自过问每一起案件的办案情况，提出正确的办案方向和策略。主管领导注重

发挥干警的积极性、主动性，不等不靠，主动出击，积极寻找案源，变被动为主动，与大家同心同德办案。上级院及兄弟科室鼎力支持，形成良好的职务犯罪查案氛围。反贪干警团结一心，共同向上，大家集思广义，共谋发展，形成了良好的工作风气，年轻同志敢冲敢打、不怕吃苦、服从安排，老同志坚守岗位、默默无私奉献、无怨无悔。2011年以来，共立案查办贪污贿赂案件48件81人，其中贪污案26件50人，贿赂案17件22人，挪用公款案5件9人。查处科级以上要案16人，侦查终结、移送审查起诉率达100%，已拿到有罪判决58人。

每办理一起大大小小的案件，都是一场正义与犯罪的艰难较量。在办案中，反贪干警在困难与艰辛面前不退缩、不埋怨，彰显坚韧、沉着思考，寻找机会与突破口，在摸索中抓住犯罪遗留的细小痕迹，紧追不舍，挖掘出犯罪，并做到真实还原。在办案中反贪干警排除阻力，抛弃个人恩怨，抛弃友情、同学情、亲情等社会关系，坚守公平正义，一查到底，挖掘犯罪黑手，养成了敢于啃硬骨头的精神。同时，在办案中，他们采取"抓系统，系统抓"的科学工作方法，先后在水利系统，电力系统、烟草系统、涉农领域等不同领域查办了一系列贪污贿赂窝案、串案，社会效果良好。如2014年侦办的汝州市夏店乡烟站站长等6人坑害烟农贪污10万余元窝案。近年来，地处汝州市丘陵和山区的农户，越来越多的选择种植烟叶增加收入，但在烟叶收购过程中，烟草公司个别烟站工作人员采取压级、折秤等坑农害农现象时有发生，农民群众反映强烈。2014年4月3日，汝州市检察院据群众举报深挖犯罪线索，立案侦查一起汝州市烟草公司夏店乡烟站站长李某某等6人共同贪污10万余元烟叶款窝案，赢得了当地烟农的满意。犯罪嫌疑人李某某在任夏店乡烟站站长期间，于2013年下半年伙同副站长冯某、副站长兼报账员李某、分级组组长张某某以及烟站职工石某某、关某某等人，在收购烟叶过程中，采用折称、压级与提级等手段，套取烟叶款30余万元，后经过共同预谋，将套取的烟叶款中的106000元私分，此案6名犯罪嫌疑人已作出有罪判决。

二、创新工作思路，加大查案力度，深挖职务犯罪

新刑诉法实施后，他们不断探索新的侦查模式，及时转变侦查理念，增

强干警利用信息化侦查办案的意识。采用信息引导侦查模式，加强案前准备，经营谋划，在案前尽量多地掌握被查对象的各项信息，做到知己知彼，找准突破口。办案中，遇到技术难题，主动联系上级院，寻求技术支持，利用上级院的技术设备，实行资源共享，提高了办案效率。如在办理张某某等9人涉嫌贪污案时，由于涉及人员较多，为了防止打草惊蛇，他们和市院沟通联系，利用市院的手机定位系统，准确掌握每个犯罪嫌疑人的住所后，分组同时寻找嫌疑人，在最快的时间内将9名嫌疑人全部通知到案，提高了办案时效，防止嫌疑人之间相互串供，上级院的技术支持对成功侦办此案起到关键作用。

2013年以来，为对接新刑诉法的实施，汝州检察院反贪部门对每期案件在初查前均通过信息技术手段，秘密收集被查对象的各类信息资料，在办案过程中，进行实战演练。通过人口信息查询、银行查询、房产查询、车辆查询、话单分析等技术手段，能快速地掌握被查对象的社会活动轨迹、家庭财产情况、家庭住址、办公所在地等各种信息，从而引导侦查人员的办案思路，为办理案件提供有力的书证，更有利于案件的开展。如2013年7月办理的原汝州市公安局出入境管理科长崔某某受贿案，经过前期银行查询，他们已掌握崔某某已把受贿的20万元存入其信用社的账户上，但崔某某通知到案后，拒不交代受贿犯罪事实，我们将崔某某的20万元涉案款作为突破口，很快突破了崔某某的心理防线，又顺藤摸瓜，一举查清了崔某某利用职务便利，接受多人贿赂23万元的犯罪事实。崔某某被人民法院判处有期徒刑10年，崔某某对判决结果没有提出上诉。

三、狠抓队伍建设，提高干警素质

首先，加强干警的政治理论学习，反贪部门在办案时间紧、任务重的情况下，坚持周一例会制度和周五学习制度，每周组织全体反贪干警进行政治理论学习，用理论知识武装干警的头脑，提高干警的政治素质，使反贪干警人人牢固树立"立检为公、执法为民"的宗旨意识，不断改进执法作风，增强严格执法，正确执法的观念。其次，注重反贪队伍整体战斗力的提高，边学习边练兵，通过实践演练，不断积累总结经验，再反过来提高办案水平和技能，强调老侦查员对新兵的传帮带作用，使年轻干警尽快成为办案能手。最后，加强对干警进行廉洁自律教育，增强反贪干警的廉洁意识，提高干警拒腐防变的能力。目前，反贪干警形成了一支有战斗力、凝聚力、团结奋进的战斗集体。全局干警连续多年无严重违法违纪问题的发生，无重大安全办案责任事故，所办案件无引起涉检涉法信访案件。

四、以信访稳定大局为重，力促县域经济社会健康发展

信访工作关乎社会和谐稳定，直接关系到人民群众的切身利益。因此，汝州市检察院反贪局在工作任务繁重的情况下，以社会稳定大局为重，把处理好涉检信访案件，作为当前一项极为重要的工作，把人民群众满意不满意作为检验反贪工作的第一标准。对群众反映强烈的涉检信访问题，优先办理，坚决一查到底。对达到立案标准的，不论数额大小，坚决立案，对构不上立案条件的，将问题逐项查清，及时向群众进行反馈，对群众释法说理，做好群众的息诉罢访工作，将矛盾纠纷化解到基层。如 2014 年 3 月的一天，汝州市钟楼办事处拐棍李村多名群众到检察院反映本村报账员兰某某，贪污征地款等经济问题，要求检察院及时进行处理，否则，将到省里直至中央有关部门上访。由于来访群众较多，情绪非常激动，反贪局领导高度重视，一边耐心宣讲法律规定，对群众表明态度，稳定群众情绪。一边派员深入该村进行调查，走访 200 多名农户，在较短时间内查清了兰某某采用虚报征地面积的手段，贪污 20350 元征地款的犯罪事实，此案提起公诉后，汝州市人民法院以贪污罪判处兰某某有期徒刑一年六个月，缓刑二年。对群众反映兰某某的其他经济问题，经审查不属于检察机关管辖，反贪局及时将有关材料移交汝州市公安局经侦队处理。群众对处理结果非常满意，表示愿意息诉罢访。

百尺竿头放步行，汝州市检察院反贪局将进一步增强干警的责任感和使命感，充分发挥检察职能，以饱满的热情，百倍的努力，扎实的工作，实现新的跨跃，为促进社会和谐稳定作出新的贡献。

2011 年汝州市人民检察院控告申诉检察科荣立集体二等功

　　近年来，汝州市人民检察院控告申诉检察工作紧紧围绕党和政府工作重心，坚持稳定压倒一切的工作方针，在当地党委和上级院及本院党组的领导下，积极探索完善涉检信访长效工作机制，以做好初信初访息诉、疑难重信重访治理、矛盾纠纷排查化解等工作为着力点，全力化解社会矛盾，积极营建和谐氛围，取得了明显成效，连续三年实现涉检进京零上访，连续五年被汝州市委、市政府授予"信访工作先进集体"，连续六年被平顶山市人民检察院授予"控申工作先进集体"，连续七年被省

院和高检院授予"全省、全国文明接待室"荣誉称号。

一、实行办案信访风险评估，源头堵漏保稳定

坚持对每一起案件的信访可能性进行预测，制定工作预案并采取息诉措施，对案件信访风险切实做到了超前防范，提前化解。如2009年6月办理的常某某信访案。公诉科在审查马某某涉嫌寻衅滋事一案时，嫌疑人母亲常某某、爷爷马某认为马某某没有殴打受害人，受害人的轻伤鉴定是伪造的，声称如不立即释放马某某将进京上访。依据信访风险评估等级，公诉科对该案的信访风险确定为"一级"。接到公诉科送达的评估结论后，控申科迅速介入，与公诉部门共同研究处置方案，启动内外协调配合机制、指定专人重点稳控。控申科积极与信访人住所地的尚庄乡党委政府联系协调，公诉科及时与公安派出所联系，会同办案民警多次到常某某家做思想工作，讲明处理该案的事实法律依据，使其情绪缓和打消进京上访念头。6月11日，控申科又接到马某（男，74岁）可能赴京上访的情况后，迅速驱车前往北京，于中途将马某劝返，并对其做思想教育工作，使马某认识到自己的错误，保证以后不再上访，避免了京访案件的发生。自2008年实行信访风险评估机制以来，该院新办理案件未发生一起进京上访。

二、加强疑难重信重访治理，完善机制促和谐

对涉检疑难重信重访案，在坚持领导包案和首办责任制的前提下，不断探索完善工作机制，加强重信重访专项治理力度，使重信重访疑难案件息诉率达到100%，受到了当地党委和广大群众的一致好评。

一是坚持"六快三公开"。该科在处理涉检重访时做到快分流、快调查、快反馈、快答复、快结案、快息诉；对待疑难涉检重访做到检务公开、办案公开、答复公开，增强办案透明度，力争一次性解决问题，不留隐患。2007年至今，采取这些措施成功将27件重信重访案化解息诉。

二是推行双向承诺。 与信访人签订承诺书，约定信访人在检察机关办理其反映问题期间不重复上访和越级上访，检察机关保证在约定期限内将信访人反映的问题办结并向其反馈。如张某某不服我院对鲁某某涉嫌贪污的撤案决定多次上访，2007年4月与他签订承诺协议，他承诺在二个月的调查期限内保证不上访。控申科则在承诺的办案期限内为他解决了多年来上访告状的实际问题，使其停访息诉。两年来与重访人签订双向承诺书24件，案件均在承诺期间办结息诉，有效减少了重访量。

三是实行信访听证。 对涉检反复上访案件组织公开听证，给当事人提供表达意见的机会，使信访人的知情权、申诉权得到充分尊重，从而得到广大群众的理解和支持，使信访问题得到公平、公正地评议，达到息诉的效果。如汝州市风穴办事处某村刘某某等5位村民不服对该村支部书记挪用公款一案撤销案件决定的上访重访案，通过2007年8月的公开听证，征得了上访群众的理解和支持，息诉罢访。2007年至今，共对3件反复上访的疑难信访案进行了公开听证，最终均成功化解。

四是严明奖惩措施。 对在信访工作中做出优异成绩的部门和个人，给予表彰奖励和物质奖励，对部门奖励最高可达10000元，个人奖励最高可达3000元。对不认真执行矛盾纠纷排查化解制度、不落实信访风险评估制度，应当排查而不排查、应当评估而不评估或者不认真排查、不认真评估造成遗漏排查、遗漏评估重要信访问题，造成赴省进京上访的，或者对排查、评估的重大信访问题不认真落实稳控措施，造成赴省进京上访的，则分别22种情况，对责任领导和责任人予以严厉的责任追究，进一步强化了信访"全院一盘棋"的大格局，2007年以来，该院领导分包有赴省进京上访苗头的涉法涉诉信访案件72件，包案领导亲自带领分管部门承办干警到当事人住所地见面接待，听取诉求，研究措施，协调解决问题，息诉67件，稳控5件，无发生一起省访京访。如高检、省、市、县四级检察院共同努力稳控息诉的王某某不服不批捕决定 10 年重访案，控申科工作突出，该院共奖励 5000 元。

三、搭建联合处访平台，筑牢信访稳定大防线

该院把涉检信访工作融入党委政府信访工作大局中，以参加书记、市长大接访活动为契机，加强与信访、公安、法院、行政执法部门、乡镇党委政府、村民委员会、乡村信访代理员等有关单位和人员的联系配合，在党委、人大、政法委的支持下，建立了信访工作联席会议制度、信访信息通报制度和处理信访协作制度等，搭建一个联动各方、配合协作、齐抓共管的处理涉法涉诉信访工作平台，实现了压力分担、优势互补、共同处理诉讼环节疑难信访问题的格局。2007 年至今，控申科代表汝州检察院多次与公安、法院等有关部门召开联席会议，协调解决了 12 起疑难复杂信访案件。如梁某帅、梁某杰涉嫌诈骗案因事实不清、证据不足经两次退回公安补查并与法院协商后，仍不符合起诉审判条件，受害人妻子刘某认为汝州检察院不起诉是包庇犯罪嫌疑人而数次上访，此案经联席会议研究后，由汝州市公安局与汝州市检察院共同处理，控申科与公安办案部门相互协作，共同协调受害方所在乡镇党委政府和村委会做好教育疏导工作，并为其挽回了 4 万余元的损失，使刘某停访息诉。

四、擦亮"阳光检务"窗口，紧密检民联系纽带

一是深化检务公开，推进"阳光执法工程"。利用互联网门户网站平台，开通了网上"案件信息查询系统"，将各部门办理案件录入计算机系统，通过该院信访接待室触摸屏系统和互联网站向社会公开，自觉接受社会各界对检察机关办案时限、办案质量的监督，方便信访群众查询了解案件进展情况。人民群众及案件相关人员只要到该院接待室或者访问互联网门户网站，通过接待室触摸屏系统或者在网站检务公开专栏上登录案

件查询界面，通过"关键字查询"或者"日期查询"，即可查到相关案件包括受理时间、案件性质、所处环节、承办人、处理结果、办结时间等在检察环节的各项信息。

二是畅通实施文明接访渠道、彰显人文关怀。坚持周三检察长接待日制度和预约接待制度，满足来访人选择接待领导和接待时间的要求。接待人员对来访群众坚持礼貌接待，耐心听诉，认真记录，释法析理，关心群众疾苦，及时解决群众诉求。2008年9月，汝州市陵头乡大庙村农民耿某（70岁）来该院控申科反映他的孩子被本村人刘某打死，刘某被逮捕，因经济困难没钱火化孩子尸体。当接待人员得知他与老伴步行20公里从家讨饭到城里告状时，马上掏出自己的钱让两位老人买饭和作路费，核实情况后又及时与该乡政府和民政部门联系协调，给予救助，耿某和老伴感动地泪流满面。2007年至今，共受理初信初访件700余件，占受理总数的80%，全部妥善处理，未发生一起因接处不当引发上访的情况。

三是畅通定期下访巡防渠道，加强检民联系纽带。控申科经常与各乡镇党委政府、村两委会及乡、村信访代理员联系沟通，坚持每月到各乡镇巡回接访，共受理涉法涉诉信访件47件，对反映的问题均在乡镇党委政府及基层村组织配合下予以妥善解决。同时开展探访慰问和涉检信访救助，逢年过节，该科人员带慰问品主动到上访人家中探望，送去温暖，增进上访人对检察工作的理解和支持。两年来探访慰问上访人22人次。对信访困难群众提出的一些法度之外，情理之中的问题，该科积极协调相关部门，先后筹措资金85000元予以救助，加强了检民联系，缓和了社会矛盾。

2011 年汝州市人民检察院公诉科荣获
全省"优秀公诉团队"

　　汝州市人民检察院公诉科是一个团结、务实、开拓、奋进的集体。回首过去，一连串的荣誉像清冽的小溪流淌而过……一年之内有三名同志荣立"三等功"，科长连续十年获得"优秀检察官"荣誉称号。每一个荣誉，都是一份心血与汗水的结晶。这是一个优秀的群体，激扬的青春创造出一项项可喜的荣誉。没有人才的队伍，绝不可能是一流的队伍，人才是出业绩的王牌。汝州辖区不仅案件总数多，而且疑难复杂案件多，这对公诉人是一个严峻的考验。针对新形势下对公诉干警业务素质要求的提高，我院从培养人才着手，对新任检察官言传身教，悉心向他们传授工作经验，认真做好传、帮、带。

同时，要求干警加强系统的业务理论学习。通过对人才培养的狠抓落实，重学习、重业务、重实绩蔚然成风，队伍整体素质稳步提高。

近年来，为有效化解社会矛盾，维护社会和谐稳定，汝州院公诉科结合当地轻微刑事案件多发的实际，围绕三项重点工作，在审查起诉阶段探索运用"刑事和解"、"附条件不起诉"等创新机制处理轻微刑事案件，取得了良好效果，其经验做法得到省、市院的充分肯定，2009年4月被确定为全省刑事和解试点单位，2010年全省附条件不起诉现场会在汝州召开后，汝州院被确定为全省附条件不起诉试点单位。现场会后，全省各地多个兄弟院到汝州院学习、交流附条件不起诉的经验做法。

一、三年来业务工作开展情况

年份	件数	人数	干警人数	人均办案数		提出抗诉率	抗诉意见采纳率
				件数	人数		
2008年	365	548	9	40.5	60.8	0.3%	100%
2009年	343	464	9	38.1	51.5	0.6%	50%
2010年	383	528	9	42.6	58.7	1%	100%

2008年以来，汝州市人民检察院坚持注重办案数量和质量有机统一的原则，树立程序和实体并重的原则，始终把案件质量放在首位。通过加强案件流程管理、案例指导、两项监督、队伍建设等措施，使公诉案件质量明显提高。三年来提起公诉刑事案件1091件1540人，无错诉、漏诉、无罪判决和撤回起诉案件，无因违法办案或者办案不规范引发重大上访事件。

二、队伍建设情况

（一）人员编制情况

据政治处资料显示，截至2010年12月31日，汝州市人民检察院编制数为 95 人，公诉部门编制为 11 人，占全院编制比例为 11.6 %。汝州院现有人员 87 人，公诉人员 9 人，占全院人员比例为 10.3 %，公诉科长现为本院检委会委员。近三年来，公诉干警未发生过任何违法违纪问题。公诉科现有人员及基本情况如下：

姓名	性别	年龄	民族	政治面貌	学历学位	法律职务	行政职务	行政级别	公诉工作年限
关文丽	女	44	汉族	党员	本科	检察员	科长	副科	5
王 霞	女	46	汉族	党员	本科	检察员	副科长	科员	11
唐剑兰	男	43	汉族	党员	本科	检察员	副科长	科员	8
毛跃帅	男	32	汉族	党员	本科	助检员	副科长	科员	3
王明安	男	56	汉族	党员	本科	检察员	科员	科员	28
丁群道	男	56	回族	党员	本科	检察员	科员	科员	22
孟现国	男	39	汉族	党员	本科	书记员	科员	科员	14
黄川川	男	29	汉族	群众	本科	检察员	科员	科员	3
陈晓亮	女	26	汉族	党员	本科	助检员	科员	科员	3

汝州院公诉科平均年龄为 41.2 岁，虽然部分干警年龄偏大，知识结构更新缓慢，但我们充分挖掘每位干警潜在资源，通过以老帮新，充分发挥老干警的经验优势帮助年轻干警掌握办案技巧；通过以新带老，利用新干警的新思想、新观念影响老干警的陈旧执法理念，使老干警及时更新知识储备，适应不断变化的社会需求。三年来，通过互帮互补，公诉干警齐心协力做好每一起刑事案件的审查起诉工作，汝州院提起公诉的刑事案件未出现质量问题。

（二）公诉集体及个人获得奖励情况

年　度	公诉集体及个人获奖情况
2006 年	1、平顶山市委、市政府表彰的打击和预防"两抢一盗"专项斗争先进集体：汝州市人民检察院公诉科； 2、个人三等功：孟现国； 3、市检察院表彰的 2005 年度先进工作者：关文丽； 4、汝州市委市直机关工委表彰的优秀党员：王霞。
2007 年	1、2006 年度全省检察机关调研工作先进个人：毛跃帅； 2、个人三等功：唐剑兰； 3、平顶山市人民检察院表彰的 2006 年度先进工作者：关文丽　　王霞； 4、汝州市委、市政府联合表彰的 2006 年度社会治安综合治理先进个人：毛跃帅； 5、汝州市委市直工委表彰的 2006 年度优秀党员：王霞。
2008 年	1、平顶山市人民检察院表彰的 2007 年度先进工作者：关文丽、毛跃帅； 2、平顶山市委政法委和综治委表彰的"打击两抢一盗犯罪专项斗争先进个人：关文丽； 3、平顶山检察院表彰的 2008 年度先进工作者：关文丽、毛跃帅； 4、汝州市委市直工委表彰的 2007 年度优秀党员：唐剑兰； 5、市委办公室表彰的全市政法系统践行社会主义法治理念先进个人：关文丽； 6、平顶山市检察机关公诉部门年度考核第一名； 7、2008 年打击"两抢一盗"犯罪专项斗争先进集体。
2009 年	1、汝州市委政法委、综治委联合表彰的"打击两抢一盗犯罪专项斗争先进单位"：公诉科； 2、汝州市委政法委、综治委联合表彰的"打击两抢一盗犯罪专项斗争先进个人"：王霞、唐剑兰； 3、汝州市委表彰的 2008 年度优秀党员：毛跃帅。
2010 年	1、河南省委政法委和综治委联合表彰的"中原卫士"：关文丽； 2、科长关文丽被省院荣记个人二等功； 3、科长关文丽被省院评为"刑事审判法律监督专项检查先进个人"； 4、平顶山市人民检察院表彰的优秀检察干警：关文丽； 5、平顶山市检察机关公诉部门年度考核第一名； 6、公诉科荣获集体三等功； 7、汝州市委、市政府表彰的 2009 年度信访工作先进个人：唐剑兰； 8、汝州市委《关于表彰 2010 年先进机关党组织、优秀党务工作者及优秀党员的决定》中，陈晓亮同志被评选为优秀党员； 9、汝州市委、市政府《关于表彰 2010 年度信访工作先进单位和先进个人的决定》中，王明安被评为信访工作先进个人； 10、汝州市委政法委《关于表彰先进基层党组织、优秀党务工作者及优秀党员干警的决定》中，毛跃帅被评为优秀党员干警。

（三）理论调研文章情况

年度	理论文章发表情况
2006 年	未保存
2007 年	未保存
2008 年	未保存
2009 年	1、《妥善运用刑事和解、有效化解社会矛盾》一文在 2009 年 4 月全省公诉工作座谈会上以经验材料形式在全省推广； 2、《职务犯罪案件缓、免刑多的原因及对策》在全省自侦案件研讨会上进行经验介绍，在 2009 年 11 月 13 日《豫周刊》上发表； 3、《汝州市人民检察院对 2008 年度提起公诉的刑事案件判决情况的调查分析》于 2009 年 10 月 30 日在《豫周刊》上发表。
2010 年	1、《对汝州市人民检察院 2009 年刑事和解工作的调查分析》在中国检察网上转发； 2、《汝州市探索附条件不起诉的经验做法》于 2011 年 3 月份在汝州院召开的全省检察机关附条件不起诉第一案现场宣告会暨理论研讨会上得到全省推广； 3、《强行索要彩礼的行为如何定性》一文在 2010 年《中国刑事司法改革与实务研究》第 2 辑上发表。

三、全省公诉机制改革创新试点情况

（一）积极运用刑事和解化解社会矛盾

1.认真调研，在办案中探寻化解社会矛盾的源头。经过调研，发现 2006 年至 2008 年，我院审查起诉阶段共受理各类刑事案件 1090 件 1607 人，其中轻伤害案 177 件 206 人，案件数和人数分别占起诉总数的 16% 和 13%。同期，我市共发生赴省进京越级上访、重访和非正常上访案件 72 件，其中轻伤害案 32 件，占上述上访案件的 44%，居各类案件之首，成为引发社会矛盾、影响社会稳定和谐的重要因素。

针对这一社会问题，公诉科进行了深入的调研，走访了村委会、案件当事人及群众，深入查找此类案件的根源，倾听社会公众对案件的处理意见。通过调研我们发现，因邻里纠纷引发的轻伤害案件，大多是一时冲动，主观恶性较小，且系初犯、偶犯，情节轻微。如果一律诉至法院审判，不仅不利于化解矛盾，反而容易演变成家族之间更深的矛盾，甚至引发双方当事人都上访告状。只有及时与双方当事人沟通，做好说服教育和化解矛盾工作，使被害人的损失得到弥补，才能使矛盾得以化解，社会得以和谐。

2. 探索刑事和解，做法得到省院的肯定。自 2007 年以来，我院公诉科运用刑事和解处理轻微刑事案件 175 件，收到无上访、无申诉、无重新犯罪的社会效果。如犯罪嫌疑人邵某故意伤害案，邵某因遭到同村吕某辱骂而引发争执，邵某持木凳将吕某头面部砸成轻伤。2009 年 4 月，汝州市公安局将该案移送我院审查起诉。承办人经审查了解到邵某家境贫困，父母亲常年有病，无人照料，且因该案系邻里琐事引发，情节轻微，符合和解处理的条件，就一方面积极做邵某的姐姐及其父亲的思想工作，让其先到被害人家赔礼致歉，表明愿意赔偿但能力确实有限的诚意，同时积极筹钱；另一方面又苦口婆心做被害人的工作，多次就邵某的家庭情况、犯罪情节及调解后对双方、对社会的好处与被害人谈心，被害人最终不再坚持上万元的经济补偿要求，由邵某赔礼道歉，赔偿损失 5000 元，双方达成了和解协议。邵某也表示今后要吸取教训，遵纪守法，好好做人，并代表全家给我院送来了锦旗表达感激之情。和解后我院将该案退回公安机关建议作撤案处理。

2009 年 4 月 14 日，在全省公诉工作会议上，汝州市人民检察院刑事和解的经验做法得到省院的肯定，被确定为全省公诉工作机制创新刑事和解试点单位。院党组对刑事和解试点工作高度重视，成立了以检察长为组长，主管副检察长为副组长，公诉、侦监、纪检监察、办公室等科室负责人为成员的刑事和解试点工作领导小组。同时，研究制定试点工作方案，检察长亲自向汝州市人大、政法委汇报刑事和解试点工作的依据、思路和基本做法，得到了人大、政法委的肯定和支持。

3. 建立完善刑事和解制度，得到省院推广。结合我院两年来刑事和解工作实践，由公诉科提请院检察委员会研究通过《汝州市人民检察院审查起诉阶段办理轻微刑事案件适用刑事和解暂行办法》（以下简称《暂行办法》），对刑事和解的适用范围、程序、处理模式、回访监督及归档备案等相关工作的运作模式作出具体规定，积极、谨慎、稳妥的推进刑事和解工作。该《暂行办法》报经平顶山市人民检察院、汝州市人大、政法委审核同意后，以院文件形式印发，成为我院办理轻微刑事案件使用刑事和解的制度性文件，进一步规范了轻微刑事案件和解处理的各个环节。

在办理轻微刑事案件时，公诉干警牢固树立和谐维稳意识。对符合刑事和解处理要求的案件，依照《暂行办法》的规定，报经部门负责人审核、主管检察长批准后，适用刑事和解办法处理轻微刑事案件，并将和解处理过程中每个阶段的具体情况及时向领导汇报，确保谨慎、稳妥，避免情势变化出现新的矛盾和问题。

同时，与公安、法院建立刑事和解工作联系制度，得到公安和法院的支持。在捕前、捕后、诉前、诉后、审判环节共同尝试和解，必要时三机关相互配合，做好刑事和解。对于审判环节和解成功的案件，通过量刑建议的形式建议法院从轻处理。2009年12月18日全省公诉工作座谈会和2010年1月26日全省刑事和解专项会议上，我院将刑事和解实践中的做法形成书面经验材料在会上发言推广，得到了省院领导和与会代表的充分肯定和赞赏。

（二）成功办理全省首例附条件不起诉案件

1. 建章立制，积极探索附条件不起诉。在刑事和解试点工作的基础上，为认真贯彻最高人民检察院《关于深入推进社会矛盾化解、社会管理创新、公正廉洁执法的实施意见》，全面落实宽严相济的刑事司法政策，提高运用法律政策化解矛盾纠纷、增进社会和谐的能力，我院在公诉工作中积极探索实践附条件不起诉。

附条件不起诉工作是检察工作的一项探索，为做好该项工作，我院成立了以刘龙海检察长为组长的领导小组，对附条件不起诉工作开展理论调研和法律实践，制定了《汝州市检察院附条件不起诉工作制度》，规定了附条件不起诉的定义、应当遵循的原则；根据犯罪嫌疑人的年龄、性格、犯罪性质和情节、犯罪原因以及犯罪后的悔罪表现等，规定了附条件不起诉的适用范围和适用条件；规定了附条件不起诉的帮教考察等具体操作程序。

2.寻找案源，积极实践附条件不起诉。2010年3月初，我院公诉科从公安机关移送的案件中筛选出犯罪嫌疑人马某某涉嫌盗窃一案，本案中马某某以非法占有为目的，秘密窃取他人财物，数额较大，其行为已构成盗窃罪。但犯罪嫌疑人马某某案发后及时归还被盗摩托车，犯罪情节较轻，认罪态度较好，且系初犯，符合附条件不起诉条件。根据办理附条件不起诉案件规程，公诉科同志深入乡里，走访了大量群众，取得了10余份证人证言，认真完成了对犯罪嫌疑人马某某的社会表现考察工作，同时对被害人进行询问，了解被害人的态度，得知被害人已谅解犯罪嫌疑人，且马某某平时表现较好，具备帮教条件的情况后，我院认为，根据《刑事诉讼法》及宽严相济刑事司法政策的相关规定，可以对犯罪嫌疑人马某某进行附条件不起诉。案件选定后，我们向省、市院进行汇报，引起上级院的高度重视，省院决定在汝州召开全省附条件不起诉现场会。

案件确定后，附条件不起诉案件涉及哪些文书，文书如何制作，亦无章可循，为确定相关文书的名称、格式、内容，公诉科的同志加班加点，吃住在单位，十几个晚上通宵达旦，共同起草、讨论、研究、修改，附条件不起诉相关文书经过几易其稿，全部确定下来。

3. 召开现场会，成功办理全省附条件不起诉第一案，得到省院肯定和推广。2010年3月18日，在省、市院的大力支持下，全省附条件不起诉第一案即马某某盗窃案公开宣告会暨附条件不起诉理论研讨会在我院召开。中国政法大学樊崇义教授、河南省人民检察院贺恒扬副检察长、平顶山市检察院何欣副检察长、平顶山市委政法委、汝州市市委、汝州市人大、汝州市政协和平顶山、汝州两级公、检、法、司，平顶山其他九个县、市、区检察院和平顶山学院等部门、单位的有关领导及律师界代表到场观摩。会上，犯罪嫌疑人马某某做了表态发言，深刻反省了自己的过错，表示要吸取教训，接受帮教，遵纪守法，好好做人。被害人魏某某也当场表示原谅犯罪嫌疑人马某某，愿意给其改过自新的机会。之后，我院就成功办理该案的经验做法在会上进行介绍，得到樊崇义教授、省院贺恒扬副检察长的高度肯定，省院贺恒扬副检察长认为我院的做法对全省附条件不起诉制度的建立和完善具有很重要的推动作用。《检察日报》、《河南日报》等新闻媒体进行了采访报道，会议取得圆满成功。2010年5月25日，省院在济源市召开部分基层院检察长工作调研会，确定由我院对附条件不起诉工作在座谈会上进行经验交流。截至2010年底，省内已有10余个县院派员来我院学习、交流附条件不起诉的经验做法。

在荣誉面前，我们没有沉溺于小家意识的自我满足，我们感到肩上的担子更重了。新的时代，我们将一如既往尽职尽责履行法律监督职能，为社会矛盾化解、社会管理创新、国家经济发展作出应有的努力。

2012 年汝州市人民检察院参与和促进社会管理创新先进事迹

近年来，汝州市院立足检察本职，延伸职能，积极参与和促进社会管理创新，取得了一定成效。

一、探索创新涉检矛盾化解机制，参与和促进社会管理创新

近年来，我院把风险评估预警作为执法办案的必经程序，把群众路线贯穿于执法办案全过程，坚持"逐案评估、全程评估、案案化解"，采取文明执法、释法说理、司法救助、检调对接等措施及时化解矛盾。2011 年7 月，我院受理了一起交通肇事案，被害人妻子反映：丈夫在车祸中丧生，肇事司机没有给予经济赔偿，家中上有老、下有小，生活非常困难，曾多次反映，但问题一直没有得到妥善解决，准备进京上访。犯罪嫌疑人家属反映：被害人亲属将被害人的尸体因放在嫌疑人家门口，使其不能正常生活，表示如不及时处理，也要上访。根据上述情况，公诉部门承办人进行风险评估后，将该案的风险确定为一级，通过耐心细致的工作，积极促成民事和解，双方达成了赔偿协议并督促履行，被害人自行将灵柩拆除，消除了不良影响，避免了上访事件的发生。

三年来通过执法办案风险评估预警，共发现和处理办案风险 180 余件，化解率 100%。实现了从源头上预防和减少社会矛盾纠纷的目标，去年 10月份在全国检察机关执法办案风险评估预警工作推进会上，我院作为全国唯一的基层院代表在大会上做了典型发言。

今年因党的十八大召开，我们感到维稳的压力更大、责任更重。就涉检信访来讲，大多为信访老户，重信重访量大，当事人对检察人员的调处存在抵触情绪，由检察机关出面做息诉工作收效甚微。我们经过调研论证，探索创新"特约检察调解员"参与信访息诉工作新机制，由乡镇党委推荐，在辖区 20 个乡镇、街道中选聘群众认知度高、德高望重的 117 位知名人士担任"特约检察调解员"，动员社会力量，参与涉检信访案件调处工作。现已参与办理并成功息诉上级交办上访老户案件 11 件，参与初信初访化解息诉率达 98%，实现了办案质量稳步提升，取得了涉检进京零上访和赴省零集体访目标。我院探索"特约检察调解员"参与信访息诉的做法 2012 年 10 月 8 日被高检院控告厅《控告举报检察工作情况》（第 43 期）转发，在全国推广。

二、发挥查办和预防职务犯罪职能，以监督促管理

一是立足服务大局，通过查办重点案件，参与和促进社会管理创新。把查办职务犯罪工作与党委政府中心工作相结合，积极发挥打击国家工作人员贪污贿赂、失职渎职的职能作用，参与和促进社会管理创新。针对汝州市电业公司农电工拖欠电费严重现象，我院反贪局从服务企业大局出发，开展专项治理活动。目前，已立案侦查农电工涉嫌贪污案 3 件 3 人，18 名农电工主动到供电所上交电费款共 40 余万元，为企业挽回直接经济损失 80 余万元。针对汝州市私挖滥采矿产资源严重的现象，我们及时出台了《关于对非法违法采矿案件进行法律监督的意见》，严查非法采矿背后国家工作人员失职渎职犯罪，对汝州市地矿局 4 名中层干部以涉嫌玩忽职守罪立案侦查。平顶山市委常委、汝州市委书记李全胜作出批示："检察院的工作很主动，要组织政法部门学习检察院的思路和精神状态，为全市经济社会发展保驾护航"。

二是结合重点案件，开展犯罪预防，发挥检察建议的作用，参与和促进社会管理创新。去年 9 月，汝州市协和门诊部为李某做人工流产时致其

死亡，我院快速反应，积极介入调查，及时查办了3名渎职的卫生管理人员。中央电视台《焦点访谈》栏目报道了我市"黑诊所"泛滥的情况，在社会上引起强烈反响。办案过程中，我们针对发现的卫生行政部门对医疗机构管理底数不清，执业许可证管理不规范，监管执法"以罚代管"，私人诊所超范围诊疗等管理漏洞，向卫生局发出加强医疗机构管理、全面普查个体诊所、整顿医疗市场的检察建议。收到检察建议后，汝州市卫生局高度重视，召开班子会议研究部署整改，并专题向汝州市政府汇报。汝州市政府决定集中开展医疗市场专项整治活动，成立了医疗市场专项整治活动领导小组，组织卫生、药监、公安、工商、广电、交通、城建等部门联合行动，对172家个体诊所的人员资质和在市区主干道设点执业情况进行了清查，没收无证执业诊所药品135箱、医疗器械79件，清除违法医疗宣传标识686处，关闭取缔违法个体诊所169家，保障了我市医疗市场健康有序发展。《检察日报》头版、省院《检察情况反映》以《一封检察建议关闭169家黑诊所》为题推广我院的做法。

三、注重特殊人群管理，参与和促进社会管理创新

一是积极参与对未成年人的社会管理，统筹兼顾"宽"和"严"，做到当宽则宽，当严则严，宽严相济。在未成年人犯罪情节轻微，社会危害性不大的情况下贯彻落实宽严相济的刑事司法政策，采取适用非羁押措施、刑事和解、附条件不起诉等《刑事诉讼法》规定的方式，积极教育、挽救、化解不利于和谐的消极因素，促进社会和谐稳定。在侦监、公诉部门设立未成年人犯罪检察工作站，建立未成年犯罪嫌疑人附条件不起诉和品行调查制度，每月一次回访帮教失足青少年，与辖区内7所中学建立"检校共建联系点"，选派3名干警担任法制副校长，积极开展送法进校园活动。我院开展附条件不起诉工作加强对未成年人保护的做法被《检察日报》刊发。

二是在重点乡镇设立社区矫正检察工作站，以社区矫正监督为着力点，积极强化特殊人群管理。主动加强与公安局、法院、司法局等部门联动配

合，搭建信息互通平台，实现社会矫正工作的无缝对接。监所部门与乡镇检察室结合每月对乡镇司法所进行一次检查，监督社区矫正工作开展情况，维护社区矫正人员合法权益。共同对监外执行罪犯上法制教育课6次，对60余人进行思想教育和法制教育，提高他们的法律意识，有针对性地开展警示教育活动，帮助其树立正确的世界观与人生观，排除潜在的负面心理情绪和危险行为倾向。今年以来，共对辖区内277名监外服刑人员实行动态监督，向有关部门发出检察建议5份，确保无一脱漏管或重新犯罪。

三是探索完善新刑诉法关于量刑建议的规定，创新在押人员教育管理措施。为调动看守所在押人员遵守监管规定的自觉性，杜绝在押人员在监室内以强凌弱、通风报信、串供、打架斗殴等违法犯罪行为，维护在押人员合法权益，促进看守所监管秩序的完善、和谐与稳定。我们与法院、公安局联合出台《关于将被告人审前羁押表现纳入量刑建议制度的实施办法》，法院在对被告人进行量刑时要充分考虑被告人的审前羁押表现，并在判决书中予以体现，调动了在押人员配合管理的积极性。我院创新工作机制，规范化驻所检察室的经验做法被高检院《检察工作简报》2012年第6期转发推广。

四、建立"室、站、网"联络机制搭建社会管理创新平台

为适应新形势，我院积极搭建参与社会管理创新平台，延伸检察职能。

一是建立起以重点乡镇基层检察室为中心，以部分乡镇检察工作联络点为延伸，以村街检察联络员为桥梁覆盖全市的基层检察联络体系。使基层检察室在掌握维稳基本情况及社情民意、社会治安突出问题、基层群众反映强烈的问题，担当联系群众桥梁等方面发挥作用。我院三个乡镇检察室成立以来，检察室干警主动走近群众，了解社情民意，排查损害群众利益的犯罪信息。注重与所在街道司法所、社区加强联系，通过走访、接访、巡访等方式，贴近群众，倾听诉求，调解息诉民事纠纷和信访案件。注重开展社会风险排查研判和应急预警，对发现的社会危险源点进行有效评估，

有针对性地向乡镇和有关部门提出意见和建议。注重加强法制宣传教育，深入辖区基层站所及村（居）委会，帮助建章立制加强财务管理，从源头上预防和减少社会矛盾的发生。通过讲授法制课、开展警示教育、召开座谈会，以案释法说理等活动，进一步增强基层干部及农民群众法制意识，营造知法、懂法的良好氛围，不断提高基层干部及群众按法、按章办事的自觉性。得到当地党委政府和广大干部群众的充分肯定和好评。

二是在地税局设立服务财税检察工作站。通过依法履行法律监督职能，协调、监督财政、国税、地税等职能部门，强化征管、挖掘潜力、提高质量，确保我市税收和地方一般预算收入足额、及时入库。

三是在我市重点企业设立预防职务犯罪工作站，组织开展和协调本院服务企业的各项工作。深入企业结合典型案例给厂长经理及财务、供销等人员上法制教育课，对企业内部发生的犯罪案件进行分析，对其中带行业性、规律性的问题，及时总结并向企业提出检察建议，帮助企业建章立制，堵塞企业在机制、制度、管理等方面存在的漏洞，预防和减少犯罪的发生。

四是重视网络建设。依托内外网络技术平台搭建网上办公办案、信息发布、阳光检务平台，畅通检察信息共享渠道，参与和促进社会管理创新。在加强检察内网建设的基础上，依托检察官网，主动搭建网上联络交流平台，建立了"人大代表政协委员联络平台"，安排专人与人大代表、政协委员进行交流互动，收集意见建议，并及时予以反馈。开通检察官方微博，创办检察手机报，开通在线交流QQ群等即时互动平台，答复网民咨询，回复批评建议，广泛接受网民监督。安排专人负责网络舆情收集工作，及时进行回应，澄清事实真相，有效预防网络突发事件的发生。我院依托网络建设参与和促进社会管理创新的做法被高检院10月18日的《检察技术信息工作情况》第10期转发。

（此稿为2012年10月26日全省检察机关参与平安建设和社会管理创新调研座谈会上的发言材料）

2012年汝州市人民检察院
查办职务犯罪工作进入全省先进行列

2013年2月23日，河南省人民检察院发布《关于表彰2012年度全省查办职务犯罪工作先进基层检察院的决定》【豫检文政〔2013〕15号】，对60个2012年度全省查办职务犯罪工作先进基层检察院进行表彰，我院名列其中。反贪、反渎工作均进入前60名的单位（共30个，按反贪、反渎、监所查办职务犯罪工作三项总分高低排序），我院排序第十八位，省院对前30个单位，分别奖励20万元；对反贪或反渎工作有一项进入全省先进的30个单位，分别奖励10万元。

"表彰决定"中指出，全省基层检察院在查办职务犯罪工作中处于重要的基础性地位，办理的职务犯罪案件数量占全省90%以上。为进一步激发全省广大基层检察院的工作积极性，促进全省查办职务犯罪工作健康深入协调发展，省院作出了上述决定。

2012年，我院按照省市院"稳定数量、提高质量、改善结构、注重效率、增强效果、确保安全"的工作要求，认真履行查办职务犯罪工作职责。共立案侦查职务犯罪案件24件35人，其中贪污贿赂案件16件24人，渎职侵权案件8件11人，全部侦查终结移送审查起诉，法院已作有罪判决28人，有罪判决率100%。呈现四个明显特点：一是大案要案比率明显提高。立案侦查的贪污贿赂案件中，大要案率为86.4%，其中涉案金额在20万元以上的8件11人。二是党政干部比重增大。查办党政机关干部涉嫌职务犯罪 13 人，占本年所立贪污贿赂案件总数的 59%。其中查处副处级 1 人，在党政机关担任科级干部的 6 人。三是执法人员渎职案件比例增大。立案侦查公安人员、行政执法人员涉嫌玩忽职守、徇私枉法犯罪 11 人，占立案数的 31.4%。四是涉农惠民领域职务犯罪案件比例大。共查办涉农惠民案件 10 件 17 人，分别占立案总数的 41.66% 和 48.57%，涉案总金额约 180 万元。查办的案件涉及新农村建设、道路交通、水利工程、土地补偿、农村劳动力培训等多个领域。为促进我市经济社会科学发展和反腐败斗争深入开展发挥了积极的职能作用。

我院党组表示，在新的一年要珍惜荣誉，再接再厉，带领全院干警立足新起点开创新局面，按照全省检察长会议的部署，团结拼搏，务实重干，理性司法，不断提高查办职务犯罪工作水平，为实现我院整体工作进入全省跨入全国先进行列的目标再上新台阶。

2014 年汝州市人民检察院定点扶贫先进事迹

一、领导重视，目标明确，为抓好定点扶贫工作打好基础

根据市委关于定点扶贫的要求，检察院党组高度重视，召开了党组会，将该项工作列入了党组会的议事日程，检察长和党组成员多次召开会议研究部署此项工作，明确了由党组书记、检察长刘新义为组长，党组副书记、副检察长魏洪流为副组长，各支部书记为成员的定点扶贫小组，制定了扶贫工作计划，真正做到了工作力度不减，工作机构不散，工作劲头不松。

二、狠抓落实，措施具体，确保定点扶贫工作顺利开展

检察长与主抓扶贫工作的副检察长多次到大峪乡同丰村进行实地察看，并积极与市水利部门沟通，邀请水利工程师实地勘察，了解饮水工程的地理情况，研究解决饮水工程实际操作方案。先期投入 19320 元用于施工道路、电线架设工作并对项目落实情况持续关注，对出现的问题积极与水利局和大峪乡党委政府协调，克服重重困难，三易井址，确保工程正常有序推进，总投资已达 83 万，完成了 186 米的深水井及配套工程，解决了 10000 人的安全饮水问题。

三、突出重点，慰问特困户

检察院党组号召机关党委下属 7 个支部对同丰村 7 个特困户开展对口扶贫，党员代表到同丰村深入 7 个特困户家中，为每户送去全体党员捐助的大米 20 斤、面粉 50 斤、挂面 10 斤、食用油 2 桶、慰问金 1000 元，从实际出发，解决特困户的实际困难。

四、加强宣传，为群众脱贫致富提供法律咨询服务

大峪镇同丰村引水工程完工后，检察院党组根据同丰村村民脱贫致富热情高涨的情形，选派部分检察干警走进该村为群众提供法律咨询服务，针对村民脱贫致富中发现的问题进行法律宣传，提供法律知识培训。同时加大了对扶贫村政策、资金、信息等方面的扶持力度，增强了同丰村村民的致富信心。

2014 年 12 月

河南省委省政府、省人民检察院表彰奖励的集体荣誉

Henan Shengwei Shengzhengfu Shengrenmin Jianchayuan Biaozhang Jiangli De Jiti Rongyu

附件：

三易井址意犹坚 山村终得幸福泉

——大峪镇同丰村群众终圆家门口吃上甘甜井水美梦记

一、水花飞溅，美梦终圆

5月11日，烈日炎炎，气温高达32℃。在大峪镇同丰村李沟组东窑，钻机轰鸣，施工人员挥汗如雨忙碌不停，村里的群众围在远处翘首观望。上午9时，村党支部书记赵新年一声高喊："快看，出水了，出水了……"只见水花飞溅，一条"白龙"奔涌而出……赵新年用手捧起泉水一饮而尽，"真甜，比矿泉水还好喝，乡亲们都来尝尝吧。"随后，远处围观的群众纷纷跑来品尝泉水。泉水甘甜，沁人心脾，人们啧啧称赞，幸福写满脸上。

甘甜的泉水来自正在钻挖的水井，该井深达186米，出水量达30吨／小时，

至少可以解决 10000 人的安全饮水问题。该井建成后不仅可完全解决同丰村群众的饮水问题，如果加以配套提灌，还可以解决王台、棉花、高岭等周边村群众的用水难题。

二、为解民渴，孜孜以求

同丰村位于大峪镇政府所在地西 7.5 公里处，全村有 8 个自然村 900 人，人畜饮水一直是该村的大难题。由于地质结构复杂，打井取水成了几代人可想不可及的梦。年轻力壮的村民为吃点干净水每天要跑到 3 公里外去拉水，年迈体弱者则只好到低洼地的小水坑里取水。缺水严重制约了该村的经济发展。

"我当书记最大的心愿就是能给村里群众打一眼深水井。"赵新年说。

为了实现这个梦想，近年来，大峪镇村两级干部多处奔波，聘请专业人员勘探。但是由于勘探钻井技术及设备落后，再加上地质结构复杂，一直没有找到好的水源。党委政府无奈只好多修水窖，赠送大水桶，方便群众从其他地方引水、拉水，暂时解决群众吃水问题。但是遇到干旱，水窖干涸，引水中断，群众饮水难题依然不能解决。

三、真心帮扶，项目引来

2012 年，汝州市检察院成为同丰村的社会主义新农村建设帮扶单位。为解决群众吃水难题，市检察院领导积极与市水利部门沟通，邀请水利工程师实地勘察。水利部门到该村进行实地勘察后，认为该村李沟组东窑的地下可能有很好的水源，如果能够打成深水井，便可以解决该村群众的吃水难题，但打井费用较大。为此，三方共同努力，积极向上级争取，最后争取到 20 万元的深水井项目。

项目批下后，钻井施工队于 2012 年 12 月 9 日进驻同丰村李沟组。施工队克服天气寒冷等困难，连续作战将近 2 个月，春节前夕已经挖掘 56 米。当所有人快看到希望时，却遇到砂层塌方，施工队多方努力无法解决，只好停工。

施工队及时将情况告知村里，村里又向镇党委政府、市检察院和市水利部门进行汇报。几个单位领导闻讯后，立即协商沟通，与水利工程师赶到现场勘察，制订方案。最后决定在这个井口附近重新开钻。然而春节将至，天气寒冷，加之工人回家心切，工程于 2013 年 2 月 3 日（农历壬辰年腊月二十三）停工。一钻不成，直接损失 8 万元。"我们过完春节还会回来的。"施工队队长郭中旗看着乡亲们怀疑的目光笑着解释道。

四、不弃不馁，终得泉水

第一次开钻没有成功，损失却达 8 万元，郭队长虽然心里难过，但是想到打井本身就不是容易事，也就没有太记在心上。今年 2 月 17 日，施工队二次进驻同丰村。

施工队吸取第一次施工失败教训，专门把 300 型钻机换成 600 型，希望这次一钻出水。然而事与愿违，由于缺乏先进施工技艺，开钻快一个月了，才钻到 25 米。"越是怕，狼来吓"。这时刚好又钻到松软砂层，结果又一次遭遇塌方，且比上次更为严重，钻杆和钻机被直接埋丁井坑无法取出，损失设备价值达 3.9 万元。面对连续失败，郭中旗心里懊恼，有心卷铺盖走人。但当看到村里群众失望的眼神，听到群众说"这次他们真是要走了"的话语时，郭中旗的心里咯噔一下，很不是滋味。为了安慰群众，他苦笑着说："现在没有设备了，我们得回去购买新的设备，请你们相信我还会回来的。"

面对二次钻探失败，同丰村支部书记和村主任虽然也感到失望，但还是连夜召开村组干部会议，商定下一步哪怕是每户再筹点资、兑点钱，也一定要留住施工队。

同天晚上，郭中旗在床上辗转反侧。"我回去还是不回去，不回去是失信于人，回去成功了还好说，再一次失败我该如何面对？"经过一夜反复思考，第二天，他毅然找到钻探队的领导，主动请缨第三次前往大峪。

4月18日，经过水利部门再次规划后，施工队带着新设备、新工艺第三次开钻。施工队12名队员夜以继日，连续施工。5月10日，当钻到180米时，终于打出了泉水。水由浑渐渐变清，郭中旗紧缩的眉头慢慢舒展。5月11日，井深已达186米，这时井水清澈，味道甘甜，用来烧开水也没有水垢。经过测量，出水量达到30吨／小时，按此出水量最低可满足10000人的日常用水。至此，计划投资20万元，实际已经花费30万元的深水井终于打成。

"我活80多岁了，以前吃水都是到河沟里挖坑攒雨水，不干净还难吃，没想到老了还可以吃上甘甜的井水，真得谢谢上级的干部。"今年86岁的李沟组群众赵套激动地说。

"感谢各级领导、感谢施工队、感谢郭队长……"群众感激之声与喷涌的泉水叮咚作响。

（通讯员　刘军严）

第三章
平顶山市委市政府、平顶山市人民检察院表彰奖励的集体荣誉

——

Pingdingshan Shiwei Shizhengfu Pingdingshanshi

Renmin Jianchayuan Biaozhang Jiangli De Jiti Rongyu

平顶山市委市政府、平顶山市人民检察院表彰的集体荣誉一览

1990 年 —— 汝州市人民检察院被平顶山市人民检察院表彰为 1989 年度先进集体

1995 年 —— 汝州市人民检察院起诉科、办公室、干部教育被平顶山市人民检察院表彰为 1994 年度先进集体

1996 年 —— 平顶山市人民检察院授予汝州市人民检察院法纪检察科、起诉科集体三等功

1997 年 —— 平顶山市人民检察院表彰汝州市人民检察院法纪检察科、起诉科、监所检察科为先进集体

1998 年 —— 汝州市人民检察院民事行政检察科被顶山市人民检察院评为 1997 年度全市民事行政检察部门先进集体

1999 年 —— 汝州市人民检察院被平顶山市人民检察院表彰为 1998 年度先进基层院

汝州市人民检察院被平顶山市委评为 1998 年度政法先进单位

汝州市人民检察院被平顶山市委、市政府评为 1998 年度市级文明单位

2000 年 —— 平顶山市人民检察院授予汝州市人民检察院反贪侦查一科 1999 年度集体三等功

平顶山市委市政府、平顶山市人民检察院表彰奖励的集体荣誉

Pingdingshan Shiwei Shizhengfu Pingdingshanshi Renmin Jianchayuan Biaozhang Jiangli De Jiti Rongyu

汝州市人民检察院被平顶山市人民检察院表彰为 1999 年度先进基层院

汝州市人民检察院被平顶山市委市政府评为"综合治理先进单位"

汝州市人民检察院被平顶山市政府评为 1999 年度政法先进单位

汝州市人民检察院被评为平顶山市"两打一整顿"斗争先进单位

2001 年 —— 汝州市人民检察院被平顶山市人民检察院表彰为 2000 年度先进基层院

汝州市人民检察院被平顶山市政府评为 2000 年度政法先进单位

汝州市人民检察院控申科、监所科、民行科、技术科、纪检监察科荣获平顶山市检察系统第一名，反贪局、起诉科、检察宣传荣获平顶山市检察系统第二名，法纪科、干部教育荣获平顶山市检察系统第三名

2002 年 —— 汝州市人民检察院被平顶山市人民检察院表彰为 2001 年度先进基层院

2003 年 —— 汝州市人民检察院被平顶山市人民检察院表彰为 2002 年度先进检察院

汝州市人民检察院被平顶山市委市政府表彰为治安模范单位

汝州市人民检察院侦查监督科被平顶山市委政法委表彰为全市"严打"整治斗争先进集体

汝州市人民检察院被平顶山市检察院表彰为 2003 年度先进检察院

队伍建设工作、渎职侵权检察工作、侦查监督工作、公诉工作、控告申诉检察工作、民事行政检察工作、职务犯罪预防工作、检察技术工作、监所检察工作、宣传工作、纪检监察工作、

保密工作等 12 项工作被平顶山市检察院表彰为单项工作先进

汝州市人民检察院被市妇联表彰为"三八"红旗集体

汝州市人民检察院政治处荣获集体三等功

汝州市人民检察院被平顶山市人民检察院表彰为 2002 年度队伍建设先进单位

汝州市人民检察院反贪污贿赂工作、渎职侵权检察工作、侦查监督工作、公诉工作、民事行政检察工作、监所检察工作、技术工作、保密工作 8 项工作被平顶山市检察院评为单项工作先进

汝州市人民检察院反贪局被平顶山市政法委、平顶山市人事局评为"争创人民满意的政法干警（单位）"活动先进集体

2004 年 —— 汝州市人民检察院被平顶山市人民检察院表彰为 2003 年度先进检察院

汝州市人民检察院队伍建设工作、反渎职侵权工作、侦查监督工作、公诉工作、控告申诉检察工作、民事行政检察工作、监所检察工作、检察技术工作、职务犯罪预防工作、宣传工作、纪检监察工作、保密工作等 12 项工作被平顶山市检察院评为 2003 年度单项工作先进

平顶山市人民检察院授予汝州市人民检察院法警大队集体三等功

汝州市检察院侦查监督科被平顶山市委政法委评为全市"严打"整治争斗先进集体

汝州市人民检察院被平顶山市检察院表彰为 2004 年度先进检察院

汝州市人民检察院公诉工作、控告申诉检察工作、宣传工作、办公室工作等 4 项工作被市检察院表彰为 2004 年度单项工作先进

平顶山市委市政府、平顶山市人民检察院表彰奖励的集体荣誉

Pingdingshan Shiwei Shizhengfu Pingdingshanshi Renmin Jianchayuan Biaozhang Jiangli De Jiti Rongyu

2005 年 ├── 汝州市人民检察院被平顶山市委、市政府表彰为 2005 年度治安模范先进单位

汝州市人民检察院侦查监督工作、监所检察工作、民事行政检察工作、宣传工作、法警工作等 5 项工作被评为平顶山检察系统先进集体

汝州市人民检察院公诉科被平顶山市委、市政府表彰为打击和预防"两抢一盗"专项斗争先进集体

汝州市人民检察院监所检察工作、宣传工作、法警工作、民事行政检察工作、侦查监督工作等 6 项工作被市检察院表彰的 2005 年度单项工作先进

2006 年 ├── 汝州市人民检察院控告申诉检察工作、宣传工作、保密工作、侦查监督工作 、监所检察工作、民事行政检察工作等 6 项工作被平顶山市检察院评为 2006 年度单项工作先进

汝州市人民检察院公诉科被平顶山市委、市政府表彰为 2006 年度打击和预防"两抢一盗"专项斗争先进集体

汝州市人民检察院被平顶山市委、市政府表彰为治安模范单位。

汝州市人民检察院侦查监督工作、监所检察工作、民事行政检察工作、宣传工作、法警工作等 5 项工作被评为平顶山检察系统先进集体

2007 年 ├── 汝州市人民检察院宣传工作、控告申诉检察工作、反渎职侵权工作、侦查监督工作等 4 项工作被平顶山市人民检察院表彰为 2007 年度单项工作先进

汝州市人民检察院政治处被平顶山市委政法委和人事局联合表彰为"践行社会主义法治理念先进集体"

汝州市人民检察院被平顶山市办公室表彰为 2006 –2007 年度全
市党委系统督查工作先进单位

汝州市人民检察院被平顶山市档案局表彰为 2007 年度档案工作
优秀集体

2008 年 —— 汝州市人民检察院公诉工作、宣传工作、控申检察工作、民行
工作、保密工作、职务犯罪预防工作等 6 项工作被平顶山市
人民检察院表彰为单项工作先进

汝州市人民检察院监所检察科被平顶山市委政法委和综治委表
彰为"打击两抢一盗犯罪专项斗争先进集体

2009 年 —— 汝州市人民检察院控告申诉检察科荣立集体三等功

2010 年 —— 汝州市人民检察院被平顶山市委、市政府表彰为平安建设先进单位

汝州市人民检察院被平顶山市人民检察院表彰为先进检察院

汝州市人民检察院反贪污贿赂工作、监所检察工作、侦查监督
工作、民行工作、检察技术工作等 5 项工作被平顶山市人民
检察院表彰为单项工作先进

汝州市人民检察院控告申诉检察科被平顶山市人民检察院表彰
为"信访积案化解年"专项活动先进集体

汝州市人民检察院反贪局办理的陈书立等九人贪污案被平顶山
市人民检察院表彰为 2009 年度反贪侦查"精品案件

汝州市人民检察院监所检察科、公诉科分别被平顶山市人民检
察院授予集体三等功

汝州市人民检察院党总支被平顶山人民检察院机关委员会评为
2010 年度"五好"基层党组织

平顶山市委市政府、平顶山市人民检察院表彰奖励的集体荣誉

Pingdingshan Shiwei Shizhengfu Pingdingshanshi Renmin Jianchayuan Biaozhang Jiangli De Jiti Rongyu

2011 年 —— 汝州市人民检察院反贪污贿赂局被平顶山市人民检察院授予集体三等功

汝州市人民检察院被平顶山人民检察院表彰为 2010 年度全市先进基层检察院

汝州市人民检察院公诉工作、控告申诉检察工作、监所检察工作、检察理论调研工作、办公室工作、反贪污贿赂工作、检察宣传工作、检委会工作、民事行政检察工作、计划财务装备工作等 10 项工作被评为 2010 年度全市检察机关单项工作先进单位

平顶山市人民检察院机关党委对汝州市人民检察院党建工作提出通报表扬

2012 年 —— 汝州市人民检察院侦查监督科被平顶山市检察院表彰为 2012 年度全市检察机关侦查监督部门新刑事诉讼法知识竞赛优胜单位

2013 年 —— 在平顶山市人民检察院《关于表彰 2012 年度检察调研和宣传工作优秀成果和先进个人的决定》中汝州市人民检察院案件监督管理工作经验相关报道获得优秀新闻报道

汝州市人民检察院被平顶山市人民检察院表彰为 2012 年度先进集体和单项工作先进单位

汝州市人民检察院被平顶山市人民检察院表彰为 2013 年度"阳光颂"迎新春文艺汇演先进单位和优秀节目

汝州市人民检察院被平顶山市人民检察院表彰为 2013 年度政法干警核心价值观教育实践活动先进集体

2014 年 —— 汝州市人民检察院监所检察科被平顶山市人民检察院授予集体三等功

2003年汝州市人民检察院反贪污贿赂局被评为"争创人民满意的政法干警(单位)"活动先进集体

　　2003年，汝州市人民检察院反贪局被平顶山市政法委、平顶山市人事局评为"争创人民满意的政法干警（单位）"活动先进集体。

　　该院反贪局能赢得党委领导、上级检察机关和人民群众的信任，主要是因为他们重拳出击，查办了一批有影响、震动大的案件，从2001年以来，共立案侦查贪污贿赂案件39件42人，其中重大案件14件19人，特大案件5件6人，犯罪嫌疑人为副科级以上干部8件8人，涉及"四个重点部位"的20件20人，移送起诉36件39人，有22人已获有罪判决，为国家挽回经济损失260万余元。比较典型的有汝州市公安局原庙下乡派出所长郝某某贪污11万元案，原寄料镇派出所长刘某某受贿案，汝州市地矿局原局长王某受贿案，煤炭局原局长李某某受贿案，汝州市新华书店原陵头乡营业所主任王某某贪污23万余元案，平顶山市梨园矿务局再就业服务中心副事主任郝某某伙同他人挪用公款70.5万元案，汝州市汽车运输公司原经理邵某某等5人贿赂窝案等等。这些案件查办迅速，绝大部分已经判决，其他的也正在审查起诉，由于被告人在社会上的特殊身份，引起了强烈反响。

　　在查办梨园矿务局郝某某挪用下岗职工"三金一费"案件时，他们牺牲了节假日时间，连夜赶赴梨园矿务局调查，发现郝某某挪用公款70余万元，于次日凌晨3时对郝立案侦查，并采取刑拘措施。在抓捕同案人丁水仙时，他们对她可能藏匿的每一个地方逐个摸排，并采用技术侦查手段，经过一个多月的不懈努力，终于将丁抓获归案。后法院分别判处郝某某、丁某某有期徒刑 12 年、10 年，经过成功办理此案，梨园矿务局 4800 余名下岗职工每月领取的各项补贴每人增加了近百元，职工们无不拍手称快。

汝州市汽车运输公司原经理邵某某等 5 人贿赂窝案，嫌疑人之间关系密切，极易结成攻守同盟，查办此案时，干警们化装侦查，扮作工程承包人深入公司内部，摸排线索，并对邵某某、副经理赵某某、李某某的活动进行全面监控，时机成熟之后，在一凌晨对 3 人同时传唤，由于动作迅雷不及掩耳，3 人没有串供的机会，不得不如实供述了受贿事实。此案是汝州市检察院 1979 年建院以来查办的最大一起贿赂案，邵某某涉案金额达 26 万元。

为确保反贪干警把人民利益视为高于一切，为人民服务，让人民满意，该院反贪局制订执行了一系列内部监督制约机制，在转变作风上狠做文章，他们主动邀请本院纪检监察部门对干警的执法执纪情况进行跟踪监督，定期不定期地到各乡镇，各企、事业单位征求意见，通报工作情况，把反贪工作自觉置于广大人民群众的监督之下，最大限度地提高办案的社会效果。

2009年汝州市人民检察院控告申诉检察科被授予集体三等功

近年来，汝州市人民检察院控告申诉检察工作紧紧围绕党和政府工作重心，坚持稳定压倒一切的工作方针，在当地党委和上级院及本院党组的领导下，积极探索完善涉检信访长效工作机制，以做好初信初访息诉、疑难重信重访治理、矛盾纠纷排查化解等工作为着力点，全力化解社会矛盾，积极营建和谐氛围，取得了明显成效，连续三年实现涉检进京零上访，连续五年被汝州市委、市政府授予"信访工作先进集体"，连续六年被平顶山市人民检察院授予"控申工作先进集体"，连续七年被省院和高检院授予"全省、全国文明接待室"荣誉称号。

一、实行办案信访风险评估，源头堵漏保稳定

坚持对每一起案件的信访可能性进行预测，制定工作预案并采取息诉措施，对案件信访风险切实做到了超前防范，提前化解。

如2009年6月办理的常某某信访案。公诉科在审查马某某涉嫌寻衅滋事一案时，嫌疑人母亲常某某、爷爷马某认为马某某没有殴打受害人，受害人的轻伤鉴定是伪造的，声称如不立即释放马某某将进京上访。依据信访风险评估等级，公诉科对该案的信访风险确定为"一级"。接到公诉科送达的评估结论后，控申科迅速介入，与公诉部门共同研究处置方案，启动内外协调配合机制、指定专人重点稳控。控申科积极与信访人住所地的尚庄乡党委政府联系协调，公诉科及时与公安派出所联系，会同办案民警多次到常某某家做思想工作，讲明处理该案的事实法律依据，使其情绪缓和打消进京上访念头。6月11日，控申科又接到马某（男，74岁）可能赴京上访的情况后，

迅速驱车前往北京，于中途将马某劝返，并对其做思想教育工作，使马某认识到自己的错误，保证以后不再上访，避免了京访案件的发生。自 2008 年实行信访风险评估机制以来，该院新办理案件未发生一起进京上访。

二、加强疑难重信重访治理，完善机制促和谐

对涉检疑难重信重访案，在坚持领导包案和首办责任制的前提下，不断探索完善工作机制，加强重信重访专项治理力度，使重信重访疑难案件息诉率达到 100%，受到了当地党委和广大群众的一致好评。

一是坚持"六快三公开"。该科在处理涉检重访时做到快分流、快调查、快反馈、快答复、快结案、快息诉；对待疑难涉检重访做到检务公开、办案公开、答复公开，增强办案透明度，力争一次性解决问题，不留隐患。2007 年至今，采取这些措施成功将 27 件重信重访案化解息诉。

二是推行双向承诺。与信访人签订承诺书，约定信访人在检察机关办理其反映问题期间不重复上访和越级上访，检察机关保证在约定期限内将信访人反映的问题办结并向其反馈。如张某某不服我院对鲁某某涉嫌贪污的撤案决定多次上访，2007 年 4 月与他签订承诺协议，他承诺在二个月的调查期限内保证不上访。控申科则在承诺的办案期限内为他解决了多年来上访告状的实际问题，使其停访息诉。两年来与重访人签订双向承诺书 24 件，案件均在承诺期间办结息诉，有效减少了重访量。

三是实行信访听证。对涉检反复上访案件组织公开听证，给当事人提供表达意见的机会，使信访人的知情权、申诉权得到充分尊重，从而得到广大群众的理解和支持，使信访问题得到公平、公正地评议，达到息诉的效果。如汝州市风穴办事处某村刘某某等五位村民不服对该村支部书记挪用公款一案撤销案件决定的上访重访案，通过 2007 年 8 月的公开听证，征得了上访群众的理解和支持，息诉罢访。2007 年至今，共对 3 件反复上访的疑难信访案进行了公开听证，最终均成功化解。

四是严明奖惩措施。对在信访工作中做出优异成绩的部门和个人，给

予表彰奖励和物质奖励，对部门奖励最高可达 10000 元，个人奖励最高可达 3000 元。对不认真执行矛盾纠纷排查化解制度、不落实信访风险评估制度、应当排查而不排查、应当评估而不评估或者不认真排查、不认真评估造成遗漏排查、遗漏评估重要信访问题，造成赴省进京上访的，或者对排查、评估的重大信访问题不认真落实稳控措施，造成赴省进京上访的，则分别 22 种情况，对责任领导和责任人予以严厉的责任追究，进一步强化了信访"全院一盘棋"的大格局，2007 年以来，该院领导分包有赴省进京上访苗头的涉法涉诉信访案件 72 件，包案领导亲自带领分管部门承办干警到当事人住所地见面接待，听取诉求，研究措施，协调解决问题，息诉 67 件，稳控 5 件，无发生一起省访京访。如高检、省、市、县四级检察院共同努力稳控息诉的王某某不服不批捕决定 10 年重访案，控申科工作突出，该院共奖励 5000 元。

三、搭建联合处访平台，筑牢信访稳定大防线

该院把涉检信访工作融入党委政府信访工作大局中，以参加书记、市长大接访活动为契机，加强与信访、公安、法院、行政执法部门、乡镇党委政府、村民委员会、乡村信访代理员等有关单位和人员的联系配合，在党委、人大、政法委的支持下，建立了信访工作联席会议制度、信访信息通报制度和处理信访协作制度等，搭建一个联动各方、配合协作、齐抓共管的处理涉法涉诉信访工作平台，实现了压力分担、优势互补、共同处理诉讼环节疑难信访问题的格局。

2007 年至今，控申科代表汝州检察院多次与公安、法院等有关部门召开联席会议，协调解决了 12 起疑难复杂信访案件。如梁某甲、梁某乙涉嫌诈骗案因事实不清、证据不足经两次退回公安补查并与法院协商后，仍不符合起诉审判条件，受害人妻子刘某认为汝州检察院不起诉是包庇犯罪嫌疑人而数次上访，此案经联席会议研究后，由汝州市公安局与汝州市检察院共同处理，控申科与公安办案部门相互协作，共同协调受害方所在乡镇党委政府和村委会做好教育疏导工作，并为其挽回了 4 万余元的损失，使刘某停访息诉。

四、擦亮"阳光检务"窗口，紧密检民联系纽带

一是深化检务公开，推进"阳光执法工程"。利用互联网门户网站平台，开通了网上 "案件信息查询系统"，将各部门办理案件录入计算机系统，通过该院信访接待室触摸屏系统和互联网站向社会公开，自觉接受社会各界对检察机关办案时限、办案质量的监督，方便信访群众查询了解案件进展情况。人民群众及案件相关人员只要到该院接待室或者访问互联网门户网站，通过接待室触摸屏系统或者在网站检务公开专栏上登录案件查询界面，通过"关键字查询"或者"日期查询"，即可查到相关案件包括受理时间、案件性质、所处环节、承办人、处理结果、办结时间等在检察环节的各项信息。

二是畅通实施文明接访渠道、彰显人文关怀。坚持周三检察长接待日制度和预约接待制度，满足来访人选择接待领导和接待时间的要求。接待人员对来访群众坚持礼貌接待，耐心听诉，认真记录，释法析理，关心群众疾苦，及时解决群众诉求。2008 年 9 月，汝州市陵头乡大庙村农民耿某（70 岁）来该院控申科反映他的孩子被本村人刘某某打死，刘某被逮捕，因经济困难没钱火化孩子尸体。当接待人员得知他与老伴步行 20 公里从家讨饭到城里告状时，马上掏出自己的钱让两位老人买饭和作路费，核实情况后又及时与该乡政府和民政部门联系协调，给予救助，耿某和老伴感动地泪流满面。2007 年至今，共受理初信初访件 700 余件，占受理总数的 80%，全部妥善处理，未发生一起因接处不当引发上访的情况。

三是畅通定期下访巡防渠道，加强检民联系纽带。控申科经常与各乡镇党委政府、村两委会及乡、村信访代理员联系沟通，坚持每月到各乡镇巡回接访，共受理涉法涉诉信访件 47 件，对反映的问题均在乡镇党委政府及基层村组织配合下予以妥善解决。同时开展探访慰问和涉检信访救助，逢年过节，该科人员带慰问品主动到上访人家中探望，送去温暖，增进上访人对检察工作的理解和支持。两年来探访慰问上访人 22 人次。对信访困难群众提出的一些法度之外，情理之中的问题，该科积极协调相关部门，先后筹措资金 85000 元予以救助，加强了检民联系，缓和了社会矛盾。

2010年汝州市人民检察院控告申诉检察科被评为"信访积案化解"专项活动先进集体

2010年3月，汝州市人民检察院控告申诉检察科被平顶山市人民检察院表彰为"信访积案化解年"专项活动先进集体。近年来，汝州市检察院控告申诉检察科锐意进取、开拓创新，不断探索处理涉检信访的新方法、新路子，将历年来遗留的146件涉检信访积案全部化解息诉，连续三年实现涉检进京零上访、赴省集体零上访，有力扭转了涉检信访工作的被动局面，实现了由"信访大户"到信访工作先进单位的转变，总结形成的《汝州市人民检察院涉检信访工作长效机制》和开展涉检信访风险评估的做法均得到最高人民检察院和河南省人民检察院的充分肯定，探索实行涉检信访逐案评估，强化执法源头的经验被河南省人民检察院在全省推广。

一、探索涉检信访工作长效机制，努力提升工作合力

汝州市辖15个乡镇、5个街道办事处，总人口95万，是平顶山市辖区内最大的县级农业市。随着国家能源战略的调整，汝州因煤碳资源优势，经济迅猛发展，伴随着经济的高速增长社会矛盾也逐渐突出。而随着改革的不断深入和法制宣传的普及，人民群众依法维权的意识不断增强，不同利益主体之间引发的各种矛盾纠纷增多，并大量以涉法涉诉信访形式表现出来。汝州检察院年均办案约800件，每年批捕起诉各类刑事案件约占平顶山市的四分之一。办案多、矛盾多，涉检信访不断发生，2005年共发生涉检信访案件41件，2006年发生47件，同比上升14.6%，而2007年发生58件，同比上升23.4%，信访案件呈现逐年递增态势。虽然经过控申科5名干警的不懈努力最终都能得到化解息诉，然而随着信访形势的日益严峻，汝州院的信访压力愈加巨大，直接影响了

平顶山市委市政府、平顶山市人民检察院表彰奖励的集体荣誉

Pingdingshan Shiwei Shizhengfu Pingdingshanshi Renmin Jianchayuan Biaozhang Jiangli De Jiti Rongyu

各项检察工作的正常开展。为有效应对日趋严峻的信访形势，2008年初，控申科干警对此进行了深入的调查分析。

调查分析后发现，大部分涉检信访案件是由邻里纠纷、民事纠纷引发伤害案件或因交通肇事逃匿、赔偿不到位等侵犯公民人身权、财产权犯罪案件造成的，少部分是由农村基层干部涉嫌经济问题和执法人员侵权导致，而因事实不清、证据不足造成错误羁押或财产错误扣押等遗留问题导致的申诉赔偿案件虽然占极少数，但影响很大。造成这种局面的原因是多方面的，但从检察机关自身来查最主要的原因是责任不到位、制度落实不到位，执法素质、执法水平不能满足人民群众的新要求新期待，处理涉检信访案件停留在头疼医头，脚疼医脚的层面上，涉检信访工作还停留在控申部门单打独斗、各部门各自为战的低级状态，没有处理信访问题的长效机制，没有形成工作合力，无法有效遏制涉检信访的持续高发态势。在完成翔实的调查报告后，该科积极向汝州院党组汇报，汝州院党组详细研究该报告后，决定授权控申科探索建立以落实领导责任和部门责任、提高执法水平和办案质量为核心的涉检信访工作长效机制，推动涉检信访工作尽早驶入良性发展轨道。

接受任务后，控申科5名干警迅速行动，在原先调研的基础上，广泛征求办案部门意见，并奔赴信阳、新乡、南阳等地先进检察院学习涉检信访的先进经验做法，搜集了大量的资料。而后，在院党组的主持下几易其稿，最终形成了《汝州市人民检察院涉检信访工作长效机制》（以下简称《长效机制》），从领导机制、工作机制、奖惩机制三个方面入手，明确领导责任和部门责任，并以完善奖惩措施为着力点，狠抓工作落实，强化了全院信访工作大格局。机制运行后，当年就取得了信访案件办结率息诉率100%、涉检进京访和赴省集体访为零、重信重访量下降85%的良好成效，并一举甩掉了汝州检察院"信访大户"的帽子。

平顶山市院在汝州召开了全市检察机关涉检信访长效机制现场会，

推广汝州院的经验做法，河南省院安排汝州院检察长在全省控申工作会上做题为《以奖惩促落实，强化全员责任，确保把涉检信访问题解决在基层》的典型发言，高检院将汝州院探索制定的《涉检信访工作长效机制》全文转发推广。

二、深入推进信访风险评估，努力强化执法源头

虽然取得了可喜的成绩，但控申科干警并没有满足现状，他们仍旧扎扎实实工作、孜孜不倦探索。《长效机制》虽然抓住了改变涉检信访现状的关键，营造出了领导重视、部门参与、各负其责、齐抓共管的涉检信访大格局，形成了工作合力，解决了一大批群众反响强烈的信访问题，但老问题刚解决，新问题又来了，涉检信访案件"边解决边发生"的现状并没有得到根本扭转。经过梳理近年来所发生的涉检信访案件，发现95%的信访案件来自"三道工序"的刑事案件，95%的涉检信访集中在侦监、公诉、反贪、反渎等业务部门的办案环节。因此，抓住执法办案这个核心，提高办案质量，加强案件信访风险评估预警是从源头上预防和减少涉检信访的有效路径。汝州院控申科紧密联系该院实际，形成了依托执法办案流程，推行信访风险逐案评估，实现源头止访的工作思路。报请院党组印发了《汝州市人民检察院涉检信访风险评估预警制度》，将信访风险评估预警的基本原则、责任划分、运行流程、风险化解、跟踪督办、考评奖惩等工作予以明确和细化，将工作向前后延伸，拓展了《河南省检察机关案件信访风险评估实施办法（试行）》的适用空间，增强了信访风险评估预警工作的可操作性和实效。

一年多的实践表明，涉检信访风险评估是推进社会矛盾化解、提高办案质量的有力举措，取得了显著成效，推动了汝州院检察工作的深入健康发展。

一是风险预警意识进一步增强。实施逐案评估后，汝州院干警执法办案信访风险意识得到增强，信访早预测、风险早防范、矛盾早化解的工作理念成为办案自觉。如该院侦查监督科在审查逮捕郑某将邻居佑某致为轻

伤一案时，得知郑某之妻带领一家老小反映其丈夫是正当防卫、不应追究刑事责任的情况后，预测此案有重大的赴省进京访苗头。根据该案被害人有明显过错、且系邻里纠纷引发的情况，该科制定了刑事和解化解矛盾的方案。部门负责人和案件承办人及时与当地派出所、村委会民调组织配合，共同做当事人工作，使被害人自愿撤诉，双方达成和解协议，对郑某不予批捕，赴省进京上访隐患得以化解。

二是案件质量进一步提高。信访风险评估成为提高办案质量的重要环节，健全了案件管理机制，进一步规范了办案流程，加强了对执法办案全过程的动态监督，及时发现和纠正了错案、瑕疵案及违法办案行为，案件办理质量明显提高，推动了各项工作的全面发展。2009 年共办理各类案件 753 件，立案准确率、批捕准确率、起诉有罪判决率均达 100%，无错立、错捕、错诉案件。

三是社会矛盾进一步化解。实施逐案评估，加强了各业务部门的协调配合，加大了矛盾化解力度，使问题解决在基层，信访人被吸附在当地，越级访、重复访减少，信访案件比例明显下降。2009 年共评估审查逮捕案件 351 件、审查起诉案件 368 件、职务犯罪案件 24 件、民事申诉案件 10 件，发现和处理涉检信访隐患 37 件，息诉率 100%，真正做到了问题发现在当地，矛盾化解在基层。

汝州检察院信访风险逐案评估工作的经验做法，得到高检院和河南省院的充分肯定，最高人民检察院全文转发了汝州院开展涉检信访风险评估的经验。2010 年 4 月，省院以河南省检察机关信访工作领导小组的名义在汝州召集召开了全省检察机关信访风险评估现场会，在全省推广汝州院信访风险评估的先进经验。省院党组副书记、常务副检察长张国臣充分肯定汝州院在信访风险评估工作中的探索创新，要求全省各级检察机关切实把信访风险评估作为执法办案的必经程序，努力在执法办案中推进社会矛盾化解。参会人员非常认同汝州院信访风险逐案评估的经验，纷纷索取资料。会后，有 13 个（地）市院还专程到汝州调研，学习该院涉检信访工作的先进经验。

2014 年度汝州市人民检察院
综治和平安建设工作

2014 年以来，汝州市检察院在市委、市政法委和省市院的领导下，紧紧围绕全市经济社会发展大局和省市院工作部署，认真贯彻落实平安建设工作目标要求，立足检察职能，努力提高执法水平，增强执法效果，促使各项检察工作扎实推进，为促进我市的良好法治环境做出了积极贡献。现将有关工作情况汇报如下：

一、平安建设工作完成情况

1.**严厉打击犯罪，维护社会和谐**。始终把维护社会稳定放在工作首位，对严重恶性案件，保持高压态势，突出打击重点。截止目前，共受理批准逮捕刑事犯罪案件 340 件 406 人，经审查批准逮捕 262 件 304 人，着力维护群众生命财产安全。共办理移送审查起诉案件 463 件 626 人，审结后提起公诉 412 件 549 人，出庭支持公诉 429 件，收到法院一审判决 433 件 585 人，有罪判决率 100%。办案中，落实宽严相济刑事政策，对主观恶性不大的轻微刑事案件积极试行"捕前调和"、刑事和解等程序，截至目前共受理故意伤害、交通肇事、危险驾驶、过失致人死亡等存在对立双方当事人的轻微刑事案件 217 件，经多方努力刑事和解 86 件，通过积极为双方搭建沟通平台，及时修复了因刑事发案而损害的社会关系，化解了社会矛盾，促进了和谐稳定，取得了较好的法律效果和社会效果。

2.**加大查办力度，围绕民生民利，全力开展职务犯罪工作**。今年以来，共立案查办各类职务犯罪案件 17 件 37 人，其中贪污贿赂案件 10 件 20 人，渎职侵权案件 7 件 17 人（含监所 2 件 5 人）。工作中，我们创新机制，形成合力。加强职务犯罪侦查力度，对内继续推进反贪、反渎与侦监、公诉、预防等部门的"一体化"机制建设，侦监、公诉提前介入侦查，加强证据审查与侦查的引导，建立交流和信息反馈机制、随案跟踪工作机制；对外加强与纪委的联系，扩大案件线索来源，加强配合，进一步整合资源，实现打击腐败合力。查处了汝州市纸坊镇武装部长程某某在征兵过程中玩忽职守、受贿案，经汝州市法院依法审理，一审判处其有期徒刑2年，引起了较大的社会反响，取得了良好的法律效果和社会效果。

围绕民生民利，积极开展职务犯罪预防。以服务民生为主线，将法律监督的触角向民生工程领域延伸，使各项强农惠农政策真正惠及于民。对汝州市移民管理局小型水库后期扶持资金、民政系统福利机构资金的审批和使用情况、村级公益事业建设"一事一议"财政奖补资金使用情况、盐业公司庙下盐库固定资产使用情况开展专项预防调查。截止目前，共开展专项预防调查4次，通过调查发出检察建议14份。同时，以"进机关、进企业、进乡村、进学校、进社区"五进专题预防职务犯罪活动为契机，到米庙镇政府、巨龙淀粉厂、汝州市九中等16个单位进行了预防警示教育，受教育干部、学生、群众达1800余人。积极创新职务犯罪预防宣传新模式，在省市院的支持下，我院筹拍的廉政微电影《白发亲娘》经过多次修改、制作，已在河南法制频道《检察视点》栏目展播。

3.强化诉讼监督，维护司法公正。进一步加强对立案侦查活动、审判活动的监督，坚守防止冤假错案底线，全面纠正人民群众反映强烈的司法不公、司法腐败等问题。依法履行刑事诉讼监督职责。通过刑事立案监督，纠正漏捕10起，追诉漏犯23人；监督公安机关立案8件8人，监督公安机关撤案6件6人；提前介入引导侦查取证4件4人，提高办案效率。审判监督方面，提出检察建议8件，提出抗诉6件9人。加强民事行政诉讼活动监督。共受理审查民事行政申诉案件6起，向市院提请抗诉5起，均获支持。向法院发出执行监督检察建议1起。办理行政执法监督案件17件，相关单位对我院进行了回复。与汝州市卫生局、食品药品监督管理局会签了《关于加强食品药品和医药卫生领域行政执法法律监督工作若干意见》。再审检察监督经验材料被平顶山市政法委转发推广。强化刑罚执行和监管活动监督。对看守所安全防范检察360余次，发现隐患47处，提出纠正意见47次，监督纠正刑罚执行和监管活动违法情况143件，向办案单位提出不需要继续羁押犯罪嫌疑人、被告人的审查建议40件，办案单位全部采纳。审查逮捕罪犯又犯罪案件6件6人。认真开展减刑、假释、暂予监外执行专项检察活动，监督法院收监执行9名暂予监外执行罪犯，共查办司法工作人员职务犯罪案件2件5人。全省检察机关监所检察业务工作座谈会暨"减刑、假释、暂予监外执行"专项活动工作现场会12月9日在汝州召开，我院的相关经验做法得到省市院的充分肯定与推广。

4.积极参与社会治理，防范和化解社会矛盾。认真开展执法办案风险评估预警工作。坚持逐案评估，及早发现问题，妥善处理矛盾。截止目前共接待来访235人次，收到群众信件16件，均予以妥善处理，有效减少处理信访问题的困扰，有力推动了其他各项工作的健康发展。开展化解积案专项活动。根据"全省检察机关集中排查化解涉法涉诉信访案件专项工作"的活动要求，集中排查了一批涉检信访案件，专门成立"涉法涉诉信访工作领导小组"，积极开展信访积案化解工作。省院交办我院4起信访案件，省政法窗口交办我院5起信访案件，中央第八巡视组交办我院6起，均按期结案，结案率100%，实现了涉检赴省集体访和进京访均为零的工作目标。继续强化基层维稳力量。积极发挥"特约检察调解员"的作用，截至目前"特约检察调解员"共参与我院信访矛盾化解工作17余次，成功化解11起信访案件，其中包括1起影响较大的集体访案件，取得了显著成效。同时采取控源头、消积案、畅出口、惩非访等措施，解决了涉法涉诉信访积案2件，处理了非法上访3件，取得了涉检进京访为零，赴省集体上访为零，赴省个访下降85%的成效。控申科再次获得全国检察机关"文明接待示范窗口"单位的称号。

5.严把案件受理关口，从源头上保证受案质量。充分利用检察机关统一业务应用系统，督促业务部门认真执行工作流程，坚持信息填录与实际业务办理同步进行，规范执行文书制作、审批、用印、打印等程序。对办案期限提前预警，对法律文书制作不规范、信息填写错漏等情节口头或书面督促其整改。截至目前，案件管理中心共对业务部门法律文书错漏口头提示 25 件，发出流程通知书 7 份，办案部门全部予以纠正。2014 年元月份至今，案管中心开展案件质量评查 2 次，配合市人大案件质量执法检查活动，对发现的问题督促相关业务部门整改并向市人大进行反馈，提高了办案质量和办案效率。

6.主动推进案件信息公开工作，增强执法的透明度和群众满意度。为充分保障当事人诉讼权利，进一步规范司法行为，推进司法公开，促进司法公正，提升司法公信，努力实现"让人民群众在每一个司法案件中都感受到公平正义"的工作目标，我们总结出"吃透精神、立即部署，适时调研、找准问题，案管主导、突出实效"的 24 字工作法，有力地推动了案件信息公开工作的发展。截止目前，已公开案件程序性信息 273 条，重要案件信息 16 条，法律文书 24 份，接受律师、当事人查询 18 次，办理预约事项 5 件，协助异地查询 2 次。

二、存在的问题

2014 年，我院认真发挥法律监督职能，各项工作都呈良性发展，但也存在以下几点问题：一是对已取得较好成绩的工作缺乏应有的总结；二是少部分干警工作作风呈现疲软状态，精神状态欠佳；三是执法不规范问题依然存在；四是部分干警对教育实践活动参与的热情不高，重视程度不够。

三、2015 年工作打算

2015 年，我院将继续坚持在上级院和市委的领导下，认真贯彻落实党的十八届四中全会和中纪委四次全会精神，依法规范办案，进一步推进检察队伍建设，着力解决人民群众反映强烈的突出问题，维护司法公平正义。

一是加大办案力度。始终坚持以执法办案为重点，坚决查办国家工作人员贪污受贿、滥用职权、失职渎职等职务犯罪案件，依法严厉打击侵害农民权益、危害农业生产、影响农村稳定的犯罪，进一步深化职务犯罪预防，积极开展职务犯罪预防工作。加强诉讼监督，着力纠正司法不公、司法腐败等问题，全面贯彻宽严相济的刑事政策，健全和完善刑事和解、民事调解等工作机制，推行刑事被害人救助制度，充分运用检察职能化解社会矛盾、修复社会关系。

二是提升办案水平。以集中学习、部门研讨学习、个人自主学习相结合的方式继续加强对修改后民事诉讼法、刑事诉讼法的学习，通过法律文书制作评比、科室一案一讨论等手段检验学习效果，提高办案人员理解应用法律法规的能力，确保法律正确实施。同时，选取典型案例，组织开展观摩庭，加强实战演练，丰富实战经验，迅速提升青年干警的办案水平。

三是继续推进执法规范化建设。牢牢把握规范科学管理的工作目标，注重从制度机制上根本解决问题。要全面加强对统一业务应用软件的学习，进一步熟练操作程序，及时、完整录入案件信息，提高案件规范化管理程度。继续完善案件评查制度，严格做到"每月一通报"，凡出现瑕疵案件一律发回案件承办人进行补正，并计入干警执法档案，坚决防止执法不规范问题的发生。

汝州市人民检察院

2014 年 12 月 30 日

2015 年度汝州市人民检察院综治和平安建设工作

2015 年以来，汝州市检察院在市委、市委政法委和省市院的领导下，紧紧围绕全市经济社会发展大局和省市院工作部署，认真贯彻落实平安建设工作目标要求，立足检察职能，努力提高执法水平，增强执法效果，促使各项检察工作扎实推进，为促进我市的良好法治环境做出了积极贡献。现将有关工作情况汇报如下：

一、平安建设工作完成情况

1.**严厉打击犯罪，维护社会和谐。** 始终把维护社会稳定放在工作首位，对严重恶性案件，保持高压态势，突出打击重点。1-12 月份共受理审查逮捕案件 342 件 432 人，经审查批准逮捕 267 件 325 人，着力维护群众生命财产安全。1-12 月份共办理移送审查起诉案件 422 件 559 人，审结后提起公诉 390 件 518 人，出庭支持公诉 432 件，审查法院一审判决 429 件 549 人，有罪判决率 100%。办案中，认真落实"宽严相济"的刑事司法政策，在案件处理上着重对"社会危险性"进行评估，同时，主动介入，积极试行"捕前调和"程序，尽力促成和解。1-12 月份共成功调和了 8 起轻伤害案件、7 起交通肇事案件。对犯罪嫌疑人依法作出不批捕决定，及时修复了因刑事发案而损害的社会关系，化解了社会矛盾，促进了和谐稳定，取得了较好的法律效果和社会效果。

2.**加大查办力度，围绕民生民利，全力开展查办职务犯罪工作。** 今年以来，共立案查办各类职务犯罪案件17件25人，其中贪污贿赂案件13件14人，渎职侵权案件4件11人。工作中，我们创新机制，形成合力。加强职务犯罪侦查力度，继续推进反贪、反渎与侦监、公诉、预防等部门的"一体化"机制建设，侦监、公诉提前介入侦查，加强证据审查与侦查的引导，建立交流和信息反馈机制、随案跟踪工作机制。创新反贪工作机制，采取倒查手法，以案找案。在2014年查办几起国家公职人员购买邮政储蓄理财产品挪用公款的案件后，我们采取倒查手段，成功查办了中平能化集团梨园矿居委会职工李某利用职务之便数次挪用梨园矿"五七工"、"家属工"养老金共计2060万元的大案。该案的查办引起了较大的社会反响，取得了良好的法律效果和社会效果。

3. **围绕重点领域和部门，有针对性的开展职务犯罪预防。**我院职务犯罪预防局干警走出机关，走向基层，采取座谈、调研、讲课等形式，到杨楼小学、汝州市六中、巨龙淀粉厂、安监局、质监局等17个单位进行了预防警示教育，受教育干部、学生、群众达2200余人，为广大干部职工敲响了警钟。同时，还经常开展法律宣传活动，累计发放宣传资料3000余份。宣传主题针对性强、通俗易懂，深受基层群众的广泛喜爱和好评。积极创新职务犯罪预防宣传新模式，我院筹拍的廉政微电影《白发亲娘》荣获全国检察机关首届预防职务犯罪专题微电影评选活动特等奖，最高人民检察院、河南省人民检察院发文通报。2015年12月28日，中央电视台《社会与法》频道将展播《白发亲娘》。2015年12月24日，《白发亲娘》又在汝州市"践行价值观，映像文明河南"微电影有奖征集活动中荣获一等奖。

4. **强化诉讼监督，维护司法公正。**进一步加强对立案侦查活动、审判活动的监督，坚守防止冤假错案底线，全面纠正人民群众反映强烈的司法不公、司法腐败等问题。依法履行刑事诉讼监督职责。监督公安机关立案 11 件 13 人，监督公安机关撤案 4 件 4 人，纠正漏捕 9 件 9 人，书面纠正侦查活动违法 13 起，同比上升了 260％。审判监督方面，追诉漏犯并收到生效判决 25 人，提出抗诉 6 件 9 人，改判 5 件 8 人（含去年 1 件 1 人），另有 1 件 1 人正在审理中。加强民事行政诉讼活动监督。我院共受理审查民事行政申诉案件 7 起，向市院提请抗诉 1 起，市院支持抗诉 2 起（含去年提请的 1 起），向法院发出再审检察建议 2 起，其中 1 起和解，1 起立案再审。发出纠正违法检察建议 2 起。息诉和解 2 起。办理执行监督案件 54 起，意见均被法院采纳。出庭支持 2 起民事案件的再审庭审，1 起改判，1 起尚在审理中。被市院办公室转发经验材料 1 篇。被市院办公室转发经验材料 1 篇。

5. 强化刑罚执行和监管活动监督。对看守所安全防范检察 300 次，发现隐患 45 处，提出纠正意见 45 次；对在押人员教育谈话 215 人次，上法制教育课 10 次，巡视检察 51 次，接待在押人员家属 50 人次；为在押人员追退扣押款物 100000 余元；监督纠正刑罚执行和监管活动违法情况 147 件；认真开展"减刑、假释、暂予监外执行"专项检察活动回头看活动，社区服刑人员脱管、漏管专项检察活动。2015 年 5 月 3 日，我院驻所检察室被高检院授予全国检察机关派驻监管场所"示范检察室"称号。2015 年 6 月 15 日，汝州市委书记高建军在汝州市人民检察院送阅的《汝州市人民检察院关于全国检察机关刑事执行检察工作会议精神的报告》上作出批示：对检察院取得的国家殊荣表示祝贺！希望认真贯彻好全国检察工作会议精神，再接再厉，再创佳绩！

6. 积极参与社会治理，防范和化解社会矛盾。坚持法治引领，落实"诉访分离"。紧紧围绕省、市院"畅通入口、疏通出口、减少存量、控制增量、依法化解"的信访工作目标要求，坚持法治引领，规范司法行为，创新工作机制，树立正确导向。依法办理案件，有效化解矛盾问题。办理上级院、党委、人大、中央和省、市巡视组交办信访案件 12 件，全部妥善处理。受理职务犯罪举报线索 22 件，检察长交办举报中心初核案件 2 件，审查侦查部门不立案举报线索 6 件。审查后予以维持。立案复查不服法院生效刑事判决的申诉案件 2 件，其中不予抗诉 1 件，提请市院抗诉 1 件。办理刑事被害人救助和涉法涉诉困难救助案件 11 件，发放救助金 14.6 万元。办理全市首例妨害辩护人行使诉讼权利案件，取得了较好效果。坚持便民利民，规范司法行为。加大对来访接待场所的投入，进一步整合资源，将控申举报接待室改建成集控申举报受理、法律咨询服务、案件信息查询、行贿档案查询等功能于一体的"一站式检务接待平台"，为来访人员提供"一站式"的服务体验。实现了涉检赴省集体访和进京访均为零的工作目标。控申科再次获得全国检察机关"文明接待示范窗口"单位的称号。

7. 严把案件受理关口，从源头上保证受案质量。充分利用检察机关统一业务应用系统，督促业务部门认真执行工作流程，坚持信息填录与实际业务办理同步进行，规范执行文书制作、审批、用印、打印等程序。对办案期限提前预警，对法律文书制作不规范、信息填写错漏等情节口头或书面督促其整改。截至目前，我们共发出口头预警 18 次，发出流程通知书 6 份，办案部门全部予以纠正。案管中心开展案件质量评查 3 次，共评查各类案件卷宗 259 册。配合市人大案件质量执法检查活动，对发现的问题督促相关业务部门整改并向市人大进行反馈，提高了办案质量和办案效率。2015 年 5 月，案管中心被市人大评为办案质量检查先进集体。

8. 主动推进案件信息公开工作，增强执法的透明度和群众满意度。为充分保障当事人诉讼权利，进一步规范司法行为，推进司法公开，促进司法公正，提升司法公信，努力实现"让人民群众在每一个司法案件中都感受到公平正义"的工作目标，我们总结出"吃透精神、立即部署，适时调研、找准问题，案管主导、突出实效"的 24 字工作法，有力地推动了案件信息公开工作的发展。截止目前，我院已公开案件程序性信息 1210 条，重要案件信息 37 条，法律文书 120 份，接受律师、当事人查询 21 次，办理预约事项 2 件，协助异地查询 2 次，大大增强了检察机关执法办案的透明度和群众满意度。

9. 加强派驻检察室工作，延伸为民服务的触角。今年以来，我院继续加大对四个中心检察室的建设力度，四个中心检察室对全市 20 个乡镇办事处实行分区域管理，通过"三个三"工作法开展"一村一警"工作、法律宣传、服务企业、受理职务犯罪线索举报以及对社区矫正工作进行监督等方面的工作。加强四个中心检察室两房建设，每个中心检察室配备三名干警，充实中心检察室力量。我们检察业务的触角通过中心检察室延伸到每一个乡镇办事处及村委会、居委会，从而能够更好的解决基层群众关注的热点、难点和最现实的利益问题，提高检察机关的群众满意度。

二、存在的问题

2015 年，我院认真发挥法律监督职能，各项工作都呈良性发展，但也存在以下几点问题：一是对已取得较好成绩的工作缺乏应有的总结；二是少部分干警工作作风呈现疲软状态，精神状态欠佳；三是执法不规范问题依然存在；四是部分干警对"三严三实"专题教育活动参与的热情不高，重视程度不够。

三、2016 年工作打算

2016 年，我院将继续坚持在市委和上级院的领导下，认真贯彻落实党的十八届四中、五中全会和中纪委五次全会精神，依法规范办案，进一步推进检察队伍建设，着力解决人民群众反映强烈的突出问题，维护司法公平正义。

一是加大办案力度。始终坚持以执法办案为重点，坚决查办国家工作人员贪污受贿、滥用职权、失职渎职等职务犯罪案件，依法严厉打击侵害农民权益、危害农业生产、影响农村稳定的犯罪，进一步深化职务犯罪预防，积极开展职务犯罪预防工作。加强诉讼监督，着力纠正司法不公、司法腐败等问题，全面贯彻宽严相济的刑事政策，健全和完善刑事和解、民事调解等工作机制，推行刑事被害人救助制度，充分运用检察职能化解社会矛盾、修复社会关系。

二是提升办案水平。以集中学习、部门研讨学习、个人自主学习相结合的方式继续加强对修改后民事诉讼法、刑事诉讼法及《刑法修正案（九）》的学习，通过法律文书制作评比、科室一案一讨论等手段检验学习效果，提高办案人员理解应用法律法规的能力，确保法律正确实施。同时，选取典型案例，组织开展观摩庭，加强实战演练，丰富实战经验，迅速提升青年干警的办案水平。

三是继续推进执法规范化建设。牢牢把握规范科学管理的工作目标，注重从制度机制上根本解决问题。要全面加强对统一业务应用软件的学习，进一步熟练操作程序，及时、完整录入案件信息，提高案件规范化管理程度。继续完善案件评查制度，严格做到"每月一通报"，凡出现瑕疵案件一律发回案件承办人进行补正，并计入干警执法档案，坚决防止执法不规范问题的发生。

汝州市人民检察院

2016 年 1 月 7 日

2010年汝州市人民检察院反贪局荣立集体三等功

2010年以来，汝州市检察院反贪局认真落实省、市院工作部署，突出"抓系统，系统抓"工作思路，把"查串挖窝"作为工作重点，查案工作保持了良好的发展势头。截至目前，我院立案侦查贪污贿赂案件15件19人，立案数量位居全市反贪系统第一，已完成全年目标任务的86%。其中贪污案8件10人，贿赂案6件8人，挪用公款案1件1人。大案11件12人，大案比例为73%。侦查终结、移送起诉7件9人，判决2件2人。在市院"查串挖窝"集中查案活动以来，连续突破农机系统贪污贿赂案3件3人；工程建设领域案件3件5人，公安干警贿赂案件2件2人，涉农案件2件3人。其主要做法是：

一、院党组高度重视，上级院及兄弟科室鼎力支持，形成良好的职务犯罪查案氛围

检察长多次参加反贪干警会议，强调反贪查案工作在全院工作中的重要位置，要求大家加大办案力度，提升检察地位和形象，每办理一起案件乔检都亲自过问办案情况，提出正确的办案方向和策略。主管副检察长张现周则是坚守在办安一线，具体指挥每个细节，其他党组也对反贪工作给予很大关心。院党组在办案经费、车辆使用、后勤保障方面重点倾斜，保障有力.专门成立机关食堂，解决办案就餐问题，解除了我们的后顾之忧，这些是我们反贪工作坚强的后盾。在办案中，上级院也给予大力支持，提出具体的指导意见，并多次派员督战，排除阻力和干扰。市院还多次为我们提供通讯设备卫星定位帮助，让我们享受先进的科技成果，成功寻找到被查对象。在办案中，兄弟科室如批捕、公诉、技术、办公室、法警队等多次派员参与办案，介入侦查，壮大办案力量，全院一盘棋，为我们提供了许多有益的帮助，形成了良好的办案氛围。

二、以开展深入初查为切入点，提高案件成案率

案件线索少，立案难，查案难一直困扰着反贪污贿赂工作的开展。对自行摸排的案件线索，往往初查成案率较高，针对案源少的情况，我们采取多项措施：一是将受理过的案件线索进行重新审查，以便从中发现可查线索；二是要求干警充分发挥主观能动性，积极摸排案件线索；三是根据发案规律，排查同行业案件；四是加强与上级院及纪检监察部门的沟通联系，相互移送案件线索。1至7月份立案侦查的案件中，由干警自行摸排的线索有8件，占立案数的53%。

由于反贪案件的特殊性，为提高反贪案件线索的保密性和初查成案率，我院在对案件线索摸排、初查时，严格控制线索知晓范围和初查范围，当接到或发现案件线索后，先由主管检察长、反贪局领导对案件线索可查性及信访风险进行评估，认为线索具有可查性时，则秘密指定两名或三名侦查人员进行小范围、外围初查摸排，把初查线索控制在最小知情面，并严格保密。这样不仅能保证初查工作的顺利进行提高成案机率，而且有效防止和减少了隐匿证据、串供、毁证、逃匿、人情干扰等问题的发生，为后续的侦查破案工作创造了有利的条件。初查是办案的关键环节，深入初查，提高案件成案率是办案重点，初查突出一个"快"字，保密性要强。初查后，一旦时机成熟，经主管检察长同意，果断立案，快速办理。对于采取拘留强制措施的犯罪嫌疑人，均在三日内报请上级审查逮捕，不给犯罪嫌疑人喘息的机会，也不给说情者讲情的机会。

三、提高侦查谋略技巧，加强突破能力培养

每办理一起大大小小的案件，都是一场正义与犯罪的艰难较量。在办案中，我们强化侦查谋略的运用，由最初的无意识运用到自觉运用、灵活运用。我们反贪干警在困难面前不退缩，不埋怨，在艰辛面前更显坚韧，默默思考，寻找机会，寻找突破口，在摸索中抓住犯罪遗留的细小痕迹，紧追不舍，挖掘出犯罪，揭露还原犯罪的真实面目，特别是在办案中养成了一种敢于啃硬

骨头的精神，增强了干警的自信心，突破能力得到提高。办案中排除阻力，抛弃个人恩怨，抛弃友情、同学情、亲情等社会关系，坚守公平正义，一查到底，挖出犯罪黑手。 办案中我们强化侦查谋略的运用，由最初无意识地运用到自觉地运用，灵活地运用。孙子兵法指出："用兵之道，以计为首，以谋取胜"。侦查谋略是侦查中无形的战斗力，运用得当，可以使侦查对象心智迷惑、案情暴露，使侦查部门赢得主动、确保成效。

一是选准突破口，分化瓦解。如办理的汝州市农机管理总站原站长杨某某贪污案时，此案线索来源于平顶山市院。经过查帐证实，时任汝州市农业机械管理总站站长、党组书记的杨某某于 2009 年年底收取平顶山市农机总公司井某某所送 15 万元未入单位账。我们研究后认为本单位农机购置补贴项目办负责人高某某可能是重要知情人，于是决定将杨某某作为突破口，并迅速将高某某同进同时通知到案。询问杨某某款的去向时，杨拒不供述，我们适时加大审讯力度，实行政策攻心，终于突破了杨的心理防线，供述了井某某以解决经费名义交给的人民币 15 万元现金，未入单位账，交予高某某保管，后杨将其中的 12 万元侵吞的犯罪事实。根据现有证据，余款 3 万元可能被高某某侵吞，但高拒不承认，案件陷入僵局。此时，我们从外围入手，另辟溪径。对高某某的银行存款进行查询，查询结果对案件突破起到了意想不到的效果。高某某智商较高，银行存款以其岳父的名义在银行开户，经查询，发现每年春节前后其账户上入账金额较大，分析认为，高某某作为农机系统农机购置补贴办的负责人，一些农机经销商为了得到农机补贴，有可能向高某某行贿。于是我们加大对高某某的讯问力度，步步紧逼，一举突破高某某涉嫌受贿 5 万元的犯罪事实，我们循着高某某涉嫌受贿的线索，又将涉嫌行贿的汝州市金田农机公司经理李某某纳入侦查视野，一并立案侦查，李某某供述了行贿事实。短短三天内，我院就在农机系统立案 3 件 3 人，实现了平顶山市院反贪局深挖农机系统犯罪窝串案及"由上而下，再由下而上，整体补强"的工作思路。

二是敲山震虎，引蛇出洞。在办案中，有时会遇到当事人不配合、取证难等情况，如在办理汝州市公安局驻汝州市工商局警务室负责人张某某受贿案时，给张送钱的3名行贿人得知张被传唤到检察机关后，闻风而逃，推托说在外地办事，不与侦查人员照面，拒不配合作证。在此情况下，汝州市检察院及时与汝州市工商局联系，建议工商部门对周某某、杨某某、郭某某3家无照经营的车厢厂全部进行了查封，迫使3名行贿人及时到场作证，效果非常明显。为了震慑犯罪分子，确保案件能够顺利取证，汝州市检察院又以行贿罪对周某某、杨某某立案侦查，并对他们采取了刑事拘留强制措施，保证了案件顺利进行。

四、演练和实战相结合，提高干警侦查能力

一是在办案中有意识加强演练和实战相结合，提高整体作战和单兵作战能力，全局一盘棋，群策群力，集思广义，共谋发展。

二是办案时根据每位干警的不同特点、工作能力、有针对性地进行侦查活动，如有两名司法会计，在查账方面较有经验，每次办案时，我们都安排他们对所有扣押的账目进行查阅，以便发现犯罪线索。有两名干警是武警出身，在寻找人员，外围调查方面有特长，我们就安排他们通过各种关系寻找犯罪嫌疑人、证人。有3名干警在与犯罪嫌疑人心理对抗，瓦解犯罪嫌疑人的心理方面有工作经验，办案中安排他们为主攻手，突击讯问犯罪嫌疑人，这样充分发挥每个干警的优势，做到人尽其用。

三是审讯犯罪嫌疑人实行"包干制"。即犯罪嫌疑人传讯到案后，特别是同时传唤多人的情况下，由局里的侦查员2至3人根据平时讯问的默契程度自由结合成小组，每组包干讯问一名犯罪嫌疑人，根据案情自行制定讯问提纲，自行讯问，其他人员不过多干预，直到案件突破。

四是创新取证方法，提高办案效率。如在办理随书证贪污案时，需要调查取证500余户用电户的证言，按照常规取证方法，要花费大量的时间和精力、财力。因此，汝州市检察院反贪局在与该院公诉部门、法院刑庭领导

协调探讨后，采取了新的取证方法，即用表格形式取证，在两天时间内完成了对数百人的取证，查清其贪污电费 8 万余元的犯罪事实。

五、打造反贪工作亮点，积极推行百分考核机制

一是继续完善"小初查、大侦查"模式，赋予其新的内涵。对那些窝串案、涉及面广，取证困难的重大复杂疑难案件，我们采取"大兵团"作战的方式，审讯、外围调查、搜查等各个环节同步进行，更利于抓住时机，突破立案，使整个侦查工作得以全面推进，协调发展。

二是制定了反贪立案百分考核机制，将立案任务细化量化到三个侦查科，每个侦查科达标任务立案 7 件（人）按七百分计算，每个案件按百分制计算，即线索摸排、初查占 20 分，突破案件占 50 分，侦结移送起诉的占 30 分。明确责任任务，提高积极性。明确在案件攻坚阶段，其他侦查科人员共同参与办案，突破案件的 50 分与所参与的侦查科平均分配，年底考核分数多少与奖惩挂钩。并实行月考核制，定期通报各侦查科的办案业绩，及进总结，研究分析各侦查科办案工作中取得的成功经验和存在的问题，大家取长补短，彼此借鉴，互相学习和促进，形成你追我赶，奋通争先的良好氛围。目前，3 个侦查科立案侦查均在 5 件（人）以上。

六、提倡人性化执法，确保办案安全

在办案中我们严格落实办案安全责任制，及时制定安全预案，把安全措施落实到具体人员、具体环节。为了防止犯罪嫌疑人在讯问过程出现意外发病等安全事故，我们专门从汝州市第一人民医院聘请了一名临床医师，在办理案件时让他全程参与，对被查对象、证人的身体健康状况及时检查，全面了解，发现犯罪嫌疑人、证人有高血压、心脏病时及时施药治疗，稳定病情，既保证了犯罪嫌疑人的人体健康安全，同时也防止有些犯罪嫌疑人想利用装病等方法对抗侦查的行为。另外，反贪干警在办案中出现血压升高、头疼、头晕等症状时，及时给予治疗，也保证了反贪干警的健康需要，这一举措为我们安全办案解除了后顾之忧。

汝文
检化

第四章
汝州市委市政府表彰奖励的
集体荣誉

——

Ruzhou Shiwei Shizhengfu Biaozhang Jiangli De

Jiti Rongyu

汝州市委市政府表彰奖励的集体荣誉

Ruzhou Shiwei Shizhengfu Biaozhang Jiangli De Jiti Rongyu

汝州市委市政府表彰奖励的集体荣誉一览

1998 年 —— 汝州市人民检察院被中共汝州市委、汝州市人民政府评为 1997 年度汝州市（县）级文明单位

2002 年 —— 汝州市人民检察院党总支被中共汝州市委市直机关工作委员会评为 2001 年度"五好党组织"

2003 年 —— 汝州市人民检察院公诉科、侦查监督科、民事行政检察科、渎职侵权检察科被中共汝州市委政法委员会评为 2002 年度政法先进集体

汝州市人民检察院老干部工作被汝州市委市政府表彰为先进集体

汝州市人民检察院公诉科、渎职侵权科、控告申诉科等部门被评为汝州市政法系统先进集体

汝州市人民检察院机关党总支被汝州市委市直工委表彰为"五好党组织"

汝州市人民检察院被表彰为宣传思想工作先进单位

汝州市人民检察院被表彰为新闻外宣工作先进单位

汝州市人民检察院被表彰为"心连心、双联系"帮扶工作先进单位

汝州市人民检察院被汝州市委防范和处理邪教问题领导小组表彰为防范和处理邪教问题工作先进单位

2004 年 —— 汝州市人民检察院政治处、办公室、公诉科、控申科等四个部门被市委、市政府表彰为政法工作先进集体

汝州市人民检察院驻焦村乡张村工作队被市委、市政府表彰为驻村工作先进工作队

汝州市人民检察院被评为计划生育工作先进集体

汝州市人民检察院被评为老干部工作先进单位

汝州市人民检察院被评为"心连心、双联系"帮扶工作先进单位

汝州市人民检察院被评为扶残助残先进集体

汝州市人民检察院机关党总支被市直工委表彰为先进党组织

2005 年 ——汝州市人民检察院政治处、侦查监督科、民行科、监所科被市委、市政府表彰为 2005 年度政法系统先进集体

汝州市人民检察院被市委、市政府表彰为老干部工作先进单位

汝州市人民检察院被市委、市政府表彰为计划生育工作先进单位

汝州市人民检察院机关党总支被汝州市委市直工委表彰为先进党组织

汝州市人民检察院被评为"心连心、双联系"帮扶工作先进单位

2006 年 ——汝州市人民检察院控告申诉检察科、侦查监督科被汝州市委、市政府联合表彰为 2006 年度平安建设先进集体

汝州市人民检察院政治处、侦查监督科、监所检察科、民事行政检察科被评为政法系统先进集体

汝州市人民检察院被评为老干部工作先进单位

汝州市人民检察院被市委、市政府表彰为信访工作先进单位

汝州市人民检察院被汝州市委表彰为先进党组织

汝州市人民检察院控告申诉检察科、侦查监督科被汝州市委、市政府联合表彰为 2006 年度平安建设先进集体

2007 年 ——汝州市人民检察院党总支被汝州市委市直工委表彰为 2007 年度"五好党组织"

汝州市人民检察院被汝州市委、市政府表彰为计划生育工作先进单位

汝州市委市政府表彰奖励的集体荣誉

Ruzhou Shiwei Shizhengfu Biaozhang Jiangli De Jiti Rongyu

汝州市人民检察院党组被汝州市委组织部表彰为组织工作先进单位

汝州市人民检察院被市政府表彰为秸秆禁烧督导先进单位

汝州市人民检察院被市委宣传部表彰为"学习十七大精神知识竞赛"优秀组织奖

汝州市人民检察院被评为汝州市绿化先进单位

汝州市人民检察院被评为爱心助残先进集体

2008 年

汝州市人民检察院被市委、市政府表彰为城市创建工作先进集体

汝州市人民检察院政治处、办公室被市委办公室表彰为全市政法系统践行社会主义法治理念先进集体

汝州市人民检察院妇委会获得市妇联表彰的读书活动三等奖

汝州市人民检察院被市委、市政府表彰为城市重点工程建设先进单位

汝州市人民检察院被汝州市委、市政府表彰为 2008 年度群众工作先进单位

汝州市人民检察院党总支被汝州市委市直工委表彰为 2008 年度"五好党组织"

2009 年

汝州市人民检察院被汝州市委、市政府表彰为计划生育工作先进单位

汝州市人民检察院侦查监督科、公诉科被汝州市委政法委、综治委联合表彰为"打击两抢一盗犯罪专项斗争先进单位"

汝州市人民检察院机关党总支被汝州市委市直工委表彰为先进党组织

汝州市人民检察院被汝州市委表彰为全市组织工作先进单位

2010 年

汝州市人民检察院被汝州市委、市政府评为春季计划生育工作先进单位

汝州市人民检察院党组被汝州市委宣传部评为学习先进单位

汝州市人民检察院被汝州市委办公室、市政府办公室评为党报党刊发行工作先进单位

汝州市人民检察院被汝州市委、市政府办公定室表彰为2010年度春灯节亮化先进单位

汝州市人民检察院在汝州市委、政府举办的首届中国（国际）汝瓷文化节开幕式方阵组织单位中，被评为方阵组织先进单位

汝州市人民检察院被汝州市委、市政府表彰为2009年度计划生育工作先进单位

汝州市人民检察院被汝州市委、市政府表彰为2009年度清理整顿"三会一部"工作先进单位

汝州市人民检察院被汝州市委、市政府表彰为2009年度信访工作先进单位

汝州市人民检察院被汝州市委表彰为全市组织工作先进单位

汝州市人民检察院中心学习组被汝州市委宣传部表彰为2009年度中心组学习示范单位

汝州市人民检察院被汝州市劳动局表彰为2009年度干部工资统计工作先进集体

汝州市人民检察院妇委会被汝州市妇联表彰为2009年度三八红旗集体

汝州市人民检察院团支部被汝州市团委表彰为2009年度优秀青年志愿服务集体

2011年 ── 汝州市人民检察院机关党总支被汝州市委、市政府评为先进机关党组织

汝州市人民检察院第三、第四、第五党支部被汝州市委政法委被评为先进机关党组织

汝州市人民检察院在汝州市政法委举办的庆祝建党 90 周年文艺晚会演出活动中被评为组织奖，豫剧《当干部就应该多吃亏》和少儿舞蹈《加油中国》分别获得一等奖和二等奖

汝州市人民检察院被汝州市文明委评为文明单位结对帮扶先进单位

汝州市人民检察院机关党总支被汝州市委市直工委评为先进机关党组织

汝州市人民检察院被汝州市委、市政府评为计划生育工作先进单位

汝州市人民检察院被汝州市委、市政府评为信访工作先进单位

汝州市人民检察院被汝州市委、市政府评为平安建设先进单位

汝州市人民检察院被汝州市委宣传部评为理论教育工作先进单位

汝州市人民检察院被汝州市公共机构节能减排工作领导小组评为公共机构节能减排工作先进单位

汝州市人民检察院被汝州市委、市政府评为支持工业经济发展先进单位

汝州市人民检察院被汝州市委、市政府评为 2010 年度依法管理人口和计划生育工作先进集体

2013 年 — 汝州市人民检察院党组被汝州市委表彰为中心组学习先进单位

2014 年 — 汝州市人民检察院控申科被汝州市委表彰为 2013 年度全市维护稳定工作先进集体

汝州市人民检察院机关党委被汝州市委市直机关工作委员会表彰为 2013 年先进基层党组织

汝州市人民检察院被汝州市委、市政府表彰为 2013 年度平安建设工作先进单位

汝州市人民检察院被汝州市委、市政府表彰为 2013 年度发展工业经济先进单位

汝州市人民检察院被汝州市委、市政府表彰为十八届四中全会和北京 APEC 会议期间信访稳定工作先进单位

汝州市人民检察院被汝州市委、市政府表彰为 2013 年老干部工作先进单位

汝州市人民检察院控告申诉科被汝州市委、市政府评为 2013 年度信访工作先进单位

汝州市人民检察院党组被汝州市委宣传部表彰为全市中心组学习先进单位

汝州市人民检察院工会被汝州市总工会表彰为先进工会组织

2015 年

汝州市人民检察院被汝州市委、市政府评为 2014 年度人口和计划生育工作先进单位

汝州市人民检察院被汝州市委、市政府评为保障乡镇街道和服务重大项目建设先进单位和综合先进市直单位

汝州市人民检察院侦查监督科被汝州市人大常委会评为 2014 年度办案质量检查工作先进集体

汝州市人民检察院被中共汝州市委办公室表彰为 2014 年度全市党委系统信息先进单位

汝州市人民检察院被汝州市交通文化旅游教育卫生宣传及汝瓷文化园建设领导小组评为 2014 年度全市宣传思想文化先进单位

汝州市人民检察院被汝州市委、市政府评为 2014 年度全市老干部工作先进单位

汝州市人民检察院被汝州市城乡规划建设管理及汝东高新技术产业园区建设领导小组评为查控违法建设工作先进单位

汝州市人民检察院被评为 2015 年度党报党刊发行工作先进单位

汝州市人民检察院机关党委被汝州市委市直机关工作委员会表彰为 2014 年先进基层党组织

汝州市人民检察院工会女职工委员会被汝州市总工会授予女职工法律法规知识竞赛优秀组织奖

汝文检化

第五章
荣 誉 榜

Rongyu Bang

先进集体篇
Xianjin Jiti Pian

一、最高人民检察院颁发的荣誉

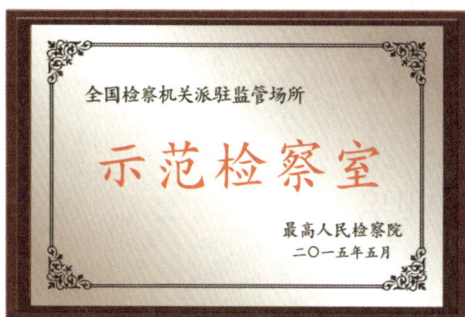

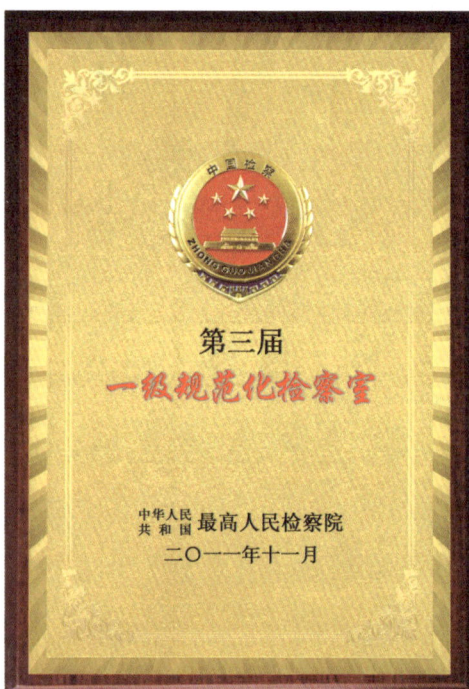

全国先进基层检察院

中华人民共和国最高人民检察院
二〇一三年二月

文明接待示范窗口

中华人民共和国最高人民检察院

全国检察机关派驻监管场所

示范检察室

最高人民检察院
二〇一五年五月

第三届
一级规范化检察室

中华人民
共和国 最高人民检察院
二〇一一年十一月

文明接待窗口

中华人民共和国最高人民检察院

一级规范化检察室

中华人民
共和国 最高人民检察院

二级规范化检察室

中华人民
共和国 最高人民检察院

二、河南省委省政府、省检察院颁发的荣誉

省级
文明单位
（2009-2013）

中共河南省委
河南省人民政府
2008年11月

全省先进基层检察院

河南省人民检察院
二○一一年三月

河南省维护妇女儿童权益
示范岗

河南省维护妇女儿童权益暨平安家庭创建协调组
二○一三年三月

全省检察机关
优秀公诉团队

河南省人民检察院
二○一一年十二月

汝州市人民检察院控告申诉检察科
集体二等功

河南省人民检察院
二○一一年六月

二○○二年度河南省检察机关
先进检察院

河南省人民检察院
二○○三年五月

全省检察机关
"十佳"渎职侵权检察处（科）

河南省人民检察院政治部
二○○五年三月

河南省检察机关
**纪检监察工作
先进集体**

河南省人民检察院 纪检组
政治部
二○○二年三月二十五日

授予 汝州市人民检察院

河南省人民满意的政法单位荣誉称号

中共河南省委　河南省人民政府
2014年11月

全省检察机关计划财务装备工作

先进集体

河南省人民检察院
二○○二年十二月

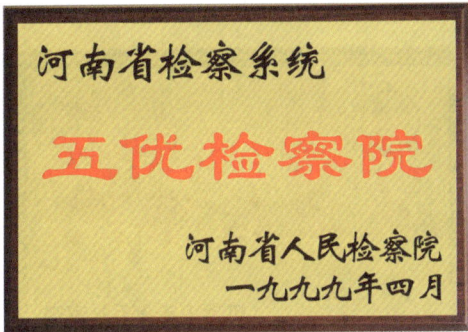

河南省检察系统

五优检察院

河南省人民检察院
一九九九年四月

一九九九年度全省检察机关

五优检察院

河南省人民检察院
二○○○年元月

1999—2000年度全省政法系统
"争创人民满意的政法干警(单位)"活动

先进集体

中共河南省委政法委员会
河南省人事厅
二○○一年三月

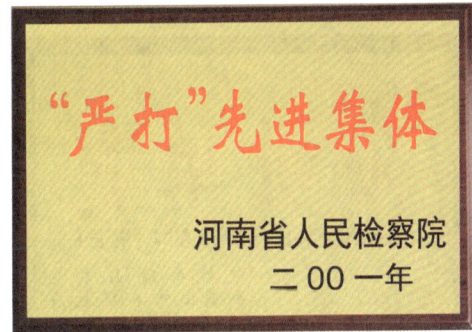

"严打"先进集体

河南省人民检察院
二○○一年

文明接待

河南省人民检察院

省级

文明单位

WEN MING DAN WEI

河南省精神文明建设指导委员会
2002.1

三、平顶山市委市政府、市检察院颁发的荣誉

一九九九年全市检察机关

先进检察院

平顶山市人民检察院
二〇〇〇年元月

全市"五五"法制宣传教育和依法治理工作

先进单位

中共平顶山市委
平顶山市人民政府
二〇一一年九月

文明接待室

平顶山市人民检察院

⑨⑧

先进检察院

平顶山市人民检察院

市级

文明单位

WEN MING DAN WEI

中共平顶山市委
平顶山市人民政府
1999.5

平顶山市依法治市工作

先进集体

中共平顶山市委
平顶山市人民政府
二〇〇一年八月

二〇〇一年度

先进检察院

平顶山市人民检察院
二〇〇二年四月

汝州市人民检察院

二〇〇二年度

先进检察院

平顶山市人民检察院
二〇〇三年三月

2001-2002年度
全市"争创人民满意政法干警（单位）"活动

先进集体

中共平顶山市委政法委员会
平顶山市人事局
二〇〇三年元月

平顶山市"严打"整治斗争

先进集体

平顶山市社会治安综合治理委员会
中共平顶山市委政法委员会
二〇〇三年八月

平顶山市政法系统践行社会主义法治理念

先进集体

中共平顶山市委政法委员会
平顶山市人事局
二〇〇七年十月

2006年度平顶山市保密工作

先进单位

中共平顶山市委保密委员会
二〇〇七年四月

全市档案工作

优秀集体

平顶山市档案局
二〇〇八年四月

全市"两打一整顿"斗争

先进单位

中共平顶山市委
平顶山市人民政府
二〇〇〇年七月

2000年度

先进检察院

平顶山市人民检察院
二〇〇一年二月

全市组织工作

先进单位

中共平顶山市委组织部
2008年5月

四、汝州市委市政府颁发的荣誉

授予：

先进基层党组织

中共汝州市委员会

二〇〇六年六月

2012年度支持招商选资工作

先进单位

中共汝州市委
汝州市人民政府
二〇一三年四月

汝州市"电力杯"学习党的十八大精神电视知识竞赛

优秀组织奖

中共汝州市委宣传部
2012年12月

2012年度人口和计划生育工作

先进单位

中共汝州市委
汝州市人民政府
二〇一三年三月

先进工会组织

汝州市总工会
2014年12月

授予："12.4"全国法制宣传活动

一等奖

汝州市依法治市工作领导小组
二〇一二年十二月十日

授予：

先进基层党组织

中共汝州市委
二〇一二年六月

2012年度完成招商选资

亿元项目奖

中共汝州市委
汝州市人民政府
二〇一三年四月

2012年度老干部工作
先进单位
中共汝州市委
汝州市人民政府
二〇一三年五月

2011年度老干部工作
先进单位
中共汝州市委
汝州市人民政府
二〇一二年三月

2011年度宣传思想工作
先进单位
中共汝州市委办公室
汝州市人民政府办公室
2012年3月

2011年度市（县）级
先进基层党校
中共汝州市委宣传部
2012年3月

2013年度老干部工作
先进单位
中共汝州市委
汝州市人民政府
二〇一四年六月

2013年度平安建设
先进单位
中共汝州市委
汝州市人民政府
二〇一四年九月

2014年平安建设
先进单位
中共汝州市委
汝州市人民政府
二〇一五年三月

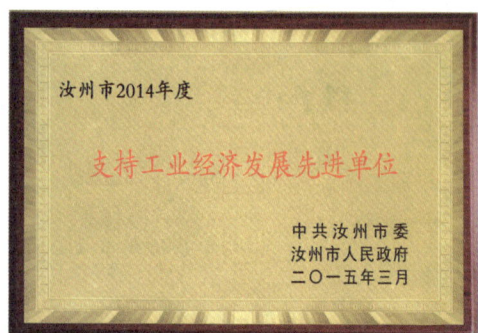

汝州市2014年度
支持工业经济发展先进单位
中共汝州市委
汝州市人民政府
二〇一五年三月

2011年度全市政法宣传工作

先进单位

中共汝州市委政法委员会
二〇一二年四月

2010-2011年度先进典型评选活动

先进集体

中共汝州市委办公室
汝州市人民政府办公室
2012年3月

2012年度

先进基层工会

汝州市总工会
二〇一三年三月

2011年度学习型党组织建设

先进单位

中共汝州市委宣传部
2012年3月

人大工作评议

先进单位

汝州市人大常委会
二〇一二年十二月

汝州市"弘扬'三平'精神 为党旗增辉"演讲比赛

优秀组织奖

中共汝州市委宣传部
二〇一二年六月

授予：2012年度法治汝州建设

先进单位

汝州市依法治市工作领导小组
二〇一三年五月

2012年度平安建设

先进单位

中共汝州市委
汝州市人民政府
二〇一三年五月

Wenhua Rujian

工作思路·工作报告篇

文化汝检

GONGZUO SILU GONGZUO BAOGAO

河南省汝州市人民检察院 / 编

刘新义 / 主编

中国检察出版社

图书在版编目（CIP）数据

文化汝检．工作思路·工作报告篇／刘新义主编．—北京：中国检察出版社，
2016.11

ISBN 978 - 7 - 5102 - 1715 - 9

Ⅰ.①文… Ⅱ.①刘… Ⅲ.①检察机关 - 工作 - 汝州 - 文集 Ⅳ.①D926.32 - 53

中国版本图书馆 CIP 数据核字（2016）第 263935 号

文化汝检．工作思路·工作报告篇

刘新义 主编

社 址：	北京市石景山区香山南路 111 号（100144）	
网 址：	中国检察出版社（www.zgjccbs.com）	
编辑电话：	(010)68682164	
印 刷：	河南盛华印务有限公司	
开 本：	710 mm×960 mm　16 开	
印 张：	15.75	
字 数：	191 千字	
版 次：	2016 年 11 月第一版　　2016 年 11 月第一次印刷	
书 号：	ISBN 978 - 7 - 5102 - 1715 - 9	
定 价：	53.00 元	

《文化汝检》编纂委员会

主　　编：刘新义

副 主 编：张现周　魏二广　马聚法　雷红东
　　　　　张延斌　顾武修

执行编辑：宋振中

编　　辑：陈冬伟　吴迎利　黄飞豹　陈媛媛

序言一

检察文化建设是检察工作的有机组成部分,是检察事业发展的精神支撑和力量源泉。检察文化在凝聚人心、激励斗志、规范行为、陶冶情操、营造氛围、树立形象等方面具有不可替代的重要作用。

当前,在进入全面建成小康社会的决胜阶段,在深入推进"五位一体"总体布局和"四个全面"战略布局,落实创新、协调、绿色、开放、共享发展新理念,主动适应经济发展新常态的新形势下,检察机关面临着全面深化司法体制改革和检察改革的发展机遇,肩负着全面提升检察工作能力水平,深入推进平安建设、法治建设,为全面建成小康社会,实现中华民族伟大复兴的中国梦创造良好法治环境的历史重任。检察机关只有重视和加强检察文化建设,依靠检察文化的引领和熏陶,激发广大检察干警的责任感、使命感、紧迫感,才能为检察工作科学发展凝神聚力。

近年来,汝州市检察院认真贯彻党的十八大、十八届三中、四中、五中全会精神,按照"文化育检、文化兴检、文化强检"的总体思路和部署,把提升检察人员综合素质能力,提高检察管理水平作为切入点和着力点,以凝聚精神为根基,完善机制为支撑,涵养文化为目标,致力于打造"文化汝检",使检察文化在建设高素质队伍、规范文明司法中发挥潜移默化、润物无声的原动力作用,有效提升了队伍建设水平,促进了各项检察工作的深入开展。

为进一步加强检察文化建设,充分发挥检察文化的凝聚力、推动力、辐射力,汝州市检察院编印了《文化汝检》十二篇章,这对于全面提升检察干警的政治素质、业务素质和职业道德素质,促使检察干警保持高昂的工作热情和奋发进取的精神状态,保证检察工作持续健康发展具有积极地推动作用。《文化汝检》十二篇章是汝州市检察院加强检察文化建设的经验总结,是创建学习型检察院的有力载体,要珍惜和运用好这个载体,弘扬和学习好相关经验,充分发挥十二篇章在提升检察干警的思想境界、职业良知和廉洁自律意识等方面的作用。

检察工作的健康发展离不开高素质的检察队伍,打造一支忠诚可靠、执法为民、务实进取、公正廉洁的检察队伍离不开先进检察文化的引领和凝聚,只有把检察文化与检察工作紧密结合,才能在执法办案中真正做到"理性、平和、文明、规范"。检察文化建设任重道远。期待汝州市检察院在已有工作成绩的基础上,积极探索和创新检察文化建设的新思路、新方法,以文育检、以文兴检、以文强检,为检察事业创新发展增添多彩篇章!

张耕

2016 年 8 月

序言二

检察文化建设的核心任务是凝聚力量、提升素质、推动工作。近年来，汝州市检察院认真贯彻党的十八大和十八届三中、四中、五中、六中全会精神，按照上级院"文化育检、文化兴检、文化强检"的总体思路和部署，把提升检察人员综合素质能力，提高检察机关管理水平作为切入点和着力点，积极推进检察文化建设，为检察工作发展提供了有力的思想保证、精神动力和智力支持。

2016年是"十三五"开局之年，也是司法体制改革全面推进之年和攻坚之年，检察机关要有新担当、新作为，检察工作更需要强有力的检察文化支撑和检察文化传播。汝州市检察院编印的《文化汝检》十二篇章，不仅符合新时代检察工作主题，而且对于全面提升检察干警的政治素质、业务素质和职业素质，促使检察干警保持奋发进取的精神状态，保证检察工作持续健康发展等方面都具有积极地推动作用。

篇章中的《规章制度管理规范篇》，体现了立规矩、守规矩的制度文化。要让制度这个"软实力"对检察人员的行为形成"硬约束"，必须突出抓好制度落实，只有制度被自觉遵守并内化于心、外践于行，制度文化建设才算真正见到成效。当前，要通过案件管理、检务督察、检务督办等手段狠抓制度落实，使制度权威得到进一步确立，使干警行为得到进一步规范，使按规矩办事成为检察机关的新常态。

《先进集体篇》《先进人物篇》《工作创新篇》《工作思路·工作报告篇》以及

《镜鉴》《当代刑事错案沉思篇》等篇章，注重运用身边人、身边事去打动人、感染人，运用反面典型案例去警示教育人，运用先进人物、先进事迹去鼓舞士气，运用争先创优机制激营造比学赶帮的良好氛围，从而引导检察干警在依法履职中展现自身的优秀品质、过硬素质、人格修养，在司法办案中传递检察文化建设形成的理念、风范和形象，推动检察文化建设落地生根、开花结果。

《文化汝检》十二篇章是汝州市检察院加强检察文化建设的一个有效载体，是创建学习型检察院的一项有力措施。要运用好这个载体，落实好这项措施，通过多种方式组织全院干警学习篇章、运用篇章，切实发挥十二篇章在提升检察干警思想境界、职业良知和廉洁自律意识等方面的积极作用。

检察文化建设永远在路上。要把检察文化建设融入贯彻落实创新、协调、绿色、开放、共享五大发展理念，全面提升检察工作水平之中，融入为"十三五"时期经济社会发展提供有力司法保障的总体部署之中，一年一个抓手、一步一个脚印地推进，通过富有特色、寓教于乐的多种检察文化活动，夯实检察文化基础、打造检察文化品牌，让检察文化为检察事业持续、健康、协调发展提供源源不竭的强劲动力。

2016 年 8 月

目 录

CONTENTS ▶ ···

下篇 工作报告

上 篇

工作思路

汝州市人民检察院工作思路

2016 年及今后一段时期,我院工作的总体思路是:"打基础、谋长远、提素质、上台阶、树亮点、保先进、创品牌。"即以党的十八大和十八届三中、四中、五中全会精神为指导,贯彻落实"创新、协调、绿色、开放、共享"发展新理念,按照最高人民检察院《2014~2018 年基层人民检察院建设规划》和河南省人民检察院《关于转发高检院〈2014 年基层检察院建设组织工作指导意见〉的通知》的要求,紧紧围绕"八化"发展目标,突出特色亮点工作,以"强班子、带队伍、抓业务、树形象"为总目标,弘扬"崇德、笃行、创新、致远"的汝检精神,认真贯彻落实汝州市委六届七次全会和上级检察机关会议精神,以维护社会大局稳定、促进社会公平正义、保障人民安居乐业为根本任务,以强化法律监督、强化自身监督、强化队伍建设为总要求,以司法办案为中心,以深化改革为动力,全面履行法律监督职责,为经济社会发展提供有力司法保障。

一、坚持以坚定理想信念为核心,大力加强思想政治建设

(一)强化科学理论武装

落实集中学习与个人自学相结合的制度,深入学习贯彻习近平总书记一系列重要讲话精神,牢固树立为实现中国梦而奋斗的远大理想,坚定走中国特色社会主义道路的信念。建立思想动态定期分析制度,健全意识形态工作长效机制,加强经常性思想政治工作,坚持运用马克思主义立场观点方法分析问题、指导实践,增强政治定力,增进"三个自信"。组织开展理论素养提升年系列活动,促进检察人员对中国特色社会主义理论体系的真学、真信、真用。

（二）扎实开展"三严三实"教育活动

坚决落实中央"八项规定"，着力解决群众反映强烈的"四风"突出问题。建立经常性征求群众意见制度，健全人民群众评判检察工作机制。广泛开展进社区、进农村、进学校、进机关、进企业活动，组织检察人员走基层、接地气，察民情、访民意、解民忧，增强做好新形势下群众工作的能力。推进综合服务平台、民生服务窗口建设，完善联合接访、下访巡访等制度，畅通和规范群众诉求表达、利益协调、权益保障渠道。

（三）服务党的中心工作

深入贯彻落实党的十八届五中全会精神，紧紧围绕"十三五"时期经济社会发展主要目标和基本理念，切实找准检察机关保障经济社会持续健康发展的切入点和着力点。认真研究如何着力服务和保障创新、协调、绿色、开放、共享发展。坚持胸怀大局、把握大势、着眼大事，善于运用法治思维和法律手段为经济社会发展提供有力司法保障。主动适应全面深化改革新要求，健全围绕中心服务大局工作体系，及时调整和深化服务工作措施，采取派驻检察室、建立联系点等有效形式，打造共建协作平台，延伸法律监督触角，坚持把围绕中心服务大局的实际成效作为检验基层检察工作成果的重要标尺。

（四）发挥党组的领导核心作用

加强党性修养和党性锻炼，严守党的政治纪律、组织纪律和政治规矩。坚持以"有信仰、有原则、有担当、有作为"为目标，强化学习力、决策力、凝聚力、执行力、约束力等领导能力。积极配合党委加强对领导干部的考察，选好配强领导班子，确保政治坚定、懂法懂行。强化党组织建设，落实一岗双责、支部述职、"三会一课"等制度，充分发挥机关党委战斗堡垒作用，充分发挥党员干警先锋模范作用,建设"五个过硬"检察队伍,为检察工作科学发展提供坚强组织保障。

二、坚持以深化规范执法为主线,全面加强检察业务建设

(一)加大执法办案工作力度

依法把关,认真履行审查逮捕、审查起诉职能。突出工作重点,依法打击各类刑事犯罪,继续开展破坏环境资源和危害食品药品安全犯罪专项立案监督活动,切实维护国家安全,维护公共安全,维护群众生命财产安全。严格依法把关,严防冤错案件,进一步转变司法理念,全面落实罪刑法定、疑罪从无、证据裁判、非法证据排除等制度,严格依法收集、固定、审查和运用证据,不仅要重视收集和采信有罪证据,也要重视收集和采信无罪证据,严格依法把好关口,防止事实不清、证据不足的案件或者违反法律程序的案件,错误批捕、"带病"起诉、进入审判程序。注重积极把关,引导提升案件质量。坚持宽严相济,促进社会和谐稳定。加强与公安、法院沟通协调,推动落实轻微刑事案件快速办理、刑事案件速裁程序、非羁押诉讼工作机制,注意解决捕后不起诉、轻刑率偏高问题。同时,要加强对不捕直诉被判实刑案件的分析总结,防止出现打击不力;落实省院有关规定,确保未羁押状态下的被告人判处实刑时能够及时收押并执行刑罚。

完善检察环节认罪认罚从宽处理机制,落实刑事和解、附条件不起诉制度,健全未成年人刑事检察工作机制,增进社会和谐。惩防并举,持续提升查办和预防职务犯罪工作水平。坚持"老虎"、"苍蝇"一起打,特别是对十八大后不收敛、不收手、顶风作案,问题线索反映集中、群众反映强烈的,深挖严查、一查到底。进一步加大办案力度,重点查办领导机关和重要岗位领导干部的职务犯罪。严肃查处重特大安全事故背后的职务犯罪。紧密结合司法办案开展预防工作。理性务实,强化对诉讼活动的法律监督。完善机制,加大力度,重点加强对人民法院判处缓刑、免刑案件的监督,对徇私枉法、诉讼程序严重违法构成犯罪的,要严肃查处。加强对刑罚执行、刑事强制措施执行和强制医疗执行及有关监管活动的监督,重点做好刑罚交付和变更执行以及羁押必要性审查、财产刑执行等监督工作。健全刑罚变更执行同步监督机制,继续整治有权人、有钱人犯罪后以关系或花钱赎身问题。完善社区矫正监督工作机制,确保监督质量效果。认真执行修改后的《民事诉讼法》及《人民检察院民事诉讼监督规则》,落实省检察院与省高级法院会签的《关于修改后民事诉讼法实施若干问题的意见》,形成结果监督、程序监督、执行监督并重。重点加强程序监督、调解监督、审判人员违法行为监督、执行监督和再审检察建议等工作。坚持以执法办案为中心,因地制宜突出工作重点,敢于监督、善于监督、依法监督、规范监督,自觉融入社会治理体制创新,不断完善人权司法保障机制,全面履行打击刑事犯罪、查办和预防职务犯罪、诉讼监督等职责,确保国家法律的统一正确实施。

(二)加强检察业务集中管理

全面推进案件管理机制改革,健全检察业务管理制度,完善案件集中管理模式,细化执法办案流程,明确执法办案标准,严格执法办案监管,实现对执法办案全过程的集约化、动态化管理,从源头上解决随意执法、粗放执法问题。组织开展规范执法强化年系列活动,推动检察机关执法工作基本规范全面贯彻落实。

(三)深入推进检务公开工作

进一步深化检务公开,构建开放、动态、透明、便民的阳光检务机制,依法及时公开检察机关司法办案依据、程序、流程、结果和生效法律文书,努力做到以公开促公正、以透明保廉洁。进一步增强主动公开、主动接受监督的意识,不断拓展检务公开的深度和广度,倒逼规范司法。抓住案件信息公开这个重点,进一步规范和拓展案件信息公开系统应用。加强法律文书说理,促进当事人认可检察机关处理决定。坚持传统媒体和新媒体相结合,推进网上、网下检务公开大厅建设,探索创新符合本地实际的检务公开方式,构建多层次、多角度、全覆盖的检务公开网络,使检务公开走进广大基层群众。进一步健全推进检务公开的各项机制制度,做好公开信息的内容审查、保密检查、风险评估、舆情应对等工作。坚持和完善检察开放日、案件公开审查等制度,健全主动公开和依申请公开制度,以真诚的态度、务实的行动赢得人民群众的信赖和支持。

三、加强司法规范化建设,提升司法公信力

(一)扎实开展规范司法行为专项整治工作

坚持问题导向,紧紧围绕十个方面的工作重点,高度重视并坚决纠正自身司法不规范的突出问题,不断提高规范司法的能力和水平。认真落实案件集中管理,着力深化统一业务系统应用,充分发挥案件管理部门统一受理、流程监控、统计分析、质量评查、业务考评、检务公开、业务信息化管理等职能作用,切实加强对司法办案活动的全程、统一、实时、动态管理,以信息化促进司法规范化。完善科学合理的执法工作规范、办案程序规则和检察业务考评机制,以制度促进司法规范化。加强汝州院各内设业务部门的相互监督制约、案件管理部门和纪检监察机构对执法办案的监督,以监督促进司法规范化。实行办案质量终身负责制,严格落实错案防止、纠正和责任追究,以责任促进司法规范化。

(二)依法规范行使检察权

对存在的司法行为不规范等突出问题下大力气予以集中整治,进一步严格办案纪律、规范司法行为、改进司法作风,确保检察权依法正确行使。第一,在行使职务犯罪侦查权方面。进一步健全职务犯罪线索受理、分流、查办、信息反馈制度,规范各类侦查活动以及强制措施的审批与适用,建立健全查封、扣押、冻结、处理涉案财物的程序,严格依法收集、固定、运用证据。不断深化侦查一体化机制建设,充分发挥中心办案组、专门型人才领办等办案模式作用,加强内部各部门之间协作配合,努力克服办案阻力,形成内部办案合力。高度重视办案规范,依法采取侦查手段和强制措施,严格落实同步录音录像制度,规范指定居所监视居住的适用,防止和纠正扩大范围、违反审批程序、变相羁押。认真落实中央办公厅《关于在查办党员和国家工作人员涉嫌违纪违法犯罪案件中加强协作配合的意见》,明确纪检监察和刑事司法办案标准和程序衔接,坚持依法办案、分工履职,严格规范使用办案手段和借用办案人员程序。第二,在行使审查逮捕、起诉权方面。积极适应以审判为中心诉讼制度改革,正确把握审查逮捕、审查起诉条件,进一步明确非法证据排除的程序和标准,健全冤假错案有效防范、及时纠正机制,坚决防止事实不清、证据不足的案件或违反法律程序的案件"带病"进入起诉、审判程序,造成起点错、跟着错、错到底的现象。第三,在行使诉讼监督权方面。要针对当前监督工作中的问题,完善法律监督工作机制,特别是要针对修改后《刑事诉讼法》、《民事诉讼法》、《行政诉讼法》的新规定,建立健全工作机制,进一步抓好新增监督职能的履行。要建立检察机关内部人员过问案件的记录制度和责任追究制度,确保案件处理经得起法律和历史检验。

(三)健全内部监督制约机制

健全廉政风险防控机制,推行廉政效能监督卡,完善领导干部廉政档案、检察干警司法档案,加强对司法一线、重点岗位的监督约束。建立健全以撤案、不诉、撤诉、判无罪等重点类型案件为对象的常态化案件评查机制。侦监、公诉、监所、控申、案管等部门重点加强对侦查活动的监督制约,坚决杜绝刑讯逼供、违法取证等行为。要严格执行办案安全防范制度,切实提高办案安全意识，严查深挖安全隐患，坚决防止办案安全事故的发生。实行办案质量终身负责制和错案责任倒查问责制，严格落实错案防止、纠正和责任追究。认真落实《检察人员八小时外行为禁令》、《关于规范检察人员与律师交往行为的暂行规定》，坚决防止利益输送。坚持把强化自身监督与落实党风廉政建设主体责任和监督责任有机结合起来，既要抓党风廉政建设，又要抓司法作风建设，共同促进司法规范化，真正做到严抓落实不懈怠，严肃执纪不手软。

四、坚持以提高整体素质为关键，着力加强人才队伍建设

（一）建设强有力的领导班子

认真落实领导干部政治轮训制度，积极参加新知识、新技能学习培训，不断完善知识结构、丰富知识储备。严格执行民主集中制各项规定，完善和落实党组会、检察委员会、检察长办公会议事规则和决策程序，不断提高科学民主依法决策水平，建设信念坚定、敢于担当、勤政务实、清正廉洁的坚强领导集体。

（二）打造专业化人才队伍

坚持以专业化建设为导向，以岗位素能标准为依据，分类开展任职资格、岗位技能、综合知识等专项培训，定期开展公诉论辩、侦讯模拟、疑案研讨等岗位练兵，搭建网络学习平台，树立终身学习观念，重点加强新进人员的岗前培训和职业伦理教育，全面提升专业素质能力。积极探索与专业化要求相适应的教育管理模式，深入开展任职资格、岗位技能、专项业务等正规化培训，依托中国人民大学、北京师范大学等优质师资组织培训、业务实训，增强培训针对性、实效性。抓好人才建设。开展精品案件、优秀法律文书评选，组织业务竞赛、业务能手评选，强化对业务尖子和办案能手的培养使用。

（三）落实检察司法改革

按照中央、高检院关于司法体制改革试点工作的总体部署，根据中央全面深化改革领导小组《关于司法体制改革试点若干问题的框架意见》扎实推进司法改革工作。按照"依法有序、循序渐进、平稳过渡"的原则，既要解放思想、大胆探索，又要审慎平稳、逐步展开，一切从实际出发，不搞一刀切，确保检察人员分类管理改革平稳过渡，确保检察工作保持健康持续发展。科学划分检察人员类别，确定检察官员额，明确分类岗位职责，构建符合检察工作特点、符合司法运行规律的检察人员分类管理制度，推进检察队伍正规化、专业化、职业化建设。坚持加强领导与合理放权相统一，在强化检察长、检委会对司法办案活动领导的同时，在法律框架内合理下放职责权限，使检察官依法独立办理案件并承担责任，强化监督制约，体现权责统一、权力制约的要求。按照专业职务序列管理，探索分类管理工作，严格实行检察人员员额总体配置比例。

五、坚持以强化科技应用为重点，切实加强检务保障建设

（一）运行统一业务应用系统

组织开展统一业务应用系统全员培训，加强运行维护、安全保密等管理，为统一业务应用系统运行奠定坚实基础。落实"统一入轨、统一管理、统一应用、统一改进"要求，实现执法信息网上录入、执法业务网上审批、执法流程网上管理、执法活动网上监督，确保"全员、全面、全程、规范"应用。

（二）加强业务装备配备

坚持量力而行、尽力而为，认真落实基本业务装备配备。以提高侦查工作科技含量为重点，加强侦查指挥、证据收集、安全防范、检验鉴定等装备建设，完善执法办案科技手段和设施体系，加快执法办案科技装备更新升级。加强执法值勤用车配备，满足办案工作需要。

（三）落实科技建设重点任务

以统一业务应用系统为重点实施电子检务工程，建设网上举报、远程视频讯问、案卷材料传输及视频接访等系统，建成检察专线网、局域网等基础网络，实现检察工作数字化目标。完善检察技术融入执法办案工作机制，促进技术取证、技术鉴定、技术审查等检察技术手段有效利用。深化信息化应用，加快推进科技强检步伐。完善侦查情报信息处理系统，全面推进分支网络的分级保护建设，加强检察技术、科技装备在执法办案中的应用，不断提高检察工作科技含量，创建科技强检示范院。

（四）推进"两房"建设

加强检察经费保障，落实政法基础设施建设规划，进一步推进"两房"建设。严格执行基本建设程序和基建项目管理制度，认真落实基建项目内部核准制度，加强基本建设财务管理。积极化解"两房"建设债务，坚决防止产生新的债务问题。

六、坚持以铸造汝检精神为核心，深入开展争先创优工作

（一）提升检察文化建设层次

全面落实加强检察文化建设的决定，坚持把铸造检察职业精神作为检察文化建设中心任务，弘扬"崇德、笃行、创新、致远"的汝检精神，充分发挥检察文化的引领、渗透、融合、凝聚作用，不断提升检察人员的文化素养和精神境界。加强涉检网络舆情应对，唱响思想文化主旋律。组织开展富有检察特色的活动，推广文化建设先进经验，聚合基层检察文化建设正能量，奠定争先创优工作基础。

（二）深化检察职业道德培育

坚持以社会主义法治理念、社会主义核心价值体系为指引，创新文化建设载体，繁荣文艺作品创造，推动落实职业道德基本准则、职业行为基本规范。完善职业道德教育培训、监督制约、激励惩戒长效机制,丰富职业道德实践养成路径,培育忠诚、公正、清廉、文明的良好职业风范。

(三)营造机关和谐人文环境

努力营造团结和谐、积极向上的人文环境。按照庄重规范、因地制宜要求,建设好陈列室、荣誉室等检史教育场所。注重思想引导、人文关怀和心理疏导,帮助解决检察人员工作、学习和生活实际困难,不断增强凝聚力和战斗力。

(四)大力开展争先创优工作

以精品案件评选为抓手,促进案件质量全面提高。各业务部门都要制定精品案件评选活动方案,合理制定评选标准和评选程序,树立正确的办案导向。保证有一批案件进入全省检察机关各系统精品案件行列,并力争在全国检察机关各系统精品案件评选中榜上有名。以开展精品案件评选活动,引导干警树立精品意识,注重程序,规范流程,提高效果,确保质量,扎扎实实办好每一起案件,促进整体办案质量的提高。 以机制创新为重点,努力打造特色亮点工作。围绕挖掘特色、培植亮点大力加强机制创新和方法创新力度,重点对过去已创建的品牌工作进行巩固和深化,抓好工作机制的改进和完善,把建立的新机制、创建的新方法运用到工作实践中,推进创新成果转化,在提高案件质量、提升工作水平中更好地发挥作用。同时,要根据工作需要,围绕工作重点和难点问题,合理选定项目,继续创建新的工作机制,每个部门都要有1~2项创新工作被上级认可并推广,要保持"全国文明接待示范窗口"、"全国驻所示范检察室"、"全国先进基层检察院"等全国先进品牌,努力实现"单项工作有亮点、整体工作上水平",进一步提升汝州检察在全省、全国检察系统的影响力和知名度。

七、坚持以塑造良好形象为主旨，持续加强纪律作风建设

（一）强化自身反腐倡廉建设

创新示范教育、警示教育形式，推进廉政教育经常化、规范化和制度化。深化检察机关惩治和预防腐败体系建设，坚持靠制度管人管事管权，切实把权力关进制度的笼子，形成不敢腐的惩戒机制、不能腐的防范机制、不易腐的保障机制，筑牢公正廉洁执法制度防线。始终保持"零容忍"态度，坚决查处检察人员违纪违法案件。

（二）严格执行各项纪律规定

严明党的政治纪律，自觉维护党的权威，坚决同党委保持高度一致。严肃检察工作纪律，严格执行上级检察机关的决策部署和决定要求，坚决杜绝"上有政策、下有对策"，确保检令畅通。加强纪律执行监督检查，严格落实各项禁令规定，坚决查禁违反纪律行为，真正做到遵守纪律没有特权、执行纪律没有例外。

（三）切实转变机关作风

认真贯彻中央关于改进工作作风、密切联系群众八项规定和高检院实施办法，进一步转作风、正学风、改文风，力戒形式主义、官僚主义、享乐主义和奢靡之风。坚持执法为民，深入解决特权思想、霸道作风等突出问题，专项整治慵懒散奢、冷硬横推等执法和工作陋习。厉行勤俭节约，坚决防止和纠正讲排场比阔气、铺张浪费等现象。组织开展执法作风转变活动，进一步树立检察机关良好形象。

做好2015年及今后一个时期检察工作，任务繁重。全院干警要始终保持奋发有为的精神状态，锐意进取，扎实工作，不断开创检察工作新局面，为实现"汝和万事兴、汝升万事兴、汝美万事兴"的总方略，为建设富强汝州、平安汝州、文明汝州、美丽汝州做出新的更大的贡献！

汝州市人民检察院办公室工作思路

办公室工作的总体思路是:全面深入贯彻党的十八大、十八届三中、四中、五中全会,习近平总书记系列重要讲话和中央、省委政法工作会议,全国、全省检察长工作会议精神,紧紧围绕全市工作大局和检察中心工作,为检察业务服务,充分发挥参谋助手、综合协调、督促检查等职能作用,不断提高办公室工作能力和水平,努力开创办公室工作新局面,为全院检察工作取得新突破作出最大的努力。

一、全力服务检察工作大局,强化以文辅政作用

(一)切实提高信息调研质量

一是进一步发挥检察信息调研的决策参考作用。把检察信息调研工作作为参与政务的重要方式和途径,准确领会省市院和市委重要工作部署,站在检察工作全局的高度,站在院党组和院领导的高度,认真谋划、深化提炼出高质量的检察文稿,为领导决策提供参考。二是进一步加强信息调研写作的预判。深度调研政策性、倾向性、苗头性问题和工作中的重点、热点、难点问题,适时掌握各项检察业务和队伍建设的最新情况,发现新问题、研究新思路、提出新举措。三是进一步提高信息调研写作质量。要全面改进文风,力戒"八股"文,强化检察文稿的政治性、法治性、思想性、针对性、可操作性和规范性,切实做到逻辑清楚、结构严密、内容充实、论证充分。四是进一步加强检察文稿规范化管理。认真做好文稿审核把关工作,进一步规范文稿编发流程、定密要求和归档制度,确保涉密文稿的安全。建立健全交流学习制度,不断提高办公室文稿写作人员的思想水平和写作能力。

(二)认真做好检察信息调研工作

准确把握上级机关和领导的信息调研需求,围绕党委中心工作、检察重点工作,领导关注的热点难点和群众反映强烈的问题,有针对性地加强检察信息调研收集报送工作,为上级机关和领导决策、指导工作提供有分量、高质量的检察信息调研。一是紧跟时事主动选题。围绕本单位工作的特色亮点、检察工作中存在的问题、重大紧急事件和社会关注的重大敏感案件等,及时反映本地检察工作的新情况、新问题和新举措。及时向党委报送贯彻落实党委决策部署的有关情况、检察机关重要工作情况,以及开展检察工作的新思路、新举措。围绕全省、全市检察长工作会议提出的全年工作重点,及时报送检察机关规范实施法律,自觉融入依法治市工作大局的情况;积极参与法治监督体系建设,切实维护司法公正的的情况;深化检察改革,健全检察权依法运行机制的情况;强化高素质法治队伍建设,提升法治工作水平的情况等。二是主动深入挖掘报送材料中的亮点和特色。转变对各部门报送材料进行文字、结构等修改编发的老方式,抓住检察工作的重点、热点、难点,实践中的苗头性、倾向性问题,加大调研主动性,深入一线开展调查研究,充分掌握第一手资料,形成针对性强、参考价值高的调研报告或信息,不断扩展检察信息服务工作的广度和深度。三是高度重视信息调研采用联络工作。主动与地方党委政府及相关部门和上级院加强联系,健全信息工作网络,激活信息源头,保障信息质量,不断提升信息工作水平,提高信息采用率。四是努力编发"精品信息调研"。切实改变重数量轻质量的观念,及时对一个时期的热点、焦点、重点信息材料进行研判,提炼出具有典型性、普遍性的专题信息,深度加工和综合归纳,注重信息的准确性、客观性、针对性,切实提高信息编写质量。特别要注重加强问题建议类、经验总结类、调研综合类信息的编发,保障信息质量。五是进一步完善信息调研工作机制,构建"大信息调研"工作格局。着力构建上下联动、反应灵敏、运转高效的检察信息收集网络,通过建立绩效考评、内部联动等机制,健全相关工作制度,有效整合信息工作部门和院内其他部门的力量,形成院内各部门间协作联动、合力推进的"大信息调研"工作格局,切实增强检察信息调研工作合力。

二、抓好各项业务工作,提升政务保障工作能力

(一)严格执行公文管理规定

要把以提高公文质量和办文效率为核心的公文处理作为一项经常性的重要工作,摆在突出位置抓紧、抓好。要认真学习贯彻《党政机关公文处理工作条例》《人民检察院公文处理办法》,按照公文处理工作科学化、制度化、规范化的要求,严格遵守行文规则和制发公文程序,把好草拟关、审核关、复核关、印制关、格式关。要进一步规范签收、审核、拟办、呈批、呈阅、承办、催办、归档管理等公文管理工作,促进公文有序、高效、安全地流转,推动公文管理的各项规定落到实处。

(二)严格做好保密工作

继续全力推进检察机关信息化保密基础设施建设,严格按照保密规章制度,狠抓保密工作常态化管理,有效实现保密工作的成效转化。一是按时保质地完成各项基础建设。按照上级院要求,全面推进涉密网络的分级保护建设,做好涉密信息系统分级保护测评的相关工作。二是不断提高规范化管理水平。要严格落实好保密委员会、密码工作领导小组例会制度,定期研究、部署和检查保密工作,认真做好印章及电子印章管理工作,切实担负起保护检察机关国家秘密及检察工作秘密的责任,把保密工作落到实处。三是注重成效转化工作。在加大基础建设力度的同时,要建立健全与之相配套的制度规范与管理维护体系,加大培训力度,加强使用管理,实现集约型建设与规范化管理并重,将基础建设成果转化为实际的涉密网络保护壁垒。要充分借助分级保护系统、保密普查软件等辅助工具,准确掌握涉密人员和涉密设备的实时情况,更好地为保密工作的开展提供决策依据。

(三)认真做好检察档案工作

要以档案室达标升级复查为载体,深入推进档案工作的规范化管理,要建立健全档案管理制度,按照全面收集、科学管理、强化利用的要求,做到档案收集齐全、整理规范、编目科学、利用增效。加强诉讼档案质量监督力度,强化统一业务应用系统应用后电子文件管理,确保电子文件数据的真实、完整、安全、有效。要以建设数字化档案室为契机,着力推进档案信息化建设步伐,适时加强新增档案的电子版文件的收集和库藏档案的数字化,提升档案数字化覆盖率。要注意收集检察机关举办重要活动的音像档案,丰富档案资源,做到全面收集、科学管理。要积极向档案多元服务转型,要由单一的借阅利用向文档查阅、档案编研、检察历史文化研究等全面、深度的服务转变,更好地开发利用档案资源为检察工作服务、为办案服务。

(四)扎实开展督查督办工作

进一步完善和落实决策督查机制,协助院党组、检察长抓好决策部署和重要事项的落实,确保政令畅通、检令畅通。一是加强督促检查。坚持督办与检查并重、督办与调研同步,主动跟踪和梳理细化检察工作总体要求和院党组、检察长的重大决策部署和阶段性工作目标任务,狠抓重大部署、关键问题、关键环节的督促检查,推进工作落实。二是加强动态反馈。要不断强化决策督办工作的及时性、针对性和权威性,及时反馈决策落实情况以及妨碍决策部署落实的各种问题和困难,对不落实、难落实的事项,要严格按照相关工作规则一查到底,务求实效。三是加强定期通报、跟踪督办。根据督查中发现的问题及时开展调研,提出科学可行的对策建议,增强督查的实效。及时将重点工作列入督查事项,进行跟踪检查,强化执行力,确保政令畅通,推动各项决策部署落实。

(五)切实加强检察委员会工作

加强检察委员会规范化建设,有效提升检察委员会议事能力、决策质量和工作效率。利用检察机关统一业务应用系统规范检委会会议程序。选任检委会专职委员,充分发挥专职委员精通法律、经验丰富、思考理性的优势,突出专职委员在检委会工作中的事先审查、事中引导、事后监督的作用,需上检委会研究讨论的议事、议案,应事先提交专职委员审查把关,切实为议事、议案增加一道质量检验屏障,使检委会在议事、议案过程中的决策更民主、更科学、更具有可操作性。提高服务检委会的质量和水平,改善检察委员会结构,促进检委会规范化和专业化建设。合理安排检委会年度学习计划,结合新出台的法律法规、司法解释、各种规定,以及检委会讨论案件的罪名及相关司法解释等安排每月的学习主题。严格规范检委会运作程序,严格按照《人民检察院检察委员会议事和工作规则》以及《人民检察院检察委员会议题标准(试行)》的规定,严格执行检委会工作制度,除极少数议事、议案的确需要临时召开的外,其余一律严格按照工作程序和要求办理。发挥检委会办公室应有的职能,配齐、配强检委会办公室人员,在确保做好日常会务性工作的同时,重点履行好会前审查、监督检查、总结研究等职能,切实提高检委会议事效率,保障检委会的严肃性和最终决策性。

三、围绕提升能力,加强办公室队伍建设

(一)加强思想政治建设

要坚持不懈地抓好办公室人员的思想政治建设,抓好理论武装工作,以各类专题活动为载体,增强办公室人员的道路自信、理论自信、制度自信,做到政治信仰不变、政治立场不移、政治方向不偏,做政治可靠、对党忠诚的表率,真正成为让党组放心的"坚强前哨"和"巩固后院"。

(二)加强规范化建设

要坚持把规范化建设作为一条主线贯穿办公室工作始终,并作为检验办公室工作的标准。办公室各项业务工作都要以规范化为统领,实现相互促进、互为依托。要强化规范意识,加强制度化、规范化建设,按照规章制度加强管理,通过规章制度的严格执行提高工作效率,提高干警对制度执行的自觉性、主动性。要围绕重点环节,进一步修改完善工作制度,严格办公室工作各个环节的业务流程和岗位职责,进一步规范检察文稿信息、督促检查、检察统计、检察档案、密码保密、综合服务等各项工作,确保办公室工作协调、高效、有序开展。

(三)大力加强作风建设

要狠抓队伍纪律作风建设,坚持思想政治教育先行,充分发挥党员的先锋模范作用,不断增强干部政治意识、大局意识、责任意识、服务意识。要进一步改变工作作风,坚决克服"庸、懒、散、浮、拖"等弊病,弘扬求真务实、开拓创新的工作作风。要强化工作责任制,引导养成良好的工作习惯和精益求精的工作作风。要坚持廉政教育不放松,对干部严格要求、严格管理,努力建设一支过硬的办公室工作队伍。

汝州市人民检察院侦查监督工作思路

侦查监督(以下简称侦监)工作的思路:要以党的十八届三中、四中、五中全会精神和习近平总书记系列重要讲话为指引,按照中央、省委政法工作会议要求,以"规范化、精细化"为标准,认真履行审查逮捕、立案监督、侦查活动监督职能,以政治、业务、责任、纪律、作风"五个过硬"为标准,持续加强队伍建设。

一、以专项整治工作为抓手,着力推进侦查监督规范化建设

着力规范侦监司法行为。按照《全省检察机关规范司法行为专项整治工作方案》要求,对照全省检察长会议列举的执法不规范问题,扎实开展规范司法行为专项整治活动,着力解决侦监部门在执法不规范方面的突出问题。一是坚持问题导向,深入查摆,扎实整改,从自身执法办案和履行监督职责两个方面入手,着力纠正思想观念、司法行为、纪律作风方面存在的突出问题;二是认真落实高检院、省院关于规范司法行为、执法作风的一系列规章制度,认真执行各项办案纪律和办案规定;三是针对执法不严格、不规范、不公正、不廉洁问题着力构建以"规范化、精细化"为标准的严格规范公正文明司法工作机制,使侦监干警的司法理念进一步端正,司法行为进一步规范,司法作风进一步改进;四是结合省院对2014年部分审查逮捕意见书评查通报的问题,认真分析,深入整改,努力提升制作水平,进一步提高审查逮捕意见书的质量。

二、以"以审判为中心"为工作要求,认真履行审查逮捕职责

(一)依法打击各类严重刑事犯罪,维护社会和谐稳定

严厉打击暴力恐怖犯罪、黑恶势力犯罪、邪教犯罪;突出打击严重暴力

犯罪、多发性侵财犯罪、网络犯罪、黄赌毒等犯罪；依法打击非法集资、金融诈骗、传销等涉众型经济犯罪；依法严惩破坏生态环境、危害食品药品安全、影响安全生产等影响人民群众安全感的严重刑事犯罪，切实维护国家安全、公共安全和人民群众生命财产安全。

（二）注重积极把关，促进报捕、逮捕案件质量"双提升"

认真执行重大复杂案件提前介入、重大案件附条件逮捕、审查逮捕双向说理等工作制度。既要强化证据审查，及时发现、坚决排除非法证据，坚守防止冤错案件底线，又要防止纠缠细枝末节，人为拔高标准，造成当捕不捕。对发现的报捕质量不高、取证不规范等问题，主动与侦查机关或部门及时沟通，推动审查逮捕和报请逮捕案件质量"双提升"。

（三）坚持打击犯罪与保障人权并重，全面贯彻宽严相济刑事政策

认真贯彻尊重和保障人权的宪法原则，全面落实关于非羁押诉讼的有关规定，准确把握逮捕的社会危险性条件，强化对社会危险性证据的审查，坚持少捕、慎捕。着力解决捕后轻刑率偏高问题，深入学习人民法院量刑指导意见，对可能判处轻刑的案件要在化解矛盾的前提下大胆使用不捕。

（四）积极延伸职能，促进社会治安防控体系建设

结合审查逮捕和诉讼监督职责，及时发现社会治安防控体系建设中的漏洞，充分发挥检察建议的警示、预防、督促、规范作用；正确处理信访、维稳与依法办案的关系，对不符合批捕条件的案件，不能迫于依法压力而"带病批捕"，及时依法化解，妥善处理矛盾纠纷。

三、以开展"两个专项"监督活动为契机，进一步提升诉讼监督案件质量效果

（一）继续开展"两个专项"监督活动

按照上级院部署，继续开展"破坏环境资源和危害食品药品安全犯罪"

专项立案监督活动。依法监督行政执法机关移送、监督公安机关立案侦查一批破坏环境资源和危害食品药品安全犯罪案件,深挖一批破坏环境资源和危害食品药品安全犯罪背后的渎职犯罪。采取定期与公安机关、行政执法机关召开联席会议等方式,确保专项监督活动取得成效。

(二)进一步完善两法衔接工作

加大监督力度,发挥积极性和主动性,通过定期查阅行政执法机关卷宗和台账,监督行政执法机关将应当移交公安机关立案的案件及时移送。充分发挥网络信息共享平台作用,积极推动利用信息平台发现线索、监督移送工作,将信息平台作为加大对有案不移、有案不立监督力度的重要渠道和抓手,促进依法行政。

(三)顺应新规,提高侦查活动监督质量

要依据修改后《刑事诉讼法》、《人民检察院刑事诉讼规则(试行)》履行法律新赋予的侦查活动监督职责,完善和规范监督范围、程序。要结合对诉讼违法渎职侦查行为的投诉和调查机制,加强与职务犯罪侦查部门的沟通协调,形成监督合力;要加强与侦查机关的联系,及时总结通报侦查活动中多发、易发的侦查违法行为,规范执法。

(四)进一步加强对公安派出所刑事立案和侦查活动的监督

指定每名干警与2~3个派出所对接,确定每月10日至13日对派出所立案、受案情况进行检查,以发现立案监督案件线索,使该制度常态化。确保严格公正执法和依法规范监督。

(五)着力提高"两项监督"案件的质量

严格执行《河南省检察机关侦查监督部门立案监督追加逮捕案件审查备案暂行办法》,突出监督重点,严格监督标准,规范监督程序,切实做到两项监督案件数量、质量、效率、效果相统一。一是转变工作思路,在稳定数量的前提下把提高质量放在首位。对监督立案和纠正漏捕的每个案件,都要经过集体讨论,并向上级院汇报,保证能诉、能判才可启动程序,特别是纠正漏捕案件,确保能判实刑才可启动程序,对情节较轻的案件原则上不启动程序;二是加强对批捕决定的监督力度,及时督促公安机关加大追逃力度;三是加强对公安机关捕后变更强制措施的监督力度;四是完善信息共享和跟踪监督机制,及时与本院公诉部门、法院协调,催促案件进度,确保"两项监督"案件的判决率、实刑率、重刑率不低于上级院确定的标准。

四、以"五个过硬"为标准,不断提高侦监队伍能力素质

(一)不断加强思想作风建设

加强政治学习,强化廉政教育,着力提高政治敏锐性和政治鉴别力,牢固树立大局意识、责任意识。巩固党的群众路线教育实践活动成果,深化"增强党性、严守纪律、廉洁从政"专题教育活动。严格执行高检院"十五个严禁"和检察人员 8 小时外行为禁令,持之以恒纠正"四风",坚决反对和整治特权思想、霸道作风。

(二)着力加强侦查监督能力建设

认真落实最高人民检察院《关于加强侦查监督能力建设的决定》,着力提高侦查监督干警应当具备的七种能力。有针对性地开展多层次、多形式、贴近实战的岗位练兵。

汝州市人民检察院公诉工作思路

公诉工作的总体思路是:在院党组和上级院的正确领导下,依据"保证质量、提高效率、宽严相济、注重效果"的审查起诉原则和"坚决、依法、准确、及时"的诉讼监督原则,以规范司法行为为中心,采取有效措施,认真履行公诉职能,进一步规范公诉执法行为,强化诉讼监督,提高办案质量,推进公诉改革,加强队伍建设,促进各项工作稳步推进。具体如下:

一、多管齐下,提高案件质量和审结率

提高案件质量,多管齐下:一是制定装卷顺序表,根据市院组织的全市卷宗质量互查情况,结合统一业务系统运行以来出现的卷宗装订顺序不统一、装订文书不一致问题,指定专人对公诉案件和未成年人批捕案件制定装卷顺序表,并由公诉部门全体干警修改、讨论,报市院公诉局,请市院领导指导,作为下一步装卷的依据。二是向公安机关发出检察建议,规范办案流程,针对办案中发现问题,未成年人犯罪案件中存在的法定代理人签名为事后补签、主要靠言词证据定案且未进行同步录音录像等问题,向汝州市公安局发出检察建议,并附相关法律依据,该检察建议引起公安局高度重视,汝州市公安局组织人员对该建议进行学习、讨论,并就专门的未成年人问题向我院咨询。三是适应以审判为中心的诉讼制度改革。坚持以审判为中心就是以庭审为中心、以证据为核心、以法律监督为重心的认识,努力构建新型的诉侦、诉审、诉辩关系,坚持证据裁判原则,发挥好诉前主导,审前过滤、庭审指控作用,坚持开放式办案,让倾听成为公诉干警的一种品质,发挥好辩护律师在全面查清事实、保障被告人权益、防范冤假错案方面的积极作用,实现从查明事实到证明事实、从依赖人证到更加注重客观证据、从依赖庭前证据到依靠庭审证据的转变,实现事实证据调查在法庭、定罪量刑辩论在法庭、判决结果形成在法庭。

在提高案件审结率方面,要采取两种措施:一是严把受理关口,与案管部门沟通,对于侦查终结移送起诉的案件,由案管审程序、公诉审实体,严把案件受理关口,质量是案件之魂,而诉前审查制正是确保案件质量的第一关。诉前审查制,即在案件尚未录入系统之前,要求各承办人自接卷宗之日起3天内审查完毕,发现侦查机关在办案过程中存在问题突出,或者事实不清、证据不足的,填写《公诉案件诉前审查表》,列明案件存在的问题,向科长、主管检察长汇报签字后,通过案件管理中心退回侦查部门继续侦查。通过严把受理关,将影响诉讼活动顺利进行的棘手事项在审查起诉阶段之前妥善解决,从而避免案件滞留及"带伤起诉"现象。二是确定每月报表前7天为案件集中消化处理周,内勤将受理未结案件打印出来,公诉局长与内勤一起督促承办人快审快结,主管副检察长晚上、周末不休息研究案件,使审结率尽可能达到最高。

二、加大侦查监督力度,深挖漏罪漏犯

追诉漏犯工作在平顶山地区一直居于先进位次,2014年以来,我院在坚持以往优秀做法基础上加大对漏犯的监督力度,进一步形成"四三审查法",及时发现追诉目标,让漏罪漏犯无所遁形,取得较好效果,2015年我院将继续该做法。"四三审查法",首先是锁定四类案件,即将共同犯罪、另案处理、有前科的犯罪和容易伴生其他犯罪的案件确定为追诉漏罪漏犯的重点审查案件,认真分析研究每一类犯罪案件的作案方式和特点,把握遗漏罪犯的案件规律,注意确定不同的追诉方法。其次是以证据有缺陷、供述交代存疑问以及另案处理或变更强制措施后无结果等三种情形为审查重点,认真核实案件中每个细节,全面了解涉案人员在案件中的具体行为,细心捕捉犯罪嫌疑人相关信息,在蛛丝马迹中深挖遗漏罪犯的案件线索。

三、四级审查,双管齐下,严审细查筛选抗诉线索

为改变审判监督工作的薄弱状态,要加强抗诉工作的力度,完善工作方式和机制,在确保起诉质量的基础上,加强对法院审判程序、证据使用、判决书认定事实和罪名、量刑、主刑及附加刑的审查,做到"敢抗"与"抗准"两统一。审判监督工作的重点是要纠正有罪判无罪,实刑判缓刑,量刑畸轻畸重,同罪不同判及严重违反法定程序的问题,加大抗诉力度,提高抗诉质量。针对抗诉中的类案进行分析归纳,寻找常见的抗点,集思广益,创新工作思路。实行承办人初审,审查小组复审、部门负责人再审、主管检察长终审的四级审核制度,对每一起判决裁定的案件事实与罪名认定、证据采信、量刑、法定程序等内容进行重点审查监督。我局还设立专门的判决裁定审查小组,由抗诉经验丰富的资深公诉人组成,把好抗诉关。当承办人发现抗诉线索后,及时报告审查小组备案,由审查小组对线索进行分析汇总,形成报告意见,上报部门负责人和主管检察长决定是否提起抗诉。并且对拟提起抗诉的案件,主动向上级院汇报听取指导意见和争取支持,加强与法院的沟通协调,客观分析两院在案件事实认定、法律适用等方面存在的分歧,有的放矢,制定抗诉预案,增强抗诉的有效性、准确性。

统一业务系统上线运行,原本的书面判决审查转化为系统审查,在召开科室会议时,经过讨论发现仅依靠系统审查容易忽视一些细节问题,为严审细查,决定双管齐下,对一审判决实行"双重审查",即书面审查、系统审查同步进行。书面审查仍坚持承办人、抗诉组长、局长、检察长四级审查,提高改判率。

四、加强刑事和解工作,化解矛盾纠纷

汝州院受理故意伤害、交通肇事、危险驾驶、过失致人死亡等存在对立双方当事人的轻微刑事案件较多。通过积极为双方搭建沟通平台,寻找多方力量做工作,陈明利害,促成双方达成和解协议,有效化解矛盾纠纷,做到案结事了,减少社会对抗。在办理案件中,调动多方力量(律师、亲人、村委会成员、社区成员等)积极参与调解工作,能让双方当事人避免尴尬,保留"面子",从而以平和的心态坐在一起,以案件为契机,化解双方的矛盾。聚众扰乱社会秩序等非正常上访类案件社会影响大,涉案人员众多,社会矛盾凸显,在审查案件过程中,首先将工作重心放在化解社会矛盾上,耐心做工作消除对立情绪,同时,严格、慎重区分罪与非罪的界限,对于情节并不严重,后果比较轻微的群体行为和群众因合理要求没有得到满足所采取的过激行为,不认定为本罪,而要进行深入细致的思想政治工作;对于借机故意歪曲党的方针政策,煽动群众,提出无理要求,破坏社会正常秩序,符合犯罪构成要件的,依法提起公诉,有力震慑非正常上访、扰乱社会秩序的犯罪行为。确保在公诉环节不发生新的涉检信访案件。

五、深入开展整治司法不规范的突出问题

规范司法、公正司法是最起码的要求,要严格按照高检院、省市院的部署,深入开展规范司法专项整治活动。以规范倒逼办案水平提升。宁可少办几起案件,也不能因办案不规范而导致瑕疵案、扯皮案、信访案、甚至承办人成为被告人的案件,进而降低司法公信力,影响检察形象。针对侦查机关办案过程中存在的问题,首先要严格审查和监督。加强对侦查活动合法性、证据客观真实性的审查,反复研究,以发现隐藏的问题;对有疑问的证据一方面要加强与侦查机关的沟通,另一方面要通过询问证人、走访现场等方式进行调查,对于不能作出合理说明的坚持予以排除;对于当事人对鉴定

意见等法律文书有异议,认为是非法证据的,要充分重视询问鉴定人或者咨询相关专家。对于除刑讯逼供、暴力取证外的其他证据,不能作出合理说明的,依法予以排除。

六、严把业务能力关,加强队伍建设

一是强化公诉实训练兵。突出对公诉人员审查、判断、分析、运用证据的能力,庭审交叉讯问(询问)策略,法庭辩论和临场应变技巧的实战练兵。对公诉局干警开展岗位练兵活动,对干警的法律知识进行测试,提高干警的专业知识水平;开展公诉抗辩赛,提高干警出庭公诉的逻辑思维能力和语言表达能力;开展"跟庭考察、评议"活动,对公诉人庭前准备工作、出庭规范性、法庭讯问、质证、发表公诉意见的质量、法庭答辩、仪表仪态、语言表达能力、逻辑思维能力、反应敏捷度、庭审应变和驾驭能力等诸多方面进行考评,提高干警规范执法、驾驭庭审、执法监督的素能。二是加强工作经验总结,提高信息、调研质量。做好信息、调研、宣传工作,每月信息不少于2篇,调研不少于1篇,并积极上报,争取上级院的转发。

汝州市人民检察院反贪工作思路

反贪工作总体思路是："稳定规模,调整结构,注重质量,扎实推进",以此统筹和贯穿全年查案工作。在总结往年工作的基础上,通过分析工作中的各项短板,将继续在省市院的领导下,认真学习贯彻党的十八大、十八届三中、四中、五中全会精神和习近平总书记系列重要讲话精神,按照全国、全省和全市检察长会议部署,结合曹建明检察长来河南视察调研时的讲话要求,以执法办案为中心,以执法规范化为主线,以反贪侦查机制改革为动力,以过硬队伍建设为保障,认真落实"稳定数量,提高质量,改善结构,注重效率,增强效果,确保安全"方针,进一步加大办案力度,突出办案重点,严格规范办案,提升队伍专业化水平,推进全市反贪工作健康发展。

一、进一步加大办案力度,保持惩治腐败高压态势

一是进一步突出办案重点。坚决查办有影响的大要案,查办问题线索反映集中、群众反映强烈的案件。加大查办发生在农民身边的涉农犯罪案件力度,重点查办发生在村官、支农惠农、财政补贴、农村低保、扶贫救灾、危害农村生态环境和农村选举等方面的案件。重点查办发生在工程建设、房地产开发、国土资源、电力能源等系统的案件。二是持续改善案件结构。在稳定数量、保持规模的前提下,进一步优化案件结构,把重点放在查办有影响的大案、要案和群众反映集中、情节恶劣的案件上。三是稳步提升案件质量。着眼于顺利起诉、判决,严格按照定罪量刑标准,加强侦查取证工作。四是继续开展重点打击行贿犯罪专项行动。坚决依法查处贿选、破坏选举等案件,维护宪法法律和人民代表大会制度的权威和尊严。五是继续开展房地产领域等专项活动。充分利用去年以来查办房地产税费征管领域案件经验,进一步拓宽思路,扩大视野,继续深入开展房地产领域专项活动,进一步扩大办案效果。

二、认真开展规范司法行为整治工作,提升执法水平

一是严格执行讯问全程同步录音录像制度。认真执行高检院的"双录"规定,按照"全面、全部、全程"要求,切实做到凡接触犯罪嫌疑人必录、凡讯问必录、凡搜查必录,并在提请审查逮捕、审查起诉时按规定移送录音录像资料。二是严格规范适用指定居所监视居住措施。按照"敢用、慎用、短用"原则,严格把握使用标准和时限,坚决防止和杜绝违法违规使用甚至滥用指定居所监视居住措施。三是严格规范查封、扣押、冻结、处理涉案财物工作。加强对扣押、冻结和处理涉案财物的清理检查,防止违法扣押个人合法财产、案外人财产以及违法违规使用扣押财物等问题发生。四是严格依法保障辩护律师执业权利。五是加强办案安全制度的建立。严格落实办案安全"三个一"制度,进一步完善检察院的"两室"建设。六是严格落实内外部监督制约措施和要求。健全办案质量终身负责制和错案责任倒查问责制。七是坚持案件质量专管员制度。每案都要有一名案件质量专管员,负责对案件程序、卷宗材料、涉案款物等的管理工作,确保所办的每一起案件都是能经得起历史检验的铁案。

三、加强过硬队伍建设,提高执法公信力

一是加强思想政治建设。按照习近平总书记提出的"五个过硬"和"三严三实"要求,从思想上、行动上适应全面推进依法治国的新形势、新要求。二是加强侦查能力建设。认真贯彻反贪侦查"精品案件"评选标准,积极开展反贪侦查调研活动,不断提升反贪干警业务能力,促进反贪工作深入、健康、持续发展。三是加强纪律作风和廉政建设。认真落实"两个责任"要求,结合群众路线教育实践活动"回头看",继续聚焦"四风"问题,积极参加规范司法行为专项整治工作,以零容忍态度查处干警违法违纪问题,努力建设一支党和人民满意的过硬的反贪侦查队伍。

具体来说就是,立案人数提升到 20 人以上,稳定人均立案率;调整办案结构,在办理大案、要案上下功夫,在深挖窝串案上有更大突破,以此为契机,提高法院判决大案率到 80%以上,要案率 20%以上,实刑率 50%以上,使所立案件更有竞争性、可比性;注重案件质量要保证所立案件立得准、判得出,提高起诉率和判决率,杜绝不起诉案件和撤案;最终做到反贪工作全面、科学、扎实推进。

四、掌握工作方法,推进反贪工作健康发展

在工作方法上要在以下四个方面努力:

(一)继续贯彻落实"小初查,大侦查"的办案模式

实践证明,这种办案模式是符合办案实际,且是有效的工作方法。"小初查"实际上是指由办案小组做好初查前的查询和分析调查,要在严格的秘密状态下进行,且不能接触被查对象,从"查贪必查财"的角度,通过银行存款摸清被查对象家庭财产状况。结合举报线索认真分析,找出犯罪证据,通过手机号码查询,摸清被查对象的犯罪规律,便于及时通知其到案。所谓"大侦查",就是全局一盘棋共同参与办案,及时全面取证突破案件,完成立案,每个干警要不遗余力,各尽所能,为立案贡献自己一份力量。

(二)强调纪律性,铁的纪律造就"铁案"

首先要服从领导,服从安排。反贪局是检察院一个重要的办案部门,要坚决贯彻落实院党组的各项规定和要求,服从各项工作安排,服从整体安排,不搞特殊化。

（三）增强责任心，敢于担当

要有"在其位，谋其政"的工作态度，要有理想，责任感，要敢于担当，勇于担当。要增强主动性，"不当甩手掌柜，要有参与意识，不袖手旁观，不当观众"，要彻底摒弃"事不关己，高高挂起"的不良现象。

（四）加强全局观念，增进团结

为了提高办案效率，分成了四个相对独立的办案组，但同时我们又是一个坚强的整体，分中有合，分是暂时，合是永久，要团结一致，提高凝聚力和战斗力。

汝州市人民检察院反渎工作思路

反渎工作的总体思路是:继续坚持"挤水分、调结构、抓实刑、重效果"的指导思想和"锁定渎职、突破贪贿、强化初查、挽回损失"的查案思路,以调结构为工作主线,进一步加大办案力度,调整办案结构,转变侦查方式,提升办案质量,增强办案效果,规范办案行为,加强队伍建设,推动反渎工作再上新台阶。

一、持续加大办案力度

(一)保持反腐查案高压态势

坚决贯彻中央、省委对反腐败斗争的重大决策部署,坚持"老虎"、"苍蝇"一起打,既重点查办发生在领导机关和重要岗位领导干部中的渎职犯罪,又严肃查办发生在群众身边、损害群众切身利益的渎职侵权犯罪。重点:一是严肃查办权力集中、资金密集、资源富集的部门和岗位的领导干部案件,特别是工程项目、土地流转、项目审批、资源开发、基础设施建设、国企改制等领域造成国有资产和资源损失、流失的渎职犯罪。二是严肃查办涉及民生问题案件,特别是发生在社会保障、征地拆迁、扶贫救灾、环境保护、食品药品等领域的渎职犯罪,进一步加大对骗取政府惠民资金和专项补贴渎职犯罪的查处力度。三是严肃查办各类安全责任事故所涉渎职犯罪,对造成人员伤亡的责任事故要及时介入调查,对重人安全责任事故、瞒报的较大事故等案件,要作为重点案件督办和指导。四是严肃查办司法领域渎职侵权犯罪案件,对公安、检察、法院、司法行政部门人员滥用行政执法权、司法权,群众反映强烈、危害后果严重、影响恶劣的案件,要加强组织领导,加大查办力度。

(二)深入开展专项工作

一是继续开展好高检院部署的查办和预防发生在群众身边、损害群众利益职务犯罪专项工作,紧扣渎职侵权犯罪易发、多发的重点领域和关键环节,深入推进专项工作的开展。二是继续开展查办房地产领域涉容积率渎职犯罪专项活动,和环保领域渎职犯罪专项活动。三是认真总结专项工作开展取得的成效和经验,加强专项工作侦查经验交流,深入研究解决专项工作中遇到的法律适用等重点、难点问题,更好地指导专项工作开展。

二、持续改善办案结构

(一)突出查办要案

要积极查办科级实职干部案件,力争消灭要案空白。

(二)坚持"严查"与"慎办"相统一

要按照宽严相济的刑事政策要求,正确把握法律政策界限,把"严查"与"慎办"有机结合起来,突出打击重点,挤掉"凑数"案件。对问题反映集中、主观恶性较大、情节特别严重、给国家造成重大经济损失的案件,要"严查",特别是对徇私舞弊、滥用职权等主观恶性大的渎职犯罪案件和贪渎交织的案件,要积极作为,敢于碰硬,重点打击。对一些主观恶性较小、犯罪情节较轻、危害后果不大的过失犯罪,要"慎办"。今年,要下决心、下功夫挤掉"凑数案"、"水分案"、"拔高案"。

(三)注重贪渎并查

继续坚持"锁定渎职,突破贪贿、强化初查、挽回损失"的查案思路,在坚持查办渎职侵权犯罪基础地位的同时,进一步增强深挖犯罪意识,加大贪渎并查力度。围绕重点领域、关键环节和主观恶性较大的渎职犯罪案件,树立全面侦查意识,深挖渎职行为背后的贪污贿赂犯罪,争取数罪起诉。对渎职犯罪案件中非法获取巨大经济利益的非国家机关工作人员,要以行贿或其他罪名进行并案追究,并注重依法为国家挽回经济损失。

(四)努力查办新领域案件

要不断研究不同系统、领域的犯罪特点、规律和流程,积极探索查办尚未涉及到的一些行业、领域的渎职侵权犯罪案件。尤其要加强对涉及国家政策性专项补贴资金渎职犯罪情况的调研分析,有效拓宽监督领域。

三、持续转变侦查方式

(一)强化初查工作

要推进侦查办案重心前移,提升初查工作精细化水平。在法律规定范围内依法积极开展初查,精心确定初查重点、步骤、时机,全面、细致、秘密开展初查。综合运用询问、调取证据、查询资产、勘验、检查、鉴定等不限制人身自由、财产权利的调查措施,尽可能获取较为充分的证明材料和涉案信息,基本保证在立案前关键证据已经基本锁定,决定立案后就是证据补强问题。

(二)加强侦查信息化应用

一是切实树立"信息引导侦查"意识,注重发挥信息技术在办案中的作用,积极运用通讯话单分析、手机定位查询、电子数据恢复等信息技术,提高信息化应用率和运用实效。二是加强与反贪和信息技术部门的沟通协调,共享侦查信息化平台建设成果,并针对反渎办案实际需要,积极充实具有反渎工作特点的信息情报资料。三是加强行政执法、刑事司法衔接,健全与公安、工商、税务、审计、国土、财政、房管等部门的信息共享机制,完善行政机关和相关部门协查职务犯罪工作机制,有效提高反渎侦查工作效率和信息化水平。

（三）严格依法规范使用技术侦查措施

根据《刑事诉讼法》、《人民检察院刑事诉讼规则（试行）》和高检院有关规定，加强与公安机关的沟通协调，对需要采取技术侦查措施的，依法办理有关批准和委托手续，严格按照批准的适用对象、措施种类、有效期限等积极规范使用技术侦查措施。要注意严格保密管理。对采用技侦措施收集的证据材料，应严格按照有关规定存放和保管。按照高检院规定，技侦文书和数据统计一律不录入"统一业务应用系统"。

四、持续提升办案质量和效果

（一）提高办案质量和效率

一是严格依法收集证据。坚持全面、依法取证，严格审查证据合法性，把审查证据合法性作为侦查终结前的必经程序，进行全面再审查，发现非法证据及时排除，瑕疵证据及时补强。要树立全面收集证据的侦查理念，不仅要重视收集和采信有罪证据，也要重视收集无罪证据，认真听取犯罪嫌疑人和律师辩护意见，以便全面客观查明案件，提高案件整体诉讼效率和质量。二是加强案件质量监控。对所立科级干部案件、特大案件的诉讼情况和处理结果，要跟踪监督。严把撤案、不诉关口。三是狠抓诉讼常态化。自觉遵循诉讼规律，坚决摒弃上半年抓立案、下半年抓结案、年终集中要判决的工作模式，做到正常立案、侦结、起诉，有效解决 12 月份集中判决情况突出问题。

（二）有效提高实刑判决

进一步落实省检察院、省法院《关于在办理渎职侵权刑事案件中严格适用法律若干问题的座谈纪要》，一律逐案逐人将是否适用缓刑、免予刑事处罚等量刑意见及理由写入起诉意见书，并主动配合公诉部门向法院提出量刑建议。加强同公诉部门、法院的及时沟通联系，当与法院在是否适用缓免刑、量刑情节等存在重大分歧时,积极推动落实检察长列席审委会制度,着力解决法律适用认识不一致问题;对法院量刑畸轻、不应当适用缓免刑等确有错误的判决,层报省市两级院备案审查。

五、严格规范司法行为

(一)开展规范司法行为专项整治活动

一是牢固树立运用法治思维、法治方式反对腐败理念。坚持以规范促办案,提高查办渎职侵权犯罪法治化水平。二是积极开展规范司法行为专项整治工作。坚持问题导向,深入排查对律师合法要求无故推诿、指定居所监视居住强制措施适用不规范、违法扣押、冻结处理涉案款物等突出问题,发现问题集中整改,切实通过专项整治工作纠正司法办案中存在的不规范问题,确保严格规范执法。三是严格依法采取侦查手段和强制措施,尤其对指定居所监视居住强制措施,要严格按照修改后《刑事诉讼法》、《人民检察院刑事诉讼规则(试行)》和高检院有关规定,坚持"敢用、慎用、短用"原则,完善各项制度,加强审批监管,确保规范使用。

(二)强化办案监督制约

认真执行强化办案监督制约的各项制度,严格按照法定的权限和程序履行职责、行使权力,严格执行各项办案规定和纪律,严格执行讯问全程全面同步录音录像制度,严格落实人权司法保障、人民监督员制度,贯彻执行检务公开相关规定。全面运行统一业务运行系统。健全对线索的受理、分流、查办、反馈等机制,防止线索流失和选择性办案。

六、强化队伍建设

(一)加强思想政治建设

坚持把思想政治建设放在首位,把守纪律讲规矩摆在更加重要的位置,巩固深化党的群众路线教育实践活动成果,扎实开展"增强党性、严守纪律、廉洁从政"、"三严三实"专题教育活动,切实解决队伍在执法执纪等方面存在的突出问题,筑牢队伍理想信念和思想道德基础。

(二)加强侦查能力建设

一是结合办案实践,采取集中培训、岗位练兵、办案讲评等方式加强业务培训,特别是在情报搜集分析、信息技术应用、讯问能力、侦查指挥、深挖贪贿等方面要重点培训。二是继续举办"精品案件"评比活动,组织编写《典型案例汇编》,发挥典型个案、类案的引导示范效应。三是组织编写《反渎业务资料汇编》等,为查案工作提供参考借鉴。

(三)加强纪律作风建设

认真落实党风廉政建设"两个责任",严格执行"一岗双责",坚持"一手抓业务、一手抓队伍",坚持严的标准和严的措施,从严管理和监督干部。持之以恒落实中央八项规定,坚持不懈反对"四风",使作风建设落地生根、成为新常态。进一步加大执法执纪力度,强化责任追究,始终保持对自身腐败的零容忍。

七、加强调查研究和预防宣传

(一)加强调查研究

积极对办案中遇到的影响和制约反渎工作的重点、难点、法律政策等实务问题开展调查研究,增强工作的主动性和前瞻性。全面加强对司法、行政执法领域法律、法规以及相关政策的学习研究,深入调研新形势下重点领域、重点单位、重点岗位渎职侵权犯罪的案发特点和犯罪规律,研究查案方法和预防对策。通过开展优秀调研文章评选,召开经验交流会、案件研讨会等形式,加强学习交流,总结侦查经验,不断增强指导查案工作的主动性和针对性。

（二）紧密结合办案开展预防

主动延伸办案职能,结合办案开展预防,对所查案件深入剖析,针对办案中发现的问题,帮助发案单位总结教训,完善机制。积极与有关行政执法部门共同开展专题调研,加强行业和系统预防,教育引导国家机关工作人员依法行政、勤政廉政。

（三）加大宣传力度

继续多层次、多渠道地开展宣传活动,依托检务公开平台,利用检察机关门户网站、官方微博、微信、微视"三微"等宣传媒介,通过开展举报宣传周、新闻发布会等,积极做好对反渎重要工作部署、重要案件信息和典型事例的宣传。积极配合各级院宣传部门,充分运用电视、网络、报纸等媒体,及时宣传检察机关依法办案服务改革发展大局、保障改善民生的做法和成效,有效提升反渎工作的社会认知度和影响力。

汝州市人民检察院预防职务犯罪工作思路

预防职务犯罪工作的基本思路是:围绕经济社会发展大局,全面加强和改进预防职务犯罪工作,以服务党委政府中心工作、促进惩防体系建设、维护民生利益为出发点和落脚点,以强化机制建设和预防教育为重点,以检察职能预防和社会化预防有机结合为途径,立足预防职能,突出工作重点,强化保障措施,进一步提升预防工作的社会影响力和公信力,努力开创全市预防职务犯罪工作新局面。围绕上述要求和思路,重点做好以下工作:

一、加强预防机制建设,努力在新的起点上不断深化预防职务犯罪工作

一是预防工作的目标任务要把握准确。要积极主动地围绕上级确定的重大决策部署,及时研究和调整工作重点,找准有效服务大局的结合点和着力点,在推动经济社会发展中深化预防工作。当前,要重点做好棚户区改造和市 10 大建设工程项目的预防监督,确保工程建设进展顺利。要积极开展涉农职务犯罪预防调查专项活动,切实维护好群众利益。要重点预防教育、医疗卫生、安全生产、保障房建设等领域职务犯罪,服务和保障民生。要深入开展涉农惠民领域职务犯罪预防工作,服务和保障城乡一体化建设顺利推进。要从关心爱护未成年人的健康成长出发,进一步完善未成年人权益保护和未成年人犯罪预防工作机制。

二是预防职务犯罪工作职责要履行到位。预防职务犯罪职能部门要强化责任意识,正确履行职责,狠抓工作落实。要认真贯彻中央、省市委关于反腐败和预防职务犯罪工作的重大决策部署,发挥好组织指导、沟通协调、督促检查作用。预防目标单位要根据自身职能特点,认真研究部署年度工作任务,做到对预防工作有布置、有交流、有总结、有考核。扎实做好自身和本系统、本行业的预防职务犯罪工作。

三是制度建设和监督管理工作要切实加强。要进一步研究完善工程建设、土地出让、产权交易、医药购销、政府采购、资源开发、行政审批等领域关键环节的相关制度,有效堵塞体制机制上存在的漏洞。要严格执行制度规定,对违反制度、规避制度的行为加大问责力度,坚决维护制度的严肃性和权威性。要加强对本部门、本系统、本行业职务犯罪的调查研究,建立结构合理、配置科学、程序严密、制度有效的监督制约体系,积极构筑预防职务犯罪的内控机制。各成员单位要切实负起领导和监管职责,加强对所属人员的有效管理。要坚持监督关口前移,重点加强对领导机关和领导干部的监督、对职务犯罪多发易发部位和领域的监督,建立健全权力制约和监督机制,确保权力依法正确行使。

四是职务犯罪预防宣传和警示教育活动要深入推进。要按照党中央加强惩防体系建设的要求,加快警示教育基地建设和改扩建步伐。要整合教育资源,组建以专家学者、业务骨干为主体的预防教育讲师团,选定课题,分解任务,注重质量,采取多种形式,有针对性地深化预防教育效果。要继续把警示教育纳入党校课堂,依靠组织部门的支持,在干部选拔、培训中增加职务犯罪预防内容。要高度重视未成年人的成长进步,以加强校园法制建设为平台,针对未成年人的特点,扎实开展法制教育和犯罪预防工作,努力净化未成年人的成长环境。要加强与新闻媒体的协作,及时报道先进经验,大力宣传先进典型,加强正面引导,弘扬主旋律。要充分利用电子网络、宣传栏、公益广告等渠道,扩大预防职务犯罪宣传面,在全社会形成预防职务犯罪的浓厚氛围。

二、加强惩防体系建设，不断增强惩防职务犯罪工作的实际效果

一是立足检察职能，全面落实深化预防调查业务的要求。要把预防调查的重点放在体现党委政府中心工作和人民群众高度关注的重大事项上面，体现在上级检察机关的整体要求上，体现在人大代表、政协委员意见、建议指向的重要事项上，体现在维护民生、促进社会管理创新的实际行动中，通过对重点系统、重点领域的预防调查，了解和掌握职务犯罪的行业特点、犯罪规律及关键症结，形成调查报告，提出检察建议，服务党委、政府决策；通过预防调查，发现和移交职务犯罪案件线索，服务和促进自侦部门查办案件；通过查案促使国家工作人员依法行政、廉洁从政，更好地体现惩治职务犯罪在预防工作中的特殊效果。要注重预防调查的惩防实效，注重推进党委政府决策落实，注重预防成果肯定和媒体推介，努力打造预防调查精品，彰显预防检察工作的法律监督属性。

二是整合内部资源，全面落实惩防一体的要求。预防职务犯罪部门要探索建立和推行预防部门与其他业务部门间的案件线索处置制度、工作联系以及适时介入重特大案件诉讼等制度，整合资源，开展规模性犯罪分析，把预防职务犯罪工作落实到本职工作的各个环节。预防职能部门要主动从惩防一体的信息交流、协调办法、制约机制等方面加强与侦查部门的协作，实现查办和预防职务犯罪的紧密结合、有效衔接和工作互动。要通过落实预防工作各项目标任务，堵漏建制，实现"办理一案、教育一片、治理一方、警示一面"，促进办案法律效果和社会效果的最大化，提高惩防职务犯罪的整体效能。

三是注重社会配合，全面落实建立惩防机制的要求。预防职能部门要加强与纪检监察、审计、行政管理、市场监管、财政、行业自律等职能部门的协作配合，建立健全优势互补的工作协作机制，在反腐倡廉和惩防体系建

设总体格局中积极发挥预防监督职能作用。要结合各自职能共同研究制定具有实际意义、体现实际作用的惩防机制工作措施。要根据工作需要,不断延伸、拓展预防工作的领域和渠道,使预防监督对每位公职人员的公务活动都能实现有效覆盖,努力做深、做细预防工作。

三、加强信息化建设,进一步提升预防职务犯罪工作的质量和效率

一是更加注重健全社会预防网络工作。突出金融、城建、卫生医药、交通道路、工商税务、教育、电业、国土资源等重点系统,按照我市预防网络管理规范要求开展工作,坚持社会性网络层层抓、系统性网络系统抓、单位内部网络自身抓,以信息化为手段,健全和完善社会预防网络,并积极发挥其桥梁纽带作用,深化预防成果。二是更加注重行贿犯罪档案查询制度建设。完善行贿犯罪档案查询制度,准确、及时、全面录入行贿犯罪、行贿行为,确保行贿犯罪档案全省、全市联查准确高效。大力宣传行贿犯罪档案查询制度,稳妥拓展对查询系统中的行贿犯罪、行贿行为适用范围和领域,推进检察机关与社会诚信管理系统的联网对接,创新社会廉洁准入机制,促进政务诚信、商务诚信、社会诚信建设。三是更加注重公职人员职务犯罪及违法违纪信息管理。强化对干部选拔使用的监督措施,对那些跑官要官、买官卖官、拉票贿选的公职人员的不良信息,及时录入行贿档案查询系统,用严密的程序来规制公职人员的行为,警示国家工作人员紧紧守住法律、纪律的底线,提高干部思想觉悟,自觉抵御腐败侵蚀,努力推进国家工作人员廉洁从政。

四、加强素质能力建设,努力适应预防职务犯罪工作发展的需要

一是在思想政治建设上见成效。以切实做好保持党的纯洁性各项工作为目标,紧紧围绕社会主义核心价值体系建设,组织预防干部深入学习贯彻党的基本理论、基本经验,不断丰富和发展预防干部核心价值观的内涵和外延。加强以人为本、执政为民教育,加强党性修养,坚定理想信念,切实增强政治意识、大局意识和责任意识,以"想干"的工作态度、"能干"的工作水平和"实干"的工作作风,提高预防队伍的政治敏锐性和洞察力,进一步推动预防工作创新发展。二是在队伍专业化建设上见成效。要主动争取党委政府的支持,选调具有较强调查研究能力和沟通协调能力的人员充实预防队伍,为预防工作的开展创造条件。要不断完善预防人才的选拔、培养和使用机制,提高预防队伍的整体素质。检察机关要采取多种形式开展素能培训和岗位练兵,提高预防人员深入调查研究,准确把握犯罪特点、规律的能力;提高善于发现犯罪线索,妥善处置的能力;提高综合分析犯罪原因,提出有效对策的能力;提高熟练运用预防手段,统筹谋划的能力。要结合各种竞赛活动,激发大家立足岗位、争优创先的积极性,提高预防干部的岗位技能和专业化水平。三是在纪律作风建设上见成效。预防工作人员要强化自身监督制约,自觉接受社会监督。要进一步落实党风廉政建设责任制,坚持对预防队伍严格要求、严格教育、严格管理、严格监督,切实解决队伍中存在的苗头性、倾向性、潜在性问题,不断增强预防人员的廉洁自律意识,坚决杜绝利用职权谋取私利,保障预防队伍的公正廉洁。

汝州市人民检察院刑事执行检察工作思路

刑事执行检察工作总体思路是:深入学习贯彻十八届三中、四中、五中全会和中央、省委政法工作会议与全国、全省、全市检察长会议精神,充分发挥检察职能,以强化和规范刑事执行监督为重点,深入推进羁押必要性审查、刑罚变更执行、财产刑执行、社区矫正检察监督等新增业务;深入推进查办职务犯罪案件工作,严惩司法腐败;持续推进我院派驻检察规范化、信息化建设,强化安全防范检察,确保监管秩序稳定,切实维护被监管人合法权益;积极推进我院监所科更名为刑事执行检察局工作,不断深化体制改革和队伍建设;加强刑事执行检察理论研究和业务培训,着力提高我院监所检察干警政治素养和业务能力,努力开创我院刑事执行检察工作新局面。

一、深化监所检察改革和机构建设

(一)推进监所检察体制改革

认真贯彻落实高检院《关于最高人民检察院监所检察厅更名为刑事执行检察厅的通知》精神,积极推进我院监所检察部门更名改革工作;根据高检院、省、市院的要求,规范刑事执行检察工作内设机构名称,协调配置适应的工作人员。

(二)完善刑事执行检察部门检务公开制度

加强与人民法院、公安机关及司法行政部门的沟通联系,健全规范联席会议制度,积极协调解决执法实践中遇到的困难和问题。适时邀请人大代表、政协委员和人民监督员对刑事执行检察工作进行检查指导,自觉接受社会监督。

(三)强化巡视检察、巡回检察工作

适应刑事执行检察工作发展新形势,进一步健全巡视检察、巡回检察工作制度。要把经常化、制度化和规范化作为巡视检察、巡回检察工作机制建设的重点,逐步建立完善巡视检察、巡回检察工作开展情况报告制度。要通过巡视、巡回检察工作,不断巩固和扩大刑事执行环节执法监督工作的质量和效果,促使派驻检察人员更好地履行监督职责。

(四)深入开展规范司法行为专项整治活动

结合工作实际,全面落实高检院和省院、市院关于规范司法行为的专项整顿工作的部署要求,严格规范纠正违法通知书、检察建议书的适用,不断加强案件质量评查,严防弄虚作假问题的发生,切实维护刑事执行检察监督的严肃性和权威性。

二、切实强化对刑罚执行和监管活动的监督

(一)着力强化刑罚变更执行监督工作

进一步深化减刑、假释、暂予监外执行检察活动。要严格执行中央政法委《关于严格规范减刑、假释、暂予监外执行,切实防止司法腐败的意见》,加强和规范刑罚变更执行监督工作,重点加强对职务犯罪、金融犯罪和黑社会性质组织犯罪"三类罪犯"刑罚执行情况的监督,落实好职务犯罪罪犯减刑、假释、暂予监外执行备案和逐案审查制度。积极贯彻执行省院与省高级法院、公安厅、司法厅下发的《减刑、假释、暂予监外执行案件办理程序的规定》和《严格规范减刑、假释案件办理标准的实施办法》。

(二)进一步强化刑事羁押期限监督

要始终把纠防超期羁押放在重要位置,推动全面落实"两高一部"《关于羁押犯罪嫌疑人、被告人实行换押和羁押期限变更通知制度的通知》,加大监督力度,严防超期羁押问题反弹。

(三)完善纠防超期羁押和久押不决案件的检察监督机制

按照十八届四中全会关于"完善对限制人身自由司法措施和侦查手段的司法监督"的要求,积极探索建立包括办案期限预警提示、情况通报、巡视检察、分级负责、责任追究在内的纠防超期羁押和久押不决案件的检察监督机制,使监督工作规范化、制度化。

(四)加强和规范对被监管人死亡检察工作

严格执行高检院、公安部、民政部联合下发的《看守所在押人员死亡处理规定》和省院等有关单位联合下发的《监狱、看守所在押罪犯、犯罪嫌疑人、被告人死亡善后工作处理办法》,制定在押人员死亡检察工作程序制度,做到一旦发生在押人员死亡案件,及时启动检察程序,监督监管部门迅速查清事实,准确界定责任,依法妥善处理,并对所监督案件制作法律文书,逐案建立检察卷宗。通过审查在押人员死亡案件报告书等监督程序,防止瞒报、漏报和上报不及时等问题的出现,切实防止对监管事故处理不当、执行制度不到位、违法不究、有案不查等问题的发生。

(五)加强和规范监外执行和社区矫正监督工作

要落实好《河南省检察机关社区矫正检察监督办法》,把握新形势下社区矫正检察工作的职能定位,找准工作着力点,加强对各执法环节的监督,重点加强社区服刑人员脱管、漏管等违法情形的监督。牵头建立完善检察机关与人民法院、公安机关、司法行政机关监外执行信息交换、情况通报和联席会议机制,切实落实监外执行专项检察、重大事件报告等制度。

(六)切实加强监管场所安全防范检察工作

积极发挥我院派驻检察室的职能作用,加强重大节假日和敏感时期监管场所安全防范检察,有效防范和遏制监管事故发生,切实维护监管秩序稳定。

（七）继续规范和改进被监管人及其亲属控告、举报和申诉的办理工作

我院监所检察科将进一步发挥监督职能作用，防止和纠正刑事诉讼中的冤假错案。要注重做好控告申诉工作，努力化解矛盾纠纷，注重解决缠访、闹访、重复上访案（事）件，避免矛盾激化引发社会热点问题，切实维护社会秩序稳定。

三、进一步规范刑事执行检察各项新增业务

（一）进一步加强对保障人权方面的监督

积极探索完善保障律师会见权等执业权的检察工作制度，协调监督有关单位或部门切实履行保障辩护律师会见权、将犯罪嫌疑人捕后送看守所关押、在所内讯问、对讯问过程实行全程同步录音录像等法定职责。要强化对监管单位在生产、教育、生活、医疗卫生等管理活动的检察，重点加强对未成年在押人员管理教育活动的监督，切实防止刑讯逼供、体罚虐待、"牢头狱霸"等侵害被监管人合法权益问题的发生。

（二）重点抓好捕后羁押必要性审查工作

针对该项工作由刑事执行检察部门独立履行监督职责的新变化，要积极探索和建立分工明确、联动协作的工作运行机制，深入开展羁押必要性审查，切实把该项工作作为业务重点抓紧抓实、抓出成效。要结合工作实际，找准衔接点，逐案建立卷宗，不断规范羁押必要性审查各环节的方法、步骤和工作程序，研究制定羁押必要性审查的规章制度。保持与侦监、公诉等部门和办案机关的沟通联系，做到羁押必要性审查有序稳妥地开展。

（三）严格依法开展执行死刑临场监督工作

认真贯彻执行高检院下发的《人民检察院临场监督执行死刑工作规定》以及省院下发的《河南省人民检察院执行死刑监督工作实施办法（试

行)》的贯彻落实工作。

(四)着力推进指定居所监视居住执行监督工作

今年我院要在指定居所监视居住执行监督工作多下工夫,积极探索制定指定居所监视居住执行监督工作机制。要加强与公安机关、检察机关侦监和自侦部门的沟通联系,针对工作中存在的问题,及时提出纠正意见和检察建议,不断规范监督的内容、程序和方式,推动监督工作不断深入开展。

(五)加大对强制医疗执行监督的工作力度

我院在派驻看守所检察工作中,强化个案监督,突出监督重点。对人民法院决定强制医疗的,要跟踪监督强制医疗的执行情况,发现违法问题及时监督纠正。要加强与人民法院、公安机关和检察机关侦监、公诉、检察技术等部门的联系沟通,探索建立相关工作机制,促进强制医疗工作依法规范进行。

(六)切实加强财产刑执行监督工作

加强与法院的协调配合,建立财产刑执行监督机制,推动我市财产刑执行工作能够依法、公正、客观、规范地开展。

四、加强和改进办案工作

(一)突出办案重点,改善案件结构

重点查办减刑、假释、暂予监外执行中发生的徇私舞弊、收受贿赂、滥用职权等职务犯罪案件,新增业务领域和涉嫌新罪名的职务犯罪案件,刑事执行中发生的侵权渎职职务犯罪案件。注重查办在押人员检举揭发职务犯罪案件中的大案、要案。强化监所检察干警捕捉案件线索的意识和能力,今年着重从社区矫正工作、刑罚变更执行中深挖职务犯罪案件线索,2015年力争在这方面有新突破。

（二）认真履行罪犯又犯罪案件审查逮捕、审查起诉职责

积极和案件管理中心联系,保证属于我科的审查批捕、审查起诉案件不流失。要努力提高批捕准确率、出庭公诉人员示证质证与抗辩能力和水平,促使审查批捕、审查起诉和出庭工作进一步优化。

（三）切实做好预防犯罪工作

经常深入监管改造场所,通过上法制课、开座谈会、运用典型案例以案释法等方式方法,加强对监管干警的警示教育,加强对被监管人员的法制教育,预防犯罪的发生。要协同监管单位对多发、易发司法腐败的重点环节和重点部位进行重点预防,促进监管干警公正廉洁执法。

五、加强刑事执行检察队伍建设

（一）加强思想政治和作风纪律建设

按照"政治过硬、业务过硬、责任过硬、纪律过硬、作风过硬"的要求,进一步加强我院监所检察干警队伍建设。深化向全国"模范检察官"张飚学习活动,引导干警树立正确的世界观、人生观、价值观。要加强廉洁自律教育,筑牢拒腐防变思想防线,严防利用检察权以权谋私、收受贿赂、徇私舞弊等违法违纪问题的发生。要严格执行中央八项规定,进一步查找解决"四风"方面存在的问题,切实转变作风,真正树立为民务实、公正清廉的检察人员形象。要按照"一岗双责"的要求,既抓业务,又带队伍,努力建设一支信念坚定、执法为民、敢于担当、清正廉洁的刑事执行检察队伍。

（二）加强刑事执行检察内勤工作

要进一步强化综合信息的沟通反馈,提高信息采集、编发的时效性,发挥综合信息在服务领导决策、引领业务导向、推动工作开展的参谋助手作用。要注重总结业务实践中好的经验和做法,推动整体工作不断创新发展。要进一步加强业务统计工作,不断强化内勤人员的责任意识,切实防止报

表数据错报、漏报、误报问题的发生,严防报表数据盲目凑数,弄虚作假。省院将实施业务数据定期通报制度,强化具体业务指导。

(三)加强刑事执行检察理论研究工作

结合修改后的《刑事诉讼法》和《人民检察院刑事诉讼规则(试行)》的深入贯彻实施,进一步强化对新形势下刑事执行检察工作理论和实务问题的研究,努力提高研究解决新情况、新问题的能力和水平。

汝州市人民检察院民事行政检察工作思路

民事行政(以下简称民行)检察工作思路:深入学习党的十八大、十八届三中、四中、五中全会以及全国、全省检察长会议精神,以贯彻落实修改后《民事诉讼法》、《人民检察院民事诉讼监督规则(试行)》和修改后《行政诉讼法》为重要抓手,全面准确履行民行检察监督职责,加强民行检察多元化监督格局的构建和完善,进一步规范监督程序和方式,提升监督质量和水平,推动我省检察机关民行检察工作科学发展,为经济社会发展提供有力司法保障。

一、努力提升办案质量和效率

严格按照《民事行政抗诉案件办案流程》,对办理的每一起民行申诉案件,做到"四个到位",即对当事人争议的问题分析到位;对当事人提供的证据核查到位;对法院卷宗记载的内容审查到位;对案件适用的法律理解到位;达到"案情要理清、抗点要抓准、依据要过硬、说理要充分、用语要恰当、抗诉能服人"的办案要求,确保提得起、抗得出、改得了。充分发挥统一业务应用系统的超期预警监督功能,坚持承办人自警与部门负责人、主管领导提醒相结合,严密注意案件进程,防止案件超期。同时,搞好内部协调,积极与控申、案管部门沟通配合,缩短案件在内部的流转时间。

二、大力加强诉讼监督力度

强化监督意识,实体监督与程序监督并重。

第一,落实与法院会签的《关于加强民事执行监督的若干规定》,定期对执行局受理的案件进行梳理,对案件超期执行、错误执行、违规执行等问题进行监督,重点是行政机关、事业单位、经济实力雄厚的公司企业为被执行人的案件,该类案件被执行人明显具有履行能力,若案件迟迟未予执行终结,我们将发出纠正违法检察建议。同时对群众举报线索启用新《民事诉讼法》赋予的调查权展开调查。

第二,探索开展诉讼违法行为调查工作,加大对恶意调解、虚假诉讼的监督力度,依法及时监督纠正审判人员在诉讼活动中的违法行为。我们从当事人或律师反映的线索入手,着重在诉讼中,在民事、行政审判人员和参与诉讼的行政机关人员中发现挖掘有关线索,运用新《民事诉讼法》赋予的调查核实权,开展纠正违法监督。对于人民法院违反诉讼程序的审判活动,如应立案不立案、违法送达、违反回避规定、违法采取诉讼保全措施、严重超审限等,采用检察建议等方式进行监督。坚持把监督错误裁判与纠正违法行为、查办职务犯罪结合起来,完善诉讼违法行为调查机制。

三、认真做好息诉工作

牢固树立切实解决矛盾纠纷、防止程序空转的理念,坚持"抗诉与息诉并举,调解促和先行"的办案原则,贯彻落实以下三个机制:一是执法办案风险评估预警机制。遵循办案与评估预警同步进行,全面评估、提前防范,依法办案与化解社会矛盾相结合的原则,对每起案件在受理、审查、作出决定前对可能产生的风险进行综合分析和评估,提出相应的防控预案。按照"谁主管、谁负责,谁办案、谁评估"的要求,明确部门主管领导是信访案件的第一责任人,部门负责人是包案负责人,案件承办人是直接责任人。二是民行申诉案件和解机制。按照当事人自愿、合法、公正的原则,对有和解条件的民行申诉案件,引导、促成当事人达成和解。三是民行申诉案件息诉机制。遵循合法、公正原则及法律效果、社会效果相统一的原则,上下联动,和上级院共同努力,检调对接,借助特约检调员和其他社会力量,开展息诉工作。

四、加强办案规范化建设

严格执行省院民行检察工作十条意见、省院与省高法会签的《关于修改后民事诉讼法实施若干问题的意见》，严格办案程序。以规范司法行为专项整治工作为契机，结合汝州市人大常委会开展的案件评查活动，对2014年办理的案件进行自查，从实体、程序、文书、卷宗装订等方面进行严格全面的检查，要求卷宗严格规范、文书完备、卷内目录和材料齐全，排列有序、装订整齐，案件事实认定清楚，法律适用正确，程序合法规范。采取干警自查和互查的方式进行，承办人逐案进行自查，填写自查表，然后交换案件进行互查，填写评查表。在互查结束后，案件承办人交换意见，共同改正卷宗中存在的错误，弥补不足。用案件评查来促进办案的规范化。

以第三方监督强化内部制约，努力提升自身执法公信力。接受纪检监察、案管中心的监督，严格防止超期办案等程序违法。对外，通过走访律师、召开座谈会等形式，听取律师、当事人等社会各界对我院民行检察工作的意见、建议，改正工作中存在的不足。严格执法过错责任追究，督促民行干警始终把办案质量作为检察工作的生命线。

五、探索开展公益保护工作

（一）对行政违法行为的监督

按照我院与汝州市卫生局、汝州市食品药品监督管理局共同签署的《关于加强食品药品和医疗卫生领域行政执法法律监督工作若干意见》的规定，加大沟通交流的力度，从群众反映的线索入手，积极发现违法案件线索。对行政机关违法行使职权或者不行使职权的，发出纠正违法检察建议。另外，我们已拟制了对行政机关履行法律情况进行检察监督的规范性文件，现正在进一步修订中，下一步我们将按照市院要求把该文件下发到安监局、民政局、卫生局、房产处，为做好全年行政执法监督工作做好铺垫。

(二)公益保护工作

我院拟将环保局、土地局作为重点单位,对涉污企业拖欠排污费现象,开发商拖欠土地出让金现象,由检察机关采取诉讼方式督促行政部门依法履行职责。本项工作难度较大,目前没有明确的法律依据,需要我们做大量的沟通协调工作,比如法院是否受理立案。我们准备选取一个行政单位调阅 3 至 5 本卷宗进行审查。

六、加强对民行检察工作的宣传和舆论引导

将认真落实省、市院民行检察工作会议部署,采取多种形式,深入基层大力宣传民行检察的新规定和职能范围及监督程序,进一步畅通申请监督渠道,提高民行检察工作社会认知度和公信力。针对新修订的《民事诉讼法》和《人民检察院民事诉讼监督规则(试行)》的新规定和基层群众认知度较低的情况,印制《民事行政检察法律答疑咨询服务手册》1 万本,以问答形式列举民事行政检察工作职能、监督范围,人民群众维护自身合法权益的救济方式、救济途径,服务民生、服务企业等方面的内容,绘制了民事行政申诉案件受理办理流程说明图,由民行科配合基层检察室,发放到全市20 个乡镇街道办事处和派出所、司法所、社会法庭、村委会以及人大代表、政协委员、村民组长手中,让基层广大群众更好更多地了解和熟知民行检察工作。在发放现场,民行干警仔细介绍民行检察业务,认真解答群众提出的问题,得到当地群众的好评。将继续进行发放和回访。

七、加强业务情况调查和相关理论研究

高度重视,结合我院布置的信息调研写作任务,责任到人,积极对我院的工作情况进行总结和调研,认真研究,找出解决问题的对策和建议。对取得的经验做法尤其是亮点工作,及时总结、整理、上报。加大与上级业务部门、报刊杂志、网络等媒体的联系,争取转发。

八、加强民行检察队伍建设

一是将每周一上午定为科里的集中学习时间,通过学习《人民检察院民事行政检察人员廉洁规范执法行为准则》、新《行政诉讼法》、《河南省人民检察院民事行政检察工作十条意见》等,增强干警的党性意识、严守纪律、廉洁从检意识,提高干警的业务素质和办案能力。

二是对受理的每一起案件,全科同志共同讨论,发表自己的意见、看法,取长补短,通过听取别人的意见来弥补自己的缺陷和不足,往往一个知识点经别人提醒后会记得更加清楚。在办案中学习、在学习中办案,不断提高全科同志的法律素养。

三是从检察日报、内网、上级院工作情况通报上学习其他院的先进工作经验,如果条件允许,到某项工作业绩突出的单位参观学习,面对面交流经验,然后结合我院实际,为我所用,形成自己的工作特色。

四是充分利用业余时间,鼓励干警自学。结合工作实际,积极调动干警的学习积极性,强化干警终身学习、接受教育的紧迫意识,不仅工作时间内学习,8小时外也要利用空余时间进行学习。

汝州市人民检察院控告申诉检察工作思路

根据高检院、省、市院的要求,控告申诉检察工作(以下简称控申工作)的总体思路是:以党的十八大、十八届三中、四中、五中全会精神为指导,按照全省、全市控申工作会议的部署,以执法办案为中心,以规范司法行为为重点,以提升队伍素能为保障,深入推进涉法涉诉信访机制改革,充分发挥控申检察反向审视职能作用,进一步强化队伍建设,推动我院控申工作上新台阶。按照这一思路,要重点抓好四个方面的工作。

一、促改革,创新发展,推动涉检信访问题依法解决

涉法涉诉信访机制改革是深化司法体制改革的重要内容。一年来,经过宣传发动和全体控申干警积极引导,信访群众由"信访不信法"到"弃访转法"的转变初步呈现。控申工作要紧紧围绕"畅通入口、疏通出口、减少存量、控制增量、依法化解"的目标要求,全力推动涉检信访案件的息诉化解。

(一)认真做好辖内控告申诉的审查受理

从目前掌握的情况看,真正涉及检察机关的辖内信访事项并不多。工作的重点是按照诉访分离的原则,畅通入口,规范受理,依法办理检察机关管辖的控告申诉和举报事项。一要强化受理审查。认真执行《人民检察院受理控告申诉依法导入法律程序实施办法》,围绕"诉求性质、职能管辖和级别管辖"认真审查,准确甄别控告、申诉的性质和类别。对诉求性质不易界定的,要主动约谈、调查核实。符合导入诉讼程序条件的,一律受理,坚决防止敷衍塞责、该导入不导入问题的发生。二要提高接访质量。高度重视接访质量问题,对群众来访,凡是能够当场答复的,要当场答复;不能当场答复的,要在规定期限内予以答复。决不允许对来访群众冷硬横推、工作拖沓,该答复不答复。三要加强协作配合。要进一步加强与公安机关、人民法院的沟通衔接,形成定期交流工作机制,及时研究解决工作中出现的新情况、新问题。拟与公安、法院就交叉管辖案件的受理工作进行沟通协商,明确案件的受理原则、移送标准和条件,确保交叉管辖案件移送顺畅有序,衔接规范高效。

(二)扎实推进涉检信访案件的息诉化解

高检院、省、市院、市信访工作领导小组每年都会向我院交办案件。一方面要继续攻坚克难化解现有案件,减少"存量";同时还要坚持依法处理,防止产生新的涉检案件,控制"增量"。以交办信访案件为重点,组织开展专项化解活动,对省院通报上访案件及时进行甄别,5日内上报甄别报告。对经甄别涉检的案件,要逐案明确责任领导和化解措施,按照高检院《人民检察院司法瑕疵处理办法(试行)》和"四到位"的要求,在法律和政策框架内尽最大努力解决好当事人的诉求,坚决防止"程序空转",努力促进案结事了、息诉息访。

(三)积极推动建立终结案件移交机制

解决涉法涉诉信访"出口"不畅,是改革的重点和难点。解决这一问题,一要明确终结范围。《人民检察院控告申诉案件终结办法》规定的终结案件范围,仅限于不服检察机关处理决定和请求人民检察院进行国家赔偿这两类控告申诉案件。诉讼监督案件、控告检察机关和检察干警违法违纪案件不属于终结案件范围。二要严格终结程序。包括两种情形:一种是高检院已经作出的审查、复查决定,即是案件的终结决定,当事人就同一案件继续控告申诉的,应当制作《控告申诉案件终结告知书》送达控告人、申诉人。另一种是当事人不服省级以下检察院生效处理决定的案件,拟申报终结的,应当经检委会研究决定后逐级向省院书面申报。三要强化终结移交工作。对作出终结决定的案件,积极做好与党委政法委、联席办的协调对接,落实终结案件当事人的教育疏导、帮扶救助和稳控化解工作。

(四)加强对信访当事人的引导

要按照"逐级走访"的要求,引导当事人依法逐级走访。告知信访当事人,对本院正在处理且未超出法定处理期限的,上级院原则上不予受理,通过耐心释法说理,劝导上访人不要越级上访。对不属于检察机关受理的案件和诉求,引导来访群众到相关部门反映。对无理缠访、闹访,严重妨害公共安全、信访秩序的行为人,及时收集固定证据,配合公安机关依法处理。根据掌握的情况,省院将把越级访情况纳入业务考评,因此这部分工作尤其要加强。

二、重办案,规范司法,推动业务工作上台阶

执法办案是控申部门发挥职能作用的主要途径。要按照"全面履职、突出重点、确保质量、提升效果"的思路,进一步采取有效措施,抓好各类控申举报案件的审查和立案办理工作,逐步扩大办案规模,提高办案质量、效率和效果。

(一)加大办案力度

紧紧抓住群众反映强烈的突出问题,进一步加大案件办理力度,做到该受理的依法受理,该调卷审查的及时调卷审查,该立案办理的坚决立案办理。对本院受理的首次信访、首次举报、首次申诉,做到受理一件、办理一件,努力把问题化解在基层,化解在首办环节。

(二)突出办案重点

举报初核方面,认真执行《河南省检察机关举报初核工作规定(试行)》,优先办理发生在群众身边、直接侵害群众利益和经多次举报未查处、群众反映强烈的职务犯罪线索,防止因矛盾化解不及时引发集体访或群体性事件。不服检察机关处理决定申诉案件方面,要加大受理审查力度,凡符合条件的一律受理,切实做到发现一件办理一件。同时,加大息诉化解工作力度,力争办理一件化解一件。不服法院生效刑事裁判申诉案件方面,要按照高检院《关于建立健全防范刑事冤假错案工作机制的意见》要求,在依法受理、全面审查的基础上,集中骨干力量,重点审查长期申诉、久诉不息和裁判"留有余地"、案件有重大瑕疵以及社会反映强烈的申诉案件,使存在错误的案件都能依法立案复查,案件存在的错误和瑕疵都能得到纠正和补正。国家赔偿和赔偿监督案件,要牢固树立以人为本、依法赔偿理念,对符合赔偿条件的,积极主动给予赔偿、及时执行到位。着力加强对不予赔偿案件、当事双方反映强烈案件的监督审查,切实纠正该赔不赔、违法赔偿问题。司法救助工作,要提高主动性,积极做好与相关业务部门的信息共享,对存在特殊困难的申诉人、赔偿请求人、举报人、信访人和刑事被害人,依照中央政法委、高检院、省委政法委、省检察院下发的有关文件,积极主动做好检察环节的救助工作。

(三)增强办案效果

控申部门是检验案件质量的最后一道关口,控申案件的办理效果不仅体现在纠正冤错、补正瑕疵,还体现在反向审视、规范司法、源头治理。一要加强个案讲评工作。今年,要大力贯彻《河南省检察机关控申部门案件讲评办法(试行)》要求,全面开展案件讲评工作,重点对涉检信访案件、改变原处理决定案件和决定赔偿案件进行讲评。通过个案讲评,深入剖析原案办理中存在的突出问题,促进相关部门提高办案质量和规范司法水平。二要认真开展类案分析。把反向审视作为强化内部监督的一项重要工作,通过办理刑事申诉、国家赔偿、涉检信访、举报初核案件,及时发现侦查、审查逮捕、审查起诉等环节存在的突出问题,深入研究因执法过错、执法瑕疵导致缠访缠诉的原因及对策,促使各个执法环节不断提高办案质量和规范司法水平。

三、抓落实,健全机制,推动管理工作规范化

近年以来,高检院和省院相继出台了一系列文件,对各项控申业务的开展进行规范,为控申工作的深入健康发展提供了制度保障。今年,要按照"抓落实、强管理、促工作"的要求,抓好各项制度的贯彻执行,提升控申管理工作的科学化水平。

(一)切实强化举报线索管理

认真落实《人民检察院举报工作规定》和高检院《关于进一步加强举报线索管理的若干意见》,强化举报中心管理线索的主体地位。重点加强对分流线索的跟踪督办,尤其是存查、缓查和不立案举报线索的审查和监督,防止有案不查和选择性办案。落实要案线索备案管理制度,市县两级院受理的处级干部要案线索一律层报省院举报中心备案。认真落实署名举报核实答复制度,凡经核实的实名举报线索,原则上都要移送相关侦查部门调查处理并认真答复举报人。

(二)认真做好控申环节检务公开工作

检务公开是提高检察机关执法公信力和人民群众对检察工作满意度的重要途径。控申部门作为检务公开的一个重要环节,要重点做好三项工作。一是深入推进刑事申诉案件公开审查。认真落实《河南省检察机关刑事申诉案件公开审查实施办法(试行)》,把公开审查作为办理刑事申诉案件的基本要求,加大工作力度,切实做到"能公开的一律公开"。在规范运用、保证效果的前提下,积极探索开展不服法院生效刑事裁判申诉案件的公开审查。二是认真做好《刑事申诉复查决定书》网上公开工作。认真落实高检院申诉厅《关于刑事申诉部门贯彻〈人民检察院案件信息公开工作规定（试行）〉有关问题的通知》精神，按照"公开是原则、不公开是例外"的要求，积极实行文书上网公开工作。三是提高控申法律文书质量。按照严格依法、准确规范、公开公正的要求，完善控申检察文书内容和形式，依法规范使用。无论是受理或不予受理、纠正或者维持原处理决定、决定给予赔偿或者不予赔偿，都要针对当事人提出的依据和请求，从事实认定、证据采信、法律适用等方面，有理有据、客观理性地进行回应，切实改变文书公式化、冷冰冰的"面孔"。

四、强基础，凝神聚力，推动控申工作上台阶

（一）扎实开展规范司法行为专项整治工作

规范司法行为专项整治工作是高检院贯彻中央依法治国要求、落实全国人大常委会审议意见的重要举措，也是解决检察工作突出问题的一个重要抓手。将认真对照高检院列举的 8 个方面 30 个问题，以及贺恒扬副检察长在全省检察长会议上提出的 20 种不规范司法行为，紧密联系控申工作实际，从自身执法办案和履行监督职责两个方面入手，切实把自身司法不严格、不规范、不公正、不廉洁的问题找准，下大力气解决控申部门存在的司法作风简单粗暴、执行办案不规范和办案纪律不严格、为追求考评成绩弄虚作假、受利益驱动越权办案等突出问题，推动控申队伍政治、业务素质和规范司法水平的提高。

（二）加大统一业务系统应用力度

按照"横向到边、纵向到底、全员覆盖、不留死角和盲区"的要求，认真做好系统录入工作。使用统一业务应用系统办理案件是规范执法行为、提高案件质量和执法水平的必然要求，坚决克服"与己无关"、"被动等待"甚至消极抵触的思想，以强烈的责任心和紧迫感，积极主动地做好数据录入工作,用系统的规范运行倒逼自身规范执法。录入要规范。按照规定要求,做到应录尽录,实现全部控申业务网上流转办理。

(三)强化控申干警履职能力建设

控申工作是"小窗口、大社会",涉及业务宽,工作政策性、敏感性、综合性强。因此,必须主动适应新形势、新任务、新要求,通过机制创新和多种形式的岗位培训,不断提高干警依法履职能力。强化有针对性的业务培训。坚持"需求导向、贴近业务"的原则,紧扣业务实践和工作需要,通过带岗培训、案例研讨、情景模拟、演示汇报等形式,广泛开展岗位实训,提高针对性。要把强化群众观念,增强做好群众工作、化解信访问题的能力作为重点,引导控申干警坚守职业良知,坚守法律底线,筑牢廉洁从检的思想防线,以过硬的政治、业务素质,推动全省控申工作扎实开展。

汝州市人民检察院案件管理工作思路

案件管理(以下简称案管)工作的总体思路是:认真贯彻全省、全市检察长会议和全省第一次案件管理工作会议精神,在院党组的领导下,紧密结合我院规范司法行为专项整治工作,以全面履职为根本,以整体推进为路径,以信息化应用为依托,着力在科学有效管理、统筹规范司法、强化内部监督、推进司法公开、当好参谋助手上下功夫,推动案件管理工作在新的起点上创新发展,为促进规范司法、公正司法,提升检察公信力提供有力的业务管理机制保障。

一、全面履行案件管理职能,推动案件管理工作创新发展

案管中心要在往年工作的基础上,全面做好案件管理各项工作,推动案件管理工作均衡协调健康发展。重点做好以下几方面的工作:

(一)全面开展案件流程监控

强化流程监控,重点围绕业务部门是否依法适用强制措施和侦查措施,是否依法保障律师执业权利,是否依法查封、扣押、冻结、处理涉案财物,是否严格落实同步录音录像制度等关系当事人切身利益的司法措施和关键环节,有针对性地开展实时监管,及时发现办案中存在的违法违规情形,并根据具体情况采取口头提示、发送流程监控通知书等手段督促纠正。

(二)加强涉案财物的监督管理

建议院党组组织学习高检院下发的《人民检察院刑事诉讼涉案财物管理规定》,要求各部门在今后的执法办案中,严格按照该规定管理涉案财物。案管中心要进一步改善保管条件,建立健全规章制度,确保涉案财物保管安全规范。要从涉案财物的移送、接收、保管、处理等环节入手,严格审核把关。重点监督办案部门违法违规查封扣押冻结、不及时移交保管以及超权限、超时限处理涉案财物等情形,会同计财、监察部门,每年开展两次专项检查,坚决防止和纠正查封、扣押、冻结、保管、处理等方面存在的不规范问题。

(三)深入推进案件信息公开

严格落实上级院关于案件信息公开工作的有关规定,建立健全案件信息公开的日常巡查和定期通报制度,做到该公开的案件信息依法、全面、及时、规范公开。坚持每月对我院案件信息公开情况进行一次通报,对不严格执行公开的部门建议院党组进行通报批评。加强案件信息公开宣传工作,充分发挥案件信息公开系统的效能和作用。建立健全案件信息公开的风险评估、防范机制,及时妥善处理工作中遇到的新情况、新问题。

(四)充分发挥案管窗口作用,保障律师执业权利

认真做好辩护人、诉讼代理人接待工作,积极督促办案部门严格依法落实辩护人、诉讼代理人的执业权利,重点监督办案部门是否依法听取当事人和律师意见、对律师合法要求是否依法及时办理等情形。在结案审核时,要把律师权利保障的落实情况纳入重点审查内容,发现问题及时督促纠正。依托案件信息公开系统辩护与代理预约申请平台,主动加强与律师主管部门、律师协会的沟通联系,实现律师相关信息与案件信息公开系统对接。

(五)深化案件质量评查

按照我院《案件质量评查工作制度》的相关规定,在总结往年经验的基础上,充分发挥案件管理部门的牵头作用,建立健全案件管理部门与业务

部门分工负责、协作配合的评查工作机制,推进评查工作制度化、规范化,进一步做好案件质量评查工作。加强对评查结果的总结归纳和分析研判,善于从评查中发现和总结带有规律性、普遍性、苗头性的问题,提出进一步改进工作的对策建议。按照院党组的要求,积极配合市人大常委会做好一年一度的案件质量评查工作。

(六)做好检察业务考评

要认真贯彻落实高检院《关于进一步改进检察业务考评工作的意见》,以统一业务应用系统为依托,全面做好检察业务考评工作。对业务部门提供的不实数据,坚决提出纠正。

(七)强化案件统计信息管理

坚持开展日常性统计审核工作,及时发现和纠正业务信息源头填录问题。建立完善统一业务应用系统中信息填录质量通报制度,引导和督促业务部门真实准确填录案件信息。积极建立业务部门联络人制度,促进落实业务部门填录主体责任。利用统计数据,继续做好核心数据通报工作,为院领导正确决策,为部门创先争优当好参谋助手。认真落实统计衔接相关工作要求,加强培训指导和技术保障,确保全面实现统计衔接。

(八)加强统一业务应用系统使用管理

督促检查业务部门做好统一业务应用系统使用工作,对不规范使用业务系统的,要坚决进行纠正。对业务部门需要删除案件的,要严格把关,对不符合删除条件的,要坚决杜绝。完善统一业务应用系统、案件信息公开系统与其他相关系统的相互衔接和联合运维机制,会同技术、计财等部门检查、优化系统软硬件配置,进一步提高系统运行速度和稳定性。

二、积极参加专项整治,着力解决司法不规范的突出问题

案管中心作为全院综合性的业务部门,要按照上级院和院党组的安排部署,积极参加专项整治工作,在着力解决自身司法不规范问题的同时,努力推动解决司法办案中存在的不规范问题,促进全院司法规范化建设。

(一)坚持问题导向,着力查摆自身问题

要围绕重点整治的八个方面,认真梳理案管部门在履职过程中存在的不严格、不规范、不公正、不廉洁的问题,切实把问题查透、查深,不遮掩回避,不留死角。

(二)充分发挥案件管理职能作用,促进规范司法

要充分履行案件管理职能,加大对不规范司法行为的监督纠正力度。要充分利用检察机关统一业务应用系统,加强对司法办案活动的全程管理、动态监督,及时发现和纠正司法不规范问题。要通过业务考评、案件质量评查和案件统计信息管理,科学评价办案质量和效果。通过做好案件信息公开、律师接待等工作,积极督促办案部门严格按照法律规定落实辩护人、诉讼代理人的诉讼权利。

三、加强组织实施,确保各项工作任务的落实

(一)加强队伍建设

案管全体人员要勇于担当,攻坚克难,对各自负责的工作逐项抓好落实,推动案管工作不断取得新突破、新进展。案管负责人要按照院党组党风廉政建设的有关规定,一岗双责,既抓业务,又抓队伍,确保队伍不出问题,以队伍建设推动业务工作,以业务工作检验队伍建设。

(二)加强能力建设

采取向上级学习、到其他先进院学习、参加业务培训等方式,以提升岗位素能为重点,抓好案管干警的业务培训,推动工作能力整体提升。

(三)狠抓文字工作

除了完成院党组年初安排的调研宣传任务外,要下大力气写出3至5

篇精品文章,总结案管工作亮点,创造汝州案管品牌。

(四)加强制度建设

要认真探索案件管理工作规律,进一步健全案件管理的具体标准和操作规程,细化工作要求,建立健全工作制度,使各项案件管理活动有章可循。

汝州市人民检察院纪检监察工作思路

纪检监察工作的总体要求是:全面贯彻中央纪委五次全会、中央政法工作会议、省市检察长会议、省市检察机关党风廉政建设和反腐败工作会议精神、市纪委全会和全市检察长会议精神,严明政治纪律和政治规矩,深入落实"两个责任",持续落实"三转"要求,持之以恒落实中央八项规定精神,完善检察权运行监督制约机制,强化监督执纪问责,狠抓纪检监察干部自身建设,为汝州检察事业全面健康发展提供有力的纪律作风保障。

一、严明党的纪律,确保政令检令畅通

(一)加强政治纪律和政治规矩的学习教育

深入开展党纪条规和廉洁从检教育,牢固树立纪律意识和规矩意识,严格遵守党的政治纪律、政治规矩、组织纪律和检察纪律。

(二)着力强化纪律的刚性约束

针对检察人员特别是领导干部违反纪律和规矩的行为,要敢于动真碰硬,严肃执纪问责,提高纪律执行力,确保检令政令畅通。将重点检查、督察高检院提出的"十五个"严禁要求的执行落实情况。

(三)加强对遵守政治纪律和政治规矩的监督

把政治纪律、政治规矩和检察纪律的执行情况作为巡查、督察工作重点,促使检察人员始终严明纪律红线、守住公正司法底线,为司法体制改革顺利进行提供纪律保障。

二、落实"两个责任",深入推进党风廉政建设

(一)督促支部负责人切实履行好主体责任

党风廉政建设是党章规定的各级党组织必须履行的主体责任,支部要把落实主体责任列入党组的重要议事日程,与检察业务工作同部署、同落实、同检查、同考核。将继续加大对落实主体责任情况的监督检查力度,推动"两个责任"贯彻落实。领导干部要注重更新知识,掌握新规定,不能总用老的经验解决工作中的新问题,用固定思维谋略新的形势。领导干部要实实在在完成责任分工,其中检察长上党课、联席会议制度的落实要有视频资料;实行班子成员向院党风廉政建设领导小组、部门负责人向本院纪检组述职述廉。

(二)认真履行好纪检监察部门的监督责任

纪检监察部门要强化执纪监督意识,积极履行监督责任,把好关、执好纪、问好责。综合运用巡查监督、检务督察、专项督办等监督方式,细化监督措施,形成有效监督合力。

(三)加大责任追究力度

把落实责任追究作为推进"两个责任"的有力抓手,坚持"一案双查",建立健全责任追究典型问题通报制度,通过问责,促进责任落实。

三、狠抓作风整治,驰而不息纠正"四风"和司法作风的突出问题

一是要在深化和巩固党的群众路线教育实践活动成果上下功夫,牢固树立作风建设永远在路上的理念,横下一条心纠正"四风",常抓不懈,抓出习惯、抓出长效,促进作风建设有新气象新变化。加强对干警8小时以外的监督管理,切实要以高检院《检察人员八小时外行为禁令》为规范,严格落实、强化监督。

二是深入贯彻中央八项规定和省院、市院实施办法,坚决防止"四风"反弹。聚焦突出问题,盯紧"四风"新形式、新动向,采取明查暗访等多种形式,加大督察力度,对顶风违纪的,一经查实,依纪依规严肃处理。要抓好"红包"问题治理常态化,重点查处和纠正利用婚丧嫁娶、乔迁履新、就医出国等名义,收受下属以及有利害关系单位和个人的礼金等问题。

三是积极主动融入规范司法行为专项整治工作。认真落实规范司法行为专项整治工作要求,围绕执法不严、执法不公、执法不廉等"三不问题"的八个方面突出表现,强化执纪监督问责。把规范司法行为专项整治工作列为巡查、检务督察的重要内容。加强与案管等部门的联系,加大对司法作风突出问题的问责和通报力度。纪检监察部门联合计财部门制定装备采购监督办法,强化对装备采购的监督;联合自侦部门、案管中心、计财等相关部门对落实《人民检察院刑事诉讼涉案财物管理规定》情况进行执法监察;联合自侦部门、技术处对落实《人民检察院讯问职务犯罪嫌疑人实行全程同步录音录像的规定》情况进行执法监察;联合案管等部门对落实《最高人民检察院关于依法保障律师执业权利的规定》情况进行执法监察;联合案管等部门对案件评查工作进行专项检查。

四、保持高压态势,严肃查处检察人员违纪违法案件

(一)规范线索管理

进一步拓宽案件线索来源,根据中纪委《关于对反映领导干部问题线索处置方式进行调整的通知》要求,严格按照拟立案、初核、谈话函询、暂存、了结五类标准,分类处置,定期清理,规范管理。

(二)健全查办机制

强化办案的主体作用,构建办案一体化的工作机制,要充分发挥案件查办的主体作用,强化统一指挥、统一协调,加强案件查办,加大自身反腐工作力度。

(三)加大查办力度

始终把查办检察人员违纪违法案件放在自身反腐倡廉建设的突出位置,坚持有案必查,抓早抓小。整合办案力量,突出查办线索反映清楚、群众反映集中、社会关注度高和以案谋私谋钱的案件。对反映严重失实、诬告陷害的,要予以澄清。

（四）注重警示教育

建立健全重大典型案件剖析通报制度，发挥典型案例的警示教育作用，充分发挥查办案件的治本功能。把警示教育与正风肃纪、解决问题与完善制度结合起来，形成不敢腐、不能腐、不想腐的有效机制。

（五）抓好廉政教育

纪检监察部门将联合政治处，研究制定干部任职前廉政知识考试办法；联合政治处、机关党委和技术科开展党风廉政知识全员网上考试及知识竞赛；实行院领导以解读方式集体组织学习上级相关规定；专题组织学习习近平总书记关于党风廉政建设和反腐败斗争论述摘编。

五、适应改革要求，完善纪检监察工作机制，建设忠诚干净担当的纪检监察队伍

（一）做好纪检体制和检察体制改革衔接工作

加强调查研究，牢牢把握纪检监察职能只能加强、不能削弱的原则，妥善处理好改革与强化的关系，积极适应改革现状，健全检察机关内部监督制约的制度机制。

（二）认真执行规章制度

按照高检院新修订的《廉洁从检若干规定》,《检察人员纪律处分条例》、《巡视工作规定》,结合实际，及时对相关制度规定进行修订完善。

（三）加强纪检监察队伍建设

纪检监察干部，要始终按照忠诚、干净、担当的要求，深化转职能、转方式、转作风，敢于担当、敢于监督、敢于负责，提高执纪监督问责能力。市院党组决定，为加强监督，整合力量，参与巡查、检查、执法监察、检务督察等活动，不断提高纪检监察队伍能力素质。

（四）完善机构建设

纪检监察部门要争取院党组支持，把德才兼备的优秀干警选拔到纪检监察部门，优化结构，增强活力。

汝州市人民检察院计财装备工作思路

计财工作的总体思路是:以党的十八大和十八届三中、四中、五中全会精神为指导,认真贯彻落实省院计财装备处的工作部署,立足新起点、树立新追求、实现新发展,以"保障有力、干警满意"为目标,以提高检务保障能力为核心,以规范化建设为抓手,进一步优化服务,强化管理,厉行节约,努力适应检务保障体制改革新要求,为我院检察工作科学发展提供坚实有力的物质保障。

一、贯彻落实中央精神,进一步深化检察经费保障体制改革

一是认真研究学习地方院经费由省政府财政部门统一管理机制。学习借鉴兄弟院试点单位经验成果,时刻做好人、财、物由省院统一管理的准备。二是在使用好中央和省级财政转移支付资金的同时,深入领会中央《关于加强政法经费保障工作的意见》,大力争取同级财政资金投入,建立健全预算编制管理制度和公用经费正常增长机制,从根本上解决检察经费保障不足的问题。三是认真落实公车改革,按照公车改革方案,积极推进公车改革,认真落实车改后车辆管理工作。

二、紧紧围绕中心工作,进一步提高经费保障能力

一是强化预算观念,做好年度预算编制。特别是加强"三公"经费的预算编制和执行管理。在年末编制下一年度的预算中,对"三公"经费进行严格预算。公务接待费按照本院财务管理制度的接待标准、接待范围进行编制,不扩大预算额度;公务用车运行维护费的预算,具体到每辆车的使用年限、新旧程度进行编制,既保证公务用车有效运行,又能紧缩公车维护费的支出,提高预算编制的合理性和执行管理的有效性。并且在执行中紧扣年度预算,决不在预算外挤占其他资金用于"三公"经费的开支,确保预算编制与执行的协调统一。二是积极争取财政支持,完善公用经费正常增长机制。在保证每年每人1.6万元公用经费的基础上,积极向市委、政府及财政部门反映经费缺口问题,争取理解支持。当前检察机关面临如下困难:信访维稳工作任务重、乡镇检察室相继成立所需大量的工作经费等。通过打报告、情况反映等方式把这些困难反映给汝州市委、政府及财政部门,争取理解和支持。三是多方位筹措办案经费。一方面加大办案力度,积极为国家挽回经济损失,争取上交财政案件款全额返还;另一方面,我院在地税局成立了"财税服务工作站",加大查处财税刑事犯罪和职务犯罪力度,保证税额及时足额入库,然后市政府根据一定比例以办案经费拨付我院使用。争取2015年经费保障水平达到一个新的水平。

三、坚持法治思维,着力提高工作规范化水平

一是加强经费规范化管理,建立机关内部经费分配机制。根据各处室人员编制和工作量大小,实行"节约归己,超支不补"的经费二级预算包干制。每位干警每年度7000元的经费标准,包干的范围只限定在部门开支的具体费用,院里统一开支的水电费、维修费、设备购置费等大项开支剔除在外。如果工作成绩特别突出,院里再另行奖励。经费包干遵循"节约留用,超支不补,奖罚分明、监督公示"的原则,每季度公示一次,真正做到科学、合理、公正、透明。我院还以"经费包干"为主线,积极创建"节约型检察院",努力降低机关运行成本,提高办公效率,极大地调动了干警的工作积极性。二是加强扣押款物规范化管理。设置扣押款物专用账户,实行一案一账,一物一卡制度,对扣押物品清单统一印制、统一保管,坚持一季一对账,发现账物不符、账卡不符的,及时纠正处理,有效地杜绝扣押款物私自保管、挪用、

截留、坐收坐支、私设"小金库"现象的发生。三是加强经费开支审批的规范化管理。严格按照省、市财政部门和院财务管理办法,对基建、装备、固定资产、办公用品等设施的购置,凡应政府采购的,全部实行政府采购;严格落实国库集中支付,公务卡结算等规定,对所有经费开支账目,主动定期接受纪检监察、财政、审计等部门的监督检查,增强经费开支的透明度。四是加强国有资产规范化管理。对本年度增加的固定资产账、卡全部输入电脑,实行动态管理。对新增固定资产的购置,由使用部门根据工作需要以书面形式提出申请,报计财部门。经检察长同意后,依照固定资产管理制度进行采购。在更新的同时,本着"不增加数量,提高质量"的原则,对达到报废年限没有使用价值的固定资产及时报废,由计财部门提出意见经检察长审批,报汝州市财政局国有资产清理办公室进行处置;五是加强公务用车管理。我院现有警车16台,地方牌照车辆14台。我院21名科、局、处室负责人向检察长递交了《车辆安全责任书》。并对车辆管理工作做出三项规定:一是所有车辆,实行归口管理,即由院领导对各分管部门所属车辆统一管理,车辆出行必须有派车单,节假日和下班时间应停放入库并将钥匙交存分管领导。二是强化警用车辆管理措施,严禁领导干部驾车,严禁无证驾驶,严禁将警车停放在旅游、娱乐等场所。计财科与纪检监察科要不定时进行抽查,并及时反馈抽查结果。三是分管检察长应敦促车辆所属部门负责人及驾驶人员加强车辆维护保养,按时参加年审,一旦发现有不爱惜车辆的现象,一律没收由院里统一调配使用。六是规范服务,不断增强服务意识。在日常的工作中,能想领导所想,急领导所急,加强与各科处室的协作,切实做好后勤保障工作,为办案服务,为检察机关建设服务。加强机关食堂的管理,切实解决干警们的加班就餐问题,服务办案,为全面完成检察工作任务提供坚实的后勤保障。

四、建立完善科技装备和信息化建设投资机制，着力提高科技装备和信息化建设水平

一是根据《县级人民检察院基本业务装备配备指导标准》，制定本年度实施计划，按照《人民检察院侦查装备采购使用规定》，在申报本年度政法装备采购计划时，优先购置侦查设备，加快我院侦查装备现代化的进度。二是积极配合技术部门在大要案侦查指挥中心建成后与各单位进行联网，实现不出门就能远程查询犯罪嫌疑人的存款、住房等有关资料，使不便保存的各种犯罪痕迹等证据固定化，进一步提升自侦案件的立案率、大案率、起诉审判率。三是投资50余万对三级网进行升级改造，广泛开展办公应用和队伍建设应用，实现网上公文流转和信息交换、队伍信息动态更新、网上办公、无纸化办公等，使办公自动化条件有大幅度的提升，减少各类信息材料的印发，使用纸量比往年减少20%。

五、坚持理念牵引，努力提升计财队伍软实力

一是强化纪律作风建设，大力提升职业素养。加强政治理论、法治理论学习，进一步强化宗旨意识和责任担当，进一步强化党性观念和纪律观念，深化"四风"整治成果，进一步加强作风建设。认真抓好计财队伍日常管理，从小事做起，从细节抓起。二是强化"两个责任"落实，坚守廉政底线。结合全国检察机关规范司法行为专项整治工作，健全内部监督制约机制，自觉接受外部审计和监督。积极开展岗位廉政风险点排查和防控，认真落实计财装备人员岗位操作规范，严格执行财经纪律和廉洁从检纪律规定，努力建设政治过硬、业务过硬、责任过硬、纪律过硬、作风过硬的计财装备队伍，自觉维护计财装备部门的良好形象，切实营造风清气正、干事创业的良好氛围。三是坚持以人为本，努力提高职业素养。积极适应检察人员分类管理改革新形势，找准计财职能定位，增强队伍凝聚力和向心力。按年初制定的岗位练兵方案,定期进行计财业务岗位培训,鼓励计财人员参加有关专业技术职称或资格考试,提升计财人员综合业务素质。四是加强信息交流与宣传工作。面对《刑事诉讼法》修改后,检察机关对检务保障工作提出的更高要求,我们将积极加强信息交流,形成计财业务相互学习借鉴良好氛围,并努力加大宣传力度。通过及时深刻的信息调研,一方面宣传我院计财工作的重要性和创新性,另一方面使我院领导掌握真实的第一手资料,提出有针对性、说服力强并符合检察工作发展的建议,为院党组解决相关问题提供事实支持和决策参考。

汝州市人民检察院未成年人检察工作思路

未成年人检察(以下简称未检)工作思路是:以全国、全省未成年人刑事检察工作座谈会会议精神为指导,正确把握新形势下加强和改进未检工作的必要性和紧迫性,深刻领会"两个提出、两个带来"、"四个特殊"和"四个必然要求";牢牢把握未检工作专业化、规范化建设的基本要求和实现路径,切实转变观念,以专业化、规范化建设为抓手,进一步提高未成年人司法保护水平,努力推动未检工作再上新水平。重点做好以下工作:

一、规范未检部门的受案范围

未检部门受案范围总体上是三类,一是未成年人独立犯罪,二是未成年人与成年人共同犯罪,三是高检院文件要求的针对未成年人的犯罪案件。

二、正确适用附条件不起诉

附条件不起诉更侧重于教育、感化和挽救。要把握三点:第一点,相对不起诉是"微罪"不起诉,不需要判处刑罚或免除刑罚,而附条件不起诉是"轻罪"不起诉,原本应当起诉。实践中,相对不起诉对应的法定刑可以把握在 3 年以下有期徒刑,附条件不起诉可以把握在 5 年以下有期徒刑;第二点,相对不起诉主要看"客观",只要犯罪情节轻微,不需要判处刑罚就可以适用,附条件不起诉更看重"主观",要求必须有悔罪表现;第三点,附条件不起诉要重点考虑帮教考察的必要性,对于情节轻微、主观恶性小、再犯可能性不大的初犯、偶犯,没有考察帮教必要的,应直接作出相对不起诉决定。两者的适用条件是不一样的,一定要严格把握。关于监督考察问题,首先要落实责任,实行"谁承办、谁监督、谁考察、谁负责",注重与监护人、学校、社区矫正机构、公安机关的协作配合,形成监督考察的合力;要坚持监督考察与矫治教育、帮扶救助相结合,逐人制定监督考察方案,融个别教育、行为矫正、心理疏导、帮扶救助为一体,确保监督考察实效。

三、准确把握逮捕和羁押条件

落实省院与省公安厅会签的逮捕必要性证明制度,认真执行对逮捕的实体条件和羁押条件、非羁押诉讼等问题的明确规定,对涉罪的未成年人尽可能采用非监禁和非刑罚化的处理方式,对轻微犯罪的未成年人一般不适用强制措施或优先选择强制性程度较低的措施;适用逮捕措施时,除证明符合逮捕条件外,还要对逮捕的必要性提供证据进行论证。也就是说,虽然符合逮捕的条件,但是还要审查是不是符合长期羁押的条件,有没有羁押的必要性。今后在办理未成年人案件过程中,要严格掌握逮捕的条件和羁押的条件,进行严格的羁押必要性审查,力争能使非羁押诉讼的比例再升高一点。

四、细化完善法定代理人到场及合适成年人参与诉讼制度

细化和完善这项制度,要注意把握以下几个问题:一是要规范适用的顺序。在法定代理人能够到场时,应首先通知法定代理人到场,法定代理人不能到场时,才能通知合适成年人到场,不能不通知法定代理人,直接通知合适成年人到场;更不能以讯问时法定代理人有"护犊"情结为由而直接通知合适成年人到场。在法定代理人不能到场时,一般应按未成年人其他成年亲属、所在学校或单位或居住地基层组织代表、未成年人保护组织代表的顺序通知到场,这样便于维护他们的合法权益。二是要组建合适成年人队伍。在共青团、学校、妇联等单位选聘一批具有一定文化素养和生活阅历、了解青少年心理、善于沟通协调的人担任合适成年人,组成固定的合适

成年人队伍。要加强合适成年人名单库建设,需要的时候,从名单库里来抽取合适成年人,以便在法定代理人、监护人确实不能到场的情况下,及时到场,维护未成年人的合法权利。三是要明确合适成年人的工作职责。合适成年人并不是未成年人犯罪案件的"特殊旁观者",必须明确合适成年人有哪些权利义务,明确说明放弃权利或消极履行义务的法律后果。合适成年人有权向司法机关了解未成年犯罪嫌疑人被指控的罪名;有权提出回避;有权对整个讯问过程中侵犯未成年犯罪嫌疑人权益的违法或不当行为提出纠正等。同时,合适成年人应当按规定的时间到达讯问场所,遵守监管场所的相关规定,服从工作人员的安排,不能非法干扰讯问人员的正常讯问,不能泄露案件有关信息,不能教唆未成年人隐瞒事实。对合适成年人权利和义务都要作出明确的规定。四是要加强合适成年人人才库人员在法律、心理学等方面的培训,提高其参与诉讼的能力。目前,合适成年人到场制度仍停留在讯问程序,对未成年犯罪嫌疑人的教育感化和矫治帮教功能发挥远远不够。无论是未成年人在刑拘后的恐惧不安,还是在庭审中的紧张害怕,或是判决后的心理波动,都要求合适成年人充分担当起保护教育和心理疏导的职责。这项制度需要进一步完善。

五、建立健全亲情会见制度

根据《人民检察院办理未成年人刑事案件的规定》,符合规定条件的案件,可以安排在押未成年犯罪嫌疑人与法定代理人、近亲属等会见或通话。未成年人走上犯罪道路被关进看守所后,容易产生悲观失望情绪,迫切需要来自亲情的关爱。及时、适当的亲情会见、亲情感化,对于促进涉罪未成年人知错悔改、挽救涉罪未成年人具有重要意义。但在司法实践中,由于对教育挽救未成年人的意义认识不高、也有的责任心不强、不愿做办案以外的工作等各种因素的影响,这项制度落实得还不够。亲情会见制度一定要进一步建立完善起来,认真落实下去。特别要进一步完善会见程序,既要保证亲情会见的教育、感化效果,也要防止在会见、通话中发生串供或者其他妨碍诉讼的情况。

六、落实社会调查制度

目前社会调查报告流于形式的问题比较突出,针对问题,一是要完善调查报告的内容,把调查报告的内容细化为个人情况、家庭背景、受教育情况、居住环境、帮教条件等方面。每个调查报告要体现出案件的个性特点。二是要采取多样的社会调查方式,对主观性材料,采取面谈、书信或现代媒介调查;对客观性材料,调取相关的书证、证明、证书等;对于数量较大的同类人员,采取问卷方式调查;对于社区是否具备帮教条件,要求帮教单位和人员要出具保证书。三是规范社会调查报告的制作流程,对于社会影响较大,犯罪嫌疑人心理、人格特点鲜明的,先由办案、调查人员对相关信息进行综合整理、拟制报告后,再邀请专业人士和心理咨询师进行分析,根据专业知识和经验,运用科学的方法,对该未成年人进行客观、全面、综合、公正的评价。四是要加强与司法行政机关、共青团以及其他社会团体的合作,建立健全符合本辖区实际的委托社会调查机制,明确委托从事社会调查工作人员的资格条件、产生程序、工作职责及纪律、业务培训、奖惩措施等内容。五是要提高社会调查报告的诉讼价值。在案件审查报告中,要对社会调查情况单列一项,办案人员要对调查材料的可采性进行分析,对调查报告的结论进行评价,并作为批准逮捕、起诉、提出量刑建议的依据;检察机关认为判决、裁定书中关于社会调查材料、报告的采纳情况有误,明显影响量刑的,可以作为提起抗诉的依据。

七、认真落实法律援助和强制辩护制度

无论未成年人案件,还是其他一般案件,符合法律援助条件和规定的,

都要落实法律援助制度,依法委托和指定辩护人。尤其是对未成年人案件要更加重视,没有辩护人或者没有经济条件委托辩护人的,尤其是流浪未成年人,一定要把法律援助措施落实到位,实行强制辩护,从辩护角度维护好未成年人的合法权益。

八、完善未成年被害人的保护机制和司法救助机制

坚持双向保护是未检工作的重要原则。未成年被害人理应得到更多关注。在严厉打击各种侵害未成年人犯罪,坚持快捕快诉、保持高压态势的同时,针对未成年人身心特点,要注意执法方式,注重关爱疏导,体现人文关怀。未成年被害人特别是性侵受害人心理敏感、脆弱,对涉及隐私的问题往往难以启齿,每一次回忆和面对,都会加深已有伤害。要减少不必要的询问和调查,尽量在侦查阶段引导公安机关一次询问、取证到位,不打扰被害人正常生活,避免发生二次伤害。要严格保护被害人隐私,对涉及未成年被害人的身份信息,以及可能推断出其身份信息的资料、涉及被侵害的细节等内容,都要严格保密。对于双方达成刑事和解的,要加大刑事和解的监督力度,重点监督和解意愿的真实性、自愿性以及和解内容的合法性、公正性,防止以钱买刑、赔偿不到位等损害被害人权益的情况出现,充分保障未成年被害人的合法权益。对于确有困难的未成年被害人,要实施司法救助。

九、扎实做好法制宣传教育和犯罪预防工作

未检工作要强调法律效果,更要追求社会效果,既要履行好法定职责,更要注重深化职能,做好法制宣传、犯罪预防等工作,积极促进预防帮教社会化体系建设,彰显未检工作的社会价值。要结合检察职能,注重做好五个方面的工作:一是控制性预防。就是通过教育矫治,控制和预防涉罪未成年人重新犯罪。对未成年人的教育矫治重在感化,教育是手段,挽救是目标,目的是"治病救人"。在诉讼的每个阶段都要不失时机地对涉罪未成年人进

行教育,既要避免不教而宽,也要防止不教而罚,切实做到"寓教于审、惩教结合"。在讯问时,要重点进行说理、规劝教育,促其知错明理;在庭审中,要重点开展启发、悔罪教育,促使其认罪悔罪;在回访时,要重点进行人生观、价值观教育,帮助其重树信心,回归社会。二是改造性预防。改造性预防就是通过刑罚手段进行强制性改造,是特殊预防的重要手段。雷霆雨露都是关爱,关键是用得其时,坚持教育感化挽救,并不意味着对犯罪行为一味不罚,对未成年人的严重犯罪行为,特别是一些严重暴力犯罪,依法惩治也是一种挽救。当教育感化不起作用时,就要坚持严厉打击,一味地从宽和袒护只会适得其反。三是宣传性预防。要通过针对性的法律知识教育,提高未成年群体的法律意识,增强自我保护能力,使其远离犯罪。送法"五进"活动要坚持立足职能、结合办案,分类推进、突出特色,加强联系、争取支持,强化宣传、扩大影响,把活动真正地开展好。四是堵塞性预防。要研究分析诱发未成年人犯罪的原因,对办案中发现的社会治理问题,运用检察建议等方式,提出针对可行的整改措施,堵塞漏洞、减少消除诱发犯罪的条件,达到预防的目的。五是保护性预防。对司法办案中发现的存在困难的未成年人,要积极调动社会力量进行帮扶救助。例如一些由于父母犯罪,面临失学、失管,一些生活无着甚至生存堪忧的未成年人,以及一些因沾染不良习气或迫于生计而违法犯罪的未成年人,对这些人帮助和保护,是职责所在也是良心使然,要体现应有的责任担当,自己能做的要做到位,需要各方共同努力的要协调到位。要及时总结提炼经验在全省推广,成为未检工作的品牌。

汝州市人民检察院检察技术工作思路

检察技术工作思路是:按照上级院的工作思路和工作部署,认真研究我院检察技术工作面临的新情况、新形势,以推进信息化建设为主线,以加强检察技术业务为抓手,深化检察技术信息工作机制体制建设,扎实推进检察技术人才队伍健康发展,促进信息化技术与检察技术、检察技术与检察业务的全方位融合,着力发挥检察技术信息化工作的引领作用,为检察工作科学发展提供强有力的科技支撑。

一、以信息化建设为主线,加强和完善检察信息化软硬件建设水平

(一)建设完善我院检察基础网络管理体系

加快购置安装我院专线网网络管理系统,实现我院专线网传输实时监控,并能实现省院对我院网络设备的远程管理。按照省市院要求,尽快接入平顶山市网络管理中心,加快全市网络管理中心功能。同时要规范专线网管理行为,严格落实上级院制定规章制度,完善我院科学有效的网络管理与服务机制。

(二)建设我院涉密网信息安全风险预警系统

按照省市院要求,建成我院涉密网信息安全风险预警系统,通过该系统全面、系统地对全院计算机病毒流行情况、检察业务网上运行健康情况进行实时监控,为全省信息安全管理工作提供基础数据和安全保障。

(三)推进我院检察机关专线网远程视频应用建设

按照省市院要求,配合监所检察部门做好监所视频监控信息联网工作。根据全院业务工作需要,按照省市院统一部署,适时启动相关专线网视频应用系统建设项目,如远程接访、远程讯问、案件讨论等。

(四)严格落实我院办案专用器材管理使用规定

在省院开展的基层院建设抽样评估检查反馈意见中,我院办案专用器材管理存在一些记录缺失,反映了工作制度落实上存在问题。今年必须组织技术干警重新学习,严格要求保管人员和办案人员,技术部门和办案部门各自履行好自己的职责,把我院的办案专用器材保管维护好,办案器材真正发挥提高办案科技能力的作用。

(五)进一步完善官方网站和官方微博两个宣传平台的管理维护

目前由检察技术部门负责的外网网站和"汝州检察"新浪官方微博,检察技术人员负责内容更新和管理维护,在完成外网网站域名规范化的基础上,目前正按照市编办的要求配合政治处、机关后勤服务中心进行网站红页申请及挂标工作。官方微博目前粉丝 2000 多,正按照省院要求,组建检察微博群,这将进一步扩大在检察微博系统及汝州地区微博中的影响力,继续配合政治处做好相关舆情监测和应对工作。

二、以统一业务应用系统运维与保障为基础,着力提高我院检察信息化工作规范化、制度化建设水平

(一)做好我院网络管理中心的管理和运维保障

完成网络管理平台建设,并继续抓好日常巡检、常态监控、5×8 小时值班、断网请示上报等管理机制,确保出现问题能及时发现排除,节假日安排值班,做到"业务不停、网络不断、系统不瘫、数据不丢",确保我院网络畅通,检察业务工作正常开展。

(二)加强和完善统一业务软件运维系统管理工作

坚持依托市院运维团队,本院系统管理员主要保障全院业务应用软件统一运维保障机制,按照高检院相关文件规定,明确业务部门、案管部门、技术部门等分工要求,落实责任,及时发现、解决和收集上报系统运行中存在的问题。同时不断提高检察业务人员应用操作水平,会同案管部门、政治处做好我院统一业务应用系统相关的培训工作,使检察业务办案人员都能够熟练掌握软件应用的操作技能,杜绝网上录入错案、重案等情况的出现。

(三)加强和改进我院网络安全管理机制

按照省市院部署,按照我院涉密信息系统各项制度规定,完善加强对本院的信息安全机制的落实。同时加强对我院互联网网络安全管理,确保内外网物理隔离,相互不交叉,网络可靠运行,杜绝安全事故。还要加强信息技术队伍专业素质和能力培养,扎实做好其他各项信息安全工作。

(四)严格落实专线网高清视频会议规范化管理

按照省市院要求,进一步规范视频会议技术参数、设置、调试工作,不断提高视频会议收听、收看的效果,把视频会议保障得更好。坚持每周一下午的全省联调制度落实,加强技术人员操作培训,提高视频会议操作人员实际操作水平。

三、进一步加强检察技术工作,强化技术人才培养

(一)进一步规范和强化全程同步录音录像工作

按照基层检察院"八化"建设和高检院相关制度规定,对照全程同步录音录像执法规范化、标准化要求,认真落实录音录像全程录制,不得选择性录制、剪接和删除;认真落实录音录像画面有与讯问同步的日期、时间数码及温湿度显示;认真落实录制从犯罪嫌疑人进入讯问室开始,至犯罪嫌疑人在讯问笔录上签字按指印,离开讯问室结束;认真落实同步录音录像相关工作材料规范封存、查阅和使用。

(二)推进侦查信息平台建设

根据工作实际,依托省院侦查信息管理平台,加快我院侦查信息平台系统建设工作,加强和联网单位沟通协调力度,通过直连、协查专线、拷贝等方式实现联网,为职务犯罪侦查提供查询绿色通道,为职务犯罪侦查取证提高查询、分析、研判的科技手段,同时加强与上级院平台信息情报共享,并根据电子检务工程要求加快我院侦查信息平台的完善。

(三)进一步推进我院专业技术职务和技术人员职称评定工作

按照省市院要求,为适应司法体制改革和检察改革需要,指导我院相关人员配合省市院做好今年安排的技术职务职称评定工作,确保我院检察技术队伍的稳定和健康发展。

(四)进一步解决我院技术干警的鉴定资格问题

根据司法体制改革形势,着眼我院检察工作需要,积极向上级院汇报沟通,加快解决我院法医、电子证据等专业人才队伍工作无法开展的鉴定资格工作瓶颈,确保技术岗位能留住技术人才,技术人才能够正常开展工作,从而为检察技术业务工作配合自侦部门、公诉部门、侦查监督部门、监所部门等相关工作打下基础。

(五)开展技术人才岗位练兵活动

组织技术人员开展开发岗位练兵活动,把技术人员专业知识、工作制度全部纳入练兵内容,重视上级院安排的专门培训,结合本院岗位工作职责,不断提升技术人员专业技能,在实战中提升技能。

汝州市人民检察院司法警察大队工作思路

司法警察大队工作思路:全面贯彻落实党的十八届三中、四中、五中全会、中央政法工作会议和全国、全省检察长会议精神,紧紧围绕"三大建设"总任务,牢牢把握"三个强化"总要求,以规范司法行为为主题,以提高执法公信力为主线,抓履职保安全、抓队伍强能力、抓机制促管理,以司法警察工作的新常态为全省检察工作科学发展提供有力的警务保障。

一、着眼服务执法办案,构建司法警察履职全面化的新常态

认真贯彻《人民检察院司法警察条例》,加强学习研究,强化法规意识,切实提高严格执行条例、准确适用条例的水平,真正做到全面依法用警、派警、执警。

(一)积极参与自侦办案

要始终把融入自侦办案作为司法警察工作的发展方向,始终把参与自侦办案作为司法警察工作的主要任务。积极履行保护自侦办案犯罪现场、传唤、拘传、提押、看管、送达、参与搜查、协助执行监视居住、拘留、逮捕等职责,确保为自侦案件在执行层面提供有力的警务保障。要认真落实"检警一体化"要求,在参与自侦办案过程中做到认真履职、主动配合、相互制约,形成与自侦部门责权划分清晰、工作衔接紧密、操作规范有序的制度机制。

(二)认真履行保护出席法庭检察人员安全职责

根据《人民检察院司法警察条例》有关要求,坚决纠正"重自侦办案保障、轻其他业务保障"的思想倾向,切实担负起保护出席法庭等检察人员的安全职责。要加强与公诉、刑事执行监督等部门的沟通协调,及时了解用警需求,明确职责权限,研究安全预案,制定派警计划,提出纪律要求,真正做到依法用警、依法派警、依纪执警。要加强与同级法院警务部门的协调沟通,做好交叉环节衔接工作,确保出庭检察人员人身安全,维护法律尊严和司法权威。

(三)积极履行协助维护接待群众来访场所秩序和处置突发事件职责

加强与控申、计财等部门的协商配合,建立涉法涉诉信访形势分析研判机制,健全处理突发事件(以下简称处突)组织机构,完善参与处置突发事件的应急预案。要协助接访部门释法说理,尽最大努力化解矛盾,防止激化矛盾。针对可能发生的个人极端事件和暴力恐怖事件等,经常组织模拟演练,提高突发事件应对和处置水平。要建立健全司法警察警务值班制度,确保应对突发事件反应迅速、处置有力。要与驻地公安机关形成联席联访工作制度,定期召开联席会议,共同研究制定处置措施,切实维护信访秩序。要结合实际情况,配备处突专用的执法记录仪、通讯工具、摄像机等警用设备,进一步规范司法警察执勤出警、固定证据、安全检查、维护工作秩序等方面的工作要求,提升司法警察处突工作的规范化、专业化水平。

(四)扎实拓展司法警察履职

坚持把协助职务犯罪案件的初查作为司法警察履职的重要途径,继续探索"检领警办"协助办案新机制,实现司法警察参与初查、配合侦查、制约办案的规范化、制度化和常态化。坚持把协助追逃作为推动法警工作科学发展的突破口,进一步丰富司法警察追逃新实践。积极拓展对侦查监督检察官、刑罚执行监督检察官、控告申诉检察官以及刑事案件证人等在检察环节的安全保护职责,完善相关工作制度,全面保障办案安全。进一步建立和完善司法警察对侦查活动的制约机制,提高司法警察办案安全防范能力,坚决防止刑讯逼供、违法取证等不规范办案行为的发生。

二、着眼保障办案安全,构建司法警察执法规范化的新常态

坚决落实全国、全省检察机关规范司法行为专项整治工作电视电话会议精神,树立规范执法意识,打牢依法履职观念,完善警务工作制度,狠抓重点问题整治,确保司法警察执法环节不发生任何安全问题。

(一)以开展规范司法行为专项整治工作为切入点,提高司法警察工作规范化水平

严格按照《河南省检察机关规范司法行为专项整治工作方案》通知要求,扎实开展司法警察规范司法行为专项整治工作。要紧紧围绕司法警察执警环节,集中整治思想观念有偏差、办案纪律落实不严、履行职责不明确、办案监督作用缺失、警务保障作用不力等突出问题,着力构建有利于严格规范、依法执警的长效机制,使广大司法警察的执法理念进一步端正,执法行为进一步规范,执法作风进一步改进,执法公信力进一步提升。组织司法警察执法规范化活动,重点排查法规意识不强、执法行为不规范、工作作风不实、制度落实不严、工作标准不高等风险点,推动司法警察工作规范化建设水平迈上新台阶。

(二)以贯彻执行职务规则为切入点,推动司法警察规范执法

认真学习贯彻高检院即将下发的《人民检察院司法警察执行职务规则》,积极开展学习培训、集中宣讲、辅导授课、座谈讨论、知识竞赛活动,并认真逐条逐句对照细化,严格遵照规定执行,确保司法警察执法内容、执法程序、执法行为的规范化。重点抓好办案安全保障工作,突出提押、看管、执行拘传、协助执行监视居住、办案工作区使用管理等重点环节,制定落实风险排查、安全防范制度和紧急情况处置预案,有效防范各类责任事故发生。

(三)以经常性安全制度为切入点,强化司法警察安全防范工作

建立安全形势分析制度,每月分析一次执法安全形势,及时发现问题、

坚持对"症"纠改、严格责任追究,确保执法活动中环节不减、程序不乱、责任不空,切实消除安全隐患。建立司法警察警示教育制度,每季度组织一次纪律作风整顿,强化司法警察的法纪观念,有效防止跑风漏气、通风报信、刑讯逼供等违法违纪问题,确保司法警察严格执法、文明办案。建立安全教育制度,每半年开展一次典型案例教育,系统梳理执法办案中的高风险环节,深入总结发生办案事故的原因教训,不断完善办案安全防范措施。

(四)以完善和落实警务制度为切入点,严格司法警察工作程序

从严落实司法警察调警、派警制度和重大执警任务报告制度,坚持逐案申请、逐级审批、按需配警,确保警力科学合理配备使用。要严格按照省院总队《关于规范检察机关司法警察履职和文书使用的通知》要求,进一步规范司法警察履职统计、警务信息报送和执勤台账填写工作,及时、准确、规范填写相关履职文书,统一工作流程、统一文书格式,推进司法警察执法规范化标准化。要认真履行警用装备各项管理规定,加快警用装备升级换代,切实做到安全保管、正确使用,杜绝丢失、损坏和违规使用等问题。要从严落实重大事件报告制度,重点报告司法警察在执行职务中牺牲、重伤及造成犯罪嫌疑人、被告人脱逃、自杀、自伤等重大问题,做到报告事项实事求是、及时准确、有因有果。要建立和落实公、检、法三警互联互通机制,在协助执行监视居住、追捕逃犯、处置突发事件、保护依法履职检察人员安全等任务中实现信息交流无障碍、警力衔接无缝隙,不断提升警务保障安全系数。

(五)以巩固和完善办案工作区管理为切入点,提高司法警察安全防范能力

严格按照高检院《人民检察院办案工作区设置和使用管理规定》及省院制定的实施细则,严格执行"三分离原则",完善管理制度,规范管理模

式,落实管理责任。继续强化"三个坚决"要求,完善规范办案工作区使用流程,加强办案工作区日常管理。

三、着眼提升履职能力,构建司法警察队伍专业化职业化的新常态

按照党的十八届四中全会关于加强政法队伍建设的精神,以专业化职业化建设为方向,全面强化思想政治、专业素养、职业保障、管理机制、纪律作风建设,打牢司法警察队伍"五个过硬"的基础。

(一)大力加强思想政治工作

以学习贯彻党的十八届三中、四中全会精神和习近平总书记系列重要讲话精神为重点,扎实开展理想信念、社会主义法治理念教育,坚定司法警察对中国特色社会主义道路自信、理论自信和制度自信。结合规范司法行为专项整治活动,通过组织立警宣誓、廉政宣誓、作风整顿等,深化纪律教育,狠抓突出问题专项整治,着力解决队伍中存在特权思想、霸道作风和散漫松懈、不思进取等突出问题,促使司法警察坚定职业信仰、坚守职业良知,树立良好执法形象和提升执法公信力。

(二)持续推进训练工作

要充分认清训练是提高司法警察履职能力的重要途径,认真总结推广大练兵活动的经验做法,巩固和发展大练兵活动成果。要严格按照《人民检察院司法警察训练大纲》要求,把司法警察大练兵活动贯穿全年岗位练兵和教育培训当中,贴近工作实际,扎实组织技能培训、理论考试、竞赛比武等各类活动,把司法警察大练兵活动引向深入。

(三)不断深化素能培训

严格落实《人民检察院司法警察条例》规定的"凡进必训"和"逢晋必训"要求,围绕提高履职能力,科学设置培训课程,创新完善培训模式,破解训练难题,严格培训验收考核,切实增强培训的针对性、实效性。

（四）继续抓好编队管理工作

认真落实省院《关于贯彻落实〈最高人民检察院关于进一步加强检察机关司法警察队伍建设的意见〉的意见》要求,持续加强和完善司法警察集中编队管理体制,进一步巩固和扩大集中编队管理成果。要严格实行司法警察定职、定岗、定人制度,切实解决司法警察岗位职责不明确、人员管理不集中等突出问题。突出抓好法警队骨干队伍建设,按照品德优、素质高、能力强、身体好的标准,选准配强法警领导骨干。

（五）加强宣传和指导工作

运用新闻网络媒体、撰写调研文章、工作信息反馈等多种形式对工作经验和先进典型进行宣传推广,进一步汇聚司法警察队伍的正能量,传播司法警察队伍的好声音。积极研究和撰写司法警察工作先进经验,努力营造"比、学、赶、超"的良好氛围。要加强对法治建设新形势下如何改进司法警察执法机制、管理机制、保障机制进行研究探讨,形成一批高质量的调研成果,推动司法警察工作科学发展。

汝州市人民检察院派驻基层检察室工作思路

派驻基层检察室的工作思路是:在市委、省市院和院党组的领导下,按照"巩固、规范、提高、发展"总体工作思路和"基础性工作重落实,核心工作重质量,创新性工作重实效"的工作要求,延伸法律监督触角,拓展监督渠道,推进检察工作重心下移。

一、积极开展职务犯罪线索收集工作

派驻基层检察室要积极适应新形势、新任务和新要求,主动强化线索捕捉意识,通过深入走访、法制宣传、发动群众、建立辖区各类信息数据库等方式方法,不断拓宽发现和收集线索的渠道。加强对辖区内涉农、惠农资金,尤其是新农村建设、救灾救济、倒房重建、占地补偿、农机补贴、教育等领域资金使用情况的监督。在接待群众来访和日常走访中,注重加强对职务犯罪线索的收集和移送。对在不经意的交流中发现和捕捉到的一些细微的职务犯罪线索,有针对性地加以引导,丰富线索内容,提高线索成案率,提升职务犯罪案件查处力度。

二、不断强化诉讼监督线索收集工作,加强对"两所一庭"的法律监督提供信息支持

派驻基层检察室要认真把人民群众反映强烈的执法不严、司法不公问题,作为对"两所一庭"监督工作的重点,不断创新,积极探索,加强对"两所一庭"的法律监督工作。对公安派出所行政处罚案件进行定期排查,重点监督纠正有案不立、立案不当以及执法不规范、不公正等问题;对基层法庭违法调解等执法不公正、不规范问题及时处理和纠正;对土地所、税务所、环保所、工商所等部门作出的行政处罚案件进行专项清理，从中发现和收集犯罪线索。对辖区内被判处缓刑、假释、管制、剥夺政治权利和暂予监外执行人员及决定相对不起诉的人员进行摸底登记造册；同时对这些人员进行的管理教育工作进行监督，并对决定相对不起诉的人员进行帮教。

三、坚持开展涉检涉稳信息收集工作，协助有关部门将一批涉稳事件消除在萌芽状态

派驻基层检察室要坚持开展对可能引发集体上访或群体性事件等重大维稳信息的发现、收集和报告工作，切实加强对引发集体上访或群体性事件等重大维稳信息的调查研究，掌握引发矛盾的深层原因和源头问题，做好辖区社会稳定风险评估研判，促进当地党委政府把维稳工作的重心从事后处置前移到事前预防和事中控制上，切实做好当地党委政府维护辖区的和谐稳定的参谋助手。

四、坚持开展接访走访工作，积极开展矛盾纠纷化解工作

派驻基层检察室要继续坚持和完善"定点＋巡回"、"检察室＋工作站＋信息联络员"等被实践证明行之有效的经验和做法，扎实做好巡访走访工作，改进接访工作模式，变被动为主动，变上访为下访，深入乡村农户，了解民意，倾听民声，掌握民情，不断满足广大群众对检察接访工作的新需要、新期待。按照"枫桥经验"的基本内涵和精神实质的基本要求，紧紧扭住做好群众工作这条主线，坚持小事不出村、大事不出镇、矛盾不上交的工作理念，坚持运用法治思维和法治方式解决涉及群众切身利益的矛盾和问题，努力打造"枫桥经验"的汝州版本。

五、创新法制宣传工作，扎实开展职务犯罪预防工作

派驻基层检察室立足检察职能，深入企业、村镇，创新工作方式，开展形式多样的法制宣传教育,教育和引导群众理性表达诉求,运用法律武器维护自身合法权益,助力基层法治建设。结合当地实际,因地制宜,在传统的警示教育宣传讲座、设点法律宣传和发放宣传资料的基础上,在辖区各乡镇繁华地段以及群众必经路段设置醒目的检察宣传栏。利用短信群发平台,通过内容简练、形式新颖的短信,向乡镇、农村"两委"干部及群众发送职务犯罪预防宣传信息。充分发挥农村警示教育基地的平台优势,以组织开展党的群众路线教育活动,"三严三实"教育活动为契机,利用发生在辖区的典型案例,扎实开展职务犯罪预防警示教育工作。

六、积极探索服务企业发展的新途径、新方法、新思路

牢固树立"服务产业集聚区建设和企业发展就是服务经济振兴、服务发展大局"、"只要有利于产业集聚区建设和企业发展,只要不违背法律规定和法治精神,就坚持服务不动摇"的观念,创新服务方式,延伸服务触角,主动加强与工商联及市直有关单位的联系沟通,深入研判和掌握产业集聚区建设和企业发展状况和司法需求,找准服务切入点和结合点,多向产业集聚区和企业伸出援手、排忧解难、雪中送炭。研究出台专门服务企业的制度办法,建立服务企业的一套长效机制。经过认真总结以往服务企业的成效和措施,制定《关于建立服务企业发展的长效机制的实施意见》,并将每条意见逐项分解,确定工作目标和责任领导、责任部门,确保服务企业的各项工作能有章可循、目标明确、责任到人,增强服务企业工作的实效性。

七、加强基层检察人员队伍建设

配齐基层检察人员,配备必要装备,以中心检察室为基础,实现20个乡镇办事处的全覆盖。以全员培训促进整体业务能力提高,进一步提高乡镇检察干警发现和收集职务犯罪线索、监督基层执法活动和化解矛盾纠纷的能力,针对"媒介化时代的突发事件处置"、"公安派出所监督工作机制"、"社区矫正活动监督实践与思考"、"立足检察职能,创新枫桥经验"、"乡镇检察室如何配合反贪局开展基层反腐"等课题进行授课,进一步促进乡镇检察干警整体业务能力的提高。乡镇检察干警要结合工作实际,积极开展检察业务调研,不断提高理论研究水平。

汝州市人民检察院政工工作思路

政工工作思路是：继续按照省市院及院党组的工作部署及要求,全面贯彻党的十八大和十八届三中、四中、五中全会精神,以深化思想政治教育为着力点,立足于提高队伍整体素质和执法水平,为全院各项检察工作和检察队伍建设的顺利开展提供强大的精神动力和良好的政治环境,不断激发我院发展的生机与活力,有力地促进检察工作的全面开展。

一、以领导班子建设为重点,大力加强检察队伍建设

一是按照中央、省委、市委的安排和部署,认真开展各项教育活动。按照高检院、省市院的统一部署,深入开展"三严三实"教育活动、"践行核心价值、公正文明执法(司法)"教育实践活动。围绕活动主题,注重价值引领,大力弘扬社会主义法治精神。突出问题导向,坚持学习教育实践与法治建设、与检察工作相结合,推动解决群众反映强烈、影响执法司法公信力的突出问题。深入学习践行检察官职业道德基本准则和职业行为基本规范,认真执行中央"八项规定",反对"四风"。广泛开展学习先进典型、身边好人好事活动。加强忠诚教育和国情、党史、检察史教育。

二是继续加大院党组和全体干警的政治理论学习力度。重点学习习近平总书记关于法治建设重要论述、对政法工作和检察工作的重要指示等重要内容,督促各部门进行深入细致的学习,通过不间断的学习,来提高班子成员和干警的思想政治素质和处理工作的能力, 使其真正做到政治坚定、求真务实、勤政廉政。

二、加强全员岗位练兵，提升干警整体素质

一是在全院范围内开展全员岗位练兵活动。通过全员岗位练兵，全面增强干警的理论水平、业务工作能力和队伍的专业化素质，为更好地履行法律监督职能，维护公平正义奠定坚实的基础。(1)专项业务培训。根据不同业务部门检察官及书记员、检察行政人员、检察技术人员等岗位实际需要，有计划、有针对性地开展各类专项业务培训。举办1期刑事检察业务知识(如法律文书制作、证据的采信及认定、出庭公诉、信访接待等)培训，由主管刑检部门的领导组织实施；举办1期自侦案件业务知识(如案件线索收集与甄别、侦查方案的制作、询问技巧、证据搜集等)培训，由主管自侦部门的领导组织实施。根据学习培训情况，适时举办一次业务考试。(2)岗位技能培训。以网络办公、公文写作等为重点，提高全体检察人员的基本技能。适时举办公务礼仪培训以及写作知识(新闻信息、调查研究、工作简报等)培训，由主管政工、办公室的领导组织实施。(3)认真完成上级检察院的轮训任务。按照省院、市院下达的领导素能、岗位技能、任职资格培训、晋职、续职等各类培训任务，切实抓好落实，保证参训人数。

二是继续做好学历教育和法律职业资格考试培训工作。鼓励年龄在40岁以下具有大学本科文化的检察人员攻读在职硕士研究生。同时要组织好法律职业资格考试的学习，加强素质人才培养。法律职业资格考试是一项检验干警法律知识和工作能力的综合性资格考试，也是检察干警取得法律职务的重要途径。将组织成立法律职业资格考试学习小组，组织干警共同学习，交换信息，共同促进提高。力争有更多的检察干警通过法律职业资格考试。

三是创新形式，丰富检察文化。为巩固深化教育培训效果，活跃干警文化生活，通过开展各项活动促进干警素质的提高。适时结合教育培训、岗位

练兵、庆"七一"等各项活动,举办一期演讲比赛,教育引导全院干警上下协同、振奋精神、奋勇争先,推动年度全院工作保先进、上台阶、出亮点,树立汝检品牌。

三、积极开展检察宣传,努力营造和谐的舆论氛围

一是积极参加每年度的"举报宣传周"和"国家宪法日"活动。及时完成市院宣传处、汝州市委政法委、宣传部和我院党组交办的其他宣传工作任务。

二是进一步加强对新媒体的投入,完善管理机制。在保持传统平面媒体的宣传力度的同时,进一步加大对微博等新媒体的投入力度,进一步完善微博、微信等新媒体平台的管理机制。及时通过这些新媒体向社会大众介绍我院的检察工作,传达检察部门的声音。

三是进一步完善宣传工作奖惩机制。在坚持原有的管理政策的同时,结合上级院考核办法,进一步完善我院宣传工作考核方案,进一步明确宣传工作目标和方向,提高宣传奖励金额,以期切实提高宣传工作的效率,增强广大干警参与检察宣传工作的积极性。督促各科室按时完成新闻信息稿件、图片、经验材料的刊发、收集、统计等宣传工作任务。

四是进一步完善与新闻媒体联系机制,积极主动与媒体沟通。继续保持和加强与本地媒体及上三级各类媒体的联络沟通,主动邀请他们来我院指导参与检察宣传工作。及时准确地把我院队伍建设的经验、做法传送到各大媒体。同时借助上级院宣传部门"近水楼台先得月"的优势寻求上三级主流媒体的支持,积极争取宣传阵地,扩大宣传覆盖面。

四、全力做好省级文明单位创建等工作

一是将按照省级文明单位创建标准,认真准备材料,积极与上级沟通,协调全院各部门,认真做好创建工作,保证创建任务圆满完成。

二是加强人才培养使用。创新人才培养方式,通过跟案锻炼、轮岗实践、挂职锻炼等途径,突出实践培养,有序组织检察人员到办案业务一线、信访窗口一线、基层一线锻炼,重点培养35岁以下优秀青年干部,合理使用各年龄段人才,优先使用优秀年轻后备人才。

三是坚持从严教育、从严选拔、从严约束、从严改进作风,建立科学规范的选人用人和监督管理机制。以政治纪律、组织纪律和政治规矩为重点内容,建立和推行纪律教育常态化机制。在干部选拔任用上,健全制度机制和措施,重点把好干部选任的动议提名关、考察考核关、程序步骤关。认真执行核实拟提拔人选、后备干部人选、转任重要岗位人选个人有关事项报告等制度。加强对干部8小时外行为及兼职、培训、出入境管理。结合规范司法行为专项整治,推动建立健全转变司法作风长效机制。适时组织巩固党的群众路线教育实践活动成果情况专项检查。

四是发挥检察文化对法治信仰的涵养作用。高度重视并切实推进法治文化和检察文化建设,组织创作一批高品质、有深度、艺术性强的检察文学艺术作品,发挥好教育引导、凝聚亲和、自我约束、激励协调和精神辐射功能,着力提升检察管理的内涵层次和作用效果。

五是开展检察人员分类管理和检察人员统一管理改革的准备工作。按照高检院的部署和要求,深入开展调查研究,重点在队伍结构、办案工作量等问题上开展调研摸底。高度关注检察改革对检察人员的影响,有针对性地做好思想政治工作,确保队伍稳定。

六是加大《规划》贯彻落实力度。对照高检院《2014~2018年基层人民检察院建设规划》,逐项分解年度工作任务,明确工作重点和落实措施。建立健全落实《规划》任务责任清单、督促检查、动态管理等制度,适时组织对照任务清单检查工作进展和任务完成情况。

七是用比其他检察人员更严格的要求管理政工干部。坚持从严选拔，根据工作需要充实优秀政工人才。坚持从严教育，打牢坚定理想信念的根基。坚持从严管理，着重抓好规章制度落实。坚持从严要求，强化法律纪律约束。坚持从严监督，重点健全8小时外监督。坚持从严问责，认真落实"一岗双责"和"一案双查"制度。深化政工部门创先争优活动，争当信念坚定、勤奋学习、业务精湛、求真务实、清正廉洁、遵纪守法"六个表率"。健全强化政工干部政治学习制度，开展党的理论、法治专题、政策法规、政工业务等系列学习活动。加强岗位廉政教育，完善政工部门自身廉政风险防控机制。

总之，我们将严格按照上级指示精神，认真研究考核标准，在院党组的领导下，着力在班子建设、素能培养、规范化建设、争先创优上下功夫，力争实现全院队伍整体素质明显进步、执法水平明显提高、服务大局能力明显增强，努力为我院各项检察工作的顺利开展提供有力保障。

下 篇

工作报告

2016年汝州市人民检察院工作报告

——2016年2月18日在市七届人大五次会议上

汝州市人民检察院检察长 刘新义

各位代表：

现在，我代表市人民检察院向大会报告工作，请予审议，并请各位政协委员和其他列席人员提出意见。

2015年检察工作主要情况

2015年，我院在市委和上级检察院的领导下，在市人大、市政府、市政协的监督支持下，认真贯彻落实中央、省委政法工作会议和全国全省检察长会议精神，紧紧围绕经济社会发展稳定大局，认真履行法律监督职责，大力弘扬"崇德、笃行、创新、致远"的汝检精神，加强和改进自身监督，认真开展规范司法行为专项整治活动，服务保障全市"规划、项目、作风建设年"活动，各项检察工作健康发展。

一、立足检察职能，融入中心工作，服务全市大局取得新成效

2015年，是我院确定的"服务规划、项目、作风建设年"，我们通过转变干警的思想观念和工作方法，坚持把服务我市经济发展和社会稳定作为检察机关的首要任务，切实把检察工作置于我市经济社会发展的大局中去谋划、去推进。

（一）充分发挥检察职能，服务全市经济社会发展大局

结合市委年度中心工作，征求各方面意见，我们出台了《关于充分发挥检察职能，服务汝州经济社会发展新常态的十条意见》，以抓铁有痕的精神，敢于担当的作风，充分发挥"打击、预防、监督、教育、保护"职能作用，为我市

经济社会发展提供有力的司法保障。

(二)增强服务企业的意识,维护重点项目建设

继续开展服务企业"六个一"活动。我们始终坚持依法支持改革者,保护创业者,教育失误者,惩治犯罪者。对干扰企业和重点项目建设的堵门断路、强装强卸、强揽工程、恶意讹诈等犯罪行为,坚持从严打击。依法起诉了郭现杰、王鸽子、董保申、车建国、陈向涛等5件12人非法转让土地使用权案件,其中备受社会关注的风穴路街道吴洼村陈向涛、赵伟杰等人非法转让土地使用权案件已被法院依法判决。为确保我市确定的重大工程顺利推进,根据市委统一部署,我院先后参与了风穴路街道东环路烧烤摊、钟楼街道南环路与东环路交叉口、米庙镇侯饭线两侧等处违法建筑的拆除和南关棚户区改造的组织、协调工作,全力支持了市重点项目的顺利推进。

(三)派驻检察室深入基层,密切联系服务群众

在市委市政府的大力支持下,我们认真落实省检察院规范乡镇检察室建设的工作意见,科学配置检察资源,加大四个中心检察室的建设力度,通过实施"三个三"联系基层群众工作机制开展"一村一警"、法律宣传、服务企业、受理职务犯罪线索举报以及对社区矫正进行监督等方面的工作,实现了检察职能在全市20个乡镇街道的触角延伸。

(四)注重维护群众利益,主动服务和保障民生

我们紧紧围绕人民群众反映强烈的突出问题,公开承诺办好爱民实践服务九件实事,以查办涉农职务犯罪、危害民生民利职务犯罪和群众反映强烈的职务犯罪为重点,围绕征地拆迁、支农惠农资金、社保资金管理等领域开展排查工作,并从中发现案件线索。对中平能化集团梨园矿居委会职工李某挪用"五七工"、家属工养老金2060万元案件立案侦查,法院已作出一审判决,取得了良好的法律效果和社会效果。

二、创新社会管理,突出矛盾化解,维护社会稳定取得新业绩

我们始终把维护社会稳定放在工作首位,对严重恶性案件,保持高压态势,突出打击重点。

(一)严厉打击犯罪,维护社会稳定

我们以人民群众平安需求为导向,依法严厉打击各类刑事犯罪,突出打击恶性暴力犯罪、"两抢一盗"和危害食品药品安全、环境安全等犯罪。共批准逮捕各类刑事犯罪案件 267 件 325 人,提起公诉 390 件 518 人,批捕起诉准确率继续保持 100%。贯彻宽严相济的刑事政策,主动化解矛盾纠纷。积极推行"刑事和解"工作。在办理审查逮捕、审查起诉过程中,成功调和 18 起轻伤害、21 起交通肇事案件,及时修复受损的社会关系。在办理未成年人犯罪案件中,认真贯彻"教育、感化、挽救"的方针,对 3 名未成年人作出附条件不起诉决定,通过跟踪帮教,促使其顺利回归社会。认真开展法律服务"进机关、进校园、进农村、进企业、进社区"五进活动。先后有 5 万余人次受到法治教育,使检察工作更接地气、更贴民生。

(二)积极转变执法方式,化解社会矛盾

我们积极开展涉法涉诉信访案件排查化解,对上级交办的 12 件信访案件,采取领导包案、分类处理、强化督导等措施集中排查化解,结案率 100%。同时积极发挥"特约检察调解员"参与信访矛盾化解的作用,实现了全年涉检进京赴省零上访目标,控申举报接待室继续保持"全国检察机关文明接待示范窗口"荣誉称号。

(三)加大查办和预防职务犯罪力度,推进反腐倡廉工作

我院坚持有腐必反、有贪必肃、服从大局,积极投身声势浩大的"打虎拍蝇"活动。先后派出反贪骨干 30 余人次,参与中纪委、最高人民检察院办理的"农业银行深圳分行行长许某专案组"等,取得的成绩得到了上级部门的

肯定。我院共立案查办各类职务犯罪案件 17 件 25 人，其中贪污贿赂案件 13 件 14 人，渎职侵权案件 4 件 11 人。根据上级院的指定管辖，分别查处了湖南省农业银行怀化市分行行长（正处级）吴某涉嫌行贿案、平顶山市科技局科长李留某、主任科员李卫某涉嫌玩忽职守案。依法查处河南长虹矿业有限公司"3·21"重大煤与瓦斯突出事故背后的渎职犯罪，对河南省煤监局豫南分局侯某等 6 人立案侦查，取得了良好的法律效果和社会效果。

在查办职务犯罪案件的同时，我们更加重视预防工作的开展。树立查办案件是政绩，预防和减少职务犯罪是更大政绩的理念。对重点执法部门和关键岗位，深入开展预防调查、案例剖析、警示教育等工作。积极创新职务犯罪预防宣传新模式，筹拍的廉政微电影《白发亲娘》荣获全国检察机关首届预防职务犯罪专题微电影评选活动特等奖，最高人民检察院、河南省检察院发文表彰；在汝州市"践行价值观，映像文明河南"微电影有奖征集活动中荣获一等奖。2015 年 12 月 28 日，中央电视台《社会与法》频道展播了该片。

三、提升监督意识，坚持理性司法，维护司法公正取得新发展

进一步加强对立案侦查活动、审判活动、执行活动的监督，坚守防止冤假错案底线，全面纠正人民群众反映强烈的司法不公、司法腐败等问题。

依法履行刑事诉讼监督职责。侦查监督中，监督公安机关立案 11 件 13 人，监督公安机关撤案 4 件 4 人。纠正漏捕 9 件 9 人，书面纠正侦查活动违法 13 起，追诉漏犯并收到生效判决 12 人；审判监督方面，提出抗诉 6 件 9 人，改判 5 件 8 人（含去年 1 件 1 人），另有 1 件 1 人正在审理中。

加强民事行政诉讼监督。向平顶山市检察院提请抗诉 1 起，市院支持抗诉 2 起（含 2014 年提请的 1 起）。办理执行监督案件 54 起，出庭支持 2 起民事案件的再审。开展危害食品药品安全犯罪专项立案监督活动，与市卫生局、食品药品监督管理局会签了《关于加强食品药品和医药卫生领域行政执法法律监督工作若干意见》。按照平顶山市检察院要求开展"诉讼大联动、监督新常态"活动,促进公诉、民行以及其他部门之间的业务优化组合,提升法律监督质量和效果。

强化刑罚执行和监管活动监督。全年共对看守所安全防范检察300次,发现隐患25处,提出纠正意见25次。把监督纠正违法与查办职务犯罪结合起来,注意在刑罚执行活动监督中发现执法不严、司法不公背后的职务犯罪线索。我院查处的汝州市看守所干警张某某等5人玩忽职守、徇私舞弊暂予监外执行案2015年获法院有罪判决。该案件的成功办理,在社会上产生较大影响,有力保障了刑罚执行的公平公正。

创建规范化驻所检察室。我院认真落实最高检察院关于开展第四届派驻监管场所检察室规范化等级考核评定标准的要求,取得了可喜成绩。2015年5月3日,我院驻所检察室被最高检察院授予全国检察机关派驻监管场所"示范检察室"称号,获此殊荣的检察院全国仅有11家。2015年6月15日,汝州市委书记高建军对此作出批示:对检察院取得的国家殊荣表示祝贺!希望认真贯彻好全国检察工作会议精神,再接再厉,再创佳绩!

四、深入开展"三严三实"专题教育,检察队伍建设取得新进步

一年来,我们按照"强班子、带队伍、抓业务、树形象"的总体要求,坚持科学管理,从严治检,全面加强检察队伍建设。

抓关键,不断强化班子建设。院党组坚持集中学习制度,重点学习和领会党的十八大及十八届三中、四中、五中全会精神以及习近平总书记系列讲话精神。院党组专门召开"三严三实"专题民主生活会,班子成员进行了深刻的自我剖析,取得了良好效果。

抓活动,加强队伍作风建设。创新活动方式,将"三严三实"专题教育同社会主义核心价值观教育、道德讲堂建设、十八届四中全会精神全员轮训工作等各项活动结合起来,举办"青春梦 中国梦"主题演讲比赛,我为全体干警上专题党课,进一步增强党员干警的群众意识。我院还先后邀请省委党的十八届四中全会精神宣讲团成员、省高级法院专职审委会委员郭保振和国防大学教授郭伟涛做专题辅导报告,全体干警更加深刻领会了"三严三实"的内涵,我院作风建设真正取得了实效。

抓根本,大力提高执法能力。在开展岗位技能培训、学历教育培训、青年干警培训的基础上,我院先后与北京师范大学刑事法律科学研究院和中国人民大学刑事法律科学研究中心签订《检校合作协议》,定期由法学家为我院干警进行授课。通过一系列培训活动提升了干警素质,涌现出了黄超锋、宁晓蕾、焦小杰等一批业务骨干和省级办案能手。2014 年 7 月我院申请的最高检察院课题《涉检信访工作机制改革研究》于 2015 年 12 月顺利结题。

抓队伍,开展竞争上岗,强化管理机制。在市委领导下,10 月份我院开展了中层干部竞争上岗、一般干警双向选择工作,共有 47 名干警通过竞争上岗走上中层领导岗位,树立了正确的用人导向,激发了队伍活力,形成了全院齐心协力创先争优的良好氛围。建立了干警"业绩、荣誉、违纪、后勤管理"四项档案管理制度,提高了队伍、业务、事务管理的精细化水平。

五、努力打造阳光检察新形象,检务公开取得新进展

阳光是最好的防腐剂。要让人民更加信任司法,必须积极推进阳光司法,促进司法行为更规范、人民监督更方便。

规范司法行为,推进阳光检务。我院严格按照省、市院安排部署,对2010年以来办理的2000 余起案件进行逐一排查,对发现的司法不规范行为进行督促整改。积极推进以案件信息公开为核心的检务公开工作,建成了集信访接待、案件管理、便民服务为一体的检务公开大厅、案件管理大厅;依托全国检察机关案件信息互联网统一查询平台,实现了案件信息公开常态化。

认真开展办案质量检查活动。在市人大常委会组织开展的办案质量检查工作中，我院对 2014 年全部卷宗材料深入开展自查工作。对在检查中发现的问题，认真进行了整改，确保办案质量检查活动取得实效。2015 年 5 月，我院案管中心被市人大常委会评为"办案质量检查先进集体"。

强化内外监督制约。始终把接受监督作为加强和改进检察工作的强大动力，坚持重大事项、重大问题、重大案件及时向党委、人大请示报告，自觉接受人大代表、政协委员、人民监督员和社会各界的监督，主动接受法院、公安机关的制约，认真听取律师意见。建立联系人大代表制度，主动向人大及其常委会报告工作，积极配合开展代表视察、专题调研，认真落实各项决议。强化自身监督，坚持从严治检不动摇，严肃办案纪律，强化对重点执法岗位、执法环节、执法人员的监督，确保队伍公正廉洁。一年来，我院未发生一起干警违法违纪事件，社会形象良好。

各位代表，一年来，我们的班子成员相互信任、和衷共济、勇于争先、敢于担当，核心作用明显；我们的部门负责人身先士卒、冲锋在前，带队伍、抓业务，成效显著；我们的干警弘扬汝检精神，团结协作，勇往直前，成绩突出。先后有 26 人次荣获地市级以上表彰，公诉局副局长兼未检科科长陈晓亮同志被评为全国检察机关第一届未成年人检察业务竞赛"业务能手"，我本人被河南省检察院评为第三届"全省检察业务专家"，党组成员、政治处主任顾武修同志被评为"全省检察调研人才"，专职检察委员会委员黄爱梅同志被评为"全省检察机关减刑、假释、暂予监外执行专项检察活动先进个人"。我院获得了"全国宣传先进县级人民检察院"，连续 3 届蝉联省委、省政府命名的"文明单位"，被省委评为"人民满意的政法单位"，监所检察科（现更名为刑事执行检察局）被评为"全国检察机关减刑、假释、暂予监外执行专项检察活动先进集体"。

如果说我们的工作取得了一定的成绩，是检察工作融入全市大局、服务经济社会发展，为汝州各项事业创造良好司法环境的必然要求，更是市委、人大、政府、政协以及全市人民的热情关怀和大力支持的结果。在此，我谨代表市检察院全体干警，向长期关心支持检察工作的人大代表、政协委员和社会各界人士，表示衷心的感谢和崇高的敬意！

回顾过去的一年，我们的工作还存在一定的问题和不足，主要表现在：一是法律监督职能发挥还不够充分，监督纠正违法的力度和效果与人民群众的期盼仍有一定的差距；二是查办职务犯罪案件的力度、能力和技术水平有待进一步提高；三是队伍建设专业化水平不够高，对疑难案件办理能力亟待提升；四是人才构成仍难以满足实际工作需要，加强队伍专业化、职业化建设迫在眉睫；五是检察改革背景下，干警思想波动较大，对我院工作带来一定的影响。

对这些问题，我们将紧紧依靠市委和上级院的领导，人大、政府、政协的大力支持，采取积极有效的措施，认真加以整改。同时，也希望人大代表、政协委员和社会各界给予检察工作更多的关心、理解和支持。

2016 年检察工作意见

2016 年是全面建成小康社会决胜阶段的开局之年，我市检察工作的总体思路是：以党的十八大和十八届三中、四中、五中全会精神为指导，认真贯彻落实市委六届七次全会精神及本次会议精神，以强化法律监督、强化自身监督、强化队伍建设为总要求，以公正司法为核心，以检察改革为动力，全面履行法律监督职责，为经济社会发展提供有力司法保障。重点抓好以下几项工作：

一、坚持党的领导和人大监督不动摇，全面推进依法治国的政治方向

进一步深入贯彻落实党的十八届三中、四中、五中全会精神，围绕市委中心工作,始终坚持党的领导,牢牢把握国家法律监督机关的宪法定位,遵循司法规律,弘扬法治精神。进一步强化人大意识,切实增强接受人大监督的自觉性,坚持重要工作和事项向市人大常委会请示报告。认真办理人大代表政协委员建议、提案和人大常委会转办、交办案事件。积极主动接受政协民主监督和群众监督、舆论监督,让检察权始终在阳光下运行。

二、坚持以执法办案为中心,服务汝州经济社会发展新常态

牢固树立并切实贯彻创新、绿色、协调、开放、共享五大发展理念,主动适应经济社会发展新常态,紧紧围绕全市经济社会发展十三五规划,正确把握和处理发展中的重大关系,把是否促进经济社会发展作为衡量司法办案水平的重要标尺,进一步调整司法办案重心,更加注重平等保护各类市场主体合法权益,更加注重加强知识产权司法保护,更加注重依法处理非法集资等涉众型犯罪,更加注重依法打击破坏生态环境资源犯罪,更加注重为打赢扶贫攻坚战提供有力司法保障,在服务和促进经济社会发展中彰显检察工作价值。

继续加大查办贪污贿赂和渎职侵权犯罪案件力度,加大对行贿罪的查处力度。突出查办发生在领导机关和重要岗位领导干部中的贪污贿赂犯罪,加大对群众身边腐败犯罪尤其是"小官大贪"的查处力度,对问题线索反映集中、群众反映强烈的,坚决深挖严查、一查到底。

三、坚持以执法规范化建设为重点,积极稳妥推进检察改革

积极顺应检察改革要求,严格实行案件质量终身负责制和错案责任倒查问责制。适应以审判为中心的诉讼制度改革,加强和改进侦查、批捕、起诉等工作。在巩固规范司法行为专项整治成效基础上,持续加强司法规范化建设。大力推进"互联网＋检察"行动计划,着力打造"智慧检察""网络检察"。积极推进案件程序性信息查询、重要案件信息发布、法律文书网上公开等工作,不断提升群众参与度和司法透明度。

四、坚持以过硬队伍建设为基础,切实提升检察公信力

注重做好"三严三实"专题教育成果的转化,切实解决队伍中不严不实的问题。积极推进学习型检察院建设,加大对干警培训和岗位练兵力度;深入推进队伍正规化、专业化、职业化建设,提高职业素养和专业水平。不断加强检察宣传,丰富检察文化,凝聚"汝检"精神,提高检察工作的亲和力和人民群众满意度。

各位代表,促进社会公平正义是检察工作的核心价值追求,也是人民群众的热切期盼。检察机关将会按照本次大会确定的任务,在市委和上级检察院的领导下,在市人大、政府、政协和全市人民的监督支持下,按照市委提出的"保底线、保民生、保运转、创环境、求发展"的总要求,振奋精神,改革创新,遵循规律,务实发展,努力使检察工作与时代同步,与发展合拍,与人民群众同声相应,为实现"汝和万事兴、汝升万事兴、汝美万事兴"的总方略,为建设生态汝州、智慧汝州、文明汝州、幸福汝州做出新的更大的贡献!

附件:

有关用语说明

1."4 个中心检察室":我院将原来派驻乡镇的检察室整合为中心检察室,驻地为纸坊镇、骑岭乡、温泉镇、产业集聚区,其名称分别为:汝州市人民检察院驻汝东城乡一体化示范区中心检察室、汝州市人民检察院驻科教园区中心检察室、汝州市人民检察院驻温泉特色商业区中心检察室、汝州市人民检察院驻产业集聚区中心检察室。

2."'三个三'联系基层群众工作机制":第一个"三"指我院向每个中心检

察室派驻 3 名检察室干警,具体负责分包乡镇、街道的联系群众、法律监督、法律服务等工作。第二个"三"指派驻检察干警与每一个乡镇、街道的纪委书记、综治办主任以及相关村包村干部建立联系,就本乡镇、街道出现的违法犯罪、法律纠纷、涉检信访等问题进行及时沟通。第三个"三"指在每一个乡镇、街道下辖的自然村或社区设立 3 名联系人,分别为村支部书记、村委会主任以及民调主任,负责将本村或者本社区出现的法律问题及需帮扶问题及时向乡镇、街道及我院派驻的检察干警报告和反馈。

3."爱民实践服务 9 件实事":2015 年汝州市人民检察院爱民实践服务 9 项承诺事项,分别是:开展服务产业集聚区专项活动,促进汝州经济发展;开展规范司法行为专项工作,维护社会公平正义;开展"五进"法制教育活动,促进法治社会建设;开展打击破坏环境资源和危害食品药品安全犯罪专项监督活动,保障民生民利;开展涉农检察专项活动,维护农民合法权益;开展涉房地产领域犯罪专项检察活动,保障正常的市场经济秩序;开展未成年人权益保护专项活动,预防未成年人犯罪;开展刑罚执行法律监督专项工作,确保法律统一正确实施;继续深化检务公开工作,提高司法公信力。

4."李某挪用公款案":犯罪嫌疑人李某在中平能化集团梨园矿居委会工作期间,利用其代收代缴梨园矿"五七工"、家属工养老金的职务便利,在 2012 年 3 月期间挪用梨园矿"五七工"、家属工养老金共计 2060 万元归其个人使用,用于购买理财产品和转存定期,从事营利活动,其行为涉嫌挪用公款犯罪,我院已对其立案侦查并移送起诉到法院,法院已作出一审判决。

5."湖南省农业银行怀化市分行行长吴某涉嫌行贿案":2010 年初至 2014 年 3 月份之间,许某(另案处理)在中国农业银行湖南省分行担任行长期间,将时任中国农业银行湖南省邵阳市分行的党委副书记、副行长吴某提拔到省行任个人金融部主持工作的副总经理,之后将其提拔为中国农业银行湖南省分行个人金融部任总经理,2012年5月份又将其调到中国农业银行湖南省怀化市分行任党委书记、行长。犯罪嫌疑人吴某为了提拔和工作调动,先后分四次送给许某31万元人民币,其行为涉嫌行贿犯罪,我院已对其立案侦查并移送起诉到法院,现正在审理中。

6."平顶山科技局科长李留某、主任科员李卫某涉嫌玩忽职守案":李留某与李卫某分别为平顶山科技局高新产业化科主任科员及科长,两人在项目申报中伪造项目科研专账,虚报科研费用或虚假申报项目内容,导致涉及此案的三家企业套取国家专项资金180万元,给国家利益造成重大损失,我院已以涉嫌玩忽职守罪对李留某、李卫某案立案侦查,现正在进一步侦查中。

7."侯某等6人涉嫌玩忽职守罪、重大劳动安全责任事故罪":2014年3月21日,河南长虹矿业有限公司发生重大煤与瓦斯突出事故。时任河南省煤监局豫南分局原监察二室主任科员侯某,在监察中玩忽职守,应当发现而未发现二1-21010机巷掘进工作面存在事故隐患,涉嫌玩忽职守犯罪;张某、孙某、王某、盛某、卫某未严格履行职责,未按照《防治煤与瓦斯突出规定》采取有效防突措施,导致事故发生,涉嫌重大劳动事故安全罪,我院分别对以上6人立案侦查,现法院已作出一审判决。

8."互联网＋检察":是指检察机关主动顺应"互联网＋"的发展趋势,以合法、安全为前提,在检察职能范围内运用互联网思维,利用大数据、云计算、物联网等现代信息技术,在司法办案、检务公开、便民服务等方面激发创新智慧与创造活力,推动检察工作创新发展,构建互联网时代的检察工作新模式。

2015 年汝州市人民检察院工作报告

——2015 年 3 月 1 日在市七届人大四次会议上

汝州市人民检察院检察长 刘新义

各位代表：

现在，我代表汝州市人民检察院向大会报告工作，请予审议，并请各位政协委员和其他列席人员提出意见。

2014 年检察工作主要情况

2014 年，我院在市委和平顶山市检察院的正确领导下，在市人大、市政府、市政协和社会各界的监督支持下，以"强班子、带队伍、抓业务、树形象"为总目标，确定了"打基础、谋长远、提素质、上台阶、树亮点、保先进、创品牌"的总体工作思路，弘扬"崇德、笃行、创新、致远"的汝检精神，认真履行法律监督职责，自觉服务我市经济发展和社会和谐稳定大局，各项工作取得了新进展。

一、立足检察职能，融入中心工作，服务全市大局取得新成效

2014 年，是我院确定的"服务项目建设年"，我们通过转变干警的思想观念和工作方法，坚持把服务经济发展作为检察机关的首要任务，切实把检察工作置于我市经济发展的大局中去谋划、去推进。一是更加注重服务优化发展环境。围绕市委"创环境、打基础"建设年和深入开展优化发展环境百日会战的工作部署，加强与纪检、公安、国土、城市综合执法等单位的协作配合。制订了检察机关《关于充分履行检察职能服务优化发展环境工作实施意见》，加强对非法开采、违法占地、违法建筑等破坏生态资源环境犯罪行为的法律监督。向城市综合管理执法局派驻检察室，参与对违法占地、违法建设等现场执法监督 15 次，对 200 多处违法建设进行了有效制止。积极参与综合治理非法采砂及超限超载工作，支持辖区优化发展环境工作。共监督土地、地矿等行政执法部门移送非法开采刑事案件 5 件 8 人，批准逮捕了犯罪嫌疑人苏永利等非法采矿案 3 件 6 人。市委书记高建军对我院服务优化发展环境工作作出批示："市检察院在优化发展环境上，敢于担当，动真碰硬，措施得力，首战告捷，取得了积极成效，请各委局及乡镇办学习参阅。"二是更加注重维护重点项目建设。继续开展服务企业"六个一"活动。对干扰企业和重点项目建设的堵门断路、强装强卸、强揽工程、恶意讹诈等犯罪行为，以及非法控制行业市场、矿产资源开发的地痞地霸、黑恶势力，依法从严打击。快捕快诉了风穴办事处吴洼村赵某某等阻扰广成东路东延施工涉嫌聚众扰乱社会秩序案等影响重点项目施工的犯罪案件 8 件 15 人。设立产业集聚区检察室，建立联系走访企业和检察联络员制度，开通热线电话，为企业及时排忧解难。加强对南关棚户区改造项目的监督，对棚户区违法建筑拆迁现场及后续工程建设进行全程监督，保障项目顺利推进。对重点工程招投标、施工进行全程监督，确保工程建设质量，同时防止腐败案件发生，确保国家投资安全。三是更加主动服务和保障民生。以查办涉农职务犯罪、危害民生民利职务犯罪和群众反映强烈的职务犯罪为重点，围绕征地拆迁、支农惠农资金管理等领域开展排查工作。对洗耳河街道办事处南关社区居委会党支部副书记兼报账员任某某挪用征地补偿款 6000 余万元案件立案侦查。

二、突出矛盾化解，创新社会管理，维护社会稳定取得新业绩

一年来，我们严格履行法律监督职责，积极投入平安汝州、法治汝州建设，全力维护社会大局稳定。

一是打击与教育挽救相结合，维护社会稳定。我们以人民群众平安需求为导向，依法打击各类刑事犯罪，突出打击恶性暴力犯罪、"两抢一盗"和危害食品药品安全、环境安全等犯罪。共批准逮捕各类刑事犯罪案件 264 件 306 人,提起公诉 417 件 542 人,批捕起诉准确率继续保持 100%。严厉打击非访行为,办理涉及非访的聚众扰乱社会秩序、敲诈勒索等案件 16 件 24 人。我们快捕快诉了汝州市诚信出租车公司出租车车主常某某、高某某等人聚众扰乱社会秩序案。贯彻宽严相济的刑事司法政策,主动化解矛盾纠纷。对受理的故意伤害、交通肇事、过失致人死亡等存在对立双方当事人的轻微刑事案件进行刑事和解 73 件,对其中 3 件 3 人作出相对不起诉决定,对年仅 14 岁的张某等 4 名在校未成年犯罪嫌疑人作出附条件不起诉,并进行跟踪帮教。认真开展法律服务"进校园、进农村、进企业、进社区"四进活动,深入 40 余个行政村,6 个重点企业全面开展法制宣传,受教育人数 5 万余人,使检察工作更接地气、更贴民生。

二是积极转变执法方式,化解社会矛盾。办案中,我们积极开展涉法涉诉信访案件排查化解,对中央巡视组、省委政法委等上级机关交办的 17 件信访案件,采取领导包案、分类处理、强化督导等措施集中排查化解,实现结案率 100%。同时积极发挥"特约检察调解员"参与信访矛盾化解的作用,实现了涉检进京访和赴省集体访为零的目标,赴省个访下降 85%。控申科再次荣获全国检察机关"文明接待示范窗口"称号。

三是加大查办和预防职务犯罪力度,推进反腐倡廉工作。我们坚持有腐必反、有贪必肃,推行"侦、诉、技、警、防一体化"侦查机制,加强与纪委等部门的联系和上级院的指导,扩大案件线索来源,整合人力资源。共立案查办各类职务犯罪案件 17 件 37 人,其中贪污贿赂案件 10 件 20 人,渎职侵权案件 7 件 17 人。其中分别查处了汝州市烟草公司夏店乡烟站站长李某等 6 人共同贪污烟叶款窝案,汝州市纸坊镇武装部原部长程某某在征兵过程中玩忽职守、受贿案等,引起了较大的社会反响,取得了良好的法律效果和社会效果。在查办职务犯罪案件的同时,我们更加重视预防工作的开展。树立查办案件是政绩,预防和减少职务犯罪是更大政绩的理念。对重点执法部门和关键岗位,深入开展预防调查、案例剖析、警示教育等工作。对市移民管理局小型水库扶持资金、民政福利机构资金的审批和使用、村级公益事业建设"一事一议"财政奖补资金使用等情况开展专项预防调查,发出检察建议 10份。开展预防教育进机关、进村组、进社区活动,对纸坊镇、米庙镇、安监局等16 个单位的干部开展廉政警示教育,受教育干部达 1800 余人。积极创新职务犯罪预防宣传新模式,拍摄的廉政微电影《白发亲娘》荣获全国检察机关首届预防职务犯罪专题微电影评选活动特等奖。

三、提升监督意识,坚持理性司法,维护司法公正取得新拓展

司法公正是社会和谐稳定的重要保障。我们找准宪法定位,进一步加强对侦查、审判、执行活动的法律监督,维护司法公正。立案监督中,监督公安机关立案 8 件 8 人,监督撤案 6 件 6 人。侦查监督中,纠正漏捕 10 起,追诉漏犯 16 人;审判监督方面,提出抗诉 5 件 9 人。民事诉讼和行政诉讼监督中,向平顶山市院提请抗诉 5 起。向法院发出执行监督检察建议 24 起。对行政执法单位监督 20 件,相关单位均进行了整改回复。与市卫生局、食品药品监督管理局会签了《关于加强食品药品和医药卫生领域行政执法法律监督工作若干意见》。再审检察监督经验材料被平顶山市委政法委转发推广。在开展"减刑、假释、暂予监外执行"专项检察活动中,我们通过宣传发动、清理摸底、纠正和查处违法等措施,取得明显成效。建议收监执行 9 名无生命危险的暂予监外执行罪犯,纠正率达到 100%,其中 3 人为职务犯罪,2 人曾任科级干部。专项检察活动中,我们注意发现违法暂予监外执行背后的渎职线索,深挖职务犯罪窝案串案,立案查处汝州市看守所原所长张某某涉嫌玩忽职守案,看守所原副所长、看守所医生等人涉嫌徇私舞弊暂予监外执行案 2

件 5 人,在社会上产生较大影响,有力保障了刑罚执行的公平公正。全省检察机关"减刑、假释、暂予监外执行"专项检察活动现场会在汝州召开,推广我们的经验。我院监所监察科被最高人民检察院表彰为"减刑、假释、暂予监外执行"专项检察活动先进集体。驻看守所检察室再次荣获"国家一级规范化驻所检察室"。

四、深入开展教育实践活动,严肃作风纪律,检察队伍建设取得新进步

一年来,我们按照"强班子、带队伍、抓业务、树形象"的总体要求,坚持科学管理,从严治警,全面加强检察队伍建设。

一是进一步加强领导班子建设。在市委的大力支持下,对领导班子进行了调整,顺利实现了新老交替,班子的凝聚力、向心力进一步增强,党组成员起到了"火车头"、"排头兵"的示范引领作用。

二是进一步加强信念理念教育。全面学习贯彻党的十八届四中全会和习近平总书记系列重要讲话精神,扎实开展党的群众路线教育实践活动,相继举办"弘扬汝检精神"、"假如我是当事人"演讲比赛和大讨论活动,邀请省委宣讲团成员、省高级法院专职审判委员会委员郭保振进行专职辅导,大力倡导"全院一盘棋、团结出成绩"的工作理念。

三是进一步加强队伍素质,锻造优秀执法团队。举办形式多样的岗位技能竞赛、模拟法庭、法律文书评比等活动,严格执行周五学习日制度。向高检院理论研究所申报并获批《涉检信访工作机制改革研究》课题,与北京师范大学刑事法律科学研究院签订"检校合作协议",邀请中国政法大学专家学者为干警授课,干警的整体素能得到不断提升。

四是进一步强化管理机制。严格执行中央八项规定,狠抓经费支出、车辆管理等日常管理制度的落实。建立了干警"业绩档案、荣誉档案、违纪档案、后勤管理档案"四项管理考核档案制度。实行两周一例会、每月一汇报、季度一讲评、半年一小结的四步工作法，营造了"你追我赶、创优争先"的工作氛围。

五是强化内外监督制约，推进阳光检务。加强内部规范管理，成立办案质量评查领导小组，加强办案管理监督，规范司法行为。积极推进以案件信息公开为核心的检务公开工作，建成集信访接待、案件管理、便民服务为一体的检务公开大厅、案件管理大厅；依托全国检察机关案件信息互联网统一查询平台，实现了案件信息公开常态化；利用手机客户端、微博、微信等新媒体，在官方网站、微博基础上，开通"汝州检察"官方微信，加强了与群众的交流互动。主动接受人大、政协和社会各界监督。建立联系人大代表制度，主动向人大及其常委会报告工作，积极配合开展代表视察、专题调研，认真落实各项决议。自觉接受人大办案质量检查，针对人大常委会反馈的意见召开专题会议进行整改落实，专题汇报。定期召开座谈会，赠阅《汝州检察》杂志，编发检察手机报，认真开展"检察开放日"活动，主动听取人大代表、政协委员对检察工作的意见和建议。坚持从严治检不动摇，严肃办案纪律，强化对重点执法岗位、执法环节、执法人员的监督，确保队伍公正廉洁。一年来，我院未发生一起干警违法违纪事件，社会形象良好。

各位代表，一年来，我们的班子成员相互信任、相互团结，相互支持，和衷共济、勇于争先、敢于担当。我们的部门负责人身先士卒、冲锋在前，带队伍、抓业务，成效显著。我们的干警弘扬汝检精神，团结协作，拧成一股绳，勇往直前。先后有21人次荣获地市级以上表彰，黄超锋同志获得"全省刑事申诉业务标兵"，宁晓蕾同志获得"全省民事行政检察优秀办案人"，关文丽同志荣获"感动鹰城十佳检察官"提名奖，我院连续3届蝉联省委、省政府命名的"文明单位"，被省委评为"人民满意的政法单位"，被省扶贫开发领导小组评为"省社会扶贫先进集体"，我院反贪局被省委、省政府评为"人民满意的公务员集体"。如果说我们的工作取得了一定的成绩,是检察工作融入全市大局、服务汝州经济发展,为汝州各项事业创造良好司法环境的必然要求,更是市委、人大、政府、政协以及全市人民的热情关怀和大力支持的结果。在此,我谨代表市检察院全体干警,向长期关心和支持检察工作的人大代表、政协委员和社会各界人士,表示衷心的感谢和崇高的敬意!

回顾过去的一年,我们的工作亦有遗憾。荣誉与骄傲,遗憾与不足并存:一是法律监督职能发挥还不够充分,监督纠正违法力度和效果,与人民群众的期盼仍有一定的差距;二是查办职务犯罪案件的力度还不够,能力和技术水平有待进一步提高。如,查办的有影响、有震动的职务犯罪大案少、判实刑的少,与人民群众的期望还有不小差距;三是案件质量有待进一步提高,个别案件在办案程序和卷宗制作上存在一定瑕疵;四是有的干警正确适用法律政策、办理复杂案件、群众工作能力亟待提高,执法不规范、不文明的现象仍有存在。对这些问题,我们将采取积极有效措施,认真加以改进。

2015 年检察工作意见

2015 年是依法治国的开局之年,是我院确定的服务"规划、项目、作风建设年",我市检察工作的总体思路是:以党的十八大和十八届三中、四中全会精神为指导,认真贯彻落实市委六届六次全会和本次会议精神,以维护社会大局稳定、促进社会公平正义、保障人民安居乐业为根本任务,以强化法律监督、强化自身监督、强化队伍建设为总要求,以司法办案为中心,以深化改革为动力,全面履行法律监督职责,为经济社会发展提供有力司法保障。重点抓好以下几项工作:

一、坚持党的领导和人大监督不动摇,全面推进依法治国的政治方向

进一步深入贯彻落实党的十八届三中、四中全会和市委六届六次全会精神,始终坚持党的领导,牢牢把握国家法律监督机关的宪法定位,提高运用法治思维、法治方式解决问题的能力和水平,遵循司法规律,弘扬法治精神。进一步强化人大意识,切实增强接受人大监督的自觉性,坚持重要工作和事项向市人大常委会请示报告。认真办理人大代表政协委员建议、提案和人大常委会转办交办事件。深入推进检务公开,主动接受人大调研视察。建立人大常委会到我院就案件质量进行专项视察制度。积极主动接受政协民主监督和群众监督、舆论监督,让检察权始终在阳光下运行。

二、坚持以执法办案为中心,为汝州经济发展营造良好的法治环境

围绕市委确定的工作重点,加大对违法占地、违法建设、违法开采,以及强揽工程、强装强卸、强买强卖、堵门断路、蓄意讹诈,阻扰工程项目进展的地痞地霸、黑恶势力犯罪行为的打击力度。严厉打击围堵党政机关、扰乱社会秩序和缠访、闹访、以访牟利等违法犯罪行为。继续加大查办贪污贿赂和失职渎职犯罪案件力度,重点查办国家工作人员、村组干部利用手中权力,不作为、乱作为,参与违法占地、违法建设、违法开采、倒卖土地等犯罪案件。创新检察工作方式,依托现有检察室在重点乡镇设立四个中心检察室,开展"一村一警"工作,实施"三个三"联系基层群众工作机制,实现检力下沉,加强基层联系,听取意见建议,不断提高执法服务水平。回应人大代表呼声,探索建立多层次监督体系,进一步强化法律监督职能。出台《关于整合法律监督资源建立三级法律监督工作机制的若干意见》,建立"日常监督、重点监督、深层监督"三个层次的立体监督体系,从9个方面全面加强法律监督工作,把强化法律监督作为今年的重点工作来抓,切实让人民群众从每一个司法案件中感受到公平正义。

三、坚持以执法规范化建设为重点,确保检察权依法正确行使

积极顺应司法改革要求,严格实行案件质量终身负责制和错案责任倒查问责制。按照高检院部署,全面开展"规范司法行为专项整治"活动,以"刮骨疗毒"的勇气,下大气力整治不公正、不规范、不廉洁的司法行为。坚持以公开促公正,加强检察门户网和微博、微信建设,积极推进案件程序性信息查询、重要案件信息发布、法律文书网上公开等工作,不断提升群众参与度和司法透明度。

四、坚持以过硬队伍建设为基础,切实提升检察公信力

注重做好群众路线教育实践活动成果的转化,切实解决队伍中"四风"问题。积极推进学习型检察院建设,加大对干警培训和岗位练兵力度,进一步拓宽合作渠道,与中国人民大学、中国政法大学建立合作关系;深入推进检察统一业务应用系统和侦查信息化建设,提升队伍专业化、职业化水平。注重典型引领作用,示范带动广大干警,努力营造创先争优、干事创业的工作氛围。不断加强检察宣传,丰富检察文化,凝聚"汝检"精神,提高检察工作的亲和力和人民群众满意度。

各位代表,促进社会公平正义是检察工作的核心价值追求,也是人民群众的热切期盼。检察机关将会按照本次大会确定的任务,在市委和上级检察院的领导下,在市人大、政府、政协和全市人民的监督支持下,按照市委提出的"保底线、保民生、保运转、创环境、求发展"的总要求,振奋精神,改革创新,遵循规律,务实发展,努力使检察工作与时代同步,与发展合拍,与人民群众同声相应,为实现"汝和万事兴、汝升万事兴、汝美万事兴"的总方略,建设富强汝州、平安汝州、文明汝州、美丽汝州做出新的更大的贡献!

附件

有关用语说明

1."'崇德、笃行、创新、致远'的汝检精神":崇德,就是崇尚道德,崇尚中华民族的传统美德,表现在全院干警团结一致,相互鼓励、相互帮助,没有发生一起违法违纪案件;笃行,实质就是踏踏实实工作,认认真真办事,取得一系列荣誉;创新,是一个民族一个国家发展的不竭源泉,同样的工作在不同的地区、不同的形势下,表现出不同的特色,我们的工作离不开创新,我们成绩的取得也不开创新;致远,我们的工作如逆水行舟,只有追求远大的目标,才能实现远大的梦想,才能使我们的旗帜永远高高飘扬。

2."服务企业发展'六个一'活动":我院党组根据我市经济发展的新情况、新挑战,积极探索服务企业发展的新途径、新方法、新思路,出台了服务企业发展"六个一"工作意见:即发布一个服务企业公告、每月走访一次企业、每半年召开一次服务企业座谈会、在产业集聚区设立一个检察室、设立一个服务企业发展办公室、制定一套服务企业发展的长效机制。

3."洗耳河街道办事处南关社区居委会党支部副书记兼报账员任某某涉嫌挪用征地补偿款案":2011年12月至2013年6月期间,犯罪嫌疑人任某某利用其协助汝州市人民政府发放征地补偿款的职务便利,先后13次挪用征地补偿款6162万元购买中国邮政储蓄的"日日升"理财产品,从事营利活动,从中受益19077.10元用于个人日常开支。案发后,挪用款项及收益被全部追回。该案提起公诉后,2014年11月25日,汝州市人民法院作出一审判决,对任某某判处有期徒刑7年。

4."常某某、高某某等人聚众扰乱社会秩序案":是指2013年9月以来,汝州市诚信出租车公司出租车车主常某某、王某某、高某某等人及诚信出租车公司副经理刘某某、安全科科长毛某某因汝州市要新上200辆出租车的问题,多次组织该公司的车主及司机非法上访、罢工,以此要挟政府达到其阻扰新出租车上市的目的,常某某、王某某、高某某等人聚众扰乱社会秩序,情节严重,造成恶劣影响,该案提起公诉后,2014年7月18日,汝州市人民法院对常某某、王某某、高某某作出有罪判决。

5."轻微刑事案件刑事和解制度":是指人民检察院对轻微刑事犯罪案

件,在犯罪嫌疑人(被告人)与被害人就民事赔偿部分达成和解的情况下,依法对犯罪嫌疑人(被告人)从宽处理,根据案件性质、事实和情节,或者不批捕,或者不起诉,或者建议人民法院依法从轻判处刑罚的一项制度。

6.“附条件不起诉”:是根据《刑事诉讼法修正案》第271条的规定,人民检察院对侵犯公民人身权利、财产权利或者妨害社会管理秩序的可能判处1年以下有期徒刑、拘役、管制或者单处罚金处罚的有悔罪表现的未成年人刑事犯罪嫌疑人,规定一定期限、设定一定条件进行考察,期限届满,对符合条件的未成年犯罪嫌疑人依法作出不起诉决定。其目的是为了更好地贯彻宽严相济刑事政策,在检察环节充分体现刑罚的教育和挽救功能,最大限度地化解社会矛盾、促进社会和谐。

7.“‘侦、诉、技、警、防一体化’侦查机制”:是检察机关内部职务犯罪预防部门与职务犯罪侦查部门通过具体工作的有机结合,人力、物力和信息资源的共享和优化配置,实行工作模式的互相调整,业务的统一协调领导,最大程度发挥工作合力,最大化实现惩治职务犯罪效果的工作机制。

8.“汝州市纸坊镇武装部原部长程某某在征兵过程中玩忽职守、受贿案”:2012年至2014年征兵期间,犯罪嫌疑人程某某主管本辖区的征兵工作,由于工作不认真,把关不严,有75名虚假学历人员通过政治审查初审,其行为在社会上造成了恶劣影响。2014年8月31日,汝州市检察院对程某某以涉嫌玩忽职守罪果断立案,经过进一步侦查,查出程某某利用职务之便收受应征对象亲属李某等12人2万余元的受贿犯罪事实。该案提起公诉后,2014年11月27日,汝州市人民法院以玩忽职守、受贿罪数罪并罚,判处其有期徒刑2年。

9.“‘三个三’”联系基层群众工作机制”:第一个“三”指我院依托基层乡镇检察室向各乡、镇、街道办分别派驻3名检察室干警,具体负责所在乡、镇、街道办的联系群众、法律监督、法律服务等工作。第二个"三"指派驻检察干警与每一个乡、镇、街道办的纪委书记、综治办主任以及相关村包村干部建立联系,就本乡、镇、街道办出现的违法犯罪、法律纠纷、涉检信访等问题进行及时沟通,协调处理,并积极配合我院派驻干警在派驻地的法律知识宣传、预防基层职务犯罪讲座等工作的开展。第三个"三"指在每一个乡、镇、街道办下辖的自然村或社区设立 3 名联系人,分别为村支部书记、村委会主任以及民调主任,负责将本村或者本社区出现的法律问题及需帮扶问题及时向乡、镇、街道办及我院派驻的检察干警报告和反馈。

2014年汝州市人民检察院工作报告

——2014年2月11日在市七届人大三次会议上

汝州市人民检察院代检察长 刘新义

各位代表：

现在,我代表汝州市人民检察院向大会报告工作,请予审议,并请各位政协委员和其他列席人员提出意见。

2013年检察工作主要情况

2013年,我院在市委和平顶山市检察院的正确领导下,在市人大、市政府、市政协和社会各界的监督支持下,坚持"强班子,带队伍,促业务,树形象"的工作思路,遵循司法规律,转变工作方式,认真履行法律监督职责,在服务我市经济发展和社会和谐稳定大局中,各项工作取得了新进展。2013年我院被高检院评为"全国先进基层检察院"。

一、积极转变工作方式,着力服务全市工作大局

我们坚持把服务大局作为检察机关的首要任务,切实把检察工作置于我市经济发展的大局中去谋划、去推进。一是更加注重围绕大局谋划检察工作。全面贯彻落实市委工作部署,服务我市中心工作。积极参与市委市政府开展的集中整治违法建设和违法违规用地专项活动,出台专门监督意见,严厉打击违法占地、非法买卖土地犯罪。共依法办理此类案件5件7人,其中依法快捕快诉了风穴路街道办事处城北居委会高北组组长高某某等人非法转让土地使用权案、立案侦查并起诉了汝州市国土资源局夏店国土资源所所长王某因玩忽职守致使39.7亩基本农田被毁案,有力打击了违法占地、违法建设犯罪行为。二是更加注重创新服务企业发展的方式。针对我市经济下行压力较大，部分企业经营遇到困难的实际，我们积极开展服务企业发展"六个一"活动，增强了服务企业的针对性、有效性。平顶山市委常委、汝州市委书记李全胜对此作出批示给予充分肯定。三是更加积极主动地维护市重点项目建设。针对我市一段时间存在的扰乱企业正常生产经营、影响经济发展的突出问题，我们积极参与打黑除恶、清痞扫霸，净化经济社会环境集中整治活动，严厉打击了影响项目建设的堵门、堵路、闹访、闹机关等违法犯罪行为。在整治活动中对涉企案件实行优先受理、优先办理、优先结案的"三优先"原则。快捕快诉了武某某等 16 人在汝南产业集聚区及周边地区称霸一方涉嫌黑社会性质犯罪案件，为企业发展营造了良好的发展环境。四是更加注重开门接受监督，提升服务水平。以"六个一"活动实施为契机，深入开展"大走访"活动，由院领导分别带队走访我市重点企业，通过与企业负责人、员工代表深入座谈，征求对检察工作的意见和建议，努力提升检察工作服务大局、服务企业的质量和水平。并且以招商、安商、护商、亲商、稳商为目的，举办了服务经济发展座谈会，与企业界代表和我市发改委、住建、国土、环保、质检、税务等行政执法部门共商服务企业发展良策，面对面协调解决企业生产经营中遇到的困难，收到了较好的社会效果。

二、以执法办案为中心，着力维护社会和谐稳定

我们坚持遵循司法规律，理性执法，严格履行法律监督职责，努力为经济社会发展营造和谐稳定的社会环境、清正廉洁的政务环境和公平正义的法治环境。

（一）始终把维护社会和谐稳定作为首要工作任务

认真履行审查逮捕、审查起诉职责，依法严惩严重刑事犯罪。2013 年共批准逮捕各类刑事犯罪案件 273 件 331 人，依法提起公诉 457 件 607 人。工作中,我们突出办案质量和效率,审查逮捕工作坚持"小案不过天,大案不过三(天)",审查起诉工作坚持"小案三天结,大案两周完",批捕、起诉准确率均达到了 100%;依法快捕快诉了犯罪嫌疑人刘某某持刀抢劫杀害一家三口人等一批影响人民群众安全感的重大案件。落实宽严相济刑事政策。对主观恶性不大的轻微刑事案件适用非羁押诉讼措施、刑事和解等规定,共办理无社会危险性不批准逮捕案件 49 件 72 人,刑事和解案件 107 件 116 人。积极参与未成年人的教育保护,努力维护未成年人合法权益。成立未成年人刑事检察科,贯彻"教育、感化、挽救"的方针,坚持"教育为主、惩罚为辅"的原则,不予批捕 8 人,不起诉 1 人,附条件不起诉 2 人,封存未成年人犯罪记录 15 件。

(二)始终坚持查办和预防职务犯罪工作并重

坚持"一要坚决、二要慎重,务必搞准"的方针,以查办涉农职务犯罪、危害民生民利职务犯罪和群众反映强烈的职务犯罪为重点,坚持"系统抓、抓系统","查窝案、带串案"的工作思路。共立案查办各类职务犯罪案件 15 件 24 人,其中贪污贿赂案件 7 件 15 人,渎职侵权案件 8 件 9 人。分别查处了平顶山市公安局车管所张某某等 3 名工作人员在机动车审验过程中玩忽职守案,汝州市金麦粮食购销有限公司(原骑岭粮站)经理陈某某等人严重不负责任导致价值 240 余万元政府储备食用油被盗案,原汝州市公安局出入境管理科科长崔某某受贿案等案件,引起了较大的社会反响。坚持办好案件是政绩,结合办案搞好预防、减少犯罪是更大政绩的理念。围绕广大人民群众关心的热点,对新农合、建设用地容积率调整等关系民生的领域,开展专项预防调查,帮助新农合办公室完善廉政教育制度,协助地税部门挽回国家经济损失 3000 余万元。深入开展"进机关、进企业、进乡村、进学校、进社区"五进活动,有针对性地开展预防职务犯罪警示教育和法制宣传活动,做法被《检察日报》头版刊发。

(三)始终把促进司法公正作为法律监督工作的重要抓手

维护公平正义,是政法工作的职责,让人民群众从每一个司法案件中都能感受到公平正义,是我们的价值追求。作为法律监督机关,我们始终把维护司法公正作为法律监督工作的重中之重来抓。刑事诉讼监督工作中,监督立案8件,监督撤案11件,追捕漏犯19人,追诉漏犯15人,建议变更强制措施9件,提出抗诉4件7人。民事行政诉讼监督工作中,严格执行新《民事诉讼法》,办理民事申诉案件24件,发出检察建议6件。与市人民法院会签了《关于加强民事执行监督的若干规定》,做到了对民事行政诉讼活动的全程监督,做法被《河南日报》刊发。监所检察工作中,突出对刑罚执行和监管活动监督,共依法监督纠正刑罚执行与监管活动中的各类违法问题20件,提出书面检察建议4件,纠正率达100%。查办司法工作人员职务犯罪案件2件3人,办案数量和质量继续保持了在全平顶山市监所检察系统的先进位次。

始终把维护群众利益作为工作的出发点和落脚点。充分发挥执法办案在化解矛盾纠纷中的基础作用,建立健全执法办案风险评估预警机制、维稳形势研判机制,切实落实与当事人双向承诺、公开答复、信访风险评估、司法救助、检察长接待日、点名接访、带案下访等制度,办理上级院、党委、人大等机关交办的信访案件19件,全部在法定期限内办结。建立"特约检察调解员"参与信访息诉工作制度,特约检察调解员积极参与涉检信访调处工作,其中成功息诉王某某等人16年上访案件的经验被省院和高检院转发推广。办理的王某某申请赔偿案被评为"全省检察机关首届控申举报优秀案件",控申接待室被评为"全省检察机关控申举报文明接待示范窗口"。

三、坚持以队伍建设为抓手,着力提升法律监督能力

我们坚持对队伍科学管理,从严治检,全面加强检察队伍建设。

一是突出领导班子建设。认真贯彻执行中央八项规定,坚持每周党组中心组学习制度,不断提高班子成员的政治理论素养、业务水平和领导能力。严格执行党内议事规则和决策程序,班子的凝聚力、向心力进一步增强,党组成员起到了"火车头"、"排头兵"的示范引领作用。

二是突出思想政治建设。队伍建设重在干警的政治思想建设,我们结合在全市开展的"树正气、转作风、促发展"教育实践活动,采取座谈会、演讲比赛等形式,引导干警牢固树立执法为民意识,增强了理想信念,筑牢了思想防线,促进了检察队伍廉洁执法,提升了检察机关执法形象和执法公信力。成立机关党委,发挥党员干警的先锋模范作用,全院上下形成了风清气正、朝气蓬勃的良好工作氛围。

三是突出队伍素能建设。完善教育培训长效机制,进一步加强对新刑事诉讼法、新民事诉讼法的学习,结合真实案例增强培训的针对性和实效性。深入进行教育培训,开展"每周一课"、岗位练兵、庭审观摩等活动,定期举行法律文书评比、卷宗质量评查,全面提升干警的执法能力和办案水平。优化队伍结构,实施年轻干警培养计划,采取多层次培育、多途径锻炼等措施,14名青年干警通过竞争上岗进入中层岗位。我院队伍建设的工作经验被高检院转发。

四是突出内外监督机制建设。强化内部监督,健全案件集中管理制度,实现对自身执法办案活动监督管理的全程化、规范化。严肃检察纪律,在内网设置干警违纪曝光台,促进干警廉洁从检、公正执法,加强作风建设。完善检察工作接受外部监督机制,牢固树立监督者更要接受监督的观念,主动邀请人大代表、政协委员视察检察工作。认真贯彻执行人大决议,依法负责地

办好人大代表、政协委员交办的案、事件。健全人大代表、政协委员信息管理和沟通联系平台,利用发送手机报、赠阅《汝州检察》杂志等方式,加强与人大代表、政协委员的沟通联系,做到联系制度化、经常化。自觉把检察工作置于人大、政协和社会各界的监督之下,让检察权始终在阳光下运行。

各位代表,2013年,是检察工作持续推进,成效显著的一年,我院有6项工作经验被省院转发,4项工作经验被高检院转发,反贪、公诉、监所、预防等12项工作在平顶山市检察系统年度评比中进入先进位次,有32人次获得地市级以上荣誉,被高检院评为第五届"全国先进基层检察院"、"全国检察机关宣传工作先进单位"。全年未发生一起干警违法违纪事件。

在刚刚过去的一年中,我们在围绕我市中心工作,服务大局中取得了一定的成绩,这既是我们依法履职的根本所在,更得益于市委的正确领导、人大的有力监督、政府的鼎立相助、政协的热情关心,得益于人大代表、政协委员的无私支持和社会各界的大力支持。在此,我代表市检察院对市委、市人大、市政府、市政协和人大代表、政协委员及社会各界表示衷心的感谢和崇高的敬意!

回顾过去的一年,我们也清醒地看到检察工作还存在一定的不足,与市委的要求和全市人民的期待还有一定的差距,主要表现在:一是立足检察职能服务大局的观念还有待进一步转变,服务途径有待进一步拓宽,服务力度有待进一步加大;二是诉讼监督还存在薄弱环节,法律监督能力还有待进一步提高;三是检务公开、执法规范化建设还有待进一步完善;四是管理队伍的水平仍需改进和加强,执法办案中仍存在个别干警执法不规范的行为;五是干警执法办案的能力有待进一步提高等。对于工作中存在的问题,我们有信心、有决心,紧紧依靠市委领导、人大政协监督、政府支持,努力加以解决。同时,也希望人大代表、政协委员和社会各界给予检察工作更多的关心、理解和支持。

2014 年检察工作意见

2014 年是全省检察系统实施省直管县工作的开局之年，是机遇与挑战并存的一年。在新的一年里，我市检察工作的总体思路是：深入贯彻落实党的十八大、十八届三中全会、中央政法工作会议精神和市委六届五次全会、市委经济工作会议精神，紧紧围绕全市经济社会发展大局，以执法办案为中心，强化法律监督和队伍建设，持续提升检察工作水平，为保障和促进我市经济转型升级、加速提升，维护社会和谐稳定提供有力司法保障。

各位代表，2014 年是我院确定的"服务项目建设年"。之所以要确定这样的主题年，就是要借助省直管的发展机遇，通过转变干警的思想观念和工作方法，使检察工作的最终目标落实到服务经济发展这个大局上来，实现法律效果、社会效果和政治效果的有机统一。为此，我们将着力抓好以下几个方面的工作：

一、为保持和谐稳定的社会环境，坚持严厉打击严重刑事犯罪与贯彻宽严相济的刑事政策相结合

坚持把维护稳定作为第一任务，依法严厉打击危害群众生命财产安全的黑恶势力犯罪、严重暴力犯罪和"两抢一盗"犯罪。深入开展严打整治斗争，始终保持对严重刑事犯罪的高压态势，重拳惩治各类违法犯罪活动，公开严厉打击在项目建设过程中强揽工程、强装强卸、强买强卖、堵门断路、寻衅滋事、蓄意讹诈，阻扰工程项目进展的行为。严厉打击违法上访、闹访行为。继续开展轻微刑事案件非羁押诉讼工作，对无社会危险性、不构成犯罪、情节轻微的刑事案件依法作出不批准逮捕、不起诉决定。探索开展逮捕后羁押必要性审查工作，及时提出变更强制措施建议，保障在押人员合法权益，减少社会对抗，增进社会和谐，为经济发展提供和谐稳定的社会环境。

二、为确保良好的发展环境,坚持查办与预防职务犯罪相结合

坚持有案必查、有腐必惩,"老虎"、"苍蝇"一起打,既坚决查办发生在领导机关和领导干部中的职务犯罪案件,又严肃查办发生在群众身边、损害群众利益的腐败犯罪,坚决惩治涉及教育、社会保障、惠农补助、违法占地、违法建设等领域的职务犯罪。重点打击个别国家工作人员在项目建设及招商选资过程中不给好处不办事、给了好处乱办事,该作为不作为、不依法办事乱作为甚至胡作非为等涉嫌贪污受贿、失职渎职的犯罪行为。同时,为进一步减少、遏制职务犯罪,我们将加大职务犯罪预防力度,紧密结合执法办案,充分利用检察联络室、预防职务犯罪工作站的作用,开展职务犯罪警示教育活动,使国家工作人员能够养成遵纪守法、依法办事、取信于民的良好职业道德,为经济发展提供清正廉洁高效的政务环境。

三、为实现公平正义的法律监督实效性,坚持实施严格的法律监督措施

进一步加强刑事诉讼监督,重点监督纠正人民群众反映强烈的有罪不究、同罪不同罚、量刑畸轻畸重、以罚代刑、刑讯逼供、暴力取证等问题。进一步加强刑罚执行和监管活动监督,开展对减刑、假释、暂予监外执行专项监督,严肃查处司法工作人员贪赃枉法、索贿受贿等职务犯罪,真正做到敢于监督、善于监督、依法监督、规范监督,发挥维护执法司法公正的职能作用。进一步加强民事行政诉讼监督,认真履行对诉讼程序、民事调解和民事行政执行违法的监督职责。加强两法衔接信息平台建设和使用,督促行政执法机关依法行政、规范行政。努力让人民群众从每一个司法案件中都能感受到公平正义,为经济发展提供公平正义的法治环境。

四、为加强自身监督,坚持敞开院门让社会各界监督

自觉接受党的领导、人大监督和政协民主监督,坚持重要工作和事项向市委、市人大常委会请示报告。认真办理人大代表政协委员建议、提案和人大常委会转办交办事件。深入推进检务公开,主动向人大代表、政协委员和社会各界通报检察工作开展情况,自觉接受社会各界监督。关注就是支持,期待就是动力,监督就是真心帮助,对群众的期待、要求,我们要高度重视,认真对待,快速行动,及时依法公开回应。

五、为进一步提高执法水平,树立良好的执法形象,坚持从严治检

按照中央"照镜子、正衣冠、洗洗澡、治治病"的总要求、省委"一学三促四抓"和"六问六带头"的工作部署,根据市委的统一安排,聚焦"四风"问题,扎实开展党的群众路线教育实践活动。认真落实习近平总书记和中央政法工作会议对政法队伍建设提出的新要求,切实解决执法司法中的突出问题,始终保持同人民群众的血肉联系。顺应省直管工作对检察队伍素质和能力的新要求、新期待,加强岗位练兵、全员培训、技能竞赛、案件评选等活动,努力提高法律监督能力。坚持从严治检,加强警示教育,加大监督检查和问责力度,用铁的纪律、零容忍的态度,努力建设一支信念坚定、执法为民、敢于担当、清正廉洁的检察队伍。

各位代表,检察工作的开展离不开市委坚强领导,人大、政协有力监督,政府大力支持以及社会各界的关心、理解和支持。多年来的检察工作实践表明,检察事业要发展党和人民是靠山,汝州检察工作的开展只有深深植根于汝州这片热土中才能更好地履行好法律监督职责,才能更好地服务经济发展,才能更好地服务全市人民。

在新的一年里,我们将紧紧依靠市委领导,在市人大、市政府、市政协和全市人民的监督支持下,以更加积极的态度、更加有力的措施、更加扎实的工作,为开创富强文明、平安和谐、生态靓丽汝州建设新局面作出新的更大的贡献。

附件：

有关用语说明

1."全国先进基层检察院"：是最高人民检察院为推进基层检察院建设持续创新发展,表彰在争先创优活动中涌现出来的先进集体,弘扬他们的先进事迹和奋斗精神而评选出的全国检察系统的先进集体。"全国先进基层检察院"每两年评选一次,没有名额分配,主要对全国3200多个基层检察院的全面工作进行量化计分综合考评,涵盖检察机关8大业务工作59项124小项,是基层检察院的最高集体荣誉。目前已经评选五届,2013年全国共评选出第五届"全国先进基层检察院"200家,河南省11家。

2."服务企业发展'六个一'活动"：新一届党组根据我市经济发展的新情况、新挑战,积极探索服务企业发展的新途径、新方法、新思路,出台了服务企业发展"六个一"工作意见:即发布一个服务企业公告、每月走访一次企业、每半年召开一次服务企业座谈会、在产业集聚区设立一个检察室、设立一个服务企业发展办公室、制定一套服务企业发展的长效机制。2013年10月10日,平顶山市委常委、汝州市委书记李全胜在汝州市人民检察院送阅的《检察情况反映》第60期(《汝州市人民检察院开展服务企业"六个一"活动》)上作出批示:"检察院工作紧扣中心,服务大局,能动作为,为各单位作出了榜样。要结合当前'项目落地月'活动,全力推进企业发展、项目落地环境的优化、提升,为经济发展营造环境。"

3."非羁押诉讼措施"：是指在刑事诉讼活动中,司法机关依照法律规定和个案具体情况,对可能判处3年以下有期徒刑、拘役(均含缓刑)、管制、单处附加刑或免予刑事处罚等罪行较轻的犯罪嫌疑人、被告人,在不采取刑事拘留、逮捕强制措施的情况下进行立案侦查、审查逮捕、审查起诉、审理裁判的诉讼方式。

4．"刑事和解"：是指在刑事诉讼过程中，通过调停人或其他组织使被害人与犯罪嫌疑人、被告人直接沟通、共同协商，双方达成民事赔偿和解协议后，司法机关根据案件的具体情况对犯罪嫌疑人、被告人不再追究刑事责任或从轻减轻刑事责任的诉讼活动。

5．"附条件不起诉"：附条件不起诉是指由检察机关对于除了故意杀人、故意伤害致人重伤或死亡、抢劫、强奸、绑架等严重暴力性犯罪之外的可能被判处 3 年以下有期徒刑、拘役、管制、或者单处罚金的犯罪行为人，根据其年龄、性格、健康状况、所处环境、犯罪情节、悔罪表现以及对社会的危害程度等进行综合衡量，认为不是必须立即追究其刑事责任的，对其规定一定的考验期，让其在该考验期内完成一定的义务，并对其在该考验期内的具体表现决定是否还对其提起公诉的一项刑事诉讼制度。

6．"封存未成年人犯罪记录"：是新《刑事诉讼法》确立的一项未成人保护制度，指犯罪的时候不满 18 周岁，被判处 5 年有期徒刑以下刑罚的，应当对相关犯罪记录予以封存。犯罪记录被封存的，不得向任何单位和个人提供，但司法机关为办案需要或者有关单位根据国家规定进行查询的除外。依法进行查询的单位，应当对被封存的犯罪记录的情况予以保密。

7．"预防调查"：是指人民检察院职务犯罪预防机构为了准确把握职务犯罪的成因、特点和规律，寻求有效的治理对策，针对一定领域、系统、单位及其权力运行中容易发生职务犯罪的危险环节而实施的实证研究、综合分析等有关活动。

8．"执法办案风险评估预警机制"：是指检察机关业务部门和案件承办人员在执法办案过程中，对检察执法行为是否存在引发不稳定因素、激化社会矛盾等执法办案风险，进行分析研判、论证评估；对有可能发生执法办案风险的案件,提出处理意见,积极采取应对措施,及时向有关部门发出预警通报,主动做好释法说理、心理疏导、司法救助、教育稳控、协调联络等风险防范和矛盾化解工作,有效预防和减少执法办案风险发生。

9."逮捕后羁押必要性审查":是新《刑事诉讼法》确立的一项保障人权、减少羁押必要性的重要制度。《刑事诉讼法》第93条规定:"犯罪嫌疑人、被告人被逮捕后,人民检察院仍应当对羁押的必要性进行审查。对不需要继续羁押的,应当建议予以释放或者变更强制措施。有关机关应当在十日内将处理情况通知人民检察院。"这条规定赋予人民检察院逮捕后羁押必要性审查权、释放或变更强制措施建议权,是为了防止一捕了之、一押到底,最大限度保护犯罪嫌疑人、被告人的合法权益,减少不必要羁押,缓解看守所在押人员人满为患的问题,节约诉讼成本。

10."两法衔接信息平台":是行政执法与刑事司法相衔接信息共享平台。行政执法与刑事司法衔接工作是检察机关与监察机关、公安机关和有关行政执法机关实行的推进依法行政和公正司法的重要举措,有利于畅通涉嫌犯罪的行政执法案件办理渠道。检察机关与监察机关、公安机关和有关行政执法机关通过联席会议、案件咨询、信息共享平台等工作机制,加强协调配合,形成工作合力,加强行政执法机关移送涉嫌犯罪案件工作,防止有案不立、有案难立、以罚代刑等问题。

2013 年汝州市人民检察院工作报告

——2013 年 3 月 1 日在市七届人大二次会议上

汝州市人民检察院检察长 乔义恩

各位代表：

现在,我代表汝州市人民检察院向大会报告工作,请予审议,并请各位政协委员、列席会议的同志提出意见。

2012 年检察工作回顾

2012 年,市检察院在市委和平顶山市检察院的正确领导下,在市人大、市政府、市政协和社会各界的监督支持下,立足检察职能,围绕经济社会发展大局,争先进、比创新、看实效,检察工作取得了新进展。在平顶山市检察系统的年终考评中整体工作位列全市第一。连续三年被评为"平顶山市先进基层检察院",连续两次被评为"河南省先进基层检察院",2012 年又被省市检察院推荐为"全国先进基层检察院"。

一、围绕发展大局,增强服务意识,服务经济发展和社会和谐稳定

始终把服务大局作为检察工作的出发点和落脚点,自觉把检察工作放在经济社会发展大局中来谋划、来推进,紧紧围绕市委重大战略部署,全面履行法律监督职能,为全市经济持续健康发展创造良好司法环境。

围绕党委工作中心,积极服务经济社会发展大局。转变工作理念,积极推动检察方式由单纯执法向履职为发展服务转变。围绕市委中心工作,出台《关于充分履行法律监督职能 积极服务招商引资保护企业发展的意见》、《关于充分履行法律监督职能 服务全市财税工作的实施意见》、《关于对非法违法采矿案件进行法律监督的意见》等三个服务意见,立足检察职能,强化法律监督。对 8 名非法采矿犯罪嫌疑人快捕快诉,对 6 名负有监督职责的国家工作人员立案侦查。平顶山市委常委、汝州市委书记李全胜两次作出批示,肯定我院做法。主动开展服务企业调研,7 名党组成员分包全市 7 个重点企业,深入到中国平煤神马集团朝川矿、梨园矿、河南巨龙生物工程有限公司等重点企业,了解和及时解决企业存在的困难及问题。对拖欠电费的 3 名农电工立案侦查,促使 18 名农电工上交电费款 40 余万元,为企业挽回直接经济损失 80 余万元,受到企业的好评。

围绕矛盾纠纷化解,积极贯彻轻缓刑事司法政策。认真贯彻落实宽严相济刑事司法政策,增加社会和谐因素。在严厉打击影响稳定的各类刑事犯罪的同时,对主观恶性不大的轻微刑事案件、未成年人案件采取非羁押措施、刑事和解、附条件不起诉等方式,缓和社会矛盾。建议公安机关直接移送起诉案件 102 件 126 人,运用无逮捕必要不捕 19 件 21 人,对 42 起案件成功进行和解,对 21 起存在信访苗头的案件成功息诉,对 1 名未成年被告人作附条件不起诉。开展保护未成年人合法权益工作经验被河南省人民检察院转发推广,开展附条件不起诉工作经验被《检察日报》刊发。

围绕社会和谐稳定,积极探索涉检信访机制。探索创新"特约检察调解员"参与涉检信访矛盾化解工作机制,经地方党委推荐,在 20 个乡镇、街道中选聘群众认知度高、德高望重的 117 位知名人士担任"特约检察调解员",动员社会力量,参与涉检信访案件调处工作。参与办理并成功息诉上级交办上访老户案件 11 件,参与初信初访化解息诉率达 98%,取得了涉检进京零上访和赴省零集体访目标,维护了社会和谐稳定。该经验做法被最高人民检察院转发推广。

围绕新农村建设,积极开展基层法律监督。依托小屯镇检察室、临汝镇检察室和焦村乡检察室,着力推动检力下沉,创新工作方法,积极参与社会创新管理。共走访辖区重点企业及村(居)委会 61 次,集中开展乡村法制宣传 9 次,发放宣传材料 1000 余份,提供法律咨询 250 人次,协助地方党委化解不稳定隐患 10 余次。督促涉案单位和犯罪易发单位完善制度管理,从源头上遏制犯罪发生。共向乡镇村组提出各类检察建议 6 次,均被采纳。乡镇检察室工作经验被河南省人民检察院和平顶山市委办公室转发推广。

各位代表,一年来,我院始终把党委肯定、人民满意、社会认可作为我们工作的目标,紧紧围绕社会经济发展大局,强化法律监督职能,取得了一些积极进展。在今后的工作中,我们将继续坚持服务大局,执法为民的工作理念,力争为全市工作大局提供更好的服务,更好地满足人民群众对检察工作的新要求新期待,为汝州社会稳定、经济发展创造更加和谐稳定的发展环境!

二、忠诚履行职能,突出工作重点,不断提升履行法律监督职能的能力和水平

始终把执法办案作为检察工作的中心和重心,充分履行法律监督职能,依法打击各类犯罪活动,努力为经济社会发展营造和谐稳定的社会环境、清正廉洁的政务环境和公平正义的法治环境。

忠诚履行审查逮捕、审查起诉职能,全力保障社会和谐稳定。把维护社会稳定作为检察工作的第一责任,充分发挥审查逮捕、审查起诉职能作用,依法及时打击各类刑事犯罪。把严重暴力犯罪、黑恶势力犯罪、有组织犯罪以及盗窃、抢劫、抢夺等多发性犯罪作为打击重点,坚持快捕快诉。共批准逮捕各类刑事犯罪案件 300 件 360 人,提起公诉 476 件 608 人。依法快捕快诉犯罪嫌疑人王超强等人盗窃电动车近 30 辆和使用暴力抢劫未成年人钱财的系列盗窃、抢劫案,有力震慑了犯罪分子,维护了社会治安稳定。

忠诚履行查办和预防职务犯罪职能,全力推进党风廉政建设。严肃查办国家工作人员贪污贿赂犯罪和渎职侵权犯罪，重点查办关系民生民利职务犯罪、涉农职务犯罪、危害能源资源和生态环境渎职犯罪。共立案侦查职务犯罪案件26件37人，其中立案侦查贪污贿赂案件16件24人，副处级干部1人，科级干部7人；立案侦查渎职侵权案件10件13人，科级干部7人。2011年9月，汝州市协和门诊非法行医致人死亡引发了中央电视台等媒体对我市医疗市场管理混乱的关注，引起社会强烈反映。我院积极介入调查，对卫生系统涉嫌玩忽职守犯罪的3名中层干部立案侦查。积极开展职务犯罪预防工作。共开展职务犯罪案例分析21件，开展职务犯罪警示宣传教育22次，发出检察建议23件。鉴于我市医疗市场混乱的现状，开展预防调查，向有关部门发出检察建议，并配合开展专项整顿，共取缔不合格诊所169家，仅保留3家合格诊所，促使卫生医疗市场秩序明显好转。该预防调查被评为全省"优秀预防调查"，经验做法被河南省人民检察院推广，《检察日报》头版刊发。

忠诚履行诉讼监督职能，全力维护社会公平正义。大力加强侦查监督，制作不捕、追捕漏犯跟踪监督卡，督促公安机关侦查取证，共追加逮捕漏犯30件32人，监督立案6件7人，监督撤案4件5人。大力加强诉讼监督，通过"建库备档、严格审查、督办通报、一案一评"措施，监督公安机关通缉"另案处理"人员61名，追诉漏犯38人，追诉漏罪17条，经验做法被最高人民检察院转发推广。大力加强审判监督，严格把握事实认定、证据采信、适用法律、诉讼程序"四关"，稳步推进刑事审判监督工作，按照二审程序提起抗诉4件5人。大力加强民事审判和行政诉讼监督，坚持抗诉与息诉并行，调解促和优先原则，共立案审理民事行政申诉案件46件，调解促和32件，息诉2件，向平顶山市检察院提请抗诉10件。大力加强刑罚执行监督，以维护监管场所安全稳定为重点，共对看守所安全防范检察325次，对监管活动中的违法行为提出纠正意见 18 次,立案查处职务犯罪案件 3 件 4 人。驻所检察室被评定为"国家一级规范化检察室",相关经验做法被最高人民检察院转发推广。

各位代表,一年来,我院在履行法律监督,查办和预防职务犯罪工作中取得了一些成绩,这是市委和平顶山市检察院正确领导的结果,是全体检察干警务实重干的结果,是市人大、市政府、市政协及社会各界大力支持的结果,我们只有更加努力工作,才能回报党和人民对我们工作的关心、支持与期望!

三、坚持严管重教,强化内外监督,努力打造高素质优秀检察队伍

始终把检察队伍建设作为事关全局和长远的战略性任务来抓,严格教育,严格管理,严格监督,努力打造一支忠诚可靠、执法为民、务实进取、公正廉洁的检察队伍。

坚持开展思想教育,切实提升检察队伍思想认识。以学习全国模范检察官马俊欣为载体,组织开展了"学先进、找差距、创佳绩"、"政法干警核心价值观"等主题活动和学习革命先烈感人事迹活动,提升干警思想认识,筑牢思想防线,切实将忠诚、为民、公正、廉洁的政法干警核心价值观内化于心、外践于行。

坚持开展业务培训,切实提高检察队伍业务素质。以学习新《刑事诉讼法》为载体,组织开展了技能培训、岗位练兵等系列培训活动,组织业务骨干前往中国政法大学参加检察理论与实务高级研讨班,开展了 5 次新《刑事诉讼法》专题辅导讲座和新《刑事诉讼法》闭卷考试,在全院上下营造了浓厚的学习氛围,着力提升干警整体业务素质和办案水平。

坚持开展争先创优,切实加强检察队伍团队建设。以开展"争先创优"为根本,坚持从优待检,对干警实施人文关怀。2012 年市委一次性为我院解决了 17 名干警的正副科级职级待遇，公开招录了 20 名事业编制人员，全体干警的工作积极性和主动性得到进一步激发，在全院形成了逢旗必扛、逢先必争、勇创一流业绩的浓厚氛围。公诉、反渎等 8 个部门 10 项工作进入平顶山市检察系统先进行列。

坚持开展内外监督，切实保证检察权力规范运行。以从严治检为抓手，严格内部监督。探索推行案件管理机制，成立案件管理中心，对所有案件实行动态流程监督，集中对案件进行考评，提升检察干警执法办案水平，经验做法被最高人民检察院转发推广；严格推行党风廉政建设，建立检察干警廉政档案和执法档案，全院干警连续多年无违法违纪问题的发生，无重大安全办案责任事故。以检务公开为平台，强化外部监督。进一步增强党的领导，坚决贯彻党的路线方针政策和决策部署。自觉接受人大、政协和社会各界监督，坚持重大工作部署及时向人大专题请示报告，重视做好人大代表建议、政协委员提案和人大常委会转交的案事件办理，扎实开展"检察开放日"活动，建立"人大代表政协委员联络平台"，开通"汝州检察"官方微博，创办检察手机报，畅通检察信息渠道，自觉接受各界监督，得到了市委、人大的肯定和社会各界的认可，经验做法被最高人民检察院转发。

各位代表，一年来，在全体检察干警的团结拼搏、开拓进取和共同努力下，我院检察业务和队伍建设继续深入推进，各项工作取得了新的成绩。有 45 人次获得省市级以上荣誉称号。探索创新的特约检察调解员参与信访息诉工作、案件质量管理、科技强检以及保护未成年人合法权益等经验得到了河南省检察院和最高人民检察院的肯定和推广，取得了历史性的突破。

这些成绩的取得，离不开市委和平顶山市检察院的正确领导，离不开市人大及其常委会的有力监督，离不开市政府、市政协和社会各界的大力支持。在此，我代表全院干警向各位领导、人大代表、政协委员及社会各界人士表示衷心的感谢!

回顾过去一年的工作,我们也清醒地认识到,检察工作还存在着不少问题和不足。一是履行法律监督的能力需要进一步增强。在一些涉及民生民利的领域,法律监督工作还不到位,监督效果还不够明显。二是理性、平和、文明、规范的执法理念还需要进一步加强。在个别检察人员身上还存在执法不规范、不文明的现象。三是队伍的整体素质需要进一步提高。新形势下服务群众、化解矛盾的能力需要进一步提升,检察工作与群众的期待还有差距。对此,在新的一年里,我们将高度重视,并认真加以解决。

2013 年检察工作意见

各位代表,2013 年我市检察工作的总体思路是:深入贯彻落实党的十八大精神和市委六届四次全会精神,紧紧围绕全市经济社会发展大局,以营造安全稳定的社会环境和公正高效的法制环境为首要任务,以强化法律监督、强化自身监督、强化队伍建设为总体要求,认真履行宪法和法律赋予的职责,为建设富裕文明、平安和谐汝州提供更加有力的司法保障。

一、认真贯彻落实十八大精神,更好地服务大局发展

自觉把检察工作凝聚到十八大提出的重大战略部署和各项重大任务上来,以科学发展观为指导,积极参与社会管理创新,全力维护社会和谐稳定,确保全市经济持续健康发展。

二、切实加强查办和预防职务犯罪,更好地推进党风廉政建设

加大查办职务犯罪力度,突出办案重点,严查发生在领导干部和权力集中部门、岗位的贪污贿赂、失职渎职犯罪案件;加大对非法转让、倒卖土地使用权或者非法占用耕地和私搭乱建等犯罪的立案监督力度,严查非法占用土地、私搭乱建、圈地囤地等违法犯罪行为背后国家工作人员贪污受贿、失职渎职犯罪;开展预防职务犯罪工作,加强预防宣传和警示教育,增强预防职务犯罪综合效应,从源头上遏制和减少职务犯罪发生。

三、不断强化诉讼监督,更好地维护司法公正廉洁

进一步加强刑事诉讼监督,加大对不该立案而立案的监督力度,加大对刑罚执行监督力度,加大对民事行政案件的执行监督、调解监督;进一步加大查处司法人员违法犯罪力度,严肃查处执法不严、司法不公背后的职务犯罪,促进公正廉洁执法。

四、深入开展队伍建设,更好地提升执法办案水平

继续深入开展"忠诚、为民、公正、廉洁"政法干警核心价值观教育实践活动和各项业务培训,努力提高法律监督能力和执法办案水平;继续加强反腐倡廉建设,防止检察干警以权谋私、以案谋私、违反规定办案等现象的发生,推动检察工作和检察队伍建设科学发展。

各位代表,在新的一年里,我们将在市委和平顶山市检察院的正确领导下,在市人大及其常委会的有力监督下,在市政府、市政协及社会各界的大力支持下,紧紧围绕全市经济社会发展大局,进一步统一思想,坚定信心,锐意进取,忠诚履职,强化法律监督,维护公平正义,促进社会和谐,奋力开创富裕文明、平安和谐汝州新局面!

谢谢大家!

2012 年汝州市人民检察院工作报告

——2012 年 3 月 29 日在市七届人大一次会议上

汝州市人民检察院检察长 乔义恩

各位代表:

现在,我代表汝州市人民检察院向大会报告工作,请予审议,并请各位政协委员和其他列席会议的同志提出意见。

5 年来检察工作回顾

过去的 5 年,我院在市委和平顶山市人民检察院的正确领导下,在市人大及其常委会的有力监督下,在市政府、市政协及社会各界的大力支持下,认真落实科学发展观,紧紧围绕全市工作大局,认真履行宪法和法律赋予的职责,全面开展各项检察工作,以深化三项重点工作为着力点,强化法律监督、强化自身监督、强化检察队伍建设,切实改进作风、深入基层、服务群众,各项检察工作取得了新的成绩。

一、紧扣全市经济社会发展大局,坚持把维护稳定作为 压倒一切的中心任务

我们严格按照平顶山市检察院提出的"党委想什么,人民盼什么,社会要什么,我们干什么"的工作思路,调整心态,摆正位置,瞄准目标,扎实工作,取得了实实在在的成效。

坚持党的领导,积极主动服务地方经济发展。加快经济发展,始终是全市人民最迫切的愿望,也是检察机关最根本的任务。我们始终把紧紧依靠党的领导作为检察工作科学发展的根本保证,把检察工作放在全市发展大局中谋划、定位。针对检察机关专业性、职业性比较强的特点,我们更加注重对干警进行大局意识、发展意识教育,大力推动检察方式由单纯执法向履职为发展服务转变,由查办企业向帮助企业转变。我们围绕全市工作大局,积极出台措施,主动提供法律服务,先后出台了服务企业发展、服务三农工作、服务全市经济社会发展的意见,并进行分解立项,进一步强化检察干警政治意识、大局意识和责任意识。实行党组成员联系重点企业制度,8名党组成员分包全市8个重点企业,深入了解和及时解决企业存在的困难及问题。我们多次到中国平煤神马集团梨园矿、朝川矿,河南巨龙生物工程有限公司等重点企业走访、座谈,及时协调相关部门解决企业的用地审批手续及架线占地、周边环境整治等影响企业发展的关键性问题,受到企业的好评。平顶山市委常委、汝州市委书记李全胜同志对我院服务地方经济发展的做法予以肯定并做出批示:"检察院工作清晰、主动、明确、得力,要求全市借鉴学习。"

严厉打击各类刑事犯罪,努力维护社会治安稳定。坚持把维护和谐稳定、诚信有序的发展环境作为检察机关的政治任务。加强批捕、起诉工作,加大打击影响稳定的各类刑事犯罪力度。共审查批准逮捕各类刑事犯罪1723件2311人,审查提起公诉1745件2463人,批准逮捕准确率、提起公诉准确率、法定时限内结案率均达100%。与公安、法院等部门密切配合,依法严厉打击黑恶势力犯罪、严重暴力犯罪、多发性侵财犯罪,维护社会治安秩序,提升人民群众安全感。共批准逮捕、提起公诉黑恶势力犯罪案件8件57人,严重暴力犯罪案件259件347人,"两抢一盗"案件466件685人。提起公诉了孙文现、袁延辉、杨利苛等一批黑社会性质组织案,一些社会影响大、群众关注度高的犯罪案件得到及时打击。

探索落实检察环节针对轻微刑事犯罪的轻缓措施,尽力缓和社会矛盾。认真落实宽严相济刑事司法政策,在严厉打击各类刑事犯罪的同时,依法对轻微刑事犯罪从宽处理。实行依法快速办理轻微刑事案件工作制度,共适用简易程序起诉刑事案件 501 件 620 人；对没有逮捕必要的不予批准逮捕 55 件 69 人；对达成和解协议的 145 件轻微刑事案件协同公安、法院，分别适用从轻处罚、不起诉或者撤销案件的处理方法，最大限度地减少社会对立面，促进社会和谐；对 6 名犯罪嫌疑人作附条件不起诉处理，并进行跟踪帮教，促使其更好地回归社会。探索实行"刑事和解"和"附条件不起诉"的做法被省检察院在全省推广。

开展执法办案风险评估，妥善化解社会矛盾。不断完善涉检信访工作机制，密切配合"书记、市长大接访"活动，深入开展涉检上访集中排查化解专项工作，积极推行下访巡访、联合接访、双向承诺、点名接访、公开答复、司法救助等措施；开通 12309 职务犯罪举报电话、网上案件信息查询系统，畅通群众举报渠道；积极处理上级院和汝州市委、人大、政府、群工部批转要求稳控的信访案件；成功稳控和彻底解决了王二兴等多起京访、省访和疑难重访案件，实现了奥运期间、国庆 60 周年等重大、敏感时期涉检进京零上访；开展执法办案风险评估预警工作，对所办案件实行逐案评估；同时加大对无理缠访、闹访行为的打击力度，协调公安部门对 2 名无理缠访、闹访人员果断采取拘留措施。通过努力，连续 5 年实现了涉检信访案件办结率、息诉率均达 100%。举报接待室连续 9 年保持为"全国文明接待室"，2011 年又被最高人民检察院授予"全国检察机关文明接待示范窗口"荣誉称号，这是全国检察机关信访接待工作最高荣誉。去年 10 月在"全国检察机关执法办案风险评估预警工作推进会"上，我院作为全国唯一的基层院代表在会上做了经验介绍。

各位代表，过去的 5 年，是我们转变执法理念和执法方式、努力提高干警素质、大力提升对外形象下功夫最大的 5 年。5 年来，干警的服务意识、大局意识进一步增强，执法作风更加理性、平和、文明、规范，更加注重办案的法律效果、政治效果和社会效果的有机统一。我们相信只要我们持之以恒地坚持下去，就一定更加能够得到社会的认可、党委的放心、人民的满意。

二、坚持标本兼治，切实加强查办和预防职务犯罪工作

5年来，我们坚持把查办和预防职务犯罪、维护廉洁高效的政务环境作为服务大局的重要途径，切实加大工作力度，共查办各类职务犯罪案件94件131人，其中科级以上干部31人。

依法查办贪污贿赂犯罪案件。坚决贯彻落实市委和市院的决策部署，把查办职务犯罪工作放在更加突出的位置，严肃查办发生在国家机关和国家工作人员中的职务犯罪案件、权力集中部门和岗位的职务犯罪案件，损害民生民利、侵犯人民群众合法权益的职务犯罪案件等。为充分彰显市委反腐倡廉的坚强决心，查办了一批人民群众反映强烈的贪污贿赂案件。共立案侦查贪污贿赂犯罪案件62件92人，其中，大案40件，处级干部2人，科级干部15人。办案质量进一步提高，案件全部作有罪判决，未发生办案安全事故。

依法查办渎职侵权犯罪案件。认真贯彻中央、全国人大常委会关于加大查处渎职侵权犯罪工作力度的要求，突出打击重点，加大打击力度，始终坚持严肃查办国家机关工作人员玩忽职守、滥用职权等失职渎职犯罪。共立案侦查渎职侵权犯罪案件32件39人，其中，重特大案件22件25人，科级干部14人。依法查办了汝州市半坡阳商酒务煤矿"3·22"重大透水事故4人玩忽职守案、新华四矿"9·8"特大瓦斯爆炸7人玩忽职守案。

扎实推进职务犯罪预防工作，堵塞管理漏洞。与农林局、工商局、食品监督局、卫生局等单位会签了《关于共同做好食品安全监管环节职务犯罪预防的工作意见》，开展"食品安全监管环节"职务犯罪预防工作；在国土资源系统开展预防调查，对发现的违法占用耕地情况，及时发出检察建议，督促整改；深入城乡，对全市幼儿园校车问题进行跟踪调研，发现安全隐患，及时向市教育、交警部门发出检察建议，监督其查扣并销毁 84 辆报废在用校车，杜塞了管理漏洞，预防了职务犯罪，《河南法制报》《平顶山晚报》等媒体进行了报道。

办好案件是政绩，搞好预防、减少犯罪是更大的政绩，这是检察机关一直孜孜追求的目标和方向。我们深深体会到，只有做好预防职务犯罪工作，使我们的干部警钟长鸣、远离犯罪，才是我们的最大成绩！

三、坚持把人民群众的关注点作为法律监督工作的着力点，切实维护司法公正

加强对刑事诉讼活动的法律监督。依法监督纠正侦查机关不应当立案而立案 62 件 81 人，应当立案而不立案 15 件 20 人；构成犯罪不批准逮捕 7 件 11 人；事实不清、证据不足不予批准逮捕 61 件 106 人；追加逮捕漏犯 173 件 201 人。加大对漏罪漏犯的监督力度，将侦查监督的重点放在对"另案处理"人员的监督上，共跟踪监督处理"另案处理"人员 46 人，追诉漏罪 32 条，开展"另案处理"诉讼监督的经验被省、市检察院推广。进一步加强刑事审判监督，按照二审程序提出抗诉 7 件 8 人。我院公诉科被河南省人民检察院命名为"全省检察机关优秀公诉团队"。与公安、工商、税务等 10 家行政执法单位之间搭建了信息共享、案件移送及监督的快速通道，促进了行政执法与刑事司法衔接机制的进一步完善。在刑罚执行和监管活动监督中，坚持以办案促监督，查办发生在刑罚执行和监管活动中职务犯罪案件 4 件 5 人，纠正个人违法 101 件，安全防范检察监督 2816 次，消除事故隐患 110 起，提出书面检察建议 54 件，保证了看守所安全稳定，杜绝了安全事故的发生。驻所检察室工作走在了全国前列，驻所检察室被最高人民检察院命名为"国家一级规范化检察室"。

加大对民事审判和行政诉讼活动的法律监督力度。坚持"敢抗、会抗、抗准"的原则,重点加强对涉及国家、社会公共利益和民生利益案件的监督。对认为确有错误的生效民事行政判决、裁定,提请抗诉 39 件,上级检察机关采纳 31 件,办理支持弱势群体起诉案件 78 件;针对国家利益、社会公共利益受损害等情况,督促有关单位提起诉讼 56 件;对认为人民法院裁判并无不当的 74 件申诉案件,积极做好释法说理工作,引导申诉人息诉服判,维护司法权威。

四、加强检察队伍建设,强化自身监督,法律监督能力不断提高

政治素质进一步提升。按照上级部署,积极开展"学习实践科学发展观"、"发扬传统、坚定信念、执法为民"、"恪守检察职业道德,促进公正廉洁执法"等系列教育活动;组织干警开展拓展训练活动,强化检察干警的团队意识,增强纪律执行力;聘请党校教授、法律专家给干警授课,建立完善干警阅览室,开展读书学习活动。干警的执法思想、执法作风、执法行为和队伍战斗力显著增强。

队伍专业化建设进一步推进。支持干警参加学历教育,认真抓好司法考试工作,检察干警的法律素能有了新的提升。开展网上办公办案技能培训、实行"一帮一、一帮二"结对帮辅岗位练兵活动、实行法警编队管理、开展公诉案件正反方辩论赛、组织青年干警列席检委会、组织干警观摩开庭庭审、实行干警绩效考核制度,干警的业务素质和争先意识进一步增强;改善队伍结构,坚持凡进必考,面向全国招录了 15 名优秀检察人员,为检察队伍注入新的活力。

接受对自身执法活动监督的主动性进一步增强。主动向人大及其常委会报告工作,认真贯彻执行人大及其常委会的决议;积极配合市人大组织的"三官法"执法检查,自觉接受人大对检察工作的评议;认真办理人大交办的建议;广泛接受社会各界监督,开展检察干警进万村活动,自觉接受群众监督;实行人民监督员制度,对所办职务犯罪案件进行同步监督。加强内部监督制约,开展"加强作风建设,狠抓工作落实"专项教育整顿,落实案件流程管理,扎实开展"案件质量年活动",成立案件管理中心,对所办案件进行评查,及时解决案件中存在的问题,提高办案质量。实行职务犯罪立案、逮捕向上一级检察院备案,撤案、不起诉报上一级检察院批准制度,加强对职务犯罪侦查工作的监督制约。

各位代表,过去的5年,在全体检察干警的团结拼搏、开拓进取和共同努力下,我院检察业务和队伍建设继续深入推进,各项工作取得了新的成绩。2008年再次被省委授予"省级文明单位"、"全省平安建设先进单位",2009年起连续3年被平顶山市检察院授予"全市先进基层检察院",2011年被省检察院授予"全省先进基层检察院",公诉科一名同志被省委政法委表彰为"中原卫士",反贪局一名同志被省委政法委评为"全省政法系统优秀共产党员",驻所检察室被高检院授予"一级规范化检察室"。5年来,共有36个集体或个人受到省级以上表彰。检察干警生硬冷漠的不良作风、吃拿卡要的违规现象基本制止,刑讯逼供违法办案的恶劣行为绝对禁止,干警规规矩矩做人办案,警车规规矩矩行驶停放已渐成风气。我们用一言一行、一举一动切实诠释着"立检为公、执法为民"!

这些成绩的取得,离不开市委和上级检察机关的正确领导,离不开市人大及其常委会的有力监督,离不开市政府、市政协和社会各界的大力支持。这些成绩的取得,既是全体检察干警的骄傲,也是汝州人民的骄傲。

在此,我代表全院检察干警向各位领导、人大代表和政协委员及社会各界人士表示衷心的感谢!

5年来的检察工作实践表明,做好新形势下的检察工作,只有始终坚持正确的政治方向,紧紧依靠党的领导,自觉接受人大监督,才能保证检察权依法正确行使;只有着眼全局,融入大局,才能更好地为经济社会又好又快发展服务;只有坚持执法为民的执法观,努力提高执法公信力,才能更加有效地维护社会公平正义;只有从严治检,不断提高队伍整体素质,才能更好地发挥检察职能作用,维护国家法律统一正确实施。

回顾过去5年的工作,我们清醒地认识到检察工作中也存在一些问题和不足,主要是:执法理念需要进一步更新,法律监督的整体水平还不能很好适应经济社会发展的需要,与人民群众的要求和期待还有差距;对新形势下检察工作遇到的新情况、新问题研究还不深入、不系统,解放思想、开拓创新的意识还不强,不敢监督、不善监督、监督不到位等问题仍然不同程度地存在。对这些问题,我们将高度重视,在今后工作中努力加以解决。同时,也恳请人大代表和社会各界一如既往地关心和支持检察工作。

今后5年检察工作主要任务

各位代表,今后5年检察工作的总体思路是:以邓小平理论和"三个代表"重要思想为指导,深入贯彻落实科学发展观,认真贯彻落实市委六次党代会精神,紧紧围绕经济社会发展大局,坚持以执法办案为中心,切实强化法律监督、强化自身监督、强化队伍建设,推动检察工作全面发展进步,为保障和促进我市经济科学快速发展、维护社会和谐稳定提供良好的司法保障。为此,我们将重点抓好以下工作:

一、着力服务和保障经济社会科学发展

认真贯彻市委六次党代会精神,及时调整工作重心,完善保障措施。围绕经济发展大局,运用打击、预防、监督、教育、保护等职能作用,创造良好招商环境。积极参与整顿和规范市场经济秩序工作,依法打击涉财涉税刑事犯罪活动,维护良好税收征管秩序;严肃查办和积极预防经济建设领域和环节的职务犯罪,保障政府投资和建设资金安全;平等保护各种所有制经济合法

权益,依法妥善处理涉及企业的案件,保障企业正常的经营发展。

二、着力服务和保障民生

坚持把人民群众的关注点作为法律监督工作的着力点,继续抓好严肃查办危害民生民利渎职侵权犯罪专项工作,参与食品药品安全专项整治,促进解决关系群众切身利益的突出问题。依法严厉打击侵犯农民权益、危害农业生产、影响农村稳定的犯罪。完善落实联系群众、服务群众长效机制,坚持检力下沉,完善乡镇检察室工作,推进视频接访等工作,依法妥善解决群众合法合理诉求,引导群众依法理性反映诉求、维护权益。

三、着力维护社会和谐稳定

稳妥处理各类敏感案件事件,切实维护国家安全和社会政治稳定。深入推进打黑除恶专项斗争,依法严厉打击黑恶势力犯罪、严重暴力犯罪、"两抢一盗"等犯罪,维护人民群众生命财产安全。依法打击扰乱公共秩序、危害公共安全以及"黄赌毒"等犯罪,维护良好社会管理秩序。主动融入党委领导、政府负责、社会协同、公众参与的社会管理格局,积极参与平安创建活动。

四、着力查办和预防职务犯罪

继续加大办案力度,重点查办发生在领导机关和领导干部中的案件,权力集中部门和岗位的案件,重大责任事故、涉及民生、群体性事件以及黑恶势力"保护伞"涉及的案件;严肃查办发生在工程建设、房地产开发、土地管理和矿产资源开发等领域的案件,开展集中查办涉农惠农领域贪污贿赂犯罪案件,着力解决发生在群众身边的腐败问题;加强渎职侵权检察工作,依法查办司法人员、行政执法人员滥用职权严重损害执法司法公正的案件。加强犯罪分析和对策研究,深入开展预防咨询、预防调查、警示教育等工作,促进惩治和预防腐败体系建设。

五、着力强化诉讼监督

坚持有法必依、执法必严、违法必究,全面加强对侦查活动、审判活动和刑罚执行活动的法律监督。落实完善行政执法与刑事司法衔接机制,加强对有案不移、有罪不究的监督。坚持惩治犯罪和保障人权并重,加强对刑讯逼供等违法取证活动的监督,坚决排除非法证据。强化量刑建议制度,促进量刑公正。加强驻所检察室工作,健全刑罚变更执行同步监督机制,促进刑罚执行和监管活动依法进行。

六、着力强化队伍建设

以扎实开展"忠诚、为民、公正、廉洁"的政法干警核心价值观教育实践活动为主线,深化社会主义法治理念教育,牢固树立正确发展理念和执法理念,保持检察机关党员、干部的纯洁性。推进队伍专业化建设,开展岗位技能培训,重点抓好执法办案一线人员培训。加快科技强检步伐,提高检务保障水平。加强案件管理和监督,提高案件质量。突出抓好对自身执法办案的监督制约,坚持从严治检。主动接受人大监督、政协民主监督和社会监督,保障检察权依法正确行使。我们向各位郑重承诺:如果发现检察干警接受当事人及其委托律师吃请、财物的,一律停止执行职务;发现利用检察权侵犯办案单位或当事人合法权益的,一律调离执法岗位;发现检察干警徇私枉法、贪赃枉法的,一律清除出检察队伍。

各位代表,在新的历史时期,检察机关使命光荣,责任重大! 我们将在市委和上级检察院的正确领导下,在市人大及其常委会的有力监督下,在市政府、市政协及社会各界的大力支持下,认真贯彻落实本次会议精神,紧紧围绕全市经济社会发展大局,进一步统一思想,坚定信心,锐意进取,忠诚履职,强化法律监督,维护公平正义,促进社会和谐,奋力开创富裕文明、平安和谐汝州新局面,以更优异的检察业绩、更崭新的检察形象迎接党的十八大胜利召开!

谢谢大家!

附件：

有关用语说明

1."刑事和解"：是指通过调停人使受害人和加害人直接交谈、共同协商达成经济赔偿和解协议后，司法机关根据具体情况作出有利于加害人的刑事责任处置的诉讼活动。被害人在精神和物质上可以获得双重补偿，而加害人则可以赢得被害人谅解和改过自新、尽快回归社会的双重机会。从而实现执法办案政治效果、法律效果和社会效果的统一。

2."附条件不起诉"：是指检察机关对应当负刑事责任的犯罪嫌疑人，认为可以不立即追究刑事责任时，给其设立一定考察期，如其在考察期内积极履行相关社会义务，并完成与被害人及检察机关约定的相关义务，足以证实其悔罪表现的，检察机关将依法作出不起诉决定。

3."联合接访"：是指检察院与上级检察院或检察院有关部门共同组织人员接待信访人，共同研究解决涉检信访问题，共同做好涉检信访工作。

4."点名接访制度"：是指为畅通信访渠道、方便群众反映问题，在基层检察院推行的一项便民措施。根据这一制度，来访群众到基层检察院举报、控告、申诉，可自主点名选择案件承办检察院任何一名院领导、部门负责人或办案人员接访，如被点名人因故不能及时接访的，可由来访人和被点名人预约时间接访，来访群众也可以自主更换其他人接访。

5."执法办案风险评估"：是指检察机关业务部门和案件承办人员在执法办案过程中，对检察执法行为是否存在引发不稳定因素、激化社会矛盾等执法办案风险，进行分析研判、论证评估；对有可能发生执法办案风险的案件，提出意见，积极采取应对措施，及时向有关部门发出预警通报，主动做好释法说理、心理疏导、司法救助、教育稳控、协调联络等风险防范和矛盾化解工作,有效预防和减少执法办案风险发生。

6."预防调查":预防调查是检察机关预防部门开展预防职务犯罪工作的一项专门性调查工作。根据《人民检察院预防职务犯罪工作规则(试行)》第7条的规定,人民检察院预防职务犯罪部门应当围绕可能引发职务犯罪的隐患、非规范职务行为,以及职务犯罪衍化的宏观和微观因素开展预防调查。预防调查可以由预防部门单独进行,也可以与侦查部门共同开展,或者联合有关行业、部门和单位一起进行。调查时,可以采取阅卷调查,走访单位、行业,召开座谈会、专题分析会、专家咨询会,审查管理制度,查阅相关信息、材料等方式。调查结束时,应当依据调查结果提出和制定防范措施。

7."'另案处理'诉讼监督":指检察机关在审查批捕、审查起诉中,对一些涉案人员未被侦查机关一并提请逮捕、移送起诉而注明"另案处理"的人员实行跟踪监督,督促侦查机关及时抓捕、移送"另案处理"人员。

8."督促起诉":针对遭受损害的国有资产或社会公共利益,监管部门或国有单位不行使或懈怠于行使自己的监管职责,案件性质可通过民事诉讼获得司法救济的,检察机关以监督者的身份,督促有关监管部门或国有单位履行职责,依法提起民事诉讼,保护国家和社会公共利益。

2011 年汝州市人民检察院工作报告

——2011 年 2 月 10 日在市六届人大五次会议上

汝州市人民检察院代检察长 乔义恩

各位代表：

现在，我代表汝州市人民检察院向大会报告工作，请予审议，并请各位政协委员和其他列席会议的同志提出意见。

2011 年检察工作主要情况

市六届人大四次会议以来，我院在市委和平顶山市检察院的正确领导下，在市人大、市政府、市政协和社会各界的监督支持下，紧扣全市社会发展大局，突出社会矛盾化解、社会管理创新、公正廉洁执法三项重点工作，进一步加强检察队伍建设，不断提高法律监督能力，各项检察工作取得了新成绩。在平顶山市检察系统的年终考评中整体工作列全市第二，并被推荐为"全省先进基层检察院"，实现了新突破。

一、坚持打击与教育相结合，全力维护我市社会大局稳定

一个和谐稳定、平安有序的社会，既是党委所需，又是人民所盼。一年来，我们始终把维护稳定作为检察机关的首要责任，自觉把检察工作置于党委领导之下，努力为我市社会经济较快发展创造和谐稳定的法治环境。

严厉打击影响稳定和发展的刑事犯罪。充分履行审查批捕、审查起诉职责，突出打击严重影响群众安全感的暴力犯罪和多发性侵财犯罪，深入推进"打黑除恶"专项斗争，依法批捕、起诉了一批黑恶势力犯罪案件。共批准逮捕各类刑事犯罪案件 328 件 430 人，提起公诉 378 件 521 人，依法起诉了杨利苛等 10 人黑社会性质组织案，维护了社会和谐稳定。

认真落实宽严相济的刑事政策。在严厉打击各类刑事犯罪的同时,做到人性化执法,依法对轻微犯罪从宽处理,最大限度修复社会矛盾。对没有逮捕必要的不予批准逮捕 15 件 19 人。对情节轻微的作附条件不起诉 3 件 3 人。推行轻微刑事案件快速办理机制,适用简易程序 93 件 105 人。积极探索刑事和解办案方式,和解后建议公安机关撤案 4 件 4 人。探索建立轻微刑事案件附条件不起诉的做法受到省检察院的充分肯定,并在全省推广。

创新信访工作机制,理性文明解决群众诉求。建立《涉检信访风险评估预警机制》,在办理重大复杂案件时,同步进行信访风险评估预警,科学制订处置预案,妥善采取应对措施。实现了涉检进京零上访、赴省集体零上访。开展信访风险评估的经验得到省检察院推广。建立来访群众点名接待制度、远程视频接访制度、开展"检察开放日"活动、完善 12309 职务犯罪举报电话接听、录音反馈等制度,畅通信访渠道,解决群众诉求。信访接待室被最高人民检察院授予"全国检察机关文明示范窗口"荣誉称号。深入推进社会矛盾化解、社会管理创新、公正廉洁执法三项重点工作的做法被省委和最高人民检察院转发推广。

积极参与社会治安综合治理。组成法律服务志愿团,开展"送法进基层"活动,深入重点乡村、企业提供法律服务。深化送法进学校、进社区、进农村工作,制定《送法进校园活动实施方案》,与市教委沟通,选取市一中、二中、六中、尚庄中学、实验小学等学校,由检察干警担任校外法制辅导员,不定期到学校与学生面对面进行交流,预防青少年犯罪。与学校合力做好校园及周边地区的安全防范工作。

积极探索、稳步推进驻乡镇检察室工作,把法律监督职能延伸到基层。根据《中共汝州市委汝州市人民政府关于强化平安建设基础工作的意见》(〔2010〕1 号)文件精神,积极探索建立派驻乡镇检察室。通过认真考察、调研,积极向市委进行汇报,初步选取小屯镇、临汝镇、焦村乡3个乡镇建立派驻检察室。通过竞争上岗,选拔出3名优秀干部分别就任3个乡镇检察室主任。目前,3个乡镇检察室已经挂牌成立,开始开展工作。对化解农村社会矛盾,服务基层群众,维护农村社会稳定起到了积极作用。

二、依法查办和预防职务犯罪,积极推进反腐倡廉建设

检察机关作为打击腐败的重要力量,我们始终把党委肯定不肯定、人民满意不满意作为重要标准,把查办领导干部贪污贿赂、渎职侵权等职务犯罪放在突出位置来抓,努力以查办和预防职务犯罪的实际成效服务发展、取信于民。

切实加大查办党员领导干部贪污贿赂犯罪力度。共立案查处贪污贿赂职务犯罪案件17件22人,已判决21人。一是突出查办有影响、有震动的大案要案。查办正处级干部1人、正科级2人、副科级2人,大要案比例为85%。二是严查国家机关工作人员、尤其是实职领导干部贪污贿赂犯罪案件,净化干部队伍。依法查办了汝州市农村经济合作开发办公室原办公室主任于某某等3人受贿案、汝州市卫生局副局长王某贪污案等案件。查办的汝州市公疗办副主任杨某某等人贪污窝案被平顶山市检察院评为"全市反贪十佳精品案件"。三是重点查办发生在工程建设、房地产开发、土地管理和交通运输等重点领域的贪污贿赂案件。立案查处的汝州市工程建筑公司经理涉嫌贪污案,在工程建设领域引起强烈反响。四是严肃查办发生在医疗卫生、社会保障等领域以及侵害农民利益、危害农业发展的职务犯罪案件,着力维护人民群众切身利益。查办发生在医疗卫生领域职务犯罪案件6件9人,查办发生在涉农领域职务犯罪案件5件5人。查办国家机关工作人员贪污贿赂案件的做法被平顶山市检察院、省检察院推广。

严肃查办国家机关工作人员失职渎职犯罪。共立案侦查失职渎职犯罪案件 5 件 8 人，法院已全部作有罪判决，其中重特大案件 5 人。严厉打击重大责任事故背后的渎职犯罪，按照上级院指派，积极介入新华四矿"9·8"特大瓦斯爆炸事故调查，立案侦查 7 人，新华区煤炭工业局原局长康双义、原副局长郭春平、第一煤管站原站长王增善、原副站长范志伟等 4 人已被人民法院判处 6 年至 4 年半不等的有期徒刑。

深入开展职务犯罪预防工作。党委、政府培养一名干部不容易，在打击贪污贿赂、渎职侵权等国家工作人员职务犯罪的同时，我们也加强了对党员干部的犯罪预防教育。针对发生在我市的职务犯罪案件，认真查找发案原因、管理漏洞、监督方面的缺失等因素，深入发案单位开展警示教育，并有针对性地提出检察建议，帮助落实预防措施。先后在煤山办事处、朝川矿、汝州市电力公司等开展警示教育 11 次。完善行贿犯罪档案查询系统，录入行贿犯罪 30 件，向各单位和个人提供查询 700 多次。继续办好领导干部预防犯罪杂志《晨钟》，全年共刊发 6 期，发行 14000 册，使广大乡镇、村委、局委干部受到警示教育，对防范党员领导干部犯罪起到了积极作用。

三、着力加强法律监督，切实维护司法公正

司法不公，不仅严重损害法律的权威，更会对人民群众产生较坏的示范引导作用，造成人民群众信访不信法的恶性循环局面，影响社会诉求的正确表达。检察机关作为专门的法律监督机关，我们始终把维护司法公正作为法律监督工作的着力点，顺应人民群众对司法公正的新要求、新期待，突出监督重点，完善监督机制，切实履行对诉讼活动的法律监督职责。

进一步加强刑事立案和侦查活动监督。对应当立案而未立案的，依法监督侦查机关立案 6 件 8 人；对不应当立案而立案的，监督撤案 4 件 4 人；对事实不清、证据不足的，不予批准逮捕 10 件 14 人；对应当逮捕而未提请逮捕的，追加逮捕 15 人；对应当起诉而未移送起诉的，追加起诉 10 人。

进一步加强刑事审判监督。纠正审判机关违法 8 次，按照二审程序提起抗诉 1 件 1 人，已获改判。通过检察长列席法院审判委员会发表监督意见，使职务犯罪案件缓、免刑判决率明显降低，实刑判决率明显提高。平顶山市检察机关贯彻落实办理职务犯罪案件"双十条意见"现场会在我院召开，推广该经验。

加强民事审判和行政诉讼监督。共受理不服人民法院判决、裁定的民事申诉案件线索 13 件，向平顶山市检察院提请抗诉 6 件，审查息诉 7 件。向法院发出执行检察监督检察建议 9 次，均被采纳。支持农民工等弱势群体起诉 46 件。

加强对刑罚执行和监管活动的监督。重视对监管活动中违法情况和侵犯在押人员合法权益情况的监督，对看守所安全防范检查 356 次，消除事故隐患 12 次，纠正超期羁押、违法提讯等 6 次，立案侦查职务犯罪案件 2 件 2 人，其中司法工作人员 1 件 1 人，均已作出有罪判决。积极创建国家一级规范化驻所检察室，实现驻所检察室与看守所信息系统局域网连接，创建一级规范化检察室工作得到省、市检察院的肯定。

四、加强检察队伍建设，不断提高法律监督能力

一年来，我们按照"内强素质、外树形象"的要求，不断深化队伍建设，端正执法思想，提高业务水平，努力打造一支政治可靠、业务精通、作风优良、执法公正、廉洁高效的检察队伍。

加强干警思想作风建设，深入开展"反特权思想、反霸道作风"专项教育活动、"恪守检察职业道德，促进公正廉洁执法"主题教育实践活动，大力弘扬"忠诚、公正、清廉、文明"的检察职业道德。通过演讲比赛、观看廉政教育片和到看守所参观等活动，经常性地开展廉政警示教育。认真学习贯彻《廉政准则》、建立干警执法档案、加强日常检务督查，干警廉洁从检意识进一步提高。

加强岗位练兵,提高干警业务素质。一是组织开展读书学习活动,建立完善干警阅览室,干警积极参与,撰写读书心得,通过读书使干警养成爱读书、读好书、善读书的习惯,队伍综合素质和文化涵养进一步提高。二是实施"一帮一"结对帮扶练兵计划。本着"全员参与、学以致用、注重实效"的原则,通过"以强带弱、以老带新、以训代培"的结对帮扶,增强干警的综合素质。三是丰富练兵形式,提高干警综合素质。通过开展公诉案件正反方辩论赛、参加上级检察院各类竞赛、组织岗位技能考试、邀请法学专家授课、鼓励参加司法考试和各类资格考试、开展实战演练等,不断提高干警综合素质。去年以来,有3人通过国家司法考试,13名干警被上级检察院评为先进工作者,1人荣立二等功,5人荣立三等功。

五、主动接受人大及社会各界监督,确保检察权依法正确行使

牢固树立监督者必须自觉接受监督的意识,把强化自身监督与强化法律监督放到同等重要的位置,不断完善内外部监督制约机制,努力保障执法办案严格依法进行。

自觉接受人大监督。检察机关由人大产生,对人大负责,受人大监督,是宪法确定的基本原则。一年来,我们牢固树立人大意识,强化全体干警自觉接受人大监督的观念,主动邀请人大代表参与重大工作部署和执法活动,重大活动和重要情况及时向人大请示汇报;认真按照《汝州市人大常委会2010年工作评议实施方案》,自觉接受监督评议,认真查找自身问题,积极进行整改落实;及时向人大报送检察《情况反映》,邀请人大代表座谈,征求代表意见;认真办理、及时反馈市人大常委会交办案事件3件。

广泛接受民主监督和社会监督。自觉接受政协民主监督、人民群众监督,主动邀请政协委员、人民监督员及社会各界群众,介绍检察工作,参观办案区,使检察工作更好地体现人民群众的愿望和要求。组织人民监督员对职务犯罪案件中拟作撤案、不起诉处理和犯罪嫌疑人不服逮捕决定等情形及办理职务犯罪过程中干警是否廉洁公正执法进行监督,对1起拟不起诉的职务犯罪案件进行了评议,对去年办理的8件职务犯罪案件进行了回访,回访发案单位6个,发放调查问卷133份,收到建议55条,取得良好社会效果。

各位代表,过去一年里检察工作所取得的成绩,是市委正确领导,市人大依法监督,市政府、市政协及全市人民关心支持的结果。在此,我代表全体检察人员,对关心支持检察工作的各位领导和社会各界朋友,表示衷心的感谢!

回顾过去一年的工作,我们也清醒地认识到,检察工作与市委、市人大的要求以及全市人民的期望还有很大差距,还存在着不少问题和不足。一是履行法律监督的能力需要进一步增强。惩治犯罪、化解矛盾与构建平安和谐汝州的要求还有差距,查办和预防职务犯罪工作与人民群众的期待还有差距。民事审判监督工作仍然比较薄弱,诉讼监督工作的力度和社会效果有待增强。二是队伍的整体素质需要进一步提升。新形势下做群众工作的能力还不强,队伍纪律作风仍需加强,个别检察人员特权思想仍然存在。三是干警职级待遇问题还没有得到有效解决。对于这些问题和不足,我们将在市委领导和市人大、市政府、市政协及社会各界的监督支持下,认真加以解决。

2011年检察工作意见

各位代表,根据市委五届十二次全会确定的目标任务和上级检察机关工作部署,2011年检察工作的总体思路是:全面贯彻落实党的十七大和十七届五中全会精神,按照市委和市检察院的部署,以深化三项重点工作为着力点,以加强党的建设和队伍建设为保证,全面履行法律监督职责,不断提高检察工作科学发展水平,更好维护社会和谐稳定、维护人民群众权益、维护社会公平正义,为实现我市"十二五"时期经济社会发展良好开局提供有力的司法保障。

一、更加注重维护社会和谐稳定,着力深化三项重点工作

紧紧围绕市委的重大决策部署,围绕中心、服务大局,维护社会大局稳定。完善群众诉求表达机制、执法办案风险评估预警机制,有效防止因执法不当激化矛盾或引发新的矛盾;正确贯彻宽严相济刑事政策,加大社会矛盾化解力度,协调有关部门对生活确有困难的刑事被害人提供资金救助、民政救济、社会保障、法律援助等;立足检察职能进一步加强和完善派驻乡镇检察室工作,注重化解社会矛盾,维护基层社会治安稳定,引导群众正确表达诉求。

二、更加注重促进反腐倡廉建设,加大查办和预防职务犯罪工作力度

一是突出办案重点,严肃查办发生在领导机关和领导干部中以权谋私、失职渎职犯罪案件,重点领域和关键环节中的职务犯罪案件,重大责任事故和群体性事件涉及的职务犯罪案件,发生在基层政权组织和重点岗位贪污贿赂、滥用职权的犯罪案件,以案谋私、贪赃枉法和为黑恶势力充当"保护伞"等案件,继续加大对行贿犯罪的打击力度。二是更加注重办案质量和效果,更加注重坚持理性平和文明规范执法。正确处理打击与保护、实体公正与程序公正、执法办案与服务大局等关系,正确把握政策策略,注重改进执法方式方法,努力实现法律效果与政治效果、社会效果有机统一。三是进一步加强预防职务犯罪工作。加强预防宣传和警示教育,深入开展预防工程建设领域职务犯罪专项工作,增强预防职务犯罪综合效应。加强行贿犯罪档案查询工作,促进从源头上遏制和减少职务犯罪发生。

三、更加注重维护司法公正廉洁,进一步强化对诉讼活动的法律监督

一是进一步加强刑事诉讼监督。建立健全与公安机关信息通报制度和信息共享平台,提高及时发现和准确纠正违法的能力。加大对不该立案而立案的监督力度,重点监督纠正违法动用刑事手段插手民事经济纠纷等突出问题。二是进一步加强刑罚执行和监管活动监督。加强驻看守所检察室建设,严格落实日常巡视检察、安全防范检察、在押人员约见派驻检察官等制度,加强对刑罚变更执行同步监督工作。三是进一步加大查处司法人员违法犯罪力度。严肃查处执法不严、司法不公背后的职务犯罪,强化法律监督力度,促进公正廉洁执法。

四、更加注重检察队伍建设,切实提高公正廉洁执法水平

继续深入开展创先争优活动和"建设学习型党组织、创建学习型检察院"活动;健全岗位练兵长效机制,广泛开展业务竞赛;着力加强内部监督制约机制建设,坚持以领导干部为重点,以执法监督为核心,以制度建设为关键,不断加大内部监督工作力度;抓好自身反腐倡廉建设,认真落实《廉政准则》,严格执行检察机关领导干部廉洁从检若干规定,着力解决和防止检察干警以权谋私、以案谋私、违反规定办案等突出问题。

各位代表,刚刚过去的"十一五",汝州发生了巨大的变化;今天的汝州已进入了蓄势崛起的新阶段。这次代表大会绘就了汝州"十二五"发展的宏伟蓝图,我院将按照本次大会确定的任务,更加自觉地接受党的领导和人大的监督,认真履行宪法和法律赋予的职责,开拓创新,扎实工作,为汝州"十二五"规划的开局之年打下坚实的基础,为建设富裕文明、平安和谐汝州提供更加有力的司法保障。

2010年汝州市人民检察院工作报告

——2010年2月16日在市六届人大四次会议上

汝州市人民检察院检察长 刘龙海

各位代表:

现在,我代表汝州市人民检察院向大会报告工作,请予审议,并请各位政协委员和其他列席会议的同志提出意见。

一、2009年检察工作主要情况

市六届人大三次会议以来,我院在市委和上级检察机关的正确领导下,在人大、政府、政协的监督、支持下,紧紧围绕"保增长、保民生、保稳定"大局,以化解矛盾、服务企业、服务三农为抓手,认真履行检察职能,各项工作都取得新的进展。

(一)坚持把维护社会稳定作为压倒一切的中心任务

我院坚持加强与公安、法院等有关部门的协作配合,严厉打击影响人民群众安全感的"两抢一盗"和黑恶势力等刑事犯罪。一年来(报表统计日期为2008年12月26日至2009年12月25日),共受理公安机关提请批准逮捕各类刑事犯罪案件331件445人,经审查批准逮捕312件419人;受理移送审查起诉案件368件518人,审结后提起公诉343件464人,法院已作出判决315件432人,均为有罪判决。其中依法快捕了当地影响恶劣的陶英伟杀人案等恶性暴力犯罪案件;批准逮捕、提起公诉黑恶势力犯罪案件4件22人;批准逮捕"两抢一盗"案件100件149人,提起公诉115件163人。提起公诉的袁延辉等14人涉嫌组织、领导、参加黑社会性质组织案,一审判处10年至1年零3个月不等的有期徒刑,一些社会影响大、群众关注度高的犯罪案件得到及时打击。

认真贯彻宽严相济刑事司法政策，建立快速办理轻微刑事案件工作制度。去年适用简易程序起诉刑事案件99件127人，对虽然涉嫌犯罪但无逮捕必要的10件12人作出不批准逮捕决定，对犯罪情节轻微、社会危害较小的2件4人作出不予起诉决定。探索完善刑事案件和解机制，与公安、法院协作对符合和解条件的轻微刑事案件43件44人，在当事人达成和解的前提下，依法从宽处理，化解了矛盾，减少了对抗，促进了和谐。我院被确定为全省刑事和解试点单位之一，在刑事和解试点工作中探索的经验被省检察院推广。

办结上级院交办要结果信访案件4件，办结市委、人大、政府、政协、群众工作部督办要结果信访案件21件，成功稳控和彻底解决多起京访、省访和疑难重访案件，为保证国庆60周年等重大节日和敏感时期的社会稳定发挥了积极作用，实现了全年涉检进京"零"上访。建立实施《汝州市人民检察院涉检信访工作长效机制》的做法，被最高人民检察院和省人民检察院推广，加强涉检信访源头治理的经验受到省检察院的肯定，继续保持了"全国文明接待室"荣誉称号。

(二)加大惩治和预防职务犯罪力度,促进反腐倡廉建设

2009年立案侦查贪污贿赂和渎职侵权等职务犯罪案件20件33人，是2008年立案人数的2.5倍。其中立案侦查贪污贿赂案件12件22人，副处级干部1人，科级干部4人;立案侦查渎职侵权案件8件11人，其中重特大案件7人。提起公诉19件30人，法院已作有罪判决12件23人。

重点围绕行政执法部门、司法部门及涉农、涉企领域，严厉查办国家工作人员贪污贿赂、玩忽职守、滥用职权的案件。查处了杨楼乡副乡长徐某某贪污计划生育专款案、环保局党组成员王某某贪污案、公安交警大队中队长裴

某某玩忽职守案、国土局 3 名工作人员玩忽职守案、农林局 2 名工作人员玩忽职守案等案件,及时解决了人民群众反映强烈的热点问题,维护了廉洁高效的政务环境。

重点查办和打击各种侵害企业和农民利益、危害企业生产、影响农村社会稳定的犯罪案件。全年共立案侦查农村基层干部职务犯罪案件 8 件 15 人。查处了庙下乡一起涉及 9 名乡、村干部共同私分侵吞高速公路征地补偿款的重大涉农窝案,涉案金额达 38 万余元,被告人陈书立、宋新志等 8 人一审被判 10 年至 2 年不等的有期徒刑。我院服务企业、服务三农的意见和做法,市委书记李全胜作出批示,市委政法委派出调研组,形成专题调研报告,在全市政法系统转发。

积极开展职务犯罪预防工作。先后在卫生、农林等系统开展预防调查工作,累计查阅单据账目 300 余册,发现职务犯罪案件线索 2 件;开展专项预防 36 项,制止违法招标 2 件,发现工程安全隐患 4 件,防止经济损失 627 万元。针对典型案件发案原因、特点,向有关单位提出堵塞漏洞、建章立制的检察建议 17 件,并逐一监督落实。

(三)不断强化诉讼监督,维护司法公正

在侦查监督中,对应当立案而未立案的,依法监督侦查机关立案 6 件 6 人;对不应当立案而立案的,监督撤案 7 件 10 人。追加逮捕漏犯 24 件 27 人,其中 10 人被判处 3 年以上有期徒刑。追诉漏犯 19 人,追诉同种漏罪 37 条,异种漏罪 5 条,纠正公安机关错误移送起诉 4 件 7 人。与公安局会签了《关于适用逮捕强制措施的若干规定》,对不捕案件的跟踪监督、捕后案件强制措施的变更监督、无逮捕必要的案件和刑事和解的处理等情形进行了明确规定,进一步完善了侦查监督机制。

在刑事审判监督中,按照上级检察机关开展刑事审判法律监督专项检查活动的要求,对 2008 年度 346 份刑事判决书进行逐案审查,查处了刑事审判庭原庭长挪用罚金 45.6 万元典型案件,被评为 2009 年全省刑事审判法律监督专项检查活动"十佳案件"。与法院共同制定了《对提起公诉的刑事案件提出量刑建议的意见》和《无羁押诉讼刑事案件的意见》,切实解决同罪不同罚、适用缓刑标准不一的问题。对于职务犯罪案件以及定罪、量刑有分歧或者重大、疑难案件,检察长列席法院审判委员会发表监督意见 6 件;按二审程序提出刑事抗诉案件 2 件 2 人。

在刑罚执行和监管活动监督中,认真开展看守所监管秩序专项检查和打击"牢头狱霸"专项活动,对看守所安全防范设施隐患、违法提讯等问题提出纠正意见 20 余次;协助看守所开展政治攻势,深挖犯罪线索 22 起;向办案单位发出办案期限《纠正违法通知书》34 份 36 人次,向有关领导部门反映严重超期羁押情况 9 人 30 份,纠正超期羁押 4 案 8 人;查处看守所工作人员帮助在押人员逃避处罚案 2 件 2 人。

在民事审判和行政诉讼监督中,共受理不服人民法院判决、裁定的民事、行政申诉案件线索 12 件,立案审查 8 件,向平顶山市检察院提请抗诉 6 件均获支持,对当事人不服人民法院作出的公正裁判做服判息诉案件 3 件。代表国家和集体提起刑事附带民事诉讼 5 件,挽回经济损失 30 余万元。与司法局会签了《关于建立民行检察服务"三农"法律援助机制的实施意见》,加强对民事、行政申诉案件中弱势群体的法律援助。

(四)加强检察队伍建设,提高执法公信力

积极回应人民群众对检察工作的新要求新期待,向社会作出了为民办好"八件实事"的公开承诺。结合全国检察机关开通 12309 举报电话,完善网上案件举报、来信来访、电话举报、视频接访等程序,畅通群众举报申诉渠道;开通网上案件信息查询系统,将所办案件的非涉密信息向社会公布,方便群众查询;成立"法律服务志愿团",开展检察工作进社区、进机关、进企业、进乡村、进学校活动;与中平能化集团梨园矿、朝川矿共同建立检察机关服务企业工作站,扎实开展职务犯罪预防。把检察工作置于社会各界的监督之下,邀请人大代表、政协委员、人民监督员、特约检察员等社会各界人士座谈,征求意见和建议,将犯罪嫌疑人不服逮捕决定、拟撤销案件、拟不起诉的三类职务犯罪案件提交人民监督员以不记名投票表决方式进行处理。

坚持主动向人大常委会报告检察工作中重要情况和重大活动;严格执行人大及其常委会的有关决议和决定;及时向人大、政协报送检察《情况反映》,报告检察工作情况;邀请人大代表、政协委员来我院座谈、视察工作;认真听取代表、委员的批评、意见和建议;认真办理、及时反馈市人大常委会交办案事件。2009 年 12 月 9 日市人大常委会党组和政协党组对我院进行了工作视察,听取了 2009 年以来的检察工作情况,提出了加强和改进法律监督的意见和建议,对检察工作给予了有力的监督和支持。

坚持"内强素质,外树形象"的队伍建设思路,突出抓好纪律作风建设和教育培训工作。按照市委和上级检察院的部署,先后开展了"深入学习实践科学发展观"、"执法作风纪律集中教育整顿"等项活动。通过组织干警参加专题讲座、设立活动学习园地、聆听检察系统先进事迹报告会、聘请平顶山市委党校教授给干警上党课、实施"一帮一"结对子岗位素能培训、推行工作周报月考制等形式,增强干警争先创优意识。抓住执法办案的关键环节和重点部位,建立完善内部监督制约机制,制定实施《犯罪构成要件审查表》和《办案流程表》,规范办案流程管理,提高办案质量,强化对执法办案的监督;制定实名举报投诉检察干警违法、违纪案件限期答复制度,加强对干警的违法、违纪监督管理;加强警车管理,严格实行警车用车派车制度,堵塞管理漏洞,完善管理措施,严格责任追究,有效促进了检察队伍的作风纪律建设。

2009年8月19日,省检察院检察长蔡宁到汝州调研工作时,对我院的"一帮一"岗位练兵、查办职务犯罪、刑事和解、涉检信访等工作都给予了充分肯定。在2009年的年终考核中,我院的反贪污贿赂、监所检察、侦查监督、民行检察、检察技术等多项工作均位于平顶山检察系统先进位次。

各位代表,过去一年里检察工作所取得的成绩,是市委正确领导,人大、政府、政协及全市人民有效监督、大力支持的结果。借此机会,我代表全体检察人员,对关心支持检察工作的社会各界朋友,表示衷心的感谢!

看到成绩的同时,我们也清醒地认识到,检察工作与市委、市人大的要求以及全市人民的期望还有很大差距,还存在着不少问题和不足。一是检察职能作用的发挥与人民群众的期望和要求还有差距,办案水平和案件质量有待进一步提高;二是法律监督工作还存在薄弱环节。法律监督能力不强,不敢监督、不善监督、监督不规范、监督不到位的问题仍然存在,一些执法、司法不公问题还没有得到有效监督纠正。三是基础工作薄弱,经费保障机制还不健全,干警职级待遇问题还没有得到有效解决。这些都是制约检察工作发展的主要问题。对于这些问题和不足,我们将在市委领导和人大、政府、政协及社会各界的监督支持下,认真加以解决。

二、2010年检察工作主要任务

根据市委五届十次会议确定的目标任务和上级检察机关工作部署,2010年我院的主要任务是:认真贯彻落实党的十七届三中、四中全会和全国及省、市政法工作会议精神,坚持以邓小平理论和"三个代表"重要思想为指导,深入贯彻落实科学发展观,以深入推进社会矛盾化解、社会管理创新、公正廉洁执法三项重点工作为载体,不断强化法律监督工作,强化高素质检察队伍建设,努力把检察工作提高到新水平,为建设富裕文明、平安和谐汝州提供更加有力的司法保障。

(一) 着力推进社会矛盾化解和社会管理创新工作,服务全市工作大局

把化解社会矛盾贯穿于执法办案始终,在深化刑事和解的基础上,探索附条件不起诉制度,将 2010 年确定为"涉检矛盾化解年",建立健全涉检信访源头治理和涉检信访积案化解制度,推行"检察工作服务基层联络点"制度,进一步规范执法办案流程,完善审查逮捕、审查起诉案件信访风险评估预警机制,坚决把矛盾纠纷化解在基层、解决在当地、消除在萌芽状态。会同有关部门研究制定社区矫正工作办法,成立"少年犯罪侦监公诉组",最大限度地教育挽救未成年犯罪人员,充分发挥"法律服务志愿团"的作用,继续开展"送法进农村、进企业、进学校、进社区"活动,与有关部门密切配合切实搞好社会治安综合治理。

(二) 着力查办和预防职务犯罪、强化诉讼监督,促进公正廉洁执法

重点查办发生在党政领导机关和领导干部中的职务犯罪案件,严肃查办教育、医疗、社会保障、工程建设、征地拆迁等重点领域中的贪污贿赂、挪用公款犯罪案件。深入查办重大安全生产事故和侵犯民生、损害人民群众利益的渎职侵权犯罪。加强预防职务犯罪工作,继续广泛开展多层次、有针对性的警示教育,保障公职人员廉洁性。认真履行对诉讼活动的法律监督职责,注重对有案不立、以罚代刑、罚不当罪、超期羁押、裁判不公等问题进行监督,依法妥善解决人民群众最关心、最直接、最现实的利益问题和合理诉求,促进廉洁执法,维护社会公平正义。

(三) 着力推进检察队伍建设工作,努力提高执法水平

以实践"忠诚、公正、清廉、文明"的检察人员职业道德规范为重点,大力加强检察职业道德建设。扎实推进检察教育培训,坚持每年至少两次聘请省、市委党校教授来院授课制度,开展"读书月"活动、"一帮一"岗位练兵活动、正反方辩论赛活动,建立年轻干部列席检委会制度。加强廉洁从检教育,

开展警示教育活动,建立案件质量评查机制和干警执法档案制度,有针对性地开展示范教育、警示教育、岗位廉政教育,严肃查处检察人员违法违纪案件。

(四)自觉接受党的领导和人大、政协、社会各界监督

坚决执行党委决策、人大决议和对检察工作的有关要求,主动向党委和人大常委会报告工作。认真贯彻落实《监督法》,不断强化接受监督意识,拓宽监督渠道。进一步加强与人大代表的联系,认真听取意见、建议和批评,使检察工作更好地体现人民群众的愿望和要求。以人民群众满意为标准,扎实办好人大代表建议和人大常委会转交的案事件。自觉接受政协民主监督、人民群众监督,自觉拓宽接受政协委员、人民群众意见和建议的途径,使检察工作更好地体现人民群众的愿望和要求。

各位代表,在新的一年里,我院要在市委和上级检察机关的领导下,在人大、政府、政协及社会各界的监督支持下,深入学习实践科学发展观,全面履行检察职能,努力开创检察工作新局面,为建设富裕文明、平安和谐汝州作出新的更大的贡献!

2009年汝州市人民检察院工作报告

——2009年3月12日在市六届人大三次会议上

汝州市人民检察院检察长 刘龙海

各位代表:

现在,我代表汝州市人民检察院向大会报告工作,请予审议,并请各位政协委员和其他列席会议的同志提出意见。

一、2008年检察工作主要情况

市六届人大二次会议以来,我院在市委和上级检察机关的正确领导下,在人大、政府、政协的监督、支持下,认真贯彻党的十七大和十七届三中全会精神,全面落实科学发展观,坚持社会主义法治理念,坚持党的事业至上、人民利益至上、宪法法律至上,以服务大局为使命,紧紧围绕"强化法律监督,维护公平正义"的检察工作主题,依法履行法律监督职责,使各项检察工作在学习科学发展观中得到新的加强,落实科学发展观中取得新的成效,为全市社会和谐稳定和经济发展作出了积极贡献。

(一)坚持打击犯罪与化解矛盾并重,依法维护社会和谐稳定

全年共受理公安机关提请批准逮捕各类刑事犯罪案件402件541人,经审查批准逮捕376件505人;受理各类移送审查起诉案件425件644人,审结后依法提起公诉365件548人,法院已作判决331件491人。批捕准确率、提起公诉准确率、法定时限内结案率均达100%。对重大刑事案件坚持提前介入,依法快捕快诉,在当地影响恶劣的温泉镇牛小丽杀人碎尸案等案件提请批捕后,我院及时审查完毕作出批准逮捕决定,使一些社会影响大、群众关注度高的犯罪案件得到及时打击,有效地维护了社会稳定。

积极投入"打黑除恶"和打击"两抢一盗"犯罪专项斗争,努力增强人民群众安全感。坚持从严从快方针,突出打击影响人民群众安全感的黑恶势力犯罪和"两抢一盗"犯罪 。对进入审查批捕和审查起诉环节的案件依法快捕快诉,对重大复杂案件实行专人督办、跟踪指导、限期办结,共批准逮捕黑恶势力犯罪案件 2 件 25 人,提起公诉 2 件 25 人;批准逮捕"两抢一盗"案件 192 件 278 人,提起公诉 214 件 331 人(含直接移送起诉案件),起诉人数同比上升 135%。2008 年由我院提起公诉的郭拥军等 10 人黑社会性质组织案和艾保发、孙文现等 15 人黑社会性质组织案,法院均作有罪判决,有力打击了黑恶势力犯罪。在打击"两抢一盗"斗争中我院批捕、起诉工作均进入全省第一方阵,受到市委政法委的通报表扬,为全市的大局稳定作出了应有的贡献。

认真贯彻宽严相济刑事司法政策,努力实现办案的法律效果和社会效果的统一。坚持严格依法、区别对待、该宽则宽、当严则严、注重效果的原则,积极探索有益于贯彻宽严相济刑事司法政策的检察工作机制。实行依法快速办理轻微刑事案件、未成年人犯罪案件的工作制度,全年适用简易程序起诉刑事案件 76 件,对虽然涉嫌犯罪但无逮捕必要的 12 人作出不批准逮捕决定,对犯罪情节轻微、社会危害较小的 4 人作出不予起诉决定。完善当事人达成和解的刑事案件办理制度,对 45 件轻伤害犯罪案件和 19 件情节较轻的交通肇事犯罪案件,协同公安、法院,先行调解赔偿,受害人谅解提出撤诉请求、双方和解后,综合分析犯罪危害程度,分别适用从轻处罚、不起诉或者撤销案件的处理方法,最大限度地减少社会对立面,化消极因素为积极因素,促进社会和谐。

切实做好处理涉检信访工作,努力化解社会矛盾。以"书记、市长大接访"活动为契机,认真落实检察长接待日制度和控告申诉首办责任制,着力解决群众的合理诉求。深入开展涉检上访集中排查化解专项工作,积极推行下访巡访、联合接访、双向承诺、公开答复等措施,取得较好效果。共接待来访197次448人,受理来信27件。检察长累计接访116天,接待来访群众82人次,检察长批办案件35件,办理有结果27件。在"书记、市长大接访"活动中,积极处理上级院和汝州市委批转要求稳控的信访案件35件,依法全部办结。依法办结上级院交办要结果的案件7件,办结市委、人大、政府、群工部督办要结果的案件25件。成功稳控和彻底解决了多起京访、省访和疑难重访案件,实现了奥运期间涉检进京零上访。我院控申接待室再次被最高人民检察院授予"全国文明接待室"荣誉称号。

(二)坚持惩治和预防职务犯罪并举,促进廉政建设和反腐败工作

全年共立案侦查贪污贿赂和渎职侵权犯罪案件12件13人,其中贪污贿赂案件7件8人,渎职侵权案件5件5人。通过办案为国家挽回直接经济损失200余万元。

突出重点,关注三农。认真贯彻党的十七届三中全会精神,加强对"三农"问题的关注,开展了对种粮补贴、退耕还林、扶贫救灾、基础建设、土地征用等财政专项款物使用的调查,严肃查办和打击各种侵害农民利益、危害农业生产、影响农村社会稳定的犯罪案件。全年共初查此类案件12件,立案侦查农村基层干部职务犯罪案件4件5人。查处了夏店乡原常务副乡长彭云庆在纸纺乡任副乡长期间挪用农村宅基地款案、王寨乡寺湾村原党支部书记兼村主任李团国贪污灾歉减免款案等案件。通过查处这些职务犯罪案件,有效地推动了反腐败斗争的深入开展,维护了农村社会的稳定。

改进办案工作,着力提高案件质量。坚持依法全面客观收集、审查和运用证据,防止因证据收集不全、失实和审查不细、不严而造成错案;全面推行讯问职务犯罪嫌疑人全程同步录音录像制度,强化证据固定,防止违法办

案;实行职务犯罪立案、逮捕向上一级检察院备案,撤案、不起诉报上一级检察院批准制度,加强对职务犯罪侦查工作的监督制约。一年来,提起公诉的职务犯罪被告人14人,全部被法院作有罪判决,其中实职副科级干部2人。

立足检察职能,着力加强职务犯罪预防工作。在坚持结合办案提出检察建议、开展警示教育等预防工作的同时,围绕扶贫救灾款物的管理和使用、重大工程建设、医疗卫生等关系国计民生的重大事项和人民群众关心的热点问题开展同步预防,重点对民政系统开展了职务犯罪预防调查。通过调查,针对发现的问题及时发出检察建议,督促有关单位和人员限期纠正,维护了农村弱势群体的合法权益,取得了较好效果。创办的《职务犯罪预防》期刊,现扩版增容更名为《晨钟》,新开辟了大案聚焦、调查研究、法律释疑、青少年犯罪、反腐视点等多个新栏目,继续坚持免费向市直各单位和乡镇的领导干部赠阅,为进一步推动犯罪预防和反腐倡廉工作提供了新的载体。

(三)坚持维护司法公正与法律相统一,依法履行诉讼监督职责

坚持以监督保公正,以公正促和谐,全面履行对立案、侦查、审判和刑罚执行活动的监督职责,突出监督重点,加大监督力度,增强监督实效。

坚持打击犯罪和保护人权并重,加强刑事诉讼监督。在刑事立案监督中,对应当立案而未立案的,依法监督侦查机关立案3件5人;对不应当立案而立案的,监督撤案9件17人。在侦查活动监督中,决定追加逮捕40人、追加起诉25人,被追诉的漏犯一审被判10年以上有期徒刑的有6人,其中,追诉的马建斌特大入户抢劫案,一审被判有期徒刑14年。在刑事审判监督中,对认为确有错误的刑事判决、裁定提出抗诉2件,法院已改判1件。在刑罚执行和监管活动监督中,对违法减刑、假释、保外就医、不按规定交付执行和违法会见等提出纠正意见20件次,在看守所内深挖犯罪线索35起,初查案件线索4件,立案侦查1件1人。

坚持纠正司法不公和维护司法权威并重，加强民事审判和行政诉讼监督。共受理不服人民法院生效民事、行政判决、裁定的申诉案件线索 24 件，依法提出抗诉 11 件，已改判、调解结案、发回重审 7 件。对认为原审判决、裁定正确的，主动说服当事人息诉服判 13 件。

(四)坚持教育与管理两手抓，切实提高队伍整体素质

加强领导班子建设，进一步加强对领导班子和中层干部的教育、管理和监督。认真落实党风廉政建设责任制，严格落实民主集中制和领导干部个人有关事项报告制度、述职述廉制度。积极倡导学习的风气、调研的风气、求真务实的风气、勤俭节约的风气，干部作风进一步转变。积极回应人民群众对检察工作的新要求新期待，向社会作出了为民办好十件实事的公开承诺。坚持"内强素质，外树形象"的队伍建设思路，突出抓好纪律作风建设。以"大学习、大讨论"、"新解放、新跨越、新崛起"大讨论活动以及我院为提高队伍素质，保证政令、法令、检令畅通而自主开展的"加强作风建设、狠抓工作落实"等教育活动为载体，教育引导检察干警进一步强化了社会主义法治理念，进一步明确了检察工作服务科学发展和实现自身科学发展的思路和努力方向。加强精神文明建设，再次成功争创了省级文明单位。认真落实检察官法，严格检察官职业准入，坚持凡进必考，面向全国统一公开招录 4 名检察人员，进一步改善了队伍结构。广泛开展岗位练兵和业务培训，先后聘请市政协副主席、法院副院长韩自敬、平顶山市委党校教授李明、平顶山工学院教授李红亚给干警授课，组织全院干警学习中国人民大学教授金正昆主讲的礼仪知识，号召干警学习奥运精神，组织干警观摩郭拥军等人黑社会性质组织案的开庭庭审等活动，全面提高干警的各项综合素质。认真做好司法考试备考工作，有 3 名干警通过国家司法考试。通过抓纪律作风教育和岗位练兵培训，干警的大局意识、整体观念明显增强，综合素质得到进一步提高，检令

畅通,新风正气上扬。在打击"两抢一盗"、"打黑除恶"、抗震救灾、确保奥运期间社会稳定、集中处理涉法信访、优化经济发展环境、服务新农村建设等大局工作和专项活动中,全体检察人员积极发挥能动作用,树立了良好形象。有1个部门被评为国家级先进集体,2个部门被评为省级先进集体,6个部门被评为市级先进集体,16人被评为市级以上先进个人,1人荣立一等功,4人荣立三等功。

(五)坚持接受监督与改进工作并进,自觉接受人大、政协和社会各界的监督

坚持把接受人大监督作为促进正确履行职责的根本措施,完善了邀请人大代表视察、评议检察工作的规定。坚持主动向人大常委会报告检察工作中重要情况和重大活动。严格执行人大及其常委会的有关决议和决定。及时向人大、政协报送检察《情况反映》,报告检察工作情况。邀请人大代表、政协委员来我院座谈、视察工作。认真听取代表、委员的批评、意见和建议。认真办理、及时反馈市人大常委会交办案事件。2008年12月16日市人大常委会组织人员到我院进行执法检查,听取了2007年以来的检察工作情况,提出了加强和改进法律监督的意见,对检察工作给予了有力的监督和支持。

自觉主动接受外部监督,确保自身正确履行法律监督职能。坚持特约检察员制度,邀请特约检察员座谈,认真听取他们的宝贵意见和建议。与此同时,积极实行人民监督员制度。2007年初,按照上级检察院的部署,我院在全市范围内选聘了11名德才兼备、具有良好社会公信力的人民监督员,由人民监督员对拟作撤案、不起诉处理和犯罪嫌疑人不服逮捕决定的三类职务犯罪案件,以及查办职务犯罪工作中有无立案不当、超期羁押、违法搜查和扣押、冻结等五种情形进行评议监督。人民监督员共监督我院拟作撤案、不起诉的职务犯罪案件2件。

　　各位代表,一年来,我院执法办案条件得到改善,检务保障得到提高,办案、办公经费有了最基本保障,检察官津贴得到落实,技术装备投入加大,办公条件不断改善,局域网建成使用,办案讯(询)问用房、录音录像设备及其配套设施齐全,检察工作科技含量明显提高,检察工作和队伍建设取得了一定成绩,这是市委正确领导,人大、政府、政协及全市人民有效监督、大力支持的结果。在此,我代表全体检察人员表示衷心的感谢!

　　过去的一年,检察工作虽然取得了一定成绩,但还存在一些问题。一是执法观念与科学发展观的要求还不完全适应。有的检察人员服务大局的主动性不够强,存在孤立办案、就案办案现象,不能妥善处理打击与保护、办案力度与效果等关系。二是法律监督工作还存在薄弱环节。查办职务犯罪大案要案的力度不够大,个别案件办案质量和效率不高;一些执法、司法不公问题还没有得到有效监督纠正。三是队伍的整体素质和执法能力不能完全适应新形势、新任务的需要,有的执法水平不高,执法方式方法简单,不善于做群众工作,不注意化解矛盾,影响执法效果。对于这些问题和不足,我们将在市委领导下,在人大、政府、政协及社会各界的监督支持下,以改革的精神和务实的作风努力改进。

二、2009 年检察工作主要任务

　　2009 年是新中国成立 60 周年,也是我市实现经济平稳较快发展的关键一年,营造良好的社会环境和法治环境尤为重要。检察机关作为法律监督机关,在维护稳定、促进和谐、保障发展方面负有重要使命。根据市委五届八次会议确定的目标任务和上级检察机关工作部署,2009 年我院的主要任务是:认真贯彻落实党的十七大、十七届三中全会精神和胡锦涛总书记等中央领导同志对检察工作的重要指示,坚持以邓小平理论和"三个代表"重要思想为指导,深入学习实践科学发展观,不断加强和改进法律监督工作,着力促进经济平稳较快发展,着力维护社会和谐稳定,着力保障社会公平正义,着力加强检察队伍思想作风建设,为建设富裕文明、平安和谐汝州提供有力的司法保障。

(一)牢牢把握保持我市经济平稳较快发展这个首要任务,切实服务科学发展

更加注重维护良好的市场经济秩序,依法打击严重破坏市场经济秩序特别是金融、证券、房地产等领域的犯罪活动;更加注重保障政府投资安全,针对我市较大幅度增加公共支出、加大政府投资力度的情况,加强对民生工程、基础设施等重大工程建设和项目资金使用的法律监督,积极预防和严肃查处在公共投资领域发生的贪污贿赂和渎职等犯罪行为;更加注重对能源资源、生态环境的司法保护,依法打击造成重大环境污染、严重破坏生态环境的犯罪,促进能源资源节约和生态文明建设;更加注重改进办案方式和方法,坚持从有利于维护企业正常生产经营、有利于维护企业职工利益、有利于促进经济社会秩序稳定出发,规范执法,文明办案。

(二)牢牢把握服务和谐社会建设这个大局,努力维护社会稳定

增强国家安全意识,严厉打击境内外敌对势力的渗透破坏活动;加大对严重暴力犯罪、黑恶势力犯罪、多发性侵财犯罪的打击力度,坚决遏制严重刑事犯罪高发的势头;依法妥善处理由经济纠纷引发的暴力讨债、绑架、哄抢等"民转刑"案件,增强人民群众安全感;认真贯彻宽严相济刑事政策,努力做到既有力打击犯罪,又减少社会对抗。坚持"强化法律监督,维护公平正义"的检察工作主题,强化涉农法律监督和司法保护,严厉打击制售伪劣农资等坑农害农的犯罪,认真办理土地承包经营权流转、农产品生产经营等纠纷的民事行政申诉案件;强化对涉及劳动争议、保险纠纷、补贴救助等民事审判和行政诉讼活动的法律监督,加强对困难群众的司法保护。

（三）牢牢把握检察队伍建设这个根本，加强队伍建设，打牢检察工作科学发展的根基

以深入开展学习实践科学发展观活动为主线，加强思想政治建设；以开展岗位练兵培训为抓手，加强法律监督能力建设；以确保严格、公正、文明、廉洁执法为目标，加强监督制约机制建设；以领导干部和关键执法岗位为重点，加强纪律作风和反腐倡廉建设。

（四）自觉接受人大、政协和社会各界监督

依法及时向人大报告工作，接受人大执法检查，积极办理人大交办案（事）件及提案，继续坚持邀请人大代表视察、座谈等做法，使人大有效地监督各项检察工作的开展。自觉接受政协民主监督、人民群众监督，自觉拓宽接受政协委员、人民群众意见和建议的途径，使检察工作更好地体现人民群众的愿望和要求。

各位代表，今年，我院要在市委和上级检察机关的领导下，在人大、政府、政协及社会各界的监督支持下，深入学习实践科学发展观，强化服务大局意识，振奋精神，开拓创新，认真履行检察职责，努力完成本次大会确定的任务，为建设富裕文明、平安和谐汝州作出新的更大的贡献！

附件：

有关用语说明

1."双向承诺"：是指在处理涉检信访工作中，检察机关与信访人签订承诺书，检察机关承诺在一定期限内处理好信访人反映的问题，信访人承诺在这一期限内不越级上访。这一制度对于有效遏制和减少涉检越级上访具有积极意义。

2."刑事立案监督"：是指人民检察院依法对公安机关、国家安全机关等其他侦查机关的刑事立案活动是否合法进行的法律监督。包括两个方面的内容，一是对应当立案而不立案的监督，二是对不应当立案而立案的监督。

3."侦查活动监督"：是指人民检察院依法对公安机关、国家安全机关等其他侦查机关的侦查活动是否合法进行的法律监督。侦查活动监督主要包括：不批捕、不起诉、追加逮捕、追加起诉和纠正违法。

4."刑事审判监督"：是指人民检察院依法对人民法院的刑事审判活动是否合法以及所作的刑事判决、裁定是否正确进行的法律监督。监督的主要手段，一是对认为确有错误的判决、裁定依法提出抗诉，二是对人民法院审理案件中违反诉讼程序的情况依法提出纠正意见。

5."刑罚执行和监管活动监督"：是指人民检察院依法对刑事判决、裁定的执行和执行机关执行刑罚的活动，以及监管场所的监管活动和劳动教养机关的活动是否合法进行的法律监督。包括对执行死刑进行临场监督，对刑罚的交付执行以及减刑、假释、暂予监外执行等活动进行监督，对看守所未决犯有无超期羁押进行监督等。监督的手段主要是对违法情况提出纠正意见，对涉嫌职务犯罪的依法立案侦查。

6."民事审判和行政诉讼监督"：是指人民检察院依法对人民法院的民事审判活动和行政诉讼活动进行的法律监督。监督的主要手段是，对人民法院已经发生法律效力的民事行政判决、裁定，发现违反法律、法规规定的，按照审判监督程序提出抗诉，或提出再审检察建议。

2008 年汝州市人民检察院工作报告

——2008 年 4 月 11 日在市六届人大二次会议上

汝州市人民检察院检察长 刘龙海

各位代表：

现在,我代表汝州市人民检察院向大会报告工作,请予审议,并请各位政协委员和其他列席会议的同志提出意见。

一、2007 年检察工作主要情况

市六届人大一次会议以来，我院在市委和上级检察机关正确领导下,在人大、政府、政协的监督支持下,按照"强化法律监督、维护公平正义"的检察工作主题和"加大工作力度,提高执法水平和办案质量"的总体要求,紧紧围绕建设富裕汝州、文明汝州、平安汝州的目标,坚持把打击犯罪、化解矛盾、维护稳定、促进社会和谐作为检察工作服务大局的主线,认真履行法律监督职责,各项工作取得了新进展。

(一)打击犯罪与化解矛盾并重,依法维护社会和谐稳定

坚持从重从快严厉打击严重危害社会治安的刑事犯罪。与公安、法院密切配合,重点打击黑恶势力犯罪、严重暴力犯罪和"两抢一盗"等多发性犯罪。对重特大案件坚持适时介入侦查活动,引导侦查取证,按照基本事实清楚、基本证据确实充分的原则,依法快捕快诉。截至 2007 年 12 月底共依法批准逮捕各类犯罪嫌疑人 548 人,提起公诉 413 人。其中批捕起诉故意杀人犯罪嫌疑人 7 人,聚众严重扰乱社会秩序的首要分子 6 人,盗割通讯电缆犯罪嫌疑人 35 人,盗窃民营企业生产资料、生产设备犯罪嫌疑人 43 人,使一些社会影响大、群众高度关注的犯罪案件得到及时打击,维护了社会稳定。

认真贯彻宽严相济刑事司法政策。坚持严格依法、区别对待、该宽则宽、当严则严、注重效果的原则，积极探索有益于贯彻宽严相济刑事司法政策的检察工作机制。实行依法快速办理轻微刑事案件、未成年人犯罪案件的工作制度，全年适用简易程序起诉刑事案件 76 件，对 12 名犯罪嫌疑人适用"无逮捕必要"作出不批准逮捕处理，对 5 名犯罪嫌疑人作不起诉处理。完善当事人达成和解的刑事案件办理制度，对农村因邻里纠纷引发的 45 件轻伤害犯罪案件和 19 件情节较轻的交通肇事犯罪案件，协同公安、法院，先行调解赔偿，受害人谅解提出撤诉请求、双方和解后，综合分析犯罪危害程度，分别适用从轻处罚、不起诉或者撤销案件的处理方法，最大限度地减少社会对立面，化消极因素为积极因素，促进社会和谐。

努力做好涉检信访工作。以"创建全国文明接待室活动"为载体，继续开展"无涉检进京（有理）上访年"活动，认真落实检察长接待日制度和控告申诉首办责任制，着力解决群众的合理诉求。深入开展涉检上访集中排查化解专项工作，积极推行下访巡访、联合接访、双向承诺、公开答复等措施取得了较好效果。全年受理本院管辖的群众举报申诉 89 件，依法全部办结。依法办结上级要结果的案件 12 件，配合有关部门排查化解涉法信访案 15 件。实行检察环节办理案件信访风险评估制度，积极探索在执法办案中做好群众工作的有效方式，加强源头治理，使涉检上访案件数量明显下降，实现了涉检进京零上访，继续保持了"全国检察机关文明接待室"荣誉称号。同时，积极参与社会治安环境集中整治活动，认真落实检察环节的综合治理措施，结合办案提出检察建议，配合有关部门抓好重点区域的集中整治，引导案件多发单位和部门强化治安防范措施，为打造平安汝州发挥了积极作用，我院被平顶山市委评为 2007 年度平安建设先进单位。

（二）惩治和预防职务犯罪并举，促进廉政建设和反腐败工作

全年共立案侦查国家工作人员职务犯罪案件15件22人，其中，贪污贿赂案件10件17人，渎职侵权案件5件5人；查处贪污贿赂、挪用公款10万元以上的大案4件7人，渎职侵权重大案件4件4人；法院作有罪判决17件20人（含往年2件2人），被判处5年以上有期徒刑的3件3人。通过办案为国家挽回直接经济损失100余万元。

立足检察职能，服务新农村建设。针对部分群众上访反映农村基层干部在征用土地、退耕还林、救灾扶贫等代行政府职能活动中的经济问题，2007年依法查处农村基层干部涉嫌贪污、挪用退耕还林补偿款、高速公路补偿款等职务犯罪案件5件10人，起诉判刑3件5人。

立足检察职能，促进安全生产。依法介入重大安全事故调查，严肃查处严重失职渎职导致重大安全事故的国家机关工作人员。2007年3月22日汝州市半坡阳商酒务煤矿发生重大透水事故，造成人员伤亡的严重后果，我院及时组织人员参加事故调查，依法对事故中涉嫌玩忽职守的4名犯罪嫌疑人立案侦查。同时，配合安监、矿管等行政执法部门，严厉打击越界开采、违规生产、私采滥挖等非法生产和破坏矿产资源的违法犯罪活动，依法维护安全生产和资源开发秩序。

积极开展预防职务犯罪工作。贯彻标本兼治、综合治理、惩防并举、注重预防的方针，不断探索预防职务犯罪工作新举措，深化系统预防、专项预防和个案预防。对我市地税、卫生、邮政等14家共建单位进行了预防调查。在电业系统预防调查中，发现农电工贪污挪用电费犯罪线索3件，立案侦查3人，挽回直接经济损失49万元。创办《职务犯罪预防》期刊，向市直各单位和乡镇的领导干部赠阅，使预防工作更联系实际，更具针对性。

（三）依法履行诉讼监督职责，努力维护司法公正

坚持以监督保公正，以公正促和谐，全面履行对立案、侦查、审判和刑罚

执行活动的监督职责,突出监督重点,加大监督力度,增强监督实效。

加强对侦查活动和刑事审判活动的监督。全年追捕漏犯 22 人,对应当立案而未立案的,依法监督侦查部门立案 6 件,对不应当立案而立案的,监督撤案 7 件,依法决定不予批准逮捕 20 人。随时纠正办案人员违法行为,促进了案件质量的提高。受理查办执法、司法人员涉嫌徇私枉法,民事枉法裁判等职务犯罪线索 4 件 4 人。

加强对民事审判和行政诉讼的监督。全年共受理民事、行政、申诉案件线索 23 件,立案审查提请上级检察院抗诉 8 件,说服当事人息诉服判 15 件。向地矿、水利、商业总公司等单位发出挽回国有资产流失检察建议 9 件,均被采纳,挽回国有资产 50 余万元。去年初商业百文公司部分职工上访反映本公司国有资产处置流失问题,我院派员介入调查提出建议后,房地产开发商退赔 25 万元,使百文公司职工得到经济补偿停访息诉。

加强对刑罚执行的监督。积极开展核查纠正监外执行罪犯脱管、漏管专项行动,依法纠正违法监管 7 人(次)。与看守所联合开展以加强监管执法、加强法律监督,保障刑事诉讼顺利进行、保障在押人员合法权益为内容的"双加强、双保障"示范单位创建活动,推行看守所与驻所检察室网络化管理和动态监督,增强监督的及时性。经常会同看守所进行安全检查,及时消除不安全隐患,纠正不依法履行监管职责 13 人(次),违规使用禁闭 12 人(次),混关混押 20 人(次)。纠正和杜绝了一人提讯、无执法资格人员提讯等现象。邀请部分人大代表、政协委员、特约检察员、人民监督员实地察看在押人员状况,听取在押人员的反映,了解在押人员合法权益的保护情况,关注妇女、未成年人、少数民族在押人员特别保护权利的落实。

(四)加强队伍建设,提高整体素质

按照建设一支"政治坚定、业务精通、作风优良、执法公正"的检察队伍的要求,坚持"内强素质,外树形象"的工作思路,始终把政治思想工作放在首位,组织检察人员系统学习十七大报告,深化社会主义法治理念教育,进一步增强为党和国家工作大局服务的意识。以解决业务工作、队伍建设中的突出问题为重点,坚持从严治检,开展"加强作风建设,狠抓工作落实"专项教育整顿;实施执法办案"无上访零赔偿"目标;落实案件质量监督机制,强化案件流程管理,建立执法办案跟踪监督制度,进一步加大了对案件承办人、部门负责人、主管检察长等办案人员执法行为的监督力度。同时加强侦查、案件审查、计算机操作、文书写作等项岗位技能培训,采取检察长轮流上大课和"一帮一、一帮二"结对帮辅措施,大力开展岗位练兵活动,提升检察人员的执法能力;实行法警编队管理,加强法警技能培训,确保了办案安全。全年无违法违纪的检察人员,所办案件无错捕、错诉,起诉案件均作有罪判决,批捕、起诉准确率为100%。有6个部门和15名个人分别被平顶山市政法委、省、市检察院评为先进集体和先进个人,其中4人荣立三等功。

一年来,我市检察工作得到了市委、人大、政府、政协和全市人民的热情关怀和大力支持。市委、政府高度重视和支持改善执法办案条件,提高检务保障,办案、办公经费给予最基本保障,检察官津贴得到落实,技术装备投入加大,办公条件不断改善,局域网建成使用,办案讯(询)问用房、录音录像设备及其配套设施齐全,检察工作科技含量明显提高。市人大常委会先后听取我院各项法律监督工作情况的专题汇报,提出加强和改进法律监督的意见,对检察工作给予了有力的监督和支持。在此,我代表全体检察人员表示衷心的感谢!

过去的一年,检察工作虽然取得了一定成绩,但还存在一些问题。一是法律监督工作力度尚需进一步加强,一些执法、司法不公问题还没有得到有效监督纠正。二是队伍的整体素质和执法能力不能完全适应新形势、新任务的需要,有的执法水平不高,执法方式方法简单;有的就案办案,不注意化解矛盾,影响执法效果。三是执法办案的规范化程度有待进一步提高。执法不严格、不规范,办案不文明甚至个别检察人员办人情案、关系案的现象仍有发生。对于这些问题和不足,我们要高度重视,进一步采取有力措施,认真加以解决。

二、2008 年检察工作主要任务

根据市委五届六次全会确定的目标任务和上级检察机关工作部署,2008年,我院要认真贯彻党的十七大精神,以邓小平理论和"三个代表"重要思想为指导,深入贯彻落实科学发展观,牢固树立社会主义法治理念,紧紧围绕建设富裕汝州、文明汝州、平安汝州,以服务科学发展、促进社会和谐、保障改善民生、维护公平正义为重点,全面履行法律监督职责,为推动经济社会又好又快发展提供有力司法保障。

(一)充分发挥法律监督职能,全力服务经济社会科学发展

把维护社会和谐稳定放在检察工作首位。坚决打击敌对势力、"三股势力"和"法轮功"等邪教组织的渗透破坏活动,严厉打击严重暴力犯罪、黑恶势力犯罪、多发性侵财犯罪和严重破坏社会主义市场经济秩序的犯罪,深入开展打击"两抢一盗"犯罪专项斗争和集中治理非正常上访及群体性事件,维护国家安全和社会治安大局稳定。进一步提高落实宽严相济刑事司法政策的水平,既有力打击犯罪,又努力化解矛盾。坚持批捕起诉严格审查把关与加强同公安、法院等部门协调配合并重,提高工作质量和效率。认真落实检察环节各项社会治安综合治理措施,积极参与平安创建活动,维护良好的社会治安秩序。

把查办和预防职务犯罪促进反腐倡廉建设作为检察工作的重要任务。集中力量查办大案要案,重点查办发生在领导干部中的贪污贿赂、失职渎职等

犯罪案件,官商勾结、权钱交易和严重侵害群众利益的犯罪案件,社会保障、医疗卫生、教育、就业、城镇建设、新农村建设等与民生密切相关的行业和领域的职务犯罪案件。努力促进公务廉明。抓好职务犯罪预防工作,进一步提高检察建议的质量,积极开展预防宣传"进机关、进企业、进社区、进乡村"活动,扩大预防工作影响。

把加强诉讼监督、维护司法公正作为检察工作的基本职责。进一步加强刑事诉讼监督,既要坚决监督纠正有案不立、以罚代刑、有罪判无罪等放纵犯罪的问题,又要注意监督纠正不该立案而立案、滥用强制措施、刑讯逼供、量刑畸重、超期羁押等侵犯人权的问题。加强对减刑、假释、监外执行的跟踪监督;加强对监管活动的动态监督;加强对民事审判和行政诉讼的监督,积极探索开展公益诉讼、执行监督工作。严肃查办司法、执法不公背后的职务犯罪,以办案促监督,维护司法廉洁。

把处理涉检信访、维护群众合法权益摆在检察工作更加突出的位置。在坚持过去成功做法、巩固既有成效的基础上,着力在解决问题、源头治理上下功夫。对已发生的涉检信访案件,坚持依法办理、负责到底,让群众满意。根据新的形势创新工作方法,把信访关口前移至各检察业务部门,把不出现、少出现新的涉检有理上访作为衡量检察机关执法工作水平和成效的重要尺度,落实信访风险评估、重大疑难复杂案件公开处理、执法过错责任追究等制度,把化解矛盾纠纷、降低信访风险贯穿于整个检察执法环节。

(二)全面加强检察队伍建设,努力做到严格、公正、文明执法

重点抓好四项工作:一要进一步加强思想政治建设。结合学习贯彻党的十七大精神,学习实践科学发展观,深入开展社会主义法治理念教育,引导检察人员坚定理想信念,恪守检察职业道德,强化维护公平正义的意识。二要突出抓好领导班子建设。强化领导干部的政治意识、大局意识和责任意

识,做到讲党性、重品行、作表率,增强班子的凝聚力、创造力和战斗力。三要大力加强队伍专业化建设。认真执行检察官法,严格检察官职业准入制度。广泛开展岗位练兵和业务竞赛活动,建立健全人才使用、管理、激励机制。四要认真抓好纪律作风建设。坚持从严治检,针对执法办案和机关管理中易出、常出问题的岗位、环节和群众反映较多的问题,以及检察队伍在纪律作风方面存在的突出问题加强制度建设,严肃查处违法违纪案件,进一步改进工作作风,树立良好执法形象。

(三)自觉接受监督,保证检察权的依法正确行使

始终把检察工作置于市委的领导、人大的依法监督和政协的民主监督之下,进一步增强大局意识,把检察工作的发展落实到更好地服务经济社会发展上。深入贯彻监督法,完善落实接受人大监督的措施。严格执行向人大常委会进行专项工作报告、接受人大常委会执法检查、办理议案、建议、交办案(事)件等制度,继续坚持邀请人大代表视察、座谈等做法。自觉接受政协民主监督、人民群众监督和新闻舆论监督,不断拓宽接受人大代表、政协委员、人民群众意见和建议的途径,使检察工作更好地体现人民群众的愿望和要求。

各位代表,新的一年里,我院要在市委和上级检察机关的领导下,在人大、政府、政协的监督支持下,以党的十七大精神为指导,全面落实科学发展观,紧紧围绕全市工作大局,振奋精神,开拓创新,认真履行检察职责,努力完成本次大会确定的任务,为促进我市经济发展和社会和谐稳定作出新的贡献!

2007年汝州市人民检察院工作报告

——2007年4月9日在市六届人大一次会议上

汝州市人民检察院代检察长 刘龙海

各位代表：

现在，我代表汝州市人民检察院向大会报告工作，请予审议，并请各位政协委员和其他列席会议的同志提出意见。

汝州市第五届人民代表大会第一次会议以来，我院在市委和上级检察院的领导下，在市人大、政府、政协的监督支持下，以邓小平理论、"三个代表"重要思想为指导，认真贯彻党的十六大和十六大历次会议精神，树立和落实科学发展观，坚持"立检为公、执法为民"，突出"强化法律监督，维护公平正义"的工作主题，立足我市实际，充分发挥法律监督职能，为我市的社会和谐稳定、经济快速健康发展作出了积极贡献。

一、认真履行法律监督职能，全力维护社会和谐稳定

（一）依法打击各种刑事犯罪活动，积极化解矛盾纠纷，全力维护社会稳定

坚持把维护稳定工作放在首位，与公安、法院等部门密切配合，形成打击合力，努力为我市的改革发展创造稳定的社会环境。

依法履行审查批捕、审查起诉职责。4年来，共受理公安机关提请批准逮捕各类刑事犯罪嫌疑人1848人，经审查，依法批准逮捕1609人；受理移送审查起诉1692人，经审查，依法提起公诉1426人。对严重刑事犯罪坚持依法从重从快方针，重点打击杀人、抢劫、绑架、强奸、放火等严重暴力犯罪以及抢夺、盗窃等多发性侵财犯罪，依法快捕快诉。批准逮捕上述犯罪嫌疑人

882人,提起公诉836人。2006年7月10日,我院受理移送审查起诉后,立即组成3人办案组,在法定期限内,以最快的速度对9名在押被告人提起公诉,后均被法院作有罪判决。

认真贯彻宽严相济刑事政策。对群体性事件中出现的犯罪案件,坚持打击少数、教育挽救多数,防止因扩大打击面而激化矛盾。对于一些因邻里纠纷引发的轻微犯罪案件、未成年人犯罪案件、过失犯罪案件,立足于教育、感化、挽救,慎用逮捕措施和刑罚处置方法,减少社会对立面。2006年,对上述几类案件,审查批捕阶段不作逮捕决定6人,审查起诉阶段调解处理11件,实现了法律效果与社会效果的统一。

坚持把维护人民群众合法权益作为促进社会和谐的出发点和落脚点,依法妥善处理群众反映的实际问题。认真对待每一份举报、每一件申诉,认真落实"检察长接待日"、"双向承诺"、"书面答复信访人"、"领导包案"、"公开听证"等制度,提高涉检信访案件处理的公信力,在释法说理中化解矛盾,以阳光操作定纷止争。4年来,共接待群众来访1258人次,受理涉法信访案件、信件261件,依法办结243件,当事人息诉罢访240件。加强对涉检信访问题的源头治理工作,在办理案件的每个环节,采取各项法律措施,注意对可能引起的矛盾进行预测分析,有针对性地做好工作,力争做到"案结事了"。积极开展"无涉检进京(有理)上访年"活动,2006年,在解决往年遗留案件的同时,排查办理涉法涉检上访案件7件,其中辖外2件已结案,辖内5件已息诉,使上访群众反映的问题100%在基层得到解决,实现了涉检进京有理上访为"零"的目标。由于工作突出,我院控申部门被最高人民检察院和省检察院分别授予"文明接待室"称号。

认真落实检察环节各项社会治安综合治理措施,努力减少社会不稳定因素。积极参与社会治安防控体系建设,配合有关部门对一些治安乱点进行整治;开展矛盾纠纷排查调处工作;在党委领导下依法参与、妥善处理重大群体性事件;结合检察职能开展法律进机关、进乡村、进企业等活动,对增强公民崇尚法治、依法维权意识做出了积极的努力。

顺应形势,服务大局。与有关部门积极配合,在防治非典、优化经济发展环境、整顿煤矿安全生产、"三会一部"清欠等关系我市社会稳定、经济发展的重大工作中,发挥了积极作用。

(二)依法查办和预防国家工作人员职务犯罪,促进反腐败斗争深入开展

始终贯彻中央和省市委关于反腐倡廉工作的总体部署,认真履行查办贪污贿赂、渎职侵权等职务犯罪的职责,共立案侦查国家工作人员涉嫌职务犯罪案件72件84人,提起公诉67件79人,为国家挽回直接经济损失700余万元。突出重点,着力查办大案要案。4年来,立案侦查涉嫌贪污贿赂5万元以上、挪用公款10万元以上大案17件;立案侦查涉嫌渎职侵权重特大案件12件。

积极参与治理商业贿赂专项工作。我院按照汝州市委和上级检察院的部署,及时成立了专项工作领导小组,制订了实施方案。近年来,我院立案查处了汝州市电业局原局长姚献国受贿案等商业贿赂案件10件11人。其中,副科级以上领导干部3人;涉及工程建设领域5件6人,产权交易领域2件2人,电力系统3件3人。

规范司法活动,提高办案质量。在查办案件过程中,严格区分罪与非罪的界限,慎重对待改革中出现的新情况和新问题。慎用查封、扣押、冻结等措施,维护发案单位正常的生产、经营和工作秩序,实现了依法办案与服务发展的统一、法律效果与社会效果的统一。

立足检察职能,加强职务犯罪预防工作。贯彻标本兼治、惩防并举、注重预防的方针,实行职务犯罪侦查部门办案预防一岗双责、个案预防立项审批

等制度,职务犯罪预防部门适时介入,共同分析发案原因,提出检察建议,协助发案单位建章堵漏。在个案预防的基础上,开展专项预防、系统预防,努力从源头上遏制腐败。先后与汝州市教体局、农林局、卫生局等 26 个单位共建预防网络,成立了预防职务犯罪工作协调领导小组,在上述单位上法制课 30 余次。积极探索与行政执法部门建立联席会议制度,在公路建设、工程建筑等重大工程项目建设中开展专项预防。积极开拓职务犯罪预防工作的新途径,2006 年,在汝州市邮政系统开展了为期 2 个月的"教育、机制、监督"三位一体的综合整治,使该局职工廉洁从业意识得到了有效改善和强化。

(三)依法履行诉讼监督职责,维护司法公正和法制统一

坚决维护公平正义,努力以监督保公正,以公正促和谐。切实加强对刑事诉讼、民事审判和行政诉讼活动的监督,促进公正司法。

在刑事诉讼监督中,对 41 件该立案而未立案的案件,依法监督侦查机关作出了立案决定;依法决定不批准逮捕 146 人,不起诉 14 人;提请平顶山市人民检察院抗诉 5 件;对应当逮捕而未提请逮捕、应当起诉而未移送起诉的,决定追加逮捕 104 人、追诉漏犯 87 人,追诉漏罪 42 条。

认真开展监所检察监督工作。4 年来,共向看守所及办案单位提出口头检察建议 300 余次,发出纠正违法通知书 80 余份,检察建议 60 余份,纠正狱医不依法履行职责 20 次。扎实的工作、规范的管理,得到了最高人民检察院的肯定,2004 年,我院驻看守所检察室被授予国家"二级规范化检察室"称号。在 2006 年度开展的核查纠正监外服刑罪犯脱管、漏管问题专项检察活动中,我院监所检察部门被省检察院评为先进集体。

民事审判和行政诉讼监督工作,坚持"抗诉息诉并举,监督服务双行",提高"提抗支持率、再审改判率"原则。共受理民事、行政、经济申诉案件 115 件,立案审查并向平顶山市人民检察院提请抗诉 72 件,平顶山市人民检察

院审查后提出抗诉 52 件,法院再审后改变原判决 38 件。对认为原判决、裁定正确的申诉案件,主动做好申诉当事人的服判息诉工作。

依法查办司法不公背后的职务犯罪案件。司法不公直接影响到人民群众对党的信任,损害国家法律的权威和司法机关的社会公信力。4 年来,依法查处了司法工作人员徇私枉法、非法拘禁、私放在押人员、伪造国家公文、受贿、贪污诉讼费等案件 6 件 6 人,切实增强了监督实效,维护了法律权威。

二、从严治检,加强检察队伍建设,着力提高公正司法水平

抓好领导班子建设。坚持把队伍建设作为检察工作的根本,把领导班子建设作为队伍建设的关键。严格落实党风廉政建设责任制;坚持民主集中制原则,完善决策程序;认真落实党组中心组学习制度,提高了班子成员的政治理论水平,增强了班子的向心力、凝聚力和战斗力。

加强思想政治建设。按照市委和上级检察院的部署,在全院干警中先后组织开展了"强化法律监督,维护公平正义"、学习"三个代表"重要思想、保持共产党员先进性等主题教育活动,并扎实开展了"转变干部作风、狠抓工作落实"、"规范执法行为,促进执法公正"和"作风纪律整顿"等专项整改活动。在社会主义法治理念教育活动中,紧密联系检察工作和队伍实际,采取自查、互查和开门查摆等形式,从涉检信访案件、干警违法违纪、群众投诉和上级检察院通报的典型错案入手,深入查摆执法思想、执法行为、执法规范等方面存在的问题及表现,分析原因并认真进行整改,使全院干警逐步树立起了"依法治国、公平正义、执法为民、服务大局、党的领导"为主要内容的社会主义法治理念。

加强队伍专业化建设。为改善队伍组成结构,有效提升队伍整体业务素质,通过省检察院面向社会公开招录 10 人,其中 6 人已通过司法资格考试。为使新进人员尽快适应工作、进入角色,对他们进行了严格的安全、保密和技能培训。通过在全院干警中开展以提高司法技能为核心的岗位练兵和业务培训活动,保证了办案质量和执法水平的稳步提高。

完善落实竞争机制,激发检察队伍活力。继 2000 年、2003 年两次中层干部竞争上岗之后,于去年 4 月,我院组织实施了第三次"中层干部竞争上岗,一般干警双向选择"活动。通过这次活动,使一批有激情、有潜力的年轻同志走上了中层领导岗位,增添了我院领导集体的活力,进一步激发了全院干警的工作热情,为我院工作的持续、健康发展奠定了人才基础。

三、自觉接受人大和社会各界的监督

我们坚持把检察工作置于人大的监督之下,及时向市人大及其常委会报告工作,坚决执行人大及其常委会的有关决议和决定。加强与市人大、政协的联系,设立人大、政协联络室,指定专人负责,定期邀请人大代表、政协委员来我院座谈、视察工作;认真听取代表、委员的批评、意见和建议;认真办理、及时反馈市人大常委会交办的案件 18 件。平顶山和我市两级人大在评议我院民事行政检察、反渎职侵权、控告申诉检察工作时,给予了充分的肯定和赞扬。

自觉主动接受外部监督,确保自身正确履行法律监督职能。坚持特约检察员制度,每年两次邀请特约检察员到我院座谈,认真听取他们的宝贵意见和建议。与此同时,积极实行人民监督员制度。2006 年底,按照上级检察院的部署,我院在全市范围内选聘了 11 名德才兼备、具有良好社会公信力的人民监督员,由人民监督员对拟作撤案、不起诉处理和犯罪嫌疑人不服逮捕决定的三类职务犯罪案件,以及查办职务犯罪工作中有无立案不当、超期羁押、违法搜查和扣押、冻结等 5 种情形进行评议监督。我院已于 2007 年 1 月开始实行人民监督员制度,目前,人民监督员已评议通过了我院一起拟不起诉职务犯罪案件。

加强内部监督制约。初步实行了讯问职务犯罪嫌疑人同步录音录像;制定并完善了扣押、冻结款物管理办法、职务犯罪案件全程跟踪监督制度;认真接受上级检察院对职务犯罪案件查办工作的监督,严格执行职务犯罪案件立案、逮捕决定向上一级检察院备案审查制度,以及拟作撤案、不起诉决定报上一级检察院审批制度;纪检、监察部门认真执行对查办的职务犯罪案件当事人回访制度。通过加强内部监督制约,有效规范了侦查行为,促进了案件质量和执法水平的提高。

各位代表:市五届人大一次会议以来,我院的工作得到了市委、市人大、市政府、市政协和全市人民的热情关怀和大力支持。在此,我代表汝州市人民检察院全体干警表示诚挚的感谢!

我们同样清醒地认识到,虽然我们的工作取得了一定的成绩,但也存在一些问题:一是部分干警缺乏大局意识,存在就案办案、机械司法倾向,影响了法律效果与社会效果的统一。二是法律监督工作还存在薄弱环节,法律监督工作的力度与人民群众的要求还存在差距。三是司法作风有待进一步转变。少数干警群众观念和宗旨意识淡薄,工作方法简单,司法不文明,不规范。对于这些问题,我们将在市委的领导,人大、政府、政协和社会各界的监督支持下,认真加以解决。

四、2007 年检察工作意见

2007 年,我院将在市委和上级检察院的领导,市人大、政府和政协的监督支持下,继续坚持以邓小平理论和"三个代表"重要思想为指导,深入学习贯彻党的十六届六中全会,市委"两院"工作会议、全市检察长会议和本次人大会议精神,全面贯彻落实科学发展观,紧紧围绕构建社会主义和谐社会,继续深化社会主义法治理念教育活动,加强和改进法律监督,认真履行检察职责,努力为我市经济社会全面发展提供有力的司法保障。

(一)围绕构建社会主义和谐社会,加强和改进法律监督工作

坚持把履行好法律监督职能作为服务和谐社会建设的基本途径,抓住人民群众最关心、最直接、最现实的利益问题,切实加强法律监督工作。依法打击各种严重危害社会治安和市场经济秩序的刑事犯罪。加大查办和预防职务犯罪工作力度,积极参与治理商业贿赂专项工作,重点查办国家机关工作人员利用职务包庇纵容、参与破坏市场秩序的犯罪案件,保证企业竞争环境的公平。强化对民事审判、行政诉讼和刑罚执行活动的监督,坚决纠正执法不严、司法不公问题。积极做好涉检信访工作,最大限度地化解矛盾纠纷,减少不和谐因素。

(二)认真贯彻宽严相济的刑事司法政策,最大限度地增加和谐因素

在批捕、起诉、查办职务犯罪等工作中,都要根据案件具体情况,做到该严则严、当宽则宽、宽严适度,使执法办案活动既有利于震慑犯罪、维护社会稳定,又有利于化解矛盾、促进社会和谐。在依法严厉打击严重刑事犯罪的同时,对情节轻微、主观恶性不大的涉嫌犯罪人员,可从宽的依法从宽,能挽救的尽量挽救;对涉嫌犯罪的未成年人,采取适合其身心特点的办案方式,配合家长、学校加强帮教。 实行依法快速办理轻微刑事案件的工作机制,把宽严相济的刑事司法政策落实到执法办案的各个环节。

(三)深入推进检察体制和工作机制改革,为服务和谐社会建设提供制度保障

建立健全对诉讼活动的法律监督机制,落实检察机关接受监督和内部制约的制度。全面实行人民监督员制度,推动人民监督员制度规范化、法制化;严格执行讯问职务犯罪嫌疑人全程同步录音录像制度,强化办案监督,促进执法规范化;实行当事人权利义务告知制度,深化检务公开;落实科技强检措施,完善检察技术与检察业务协作配合机制,充分发挥检察技术在办案中

的作用,进一步推进检察业务、队伍和信息化建设。

(四)加强检察队伍建设,为服务和谐社会建设提供有力的组织保证

深入开展社会主义法治理念教育,进一步查摆和整改问题。积极参加即将开展的"讲正气、树新风"教育活动,把这"两个"活动紧密结合起来,抓好、抓实,促进廉政建设和纪律作风建设。加强领导班子建设,提升民主决策、科学决策的水平。开展岗位练兵和业务培训,推进队伍专业化建设。

(五)自觉接受人大、政协和社会各界监督,确保检察权正确行使

认真贯彻落实《监督法》,完善检察机关接受监督的具体措施,严格执行向人大常委会进行专项工作报告、接受人大常委会执法检查等制度。自觉接受政协民主监督、人民群众监督和新闻舆论监督。认真听取人大代表、政协委员和社会各界的建议、批评和意见,使检察工作更好地体现人民群众的愿望和要求。

各位代表,2007年检察工作繁重而艰巨。我院将继续坚持以邓小平理论和"三个代表"重要思想为指导,全面落实科学发展观,按照本次大会确定的任务,振奋精神,开拓进取,认真履行检察职责,维护社会和谐稳定,保障社会公平正义,为建设富裕汝州、文明汝州、平安汝州作出新的贡献!

2006年汝州市人民检察院工作报告

——2006年2月10日在市五届人大四次会议上

汝州市人民检察院检察长 王明文

各位代表：

现在，我就市检察院2005年工作情况和2006年工作意见向大会作报告，请予审议，并请各位政协委员和其他列席会议的同志提出意见。

一、2005年检察工作主要情况

2005年，我院在市委和上级检察院的正确领导下，在人大、政府、政协的监督支持下，坚持以邓小平理论和"三个代表"重要思想为指导，牢固树立为经济社会发展服务的观念，围绕全省进位次、全国创特色，建设富裕汝州、文明汝州、平安汝州目标的要求，认真履行法律监督职责，各项工作取得了新的进展。

（一）积极发挥惩治犯罪、维护稳定的职能作用，努力为经济社会发展创造和谐稳定的社会环境

面对刑事犯罪多发、治安形势严峻的状况，一年来，我们始终把维护稳定作为检察机关为经济社会发展服务的首要任务，坚持"严打"方针，认真履行批捕、起诉职能，与公安、法院等有关部门密切配合，严厉打击黑恶势力犯罪、严重暴力犯罪和盗窃、抢夺等侵犯财产犯罪，促进社会治安进一步好转。全年批准逮捕各类刑事犯罪嫌疑人367人，依法提起公诉257人。对重大刑事案件坚持提前介入，依法快捕快诉。故意杀人潜逃10年的主犯辛军产缉拿归案移送起诉后，我院3天审查完毕，报上级检察院起诉，使长期上访的受害人家属停访息诉。

积极参与对突出治安问题的集中整治,优化经济发展环境。依法打击严重危害企业生产秩序的刑事犯罪,批准逮捕此类犯罪嫌疑人18人,提起公诉15人。王长明、周金菊等6人聚众先后围堵平煤集团梨园矿郭庄、赵庄井口和水泥厂,造成该矿生产中断28天,直接经济损失860余万元的严重后果,提起公诉后,6名被告人均被判处有期徒刑。依法打击黑恶帮派势力危害农村社会稳定的犯罪活动,批捕起诉雇凶报复、故意伤害他人的犯罪嫌疑人36名。落实行政执法与刑事执法相衔接的工作制度,加大打击偷税骗税、金融诈骗、生产销售伪劣商品、商业欺诈、非法采矿、非法占用土地、矿藏资源等经济犯罪的力度,批捕起诉偷税、非法吸收公众存款、合同诈骗、非法经营、销售伪劣商品和因矿产纠纷引起群体性殴斗等犯罪嫌疑人33名。去年8月依法批准逮捕了我市近年来首例王官庆等3人购销价值10余万元假冒中华、玉溪名牌卷烟案。

认真开展集中处理涉法上访案件专项工作。实行首办责任制和检察长包案制,对受理的涉法上访问题全面清理,逐案排查,妥善处理。共办结涉法上访案件35件,其中京、省、市上三级访19件,长期上访案件5件,已息诉31件,息诉率为90%。同时配合有关部门对极少数缠访闹访、无理越级上访、严重扰乱社会秩序的人员依法予以打击,全力维护社会安定。

(二)依法查办和积极预防职务犯罪,努力为经济社会发展创造良好的社会管理和服务环境

一年来,认真贯彻中央和省、市委关于党风廉政建设和反腐败斗争的部署和要求,认真履行查办贪污贿赂、渎职侵权等职务犯罪的职责。突出重点,集中力量查办职务犯罪大案要案和严重失职渎职造成交通、煤矿等重大安全责任事故的国家机关工作人员犯罪案件,促使国家机关工作人员严格依法行使权力、廉政勤政。共立案侦查职务犯罪案件15件15人,其中贪

污贿赂案件9件9人,玩忽职守、滥用职权、徇私枉法案件6件6人,提起公诉14件14人。原市第二高中校长薛金阳贪污公款被逮捕判刑后在教育系统产生较大影响。洗耳办事处教育资金代管员乔腊梅挪用公款50余万元被判刑12年,市邮政局城关支局局长高爱勤贪污挪用公款80余万元被判刑14年零6个月。通过查处这些职务犯罪,有效地推动了反腐败斗争的深入开展。

在打击犯罪的同时,积极开展预防职务犯罪工作。立足检察职能,结合典型案例研究防范对策,先后开展个案预防、重点行业系统预防、重大公共投资建设工程项目专项预防共36项。广泛开展预防宣传、咨询和警示教育。相继在金融、工商、民政、城建、交通、电力、医药等单位成立机构、建立联系点。针对容易发生职务犯罪的重点部位和环节实施监控措施,为增强国家工作人员依法办事、廉洁从政的自觉性进行了有益探索。

(三)加强对诉讼活动的法律监督,努力为经济社会发展创造公平正义的法治环境

针对诉讼活动中执法不严、司法不公的问题,完善监督制度,强化监督措施。一是加强对侦查活动的监督。以社会危害大、群众反映强烈、影响社会稳定和涉嫌徇私舞弊的案件,以及刑讯逼供、伪造证据、违法改变强制措施的问题为重点,进一步加大立案监督和追捕追诉漏罪漏犯的力度。共监督公安机关立案34件,对公安机关在侦查活动中的违法违纪行为提出纠正意见30件,追捕漏犯47人,追诉漏犯24人。二是加强对审判活动的监督。在刑事审判监督中,对一起无罪判决案件提出抗诉后再审改判有罪。在民事审判和行政诉讼监督中,对认为确有错误的民事行政判决、裁定提请抗诉17件,上级院采纳提出抗诉15件。三是加强对刑罚执行和看守所监管活动的监督。重点纠正超期羁押、违法减刑、假释、暂予监外执行、留所服刑

等问题。共向看守所及办案单位提出检察建议 120 余次,发出纠正违法通知书 27 份,消除所内各种事故隐患 5 件。同时本院各业务部门相互配合,加强对各诉讼环节的监督,严查执法不公背后的渎职侵权犯罪,全年初查执法人员滥用职权、徇私枉法、非法拘禁案件线索 6 件,立案侦查某监管民警涉嫌玩忽职守犯罪案件 1 件,法院已做有罪判决。

(四)以保持共产党员先进性教育活动为载体,不断加强队伍建设

组织干警先后开展了以实践"三个代表"重要思想为主要内容的保持共产党员先进性教育活动;以提高执法水平为核心的"规范执法行为,促进执法公正"专项整改活动;以转变工作作风提高工作效率为目标的"机关效能建设"活动。把专项整改活动和机关效能建设活动作为保持共产党员先进性教育活动的重点内容。针对执法办案的重点环节、重点部门中存在的执法不公、违法办案和群众反映强烈的问题进行了认真查摆,广泛征求社会各界意见,认真剖析存在问题的原因,特别是以处理涉法信访案件为切入点,深入查找执法工作中带有普遍性、倾向性的问题,制定和落实整改措施。广大检察干警的大局意识、服务意识、责任意识得到增强,办案质量和工作效率得到提升,检察队伍的政治素质、业务素质和规范执法的水平有了一定的提高。

各位代表,一年来的工作实践,使我们深深体会到:要保障检察工作健康发展,必须始终坚持党的领导,必须自觉接受人大监督,必须依靠政府支持、依靠政协及社会各界的帮助。在此,我代表检察院全体干警向关心、支持检察工作的各位代表、政协委员和社会各界人士表示衷心感谢!

在肯定成绩的同时,我们也清醒地看到工作中还存在一些不容忽视的问题,主要是法律监督工作还存在力度不够、水平不高、监督不到位的问题,与人民群众的要求还有一定差距;突破职务犯罪案件的手段落后,能力

不强；个别干警执法思想不端正、执法水平较低、执法作风不严谨、办案质量和工作效率不高；队伍的整体素质和专业化水平还不能完全适应新形势、新任务的要求。对于这些问题，我们要通过扎扎实实的工作和不懈努力，认真加以解决。

二、2006 年检察工作意见

2006 年，是"十一五"时期的开局之年，是我市进一步推动经济社会全面发展的关键一年，我们要认真学习贯彻落实党的十六大和十六届五中全会，全国政法工作会议精神以及我市"十一五"规划纲要，以科学发展观为指导，推进检察工作全面发展，在维护社会稳定、实现公平正义、促进社会和谐中充分发挥检察机关的职能作用。

（一）以构建和谐社会为目标，进一步提高检察工作水平

紧紧围绕改革发展稳定大局，认真履行批捕、起诉、查办职务犯罪、诉讼监督等检察职能，维护社会稳定，维护社会公平和正义，更好地为经济社会发展服务。

一是认真履行法律监督职能，突出抓好办案工作。更新执法观念、改进执法方式，正确把握办案数量、质量和效率的关系，正确处理打击与保护、重视实体与重视程序的关系，运用法律手段化解矛盾，最大限度的减少涉法上访，努力实现法律效果与社会效果的统一。

二是依法打击各种刑事犯罪，依法查办和预防职务犯罪，加强对诉讼活动的法律监督。始终坚持"严打"方针，严厉惩治严重刑事犯罪。严肃查处党政领导干部职务犯罪案件，国家机关工作人员失职渎职导致发生重特大安全生产事故的犯罪案件，金融、工程承包、土地管理、矿产开发等领域的犯罪案件，扶贫、救灾、支持农业基本建设中发生的侵吞挪用公款等犯罪案件，发生在安全生产、食品药品安全、环境保护和社会稳定等方面的失职渎

职犯罪案件。促进党风廉政建设,营造良好的投资创业环境和公平竞争的市场秩序。

三是深入开展平安建设。认真贯彻落实中央政法委员会、中央社会治安综合治理委员会《关于深入开展平安建设的意见》的指导思想、目标任务、工作重点和主要措施,积极参加建设平安汝州活动。认真办理涉法信访案件,坚决防止和纠正各种损害人民群众利益的行为,从源头上预防、减少矛盾纠纷的发生,切实维护社会和谐稳定。加强对社会治安形势的分析和研究,落实有效预防和及时发现打击各种违法犯罪活动的工作制度;积极参加全市安全生产监管工作,注意发现和严肃查处安全责任事故背后隐藏的滥用职权、玩忽职守等职务犯罪,预防和减少严重危害人民群众生命财产安全的重特大恶性安全生产事故。

(二)加强队伍建设,提高法律监督能力

认真贯彻落实执法公正、一心为民的政法工作指导方针。按照中央和省、市委的部署,切实抓好为期三年的检察队伍规范化建设。继续围绕执法不公以及人民群众对检察工作不满意的问题进行整改。强化制度建设,加强内部和外部监督。坚持从严治检和从优待检相结合,在抓班子、抓队伍、抓培训、抓廉政建设等方面狠下功夫。继续把规范执法行为活动引向深入,抓好执法规范化、队伍专业化和管理科学化"三位一体"的机制建设,努力提高检察人员敢于监督、善于监督、规范监督、严格执法和公正司法的能力。

(三)自觉接受党的领导和人大及社会各界监督,保证法律监督职能正确履行

增强坚持党的领导和接受人大监督的自觉性,主动向市委和人大报告有关检察工作的重要部署、重大问题和重要案件,认真负责地向人大及其

常委会报告工作。及时认真地办理人大批转、交办的案事件,坚决执行人大的决议、决定。依靠党的领导、人大监督和政府支持,排除执法中的干扰和阻力。加强与人大代表及广大人民群众的联系,规范完善同代表的联系方式。主动邀请代表视察,认真听取代表的意见和建议,及时办理并答复代表转办的案件,不断推进各项检察工作创新发展。

各位代表,在新的一年里,我们要以邓小平理论和"三个代表"重要思想为指导,深入贯彻党的十六大和十六届五中全会精神,在市委和上级检察院领导下,在人大、政府、政协的监督支持下,努力做好各项法律监督工作,切实把"执法公正、一心为民"的指导方针、把维护社会稳定的重大任务、把社会治安综合治理的各项措施落到实处,为实现全省进位次,全国创特色,建设富裕汝州、文明汝州、平安汝州的目标作出新的更大的贡献。

2004 年汝州市人民检察院工作报告

——2004 年 4 月 14 日在市五届人大二次会议上

汝州市人民检察院检察长 王明文

各位代表:

现在,我代表市人民检察院向大会报告工作,请予审议,并请各位政协委员和列席会议的其他同志提出意见。

2003 年,我院在市委和上级检察院的领导下,在市人大、政协的监督和政府的支持下,以"三个代表"重要思想为指导,认真学习贯彻党的十六大和十六届三中全会精神,紧紧围绕改革发展稳定大局,依法履行法律监督职责,全面开展检察业务,进一步加强队伍建设,各项工作取得了新的进展。

一、依法打击各种刑事犯罪,努力维护社会稳定

去年,我院始终把维护社会稳定作为首要任务,继续坚持严打方针,认真履行批捕、起诉职责,与公安、法院等部门密切配合,加大对各种刑事犯罪的打击力度。全年共批准逮捕各类刑事犯罪嫌疑人 458 人,代表国家提起公诉 466 人,法院均作出有罪判决。

在审查批捕、审查起诉中,一是突出打击重点,依法严厉打击黑恶势力犯罪、严重暴力犯罪和影响群众安全的多发性犯罪,共批准逮捕这"三类"重点案件犯罪嫌疑人 280 人,起诉 235 人,分别占批捕、起诉案件数的 73% 和 57.5%,其中有 6 名罪大恶极的犯罪分子被依法执行死刑,14 人被判无期徒刑,49 人被判 10 年以上有期徒刑。二是坚持快捕快诉,适时介入公安机关的侦查预审活动,提前熟悉案情,引导侦查取证,努力缩短办案时间。公安机关报捕的案件在 3 日内审结批捕的 158 件 205 人，占报捕案件数的 40.1%；在 7 日内审结起诉的 147 件 182 人，占公安机关移送起诉案件数的 32.7%。三是严把批捕起诉案件质量关，不断提高批准逮捕准确率、法定期限结案率、起诉准确率、案件定性率，案件质量在平顶山市检察系统评比中名列第一。

二、积极查办和预防职务犯罪，促进反腐败斗争深入开展

去年，我院认真贯彻中央和省、市委以及上级检察院关于推进党风廉政建设、加强反腐败斗争的部署和要求，积极履行查办职务犯罪职责，突出办案重点，提高办案质量，增强办案效果，重点查办了发生在党政部门和行政执法、司法部门中的职务犯罪案件，以及发生在基层和群众身边影响恶劣严重损害人民群众切身利益的案件。全年共立案侦查国家工作人员职务犯罪案件 25 件，其中贪污贿赂案件 17 件 19 人；徇私枉法、滥用职权、玩忽职守、刑讯逼供和非法拘禁等渎职侵权案件 8 件 13 人；提起公诉 17 件 21 人，法院已作出有罪判决 14 件 17 人，起诉数、判决数比上年分别增加 11 个百分点和 8 个百分点。被起诉判刑的原汝州市电业局长受贿案和原夏店乡民政所长贪污救灾款案均产生了较大影响。

同时，积极开展预防职务犯罪工作，在行政执法部门建立预防职务犯罪联席会议制度，在公路、建筑招标投标、等重大工程项目建设中开展职务犯罪同步预防，在国企产权改革、煤矿安全生产和优化经济发展环境工作中，主动向有关部门提出防止国有资产流失和防止执法人员滥用职权、玩忽职守的预防建议，全年共发出检察建议书 28 份，收到整改结果和反馈意见 28 件，为促进行政执法部门党风廉政建设发挥了积极作用。

三、加强诉讼监督，维护司法公正

一是加强侦查监督，依法监督公安机关立案 35 件，追捕漏犯 51 人，追诉漏犯 28 人，追诉漏罪 54 条。如在审查起诉犯罪嫌疑人刘志杰、胡卫卫盗窃一案中共追诉漏犯 8 名,漏罪 49 起,挖掉了一个集盗窃、抢劫、窝藏、销赃为一体的 10 人犯罪团伙,10 名被告人均被判刑,其中 2 人被判处 10 年以上有期徒刑。二是认真开展清理纠正超期羁押专项行动,配合公安、法院等部门全面开展清理工作,共消化处理超期羁押案件 48 件 98 人,使公、检、法各诉讼环节超期羁押案件降为零。三是重点查办司法人员执法不公背后的渎职侵权案件,共受理初查群众举报线索 12 件,立案侦查 4 件 6 人,已被判刑 2 件 3 人。四是积极开展民事审判和行政诉讼监督,进一步提高抗诉质量。对确有错误的民事生效判决,通过审判监督程序提请抗诉 18 件,上级院已采纳提出抗诉 16 件。

认真抓好涉法信访工作。坚持首办责任制、检察长接待日制和协调配合等项制度,及时解决和妥善处理涉法信访案件。全年共接待群众来访 800 余人次,受理来信 204 件,其中辖内案件 83 件全部办结,辖外案件 121 件均转有关部门办理,署名举报 79 件全部反馈,办结率和反馈率均为 100%。办结越级上访、重访和上级领导交办的涉法信访案件 32 件,息诉 31 件,息诉率为 96.8%,为维护社会稳定发挥了积极作用。

四、坚持从严治检,狠抓队伍教育管理

根据高检院、省政法委和市委的统一部署,去年我院认真开展了"强化法律监督,维护公平正义"、执法大检查和"转变干部作风,狠抓工作落实"三项教育活动,组织带领全体检察干警以学习贯彻"三个代表"重要思想和十六大精神为主线,以提高队伍整体素质和执法水平为目标,紧贴工作职责和干警思想实际,立足教育疏导,重点查摆纠正执法不公正、为检不清廉、作风不文明、监督不到位的问题。公开举报电话,设立举报箱,积极受理和查处人民群众和社会各界对检察人员违法违纪问题的举报;邀请部分人大代表、政协委员和特约检察员、廉政监督员对我院执法活动进行检查和监督,听取他们的批评意见和建议;主动到发案单位和案件当事人及其亲属家中征求意见,听取他们对检察人员执法执纪情况的反映。对2001年至2002年取保候审的职务犯罪案件和不批捕、不起诉的案件进行了全面检查,纠正了不批捕案件打白条、刑事案件退回补充侦查率高、案件超期、取保候审案件久保不结等执法不严、执法不公问题。通过教育活动,完善了队伍管理、业务管理和事务管理的工作机制,加大了从严治检力度,广大检察干警严格、公正、文明执法的观念进一步强化,正确履行检察职责的责任感进一步增强,确保了队伍不发生严重违法违纪问题。去年我院整体工作在平顶山市检察系统综合评比中名列第一,12项工作跨入先进行列,其中9项工作第一名。这些成绩,是在市委和上级检察院的领导、人大政协的监督和政府的大力支持下,在人大代表、社会各界和广大人民群众的关心帮助下取得的,对此,我代表市检察院表示衷心的感谢!

我们的工作虽然取得了一定成绩,但还存在一些不容忽视的问题。主要是对刑事诉讼活动中有法不依、执法不公问题的监督力度不够,与人民群众的要求差距还比较大。职务犯罪侦查手段落后,突破案件的能力不够,侦查工作机制不完善。队伍的专业化水平和整体素质还不能完全适应新形势、新任务的要求,个别干警执法水平较低,有的案件质量不高,办案经费紧缺,信息化水平不高等问题影响着检察工作的正常开展。对这些问题,我们要采取有效措施,认真加以解决。

各位代表,今年是我市全面贯彻党的十六大和十六届三中全会精神,加快经济社会发展的重要一年,我们要认真贯彻市委和上级检察院对维护稳定的工作部署,按照市委政法工作会议和省市检察长会议确定的工作任务,突出强化法律监督、维护公平正义主题,加大工作力度,提高执法水平和办案质量,紧紧围绕全市工作大局,充分履行检察职责,扎扎实实地做好各项检察工作。

第一，打击犯罪，维护稳定，为全市经济建设创造稳定的社会环境。一是坚持严打方针，加强与公安、法院的密切配合，继续重点打击黑恶势力犯罪、严重暴力犯罪和抢劫、抢夺、盗窃等影响群众安全感的多发性犯罪，坚持依法快捕、快诉，提高办案质量和效率，切实保障人民群众的生命财产安全。二是依法打击危害市场经济秩序的犯罪活动，突出打击制售伪劣食品、药品等危害人民群众身体健康和生命安全的犯罪，以及坑农害农、侵害弱势群体利益的犯罪。积极与行政执法部门加强联系，互通信息，增强打击经济犯罪的合力，切实纠正以罚代刑等打击不力问题。三是认真落实检察环节的综合治理措施，积极参与治安问题突出的重点区域、重点部位、重点环节的集中整治，充分运用检察职能，认真排查调处涉法信访案件，坚决把问题解决在基层，维护群众切身利益，消除不稳定因素。

集中力量查办有影响、有震动的职务犯罪大案、要案。重点查办科级以上领导干部犯罪案件，司法人员和行政执法人员贪赃枉法、徇私舞弊、滥用职权等犯罪案件，国家工作人员充当黑恶势力"保护伞"以及利用职权参与、包庇、纵容破坏市场经济秩序的犯罪案件，发生在国企改制、建设工程招标投标、经营性土地使用权出让等领域和环节的职务犯罪案件，重特大安全生产事故中的渎职犯罪案件，以及发生在群众身边的以权谋私、严重侵害群众利益的犯罪案件。规范侦查活动，提高发现职务犯罪的能力和办案质量，加大对职务犯罪的打击力度，促进反腐败斗争和党风廉政建设。

第二，强化法律监督，维护公平正义，为全市社会发展创造良好的法治环境。认真贯彻党的十六大关于加强对执法活动和司法工作监督的要求，依法监督执法不严、执法不廉、执法犯法的行为，全面加强对侦查活动、审判活动和刑罚执行活动的监督，深入查办司法和执法不公背后的腐败案件。在刑事立案监督中,重点监督纠正有案不立、有罪不究、以罚代刑等问题。在侦查活动监督中,重点监督纠正违反法定程序、侵犯案件当事人合法权益、滥用强制措施等问题, 及时追捕追诉漏罪漏犯。在刑罚执行活动和监管活动监督中,重点监督纠正超期羁押和判决后不依法交付执行以及违法减刑、假释、保外就医等问题。在刑事审判监督中,重点加强对徇私枉法造成重罪轻判、有罪判无罪案件的抗诉。在民事审判和行政诉讼监督中,注重提高抗诉案件质量和改判率的同时, 积极通过个案再审检察建议, 督促法院启动再审程序,减少办案环节,增强监督实效。加强对行政执法活动的法律监督,依法监督纠正损害群众利益的突出问题,积极开展预防职务犯罪工作,突出抓好重点行业的系统预防和重点建设工程的专项预防以及发案单位个案预防,配合有关部门切实把预防措施落到实处,努力从源头上遏制职务犯罪,促进依法行政。

第三,进一步加强检察队伍建设,提高整体素质。大力加强思想政治建设,坚持用"三个代表"重要思想武装干警,深入开展"两个务必"教育和职业责任、职业道德、职业纪律教育,增强执法为民意识、服务大局意识、公平正义意识,自觉抵制各种腐朽思想和不良风气的侵蚀,切实为人民掌好权、执好法。认真贯彻《检察官法》,完善检察人员行为规范和执法规范,以执法工作为重点,以绩效考核为核心,健全检察工作考评、监督、惩戒制度,激发活力,促进工作。加强专业技能培训,大力培养复合型、专门型人才,提高检察队伍的专业化水平。坚持从严治检,进一步完善监督制约机制,强化对执法办案活动的跟踪监督,坚决查处违法违纪问题。进一步深化检务公开,强化接受监督意识,自觉接受人大监督及社会各界的监督,加强同人大代表及广大人民群众的联系,广泛听取批评意见和建议,认真改进和加强各项工作。努力建设一支政治坚定、业务精通、作风优良、执法公正的检察队伍。

　　各位代表,在新的一年里,我们要高举邓小平理论和"三个代表"重要思想伟大旗帜,全面贯彻党的十六大和十六届三中全会精神,在市委和上级检察院领导下,在人大、政协和政府的监督支持下,按照本次大会提出的任务和要求,振奋精神,团结一致,开拓进取,扎实工作,努力开创检察工作新局面,为实现全面建设小康社会的宏伟目标作出新的更大的贡献。

2003年汝州市人民检察院工作报告

——2003年4月19日在市五届人大一次会议上

汝州市人民检察院检察长　王明文

各位代表：

现在，我代表市人民检察院向大会报告工作，请予审议，并请各位政协委员和其他列席人员提出意见。

一、5年来检察工作的主要情况

市四届人大一次会议以来，我院在市委和上级检察院的领导下，在市人大、政协的监督和政府的支持下，坚持以邓小平理论和"三个代表"重要思想为指导，努力实践依法治国、依法治市方略，突出"强化监督，公正执法"主题，认真履行宪法和法律赋予的职责，各项工作迈上新的台阶。

（一）依法严厉打击严重刑事犯罪，维护社会稳定

5年来，我院始终把维护稳定作为首要任务，充分发挥检察职能作用，与公安、法院密切配合，依法严厉打击严重刑事犯罪，共批准逮捕各类刑事犯罪嫌疑人2646人；提起公诉1999人，有力地维护了社会稳定。

在严厉打击严重刑事犯罪的斗争中，我院坚决贯彻中央、省、市委的重大部署，与有关部门通力协作，始终把黑社会性质组织犯罪和流氓恶势力犯罪，爆炸、杀人、抢劫、绑架等严重暴力犯罪，抢夺、盗窃等严重影响群众安全感的多发性犯罪作为打击重点，特别是把称霸一方、欺压群众、作恶多端的黑恶势力犯罪作为重中之重，依法快捕快诉。共批准逮捕三类重点案件犯罪嫌疑人1062人，提起公诉976人，同时，深挖黑恶势力后台和"保护伞"，对包庇、纵容黑恶势力犯罪活动，为犯罪分子通风报信，帮助其逃避处罚的国家工作人

员职务犯罪案件,集中力量,深挖严查,依法惩处,推动了"严打"整治斗争的深入开展。

积极参加整顿规范市场经济秩序和优化经济发展环境工作,共批准逮捕合同诈骗、挪用企业资金、非法吸收公众存款和聚众扰乱企业生产经营秩序的犯罪案件41件83人,提起公诉20件25人。为优化我市经济发展环境起到了积极作用。

(二)积极查办和预防职务犯罪,促进反腐败斗争深入开展

5年来,我院认真贯彻中央关于治国必先治党,治党务必从严等一系列重要指示精神,根据省、市委和上级检察院反腐败斗争部署及工作要求,加大办案力度,提高办案质量,增强办案效果,重点查办了一批发生在党政机关、行政执法机关、司法机关、经济管理部门的职务犯罪案件;查办了一批国有企业人员贪污、受贿、挪用公款、私分国有资产等犯罪案件;查办了一批滥用职权、玩忽职守、非法拘禁等渎职、侵权犯罪案件;为反腐败斗争的持续深入发挥了重要作用。共受理国家工作人员职务犯罪案件211件,立案侦查125件136人,其中贪污贿赂案86件96人,渎职侵权案39件40人,提起公诉45件50人,已作有罪判决39件44人,为国家挽回经济损失2000余万元。特别是近两年,我们集中力量查办了有影响、有震动的大案22件35人,其中查处科局级干部职务犯罪案件13件13人,查处国企改制中私分、侵吞国有资产的贪污贿赂窝案9件22人,其中6名犯罪分子被判处10年以上有期徒刑。

在查办职务犯罪工作中,认真落实标本兼治、从源头上预防和治理腐败的方针,结合办案积极探索从体制、机制和制度上预防犯罪的途径。一是把检察预防融入反腐败斗争和综合治理的总体格局,形成了市委统一领导、有关部门齐抓共管、检察机关发挥职能作用的预防职务犯罪网络。二是完善落

实预防工作的制度、目标和措施,在金融、行政执法和部分国有企事业单位中建立联系点,聘请联络员,构建联合预防机制。三是紧密结合"严打"和整治规范市场经济秩序活动,积极开展职务犯罪个案预防、行业预防、工程建设同步预防和国企改制重点预防,共向发案单位提出堵漏建制的预防建议500余条,向干部职工进行法制宣传、警示教育千余人次,帮助和督促落实预防制度120余项,取得了较好的社会效果。

(三)强化诉讼监督,维护司法公正和法律尊严

加强立案监督、侦查监督、刑事审判监督和刑罚执行监督,注意防错防漏。对公安侦查部门应当立案而未立案的,依法监督立案75件;对应当逮捕而未提请批准逮捕的,决定追捕142人;对应当起诉而未移送起诉的,决定追诉71人。对不符合批捕、起诉条件的依法决定不批准逮捕427人,不起诉23人;对认为确有错误的刑事判决,依法提出抗诉3件;对刑罚执行和监管活动中的违法情况提出书面纠正意见390件次,对超期羁押依法监督纠正767人次。

积极开展对民事审判和行政诉讼监督,重点对裁判显失公平,严重损害国家利益、公共利益和当事人合法权益的问题实行监督。共受理民事行政申诉案件184件,提请抗诉76件。对裁判正确的案件,做好息诉工作108件。同时,针对一些国有企事业单位资产流失严重的问题,直接代表国家提起民事诉讼的4件,法院已全部判决。

改进和加强控告申诉检察工作,积极开展文明接待活动,坚持检察长接待日制度,共接待群众来访3000余人次,办理群众来信407件,对其中属于检察机关管辖的317件全部办结,对受理初查后不够立案条件的204件,均做好举报人、申诉人的停访息诉工作。认真办理刑事申诉和刑事赔偿案件,复查上访老户和不服本院决定的申诉案件21件,办理领导和上级要结果的

信访案件 44 件,对确有错误的 4 件依法予以纠正。实行控告申诉案件首办责任制,力求把每件控告申诉案件解决在首次办理环节,加快了控告申诉问题的解决进度,减轻了当事人的诉讼负担。

在诉讼监督工作中,坚持纠正违法与惩治司法腐败相结合,注意查办司法不公背后的职务犯罪案件。共受理滥用职权、索贿受贿、枉法裁判等犯罪案件线索 32 件,立案侦查涉嫌渎职犯罪的政法机关工作人员 17 人。

(四)加强自身建设,提高队伍整体素质和执法水平

一是开展集中教育整顿,提高队伍政治业务素质。按照上级检察院的部署,在全体检察人员中先后开展了两次时间长、范围广的教育整顿活动。注重加强思想政治教育,组织广大检察人员深入学习"三个代表"重要思想,大力进行理想信念、职业道德和纪律作风教育,集中开展了执法大检查和执法作风大检查活动。加强教育培训和岗位练兵,组织全体人员参加了全国检察机关基本素质考试和上级院的岗位练兵竞赛,促进干警熟练掌握专业知识。目前 50 岁以下干警大专以上学历的达 100%,其中本科学历的为 75%。

二是自觉接受监督,切实加强和改进工作。不断强化自觉接受监督的意识,主动向人大汇报工作,实行与人大代表和政协委员联系制度,虚心听取代表和委员的批评、意见和建议,积极依法办理人大交办的事项。针对存在的执法不严、执法不廉问题,加强监督管理,严查违法违纪,开展个案跟踪监督和案后回访,实行检务公开,落实诉讼参与人权利义务告知制度,主动接受社会各界的监督,促进了执法作风的好转。

三是深化检察改革,激发队伍内在活力。推行了查办职务犯罪案件侦捕诉协调配合监督制约制度,建立和规范了适时介入侦查、引导侦查取证、强化侦查监督的工作机制,完善了主诉检察官办案责任制。按照精简、统一、效能的原则,进行了机构改革,规范了内设机构设置,推行了竞争上岗、双向选

择、岗位轮换等有利于优秀人才脱颖而出的选人用人机制。同时，积极推进科技强检，建成了计算机局域网，配备了举报电话自动受理系统，办公、办案信息化水平得到提高。

四是大力开展争创"五好"、"两满意"活动。实现了"五好"的目标，涌现出一批爱岗敬业、秉公执法的先进典型。5年来我院工作在平顶山市10个基层检察院综合评比中均名列第一，连续5年为全省检察系统"五好检察院"，分别被评为全省"人民满意的政法单位"和"人民满意的检察院"，先后荣获市级、省级文明单位称号。有60人次评为省市级优秀检察官，18人立功受奖，还有11人被省、市政法委评为"人民满意的政法干警"和先进工作者。

各位代表，3年来检察工作的成绩，是在市委和上级检察院的领导、人大政协的监督和政府的大力支持下，在社会各界和广大人民群众的关心帮助下取得的，对此，我代表市人民检察院表示衷心的感谢！

（五）主要经验体会和存在的不足

回顾5年来的实践，我们的主要经验体会是：必须始终围绕经济建设这个中心开展工作、履行职责，努力为改革发展稳定提供法治保障，检察工作才能实现法律效果与社会效果的有机统一；必须坚持"强化监督、公正执法"主题，增强监督职能，加大监督力度，以监督促公正，以公正护正义，检察工作才能不断发展；必须坚持从严治检，依法规范执法活动，改进执法作风，深化检察改革，实施科技强检，大力提高整体素质和执法水平，才能保障检察权的正确行使；必须坚持党的领导，自觉接受人大和社会监督，积极依靠人民群众的支持和参与，才能保证检察工作沿着正确的方向健康发展。

当前检察工作中还存在不少问题和困难：一是对诉讼活动中执法不严、执法不公等问题，监督力度不够，某些方面仍然是薄弱环节。二是检察队伍整体素质、执法观念和执法水平还不能完全适应新形势和任务的要求，个别检察人员为民执法的宗旨意识和办案的证据意识、程序意识不强,个别干警执法水平较低,有的案件办案质量不高。三是检察工作科技含量低,办案经费紧缺,影响了工作开展。对上述问题,我们将采取有效措施,努力加以解决,推动检察工作不断发展。

二、关于做好当前和今后一个时期检察工作的意见

党的十六大确立了我国新世纪新阶段全面建设小康社会的奋斗目标。为实现这个目标提供法治保障,是检察机关的历史责任。面对新的形势和要求,当前和今后一个时期我市检察机关要以邓小平理论和"三个代表"重要思想为指导,认真贯彻党的十六大精神,突出"强化监督、公正执法"主题,全面履行检察职能,坚决打击各种犯罪,加大查办和预防职务犯罪工作力度,强化诉讼监督,深化检察改革,坚持从严治检,为我市全面建设小康提供有力的法治保障。今年重点做好以下工作:

(一)继续把维护稳定摆在检察工作的首位

坚决打击各种危害国家安全、严重影响社会稳定和经济安全的犯罪活动。与公安、法院等有关部门密切协作,重点打击严重危害社会治安的黑恶势力犯罪、严重暴力犯罪、毒品犯罪和抢劫、抢夺等多发性犯罪;重点打击破坏市场经济秩序的偷税骗税、金融诈骗、侵吞国有资产、制售危害人民生命健康的假冒伪劣产品等犯罪活动;并且结合本地实际确定打击重点,切实把严重危害社会治安的犯罪遏制住,增强人民群众的安全感。在办案中,要坚持"稳、准、狠"地打击犯罪,严格依法办案,增强证据意识和保障人权意识,严把事实关、证据关、程序关和运用法律关,依法快捕快诉。认真落实检察环节的社会治安综合治理措施,积极参与人民内部矛盾的排查调处,依法妥善处置群体性事件,努力把影响稳定的不安定因素解决在基层,消除在萌芽状态。

（二）进一步加大查办和预防职务犯罪工作力度

根据上级部署,结合我市实际,当前,要重点查办科局级以上领导干部的贪污、受贿等职务犯罪案件;国有企业工作人员利用企业改制之机贪污、挪用、私分国有资产的重大犯罪案件;司法和行政执法人员滥用职权、徇私舞弊、贪赃枉法的犯罪案件;国家工作人员充当黑恶势力后台和"保护伞"或利用职务包庇、纵容、参与破坏市场经济秩序的犯罪案件;国家机关工作人员侵犯公民人身权利、民主权利后果严重、情节恶劣和渎职造成严重后果的案件。坚持反腐败的领导体制、工作机制和工作格局,不断提高依法查办职务犯罪大案要案的能力。加强侦查工作,提高侦查水平,进一步完善内部配合协作机制,确保办案质量和效果。坚持标本兼治、综合治理,加强预防职务犯罪工作。结合办案注意研究发案的新情况、新特点以及发案的原因和规律,提高预防职务犯罪的针对性;加强同金融、交通、工程建筑、行政执法等重点行业的联系与配合,共同做好系统预防、专项预防、个案预防,运用典型案例进行警示教育,针对办案中发现的漏洞,帮助有关单位完善管理制度,提高预防工作专业化水平。

（三）进一步强化对诉讼活动的法律监督

认真贯彻党的十六大关于"加强对执法活动的监督,维护司法公正"的要求,以惩治司法腐败、促进司法文明、实现社会公平和正义为目标,从监督违反诉讼程序问题入手,进一步加大诉讼监督工作的力度,保障法律的严格实施,维护法制的统一和尊严。在刑事立案监督和侦查活动监督中,重点监督群众反映强烈的有案不立、有罪不究、以罚代刑等问题。在刑事审判监督工作中,重点加强对徇私枉法造成重罪轻判、有罪判无罪案件的抗诉。在监所检察工作中,重点监督纠正刑罚执行过程中以钱抵刑等违法减刑、假释、保外就医问题;重点对羁押场所发生通风报信、放纵案犯和致人伤残、死亡问题的监督。在民事审判和行政诉讼监督中,重点监督裁判不公问题,进一步完善监督措施,注重监督实效。

(四)大力推进检察改革和科技强检进程,不断提高检察队伍专业化水平

按照党的十六大关于建设一支"政治坚定、业务精通、作风优良、执法公正"的司法队伍的基本要求,坚持从严治检,加强队伍的思想政治建设、领导班子建设、专业化建设、纪律作风建设。大力进行职业责任、职业道德、职业纪律教育,加强教育培训力度,培养造就一批专家型、复合型、专门型人才。积极稳妥地推进检察改革,加强队伍的规范化、制度化建设。进一步完善主诉主办检察官办案责任制,逐步建立符合司法规律的审查批捕和公诉工作机制;进一步健全职务犯罪案件侦查和预防工作机制;进一步深化检务公开,完善内外监督制约等项制度。围绕开展检察业务工作的需要,实现办公、办案和培训教育网络化管理,最大限度地发挥科技在办公办案中的作用。自觉坚持党的领导,认真贯彻党的路线方针政策,重大工作安排、重要工作情况及时向市委请示报告,依靠市委的领导解决影响工作的重大问题。不断增强自觉接受人大监督意识,健全接受人大监督的制度,认真贯彻人大关于检察工作的决议,加强同人大代表的联系,广泛听取批评和意见,不断改进和加强各项工作。

各位代表,新形势下的检察工作任务艰巨。我们要高举邓小平理论伟大旗帜,以"三个代表"重要思想为指导,认真贯彻党的十六大精神,在市委和上级检察院的正确领导下,在市人大及其常委会的监督下,依靠市政府及各部门和广大人民群众的大力支持,解放思想,开拓创新,与时俱进,扎实工作,为实现本次大会确定的任务,为维护我市改革、发展、稳定大局,为全面建设小康社会的目标作出积极贡献!

1999 年汝州市人民检察院工作报告

——1999 年 4 月 7 日在市四届人大三次会议上

汝州市人民检察院检察长 库彦芳

各位代表：

现在，我就 1998 年检察工作的主要情况和 1999 年工作安排报告如下，请予审议，并请各位政协委员和其他列席人员提出意见。

过去的一年，我院在市委和上级检察院的领导下，在市人大、政府、政协的监督支持下，按照中央和省市政法委及上级检察院统一部署，深入开展集中教育整顿，紧紧围绕党和国家工作大局全面开展检察业务，队伍建设和业务工作取得了新的进展。

一、集中教育整顿取得一定成效

开展集中教育整顿是党中央在世纪之交的新 形势下，加强政法队伍建设的一项重大决策。自去年 3 月份以来，我们坚决贯彻党中央的指示精神和省市委的部署，牢固确立搞好教育整顿，加强队伍建设，促进公正执法的指导思想，始终把纠正违法违纪等问题作为教育整顿的重点。紧密结合本院实际，认真组织，积极行动，开门整顿，自查自纠。实行领导责任制，检察长担当第一责任人，抓住重点部位、重点案件，搞好执法大检查，公布检察人员违法违纪举报电话，听取人大代表、政协委员和社会各界的批评和建议，自觉接受人大监督、群众监督和舆论监督，不断把教育整顿工作引向深入。

（一）在集中教育整顿中，广大干警普遍受到了深刻教育

对中央政法委"四条禁令"和最高人民检察院九条硬性规定熟记能详，严格遵守，公正执法，依法办案的自觉性大大提高。坚决刹住了追逐部门经

济利益,拉赞助、搞提成的错误做法,纠正了办案搞数字攀比,导致案件质量低、效果差的现象,认真执行了"收支两条线"规定,严格依法管理扣押款物,全面清理了超期羁押案件,做到严格按照法律规定的管辖范围归口办案,杜绝了越权查案的现象。行使检察权过程中的一些突出问题得到解决。

(二)进行了机构人员清理和班子考察工作

撤销了设置在税务、行政机关和企事业单位的 16 个检察室,免去了 66 名兼职人员的法律职务,撤销了所办的劳动服务公司,取消了挂靠经营的单位和个人,完成了清理撤销经营性公司的任务。对 96 名在职干警进行了资格审查和格次评定,平顶山市委考核组对我院领导班子和正副检察长及反贪局正副局长进行了全面考察,班子建设进一步加强。

(三)建立健全了规章制度

针对教育整顿中暴露出的问题,我们围绕规范办案工作,强化纪律,加强管理,确保公正执法,修订完善管人、管事、管案子的有关制度 12 项 135 条,实行侦查工作内部制约机制,推行错案责任追究制,明确执法责任,防止滥用职权,促进了检察人员办案责任心和办案质量的提高。同时,推行了检务公开,把检察活动置于广大人民群众和社会各界的广泛监督之下,聘请部分人大代表、政协委员和社会知名人士任我院廉洁执法监督员,及时听取社会各界对我院检察活动的反映,以检务公开促进公正执法,促进内部建设,促进各项工作。

二、各项检察工作取得新进展

经过历时近一年的集中教育整顿,在广大干警中,新的观念、新的作风、新的规范、新的形象正在形成,推动了各项检察工作的健康发展。

(一)加大了查办贪污贿赂、渎职等职务犯罪案件的工作力度

去年以来,我们认真贯彻江泽民总书记关于打击走私和反腐败问题的重

要讲话精神,根据中央和上级检察机关的统一部署,集中力量查办国家工作人员职务犯罪大案要案。全年初查贪污贿赂、贪赃枉法、徇私舞弊等案件线索31件,立案13件13人,其中贪污受贿挪用公款大案11件11人,涉嫌犯罪的处科级干部5人,现已侦查终结移送起诉10件10人,法院已作有罪判决4件4人。查处的原朝川矿务局长、副局长、运销公司经理等5人贪污受贿窝案,其中副局长王子明(副处级)、运销公司经理时玉臣(正科级)已被判刑,是历年来查办国有企业中职务犯罪级别最高的案件。查处的原寄料镇营业所主任焦富水挪用储蓄款132万元,原陵头乡营业所主任席红伟挪用非法放贷120万元,原寄料镇民政副所长陈占国挪用公款102万元等重大案件,是历年来查办国家工作人员利用职务便利挪用公款额度最大的犯罪案件。

(二)严厉打击危害社会治安的刑事犯罪

共受理公安机关移送审查批捕案件427件698人,经审查批捕案件320件612人,批捕人数比上年增长50.15%,其中杀人、抢劫、强奸、绑架等暴力犯罪嫌疑人112名,重大团伙犯罪嫌疑人182名,地痞村霸18名,新罪名犯罪嫌疑人25名,这四项共占批捕人数的65.8%;受理公安机关移送起诉案件348件521人,经审查已起诉217件342人,法院均作有罪判决。全年批捕起诉案件数占平顶山市检察系统批捕起诉总数的四分之一还多,质量经上级检察院业务部门审查,无错捕、漏捕、错诉、漏诉,批捕起诉准确率达到100%。

(二)加强了诉讼监督工作

共要求公安机关依法立案7件11人,追捕追诉犯罪嫌疑人26名,如在审查批捕牛广中等5人盗窃、强奸团伙案中一举追捕漏犯9人,是历年来追捕漏犯最多的一案。对有关部门的超期羁押问题提出纠正意见125件次,已纠正超期羁押人员86名,对违法减刑、假释、保外就医等问题提出纠正意见 36 件次,已纠正 1 2 件,收监投劳犯罪人员 9 名,对法医鉴 定结论进行文证审查 7 6 件,依法纠正错误鉴定 5 件,对明显不公的民事、行政判决、裁定案件提请抗诉 1 2 件,建议提请抗诉 2 件,上级检察院采 纳后已抗诉 7 件,法院已再审改判 5 件。

(四)加强控申举报工作,认真办理涉法信访 案件

一是坚持了检察长接待日制度,共接待群众来访 560 余人次,受理举报线索 77 件,受理申诉案件 3 件,认真复查了一些上访老户和不服本院决定的申诉案件。二是认真办理上级要结果的 部分村民控告村干部贪污挪用公款等经济问题的 信访案件 4 件。三是对受理初查后不够立案条件 的 35 件经济、法纪、民事案件,均做好了举报人、当事人和申诉人的停访息诉工作。四是坚决打击煽动群众上访闹事严重扰乱社会秩序的犯罪,依 法批捕了蟒川乡黑龙庙村支部书记娄会营聚众扰乱社会秩序、小屯镇孙店村支部书记张法涉嫌经济问题引起群众上访在我市造成较大影响的案件,依法起诉判刑了纸坊乡石庄村民石富顺、石向军等人上访围堵省委大门、堵塞交通,严重扰乱社会秩序的犯罪案件,妥善处置了各类信访案件。

一年来,我们以人民群众答应不答应、赞成不赞成、满意不满意作为检验工作成效的根本标准,巩固发展教育整顿成果,全面提高队伍素质。大力开展以"讲学习,讲政治、讲正气"为主要内容的党性党风教育和以"讲文明,树新风"为主的创"三优"活动,大力加强教育培训和岗位练兵,狠抓各项制度的落实和领导干部管人管事并重的"一岗双责"制的执行;在财政经费较为困难无法保证办案费用的条件下,广大干警能够以良好的精神状态严格执法,文明办案。创建了省级文明接待室,市(地)级驻看守所文明检察室,5 人荣立三等功,8 人获市(地)级优秀检察官称号,全院 1 2 个科室中有 8 个科局室工作名列平项山市检察系统前三名,我院还被上级检察院推选为省级

"五优"检察院。但是,工作和队伍中还存在不少问题。主要是:检察干警的整体素质还不适应依法治国新形势的需要,业务工作中还有一些薄弱环节,侦查工作需要进一步规范和提高,法律监督力度需要进一步加强,经费紧缺,侦查技术装备落后制约着办案和执法活动开展的问题仍很突出。对这些问题,都需要我们在今后工作中认真研究,加以解决。

三、1999 年工作安排意见

1999 年,是我们党和国家历史上具有特殊意义的一年。我们将迎来建国 50 周年庆典,我国政府将恢复对澳门行使主权。深化改革、促进发展,保持稳定的任务十分繁重。今年也是我院全面实施最高人民检察院制定的《检察工作五年发展规划》,推动我院工作跨世纪发展至关重要的一年。做好今年的检察工作,意义重大。因此,我们要在市委和上级检察院领导下,深入学习邓小平理论,贯彻落实党的十五大精神和江泽民总书记关于政法工作的一系列重要指示,贯彻落实党的十五届三中全会、中央经济工作会议和全国政法工作会议精神,按照公正执法、加强监督、依法办案、从严治检、服务大局的检察工作方针,依法严厉打一击各种犯罪活动,大力加强队伍建设,全面完成各项任务,努力开创检察工作新局面。

(一)围绕中央新部署,充分发挥职能作用,全力维护社会政治稳定和国家经济安全

着重抓好以下几个方面工作:

1.同公安、法院等部门密切配合,及时发现和适时打击危害国家安全的犯罪活动,严厉打击民族分裂活动,严惩暴力恐怖犯罪分子。

2.进一步加大查办贪污贿赂、渎职等职务犯罪的工作力度。当前,重点查办党政机关、行政执法机关、司法机关、经济管理部门和科局级以上领导干部的贪污贿赂、渎职等职务犯罪案件,特别是司法人员贪赃枉法、徇私舞弊

犯罪案件;重点查办国家工作人员牵涉走私护私构成贪污贿赂、滥用职权、徇私舞弊犯罪案件;金融、建筑和粮食流通领域中发生的贪污贿赂犯罪案件;国有企业改革中发生的贪污贿赂犯罪特别是造成国有资产严重流失的犯罪案件。

3.贯彻中央关于打击走私、骗汇的会议精神,依法严厉打击破坏社会主义市场经济秩序,危害国家经济安全的犯罪活动。坚决打击骗购外汇、逃汇、非法买卖外汇犯罪,严厉打击金融诈骗和非金融机构严重扰乱金融市场秩序的犯罪,依法打击偷税抗税和伪造、倒卖、虚开增值税发票以及其他破坏社会主义市场经济秩序的犯罪活动。

4.继续坚持"严打"方针,坚决打击危害社会治安的犯罪活动。重点打击暴力犯罪、带黑社会性质的团伙犯罪和盗窃、抢劫等多发性犯罪坚决扫除"黄赌毒"等社会丑恶现象,积极参加"严打"整治行动和"扫黄打非力集中行动,严厉打击破坏农村治安秩序和坑农害农的犯罪活动;依法严惩称霸一方的农村恶势力、邪教和非法宗教活动;正确处理人民内部矛盾,努力化解社会不安定因素,认真落实检察环节上的综合治理措施,全力维护农村稳定,促进农村的改革和发展。

5.以遏制司法腐败,维护司法公正,增强人民群众对司法的信心为目标,抓住司法不公、枉法裁判的突出问题,采取有力措施,重点加强刑事立案监督、执行监警和民事审判行政诉讼监督工作。坚决纠正有案不立、以罚代刑、超期羁押、刑讯逼供、重罪轻判、轻罪重判,违法减刑、假释、暂予监外执行、保外就医和民事行政诉讼明显裁判不公等问题。同时,进一步搞好预防职务犯罪工作,针对新形势下职务犯罪的新特点、新动向、新变化,加强调查研究,积极探索开展预防职务犯罪工作的新途径。

(二)以提高整体素质为核心,进一步加强队伍建设

一是深入开展以"讲学习,讲政治,讲正气"为主要内容的党性党风教

育,加强领导班子建设。二是坚定不移地用邓小平理论和江泽民总书记关于政法工作的指示武装干警,用法律、现代经济、科技知识武装干警,提高队伍的政治和业务素质,同时以提高实际工作能力和执法水平为主,实行全员培训和岗位练兵。三是坚持用制度管人、管事、管案子,规范执法活动和工作秩序,狠抓中央政法委"四条禁令"和最高人民检察院九条硬性规定的落实,加强监督检查,严查违法违纪,增强干警的公仆意识,克 服特权思想,切实解决好为谁执法、为谁服务的 问题。四是开展以实现"五个好"(一个好班子,一支好队伍、一套好机制、一流工作业绩和一个好形象)为主题的争当人民满意的检察院、争当人民满意的检察干警活动,掀起学先进、赶先进的热潮,力争使我院在今年内达到"五个好"的目标。五是深化检务公开,公开办事制度,公布群众关注的重大案件的进展情况,公布重大活动和典型案例,对举报人、申诉人、证人、被害人、犯罪嫌疑人实行"告知"制度。进一步加强同人大代表、政协委员和社会各界的联系,自觉接受人大政协的监督、新闻舆论的监督和广大人民群 众的监督,广泛听取意见,不断改进工作。

各位代表,各位政协委员和列席会议的同志 们:建设高素质的检察队伍是广大人民群众的强 烈愿望,人民群众希望司法机关是最公正、最廉洁、最讲理的地方,是人民群众寻求法律保护和帮助的场所,是主持公道、惩恶扬善的神圣殿堂。 因此,在这里,我代表全体检察干警诚恳地希望 大家对我们的工作进行监督,虚心听取你们的批评、意见和建议,不断提高队伍整体素质,努力为人民办好每一个案件,办好每一件事情来赢得广大人民群众对检察工作的支持。

我们要以更加旺盛的斗志,高举邓小平理论伟大旗帜,紧紧围绕党和国家工作大局,贯彻落实本次大会的决议,全面正确履行检察职能,努力开创工作新局面,以新的业绩和新的风貌向建国 50 周年献礼,迎接新世纪的到来。

临汝县人民检察院关于
1984 年的工作报告和 1985 年的工作意见

1984 年的工作报告

1984 年，我院在县委、上级检察机关的直接领导和县人大常委的监督下，继续贯彻执行中共中央《关于严厉打击严重刑事犯罪的决定》，认真坚持依法"从重从快，一网打尽"的方针，按照上级的统一部署和要求，全面开展各项检察业务，积极参加综合治理，为争取社会治安的根本好转，保卫"四化"和"两个文明"建设，做出了积极的贡献。较好地发挥检察机关的职能作用。

一、几项工作

（一）刑事检察工作

以严厉打击刑事犯罪，争取社会治安根本好转为中心，坚定不移地贯彻执行了依法"从重从快，一网打尽"的方针，始终不渝地坚持了七个方面的打击重点，坚持两个基本，坚持依法办案，与公、法机关密切配合，协同作战严厉惩处了一批危害社会治安的刑事犯罪分子。1984 年，共受理公安机关提请逮捕 250 案 426 人，已审结 220 案 369 人。批准逮捕 184 案 285 人，占审结数的 83.5% 和 77.2%。其中属于七个方面重点打击对象 167 人占批捕数的 58.6%；不批难逮捕 36 案 84 人，占审结数的 16.4% 和 22.8%；公安机关撤销案件 5 案 10 人，取保候审 1 案 1 人，退回补充侦查 23 案 45 人，正在办理 1 案 1 人。共受理公安机关移送起诉 251 案 425 人（含上年转来 23 案 50 人）。已审结 238 案 409 人。经审查起诉法院 197 案 312 人，占审结数的 82.7% 和

76.5%；免予起诉40案95人（其中第一战役76人，第二战役19人），占审结数的16.8%和23%；不起诉1案2人；正在办理13案16人。法院开庭审理226案417人，均派员出庭支持公诉。除2人无罪判决外，其他均作了有罪判决，有罪判决率达到99.5%。

（二）经济检察工作

在严厉打击刑事犯罪的同时，打击经济犯罪的斗争有了新的进展。年初在抓紧办结上年积存的6案10人的同时，以"三属"（省属、地属、县属）企业和财贸 金融系统为重点，坚持走出机关，开辟案源，力求查办大案要案，突破"死角"、"死面"。1984年共受理各类经济案件18案20人，立案侦查6案6人（其中贪污5案5人，受贿1案1人。决定逮捕9案10人（含上年转来的4人），侦查终结起诉法院5案5人，即将起诉1案1人，正在调查落实4案4人。查清事实后转有关单位处理12案14人。依法抗诉1案1人。法院已作了改判。共查清赃款及赃物折款50000余元，为国家和集体挽回经济损失45000余元。

（三）监所检察工作

紧紧围绕"严打"斗争在正确履行法律监督的同时，以"打、防、教、改"为内容，主动协同公安机关对在押犯开展强大的政治攻势，采取多种形式，深揭深挖犯罪；促使犯罪分子分化瓦解，交待余罪，检举同伙；严厉打击重新犯罪和反改造尖子；检查监督监所安全，落实各项防范措施，做到监所检察经常化、制度化；积极做好疏导教育工作，把监所变成改造人犯，教育人犯的阵地。1984年，共办理在押犯重新犯罪5案6人，其中直接起诉2案2人，并案起诉3案4人。通过开展政治攻势促使在押人犯检举揭发，坦白交待各类犯罪线索764条，其中重大案件线索401条，现已查证落实317条，破获案件182起，捕获漏犯22人，摧毁犯罪团伙15个，配合看守所对在押犯进行集体教育 18 次，对重点人犯教育疏导 273 人次。对监所进行大小检查 34 次，发现各种问题 248 起，已纠正 159 起，其中属于重大问题 7 起。召开宽严大会 4 次，从重处理人犯 7 人，从宽处理人犯 37 人。为了贯彻"综合治理"方针，还对 125 名"五种人"进行一次考察监督，落实了帮教组织。

（四）法纪检察工作

在各级党委和上级检察机关的领导支持下，发扬敢于"碰硬"的精神，力排干扰，秉公执法，重点查处了一些影响坏，民愤大的违法乱纪案件。1984 年，共受理各类违法乱纪案件 19 案 29 人。其中立案侦查 2 案 4 人，逮捕起诉法院判刑 2 案 3 人，免予起诉 1 人。查清事实后转有关单位作党政纪处分 9 人，其他有关人员均视其情节进行了批评教育。

（五）控告申诉工作

紧密配合"双打斗争，立足自办案件，主动查处控告申诉及再申诉案件，热情接待群众的来信采访。并坚持"检察长接待日"制度，积极做好疏导调解工作。做到了"件件有着落，事事有结果"，较好的发挥了联系群众的"窗口"和提供案源的"渠道"作用。1984 年，共受理来信采访 321 件次（来信 235 件，来访 86 人），自办案件 14 起，其中捕判 1 起 2 人，驳回申诉 2 起，调查处理各类案 3 起，上级交办的 3 起。建议法院纠正错案 1 起，调解处理 4 起，并为本院各科提供案件线索 47 条。

二、我们的主要做法

（一）进行机构改革，不断加强思想业务建设

一年来，根据中央关于机构改革的精神，我院在县委、上级检察机关的领导下和县人大常委的监督下，调整了领导班子和内设机构，充实加强了骨干队伍，建立健全了各项规章制度，初步实行了岗位责任制，顺利地进行了机构改革，切实改进了工作作风，提高了工作效率，为搞好各项检察业务奠定

了基础。同时,我们针对检察机关新手多,业务生,任务重的特点,从加强干警职业道德和职业责任教育入手,不断加强了检察干警的思想业务建设。在思想建设方面,我们组织干警认真学习中共中央关于整党的决定和关于机构改革的文件,传达贯彻中共中央(84)1号、5号、23号文件,中政委7号文件和省地政法会议精神,同党的方针政策统一思想,明确方向,坚持同党中央保持一致,振奋精神,积极投入"双打"斗争。在业务建设方面,我们坚持"两条腿"走路的办法,除积极支持干警报考电大、函大和选送干警到各类培训班学习外,采取以老带新,互教、互学的自训方法,以《刑事诉讼法》讲义为教材,确定有法律专长,退居二线的老同志为专职教员,定期定时进行讲授辅导。既发挥了老同志的余热,又提高了全体干警的知识化、专业化水平。

(二)主动配合,协同作战,从重从快打击刑事犯罪

为了贯彻执行依法"从重从快一网打尽的方针,严厉打击刑事犯罪。一年来,我们主动与公安机关密切配合,协同作战,既加快了办案速度,又保证了办案质量。

第二战役第一仗打响后,我们采取领导挂帅,统筹安排,主动出击的方法,在不影响各业务科工作的前提下以刑检科为主,从其他科室抽出人员,分编为6个办案组,由1名副检察长率领,深入到案件多、任务大的城关、寄料等6个乡镇,配合公安机关了解重点对象,弄清成品、半成品的数量,就地审查材料,及时督促报捕,并在党委的统一领导下,积极投入了8~9月份"打流窜,追外逃"的两次统一行动。先后出动35人次,协同公安机关设卡、堵截、搜查抓获流窜犯53名,其中批捕在逃犯47名。

对于重大案件,复杂案件,我们始终坚持"两个提前介入",主动参与公安机关的侦查和预审活动,提前了解案情。1984年,共参与重大案件的现场勘查和预审活动27案次,为快批、快诉,从重、从快严厉打击严重刑事犯罪

起到了有力的促进作用。为了加快办案速度,提高办案质量,我们在坚持"两个基本"的前提下,对公安报捕、起诉的案件需要补充侦查的,就立足于自查,避免了文字往返。1984年,我们自行补充侦查227案,取证413份,既保证了案件质量,又密切了兄弟部门的关系。

(三)深揭深挖犯罪,扩大办案效果

在开展各项检查业务中我们注意克服就案办案的观点,采取多种形式,深揭深挖犯罪,扩大办案效果。是在刑事检察的各个环节上,坚持"深挖"搞好追捕追诉。办案中做到"六个注意",即:在审查集团案和一般共同犯罪案件时,注意深挖其遗漏犯罪分子;在审查重大盗窃或惯窃案件时,注意深挖其销赃、窝赃犯;在审查作案手段熟练,但从现有材料看不构成犯罪的盗窃犯时,注意深挖是否有漏罪或是否属于惯犯;在审查流氓成性,作恶多端的人犯时注意深挖其共同作案分子;在审查作案后逃跑的犯罪分子时,注意深挖其身后是否有窝藏、包庇犯;在审查与案件有牵连的不法 分子时,注意深挖其是否属于共犯和是否有单独作案的可能。1984年共追捕、追诉漏犯13人,挖出余罪34条。二是开展政治攻势,坚持"三长"向在押人犯作报告,邀请县劳动模范李文义和昔日劳改犯,今日的专业户朱二壮对在押犯讲靠自己勤劳双手劳动致富的典型事例,在狱内召开宽严大会,三长联名向各犯罪分子家属发公开信等形式,感召罪犯认罪服法,交待余罪,揭发犯罪,号召犯罪分子投案自首。慑于党的政策的威力,1984年共有61名犯罪分子投案自首,出现了不少妻劝夫、父送子到政法机关投案自首的动人事迹。三是通过办理自侦案件,深挖细查,扩大战果。如:在办理曹全贪污一案时,曹拒不认罪,我们深入发案地,充分发动群众调查取证,查清了曹全在当会计期间贪污22000余元的犯罪事实,成为我县的万元大案。在侦破此案的同时,又发现了两起贪污案件线索,现正在调查取证。

(四)宣传法制,积极参加综合治理

整顿社会治安的实践证明,严厉打击刑事犯罪是争取社会治安根本好转的首要环节。宣传法制,推进和落实综合治理是控制、预防和减少犯罪的一项有效措施,是争取社会治安根本好转的基础。只有"严打"没有综合治理,"严打"的成果就不能巩固。只有综合治理没有"严打",综合治理就难凑效。我们本着立足办案,着眼于"综合治理"的原则,采用多种形式,积极参加综合治理。(1)结合办案选择典型案例撰写法制宣传稿27篇,被广播站采播15篇,举办法制宣传栏32期。(2)对于免予起诉的违法犯罪青少年,定期回访考察,做好思想转化工作。1984年,共对52名免诉人员进行了回访考察,其中表现好的51名,占98%。(3)为了有效地控制、予防和减少犯罪,我们先后4次深入到学校及青少年较多的单位上法制课,受教育人数达1000多人次。(4)为维护社会治安秩序,我们主动组织义务巡逻队,坚持巡夜查店,抓获各种违法犯罪分子7人,其中依法批捕3名,由公安机关作行政拘留4名,既打击了犯罪又搞好了综合治理。

(五)依靠党委的领导,是做好检察工作的保证

1984年,我们始终坚持把检察工作置于党委的统一领导之下,注意把工作中遇到的问题及时向党委请示汇报,得到党委的支持,并为党委指导工作提供了可靠的依据。对于重大案件和与公安、法院有争议的案件,及时提交党内联合办公会议讨论解决,统一认识,从而保 证办案速度和质量。1984年共提交党内联合办公会议讨论了23起重大疑难案件,均得到了及时的解决,为从重从快打击犯罪起到积极作用。

1984年,我们的检察工作虽然取得了一定成绩,但还存在一些问题,主要表现在:有部分干警不同程度地存在松劲情绪,个别案件质量不高,定性不准,审查不细,把关不严,案件免诉率较高;自侦工作在突破"死角"、"死

面"方面开展的还有差距;干警的业务素质较差,还不适应新形势和斗争的需要。

为了严厉打击刑事犯罪的斗争不断引向深入,根据上级的统一部署和要求,我们研究制定了1985年的工作意见。

1985年工作意见

1985年,在党的十二届三中全会精神指引下,继续深入贯彻执行中共中央(84)23号文件和省地政法会议精神,严厉打击刑事犯罪和经济犯罪,努力争取社会治安的根本好转,保卫"四化"建设和经济体制改革的顺利进行。为此,我们着重做好以下几项工作:

一、乘胜前进,继续开展严厉打击刑事犯罪活动的斗争

1.认真执行依法"从重从快,一网打尽"的方针,坚决克服松劲麻痹和厌战情绪,精心组织,周密部署,集中力量打好第二战役。积极与公、法机关密切配合,协同作战,坚持"两个提前"介入,坚持四定(定人员、定案件、定时间、定质量),一包(一包到底)的办案责任制,抓紧办理公安报捕、起诉的案件,不使案件在检察环节上梗塞,而贻误战机,春节前对案件进行排队,做到快审查、快批捕、快起诉,对于重大现行案件优先办理,及时打击,确保节日安全。

2.采取多种形式,深揭深挖犯罪,把斗争不断引向深入。按照高检院的要求,注意从刑事检察工作的各个环节上深挖余罪漏犯,扩大办案效果,把深挖犯罪作为第二战役的主要任务。

3.坚持依法办案,严格把关,切实保证案件质量。中央要求第二战役比第一战役要打得更好。为此,必须严格依法办案,牢牢掌握七个方面的重点打击对象,以精、细、深,保证稳、准、狠。坚持两个基本原则,准确的执行政策和法律,严格区分罪与非罪的界限,坚持"个人阅卷,集体讨论,检察长决定"的办案制度,保证办案质量。

4.认真开展侦查和审判监督活动。坚持原则,秉公执法,对公安漏报的罪犯,及时提出建议追捕、追诉;对法院判处畸轻畸重的案件,要依法提出抗诉,充分发挥检察机关的职能作用。

5.大力推进和落实综合治理措施,控制、预防和减少犯罪。重点抓好四个方面的工作:一是通过办案,向有关单位开展检察建议活动,促使其建立健全各项规章制度,以免类似案件的发生;二是对免诉人员坚持回访考察,落实帮教措施;三是采取多种形式,开展法制宣传;四是坚持义务巡逻,维护社会治安秩序;五是建立综合治理"关系点",取得综合治理的经验,推动指导工作。

二、严厉打击经济犯罪活动,保卫经济体制改革的顺利进行

1.进一步学习党的十二届三中全会(决定),认真贯彻最高人民检察院《关于打击破坏经济体制改革的经济犯罪分子的通知》对那些借改革和搞活经济之名,进行贪污受贿等犯罪活动的,及时查处,坚决打击,积极保护"两户一体"的合法权意,促进"两户一体"的。

2.主动出击,积极进攻,走出机关,调查研究,开辟案源,有计划、有重点地突破"死角"、"死面"。在党委的领导下,集中力量,与有关单位密切配合,抓好大案要案的查处工作。

三、加强法纪检察工作

认真贯彻两检院法纪检察工作会议精神,进一步提高对法纪检察工作的认识,坚决同各种侵犯公民民主权利和人身权利的犯罪行为作斗争。要树立敢于"碰硬"的精神,力排干扰,秉公执法,及时办理徇私枉法,包庇罪犯,报复陷害,刑讯逼供以及玩忽职守,重大责任事故造成严重后果的案件,切实履行法律赋予的职责。

四、加强监所检察工作

认真贯彻高检院劳改劳教检察工作座谈会议精神，狠抓"打、防、教、改"四个环节，继续打击在押犯重新犯罪活动；积极配合监管场所对在押犯开展强大的政治攻势，深揭深挖犯罪。搞好文明监号的试点工作。加强监所安全检查，杜绝人犯行凶、自杀、脱逃、闹监等事故的发生。搞好法律时限的监督，及时纠正违法现象。

五、积极搞好控告申诉检察工作

认真贯彻高检院信访工作会议精神，紧紧围绕"双打"斗争，积极开展办案，热情接待群众来信来访。一是努力办好可能冤错的再申诉案件；二是对群众检举揭发的案件线索积极查办；三是做好教育疏导工作，预防矛盾激化；四是注意做好送上门来的群众工作，开展法制宣传。我们决心在新的一年里，继续深刻领会中央(84)2 3 号文件和省地政法会议精神，坚定不移地执行依法"从重从快，一网打尽"的方针，以"双打"为中心，进一步搞好各项检察工作；为实现社会治安的根本好转，开创检察工作的新局面而奋斗。

以上报告和工作意见当否，请审议。

一九八五年元月十五日

Wenhua Rujian

文化汝检

工作创新篇

GONGZUO CHUANGXIN

河南省汝州市人民检察院 / 编

刘新义 / 主编

中国检察出版社

图书在版编目（CIP）数据

文化汝检. 工作创新篇／刘新义主编. —北京：中国检察出版社，2016.11

ISBN 978 - 7 - 5102 - 1715 - 9

Ⅰ. ①文… Ⅱ. ①刘… Ⅲ. ①检察机关 - 工作 - 汝州 - 文集 Ⅳ. ①D926.32 - 53

中国版本图书馆 CIP 数据核字（2016）第 265355 号

文化汝检. 工作创新篇

刘新义　　主编

社　　　址：北京市石景山区香山南路 111 号（100144）

网　　　址：中国检察出版社（www.zgjccbs.com）

编辑电话：(010)68682164

印　　　刷：河南盛华印务有限公司

开　　　本：710 mm×960 mm　16 开

印　　　张：13

字　　　数：162 千字

版　　　次：2016 年 11 月第一版　　2016 年 11 月第一次印刷

书　　　号：ISBN 978 - 7 - 5102 - 1715 - 9

定　　　价：72.00 元

《文化汝检》编纂委员会

主　　编：刘新义

副 主 编：张现周　魏二广　马聚法　雷红东

　　　　　张延斌　顾武修

执行编辑：宋振中

编　　辑：陈冬伟　吴迎利　黄飞豹　陈媛媛

序言一

　　检察文化建设是检察工作的有机组成部分，是检察事业发展的精神支撑和力量源泉。检察文化在凝聚人心、激励斗志、规范行为、陶冶情操、营造氛围、树立形象等方面具有不可替代的重要作用。

　　当前，在进入全面建成小康社会的决胜阶段，在深入推进"五位一体"总体布局和"四个全面"战略布局，落实创新、协调、绿色、开放、共享发展新理念，主动适应经济发展新常态的新形势下，检察机关面临着全面深化司法体制改革和检察改革的发展机遇，肩负着全面提升检察工作能力水平，深入推进平安建设、法治建设，为全面建成小康社会，实现中华民族伟大复兴的中国梦创造良好法治环境的历史重任。检察机关只有重视和加强检察文化建设，依靠检察文化的引领和熏陶，激发广大检察干警的责任感、使命感、紧迫感，才能为检察工作科学发展凝神聚力。

　　近年来，汝州市检察院认真贯彻党的十八大、十八届三中、四中、五中全会精神，按照"文化育检、文化兴检、文化强检"的总体思路和部署，把提升检察人员综合素质能力，提高检察管理水平作为切入点和着力点，以凝聚精神为根基，完善机制为支撑，涵养文化为目标，致力于打造"文化汝检"，使检察文化在建设高素质队伍、规范文明司法中发挥潜移默化、润物无声的原动力作用，有效提升了队伍建设水平，促进了各项检察工作的深入开展。

　　为进一步加强检察文化建设，充分发挥检察文化的凝聚力、推动力、辐射力，汝州市检察院编印了《文化汝检》十二篇章，这对于全面提升检察干警的政治素质、业务素质和职业道德素质，促使检察干警保持高昂的工作热情和奋发进取的精神状态，保证检察工作持续健康发展具有积极地推动作用。《文化汝检》十二篇章是汝州市检察院加强检察文化建设的经验总结，是创建学习型检察院的有力载体，要珍惜和运用好这个载体，弘杨和学习好相关经验，充分发挥十二篇章在提升检察干警的思想境界、职业良知和廉洁自律意识等方面的作用。

　　检察工作的健康发展离不开高素质的检察队伍，打造一支忠诚可靠、执法为民、务实进取、公正廉洁的检察队伍离不开先进检察文化的引领和凝聚，只有把检察文化与检察工作紧密结合，才能在执法办案中真正做到"理性、平和、文明、规范"。检察文化建设任重道远。期待汝州市检察院在已有工作成绩的基础上，积极探索和创新检察文化建设的新思路、新方法，以文育检、以文兴检、以文强检，为检察事业创新发展增添多彩篇章！

张耕

2016 年 8 月

序言二

检察文化建设的核心任务是凝聚力量、提升素质、推动工作。近年来，汝州市检察院认真贯彻党的十八大和十八届三中、四中、五中、六中全会精神，按照上级院"文化育检、文化兴检、文化强检"的总体思路和部署，把提升检察人员综合素质能力，提高检察机关管理水平作为切入点和着力点，积极推进检察文化建设，为检察工作发展提供了有力的思想保证、精神动力和智力支持。

2016年是"十三五"开局之年，也是司法体制改革全面推进之年和攻坚之年，检察机关要有新担当、新作为，检察工作更需要强有力的检察文化支撑和检察文化传播。汝州市检察院编印的《文化汝检》十二篇章，不仅符合新时代检察工作主题，而且对于全面提升检察干警的政治素质、业务素质和职业素质，促使检察干警保持奋发进取的精神状态，保证检察工作持续健康发展等方面都具有积极地推动作用。

篇章中的《规章制度管理规范篇》，体现了立规矩、守规矩的制度文化。要让制度这个"软实力"对检察人员的行为形成"硬约束"，必须突出抓好制度落实，只有制度被自觉遵守并内化于心、外践于行，制度文化建设才算真正见到成效。当前，要通过案件管理、检务督察、检务督办等手段狠抓制度落实，使制度权威得到进一步确立，使干警行为得到进一步规范，使按规矩办事成为检察机关的新常态。

《先进集体篇》《先进人物篇》《工作创新篇》《工作思路·工作报告篇》以及《镜鉴》《当代刑事错案沉思篇》等篇章，注重运用身边人、身边事去打动人、感染人，运用反面典型案例去警示教育人，运用先进人物、先进事迹去鼓舞士气，运用争先创优机制激营造比学赶帮的良好氛围，从而引导检察干警在依法履职中展现自身的优秀品质、过硬素质、人格修养，在司法办案中传递检察文化建设形成的理念、风范和形象，推动检察文化建设落地生根、开花结果。

《文化汝检》十二篇章是汝州市检察院加强检察文化建设的一个有效载体，是创建学习型检察院的一项有力措施。要运用好这个载体，落实好这项措施，通过多种方式组织全院干警学习篇章、运用篇章，切实发挥十二篇章在提升检察干警思想境界、职业良知和廉洁自律意识等方面的积极作用。

检察文化建设永远在路上。要把检察文化建设融入贯彻落实创新、协调、绿色、开放、共享五大发展理念，全面提升检察工作水平之中，融入为"十三五"时期经济社会发展提供有力司法保障的总体部署之中，一年一个抓手、一步一个脚印地推进，通过富有特色、寓教于乐的多种检察文化活动，夯实检察文化基础、打造检察文化品牌，让检察文化为检察事业持续、健康、协调发展提供源源不竭的强劲动力。

刘治亭

2016 年 8 月

目 录

第一章 服务大局亮点

Fuwu Daju Liangdian

2011 年汝州市人民检察院工作亮点

2011 年，汝州市检察院围绕中心，服务大局，抓住人民群众最关心的公共安全、权益保障、社会公平正义等热点、难点问题，确定各项检察工作重点，以深入推进三项重点工作为着力点，创造性地开展检察工作，社会管理创新、诉讼监督、查办和预防职务犯罪、监所检察、队伍建设和基层基础建设等取得了新进展、新突破、新提高，打造了一批工作亮点，为保障和促进汝州经济平稳较快发展和社会和谐稳定作出了积极贡献。

一、亮点一：执法办案风险评估全国推广

我院执法办案风险评估预警经验受到最高人民检察院肯定。10 月 9 日至 11 日，全国检察机关执法办案风险评估预警工作现场推进会在山东烟台

龙口市召开。高检院党组副书记、副检察长邱学强，党组成员、副检察长柯汉民参加会议，8个单位代表在会上作典型发言。我院党组书记、检察长乔义恩作为全国 3232 个基层院中的唯一代表，在会上作了典型发言。会议还播放了我院开展执法办案风险评估预警工作的电视专题片。2011 年 10 月 24 日，省人民检察院常务副检察长张国臣在全省检察机关执法办案风险评估预警工作电视电话会议上的讲话中两次提到我院，并对我院在执法办案风险评估预警工作中的成绩给予充分肯定。近年来，我院在执法办案中，总结分析涉检信访案件"边解决边发生"的现状，结合社会民情深挖难题根源，因地制宜建立完善了《执法办案风险评估预警制度》，全面、全程、准确实行涉检信访风险评估预警机制，取得了较好的法律效果、政治效果和社会效果。连续 5 年实现涉检进京访为零，赴省集体访为零，赴省个访下降 85% 的目标，执法办案风险评估的经验得到高检院和省院的充分肯定。2010 年 4 月，河南省检察院在汝州召开现场会，推广我院执法办案风险评估预警的做法。

二、亮点二：全国文明接待示范窗口平顶山市唯一

2011 年我院荣获"全国检察机关文明接待示范窗口"称号，并于当年 5 月 6 日挂牌，成为平顶山市十个县区院中唯一荣获这一殊荣的基层院。

我院控申举报接待室 2001、2004、2007 年连续三届被最高人民检察院授予"全国文明接待室"，2011 年 2 月又被高检院授予"全国文明接待示范窗口"称号。近年来，我院紧紧围绕党委中心工作，按照上级检察院和汝州市委的工作部署，特别是针对汝州涉法涉诉信访问题的特殊情况，在接待人民群众来信来访中，不断探索创新工作机制，全面履行检察职能，坚持以人为本，心系上访群众，恪尽职守，公正执法，无私奉献，认真履行化解社会矛盾，维护社会和谐稳定的重要职责，坚持检力下沉、工作下移，深入基层努力解决群众的合理诉求，为构建平安、和谐社会积极贡献力量，得到了上级检察院的肯定和推广，为全市信访工作树立了好的榜样。

三、亮点三：创建一级规范化检察室经验全省推广

监所检察工作有声有色。8 月 5 日，省检察院监所检察处副处长李玉鹏在平顶山市检察院监所检察处处长武文斌和我院党组书记、检察长乔义恩陪同下，验收我院国家一级规范化检察室创建工作。9 月 18 日，高检院

监所检察厅副厅级检察员林礼兴一行莅汝，就我院创建国家一级规范化检察室工作进行检查指导，充分肯定了我院创建国家一级规范化检察室工作，认为我院在驻所检察室的硬件建设、人员配备上达到了一定的要求，特别是在执法工作方面，能够发现违法，及时提出纠正意见，并认真查办监管场所职务犯罪，取得了很大成绩，创建国家一级规范化检察室的水平得到了很大提高。9月26日，全省检察机关监所检察业务工作推进会在汝州召开，推广我院规范化驻所检察室创建工作经验。近3年来，我院严格按照驻看守所检察室一级规范化建设标准，创新监督机制，加大执法力度，加强队伍建设，驻所检察室工作条件明显改善，信息化程度明显提高，执法监督水平明显提升。办公用房由2间增加为10间，面积由30平方米增加到200平方米，安装有独立监控系统，设有微机监控室、接待室、谈话室、会议室等，实现微机联网、动态监督。建立完善了驻所检察人员岗位目标责任制，检察官接待日、检务公开等工作制度，3年内看守所未发生安全事故和超期羁押案件。立案侦查职务犯罪案件6件7人，起诉后法院均作有罪判决。2010年7月，平顶山市检察机关创建规范化检察室现场会上推广了我市检察院的经验。

四、亮点四：率先建立案管中心

2011年5月，我院案件管理中心成立，引进现代管理理念，对案件进行程序控制、质量管理，以此提高办案水平、规范执法行为、促进公正执法。

成立案件管理中心以来，实现了案件质量监控的全程化、动态化、常态化。截至8月底，案管中心审查分流公安机关提请逮捕案件152件179人；移送起诉案件

148 件 193 人；审查侦监部门批准逮捕案件 133 件 157 人，不捕案件 19 件 22 人，同意不捕 17 件 20 人，不同意不捕 2 件 2 人；审查公诉部门提起公诉案件 85 件 109 人，拟作不诉案件 3 件、变更强制措施 6 件、改变定性 4 件，均无异议。经案管中心审核后所作出决定的案件，目前没有发生复议复核、申诉上访、改变定性、撤回起诉、判决无罪或刑事赔偿的问题，案件质量明显提高。

五、亮点五：建立"两法衔接"信息平台

我院大胆探索推进行政执法与刑事司法相衔接的工作机制，通过建立完善行政执法与刑事司法信息共享平台，推进联席会议机制、案件移送机制等，形成行政执法与刑事司法无缝对接的工作格局。院党组从人力、物力等方面为行政执法与刑事司法相衔接工作的开展提供大力支持，检察长多次主持召开会议，强调从服务汝州经济发展的大局出发，以建立"两法衔接"机制为突破口，努力扭转部分单位主动移送案件意识不强、接受监督观念不强的局面。积极主动与市委、市政府沟通协调，争取支持。与市政府法制办联系，提出在全市率先建立"两法衔接"机制建设的建议。市政府法制办积极回应，共同向市委、市政府主要领导汇报，得到了市委、市政府领导的大力支持，专门召开了全市依法行政工作会议，市委、市政府领导安排强调推进行政执法与刑事执法衔接工作，进行详细部署，引起全市各行政执法部门领导的重视。截至 8 月底，信息共享平台共录入 17 家行政执法单位处理的行政处罚案件 1048 件，行政执法机关移交涉嫌犯罪案件 7 件 24 人，批准逮捕 6 件 23 人。行政执法机关移交涉嫌犯罪案件同比增长 35%。

六、亮点六：成为全省附条件不起诉试点单位

2010 年，我院被省人民检察院确定为附条件不起诉试点单位以来，注重从建立健全机制，规范办理附条件不起诉案件；认真筛选案件，准确把握附条件不起诉范围；严格审批程序，把好附条件不起诉案件质量关；

明确附加条件，做好考察监督工作；不断探索完善，确保附条件不起诉制度深入推进等五个方面着手试行附条件不起诉制度。出台了《汝州市人民检察院附条件不起诉工作制度（试行）》，明确规定了附条件不起诉的适用范围、办理程序、考察监督程序、附加条件及处分救济等相关内容，使办理此类案件规范化、程序化、制度化。截至目前，我院共办理附条件不起诉案件 5 件 7 人，其中考验期满作出不起诉处理的 3 件 3 人，无重新犯罪或申诉上访情况发生，对贯彻宽严相济的刑事司法政策，促进社会和谐稳定发挥了重要作用。

七、亮点七：建立"另案处理"信息库

我院采取措施加强"另案处理"诉讼监督，50 余名另案处理人员被追究刑事责任。今年以来，我院狠抓建库备档、严格审查、督办通报、案件考评等制度措施的落实，加强对侦查机关（部门）"另案处理"情况的诉讼监督。截至 8 月份，共监督公安侦查部门上网追逃通缉"另案

处理"人员 128 名，依法追诉判刑 53 人，行政处罚 26 人。为维护执法严肃性和公正性发挥了积极作用。建立"另案处理"信息库。将起诉意见书标明的"另案处理"人员逐案登记，把"另案处理"人员的姓名、性别、案由、强制措施、另案处理理由和案件类型等录入信息库，形成电子档案，实时跟踪监督。目前已对 2008 年至 2010 年 8 月审查起诉案件中标明"另案处理"共计 361 人的情况全部录入信息库。对犯罪类型集中的"另案处理"人员，注重收集负案在逃、久侦不结、追逃措施资料；对一人在不同案件中均被列为"另案处理"人员的，注重收集涉嫌同罪和异罪的案件情况；对无真实姓名和身份的"另案处理"人员，注重收集其相貌、身高等特征以及同案人的证明信息。目前对约占"另案处理"人员总数 80% 的共同犯罪案件中的"另案处理"人员、约占 5% 的一人在不同案件中均列为"另案处理"的人员、约占 15% 无真实身份的"另案处理"人员，全部建档分类管理。

八、亮点八：建立平顶山市首家社区矫正监督工作站

2011 年 5 月 19 日，我院社区矫正检察工作站在小屯镇李湾中心村挂牌成立，这是平顶山市检察系统第一个社区矫正工作站。它的成立，标志着我院把法律监督职能延伸到了乡镇、村街，将有利于督促社区矫正对象依法履行矫正规定，维护农村社会治安秩序稳定。开展社区矫正监督工作是依据刚颁布实施的《刑法修正案（八）》对非监禁刑事罪犯作出"依法实行社区矫正"的规定，检察机关依法履行法律监督职责的需要。同时《刑法修正案（八）》对判处管制、宣告缓刑的犯罪分子作出适用禁止令的规定，4 月 28 日，最高人民法院、最高人民检察院、公安部、司法部对如何适用禁止令又作出具体的规定。我院作为专门的法律监督机关，为切实提高全市当前 240 余名非监禁刑事罪犯教育改造质量，防止脱管、漏管和重新犯罪现象发生，维护社会治安秩序稳定，大力配合有关职能部门和基层组织积极开展社区矫正，并依法对社区矫正工作开展情况进行法律监督。

2012 年最高人民检察院转发汝州市人民检察院五项工作经验

1. 一级规范化检察室。2012 年 4 月 30 日，最高人民检察院《检察工作简报》第六期"经验交流"栏目以《河南省汝州市检察院四项措施规范驻所检察室建设》为题转发了我院规范驻所检察室建设的经验。介绍了我院坚持"强化监督、狠抓办案、规范管理、夯实基础、创新提高"的工作思路，严格驻所检察室规范化建设标准，不断完善和加强软硬件建设，提升法律监督工作的能力和水平，驻所检察室被高检院评定为国家一级规范化检察室的主要做法。

2. 特约检察调解员。2012 年 10 月 8 日，高检院控告检察厅《控告举报检察工作情况》第 43 期，以《河南汝州市院建立"特约检察调解员"参与涉检信访调处机制》为题，转发了我院今年以来积极探索涉检信访工作新机制，在辖区 20 个乡镇、街道中选聘群众认知度高、德高望重的 117 位知名人士担任"特约检察调解员"，参与涉检信访案件调处工作。现已参与办理并成功息诉上级交办上访老户案件 11 件，参与初信初访化解息诉率达 98% 的主要做法。

3. 网络信息建设。2012 年 10 月 18 日，高检院技术信息中心《检察技术信息工作情况》第 10 期"经验交流"栏目，以《河南省汝州市院重视网络建设提升检察工作水平》为题，转发了我院依托内外网络技术平台搭建网上办公办案、信息发布、阳光检务平台，畅通检察信息共享渠道，实现各项检察工作网上流转，取得良好效果的做法。

4. "另案处理"监督。2012 年 11 月 5 日，高检院公诉厅《公诉工作情况》第 16 期，以《河南省汝州市检察院四项措施强化"另案处理"诉讼监督》为题，转发了我院狠抓建库备档、严格审查、督办通报、案件考评等制（下转 010 页）

2013 年最高人民检察院、河南省人民检察院转发汝州市人民检察院九项工作经验

1.5 月 29 日，高检院《检察政治工作情况（队伍建设专刊）》（第 3 期）以《河南省汝州市检察院"三主动、两及时"做好"开门纳谏、接受监督"工作》为题转发我院队伍建设经验。

2.6 月 27 日高检院控告厅《控申举报检察工作情况》第 29 期转发《河南省汝州市检察院成功举办"特约检察调解员"检察业务培训班》。特约检察调解员是我院构建"大信访"格局、走群众路线的一项机制创新，去年曾被高检院转发。

3.9 月高检院监所检察厅《监所检察工作指导》第 3 期转发我院《采取三项措施提升监所查案工作水平》的做法。

4.6 月 28 日省院《河南检察简报》第 10 期转发《汝州市检察院采取"五力工作法"做好非访治理工作》一文，肯定了我院在非访案件办理过程中取得的经验做法。

5.7 月 11 日省院未成年人刑事检察工作专刊 (2013 年第 18 期) 转发《汝州市检察院审查羁押必要性拯救折翼少年》工作做法。

（上接 009 页）度措施的落实，加强对侦查机关"另案处理"情况监督的经验。

5. **案件质量监督。**2012 年 12 月 4 日，高检院案件管理办公室《案件管理工作情况》第 26 期（案件质量管理）栏目，以《河南省汝州市检察院"一案三评四结合"工作制度推进案件质量监督管理全程化》为题，转发了我院以案件质量考评为切入点，实行每案三评，注重四个结合，全力做好案件考评工作，努力提升案件管理水平的做法。

6.8 月 18 日，省院案件管理办公室《案件管理工作情况》第 12 期转发《汝州市院案管中心挖掘职务犯罪案件线索助力职务犯罪侦查》一文，对我院案管中心在日常的工作中，挖掘职务犯罪线索助推全院自侦工作发展的经验做法予以肯定。

7.9 月 13 日，省院预防处《预防职务犯罪情况》第 21 期转发了我院预防局层报的《发挥预防职务犯罪职能促进生产力正能量发展》的经验材料，对我院预防局的工作经验做法予以肯定。

8.11 月 11 日，省院案件管理办公室《案件管理工作情况》第 18 期转发《汝州市院"案管三通报"成为全院业务工作发展助推器》一文。我院案件管理中心自 2011 年 5 月成立以来，积极发挥检察统计分析的基本职能，制作发布的执法办案质量和效率周通报、月通报、季通报（简称"案管三通报"），成为院党组正确决策和各业务部门创先争优的助推器。截至 2013 年 6 月，共发布职务犯罪案件办理进度周通报 105 期、业务工作月通报 25 期、案件质量季通报 8 期，有力推动了全院业务工作的全面、快速、稳健发展。撰写了《汝州市院"案管三通报"成为全院业务工作发展助推器》一文，对上述工作经验进行了总结，先后被市院案管中心、省院案管办转发。

9.11 月 25 日，省院职务犯罪预防处《预防职务犯罪情况》第 39 期【经验交流】栏目刊发《汝州市院六举措帮助新农合健全预防长效机制》一文。介绍我院为维护新农合医疗制度的健康运行和广大农民群众的切身利益，今年以来，通过走访、座谈、询问、查询、调取相关资料等方式，积极开展新农合医疗领域预防调查。针对发现的违规报销骗取新农合补偿款现象涉及面广、违规报销频率高、骗取报销手段多样、新农合管理工作松懈、医护人员责任心不强等问题，采取开展警示教育、法制宣传和加大惩防力度，帮助新农合资金管理部门完善制度、建立机制堵塞漏洞等措施，确保国家给赋农民的"救命钱"安全使用。

2013 年汝州市人民检察院召开服务经济发展座谈会
——营造招商、安商、护商、亲商、惠商、稳商好环境

　　为招商、安商、护商、亲商、惠商、稳商营造良好的发展环境，2013 年 12 月 5 日上午，汝州市检察院召开服务经济发展座谈会，许平煤业等 10 家企业代表以及汝州市发改委、国土、环保、质检、国地税等行政执法部门负责人应邀出席会议，共商服务企业发展良策。平顶山市委常委、汝州市委书记李全胜，汝州市委副书记、市长万英，汝州市人大常委会主任张留华，市委常委、市委政法委书记彭清旺，市检察院党组书记、检察长刘新义出席会议并讲话。

座谈会上，许平煤业董事长张金常、瑞平煤电公司董事长张建国、天瑞集团副总经理谢中正、福地房地产公司董事长孙志强等受邀对汝州市检察院主动开展服务企业发展活动表示肯定，并就矿区闲置土地的回收复垦利用、煤田开采征地与产业集聚区用地之间的统筹规划、矿区周边农村的转供电矛盾以及企业发展现状及困境等问题畅谈了自己的想法和期待。希望政府相关职能部门充分发挥作用，解决一些突出问题，为企业提供良好的发展环境。同时希望检察机关选派业务骨干为企业提供一些法律服务，为企业发展提供良好的法制环境和有力的司法保障。

土地局、住建局、电业局等相关职能部门针对企业提出的意见和建议作出解释和答复，纷纷表态将和企业一起共同协商、协调解决好企业发展面临的困难，携手搞好全市的经济发展。

刘新义向与会企业代表介绍了汝州市检察院开展服务企业发展的"六个一"活动及检察机关当前和今后服务企业发展措施及意见。他说，在当前和今后的服务企业发展工作中，要认真学习贯彻党的十八届三中全会精神，按照上级院关于服务企业发展的要求和市委、市政府"招商引资项目建设落地月"的部署，把履行检察职责与服务企业发展有机统一起来，进一步发挥好检察机关对企业发展的服务保障作用。

李全胜在肯定汝州市检察院服务企业成绩的同时指出，政法机关要把服务大局作为政法工作的重大政治责任，在服务大局中推动政法工作自身发展。希望汝州市检察院今后通过定期走访、座谈等形式，力所能及地帮企业解决实际困难。对企业员工进行法制宣传教育，增强企业抵御法律风险的能力。在查办职务犯罪案件中，准确把握法律政策，实现执法办案的法律效果和社会效果有机统一。帮助企业完善规章制度，堵塞机制漏洞，不断提高服务水平和质量，为企业发展创造良好的司法环境。

附件：

贯彻落实十八届三中全会精神
发挥好服务保障企业发展的检察职能

——在汝州市人民检察院服务经济发展座谈会上的讲话摘要

汝州市检察院党组书记、检察长刘新义

一、承担好服务企业发展的重要职责

服务企业发展是检察机关的重大使命，是必须承担好的社会责任。我们要认真学习贯彻党的十八届三中全会关于全面深化改革的精神，深刻领会经济体制改革是全面深化改革的重点，市场将在资源配置中起决定性作用的实质内涵。牢牢把握企业是市场的主体，是推动经济发展的中坚力量，服务企业发展就是服务经济社会发展大局的主旨。在全院检察干警中牢固确立"服务大局首先就是要服务发展，服务发展重点就是

要服务企业"的理念，紧紧围绕促进经济持续健康较快发展来谋划、部署和推进检察工作，自觉把履行检察职责与服务企业发展有机统一、深度融合起来，进一步发挥好检察工作对企业发展的服务保障作用。按照省市委及汝州市委和上级检察院关于深化经济体制改革促进经济发展的工作部署，义不容辞地担负起服务和支持企业发展，助推企业爬坡过坎、攻坚转型，为我市招商、安商、护商、惠商、稳商营造良好发展环境的重大责任。

二、进一步强化服务企业发展的"五种意识"

服务企业发展，是检察机关分内职责，是履职必需，是长久之策。我们要进一步积极引导检察干警强化服务企业发展的"五种意识"，即：强化宗旨意识，使干警明确为企业服务与为人民服务的一致性；强化大局意识，让干警认识到为企业服务是检察机关服务党委政府工作大局的重要途径；强化平等保护意识，让干警始终坚持依法平等保护企业的合法权益；强化责任意识，让干警认识到保护、促进企业发展是自己义不容辞的责任；强化规范服务意识，坚持不脱离职能搞服务，更不超越职权乱服务。

三、深入开展服务企业发展"六个一"活动，增强服务的针对性、实效性

一是发布一个服务企业公告。将我院服务企业发展的工作原则和具体任务、方法措施，向企业和社会公开诚诺。二是每月一次企业走访。主动听取企业对检察机关的意见建议，了解企业发展经营过程中需要检察机关帮助解决的问题和困难。三是每半年召开一次服务企业座谈会。与企业领导面对面的沟通交流，收集了解企业的发展状况、面临的困境和法律诉求，共同制定完善服务企业的措施。四是成立产业集聚区检察室，直接服务产业集聚区及其他工业园区的各类企业，统一协调区内企业需要检察机关解决的有关事项。五是设立服务企业发展办公室。作为我院服务企业发展领

导小组的常设机构，协调解决有关涉企案件的办理，加强与企业的沟通和协调，探索研究深入服务企业发展的方法措施。六是制定一套服务企业发展的长效机制，确保服务企业发展工作的制度化、常态化。

四、能动作为、主动帮扶，平等保护、全面服务

紧紧围绕"企业需要什么、检察机关能够提供什么"深入企业，主动帮扶。既做到组织领导到位、深入企业到位、解决问题到位，又做到服务企业有诚心、帮扶企业有真心、解决困难有热心。坚持"积极主动、依法规范、全面有效"的服务原则，立足检察职能，拓展服务领域和服务对象，平等保护和全面服务。坚持服务国有企业、集体经济和民营企业并重，服务大中型企业和小微企业并重，服务传统行业和新兴产业并重，服务工业企业和农业企业、服务业企业并重，服务经济效益较好的企业和生产经营暂时困难的企业并重，不搞区别对待，不搞差别服务。在办理涉及国企负责人以及市委、市政府确定的重点保护企业的案件时，严格执行办理企业案件特别审批程序。在查办关键岗位人员职务犯罪时，慎重使用拘传、拘留、逮捕等强制措施，积极加强与企业主要领导的联系、沟通和协调，确保企业生产经营不受影响。对企业人员立案、采取强制措施或做出其他处理决定的，按照规定及时向企业通报。对涉企案件使用强制措施和侦查手段时，做到"六个不准"：不准随意冻结企业账号、不准长时间查封企业账册、不准堵塞企业流通渠道、不准随意发表影响企业声誉的报道、不准未打招呼就随意抓走企业技术业务骨干、不准因执法办案直接影响企业洽谈重大项目和完成生产任务，最大限度地减轻执法办案给企业生产经营活动造成负面影响。

五、办案预防同发力，检介互通，服务零距离

在办理涉企案件中，我们要准确把握法律政策，严格区分罪与非罪界限。注重正确区分经济纠纷与经济犯罪的界限、改革探索和执行政策中出现偏差与钻改革空子实施犯罪的界限、政策性劳动收入和非劳动收入与贪

污受贿的界限，对罪与非罪界限不清的，不轻易作犯罪处理。凡审查批捕、审查起诉的涉企案件，实行定人、定时、定案、包质量的"三定一包"办案责任制，严格遵循办案时限规定，尽可能缩短办案期限，准确把握证据标准，正确适用法律规定，确保办案质量。同时，深入研究涉企职务犯罪特点、分析犯罪成因，强化职务犯罪预防，规范行政执法行为，提高行政执法人员及企业人员法律意识，帮助行政执法部门及企业建章立制、堵塞漏洞，杜绝涉企职务犯罪案件的发生。建立办理重大涉企案件社会调查、风险评估预警制度，在依法办案的同时，做好释法说理、息诉和解、舆情应对、矛盾防范等工作。建立企业特聘联络员和检察特派员制度，实行每个企业选聘一名与检察机关经常联系的人员，每名检察人员联系一至数个企业的方式，加强"检企"联络，实现信息互通、服务零距离。

六、严格执法执纪，树立检察机关良好形象

在为企业发展服务中，我们要始终严肃作风纪律，树立良好形象。牢固树立忠诚、为民、公正、廉洁的政法干警核心价值观。严格执行办案纪律和服务工作纪律，做到"六个严禁"：严禁越权办案，插手经济纠纷；严禁在企业入股，到企业吃拿卡要；严禁利用办案接受企业赞助和拉赞助费；严禁占用企业的通讯、交通工具等财产；严禁在企业报销各种费用；严禁插手工程招投标等经济活动谋取私利，切实维护检察机关和检察干警的良好形象。我们要始终坚持在市委、上级检察院领导和人大监督下努力做好服务企业发展工作，积极主动的向市委人大政府报告服务企业发展的工作情况，建立特邀监督员制度，聘请人大代表、政协委员为我院监督员，主动邀请人大代表、政协委员和社会各界视察、监督检察工作，认真听取对检察工作服务企业发展的意见建议，自觉接受监督，提高服务水平，实现服务企业发展效果的最大化，为我市经济持续健康较快发展作出积极贡献！

2013 年汝州市人民检察院开展服务企业 "六个一" 活动

　　为积极探索服务企业发展的新途径、新方法、新思路，2013 年 9 月中旬以来，汝州市人民检察院针对企业转型升级的新情况，加强与辖区内企业的沟通，立足职能确立服务企业发展的工作重点和方向，积极开展服务企业发展"六个一"活动。

一、发布一个服务企业发展公告

　　该院围绕省院蔡宁检察长关于服务企业的讲话精神，结合平顶山市院服务企业"12345"工作意见，向各类企业、产业集聚区、乡镇、街道社区等单位印发服务企业发展的具体措施，向社会和企业公开承诺检察机关服务企业严格做到"六个不准"和"六个严禁"，对涉企案件实行优先受理、优先办理、优先结案的"三优先"原则，快速高效办理危害企业发展的刑事、民事行政和职务犯罪案件，优化企业的发展环境，提高服务企业的社会认知度。

二、每月开展一次走访企业活动

　　党组书记检察长刘新义主动到产业集聚区听取各企业对检察机关服务企

业的措施和方式方法的意见建议，了解企业发展经营过程中需要检察机关解决的问题和困难。其他党组成员部门负责人也积极到分包的企业，了解和及时解决企业存在的困难及问题。党组成员、副检察长张现周在联系服务电业公司时，通过查办农电工贪污挪用用电款，为企业挽回损失130多万元；党组副书记、副检察长魏洪流协调解决了瑞平公司庇山矿道路被当地群众堵截的问题，均受到企业好评。

三、每半年召开一次服务企业座谈会

建立完善了服务企业发展座谈制度，与相关企业进行面对面的沟通和了解，听取他们对检察机关服务企业的意见和建议，了解企业的发展状况、面临的困境和法律诉求，介绍检察机关服务企业的措施和做法。开展送法上门活动，为企业提供法律咨询，预防干部职工的各类犯罪，增强法制意识。

四、设立一个产业集聚区检察室

2012年，汝州市汝南产业集聚区实现主营业务收入98.2亿元，税收收入完成6.3亿元，固定资产投资64.07亿元，从业人员达到15510人。预计到2015年，入驻企业达85家，总资产达到200亿元以上，营业收入190亿元，利税将达45亿元，从业人员达到30000人。为加强检察机关服务产业集聚区的针对性、有效性，经院党组反复征求各方意见并经汝州市委同意，在汝南产业集聚区设立一个派驻检察室，对涉企案件实行"一站式"服务，统一协调解决产业集聚内与检察机关有关的工作事项，为

服务企业建立"绿色通道"。形成 3 个乡镇检察室加 1 个产业集聚区检察室的"3+1"服务企业模式,实现对汝州市 20 个乡镇办事处各类企业服务的全覆盖。

五、建立一个服务企业的专门机构

建立服务企业发展领导小组,明确检察长、党组成员和全体检察干警为服务主体,辖区及产业集聚区所有企业为服务对象。设立服务企业发展办公室,公布服务热线电话,将检察机关服务企业的宗旨原则、工作纪律、服务承诺、党组成员和部门负责人联络方式等服务企业的内容向全市企业公布。服务企业发展办公室用以协调解决检察机关办理的所有涉企案件,加强与相关企业的沟通和协调。

六、制定一套服务企业发展的长效机制

在认真总结以往服务企业的成效和措施的基础上,出台了《关于建立服务企业发展长效机制的实施意见》,并将每条意见逐项分解,确定工作目标和责任领导、责任部门,确保服务企业的各项工作能有章可循、目标明确、责任到人,增强服务企业工作的实效性。

附件：

汝州市人民检察院发布服务企业发展公告

为认真贯彻落实汝州市委深入推进经济结构调整、企业转型升级和工业强市、"项目建设年"的工作部署，按照省、市检察院关于进一步做好服务企业发展的要求，结合检察职能，特修订完善汝州市人民检察院服务企业发展意见，现予以公告。

一、认真学习贯彻党的十八大和中央经济工作会议精神，充分认识企业是经济发展的主体，是推动经济增长的中坚力量，服务企业发展是检察机关的重大使命、职责所系的重要性，牢固树立"服务大局首先就是要服务发展，服务发展重点就是要服务企业"的理念，坚持"积极主动、依法规范、全面有效"的服务原则，依法履行审查逮捕审查起诉、查处和预防职务犯罪、诉讼监督等工作职责，充分发挥"打击、预防、监督、教育、保护"职能作用，着力为企业营造良好的发展环境。

二、依法打击侵害企业合法权益、侵占挪用企业资金、危害企业生产经营等各类犯罪活动，加大对侵犯知识产权、损害企业信誉商品信誉、强迫交易、敲诈勒索、寻衅滋事等犯罪的打击力度，配合有关部门加强对企业周边环境的治理，为企业发展创造安定有序的生产环境。

三、加大对国有企业中发生的贪污、贿赂、挪用公款、私分国有资产等职务犯罪行为的查处和预防力度，清除企业"蛀虫"，注重追赃挽损，帮助堵漏建制，强化对重大工程建设项目的同步预防和专项预防工作，为企业发展创造健康规范的管理环境。

四、严肃查办在项目审批、环境评估、产能淘汰、贷款发放、土地征用、工商管理、税收征管等环节利用职务便利向企业索贿受贿和滥用职权、玩忽职守、徇私舞弊造成企业重大损失、破产倒闭的职务犯罪，监督纠正执法司法机关非法插手企业经济纠纷、违法查封、扣押、冻结和划拨企业财产、滥用强制措施等行为，为企业发展创造廉洁高效的政务环境。

五、积极参与整顿和规范市场经济秩序工作，严厉打击破坏市场经济秩序的犯罪活动，推动健全社会信用体系，为企业发展创造公平竞争的市场环境。

六、加强对企业债务纠纷、公司清算、破产等民事案件审理和执行活动的法律监督，积极稳妥做好对国有资产流失、国有企业重大利益损失的民商事案件的支持起诉、督促起诉工作，平等保护各方利益主体，为企业发展创造公平正义的司法环境。

七、注重发挥诉讼监督服务企业发展的作用。对审查逮捕、审查起诉中发现的侵犯企业合法权益的犯罪线索及漏捕、漏诉案件，监督侦查机关及时立案侦查或追捕、追诉，必要时提前介入引导侦查；对损害企业合法权益的判决和裁定，经审查确有错误的，依法提出抗诉；对违法查封、扣押、冻结企业款物以及非法处置查封、扣押、冻结的财产构成犯罪的，坚决依法查处，切实维护企业合法权益。

八、深入研究涉企职务犯罪特点、分析犯罪成因，强化职务犯罪预防，规范行政执法行为，提高行政执法人员及企业人员法律意识，帮助行政执法部门及企业建章立制、堵塞漏洞，杜绝涉企职务犯罪案件的发生。建立办理重大涉企案件社会调查、风险评估预警制度，在依法办案的同时，做好释法说理、息诉和解、舆情应对、矛盾防范等工作。

九、拓展服务领域和服务对象，注重平等保护和全面服务。坚持服务国有企业、集体经济和民营企业并重，服务大中型企业和小微企业并重，服务传统行业和新兴产业并重，服务工业企业和农业企业、服务业企业并重，服务经济效益较好的企业和生产经营暂时困难的企业并重，不搞区别对待，不搞差别服务。

十、严格执行办理企业案件特别审批程序，在办理涉及国企负责人以及市委、市政府确定的重点保护企业的案件时，必须事先报检察长批准。积极加强与企业主要领导的联系、沟通和协调，在查办关键岗位人员职务犯罪时，慎重使用拘传、拘留、逮捕等强制措施，确保企业生产经营不受影响。对企业人员立案、采取强制措施或做出其他处理决定的，按照规定及时向企业通报。

十一、对涉企案件使用强制措施和侦查手段时，做到"六个不准"：不准随意冻结企业账号、不准长时间查封企业账册、不准堵塞企业流通渠道、不准随意发表影响企业声誉的报道、不准未打招呼就随意抓走企业技术业务骨干、不准因执法办案直接影响企业洽谈重大项目和完成生产任务，最大限度地减轻执法办案给企业生产经营活动造成负面影响。

十二、准确把握法律政策，严格区分罪与非罪界限。办案中正确区分经济纠纷与经济犯罪的界限、改革探索和执行政策中出现偏差与钻改革空子实施犯罪的界限、政策性劳动收入和非劳动收入与贪污受贿的界限，对罪与非罪界限不清的，不轻易作犯罪处理。凡审查批捕、审查起诉的涉企案件，实行定人、定时、定案、包质量的"三定一包"办案责任制，严格遵循办案时限规定，尽可能缩短办案期限，准确把握证据标准，正确适用法律规定，确保办案质量。

十三、加强领导，强化责任，落实服务企业发展各项措施。建立联系服务企业领导小组，明确检察长、党组成员和全体检察干警为服务主体，辖区及产业集聚区所有企业为服务对象。设立服务企业发展办公室，公布服务热线电话，将检察机关服务企业的宗旨原则、工作纪律、服务承诺、党组成员和部门负责人联络方式等服务企业的内容向全市企业公布。落实党组成员、部门负责人带领全院干警分包联系服务企业发展制度，实施定期走访、座谈调研、互通信息等方式，全面掌握情况，实时跟踪企业发展动态，及时跟进预防服务举措，形成上下联动、任务明确、全员参与的工作格局。

十四、严肃作风纪律，树立良好形象。牢固树立忠诚、为民、公正、廉洁的政法干警核心价值观。严格执行办案纪律和服务工作纪律，做到"六个严禁"：严禁越权办案，插手经济纠纷；严禁在企业入股，到企业吃拿卡要；严禁利用办案接受企业赞助和拉赞助费；严禁占用企业的通讯、交通工具等财产；严禁在企业报销各种费用；严禁插手工程招投标等经济活动谋取私利，切实维护检察机关和检察干警的良好形象。

十五、坚持党的领导，自觉接受监督，提高服务水平。始终坚持在市委、上级检察院领导和人大监督下努力做好服务企业发展工作，积极主动的向市委人大政府报告服务企业发展的工作情况，主动邀请人大代表、政协委员和社会各界视察、监督检察工作，认真听取对检察工作和服务企业发展工作的意见建议。深化检务公开，增强工作透明度，自觉接受监督。努力做到服务企业到位不越位、参与不干预、帮忙不添乱、服务不代替，实现服务企业发展效果的最大化，为我市经济持续健康较快发展作出积极贡献！

汝州市人民检察院

二〇一三年九月二十五日

2014 年汝州市人民检察院多彩工作亮点擎起"汝检"品牌

2014 年，汝州市检察院认真学习党的十八大、十八届三中、四中全会和习近平总书记系列重要讲话精神，深入贯彻中央、省委政法工作会议，全国、全省检察长会议精神，扎实践行党的群众路线教育实践活动，以"强班子、带队伍、抓业务、树形象"为总要求，弘扬"崇德、笃行、创新、致远"的汝检精神，研究制定了"打基础、谋长远、提素质、上台阶、树亮点、保先进、创品牌"的总体工作思路，强化检察队伍建设和检务保障建设，努力实现服务水平、检察形象、工作绩效的提升。全院整体工作再次位居平顶山市检察机关先进位次，在去年荣获"全国先进基层检察院"的基础上，今年又被省委、省政府表彰为"人民满意的政法单位"。

一、服务大局得肯定

该院始终坚持把检察工作放在党委工作大局中去思考谋划，围绕汝州市委"创环境、打基础"建设年和深入开展优化发展环境百日会战的工作部署，加强与纪检监察、法院、公安、住建、规划、国土、城市综合执法等单位的协作配合，依法履行"打击、预防、监督、教育、保护"职能，为优化发展环境提供有力的司法保障。积极开展服务企业"六个一"活动。对堵门断路、欺行霸市、强装强卸、强揽工程、恶意讹诈等干扰企业和重点项目建设的行为，以及非法控制客运线路、行业市场、矿产资源开发的地痞村霸、黑恶势力，依法从严打击，快捕快诉破坏企业周边环境和侵害企业合法权益的犯罪案件 8 件 15 人。设立了产业集聚区检察室，建立起联系走访企业、送法进企和检察联络员制度，发放企业联系卡，开通热线电话，为企业及时排忧解难。制订了《关于充分履行检察职能服务优化发展环境工作实施意见》，印发《服务优化发展环境公告》，加强对非法采矿、非法采砂、违法占地、违法建筑等破坏生态资源环境犯罪行为的法律监督，严肃查处充当"保护伞"不认真履行职责导致资源环境受到严重损害的职务犯罪案件。共监督土地、地矿等行政执法部门移送非法采砂刑事案件5件8人，批准逮捕3件6人。向城市综合管理执法局派驻检察室，建立了信息沟通和案件线索监督、审查、移送、查处的衔接机制，参与对违法占地、违法建设等现场执法监督15次，对200多处违法建设进行了有效制止，形成了打击违法犯罪合力。10月27日，市委书记高建军作出批示："市检察院在优化发展环境上，敢于担当，动真碰硬，措施得力，首战告捷，取得了积极成效，请各委局及乡镇办学习参阅。"

二、服务民生见成效

该院把维护民生民利作为根本点和归宿点，用看得见的成效，让群众感受检察执法公信力。在开展危害民生刑事犯罪专项立案监督活动同时，积极开展查办预防涉农惠民领域职务犯罪小专项活动。推行"侦、诉、技、警、防一体化"侦查机制，加强与纪委等部门的联系和上级院的指导，扩大案件线索来源，整合人力资源，实现了行动快、初查快、立案准、质量高的办案效果。截至12月，共立案查办职务犯罪案件19件32人，其中查处征地补偿、坑骗烟农等涉农贪污贿赂案件10件20人，有罪判决19人；查处套取惠农资金背后渎职犯罪案件9件12人，有罪判决15人（含往年）。同时对重点部门和关键岗位，加强预防工作，深入开展预防调查、案例剖析、警示教育等工作。对市移民管理局小型水库扶持资金、民政福利机构资金的审批和使用、村级公益事业建设"一事一议"财政奖补资金使用等情况开展专项预防调查，提出检察建议。开展预防教育进机关、进村组、进社区，营造风清气正的政务环境。10月14日，汝州市政协常委、委员一行 14 人专题视察该院反渎职侵权工作时，对此给予充分肯定。

三、办案质效提层次

重视案件质量，提高办案效率，维护当事人的合法权益，促进公平正义和社会稳定和谐，是该院工作的又一大亮点。2014 年，该院坚持以人民群众平安需求为导向，依法打击各类刑事犯罪，与公安、法院密切配合，突出打击暴力恶性犯罪、"两抢一盗"和危害食品药品安全、环境安全、生产安全等犯罪，积极推进平安建设。截至 11 月，经审查批准逮捕刑事犯罪案件 228 件 264 人，不批准逮捕 66 件 84 人，审查起诉 358 件 480 人，出庭支持公诉 379 件，收到法院一审判决 379 件 506 人，有罪判决率 100%。纠正漏捕 10 件，追诉漏犯 39 人，监督公安机关立案 5 件 6 人、撤案 6 件 6 人，向法院提出抗诉 4 件 5 人，其中 2 件 2 人已改判。办案中认真落实宽严相济刑事政策，对故意伤害、交通肇事、危险驾驶、过失致人死亡等主观恶性不大的 67 件轻微刑事案件适用"捕前调和"、刑事和解程序，积极为双方当事人搭建沟通平台，化解矛盾纠纷，及时修复因刑事发案而损害的社会关系，促进了和谐稳定。该院牵头定期召开公检法三机关建立的快速办理轻微刑事案件工作机制联席会议，为办理轻微刑事案件提速。该院公诉局成立了轻微刑事案件办理小组和未成年人刑事检察科，实现了轻微刑事案件快速办理的专业化、制度化、效率化。所办理的轻微刑事案件从拘留到法院判决较以往平均结案时间缩短近一半，减少了犯罪嫌疑人、被告人审前羁押时间，有效地防止案件久拖不决，办案的社会效果和法律效果成效明显。成立了以检察长为组长的办案质量评查领导小组，抽调侦监、公诉、反贪、反渎、案管等部门的业务能手组成案件评查组，对各部门办案质量进行检查验收，加强办案管理监督，规范司法行为。2014 年 3 月份以来，该院所有受理和办理的案件全部录入统一业务应用系统，实现了对全部办案活动和各类案件的全程、统一、实时、动态管理和监督。8

月 6 日，汝州市人大常委会主任、副主任、常委会委员、人大执法监督员等 21 人，专题听取该院 2014 年上半年工作及办案质量情况汇报后，市人大主任张留华充分肯定检察院领导班子能够站位全局、科学谋划，服务经济发展和维护社会稳定工作有序推进、责任明确、办案质量效率提升。

四、便民服务接地气

该院以 4 个基层检察室和 20 个乡镇街道检察服务站为阵地，检力下沉，重心下移，把检察服务延伸到最基层，以送法"进企业、进农村、进学校、进社区"四进活动为契机，为基层一线提供贴身法律服务。先后开展法律咨询服务 1200 余人次，排查职务犯罪线索 12 件，帮助农村基层组织处理疑难问题 10 余件，开办专题法制讲座 20 余场次，受教育 5600 余人次，赢得广泛认可。积极推进以案件信息公开为核心的检务公开工作。建成了集信访接待、案件管理、便民服务为一体的检务公开大厅、案件管理大厅；健全了法律文书说理、公开审查公开答复、新闻发言人制度；依托全国检察机关案件信息互联网统一查询平台，实现了案件信息公开常态化；建立了网上律师预约平台，设立了律师预约热线电话、民生检察服务热线电话；利用手机客户端、微博、微信等新兴媒体，加强了与群众的交流互动。

积极开展涉法涉诉信访案件排查化解。对中央巡视组、省政法委等上级机关交办的 58 件信访案件，采取领导包案、分类处理、强化督导、严格责任查究等措施集中排查化解，实现结案率 100%，同时积极发挥"特约检察调解员"共参与信访矛盾化解的作用，取得案结事了的效果，收到涉检进京访为零，赴省集体上访为零，赴省个访下降 85% 的成效。控申科再次荣获全国检察机关"文明接待示范窗口"称号。

五、监所检察亮新招

在 2014 年高检和省院部署开展的减刑、假释、暂予监外执行专项检察活动中，该院监所检察科充分发挥检察职能，依法建议将9名暂予监外执行罪犯收监执行，收监执行率100%，立案侦查汝州市原看守所所长涉嫌玩忽职守犯罪，原看守所副所长、狱医等人涉嫌徇私舞弊暂予监外执行犯罪案件2件5人，工作成效再次位居平顶山市第一、全省先进。12月9日，全省监所检察部门"减刑、假释、暂予监外执行"专项检察活动工作推进会在汝州召开，介绍了该科的经验，并被省院推荐为高检院表彰的"减、假、暂"专项检察活动先进集体。 同时，该科把保持和再次创建"国家一级规范化检察室"列入2014年工作重点，高起点、高标准开展派驻看守所检察室规范化建设创建活动，着力在夯实基础、创新机制、全面提升规范化管理水平上下功夫。12月13日，该院"国家一级规范化检察室"创建工作顺利通过高检院验收。

六、队伍建设展新貌

打造一支过硬的检察队伍是检察事业发展的根本保障。如何在新形势下按照"五个过硬"的要求教育引导干警坚定理想信念、依法文明办案、恪守检察职业道德、始终保持昂扬向上的进取精神，实现检察事业全面发展，该院从以下方面进行了积极尝试：

1.抓班子带队伍。扎实开展党的群众路线教育实践活动，以查处"四风"为重点，从领导班子抓起，从领导干部做起，从人民群众不满意的地方改起，认真解决干警作风不正、不实、不廉等问题。认真落实"两个责任"，结合工作实际，将党风廉政建设责任目标量化分解，责任到人。坚持重大事项集体研究决定，带头讲政治、讲学习、讲工作、讲团结、讲廉洁，较好地发挥了表率作用和核心作用。

2.抓学习提素能。以素能培训为抓手，创建"学习型检察院"。积极参加上级院组织的各类检察业务知识培训，举办形式多样的岗位技能竞赛、模拟法庭、法律文书评比等活动，严格执行周五学习日制度，组织干警认真学习党的十八大、十八届三中、四中全会精神及习近平总书记系列重要讲话精神、检察新增业务知识等。邀请学者、专家上课，向高检院理论研究所申报并获批《涉检信访工作机制改革研究》课题，与北京师范大学刑事法律科学研究院签订"检校合作协议"，定期为干警授课，实施文化育检、文化强检系列工程，干警的整体素能得到不断提升。

3.抓教育鼓干劲。将党的群众路线教育实践活动同"践行价值观、文明我先行"文明执法活动、"增强党性、严守纪律、廉洁从政"等项教育活动紧密结合，相继举办"三严三实"、"践行党的群众路线、弘扬汝检精神"、"假如我是当事人"演讲比赛和大讨论活动，大力倡导"全院一盘棋、团结出成绩"的工作理念。检察长为干警上党课，同干警促膝谈心，及时掌握干警思想动态，进一步增进领导与干警、干警与干警之间的沟通交流、理解支持，强化全院上下的责任心和执行力，增强干警的荣誉感和团结协作意识。坚持从优待警、实施"暖心工程"，进一步增强了干警对检察机关的认同感和归属感，"聚精会神干工作，一心一意谋发展"的气氛浓厚。

4.抓管理树形象。扎紧制度"篱笆"，把权力关进制度的笼子。严格执行中央八项规定，狠抓经费支出、车辆管理、办公耗材、值班卫生等日常管理制度的落实。建立了干警"业绩、荣誉、执法、执纪"四项管理考核档案制度，明确创先争优目标，完善奖惩机制，把每项工作量化分解，责任到人。实行两周一例会、每月一汇报、季度一讲评、半年一小结的四步工作法，每半月召开一次全院工作汇报会，由部门负责人展示工作亮点、查找工作差距、拿出整改方案、确保工作成效，有力推动了全院工作上台阶、进位次。开展了"寻找身边的感动，汇聚检察正能量"主题活动，大力宣传先进人物的典型事迹，树立了以公诉局长关文丽、监所科长黄爱梅、反贪局长助理邵华海等同志为代表的一批爱岗敬业模范，进一步激发了干警的工作激情，营造了"你追我赶、创优争先"的工作氛围。

2014 年汝州市人民检察院发布服务优化发展环境公告

为认真贯彻落实市委深入开展优化发展环境百日会战和"创环境、打基础"建设年的工作部署，紧紧围绕市委确定的优化党风政风环境、社会治安稳定环境、城市建设管理环境、农村人居环境、社会人文环境等五大重点领域，以抓铁有痕的精神，敢于担当的作风，依法履行检察职责，充分发挥"打击、预防、监督、教育、保护"职能作用，为优化我市发展环境提供有力的司法保障。特此公告。

一、依法打击刑事犯罪，着力营造和谐稳定的社会环境

充分发挥审查逮捕、审查起诉职能，对邪教组织、涉黑涉恶、涉枪涉暴、杀人、强奸、抢劫、盗窃、敲诈勒索、诈骗、集资诈骗、非法吸收公众存款、组织传销、非法经营、侵犯知识产权和制售假冒伪劣商品、危害食品药品安全等严重危害社会稳定和民生民利以及群众安全感的犯罪案件，依法快捕快诉；与公安、法院等部门密切配合，对"黄赌毒"等社会治安突出问题依法进行专项治理，对堵门断路、欺行霸市、强装强卸、强揽工程、恶意讹诈等干扰企业和重点项目建设的行为，以及非法控制客运线路、行业市场、矿产资源开发的地痞村霸、黑恶势力，坚决依法从严打击。

二、依法处置信访案件，及时化解影响发展环境的各类矛盾纠纷

协同有关部门认真解决群众的合理诉求，保证涉法涉诉涉检信访案件得到及时妥善处理。开通便民和服务企业 "举报投诉绿色通道"，对涉及影响和阻碍发展环境的犯罪举报、控告，实行专人接待、专人审查、专门办理。充分利用下访巡访、联合接访、检察长接访等形式，把矛盾

纠纷化解在基层、化解在当地，消除在萌芽状态。对缠访闹访、借访牟利、借访施压等严重扰乱社会秩序的犯罪案件坚决依法从快从严打击。

三、依法查办职务犯罪，着力营造廉洁高效的政务环境

依法查办发生在党政机关、司法执法机关、国有企事业单位和人民群众身边的贪污贿赂渎职侵权犯罪案件。贪污数额在 5000 元以上的；挪用公款归个人使用，数额在 3 万元以上，进行非法活动、或者营利活动、或者超过 3 个月未还的；个人受贿或利用影响力受贿数额在 5000 元以上的；行贿数额在 1 万元以上的；介绍个人向国家工作人员行贿数额在 2 万元以上的，均以涉嫌犯罪立案侦查。重点查办国家工作人员利用职务上的便利，贪污受贿或利用影响力受贿，数额在 5 万元以上、挪用公款在 10 万元以上、个人行贿或介绍行贿数额在 10 万元以上等情节严重社会影响恶劣的重大案件。

对国家机关工作人员不认真履行职责，滥用职权、玩忽职守造成死亡 1 人以上，或者重伤 3 人以上，或者轻伤 9 人以上，或者重伤 2 人、轻伤 3 人以上，或者重伤 1 人、轻伤 6 人以上，或者造成直接经济损失 30 万元以上，或者造成恶劣社会影响的，均以涉嫌犯罪立案侦查。重点查办造成死亡 3 人以上，或者重伤 9 人以上，或者直接经济损失 150 万元以上，或者弄虚作假，不报、缓报、谎报或者授意、指使、强令他人不报、缓报、谎报情况，导致重特大事故危害结果继续、扩大，或者致使抢救、调查、处理工作延误等渎职犯罪情节特别严重的重特大案件。

对主动投案自首、积极退赃或有重大立功表现的，视其犯罪情节依法从轻或减轻处罚。

四、依法强化监督，着力营造规范有序的发展环境

加强对违法建设、违规违法用地犯罪案件的法律监督。对违反土地

管理法规和城镇规划非法转让、倒卖土地使用权或者非法占用土地、随意建设、随意改变土地性质和内容，造成土地资源和城镇规划严重破坏的犯罪行为加强立案监督。优先办理、快捕快诉违法建设、违规违法用地、暴力抗法等严重犯罪案件。加大对违法建设、违法违规用地背后国家工作人员职务犯罪的法律监督力度，重点查处充当"保护伞"不认真履行职责导致资源环境受到严重损害的职务犯罪案件。

五、加强协调配合，着力营造持续向好的发展环境

加强与纪检监察、法院、公安、住建、规划、国土、城市综合执法等单位的协作配合，在城市综合执法局派驻检察室，建立健全信息沟通和案件线索监督、审查、移送、查处的衔接配套机制，形成打击违法犯罪合力，发挥各司其职协作配合的整体效能。强化服务意识，积极开展送法进企业、进社区、进农村、进学校"四进"活动，大力宣传优化发展环境的政策法规，为持续向好的发展环境提供优质高效的法律服务。

汝州市人民检察院举报电话：0375—12309

汝州市人民检察院

二○一四年十月八日

2015 年汝州市人民检察院发布服务经济社会发展新常态十条意见

为服务汝州市委优化发展环境"规划、项目、作风"三个建设年的工作部署，坚持把服务经济社会稳定发展这一大局作为检察机关的政治责任和重要使命，自觉将检察工作融入党委中心工作，在执法观念上求转变，在工作机制上求创新，在具体措施上求实效，找准工作切入点和着力点，把打击、保护、预防、监督、服务"五大职能"贯穿于服务和保障经济社会发展的全过程，做到打击不忘预防，服务结合保护，监督兼顾和谐，努力营造良好有序的经济社会发展环境，结合检察机关职责，现制定如下十条意见：

一、立足检察职能，切实服务经济社会发展大局

紧紧围绕服务大局与履行职责的结合点，增强服务实效，始终做到"胸怀大局是前提，立足本职是基础，正确履职是关键"，不能背离职能搞服务，不能将检查触角延伸过长，不能影响企业正常经营，坚持服务大局的正确方向。认真落实"三个有所为、五个有所不为"，在依法履行检察职能、营造良好环境上有为，在积极融入发展大局、提供法律服务上有为，在规范执法办案方式、提升司法公信上有为；背离职能搞服务的事情不能为，参与经营性活动的事情不能为，助长地方保护主义的事情不能为，严重影响企业正常经营的事情不能为，有损检查形象、妨害司法公正的事情不能为。

二、依法打击刑事犯罪，营造和谐稳定的治安环境

依法履行检察职能，坚决遏制严重刑事犯罪高发的势头，绝不在检察环节贻误战机，进一步增强人民群众的安全感，促进社会治安大局稳定。充分发挥审查逮捕、审查起诉职能，对邪教组织、涉黑涉恶、涉枪涉暴、杀人、强奸、抢劫、盗窃、敲诈勒索、诈骗、集资诈骗、非法吸收公众存款、组织传销、非法经营、侵犯知识产权和制售假冒伪劣商品、危害食品药品安全等严重危害社会稳定和民生民利以及群众安全感的犯罪案件，依法快捕快诉；与公安、法院等部门密切配合，对"黄赌毒"等社会治安突出问题依法进行专项治理；对堵门断路、欺行霸市、强装强卸、强揽工程、恶意讹诈等干扰企业和重点项目建设的行为，以及非法控制客运线路、行业市场、矿产资源开发的地痞村霸、黑恶势力，坚决依法从严打击。

三、积极参与专项行动，营造诚信有序的市场环境

积极参与整顿和规范市场经济秩序专项行动，坚决打击破坏社会主义市场经济秩序的犯罪活动，进一步加大对金融、证券、房地产等领域严重破坏社会主义市场经济秩序犯罪的打击力度。加大对侵害企业利益、危害企业生产经营案件的查处力度。加强与纪检监察、法院、公安、住建、规划、国土、城市综合执法等单位的协作配合，充分发挥派驻城市综合执法局检察室职能，建立健全信息沟通和案件线索监督、审查、移送、查处的衔接配套机制，形成打击违法犯罪合力，发挥各司其职协作配合的整体效能。

四、畅通投诉绿色通道，营造便民服务的发展环境

协同有关部门认真解决群众的合理诉求，保证涉法涉诉涉检信访案件得到及时妥善处理。开通便民和服务企业"举报投诉绿色通道"，开辟企业投诉绿色通道，对涉及影响和阻碍发展环境的信访、举报、申诉等行为，实行专人接待、专人审查、专门办理。充分利用下访巡访、联合接访、检察长接访等形式，把矛盾纠纷化解在基层、化解在当地，消

除在萌芽状态，重点向企业讲明检察机关依法助企的诚心和行动。对缠访闹访、借访牟利、借访施压等严重扰乱社会秩序的犯罪案件坚决依法从快从严打击。

五、严肃查办职务犯罪，营造廉洁规范的政务环境

依法查办发生在党政机关、司法执法机关、国有企事业单位和人民群众身边的贪污贿赂渎职侵权犯罪案件。坚持"苍蝇老虎一起打"，对贪污、贿赂、挪用公款等国家工作人员职务犯罪，只要达到立案标准，坚决查处。进一步优化投资环境，坚决打击各种破坏市场经济秩序犯罪案件，对发生在企业中的伤害型、侵财性犯罪和破坏社会主义市场经济的犯罪等涉"商"案件都依法优先办理，切实为企业和投资者创造一个良好的社会治安和投资环境，坚决查办阻碍企业发展的职务犯罪。

六、合理运用保护职能，营造公平竞争的企业环境

依法做好对外来投资者的保护工作，保障外来投资者的人身财产安全和合法权益。一方面严厉打击侵犯外来投资者人身、财产权利，干扰其正常经营活动的各种犯罪行为，特别是对本地黑恶势力对外来投资者进行敲诈勒索、强迫交易、收取保护费、暴力垄断市场等犯罪行为要坚决严惩。另一方面加大对外来投资者涉讼民事、行政案件的法律监督力度，保障其合法权益。外来投资企业通常涉讼的领域多在工程承包纠纷、民工劳动合同纠纷、招标投标纠纷等方面，检察机关的检察职能必须由事后监督向事前预防转变，同时，对已进入司法救济程序的民行案件依法进行检察监督，做到既维护法院判决的司法权威，又充分保护投资者的合法权益。

七、强化预防犯罪职能，营造风清气正的社会环境

大力实施"送法五进"（进机关、进社区、进农村、进企业、进学校）

活动，积极主动地开展职务犯罪预防工作，创新预防工作机制，做到防患于未然。在乡镇派驻检察室、在社区设立检察工作联络站，并以此为依托，形成维稳工作机制，通过采取打防并举的措施，最大限度减少社会对抗，促进社会和谐。在开展专项预防工作中，在事前要提供指引、提示、注意事项、注意环节，先敲警钟。同时深入到当地各乡镇为乡村干部上法治教育课，做好法治宣传和预防职务犯罪的教育工作。监督重点工程运作过程，从各个环节落实预防工作。重点工程建设是职务犯罪的高发区，为确保工程建设顺利开展，有效遏制建筑行业职务犯罪案件的发生，要着重对重点工程建设实施专项同步预防。

八、加强法律监督职能，营造公正廉洁的执法环境

加强和改进诉讼监督工作，全力解决人民群众反映强烈的执法不严、司法不公问题，努力满足人民群众的新要求、新期待，构建和谐社会服务经济社会又好又快发展。加强对违法建设、违规违法用地犯罪案件的法律监督。对违反土地管理法规和城镇规划非法转让、倒卖土地使用权或者非法占用土地、随意建设、随意改变土地性质和内容，造成土地资源和城镇规划严重破坏的犯罪行为加强立案监督。优先办理、快捕快诉违法建设、违规违法用地、暴力抗法等严重犯罪案件。加大对违法建设、违法违规用地背后国家工作人员职务犯罪的法律监督力度，重点查处充当"保护伞"不认真履行职责导致资源环境受到严重损害的职务犯罪案件。

九、做好涉农检察工作，营造和谐美丽的人居环境

依法做好涉农检察工作。充分履行批捕起诉职能，依法打击和查办乡霸、村霸等黑恶势力等危害农村和谐稳定的犯罪；坚持和完善刑事司法与行政执法相衔接机制，依法打击制售假种子、假化肥、假农药等扰乱农村市场经济秩序的犯罪；依法打击盗伐滥伐林木、非法采矿采砂等

破坏农村能源资源和生态环境的犯罪，运用恢复性司法的理念，探索通过要求犯罪嫌疑人依法停止侵害、修复环境等模式降低资源破坏和环境污染损害程度，促进农业可持续发展；依法查办支农惠农财政补贴中的腐败案件、农村基础设施建设中的腐败案件等侵犯农民群众合法权益的职务犯罪，确保各项强农惠农富农政策在执行中不缩水不走样；强化对涉农刑事犯罪案件以罚代刑、有案不立的监督，探索对侵害农民工集体利益等案件支持和督促起诉的方法，帮助农民群众依法行使诉讼权利。

十、落实服务社会职能，营造宽松高效的投资环境

着力发挥检察机关在社会管理中的职能作用，切实服务好当地经济社会的发展。在为外商投资企业保驾护航营造良好投资环境的同时，积极服务党委做好招商引资工作。坚决为企业提供法律服务和法律保障，结合办案，提出检察建议，帮助企业查找和改进管理中的薄弱环节，积极为企业改革和发展提供法律服务。开展检察进企业活动，及时受理侵害企业合法生产经营的控告和申诉，积极与企业建立联系机制，主动深入企业，及时了解企业发展情况和面临难题，倾听企业的呼声，帮助企业出点子、解难题，及时为企业发展排忧解难，着力为经济平稳较快发展营造"亲商、护商、安商"的发展环境。

举报电话：0375-12309

汝州市人民检察院

2015 年 7 月 23 日

第二章 信访工作稳定创新

Xinfang Gongzuo Wending Chuangxin

推行信访风险逐案评估　强化涉检信访源头治理

　　为从源头上预防和减少涉检信访案件的发生，2009 年以来，我院深化落实省院《案件信访风险评估实施办法（试行）》，将涉检信访风险评估作为执法办案的必经程序，实行"每案必评估"，实现了涉检进京零上访、赴省集体访为零、赴平顶山市上访量大幅减少的目标，由"信访大户"转变为"信访工作先进单位"，连续保持全国、全省检察机关文明接待室称号。下面就我院信访风险逐案评估工作的情况，向各位领导和同志们作一汇报，敬请批评指正。

一、理清工作思路，加强组织领导

　　汝州市位于河南省中西部，总面积 1573 平方公里，辖 6 镇、9 乡、5

个街道，总人口 95.2 万。辖区范围大、人口多、社情复杂。我院在编干警 87 人，年均办案 800 件，办案多、矛盾多、涉检信访不断发生，老问题解决了新的又来了，"旧去新来"的信访始终成为困扰检察工作的难题。为改变这种局面，我们在集中精力消化积案的同时，查找问题，剖析原因，努力寻求涉检信访源头治理的对策性措施。通过调研分析后认为，领导处访责任落实不够，办案干警化解信访风险意识不足，是涉检信访问题解决在萌芽状态、息诉在办案环节的主要障碍。特别是去年 10 月全省检察机关点名接访现场会的经验给我们很大启发。抓源头就是抓两头，一要抓领导，二要抓办案人，点名接访就是抓领导，风险评估就是抓干警。通过执法办案化解社会矛盾，维护社会和谐稳定，就要把执法办案风险评估预警工作在审查批捕、审查起诉、职务犯罪侦查等各项任务中充分地得以体现。基于这样的认识和实情，确立了"组织有保障、制度要明确、督办要有力、效果要明显"的工作思路，狠抓领导责任、部门责任、干警责任的落实。成立领导机构，本院涉检信访工作领导小组同时又是涉检信访风险评估预警工作领导小组，由检察长任组长，副检察长及其他党组成员为副组长，控申、反贪、反渎、侦监、公诉、监所、民行等业务部门负责人为成员，统筹协调解决信访风险评估预警工作中遇到的问题，切实保障此项工作的顺利开展。领导小组办公室设在控申科，负责联络协调、跟踪督办。

二、坚持四个明确，规范工作运行

结合我院执法办案情况，制定了《涉检信访风险评估预警制度》，将案件信访风险评估预警的基本原则、责任划分、运行流程、风险化解、结案反馈等工作予以规范明确。

一是明确评估预警责任主体。坚持"谁主管、谁负责，谁办案、谁评估"的原则。明确部门主管领导是案件信访风险评估的包案领导，部门负责人为第一责任人，承办人为直接责任人。在办案中承办人除对案件事实证据及定性负责外，必须对案件是否存在信访风险进行评估预测。部门负责人在审核案件时，不仅要对案件事实证据及法律适用审核把关，还要审查信访风险是否化解。主管领导作出决定时，既要在事实法律上负责，又要对案件的信访问题负总责。

二是明确评估预警范围。坚持"逐案审查、全程评估"原则，将各业务部门办理的所有案件全部纳入评估范围，使风险评估预警贯穿于执法办案的每一个环节，并且突出案件评估重点，捕与不捕，重在不捕；诉与不诉，重在不诉；立案与不立案，重在不立案。主要包括职务犯罪案件拟作不立案、撤案决定的，扣押、冻结、处理涉案款物与群众切身利益紧密相关的；有刑事被害人的案件拟作不予批捕、不予起诉、撤回起诉、退回公安机关作其他处理以及不予提请抗诉的；民行申诉案件拟作不予受理、不予提请抗诉的；刑事申诉、刑事赔偿案件拟作维持原决定、不予确认、不予赔偿等。

三是明确评估预警运行程序。我们将案件信访风险评估放在案件质量管理中实行，在全院各业务部门执行的《案件质量操作流程表》中设置"信访风险评估"栏，使之成为审查案件质量的必经程序。案件承办人依据该表对案件实体程序逐项审查时，要对案件发生信访的可能性进行预测。经综合分析，如果没有信访风险，承办人只需在信访风险评估栏中注明"无信访风险",并签署姓名,经部门负责人审核,主管检察长决定后,该案的风险评估即为终结。如果存在信访风险,承办人除在该表信访风险评估栏中注明"有风险"外,还需要另行填写《案件信访风险评估预警表》,提出评估意见,拟定信访风险预警等级,制定稳控息诉预案,经部门负责人复核、主管领导签署意见后,并在三个工作日内将《案件信访风险评估预警表》及相关材料报信访风险评估预警工作领导小组办公室(控申科)。流程表和信访评估表均入检察内卷存档备查。

四是明确风险化解责任。将案件信访风险评估预警的等级分为一级和二级两个级别,并按照首办责任制规定实行"五定一包"(定领导、定人员、定方案、定责任、定时限、包息诉)。当事人对本院拟作决定有接受倾向,但存在部分疑虑和意见,没有明确息诉表示,存在不确定信访因素的定为二级,由承办部门和承办人承担化解责任,控申科配合稳控。当事人对本院拟作决定有明显意见,有明确的信访苗头,存在较大息诉困难定为一级,稳控责任由案件承办部门和承办人承担,化解息诉责任由主管领导和部门负责人承担,控申科配合责任部门积极协调有关单位共同解决问题。如梁某涉嫌诈骗案因事实不清、证据不足经两次退回补充侦查仍不符合起诉条件,被害人妻子刘某不服,公诉科多次做当事人双方工作,未能促成和解,刘某有赴省进京上访的意向,该案被确定为信访风险一级预警,主管公诉的副检察长为包案息诉领导,第一责任人是公诉科长,控申科配合公诉科积极与法院刑事审判庭、公安侦查部门协作,共同协调被害方所在乡镇党委政府和村委会做好教育疏导工作,为其挽回4万余元损失后刘某停访息诉。

三、加强跟踪督办,严格考评奖惩

为确保涉检信访风险评估预警制度落实到位,执行有力,我们把强化跟踪督办、严格考评奖惩作为关键环节来抓。一是对经评估存在信访风险的案件,承办部门及承办人按照稳控息诉预案,在规定的时限内化解,并将结案息诉材料报控申科登记备案。对到期未结案息诉的,由控申科向承

办部门发出《信访预警案件跟踪监督表》，承办部门收到此表后，要说明理由，并在三日内送达回执。经审查认为理由不成立不充分的，由控申科下达督办通知，跟踪督促协助承办部门在 15 日内办结。若超过 15 日仍未结案息诉的，建议领导小组对主管领导、部门负责人、承办人分别作出责任认定和处理。二是将案件信访风险评估预警工作纳入各业务部门和每个干警绩效考核的内容，设置基础达标分和加分、扣分项目。承办部门和承办人在执法办案中认真开展风险评估预警，没有发现和发生信访风险的视为达标。及时发现信访风险隐患，认真开展稳控息诉工作，成功化解矛盾的，根据消化信访风险的案件数量、风险等级逐项加分。对应当发现的信访隐患没有发现，或者发现后不进行风险评估预警，不落实稳控息诉措施，导致发生京、省、市上访的，按照发生的数量及上访级别逐项扣分。考评工作由控申科具体实施，考评结果由领导小组评定。三是严格奖惩。对不认真落实案件信访风险评估预警工作，引发当事人赴省进京上访的，依照本院《涉检信访工作长效机制》的奖惩规定，对承办人、承办部门负责人通报批评。情节严重的，给予纪律处分，责令主管领导作出书面检查，并由涉检信访风险评估预警工作领导小组决定对责任部门和责任人"一票否决",取消当年评先资格。对信访风险评估扎实认真,预警处置到位,矛盾化解及时,案结事了,当事人息诉罢访的部门和个人给予表彰奖励。2009年我院公诉科、监所检察科不仅办案质量好,而且处理信访问题成绩突出,经考评总分名列全院13个部门前列,院党组决定分别给予5000元奖励。

通过实行逐案评估,干警执法办案信访风险意识逐步增强,信访早预测、风险早防范、矛盾早化解的措施能够在执法办案的各环节得以落实,按照办案总量和现有警力能够做到逐案评估。2009年评估审查逮捕案件351件、审查起诉案件368件、职务犯罪案件24件、民事申诉案件10件,发现和处理涉检信访隐患37件,息诉率100%,有效地减少和防止了重复访、越级访。如侦查监督科在审查逮捕郑某将邻居佑某致为轻伤一案时,郑某之妻带领一家老小十几口来我院反映其丈夫是正当防卫,不应追究刑事责任,此案有重大赴省进京集体访隐患,信访风险确定为"一级"。该科审查后认为郑某虽不能认定正当防卫,但被害人存在明显过错,且系邻里纠纷引发,符合刑事和解条件,就及时与当地派出所、村委会民调组织配合,共同做当事人工作,使被害人自愿撤诉,双方达成和解协议,对郑某不予批捕,赴省进京上访隐患得以化解。去年我院被汝州市委市政府、平顶山市检察院分别评为信访工作先进单位,侦查监督科被平顶山市政法委授予信访工作先进集体,控申科荣立集体三等功。

各位领导、同志们,我院信访风险评估预警工作只是有些初步成效,还存在许多不足和需要完善的地方,其他院也有许多好的经验和做法值得我们借鉴,敬请大家多提宝贵意见。这次涉检信访风险评估预警工作现场会的召开,既是对我院的鼓舞和鞭策,更是难得的学习机会,我们一定要以这次会议为契机,开拓进取,扎实工作,为促进和推动涉检信访源头治理工作做出新的成绩。

最高人民检察院推广汝州市人民检察院执法办案风险评估预警经验

2011年，我院执法办案风险评估预警经验受到最高人民检察院肯定，乔义恩检察长将代表河南省检察机关在9月10日召开的"全国检察机关执法办案风险评估预警推进会"上作典型发言。2011年9月4日下午18:13，河南电视台法制频道以《风险评估破解坚冰》为题，报道了我院化解信访矛盾的做法。

近年来，我院将涉检信访风险评估预警作为执法办案的必经程序，执行"凡办案必评估"、"评估一案、预警一案、化解一案"的工作模式，狠抓领导责任、部门责任、干警责任落实，强化领导和干警的信访风险意识。实践中，我院认真把握执法办案风险评估预警工作的三个定位。一是领导定位。坚持把信访风险评估作为"一把手"工程来抓。信访风险评估是全院的事，不是哪个部门的事，必须领导抓、抓领导。检察长对信访风险评估负总责，不仅要统筹协调解决工作中遇到的难题，而且要狠抓督办督察、考评奖惩等制度的完善落实，切实保障此项工作顺利开展。二是部门定位。各执法办案部门是信访风险评估预警工作的主体，实行"谁主管、谁负责，谁办案、谁评估"，主管领导、部门负责人、承办人对具体案件的信访风险评估负直接责任。办案中，承办人在提出处理意见时、部门负责人在审核时、主管领导在作决定时，都要对案件信访风险进行评估化解。三是控申、案管中心的定位。

控申科对院信访风险评估领导小组负责，除做好本科管辖内案件的信访风险评估外，还要做好全院信访风险评估的联络协调、督办考评、建议奖惩、台账管理、信息通报等工作。案管中心在信访风险评估中发挥审查把关督察协调作用，把有无信访风险作为评定案件质量的重要组成部分，在案件的"入口"和"出口"处，协调配合控申和业务部门做好信访风险评估化解工作。

通过执法办案风险评估预警，实现了从源头上预防和减少信访案件的目标，由多年的"信访大户"转变为"信访工作先进单位"。2010年4月，河南省检察机关信访风险评估现场会在汝州举行，连续5年实现涉检进京零上访、赴省集体零上访，保持了全国检察机关文明接待室称号，2011年3月被评为全省先进基层检察院，被高检院授予"全国文明接待示范窗口"称号。

附件：

建立健全执法办案风险评估预警机制深化三项重点工作

——乔义恩检察长在全国检察机关执法办案风险评估预警工作推进会上的发言

　　近年来，汝州市人民检察院为提高规范化执法水平、深化三项重点工作，切实扭转被动局面，把风险评估预警作为执法办案的必经程序，把群众路线贯穿于执法办案全过程，坚持"逐案评估、全程评估、案案化解"，采取文明执法、释法说理、刑事和解、司法救助、检调对接等措施及时化解矛盾，取得了较好效果。先后被评为"全国检察机关文明接待示范窗口"、全省先进基层检察院。2011 年 10 月全国检察机关执法办案风险评估预警工作现场推进会上推广该院开展执法办案风险评估预警的经验。主要做法是：

一、准确把握职责定位

执法办案风险评估预警涉及方方面面，必须明确各自职责。一是强化领导责任。坚持"抓领导、领导抓"，把执法办案风险评估预警作为"一把手"工程来抓。确立1+7的保障体制，即检察长亲自协调组织推动，其他7名党组成员对各自分管部门的实施具体负责，对奖惩、保障、协调等重大问题由检察长主持研究，努力为执法办案风险评估预警制度提供强有力的组织领导保障。二是突出部门责任。风险评估主要由办案部门承担。严格实行"谁主管、谁负责，谁承办、谁评估，谁评估、谁化解"的原则，坚持执法办案与化解矛盾同步，明确评估主体，细化部门责任，实现执法办案与维护稳定、法律效果和社会效果以及评估责任主体与办案主体的有机统一。三是加强协调推动。明确控申部门具体承担组织协调、督办考评、建议奖惩、台账管理、信息通报等职能。案管中心具体承担审查把关、督察督办等职责，在案件的"入口"和"出口"处，协调配

合控申和业务部门做好化解工作。

二、细化评估流程

逐步将风险评估系统化、规范化、制度化。积极探索"7+2"工作模式，即"7个业务部门评估，控申、案管全程跟踪监督"，实现全院"一盘棋"的一体化工作格局。一是初步评估。案管中心对受理的所有案件进行初审，认为可能存在风险的，在分流到业务部门时，同步预警。二是全面评估。业务部门对所办案件全部纳入评估范围，并将《案件风险评估预警表》附卷备查，提高制度执行力。同时简化评估程序，承办人审查案件时，只需在表中注明"有无风险"，并签署姓名，以提高效率。对无风险案件经部门负责人审核，主管检察长审查后评估终结。三是备案审查。对评估有风险的，根据拟定风险等级，制定相应工作预案，经部门负责人审核、分管领导签署意见后，3个工作日内报控申部门备案。四是化解风险。明确规定案件风险等级分为一级和二级，根据风险等级明确相应的稳控和息诉责任人，由控申、案管部门督促业务部门落实工作预案：二级风险由承办部门和承办人承担化解责任；一级风险稳控责任由承办人承担，化解息诉责任由分管领导和部门负责人承担。五是跟踪督办。风险化解后，责任部门要向控申部门报备《风险评估预警结案反馈表》；到期未化解的，控申部门向责任部门发出《预警案件跟踪监督表》或下达《预警案件督办通知书》，督促承办部门限期化解。

三、注重奖惩引导

充分发挥奖惩机制的示范引导作用。一是对不认真落实评估制度，引发当事人越级赴省集体或进京上访等重大不稳定事件的，对责任部门和责任人"一票否决"。二是把执法办案风险评估纳入全院绩效考核，实行百分制考评，并作为提拔及评先、评优的依据。三是严格兑现奖惩。实行物质奖励和精神奖励并重，同时采取通报批评、书面检查、黄牌警告、取消评先、免职撤职等措施严格责任查究，确保制度执行到位。2008年以来，先后对3个部门、5名办案人奖励4万余元，对2个部门分管领导和部门责任人取消年终评先资格，取得了较好的效果。

聘任特约检察调解员　服务农村基层发展

　　2012年9月26日，汝州市检察院党组书记、检察长乔义恩与汝州市温泉镇、临汝镇、庙下镇3个镇选聘的19名特约检察调解员座谈颁发聘书时指出，特约检察调解员工作机制是我院开展涉检信访工作的探索之举，是检察院与乡镇干部群众交流沟通的重要途径，是深化检务公开的又一举措。特约检察调解员工作机制的实施，能够使检察院在乡镇党委、政府的支持和特约检察调解员的协助下积极、有效地排查、化解涉检信访矛盾。我们要为特约检察调解员开展工作提供便利，同时希望特约检察调解员能够对检察干警执法办案活动予以监督，为检察院改进工作多提建议，共同促进检察院的工作水平。

座谈中，温泉镇党委书记陈建平说，市检察院实施特约检察调解员工作机制拉近了检察干警与乡镇基层干部群众的距离，被聘任的特约检察调解员都是具有丰富农村工作经验，具有很强群众工作能力的乡村干部，对检察调解工作都怀有很高的热情，并要求特约检察调解员要在实际工作中加强检察宣传、强化释法说理，致力于协助检察院排查、化解涉检信访矛盾，为维护一方稳定和谐多作贡献。

汝州市人大代表、特约检察调解员张三立发言时表示，作为一名特约检察调解员要加强法律知识学习，提高参与涉检信访排查、化解能力，以饱满的热情、高度的责任心担负起检察调解工作职责，为减少涉农矛盾纠纷，促进农村和谐稳定尽职尽责。

9月21日、10月16日，院党组副书记、副检察长魏洪流带领反渎职侵权局、办公室、小屯镇检察室、控申科干警，分别到小屯镇、纸坊乡与15名特约

检察调解员座谈颁发聘书。

9月20日，院党组成员、副检察长魏二广带领公诉科、计财科干警与大峪乡、焦村乡、米庙镇3个乡镇的15位特约检察调解员见面座谈颁发聘书。

9月24日，院党组成员、政治处主任李爱莲带领政治处和技术科干警与寄料镇、杨楼镇的16名特约检察调解员见面座谈颁发聘书。

9月28日，院党组成员、副检察长张现周带领反贪局、预防局干警与陵头镇、夏店乡、骑岭乡的16名特约检察调解员见面座谈颁发聘书。

10月23日，院党组成员、副检察长管建民，党组成员、党总支书记、工会主席马聚法带领侦监科、监所科、控申科、技术科干警与蟒川镇、王寨乡的12名特约检察调解员见面座谈颁发聘书。

10月20日至11月5日，全院117名检察干警分别到全市20个乡镇、街道的社区村组，与117名特约检察调解员联系沟通。一名检察干警负责分包联系一位特约检察调解员，定期到特约检察调解员居所地或工作地走访调查，详细了解掌握社情民意、治安状况、信访苗头和涉检矛盾以及对检察机关的意见或建议，由特约检察员协助共同做好涉检信访排查化解工作，编制覆盖全辖区的检民维稳联络网。

2011 年汝州市人民检察院荣获
"全国检察机关文明接待示范窗口"

　　2011 年 5 月 6 日，"全国检察机关文明接待示范窗口"挂牌仪式在汝州市人民检察院举行。平顶山市检察院党组成员、副检察长李东升，平顶山市检察院党组成员、反渎局局长卢风欣，控申处副处长闵顺河，汝州市委常委、政法委书记李自召，市人大常委会副主任张剑奇，副市长韩自敬，市法院院长吴海松，市公安局政委祁明女出席挂牌仪式。汝州市人民检察院党组书记、检察长乔义恩主持挂牌仪式。

　　挂牌仪式上，卢风欣宣读了高检院《关于授予"全国检察机关文明接待示范窗口"的决定》。

李自召代表汝州四大班子领导在仪式上致词。李自召说，近年来，市检察院紧紧围绕党委中心工作，按照上级检察院和市委的工作部署，全面履行检察职能，坚持以人为本，心系上访群众，恪尽职守，公正执法，无私奉献，特别是针对我市涉法涉诉信访问题的特殊情况，不断探索创新工作机制，形成了一些好的经验做法，得到了上级检察院的肯定和推广，为全市信访工作树立了好的典型。市委、市政府对检察院的工作非常满意，也将一如既往地支持检察院的工作。这次检察院的控申接待室在原有"全国文明接待室"的基础上，又被最高人民检察院授予"全国检察机关文明接待示范窗口"荣誉称号，这标志着检察院控告申诉工作迈上了更高的台阶，跨入了全国先进行列。这不仅是检察院的荣誉，也是汝州市的荣誉，全市各级各单位都要向检察院学习。

李东升在挂牌仪式上作重要讲话时指出，文明接待室创建工作是全国检察机关控申系统的一项重点工作，按照高检院的统一安排，每三年开展一次。"国家级文明接待示范窗口"是最高的荣誉。在去年的创建中，全省150多个县区院，18个分市院，平顶山市获得了两个国家级文明接待示范窗口，汝州市院是平顶山市十个县区院中唯一荣获这一殊荣的基层院，这一荣誉来之不易。希望汝州市院能以这次挂牌为契机，扎实工作，开拓创新，推动检察工作科学发展。

随后，在礼炮和乐鼓声中，李东升、李自召共同为"全国检察机关文明接待示范窗口"揭牌。

乔义恩表示，挂牌仪式标志着文明示范窗口的诞生，更标志着文明示范窗口工作的开始。我们将以此为契机，牢记使命，把让人民满意作为控申举报工作的出发点和归宿点，认真对待解决来访群众的每一个合法诉求，为维护汝州的公平正义、和谐稳定，促进汝州经济平稳较快发展作出新的更大的贡献。

2013 年汝州市人民检察院"全国检察机关文明接待示范窗口"通过最高人民检察院控告检察厅考核验收

一、考核工作

2013 年 9 月 25 日，最高人民检察院控告检察厅副厅长李桂兰携高检院"全国检察机关文明接待示范窗口"考核组一行 5 人，在平顶山市委常委、汝州市委书记李全胜，平顶山市检察院党组书记、检察长刘新年，省院控申处处长高保军等领导陪同下，考核验收汝州市检察院"全国检察机关文明接待示范窗口"创建工作。

座谈会上，李全胜书记介绍了汝州市的经济社会发展情况，并对汝州检察院的控申工作给予高度评价。汝州院党组书记、代检察长刘新义向考核组汇报了本院创建工作情况。他指出，2001 年至 2009 年汝州院控申举报接待室连续三届被评为"全国检察机关文明接待室"，2010 年被评为"全国检察机关文明接待示范窗口"。近三年来，该院积极发挥示范窗口的引领作用，主动创新机制，努力化解社会矛盾，全力维护社会和谐稳定，信访总量大幅下降、办案质量和执法规范化水平明显提高，实现了涉检赴省进京零上访的目标。开展执法办案风险评估预警工作的做法得到高检院的肯定，2011 年 10 月，该院作为全国 3000 多家基层院的唯一代表在全国检察机关执法办案风险评估预警工作推进会上做典型发言。聘请 117 名"特约检察调解员"参与涉检矛盾调处的做法得到高检院和省、市检察院的推广。控申科连续三年被评为平顶山市检察机关先进集体，被省检察院荣记集体二等功一次。按照《关于开展全国检察机关文明接待室评比活动的通知》和《人民检察院文明接待室评比标准》的要求，今年该院再次申报，创建第八届"全国检察机关文明接待示范窗口"。

考核组检查了该院接待场所建设和信息化建设情况，查看了控申接待室、候谈室、检察长接待室、案件讨论室、听证室、咨询室、情绪疏导室等接待场所；检查了安检系统、监控系统、视频接访系统、"12309"举报电话自动受理系统、检务公开触摸屏系统和LED滚动屏系统，对检察专线网控申举报工作信息办理系统中的工作台账、统计报表和涉检信访案件网上管理、传输、审批办理、答复反馈以及举报线索的横向移送、督办、结果反馈和查询等信息进行了核对；查阅了2010年以来接待来信来访、带案下访、检察长接访和办理初信初访、集体访、告急访、上访老户和上级要结果案件等接访工作档案资料，审查了举报线索统一归口管理、举报宣传奖励、办案质量、刑事被害人救助、信息调研、队伍建设等工作资料，并对照考评计分标准进行了逐项打分。考核标准满分为1700分，考核组对该院当场验收打分为1600分，取得较好的考评结果。"全国检察机关文明接待示范窗口"是在荣获"全国检察机关文明接待室"的基础上评定的，每三年一届。全省检察机关接受这次考核验收的市、县（市）区院共11个，平顶山市检察系统仅汝州院一家。

考核组对该院连续创建"全国检察机关文明接待示范窗口"工作给予充分肯定。李桂兰表示，汝州市检察院在开展文明示范窗口创建中领导得力、目标明确、措施有力、成效显著。举报线索管理初核、接待来信来访、检调对接、刑事被害人救助等控告工作取得不错成绩。希望汝州院与时俱进、求真务实、不断开创控告工作新局面，为全国的控告检

察工作积累经验、创新做法，为维护社会和谐稳定作出新的贡献。

二、通过考核，继续保持"全国检察机关文明接待示范窗口"

最高人民检察院通过考核验收"全国检察机关文明接待示范窗口"工作，发文表彰优秀单位，河南省被表彰的有 13 个检察院，我院名列其中。这是继 2010 年之后，我院第二次成功创建并保持"全国检察机关文明接待示范窗口"荣誉称号。

近三年，我院积极发挥文明接待示范窗口的引领作用，全力做好信访接处工作，主动创新机制，努力化解矛盾，全心全意为人民服务，努力实现控申工作的新进展和新跨越。

（一）全面做好信访接待工作

建立"一站式"群众工作平台，集群众申诉、控告举报、检务查询、法律咨询于一体，便民利民。以平台为基础深入开展"点名接访"、"预约接访"与"检察长接待日"及其他院领导定期接待来访群众工作，安排由来访群众点名要求的检察长、部门负责人、案件承办人的接访，保证群众诉求和意愿得到充分表达。坚持文明接待、热情接待，坚持情、理、法兼融，使群众怨有处申、苦有处诉、理有处讲。一杯热茶、一声问候、一句安慰，拉近与群众的心理距离。凡接待受理属检察机关管辖的信访件，全部办结，做到了件件有落实，事事有回音，没有发生因处理不当引发赴省进京上访问题。

（二）创新工作机制，提高工作效率

积极探索延伸法律监督触角的新形式，创新设立"特约检察调解员"制度。在辖区的 20 个乡镇、街道中选聘群众认知度高、德高望重的 117 名知名人士担任"特约检察调解员"，他们在参与矛盾调处的过程中，既协助检察干警做好信访人的思想疏导工作，促进了矛盾纠纷的化解，又宣传和监督了检察工作，实现了检调对接机制的完善发展。

（三）积极开展申诉赔偿司法救助工作

坚持立检为公，执法为民宗旨，将"法律援助、经济救助、社会救助和心理援助"等救助方式融入巡访下访中，深入了解刑事被害人生活状况，在"法度之外情理之中"帮助解决被害人及其家庭的生计困难，彰显司法人文关怀。近三年来，共为 6 起案件中生活困难的刑事被害人申请了司法救助，累计救助金额 286000 元。抚慰了被害人及其近亲属的心理创伤，防止了矛盾激化。在办理刑事申诉、刑事赔偿案件中，按照首办责任制的要求，从实体和程序上严格把关，保证案件质量，注重法律和社会效果的结合，所办理的 31 件申诉案件和 6 起赔偿案件均收到了良好的效果。

由于工作实绩突出，控申科连续三年被评为平顶山市检察机关先进集体，荣立集体二等功。按照《人民检察院文明接待室评比标准》，2013 年 9 月下旬，高检院派员对我院申报保持"文明接待示范窗口"称号考核验收公示后，作出上述表彰决定。

第三章 刑事执行检察创新

Xingshi Zhixing Jiancha Chuangxin

2011 年全省检察机关监所检察业务工作推进会在汝州召开　推广汝州创建规范化检察室经验

2011 年 9 月 26 日，全省检察机关监所检察业务工作推进会在汝州召开。省检察院监所处处长康健民、平顶山市委常委、汝州市委书记李全胜、平顶山市检察院检察长刘新年、副检察长邵志怀、汝州市检察院检察长乔义恩出席会议并作重要讲话。会议由省检察院监所处副处长李玉鹏主持。全省 19 个地市分院监所处长及 29 个县（市）级院监所部门负责人参加会议。

与会人员观摩了汝州市检察院创建一级规范化驻所检察室纪实电视

短片，参观了汝州市检察院驻看守所检察室，各地市分院监所处长汇报了 1～8 月的监所检察工作情况。

李全胜书记指出，近年来，汝州市检察院紧紧围绕全市中心工作，积极贯彻上级检察院和党委的工作部署，全面履行检察职能，为维护汝州的社会稳定做出了积极的贡献。特别是针对我市看守所监管活动、刑罚执行和社区矫正情况，不断创新完善规范化执法监督工作机制，探索出了一些好的经验做法，得到了上级检察院的肯定。这次全省检察机关监所检察业务工作推进会的召开，为汝州检察院学习先进单位的好经验、好做法提供了便利条件。希望汝州院以这次会议为契机，同兄弟部门深入交流，取长补短，进一步加强和改进检察工作，强化检察队伍建设，不断创造新的业绩，为经济社会发展作出新的更大的贡献。

刘新年检察长指出，近年来，在派驻检察室网络化、信息化建设方面，市院、汝州院等几个检察机关筹集上百万元，在看守所、劳教所分别建立了检察机关独立的监控系统，运行效果显著，省院及其他兄弟院领导多次来我市观摩指导，对这项工作给予了充分肯定和高度评价。这次全省检察机关监所检察业务工作推进会在汝州的召开，是省检察院领导对平顶山市监所检察工作的鼓励和鞭策，也是我们学习兄弟单位先进经验，推动各项检察工作健康发展的良好机遇。我们要以这次会议为契机，以抓好监所检察工作为切入点，努力开创平顶山市检察工作的新局面。

乔义恩检察长指出，近年来，在汝州市委和平顶山市检察院的正确领导下，在市政府、市人大的监督支持下，我院党组始终高度重视监所检察工作，以创建国家一级规范化驻所检察室为契机，把提高监所检察执法监督水平作为党组的重要工作来抓。一是努力创建规范化驻所检察

室，增强法律监督实效。我们投入 20 多万元，对驻所检察室的硬件软件进行全面升级，网络化、信息化程度明显提高。创建中，省市院监所处的领导多次到我院对规范化检察室创建工作指导帮助，提升了驻所检察室执法监督规范化水平。二是把依法查办发生在刑罚执行和监管活动中的职务犯罪案件，作为保证监督力度和监督效果的有效手段。2008 年以来，监所检察科立案侦查职务犯罪案件 8 件 9 人，目前已起诉 6 件 7 人，法院均作有罪判决。三是加强监外执行、社区矫正监督，深入推进社会管理创新。牵头与法院、司法、公安等部门制定出台了《汝州市社区矫正工作办法》，对全市 240 余名监外执行罪犯全部建立个人监督档案，在三个乡镇分别成立了社区帮教小组，在小屯镇李湾中心村挂牌成立社区矫正检察工作站，有效防止了监外执行人员脱管、漏管现象发生。

　　康健民处长指出，汝州市院近年来高度重视驻所检察室的创建工作，抓重点重实效，在硬件、软件、办案以及队伍建设等方面狠下功

夫，取得了实实在在的成绩，在此次申报一级规范化检察室的单位中比较有代表性，他们很多好的做法和经验，值得各地认真学习和借鉴。就规范化检察室创建、办案、信息化建设，如何推进今年后三个月以及今后一个时期的监所检察工作提出了明确要求。一是切实做好规范化检察室工作。正确处理硬件建设与软件建设的关系；正确处理形式和内容的关系；正确处理巩固与创新的关系；正确处理当前目标与长远建设的关系。二是认清查办案件工作形势，加快办案进度。要注重稳定查案数量，改善案件结构；要保证案件质量，经得起检验和考验；要确保办案安全，强化安全意识，健全安全制度，细化安全措施，落实安全责任。同时要切实重视和做好被监管人员犯罪案件的审查批捕、审查起诉工作。三是加快推进派驻检察的网络化、信息化建设工作。四是想方设法解决一些基础建设和队伍建设问题，切切实实解决当前遇到的资金、人才等方面的问题。

2014年全省监所检察部门"减刑、假释、暂予监外执行"专项检察活动推进会在汝州市召开

　　2014年12月9日，全省监所检察部门"减刑、假释、暂予监外执行"专项检察活动工作推进会在汝州市召开，省院监所处处长康健民、平顶山市检察院检察长刘海奎，汝州市委副书记、市长万英，省院监所处副处长李玉鹏、刘怀印等领导出席会议，各地市分院监所处处长就监所检察工作进行发言，我院检察长刘新义介绍我院开展专项检察活动的经验。

　　会议首先由汝州市市委副书记、市长万英致辞，万英市长首先对与会人员的到来表示欢迎，万英市长简单介绍了汝州市情，表示这次会议召开是对汝州市工作的支持，汝州市委、市政府一定会全力保障会议的顺利进行，同时在以后的工作中一如既往的支持检察工作，使汝州市检察院工作更进一步。

平顶山市检察院检察长刘海奎出席会议时要求全市监所检察部门在省检察院监所处的指导下，紧紧围绕省、市检察院的工作部署，坚持"抓队伍、强素质、抓业务、树形象、抓监督、创局面、抓办案、求发展"的基本工作思路，强化刑罚执行和监管活动监督，以查办职务犯罪案件为着力点，加大办案力度，夯实工作基础，加强队伍建设，创新监督机制，延伸工作触角，刑罚执行监督质量不断提高，查办职务犯罪工作水平进一步提升，全市监所检察工作取得全面发展，为平安鹰城、法治鹰城建设做出积极贡献。刘海奎检察长还强调，全市检察机关要认真贯彻落实会议要求，不断完善工作措施，推动全市检察工作健康发展。

我院刘新义检察长从三个方面介绍了我院开展"减刑、假释、暂予监外执行"专项检察活动的做法，主要介绍了：一是精心组织，细致摸查，注重数据核查，确保基础信息准确性。通过建立健全组织机构，确保专项活动扎实、顺利开展。通过发布公告等手段，调动人民群众的积极性，收集犯罪线索。通过加强与法院的沟通协调，确保暂予监外执行人员数据的准确。二是突出重点，边清边纠，注重法律监督，确保刑罚执行权威性。通过排查社区矫正人员，加强对社区矫正部门的监督，督促法院对9名暂予监外执行罪犯进行重新体检，对3名与其病情不符，其他6名虽与其病情相符，但在短期内不至于危及生命，我院及时建议将9名暂予监外执行罪犯收监执行。三是深挖线索，上下联动，注重办案效果，确保检察监督实效性。我们在专项活动中，发现汝州市原看守

所所长张某华涉嫌玩忽职守的犯罪线索，原看守所副所长张某恒、原狱医王某某等人涉嫌徇私舞弊暂予监外执行罪的犯罪线索，对其立案侦查。我院开展专项活动经验做法得到与会者的高度评价，认为我院专项活动开展的扎实、有效，达到了法律效果与社会效果的统一。

最后，省院监所处长康健民做重要讲话，他要求全省监所检察部门要认真对待高检院第四届一级规范化检察的验收工作，严格按照高检院的要求，对派驻检察室的软硬件建设再一次进行对照，不符合要求的要抓紧时间整改，确保高检院检查验收通过。全省监所检察部门要把维护监管场所的安全稳定，保障在押人员权利作为常抓不懈的工作来做，确保监管场所不发生大的安全事故。康健民处长还就年底业务考评以及一些其他监所检察工作进行部署。

这次监所检察部门"减刑、假释、暂予监外执行"专项检察活动工作推进会在汝州市召开是对我院工作的肯定，也是对我院工作的鞭策，我院一定会以这次工作为契机，全面提升我院全面工作。

附件:

全面清理核查　深挖职务犯罪案件

——汝州市检察院监所检察科开展"减刑、假释、暂予监外执行"专项检察活动的做法

2014年，汝州市检察院监所检察科严格按照高检院、省院《开展减刑、假释、暂予监外执行专项检察活动实施方案》的要求，把握宣传发动、清理摸底、纠正查处违法等关键环节，认真开展专项活动。至11月底，对9名无生命危险的暂予监外执行罪犯向法院提出收监检察建议，法院全部采纳，纠正率达到100%，其中3人是职务犯罪，2人曾任科级干部。检察中，注意发现违法暂予监外执行背后的渎职线索，深挖职务犯罪窝案串案，立案查处汝州市看守所原所长涉嫌玩忽职守案，看守所原副所长、狱医等4人涉嫌徇私舞弊暂予监外执行案2件5人，在当地和公安系统产生较大影响，有力保障了刑罚执行的公平公正。

一、精心组织，细致摸查，注重数据核查，确保基础信息准确性

一是领导重视，健全组织机构。为确保专项活动取得实效，汝州市院党组专门召开会议部署专项活动，把专项活动作为2014年监所检察工作的突破口和重点工作来抓。研究制定了《汝州市人民检察院开展减刑、假释、暂予监外执行专项检察活动方案》，专门成立了由刘新义检察长任组长、主管副检察长任副组长的专项检察活动领导小组，在监所检察科设立专项检察活动领导小组办公室，确保专项活动扎实、顺利开展。

二是畅通举报渠道，注重线索收集。为让广大群众积极参与到专项活动中来，调动人民群众的积极性，自3月20日开始，通过多种方式向社会发布《汝州市人民检察院开展减刑、假释、暂予监外执行专项检察活动公告》，公布举报方式，包括举报电话、网址和信箱等，并通过汝州市人大、政协将

《公告》送至每位人大代表、政协委员，争取社会各界和人民群众的参与和支持。通过已经建立起来的暂予监外执行罪犯台账，逐一对汝州市范围内的暂予监外执行罪犯进行全员摸底排查，共收到减刑、假释、暂予监外执行违法犯罪线索 4 件，并全部进行了落实。

三是对暂予监外执行罪犯进行全员摸底排查。首先是对在汝州市看守所服刑罪犯的减刑、假释情况进行逐一调卷，认真排查，没有发现违法减刑、假释情况。其次是到汝州市法院调阅尚在服刑的 9 名暂予监外执行罪犯的卷宗材料，包括判决书、裁定书、暂予监外执行决定书和被暂予监外执行人的病例、刑事诉讼医学鉴定书等材料，逐人建立档案和台账；三是对汝州市接受社区矫正的暂予监外执行人员进行摸底，督促汝州市司法局社区矫正部门对在社区服刑的暂予监外执行罪犯进行统计，利用派驻乡镇检察室深入各司法所对所有社区矫正人员建立台账，准确掌握社区矫正特别是其中被暂予监外执行人员的基础信息，为专项活动打下坚实基础。

二、突出重点，边清边纠，注重法律监督，确保刑罚执行权威性

针对汝州市没有监狱，也未发现违法为留所服刑罪犯减刑、假释的客观情况，把检察重点放在社区矫正人员方面，特别是涉及职务犯罪、破坏金融管理秩序犯罪和金融诈骗犯罪、组织（领导、参与、包庇、纵容）黑社会性质组织犯罪的社区矫正人员以及群众有反映、有举报的其他罪犯和刑满释放人员。

一是加强对社区矫正管理部门的监督。向司法局社区矫正部门传达上级院关于开展减刑、假释、暂予监外执行专项活动的工作要求；联合司法局社区矫正部门工作人员对全市纳入社区矫正暂予监外执行罪犯逐人见面，进行谈话，重点检察其在社区服刑情况、其病情鉴定是否与本人病情相符等情况。在对社区矫正人员进行排查时发现连某某、吴某某两名罪犯自 2011 年已被法院决定暂予监外执行，但却一直未被纳入社区矫正后，分别向法院、公安局、司法局发出检察建议，及时将连某某、吴某某纳入社区矫正，保证不漏一人。

二是督促法院对所有监外执行罪犯进行重新审查。督促法院对尚在服刑的7名暂予监外执行罪犯到黄河水利委员会黄河中心医院重新体检，并派出一名作风正派、经验丰富的检察人员全程监督，体检时采取随机选择、编号管理，最大限度避免徇私舞弊的发生。

三是监督对不符合监外执行条件的罪犯及时收监执行。根据体检情况，发现暂予监外执行罪犯宋某的体检结果与原鉴定结论完全不相符；陈某某体检结果与其病情不相符，另有两名罪犯体检结果虽然与其病情相符，但在短期内不致危及生命。及时向汝州市人民法院发出收监执行检察建议书，法院及时将暂予监外执行的这4名罪犯收监执行。

为使专项活动实现全员覆盖，该院要求法院对没有参加第一次体检的3名罪犯进行重新体检。经体检其中两名罪犯与其病情相符，但在短期内不至于危及生命，同时又发现第一次参加体检的两名罪犯暂予监外执行情形已经消失，其刑期未满，该院建议汝州市法院对该4人进行了收监。另外，在对暂予监外执行罪犯周某某重新体检中，罪犯周某某拒不配合法院体检，也不配合社区矫正部门进行社区矫正，该院及时向汝州市司法局建议将罪犯周某某进行收监执行，汝州市司法局向汝州市法院发出收监执行建议书，汝州市法院将罪犯周某某收监执行。

四是纠正法院《暂予监外执行决定书》执行期限不明的问题。针对法院作出的《暂予监外执行决定书》没有载明暂予监外执行期限，存在"一决到底"的问题，及时向法院发出《检察建议》，法院已对尚在服刑的暂予监外执行罪犯重新作出决定并发出《执行通知书》，均载明了一年的执行期限。

三、深挖线索，上下联动，注重办案效果，确保检察监督实效性

一是注意发现暂予监外执行背后隐藏的职务犯罪案件线索。2014年5月28日在监督法院组织暂予监外执行罪犯宋某到黄河中心医院重新进行病情鉴定时，检察人员发现，鉴定结论与原鉴定结论高血压病Ⅲ期、脑梗塞不相符，其身体各项指标都很正常。该院监所科干警得到这个鉴定结论后，敏

锐地察觉到这中间可能存在着职务犯罪线索。结合在专项活动前期，曾收到一些群众举报说一名29岁的年轻人宋某有脑梗塞、高血压病不符合常理的线索。经研究后开始重点对此线索进行初查。先后到平顶山第二人民医院、驻马店中心医院及黄河水利委员会黄河中心医院进行调查取证。在黄河中心医院调查取证时，发现宋某在黄河中心医院体检时有一个人以假身份证替宋某作了脑部CT检查。遂立即对宋某进行讯问，并利用技侦等手段，将替身吉某抓获。吉某交待了宋某在医院做鉴定时是魏某安排其代替宋某做鉴定的，而且与原汝州市看守所副所长张某、狱医王某进行了串通。经细致的调查取证，最终发现汝州市看守所原副所长、狱医等人串通为该名罪犯做虚假鉴定、意图逃避法律处罚的重要线索。

二是侦查一体化，排除案件阻力。在发现该案件可能牵涉到看守所干警时，意识到如果要保证案件顺利推进，必须借助上级院的力量，加强对案件的指导并排除来自外界的干扰。向市院监所部门汇报后，市院监所处及时安排骨干力量，全程参与指导办案。同时坚持快速初查、及时立案，在检察长的统一调配下，调集反贪、反渎、法警等部门干警参与到案件的办理中。经过对当时押解在押人员外出体检的汝州市看守所原副所长张某、狱医王某的询问，其交待了魏某为使罪犯宋某能暂予监外执行，在对宋某医学鉴定检查期间让曾经患过心脏病、高血压、脑梗塞的吉某代替做脑部CT等项检查，以及收受魏某贿赂，放任其做虚假鉴定的事实。案件从初查到立案，仅用了3天时间。

三是注重深挖，查办案件背后的玩忽职守犯罪案件。在查办张某、王某等人徇私舞弊暂予监外执行犯罪过程中，该院发现看守所原所长张某存在玩忽职守的犯罪线索。经过侦查发现，张某在安排罪犯宋某两次做刑事诉讼医学鉴定过程中，应当经所务会（应邀请检察机关驻所检察人员列席）研究而未召开所务会研究；应当对出所就医的人犯安排武装押解，而未安排武装押解；应当安排将书面意见副本抄送汝州市人民检察院，而未抄送等玩忽职守行为，导致宋某被非法暂予监外执行8个月3天，造成了恶劣的社会影响。遂以涉嫌玩忽职守犯罪对看守所原所长进行立案侦查。

2014 年汝州市人民检察院监所检察科
荣获最高人民检察院两项荣誉

2014 年，对汝州市检察院监所检察科来说，是满载收获的一年，一个科一年之内被高检院评定表彰两次，这在汝州检察发展史上屈指可数。驻所检察室再次被评为全国检察机关一级规范化检察室，监所检察科被评为全国检察机关减刑、假释、暂予监外执行专项检察活动先进集体。

2014 年 12 月 30 日，最高人民检察院《关于评定第四届全国检察机关派驻监管场所一级规范化检察室的决定》中，确定汝州市检察院驻市看守所检察室为一级规范化检察室，这是该院 2011 年被高检院评为第二届"一级规范化检察室"后，再次被评为第四届"一级规范化检察室"，是平顶山市检察机关唯一连续两届为一级规范化检察室的县（市）区院。

2011 年，该院派驻市看守所检察室被最高人民检察院评定为"一级规范化检察室"以来，驻所检察工作严格按照一级规范化检察室的标准和要求，加大工作力度，发挥示范作用，取得了软硬件建设进一步规范、工作机制进一步完善、信息化程度进一步提高、执法监督水平进一步提升的明显成效。

2014年，该院监所科按照高检院和省市院关于开展第四届派驻监管场所检察室规范化等级考核评定工作的要求，对三年的工作资料细化规范装订成册，加强检务十公开的整改，完成"两网一线"的升级改造，修缮了办公用房，完善了各项工作制度，确保各项工作规范有序开展。2014年6月6日和12月13日，省院验收组和高检院验收组分别对该院驻所检察室申报工作进行验收时均给予高度评价。

2015年1月15日，最高人民检察院下发《关于对全国检察机关减刑、假释、暂予监外执行专项检察活动先进集体先进个人予以表扬的决定》，受表彰的先进集体共30个，河南2个，汝州市检察院监所检察科名列其中。

为贯彻落实习近平总书记等中央领导同志关于严格规范减刑、假释、暂予监外执行的重要批示精神以及中央政法委的意见，2014年3月至12月，最高人民检察院在全国部署开展了减刑、假释、暂予监外执行专项检察活动。汝州院监所检察科按照高检院和省市院的部署要求，把握宣传发动、清理摸底、纠正查处违法等关键环节，认真开展专项检察活动。对9名无生命危险的暂予监外执行罪犯向法院提出收监检察建议后，法院全部采纳，纠正率达到100%，从中发现违法暂予监外执行的渎职线索2件，立案查处汝州市看守所原所长涉嫌玩忽职守案，看守所原副所长、狱医等4人涉嫌徇私舞弊暂予监外执行案2件5人，在当地和全省公安系统产生较大影响，有力保障了刑罚执行的公平公正。2014年12月9日，全省监所检察部门"减刑、假释、暂予监外执行"专项检察活动工作推进会在汝州市召开，该院检察长刘新义在会上介绍了开展专项检察活动的经验。

附件：

最高人民检察院对汝州市人民检察院申报
一级规范化检察室工作进行验收

    2014 年 12 月 13 日，高检院监所检察厅副厅级检察员石秀琴等一行二人在省院监所处处长康健民、看守所组组长原建双等人的陪同下对我院申报一级规范化检察室进行检查验收，平顶山市检察院副检察长马建林、市院监所处处长阮建国、汝州市人大副主任邓银修、政协副主席韩自敬、我院检察长刘新义等陪同检查。

    邓银修副主任首先代表汝州市委、市政府、市人大、市政协对石秀琴厅长、康健民处长的到来表示热烈的欢迎，邓银修主任简单介绍了汝州市的基本情况，汝州市检察院围绕全市工作大局，勇于创新，积极探索，在服务全市经济社会发展、全面履行法律监督职能方面做了许多有益的工作，取得了显著成绩，获得"全国先进基层检察院"的荣誉，为全市经济社会又好又快发展提供了有力的司法保障。尤其针对看守所监督活动、刑罚执行和社区矫正情况，不断创新完善规范化执法监督机制，形成了一些好的经验做法，得到上级检察院的肯定和推广，为我市政法机关树立了榜样。

刘新义检察长代表我院向石秀琴厅长、康健民处长汇报了我院创建一级规范化检察室的工作情况。我院监所科目前已经按照高检院《关于开展第四届评定一级规范化检察室的通知》和《一级规范化检察室考察评分标准》的要求，归类整理2011年至2013年驻所检察工作材料60册，对独立监控设备进行了升级改造，驻所检察室监控系统与看守所监控系统联网的同时，又有自己的独立监控系统，"两网一线"建设符合上级有关要求，驻所检察室的办公环境、信息化水平等软硬件建设达到和继续保持了国家一级规范化检察室的标准。

随后，石秀琴厅长一行到驻所检察室，实地检查了驻所检察室的软、硬件建设和驻所工作情况。石秀琴厅长详细查看了我院申报一级规范化检察室的申报材料，看守所检察办公自动化软件系统使用情况、监控系统与看守所联网情况，独立监控运行情况，公安信息联网以及检察专线联网情况，观看了创建一级规范化检察室的工作短片等。检查结束后，石秀琴厅长对驻所检察室干净整洁的办公环境，先进的办公设备，完善的工作制度给予了很好的评价，同时也对驻所检察室检察日志不完善的地方提出了意见。

石秀琴最后说，汝州市院派驻看守所检察室在硬件建设、人员配备以及驻所检察等方面已经符合一级规范化检察的标准和要求，但在工作中还要保持扎实的工作作风，以更高的标准要求自己，规范管理，保障监管场所的安全稳定，保护在押人员的合法权利。

2015年最高人民检察院刑事执行检察厅厅长袁其国
一行莅汝检查验收市检察院驻看守所示范检察室

2015年4月3日，最高人民检察院刑事执行检察厅厅长袁其国、看守所处副处长迟艳薇、陈景忠一行三人和省院副检察长李自民、监所处处长康健民、平顶山市委副书记张遂兴，平顶山市院副检察长马建林等人来到汝州市看守所检查验收市检察院驻所示范检察室。汝州市委副书记李运平，市人大常委主任张留华、政法委书记彭青旺、汝州市院检察长刘新义陪同。

袁厅长一行先后视察了驻所检察室多功能会议室、监控室、接待室、档案室、主任室。袁厅长详细查看了检察室监控系统与看守所监控系统联网情况以及独立监控系统运行情况，公安信息联网情况等。在档案室，袁厅长详细查看了近几年查办职务犯罪案件卷宗材料和办理的羁押必要性审查案卷材料，以及去年开展"减刑、假释、暂予监外执行"专项检察活动案卷材料。

汝州市院检察长刘新义着重汇报了该院刑事执行检察工作开展情况和查

办职务犯罪案件情况。

检查座谈后，袁厅长指出，我这次来到汝州很振奋，也很高兴，汝州市院刑事执行检察整体工作在全国都是一流的，包括办公设施一流、人员配备一流、业务开展一流，不愧为连续两届全国检察机关"一级规范化检察室"称号。驻所检察室干警敢于监督、善于监督，在查办职务犯罪案件方面在全国都是第一，查办的职务犯罪案件有法院、公安局、看守所的，说明检察监督工作开展的很全面，也很到位。这次通过实地来汝州看看，汝州市院的刑事执行检察工作有四个我没有想到，第一个没想到是我们驻所检察室办公面积这么大，办公设施这么先进；第二个没想到是我们驻所检察人员业务能力这么强；第三个没想到是我们在查办职务犯罪案件方面成绩这么大；第四个没想到是我们驻所检察室竟然查办的有看守所所长职务犯罪案件。袁厅长最后提出了几点要求，第一希望领导要继续重视刑事执行检察工作；第二除了查办职务犯罪案件外还要坚持开展羁押必要性审查工作，虽然我们现在羁押必要性审查工作已经做得很不错，还是希望汝州市院能在这方面多下工夫，走在全国前列。

据悉，今年最高人民检察院将在全国检察机关派驻看守所（监狱）一级规范化检察室中，评定出十个示范检察室，每个省（市）自治区向高检院推选一个候选单位，河南省检察院推选了汝州市检察院驻所检察室，该检察室在去年高检院评定一级规范化检察室时名列第一，这次候选示范检察室又名列第一。

2015 年汝州市人民检察院荣获全国检察机关 "派驻监管场所示范检察室" 称号

2015 年 5 月 28 日，最高人民检察院召开全国检察机关刑事执行检察工作会议，表彰了 11 个全国检察机关 "派驻监管场所示范检察室"。全国示范检察室评选由各省级检察院推荐，最高人民检察院审核，从全国 3600 多个检察室中选定 11 家，汝州市院成为河南省检察机关唯一获此殊荣的单位。最高人民检察院检察长曹建明、副检察长李如林、政治部主任王少峰为示范检察室授牌。

近年来，汝州市检察院派驻汝州市看守所检察室严格执行高检院下发

的《人民检察院看守所检察办法》和有关工作规定，认真践行"三个维护"有机统一的工作理念，着力强化对刑事监管情况的执行监督，严肃查处发生在刑罚执行和监管活动中的职务犯罪案件，派驻检察工作取得明显成效。监所检察科连续六年在年终考核中被评为河南省平顶山市人民检察院监所检察系统第一名；2011年以来，派驻市看守所检察室连续两届被评为全国"一级规范化检察室"，2014年被高检院评为全国检察机关"减刑、假释、暂予监外执行"专项检察活动先进集体。2015年被高检院评为全国检察机关"派驻监管场所示范检察室"。

一、以加强保障为基础，夯实规范化建设基础

汝州市院党组把创建全国检察机关"派驻监管场所示范检察室"作为"品牌"和工作亮点加以培育，高标准，高起点，不断提高科技含量，努力改善办公环境，建成了环境整洁、管理有序的规范化检察室。驻所检察室现有办公用房 10 间，办公用房面积 200 平方米，设施齐全、装备先进。2011 年完成了驻所检察室的"两网一线"建设，并应用监所检察业务信息管理软件，自动检索分析信息数据，自动生成检察日志、有关台账、表格等资料，实现了动态监督信息化网络化管理。同时院党组注重把政治素质好、业务能力强、工作经验丰富的干警选调到驻所检察岗位上，以加强监所检察队伍建设，落实各项待遇。检察室配备干警 4 名，平均年龄 43 岁左右，其中 4 人具有法律本科学历并能熟练操作计算机，3 人获得国家计算机等级证书。为进一步加强刑事执行工作，根据上级院的要求，该院及时向编制部门申报，拟将监所检察科更名为刑事执行检察局，为副科级规格，设局长、副局长和办公室主任各一名。

二、抓机制建设，不断提升规范化管理水平

从机制建设入手，在执行高检院"一志一账六表"要求的基础上，先后建立完善驻所检察工作制度 20 余项。

一是实行驻所检察人员岗位目标责任制。将驻所检察工作任务量化、责任细化，实行周报告、月检查、半年小结、年终考核。要求驻所检察人员每月驻所检察时间不少于 25 天，每周两次深入在押人员劳动、生活、学习"三大现场"进行检查，双休日、法定节假日轮流驻所值班。

二是建立微机录入和备案管理机制。坚持每天把看守所的收押、出所、提讯、交付执行及律师会见等情况和纠正违法情况，逐项录入微机管理，并把检察日志、出所在押人员的台账打印成册、整理归档，使微机储存信息资料和备案的文字资料相互一致。整理近年来的各种工作档案资料 60 余项 1500 余册，确保管理工作规范有序、全面细致、不出纰漏。

三是完善检察官接待日、法制教育、检务公开、联席会议等工作制度。每月的 15 日，由检察长、主管检察长、驻所检察人员接待在押人员亲属，

帮助解决有关问题。每月定期给在押人员上法制教育课 1 次。在监区内外设置检务公开栏、检察信箱。每周与看守所、武警中队召开一次联席会议，对监管工作中存在的问题提出整改建议，并虚心听取看守所、武警中队对驻所工作的意见，有针对性的改进工作，提升了驻所检察工作监督质量和效率。

三、坚持以人为本的执法理念，切实维护在押人员合法权益

一是重视看守所医疗工作。针对看守所缺少符合资质的所医的实际情况，向看守所提出检察建议，促成了汝州市骨科医院派出 3 名医生进驻看守所进行医疗服务，确保了看守所 24 小时有资质医生在岗。驻所检察人员在每日上午巡视检察活动中，监督狱医要求在押人员当场服用药品，杜绝安全隐患。

二是积极开展羁押期限监督工作。对每个在押人员的案件诉讼期限实行"倒计时"监督，将各诉讼环节羁押期限届满 7 天设为"警戒日"，及时提醒办案单位和办案人员限期结案，不得超期。2011 年以来看守所未发生超期羁押案件。

三是健全检察官约见谈话制度。保障在押人员的控告申诉权。在押人员可以在检察人员巡视监室时约见，也可以通过检察信箱直接与检察人员约定时间，特殊情况下，可以随时通过管教与检察人员联系，约定谈话时间。

四是实行出入所谈话制度。清除在押人员的思想顾虑，使在押人员敢于向检察官反映情况。在押人员康某某向驻所检察人员反映汝州市公安局煤山派出所对其拘留时，将其随身携带的 21000 元现金及手机等物品扣押，康某某多次追要，派出所一直没有退还。经过驻所检察人员认真调查，康某某反映的情况属实，派出所扣押的款物与案件无关，在驻所检察人员监督下，派出所将所扣款物全部退还给在押人员，维护了在

押人员的合法权益。

四、以新增业务探索为增长点，积极开展羁押必要性审查工作

修改后的《刑事诉讼法》实施以来，驻所检察室共办理羁押必要性审查案件 20 件 25 人，向办案部门提出变更强制措施建议 17 件 17 人，均被采纳并变更了强制措施，有效地维护了在押人员合法权益。2013 年 6 月 28 日，驻所检察人员谈话中发现犯罪嫌疑人李某某卧床不起，生活不能自理，系在刚做完手术在医院治疗期间被公安机关刑事拘留，且李某某患有高血压等疾病问题后，遂建议汝州市公安局对其做医学鉴定，鉴定结论为高血压病Ⅲ级，极高危分层。驻所检察人员又通过对犯罪嫌疑人李某某涉嫌非法采矿一案的证据材料全面审查，认为案件情节轻微，且李某某体弱多病，取保候审不至于发生社会危险性，不宜继续羁押，遂建议公安机关

变更强制措施，汝州市公安局将其变更为取保候审强制措施。

五、以查办职务犯罪案件为抓手，强化刑事执行活动监督效果

坚持"抓办案、促监督、求发展"的工作思路，2011 年以来共立案侦查职务犯罪案件 10 件 15 人，其中司法工作人员职务犯罪案件 5 件 8 人，均被法院做出有罪判决，一起案件被评为河南省检察机关监所检察系统查办职务犯罪十大精品案件。通过办案，确保了监管秩序稳定，保证了刑事执行活动的正确执行。

一是注重从监管活动检察中发现案件线索。通过深入监管场所与在押人员沟通谈话，及时发现监管活动中的违规违纪问题；通过与办案单位沟通，了解在押人员的认罪态度，对突然发生翻供情况的，及时摸清翻供原因，从中发现问题。2009 年 10 月份，在了解到两名在押的职务犯罪嫌疑人在捕后突然翻供的情况后，通过与在押人员谈话，与原办案单

位沟通，及时查办了看守所民警赵某某、段某某帮助犯罪分子通风报信、传递案件信息，致使犯罪嫌疑人翻供的案件。在 2014 年开展减刑、假释、暂予监外执行专项检察活动中，发现并立案查处了汝州市看守所原所长涉嫌玩忽职守案，看守所原副所长、狱医等 4 人涉嫌徇私舞弊暂予监外执行案 2 件 5 人。

二是注重充分发挥监所检察部门办案一体化机制作用。积极争取上级业务部门和院领导的支持，有效提高了办案的质量和效率。2014 年 5 月 28 日，在监督法院对暂予监外执行罪犯进行重新病情鉴定时，驻所检察人员发现，被暂予监外执行人员宋某是一名 30 岁的年轻人，前后鉴定病情差距很大，并且原鉴定病情与该名罪犯的年龄、身体特征很不符合，不符合常理。结合群众对该罪犯所犯罪行的举报，发现背后可能存在职务犯罪线索，遂秘密展开调查。先后到平顶山市第二人民医院、驻马店市中心医院及郑州黄河中心医院进行细致的调查取证，最终发现汝州看守所原副所长、狱医等人串通一气，为该名罪犯做虚假鉴定、意图逃避法律处罚的重要线索。向院领导汇报后，刘新义检察长亲自审定侦查方案、听取案件汇报、决策重大事项，并从全院抽调精干力量协助该案侦查；主管副检察长李爱莲和监所检察科长黄爱梅作为女同志，更是直接参加案件侦查。经过对当时押解在押人员外出体检的汝州市看守所原副所长张某某、狱医王某某的询问，促使其交待了魏某某为使罪犯宋某能暂予监外执行，在对宋某医学鉴定检查期间让曾经患过心脏病、高血压、脑梗塞的吉某某代替做脑部 CT 等项检查，以及收受魏某某贿赂，放任其做虚假鉴定的事实。案件从初查到立案，仅用了 3 天时间。同时又发现该看守所原所长存在玩忽职守犯罪嫌疑。经过侦查，该所长在安排罪犯宋某两次外出做刑事诉讼医学鉴定过程中，应当经所务会（应邀请检察机关驻所检察人员列席）研究而未召开所务会研究；应当对出所就医的人犯安排武装押解，而未安排武装押解，放任宋某用其家属安排车辆外出鉴定；应当将书面意见副本抄送汝州市人民检察院，而未抄送等玩忽职守行为，并以涉嫌玩忽职守罪对该看守所原所长立案侦查。在办理汝州市法院刑事审判庭原庭长樊某某挪用公款重大案件时，连夜查阅汝州市法院刑事判决书 600 余份，连续固定相关证据 350 余份，共获取讯问犯罪嫌疑人笔录、证人证言 20 余份，整理卷宗四册 659 页。从初查到立案用了 4 天，从立案到侦查终结移送起诉仅用了 10 天。在办理看守所民警赵某某、段某某帮助犯罪分子逃避处罚案、杨某某、李某某失职致使在押人员脱逃案中，从立案到法院作出有罪判决仅仅用了 20 余天。2013 年 3 月 18 日，驻所检察干警从公安信息中发现汝州市王寨乡刘凹村四组村民赵某某伙同樊某某在郑州市公交车上行窃后下车逃窜，并持匕首阻止失主追赶，樊某某被当场抓获，赵某某在逃，后赵某某化名为武海军连续作案，先后被判刑两次，汝州市公安局户籍民警很可能涉嫌玩忽职守犯罪。检察室干警展开调查，查清了当时为赵某某"漂白身份"的汝州市公安局户籍民警朱某某和协警钱某某涉嫌玩忽职守的犯罪事实。法院以玩忽职守罪对朱某某、钱某某作出有罪判决。在省院的支持下，同时还查处了河南省义马市公安局户籍民警倪某某为在逃罪犯"漂白身份"涉嫌玩忽职守的犯罪事实。

三是注重强化查办职务犯罪案件的综合效果。驻所检察室注重通过查处职务犯罪案件，在查处职务犯罪行为的同时，强调实现政治效果、法律效果和社会效果的有机统一。同时注重加强总结经验，2013 年 9 月撰写的查办职务犯罪案件经验材料被最高人民检察院监所检察厅《监所检察工作指导》第 3 期转发推广。

附件：

汝州市委书记高建军
对市检察院刑事执行检察工作作出批示

[手写批示] 对检察院取得的国家殊荣表示祝贺！希望认真贯彻好全国检察工作会议精神，再接再厉，再创佳绩！ 高建军 6.15

中共汝州市人民检察院党组文件

汝检党组字〔2015〕第 10 号

⭐

2015 年 6 月 15 日，汝州市委书记高建军在汝州市人民检察院送阅的《汝州市人民检察院关于全国检察机关刑事执行检察工作会议精神的报告》上作出批示：对检察院取得的国家殊荣表示祝贺！希望认真贯彻好全国检察工作会议精神，再接再厉，再创佳绩！

2015 年 5 月 28 日至 29 日，全国检察机关刑事执行检察工作会议在北京召开，汝州市人民检察院党组书记、检察长刘新义参加了会议。会上，最高人民检察院表彰了 11 个全国检察机关"派驻监管场所示范检察室"，最高人民检察院检察长曹建明、副检察长李如林、政治部主任王少峰为示范检察室授牌。全国示范检察室评选由各省级检察院推荐，最高人民检察院审核，从全国 3600 多个检察室中选定 11 家，汝州市院成为河南省检察机关唯一获此殊荣的单位。

第四章 公诉工作创新

Gongsu Gongzuo Chuangxin

汝州市人民检察院注重从五个方面着手 试行附条件不起诉制度

　　附条件不起诉制度是由检察机关对应当负刑事责任的犯罪嫌疑人，认为可不立即追究刑事责任时，给其一定考验期，并根据考验情况作出起诉或不起诉决定的制度。有利于对犯罪嫌疑人的教育挽救，对于贯彻宽严相济的刑事司法政策，发挥刑法的谦抑性，促进社会和谐稳定具有重要意义。2010 年，我院被河南省检察院确定为附条件不起诉试点单位以来，共办理附条件不起诉案件 5 件 7 人，其中考验期满作出不起诉处理的 3 件 3 人，无重新犯罪或申诉上访等情况发生。在试行中，我院注重从五个方面着手。

一、建立健全机制，规范办理附条件不起诉案件

　　附条件不起诉的实现过程是犯罪嫌疑人与检察机关所达成的一个附条件协议的履行过程，必须符合一定的实体和程序条件。我院在借鉴外地经验，2010

年3月尝试办理全省首例附条件不起诉案件后，由公诉科起草，经院检委会研究，出台了《汝州市人民检察院附条件不起诉工作制度（试行）》。明确规定了附条件不起诉的适用范围、办理程序、考察监督程序、附加条件及处分救济等相关内容，使办理此类案件规范化、程序化、制度化。在附条件不起诉操作中，我院始终坚持三个基本原则：一是必须是行为人已经构成犯罪，且属轻微犯罪；二是必须经被害人同意；三是必须是犯罪嫌疑人认罪悔罪的案件。如马某承认偷窃本厂职工一辆价值1380元的摩托车，并将摩托车交出退还取得被害人谅解，认罪态度好，而且马某平时表现较好，为人老实，家庭邻里和睦，没有发现其他违法犯罪行为属初犯，盗窃数额刚过犯罪立案标准，有悔罪帮教条件，符合附条件不起诉，对其规定了考察期，与马某所在的村委会签订了帮教协议。考验期间，马某主动接受帮教，认真履行所附条件，2011年5月对其作出不起诉处理。

二、认真筛选案件，准确把握附条件不起诉范围

在选择适用附条件不起诉案件时严格把握四个条件：一是案件事实清楚，证据确实充分。二是适用的犯罪主体主要是未成年人或在校学生、70岁以上老年人、严重疾病患者、盲聋哑人或者正在怀孕、哺乳自己婴儿的妇女，过失犯罪或者初犯、偶犯的成年人。三是犯罪情节轻微，依照刑法可能判处3年以下有期徒刑、拘役、管制、并处或单处罚金的案件。四是对犯罪嫌疑人进行品行考察，将犯罪前一贯表现较好作为有悔罪表现的主要依据，并且有固定住所、

具备帮教条件的才能适用附条件不起诉。当前适用附条件不起诉处理的 5 起案件均为事实清楚、证据确实充分的轻微刑事案件，且被附条件不起诉人均具有认罪、悔罪等表现。

三、严格审批程序，把好附条件不起诉案件质量关

对拟作出附条件不起诉的案件，严把五道质量关。一是承办人审查关。对于审查认为符合附条件不起诉条件的案件，承办人要进行认真考察，提出审查意见。二是集体讨论关。对案件能否适用附条件不起诉，由办案人员、部门负责人、主管检察长集体研究，提出倾向性意见。三是上级审查关。拟作附条件不起诉的案件，要向上级院公诉部门汇报，由上级院公诉处审查把关。四是审批决定关。是否适用附条件不起诉由检察长决定或者提请检察委员会讨论决定。五是公开通告关。本院公诉部门将附条件不起诉决定通告侦查部门、犯罪嫌疑人及其所在单位、被害人或其近亲属，接受监督和不服附条件不起诉的请求。

四、明确附加条件，做好考察监督工作

对犯罪嫌疑人作出附条件不起诉决定时，对其附加在一定期限内必须履行相应义务的条件。犯罪嫌疑人在规定期限内履行相应义务，将对其作出不起诉决定，终止起诉程序；否则，将对其提起公诉。在实际操作中，制定四个必备附加条件和两个选择性附加条件。四个必备附加条件为：设定三个月以上，一年以下的考验期；向被害人赔礼道歉并给予相应赔偿(补偿)，不得侵扰被害人、证人及被害人亲属；确定帮教单位和帮教责任人，落实帮教责任及帮教措施；在考验期内，犯罪嫌疑人应当遵守法律法规，定期将其思想、工作情况向本院书面报告。两个选择性附加条件为：交纳一定数额的司法救助金；或者向所在单位、社区、村民委员会、学校等社会组织履行一定义务。在考验期内，犯罪嫌疑人有违反法定义务、另有故意犯罪被查处、或者故意犯新罪等情形之一的，撤销附条件不起诉决定，继续侦查或起诉，犯罪嫌疑人已履行的部分义务，不得请求返还或赔偿。

设置考验期是附条件不起诉制度的一个重要特征，是考察犯罪嫌疑人有无

悔罪表现的一种措施。我院建立检察、公安、基层组织（社区、村组）、被附条件不起诉人所在单位"四位一体"考察体系。由检察人员会同基层派出所、村委会、社区等基层组织以及所在单位对被附条件不起诉人考验期间的行为进行监督考察，对被附条件不起诉人的表现进行综合评估，考验期限届满依据其表现作出最后的处理决定。

五、不断探索完善，确保附条件不起诉制度深入推进

一是注重附条件不起诉制度在未成年人犯罪案件上推广适用。在审查起诉中，把未成年人犯罪案件作为适用附条件不起诉制度的重点案件，目前作出附条件不起诉决定的 7 人中有 4 人是未成年人，占 57%。今后还要扩大适用范围，对一些可能判处 3 年以上有期徒刑的未成年人犯罪案件，起诉法院可能会判处缓刑、或者并处罚金的，尝试适用附条件不起诉，不给未成年人贴上犯罪的标签，利于回归社会。

二是切实解决被附条件不起诉人帮教问题。帮教是附条件不起诉工作中的一个重要环节，针对不同案件的被附条件不起诉人，尤其是未成年人究竟应该由谁来帮教，如何帮教，是检察机关适用附条件不起诉制度取得效果的一个关键点。该院目前适用附条件不起诉办理的案件，是针对有固定住所的犯罪嫌疑人，由其住所地的村（居）委会、社区担任帮教单位，监督帮教。下一步将对以外出打工为生的适合附条件不起诉的犯罪嫌疑人，采取在住所地（犯罪地）帮教考验期满作出不起诉决定后再外出打工的方式，解决异地不易帮教问题。

三是做好不起诉决定后的监督考察。对于犯罪嫌疑人附条件不起诉考验期满，作出不起诉决定的，该院继续考察监督半年或者一年，定期回访了解被不起诉人的表现情况。对于作出不起诉决定后又重新犯罪的，区别不同情形作出处理：一是作出不起诉决定后一年内重新犯罪的，如果后罪是过失犯罪，仅对后罪依法处理；如果是故意犯罪，撤销前罪的不起诉决定，前后两罪一并提起公诉，数罪并罚。二是作出不起诉决定一年以后重新犯罪的，仅对后罪依法审查处理，但对后罪不得再作出不起诉或附条件不起诉决定。

汝州市人民检察院五项举措探索完善
职务犯罪案件公诉质量保障机制

近年来，汝州市检察院把高检和省市院关于提高职务犯罪案件公诉质量和效率的意见及要求融入到审查起诉工作的各环节，增强干警的质量意识、协调意识、监督意识，以案件质量高、办案效率高、法律、政治、社会效果好"两高一好"为目标，坚持"优先办理、专人审查、不准退卷、快速审结"和"质量优先、快速高效"的两个原则，积极探索完善职务犯罪案件公诉质量保障机制，取得了审查期限明显缩短，缓、免刑判决率明显降低，实刑判决率明显提高的效果（详见下表）。

汝州院 2007-2011 年职务犯罪案件审查起诉对照表

项目 年份	移送审查起诉案件数		审结案件情况						判决情况				
	件数	人数	起诉件数	起诉人数	不起诉件数	不起诉人数	审结率	平均审结天数（日）	件数	人数	判决率	缓免刑率	实刑判决率
2007 年	14	21	14	21	0	0	100%	26	14	21	100%	80%	20%
2008 年	9	13	7	10	1	1	89%	25	7	10	100%	90%	10%
2009 年	23	34	19	30	0	0	83%	15	14	23	74%	50%	50%
2010 年	26	32	25	30	1	2	100%	11	24	31	96%	45%	55%
2011 年	25	33	24	32	0	0	96%	10	25	32	100%	40%	60%

一、推行优先办理、侦诉协作制度，提前介入、引导侦查成为诉前必经程序

为提高职务犯罪案件公诉质量和效率，实现诉、判一致，快诉快判。一是公诉科成立了"职务犯罪案件专办组"，成员由主管副检察长、公诉科长和两名副科长组成。对于每一起职务犯罪案件，实行专人审查、优先办理、边审边补、不准退卷制度。对单人单罪、事实清楚、证据确实充分的职务犯罪案件，受理后 10 日内提起公诉；对多人或多罪、事实清楚、证据确实充分的职务犯罪案件，受理后 20 日提起公诉；对需要补充证据的职务犯罪案件不退卷，公诉科自行补查或与侦查部门协同补查；确保职务犯罪案件不在公诉环节停留。二是在立案、报捕、拟移送起诉各个环节，侦查部门与公诉部门相互沟通，派员提前介入了解案情、引导侦查，对案件事实、证据、定性等问题交换意见达成共识，补足证据材料，为提高案件质量和缩短审查起诉期限做好前期

准备。如 2010 年侦查，并提起公诉的平顶山煤业（集团）七星有限责任公司前总工程师徐某受贿案。在该案侦查终结前 10 日，主管副检察长指定一名办案组成员介入案件侦查。承办人对证据材料书面审查后，发现平顶山煤业（集团）七星有限责任公司系平煤集团的控股子公司，徐某是按照平煤集团公司的任命文件，担任七星公司总工程师一职的，徐某主体身份要符合受贿罪主体要件要求，就应当确定平煤集团系国有公司，但侦查终结前还没有收集到该事实相关证据。公诉承办人和侦查员沟通后，取得共识，一同两赴平顶山和郑州市，最终在省工商局收集到平煤集团系国有公司的证据。该案提起公诉后，被告人徐某被汝州市法院一审判处有期徒刑 10 年。

二、建立与法院沟通协调制度，诉中、诉后跟踪促判工作常态化

建立主管领导、部门负责人、案件承办人三级联系沟通机制，职务犯罪案件提起公诉后，按照三级联系沟通机制，加强与法院刑事部门的协调，对法院在审理中提出的问题，及时进行沟通反馈，促进案件在法院审理环节效率的提高。在与法院协调沟通中，采取人随案走的方法跟踪促判，案件无论在审判的哪个环节，公诉人都随时跟进，督促案件的审判进程。特别对复杂、疑难职务犯罪案件，公诉人与主办法官、科长与庭长、分管副检察长与副院长相互对应加强诉中、诉后沟通，召开联席会议，实现快审快判。如 2010 年起诉的汝州市汽车客运公司经理吴某、财务科长霍某、党支部书记吴四某多次商量用公款冲抵 3 人在公司的个人借款 60000 元贪污案，对于 3 人共同犯罪，法院合议庭有意见认为吴某 3 人不构成共同贪污犯罪，应按各自冲抵借款的数额分别认定其贪污数额。据此，公诉科承办人、科长和主管副检察长多次到法院阐明起诉书认定共同贪污的事实和法律依据，汝州市法院最终采纳支持我院的建议，一审判处吴某有期徒刑 5 年零 6 个月，霍某有期徒刑 5 年，吴四某系从犯被判处有期徒刑 2 年，缓刑 3 年。3 人上诉后，平顶山市中级法院

二审维持原判。

三、完善量刑建议制度，发表实刑建议为公诉意见重点

把提高职务犯罪案件实刑判决率作为保障公诉质量的关键环节来抓。对于办理的每一起职务犯罪案件，公诉干警都认真做好开庭前准备，围绕案件事实、证据和定罪、量刑各个环节全面准备公诉意见及答辩提纲，对于重大、疑难、复杂案件，主管领导组织办案小组进行集体讨论，预测庭审焦点，同时，运用多媒体示证系统做好出庭公诉。尤其是根据案件的事实、性质、情节、危害后果等发表实刑量刑建议，并认真进行量刑答辩。在法庭调查阶段，公诉人出示定罪证据并经质证后，再就被告人具有的法定、酌定的量刑情节进行单独举证、质证；在法庭辩论阶段，公诉人发表公诉意见、提出量刑建议，并与被告人及其法定代理人、辩护人进行辩论。对于某一领域的类案、窝案集体讨论决定量刑建议，及时与法院沟通探讨，如果庭审前法院对量刑建议存在分歧意见，主动联系商讨，双方充分发表看法，确保量刑适当，并且适时召开联席会议，共同商定开展量刑建议的有关程序，提高量刑建议采纳率。同时，以职务犯罪个案的实刑判决指导类案的实刑判决，检、法两院形成共识。如针对当前利益均沾、窝案、串案等群体性职务犯罪多发的特点，是否能够认定共同犯罪，对职务犯罪案件被告人量刑尤其是实刑判决至关重要。除在侦查、审查起诉阶段把握好共同犯罪的扎实证据外，主动与法院协调沟通，双方对职务犯罪案件中的共同犯罪有了基本一致的看法和意见，提高量刑幅度和实刑判决率。使职务犯罪案件实刑判决率由 2008 年的 10% 上升到 2009 年的 50%、2010 年的 55%、2011 年前 10 个月的 60%，呈现逐年递增趋势。

四、落实检察长列席审委会制度，职务犯罪案件作为检察长必列席审委会的范围

2009 年检、法两院会签了《汝州市人民法院 汝州市人民检察院关于

检察长列席法院审判委员会会议制度》，明确规定将提起公诉的职务犯罪案件作为检察长必须列席审委会的案件范围。文件会签执行以来，检察长带领主管公诉的副检察长、公诉科长、案件承办人多次列席法院审判委员会。通过会前充分准备，会上发表对于职务犯罪案件事实、证据和犯罪性质的认定，以及对被告人量刑情节的意见，使提起公诉的职务犯罪案件实刑判决率大幅上升。如提起公诉的陈某等 8 人贪污高速公路征地补偿款 38 万余元一案，起诉时认定陈某等人的行为构成共同犯罪，而合议庭认为不构成共同犯罪。检察长列席审委会后，从事实、证据、法律等方面充分阐明共同犯罪和应对陈某等人判处实刑的理由和意见，最终，审委会予以认可，依法判处陈某等 8 人有期徒刑 10 年至 2 年不等的刑期，且全部为实刑判决。该案的成功诉判，成为之后提起公诉的 4 起贪污、挪用高速公路征地补偿款案的指导判例，提高了此类案件实刑判决率。

五、实行职务犯罪案件一审判决同步审查制度，上下两级院共同全程监督

为确保职务犯罪案件的公诉质量和效率，严格按照高检院《关于加强对职务犯罪案件第一审判决法律监督的若干规定（试行）》和省市院出台的职务犯罪案件办理规定，加强对职务犯罪案件第一审判决的法律监督。一是落实向市院诉前汇报、备案审查制度。对复杂、疑难案件坚持诉前向市院公诉处请示汇报，按照指导性意见做好起诉工作；职务犯罪案件受理3日内将承办人姓名、拟办结时间、起诉意见书上报市院备案；决定起诉的职务犯罪案件在提起公诉后3日内将起诉书上报市院备案；一审庭审后3日内将审查报告、起诉书、出庭意见书、量刑建议书及出庭笔录上报市院备案，收到一审判决书后2日内上报市院审查，确保对职务犯罪案件各个环节的全程监督。二是落实职务犯罪案件一审判决由承办人审查、部门负责人审核、检察长决定制度。收到职务犯罪案件一审判决书后，承办人立即审查，重点审查判决书认定事实、采信证据、案件定性、自首、立功认定等定罪量刑的重要环节是否正确，量刑是否适当，适用缓、免刑是否错误，程序是否合法，有无影响公正判决的违法犯罪行为或其他错误。承办人提出审查意见后报科长审核、主管副检察长决定。对一审判决确有错误且有抗诉必要的，报告上级院并依法提出抗诉；对一审判决确有错误但无抗诉必要，采取提出检察意见和发放纠正违法通知书的方式监督纠正。近3年共向法院刑庭提出职务犯罪案件一审判决监督纠正意见9件，全部得到纠正。三是自觉接受人大、政协、纪委、政法委的监督。坚持定期向人大、政协、纪委、政法委汇报职务犯罪案件起诉、判决情况，并邀请人大代表、人民监督员参加庭审观摩，自觉接受社会各界的监督。同时，在开庭审理有重大社会影响的职务犯罪案件时，建议法院邀请由人大代表、政协委员等组成的人民陪审团列席法庭，发表陪审团意见，加强对庭审和出庭公诉工作的监督，收到了良好的社会效果。

汝州市人民检察院从三方面完善刑事和解制度

　　刑事和解制度对化解矛盾、促进和谐，实现案结事了、息诉息访有着重要作用。自 2007 年以来汝州市检察院着力探索和推行，2009 年 4 月被确定为全省刑事和解试点单位，2012 年 3 月修改后的《刑事诉讼法》对刑事和解作出规定，给予了法律依据，该院在坚持以往成熟经验和做法的基础上，进一步完善了刑事和解办案流程和工作机制。

一、确立正确的刑事和解执法理念

　　在修订完善刑事和解工作制度中，认真学习领会曹建明检察长在全国检察长座谈会上明确指出的"六个并重"，即要始终坚持惩治犯罪与保障人权、程序公正与实体公正、全面客观收集审查证据与坚决依法排除非法证据、司法公正与司法效率、强化法律监督与强化自身监督、严格公正廉洁执法与理性平和文明规范执法并重。使修订完善的刑事和解工作制度真正体现"六个并重"的基本要求，确立了刑事和解依法公平公正、事实清楚证据确实充分、犯罪嫌疑人真诚悔罪被害人谅解、双方自愿和解、检察机关中立、和解不成不应对当事人不利、接受监督等七项原则贯穿于整个执法办案操作流程，防止"以钱买刑、以钱赎罪"。

二、规范刑事和解工作流程及运行模式

（一）规范刑事和解的适用范围和条件

根据修改后《刑事诉讼法》规定的刑事和解案件范围和条件，即"因民间纠纷引起，涉嫌刑法分则第四章、第五章规定的已构成犯罪，可能判处 3 年有期徒刑以下刑罚的案件；除渎职犯罪以外的可能判处 7 年有期徒刑以下刑罚的过失犯罪案件"均可以适用刑事和解，办案中注重把握 4 点：一是注重民间纠纷引发侵犯公民人身权利和财产权利的轻微犯罪案件适用刑事和解。二是注重对过失犯、初犯、偶犯等主观恶性较小的犯罪嫌疑人适用刑事和解。三是注重对未成年人、在校学生、怀孕哺乳期妇女及 70 岁以上老年人的轻微刑事案件适用刑事和解。四是注重区分不得适用刑事和解的轻微刑事案件。在掌握修改后《刑事诉讼法》规定的犯罪嫌疑人、被告人在 5 年以内曾经故意犯罪不适用刑事和解的排除条件下，结合当地故意伤害多发的情况，对不得适用刑事和解的轻微刑事案件进一步细化，对雇凶伤人、携带凶器伤人、涉黑涉恶、寻衅滋事、聚众斗殴及其他恶性犯罪致人轻伤的不适用刑事和解。

（二）规范刑事和解办案流程

一是确定案件是否符合刑事和解的条件。案件受理后承办人必须认真阅卷，充分了解案情，审查后如果认为符合刑事和解的适用条件，首先询问双方当事人是否存在和解的意向，并据此评估案件是否可以适用刑事和解程序。

二是呈报决定是否适用和解。对于经评估双方当事人均同意和解的，由承办人分别向公诉科长和主管检察长汇报，办理批准手续。

三是选用恰当的刑事和解模式。根据案件具体情况，自愿和解的可由一方或双方的代理人、辩护（代理）律师主持进行；也可由双方当事人所在单位或基层组织派员主持进行；也可在征求当事人意见后由检察机关委托人民调解委员会或者其他基层组织主持进行。

四是和解协议审查。对和解的自愿性、合法性进行审查，重点审查和解协议是否符合法律规定，双方当事人是否自愿和解；犯罪嫌疑人是否真诚悔罪，是否向被害人赔礼道歉，经济赔偿数额是否到位；被害人及其法定代理人或者近亲属是否明确表示对犯罪嫌疑人予以谅解。办案人制作"和解协议效力"告知笔录，书面告知双方当事人和解协议的法律效力。有效避免一方当事人尤其是被害人随意反悔引发新的矛盾甚至信访问题。过去曾先后出现10余件在起诉前达成和解却在审判环节反悔引发矛盾的案件，今年以来通过"和解协议效力"确认环节，至今未再出现此类问题。

（三）规范刑事和解处理模式

按照修改后《刑事诉讼法》第279条关于刑事和解案件处理规定，结合办案的实际作了进一步细化。一是需要提起公诉的，向人民法院提出从轻或减轻处罚的量刑建议，由承办人提出，经部门负责人审核后，报主管检察长审批；二是拟采取相对不起诉结案的，经检委会讨论研究决定。

对于公安机关移送审查起诉的达成和解协议的案件，犯罪嫌疑人在押的，首先进行羁押必要性审查，对于不需要继续羁押的，立即变更强制措施或者释放，并由公安机关提出从宽处理的建议。对于公安机关立案侦查后达成和解协议的案件实施跟踪，监督其依法处理。

针对故意轻伤害案件多发的情况，在侦查阶段双方当事人已经达成和解协议的，在受理案件时严格把关，参照公安部对轻伤害案件和解后可作不立案或撤案处理的有关规定，凡符合公安部规定的案件，不予受理由公安机关作处理。避免单纯追求起诉率而使已经得到化解的矛盾再次激化。

针对交通肇事案件高发的情况，双方当事人达成和解协议的，一般采用提起公诉时建议法院从轻、减轻或适用缓刑的处理方式。近三年我院共受理交通肇事案234件，适用刑事和解处理的占一半，均向法院提出轻缓处理的量刑建议并得到法院的采纳。

为推动刑事和解工作顺利开展，我院与公安、法院沟通、协调，已建立了刑事和解联动机制，畅通处理渠道，在本地范围内统一和解标准、统一处理模式、统一监督制度、统一文书格式，从形式到内容，规范了刑事和解的操作流程，促进执法规范化。

（四）建立"检调对接"机制，有效化解矛盾纠纷

2011年以来，我院积极推进"检调对接"，利用人民调解委员会对轻微刑事案件所涉及的民事赔偿问题进行调解，充分发挥司法所、人民调解委员会接近群众的优势，有效解决纠纷，促成刑事和解。与汝州市司法局会签了《关于轻微刑事案件委托人民调解暂行办法》。现已对22起因邻里纠纷引发的轻伤害案件根据双方当事人的意愿或我院的建议，委托人民调解委员会进行调解，达成调解协议后，我院对其中3起

犯罪情节轻微的刑事案件建议公安机关撤销案件，对 19 起案件提起公诉，并提出适用缓刑的量刑建议。

（五）强化刑事和解执法办案监督

为强化对刑事和解的监督，确保适用刑事和解不产生负面影响。一是主动接受上级院监督。执行刑事和解案件报上级院备案审查制度、重大有影响案件请示汇报制度和案件质量评查制度。二是加强备案回访监督。即在案件办结后，公诉科将起诉意见书、协议书、不起诉决定书或变更强制措施审批表等相关材料复印件备案至院案管中心和纪检监察科。案管中心和纪检监察科收到备案材料后，评查案件质量，并对案件双方当事人进行回访，了解当事人对案件处理方式及处理结果的满意程度、检察人员纪律作风和执法作风等情况。三是加强外部监督。邀请人民监督员、特约检察员或人大代表、政协委员参与对存在争议或者引发上访的案件刑事和解的处理程序，并听取其意见或建议，自觉接受监督。实行刑事和解办案制度以来，我院没有出现徇私舞弊、办人情案等违法违纪问题。

三、注重刑事和解案件社会效果

（一）监督损害赔偿到位，切实维护被害人的利益

在适用刑事和解办案时，要求承办人应尽力做好犯罪嫌疑人的工作，在赔偿数额合乎情理、符合当地的生活水平及加害人承受能力的条件下，适当向被害人倾斜，防止利用司法权获取巨大赔偿数额的现象发生。对作不起诉决定或建议公安机关作其他处理的案件，必须有被害人收到赔偿款的收条和撤诉书以及犯罪嫌疑人的悔过书。

（二）注意将答疑说理与适用刑事和解相结合

对适用刑事和解拟作不起诉处理的案件，主动做好说理释法工作，

让当事人充分理解检察机关作出不起诉决定的法理依据，澄清将刑事和解等同于"以钱减罪"、"以钱买刑"的错误观念。

（三）建立回访考察程序，巩固和解效果

1. 建立回访考察长效机制。一是落实刑事和解案件回访制度，实行谁办理、谁负责、谁回访；二是深入调查，摸清和解案件当事人的人际关系，有针对性开展回访工作；三是多管齐下，做好预防工作，杜绝和解案件嫌疑人回归社会后重蹈覆辙。

2. 针对不同性质的案件，确定不同的回访重点。对因邻里、同事、朋友之间纠纷矛盾的案件，重点是到双方所在乡镇、办事处、村组、单位了解双方的关系，将双方召集到一起，进行座谈，促进双方关系的融洽；对未成年人犯罪，重点查看帮教措施是否落实到位及其表现；对过失犯罪案件，重点是回访分期履行的赔偿是否按规定执行，查看当事人生活、工作、履责上有什么困难，帮其想办法，出主意。

3. 建立刑事和解案件回访考察档案。对每个刑事和解处理的案件，承办人都要填写和解回访考察表，与该案的起诉意见书、审查报告、起诉书、协议书、撤诉书、变更强制措施的相关手续一起备案，建立刑事和解对象考察档案，定期考察，并记录在案。为防止回访流于形式，明确要求承办人应将走访情况形成笔录备案审查，并请加害人所在单位或基层组织出具关于加害人回归后的日常表现情况说明，确保行为人彻底悔罪、真心改过，巩固先期办案中化解社会矛盾所取得的成果，促进社会和谐。五年来适用刑事和解制度办理轻微刑事案件360件374人，通过定期回访考察，当事人无申诉、上访或重新犯罪等情形，实现了刑事和解办案效果、社会效果、法律效果的"三统一"。

汝州市人民检察院
四项措施强化"另案处理"诉讼监督

2011 年以来，汝州市检察院狠抓建库备档、严格审查、督办通报、案件考评等制度措施的落实，加强对侦查机关"另案处理"情况的诉讼监督，截至今年 8 月份，共监督公安机关上网追逃通缉"另案处理"人员 128 名，依法追诉判刑 53 人，行政处罚 26 人。

一、建库备档，全程监督

一是建立"另案处理"电子信息库。将公安机关起诉意见书中标为"另案处理"的人员逐案登记，形成电子档案，实时跟踪监督。目前已对 2008 年以来被"另案处理"的 415 人的情况全部录入信息库。

二是逐案建档，分类管理。对盗窃、抢劫等犯罪类型集中的"另案处理"人员，注重收集负案在逃、久侦不结、追逃措施的资料；对一人在不同案件中均被列为"另案处理"的，注重收集涉嫌同罪和异罪的案件情况；对仅有绰号、别名等身份不明的"另案处理"人员，注重收集其相貌、身高等特征以及同案人的证明信息。

三是专人负责。指定专人负责"另案处理"的信息管理工作，做好受案审查、逐案登记、及时全面掌握"另案处理"案件情况等事宜。

二、排查通报，跟踪监督

一是突出三个重点。重点审查公安机关认为不构成犯罪，拟作或已作行政处罚的"另案处理"人员的行为是否构成犯罪，要求侦查部门提供完备的相关材料。重点审查公安机关移送起诉属共同犯罪且标明有"另案处理"人员的案件，要求侦查机关说明情况，并出具书面的证明材料。重点审查负案在逃或未侦查终结的"另案处理"人员，要求侦查部门出具抓捕证明及上网追逃文书、立案决定书等书证材料。

二是定期通报。按照属地原则，每月 5 日前，向原始办案单位发出《"另案处理"人员跟踪监督意见书》，并要求各办案单位在当月 26 日前书面反馈"另案处理"人员跟踪处理情况，同时根据反馈情况书面通报公安机关法制室，督促各办案单位及时监督结案。2011 年以来，共对 190 余名"另案处理"人员按照公安 22 个基层办案单位分别发放跟踪监督意见书，至今已有 80 余名另案处理人员被追究刑事责任。

三是沟通协调。通过与公安机关沟通协调，使公安机关加大对"另案处理"人员的查处力度，并制订了相应的奖惩措施。同时不断完善"另案处理"人员信息录入系统，实现公、检、法三家定期互通信息，定期在立案侦查、审查逮捕、审查起诉、审判环节更新信息库内容，完善对"另案处理"人员的动态管理。

三、一案一评，注重效果

一是逐案说明。该院公诉科要求干警在审查起诉时，应将审查、监督"另案处理"人员的结果及意见在公诉案件审查报告中予以明确说明，相关证据材料及法律文书必须附侦查卷和检察内卷，以便定期跟踪监督。

二是逐案考评。将监督处理"另案处理"人员的情况作为诉讼监督的一项重要工作，实行"另案处理"诉讼监督质量逐案考评机制，制定了考评标准和奖惩措施。

三是定期总结。每季度公诉部门召开一次"另案处理"人员诉讼监督情况碰头会，部门内部干警相互交流跟踪监督情况，查找不足之处并制定改进措施。

四、建章立制，多方联动

汝州市检察院通过内外联动，建立长效机制，进一步加强和完善"另案处理"的诉讼监督。首先，制定规范性文件。制定了《汝州市人民检察院"另案处理"跟踪监督工作细则》，明确侦查监督和审查起诉部门在监督"另案处理"人员中的分工、配合作用，把好受理关、审查关、监督关。其次，确立外部多方联动机制。一是与公安机关会签《关于对"另案处理"人员跟踪监督处理工作办法》，统一"另案处理"适用标准，规范报请逮捕和移送起诉文书中"另案处理"情况说明机制；二是结合该院侦查监督部门每年召开的行政执法与刑事司法衔接会议，掌握行政执法机关对"另案处理"案件的处理情况。

（2012 年 11 月 15 日最高人民检察院公诉厅　编发）

汝州市人民检察院保护未成年人合法权益做法被河南省人民检察院转发

　　2012 年 11 月 7 日，河南省人民检察院《公诉工作情况》第 46 期转发了我院公诉科撰写的《汝州市检察院积极应对新刑事诉讼法保护未成年人合法权益》的经验材料。这是我院党组年初依据当地未成年人犯罪的实际，确定打造的 2012 年十大亮点工作之一。

　　今年以来，公诉科结合修改后的刑事诉讼法关于刑事法律援助、附条件不起诉和犯罪记录封存的相关规定，制定措施，积极开展保护未成年人合法权益工作。一是与汝州市司法局协商制定了《审查起诉阶段刑事法律援助工作制度》，把审查起诉阶段指定辩护的范围主要界定为犯罪时不满 18 周岁的未成年人，通过四个步骤维护未成年人合法权益。二是制定了《轻微刑事案件附条件不起诉操作规程》，完善了附条件不起诉的相关程序，对 5 名未成年人作出附条件不起诉处理后取得良好社会效果。三是与汝州市法院沟通，共同探索犯罪记录封存程序。依法监督接收的有关单位是否将未成年人犯罪记录封存书按照档案管理制度归档封存；监督接收犯罪记录封存书的有关个人是否对未成年人犯罪材料予以保密，确保犯罪未成年人复学、就业以及顺利回归社会。公诉科积极学习贯彻新刑事诉讼法，探索落实刑事法律援助、附条件不起诉和犯罪记录封存制度，多策并举维护未成年人合法权益的做法，得到省市检察院公诉部门的重视和推广。

汝州市人民检察院四项机制
推动刑事抗诉工作长足发展

近年来，汝州市检察院公诉局不断强化刑事审判监督职能，从建立完善案件质量管理、考核奖惩、素能提高、审判监督等工作机制入手，突破刑事抗诉工作中的瓶颈，推动抗诉工作长足发展。2010年至2012年，共提起抗诉9件10人，改判6件7人，其中2012年提起抗诉4件5人，改判3件4人，在抗诉案件数量和质量上实现了重大突破。该科连续三年名列平顶山市检察机关先进位次，荣获"全省优秀公诉团队"称号。

一、建立完善公诉案件质量管理机制，夯实抗诉工作基础

案件质量是公诉工作的生命线，抗诉是公诉工作的重要业务之一。从源头上抓好案件质量，起诉质量高，对法院刑事审判活动的监督才有底气，才能为抗诉工作的开展奠定扎实的基础。

近年来，该科不断探索工作方式方法，在提高公诉案件质量上下功夫。以开展"公诉案件质量年"活动为契机，建立完善公诉案件质量流程管理机制，把好案件的实体关和程序关。一是建立案件实体审查把关制度。将故意伤害、交通肇事、盗窃、贪污、受贿等常见的40多种罪名按照证据种类、各类证据应审查内容和常见量刑情节归纳总结形成参考文本，并附有该类案件相应的司法解释，着实把好案件事实关和法律适用关。二是建立案件程序审查把关制度。公安机关移送审查起诉的案件，按照法律的规定，及时向当事人送达权利义务告知书，听取当事人对案件的处理意见。对于需要提供法律援助的当事人，及时与法律援助

机构联系为其指派律师，切实保护当事人的诉讼权益，严格把握审查起诉的期限，着重把好程序关。三是推行案件质量集体审查把关制度。承办人向主管检察长汇报案件时，部门里其他干警无特殊情况应当参加，同一个办案小组成员必须参加，并对案件事实、证据及定性的认定充分讨论、发表意见，确保起诉的每一起案件事实清楚，证据确实充分，定性准确。四是实施执法办案风险评估预警制度。在案件程序审查表中列入涉检信访风险和社会效果评估项目，实行每案必评估，确保案件法律效果和社会效果的统一。如王某某、牛某某涉嫌贪污一案，基于职务犯罪的复杂性，承办人员针对案件相关的事实证据进行详细审核，并在案件讨论会议上由出席干警进行充分讨论辩论，一致认定二人的行为构成贪污罪。而法院一审判决以受贿罪判处王某某有期徒刑 3 年，缓刑 4 年；牛某某有期徒刑 2 年，缓刑 3 年。后我院以一审判决认定事实错误，适用法律不当，量刑畸轻提出抗诉。因为我们自身案件质量高，认定事实清楚并有充分的证据论证，最终二审采纳了我们的抗诉意见，改判为贪污罪，两名被告人得到应有的法律制裁，有效地维护了司法的权威和公正性。

二、建立健全考核奖惩机制，增强抗诉工作主动性积极性

建立健全考核制度，调动公诉干警抗诉的主动性、积极性，是抗诉工作开展的动力源泉。院党组对刑事审判监督工作高度重视，对抗诉工作给予大力支持。

一是健全规章制度，明确考核标准。在全院实行的《干警考绩及目标管理实施方案》中，将刑事审判监督的实绩与公诉干警的实绩紧密挂钩，规定刑事抗诉案件办案率每个百分点计 6 分，法院采纳意见率达到 60%，计 20 分，采纳意见率每高 1 个百分点加 0.1 分。制定的《公诉科个案奖惩办法》中，对于发现抗源、提起抗诉、撰写抗诉书、抗诉后改判的分别给予不同标准的奖励。

二是坚持精神奖励和物质奖励相统一。为了营造积极向上的工作氛围，公诉科每月评选办案明星。根据评选标准的规定，对于提起抗诉案件的公诉干警，按照规定增加相应的明星量，并且根据明星量决定干警的物质奖励额。在每年院里评选的优秀检察官活动中，抗诉业绩突出的干警作为优先考虑的对象予以推荐。通过不断完善抗诉考评和激励机制，使公诉干警积极抗诉，推进刑事抗诉工作的持续健康发展。

三、建立健全素能提升机制，不断提高抗诉工作能力

一是设立学习培训专项资金，提供物质支持。基于司法实务和理论的需要，我院先后给每位公诉干警订购《刑事司法指南》、《国家公诉人办案规范手册》、《规范刑法学》、《刑法的价值构造》、《罪刑法定与刑法解释》等书目，并且聘请专家学者授课、讲解，使纸上的理论活起来，充实干警的头脑。举办专门的抗诉业务培训班，组织抗诉案件观摩庭，评选优秀抗诉检察官、优秀抗诉庭、优秀抗诉书和优秀抗诉调研报告，开展抗诉队伍的岗位练兵活动。

二是积极学习专业理论知识，增强智力支持。公诉科每周五的学习例会都要确定一个学习主题，要求全体干警必须出席集体学习研究，特别是针对抗诉中常见的类案进行分析归纳，寻找常见的抗点，集思广益，创新工作思路。案件事实与罪名认定、证据采信、量刑、法定程序等一直是审判监督的重点内容，亦是难点。通过对理论知识的学习，加深对法律条文的理解，我们提出的抗诉案件就多了理论支撑。因为法律本身的抽象性，实践中缺少统一的量刑标准，对法院量刑的规范监督是审判监督的薄弱环节。针对这一情况，我们积极学习五部门制定的《关于规范量刑程序若干问题的意见》，对于类案的量刑标准内部形成统一的认识，及时发现量刑不当的判决、裁定，提高了抗诉案件率。自2010年以来，我院提起抗诉的9起案件中，其中严重违反法定程序的1件，案件事实罪名认定错误的2件，法律适用错误、量刑不当的6件。

四、建立完善审判监督工作机制，增强抗诉工作的有效性

一是设立判决裁定审查小组，深挖抗源。对法院判决、裁定及时进行审查，是发现抗源的重要途径。公诉科设立专门的判决裁定审查小组，由资深公诉人组成，抗诉经验丰富的干警担任组长。对于收到的判决裁定，实行由承办人初审，审查小组组长复审、科室负责人再审、主管检察长终审的多级审核机制，及时跟进庭后监督，把好最后一道关。发现抗诉线索，及时报告审查小组备案，由审查小组对线索进行分析汇总，形成报告意见，上报科室负责人和主管检察长决定是否提起抗诉。

二是强化内部职能部门横向联系，拓宽抗源。建立与本院监所、控申、侦检等职能部门的信息互动机制，充分发挥职能部门的优势；加强工作联系，建立信息传输与反馈机制，拓展审判监督的渠道，形成检察机关内部的审判监督网络。如监所在法律监督过程中，发现判决中存有错误，或者罪犯在刑罚执行期间提出新证据理由等，可能影响到公正司法的，及时与公诉部门沟通，符合抗诉条件的，依法提起抗诉。

三是加强外部机关纵向沟通，找准抗点。对于拟提起抗诉的案件，积极向上级院和其他监督机关通报情况，听取其指导意见，主动争取上级院的支持和党委、人大、政法委等机关的重视，找准抗点，增强抗诉的针对性。同时在发现抗诉线索后，加强与法院的沟通协调，客观分析两院在案件事实认定、法律适用等方面存在的分歧，有的放矢，制定抗诉预案，增强抗诉的有效性。

依法提起抗诉，强化审判监督，维护法律的统一性和司法权威，是公诉工作鲜明的主题。围绕这一主题，我院不断完善抗诉工作体制机制，使公诉干警敢于抗诉，善于抗诉，推进了抗诉工作的长足发展。

汝文
检化

第五章 反贪反渎工作创新

Fantan Fandu Gongzuo Chuangxin

汝州市人民检察院以"小初查、大侦查"办案模式实现反贪查案工作新发展

自去年以来，汝州市检察院在反贪工作中坚持省院蔡宁检察长提出的"稳定数量，提高质量，改善结构，增强效果"的指导思想，以执法办案为中心，积极探索运用"小初查，大侦查"办案模式，不断加大反贪查案力度，取得明显效果。2009 年立案查处贪污贿赂职务犯罪案件 12 件 22 人，大案率为 92%，年终评比名列全平顶山市第一名。2010 年 1—8 月份，立案侦查贪污贿赂犯罪案件 16 件 21 人，其中大案 17 人，立案数、人案数均居全市第一。其主要做法是：

一、初查案件线索时小范围秘密进行"小初查"

由于反贪案件的特殊性，为提高反贪案件线索的保密性和初查成案率，

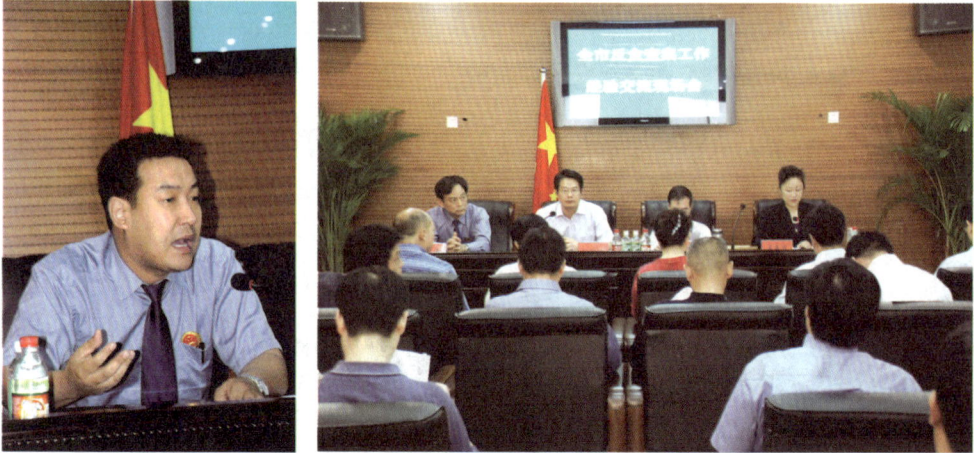

该院在对案件线索摸排、初查时，严格控制线索知晓范围和初查范围，仅限定小范围的几名侦查人员知悉和参与，并严格保密，做到"三小"，即线索知悉面小、初查人员规模小、初查接触层面小。这样不仅能保证初查工作的顺利进行提高成案几率，而且有效防止和减少了隐匿证据、串供、毁证、逃匿、人情干扰等问题的发生，为后续的侦查破案工作创造了有利的条件。去年以来该院利用"小初查"，使案件线索初查成案率达到90%以上，比过去提高了30个百分点，案件线索查荒、搁浅的现象明显减少。

"小初查"的关键步骤是，当接到或发现案件线索后，先由主管检察长、反贪局领导对案件线索可查性及信访风险进行评估，认为线索具有可查性时，则秘密指定2名或3名侦查人员进行小范围、外围初查摸排，把初查线索控制在最小知情面，其他反贪干警包括各侦查科长都不知晓初查案件信息。侦查人员按照商定的初查计划在严格保密的情况下开展初查，灵活运用初查方式缩小接触面，减少知情面，初查工作直接对主管检察长和反贪局领导负责。如2009年5月查办汝州市庙下乡宋某某等9人共同贪污高速公路补偿款38万余元案件时，当时获得的线索只是知道可能存在贪污高速公路补偿款的信息，没有其他事实证据，但经过研究认为该线索具有可查性，于是就秘密指定 3 名侦查人员以声东击西、外围取证的方法初查，以检查计划生育账目为名接触乡村财务，不暴露调查目标，不仅掌握了案件相关证据和发现重大疑点，而且没有惊动一个嫌疑人和知情人，为后期"大侦查"的成功奠定了基础。

二、突破、侦查案件时实行"大侦查"

经过秘密小范围初查，发现嫌疑人存在犯罪事实立案后，根据案情需要，集中力量开展"大侦查"，使案件在短时间内突破。"大侦查"集中体现参战人员规模大、收集固定证据范围大、突破案件力度大、查办案件整体格局大的"四大"特点。

一是整合办案资源，构建"大侦查"工作格局。该院在反贪查案中围绕"大侦查"的"大"字做文章，在突破、侦查案件时统一调配相关力量，形成不同层面的"大侦查"格局。如将反贪局三个科室力量进行整合，实行统一调配，形成全局力量集中办案的"大侦查"格局；将与反贪工作密切相关的法警队、技术科划归主管反贪工作的副检察长主管，并抽调反贪工作经验丰富和精通财会专业的司法会计充实反贪队伍，提高反贪查案的整体协同力量，形成多个部门集中查案的"大侦查"格局；还有调配全院力量，形成以检察长坐镇指挥的"大侦查"格局。"大侦查"使全案主要"攻坚"任务完成后，再将案件的后期补查和文书整理、报捕、起诉等程序性工作交由一个办案科室完成，这样既能避免侦查资源的浪费，又能集中办案力量查办新的案件。

二是对于案情较大或取证较多的案件，在做好秘密初查的基础上，把调配反贪局全局力量或由法警和技术人员参与查办案件，作为"大侦查"常规性的办案方式。实践证明，一个侦查科室只有三四个人，在短时间内很难能完成案件的突破，更谈不上深挖窝案串案，只有在主管检察长统一调配反贪力量和局长的统一带领下，采取多路同时取证，将涉案人员及证人同时通知到案，分别讯问或询问，才能快速突破。如 2009 年在查办汝州市寄料镇高庙村村主任曹某某贪污高速公路款 30 余万元和王寨乡东王庄村村支书杨某某贪污高速公路补偿款 6 万余元两案时，案件虽然涉案人员少，但涉案数额大、取证较多，仅让一个侦查科室查办不能有效收集、固定证据和突破案件，统一调配全局侦查力量后，平均不到 3 天就侦办一起案件。又如 2010 年查办的汝州市客运公司经理吴某某、书记吴某某、会计霍某某共同贪污一案，因该案涉案人员多达 3 人，所需询问的证人有 20 余人，另外还有相关的账目等证据需要调取。在初查成熟后随即调动全局力量进行查办，仅用 4 天时间就将这一案件告破。

三是对于案情重大，涉案人员多、取证范围广，仅靠反贪局力量尚不足以查办时，由院检察长统一协调全院各部门的力量参与查办，安排部署警力，采取全院一盘棋、大兵团作战是"大侦查"的特别办案方式。法警、技术、办公室、反渎、侦监、起诉等部门均参与进来，分工合作，各司其职，对相关人员进行讯问，并及时相互印证其真实性，在深挖细查中发现蛛丝马迹和漏洞，利用不同人员间的供述矛盾，顺藤摸瓜突破案件并扩大办案成果。如去年 5 月在查办汝州市庙下乡干部宋某某等 9 人共同贪污高速公路补偿款窝案中，刚开始，查出了 6 人共同贪污高速公路款 7 万余元的犯罪事实，随着案件查办的深入，涉案人员从 6 人增加到 9 人，涉案金额从 7 万余元增至 38 万余元，案件的复杂情况已超出反贪局的承受能力，于是检察长亲自指挥及时调派技术、监所、公诉、侦监、监察等科室协同作战，最多时动用车辆 10 余部，参战人员达到 40 余人，这样才使该案得以顺利告破。

通过运用"大侦查"办案模式，该院不仅解决了人少任务重的现实矛盾和反贪干警新老不接、素质参差不齐、科散力薄的问题，而且先后查办了一批涉案人数多、涉案金额大的大案、窝案和串案。去年以来立案侦查处级干部 2 人，科级干部 8 人，尤其是今年在查办实职领导干部和民生领域职务犯罪案件中得到突破，立案查处的汝州市工程建筑公司经理陈某某涉嫌贪污棚户区改造工程款 550 余万元，以及查办的医疗卫生、财政社保、农村经济开发等系统职务犯罪案件 12 件 15 人，均在当地产生较大影响。改变了过去查办案件小、数量少，反贪工作落后的面貌。

三、攻坚案件时借助上级院和纪委力量开展"大侦查"

在查办贪污贿赂案件过程中，经常会遇到说情者或来自各方面的压力，成为反贪查案工作难以回避的难题，长期以来困扰着基层检察院的办案工作，使一些重要案件"大事化小、小事化了"或者在查办过程中严重缩水甚至胎死腹中。为破解这一难题，该院积极完善"小初查、大侦查"办案模式。一是重大案件遇到阻力时，积极向市委和上级院汇报，由市委协调或由上级院督办、交办案件，或者积极主动与纪检办案部门联合，以减少办案压力和阻力。二是在突审的克难攻坚阶段或在案件疑点难点的研究应对上，争得上级院安排专门人员进行现场督办，给予及时的指导和帮助。三是对于案情重大，涉案人员级别高、数额大，在社会上有影响的案件，充分发挥上级院提办、交办、督办及纪检等外部力量联合办案的优势，进一步强化"大侦查"的作用。如今年在查办汝州市农开办原主任于某某、副主任张某立、张某喜受贿40余万元的窝案中，于曾先后担任过乡镇党委书记、市政府副秘书长等职务，其他两人也均担任领导职务多年，人际关系多、案件阻力较大，该院反贪局积极依托市院督办及平顶山市纪检委联合办案的优势，保证案件得以顺利进行。又如今年在查办汝州市卫生局副局长王某（正科级）、公疗办副主任杨某某、汝州市财政局社保科科长马某某贪污医疗款70余万元的串案中，涉案人员均居重要部门重要岗位，且社会关系复杂。办案之初，该院反贪局就及时向市院汇报，市院反贪局及时指派张文辉处长带精兵强将坐阵督办，对案件的突破起到了非常重要的作用，在案件疑点难点的研究应对上，给予了及时的指导和帮助。

实行"小初查、大侦查"办案模式，该院不但使有限的办案资源发挥了应有的作用，取得立案准、破的快的效果，而且办案的安全措施得到进一步加强，干警收集固定证据的能力有了明显提升，所立案件全部起诉作有罪判决，无撤案、不起诉案件，案件质量明显提高。

汝州市人民检察院采取四项措施
实现反贪工作良性发展

今年以来，河南省汝州市检察院紧紧围绕"抓系统，系统抓"的工作思路，突出反贪办案重点，强化工作措施，克难攻坚，狠抓查串挖窝工作，做到办案有数量、有质量、有效果，查办贪污贿赂职务犯罪工作实现良好开局。上半年，共立案侦查贪污贿赂案件 13 件 16 人，与去年同期相比，立案件数上升 75%，立案人数上升 50%，立案人数位居平顶山检察系统前列。其主要做法是：

一、完善线索管理模式，提升查案后劲

汝州市院针对自侦案件线索匮乏的实际，加大对线索摸排的力度，提高反贪查案线索成案率。一是强化横向联系，健全线索移送制度。加大与纪检、监察、审计及其他行政执法部门的联系，坚持与纪检监察部门协同配合。去年以来从纪检、审计部门接受线索 10 件 13 人，均成功立案。二是坚持审慎初查，注重深挖犯罪。初查线索时注意线索保密，要求办案人员做到不主动接触初查对象、不轻易调取账本和不随便查询电话，坚持挖掘窝案串案。立案侦查一起 9 名乡村干部侵吞涉农补偿款窝案。三是尝试线索评估，盘活积存线索。指定专人对近两年的积存线索进行清理、分析，召开主办联席会评估线索初查价值，确定初查工作方向，盘活利用积存线索。成功立案侦查交警大队副大队长受贿 6 万余元大案。

二、建立创优考评机制，调动干警积极性

以市院反贪综合指导模式为指导，结合全院的绩效考核方案，强化反贪综合指导工作，推动反贪查案工作。一是把握反贪工作特点，强化

反贪小综合指导。主要采取小初查、大侦查模式：案件启动前采取"小初查"模式，时机成熟后变换"大侦查"模式，攻坚克难时采取整合优势兵力集中突破与各个击破相结合模式，在深挖窝案、串案时采取滚动作战、以案带案模式，办案中侦查人员严格保密、排除干扰的模式。去年，在新侦查模式指导下，查处了一批有影响的大案。如查处的汝州市农业经济开发办公室原主任于某某受贿案，汝州市卫生局副局长王某贪污案。二是制定了反贪立案百分考核机制，将立案任务细化量化到三个侦查科，每个侦查科达标任务立案7件（人）按700分计算，每个案件按百分制计算，即线索摸排、初查占20分，突破案件占50分，侦结移送起诉的占30分。明确责任任务，提高积极性。三是明确在案件攻坚阶段，其他侦查科人员共同参与办案，突破案件的50分与所参与的侦查科平均分配，年底考核分数多少与奖惩挂钩。这种机制的建立，充分调动了反贪干警的工作积极性，提高了执法水平和办案质量。这种立案百分考核办法成为促进反贪工作深入开展的方法和机制。

三、严把初查立案关，夯实案件质量基础

为提高案件质量，保证案件诉得出、判得了，汝州市院在案件初查立案时，严格把关，夯实案件基础。一是加强对线索的分析、评估、研判，针对线索的不同特点制定周密细致可行的初查方案，提高初查的成案率。集中查案活动以来，共初查案件线索8件，初查后立案7件，成案率达87.5%。二是在案件初查、立案时，主管检察长和教导员靠前指挥，和干警共同参与案件的办理，认真审查每一份笔录和证据，严格立案签批程序。三是对定性不准的案件，适时与侦监、公诉、审判部门的人员沟通，让他们站在公诉、审判的角度来分析案情，听取他们对证据材料的意见，及时引导取证，做到准确判断犯罪嫌疑人的行为事实，准确认定案件罪名。如在查处张某某受贿案时，3名行贿人已证实送给张38000元的犯罪事实，但张拒不供述。因张某某是公安机关民警，在公安机关工作多年，反侦

查能力较强，对张某某受贿案能否零口供立案，以及立案后案件能否顺利得到判决成了难题，于是汝州市院及时与侦监、公诉、法院审判部门负责人取得联系，听取了他们关于受贿罪如何取证、如何认定的宝贵意见。一方面派人继续完善有关证据，一方面加大对张运良的讯问力度，终于使张供述了受贿38000元的犯罪事实，此案顺利突破。四是及时促进调查取证工作创新，提高办案效率。如在办理某贪污案时，需要调查取证500户用电户的证言，按照常规取证方法，要花费大量的时间和精力、财力。因此，汝州市检察院反贪局在与该院公诉部门、法院刑庭领导协调探讨后，采取了新的取证方法，即用表格形式取证，在两天时间内完成了对数百人的取证，查清其贪污电费8万余元的犯罪事实。

四、协调各方力量，形成办案合力

为排除办案中的阻力，解决反贪干警单兵作战的不足，提升办案成效，汝州市院注意与其他单位联合，借力发力，形成办案合力。一是初查时与纪委联合办案，汝州市院的初查工作和纪委的调查工作同步进行，在办案手段、方法、时限等方面形成优势互补，给反贪工作突破案件提供有利时机，提高初查的成案率。二是办案中主动取得有关部门的配合，争得支持和帮助，确保法律效果。在办案中，往往会遇到当事人不配合、取证难等情况，为使案件顺利进行，汝州市检察院及时与有关职能部门联系，寻求支持。如在办理张某受贿案时，给张送钱的3名行贿人得知张被传唤到检察机关后，闻风而逃，推托说在外地办事，不与侦查人员照面，拒不配合作证。在此情况下，汝州市检察院及时与汝州市工商局联系，建议工商部门对周某某、杨某某、郭某某三家无照经营的车厢厂全部进行了查封，之后，迫使3名行贿人及时到场作证，效果非常明显。为了震慑犯罪分子，确保案件能够顺利取证，汝州市检察院又以行贿罪对周某某、杨某某立案侦查，并对他们采取了刑事拘留强制措施，保证了案件顺利进行。

2012 年汝州市人民检察院查办职务犯罪工作进入全省先进行列

2013 年 2 月 23 日，河南省人民检察院发布《关于表彰 2012 年度全省查办职务犯罪工作先进基层检察院的决定》【豫检文政〔2013〕15 号】，对 60 个 2012 年度全省查办职务犯罪工作先进基层检察院进行表彰，我院名列其中。反贪、反渎工作均进入前 60 名的单位（共 30 个，按反贪、反渎、监所查办职务犯罪工作三项总分高低排序），我院排序第 18 位，省院对前 30 个单位，分别奖励 20 万元；对反贪或反渎工作有一项进入全省先进的 30 个单位，分别奖励 10 万元。

"表彰决定"中指出，全省基层检察院在查办职务犯罪工作中处于重要的基础性地位，办理的职务犯罪案件数量占全省 90% 以上。为进一步激发全省广大基层检察院的工作积极性，促进全省查办职务犯罪工作健康深入协调发展，省院作出了上述决定。

2012 年，我院按照省市院"稳定数量、提高质量、改善结构、注重效率、增强效果、确保安全"的工作要求，认真履行查办职务犯罪工作职责。 共立案侦查职务犯罪案件 24 件 35 人，其中贪污贿赂案件 16 件 24 人，渎职侵权案件 8 件 11 人，全部侦查终结移送审查起诉，法院已作有罪判决 28 人，有罪判决率 100%。呈现四个明显特点：一是人案要案比率明显提高。立案侦查的贪污贿赂案件中，大要案率为 86.4%，其中涉案金额在 20 万元以上的 8 件 11 人。二是党政干部比重增大。查办党政机关干部涉嫌职务犯罪 13 人，占本年所立贪污贿赂案件总数的 59%。其中查处副处级 1 人，在党政机关担任科级干部的 6 人。三是执法人员渎职案件比例增大。立案侦查公安人员、行政执法人员涉嫌玩忽职守、徇私枉法犯罪 11 人，占立案数的 31.4%。四是涉农惠民领域职务犯罪案件比例大。共查办涉农惠民案件 10 件 17 人，分别占立案总数的 41.66% 和 48.57%，涉案总金额约 180 万元。查办的案件涉及新农村建设、道路交通、水利工程、土地补偿、农村劳动力培训等多个领域。为促进我市经济社会科学发展和反腐败斗争深入开展发挥了积极的职能作用。

我院党组表示，在新的一年要珍惜荣誉，再接再厉，带领全院干警立足新起点开创新局面，按照全省检察长会议的部署，团结拼搏，务实重干，理性司法，不断提高查办职务犯罪工作水平，为实现我院整体工作进入全省跨入全国先进行列的目标再上新台阶。

剑指损害群众利益的渎职侵权犯罪

——汝州市检察院反渎职侵权局"小专项"查案活动纪实

近年来，汝州市检察院反渎职侵权局围绕民众关注的民生方面的重大社会问题，积极开展符合当地实际的"小专项"查案活动，查办了一批发生在群众身边、损害群众利益的渎职侵权犯罪案件，有效破解了渎职侵权案件线索发现难、调查取证难、查处侦结难、质量提升难等问题。

一、查办"黑诊所"背后渎职犯罪案件

2012年1月，汝州市一家门诊无证执业，超范围经营，在做终止妊娠手术时，造成一名孕妇死亡，事故发生后社会影响很大。该院反渎职侵权局成立专门调查组，积极参与汝州市委市政府整治医疗市场专项行动，突出查办医疗卫生领域渎职犯罪案件，依法维护医疗市场管理秩序。及时立案查办了3名卫生系统工作人员的玩忽职守犯罪案件，并向卫生局发出整改医疗机构管理混乱的检察建议，助推取缔"黑诊所"250余个，为有效整治医疗市场发挥了职能作用，高检院渎检厅派员在该院调研时，对此给予了充分肯定。

二、查办破坏环境资源背后渎职犯罪案件

2012年至今，该局积极参与汝州市委市政府连续开展的非法采矿、采砂、违法占地、违规建筑等专项治理，突出查办破坏环境资源背后的渎职犯罪案件。2012年上半年，宋某、袁某某等人分别在小屯镇李湾村、寄料镇炉沟村非法开采原煤9000余吨，现场查扣原煤6100吨，价值248万余元。类似破坏环境资源损害国家和人民利益的非法采矿案事件不断发生，社会影响大。该局对没有尽到监管职责的汝州市地矿局4名监管人员，以涉嫌玩忽职守犯罪立案侦查并有罪判决，对地矿监管执法人员震动很大，为捣毁一批非法矿点，遏制非法采矿势头起到有力的推动作用。2013年夏店乡黄沟村委会未经县级以上政府

批准用地，在该村 41.56 亩土地上非法占地建房，汝州市国土资源局夏店国土资源所所长王某带该所工作人员到黄沟村仅拍摄了非法占地照片，但未采取有效制止措施，也未及时向市局报告，致使 39.7 亩耕地遭到严重毁坏，以涉嫌玩忽职守犯罪对该所长立案侦查，警示教育了国土部门的干部职工。

三、查办套取国家专项资金渎职犯罪案件

近年来，该局注重对财政、教育、就业、水利、社会保障、廉租房、生态环境、征地拆迁、医疗卫生、救灾扶贫、支农惠农等领域国家专项资金管理使用情况的专题调查，注意发现和查办渎职犯罪案件。调查中发现，病害猪及猪产品无害化处理财政补贴属国家专项资金，补贴对象为屠宰过程中发现的病害活猪和经检疫或肉品品质检验确认为不可食用的生猪产品。汝州市商务局作为病害猪及病害猪产品无害化处理补贴项目的主管部门，负有监督生猪定点屠宰场无害化处理过程，并核实本辖区内生猪定点屠宰场无害化处理数量和上报申请专项补贴等职责。但是该局部分稽查人员不认真履行职责，造成国家专项资金 200多万元被套取的严重后果，在本市影响较大。2014 年 6 月中旬，反渎局对商务局稽查队长等 6 人套取病害猪无害化处理财政补贴渎职行为立案侦查，追退回赃款 140 余万元，10 月 27 日以涉嫌滥用职权犯罪提起公诉，向商务稽查人员和定点屠宰经营管理人员敲响了警钟。

四、查办重大事件背后的渎职犯罪案件

2014 年 4 月 10 日凌晨 4 时许，汝州市公路局庙下超限检测站中队长侯某和治超员汪某、孟某，严重违反严禁追撵车辆等执法规定，驾驶路政执法车在汝州市 238 线洗耳办事处藏庄路段追撵、拦停 3 辆大货车时，导致张某驾驶的小轿车与被追撵拦停的大货车发生追尾，造成张某死亡，事发后，3 辆大货车和路政执法车均离开事故现场，顿时满城风雨。反渎局接到举报及时初查后于2014 年 4 月 24 日对超限检测站 3 名执法人员以涉嫌滥用职权犯罪立案侦查，并向公路局提出整治超限检测乱象、消除不良影响的检察建议。

2012 年至 2014 年征兵期间，汝州市纸坊镇武装部长程某由于不认真履行

征兵工作的相关规定，工作不负责任，致使 75 名虚假学历人员通过政治审查初审，其中有 56 人已入伍。此事在全军全社会造成恶劣影响，引起总政纪检部、济南军区、河南省军区、平顶山军分区各级领导的高度重视，分别派员到汝州市核查有关问题，要求依法严肃处理。反渎局对其立案后进一步查明，在 2012 年至 2014 年征兵期间，程某共收受应征青年家属现金 26800 元，其中案发前退回 3500 元，以涉嫌玩忽职守、受贿犯罪对程某批准逮捕并依法提起公诉。

五、开展"小专项"查案活动的主要措施

在办案中，该局为达到"初查精确，立案准确，结案正确"的办案要求，实现办案效果、办案效率和办案质量"三统一"的目标。一是建立与涉案单位的协调配合机制。消除涉案单位对查案工作的抵触情绪，争取理解与配合。二是在办案中严格按照法定程序，规范执法行为，文明取证，文明办案。三是强化案件的初查工作。对于影响定案的关键证据和易灭失、易隐匿的证据优先提取、固定。四是实行上级院反渎局派员坐镇统一指挥办案工作制度和内部互相配合制约机制，形成反渎、侦监、公诉、监所检察等部门的工作合力，缩短办案周期，提高工作效率。五是开展预防职务犯罪宣传教育。在办案的同时以检察建议、法律讲座、案例警示等形式，提高国家工作人员遵法守法预防渎职犯罪的意识，向群众宣传反渎职侵权工作的性质和举报、控告的权利、义务，为反渎工作的开展营造良好的氛围和群众基础。

据统计，2011 年至 2014 年 11 月，该局共立案侦查渎职侵权犯罪案件 28 件 39 人，其中涉嫌玩忽职守犯罪 22 件 30 人、滥用职权犯罪 5 件 8 人、徇私枉法犯罪 1 件 1 人；造成经济损失 200 万元以上或死亡 3 人以上的重特大案件 19 件 28 人，重特大案件率 71.2%；法院已作有罪判决 22 件 29 人，侦查终结起诉法院待判的 6 件 10 人。办案中积调有关部门及时化解因渎职导致的矛盾纠纷和涉法涉诉信访案件 31 件，取得了良好的法律效果和社会效果，得到地方党委和上级院的充分肯定，该局连续 3 年进入平顶山市检察系统先进位次，2014 年前 11 个月的立案数位居全市第一。

汝州市人民检察院反贪污贿赂局荣获
"全省人民满意的公务员集体"称号

自 2013 年河南省深入开展"人民满意公务员示范岗"创建活动以来，汝州市检察院反贪局全体干警深入学习贯彻党的十八大和十八届三中、四中全会精神，把开展争创人民满意公务员活动作为队伍建设的重要载体，大力开展党的群众路线教育实践活动，把以人为本、服务群众作为"人民满意公务员示范岗"创建工作的出发点和落脚点，切实转变工作作风，树立为民务实清廉的良好形象。

近年来，该局多次被评为平顶山市检察机关反贪工作先进集体，荣立集体三等功一次。全局 15 名干警中有 1 人荣立二等功，5 人荣立三等功，2 人被评为省级"人民满意的政法干警"，6 人被评为市级"优秀检察干警"。

2011 年以来，汝州市检察院反贪局在本院党组及上级业务部门的正确领导下，认真贯彻十八大精神，确立以案件质量为生命线的工作思路，突出办案重点，强化工作措施，克难攻坚，狠抓"查串挖窝"工作，做到办案有数量、有质量、有效果，查办贪污贿赂职务犯罪工作取得了显著的办案效果和社会效果。近年来，相继查处了叶县人民政府副县长张某某（副处级）受贿 28 万元案；汝州市公路局局长杨某某（正科级）贪污 15 万元案；汝州市水利局局长李某某（正科级）受贿 28 万元案；平顶山市湛河区委统战部部长刘某某（正科级）受贿 36 万元案；汝州市公安局出入境管理股股长崔某某受贿 22.5 万元案；汝州市煤山办事处赵庄居委会王某某等 4 人挪用公款 700 万元案；汝州市南关居委会党支部副书记任某某挪用公款 6000 万元案等一批重大案件及科级以上要案。

一、全力以赴查办职务犯罪案件，切实维护公平正义

近年来，在反贪任务重，案源少的情况下，院党组高度重视反贪工作，亲自过问每一起案件的办案情况，提出正确的办案方向和策略。主管领导注重发挥干警的积极性、主动性，不等不靠，主动出击，积极寻找案源，变被动为主动，与大家同心同德办案。上级院及兄弟科室鼎力支持，形成良好的职务犯罪查案氛围。反贪干警团结一心，共同向上，大家集思广益，共谋发展，形成了良好的工作风气，年轻同志敢冲敢打、不怕吃苦、服从安排，老同志坚守岗位、默默无私奉献、无怨无悔。2011 年以来，共立案查办贪污贿赂案件 48 件 81 人，其中贪污案 26 件 50 人，贿赂案 17 件 22 人，挪用公款案 5 件 9 人。查处科级以上要案 16 人，侦查终结、移送审查起诉率达 100%，已拿到有罪判决 58 人。

每办理一起大大小小的案件，都是一场正义与犯罪的艰难较量。在办案中，反贪干警在困难与艰辛面前不退缩、不埋怨，彰显坚韧、沉着思考，寻找机会与突破口，在摸索中抓住犯罪遗留的细小痕迹，紧追不舍，挖掘出犯罪，并做到真实还原。在办案中反贪干警排除阻力，抛弃个人恩怨，抛弃友情、同学情、亲情等社会关系，坚守公平正义，一查到底，挖掘犯罪黑手，养成了敢于啃硬骨头的精神。同时，在办案中，他们采取"抓系统，系统抓"的科学工作方法，先后在水利系统、电力系统、烟草系统、涉农领域等不同领域查办了一系列贪污贿赂窝案、串案，社会效果良好。如 2014 年侦办的汝州市夏店乡烟站站长等 6 人坑害烟农贪污 10 万余元窝案。近年来，地处汝州市丘陵和山区的农户，越来越多的选择种植烟叶增加收入，但在烟叶收购过程中，烟草公司个别烟站工作人员采取压级、折称等坑农害农现象时有发生，农民群众反映强烈。2014 年 4 月 3 日，汝州市检察院据群众举报深挖犯罪线索，立案侦查一起汝州市烟草公司夏店乡烟站站长李某某等 6 人共同贪污 10 万余元烟叶款窝案，赢得了当地烟农的满意。犯罪嫌疑人李某某在任夏店乡烟站站长期间，于 2013 年下半年伙同副站长冯某、副站长兼报账员李某、分级组组长张某某以及烟站职工石某某、关某某等人，在收购烟叶过程中，采用折称、压级与提级等手段，套取烟叶款 30 余万元，后经过共同预谋，将套取的烟叶款中的 106000 元私分，此案 6 名犯罪嫌疑人已作出有罪判决。

二、创新工作思路，加大查案力度，深挖职务犯罪

新《刑事诉讼法》实施后，他们不断探索新的侦查模式，及时转变侦查理念，

增强干警利用信息化侦查办案的意识。采用信息引导侦查模式，加强案前准备，经营谋划，在案前尽量多地掌握被查对象的各项信息，做到知己知彼，找准突破口。办案中，遇到技术难题，主动联系上级院，寻求技术支持，利用上级院的技术设备，实行资源共享，提高了办案效率。如在办理张某某等9人涉嫌贪污案时，由于涉及人员较多，为了防止打草惊蛇，他们和市院沟通联系，利用市院的手机定位系统，准确掌握每个犯罪嫌疑人的住所后，分组同时寻找嫌疑人，在最快的时间内将9名嫌疑人全部通知到案，提高了办案时效，防止嫌疑人之间相互串供，上级院的技术支持对成功侦办此案起到关键作用。

2013年以来，为对接新《刑事诉讼法》的实施，汝州检察院反贪部门对每期案件在初查前均通过信息技术手段，秘密收集被查对象的各类信息资料，在办案过程中，进行实战演练。通过人口信息查询、银行查询、房产查询、车辆查询、话单分析等技术手段，能快速地掌握被查对象的社会活动轨迹、家庭财产情况、家庭住址、办公所在地等各种信息，从而引导侦查人员的办案思路，为办理案件提供有力的书证，更有利于案件的开展。如2013年7月办理的原汝州市公安局出入境管理科长崔某某受贿案，经过前期银行查询，他们已掌握崔已把受贿的20万元存入其信用社的账户上，但崔某某通知到案后，拒不交待受贿犯罪事实，我们将崔某某的20万元涉案款作为突破口，很快突破了崔的心理防线，又顺藤摸瓜，一举查清了崔某某利用职务便利，接受多人贿赂23万元的犯罪事实。崔某某被人民法院判处有期徒刑10年，崔某某对判决结果没有提出上诉。

三、狠抓队伍建设，提高干警素质

首先，加强干警的政治理论学习，反贪部门在办案时间紧、任务重的情况下，坚持周一例会制度和周五学习制度，每周组织全体反贪干警进行政治理论学习，用理论知识武装干警的头脑，提高干警的政治素质，使反贪干警人人牢固树立"立检为公、执法为民"的宗旨意识，不断改进执法作风，增强严格执法，正确执法的观念。其次，注重反贪队伍整体战斗力的提高，边学习边练兵，通过实践演练，不断积累总结经验，再反过来提高办案水平和技能，强调老侦查员对新兵的传帮带作用，使年轻干警尽快成为办案能手。最后，加强对干警进行廉洁自律教育，增强反贪干警的廉洁意识，提高干警拒腐防变的能力。目前，反贪干警形成了一支有战斗力、凝聚力、团结奋进的战斗集体。全局干警连续多年无严重违法违纪问题的发生，无重大安全办案责任事故，所办案件无引起涉检涉法信访案件。

四、以信访稳定大局为重，力促县域经济社会健康发展

信访工作关乎社会和谐稳定，直接关系到人民群众的切身利益。因此，汝州市检察院反贪局在工作任务繁重的情况下，以社会稳定大局为重，把处理好涉检信访案件，作为当前一项极为重要的工作，把人民群众满意不满意作为检验反贪工作的第一标准。对群众反映强烈的涉检信访问题，优先办理，坚决一查到底。对达到立案标准的，不论数额大小，坚决立案，对构不上立案条件的，将问题逐项查清，及时向群众进行反馈，对群众释法说理，做好群众的息诉罢访工作，将矛盾纠纷化解到基层。如2014年3月的一天，汝州市钟楼办事处拐棍李村多名群众到检察院反映本村报账员兰某某，贪污征地款等经济问题，要求检察院及时进行处理，否则，将到省里直至中央有关部门上访。由于来访群众较多，情绪非常激动，反贪局领导高度重视，一边耐心宣讲法律规定，对群众表明态度，稳定群众情绪。一边派员深入该村进行调查，走访200多名农户，在较短时间内查清了兰某某采用虚报征地面积的手段，贪污20350元征地款的犯罪事实，此案提起公诉后，汝州市人民法院以贪污罪判处兰某某有期徒刑1年6个月，缓刑2年。对群众反映兰某某的其他经济问题，经审查不属于检察机关管辖，反贪局及时将有关材料移交汝州市公安局经侦队处理。群众对处理结果非常满意，表示愿意息诉罢访。

百尺竿头放步行，汝州市检察院反贪局将进一步增强干警的责任感和使命感，充分发挥检察职能，以饱满的热情，百倍的努力，扎实的工作，实现新的跨跃，为促进社会和谐稳定作出新的贡献。

汝文
检化

第六章 队伍建设创新

Duiwu Jianshe Chuangxin

"六站式"培育检察新兵

——汝州市人民检察院积极探索新入警人员培训新途径

　　近年来，通过各类统一招录考试，我院新招录了一批素质全面的检察干警。这批年轻干警的加入，为我院干警队伍输入了新鲜血液，增强了新生力量，改善了队伍结构，壮大充实了检察队伍，满足了新时期检察工作对高素质人才的需求。但不容忽视的是，这些年轻干警虽然有着较高的学历，较全面的个人素质，但是大多社会经历简单，对检察工作的复杂性和特殊性尚缺乏全面的了解。为提高新入警人员的综合素能，使其掌握履行岗位职责所必须具备的基本知识和技能，尽快实现工作角色的转变，我院成立了以检察长亲自任组长的培训领导小组，制定了严格、完善的培训计划，通过"六站式"培训加强对新入警人员的思想政治、检察业务、办公技能等方面的培训，实现了培训工作有内容，参训人员有收获的目标。

一、第一站：学习院规院纪，强化依制度做人做事

坚持制度管理约束，规范执法行为是检察机关长期实践经验的总结。让新入警人员了解掌握本院的各项规章制度，使其今后规范有序的开展检察工作是培育检察新兵的第一站。我院以《汝州市人民检察院工作规范》为主，采取院领导集中辅导的形式进行为期一周的学习。学习期满，政治处出题对《工作规范》知识进行考试，对新入警人员能够严格贯彻执行制度、依制度做人做事、忠实履行法律监督起到积极作用。

二、第二站：进行全方位检察业务知识培训

开展检察业务知识培训是新入警人员做好检察工作、树立对外形象和提升执法公信力的重要保障。为不断加深新入警人员对检察业务工作岗位的认识，确保其及早完成角色和观念上的转变，熟悉并适应检察业务工作需要，我们先后安排反渎、反贪、公诉、侦监、案管中心等主要业务科室局、科长或业务骨干为新进干警上课。并要求授课人员结合自身工作制作课件，从查找职务犯罪线索、侦查技巧、案件审查起诉、案件管理流程、信访接待等方面，与新进人员进行了良好的讲授沟通，为新入警人员及早成为检察业务骨干力量，增强履行法律监督能力奠定坚实基础。

三、第三站：进行军事训练，增强集体荣誉感和执行力

增强其吃苦耐劳精神、团队意识和执行力，是检察工作的特殊需要。为此，我院积极与武警消防大队联系，对新入警人员进行为期一周的封闭式军事化训练。队列、转体、齐步、跑步等基本动作的反复练习，使新入警人员学会了坚忍不拔，学会了服从命令，学会了自信、奉献和尊重，从而增强其集体荣誉感和使命感，磨练了意志，形成了良好的纪律观念。通过军事化训练，新入警人员深深地感悟到，军训是他们人生当中的一笔宝贵精神财富，必将受益终身。在接下来的检察工作中，将保持和发扬吃苦耐劳、顽强拼搏的精神，努力以新的姿态、新的面貌投身所热爱的检察事业。

四、第四站：全面的检察综合知识培训

为使新入警人员能够在较短的时间内熟悉检察综合业务，我们组织办公室、政治处以及技术科等部门的骨干人员为其进行信息调研、新闻稿件写作，内部局域网及办公软件操作等方面的培训。同时，还邀请摄像、礼仪方面的专业人士，为新入警人员进行了专门的摄影和政务礼仪知识培训，为其全面胜任各类工作打下良好基础。

五、第五站：检察长现场面试、笔试、培养、考核

在近年来新进人员的培训工作中，院党组书记、检察长乔义恩均坚持和新进人员进行座谈交流。通过"限时书写个人简历"，了解其就职取向的方式对新入警人员的文字表达能力和个人心理趋向进行考察，通过"随机出题面试"的方式，对新入警人员的语言表达能力和即时反应能力进行考察。在历次培训中,乔检都要以如何做好新时代的检察官为题与新入警人员座谈。

乔检强调，作为新入警人员，一要坚持学习，既要积极拓展理论知识，

更要向办案经验丰富的老同志学习，将理论知识与实践有效地统一起来。二要岗位敬业，珍惜来之不易的工作岗位。牢固树立服务大局观，执法为民价值观，理性、平和、文明、规范的执法观，数量、质量、效果相统一的业绩观，自觉接受监督的权力观，统筹兼顾、全面协调可持续的发展观等检察人员"六观"，以严肃认真、谦虚务实的态度对待工作，努力学习和践行"忠诚、为民、公正、廉洁"的政法干警核心价值观。三要摆正关系，工作中要处理好与领导、同事的关系，同时不能放松对自我的严格要求，廉洁自律，发扬我院一贯的优良作风，做一名维护公平正义强化法律监督的检察工作者。

六、第六站：合理配置、优化人力资源

经过一定时间的岗前培训，在对新进人员的个人性格、阅历和能力有了一定的了解之后，院党组按照专业特点和实际工作的需要相结合的原则，将新进干警分配到各科室。为使新进干警尽快熟悉各个岗位特点，院党组及时对新进干警进行岗位轮换，使个人与岗位的匹配度达到最佳，并更具实效，最终定岗。同时，为不断提高新入警人员的素能修养和工作能力，院党组有计划地为新入警人员实施"一帮一"的方法，为每位新入警人员指派一位有经验、水平高的业务骨干为指导老师，通过业务骨干的"传、帮、带"作用，认真培养新入警人员的业务实际能力，使其各方面能力在较短的时间内得到提高，能够满足检察工作要求。

队伍建设是检察工作永恒的主题。只有过硬的队伍才能创造优良的工作业绩，才能推进各项检察工作创新发展，才能更好地履行法律监督职责。而检察人才培训工作，特别是新入警人员的培训工作一直是检察队伍建设的重要方面。随着经济、社会的快速发展，民主法治建设的快速推进，检察队伍建设自然也会面临许多问题。这就对新入警人员的培训工作提出了更高的要求。我院将继续认真开展培训工作，并积极总结经验和教训，为以后的新入警人员培训工作的顺利开展打下良好的基础。

发扬"崇德、笃行、创新、致远"的汝检精神
推动检察工作科学发展

近年来，汝州市院把弘扬"崇德、笃行、创新、致远"的汝检精神作为推动检察工作发展的强大动力。用"崇德"以育人，用"笃行"来执法，用"创新"树亮点，用"致远"谋发展。培育了一支坚强的队伍，树立了一个良好的形象，打造了一批有影响的亮点，进入了全国先进基层检察院的行列！先后被省委省政府、省检察院评为"省级文明单位"、"全省先进基层检察院"。2013 年又被最高人民检察院评为第五届"全国先进基层检察院"这一荣誉称号。

一、"崇德"育人，打造坚强战斗堡垒

汝州市院始终把深入推进社会公德、职业道德、家庭美德、个人品德建设作为强化检察队伍建设，推进检察工作科学发展的重要抓手，通过"崇德"教育，在全院形成了知荣辱、讲正气、做奉献、促和谐的良好道德风尚。一是以学习身边典型全国模范检察官马俊欣为载体，举行检察官宣誓仪式、举办演讲比赛、专题讲座、征文比赛、警示教育等活动，大力弘扬和培育忠诚、公正、廉洁、文明的检察干警核心价值观。二是组织干警学习革命先烈感人事迹，重温入党誓词、重读红色经典，接受红色革命教育，筑牢干警核心价值观，提升职业道德水平。三是在选拔任用干部时，突出"以德为先"的理念，把考察干部的社会公德、职业道德、家庭美德、个人品德作为重要抓手，真正在把想干事、能干事、不出事的优秀干警放到重要岗位上进行锻炼。近年来有 20 多名品德端正、群众评价好的干警通过竞争上岗进入中层干部行列。四是加强职业纪律和廉政教育，增强拒腐防变

能力。坚持常年开展以公正执法、清正廉洁为主要内容的职业道德和职业纪律教育活动，及时传达高检、省、市院通报的反面典型案例，组织干警收看《人生不能重来》、《中国廉政报道》等警示专题电教片，组织干警到警示教育基地进行警示教育，时时向干警敲警钟。继续抓好"一岗双责"责任制的落实，在实行层层签订廉政责任状的基础上，加强检务检风检纪督察，切实增强检察人员廉洁从检的自律意识。全院干警多年来保持了无一例违规违纪行为，树立了检察干警和检察机关的良好形象。在"崇德"精神的影响下，汝州市院队伍建设成果丰硕，五年来有 200 多人次获得省市级以上荣誉称号。邵华海同志被省委评为人民满意的政法干警。关文丽同志被河南省委政法委和综治委联合表彰为"中原卫士"。公诉局被评为"全省优秀公诉团队"。

二、"笃行"自律，维护司法公平正义

汝州市院始终坚持权为民所用，法为民所执，要求干警发扬"笃行"的汝检精神，教育干警踏踏实实工作，认认真真办事，自觉践行执法为民的检察工作宗旨，切实维护司法公平正义。一是积极回应人民对反腐的呼声，加大查处和预防职务犯罪力度。2009 年以来，共立案查处贪污贿赂案件 75 件 98 人，渎职侵权案件 39 件 48 人。分别查处了平顶山市公安局车管所张某某等 3 名工作人员在机动车审验过程中玩忽职守案，原汝州市公安局出入境管理科科长崔某某受贿案等案件，引起了较大的社会反响。坚持办好案件是政绩，结合办案搞好预防、减少犯罪是更大政绩的理念。围绕广大人民群众关心的热点，对新农合、建设用地容积率调整等关系民生的领域，开展专项预防调查，帮助新农合办公室完善廉政教育制度，协助地税部门挽回国家经济损失 3000 余万元。深入开展"进机关、进企业、进乡村、进学校、进社区"五进活动，有针对性地开展预防职务犯罪警示教育和法制宣传活动，做法被《检察日报》头版刊发。二是加强诉讼监督，切实维护司法公正。2009 年以来，共办理立案监督案件 35 件 75 人，追捕、

追诉漏犯 215 人，办理民事行政抗诉案件 26 件，与市人民法院会签了《关于加强民事执行监督的若干规定》，做到了对民事行政诉讼活动的全程监督，做法被《河南日报》刊发。多年来，每一名检察干警自觉把维护社会公平正义作为自己的价值追求和行为规范，使每一项执法活动、每一个执法环节都成为维护社会公平正义的具体实践，让违法者依法受到惩处，让守法者依法得到保护，营造和谐稳定的社会氛围。正是有了"笃行"这一"汝检精神"的内在品质的影响，全院干警发扬实干精神，踏踏实实做好份内事，工作克难奋进，任劳任怨，不计较个人得失，始终以党的利益和检察事业为重，维护了社会公平正义，赢得了党委和人民群众的满意和好评。多年来，无一例错捕、错诉案件，办理的宋某某 9 人贪污高速公路征地补偿款案被评为"全省十大反贪精品案件"。在市人大组织的案件质量执法检查活动中，汝州市院全票通过。

三、"创新"机制，打造亮点树品牌

汝州市院始终把"创新"作为推进检察工作发展的不竭动力，以创新机制和打造亮点工作为抓手，先后推出了一系列在全省乃至全国有影响的检察品牌。一是创新矛盾化解机制，维护社会大局稳定。在全市 20 个乡镇选聘群众认知度高、德高望重的 117 位知名人士担任"特约检察调解员"，参与涉检信访案件调处工作，实现初信初访化解息诉率达 98%，连续多年取得了涉检进京零上访和赴省零集体访目标，经验做法被高检院转发推广。2010 年河南省检察院信访风险评估预警工作会议在汝州市院召开，省院党组副书记、常务副检察长张国臣同志出席会议，对汝州市院探索推行的信访评估预警机制予以肯定和认可。2011 年在山东召开的全国执法办案风险评估预警工作推进会上，汝州市院作为全国唯一的基层院代表在大会上作典型发言。2011 年汝州市院控申接待室在"全国文明接待室"的基础上又被高检院授予"全国检察机关文明接待示范窗口"。二是加强案件质量管理，在平顶山市率先成立案件管理中心，设立案件受理大厅，平顶山市检

察机关案件管理工作推进会在汝州市院召开，探索的《"一案三评四结合"工作制度推进案件质量监督管理》的经验被高检院推广。三是注重发挥检察建议参与社会管理创新的作用，结合办案针对"问题校车"和"黑诊所"泛滥的情况及时向相关部门发出检察建议，促使汝州市政府开展了两次专项整治活动　河南省院、《检察日报》头版以《一份检察建议引发一场专项整治　汝州关闭 169 家"黑诊所"》为题予以转发、报道。四是延伸法律监督触角，依托派驻检察室贴近基层、贴近群众的优势，创新"三个三"工作法，着力推动检力下沉，加强对乡镇基层的法律监督工作，经验做法被省院和平顶山市委简报转发。五是加强刑罚执行监督，规范驻所检察室建设，经验做法被高检院《检察工作简报》转发推广，驻所检察室被高检院授予"全国一级规范化驻所检察室"。多年的实践证明，创新是一个民族进步的灵魂，是一个国家兴旺发达的不竭动力，是检察工作发展的原动力。在"创新"精神的引领下，三年来，汝州市院共有 6 项工作经验被高检院转发，9 项工作经验被省院转发，在省级以上媒体发表宣传文章 500多篇，为实现检察工作的科学发展注入了源源不断的动力。

四、围绕中心谋发展，服务大局以"致远"

检察工作是党委工作的重要组成部分，检察工作只有服从和服务于党的中心工作才能获得更广阔的发展空间。汝州市院按照"党委政府想什么，我们干什么"的工作思路，在履行检察工作中始终围绕大局谋划检察工作。一是积极参与市委市政府开展的集中整治违法建设和违法违规用地专项活动，出台专门监督意见，严厉打击违法占地、非法买卖土地犯罪。共依法办理此类案件 5 件 7 人，其中依法快捕快诉了风穴路街道办事处城北居委会高北组组长高某某等人非法转让土地使用权案、立案侦查并起诉了汝州市国土资源局夏店国土资源所所长王某因玩忽职守致使 39.7 亩基本农田被毁案，有力打击了违法占地、违法建设犯罪行为。二是更加注重创新服务企业发展的方式。针对汝州市经济下行压力较大，部分企业经营遇到困难的实际，积极开展服务企业发展"六个一"活动(即发布一个服务企业公告、每月走访一次企业、每半年召开一次服务企业座谈会、在产业集聚区设立一个检察室、设立一个服务企业发展办公室、制定一套服务企业发展的长效机制)，增强了服务企业的针对性、有效性，得到了汝州市委的充分肯定。三是更加积极主动地维护市重点项目建设。针对我市一段时间存在的扰乱企业正常生产经营、影响经济发展的突出问题，积极参与打黑除恶、清痞扫霸，净化经济社会环境集中整治活动，严厉打击了影响项目建设的堵门、堵路、闹访、闹机关等违法犯罪行为。在整治活动中对涉企案件实行优先受理、优先办理、优先结案的"三优先"原则。快捕快诉了武某某等16人在汝南产业集聚区及周边地区称霸一方涉嫌黑社会性质犯罪案件，为企业发展营造了良好的发展环境。四是更加注重开门接受监督，提升服务水平。以"六个一"活动实施为契机，深入开展"大走访"活动，由院领导分别带队走访市重点企业，通过与企业负责人、员工代表深入座谈，征求对检察工作的意见和建议，努力提升检察工作服务大局、服务企业的质量和水平。并且以招商、安商、护商、亲商、稳商为目的，举办了服务经济发展座谈会，与企业界代表和我市发改委、住建、国土、环保、质检、税务等行政执法部门共商服务企业发展良策，面对面协调解决企业生产经营中遇到的困难，收到了较好的社会效果。党委政府和社会各界满意的背后，是汝州市院始终坚持大局观念、群众观点、创新意识，在服务大局中谋发展，在创先争优中铸品牌的执着坚守。

在"崇德、笃行、创新、致远"的汝检精神的激励下，汝州市院按照"打基础、谋长远、提素质、上台阶、树亮点、保先进、创品牌"的工作思路，实现了规范科学管理的目标。自2010年以来，连续三年被评为"平顶山市先进基层检察院"；连续两届被评为"河南省先进基层检察院"；2013年，又被最高人民检察院授予"全国先进基层检察院"荣誉称号。

汝州市人民检察院举办"岗位练兵单人论辩赛"

  2015年4月21日，汝州市检察院在本院六楼会议室举办了"岗位练兵单人论辩赛"。控辩双方唇枪舌剑，口若悬河，观摩人员聚精会神、全神贯注。本次活动组织严密、形式新颖，参赛选手现场表现举止端庄、思维敏捷、论辩精彩，展示了比赛干警较强的应变能力和扎实的业务功底，也赛出了良好的精神风采，是一场贴近"实战"的演练。

  平顶山市人民检察院副检察长何欣、公诉局长张鹏飞、平顶山市律师协会会长刘印卿、汝州市人大常委会副主任邓银修、政协副主席韩自敬、汝州市法院副院长潘瑞政等领导受邀参加，汝州市人大法工委主任张延斌、汝州市法院刑庭庭长李跃功、河南神鹰律师事务所主任李向阳等7人担任专家评委，

我院检察长及其他领导班子成员和全体干警参加了现场观摩。

本次活动共有来自公诉、侦监、反渎、案管、民行等部门的 12 名干警参加，分为 6 组进行一对一对抗，辩题改编自真实案例，围绕司法实践热点和法学法理争议，涵盖职务犯罪、财产犯罪等多种犯罪类型。比赛共分为立论陈词、自由辩论、总结发言 3 个环节，其中立论陈词、总结发言环节控、辩双方时间各为 3 分钟，自由辩论环节每方各为 4 分钟、交替发言。七位评委结合辩论能力和综合形象为每位选手打分，评选出此次比赛的一、二、三等奖。

论辩结束后，市院公诉局局长张鹏飞、平顶山市律师协会会长刘印

卿、汝州市政协副主席韩自敬先后作了点评，对我院举行此次比赛活动表示高度赞赏，认为开展此项活动对展示干警的良好形象、提高业务素质和办案能力有着积极促进作用。张鹏飞局长专门指出这次活动适应了新时期"以审判为中心"的诉讼制度改革理念，是一次具有前瞻性和针对性的活动，并提出了"注意仪表形象、表达清晰凝练、气势平缓稳重、增厚法理法学功底、扩大社会知识面"等五个方面的要求。

我院党组书记、检察长刘新义在论辩赛结束后对受邀参加活动的所有领导及嘉宾表示衷心的感谢，并强调举行单人论辩赛活动，是我院深化岗位练兵的一项重要举措，既是对我院干警业务素质的一次检验，又是狠抓队伍建设的体现，通过活动的开展，强化全院干警争先创优的意识，为不断开创我院工作新局面注入新活力。

最后，市院副检察长何欣作了重要讲话，何检认为今天的论辩赛非常精彩，达到了预期目的，为平顶山市检察机关队伍建设、夯实业务素质、规范执法行为提供了楷模。希望我院以此次论辩赛为契机，采取多种有效措施，提高全体干警政治业务素质，在平顶山市检察系统中走出一条创新路，在全市检察队伍中起到示范引领作用。

课题立项 检校合作
进一步推进学习型检察院建设

近年来，汝州市检察院紧紧围绕科学规范管理的目标，多措并举，推进人才兴院战略。一方面积极创新培训方式，坚持把教育培训作为人才建设的关键环节。在开展岗位技能培训，学历教育培训的基础上，进一步推动检校合作，与北京师范大学刑事法律科学研究院签订合作协议，促使该校刑事法学研究院教学教研实践基地落户汝州市检察院；同时，积极同中国人民大学联系沟通，使该校刑事法律科学研究中心教学科研基地落户汝州市人民检察院。利用高校优质学术资源进一步提升我院干警法学理论水平业务素质。另一方面通过课题立项带动干警理论研究能力。在刘新义检察长的亲自带领下，我院研究生干警结合信访办案能手，向最高人民检察院申请并获得批准了信访课题《涉检信访工作机制改革研究》，极大地鼓励了全院干警主动提升理论研究能力的兴趣。

一、专家授课，提升理论水平

为进一步深入推进课题研究，2014 年 10 月 9 日，我院邀请中国人民大学法学院副教授程雷、魏晓娜和最高人民检察院检察理论研究所副研究员董坤来我院对课题研究进行现场指导。他们认真解答了课题组干警在课题研究中遇到的难点和疑点，并对下一步研究的方向和重点提出了他们的宝贵建议。

在邀请专家指导课题研究的同时，我院充分利用这一契机，安排三位专家为全体干警授课。9 日下午，中国人民大学法学院程雷副教授进行了题为《2012 刑事诉讼法实施中的主要问题》的专题讲座。程教授在讲课中，详细介绍了 2014 年 4 月 24 日十二届全国人大常委会第八次会议审议通过的刑诉法三个立法解释，并以辩护制度、证据制度和指定居所监视居住制

度为例，重点讲解了刑诉法实施过程中的难点问题。

10日上午，中国人民大学法学院魏晓娜教授首先作了题为《新刑事诉讼法中的西方制度原型》的报告，报告以最具特点的辩诉交易制度为切入点。介绍了英美国家辩诉交易制度的产生原因及影响和大陆法系国家的辩诉交易制度的发展过程，并对该制度在中国的发展进行了详细的梳理。魏教授的讲课深入浅出，通俗易懂，使大家了解了辩诉交易制度在全球法制化进程中的发展以及我国借鉴该制度的现状。最高人民检察院检察理论研究所副研究员董坤博士接着作了《检察机关排除非法证据问题》专题讲座。他的讲解深刻、全面、具体，用案例总结理论，以理论剖析案例。课程结束后三位博士热情地回答了广大干警们提出的问题。

三位专家的指导和授课拓宽干警的理论视野，使我院检察干警进一步了解法学研究的前沿动态，进一步提高了干警的法学理论素养，必将对我院各项检察工作的全面发展起到积极的推动作用。

二、检校合作，加强实践指导

（一）与北京师范大学合作共建教学科研实践基地

2015年6月26日上午，北京师范大学（以下简称"北师大"）刑事法学研究院教学教研实践基地揭牌仪式在汝州市检察院六楼会议室举行。北师大法学院与刑科院分党委书记、博士生导师张远煌教授，北师大刑科院副院长、博士生导师刘志伟教授，北师大刑科院副院长黄振中教授，北师大刑法学博士、副教授黄晓亮，汝州市委常委、政法委书记彭清旺，汝州市检察院检察长刘新义，平顶山市检察院政治部副主任周龙伟，宣传处处长牛彩，教育处处长陶赴京等出席仪式。

张远煌与彭清旺共同为北师大刑事法学研究院教学教研实践基地揭牌。

当天下午，北京师范大学刑事法律科学研究院副教授黄晓亮博士以《盗窃罪新增行为方式有关适用问题》为题为全体检察干警授课。

近年来，汝州市检察院以创建"学习型检察院"为载体，围绕建设一

支政治坚定，业务精通，作风过硬的检察队伍这一目标，不断强化教育培训工作，努力充实和丰富创建"学习型检察院"的内容和形式。建立学习例会制度，丰富了学习内容，搭建交流平台，广泛开展多种形式的岗位练兵、技能比赛活动。积极倡导开展读书活动，2014年成功申报了高检院检察理论研究课题《涉检信访工作机制改革研究》并将于近期结题。该院领导班子成员率先垂范，带头参加读书活动，带头撰写读书笔记和理论调研文章，大兴理论调研之风和理论联系实际的学风，营造了浓厚的学习氛围和良好学风，干警知识结构、业务素质和执法水平有了较大改善。

北师大刑科院是北师大专门设立的研究刑事法律的教育科研机构，居于全国法学教研的前沿，在法学教育方面具有得天独厚的优势条件。汝州市检察院与北师大刑科院联合建立教学科研实践基地，借助北师大刑科院良好的师资力量和科研能力，为该院干警教育培训工作搭建起可持续发展平台。

（二）与中国人民大学合作共建教学科研基地

2015年8月13日上午，汝州市人民检察院与中国人民大学刑事法律科学研究中心签约暨揭牌仪式在市检察院举行。中国人民大学刑事法律科学研究中心副主任时延安教授，市委常委、政法委书记彭清旺，市人民检察院检察长刘新义出席签约仪式。汝州市政法委、检察院、法院等单位参加仪式。

汝州市委常委、政法委书记彭清旺在揭牌仪式上致辞。他说，此次教学实践基地的建立，是检察院党组提高队伍素质，加强队伍专业化建设的又一重要举措。中国人民大学是全国重点高校，在国内具有十分重要的学术影响力，希望双方以此为契机，进一步深化合作关系，丰富合作形式，拓展合作领域，不断探索创新合作模式，确保"检校合作"取得实效，把合作的成果转化为司法实践，为建设生态汝州、智慧汝州、文明汝州、幸福汝州做出应有的贡献。

揭牌仪式上，时延安教授与刘新义检察长共同签署了"教学科研实践基地"合作协议书。与会领导共同为"教学科研实践基地"揭牌。揭牌仪式后，中国人民大学刑事法律科学研究中心副主任时延安教授为与会干警做题为《民事不法判断对定罪的影响》的专题讲座。

通过不断加强与高校的合作，有助于提升检察干警的理论水平和实践能力，为汝州市人民检察院再创辉煌提供坚实基础。

公正选人用人　凝聚干事创业正能量

——汝州市人民检察院 2015 年干部竞争上岗暨双向选择工作受好评

2015 年 10 月 26 日至 30 日，汝州市检察院党组按照上级干部选拔任用和竞争上岗的规定，在汝州市委组织部和平顶山市院政治部的大力支持下，以公正选人用人、凝聚干事创业正能量为主导，在全院进行了中层股级干部竞争上岗和一般干警双向选择，共选拔出 31 名正职、16 名副职走上中层领导岗位，46 名一般干警选择了适合自己的工作岗位。通过竞争上岗和双向选择，凝聚了人心、激发了队伍活力，推动了各项检察工作健康持续发展。此次竞争上岗的主要特点及成效是：

一、认真贯彻落实市委部署和上级院规定，充分体现党管干部原则

在此次竞争上岗中，该院严格按照 2015 年 10 月 16 日汝州市委组织部印发的《汝州市中层股级干部轮岗交流工作实施方案》的要求开展工作，自始至终都在汝州市委组织部和平顶山市检察院政治部的监督指导下进行，竞争上岗的工作动议、方案制定和选拔的拟定人选均报经市委组织部、政法委、平顶山市检察院审查同意；竞争上岗工作从动员大会到素能考试、竞职演说、民主测评等程序，汝州市委派出督导组全程参与监督，主管此项工作的市委组织部副部长带队参加该院动员大会并作动员讲话，给予了高度重视和大力支持。

二、坚持公正选人用人，在全院营造了加压奋进、你追我赶的清风正气氛围

院党组把选好用好一个干部、树起一面旗帜、激励一大批人作为基本准则，严把选人用人关。一是选用品德高尚的人。坚持"德才兼备、以德为先"原则，将品行放在首位，以"个人干净、忠诚本分、实干担当"为基本条件，做到优中选优，把一批政治坚定、清正廉洁、品德高尚的干警选拔到了领导岗位。二是选用实绩突出的人。将近三年来部门和个人获得的各级表彰奖励按不同分值纳入竞争上岗的个人实绩分值，以实绩说话、用实绩服众，体现了"不看咋说只看咋做，不看背景只看贡献"的用人导向，营造了"干与不干、干多干少、干好干坏不一样"的局面。三是选用干警公认的人。该院此次竞争上岗实行百分制，除素能闭卷笔试 10 分、工作实绩 20 分、竞职演讲 30 分外，民主测评就占 40 分，真正把干警公认原则作为看准、选对、用好干部的重要保障，最大限度地集中民智、体现民意。四是推行"阳光选拔"。此次竞争上岗始终坚持公开、公平、公正、择优的原则，从公布竞争上岗方案、报名审查、笔试、竞职演说、民主测评、组织考察等各个环节的操作流程和结果均予以公布，把竞争上岗工作置于阳光下进行，得到了干警的信任和认可，增强了选任工作的透明度和公信度。

三、构建"梯队式"管理，激发了全院活力

今年 10 月份前该院通过部分班子成员调整、专职检委会委员指数的配备、1 个副科级部门正职的选任和近期的中层股级干部竞争上岗及一般干警双向选择工作，班子及中层干部年龄、知识和专业结构得到了进一步优化，各科室的人员配备更趋合理，形成了老、中、青"梯队式"递进管理模式，激发了全院活力。一

是充分发挥 50 岁以上干警对青年干警的引领作用。让他们既帮助青年干警尽快成长，又让他们感到"老有所为"。该院原反贪局长、监察科长、控申科长等 4 名 50 岁以上老同志退出中层负责人岗位后，调入基层检察室等部门承担起对 80 后青年干警的传、帮、带工作，不断向青年干警传递正能量。二是充分发挥 35 岁至 50 岁中层干警政治过硬、素能过硬、勇于担当、领先做事的作用。通过选任，目前院内 15 个内设机构的正职年龄均在 50 岁以下，院党组对这一梯队从严要求、大胆使用，充分挖掘潜力，发挥其承上启下的骨干优势，带动和激发全院干警干事创业的热情。三是充分发挥 35 岁以下青年干警富有朝气、激情做事、勇于创新、脱颖而出的作用。竞争上岗后，27 名 35 岁以下干警走上中层副职岗位，院党组制定多层次多渠道培养思路，鼓励他们嫩肩挑大梁，敢于给他们"急、难、险、重"和创新型的工作任务，有重点地进行培养，为其提供更广阔的发展空间。

四、方案符合实际，组织筹备严谨，经验可借鉴

此次竞争上岗和双向选择工作，是该院自 2006 年以来人事变动最大的一次，涉及全院各部门，牵涉面广、政策性强、难度大，为保证竞争上岗严谨有序，公开、公平、公正、择优，合情、合理、合法，该院党组根据《党政领导干部选拔任用工作条例》、《党政机关竞争上岗工作暂行规定》、最高检《关于在全国检察机关推进竞争上岗的通知》、《汝州市中层股级干部轮岗交流工作实施方案》的规定及要求，结合本院实际，在经过深入调查研究，广泛征求意见的基础上，几经修改，制定出针对性和操作性强的实施方案。在宣传发动、中层干部竞争

上岗、一般干警双向选择的每个阶段和每个环节，都严格按照方案的规定及要求，组织严谨、程序严密、公开透明。如民主测评的合格优秀票必须过半数以上才有资格竞争上岗；竞争计财、技术部门的正副职岗位必须有相应的专业技能资格证书；竞职演说由班子成员当场评判计分；在全国全省检察机关获得先进荣誉或优秀标兵能手的计业绩项目的最高分；每个竞争上岗人员的各项得分从高分到低分类汇总排列公示，院党组从高分到低分依次确定和公示岗位职务，充分体现了择优公开原则。方案确定的所有职位任期为三年，三年届满进行下一轮竞争上岗，同时规定部门工作在上级院年度考评中两次进入先进行列，下次竞争上岗时，部门负责人根据本人意愿可直接留任原职位，不再参与竞争上岗，既突显了竞争上岗创先争优的激励机制，又保持了工作的稳定性、连续性，为该院今后开展这项工作打下了坚实基础。此次竞争上岗和双向选择，全院上下认同、社会各界好评、上级充分肯定，队伍的整体素质和形象得到了全面的展示和检验，全体干警积极参与，顾全大局，人心不散、干劲不减，树立起了检察队伍的良好形象。

附件1：

汝州市人民检察院 2015 年中层干部竞争上岗一般干警双向选择工作实施方案

为贯彻落实中共中央办公厅《关于深化干部人事制度改革纲要》、《推进领导干部能上能下若干规定（试行）》，中组部、人事部《关于党政机关推行竞争上岗的意见》，中组部《党政干部选拔任用工作条例》，高检院《关于在全国检察机关推行竞争上岗的通知》和中共汝州市委组织部《汝州市干部选拔任用优先条件管理办法》、《汝州市股级干部竞争上岗实施办法》、《汝州市股级干部职位轮换（轮岗）制度》、《汝州市中层股级干部集中轮岗交流实施方案》等文件精神，深化我院机关干部人事制度改革，结合我院实际，制定本方案。

一、中层干部竞争上岗

（一）基本原则

竞争上岗必须坚持以下原则：

1. 党管干部原则；

2. 干部队伍"四化"方针和德才兼备、注重工作实绩的原则；

3. 坚持"五看"原则：一看责任担当，二看工作实绩，三看群众公认，四看任职资历，五看岗位需要；

4. 公开、平等、竞争、择优原则；

5. 全员参与和全员公认原则；

6. 民主集中制原则；

7. 严格按照规定程序办事的原则。

（二）用于竞争上岗的职位和资格条件

1. 业务部门正股级

（1）职位：（16个）

侦监科科长1名、控申科科长1名、民行科科长1名、公诉局副局长3名（其中一名副局长兼未检科科长）、反贪局副局长3名、反渎局副局长2名、预防局副局长1名、刑执局副局长（兼驻看守所检察室主任）1名、反贪局办公室主任1名、预防局办公室主任1名、刑执局办公室主任1名。

（2）资格条件：

①已被组织部门登记为公务员，已被市人大常委会任命为检察员；

②年龄不超过48周岁（1967年10月26日以后出生）；

③现任中层正、副股级；

④具备《党政领导干部选拔任用条例》所要求的干部身份，不是检察员，但符合上述2、3项条件的，可以竞选反贪局办公室主任、预防局办公室主任、刑执局办公室主任职位。

2. 非业务部门正股级

（1）职位：（14个）

监察科科长（兼纪检组副组长）1名、计财科科长（兼任后勤服务中心主

任）1 名、技术科科长 1 名、案管中心主任 1 名、法警大队副大队长 1 名、政治处副主任 2 名（分别兼任人事科长和宣教科长）、院办公室副主任 2 名、驻产业集聚区中心检察室主任 1 名、驻温泉特色商业区中心检察室主任 1 名、驻汝东城乡一体化示范区中心检察室主任 1 名、驻科技教育园区中心检察室主任 1 名、驻城市管理综合执法局检察室主任 1 名。

（2）资格条件：

①具备《党政领导干部选拔任用条例》所要求的干部身份（法警大队副大队长要求具有公务员身份）；

②年龄不超过 48 周岁（1967 年 10 月 26 日以后出生），其中检察室主任年龄不超过 56 周岁（1959 年 10 月 26 日以后出生；法警大队副大队长年龄不超过 35 周岁（1980 年 10 月 26 日以后出生）；

③计财科科长、技术科科长应具有专业资格证书；监察科科长（兼纪检组副组长）必须是中共党员；

④现任中层正、副职。（具有全日制研究生以上学历且参加检察工作满三年的一般干部，可竞争院办公室副主任、政治处副主任职位）

3. 业务部门副股级

（1）职位：（7 个）

控申科副科长 1 名，侦监科副科长 2 名，民行科副科长 1 名、反贪局办公室副主任 1 名、反渎局办公室副主任 1 名、公诉局未检科副科长 1 名。

（2）资格条件：

①工作满 3 年（2012 年 10 月 26 日之前参加工作）；

②年龄不超过 45 周岁（1970 年 10 月 26 日以后出生）。

③具有助理检察员以上法律职务（具备《党政领导干部选拔任用条例》所要求的干部身份，没有助理检察员以上法律职务，但符合上述 1、2 项条件的可报名竞选反贪局办公室副主任、反渎局办公室副主任职位）。

4.非业务部门副股级

（1）职位：（9个）

案管中心副主任1名、技术科副科长1名、计财科副科长1名、后勤服务中心副主任1名、驻产业集聚区中心检察室副主任1名、驻温泉特色商业区中心检察室副主任1名、驻汝东城乡一体化示范区中心检察室副主任1名、驻科技教育园区中心检察室副主任1名、驻城市管理综合执法局检察室副主任1名。

（2）资格条件：

①工作满3年（2012年10月26日以前参加工作）；

②年龄不超过45周岁（1970年10月26日以后出生）；检察室副主任年龄不超过52周岁（1963年10月26日以后出生）；

③计财科副科长、技术科副科长应具有相关专业资格证书；

④具备《党政领导干部选拔任用条例》所要求的干部身份。

（三）竞争方法

本次竞争上岗采取竞职不竞岗的方式，竞职顺序为先正职后副职。入围正副职资格后，院党组根据职位特点和个人实际情况，研究决定每个竞争者的具体职位。

机关党委和工会内设机构职位不在此次竞争上岗范围。

（四）竞争上岗工作程序和步骤

1.组织动员。召开全院干警大会进行动员，统一思想，提高认识，严明纪律，明确要求，鼓励符合条件的干警积极参与竞争上岗。

2.报名和资格审查。根据市委有关文件精神，在同一岗位任职满3年的，可以轮岗交流；任职满5年的应当轮岗交流；任职满7年的，必须轮岗交流。

参加竞争上岗的人员范围：本院符合本次竞争上岗资格条件的所有中央政法编制人员（公务员）和事业单位工作人员（干部）。符合任职条件的副科级干部参与报名，可不进入竞争上岗程序，由院党组研究安排职务。

报名人员填写《个人信息采集表》，每名参与竞职人员可选择1—2个职位。竞争上岗领导小组办公室对报名者进行资格审查，对符合条件的报名人员的基本情况进行公示。

3.计分办法。本次竞争上岗实行百分制，其中笔试10分、竞职演讲30分、民主测评40分、工作实绩20分。

（1）笔试（10分）。笔试内容主要是法律知识和检察实务（刑法、刑诉法）以及适当的政治理论内容（汝州市委组织部印发的应知应会内容）。报名竞争民行科科长、副科长职位的，另行命题。笔试由竞争上岗领导小组办公室组织实施、监督。笔试采用闭卷方式进行，满分为100分。

计分方法：笔试分 = 本人按百分制实际得分 ÷10

（年满48周岁以上，符合条件报名竞争检察室主任、副主任职位的，可免笔试，计10分）。

（2）竞职演讲（30分）。参加中层领导职位竞争人员撰写演讲稿并进行公开演讲。演讲内容：一是介绍本人的基本情况；二是概括汇报本人近三年来的主要业绩及不足；三是阐明自己工作中的优势和特点；四是根据本人实际情况，表达本人的竞争志愿及如何开展工作。

演讲顺序通过抽签决定。每名竞争人员的演讲时间不超过3分钟。

每名同志演讲结束后由评委进行评分。

计分方法：评委打分采用30分制。演讲结束后，所有评委的评分相加后计算出平均分。

（3）民主测评（40分）。由全体干警对竞职人员进行民主测评，民主测评满分为40分。参加民主测评的人员范围为目前在编在岗人员。

民主测评分 =40分 ×（本人得民主测评优秀票数 + 称职票数）÷ 民主测评票总数

（4）工作实绩（20分）。

本次竞争上岗，突出"重政绩"用干部原则，结合我院实行的"四项档案"

管理制度。业绩档案和荣誉档案采用加分制,违纪档案和后勤管理档案采用扣分制。

荣誉和业绩档案。 2012、2013、2014 年获国家级表彰的先进集体(集体功)的部门干警加 2 分,省级表彰的先进集体(集体功)的部门干警加 1 分,地市级表彰的先进集体(集体功)的部门干警加 0.5 分;2012、2013、2014 年在全市年终工作考评中先进的部门的加分:排名第一名的科室,部门干警加 2 分。排名第二名的科室,部门干警加 1 分。排名第三名的科室,部门干警加 0.5 分。不参加市院考评的部门干警按参加市院考评的部门干警得分的平均分计分;个人获得国家级、省市级先进的(含参加各类竞赛),及个人一、二、三等功的分别加 6 分、5 分、4 分(以部门名义表彰的,降一个等级计分)。以上荣誉可累计积分,20 分为封顶分。

违纪档案:有违纪记录的,按处理机关级别予以扣分。被国家级、省级处理的 20 分全部扣完。被市级处理的,一次扣 3 分,被县级处理的一次扣 2 分,扣完为止;(以纪检监察部门出具相关材料为准)

后勤管理档案:有不良记录的,一次扣 1 分,扣完为止。(以计财部门出具相关材料为准)

4. 组织考察,确定拟任职人选。根据每个竞职人员的笔试成绩、竞职演讲得分、民主测评得分和四项档案情况按照从高分到低分进行排名,以确定考察对象。院党组根据考察情况和入围人员填报的志愿情况,分别研究确定正副股级领导职位拟任职人选。

5. 任前公示。根据有关规定,对拟任人选进行任前公示,公示时间为 5 天。公示期间,对反映的有关情况,由院竞争上岗领导小组办公室调查核实,结果报院党组研究决定。

6. 办理任职手续。公示期满后,按干部管理权限和有关程序,分别报市委组织部、政法委办理有关任职手续。

竞争上岗的人员任职实行试用期制度,试用期为一年,试用期满后,根据考核结果由院党组研究决定是否留任。

本次确定的所有职位任期为三年。部门工作在上级院年度考评中两次进入先进行列，下次竞争上岗时，部门负责人根据本人意愿可直接留任原职位，不再参与竞争上岗。

二、一般干警双向选择

遵照"稳定队伍、择优上岗、合理流动、发挥所长"的原则，在部门人员配置上实行双向选择，进行优化组合，发挥最佳效能。

（一）范围

首先确定在岗人员，要求一般干警均参加双向选择。在本岗位工作 5 年以上的，原则上轮岗，轮岗比例不低于 50%。因身体原因或者其他特殊情况不能在岗工作的，由本人写出书面申请报经党组研究批准后，可以不再参加本次双向选择，不占部门定编人数。今明年退休人员参与双向选择，可不占部门定编人数。凡进院未满二年干警，不参加本次双向选择，由院党组统一调配。

（二）程序

1. 干警填写意向表。每个干警可自荐 1—2 个部门。

2. 部门负责人根据定编人数，经主管领导同意，拟定本部门选用人员。第一次选用一般不得超过本部门编制数的 60%，选用人员报院党组审定。

3. 公布已选干警名单，同时通报未满编部门缺岗情况。第二次选用人员报院党组审定。

4. 经两次选用后仍未被选用的干警为待岗人员，接受待岗培训。

5. 公布各部门组成人员名单。

（三）待岗、试岗及解聘制度

1. 待岗人员实行待岗制度。待岗期为一个月（自竞争上岗结束之日起计算），待岗期间由政治处统一管理，工作由党组安排。

2. 待岗干警待岗期满后，个人写出总结，院党组研究通过后，进入试岗阶段，由党组安排岗位，试岗期限为一个月，试岗合格后即为正式选用人员。

3.待岗干警待岗期满后仍未被选用或试岗期满后仍不合格者，视为落选人员，落选人员依照《检察官法》和国家有关规定进行组织处理。

4.院党组可根据工作需要，对所有干警予以调整安排，不服从安排者按待岗的有关规定执行。

三、实行岗位责任制

为了更好地体现竞争上岗实效，新当选部门负责人与党组签订"一岗双责"责任书，并按其要求，各司其职，各负其责，全力实现岗位责任目标。

四、工作要求

1.加强领导，严密组织。为加强对此项工作的组织领导，成立竞争上岗及双向选择工作领导小组。

组　长：院党组书记、检察长刘新义；

副组长：院党组副书记、副检察长张现周；

成　员：其他领导班子成员。

领导小组下设办公室，顾武修同志兼任办公室主任，具体负责竞争上岗工作方案的组织实施。领导小组要加强与市委组织部、市政法委、市院政治部的联系，及时做好请示汇报工作。把具体组织工作做深、做细、做好。

2.严明政治纪律和政治规矩，加强监督。竞争上岗工作是加强检察干部队伍管理，建立竞争机制，激励优秀人才脱颖而出的重要举措，全体干警要充分认识搞好这项工作的重要性和必要性，要站在讲政治的高度，识大体，顾大局，支持并积极参与这项工作，符合竞争条件的同志，要积极报名，参与竞争，展示自己的才华，接受组织的挑选；不具备竞争条件的同志，也要积极参与，公正的评价。同时要切实加强组织纪律性，严禁搞串联、拉选票；严禁诬陷、诋毁他人，一经发现，取消其竞争资格，并予以严肃处理。

3.各部门要妥善处理好竞争上岗工作与日常工作的关系，既要保证本部门人员按时参加竞争，也要保证各项工作任务的完成。

4.严格执行财经纪律，坚决杜绝擅自处理甚至转移财物现象。在工作交接时，除本人所有物品外，机关及科室配备的所有物品以及掌管的财物，一律不许随人带走。交接工作要在计财科和纪检监察部门监督下进行，如发现违反规定，将严肃处理。

5. 要做好文件资料、案卷材料的保管和交接工作，严防失、泄密事件发生。

6. 纪检监察部门要对竞争上岗工作进行全程监督。

7. 具体实施时间另行通知。

五、本方案未尽事宜，由院党组负责解释

汝州市人民检察院

2015 年 10 月 26 日

附件 2：

各部门竞争上岗定编及职数配备情况表

部门	定岗数	正股级岗位	副股级岗位
办公室	5	2	
政治处	5	2	
侦监科	7	1	2
公诉局（含未检）	14	3	1
反贪局	15	4	1
反渎局	9	2	1
刑执局	5	2	
民行科	4	1	1
控申科	6	1	1
预防局	4	2	
案管中心	4	1	1
计财科	3	1	1
技术科	3	1	1
法警大队	4	1	
监察科	2	1	
后勤服务中心	1		1
集聚区检察室	3	1	1
温泉检察室	3	1	1
汝东检察室	3	1	1
科教园区检察室	3	1	1
执法局检察室	3	1	1
合　　计	106	30	16

第七章 其他工作创新

汝文
检化

Qita Gongzuo Chuangxin

河南省人民检察院转发汝州市人民检察院
乡镇检察室"三个三"工作法

一、转发情况

2012年10月10日,河南省人民检察院《检察情况反映》(深入推进三项重点工作专刊)第11期,以《汝州市检察院创新"三个三"工作法发挥乡镇检察室作用加强基层法律监督工作》为题转发我院乡镇检察室工作经验。

2011年以来,我院着力发挥乡镇检察室贴近基层、贴近群众的优势,创新"三个三"工作法,加强对乡镇基层的法律监督工作,取得了较好效果。

"三个三"工作法具体包括:一是突出"三个重点",加强基层干部法律监督。即突出对乡镇、村组干部的监督;突出对公安派出所、法庭、乡镇土地所等基层派出机构的执法监督;突出社区矫正工作的法律监督。二是注重"三个结合",化解基层社会矛盾。即注重与受理举报、控告、申诉工作结合;注重与本院刑检部门结合;注重与基层村组检察联络员结合化解社会矛盾。三是开展"三项活动",预防基层干部职务犯罪。即开展检察干警"进千企访万村"活动、"一案一预防"活动、职务犯罪预防调查活动,预防基层干部职务犯罪。

二、"三个三"工作法加强农村基层法律监督显成效

去年以来,我院注重加强对乡镇基层的法律监督,以3个乡镇基层检察室

为依托，推进检察工作重心下移，在全市 20 个乡镇街道办事处，开展查办和预防基层干部职务犯罪、加强对基层执法人员的监督、化解农村社会矛盾、参与农村社会治安管理等工作取得明显成效，受到了地方党委政府及群众的一致好评。其主要做法是：

（一）突出"三个重点"，加强基层法律监督

一是突出对乡镇、村组干部的监督。乡镇检察室通过多种渠道，收集、发现群众反映强烈、造成恶劣影响的农村干部职务犯罪线索。对辖区内涉及支农惠农资金，重点是新农村建设、救灾救济、倒房重建、农田水利设施、农机补贴、教育、卫生、土地开发领域的资金使用情况进行专项清理和摸排。3 个检察室自成立以来受理群众各类控告、举报 120 多件，协助有关部门初查职务犯罪案件线索 3 件。小屯检察室干警在与群众交谈中得知 2011 年灾后重建款有被个别村干部贪占嫌疑，就及时协助小屯镇纪委查办了发生在灾后倒房重建中的村干部职务犯罪案件。二是突出对公安派出所、法庭、司法所等基层派出

机构的执法监督。乡镇检察室注重与辖区内公安派出所、法庭和相关基层行政执法单位加强工作联系，对派出所行政处罚案件进行定期排查，重点对有案不立、立案不当以及执法不规范、不公正等问题进行监督；对发现的公安派出所、人民法庭执法不公正、不规范问题及时处理和纠正；对土地所、税所、工商所等部门作出的行政处罚案件进行专项清理，从中发现和收集犯罪线索。目前已督促公安机关立案 3 件 5 人，追加逮捕 2 人，追加起诉 2 人。三是突出社区矫正工作的法律监督。乡镇检察室人员深入参与各乡镇社区矫正组织，配合矫正执行主体确定矫正的重点、制定有效的矫正方案。同时全面履行法律监督职责，积极与监所检察部门协调，建立社区矫正工作站，对全市 200 余名矫正对象进行登记分类、教育管理，接受被矫正对象及其家属的控告，纠正不当的执行行为，维护矫正对象的合法权益。

（二）注重"三个结合"，妥善化解基层社会矛盾

一是注重结合受理举报、控告、申诉工作，发挥乡镇检察室的"窗口"作用。主动与司法所、派出所加强沟通和配合，及时排查化解矛盾纠纷，对发现的社会危险源点进行有效评估，有针对性地向乡镇和有关部门提出意见和建议 10 余条，为早发现、早处置、早解决稳定隐患赢得了先机。朝川村民徐某因自己的村干部职务被免等原因对现有生活不满，猜疑系受打击报复所致，在多次向相关部门上访无果后到检察室反映。检察室干警迅速与当地党委主要领导联系沟通，详细了解相关情况后，耐心向当事人解答相关政策规定，认真说服疏导，消除了当事人的疑惑后停访息诉。二是注重加强同本院刑检部门的协作配合。对轻微刑事案件和解处理，减少对抗，增进和谐。今年 4 月，焦村检察室配合侦查监督部门主动为一故意轻伤害案件的犯罪嫌疑人和受害人搭建和解平台，化解了双方的积怨，取得了较好的社会效果。三是注重检察室与基层司法所、社区的结合。通过走访、接访、巡访等方式，贴近群众，倾听诉求，先后调解息诉民事纠纷和信访案件 13 件。临汝镇检察室在下访巡访工作中获悉，中平

能化集团梨园矿供应站库房班长王某伙同供应科长牛某存在利用职务之便、采取弄虚作假手段多次贪污公款 5 万元的嫌疑，经移交反贪部门后被立案侦查，使职工矛盾得到化解。

（三）开展"三项活动"，预防农村干部职务犯罪

一是开展"检察干警进万村"活动。听取企业和群众对检察工作的意见、建议，同时收集企业和群众反映强烈的相关行政部门不作为、乱作为、乱收费、索贿受贿等违法违纪的线索。集中开展乡村法制宣传 9 次，发放宣传材料 3000 余份，提供法律咨询 250 人次，深入辖区基层站所及各村（居）委会，帮助建章立制加强财务管理，努力从源头上预防和减少社会矛盾的发生。二是结合查办"村官"职务犯罪案件，积极开展"一案一建议"、"一案一预防"活动。通过讲授法制课、到监狱开展警示教育、召开座谈会，以案释法说理等活动，进一步增强基层干部及农民群众法制意识，营造知法、懂法的良好氛围，提高基层干部及群众按法、按章办事的自觉性。先后组织辖区内各村支部书记、村委会主任、村会计以及乡镇各所负责人共计 2000 余人参加"增强责任意识，筑牢拒腐防线"的专题讲座；组织乡、村干部 500 余人到监狱开展警示教育活动，通过与"高墙"内服刑人员生活的"零距离接触"，亲身感受"高墙"内外的强烈反差所带来的心灵震撼，耳闻目睹失去自由给自己和亲人带来的痛苦，从而起到珍惜工作、珍惜自由、洁身自好的警示教育作用。三是紧密配合地方党委，整合各种资源，督促涉案单位和犯罪易发单位完善制度管理，从源头上遏制犯罪发生。先后对小屯国税所、地税所、教育办、卫生院、国土资源所的负责人进行职务犯罪预防调查活动，从中发现漏洞，帮助其建章立制，将各种隐患消除在萌芽状态。共向乡镇村组提出各类检察建议 15 次，均被采纳。同时督促乡镇政府和村委会公开工作程序和内容，并且公示服务承诺。宣传相关信息，使群众了解村务，了解维护自己权利的途径，减少社会干群矛盾的发生。

平顶山市检察机关
案件管理工作推进会在汝州市人民检察院召开

——平顶山市检察院党组书记检察长刘新年、汝州市委副书记市长万英出席会议并讲话

　　2012 年 11 月 21 日上午，平顶山市检察机关案件管理工作推进会在我院六楼会议室召开，平顶山市检察院党组书记、检察长刘新年，党组副书记、常务副检察长许晓伟，专职检委会委员赵继明，汝州市委副书记、市长万英，汝州市委副书记李运平，汝州市委常委、政法委书记彭清旺出席会议。全市十个基层院的检察长和主管副检察长、案件管理中心负责人及市院有关部门负责同志参加了会议。会议由市院党组副书记、常务副检察长许晓伟主持。

　　这次会议的主要任务是贯彻省院案件管理工作推进会精神，推进全市检察机关案件管理工作。会议开始前，全体与会人员参观了我院案件管理受案大厅和案管中心办公场所，详细了解了我院案管中心的统一受案、流程监控、案件评查、业务统计分析等工作情况。

　　汝州市委副书记、市长万英在大会上致辞，指出，汝州市检察院在探索创新的"特约检察调解员"参与矛盾化解机制、办案信访风险评估预警工作、监所检察工作、查办和预防职务犯罪工作、乡镇检察室加强基层监督的做法，以及狠抓案件质量管理工作都得到了上级检察机关和社会各界的认可和好评。希望汝州检察院以这次会议为契机，进一步加强和改进工作，忠实履行宪法和法律赋予的职责，锐意进取，扎实工作，在新的起点上不断创造新的业绩，为服务经济社会发展大局作出新的更大的贡献。

　　会上播放了介绍我院案件管理工作的电视专题短片，我院检察长乔义恩做了经验介绍。

　　平顶山市检察院专职检委会委员赵继明就全市检察机关当前和今后一段时期的案管工作进行了安排部署。

　　刘新年检察长在会上作了重要讲话。一是全力推进案管工作。刘检对汝州市院、郏县院在案件管理方面的积极探索给予了充分肯定，并要求全市检

察机关把案件管理工作当作提高案件质量、提升整体工作的一个抓手，按照高检院、省院的要求和这次会议上赵继明专委所作的具体安排，认真抓好落实。二是认真学习贯彻党的十八大精神。对于党的十八大报告和修改后的党章，要运用多种形式，认真学、反复学，准确把握精神实质，把党的十八大精神作为指导思想和精神动力，进一步搞好各项检察工作，进一步提升服务大局水平。三是强力推进争先创优工作。刘检指出，今年以来，我们强调以"两学一争"推进整体工作，从目前来看，新刑诉法的学习形式多样，学习效果也比较明显，下一步面临认真执行新刑诉法，要利用实施前的一个多月的时间，继续抓好学习，积极做好实施前的准备工作。学习马俊欣活动还需要进一步深入，进一步创新学习形式，力争推出马俊欣式的先进群体。临近年底，年度考评工作很快就要进行，各单位各部门要结合年初设定的争先创优目标，通过纵向比、横向比，查找差距，固强补弱，奋力争先。四是要统筹规划好年底前的各项工作。刘检强调，要按照高检院、省院的统一部署，加强与人大代表、政协委员的联络，通过多种形式，让人大代表、政协委员了解、理解、支持检察工作。要抓好年底前的信访稳定、队伍管理、清理积案等各项具体工作，同时要认真梳理、总结全年工作，理清下一步的工作思路，为明年的工作开展打下良好的基础。

附件：

积极探索案件管理全程动态监督机制
促进执法办案水平全面提升
——汝州市检察院检察长乔义恩在会上做经验介绍

　　2011 年以来，为贯彻落实刘新年检察长提出要在全市检察机关开展"案件质量年"活动的各项要求，我院党组引导干警不断强化案件质量是检察机关执法办案生命线的意识，积极探索案件质量管理新模式，成立案管中心，设立受案大厅，建立案件集中管理机制，推行统一受案、流程管理、动态监督、案后评查、综合考评等案件质量监控制度，在强化内部监督、全面提升办案质量、推动整体工作协调发展等方面发挥了重要作用，使近两年来的工作呈现出新的明显的上升趋势。

一、推进机构建设，强化保障措施

（一）成立案管中心，配备精兵强将

案件质量管理涉及检察机关所有的业务工作，是一项专业性很强的综合管理业务，需要有专门的机构来承担。我院一开始就将案件管理职能定位于独立机构，积极向汝州市委主要领导多次反映得到支持。2011年初，汝州市编办正式批准我院成立"案件监督管理中心"，核定编制5人。院里按编制为案管中心配备检察干警5人，其中法学研究生学历2人，法律本科学历3人，平均年龄32岁。有4人曾是侦监、公诉、反贪等部门的业务骨干，案管队伍素质明显高于其他科室。案管工作由检察长亲自主管和领导。

（二）加强硬件建设，建立受案大厅

在办公用房相对紧张的情况下，为案管中心配备办公用房5间，设案件受理大厅、案管办公室和主任办公室。配备电脑5台，打印机2台，办公用车1辆及其他必要的办公用具。在案件受理大厅设立受案、律师接待、当事人查询三个服务窗口，统一开展案件审查受理、分流交办、流程监控、律师接待、群众来访咨询等接待服务工作。

（三）借鉴先进经验，明确职责定位

案管工作是一项全新工作，为解决案管工作做什么和怎么做的问题，派员先后到郏县、郑州金水区等开展此项工作较早的检察院实地学习，而且还通过网络、报纸等媒体学习全国其他检察院案管工作的经验和管理理念，结合本院实际制定了《案件管理中心工作办法》，建立了案件管理各项工作制度，将"监督、管理、服务、参谋"确定为案管的基本职能，对全院办理的所有案件实施集中管理、流程监督和质量评查。

二、搭建管理平台，集中统一把关

（一）统一受案分流，严把案件质量受理关

首先制定案件受理标准，设置《提请逮捕案件受理条件对照表》和《移送起诉案件受理条件对照表》，按照受理表中的条件逐项对照，使案件受理有"章"可循。其次，建立受案多重审查制度。受案时，先由一名工作人员审查，

审查后认为案件符合受理条件的，即登记分流至办案科室，认为案件不符合受理条件的，交由案管部门负责人审查，案管负责人仍认为不符合案件受理条件的，会同办案部门负责人进行研究，听取办案科室意见，最终确定是否受理。再次，推行不受理案件说理制度。案管中心对不予受理的案件，向报送部门送达《不予受理案件通知书》的同时，附上《不予受理案件理由说明书》，讲明不予受理的理由，使报送部门明确案件的侦查方向及取证重点。

（二）统一管理法律文书，严把程序质量关

案管中心通过统一保管、登记、开具全院办理案件的所有格式法律文书，对案件进行程序性把关。同时建立案件催办表、督办卡、实体审查登记表等十多种表格，规范案件质量管理程序。目前共出具各类格式法律文书1400余份，月均80余份，全面掌握了所有案件的诉讼进程。

（三）统一监管涉案物证，严把扣押物品规范管理关

案管中心在受理案件时，对涉案物证统一接收、登记、编号，由物证管理员统一保管在专门设立的物证管理室。案件向法院提起公诉或退回公安机关时，物证管理员对涉案物证进行出库审核，随案统一移送。

（四）统一监控案件流转环节，严把案件超期超时关

案件管理中心通过统一受理案件、统一退回公安或向法院送达案件、统一开具法律文书、统一接收判决书、统一接待律师和当事人等工作，掌握案件基本情况，实施案件节点控制，对办案期限进行预警，最大限度地减少和杜绝超期羁押。2012年以来，已对本院业务科室超期办理的15件案件发出预警通知书，得到全部纠正，同时纠正公安、法院超期羁押、超期审理案件26件次，收到监督实效。

三、加强实体审查，提升案件质量

为确保本院作出处理决定案件的办理质量，案管中心建立案件实体审查制度，主要对本院业务部门办理的不捕、不诉、不立案等案件进行实体监督。首先确定实体监督范围。将侦查监督科办理的不（不予）批准逮捕、立案监督等四类案件、公诉部门办理的不起诉、变更强制措施等七类案件、自侦部门办

理的不予立案、撤销案件等四类案件，列入案件实体监督范围。办案部门在拟作出处理决定时，须报案管中心审查后才能作出决定。其次确定实体监督程序。符合实体审查的案件，办案部门需在办理期限届满规定的时间内将案件送案管中心审查，案管中心接到案件后，必须在规定的期限内作出审查结论，审查完毕后向办案部门反馈意见，并向检察长及时汇报。再次确定实体监督责任。案管中心实体审查后，与办案部门意见一致的，由办案部门及时作出决定并执行；如果案管中心与办案部门意见不一致的，则提请检察长或检察委员会研究决定。如侦查监督科在办理李某涉嫌故意轻伤害一案时，认为李某已对被害人作出民事赔偿，被害人表示谅解，且李某有悔罪表现，无逮捕必要，拟对李某作出不予批捕决定。案管中心审查后发现李某是累犯，因累犯不适用缓刑，对李某作出不捕决定显然 不当，侦查监督科采纳了案管中心的意见后对李某予以逮捕。目前案管中心已对114件案件进行了实体审查，对其中5件提出建议并被办案部门采纳。另外疑难案件咨询小组"把脉问诊"。为解决疑难复杂案件，我院成立了由9名素质过硬的检察官组成的咨询小组，作为案件管理工作的重要组成部分。对重大疑难复杂或部门意见分歧较大的案件，由案管中心交检察业务咨询小组研究，提出倾向性意见向办案部门反馈。咨询小组自成立以来，共协助解决疑难、复杂案件24件，为缩短办案时间，提高办案效率发挥了积极作用。

四、强化质量评查，实现全程监控

（一）建立"一案三评"机制

推行案件质量承办人自评、部门负责人复评、案管中心考评的"一案三评"工作制度，调动干警参与案件考评的积极性，强化办案质量意识。首次考评由办案人自我评查。案件承办人按照案管中心印发的《个案质量考评表》内容对所办理案件进行考评打分。二次考评由部门负责人复查考核。部门负责人在承办人考评的基础上逐案复查，重点检查监督承办人是否进行了认真考评，对卷宗中存在的瑕疵是否进行了整改落实。第三次考评由案管中心专职评价员集中考评。专职评价员结合办案部门移交的《个案质量考评表》，全面细致的逐案评查，对卷宗中存在的问题进行再发现，并对案卷质量作出最终的考评得分和是否同意归档的鉴定。通过"一案三评",使考评工作层层递进,环环监督,确保不漏掉案件中存在的质量问题。

（二）实施案件考评四结合

首先是案件质量考评与讲评相结合。案管中心在案件考评中,采取邀请检委会委员讲评、院领导点评、上级院业务部门讲评等多种讲评形式,增强考评效果。其次是案件质量考评与通报相结合。每季度案件质量考评结束后,案管中心及时制作案件质量考评通报,对类案中存在的问题逐一列举并剖析产生的原因。再次是案件质量考评与整改落实相结合。考评结束后,案管部门以通报的形式要求存在问题的办案部门进行整改落实并督察,对没有落实或者不严格落实整改意见的办案部门及办案人员提出通报批评。最后是案件质量考评与统计分析相结合。根据考评情况,结合市院统计报表数据制作业务统计分析,在每月例会上对各业务部门的考核项目进行逐项分析点评,进一步强化了各业务部门争先意识。

（三）实行案件质量评查制度化规范化

每季度第一个月的 25 日,评查上一季度已结案件,一年四评。对案件质量评查实行百分制,其中程序部分占 30—40 分,实体部分占 40 分,卷宗制作部分占 20—30 分。卷宗质量分为优秀、合格、基本合格、不合格案件四个等级。对优质案卷予以奖分,对不合格卷予以扣分,并纳入绩效考核。2011 年 5 月案管中心成立至年终评查案件 188 件,2012 年上半年评查 215 件,其中评出优秀案卷 65 件,不合格案卷 3 件,有力推动全院办案质量明显提升。

通过搭建案件集中管理、实体审查、质量评查三个平台,实现了案件质量监控全程化、实时化,办案时限平均缩短 20%,涉检信访案件量同比下降 80%,没有发生一起错案和无罪判决案件,案件质量明显提高。在案管工作的助推下,全院工作亮点纷呈。执法办案风险评估预警机制、规范化驻所检察室建设、特约检察调解员参与涉检信访调处机制、网络信息化建设等工作经验被高检院转发或推广,职务犯罪预防调查、绩效考核等工作经验被《检察日报》编发,对接新刑诉法保护未成年人合法权益、乡镇检察室加强基层法律监督等工作经验被省院采纳。

以抗诉为支点　搭建多元化民行诉讼监督平台
助力社会和谐

——汝州市人民检察院三年办理民行诉讼监督案件近 300 件均息诉息访

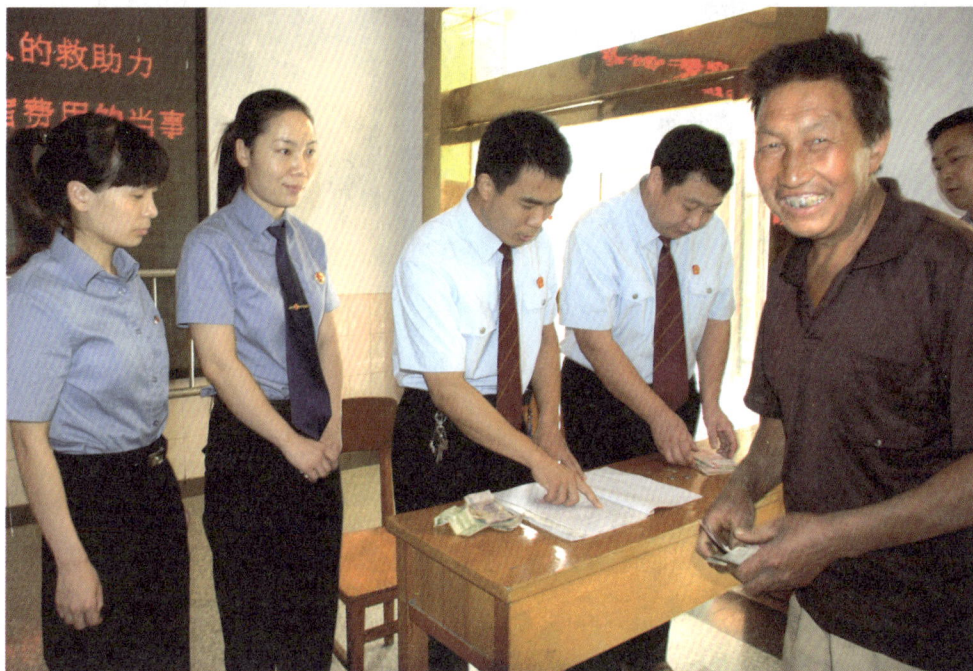

　　近三年来，汝州市检察院围绕构建以抗诉为中心的多元化监督格局，大力加强民行检察工作。在加大抗诉力度，提高提请抗诉质量和提请抗诉支持率、法院改变率基础上，积极稳妥开展民事执行监督和督促起诉、支持起诉工作，以及尝试开展对民事诉讼重要环节的监督取得了新的进展。2011—2013 年共受理不服法院判决、裁定的民事申诉案件 112 件，其中调解息诉 81 件，提请抗诉 31 件，上级院支持抗诉 26 件，法院再审改判 18 件。办理支持起诉案件 78 件，督促起诉案件 62 件，行政执法监督案件 38 件，为国家集体挽回经济损失 200 余万元。民行检察工作连续三年进入平顶山市检察机关先进行列。

一、加大抗诉力度，以监督促和谐

首先，把"关注民生"作为提高民事行政检察工作的切入点，加大宣传力度，积极主动开辟案源。开展了以"民生诉求"为主题的"走乡访村"宣传活动。走访了 20 余个乡、镇、街道办事处，在社区、学校、公交车等群众密集区发放民事行政检察业务宣传页 6000 余份，参加听讲人数达 20000 余人。建立了民行检察 QQ 网络工作平台，将民行法律、法规、申诉工作程序、好的案例公开发布。主动与法院、法律援助中心、律师事务所等单位加强联系、交流，定期开设座谈会，建立了工作联系机制，借助基层法律服务工作者贴近群众的优势，主动寻找符合民行业务的案件线索。通过多种宣传方式，解决了案件来源少与群众告状无门的矛盾，增强了广大人民群众对民行检察业务的了解。

其次，坚持把抗诉作为民行检察最基础、最重要的工作来抓，提高案件质量，注重办案效果。加强与法院审监庭的沟通协调，努力做到抗的出，诉的准，判的赢。在办理案件过程中，不仅重视案件数量，更重视案件质量。建立了个案跟踪制度，对每个案件从立案、提请抗诉、支持抗诉、法院审判等环节全程跟踪，以保证案件的支持率和改变率。

最后，把化解矛盾纠纷作为工作的重中之重，坚持抗诉息诉并举，做好息诉和解工作。在全面掌握案情的基础上，对原审存在瑕疵或错误、但标的较小、争议不大，无抗诉必要的；原审裁判确有错误，符合抗诉条件，但抗诉社会效果不好，或易引发新的社会矛盾和冲突，不宜抗诉的；双方当事人的证据都不充分，难以对争议事实作出准确认定的等三类案件，在自愿、合法、充分尊重当事人处分权利的原则上，为当事人搭建和解平台。三年来通过和解息诉的 81 件不服法院生效裁判的民事案件，无一再上访申诉。如范某与杨某借款纠纷案，在听取杨某与范某的不同陈述后，发现范某有意归还欠款，具备和解条件。民行检察干警分别对双方当事人做耐心细致的思想工作，最终杨某收到长达 9 年的欠款 55000 元时，泪流满面，感动之余，送来锦旗一面，上书"民行调解为人民、公正无私促和谐"。

二、创新开展支持起诉，以和解促和谐

按照中政委和上级检察院关于深化"三项重点工作"的要求，不断探索民行检察工作化解社会矛盾、推动社会管理创新、促进公正廉洁执法的有效途径，积极运用支持起诉等有效监督手段化解矛盾纠纷，维护社会和谐稳定。共办理支持起诉案件 78 件，其中包括侵犯农民工合法权益案、不履行赡养义务案、房地产开发商侵犯业主合法权益案等。结案后没有出现上诉、申诉、上访等情形，取得较好的法律效果和社会效果。为保障此项工作扎实有效开展，一是加强领导，健全制度，把支持起诉作为重点工作来抓。制订了《汝州市人民检察院关于办理民事支持起诉案件工作有关问题的意见》，规定了支持起诉的适用范围、条件和程序。与司法局会签了《汝州市人民检察院、汝州市司法局关于建立支持起诉案件法律援助机制的实施意见》，明确了对支持起诉案件进行法律援助的援助对象、条件范围及措施，并成立了领导小组。二是构建支持起诉社会网络，力促社会矛盾通过诉讼程序解决。与法院诉前调解中心建立全方位、多层次的沟通协调机制，实现案件信息资源共享。与市委市政府群众工作部和各乡镇街道办事处信访部门建立长效联系机制。与辖区各行政事业单位、国有

企业建立经常联系制度。与法律服务机构建立座谈交流制度。三是实现"两沟通、三对接",把诉前调解作为受理前的必经程序,通过社会合力就地化解矛盾。主动与国家利益、集体利益、弱势群体利益受侵害方进行沟通,充分探讨和解的可行性,力促受侵害方产生和解意愿。主动与侵权方进行沟通,做好思想疏通与教育引导,在督促侵权方主动承担责任的同时,了解侵权方承担责任的困难,促成双方良性沟通,换位思考,相互谅解,化解纠纷达成和解。主动与社会稳控机构、司法所、法院诉前调解中心建立对接,充分利用原接访部门熟悉情况的优势,协作配合,共同寻求化解矛盾、案结事了、息诉罢访的最有效方法。如由我院支持起诉的郭某某、闫某某等 14 位农民工讨要工资案,在我院民行检察干警和法院审判人员的共同努力调解下,使所欠农民工工资 37492.5 元全部支付到位,郭某某、闫某某等 14 位农民工给我院送来牌匾以表谢意。

三、积极尝试督促起诉,以服务促和谐

督促起诉是针对国家利益、社会公共利益受损害等情况,检察院督促有关单位提起诉讼的创新性工作。采用"督促起诉书"或"检察建议书"对有关单位进行督促。一是走访调研。分别对汝州市六社一行清算办、邮政储蓄、农业银行、工商银行、建设银行、中国银行、农村信用社等十几家可能存在国家利益、公共利益受损害的单位进行走访调查。二是吃透情况。全面了解掌握公共利益受损害案件的事实证据,及时督促起诉。三是跟踪监督。督促起诉意见书发送到相关单位后,紧密跟踪,督促相关部门组织专门工作人员配合案件的调查取证,确保落实到位。三年来共办理督促起诉案件 66 件,其中督促汝州市农村信用合作联社起诉 51 件,中国邮政储蓄汝州支行起诉 11 件,意见均被相关单位采纳。同时,尝试开展行政执法监督工作。针对非法医疗诊所严重扰乱医疗市场秩序的问题,向汝州市卫生局、工商局分别提出检察建议,要求依法对小诊所以及医疗广告行为加强管理和监督。卫生局和工商局十分重视,开展了集中清理整顿活动,对一批违法诊所、违法医疗机构和医疗广告进行了查处取缔,收到良好效果。

汝州市人民检察院拍摄的《白发亲娘》荣获全国检察机关首届廉政微电影特等奖

2015年1月6日，汝州市人民检察院拍摄的廉政微电影《白发亲娘》以综合评分全国第四名的优秀成绩荣获全国检察机关首届预防职务犯罪专题微电影评选活动特等奖，也是河南省唯一获得特等奖的作品。

2014年4月最高人民检察院职务犯罪预防厅联合最高人民检察院影视中心、中国检察官文学艺术联合会影视协会、《预防职务犯罪专刊》编辑部共同举办了以"预防职务犯罪，弘扬社会主义法治文化、廉政文化"为主题的首届全国检察机关预防职务犯罪专题微电影评比活动。截至 2014 年 10 月底，全国 31 个省、自治区、直辖市和新疆生产建设兵团检察机关报送了符合要求的作品 252 部。经过客观公正的评选最终评选出特等奖 10 部，一等奖 10 部，二等奖 20 部，三等奖 32 部，优秀奖 171 部，最佳创意奖 5 部。

廉政微电影《白发亲娘》剧本由省人民检察院预防处副处长蔡云川亲自执笔创作，由汝州市人民检察院制作拍摄，该作品以预防职务犯罪为主题，坚持正确舆论导向，体现了社会主义法律原则和法律精神，具备完整的故事情节，具有较强的廉政文化的公共宣传吸引力、感染力和影响力。成功塑造了一个迷失在权力和欲望的漩涡中寒门孝子的形象，对故事的主人公从奋发向上的有为青年逐步堕落成为人民所不齿的腐败分子的过程进行了生动地描述，发人深思。最终从 252 部参选作品中脱颖而出荣获全国检察机关首届预防职务犯罪专题微电影评选活动特等奖。

编者按： 2016 年 4 月 6 日，省院《检察情况反映》第 29 期以《汝州市检察院立足规范化检察室建设 有效提升基层工作水平》为题目，转发了我院检察室整合充实、创新机制、检力下沉及延伸服务监督职能的经验材料，全文刊登如下。

立足规范化检察室建设
有效提升基层工作水平

2015 年以来，汝州市检察院在市委市政府的大力支持下，认真落实《河南省检察院规范乡镇检察室建设的工作意见》，科学配置检察资源，加大检察室重组建设力度，完善"三个三"联系群众工作机制，把检力沉到最基层、地气接到最基层、服务跟到最基层，延伸法律监督职能、拓宽服务渠道，有效提升了基层工作水平。

一、科学配置资源，完善工作机制

该院针对原有乡镇检察室管辖区域过窄的问题，根据地方经济区域规划，用市财政拨付的 305 万元专项经费，将原有的乡镇检察室整合为 4 个中心检察室。每个中心检察室联系 5 个乡镇、街道，办公用房进行规范化设计和修缮，基本上满足办公办案的需要。在此基础上建立"三个三"联系群众工作机制，一是中心检察室设主任、副主任、工作人员各一名，主任由具有丰富检察工作经验的副科级干部担任，副主任从该院近年来招录的年轻干警中选拔，具体负责分包乡镇、街道的联系群众、法律监督、法律服务、"一村一警"等工作；二是派驻检察干警与每一个乡镇、街道的纪委书记、综治办主任以及相关包村干部建立联系，就辖区出现的违法犯罪、法律纠纷、涉检信访等问题进行及时沟通；三是在每一个乡镇、街道下辖的自然村或社区设立 3 名联系人，分别是村支部书记、村委会主任以及民调主任，负责将本村或社区出现的法律问题及需帮扶问题及时向乡镇、街道及检察干警报告和反馈。中心检察室建立了长效经费保障机制，所需办公经费纳入"十三五"计财装备发展规划，由市财政全额保障，现已成为司法办案的重要支点，极大减轻了机关的工作压力。

二、服务发展大局，维护地方和谐稳定

该院充分发挥中心检察室的职能作用，积极服务发展大局。一是全力支持该市重点项目的推进，为营造全市良好的发展环境打下基础。入驻辖区企业，深入了解企业的经营状况和遇到的法律问题，在企业内设立检察联络员，发放联系卡，开通热线电话，积极参与企业的各项建设活动，为项目的落地和建设保驾护航。二是走访摸排，服务基层，先后深入20个街道办事处457个行政村，50余所中小学，26个重点企业开展法制宣传，受教育人数10万余人。同时，检察室受理群众各类控告、举报40多件，调查并移交职务犯罪案件5件。三是根据联系人报告和反馈的问题，检察干警及时地将问题和矛盾化解在基层，有效维护地方的和谐稳定。一年来，已协助院有关部门和乡镇党委政府成功化解矛盾纠纷15件，其中群体性事件3件。

三、延伸监督触角，打造预防、服务、监督一线平台

每个检察室负责联系5个乡、镇（街道），结合查办的"村官"职务犯罪案件，开展警示教育活动，帮助建章立制加强财务管理，提供法律咨询600人次，从源头上预防和减少村干部职务犯罪的发生。加强对"两所一庭"（公安派出所、司法所、人民法庭）执法活动的监督。对2015年以来辖区发生的刑事案件和行政处罚案件进行摸底，建立档案。协助该院刑事执行检察部门对辖区司法所监管考察的监外执行和社区矫正人员情况进行摸底建档，参与社区矫正的集中教育等活动。一年来，已对421人建立了刑事立案基本情况档案，对32人建立了取保候审执行情况监督档案，对621人的行政处罚案件建立了执法监督档案，对96名社区矫正人员建立了执法监督档案。

汝州市人民检察院举行中心检察室
揭牌暨特约检察员、检察联络员受聘仪式

2016 年 4 月 27 日上午，在汝州市检察院六楼会议室，平顶山市检察院党组成员、政治部主任徐遂根，汝州市人大主任张留华、市委常委政法委书记彭清旺、检察长刘新义等领导为汝州市检察院派驻科技教育园区中心检察室、汝东城乡一体化示范区中心检察室、温泉特色商业区中心检察室和产业集聚区等四个中心检察室揭牌。同时，宣布受聘 63 名特约检察员和 1275 名检察联络员的决定，并为受聘人员代表颁发聘书。各乡镇（街道）党（工）委书记、特约检察员，检察院班子成员、

中层干部及派驻检察室全体干警参加了揭牌仪式。刘新义致辞，徐遂根、彭清旺讲话，纸坊镇党委书记王国强、科技教育园区中心检察室主任郭建伟发言，汝州市检察院副检察长魏二广主持，与会领导还实地查看了科技教育园区中心检察室建设情况。

围绕服务"七大园区"建设　打造规范化检察室

——2016年4月27日汝州市检察院党组书记、检察长刘新义
在中心检察室揭牌仪式上的致辞

今天，我们在这里隆重举行汝州市人民检察院派驻产业集聚区、科教园区、汝东城乡一体化示范区、温泉特色商业区中心检察室揭牌仪式。在此，我谨代表检察院党组及全体干警向前来参加揭牌仪式和关心、支持检察事业的各位领导和同志们表示衷心的感谢！

2014年3月，汝州市新一届市委班子成立以来，我市经济社会发展取得了许多新的成就，呈现着勃勃发展生机。经济发展保持了良好态势，综合实力进一步提升，社会大局和谐稳定，各级领导班子和干部群众精神状态积极向上，我市在河南发展全局中的地位和形象显著提升，进入了加快发展、跨越崛起的新阶段。今年，是我市实施"十三五"规划、全面建成小康社会决胜阶段的开局之年，高建军书记在市委六届七次全会上提出要突出抓好产业集聚区、城乡一体化示范区、温泉特色商业区、科技教育园区等"七大园区"建设。面对市委的总体规划和人民群众的新期待，检察机关按照党委想什么、人民盼什么、我们做什么的工作思路，紧紧围绕市委决策部署，认真履行法律职能，为我市经济发展、社会稳定提供良好的法治环境。

根据《河南省检察院规范乡镇检察室建设的工作意见》和我市的经济区域规划，自2013年10月，我院即尝试在产业集聚区设立派驻检察室，明确了工作职责，制定了工作制度，经过两年来的工作，已经实现了"检力下沉，就近服务"的工作目标。面对我市经济社会发展新形势的需要，结合我院工作实际情况，我们经过认真调研，决定在全市设立四个中心检察室，驻地为纸坊镇、骑岭乡、温泉镇、产业集聚区，其名称分别为：汝州市人民检察院派驻汝东城乡一体化示范区中心检察室、派驻科教园区中心检察室、派驻温泉特色商业区中心检察室、派驻产业集聚区中心检察室。2015年12月31日，汝州市编委汝编〔2015〕74号文件正式批准将乡镇检察室更名为中心检察室。我院在全市20个乡、镇、街道办事处派驻的检察室，由中心检察室分片管理，分别为：派驻汝东城乡一体化示范区中心检察室管辖小屯镇、米庙镇、纸坊镇、风穴街道办事处、钟楼街道办事处派驻检察室。派驻科教园区中心检察室管辖骑岭乡、大峪镇、焦村乡、陵头镇、煤山街道办事处派驻检察室。派驻温泉特色商业区中心检察室管辖庙下镇、温泉镇、临汝镇、寄料镇、夏店乡派驻检察室。派驻产业集聚区中心检察室管辖蟒川镇、王寨乡、杨楼镇、汝南街道办事处、洗耳河街道办事处派驻检察室。

　　根据派驻检察室工作实际，经院党组研究征求乡镇（街道）意见并经市委同意，我们在工作开展上实行"三三制"工作机制：第一个"三"是每个检察室配备专职工作人员 3 名，设主任、副主任、工作人员各一名，具体负责分包乡镇、街道的联系群众、法律监督、法律服务等工作；第二个"三"是派驻检察室与每一个乡、镇（街道）的纪委书记、综治办主任以及相关包村干部建立联系，我院聘请分管包村工作的乡、镇（街道）班子成员、综治办人员、纪委工作人员为特约检察员，就本乡镇、街道出现的违法犯罪、法律纠纷、涉检信访、党风廉政建设等问题进行及时沟通及工作协作；第三个"三"是与每一个村支部书记、村主任以及民调主任建立工作联系。我院聘请村支部书记、村主任、民调主任为检察工作联络员，对本村发生的上访案事件、社区矫正人员、贫困户应当被救助等属检察机关监督的各项工作及时向检察室反映、提供。

检察室工作职责为：（1）接受辖区企业、单位及公民反映属于检察机关管辖的职务犯罪案件线索；（2）协助本院职能部门对辖区内公安派出所、人民法庭、司法所执法活动进行法律监督；（3）对发生在辖区内行政执法部门的执法活动进行监督；（4）对辖区内发生的严重刑事犯罪案件及时向本院侦监、公诉部门通报，必要时，经检察长决定，提前介入侦查活动；（5）对辖区内企业员工、居（村）民进行法制宣传教育，与相关部门共同做好社会治安综合治理工作；（6）对辖区内的国家工作人员、企业员工进行预防职务犯罪教育；（7）对辖区内企业、单位、公民的控告、举报属于检察机关管辖的职务犯罪线索，经检察长批准依法初核；（8）协助本院相关部门做好本辖区涉检涉法信访矛盾化解工作；（9）办理法律规定和检察长交办的其他事项。

市政府对我院派驻中心检察室建设给予了大力支持，市财政局拨付专项资金对派驻汝东城乡一体化示范区、科教园区、温泉特色商业区、

产业集聚区中心检察室的办公用房进行了规范化设计和修缮。中心检察室驻地骑岭乡政府、纸坊镇政府、产业集聚区管委会及汝南街道、温泉镇政府对检察室建设倾力相助，在此我代表院党组和全体干警表示衷心的感谢。

每个中心检察室均按独门独院建设，按统一的风格、标识进行装修，办公室、会议室、警示教育基地、干警宿舍、厨房、浴室等设施一应俱全。经过一段时间的建设，中心检察室派驻人员到位，工作条件已经完备，具备了正常开展工作的条件。

在中心检察室即将全面开展工作之际，我代表院党组表示热烈祝贺，同时向派驻检察室提出三点要求：

1.根据组织原则，必须接受所在乡镇（街道）党委的领导，根据党委工作安排，认真履职，做好经济发展、社会稳定等一系列工作，特别是配合相关职能部门做好社会治安综合治理工作，做好党风廉政建设

及反腐败工作。

2.摆正位置，处理好与所在地相关单位的关系，支持政府部门依法行政。

3.加强自身建设，强化自我管理。派驻检察室由于远离机关，工作上点多、面广、任务繁重，越是这样越要对队伍严格管理，工作上严要求，把机关的优良作风带到驻地，带到工作一线，给所在地广大人民群众展现出我院的良好形象。

我相信，这项工作在市委和上级院的正确领导下，按照我院确立的工作职责、工作目标，在全体检察室干警的共同努力下，在乡镇（街道）党委政府支持下，在特约检察员和检察工作联络员的积极参与下，一定会发挥出应有的作用，一定会为建设生态汝州、智慧汝州、文明汝州、幸福汝州做出新的更大的贡献！

Wenhua Rujian

文化汝检

理论成果篇

LILUN CHENGGUO

河南省汝州市人民检察院 / 编

刘新义 / 主编

中国检察出版社

图书在版编目（CIP）数据

文化汝检．理论成果篇／刘新义主编．—北京：中国检察出版社，2016.11

ISBN 978 - 7 - 5102 - 1715 - 9

Ⅰ. ①文…　Ⅱ. ①刘…　Ⅲ. ①检察机关 - 工作 - 汝州 - 文集　Ⅳ. ①D926.32 - 53

中国版本图书馆 CIP 数据核字（2016）第 263925 号

文化汝检．理论成果篇

刘新义　主编

社　　址：	北京市石景山区香山南路 111 号　（100144）	
网　　址：	中国检察出版社（www.zgjccbs.com）	
编辑电话：	（010）68682164	
印　　刷：	河南盛华印务有限公司	
开　　本：	710 mm×960 mm　16 开	
印　　张：	30.75	
字　　数：	405 千字	
版　　次：	2016 年 11 月第一版　　2016 年 11 月第一次印刷	
书　　号：	ISBN 978 - 7 - 5102 - 1715 - 9	
定　　价：	105.00 元	

《文化汝检》编纂委员会

主　　编： 刘新义

副 主 编： 张现周　魏二广　马聚法　雷红东

张延斌　顾武修

执行编辑： 宋振中

编　　辑： 陈冬伟　吴迎利　黄飞豹　陈媛媛

序言一

检察文化建设是检察工作的有机组成部分,是检察事业发展的精神支撑和力量源泉。检察文化在凝聚人心、激励斗志、规范行为、陶冶情操、营造氛围、树立形象等方面具有不可替代的重要作用。

当前,在进入全面建成小康社会的决胜阶段,在深入推进"五位一体"总体布局和"四个全面"战略布局,落实创新、协调、绿色、开放、共享发展新理念,主动适应经济发展新常态的新形势下,检察机关面临着全面深化司法体制改革和检察改革的发展机遇,肩负着全面提升检察工作能力水平,深入推进平安建设、法治建设,为全面建成小康社会,实现中华民族伟大复兴的中国梦创造良好法治环境的历史重任。检察机关只有重视和加强检察文化建设,依靠检察文化的引领和熏陶,激发广大检察干警的责任感、使命感、紧迫感,才能为检察工作科学发展凝神聚力。

近年来,汝州市检察院认真贯彻党的十八大、十八届三中、四中、五中全会精神,按照"文化育检、文化兴检、文化强检"的总体思路和部署,把提升检察人员综合素质能力,提高检察管理水平作为切入点和着力点,以凝聚精神为根基,完善机制为支撑,涵养文化为目标,致力于打造"文化汝检",使检察文化在建设高素质队伍、规范文明司法中发挥潜移默化、润物无声的原动力作用,有效提升了队伍建设水平,促进了各项检察工作的深入开展。

为进一步加强检察文化建设,充分发挥检察文化的凝聚力、推动力、辐射力,汝州市检察院编印了《文化汝检》十二篇章,这对于全面提升检察干警的政治素质、业务素质和职业道德素质,促使检察干警保持高昂的工作热情和奋发进取的精神状态,保证检察工作持续健康发展具有积极地推动作用。《文化汝检》十二篇章是汝州市检察院加强检察文化建设的经验总结,是创建学习型检察院的有力载体,要珍惜和运用好这个载体,弘杨和学习好相关经验,充分发挥十二篇章在提升检察干警的思想境界、职业良知和廉洁自律意识等方面的作用。

检察工作的健康发展离不开高素质的检察队伍,打造一支忠诚可靠、执法为民、务实进取、公正廉洁的检察队伍离不开先进检察文化的引领和凝聚,只有把检察文化与检察工作紧密结合,才能在执法办案中真正做到"理性、平和、文明、规范"。检察文化建设任重道远。期待汝州市检察院在已有工作成绩的基础上,积极探索和创新检察文化建设的新思路、新方法,以文育检、以文兴检、以文强检,为检察事业创新发展增添多彩篇章!

张耕

2016 年 8 月

序言二

　　检察文化建设的核心任务是凝聚力量、提升素质、推动工作。近年来,汝州市检察院认真贯彻党的十八大和十八届三中、四中、五中、六中全会精神,按照上级院"文化育检、文化兴检、文化强检"的总体思路和部署,把提升检察人员综合素质能力,提高检察机关管理水平作为切入点和着力点,积极推进检察文化建设,为检察工作发展提供了有力的思想保证、精神动力和智力支持。

　　2016年是"十三五"开局之年,也是司法体制改革全面推进之年和攻坚之年,检察机关要有新担当、新作为,检察工作更需要强有力的检察文化支撑和检察文化传播。汝州市检察院编印的《文化汝检》十二篇章,不仅符合新时代检察工作主题,而且对于全面提升检察干警的政治素质、业务素质和职业素质,促使检察干警保持奋发进取的精神状态,保证检察工作持续健康发展等方面都具有积极地推动作用。

　　篇章中的《规章制度管理规范篇》,体现了立规矩、守规矩的制度文化。要让制度这个"软实力"对检察人员的行为形成"硬约束",必须突出抓好制度落实,只有制度被自觉遵守并内化于心、外践于行,制度文化建设才算真正见到成效。当前,要通过案件管理、检务督察、检务督办等手段狠抓制度落实,使制度权威得到进一步确立,使干警行为得到进一步规范,使按规矩办事成为检察机关的新常态。

　　《先进集体篇》《先进人物篇》《工作创新篇》《工作思路·工作报告篇》以及

《镜鉴》《当代刑事错案沉思篇》等篇章,注重运用身边人、身边事去打动人、感染人,运用反面典型案例去警示教育人,运用先进人物、先进事迹去鼓舞士气,运用争先创优机制激营造比学赶帮的良好氛围,从而引导检察干警在依法履职中展现自身的优秀品质、过硬素质、人格修养,在司法办案中传递检察文化建设形成的理念、风范和形象,推动检察文化建设落地生根、开花结果。

《文化汝检》十二篇章是汝州市检察院加强检察文化建设的一个有效载体,是创建学习型检察院的一项有力措施。要运用好这个载体,落实好这项措施,通过多种方式组织全院干警学习篇章、运用篇章,切实发挥十二篇章在提升检察干警思想境界、职业良知和廉洁自律意识等方面的积极作用。

检察文化建设永远在路上。要把检察文化建设融入贯彻落实创新、协调、绿色、开放、共享五大发展理念,全面提升检察工作水平之中,融入为"十三五"时期经济社会发展提供有力司法保障的总体部署之中,一年一个抓手、一步一个脚印地推进,通过富有特色、寓教于乐的多种检察文化活动,夯实检察文化基础、打造检察文化品牌,让检察文化为检察事业持续、健康、协调发展提供源源不竭的强劲动力。

刘海军

2016 年 8 月

目　录

CONTENTS ▶ ▪▪▪▪▪▪▪▪▪▪▪▪▪▪▪▪▪▪▪▪▪▪▪▪▪▪▪▪▪

第一编　刑事理论

第二编　检察实务

第三编　调研分析

第四编　案例研讨

第五编 创新探索

第一编

刑事理论

如何在法治视野下构建涉检信访体系 ※

●文/刘新义　秦华杰

一、信访制度的历史渊源及现状

(一)信访制度的历史渊源

1.信访制度的历史沿革：信访及信访制度在我国历史上没有专门的记载,但是寻根溯源可以找到它的形迹。帝舜任命龙为"纳言"官,"听下言纳于上,受上言宣于下",这是见诸史籍的对接待官员的最早的任命。据考证,在古代中国也存在一种类似信访的制度——直诉制度,即我们通常所说"告御状",古代为了保证司法公正,最大限度的防止冤、假、错案的发生,即在某些特殊的情况下,可以打破审级的限制,直接向皇帝或钦差大人上诉。由于长期受到封建社会行政与司法合一体制及儒家思想的影响,群众习惯于通过行政手段而不是司法途径来解决矛盾,这一习惯沿袭至今便是信访制度。

2.当前我国信访制度的现状简析：新中国成立以来,信访制度的历史,历经了"四次信访洪峰"：第一次由于三大改造和抗美援朝取得胜利,200多万复员军人因工作和生活问题进京上访;第二次"文革"中受到迫害的党员干部,通过来信来访的方式要求平反昭雪,落实相关政策,中办国办信访局仅1979年就收到来信108万件;第三次从1993年至2000年,全国县级以上党

※2014年4月,汝州市检察院向高检院理论研究所申报并获批《涉检信访工作机制改革研究》课题,经过组织本院部分检察干警一年多的调研撰写,于2015年11月结题,现将结题论文摘要刊登如下,此文已在高检院《检察工作实践与理论研究》2015年第4期刊发。

政机关受理的群众信访总量,1998年比1997年上升37.3%,1999年比1998年上升7.6%,而且信访总量逐年呈持续攀升之势;第四次从2003年到现在,适逢我国进行空前的社会变革,社会的发展进步面对各种各样的矛盾和问题,信访也呈现出了叠加之势。

(二)信访制度存在的理论基础和现实基础

1.理论基础:现代冲突理论的代表人物科塞提出了影响深远的"社会安全阀"概念,即敌对情绪的发泄具有安全阀的功能。他还认为,紧张的释放不一定要通过原始冲突行为,还可以寻找替代手段。当前,很多研究者都普遍将科塞的"社会安全阀"理论作为我国信访制度存在的理论基础。其实,无论什么样的制度安排,都不可能彻底地解决所有的社会冲突。即使是西方法治发达的国家,通常也会在主体制度之外,设立专门的补充性制度或机制来解决这些"余量"。信访制度在我国扮演的就是名副其实的社会安全阀角色。

2.宪法基础:我国《宪法》第41条规定:"中华人民共和国公民对于任何国家机关和国家工作人员,有提出批评和建议的权利;对于任何国家机关和国家工作人员的违法失职行为,有向有关国家机关提出申诉、控告或者检举的权利,但是不得捏造或者歪曲事实进行诬告陷害。对于公民的申诉、控告或者检举,有关国家机关必须查清事实,负责处理。"据此,我们可以认为,信访是我们社会主义国家公民的基本民主权利,也是我们国家法律制度的有机组成部分。信访权就是受宪法保障的申诉、控告、检举及批评建议权的总称。

3.现实基础:第一是直诉传统由来已久。古代老百姓"告御状",如今老百姓赴京上访。20世纪80年代流传民谣"中央是恩人,省里是亲人,县里是好人,乡里是恶人,村里是仇人"正是直诉传统影响的现实表现。第二是诉讼成本偏高,诉讼效益不佳。现实中我们依然相信只有上访才是最直接、最快捷、最有效的办法,行政、诉讼、仲裁等法律途径不过是浪费时间和金钱。第三是案件裁判不公。"关系案""金钱案""人情案"让越来越多的人对社会公平产生怀疑。为避免对个人人身、财产、事业造成不可挽回的损失,当事人必然会想尽各种办法向上级反映。

二、当前涉检信访存在的主要问题及原因

(一)当前我国涉检信访存在的问题

1.涉检信访数量增长速度快

随着公民法律意识和维权意识的不断增强,越来越多的人开始站出来使用法律武器来维护自己的权利。由于一些国家机关人员政治觉悟不高,随意损害人民的利益,失去人民的信任,再加上我国法律仍有不完备之处,人民的权利在得不到有效保护的情况下,当事人便向检察机关控告、申诉,以求通过追究执法者的责任来维护自己的权利。在此形势下,我国涉检信访的数量不断地增长。

2.涉检信访问题涉及领域广泛

检察院作为法律监督机关,承担着维护公平正义的责任,监督着司法的各个环节,当事人涉检信访所涉及的领域也较为广泛。有的涉及刑事、民事,有的涉及案件的诉讼程序、实体处理,有的涉及承办人的办案态度、方式以及执法不公等。集中表现在侦查监督、公诉和职务犯罪查办的环节中。这三大诉讼环节存在的隐患主要有:一是信访人不服公安机关不立案而告到检察机关;二是侦查监督部门不批捕的案件;三是公诉部门不起诉的案件;四是自侦部门涉及搜查、扣押款物的案件及不立案、不起诉的案件。

3.非访形式多样,停访息诉难

伴随信息技术的发展,电话访、传真访、网络访、新闻媒体介入等新形式不断涌现,涉检信访形式也呈现多样化的特点。首先,一些"老上访户"认为只要反复上访,便能提高社会的关注度,问题便能尽快解决,重访、缠访、越级上访等行为十分突出,特别是在"两会"、大型活动、国庆节和春节等敏感时期,有的甚至采取过激行为来引起重视。其次,在涉及基层组织工作人员非法转让土地使用权、侵吞贪污征地、房屋拆迁补偿款等类似案件中,集体上访也显得较为突出。另外还有一些群众不文明信访,在检察机关采取过激行为,如私拉横幅、大声谩骂,有的甚至暴力殴打检察机关工作人员,冲击检察机关正常的工作秩序。有的还提出不合理的要求,无理上访。非法上访形式的多样化,为停访息诉目标的实现又设置了难题。

(二)我国涉检信访存在问题的原因

1.群众法律意识增强,部分存在个人主义,诉求无理

群众法律意识的增强让更多的当事人在面对权利被侵犯时敢于积极站出来维护自己的利益。"一出事,找政府讨说法",作为监督机关的检察院也便成为群众依靠的靠山。但有些当事人仅考虑个人利益,以求通过信访获得利益,当在办事部门的要求无法得到满足时,便向检察机关信访,称相关人员贪污受贿或渎职侵权,要求检察机关为其作主,追求其责任。最近几年,社会上拆迁、征地等现象屡见不鲜,有些人就想趁机占公家便宜,为自己牟利,有的要求甚至无理到要政府解决养老、住房、子女就业问题等。

2.部分司法人员素质低,做群众工作能力差

(1)业务素质不高。当前一些司法人员业务素质不高,缺乏正确的法治理念,观念陈旧,漠视法律法规,办案不透明,程序不公正,执法不严,滥用职权等现象较为突出。司法人员不能严格按照法律规定去办事,视必难以执行公平与正义。很多时候,上访的老百姓不是为了一味地刁难政府,他们只是在追求一个公平而已。

(2)群众意识不强。"群众是历史的创造者。"有些司法人员,群众意识不强,不是密切联系群众,而是脱离群众。主要表现在:第一,在群众反应问题时,有些司法人员不是耐心细致听取对方陈述,而是敷衍了事,搪塞推脱,甚至害怕群众,躲着群众。第二,在一些实际问题上,不去深入基层,而仅仅遵从本本主义,或者个人盲目拍脑袋决定。第三,为了完成上级组织和领导交给的任务,忽视群众利益。

3.信访体系不完善

《人民检察院信访工作规定》中规定了涉检信访受理范围,但是在面对问题时,当事人该去检察机关哪个部门反应?作为群众,法律知识并没有司法人员掌握的多。很多部门认为这些涉检信访的案件属于控申部门管理,不是自己的职责,与自己无关,而控申部门又不能具体地去解决。在遇到疑难案、缠手案时,都不是积极主动地寻求解决问题的办法,而是在上下级、同级部门之间相互推诿,使得处理和解决涉检信访案件责任不清,主体不明,导致当事人产生对立情绪,引发上访出现问题。

三、在法治视野下构建涉检信访体系

(一)完善信访立法机制

我国现行的《信访条例》仅是一个行政法规,"作为行政法规的国家信访条例和有关信访工作的地方性法规,推动了信访工作的程序化、规范化,但这些远没有涵盖国家信访工作的全部,而有些原则问题,特别是信访关系涉及保障公民基本权利的内容,无法在行政法规和地方性法规中解决。"再者,"任何国家公民的政治参与必须要有畅通的、制度化的渠道作为保障,依据我国政治参与的社会主义性质和信访体制的现状,信访立法已经成为迫在眉睫的任务。"因此,尽快出台相应的《信访法》,改变信访制度单纯依靠规定、条例和政策来调节的现状,"将信访案件的受理、处理、终结等程序以法律的形式规定下来",才能实现信访工作的程序化、法制化,才能使公民的信访活动进入法制化轨道。

(二)完善涉检信访考评机制

涉检信访考核机制的价值导向应该是重视矛盾的真正解决、保障公民权利的真正实现。中央政法委在《涉法涉诉信访责任追究规定》中要求"把预防和处理涉法涉诉信访工作与本单位的年度重点责任目标考核和领导干部、干警的政绩、工作考核紧密挂钩。对失职、渎职行为,要严格进行责任追究"。虽然取得了一定成效,但也存在不少问题:(1)考核问责压力大,甚至实行末位淘汰制,以致出现"花钱买稳定,出钱图安逸"的非法治现象,有的甚至以牺牲当事人合法权益、法律严肃性、检察机关公信力为代价,来求得信访人的妥协。(2)重控访,轻解决。为应对信访工作考核,把工作重点放在控制涉法涉诉信访数量和特殊时期不出现进京上访上,忽略对上访矛盾和问题的真正化解,甚至奉行"截访"、强制"学习"、非法限制访民人身自由等极端做法,从而严重侵害群众合法权益,进而激化社会矛盾,破坏社会稳定。

因此,涉诉信访的考核指标必须要在宪法和法律框架内进行考量,同时还要考察结果是否符合公平正义,是否有损司法权威,还应当与案件是否依法查处、案件终结引用的程序、处置信访的手段与结果、社会效果如何等辅助性指标有机地结合起来。我们应当以解决问题为导向来改革考核指标,建立科学的针对不同类型信访案件的分类考评机制,检察机关才能不"唯稳定马首是瞻",进而积极而有活力地去解决上访问题。

(三)完善涉检信访终结机制

涉检信访终结机制是指检察机关按照一定的程序,对确定已依法处理、解释疏导而信访人仍缠访缠诉的信访案件作出终结决定的机制。与构建初衷相悖的是,该机制建立多年来却鲜有运用,并未实现其应有的价值与功能。

1.涉检信访终结的程序。目前,我国的涉法涉诉信访终结机制实行"办理、复查、复核"三级终结制,终结决定由省级以上政法机关作出。具体到检察机关可按以下程序操作:基层院及分(市)院两级检察院作出诉讼处理决定的涉检信访案件,应逐级向省级院申报终结;省级院作出诉讼处理决定的涉检信访案件,应向高检院申报终结。涉检信访案件必须经过基层院及分(市)院检委会研究、省级以上检察机关相关业务部门审查、提请检委会决定三道程序方可终结。经省级以上检察机关作出的终结决定具有终局性,各级检察机关不再立案审查、复查,不再向下级检察机关交办、转办和通报,并且应当将该终结结论作为以后认定无理上访、缠访闹访的根据，但必然给予接待。

2.涉检信访终结的导出制度。涉检信访终结程序履行完毕后，如果信访人对终结决定仍不服，继续缠访、闹访的，可以尝试建立信访终结导出机制。一是对于既不合法也不合理的要求，信访人仍不息诉罢访，继续闹访、越级上访、进京上访，扰乱社会秩序的，先对其进行思想教育、心理疏导、行为矫治。对不矫治者仍然违法闹访或采取极端方式上访造成严重后果的，公安部门应依法采取相应强制措施。二是对于信访人没有无违法行为或极端行为的，应当动员其所在的单位、社区及家属共同做其工作，争取使其息诉罢访。三是对于虽不合法或不符合现行政策，但合乎情理的要求，应当发挥充分民政、社会救济的力量，对这类人予以必要的关心和救助。

3.完善涉检信访终结的其他相关制度。一是建立完善公开听证制度。二是建立完善终结公示备查制度。完善终结公示备查制度，有利于进一步规范信访部门的办理行为，减少该终结而不结或者错误终结的发生;同时，也有利于约束访民的信访行为，有效防止访民滥用信访权利、反复信访的现象。三是建立完善网上信息管理系统。探索在政法系统各部门之间、各部门上下级之间，实现资源共享。四是建立完善司法救助制度。近几年，各地检察机关广泛开展了刑事被害人救助工作，取得了良好成效。下一步，我们应思考如何将刑事被害人救助与涉法涉诉信访救助统一于司法救助，不断扩大救助内容，丰富救助方式，彰显司法人文关怀。

(四)律师介入及听证机制的完善

1.公开听证。对于重大涉检信访案件、当事人拟不同意检察机关复查决定的案件、信访人提出公开听证申请的涉检信访案件，在案件办理过程中，可以启动公开听证程序，由作出决定的检察院对决定过程和结果进行说明，信访人陈述问题及要求，有关涉案人员答辩，公开有关证据及相关法律依据，与会代表依据法律法规和政策进行公开评议，形成听证结论。公开听证可以邀请人大代表、政协委员、法律专家、律师和当事人及其近亲属、所在单位或者基层组织的代表参加,依靠社会力量做好化解矛盾纠纷工作,达到息访息诉的目的。

2.推行律师介入。以尊重和保障上访群众的知情权和法律救济权为出发点,建立律师介入涉检信访常态机制,充分发挥律师专业特长和职业优势,引导信访人依法行使权利和通过正确救济途径主张诉求。可以按照履行告知义务、信访人书面申请、检察院商请司法行政部门指派律师、律师查阅案卷、律师从案件证据和法律适用等方面对信访人释法说理等程序进行构建。

浅议帮助犯罪分子逃避处罚罪

主体及客观表现形式

●文／李素君

帮助犯罪分子逃避处罚罪是刑法修订后新设立的一个渎职罪名。它是指负有查禁犯罪活动职责的国家机关工作人员,向犯罪分子通风报信、提供便利,帮助犯罪分子逃避处罚的行为。本罪侵害的客体是有查禁犯罪活动的国家机关查禁犯罪分子的正常活动秩序,主观上表现为故意的罪过形式。这无论在理论上还是在司法实践中已形成共识。但对该罪主体的认定和客观表现形式的理解,司法实践中存在诸多争议,一定程度上影响了对该罪的认定和惩处。笔者对此谈点粗浅的看法。

一、帮助犯罪分子逃避处罚罪主体的认定

(一)立法与司法解释的有关规定

《刑法》第417条规定:"有查禁犯罪活动职责的国家机关工作人员,向犯罪分子通风报信、提供便利,帮助犯罪分子逃避处罚的,处三年以下有期徒刑或者拘役,情节严重的,处三年以上十年以下有期徒刑。"本罪的主体是负有查禁犯罪活动职责的国家机关工作人员,即国家权力机关、行政机关、司法机关以及军事机关中负有查禁犯罪活动职责的工作人员。

2002年12月28日《全国人大常委会关于刑法第九章渎职罪主体适用问题的解释》规定:"在依照法律、法规规定行使国家行政管理职权的组织中从事公务的人员,或者在受国家机关委托代表国家机关行使职权的组织中从事公务的人员,或者虽未列入国家机关人员编制但在国家机关中从事公务的人员,在代表国家机关行使职权时,有渎职行为,构成犯罪的,依照刑法关于渎职罪的规定追究刑事责任。"因此,上述人员在代表国家机关行使查禁犯罪活动职权时,有渎职行为,构成帮助犯罪分子逃避处罚罪的应追究刑事责任。

高检院在《人民检察院直接受理立案侦查案件立案标准的规定(试行)》中,对本罪主体界定为:有查禁犯罪活动职责的司法及公安、国家安全、海关、税务等国家机关的工作人员。这一规定由于是 1999 年 9 月制定施行,早于全国人大常委会关于渎职罪主体适用问题的解释,对该罪主体范围规定的面窄,应以全国人大常委会解释来确定该罪主体范围。

(二)司法实践中的不同认识

目前,检察机关内部以及检察机关与审判机关之间,对帮助犯罪分子逃避处罚罪主体在个案处理中的认定仍然存在着认识上的分歧。

一种观点认为,在有查禁犯罪活动职能的司法、公安、国家安全机关中履行查禁犯罪活动职责的人员(包括聘用人员)是帮助犯罪分子逃避处罚罪的主体。其他没有履行查禁犯罪活动职责的人员不构成本罪主体。理由是查禁犯罪活动职能是国家管理中的特殊职能,既不能授权也不能委托给没有这种职能的国家机关或组织实施。

另一种观点认为,本罪主体除了司法、公安、国家安全机关中履行查禁犯罪活动职责的人员外,还应包括海关、税务、工商、技术监督等行政执法机关中有查禁犯罪活动职责的稽查人员。

还有一种观点认为,负有查禁犯罪活动职责的国家机关工作人员和受委托或者聘用在国家机关中负有查禁犯罪活动职责的人员都可成为本罪的主体。

(三)对帮助犯罪分子逃避处罚罪主体认定的一点看法

笔者同意第三种观点。按照宪法和法律规定,国家机关包括国家权力机关、行政机关、司法机关和军事机关,还包括中国共产党的各级机关和中国人民政治协商会议的各级机关,在这些机关中从事公务的人员,只要依法或受委托赋予其查禁犯罪活动职责,或者参与办理某个刑事犯罪案件,如果帮助犯罪分子逃避处罚的,就构成本罪的主体。另一种情况是受委托或者聘用在国家机关中负有查禁犯罪活动职责的人员,如合同制工人、临时工、治安联防队员等不具有国家机关干部身份的人员在办理或者协助办理刑事犯罪案件时帮助犯罪分子逃避处罚的,也构成本罪的主体。第三种情况是行政执法机关如海关、税务、工商、技术监督等部门人员在依照行政法规查处违法案件时,或者纪检、监察机关人员在依照党纪政纪查处违法违纪案件时,明知所办案件已构成犯罪并帮助犯罪分子逃避处罚,或者帮助犯罪分子逃避处罚的事实可以单独构成犯罪,行为人就构成帮助犯罪分子逃避处罚罪的主体。总之,对该罪的主体的正确界定的关键在于国家机关工作人员以及受委托聘用在国家机关中工作的人员,只要赋予其查禁犯罪活动的职责,或者参与办理和协助办理某一刑事案件中,帮助犯罪分子逃避处罚的就可界定为本罪的主体。如果没有赋予其查禁犯罪活动的职责,或者没有参与和协助办理某一刑事案件,帮助犯罪分子逃避处罚构成犯罪的,不构成本罪主体,应以其他罪名定性。如有些村、乡和派出所里雇佣的联防队员,其职责是维护社会治安的,不具有查禁犯罪分子的职责,如果帮助犯罪分子逃避处罚,应视案情定窝藏包庇罪或故意泄露国家秘密罪;但若是因为工作关系被有关部门安排,协同公安人员一同办理具体的案件,这时如果帮助犯罪分子逃避处罚,就构成本罪。

二、帮助犯罪分子逃避处罚罪客观表现形式的认定

本罪客观方面表现为向犯罪分子通风报信、提供便利、帮助犯罪分子逃避处罚的行为。确定客观表现形式时,要准确把握两点:

(一)对犯罪分子的正确把握

何为犯罪分子?根据罪行法定原则,任何人不经法院判决不能认定其有罪,因此,犯罪分子就是被法院作有罪判决的人。只有帮助了这样身份的人才构成本罪。这就涉及一个前案问题,即只有前案被法院定为有罪时,本罪才能遂之成立。但实践操作中,如果每收到帮助犯罪分子逃避处罚罪的线索,都要等前案判决下来再进行立案侦查,那必定会使初查战线拉的过长,给行为人留下充裕的时间准备,从而贻误战机,不利于本罪的查处。所以,实际操作中在认定犯罪分子时也要灵活地依靠有关证据来确定。(1)对于前案判决虽未下来,但经初查事实清楚,证据充分或社会影响大,性质恶劣的犯罪,如故意杀人、强奸、抢劫、爆炸、带有黑社会性质的集团犯罪等暴力恶性犯罪,可以对本案行为人果断予以立案并施以必要的强制措施;(2)若前案犯罪情节轻微或事实不很清楚,要谨慎处之,只有掌握了充分确凿的证据证实行为人确有帮助前案嫌疑人逃避处罚行为的,才可以对行为人先立案,但为防止前案发生变故,这时不宜对本案行为人采取拘留、逮捕强制措施,可根据情况采取取保候审或监视居住强制措施。

(二)对通风报信、提供便利、帮助犯罪分子逃避处罚等作案行为的正确把握

这须掌握最高人民检察院立案标准的规定:(1)为使犯罪分子逃避处罚,向犯罪分子及其亲属泄露有关部门查禁犯罪活动的部署、人员、措施、时间、地点等情况的。(2)为使犯罪分子逃避处罚,向犯罪分子及其亲属提供交通工具,通讯设备、隐蔽处所等便利条件的。(3)为使犯罪分子逃避处罚,向犯罪分子及其亲属泄露案情,帮助、指示其隐匿、毁灭、伪造证据及串供、翻供的。(4)其他向犯罪分子通风报信、提供便利,帮助犯罪分子逃避处罚的行为。除此这外,笔者认为,实践办案中还存在一些帮助犯罪分子逃避处罚的行为现象,也应列为本罪的客观表现形式。像给予犯罪分子金钱资助的、携同犯罪分子家属到处活动说情,为犯罪分子开脱罪责逃避处罚的、用言语暗示犯罪分子逃跑的、也应列为本罪的作案行为。如2001年,汝州市检察院办理的汝州市公安局原副局长韩某某帮助犯罪分子逃避处罚一案,韩在任主抓刑侦工作的副局长期间,1999年11月指挥办理一起以唐某某为首的带有黑社会性质的犯罪集团案件,在下属秘密抓捕该组织骨干分子王某甲(又名王某乙)的当天下午,韩到唐某某家中,把王某甲被抓的消息告诉唐,暗示唐潜逃。当晚,唐某某携主要骨干分子潜逃,直到2000年1月4日,才在郑州被抓

获。本案的客观表现行为,即是以暗示方式表现出来的。

(三)结合犯罪目的和动机把握

在认定帮助犯罪分子逃避处罚罪的客观表现形式时,要结合本罪的犯罪目的和动机来把握,把无意间向犯罪分子泄露有关情况,致使其逃避处罚的行为区分开来。因为本罪属于故意犯罪,只要行为人主观上没有向犯罪分子通风报信、帮助其逃避处罚的故意,只是因粗心大意、思想麻痹,无意中泄露了有关情况,使犯罪分子通过各种途径得知后逃跑的,则不构成本罪。另外,因工作消极松懈,在犯罪分子可能逃避的情况下坐视不管的过失行为,不应以本罪论处。

三、帮助犯罪分子逃避处罚罪与相关罪名的区分

(一)本罪与窝藏、包庇罪的区分

两罪都是以帮助犯罪分子逃避处罚为目的的故意犯罪,侵犯的客体都是司法机关的正常活动,但前罪侵犯的客体要比窝藏、包庇罪的范围大一些。其主要区别是:(1)犯罪主体不同。前罪的主体是特殊主体,即有查禁犯罪活动职责的国家机关工作人员;而后者的主体则是一般主体,即任何人。(2)客观方面表现的行为方式不尽相同。前罪是向犯罪分子通风报信、提供便利、予以帮助;而后者包庇罪是故意作假证明对犯罪分子予以包庇,二者的客观表现行为是不相同的;但前罪中的"提供便利"的表现方式与后者窝藏罪中为犯罪分子提供处所、财物以帮助其逃匿的行为有相同之处,区别的关键在于行为人是否利用查禁犯罪活动的职务之便实施该行为,若行为人没有利用职务之便实施了上述行为,应定为窝藏罪。

(二)本罪与故意泄露国家秘密罪的区分

两者在主观方面都是出于故意,犯罪对象都涉及到国家秘密。两罪的不同之处在于:(1)犯罪主体不同。前罪的主体是特殊主体;而后罪的主体则是一般主体,并不仅限于国家机关工作人员,其他与国家秘密打交道的非国家机关工作人员也可以成为故意泄露国家秘密罪的主体。(2)犯罪目的不同。前罪的犯罪目的在于帮助犯罪分子逃避处罚;而后罪的行为人在主观上不具有这样的犯罪目的。(3)犯罪客观方面的表现形式不同。前罪表现为向犯罪分子通风报信、提供便利,帮助犯罪分子逃避处罚的行为;后罪则表现为违反国家保密法规,泄露国家秘密,使国家秘密被不应知悉的人知道的行为。(4)犯罪客体不同。前罪侵犯的是有查禁犯罪活动职责的国家机关的正常活动秩序;而后罪侵犯的是国家的保密制度。

(三)本罪与徇私枉法罪的区分

两罪在犯罪主体和帮助犯罪分子逃避处罚主观故意上内容交叉。主要区别为:(1)犯罪主体的范围不同。前罪主体比后罪主体广,前罪主体是有查禁犯罪活动职责的国家机关工作人员;后罪主体仅限于司法工作人员。(2)客观方面表现行为不同。前罪表现为向犯罪分子通风报信、提供便利,帮助其逃避处罚;后罪表现为对明知是有罪的人故意包庇不使他受追诉,从而使其逃避处罚,对明知是无罪的人而故意使他受追诉,使其受到不应有的处罚。

(四)本罪与私放在押人员罪的区分

两罪主观方面都是以帮助犯罪分子逃避处罚为目的的故意犯罪。主要区别为:(1)犯罪主体不同。前罪主体是有查禁犯罪活动职责的国家机关工作人员;后罪主体仅限于司法工作人员,前罪主体比后罪主体的范围大。(2)犯罪对象不同。前罪是向正在追捕的犯罪分子通风报信、提供便利,帮助其逃避处罚;后罪则是将处于监管机关监管之中的犯罪分子非法放走,使其逃脱处罚。

(汝州市检察院调查与研究第 1 期　2005 年 4 月 2 日)

捕后因证据不足不起诉案件
刑事赔偿问题探析

●文／宋振中　魏亚英

对逮捕后因证据不足不能起诉的刑事案件是否应予刑事赔偿,由于《国家赔偿法》规定得不明确,最高人民法院和最高人民检察院司法解释不一致,学术理论界存在很大争议,导致司法实践操作方面的困难。特别是对基层检察院具体执法办案活动影响较大,已成为困扰基层检察机关执法理念、办案质量、执法实践的难题。

一、困惑与问题

《国家赔偿法》第 15 条第 2 项规定:"对没有犯罪事实的人错误逮捕的",受害人有取得国家赔偿的权利。"没有犯罪事实",是否指客观上没有犯罪事实也指法律上推定没有犯罪事实两种情况? 赔偿法在此没有明确解释,致使在刑事赔偿工作实践中存在分歧。有观点认为,根据"疑罪从无",逮捕后如果没有被人民检察院提起公诉或被人民法院作出有罪判决的人,应当对其赔偿。另外的观点则认为,捕后存疑处理的案件只是证明犯罪嫌疑人有罪的证据不充分,不能认为犯罪嫌疑人没有犯罪事实,对疑案申请赔偿的,不能给予赔偿。观点分歧造成执法实践中孰对孰错难以界定。

2000 年 11 月 6 日,最高人民检察院修定制发的《人民检察院刑事赔偿工作规定》第 7 条"但书"条款规定:"对人民检察院因证据不足作出撤销案件决定书、不起诉决定书或者人民法院因证据不足作出已经发生法律效力的刑事判决书、裁定书申请赔偿的,人民检察院的逮捕、拘留决定有无违法侵犯人身权情形,应当依法进行确认。"但是,最高人民法院(1998)赔字第 10

号文件第3条规定："因事实不清、证据不足，检察机关决定不起诉或撤销案件的，根据刑事诉讼法的规定即不能认定犯罪嫌疑人的犯罪事实，检察机关批准逮捕应视为对没有犯罪事实的人错误逮捕，依照国家赔偿法第十五条的规定，检察机关应当承担赔偿责任。"2000年3月8日最高人民法院给甘肃省高级人民法院的批复中指出，人民检察院在刑事诉讼过程中，根据《刑事诉讼法》第140条第4款规定作出的不起诉决定，应视为对案件作出了无罪的决定。从上述两高司法解释看，对证据不足作存疑处理的案件，最高检解释为有无违法侵犯人身权情形应当依法确认；最高法院解释为认定无罪。因此，如果检察机关确认拘留、逮捕无误，无侵犯人权情形，对赔偿请求人不予赔偿，但是，请求人申诉到法院赔偿委后，法院作出的是与检察机关相反的应当赔偿的决定。导致司法实践中操作的混乱，使接受赔偿的检察院处于被动尴尬局面。

如张某甲赔偿案：2000年5月18日，张某甲得知其姐被同村的郭某甲家打伤住院，19日上午，张某甲带领长子张某乙、次子张某丙、外甥郭某乙、郭某丙、姐夫郭某丁乘自家的中巴客车到郭某甲的摩托车修理铺，与郭某甲之妻王某甲争吵，张某丙上前殴打王某甲，王的哥哥王某乙、弟弟王某丙闻声赶到，此时张某甲在一旁高喊："打，打死我负责。"引起双方互殴，殴打中王某丙被打伤，经法医鉴定属轻伤。2001年4月30日，汝州市检察院以涉嫌故意伤害罪将张某甲批准逮捕，2001年7月16日移送审查起诉，根据提起公诉的证据标准，于8月10日汝州院将此案退回公安机关补充侦查。期间，2001年10月12日王某丙与张某甲之子张某乙达成撤诉协议（经张某甲同意）。汝州市公安局依据该协议于当日决定撤销案件，将张某甲释放。

2002年5月18日，张某甲以汝州市人民检察院错误逮捕为由，要求刑事赔偿。该院经审查认为，张某甲带领家人及其亲属殴打他人，致人轻伤，在共同犯罪中起组织指挥作用，其行为已涉嫌故意伤害罪，符合《刑事诉讼法》第60条规定的逮捕条件，以涉嫌故意伤害罪批准逮捕张某甲是正确的。张某甲的赔偿请求不属于《国家赔偿法》第15条规定的赔偿范围。遂作出驳回张某甲的赔偿请求,不予赔偿的决定。张某甲不服不予赔偿的决定,向平顶山市检察院提出复议,经审查后维持原决定。张某甲于2002年8月29日向平顶山市中级人民法院赔偿委员会提出申请,要求赔偿。(2002)平法委赔字第5号决定书认为,汝州市检察院在未查清张某甲涉嫌故意伤害一案事实的情况下即对张西方批准逮捕不妥,在该案已被撤销的情况下,汝州市人民检察院对此应承担赔偿请求人张某甲被限制人身自由135天的赔偿责任。

张某甲赔偿案充分说明,法、检两院司法解释上的不一致,造成实际操作中难以掌握。由于《国家赔偿法》中规定,中级以上人民法院赔偿委作出的赔偿决定是发生法律效力的决定,且是一审终审。该院也只能依据赔偿委的决定于2004年1月16日赔偿张某甲人民币5845.50元。但不认为对张某甲的逮捕是错误的。因此,捕后存疑案件赔与不赔的不确定,造成基层检察院执法办案中审查逮捕标准掌握的认识分歧,使检察机关在赔偿问题上难以操作,如同犹抱琵琶半遮面,自己认为不是错捕、确认不予赔偿的,最终还是给予赔偿。

二、造成的难题

80%的审查逮捕案件在基层,80%的捕后证据不足案件在基层,80%的刑事赔偿案件也在基层。由于证据不足案件在赔偿问题上的争议,导致是否错捕的不确定,使"不愿赔、不敢赔、不能赔"观念在基层占上风,形成捕后证据不足案件处理难问题。

据统计,2001~2003年仅汝州市检察院这一个基层院捕后证据不足案件135人,没有作出1件不起诉处理,全部退回公安机关变更取保候审措施继续侦查,现已终止侦查132人,其中解保94人,未解保38人;侦查后起诉判刑的3人,但公安机关也没有作出1件撤案处理。虽然这些案件中有一部分不属于证据不足案件应当作出其他处理的而也被列了进去,但是,多数案件是因证据不足,经过补充侦查仍然不符合起诉条件,退回公安机关积存起来的。这样的处理方法,从表面上看检察机关不再负什么责任,实质上则是负着无法推卸的责任。因为捕后案件从法律程序和赔偿角度讲,最终归责仍是检察院。据调查,目前,捕后证据不足案件申诉赔偿呈上升趋势。今年6月以来,汝州市院控告申诉部门已受理该类申诉案件2件。如焦某某申诉上访案:2000年9月1日汝州市公安局以敲诈勒索罪将焦某某刑事拘留,同年9月28日逮捕,被羁押1年零11个月后公安机关将其取保候审。2004年4月焦某某以公安机关没有给其发放释放证和取保候审决定书为由到公安部、最高人民检察院反映此事。汝州市公安局接访后给焦补发了释放证和解除取保通知书,6月10日焦某某持上述手续到汝州市检察院控申科申诉,不服该院的批准逮捕决定,要求撤销原决定。此案正在进一步审理。但是,无论审理结果如何,最终归责在检察院。因此,证据不足积案如果不采取有效措施依法处理,把负面影响和赔偿范围降低到最低限度,在目前基层财政经费困难又无专项赔偿基金的条件下,基层检察院是很难解决这一问题的。

三、解决方法

因证据不足而撤案、不起诉或被法院宣告无罪的案件是否给予刑事赔偿?高检院研究室已进行了专题调研,其观点是"以赔为原则,不赔为例外"。目前,法、检两院的观点基本一致,可是指导司法实务工作的具体解释还没出台。因此,建议上级检察机关及时作出切合实际的规范性司法文件,指导下级检察院正确开展证据不足案件刑事赔偿工作,减少实务操作中的困难。同时,在基层院执法办案中,要采取积极措施尽可能减少证据不足案件:一是严格掌握逮捕标准,严格执行《刑事诉讼法》第60条规定的批准逮捕的三个条件,切实落实捕后证据不足案件赔偿责任追究制,增强办案人员的工作责任心。二是对现有逮捕后不符合起诉条件的案件要严格分类,澄清底数,分类处理,加强捕诉部门的协作配合和相互监督制约,转变执法观念,统一执法思想,认识一致,形成共识,提高办案质量和执法水平,减少证据不足案件。三是加大对因证据不足不符合起诉条件退回公安机关作撤案或取保候审处理的案件的监督力度,减少捕后案件长期挂案情况的发生。

(汝州市检察院调查与研究第 8 期 2004 年 7 月 26 日)

诉讼证据同一般证据的区别

●文/潘军现　张延涛

证据一词并不是诉讼领域中所独有的概念，无论是学术上的引证讼断，还是科学研究上的发现创造，亦或日常生活中的摆事实、讲道理，都涉及到证据问题。因此，从最一般、最直接的意义上讲，证据就是能够证明未知情况的已知现象。但是，作为诉讼中的证据，不同于一般意义上的证据，同一般意义上的证据相比，诉讼证据具有几个明显特点：

一、诉讼证据是以其特定的证明对象作为其存在的价值的

诉讼证据的证明对象是案件事实，它是为证明实体法律关系的构成要素而被引进到诉讼领域中的，从证明某种法律事实是否存在的角度讲，对于诉讼证据的采用，将会导致相应的法律后果。一般证据的证明对象，则没有这种要求，一般证据的证明对象不是某项法律事实，也不会引起任何法律上的后果。

二、诉讼证据要受法律的约束

一般证据不受法律的约束，人们可以取决于个人的理解，自由地探讨，虽然也要遵循一定规则，但法律对于一般证据的收集主体、采证和举证规则和审查程序都不做任何规定，任何人都可以收集和提出，人们可以相信它们，也可以加以批驳。至于它们的客观性，真实性和有效性，是由实践本身来解决的，不需要国家司法机关出面去干涉。如果对这类证据认识有分歧发生争议时，究竟孰是孰非，自有定论，可以求同存异或各自保留不同意见；即使一时难以分真假。无法定论，也并不碍事，可留待后人去进一步发掘和探索，而无需经司法机关去审查和判断，诉讼证据则要受到法律的约束，任何国家的诉讼法中都对收信证据的主体，采证和举证的规则和程序，运用证据的方法作了规定。

三、诉讼证据要受条件的限制

一般证据既可能是过去已经存在的,也可能是现在才产生的;诉讼证据则都是过去产生的,因为任何案件,对司法人员都是过去发生的事实,而证据又是伴随案件的发生而发生的。一般证据既可能是收集来的,也可能是实验室中产生的;而诉讼证据则必须是司法人员依法收集的,不可能在实验室中产生,在诉讼过程中可能要采用一些侦查实验的方法,但侦查实验本身并不能产生证据,而只是审查判断已知证据是否确实的方法之一。一般证据既可能是一个事实,也可能是一种理论,在学术上有很多人喜欢用经典的名言论证自己的观点,将经典作家的名言当作了证明自己观点的证据;而诉讼证据则只能是一种事实,不能是一种理论。

四、诉讼证据要受时间的限制

证明其他问题,不受时间的限制,能早些证明出来更好,证明晚了也不会产生法律后果,有些问题几十年甚至几百年也没有证明清楚,因此,对一般证据的采证没有时间要求,也不宜硬性进行时间上的限定。而诉讼证据却不同,尤其是在刑事诉讼中,法律明确规定了办案期限,只有那些在法定期限内被依法纳入了诉讼程序中的事实和材料,才能作为诉讼证据。在司法实践中有时会出现一种现象是,有些事实本身能证明案件事实,但由于某种诉讼没有被提起,或诉讼过程已经终结而没有被纳入到诉讼程序中,乃至最终失去了证据效力。

通过上述比较,可以给诉讼证据下这样一个定义:诉讼证据是用以在诉讼过程中证明争议案情的一切事实。

(汝州市检察院调查与研究第 10 期 2004 年 11 月 9 日)

论如何开展立案监督

●文/潘军现　黄飞豹

一、立案监督案件线索的发现与认定

要开展立案监督,其前提和基础就是线索的取得。根据检察机关工作特点,案件线索有三种途径:一是被害人认为公安机关应当立案而未立案向检察机关申诉;二是检察机关在办案中自行发现;三是检察机关在社会交往中或者从其它单位中获取的案件。从目前的司法实践看,立案监督案件线索大多来源于被害人的申诉,后两类案件来源途径较少。这是因为当前我国一部分公民有事不关己,高高挂起的思想,认为对自己无关的案件既不举报又不议论传播,特别是不少刑事案件并没有具体的侵害对象,更不主动过问;另外有些单位对检察机关的立案监督职能了解的不多,不知道发现刑事案件时到检察机关要求立案监督。这些情况对检察机关开展立案监督工作有失主动,而且有损于检察机关立案监督的权威。我们应从以下几个方面增加立案监督案件的来源:一是侦查监督部门在审查批捕案件中,通过阅卷、询问、提讯活动中发现其他犯罪嫌疑,应当立案侦查而未立案侦查的。二是注重侦查监督部门与检察机关中其他部门,如公诉、自侦、监所、控申等部门的联系,通过这些部门的调查、走访、取证发现应立案侦查而未立案侦查的。三是侦查监督部门的干警要增强这方面的敏锐性,从说者无心,听者有意中发现。四是加强检察机关立案监督职能的宣传力度,使公民和其他单位了解立案监督工作,以便公民和其他单位积极到检察机关揭露应立案而未立案的犯罪事实。

对于掌握的立案监督线索,由于诸多因素的影响,线索本身可能虚实不定。必须严格审查、筛选包括线索涉及的罪名,嫌疑人的刑事责任能力和年龄,事实的证据及犯罪的追诉时效。判明公安机关应否立案侦查,以便准确、及时地运用立案监督手段,进入立案监督程序。

二、立案监督决定的作出

根据我国《刑事诉讼法》第 87 条规定,对于经审查可以立案监督的案件,就要作出决定要求公安机关说明不立案的理由,其内部具体操作为:(1)指定专门承办人员进行审查;(2)承办人首要向科长和主管检察长汇报案件情况和证据,全科进行讨论,形成一致意见;(3)一些特殊的案件交检委会讨论决定,经检察长或检委会同意后,制作说明不立案理由通知书,送达公安机关。监督公安机关 7 日说明不立案理由,公安机关将理由反馈检察机关后,针对不立案理由,再次组织集体讨论,如果认为不立案理由成立,要告知被害人或线索提供者;如果不立案理由不成立,在制作立案通知书后,应监督其在法定期限内立案。

三、立案监督执行的监督与措施

对于立案监督的案件,公安机关行动迟缓的原因较为复杂:一是案件本身调查取证困难,侦查人员有怕麻烦的思想;二是案件调查任务量大,存在经费问题;三是少数案件存在徇私和徇情的问题,因此检察机关要切实抱着对人民、对法律认真负责的态度,采取有效措施,保证立案监督的质量,使检察机关立案监督的案件在通知立案后顺利查处。

一是经常过问。要由承办人、科长、检察长分别与公安机关的侦查员、部门负责人、侦查机关负责人分别加强联系,了解通知立案案件的进展情况,通过横的方面和纵的方面督促监督的案件,防止案件搁浅。

二是加强督促。对于检察机关通知立案的案件。针对公安机关普遍存在案件多、人员少的问题,检察机关的领导要出面监督公安机关有关领导及时抽出警力关注立案监督的案件。防止侦查机关人员畏难而拖,影响案件进程。

三是积极配合。对于立案监督的案件,公安机关积极接受,真诚办理,但经费确有困难的,检察机关在力所能及的情况下给予支持。如派员提前介入侦查。

四是对于存在徇私或徇情情况的,侦查人员对于立案监督的案件置若罔闻的,应与公安机关纪监部门联系,查取有关人员的违法违纪问题。对于构成犯罪的,检察机关要大胆依法查处,追究有关人员的刑事责任,力促立案监督案件得以顺利进行。

（汝州市检察院调查与研究第 11 期　2004 年 11 月 3 日）

在检察工作中如何正确适用
宽严相济的刑事政策

●文/陈冬伟

在党的十六届六中全会上我党提出了宽严相济的刑事政策,这是对构建社会主义和谐社会这一政治目标的回应, 它的确立表明我国的刑事政策在新的历史条件下的发展完善。和谐社会并不是一个没有矛盾和纠纷的社会, 更不是一个没有犯罪的社会。宽严相济的刑事政策,实质就是对刑事犯罪区别对待,做到既要有力打击和震慑犯罪,又要保障人权,尽可能减少社会对抗,化消极因素为积极因素,实现法律效果和社会效果的统一。检察机关如果在工作中能正确运用好宽严相济的刑事政策, 就会在构建社会主义和谐社会中发挥出重要作用。那么在检察工作中如何运用好宽严相济的刑事政策? 本文从以下几个方面作以探讨。

一、正确行使批捕权,慎用批捕权

如何正确行使审查批准或决定逮捕权,是检察机关面临的重大课题,也是宽严相济刑事政策在侦查监督环节能否得以贯彻实施的关键所在。在宽严相济政策指导下,审查逮捕权的运行主要分为两方面:一方面,对于有组织犯罪、黑恶势力犯罪、严重暴力犯罪以及严重影响群众安全的多发性犯罪,应当适用"严"的刑事政策,对于符合逮捕条件的从严从快逮捕,以起到震慑犯罪、警示社会的作用,达到预防犯罪和稳定社会的目的;另一方面,对于一些情节轻微、社会危害性不大、人身危险性小的犯罪,应当适用轻缓刑事政策,符合取保候审、监视居住条件的不适用逮捕强制措施,同时避免嫌疑人特别是初犯、偶犯等在监禁环境下的"交叉感染"。在逮捕强制措施的适用过程中,既要体现"雷霆万钧",又要体现"春风化雨";既要治标,也要治本;既要注重法律效果,也要注重社会效果。通过对我院近几年审查逮捕工作的实证调查发现,目前逮捕的适用率非常高,慎捕少捕政策在司法实践中没有得到很好的贯彻和适用;在当前形势下,应以宽严相济刑事政策为指导,在具体工作中慎用批捕权,采用刑事和解措施,减少对社会生活的干预。

二、扩大相对不起诉的使用,引进暂缓起诉措施,限制刑罚的适用范围

"宽严相济"具体到审查起诉的活动中,主要体现在:一方面重点打击严重刑事犯罪,例如黑社会组织犯罪、"双抢"犯罪(即抢夺与抢劫),对待此类案件要坚决起诉,并建议法庭从重处理;另一方面要对轻罪案件实行轻缓的刑事政策,从轻处理或不处理。相对不起诉制度体现了刑法的谦抑精神以及个别化原则,有利于节省司法资源、提高诉讼效率。但当前人民检察院在适用相对不起诉方面仍然存在着一定的问题,如,总体适用率偏低;对普通刑事犯罪适用率过低;对职务犯罪适用率偏高等。究其原因,主要是因为立法所规定的适用范围狭窄,适用程序繁琐。因此应从制度上对合理行使不起诉裁量权进一步完善,如从立法上,规范不起诉制度,扩大不起诉裁量权的适用范围;从检察机关的管理体制上,简化不起诉裁量权内部运行程序,制定科学、合理的案件质量考核标准,改变过去把起诉率的高低作为衡量工作好坏标准的做法,确立正确的执法导向,更好地实现办案数量、质量和效果的有机统一。

引进暂缓起诉措施。暂缓起诉制度,是指某些已经达到提起公诉标准的犯罪行为,基于犯罪嫌疑人的自身状况、刑事政策以及诉讼经济的考虑,通过设定一定的暂缓起诉期间暂时不提起公诉,而是在暂缓起诉期间终结时再根据犯罪嫌疑人的悔过情况等作出最后处理决定的一种诉讼制度。首先,暂缓起诉制度符合刑罚个别化和轻刑化的刑事政策。其次,暂缓起诉制度使诉讼程序更为合理和科学,是符合国际通行做法的,体现我国刑事法律与时俱进思想的一项制度创新,有利于实现刑罚的法律效果与社会效果的统一。再次,暂缓起诉制度有利于经济、合理地使用司法资源。刑事诉讼程序环节的减少缩短了诉讼时间,减轻了讼累,节省了人力、物力等司法资源,可以使人民检察院和人民法院将主要精力投入到更为严重的刑事犯罪案件的起诉和审判中去,以提高诉讼质量和诉讼效率。最后,暂缓起诉制度有利于保护当事人的合法权益。为了从实质上限制刑罚的适用范围,体现宽松刑事政策思想,检察机关应当扩大不起诉范围,同时尽快引进暂缓起诉措施以体现宽严相济政策。

三、正确行使职务犯罪侦查权,慎用强制措施

在办理职务犯罪时要突出重点,集中力量严肃查处大案要案和损害人民群众切身利益的案件。注意改进办案的方法和方式,坚持依法办案、文明办案,讲究办案策略,慎用强制措施,体现人文关怀。注意讲究司法诚信,对犯罪情节轻微、确有悔改或者有重大立功表现的,要依法兑现政策。注意维护发案单位正常的生产经营和工作秩序,慎用查封、扣押、冻结等措施,最大限度地减少对生产和职工生活造成的影响,切实防止因执法方式不当造成负面影响或者激化矛盾。

四、借鉴恢复性司法理念,确立刑事调解制度

恢复性司法是对刑事犯罪通过在犯罪方和被害方之间建立一种对话关系,以犯罪人主动承担责任消除双方冲突,从深层次化解矛盾,并通过社区等有关方面的参与,修复受损社会关系的一种替代性司法活动。我国现行的刑事司法是以国家起诉和对被告人判刑为主要模式的,这种模式不仅带来监狱压力大、司法成本高的后果,而且严重忽略了被害人在刑事诉讼中所应具有的本体地位。恢复性司法作为一种全新的刑事司法模式,对大量的轻微刑事案件乃至邻里纠纷给予关注,尽可能在犯罪的早期阶段介入,通过调和人际关系,减少社区矛盾来预防犯罪。这种旨在提升被害人和犯罪人的满意度、降低再犯率的司法模式与我国传统的调解制度所蕴涵的"和为贵"的理

念相一致。调解制度作为一种处理轻微刑事案件的方法,给冲突双方解决冲突提供了机会。对此类轻微犯罪案件,在侦查和审查起诉阶段,应当允许当事人和解后由侦查机关撤案或由检察机关作不起诉处理。这样做好处有三,一是有利于缓解矛盾,稳定社会,促进公民之间的宽容、和解;二是有利于帮教和改造罪犯,减少危害社会的犯罪因素;三是有利于司法经济,缓解目前司法机关案多人少和监管场所紧张的状况,有利于集中精力查办大案要案。

五、充分发挥取保候审、监视居住的作用,减少逮捕措施的适用

检察机关在履行批捕、起诉职责时,要认真贯彻宽严相济的刑事政策。坚持区别对待,对严重的刑事犯罪坚决严厉打击,依法快捕快诉,做到该严则严;对主观恶性较小、犯罪情节轻微的未成年人,初犯、偶犯和过失犯,贯彻教育、感化、挽救方针,慎重逮捕和起诉,可捕可不捕的不捕,可诉可不诉的不诉,做到当宽则宽。对于轻微犯罪来说,应当依法充分发挥取保候审、监视居住的作用,减少逮捕措施的适用,减少刑事诉讼程序环节,缩短诉讼时间,提高诉讼质量和诉讼效率,使司法机关将主要精力投入到更为严重的刑事犯罪案件的起诉和审判中去。

六、改革完善未成年人犯罪案件的办案方式

要改革完善未成年人犯罪案件的办案方式。对未成年人犯罪案件,应当指定专门检察人员或者设立专门机构办理。建立适合未成年人特点的审查逮捕、审查起诉工作机制,对成年人与未成年人共同犯罪案件,原则上实行分案处理。对于因犯罪情节轻微决定不起诉的未成年人,要落实帮教措施。未成年人涉嫌的犯罪主要是轻罪,通常其主观恶性不深。同时,未成年人犯罪与他们生理、心理发育不成熟有直接关系,若仅因一次情节较轻的犯罪而对其简单地科处刑罚,将他们抛向社会,必然增加社会的不稳定因素。因此,检察机关应尽可能地在与学校达成共识、征询被害人的意见,并与公安机关协调配合的基础上,对涉嫌轻罪的未成年人退回公安机关作撤案处理。

总之,检察机关要在各项检察工作中正确运用"宽严相济"这一刑事政策,做到当宽则宽、该严则严,提高为构建社会主义和谐社会服务的水平,在法律规定的范围内,积极贯彻落实宽严相济刑事司法政策的有效措施。加强与公安机关、人民法院等部门的沟通协调,共同研究解决在贯彻宽严相济刑事司法政策中出现的问题,统一政策界限和执法尺度,促进这一政策在刑事诉讼的各个环节得到全面落实。

(汝州市检察院调查与研究第 3 期 2007 年 1 月 24 日)

从财产占有看侵占罪与盗窃罪的区别

●文/张顺利

　　由于侵占罪是修订后的刑法新增设的罪名,其与盗窃罪容易混淆,在基层检察院的办案实践中,如何划清两罪的界限是一个较难把握的问题。本文结合办案实践,从财产占有的角度对如何区分侵占罪与盗窃罪浅谈以下看法。

　　盗窃罪是指以非法占有为目的,窃取公私财物数额较大,或者多次窃取公私财物的行为。侵占罪是指将代为保管的他人财物非法占为己有,数额较大,拒不退还,或者将他人的遗忘物、埋藏物非法据为己有,数额较大,拒不交出的行为。根据刑法对侵占罪的规定,侵占罪可分为普通侵占与侵占脱离占有物两种类型,前者是指行为人将代为保管的他人财物非法占为己有,数额较大,拒不退还的行为;后者是指行为人将他人的遗忘物、埋藏物非法据为己有,数额较大,拒不交出的行为。本文着重谈一下侵占罪中普通侵占与盗窃罪的区别。

　　侵占罪中普通侵占与盗窃罪虽在犯罪的手段等方面有所区别,但两者区分的关键在于,侵占罪中普通侵占是不转移财物占有的犯罪,即行为人只是基于不法所有的意图,将原已占有的他人财物不法取得;而盗窃罪是转移财物占有的犯罪,将本不属于自己占有的财物即他人占有的财物据为己有。换句话讲,变"自己占有"为"不法所有",是侵占罪中普通侵占的本质特征,而将"他人占有"改变为"自己占有"则是盗窃罪的本质特征。所以,准确理解侵占罪中普通侵占中的财产"自己占有"和盗窃罪中的财产"他人占有"的含义,更是区别两罪的关键中的关键。

一、侵占罪之普通侵占中财产"自己占有"的含义

　　侵占罪之普通侵占中的财产"自己占有",是指行为人对财物具有事实上

的支配或法律上的支配。所谓事实上的支配,是指依一般的观念标准判断存在事实上的财产控制关系即可,不要求行为人对所占有的财物具有所有权。如甲出差,将本人所有的一辆轿车委托好友乙保管,从民法角度而言,轿车的所有人仍为甲,但因轿车为乙保管,乙为实际占有人,轿车完全能成为侵占罪的犯罪对象。所谓法律上的支配,是指行为人虽然没有事实上占有财物,但在法律上对财物具有支配力、处分的权力,如提单等有价证券的持有人,完全可能处分提单等有价证券记载的财物。

侵占罪中普通侵占的成立,是行为人将已经形成占有事实的财物据为己有,从而使原财物所有人、占有人失去了对该财物的控制权。如果在财物所有人、占有人尚对原财物享有占有权时,试图以不法方法非法占有该财物的,则可能构成盗窃罪。

例如,搬运工李某在火车站站台遇女性旅客王某带着一个小孩,且旁边放着几件行李,携带行李非常困难。经商定,李某将王某的行李扛出车站,王某付费10元。李某扛行李出站,而王某因查票被工作人员拦下,李某顿生歹意,趁王某不注意,将行李扛走,行李价值6000元。李某的行为构成何罪?又如,赵某(女,20岁)系某酒店服务员,在房间服务时,看到顾客张某所坐凳子下面掉一钱包,赵某趁给本房间的顾客拿餐具之机,顺势将钱包捡起,藏于卫生间的垃圾筒内的夹层内,后被人查出。张某的钱包内有4000元。赵某的行为又构成何罪?

上述两例,行为人似乎都构成了侵占罪,前罪好像是将代为保管的财物据为己有,后罪则貌似侵占遗忘物的行为,事实上对上述两罪都只能认定为盗窃罪。在前例中,李某受托运送行李,虽然行李已为李某占有,但王某始终尾随其后,行李仍为王某所控制,李某趁其不备将王某的行李据为己有,自应成立盗窃罪。后例中,顾客张某的钱包虽然掉在了地上,但是该钱包还在用餐的房间内,张某对钱包还没有完全失去控制,赵某将钱包偷偷捡起而藏匿,其行为符合盗窃罪的特征,构成盗窃罪。

二、盗窃罪中财产"他人占有"的含义

盗窃罪中财产"他人占有"(即原财产所有人的占有)的含义一般来说是原财产所有人与财物之间有较为接近的空间关系,但是也并不尽然,占有关系是否存在,需要结合一系列主、客观事实进行综合判断,如支配的手段方法、作为被支配财物放置的场所及所处的状态、财物的种类及形状、社会上一般人认同的占有观念等均是综合判断的因素。

在以下情形中,应认定为原财产占有关系存在:(1)事实上握有、管理财物;(2)财物在本人概括的支配场所内,如本人住宅内、车内的财物,即使所有人完全忘记其存在,也属于其占有的财物;(3)财物有按时返回的习性,如主人饲养的、具有回到原处能力或习性的宠物,不管宠物处于何处,都应认定为饲主占有;(4)根据财物的性质、放置的场所等能够推定所有者,如汽车修配门市将客户需要维修的车辆临时停放在距门市较远的地方,该车应推定为修配门市所占有;(5)财物在难以为他人所发现而自己知道的场所内;(6)即使原占有者丧失了占有,但该财物为其他管理者占有时,也应认定为他人占有的财物,如旅客遗忘在旅馆房间的财物,属于旅馆管理者占有,而非遗忘物。

上述几种情形均属于盗窃罪中财产"他人占有"(即原财产所有人的占有),如果破坏了这种占有关系,建立了新的占有关系,将他人占有的财物窃取为自己所有,则可能构成盗窃罪。

所以在办案实践中如能准确地把握了财产占有关系,我们就能根据财产转移的情况,结合法律规定,准确区别侵占罪中普通侵占与盗窃罪。

(汝州市检察院调查与研究 10 期　2007 年 7 月 6 日)

不捕案件如何提高重新报捕率

●文 / 王武国

刑事诉讼法对于逮捕标准的规定是：有证据证明有犯罪事实发生，可能判处徒刑以上刑罚的犯罪嫌疑人，采取取保候审监视居住的方法，尚不足以防止发生社会危险性，而有逮捕必要的。六部委《关于刑事诉讼法实施中若干问题的规定》又将逮捕标准规定的"有证据证明有犯罪事实"具体化为：有证据证明发生了犯罪事实，有证据证明犯罪事实是犯罪嫌疑人所实施的，证明犯罪嫌疑人实施犯罪的证据已有查证属实的三个同时具备的条件。同时规定对于多个犯罪行为或共同犯罪的犯罪嫌疑人只要具备：有证据证明犯有数罪中的一罪的；有证据证明实施多次犯罪中的一次犯罪的；共同犯罪中，已有证据证明有犯罪事实的，应当批准或决定逮捕。而所谓存疑不批捕，就是证明犯罪嫌疑人犯罪的构成要件事实证据质和量不足，不符合刑诉法规定的逮捕条件，而作出的不批准逮捕的决定。司法实践中，存疑不批捕案件每年约占不批捕案件对 70%以上，对此类案件如果不加强监督，容易造成案件流失，导致打击不力。

一、存疑不批捕案件在司法实践中存在的问题

（一）立法不完善

刑事诉讼法没有明确规定存疑不批捕案件必须重新报捕，也没有规定补查重报的期限，使检察机关的法律监督失去了依据，由于没有补查期限的规定，检察机关侦查监督部门纠正久拖不决的现象没有明确的法律依据，给案件流失造成了可能的条件。

（二）补查提纲空泛，缺乏可操作性

《人民检察院刑事诉讼规则》第 101 条规定，人民检察院作出不批准逮捕决定应当说明理由,需要补充侦查的,应当同时通知公安机关。根据此规定,检察机关对存疑不批捕案件,应针对犯罪的构成要件,影响定罪的关键证据等提出具体明确的补充侦查意见,但实践中一些承办人,图形式,走过程,对补充侦查提纲不认真对待,提出的补充侦查意见空泛不具体,有的甚至仅"需要补充有关证据"一句话,令侦查机关无法操作,影响存疑不捕案件的补查重报。

(三)个别侦查人员消极侦查,主观上没有成案意识

由于公安机关面临案件多、警力少的困难,往往重视破新案,忽视旧案补查,个别侦查人员在办案中认为案件一报捕便大功告成,对检察机关不捕后的补查工作不重视,认为嫌疑人已经不再羁押,时限上没有压力,检察机关也已经审查过,案件流失了自己责任不大。

(四)客观方面造成证据难以补查,案件流失

由于在现场勘查和初次询问当事人时,侦查工作不认真不细致,造成案件证据流失,有些案件在受案初期没有严格按照犯罪的构成要件去收集固定证据,致使存疑不捕后,因时间长、当事人心理等因素造成取证困难。

二、存疑不捕案件的处理对策

针对以上存在的问题,我们探索了一些做法,使审查逮捕工作由机械向灵活、由被动向主动、静态向动态转变,从而促使存疑不捕案件在审查批捕期限内向两个方向转变,一是向绝对不捕转变,一是向批捕转变,这样既增强了大局意识,与侦查机关形成打击犯罪合力,同时又严格执行程序法,实现不枉不纵的司法原则,推动司法文明建设,使打击犯罪与保障人权相得益彰。根据我们的实践,笔者认为加强对存疑不捕案件的监督,防止案件流失应采取如下对策:

(一)建立受案前的审查工作机制

公安机关将案件移送审查逮捕时,检察机关对案件的基本情况进行先期审查。这个审查包括两个方面内容的审查,即:事实审查和主要证据审查。经过审查,分别处理:对不符合逮捕条件的,建议公安机关撤回,如果公安机关

不撤回,依法在审查后作出不捕决定;对于符合逮捕条件的,受案后进入审查逮捕程序,依法作出批准逮捕决定。

(二)补充侦查提纲要严格把关,公、检两机关相互制约

存疑不批捕案件在决定下达以前,部门负责人与承办人共同研究制定补充侦查提纲,针对犯罪的构成要件、影响定罪的关键证据等提出具体明确的补查意见,一并送达公安机关。对意见不具体、不明确的补充侦查提纲,公安机关法制部门可以要求检察机关重新制作,实行反向制约。

(三)实行联席通报制度,增强补查效果

与公安机关建立存疑不捕案件情况通报制度,每季将不捕案件的补查情况制成通报表,在联席会议上予以通报,从而使办案干警自我加压,增强工作的主动性,提高补查效率,增强补查效果。

(四)建立补查重报案件报送及处理告知制度,明确规定补查重报期限

对案件侦查终结不应作刑事处罚转其他处理的,侦查机关应及时将处理情况告知检察机关侦查监督部门接受监督,以便及时准确掌握补查案件的运行情况,防止案件流失。

三、对于存疑不捕案件建议撤案的意见

对于个别地方存疑不捕案件建议公安机关撤案的做法,谈如下看法:

笔者认为,因存疑不捕建议公安机关撤销案件的做法不妥,由于刑诉法的有关规定,这种做法找不到相关的法律依据,也使当事人合法权益受到侵害。在司法实践中,确有一些案件补查困难,但是犯罪构成及案件的性质、社会危害程度均已达到立案标准,如果盲目建议公安机关撤案,容易使一些犯罪分子逍遥法外,不利于打击犯罪。对于存疑不捕案件,应充分发挥引导侦查取证职能,使存疑转换为不疑,促使存疑案件的证据向不捕和批捕转换。对于存疑不批捕案件补充侦查以后,有证据证明犯罪嫌疑人的行为确实构不成犯罪的,应当建议公安机关撤销案件;对于构成犯罪的,要依法批准逮捕;对于通过补充侦查,相关证据仍不能达到逮捕条件的,但又不能确定犯

罪嫌疑人无罪的案件,不能建议公安机关撤销案件,应与侦查部门一起商讨下步侦查方案,通过多方努力,案件仍不能达到批捕条件的,侦查机关可以中止侦查,一旦发现有新证据,可以恢复侦查,重新走入诉讼程序。

(汝州市检察院调查与研究第 21 期　2007 年 12 月 2 日)

宽严相济刑事政策的司法实践

●文／张德民

宽严相济刑事政策是以中国马克思主义哲学为指导,根据当前我国的犯罪态势和国内外形势需要而制定的与犯罪作斗争的基本指导方针和策略。它是对惩办与宽大相结合刑事政策和严打方针在历史上的一种传承与超越,也是社会主义刑事法治对构建和谐社会这一政治目标的有力回应。司法实践中,应当遵照衡平原则、统一原则和全面原则正确处理宽严相济刑事政策的辩证关系,充分发挥刑法(罚)功效,最大限度地化消极因素为积极因素,不断增加社会和谐程度。

一、适用宽严相济刑事政策的基本要求:衡平原则

适用宽严相济刑事政策,必须明确前提,注意方法。衡平原则,是指在宽严相济刑事政策的司法实践中,应当坚持严格依法、区别对待和注重效果三项基本要求,并且处理好三者之间的关系。

1.严格依法。刑事司法实践中贯彻宽严相济刑事政策首先就是要严格执行法律,要按照"有法可依、有法必依、执法必严、违法必究"的社会主义法治原则,坚持罪刑法定、罪刑相适应、法律面前人人平等的刑法原则,使每一起案件的办理都以事实为根据,以法律为准绳。司法人员在刑事诉讼活动中运用宽严相济刑事政策,要防止以偏概全,既要防止只讲严而忽视宽,又要防止只讲宽而忽视严。而且无论是从宽还是从严,都要于法有据,要充分体现法治精神,不能掺杂人为因素。司法不仅要求公开,而且要求公正;不仅要求实体上严格依照法律规定处理,而且要求程序上严格依照法定程序进行。

2.区别对待。宽严相济刑事政策是以区别对待或者差别对待为根本内容的,强调该宽则宽,该严则严。区别对待是任何政策的基础,没有区别也就没有政策。区别对待主要考虑四个方面:(1)因时而宜。中国古代就有"刑罚世轻世重"之说,宽严相济刑事政策在一定时期也会有所侧重,而刑罚轻重取决于这一时期的社会治安状况与犯罪态势。社会治安良好,刑罚该宽时就一定要宽;社会治安不好,刑罚该严时就一定要严。(2)因地而宜。犯罪现象具有一定的地域性,宽严之度应当考虑特定地区的治安状况与犯罪规律。刑罚轻重一定程度上应当考虑一个地区犯罪率的高低和当地打击犯罪的客观需要。(3)因案而宜。现实中的案件是复杂多样的,对于严重犯罪,应当以维护社会秩序,保护人民安宁的公共利益的立场,采取严格的处遇方式,防止其罪行;对于社会危害性不大的轻微犯罪,则尽量采取缓和的或者转向的措施,使其早日回归社会;而对于这两者之间的一般犯罪,则应当强调采取正常的法律程序,适用一般的处遇方式。这三者治理犯罪模式的弹性组合与适用,才能充分体现宽严相济刑事政策的整体功能。(4)因人而宜。刑罚轻重还应当考虑犯罪人的主观恶性大小,对惯犯、累犯等,应当从重处罚;对偶犯、初犯,应当从轻发落,尤其是对于未成年人犯罪,应当坚持"教育、感化、挽救"的方针,最大限度地予以轻缓处理。

3.注重效果。司法实践中,贯彻落实宽严相济刑事政策既要讲求执法办案的法律效果,维护法律的严肃性,又要讲求执法办案的社会效果,使执法办案活动有利于震慑严重犯罪、维护社会稳定,有利于化解社会矛盾、减少社会对抗,有利于依法保障人权、维护公民权益,实现法律效果与社会效果的有机统一。刑事司法既要防止搞法律虚无主义,用政策代替法律,又要防止搞纯而又纯的"法律至上",只知其然,不知其所以然;要善于从宽严相济刑事政策所体现的政治意义上理解和运用政策指导办案,把刑事司法活动置于构建和谐社会这一总的政治任务之下,努力提高执法水平,积极运用刑事司法职能化解人民内部的矛盾,促进和谐社会建设,使刑事司法工作真正体现党和国家的意志,反映最广大人民的根本要求。

严格依法、区别对待和注重效果三者是辩证统一、有机联系的整体,缺一不可。其中,严格依法是核心,坚持依法办案,才能保证宽严相济刑事政策的正确方向;区别对待是关键,根据具体案情实事求是,才能保证宽严相济刑事政策落实到位;注重效果是标准,定纷止争、促进和谐,才能体现宽严相济刑事政策的实际作用。

二、适用宽严相济刑事政策的具体思路:统一原则

适用宽严相济刑事政策是一个复杂的过程,从不同的角度会有不同的要求,需要统一考虑各种要求。统一原则,是指刑事司法要坚持实事求是思想路线,按照辩证唯物主义和刑法基本原则的要求,正确处理宽严相济刑事政策司法实践中所涉及的各种关系。这些辩证关系主要包括以下几个方面:

1.坚持执行法律和执行政策的统一。法律和政策都体现了党的主张、人民的意志,都是为构建和谐社会服务的重要工具。根据刑事政策办案是为了更好地执行法律,执行法律要认真遵守政策,执行政策要严格依法进行,既不能将法律与政策对立起来,也不能将法律和政策互相代替,两者要有机结合,相得益彰。罪刑法定原则是刑事政策不可逾越的藩篱。

2.坚持打击犯罪和保障人权的统一。打击犯罪和保障人权是社会主义刑事法治的基本目标和要求。在刑事司法活动中既要坚决打击犯罪,又要充分体现司法的人文关怀,注意对人权的保护。人权不仅包括普通公民的人权,同时也包括犯罪嫌疑人、被告人的人权。宽严相济刑事政策在从严掌握时,要注意依法保障犯罪嫌疑人、被告人的合法权益;在从宽掌握时,要注意依法保障被害人的合法权益,维护国家和社会利益。

3.坚持一般预防与特殊预防的统一。刑罚的最终目标是预防犯罪。宽严相济刑事政策的作用体现为对潜在犯罪人的一般预防和对犯罪人的特殊预防,这两者互相补充,相辅相成,共同演绎出刑事政策的社会效果。

4.坚持实体和程序的统一。实体法是刑事司法的依据,而程序法是刑事司法的保障。实践中,不论是从宽还是从严都不能单纯从实体上考虑,仅仅局限于定罪量刑的环节,还要从程序上进行落实。处理实体和程序之间的冲突时,一是不能冤枉无罪的人。如果某个证据能够证明被告人是无罪的,那么即使是非法取得的证据,也应当采用。二是要作出对被告人有利的选择。在刑事诉讼中,较之强大的国家司法机关,犯罪嫌疑人、被告人处于弱势,作对他有利的选择,能够在最大程度上避免冤假错案,避免一些不可挽回的错误。

5. 坚持公平正义和诉讼效率的统一。公平正义和诉讼效率是统一的整体,公正是目标,效率是保证。司法实践既要注重公平正义的实现,又要注重探索有利于实现公平正义的最佳途径和方式,提高诉讼效率。例如,实行被告人认罪案件简化审、扩大简易程序的适用范围,以及建立依法快速办理轻微刑事案件机制等。刑事司法必须是在保障公正的前提下提高效率,提高诉讼效率不能牺牲司法公正,不能以损害诉讼当事人的权利为代价。

6.坚持惩罚和教育的统一。刑罚的功能,除安抚被害人及其家属的痛苦和仇恨情绪,平息公众义愤,维护稳定、合理、正常的社会秩序以外,还要通过剥夺犯罪人的自由、财产、权利等,使其遭受生理上、精神上的痛苦而不敢再犯罪。惩罚犯罪是实现正义的需要。惩罚犯罪是教育改造的前提,教育改造应是惩罚犯罪的最终目的。实践中,刑事司法既要达到惩罚犯罪人的效果,也要注意实现教育改造犯罪人的目的。

7.坚持法律效果和社会效果的统一。办案的法律效果是社会效果的前提和保障,社会效果是法律效果的体现和归宿,两者统一于依法办案、正确履行职责的司法过程。实践中,必须把案件置于大局之中加以审视和判断,准确地适用法律,在追求法律效果的同时,保证良好的社会效果;要防止和克服孤立办案、就案办案、机械执法;要讲究办案的方式方法,在依法打击各种犯罪的同时,注意化解社会矛盾,实现社会的公平正义。

三、适用宽严相济刑事政策的多种因素:全面原则

适用宽严相济刑事政策一定要坚持具体情况具体分析,综合考虑案件的各种因素,绝不能一叶障目,以偏概全。全面原则,是指司法人员具体办案时,应当按照宽严相济刑事政策的总体要求,从犯罪的行为因素、犯罪人的因素、被害人的因素和社会公共利益因素等方面通盘考虑犯罪嫌疑人或者被告人的刑事责任,并依法对其作出从宽或从严的处置(包括非犯罪化处理和刑事制裁),从而实现刑罚一般预防和特殊预防的目的。具体而言,这些因素包括以下四个方面的内容:

1. 犯罪的行为因素。犯罪的行为因素是考量行为人刑事责任的首要因素。犯罪的行为因素具有客观性,它能够直接反映出犯罪的社会危害性程度大小,并且在很大程度上决定着犯罪人刑事责任的大小。犯罪的行为因素主要包括:犯罪行为的性质;犯罪情节,如时间、地点、对象、罪过形式、动机、目的、原因、方法、手段等;犯罪完成的程度和造成的实际危害后果;是否预谋犯罪;犯罪后有无悔罪的表现和试图挽回、减小危害的行为;是否有逃跑或隐匿、毁灭、伪造证据的行为等。

2.犯罪人的因素。犯罪人的因素反映犯罪人的人身危险性大小,这些因素往往与犯罪原因有关,它不仅关系到犯罪人应当承担的刑事责任,而且关系到对犯罪人进行教育改造、使其回归社会的难易程度。但是,犯罪人的因素应有所限制,其限于与犯罪行为相关的一些因素。正如有学者指出:"行为并非单纯是人格的体现,而是人格与环境的相互作用中产生的东西。从这一点来看,人格全体并不一定总是与行为联系在一起的,而且,国家不应当判断人格本身。既然目的在于以刑罚来防止犯罪,仅仅在与犯罪行为相互联系的限度来考虑个人的人格或性格就足够了。"

犯罪人的因素主要包括:犯罪人的年龄和性别,包括老年人、未成年人、男性、女性等;犯罪人的特殊身份,如是否在校学生、国家工作人员等;犯罪人的性格和品质,包括是否一贯品行良好、有无违法犯罪前科、有无不良嗜好等;犯罪人的生理、精神状况,包括是否属盲、聋、哑等残疾人,是否患有精神疾病等;犯罪人的经历和所处环境,如受教育程度、家庭状况、居住情况、交友情况、经济状况、是否有正当职业、是否经常受到歧视性待遇以及未成年人是否有双亲或者其他监护人等;犯罪人与被害人的关系,如亲戚朋友、邻居、同事、同学、婚恋关系等;犯罪人与司法机关的合作态度等。

3.刑事被害人的因素。刑事被害人是指生命、身体、财产等权益受到犯罪侵害的人。从维护正义,稳定社会秩序、尊重和保护人权的角度,国家在惩罚和预防犯罪的同时应考虑被害人的权益。保护刑事被害人在刑事政策上的意义在于,维持、确保国民对包括刑事司法在内的法秩序的信赖,由此而对预防犯罪和维持社会秩序作出贡献。被害人的因素主要是:犯罪对被害人在生理、精神、物质等方面造成的客观损害后果;犯罪人对被害人赔偿和赔偿的落实情况;被害人及其家属对犯罪人的态度,是强烈要求严惩犯罪,还是达成了对犯罪人的谅解,表示同意或要求对犯罪人从轻处罚等。

4.社会公共利益的因素。犯罪不仅侵害了个人利益,而且侵害了社会利益,因此,社会公共利益是刑事政策所需考虑的重要因素之一。例如,英国皇家检察官准则规定,起诉案件时要权衡当地公众的态度和特定的犯罪行为在当地或全国范围内的流行情况。

社会公共利益因素,又称公众利益,是指司法机关办案必须符合社会公众的整体利益和最大多数人的期待。从性质上说,社会公共利益的因素既包括国家利益、社会利益,也包括被害人利益和被告人利益。一般说来,国家利益、社会利益与个人利益根本上是一致的,但特殊情况下,三者之间可能存在冲突。在刑事诉讼活动中,不能以国家利益、社会利益之名否定或者忽视个人利益,特别是被告人的利益,因为保障人权是维护国家利益与社会利益的基础,侵害被告人人权意味着存在侵害每个公民权利的危险性,最终必将侵害社会公众利益。从内容上说,社会公共利益的因素包括犯罪行为对社会秩序和公众安全感的影响程度、社会公众对这类犯罪的态度、社会公众对案件当事人的关注程度、社会公众对案件处理结果的认同程度、案件处理结果对维护社会秩序和公众安全感的实际作用和预防犯罪的效果、诉讼活动的经济成本,以及犯罪行为是否影响国家安全、涉及商业秘密或者个人隐私等。

(汝州市检察院调查与研究第 25 期　2010 年 7 月 7 日)

如何正确理解"携带凶器盗窃"

●文 / 淡亚锋

《刑法修正案（八）》则将"携带凶器盗窃"列为与"入户盗窃"、"扒窃"相并列的犯罪类型，不受盗窃数额限制。这一规定对司法实践有重大的指导意义。笔者结合司法实践，对如何理解与适用"携带凶器盗窃"作一浅谈。

一、如何理解"凶器"

对刑法中规定的"凶器"，在实践中有不同的理解。最高人民法院 2000 年 11 月《关于审理抢劫案件具体应用法律若干问题的解释》中对"凶器"作出了规定，"携带凶器抢夺"是指行为人随身携带枪支、爆炸物、管制刀具等国家禁止个人携带的器械进行抢夺或者为了实施犯罪而携带其他器械进行抢夺的行为。2005 年 6 月，最高人民法院《关于审理抢劫、抢夺刑事案件适用法律若干问题的意见》重申了上述内容，并规定行为人随身携带国家禁止个人携带的器械以外的其他器械抢夺，但有证据证明该器械确实不是为了实施犯罪准备的，不以抢劫罪定罪；行为人将随身携带凶器有意加以显示、能为被害人察觉到的，直接适用抢劫罪的规定定罪处罚。

《刑法修正案（八）》也规定"携带凶器盗窃"构成盗窃罪。之所以改变了传统意义上对盗窃罪中数额的要求，就在于携带凶器盗窃行为本身的危险性，因为这种行为随时有可能转化为对公民人身权利的侵害。从这一立法目的来看，携带凶器盗窃与携带凶器抢夺并无差别。因此，本着刑法体系性解释原则，对这两个条文中的"凶器"应作同一的理解。

具体而言，笔者认为应根据法律规定对"凶器"进行规范化解释，办案中应该严格将"凶器"界定为以下两种情况：一是国家管制类器械，如枪支、爆炸物、管制刀具等国家禁止个人携带的器械；二是为实施犯罪而携带的其他器械,如砖头、菜刀等。这些器械并非国家管制类器械,要认定其是否属于凶器,就必须结合行为人的主观目的。如果行为人为实施犯罪而携带,就应认定为凶器。因为,在这种情形下,虽然器械本身没有反映出违法性,但实施犯罪的意图反映了其凶器的本性。如果行为人携带其他器械的目的不是为了实施犯罪,实际上并未显示或使用,就不应认定为凶器。如木匠下班途中,临时起意抢夺路人,其所随身携带的刨子、凿子等并非为犯罪准备,且并未显示或使用,就不应认定为携带凶器抢夺。

二、对"携带"的理解

1."携带凶器"是否要求向财物所有人或者保管人明示。"携带"本身并没有要求行为人将凶器对外明示或者让被害人知悉之义,但最高人民法院《关于审理抢劫、抢夺刑事案件适用法律若干问题的意见》对此规定:"行为人将随身携带凶器有意加以显示、能为被害人觉察到的,直接适用刑法第二百六十三条的规定处罚。"也就是说如果行为人窝藏赃物、抗拒抓捕、毁灭罪证而明示的,可直接根据《刑法》第269条规定,按照转化型抢劫处理。因为这里的明示可理解为使用暴力相威胁。将"携带凶器抢夺"直接规定为抢劫罪,行为性质和后果都相应改变,因此立法者需要作此区分。而"携带凶器"与"数额较大"并列作为盗窃罪基本犯罪构成的客观要件,立法者并没有将"携带凶器盗窃"进行法律拟制,因此不存在进行区分的前提。问题在于明示携带的为准备拆卸机器零部件的钳子、扳子等一般作案工具能否属于"携带凶器盗窃"?笔者认为,向财物的所有人、保管人等明示的凶器应当限于国家管制性刀具、枪支、爆炸物等,不包括一般作案工具。但如果行为人携带一般作案工具并口头进行威胁的,可认定为"携带凶器盗窃"。

携带器械但没有使用的,应根据器械的不同性质区别对待。如果为了盗窃方便而携带一般作案工具的,不属于"携带凶器盗窃";如果是为了盗窃方便而携带管制性器械的,属于"携带凶器盗窃",按盗窃罪处理;如果是为了抗拒抓捕等原因而携带一般作案工具的,可以"携带凶器盗窃"认定;如果是为了抗拒抓捕等原因而携带管制性器械的,更应属于"携带凶器盗窃",不过可作为从重处罚的量刑情节考虑。因为与刑法将"携带凶器抢夺"规定为抢劫罪不同,刑法并没有将携带凶器盗窃规定为抢劫罪,不存在类似法律拟制。

2."携带凶器盗窃"是从盗窃预备阶段开始算起,还是从实行行为开始算起。笔者认为,盗窃行为固然由预备阶段和实行阶段构成,但单纯处于盗窃预备阶段的"携带凶器"并不具有针对被害人的潜在危害性,只有在接近被害人之时才对被害人具有潜在危害性。立法者之所以将"携带凶器盗窃"入罪,是因为其社会危害性和主观恶性较一般盗窃严重,携带凶器容易使被害人不敢反抗从而为犯罪分子"壮胆",在预备阶段"携带凶器"的危害性与一般盗窃并无太大差异,因此,不宜将其作为"携带凶器盗窃"包含的内容。当然,这种情形仍然符合一般盗窃的犯罪构成,如果盗窃对象价值达到数额较大,仍可追究其刑事责任。综上,只有实行行为开始之后的"携带凶器盗窃"才具有刑事可罚性,包括行为人准备凶器实施盗窃的实行行为,也包括在实施盗窃的实行行为过程中拾得凶器的情形。

3."携带凶器"是否为了"盗窃"。根据主客观相统一原则,可将行为人携带凶器的情形分成三大类:为了实施盗窃而携带凶器、为了实施其他犯罪而携带凶器和没有犯罪意图的携带凶器。对于第一类,显然构成盗窃罪,行为人只要被查明有实施盗窃的主观意图,不管行为人是否使用凶器,都定盗窃罪。后两种情形主要针对的是临时起意实施盗窃的行为。对此,我们需要查明行为人在实施盗窃行为时有无打算使用凶器,行为人打算盗窃时使用凶器,则认定"携带凶器盗窃"。

4."携带凶器盗窃"与盗窃数额之关系。从逻辑上讲,"携带凶器盗窃"不需要达到"数额较大"即可认定盗窃罪。但笔者认为,仍然需要通过社会危害性的衡量来确定一个数额对"携带凶器盗窃"进行限定。"携带凶器盗窃"仅仅与"数额较大"并列,而没有与"数额巨大"以及"数额特别巨大"并列,也就是说,如果"携带凶器盗窃"达到"数额巨大"或者"数额特别巨大",则依照相应的量刑档次进行量刑,"携带凶器"不再成为定罪的依据,而成为量刑时考虑的犯罪情节。

5.携带凶器盗窃是否要求窃取了财物,行为人还没有开始实施盗窃即被抓获时能否入罪。对于第一个问题,笔者认为该行为类型与"盗窃数额较大"不同,后者要求危害后果,本类型危害性较大,只要有相应的行为即可入罪,不要求实际窃取财物。对于第二个问题,由于预备犯没有具体的危害性,一般不处罚。因此只有当行为人开始实施盗窃才作为犯罪处理更为妥当。

三、"携带凶器盗窃"的证明

一是要当场查获"凶器"这一物证,还要求行为人对携带凶器的目的进行说明,以确定行为人是属于"为作案方便携带"还是"为了抗拒抓捕等原因而携带"。二是器械是否属于国家禁止个人携带,应由相关部门就是否属于国家管制性器械出具证明文件。三是在不能当场查获"凶器"时,要从以下几个方面进行判断:(1)嫌疑人自己是否承认携带凶器,多名嫌疑人时,除非有嫌疑人相互印证,否则不能证明其"携带凶器盗窃"。例如,在案3名嫌疑人中有2名承认、1人否认的,不能认定。(2)嫌疑人能否对携带凶器的目的作出合理解释,存在多名嫌疑人时,其供述能否相互印证。(3)嫌疑人能否对凶器的特征、来源等细节进行详细描述,前后供述是否一致。

综上所述,从携带凶器盗窃罪的主观恶性、客观社会危险性、和犯罪发展势头对社会治安侵害的严重程度上看,依照刑法"罪刑相适应"的原则,应当从重处罚。也正是基于携带凶器盗窃的社会危害性极大,《刑法修正案(八)》将此种情况入刑,具有重大的现实意义和司法指导作用,但对携带凶器盗窃的相关细节方面缺乏相关的司法解释,建议加大司法解释力度,同时在司法实践中严格执行,以充分体现司法公正。

(汝州市检察院调查与研究第23期 2011年7月19日,此文2011年8月1日在《中国检察官》上发表)

对掩饰隐瞒犯罪所得、
犯罪所得收益罪中"明知"的认定

●文/郭俊坡

　　掩饰隐瞒犯罪所得罪在司法实践中是多发犯罪之一,2011年5~10月我院共受理掩饰隐瞒犯罪所得案件36起。掩饰隐瞒犯罪所得罪"明知"的认定,成为认定掩饰隐瞒犯罪所得罪的关键。那如何认定"明知"呢?

　　在掩饰隐瞒犯罪所得、犯罪所得收益犯罪中,犯罪嫌疑人是否"明知"是区分罪与非罪的前提条件。是否"明知"是行为人的一种主观心态,证明"明知"最有力最直接的证据就是犯罪嫌疑人的口供,尤其是上游卖赃者的口供最为直接。然而犯罪嫌疑人口供却处于一种不稳定状态,其证明力随着口供内容的变化而变化。因为犯罪嫌疑人受趋利避害思维的影响,往往拒不供认其对窝藏、转移、收购、代为销售或者以其他方法掩饰、隐瞒的犯罪所得及其产生的收益是"明知"。有的即使在侦查阶段作了"明知"的供述,但随着时间的推移,犯罪嫌疑人在知道自己的供述将直接影响到自己的行为是否构成犯罪,直接影响到司法机关是否对自己的行为定罪量刑时,为了逃避刑罚,犯罪嫌疑人往往会推翻原来所作的"明知"供述。特别是在一对一交易的情况下,犯罪嫌疑人会极力否认自己是"明知"的,给认定犯罪造成很大困难。

　　当然如果有证明行为人主观明知是犯罪所得及其收益的直接证据,则根据该直接证据即可认定明知,而不需要再进行明知的推定。当没有直接证据或者现有的证据不足以证明行为人具有明知是犯罪所得及其收益的主观心理状态时,可行而且唯一的方法就是根据现有的客观状况,进行明知的推定。

　　从认识论的角度看,明知的认定是对客观存在的主观心理事实的确认,属于事实认定的范畴。明知相对于客观危害行为属于主观因素,但是相对于司法工作人员来说确实是客观存在的并且要通过客观活动表现出来的。认定明知就是运用主观去认识客观存在过的明知的过程。我国现有司法解释中就有推定的规定,如最高人民法院、最高人民检察院《关于办理与盗窃、抢劫、诈骗、抢夺机动车相关刑事案件具体应用法律若干问题的解释》第 6 条规定:"行为人实施本解释第一条、第三条第三款规定的行为,涉及的机动车有下列情形之一的,应当认定行为人主观上属于上述条款所称明知:(一)没有合法有效的来历凭证;(二)发动机号、车辆识别代号有明显更改痕迹,没有合法证明的。"据此,司法机关可以根据行为人没有合法的证明及发动机号、车辆识别代号有明显更改痕迹来推定是否明知是赃物。

司法实践中,如何推定犯罪嫌疑人的"明知"的主观状态呢?

如果在交易过程买卖双方都心照不宣,犯罪嫌疑人又矢口否认,而又没有卖赃者已告知收赃人赃物来源的供述,可以从以下几个方面来推定犯罪嫌疑人是否"明知"。

第一,如果犯罪对象为机动车,那么直接依据最高人民法院、最高人民检察院《关于办理与盗窃、抢劫、诈骗、抢夺机动车相关刑事案件具体应用法律若干问题的解释》中关于明知的法律推定。

第二,如果犯罪对象为机动车以外的普通财物,则采用事实推定的方法来判断犯罪嫌疑人对赃物不法来源"明知"的认识程度:

1.看赃物交易的时间、地点。如夜间收购、在偏远地点、隐秘的地点、本案作案现场附近等地点收购,对"明知"认识的程度就大于白天收购、市场收购。

2.看赃物的品种、质量、新旧程度。如果赃物属于刚上市的新产品或者是比较新的物品,则不法来源的可能性就大,因为这样的物品,合法的所有者不会轻易卖掉,除非抢劫或盗窃所得赃物。

3.看交易的价格。是否显著低于市场价值,根据经验,一般卖赃者所得赃款仅仅是赃物鉴定价值的1/3左右。

4.看赃物与卖方身份、体貌的匹配性以及卖主对赃物的了解程度。

5.看有无正当的交易手续,卖赃者是否急于脱手。

6.物品的特征。犯罪嫌疑人为遮人耳目,往往将犯罪所得之物品拆整为零,或者将物品改头换面,或者将新物当旧物甚至废品处理。

虽然推定在绝大多数情况下是真实的,但不排斥特殊情况下出现错误,因此应当允许被告人反证来克服虚假性,即如果被告人确实能证明自己收购、转移、出售物品时不明知是赃物,就不能维持原推定结论。

(汝州市检察院调查与研究第 31 期 2011 年 10 月 24 日,此文 2011 年 11 月 1 日在《河南经济报》上发表)

"非法证据排除规则"
对公诉工作的挑战及应对

●文／关文丽　杜小利

一、新刑诉法中非法证据排除规则之解析

（一）非法证据的概述

对于非法证据的内涵，我国理论界还存在很多争议，通常指侦查机关在收集证据的过程中违反法律法规收集到的证据。也有学者从广义和狭义的角度来界定非法证据，广义的非法证据主要包括：主体不合法的证据，比如纪委监察人员提取的口供，私家侦探秘密收集的书证或物证等；形式不符合法定要件的证据，比如没有鉴定人签名或者盖章的鉴定意见；收集程序或者手段违法的证据，比如非法搜查获得的书证物证，通过刑讯逼供、胁迫或者与之手段相当的行为提取的言辞证据等。而狭义的非法证据主要是指通过非法手段或者方法收集的证据。

新《刑事诉讼法》第48条规定：可以用于证明案件事实的材料，都是证据。主要包括物证、书证、证人证言、被害人陈述、犯罪嫌疑人、被告人的供述和辩解、勘验、检查、辨认、侦查实验等笔录、视听资料、电子数据8类，这是我国新《刑事诉讼法》中明确规定的刑事证据种类。笔者认为证据作为能够证明案件事实的材料，其本身没有合法与非法之分，所谓非法证据主要是指侦查机关违反法律规定收集到的证据或者收集到的不符合法定要件的证据。

（二）非法证据的排除范围

新《刑事诉讼法》第54条第1款规定："采用刑讯逼供等非法方法收集的犯罪嫌疑人、被告人供述和采用暴力、威胁等非法方法收集的证人证言、被害人陈述，应当予以排除。收集物证、书证不符合法定程序，可能严重影响司法公正,应当予以补正或者作出合理解释;不能补正或者作出合理解释的,对该证据应当予以排除。"该规定明确了非法证据排除的范围及对象,包括非法言词证据和非法实物证据。并且对非法言词证据采取绝对排除,对非法实物证据采取相对排除。

需要明确的是,这里排除的非法言词证据,主要是指通过非法手段或者方法获得的证据,不包括主体不合格、形式不合法的言词证据。关于非法手段条文中列举了刑讯逼供、暴力、威胁三种,但是后面有个"等"字,说明非法的手段并非只有这些,需要在实践中检察人员予以裁量,笔者认为可以参照最高人民检察院《关于渎职侵权犯罪案件立案标准的规定》关于刑讯逼供、暴力、威胁立案标准的规定中对非法手段进行的列举。该司法解释规定,涉嫌下列情形之一的,应予立案:(1)以殴打、捆绑、违法使用械具等恶劣手段逼取口供的;(2)以较长时间冻、饿、晒、烤等手段逼取口供,严重损害犯罪嫌疑人、被告人身体健康的。当然基于条文文字表达的限制,这样的列举仍不能包含所有的非法手段,其范围需要在具体司法实践中根据非法手段对犯罪嫌疑人、被告人、被害人、证人意志表达自由的影响程度来决定。其次,对物证、书证的排除标准以违反法定程序为限,还留有补正解释的余地,这样的规定主要基于这类证据本身的特性。与言词证据相比,实物证据发生变化的可能性很小,即使采用非法的手段收集,一般不改变其固有的属性和状态。并且对实物证据的收集,针对的主要是物,非法手段侵犯的客体主要是公民的住宅权、财产权,而言词证据主要针对公民的人身权,危害性更大。最后,新决没有涉及对鉴定意见、现场勘验笔录的证据排除规则,笔者认为,这几类证据若制作的过程中受到暴力、威胁等非法手段同样应认定为非法证据,而视听资料、电子数据则可以借鉴实物证据的排除规则,采用相对排除的原则。

(三)非法证据排除的启动

非法证据的发现和依规则启动排除程序,是排除非法证据的重要前提。新《刑事诉讼法》第 54 条第 2 款规定:"在侦查、审查起诉、审判时发现有应当排除的证据的,应当依法予以排除,不得作为起诉意见、起诉决定和判决的依据。"第56条第2款规定:"当事人及其辩护人、诉讼代理人有权申请人民法院对以非法方法收集的证据依法予以排除。申请排除以非法方法收集的证据的,应当提供相关线索或者材料。"这两条规则确立我国非法证据排除的两种启动程序:依职权启动和依申请启动。

依据条文的规定申请启动的主体是当事人、辩护人及其诉讼代理人,可见案件已经审结移送人民法院。那么在审查起诉阶段犯罪嫌疑人及其辩护人有权申请非法证据排除吗?条文没有明确的规定,笔者认为应当赋予犯罪嫌疑人及其辩护人该项权利,在审查起诉阶段,检察人员在接到案件材料后应当及时告知犯罪嫌疑人及其辩护人享有申请非法证据排除的权利。当事人提出排除申请后,检察机关作出排除或者不排除的决定应当告知申请人,申请人在一定期限内可以提出复议。

(四)非法证据的排除原则

非法证据的排除有利于维护正当法律程序和实现人权保障,但也有可能给案件事实的查证带来困难,所以在非法证据的排除过程中应该有排除标准,指导复杂的司法实践工作。首先,兴利除弊,最大限度地发挥非法证据排除的利,把其弊降到最低限度。具体而言:对于严重违反程序正义、侵犯公民的人身权并且可能直接导致证据内容的虚假性的证据,直接予以排除;对于违反法定程序和侵犯公民权利并不严重而不至于影响证据的真实性,并且能够补正和作出合理解释的非法证据,不能轻易地排除。

其次,避免非法证据排除规则适用的不当扩大。排除规则的适用在保障人权的同时,也可能产生权力寻租。新法规定,非法证据不得作为起诉意见、起诉决定和判决的依据,这针对非法证据本身的限制性后果。在实践中,可能基于人情关系,司法人员以非法证据排除为理由作出不起诉决定,无罪判决,徇私舞弊,放纵违法行为。因此对于一起刑事案件,若存在非法证据被排除的情况,其他证据能形成完整的证据链证实犯罪嫌疑人存在犯罪事实时,应该认定,否则很可能放纵犯罪,影响非法证据排除规则的实施。

二、非法证据排除规则对公诉工作的挑战

公诉作为诉讼活动的中间环节,既是侦查活动的监督者,又是刑事审判程序的启动者和诉讼活动的纠错者。非法证据排除规则作为打击犯罪和保障人权平衡杠杆,其确立和完善必将给公诉工作带来巨大的挑战,具体表现在:

(一)明确非法证据排除的义务,对公诉人员的证据审查能力提出更高要求

根据新《刑事诉讼法》第54条第2款的规定,在审查起诉阶段发现有应当排除的非法证据,应当予以排除,不得作为起诉决定的依据。该规定意味着,在审查阶段要注意审查是否存在非法证据,如果发现应当及时排除并重新取证。这就要求公诉人员在审查卷宗时更加严谨、仔细,不仅关注证据链的完整性,更要关注证据的合法性。

审查起诉阶段公诉工作的主要内容是审查证据,作出起诉和不起诉的决定,而非法证据主要来源于侦查活动过程中,公诉人员面对的却是静止的卷宗材料,因此发现并排除非法证据不仅需要丰富的司法实践经验和专业理论知识,更需要认真细心的工作态度,敏锐灵活的判断能力和思维模式。这样才能在错综复杂的犯罪事实和证据内容里发现非法证据的线索,进而履行职责,为下一步的工作打下良好的基础。

(二)对证据合法性的证明责任,加大庭审中败诉的风险

根据新《刑事诉讼法》第49条之规定,公诉案件中被告人有罪的举证责任由人民检察院承担。其第57条规定第1款规定:"在对证据收集的合法性进行法庭调查的过程中,人民检察院应当对证据收集的合法性加以证明。"如果公诉方不能提出证据证明其收集的合法性,就得承担不利或者败诉的风险,加大了公诉部门的工作压力。

非法证据排除规则的确立,要求证明案件事实的证据都需要在法庭上

"验明正身"后才能作为定案的依据,这导致庭审过程中双方的对抗强度会加大,辩方利用该规则做罪轻或者无罪辩护。如果公诉人员在庭审前没有对证据的合法性进行全面的审查,就可能导致庭审中的尴尬,加大了败诉的风险,影响检察机关的权威和形象。

(三)对证据合法性的全面审查,加大了公诉部门的工作量

基层公诉部门普遍存在人员少、案件多的现状,而非法证据排除规则的实施,使公诉部门的工作内容不仅是审查证据,出庭公诉,而要从各方面去证实侦查机关取证行为的合法性,监督侦查活动,极大地增加了公诉部门的工作量。

对证据合法性进行全面审查,需要公诉人员认真核实卷宗材料,查阅法律法规,并积极地与犯罪嫌疑人、被告人及其他当事人沟通,调查了解侦查机关的取证活动,以判断证据的合法性和证明力。倘若认定为非法证据,则需要提出纠正意见,如果侦查人员的行为构成犯罪,依法需追究其刑事责任。同时非法证据被排除后,可能会影响案件的定罪量刑,依法需要退补或者作出存疑不起诉决定,如此势必会引起被害人的不满,引发新的矛盾或者涉检上访,公诉人员将付出更多的心血和努力去面对非法证据排除规则带来的种种影响。

三、非法证据排除规则的应对措施

非法证据排除规则的确立,给公诉工作带来巨大的挑战,因此公诉部门在新刑诉法实施前后,应积极采取应对措施,实现工作体制机制的创新改革。

(一)加强学习和培训,转变工作理念

非法证据排除规则的确立,意味着公诉工作要逐渐转变口供为王的理念,更加注重物证和间接证据的收集和利用。这就需要公诉人员不断加强自身修养,丰富理论知识,树立理性文明的司法理念,秉持检察官的客观义务。

第一,学习理论知识,同时加强实战能力模拟培训。在新刑诉法实施之前,公诉部门自身应组织学习讨论,可以聘请相关的专家学者、知名律师开展研谈会,理解吃透新法新规的精髓,促进公诉人员理论知识体系的更新,

准确把握非法证据排除规则的适用范围和程序原则,拓宽工作思路。同时也可以通过典型案例,开展非法证据排除规则的模拟法庭练习,提高公诉人的庭审应变能力和公诉技巧,从理论到实践,做好应对非法证据排除规则的实施给公诉工作带来的影响。

第二,转变理念,重视物证即间接证据的审查利用。非法证据排除规则对言词证据采取绝对排除的原则,这就使公诉人员在审查起诉及出庭公诉环节中摒弃对口供的依赖,拓宽工作思路,树立以物证为王的理念。积极从客观的实物证据中寻找关联性,形成证据链,以达到证明犯罪事实的目的。

(二)更加注重细节,提高证据审查能力

非法的证据不可能是显而易见的,甚至侦查人员也会有意将其隐藏。而公诉人员作为诉讼活动顺利进行的重要力量,证据审查能力的提高就显得格外重要。

第一,书面审查,重视细节。公诉人员对于每个案件的了解,往往来源于厚厚的卷宗,静止的文字,这也是发现非法证据的重要途径。书面审查是通过对卷宗字里行间所表达的事实进行分析审查,发现非法证据的线索或者存在可能性。重点关注:各类证据的形式是否符合法定要件;相互矛盾的证据;前后不一致的供述、陈述及证言;侦查机关的取证情况说明;甚至破案报告在内的证据是否符合法律程序,取证手段是否有刑讯逼供等违法情形。分析各类证据证明的内容是否真实,是否与案件有关。

第二,动态调查,全面审核。与书面静止审查相对应的称之为动态调查,具体指在对卷宗资料认真之审查后,对犯罪嫌疑人、辩护人、被害人、证人、鉴定人等诉讼参与人员进行询问,进一步了解案情,看是否与卷宗的表述内容相一致,并告知其对于侦查人员的取证行为有异议可以提出申诉,听取他们的意见,对证据的合法性进行全面的审查,用于证明案件事实的每个证据都要一一进行核对,并分析所有的证据能否形成完整的体系,能否排除合理怀疑,得出唯一的排他性结论。

(三)加强工作机制创新,重视与其他部门的沟通协调

创新是提高工作效率,开创公诉工作新局面的重要路径。应对非法证据排除规则的实施,需要司法机关各部门分工合作,协调配合,共同维护司法的公平和正义,推动法治文明的进程。

第一,建立内部职能部门的对接机制。控申部门具有受理当事人对侦查人员以非法方法收集证据的举报、控告职责;侦监部门在审查批捕阶段可以审查非法证据,纠正违法的侦查行为,要求侦查机关补充瑕疵证据或者重新取证,做出非法证据排除的决定而不予逮捕;监所检察部门负责对羁押场所的执法监督检查,并做好相应的记录和备案,并宣传人民检察院有对于侦查人员非法取证行为有监督调查职责,鼓励有关知情人士对这类行为的检举揭发;案管中心在接到卷宗之后,将以上部门获得的相关信息汇集通过内部网络传达给公诉部门。这样当公诉部门受理审查起诉之后,就可以直接获得丰富的公诉审查信息,增加发现非法证据的渠道。同时公诉部门对于非法证据排除案件召开讨论会时,也可以邀请以上部门的相关检察人员参与,听取他们的意见,提高公诉的效率。

第二,完善公诉与侦查审判之间的对接机制。修改后的《刑事诉讼法》规定,在审查起诉阶段,认为可能存在侦查人员以非法方法收集证据情形的,可以要求其对证据收集的合法性作出说明。在庭审阶段,对于证据合法性的证明,可以通知有关侦查人员出庭说明情况。为避免因非法证据排除带来的败诉风险,公诉部门应加强与侦查机关的沟通联系,及时排除非法证据,完善瑕疵证据,通过非法证据排除规则的实施,引导和监督侦查机关的合法文明取证行为。在开庭审理前,了解被告人及辩护人和其他当事人是否有新的意见和材料,了解审判人员对证据合法性的理解,一旦出现分歧及时更正或作出合理解释,掌握庭审中的主动权。

(汝州市检察院调查与研究第32期 2012年9月5日,此文2012年11月6日被平顶山市检察院研究室转发)

罪刑相适应原则在醉驾案件中的运用

●文/任　博　杜小利

　　《刑法修正案（八）》将醉酒驾车行为列入了刑法规制的范围之内，《刑法》第133条之一规定的"在道路上醉酒驾驶机动车"即是醉酒驾驶犯罪的罪状表述。这一表述虽然符合醉酒驾车行为性质，但过于简单，导致自醉驾写入刑法至今，我国最高司法机关和社会民众一直对醉酒驾车"是否一律入罪"存在广泛的争议。醉酒驾驶犯罪是行为犯，其侵害的法益是道路交通安全，与其他危害公共安全的犯罪一样，该罪对不特定人或者多数人的生命、身体的安全以及公共生活的平稳与安宁造成了严重威胁。根据《中华人民共和国车辆驾驶人员血液、呼气酒精含量阈值与检查》国家标准判断，"醉酒驾车是指车辆驾驶人员血液中的酒精含量大于或者等于80mg/100ml的驾驶行为"。可见《刑法》关于"醉酒驾车"的规定是空白刑法规范。空白刑法规范的完备虽然要援引和考虑其他相关部门法的具体内容，却并不意味着作为构成要件内容的具体要素不再需要予以刑法的独立判断。

　　刑法与其他部门法的一个重要区别就是刑法具有自身独特的原则，而对刑法规范作刑法意义上的判断就应该符合刑法的原则。将体现刑法公平精神的罪刑相适应原则灵活运用到醉酒驾车行为具体个案的处理中，可以准确地适用醉驾入刑的法律规定。

　　我国《刑法》第5条明文规定了罪刑相适应原则：刑罚的轻重，应当与犯罪分子所犯罪行和承担的刑事责任相适应。也即刑罚的轻重应当与法益受侵害的程度相适应。犯罪的本质是法益侵害，但只是单纯的利益受到侵害而没有罪过并非是犯罪，比如意外事件、不可抗力。对于受到侵害的利益而言,如果要成为犯罪意义上的法益侵害,就必须在发生客观利益侵害的事实基础之上结合行为人的主观罪过和行为,运用客观因果法则加以认定。有些法益受到客观的侵害从单一的结果或者危害就能判断,但对行为犯或情节犯所侵害的法益的认定则比较复杂,对于作为行为犯的危险驾驶罪(醉驾方式)而言,要灵活运用罪刑相适应原则对多种因素加以分析和认定。

根据罪刑相适应的原则,成立醉酒驾驶罪的首要条件即是符合国家的"醉酒"标准,但要判断一个醉酒驾车行为是否成立犯罪不能仅仅依据该标准进行认定,还需要结合其他因素综合考虑进行实质性的判断其是否真正对道路交通安全法益造成了侵害或者威胁,即刑法意义上的分析判断。

第一,要对行为发生时的道路、车辆行驶情况、机动车的认定等客观因素进行分析和限制解释。即必须是"根据国家规定标准可以划入机动车范畴的车辆,在具有公共交通安全特征的道路上,因为醉酒驾驶而不能够正常行驶"的情况下才构成对道路交通安全法益的侵害和威胁,从而认定为醉酒驾车犯罪的客观事实。因此,对于不具有严重的社会危害性的醉酒驾驶行为,比如在偏僻冷清的道路中醉酒驾车、行为人只是醉酒驾驶电动车(尚未在全国性的法律中列入机动车的范畴)或者自行车、醉酒驾车行为人有充足的证据证明能够正常行驶(但多次实施这样的行为应当认定为犯罪)的情况等均应该依据《刑法》第13条的"但书"规定,认为是"情节显著轻微危害不大"而不作犯罪处理。

第二,该罪属于行为犯,不以法益遭到实际侵害结果为前提,只要威胁道路交通安全即可。其罪过应该是对醉酒驾车行为本身的控制和辨认心理态度,因为行为人对于"不准酒后驾车"这一违法行为是"明知故犯",行为人有选择是否酒后驾车的可能,因此对于本罪的主观方面,至少是间接故意而不可能是过失。此外,本罪的主体为自然人一般主体,而且不限于具有驾驶资格的人,因为与具有驾驶资格的人相比,不具有驾驶资格的人醉驾对法益的侵害或者威胁更严重,对其醉酒驾车行为只要符合醉酒驾驶罪的主客观要件当然也需要定罪处罚。

综上所述,只有遵循罪刑相适应的原则,才能符合"醉驾入刑"的立法精神,在个案处理过程中正确适用该罪的刑法规范,实现"醉驾入刑"的目的。

(汝州市检察院调查与研究第 39 期 2012 年 10 月 26 日)

危险驾驶罪司法认定问题探析

●文/张顺利　霍世英

《刑法修正案(八)》中危险驾驶罪的设立,将原本属于交通管理部门根据交通管理法规予以调整的部分交通违法、违规行为纳入了刑法调整范围。由于刑法事关人权保障,对于该罪构成要件的审查,要严格遵循罪刑法定原则。在司法实践中,应注意以下几个问题:

一、追逐竞驶行为"情节恶劣"的认定

根据《刑法》第133条之一的规定,追逐竞驶必须达到"情节恶劣"时才能构成危险驾驶罪。此处的情节是定罪情节而非量刑情节,有无恶劣情节的出现是判断是否构成危险驾驶罪的必备条件。究竟何为"情节恶劣",我国法律并未作出相应的规定。对此,张明楷教授给出的判断标准为:应以道路上车辆与行人的多少、驾驶的路段与时间、驾驶的速度与方式、驾驶的次数等进行综合判断。也有观点认为,"情节恶劣"应当包括:(1)无证驾驶;(2)在繁华路段竞驶;(3)严重扰乱道路交通秩序;(4)造成人员受伤,财产损失较大(尚未达到交通肇事罪的标准);(5)驾驶车辆存在安全隐患。还有观点指出,"情节恶劣"应从刑事司法与行政法衔接的角度和行为人主观恶性的角度进行认定。

笔者认为,"情节恶劣"判断的关键在于如何衡量公共危险性的大小,在实践中应从以下几个客观方面进行参考:

首先,"情节恶劣"的判断要参考相关法律的规定。《中华人民共和国道路交通安全法》第七章规定了多种较为严重的交通违法行为,如:行车时速超过规定时速百分之五十、超载驾车、驾驶拼装机动车、驾驶报废机动车等。在实践中,司法部门可以以此为依据,如果行为人在追逐竞驶的同时有以上

违法行为的应认定为情节恶劣。

其次,"情节恶劣"的判断应结合具体的时间和空间综合考虑。危险驾驶罪是抽象的危险犯,其通过对行为人处以刑事处罚的手段避免侵害法益的结果发生。也就是说,完全没有危险的行为,不可能成立本罪。例如,在没有车辆与行人的荒漠道路上追逐竞驶的,因为不具有抽象的危险,不应以本罪论。反之,如果在上下班高峰、车流量较多的时候或者闹市区追逐竞驶的则可以认定为情节恶劣。

最后,行为人自身的情况也可以成为"情节恶劣"的参考标准。如行为人多次追逐竞驶的、多次组织他人追逐竞驶的、行为人驾驶能力低下,明知自己是不适宜驾驶的严重病患者而追逐竞驶的等等,都应认定为情节恶劣的情形。

二、醉驾是否一律入罪

危险驾驶罪作为《刑法修正案(八)》新规定的罪名,在贯彻执行过程中一直有着各种不同的意见,产生过广泛的争议。2011 年 5 月 11 日,最高人民法院副院长张军在全国刑事审判座谈会上要求正确把握危险驾驶罪的构成条件,应当慎重稳妥地追究醉驾者的刑事责任,不应仅从文义理解《刑法修正案(八)》的规定,认为只要达到醉酒标准就构成危险驾驶罪,要与修改后的《道路交通安全法》相衔接。公安部《关于公安机关办理醉酒驾驶机动车犯罪案件的指导意见》规定醉驾一律以涉嫌危险驾驶罪立案侦查。各地纷纷出现危险驾驶罪第一案,音乐人高某某的入狱等事件都曾引起广泛的争议和讨论。醉驾究竟是否一律入罪一度成为了法学界争论的热门话题。笔者认为,无论是从危险驾驶罪的立法理念和立法背景方面,还是刑事处罚与行政处罚的衔接以及对国外相关制度的借鉴方面来说,醉驾都应一律入罪。

从危险驾驶罪的立法理念和立法背景方面来说,当今社会是一个风险社会,正如德国社会学家乌尔里希·贝克所言,人类社会正"生活在文明的火山上"。除了自然风险之外,人类本身的行为也会给整个社会造成巨大的潜在风险,汽车的存在给人类带来了巨大便利的同时,交通事故也正在成为人类的杀手,尤其是醉驾、飙车等行为已经成为严重的社会风险,随时可能造成巨大的人身、财产损害,威胁着整个社会的稳定与和谐。刑法作为社会控制的工具之一,其重要的功能就是通过处罚犯罪,控制人类的行为,从而实现预防犯罪和打击犯罪的双重功能,这也是所谓安全刑法的基本内容,安全刑法的基本理念就是要将刑事处罚提前化,即刑法功能需要从事后处罚扭转向事前预防。《刑法修正案(八)》增设危险驾驶罪,就是贯彻安全刑法的理念,注重事先预防,防范化解社会风险,真正实现刑法的功能。

接下来,我们不妨来分析一下支持醉驾并非一律入罪的理由:一是根据《刑法》第 13 条的规定,危害社会行为情节显著轻微危害不大的,不认为是犯罪。由于刑法总则对分则的指导作用,醉酒驾车情节显著轻微危害不大的,也不应认为构成危险驾驶罪。依据这一法条的规定,不认为是犯罪的行为必须满足情节显著轻微且危害不大,而危险驾驶罪属于抽象的危险犯,其与具体的危险犯的区别就在于,它是将社会一般观念上认为具有侵害法益的危险的行为类型化之后所规定的犯罪,立法者将危险驾驶入罪就是在立法上推定这种行为一经实施就已经造成了法益处于危险的状态。至于情节方面的问题,之所以醉驾不以情节论,主要是考虑到该行为的客观危害性的确定性,即从医学角度来说,血液中酒精含量达到 80mg/100ml 以上,人的判断力和控制力都会下降,酒后驾驶的行为人即便是清醒的,但其机体对客观事物的反应时间已经出现延迟,其判断道路状况的敏感力降低。同时,根据我国《车辆驾驶人员血液、呼气酒精含量阈值的检验》标准规定,车辆驾驶人血液中的酒精含量大于或等于 20mg/100ml,小于 80g/100ml 的驾驶行为是饮酒驾驶,应当受到行政处罚。由此可以看出,法律在将醉驾规定为危险驾驶罪之初就已经将驾驶人饮酒驾车这一轻微情节排除在外,因此,处于醉酒状态依然驾驶机动车的话,当然不属于情节显著轻微的情形。也就是说,刑法总则的原则规定不能成为"并非醉驾一律入刑"的理由,在司法实践中,司法人员只需根据判断酒驾的客观标准，即只要判断行为人血液中的酒精含量是否达到 80mg/100ml 就可以直接认定是否构成犯罪。

二是刑事处罚和行政处罚的衔接问题。一方面,行政处罚和刑事处罚针对同一行为是可以并存的,两者并不是相冲突的;另一方面,《道路交通安全法》已经对饮酒和醉酒驾驶机动车的行为进行了区分,而醉酒驾驶机动车既属于应当受到行政处罚的行为,也属于应当受到刑事处罚的行为,由此"可依据道路交通安全法处罚的行为,直接诉至法院追究刑事责任"这一情形便不会出现。

国外对于相关制度的规定对于我国醉驾是否一律入罪具有一定的借鉴意义。各国对于"追逐竞驶"、"醉驾"的打击力度是非常大的,尤其是醉驾,各国对此更是毫不手软。德国刑法规定,在饮用酒的情形下仍然驾驶的,即使没有实际危及他人身体、生命或贵重物品的,也应参照造成实际损害"处 5 年以下自由刑或罚金"的规定处罚;在美国,醉酒驾驶常常被以重罪起诉。虽然每个州的法律不同,但警方对醉驾司机的处罚都是一样的:将其逮捕,并以醉酒驾驶罪起诉;在韩国,醉驾将被处以 3 年以下有期徒刑和 1000 万韩元以下罚款,同时韩国政府对《道路交通法》中有关"禁止醉酒驾车"的条文进行了数次修改,并加大了处罚力度。由此可见,各国刑法对醉酒驾车都进行了严格规范。事实证明,对醉酒驾车零容忍的刑事立法是有效的,我国是个酒文化底蕴深厚的大国,醉驾状况普遍,由此造成的损害后果严重,故我国对于危险驾驶行为,尤其是醉驾行为的规制法网应更加严密。

三、本罪有待进一步探讨的问题

从目前的规定看,本罪内容上仅限定两种危险驾驶机动车的行为。除此之外,是否还应当增加其他危险行为是值得思考的。从对人的精神影响上看,吸食毒品驾车的客观危害性并不比醉驾低,严重的超载、超速等行为的危害性也不亚于飙车,另外不具有驾驶技能的行为人(未经过培训、肢体严重残疾)驾车其危害性更大,诸如此类的非规范超车、驾驶不符合安全标准的机动车均对交通安全造成极大威胁。因此从这个角度看,本罪在危险驾驶的行为方式上还有待完善。

对于"醉酒驾驶"如果一概根据《车辆驾驶人员血液、呼气酒精含量阈值与检验》的规定便会产生法律上的矛盾:行为人是否承担刑事责任必须考虑其主观认识和意志因素,"醉酒驾车"和"酒精含量大于或者等于80mg/100ml驾车"在评价行为人主观方面是否有一致的法律效果?是否行为人血液酒精含量大于或者等于80mg/100ml就一定证明其属于"醉酒"的意识模糊状态?诚然,饮酒后对机体神经的麻痹有必然的客观影响,但是每个人对酒精的反应不一致,对酒精的耐受程度也有较大差异,不能不考虑行为人对酒精的耐受程度,对于醉酒驾驶还应当出台更为完善的检验措施。

(汝州市检察院调查与研究第6期 2013年4月18日,此文2013年6月14日被平顶山市检察院研究室转发)

危险驾驶罪若干问题辨析

●文/杜小利

一、罪与非罪

《刑法修正案(八)》生效后,关于危险驾驶罪的认定及相关辨析便争论不断。如何把握定罪标准及辨析此罪与彼罪、一罪与数罪,无论对学理研究还是司法实践均意义重大。

涉及到醉酒驾驶行为罪与非罪,所产生的争议主要是归因于对法条表述的不同解读。根据《刑法修正案(八)》的表述,危险驾驶罪是指"在道路上醉酒驾驶机动车的,或者在道路上驾驶机动车追逐竞驶,情节恶劣的"。由此,在学界产生了两种解读:

一是认为危险驾驶罪必须达到情节恶劣才构成犯罪。其理由是由于我国酒文化的泛滥,醉酒驾驶行为广泛存在于社会生活中,虽应严厉打击遏制,但若不考虑情节,则会出现大量民众会因醉酒驾驶行为而被苛以刑罚,直接影响公民其他基本权利的行驶,甚至会出现法不责众的尴尬局面。况且,《道路交通安全法》对相关的违法行为已设定了相应的处罚。该法第91条规定:"饮酒后驾驶机动车的,处暂扣六个月机动车驾驶证,并处一千元以上二千元以下罚款。因饮酒后驾驶机动车被处罚,再次饮酒后驾驶机动车的,处十日以下拘留,并处一千元以上二千元以下罚款,吊销机动车驾驶证。醉酒驾驶机动车的,由公安机关交通管理部门约束至酒醒,吊销机动车驾驶证,依法追究刑事责任;五年内不得重新取得机动车驾驶证。"

二是基于我国刑法的传统立法惯例进行的文理解释。因为该种立法表述也在我国刑法其他条文中存在着。如刑法关于受贿罪的规定:国家工作人员利用职务上的便利,索取他人财物的,或者非法收受他人财物,为他人谋取利益的,是受贿罪。通说认为在索贿的情形下,不要求行为人具备为他人谋利益的构成要件。同样关于刑法其他的类似条文,根据我国的刑法理论和司法实践,每一个"的"字构成一个的是独立的犯罪类型。

笔者认为,以上两种解读中,前者属于目的解释,后者属于文理解释。在法律解释中,当文理解释的结论合理,则无须采用目的解释。据此我们应采信第二种解读观点,即《刑法修正案(八)》的立法表述规定了两种危险驾驶行为:一是"在道路上醉酒驾驶机动车的",二是"在道路上驾驶机动车追逐竞驶,情节恶劣的"。前者系行为犯,即只要有醉酒驾驶行为,不论其危害性、情节及后果,都应处罚;而后者系情节犯,即必须有"情节恶劣"的相关情节才构成犯罪。

二、此罪与彼罪

与危险驾驶罪关联最为密切,可能存在此罪与彼罪争议的主要是以危险方法危害公共安全罪和交通肇事罪。基于对醉酒驾驶罪所设定刑罚的分析可以推定,立法者认为危险驾驶对法益侵害的程度要明显低于交通肇事罪和以其他方法危害公共安全罪,因为后两者的主刑以有期徒刑为主,甚至可以处以无期徒刑和死刑,而前者的主刑仅有拘役,并处罚金。此外,危险驾驶罪下的醉酒驾驶与故意杀人罪、故意伤害罪也易混淆。因此,上述几种犯罪在具体适用时应进行严格区分:

(一)危险驾驶罪与以危险方法危害公共安全罪

危险驾驶罪与以危险方法危害公共安全罪在犯罪主体要件和主观要件上并无大的差异。二者的本质区别在于其所侵害的客体和客观要件上。危险驾驶罪属于行为犯,其所侵害的客体是公共交通运输安全,因此在客观要件上,只要行为人实施了醉酒后在道路上驾驶机动车的行为,就可视为已经对正常的交通安全秩序造成了侵害,即可构成犯罪,而以危险方法危害公共安全罪则属于危险犯,公共安全的危险状态是构成此罪的要件之一。因此,仅有可能危及不特定或多数人的生命、健康或重大公私财产安全的行为,但尚不足以使公共安全处于危险状态,不构成本罪。但是,当醉酒驾驶行为足以危害到公共安全时,就应适用以危险方法危害公共安全罪定罪量刑。

(二)危险驾驶罪与交通肇事罪

危险驾驶罪的设立在很大程度上是为了弥补交通肇事罪对规范醉酒驾驶行为之不足。交通肇事罪的结果犯属性使得刑法对于大量的醉酒驾驶行为束手无策,只能等到醉酒驾驶导致严重交通事故时才能介入,由此导致了很多恶性交通事故的发生。因此,秉着"打早打小"的理念,立法者创设了危险驾驶罪,希冀通过降低入罪门槛,尽可能的抑制醉酒驾驶行为,进而加强对民生的保护。

危险驾驶罪与交通肇事罪的最大区别在于行为的危害结果不同。醉酒驾驶罪作为行为犯,有行为即可构成犯罪,而无需特定危害结果的发生。而交通肇事罪作为结果犯,必须存在现实的危害结果。倘若未造成现实危害结果,即使存在违反交通运输法规的行为,仍不构成犯罪,而只能对行为人实施行政处罚。

具体而言,根据最高人民法院《关于审理交通肇事刑事案件具体适用法律若干问题的解释》第2条规定,酒后驾驶导致交通肇事的,致一人以上重伤,负事故全部或者主要责任,应以交通肇事罪定罪处罚。因此,危险驾驶罪与交通肇事罪的分水岭在于是否导致致1人以上重伤,负事故全部或者主要责任的危害结果。倘若醉酒驾驶行为尚未造成危害结果,或者危害结果未达到致1人以上重伤,负事故全部或者主要责任的情形,则认定为危险驾驶罪;反之,则以交通肇事罪定罪量刑,因为醉酒驾驶本身就是一个违反交通运输法规的行为。且在交通肇事的主观要件中,其违反交通运输法规的行为仍属故意,这与危险驾驶罪的故意相吻合。

(三)危险驾驶罪与故意杀人罪

因故意伤害罪在诸多要件上与故意杀人罪类似,故笔者在本文仅探讨危险驾驶罪与故意杀人罪的区别。

危险驾驶罪与故意杀人罪的区别主要在于主观要件上,危险驾驶罪的主观罪过是违反交通运输法规的故意,而故意杀人罪的主观罪过是杀人的故意。但是在司法实践中,我们必须严格把握行为人利用醉酒驾驶进行故意杀人的情形。其次,在犯罪客体上,二者也有区别,前者侵害的是公共交通安全,而后者侵害的是公民的人身权利。再次,前者系行为犯,而后者是结果犯,务必要求现实的危害结果。

三、一罪与数罪

通过对危险驾驶罪与以上三个罪名的比较可以发现,四者之间在一定情况下会发生转变。故《刑法修正案(八)》第22条第2款规定,有前款行为,同时构成其他犯罪的,依照处罚较重的规定定罪处罚。因此,当醉酒驾驶行为同时构成以上几个罪名时,应如何解决其罪数问题显得尤为重要。

(一)行为人醉酒驾驶造成现实危害结果的罪数问题

具体到醉酒驾驶罪的罪数问题,我们需要探讨当醉酒驾驶行为已足以使公共安全处于危险状态,或已导致交通事故,致1人以上重伤,负事故全部或者主要责任,或故意通过醉酒驾驶行为造成被害人死亡的结果,被处于以危险方法危害公共安全罪或交通肇事罪抑或故意杀人罪后,对行为人的醉酒驾驶行为是否还需以危险驾驶罪追究刑事责任。

笔者认为,对于当醉酒驾驶行为已足以使公共安全处于危险状态,或已导致交通事故,致1人以上重伤,负事故全部或者主要责任的情况属于想象竞合犯,应从一重处罚。通说认为,想象竞合犯是指一个行为触犯数个罪名的犯罪形态。醉酒驾驶行为导致以危险方法危害公共安全罪或交通肇事罪,符合想象竞合犯的要件。首先,行为人只实施了一个行为。所谓一个行为,指在社会生活的意义上被评价为一个的行为。这里所说的行为不只是狭义的行为,也包括结果在内的广义的行为。因此,不应将行为人的醉酒驾驶和造成交通事故或危及公共安全分解为两个行为,后者只是醉酒驾驶所造成的危害结果。其次,该行为触犯了数个罪名。醉酒驾驶导致重大交通事故的,触犯了危险驾驶罪和交通肇事罪;醉酒驾驶危及公共安全的,触犯了危险驾驶罪和以危险方法危害公共安全罪。此外,醉酒驾驶行为与以危险方法危害公共安全罪或交通肇事罪并不存在犯罪手段与犯罪结果上的必然联系,因此,不可能构成牵连犯。

对于想象竞合犯的处罚,我国学界通说主张按"从一重处罚原则"处理,不实行数罪并罚。由此,从三罪名的法定刑不难发现,对于以上情形应适用法定刑较重的以危险方法危害公共安全罪或交通肇事罪定罪量刑。

当行为人意图通过醉酒驾驶行为达到故意杀人的目的这种情形,到底属于牵连犯还是想象竞合犯? 通说认为,牵连犯是指出于一个犯罪目的,实施数个犯罪行为,数个行为之间存在手段与目的或者原因与结果的牵连关系,分别触犯数个罪名的犯罪状态。通过牵连犯的特征我们可以看出,此情形不属于牵连犯,仍然属于前述的想象竞合犯。

(二)行为人醉酒驾驶后逃逸致人伤亡的罪数问题

2009 年 9 月 9 日,最高人民法院提出:对醉酒驾车,肇事后继续驾车冲撞,放任危害后果的发生,造成重大伤亡,构成以危险方法危害公共安全罪的,应当依照《刑法》第 115 条第 1 款的规定定罪处罚。此认定当然是符合此类行为人主观特征的,但是,笔者认为,该解释并未较全面地分析交通肇事构成的犯罪与逃逸行为构成的犯罪之间的关系。醉酒驾驶的行为人,在交通肇事后逃逸,既有可能导致交通肇事的被害人死亡,又有可能导致其他人死伤。而该解释显然指的是导致其他人(如路人、围观者乃全现场交警等人员)死亡的情形。鉴于此,有必要根据现实情况,可分为以下几种情况:

第一,如果醉酒驾车发生事故构成交通肇事罪,行为人又逃逸致被害人死亡,对此,应直接按照交通肇事罪相关规定的情形处理即可。二者是基本犯与结果加重犯的关系。

第二,如果醉酒驾驶构成危险驾驶罪,行为人逃逸时又过失致其他人死伤,符合交通肇事罪的犯罪构成。此时,行为人在逃逸过程中,又实施了一个新的、独立于先前交通肇事的交通肇事罪,且应评价为独立的犯罪,故应将前后两罪数罪并罚。

第三,如果醉酒驾驶构成危险驾驶罪,行为人逃逸时又间接故意地致其他人死伤,此时,应按照《通知》以危险方法危害公共安全罪定罪。

可见,对于醉酒驾驶交通肇事后又连续冲撞他人的情况,应区别情况确定行为的性质,不能一概认定构成危险驾驶罪,交通肇事罪或者以危险方法危害公共安全罪。

风险社会下,重大恶性的醉酒驾驶交通事故频频发生,严重危害了社会公共安全和人民的生命、财产安全,危险驾驶罪的设立顺应民意、效果显著,但正确把握好该罪的定罪标准及此罪与彼罪的界限,一罪与数罪的认定更是现今法治环境下的重中之重。

（汝州市检察院调查与研究第 31 期　2013 年 7 月 23 日,此文 2013 年 11 月 28 日在《法学教育》第 8 期上发表）

"疑罪从无"与"控方举证"
规则的完善与适用

●文 / 杜小利

新修改的刑事诉讼法不仅从法律条文数量上较旧法有了大幅度的增加，而且在制度和规则层面也进行了升级和完善，其中"疑罪从无"规则和"控方举证"规则是两大亮点，这两项规则制度的完善无疑对检察机关的工作提出了更高的要求。秉持"疑罪从无"理念，做好"控方举证"工作，将两者结合于日常案件办理过程中，是检察工作适应新形势发展的当务之急。

一、疑罪从无规则及完善

(一)疑罪从无规则的内容

"疑"在《现代汉语词典》中的解释是：不能确定是否真实，不能有肯定的意见，不能确定的，不能解决的。从字面上讲，"疑罪"就是司法机关怀疑行为人有罪但没有确凿的证据来定罪的一种不确定状态，在这种状态下，被告人可能有罪也可能无罪。如果坚持"疑罪从有"的原则，被告人就被判有罪；如果坚持"疑罪从无"的原则，被告人就被判处无罪。"疑罪从无"是无罪推定原则的一个派生标准，即对任何一个案件的认定必须依靠确实、充分的证据，如果达不到证明有罪的标准，就会形成疑案，无罪推定原则对疑案的处理是按照"疑罪从无"原则，即在判决的结果上宣告无罪。刑诉法的修改吸收"疑罪从无"这一科学的做法，如《刑事诉讼法》第195条第3项规定："证据不足，不能认定被告人有罪的，应当作出证据不足、指控的犯罪不能成立的无罪判决。"疑罪从无规则要求：如果案件既有有罪证据，又有无罪证据，且不能排除合理怀疑的，就不能认定达到刑事案件证明标准，即不能认定被告有罪。

（二）疑罪从无规则适用之困境

其实疑罪从无规则早已在刑事诉讼法中得到了体现，但在司法实践中基于多种原因，其适用往往被打了折扣。首先，"重刑主义"和"先入为主"传统观念影响。我国传统刑事诉讼对犯罪嫌疑人或被告人的权益极其淡薄，一直存在"轻保护、重打击"的倾向，"疑罪从有"、"疑罪从轻"在办案人员及老百姓心中存有一定的空间。其次，破案压力的不当影响。"限期破案"、"命案必破"的政绩考核迫使刑侦部门对刑事案件采取"先破后立、不破不立"的做法，一旦抓到嫌疑人就可能违法取证，逼其认罪以求破案，这种功利主义的破案机制势必导致冤案的发生。同时社会舆论对于"严惩"凶手的急切要求也成为办案的实际压力。再次，疑罪从无规则标准适用不一。修改前刑事诉讼法关于公安机关、检察院、法院评判"有罪"的标准过于抽象，且缺乏统一。公安机关立案侦查的标准是"有犯罪事实需要追究"，检察院提起公诉的标准是"犯罪事实清楚、证据确实充分"，法院的定罪标准是"排除合理怀疑"，如此规定"有罪"标准导致在司法实践中认定个别被告人是否有罪存在分歧。

疑罪从无规则得不到切实贯彻的后果就是过去对于"疑罪"案件，往往采用"挂起来"的方法，多年不能结案，或者做出所谓的"留有余地的判决"，这样不仅严重侵害了被告人的合法利益，也挫伤了当事人相信司法公正能够迅速有效地处理纠纷的积极性，并且一定程度上也是对国家司法资源的浪费，有损司法机关的权威。

（三）新《刑事诉讼法》对疑罪从无规则的完善

新《刑事诉讼法》将"尊重和保障人权"写入法典，而且从人权保障的高度完善了"疑罪从无"原则，其中对检察机关存疑不起诉做出的明确性规定就是重要体现。新《刑事诉讼法》第171条第4款规定："对于二次补充侦查的案件，人民检察院仍然认为证据不足，不符合起诉条件的，应当作出不起诉的决定"，修改前的《刑事诉讼法》第140条第4款规定的是"可以作出不起诉的决定"。虽然仅"应当"与"可以"一词之差，却已彰显了新《刑事诉讼法》疑罪从无的无罪推定精神。

基于新《刑事诉讼法》195 条第 3 项"存疑判无罪"的理解,很多人民群众甚至司法工作者都认为"疑罪从无"是法院刑事审判应当遵从的准则,其实这是对"疑罪从无"规则的一种不全面理解。新《刑事诉讼法》对"存疑不起诉"的修改即表明了检察机关适用"疑罪从无"规则的方式方法。显然,对于经过两次补充侦查的案件,检察机关仍然认为证据不足,不符合起诉条件的,即应当作出不起诉的决定。这样才能在审查起诉阶段即维护了犯罪嫌疑人的合法权益,尽可能的消除冤假错案的发生。

二、控方举证规则及完善

(一)控方举证规则的内容

控方举证即控诉方承担证明犯罪嫌疑人或被告人有罪的责任,犯罪嫌疑人、被告人自身不承担证明自己无罪的责任。证明责任是在疑难案件中确定诉讼后果的一项证据规则,所以在古罗马诉讼中对于证明责任就形成了两条古老的规则:(1)诉讼中的证明责任由主张的一方承担,否定方不承担证明责任;(2)双方都提不出证据证明案件事实的情况下,负证明责任一方败诉。在我国的刑事诉讼活动中,公诉案件的证明责任由检察机关承担;自诉案件的证明责任原则上由自诉人承担,若被告人提出反诉,则应当对反诉举证。但这并不意味着证明责任转移到了被告人身上,因为此时反诉人成了反诉的原告。

对于公诉案件,《刑事诉讼法》规定公安机关对已经立案的刑事案件,应当进行侦查,收集、调取犯罪嫌疑人有罪或者无罪、罪轻或者罪重的证据材料;人民检察院审查案件的时候,必须查明"犯罪事实、情节是否清楚,证据是否确实、充分,犯罪性质和罪名的认定是否正确";人民检察院审查案件,对于需要补充侦查的,可以退回公安机关补充侦查,也可以自行侦查。这些规定都说明在公诉案件中,收集证据证明被告人有罪的责任在于司法机关而非被告人。

(二)新《刑事诉讼法》对控方举证规则的完善

检察机关承担被告人有罪的证明责任已经是公认的法律规则,然而在实践中,因为部分公安机关及检察机关自侦部门侦查、收集证据存在一定违法的情形,因此造成了一些难以弥补的冤假错案。对此,新刑诉法对检察机关举证责任方面提出了更高的要求,即证据收集合法性证明。《刑事诉讼法》第57条第1款规定:"在对证据收集的合法性进行法庭调查的过程中,人民检察院应当对证据收集的合法性加以证明",为了确保检察机关证据合法性证明的顺利开展,对于现有证据材料不能证明证据收集的合法性的,人民检察院可以提请人民法院通知有关侦查人员或者其他人员出庭说明情况,经人民法院通知,有关人员应当出庭。

实际上,人民检察院承担证明证据收集合法的举证责任是控方举证规则的应有之义。在刑事诉讼中,人民检察院作为公诉机关,是诉讼程序的启动者,是要求法院作出判决的一方,所以,检察机关应该向法院提供证据支持其要求和主张;同时,由于检察机关已经做好了起诉准备,处于举证的便利地位,承担证明责任顺理成章。新刑诉法要求检察机关承担证明证据收集合法的举证责任,在一定程度上能够加强对侦查机关侦查行为合法性的监督,避免侦查机关变相让被告人承担证明责任。这样,可以防止有罪推定,也会在一定程度上消除刑讯逼供现象的发生。

三、疑罪从无规则与控方举证规则的结合

深入理解新刑诉法的精神可以看出,疑罪从无规则和控方举证规则是相辅相成的关系。控方举证规则的适用正是为了以更充分的证据定案,打击犯罪行为,相对应的,新刑诉法将检察机关承担证明证据收集合法的举证责任作为控方举证规则的一项重要内容,其目的是为了保证刑事案件证据的合法性,从而使案件办理结果更具准确性。从上文的论证上可以看出,这一新增的规定无疑也为"尊重和保障人权"提供了保证。当然,疑罪从无规则更多的是理念性的,要与控方举证规则进行完美结合,必须有可操作性的规则制度予以保障。

(一)准确理解并适用证明标准之规定

修改前的《刑事诉讼法》对证明标准的规定是"证据确实、充分",这种规定与其说是证明标准,不如说是证明目标,因为"标准"是带有衡量性质的,是应该有质和量的认定可能的。因此,规定合理的证明标准,是刑事诉讼中证据认定的必要条件,新《刑事诉讼法》第53条第2款为"证据确实、充分"给予了具体、明确的判定与衡量尺度:"证据确实、充分,应当符合以下条件:(一)定罪量刑的事实都有证据证明;(二)据以定案的证据均经法定程序查证属实;(三)综合全案证据,对所认定事实已排除合理怀疑。"

准确适用证明标准能够使检察机关承担举证责任更具有针对性,以此为导向,可以在审查起诉阶段认定案件是否为疑案。首先,要确定定罪的事实是什么,量刑的事实是什么,这是证据裁判原则的基础性要求;其次,要依照法定程序对于有证据资格的证据查证属实,证据问题是程序性问题,也是合法性问题,每一份证据作为定案依据均要以法庭审判为标准;最后亦是最重要的,每一个证据之间、证据与案件事实之间不存在矛盾或出现的矛盾得以合理排除,运用证据认定案情的过程要符合逻辑规则与经验法则,证据的得出需有确定排他性。作为举证责任承担者,检察机关必须认真领会证明标准的内涵,因为新《刑事诉讼法》规定的证明标准并非是抽象的标准,而且与个案紧密相连的证明标准,该标准因罪而异、因案而异,只有在个案中准确运用证明标准,才能更好的查清犯罪事实,以对案件是否是疑罪进行准确定性。

(二)正确适用非法证据排除规则

修改前的《刑事诉讼法》第43条规定:"严禁刑讯逼供和以威胁、引诱、欺骗以及其他非法的方法收集证据",虽然该条要求公安司法人员要严格依照法律规定的程序收集证据,但在《刑事诉讼法》中并没有明确禁止在诉讼中使用非法收集的证据,这样就使法律所保护的犯罪嫌疑人、被告人的利益得不到有效的保障。新《刑事诉讼法》在该条的基础上增加了"不得强迫任何人证实自己有罪"的表述,这强化了对刑讯逼供等非法取证行为的禁绝态度。从具体操作性上,新《刑事诉讼法》也对非法证据排除规则做了细化,分为两种类型:(1)绝对排除。采用刑讯逼供等非法方法收集的犯罪嫌疑人、被告人供述和采用暴力、威胁等非法方法收集的证人证言、被害人陈述,应当予以排除;(2)相对排除。收集物证、书证不符合法定程序,可能严重影响司法公正的,应当予以补正或者作出合理解释;不能补正或者作出合理解释的,对该证据应当予以排除。为了符合非法证据排除规则的程序性要求,新《刑事诉讼法》规定,在侦查、审查起诉、审判时发现有应当排除的证据的,应当依法予以排除,不得作为起诉意见、起诉决定和判决的依据。

确立非法证据排除规则的目的在于维护司法尊严和程序正义,保障基本人权,但从检察机关承担证明证据收集合法的举证责任角度上讲,无疑给检察工作提出了挑战和更高的要求。因此,人民检察院应当根据新《刑事诉讼法》规定,接到报案、控告、举报或者发现侦查人员以非法方法收集证据的,应当进行调查核实。对于确有以非法方法收集证据情形的,应当提出纠正意见;构成犯罪的,依法追究刑事责任。审查起诉阶段,对于有应当排除证据的,不得作为起诉决定的依据。可见,检察机关正确适用非法证据排除规则是提高控方举证能力的一项重要内容,它兼有保证办案质量与保障人权的双重作用,是"疑罪从无"实现的有效举措。

四、结语

"疑罪从无"规则和"控方举证"规则的完善是新《刑事诉讼法》程序正义的重要价值体现,得到细化的证据规则亦是新刑诉法尊重和保障人权的必然要求。"疑罪从无"不仅应是刑事审判工作的原则,也应该是检察人秉持的理念和立场。准确理解并适用证明标准、正确适用非法证据排除规则是保证控方举证效果和办案质量的重要准则,也是实现"疑罪从无"规则与"控方举证"规则完美结合的必备工作,这样才能在检察环节更好的将新《刑事诉讼法》的精神和规定落实到位。

(汝州市检察院调查与研究第 18 期 2014 年 11 月 3 日)

第二编

检察实务

浅议提高基层检察院反贪案件
初查成案率的方法

●文/魏　娜

立案前首先对所受理的贪污贿赂案件线索进行初查,既是办理反贪案件的必经程序,又是案件的特殊主体所决定的。初查工作的好坏,直接影响到成案的概率。针对基层院反贪工作中存在的举报线索水份大,案源不足,初查成案率低,造成部分案件立案凑数、难诉难判的问题,应采取以下对策加以解决。

一、强化初查成案意识,提高发现犯罪能力

在反贪污贿赂工作中,首先应把强化初查成案意识作为提高反贪查案工作效率的基础抓实抓好。坚决克服那种初查不深入、"蜻蜓点水"式和初查不认真马虎从事的做法,在基层院反贪干警中牢固树立初查质量是成案的关键,是加大反贪力度的最基础性工作,是打击犯罪、公正执法、服务大局最终保障的理念。其次应大力开展岗位练兵活动,购置反贪侦查相关书籍,组织干警集中进行学习。聘请经验丰富的干警讲课,传授查案方法,组织观看反贪典型案例侦破方法录像资料,运用多种练兵方式,努力提高干警发现犯罪的能力以及取证能力。

二、科学分析,筛选成案率较高的线索

面对众多的案件线索,我们不可能件件都查。初查前,只有认真分析案件线索的可靠程度,精心筛选成案率比较高的线索,才能有效地提高初查的工作成效,使整体初查工作处于主动地位。在筛选时,要综合如下四种分析,全面了解案件线索的来源渠道,犯罪嫌疑人的基本情况,职业特点及行业特点,判断是否有成案可能。一是从举报内容的准确程度入手,分析被举报人犯罪事实是否存在，以此来甄别线索的准确性；二是从被举报人的职务活动情况入手，分析其是否利用职务之便来作案，以此来甄别线索的可能性；三是从审查线索的来源入手分析线索的可靠程度，以此来甄别线索的可查性；四是从举报主体和举报方式分析举报内容的真实性，以此来甄别线索的客观性。

实践中，成案率较高的线索有办案中挖出的线索，犯罪嫌疑人自首揭发的线索，易发案部门具有行业特点的线索，及有作案时间、地点、情节或部分证据的线索等。对决定初查的线索，都应当专人控制，严格保密，一般案件线索可以逐级上报，重大案件线索要直接向主管检察长或检察长汇报。

三、认真研究，制定周密的初查计划

在对所受理的案件线索进行分析推理之后，必须制定初查方案，进行"纸上谈兵"。首先要有明确的指导思想，即解决制订初查方案的目的问题。制订初查方案是为了保证初查工作有章可循、有计可用、有谋可施。它是建立在对案件线索的分析、选择、判断推理的基础之上的。既要与分析推理及判断选择的结论相吻合，又必须与初查工作相衔接。其次要有明确的初查内容。初查方案是组织和指导初查工作开展和依法获取证据的行动计划和保证措施，也是侦查人员行动的主要证据，它的主要内容是在对案件线索进行分析推理的基础上，提出初查的任务、策略、步骤、方法和手段及人员的组织安排等。最后要有明确的方法。对调查目标或对象较为明确的线索应制订出具有针对性、便于操作，以直接获取初步证据为目的的初查方案。对调查目标不太明确的举报线索，在制订初查方案时主要以收集信息为目的，然后在占有信息的基础上确定取证方向，获取初步证据，为进入立案程序打好基础。

四、综合运用侦查谋略，保证初查工作顺利展开

由于贪污贿赂等职务犯罪案件嫌疑人动机上的故意性，手段上的隐蔽性，关系网和权力的庇护性，给办案工作设置了重重障碍。为此，初查工作要十分注意综合运用多种侦查谋略，掌握初查的主动权。

1.选准突破口,以快制胜。对于内容较为明确,可查性强而被举报人又不知情的线索,在初查时,找出一个或若干个易于获取证据而又不易泄密的薄弱环节做为突破口, 利用被查对象不知情, 尚未进行反侦查准备的有利条件,迅速展开调查,比较容易获得证据。如我院在办理汝州市公安局庙下派出所原所长郝某甲贪污案中, 郝将收缴的文物鎏金壶私自卖掉。秘密初查时,我们首先将从郝处购买文物的李某、韩某等人作为突破口,经询问,李、韩如实供述了从郝处用 13 万元购得文物卖掉的前后过程,掌握这一重要证据后立即决定立案侦查,在取得相关物证书证等可靠证据后,及时通知犯罪嫌疑人到案,并迅速收集其它间接证据,形成相互印证的证据链条,在郝始终拒不供认犯罪事实的情况下,被法院判处有期徒刑 10 年。

2.以案带案,秘密取证。在初查贪污案件中注重深挖,由一个线索带出数个线索,由一案挖出串案和窝案。如我院常采取的方法是:首先要严格控制知情面,无论是受理举报,还是自己摸查发现的线索,尽量缩小知情范围,不应当知情的人,坚决不能让其知道查案意图,即使同一部门、同一科室的人员也要相互注意防止知情面的扩大。其次是秘密及时地延伸初查,穷追不舍,初查中坚决防止打草惊蛇的事件发生,当前不攻击这个目标,想尽办法不能暴露这个目标。如 2001 年我院在办理汝州市电业总公司劳动服务公司经理郝某乙贪污一案时,由于我们认真初查,详细分析,穷追猛打,一举使 9 个犯罪嫌疑人落网。

3.投石问路,引蛇出洞。对举报内容模糊,取证对象相对不够明确而难以下手,特别是犯罪分子早已织好保护网,初查工作十分被动的情况下,我们在严密布署的前提下,有意走漏风声,使犯罪分子惶惶不可终日,自动出来表演,从而暴露出薄弱环节。

4.利用反说情,扩大取证。目前办案,没有说情的案件极少,案件的层次不同,说情的层面也不同。我们针对这种现象,加以分析和利用,使说情人反而为我们的查案工作起到了一定的积极作用。如汝州市公路局城东收费站站长路某某挪用公款一案，路将公款 10 万元挪用给汝州市汝州镇南刘庄村农民丁某某使用，路如实供述后，其出纳员却三缄其口，闭而不谈，其丈夫找到本院干警打探情况，我们大胆让其与其妻接触，并让他做其妻的工作，短短半个小时，出纳员如实讲明了站长借钱的经过。

5.区别对待，分化瓦解。有些贪污、贿赂案件涉及多人，属共同犯罪。由于同案犯之间共同的利害得失，常常互相隐瞒，订立攻守同盟，对于这类线索的初查，要善于了解掌握犯罪嫌疑人之间的心理状态以及他们之间的矛盾点所在，从而进行突破，分化瓦解，从中获取犯罪证据。如 2002 年在办理汝州市第一运输公司经理邵某某受贿一案时，经过 3 个月的秘密初查后，于 2002 年 7 月一天早上突然兵分三路一举将 3 名涉案人员通知到案，并进行异地审讯，让 3 个人互知被同时通知到案的情况，使他们都心有余悸，慢某首先把情况供出，最终 3 人都供述了行贿受贿的具体情节。

（汝州市检察院调查与研究第 5 期　2003 年 4 月 29 日）

谈告急访、集体访的妥善处理

●文／王红光　魏亚英

近年来,由人民内部矛盾引发的告急访、集体访现象不断增多。据统计,2000 年至 2002 年我院受理告急访和集体访案件 30 件,约占信访件总数的 15%,其中绝大多数是集体访案件。此类案件具有一定的规模性、复杂性和突发性,多以群体对抗方式表现,少则 10 人左右,多则几十人或者上百人,如果重视不够,解决不力,容易产生不良的社会影响和较大的隐患。在处理过程中,我院坚持"依法受理,负责到底"的原则,深入基层,及时查处,化解矛盾,消除不安定因素,使问题解决在当地,矛盾化解在基层,没有发生一起因处理不当越级上访的集体访案件。归纳起来,我们处理告急访、集体访的主要方法有以下三个方面:

一、发现苗头,控制事态,及时制止

告急访、集体访是社会综合因素和复杂矛盾的反映,绝大多数上访人员遭受利益侵害后心理承受能力减弱,导致情绪激动,为同一群体利益聚结上访。因此,发现此类苗头,摸清情况、妥善处理、及时制止,是预防和减少群体访的关键。2000 年以来,我市国有中小型企业改制进程不断加快,一些管理不善、经营亏损的企业职工对本企业领导造成资产流失情况不满,曾发生多起企业职工集体上访的苗头性事件。2001 年 3 月汝州市煤炭公司 20 余名下岗职工准备集体上访,控告公司原经理等人贪污挪用公款致使企业国有资产损失 1000 余万元。得知这一消息后,控申科同志及时向领导汇报后,迅速派员进入该企业,对职工进行劝阻疏导和法制教育的同时,调查澄清职工反映的问题,化解了这起群体上访事件。2002 年 1 月汝州市卷烟厂职工联名反映本厂管理混乱,2000 多万元外欠烟款长期不能进账,导致生产经营不能正常运转,广大职工利益受损的情况。接到举报后,为防止事态扩大,形成集体上访事件,检察长亲自带队组织反贪控申干警进驻该厂宣传法制,教育职工,调查核实问题,查处贪污挪用等职务犯罪,帮助追回在个人手中的烟款,消除了职工们的怨气,避免了群体事件的发生。又如,2001年11月汝州市食品总厂十余名下岗职工情绪激动,在我院接待室反映本厂经理无钱给职工交纳养老保险金和生活救助款,而有钱给他人行贿和贪污公款等问题,如果不查清楚就集体到省市上访。对此,我院首先稳定来访人员情绪,承诺把问题查清,决不让他们再次反映,然后迅速派反贪人员调查落实,查清厂长王某甲贪污公款13000元的犯罪事实后依法逮捕,起诉法院被判有期徒刑1年缓刑2年。

二、热情接待,倾听反映,快速查办

告急访和集体访事件的发生往往是由于有些部门对群众反映的问题重视不够,解决不力,甚至有的是久拖不决,才导致党群、干群关系恶化,群众对立情绪、不满情绪强烈而形成的群体性上访。因此,我们对集体上访人员,应文明接待,热情服务,认真听取群众反映,详细询问有关情况,快速查清事实真相,依法维护公民的合法权益,坚决惩治违法犯罪。近年来,在我市有两类情况是比较容易引起集体涉法上访事件的原因之一,一种是个别公安司法人员渎职侵权案件;另一种是"三会一部"基金会股金部储户讨要存款案件。在处理这两种情况的过程中,如果稍有不慎重,不及时,就会引起来访人员情绪波动,不听劝阻集体上访。2000年4月汝州市林业派出所民警霍某某、孙某某等3人开车到焦村乡毕庄村,因苹果树砍伐有关问题将60多岁的村民毕某甲带回所询问,途中毕某甲突发脑出血症状,该所民警将毕扶下车放在途中驱车回所,没有对毕进行及时救助而死亡。毕某甲的儿子毕某乙及亲属等8人满腔怒火到我院接待室,控诉民警霍某某等人致死人命,如果检察院不公正处理,他们马上抬尸上访。我院接待人员耐心对他们讲政策、讲法律、稳定上访人员思想情绪,防止事态恶化。主管法纪副检察长迅速带领法纪、技术干警深入发案地勘验现场,核查实情,很快查清了霍某某、孙某某等 3 人行政不作为导致他人死亡的严重后果,立案侦查后将其依法逮捕,提起公诉后均被判刑,并责成林业主管部门赔偿毕家一定的经济损失,避免了一起集体上访的恶性事件。又如 2001 年 5 月,30 余名储户到我院反映汝州市民政局救灾扶贫基金会负责人孟某某高息放贷致使贷款收不回,存款不能兑付,这样的国家工作人员如果不负法律责任,我们就要到省市上访。接访后我院迅速派控申检察干警调查收集孟是否有玩忽职守的犯罪证据,查清事实证据后将此案移送公安机关以涉嫌非法吸收公众存款罪逮捕,稳定了储户的情绪。2000 年以来,我院共妥善处理因公安人员渎职侵权引发的集体访事件 5 件,立案侦查 5 件,逮捕起诉 2 人;妥善处理因"三会一部"非法吸储造成储户存款严重损失不能兑付的集体访事件 8 件,依法批准逮捕非法吸收公众存款犯罪嫌疑人 26 名,已起诉判刑 12 人。

三、深入基层,化解矛盾,消除隐患

集体访中的重复上访,多头上访的问题对社会的负面影响较大,反映的问题力争一次性彻底解决难度很大,因此,对待此类集体访事件,我院主要采取深入基层、摸底排查、找准症结、对症下药、消除隐患。汝州市庙下乡湾子村百余名群众自 1996 年起就联名上访,反映庙下乡原民政副所长下派担任该村支部书记王某乙的经济问题,当时我院就组成专案组与有关部门一起进驻该村调查核实群众反映的问题,但是,由于部分问题没有彻底解决,该村群众自发兑钱选出 5 名代表长期上访。2001 年 4 月刚调任的检察长王明文接待湾子村群众代表的反映后,认为群众不停上访、久诉不息的原因是我们深入基层扎实工作解决问题的力度不够。5 月初我院抽调经验丰富工作能力强的干警组成专案组,再次对群众反映王某乙的经济问题进一步深入细致地调查核实,最终查清王某乙贪污公款 1 万余元的犯罪事实,在被告人拒不认罪供述的情况下,起诉法院后以贪污罪判处其有期徒刑 3 年。解决了这一久诉不息的上访事件,稳定了该村的经济发展秩序。自 2001 年 5 月以来,我院对存在的 4 件涉法重复集体上访事件进一步排查,均派员深入当地给予彻底解决,目前不存在属我院管辖的涉法集体重访案件。

（汝州市检察院调查与研究第 7 期　2003 年 5 月 5 日）

谈强化批捕执行监督工作方法

●文／潘军现

按照我国刑事诉讼法和人民检察院刑事诉讼规则的规定，监督批准逮捕、不批准逮捕决定的执行，是检察机关侦查监督工作中的一个重要组成部分，是维护法律统一正确实施和保障人权的重要措施。但是，目前此项监督工作仍然存在一些薄弱环节，少数作出批准逮捕或不批准逮捕决定的案件执行不到位的现象时有发生。为严格执法、公正执法，自"严打"以来，我院在履行审查批捕职能中，强化批捕执行监督意识，实行批捕不捕案件执行监督制度，对公安机关和检察机关自侦部门提请或移送批准逮捕的案件，无论是作出批准逮捕或不批准逮捕决定，均监督执行到位，取得明显效果。采取的主要方法有以下几个方面。

一、加强领导，措施上保障监督

一是将批捕执行监督工作放在重要位置，指定科长专人负责。二是落实承办人责任制，实行谁批捕谁监督的办案责任制，监督时限是从批准逮捕直至移送起诉，实践中我们称其为捕后跟踪监督法。首先把批捕后案件跟踪监督分四类：一是捕后证据监督。在审查批捕时，虽符合逮捕条件，但证据体系尚显薄弱、案件容易发生变化，给公安机关发出《提供法庭证据通知书》，指导公安机关补充完善证据。二是批捕决定执行监督，监督公安机关在接到批捕决定书后的 24 小时内执行逮捕。同时加强对在逃犯的追捕执行监督。三是办案时限监督，重点是对流窜作案、结伙作案的重大复杂案件，监督公安机关严格办案时限、及时提前提请延期、并不得随意改变强制措施。四是监督公安机关的侦查行为是否符合法律规定，尤其是取证要合法、严禁刑讯逼供等一些违法现象出现。其次把不批准逮捕的案件跟踪监督分两类：一是对犯罪嫌疑人无辜错拘的，对情节显著轻微、危害后果不大，不认为是犯罪的，监督的重点是对不捕决定的执行上，必须监督公安机关在24小时内释放。二是因证据不符合逮捕条件而不捕的，监督的重点是补充侦查，督促查清后重新报捕。

二、深入实际，行动上善于监督

为了使执行监督工作收到实效，一是由承办人找公安人员面对面的交谈，承办人员在案件中既是办案人员又是监督员，由承办人亲自把案件材料送达公安机关办案人，当面说清案件存在问题，从哪几方面进行补充侦查。二是倾听被害人及其家属反映，多数被害人对案件进展情况极为关注，从他们口中往往能得到公安机关的侦查活动、改变强制措施是否合法，为及时监督纠正提供线索。三是注重对公安机关撤案的案件进行监督，批捕后，公安机关提出撤案的案件必须实行监督。四是对在逃的犯罪嫌疑人，我们督促公安机关尽快抓捕归案，经常过问，定期不定期了解批捕在逃犯罪嫌疑人是否归案，以检察机关的重视引起公安机关重视，确保批捕决定执行。2001年1月至2003年6月，我院共受理提请批准逮捕案件856件1329人，经审查，批准逮捕665件1006人，追捕96人，不批准逮捕10件16人，批捕后改变为取保候审16件22人，批捕后撤销案件25件30人，现移送起诉719件1073人，占批捕人数的93%。

三、讲究艺术，方法上巧于监督

一是理顺关系，加强与公安机关沟通思想、交换意见。对案件中发现的问题当面提出中肯的意见和建议，以理服人、以法服人。对公安机关一些严重违法行为，以书面形式提出纠正。如对一些故意伤害案件，我院作出批捕决定，公安机关执行逮捕后，被害人与犯罪嫌疑人双方达成调解协议，公安机关将犯罪嫌疑人变更强制措施后，撤销案件。针对此种情况，我们加强与公诉部门的配合，针对一些社会影响大、情节恶劣的案件(致人重伤)即使双方达成调解协议，也应继续移送起诉，追究刑事责任。对一些交通肇事案件，我院在对犯罪嫌疑人作出批捕决定,公安机关执行后,被害人家属与犯罪嫌疑人达成赔偿协议,公安机关将犯罪嫌疑人变更强制措施后撤案。针对此种情况,我院向公安机关发出纠正违法通知书和检察建议书通知公安机关应将案件继续移送起诉。对一些我院批捕后的案件,公安机关因人情关系网的作用或因个人私欲膨胀,经不起金钱的诱惑,而滥用取保候审措施而放纵罪犯的,我院加强对取保候审的监督检查,对一些违反规定办理取保候审的责任人,严厉打击,确保批捕决定的严格执行,防止案件流失。二是内部多沟通,批捕、公诉部门应加强联系。凡批捕后满2个月的,查询是否移送起诉、侦查是否超期、是否自行改变强制措施。三是争取党委、人大的支持,对一些热点案件,公安机关个别办案人员为推脱矛盾,将一些明知不能批捕的案件移送检察机关批捕、为解决好此问题,我们在作出不批准逮捕决定前,及时向当地政法委、人大等部门汇报,这样不仅取得党委、人大的理解和支持,而且还促使公安机关尽快侦查取证、使监督取得更好的效果。

四、统一捕诉监督步调,形成监督合力

犯罪嫌疑人被批捕后,追究刑事责任的职责就落到公诉部门,因此加强公诉部门密切配合,这样可更好地了解公安机关对引导侦查取证的意见落实的如何,为此我院非常重视侦查监督部门与公诉部门的衔接,以统一法律监督工作步调,形成监督工作合力。一是把侦查监督部门向公安机关发出的引导侦查取证的《要求提供法庭证据通知书》抄送给公诉部门,以便于公诉部门掌握案件在批捕阶段的动态及侦查机关在批捕以后的工作进程。二是侦查监督部门派出专人在公诉部门受理案件后了解引导侦查的落实情况,看犯罪嫌疑人归案情况、引导侦查所取证据是否充分、余罪是否查清、违法行为是否纠正等等。三是对引导侦查的落实情况和公诉部门加强沟通、达成共识,以确保捕诉监督步调的一致。如我院办理的程某某拐卖儿童一案,公安机关对程某某移送审查起诉后,我们派出专人了解《要求提供法庭证据通知书》的落实情况,了解到有一条拐卖儿童的犯罪事实,公安机关没有取得有力证据,我院侦查监督部门认为该案犯罪事实尚未查清,草率结案会在人民群众中造成消极影响,使犯罪嫌疑人逃避应有的惩罚,与公诉部门交换意见后,又建议公安机关重新侦查后案件提起公诉、犯罪嫌疑人程某某被判处有期徒刑12年,收到良好的社会效果和法律效果。

（汝州市检察院调查与研究第11期　2003年6月6日）

推行控告申诉首办责任制应抓好四个落实

●文／魏亚英

控告申诉首办责任制是检察工作改革创新的产物,也是当前控告申诉工作的重点,自 2001 年我院把首办责任制作为控申举报工作的新机制推行以来,依据上级院关于首办责任制的实施方案,坚持"依法、责任、便民、效率"原则,结合本院实际,认真抓好完善制度、组织协调、办理案件、监督制约等四个方面的工作,树立了检察机关公正执法、为民服务的良好形象。2001 年以来,我院共受理群众信访 285 件,接待来访 1068 余人(次),做到了件件有结果,事事有答复,无出现一起因处理不当而赴省进京上访案件。实现了控告申诉举报案件办结和初查率 100%,署名举报答复率 100%,当事人满意率 100%。我们的主要经验体会是:

一、完善制度是落实首办责任制的基础

首办责任制是检察机关"依法受理、负责到底"的具体化和规范化的体现,而要落实好、执行好首办责任制,要靠管理作保证。没有严格的管理措施和制度,容易使首办责任制流于形式、落实不到位。去年以来,我们在总结以往首办责任制工作经验的基础上,结合工作实际,进一步完善了管理措施,制定了《首办责任制实施办法》,实行了"首办案件分流卡"制度,制作了案件线索监督卡,首办责任制登记表、交办卡等,对首次办理控告、举报、申诉案件、刑事赔偿案件的责任部门责任人,以及办结的要求、时限都作了明确规定。不仅使每个首次承办人都按照首办责任制具体程序操作,而且更方便了上级院及来访群众的事后查询。同时将首办责任制纳入工作目标考核管理,从而强化了首访接待人员、承办人员的责任观念,干警的工作责任心明显增强,对所承办的案件都能按规定及时分流,及时办理。2001 年 3

月,我院接到汝州市煤炭公司部分职工反映,张某某有贪污问题的举报,控告申诉部门受理后,认为成案可能性较大,立即向主管检察长作了汇报,当日,该案被分流到反贪局,反贪局随即确定了首办责任人具体承办此案,首办责任人迅速制定了周密的侦查计划,在短时间内突破,该案在3个月内办结,张某某被依法判处有期徒刑6年半,收到了较好的社会效果。

二、组织协调是落实首办责任制的关键

首办责任制的实施,控告申诉部门责无旁贷,同时也离不开其他业务部门的支持和配合。在首办责任制实际运行过程中,由于其他业务部门的工作侧重点不同,经常会出现反馈不及时,对期限不适应、答复举报人、申诉人互相推诿等问题,为此,我院一是成立了由检察长为组长、主管检察长为副组长,各业务部门负责人为成员的领导小组,每季度召开例会,研究分析首办责任制工作的情况, 院办公室每月组织召开一次各科室内勤会议,通报首办责任制受理、归口办理、反馈情况;二是充分发挥主管检察长在日常协调上的主导作用,保证首办责任制的落实;三是院党组要求每个部门要有大信访意识,不但控告申诉科要搞好信访接待,而且其他业务部门同样要做好信访接待工作,各部门之间要协调一致,保持各部门、各环节的信访渠道畅通;四是要求控告申诉部门改进工作作风,与各业务科室加强联系,取得各业务科室的配合与支持,尽量减少实际工作中的矛盾。

三、办好案件是落实首办责任制的核心

为充分发挥首办责任制的效能,我院在落实首办责任制过程中,注重案件的办理效果。一是充分发挥院领导率先垂范、身先力行的模范作用,不论是检察长还是副检察长,也不论是否是检察长接待日,只要有来访群众,他们都会热情接待,认真受理,并负责到底。2001年5月,小屯镇一位农民到检察长办公室反映因承包土地中一条地界纠纷, 整整跑了5年没有解决,检察长询问清实情后,立即与小屯镇政府联系,该镇党委书记及时与乡村主管人员研究后予以解决, 一个上访5年的案件3个小时得到解决;二是狠抓群众反映强烈、社会影响比较大且带有一定规模性、复杂性和突发性案件的承办。汝州市林业派出所民警霍某某等3人开车到焦村乡,因苹果树砍伐问题将车庄村60多岁的村民毕某甲带回所询问,途中,毕突发脑出血症状,该所民警将其扶下车放在途中驱车回所,因没有对毕进行及时抢救而死亡。后毕的儿子毕某乙及亲属多人多次到我院控告霍某某等人致死人命,并声称,如果检察机关不公正处理,他们将抬尸上访。我院首访接待人员先是耐心地对他们讲政策、讲法律,稳定上访人员的思想情绪,后及时向检察长作了汇报。该线索在两小时内被分流到渎职侵权检察科。该科在确定了首办承办人后,在主管法纪工作的副检察长带领下,迅速展开初查,到案发地勘验现场,核查实情,很快查清了霍某某等3人行政不作为导致他人死亡的严重后果,立案侦查后,将其依法逮捕,提起公诉后均被判刑。毕某乙全家对我院高效率的办案作风非常满意,激动地说:检察院是我们老百姓真正的"保护神"。

四、抓好"三个结合"是落实首办责任制的保证

一是把控告申诉首办责任制与检察长接待日制度有机结合起来,形成领导重视,首办责任人全程负责的工作机制。坚持检察长接待日制度能够使检察长为广大群众面对面的热情服务,面对面的严格执法,听民诉、察民怨、知民情,因此,有针对性地安排好检察长接待,对群众控告申诉和反映的重大问题给予关注,不仅能够加大办案力度,而且也是促使问题得以解决最直接、最有效的途径之一。二是把控告申诉首办责任制与检察机关内部的监督制约机制结合。对首办责任单位及责任人实行适度有效的监督是十分必要的,把首办责任制落实情况与干警的评先奖罚结合起来,充分发挥首办责任制在控告举报、申诉、赔偿等检察业务工作中的作用。三是把控告申诉首办责任制同提高干警政治素质、业务水平结合起来。申诉案件一般都是一些悬而未决的老大难问题,处理起来必较棘手,所涉及的法律、法规、知识、政策较多,有时首办责任人尽了最大努力,仍无满意结果,这就要

求首办责任人不仅要有高度的政治责任感和敢于严格执法、伸张正义的勇气,而且还要具备较强的业务水平,掌握全面的法律知识和解决疑难案件的能力,只有这样,才能妥善处理好首办案件。

（汝州市检察院调查与研究第 12 期　2003 年 6 月 11 日）

浅谈民行检察中的律师代理申诉

●文／关文丽

近年来,律师(包括法律工作者)受当事人委托,以委托人名义就人民法院民事行政生效裁判向检察机关提出申诉的案件不断增多,律师以其具有的法律知识和办案经验,介入到民事行政检察活动之中,对有效地保护被代理人的合法权益和促进民行检察案件质量的提高,发挥了十分重要的作用。因此,笔者结合工作实际就民事行政检察工作中律师代理申诉的可行性、必要性及相关问题谈些粗浅认识。

一、民行检察中律师代理申诉的性质及特点

所谓民行检察中的律师代理申诉,是指律师受当事人委托,以委托人名义并为其利益, 不服人民法院民事行政生效裁判向检察机关提出申诉的一种诉讼活动。律师在代理申诉中的主要任务是,受申诉人委托向检察机关提出申诉和举证,出席再审法庭,根据申诉人的授权,可以变更或放弃申诉请求。律师代理申诉具有合法性、监督性、协助性的特征。一是当事人及其家属或其他公民对某一问题的处理决定或判决、裁定不服,可以向司法机关或其他机关提出申诉, 申诉权和委托申诉权是宪法和法律规定的公民享有的基本权利之一,因此,在民行检察中律师代理申诉合法有效。二是律师在代理或者在法律咨询服务过程中, 发现或认为人民法院已生效的民事、行政判决、裁定,存在认定事实的主要证据不足,或者适用法律错误,或者程序违法,影响案件正确裁判的,或者审判人员在审理该案件时有贪污受贿、徇私舞弊、枉法裁判行为的,有权利或有义务向检察机关反映,请求检察机关监督,或者受当事人委托向检察机关提出申诉,要求检察机关履行法定职责,因此律师的这种代理申诉具有一定的监督性。三是律师在代理申诉中,以其

具有的法律知识和办案经验,为有效地保护被代理人的合法权益,能够积极协助检察机关和人民法院查明事实,分清是非,正确适用法律,因此,律师代理申诉对民行检察工作的协助作用不可忽视。

2000 年以来,在民行检察工作中,我们对律师代理申诉这一有效方式进行了大胆尝试。首先与本市比较知名的两个律师事务所联合建立"民行检察联络站",实行"案联系、月例会"制度,授权律师代理申诉的案件逐渐增多。后随着这项工作的进一步开展,我们又将联系的触角延伸到与人民群众联系较多的各乡镇司法所,与司法局联合召开各乡镇司法所所长会议,讲解民行检察业务知识,聘请司法所所长为"民行检察联络员",建立联系制度,积极推行律师(法律工作者)代理申诉,受到了律师和法律工作者的欢迎和积极响应。三年来,"联络站"与"联络员"充分发挥了联系人民群众和民行检察的桥梁纽带作用,共代理申诉民事、行政案件 68 件,占我院受理案件数的 70%;经审查后抗诉 48 件,成案率为 70%。这样不但减轻了当事人的诉累,而且也及时有效地保护了当事人的合法权益,还使我院民事行政检察办案数量和质量连年在全市检察系统处于领先地位,既受到了上级院的充分肯定和赞同,又得到了当事人及人民群众的欢迎。

二、律师代理申诉对加大民行检察工作力度的积极作用

第一,律师代理申诉可以配合检察机关更好地履行法律监督职责。一般来说,代理律师既熟悉案情及诉讼过程,又谙熟法律知识,因此能够站在法律角度客观地对人民法院的生效裁判进行分析,指出错误所在,这样就为检察人员审查申诉案件提供了背景材料。实践证明,参考代理律师所提出的申诉理由审查案件,往往能收到事半功倍的效果。如 2003 年 5 月我们办理的汝州市小屯镇路寨村村民路某某等十余人不服人民法院对其与汝州市邮政局及韩某某存单纠纷一案的申诉案。韩某某被汝州市邮政局聘任为路寨代办所代办员期间,私刻邮政储蓄印章吸储,并高息放贷给他人使用,致使资金无法收回。2000 年 7 月,韩某某因犯非法吸收公众存款罪被判刑,储户存款不能兑付，多次上访，后诉至法院。法院经审理后判决韩某某返还储户存款及利息，汝州市邮政局承担韩某某不能履行部分的 60%。判决生效后，十余名储户不服，委托代理律师向我院提出申诉。代理律师根据最高人民法院《关于审理经济合同纠纷案件中涉及经济犯罪嫌疑若干问题的规定》第 5 条第 2 款的规定："行为人私刻单位公章，以签订合同的方法进行犯罪活动，单位有明显过错的，且该过错行为与被害人的经济损失之间具有因果关系的，单位应对该犯罪行为所造成的经济损失承担赔偿责任。"以原判决适用法律存在错误向我院申诉。我院对该案审查后，据此提请抗诉，市院采纳了我们的意见，很快提出了抗诉。中级法院裁定再审后，我市法院对此类案件非常重视，争取快审快判，以对另 50 余件同类案件的审理起到指导作用。

第二，律师代理申诉是促进检察机关加强民行案件法律监督、维护司法公正的有效途径。对于法院个别依靠言词证据作出的裁判，虽然原裁判有误，但被申诉人提供的言词证据往往有一定的背景和人情关系，申诉人提出申诉后，检察机关很难获取能够反映事实本来面目的证据。在这种情况下，充分发挥代理律师的调查取证作用，以帮助获取能够反映事实本来面目的证据。如汝州市骑岭乡肖庄村村民委员会与王某某财产损害赔偿案，不服人民法院判决，委托代理律师向我院提出申诉。我院对本案审查后，认为原审根据其调查的两个个体砖厂业主的证言，认定王某某砖厂每年经营净利润收入为 110000 元，判决肖庄村委会赔偿给王某某 2000 年 4 月 6 日至 2002 年 12 月 2 日经营盈利损失 275000 元，属认定事实的主要证据不足。但我们认为仅以此提请抗诉，说服力不强。于是，我们发挥代理律师的调查取证作用，由律师对该地区其他砖厂经营情况进行了调查，发现盈亏各半，人民法院以每年经营净利润收入为 110000 元判决村委会赔偿王某某砖厂损失显属不当，我们据此提请抗诉。该案再审时，我院出庭支持抗诉，建议依据王某某砖厂往年经营净利润的平均值计算其"可得利益"，法院采纳了我们的意见，改判村委会赔偿王某某经营盈利损失 50000 元，为集体避免了 225000 元的经济损失。

第三,推行律师代理申诉有利于防止一些申诉人规避责任。对人民法院的生效裁判不服,到检察机关来申诉的当事人中,债务人所占比例较大。这些案件提出抗诉后,上级法院就要裁定中止执行,引起再审。工作实践中,存在个别申诉人在再审时,由于种种原因不能及时应诉,影响了再审工作的顺利进行,影响了法律的严肃性。因此,对这类债务人申诉的案件,推行律师代理申诉,在受理时即向代理律师讲明其有督促申诉人在再审时及时应诉的义务,或由申诉人委托代理律师在再审时直接出庭应诉,以保证再审工作顺利进行,防止个别当事人规避责任,维护法律的严肃性。

第四,推行律师代理申诉有利于维护法院正确的裁判和维护社会稳定。有一些当事人在经历了一审、二审之后,对案件的事实和有关法律以及自己的权利有了较明确的认识,一旦法院的裁判与自己的认识产生较大的距离时,往往不能接受,即使法院的裁判基本正确,或虽有错误但不足以提出抗诉,也一再上访申诉。对此,我们可以采取通过与代理律师交换意见,沟通情况的方式,由代理律师协助做好申诉人的心理转化工作,使其息诉服判,维护人民法院正确的裁判。

三、推行律师代理申诉工作中应注意的问题

毋庸置疑,律师代理申诉能协助检察机关更好地履行法律监督职责。但是,在实际工作中,我们要正确处理律师代理申诉与民事行政检察监督之间的关系。

首先,律师代理申诉不能代替检察机关对民事行政案件的法律监督。不能把律师当作检察机关行使民事行政检察权的代表,完全依赖律师的调查取证作用。

其次,要加强对律师代理申诉的监督和制约,坚持公开、公正的原则和对申诉案件的公开审查制度。由于出发点不同,工作中不能片面轻信代理律师的申诉,而应严格按照《人民检察院民事行政抗诉案件办案规则》的规定,对案件进行全面审查。

最后,要坚决贯彻法律面前人人平等的原则,在推行律师代理申诉的同时,对当事人直接到检察机关申诉的,也应热情接待,认真审查,积极办理,不能片面强调优先办理律师代理申诉的案件,否则,则违背了推行律师代理申诉的初衷,使这项工作走入误区。

(汝州市检察院调查与研究第 19 期 2003 年 8 月 12 日)

关于加强对减刑、假释检察监督的思考

●文／唐雪霞

罪犯的减刑、假释制度是我国法律规定的激励罪犯悔过自新的一项制度。对认真遵守监规,接受教育改造,确有悔改表现或者立功表现的罪犯给以减刑或假释,有利于调动罪犯改造的积极性。依法加强对减刑、假释的检察监督是监所检察刑罚执行监督的重要组成部分, 也是国家赋予检察机关的法律监督职责。如何才能增强检察监督的法律效果,笔者建议应从以下三方面做起:

一、转变观念,树立事前监督意识

事前监督是搞好对减刑、假释检察监督的一项有效监督方法,对于提高监督效果很有好处。树立事前监督意识首先要解决我们的思想认识问题。有些同志认为,搞事前监督既要增加工作量,又要增大工作难度,还可能会遭到狱所管教干部的不理解,说你指手划脚,甚至反对搞事前监督。从目前情况看,如何开展好执法检察监督,监狱检察还没有一套成功的做法,完全靠我们在实践工作中去摸索,去总结,哪一种工作方法更能够保障法律在监管改造场所正确实施,我们就应该采取哪一种工作方法。通过在工作中的实践,我们认为事前监督能达到很好的监督效果。一是主动提前介入监管改造活动,搞好事前监督,做好防范工作,不但能够掌握监督的主动权,增加监督的力度,而且还能更好地发挥监所检察工作的职能作用,保证法律在监管改造场所的正确实施;二是事前监督更能贴近狱所管教干部,加强联系和沟通,从而达到相互理解和相互支持,使检察工作和监管改造工作有机结合,密切配合;三是能使检察工作在执行法律监督中发挥出及时性,灵活性和效益性的特点,减少人力物力的消耗,使监督效果更加明显。因此,树立事前监督意识,是做好检察工作,强化法律监督职能的一项有效措施,我们应当在实际工作中不断摸索经验,加大监督力度,扩大监督范围,使事前监督工作更加完善。

二、对减刑、假释的检察监督应当前移

减刑、假释是一项政策性、法律性很强的工作,搞得好,对鼓励犯人和稳定监管改造秩序有很大的促进作用;反之,不仅会挫伤改造积极性,而且还会损害司法机关的形象,有损法律的严肃性,执法的公正性。新修改后的《刑事诉讼法》规定,人民检察院认为人民法院减刑、假释的裁定不当,应当在收到裁定书副本 20 日以内,向人民法院提出书面纠正意见。这些规定仅仅局限于事后监督的范畴之内,这样做当然是重要的,但从实践来看弊病较多,事后仅凭一份裁定书很难审查出是否合法,即使发现不当,如果减去余刑或假释,罪犯离开监管场所已成事实,再去纠正,把罪犯重新抓回来,既不严肃,社会效果也不好。为了克服上述情况,预防和及时发现减刑、假释不当的问题发生,提高法律的严肃性,准确性,对减刑、假释的检察工作应当由事后监督变为事前监督,主要靠平时开展深入细致的检察工作来达到:一是经常深入监管改造场所,了解掌握每个犯人的思想动态,改造表现,劳动实绩。二是建立犯人改造档案资料库,主要记载每个犯人在服刑期间的思想改造情况和劳动改造情况,犯人记过几次功,受到哪些奖励,有什么突出贡献等,同时,也记载犯人的违规情况,做到对犯人的情况了如指掌。

三、正确处理事前监督与事后监督的关系

在法律监督工作中,强调事前监督不是说事后监督不重要了,恰恰相反,事后监督有着不可代替的作用,实践也证明了这一点,我们通过事前监督和事后监督相结合,可以预防和减少违法情况的发生,因此事前监督和事后监督都很重要,不可偏废,做到事前监督不可少,事后监督不能丢,应当把事前、事中、事后监督融为一体,形成全方位、多层次、全过程的监督,才能使监督收到更好的效果。

（汝州市检察院调查与研究第 26 期　2003 年 11 月 3 日）

浅谈影响渎职侵权案件质量的因素及对策

●文/李素君

渎职侵权检察是检察机关法律监督的重要组成部分。渎职侵权检察实施法律监督的主要手段是查办犯罪案件,从近两年来的办案实际情况看,有些检察院渎职侵权案件的查办面临着十分严峻的现实, 一是立案数呈下滑趋势;二是虽立有一定数量的案件,但诉判率不高。不能准确、及时、有效地惩治渎职侵权犯罪,净化执法环境,平息群众怨愤。其中根本的原因是案件的质量,质量上去了,监督才能有力度,才能"杀一儆百",才能显现法律的威严,使闻者足戒。那么,如何才能提高渎职侵权案件的质量呢?笔者认为首当其冲就是要找准案件质量不高的症结所在,然后再对症下药,找对策。以下对影响渎职侵权案件质量的原因及应对措施作以浅析。

一、影响案件质量的主要原因

1.意志力、责任感不够强。实践中,在办理渎职侵权案件时,说情打招呼是常有的事,因为被查对象是国家机关工作人员,由于其职业的特殊性,在长期的工作和与人交往中形成了一定相对固定的朋友、熟人群体, 关系网密,保护层厚,并且这类犯罪相当一部分为过失犯罪,公心私心相互交织,有为公出力的成分在内,所以说情打招呼的人往往没有负罪感,极易被动员起来"做好事",办案人员遇到有人说情,真正徇私枉法是极少见的,但对办案人员的心理有潜移默化的影响。从而贻误战机,使案件在及时取证上大打折扣,影响案件的顺利进展,案件质量便无从保证。

2.保密意识不够强。渎职侵权案件自身的特点增加了侦破案件的难度,除去人为因素说情干扰外, 就犯罪嫌疑人本人对办案人员来说也是一个不大不小的对手,他们的文化结构、社会阅历、知识水平、作案手段等, 一般要高于普通群众,作案后逃避侦查、对抗侦查的方法也较多,如果在侦查时保密措施不力,一则会引来打探案情者、说情者;二则行为人会抢在侦查人员之前做好串供、补充相关书证的准备工作。尤其案件在初查环节,不注意保守机密,随着侦查工作的逐步开展,阻力与干扰还有可能与日俱增,给侦破案件带来不必要的麻烦。比如,在查办司法人员徇私枉法、刑讯逼供、非法拘禁等案件时,涉案嫌疑人对法律熟知,像这种情况,渎侦人员在受理案件线索时,都应当保守秘密,否则嫌疑人一旦得知牵涉事项,立即会完备自己所办案件的法律手续,并发动上下级领导、亲朋好友一面说情,一面找举报人或被害人做工作,到头来,举报人或被害人可能不愿意作证,甚至连告都不愿意告了,使案件的进一步侦查陷入被动,不利于案件的调查取证。

3.立案不够果断。《刑事诉讼法》规定,对控告、举报和自首材料进行审查后,认为有犯罪事实,需要追究刑事责任的应当立案,法律规定的立案标准是"主观标准",只要检察机关通过对立案材料的审查,"主观"上认为有犯罪事实存在即应当立案,而不是说客观上一定要有犯罪事实的存在才能立案,客观上是否有犯罪事实正是立案后通过侦查要解决的实质问题,究竟是否发生了犯罪,是谁犯罪,应当通过侦查解决。侦查手段的实施必须在案件立案后适用。而现实办案中,总是把侦查工作提前到初查阶段,这样做的结果,如果保密措施好,案件简单,嫌疑人老实,证人配合也较好,或许案件也能侦破,质量也能保证。如果案件复杂,嫌疑人对抗情绪大,证人处于某种目的不配合,在初查阶段,个能对嫌疑人适用相应的强制措施,也不能强行扣押调取涉案的相关物证、书证,反而容易过早地暴露案情,使犯罪嫌疑人做好应对准备。等立案后再去调查取证时,证据的证明度大打折扣。因此,接到案件线索经初步审查后要果断立案,在这里只要审查线索反映的情况是否为检察机关的受案范围,是否为受理案件线索的检察院管辖即可,至于其他的工作均应在案件立案后去做。然而,实践中为何会出现把侦查工作提到初查环节做呢?根本的原因也是为了保证案件质量,惧怕案件立案后,将来若根据案件的发展情况需撤案,往往会被理解为办错了案;再者检察机关渎职侵权检察部门自上而下都对立案后又撤案在评比考核时予以扣分,甚至作为检验办案质量好坏的一项标准,这样就束缚了检察办案人员的手脚,使其不敢大胆立案,致使有的案件线索在初查阶段久拖不决,不但质量上不去,数量也上不去,没有一定量的积累,哪来质的飞跃。另外,不迅速、及时立案,在调查中遇到反侦查活动强大时,往往束手无策,致使案件因查不透而出现"烫剩饭",待立案后已无法纠正,这是一些案件查不明,诉不出的原因之一。

4.取证不够严谨,统一协调指挥不够有力。渎职侵权案件由于自身的特点,在侦查上确有一定难度。徇私的动机、明知的程度、作弊的过程、损害的结果等犯罪事实,任何一个环节的证据不扎实,就可能动摇整个案件的证明力,使之半途而废。因此对于案件的每一个取证环节都必须引起高度重视,不能忽视和放弃细微处,这正是犯罪嫌疑人容易隐瞒做手脚的地方,也是我们侦查人员容易轻视放弃的地方。根据往常办案习惯,渎职侵权案件的侦查一般都是顺着结果找证据,在侦查时没有制定出周密详细的侦查计划,统一布置指挥也不够充分,致使有些案件取证时比较凌乱,所取证据的着重点不够集中,待再进行二轮取证时,以前的取证过程就等于给行为人暴露了侦查目的和方向,就会遇到强大的反侦查阻力,有的证据已不能再取到,案件就有可能走入"死胡同",再往前走就异常困难,案件质量也就无法保证。

二、应采取的相应措施

1.加强职业责任感教育,严格依法办案。渎职侵权案件难办,说情干扰多,犯罪嫌疑人反侦查能力强,犯罪、党纪、政纪交织在一起,错综复杂,罪与非罪有时难以划清,但这些都不可怕,重要的是看我们的办案人员能否处以公心,秉公执法,自觉抵制说情风,时刻把检察职业责任感放在心中,有了神圣的职业责任心支撑,办案就会少些瞻前顾后、优柔寡断,敢不敢立案、能不能立案等想法就不容易存在,严格按法律办案,够上立案就立,不够立案就不立。同样围绕立案后的一切工作更要依法行使,负责地取好每一份证据。

弄不明白就翻书学习,不耻下问。因此,外在的客观因素都能够解决,关键还是责任心和依法办案原则问题。这点解决了,就打好了办理高质量案件的基础。如我院今年办理的我市公安局尚庄派出所副所长张某某徇私枉法一案,正是处于职业责任心的驱使,全科人员上下一心,熬了1天2夜,从初查到立案再到对张某某采取逮捕措施仅用了3天时间,现张某某已被法院作有罪判决。

2.初查要秘密、迅速。初查不是办案的必经程序,但也是立案前的一个重要审查环节,不能不要,但也不能把它等同于办案程序来看待,过于细化,把立案后的工作也给包揽了。这样容易泄密、贻误战机,初查时间过长,人为干扰因素还容易侵袭,这时对行为人又不易采取强制措施,行为人就会利用尚掌握在手中的权利或其他有利条件,进行销毁证据、串供、订立攻守同盟等阻碍和破坏侦查工作的活动。使案件在进一步发展中不利于取到扎实有效的证据。

3.立案要果断,措施要及时。初查只是对控告、举报案件线索的初步审查,不能用来代替侦查,因此,正确的做法是经初查认为有犯罪事实发生,应该追究刑事责任时,要果断立案,并在必要时及时对犯罪嫌疑人采取相应的强制措施,给嫌疑人心理上造成一定的压力,使被害人和相关证人减轻压力和后顾之忧,勇于作证,为案件的快速侦破扫清障碍,使案件得以公正处理。例如我院2003年7月办理的公安人员付某某私放在押人员案,2天立案,并在立案的当天对嫌疑人刑拘,案件证据基本一轮取成,保证了案件的预审质量,使案件得以快速终结。现付某某私放在押人员案已起诉法院。

4.侦查要有计划,周密进行。证据是案件质量的灵魂,侦查是证据来源的主要手段,尤其对于职务犯罪的侦查,根据其自身存在的特点,必须有的放矢,周密进行。首先明确案件承办人,在侦破案件中起到统揽全局的作用;其次,由主管检察长、科长、承办人和需要上案的人员研究制订出切实可行的侦查计划(这里的侦查计划不是敷衍充案件手续的,而是认真的,并要严明保密纪律),然后选准案件的突破口,以主办人员为中心,放射性展开调查取证。取证时,先有主办人员列明要取证的提纲,这样使案件在取证时有侧重点,随后将分头取得的证据汇总到主办人员处,使主办人员便于查漏补缺,及时补证;再次,就是在取证时要善于思考。依据侦查计划,根据案件实际情况灵活运用,注意取证环环相扣,不要使证据脱节,一开始侦查就要多占有证据材料,避免案件在预审时证据难以弥补。

(汝州市检察院调查与研究第 27 期 2003 年 11 月 4 日)

预防教育要处理好五个关系

●文／黄正明　李爱莲

反腐败斗争是一项系统工程,需要教育、法制和监督"三位一体"多管齐下,才能奏效。教育、法制和监督是一个有机的、统一的整体,三者互为联系,又各有不同的功能和作用,教育在这个统一体中起着基础性的作用。列宁指出"政治上有修养的人是不会贪污的"。英国小说家之父菲尔丁也说过一句名言:"纵使在一个法纪最松弛的国家里,一个有良心的人也不会胡作非为,他会替自己订出立法者所忘记订的法律。"腐败行为发生与否,主要取决于行为主体的思想动因。教育既作用于人生的每一个阶段,又影响着整个人生,它和法制等其他手段不同,是一项"润物细无声"的长期性工作,往往起着潜移默化的作用,一旦发挥作用,有助于形成稳定的价值取向,将对人的行为产生巨大的影响。

教育作为预防腐败的一个重要手段,它的功能在内容和方式上是随着社会和人的发展而不断发展的、具有明显的自律性、内控性和预防性,往往起着长期的、潜移默化的累积效用,因此,在预防教育过程中,必须处理好五个方面的关系:

一、处理好长期性与阶段性的关系

预防教育是一项经常性工作,也是一项常做常新的工作,既要坚持不懈,又要随着情况的变化而发展变化。九曝十寒不行,一成不变也不行。要处理好经常性与阶段性的关系,努力做到的辩证统一。人的道德修养、美德素质的提高是一个过程,不可能一蹴而就,也不可能仅靠某一个阶段的教育就终生管用。它要靠一个阶段一个阶段的理性反思来奠定,要靠一个阶段一个阶段的社会实践来修正。思想教育是个过程,是覆盖一个人的整个人生的"终身化"过程。"终身化"教育能使人的一生在不同时期都能受到道德的教益。因此,对于教育在反腐败斗争中的基础性地位和特殊功能,应当具有长远的战略眼光和意识,要着眼于长远,把预防教育切实作为一项长期战略而不是一种短期行为来实施,不断加强教育的"基础设施建设",把其作为永不竣工的工程,营造有利于预防职务犯罪和反腐败斗争开展的良好政治基础和道德环境。

二、处理好教育与法制的关系

教育在预防职务犯罪工作中虽然起着非常重要的作用,但不能把这种作用无限夸大。国内外的经验表明,没有健全的法制作保障,教育的效果就会大打折扣。这些年我们在教育方面投入了大量的精力,想了很多的办法,但效果仍不如人意,一个很重要的原因就是没有健全的法律作保证。教育的功效,要体现在教育的对象形成某种行为方式和某种习惯上,而这种养成教育需要一定的社会条件、社会基础、社会环境,最重要的是要有一定的社会规范。当我们教育党员干部应该做什么,不应该做什么,而有些人违反了这些规范却得不到应有的惩处时,这种教育就是苍白的。不仅如此,如果一些人的高尚行为没有必要的社会秩序和规范作保证,还很容易被一种低俗的群体行为所同化。如澳大利亚公务员队伍比较廉洁,很重要的一条,就是除了教育外,后面有健全的法制作支撑。不管是谁违反了社会的行为规范,就一定会有后果。如诚实守信问题,是该国倡导的一条基本道德准则,也是公务员核心价值观之一。如果谁违反了这一条,就会立即记入个人信用档案。一个严重失信的人,很难在社会上立足。公务员会因此丢掉饭碗,没有工作的人将很难找到工作,银行也不会给你贷款。正是这种法制环境,迫使大家都去做一个诚实守信的人。在这种环境中,教育人们诚实守信就会收到事半功倍的效果。因此,在反腐败斗争中,我们要注意运用好教育和法制这两种手段,做到一并进行,相辅相成,相互促进。

三、处理好把握重点和覆盖全社会的关系

开展预防职务犯罪教育,党员干部特别是领导干部是重点。这是因为,党是整个社会生活的领导力量,是全社会的表率,对社会风气有导向和示范作用。毛泽东同志说过:"只要我们党的作风完全正派了,全国人民就会跟着我们学。党外有这种不良风气的人,只要他们是善良的,就会跟我们学,改正他们的错误,这样就会影响全民族。"邓小平曾深刻指出:"端正党风,是端正社会风气的关键。"与此同时,又要注重教育的广泛性。公务员来自于公民,公民道德水平的高低与公务员队伍素质的高低有着密切的联系。政府是百姓的一面镜子。从一定意义上说,公民的整体道德水平决定了公务员队伍的素质。广泛教育能够促进整个社会形成反腐倡廉的良好氛围,有利于社会监督的有效实施。要把反腐倡廉宣传教育由领导、干部扩大到整个社会,扩大到整个社会舆论阵地,既突出领导干部这个重点实施重点教育,做到重点对象重点抓,重点时机重点抓,重点领域重点抓;又要把预防教育作为社会化教育的重要内容来抓。一是要开展公民权利意识,鼓励公民抵制索贿受贿行为。要使公民意识到,自己作为国家主人,作为纳税人,依法享受政府提供的各项服务是自己的基本权利,这决不是政府或公务员的恩赐,无需加以报答。二是要加强预防工作宣传报道,向广大群众宣传公务员应遵守的职业道德,用通俗易懂的方式介绍对行政机关和公务员不良行为的投诉举报办法和途径,公开检察机关的办事程序等,让公众了解什么行为应该受到何种制裁,应如何正确投诉和举报,并如何得到结果反馈。三是要把预防教育作为青少年道德教育的重要内容纳入学校教育中,使廉洁奉公、诚实守信是美德的价值观从小就生长在他们心里,启迪他们遵守道德的心理满足感、违背道德的羞耻感。四是要推广商业道德。运用多形式向工商企业人员宣讲商业贿赂的危害性,使他们意识到商业贿赂与市场经济公平竞争的原则背道而弛,迪过贿赂谋取的利益是非法的、不光彩的,是对社会公平的损害,同时也损害工商企业自身的利益。

四、处理好继承和创新的关系

与时俱进、开拓创新,是做好预防工作的基本动力和根本途径。在教育方面,既要继承过去行之有效的好做法、好经验,又要不断研究新情况,发现新问题,总结新经验,探索行之有效的教育方法和载体。澳大利亚反腐机构一些宣传教育的形式就很有新意。他们把反腐倡廉的有关内容制作成宣传卡片和挂图发给群众,言简意赅,一目了然;把反腐机构的职能做成拼字魔方,免费赠给公众;把有关规定编成模拟情景剧,让抽象的条文变得生动起来;把教育的内容设计成一个个问题,让大家讨论和争论,在讨论中受到教育。在我国,传统的法制教育课、法制巡回演讲、创办预防刊物、警示教育等形式要继续发挥应有的作用;举办展览、唱廉政歌、主题讨论、电视辩论、现身说法、反腐格言、反腐挂图、廉政网页、公益广告等新的教育形式方兴未艾。这些新的教育手段和方法应加以肯定。要积极推进预防教育工作内容和方法手段的创新,不断增强宣传教育的效果。在内容上,要突出深入学习宣传贯彻"三个代表"重要思想,坚定党员干部的理想信念;开展加强从政道德建设的宣传教育,增强党员干部的廉洁自律意识,树立正确的权力观;开展"两个务必"优良传统宣传教育,大力弘扬艰苦奋斗精神;开展党政纪条规和国家法律法规的宣传教育,增强党员干部的法纪意识,构筑起牢固的党纪国法防线。在方法手段上,要在坚持行之有效的传统方式方法的同时,积极开拓创新,充分发挥检察机关的特色和优势,利用现代传媒渠道,提高科技含量,把握宣传教育的主动权。要努力创造新的教育形式,赋予预防教育更加鲜明的时代特色,努力增强宣传教育的吸引力和感染力。

五、处理好自身力量和整体合力的关系

预防教育是检察机关的职责所在,义不容辞。但同时,预防教育又是一项系统工程,光靠检察机关一家的力量是远远不够的,必须运用多方面的力量,采取综合的手段,才能取得更好的效果。建立完善预防教育工作大格局,是预防职务犯罪宣传教育深入发展的必然要求,是对长期工作实践作出的经验总结,是对预防教育工作规律性和本质的认识。要站在全局的高度,努力构建党委统一领导,依靠社会各方面力量共同开展预防教育工作的大格局,形成预防宣传教育工作的整体合力。要把教育纳入党的宣传思想工作的整体工作中去,纳入反腐败斗争的总体部署当中,形成相互促进,协调发展,方方面面积极参与,共同推进预防教育工作的良好局面。

（汝州市检察院调查与研究第 9 期 2004 年 8 月 23 日）

如何开展自侦案件监督

●文/张延涛

对检察机关自侦案件的侦查如何实施监督，是完善检察机关内部制约、监督机制的一个重要课题。由于目前尚未建立系统的监督程序和工作制度，在一定程度上影响了案件的监督质量和工作效率，笔者就完善自侦案件的内部监督制度作一探讨。

一、对立案的监督

自侦案件在立案过程中，一般采用"承办人调查、集体研究、检察长决定"等办案制度。由于各个承办人的政治业务素质、工作阅历和执法水平不同，在主观上对案件认识的片面性就在所难免，而检察长又不可能自始至终参与侦查，核对证据。因此，决定立案不立案在很大程度上受承办人个人意志的影响，这样势必就容易出现该立案不立案，不该立案而立案的现象，有的很可能造成侵害公民合法权利的现象，也有可能造成放纵犯罪，给检察机关的声誉带来损害的后果。因此，对立案予以监督确属必要。那么，怎样进行监督呢？笔者认为对立案前的监督应遵守以下原则：自侦部门在立案前初查，应严格依法办案，严禁对被调查人采取任何强制措施。初查终结送侦查监督部门审查后，由自侦部门和侦查监督部门一起向检察长汇报。检察长最终决定立案或不立案，决定不立案的，应向举报人、受害人讲清理由，举报人、受害人不服的，可向上一级人民检察院反映，由上级检察院做出决定。通过这种内部监督和横向制约，可从各种不同角度分析、研究案件，避免承办人员的个人主观臆断。能够更好地统一思想认识，正确地处理好立案工作。

二、对移送时效的监督

近年来，自侦案件侦查终结后，一部分案件不及时向刑检部门移送审查，而是集中在年底起诉。目的是为了提高自侦部门结案率。这样做的弊端主要有三个方面:(1)时间长,侦查监督、公诉部门在审查后发现证据不足,需要补充证据,但已时过境迁,延误了取证良机,导致案件"流产",诉判率低;(2)自侦案件的犯罪主体多数是国家工作人员,有一定权势、地位和反侦查能力,时间拖长容易给犯罪嫌疑人造成逃避法律惩罚的机会,犯罪嫌疑人容易出现翻供、串供、毁灭罪证现象,给办案设置许多障碍,导致案件最后不了了之;(3)举报人、受害人因举报的问题长期得不到解决。既怕被举报人报复,又怕正当权利得不到保护,就长期上访,给社会带来不安定因素。因此,自侦案件侦查终结后,应及时移送公诉部门审查,不得以任何借口、任何理由推拖,若故意拖延造成后果的,视其情节应给予主要办案人员以党、政纪处分。另外要严格按照《刑事诉讼法》规定的办案期限办理案件,自侦部门对直接受理案件中被拘留的人认为需要逮捕的,应在 3 日内提请逮捕,特殊情况可延长 1 至 4 日。严禁违法超期办案。

三、对批捕后案件办理情况的监督

自侦部门需要对犯罪嫌疑人逮捕的,应制作提请逮捕犯罪嫌疑人意见书,连同案卷材料、证据一并移送侦查监督部门,侦查监督部门经审查主要犯罪事实清楚,能判处徒刑以上刑罚,有逮捕必要的即可批准逮捕。自侦部门在预审过程中,发现不应对犯罪嫌疑人实施羁押,需要变更强制措施的,必须通知侦查监督部门。侦查监督部门经过审查后发现有徇私枉法的,应及时向自侦部门发出纠正违法通知书,责令其立即改正。对于造成严重后果,致使犯罪嫌疑人逃跑、影响案件处理的,应建议纪检部门给予相应责任人以党纪、政纪处分,构成犯罪的应依法查处。自侦部门在预审期间,因案情复杂或发现新的罪行,在法定期限不能预审终结,需延长羁押期限的,应按规定办理延期手续,并报监督部门备案,监督部门督促自侦部门在期限内审结完毕,通过对批捕后案件的监督制约,解决犯罪嫌疑人有捕无诉或久拖不诉等问题,减少超期羁押现象。

四、对撤案决定的监督

《刑事诉讼法》第 135 条规定，人民检察院侦查终结的案件，应当作出提起公诉、不起诉或者撤销案件的决定。在检察机关内部，自侦案件侦、诉分设后，侦查监督部门、公诉部门能够对自侦部门移送逮捕、起诉的案件进行监督制约，但对自侦部门做出撤案决定的案件却无法实施监督制约，造成自侦部门做出撤案决定案件的监督空白，这就不可避免地影响了撤案的质量，甚至容易滋生腐败。因此，这就要求建立和健全相应的监督机制和程序。笔者认为，根据《刑事诉讼法》相关规定，起诉或不起诉由公诉部门决定，那么撤销案件的决定也应由公诉部门审查，经审查确实符合撤销案件条件的，则通知自侦部门撤销案件，若经审查不符合撤销案件的则应由自侦部门继续侦查或移送起诉，这样可以从内部建立起制约监督机制，进而防止不该撤案的作撤案处理，该撤案的不撤案现象，以保证更好地有效打击犯罪、保护人民群众的合法权益。

五、对赃款、赃物处理的监督

自侦部门在办理案件中追缴的赃款、赃物及扣押的物品都必须随卷移交，公诉部门进行审查后，认为确需退还受害单位或个人的，应及时退还，需上缴国家财政的，依法上交，不得截留挪用。近年来，一些检察机关的自侦部门因缺乏相应的监督机制，私自截留、挪用案件款、物的现象时有发生，有的甚至涉嫌犯罪。因此，自侦部门随卷移交案件款、物，更能有效的相互制约，减少犯罪。侦查监督部门、公诉部门对有些款物定性不准，案件提起公诉时，应移送法院处理，从而避免自侦部门弄虚作假，任意截留、挪用、长期占用案件款物的现象。另外，侦查监督部门、公诉部门在审查案件时若发现自侦部门有违法违纪、私自截留、挪用、长期占用案件款、物的行为，应及时行使监督权，以增强自侦部门的业务透明度，促进检察机关的廉政建设。

（汝州市检察院调查与研究第 14 期　2004 年 11 月 12 日）

司法会计引导侦查探析

●文 / 邵华海

司法会计是指司法机关在涉及财务会计业务案件的侦查审理中,为了查明案情,对案件所涉及的财务会计资料及相关财物进行检查,或对案件所涉及的财务会计问题进行鉴定的法律诉讼活动。

从这一定义出发,司法会计作为一项法律诉讼活动,应具备下列特征:

第一,司法会计是指由司法机关主持进行的一项法律诉讼活动。依照我国诉讼法律的有关规定,司法机关在侦查、审理案件中,有权根据诉讼的需要,对特定的对象进行司法检查或者对专门性问题进行司法鉴定。司法检查或司法鉴定依法应由司法机关主持进行。其他诉讼参与人可以提出检查或鉴定的要求,但实际实施检查或鉴定活动,则必须经司法机关决定并在司法机关的主持下进行。否则,这类活动的结果将难以被作为定案的根据。根据这一原则,作为司法检查一项内容的司法会计检查,应当由司法机关主持进行。司法会计的这一特征,是有别于非诉讼活动的会计检查或会计鉴定的重点标志。

第二,司法会计是司法机关为了侦查、审理涉及财务会计业务案件的需要而组织实施的一项法律诉讼活动。所谓涉及财务会计业务案件,也指案件事实,本身不包含财务会计业务,但司法机关在查证案件中的某些事实时,却需要查清一些财务会计事实的诉讼案件。

第三,司法会计是司法机关为了检查案件所涉及的财务会计资料及相关财物或解决办案中遇到的财务会计问题,而组织实施的一项法律诉讼活动,这一特征说明了司法会计的主要对象,既包括案件所涉及的财务会计资料及相关财物,也包括案件所涉及的财务会计的问题。

第四,司法会计是以司法会计检查和司法会计鉴定为基本内容的一项法律诉讼活动。

司法会计的以上特征决定了司法会计是作为揭露和打击经济犯罪的一种重要的技术手段。在侦办经济犯罪案件中,司法会计依据法律规定运用会计、审计等专业知识及理论对案件单位的有关财务资料进行勘查,发现、分析线索,搜集审查证据,确认有关犯罪发生和涉嫌犯罪的侦查,提供科学的依据,司法会计在引导案件侦查的过程中,主要从以下几方面进行。

一、勘验财务资料

司法实践证明,利用职务之便的经济犯罪,绝大多数的犯罪行为人是在运用手中掌握的权力或者利用所掌握的经济业务事项和财务会计知识的前提下进行的犯罪。犯罪行为人大多有一定的文化素养和处世经验,他们作案前有一定的思想准备,作案后又往往找寻各种借口予以掩盖,因而形成了经济犯罪特有的隐蔽性和诡秘性。但是,不管他们利用什么借口,采取怎样的手段,其犯罪痕迹仍会留存于记录经济业务事项的会计凭证、账簿以及其他会计资料中。在侦查过程中,只要了解经济业务事项及其活动规律,具备会计、审计专业知识,采取行之有效的账务和勘验方法,经济犯罪也易于揭露。对案发单位有关财务资料的勘验,既是侦办经济犯罪案件的一个重要途径,也是司法会计引导侦查工作的一个重要组成部分。

二、发现、分析线索,制定侦查方案

线索是侦破经济犯罪案件的初始依据和重要途径。如果说线索的发现是司法会计人员对案发单位财务资料进行勘验的结果;那么,对线索所做的各种分析是司法会计人员依据经济活动规律及其业务特点所进行的一项高智能工作。

经济犯罪是行为人不法活动的结果,其活动的实质毕竟也是一种经济活动,因而必然受到经济活动规律以及有关经营管理和财务会计制度的制约。但毋庸讳言,在财务会计资料的勘验中,除少数账户凭证能直接证实某一经济犯罪外,绝大多数的勘验结果往往只是逗有某些疑点,是需要进一步查证的侦查线索。因此,司法会计人员必须依据经济活动的规律、案发单位的各项规章制度、财务会计手续的办理情况等,对获取的线索作因果关系、动机手段、事实过程等诸多方面的分析和假设,而后再依据这些分析的假设,拟定侦查方案。依此,在侦办经济犯罪案件的过程中,自然而然地形成一个循环往复的工作程序:取得账务线索——分析、假设——拟定侦查方案——再取得线索。

三、提取、审查证据

依据我国《刑事诉讼法》的规定,凡是能够证明案件真实情况的一切事实,都是证据。证据是我国刑事诉讼的核心,也是司法会计人员的一项中心工作。一般说来,司法会计人员提取和审查证据的重点,是在查明事实基础上的账务证据。首先,作为经济活动的记录,账务证据因具有账务后果而大多较为客观、真实、可靠。但账务证据在证明案件事实上,除个别情况外,很少有既单一又直接能全面地证明案件特定的事实,绝大多数单一账务证据存在证明不全的情况。这是由于任何一项经济活动都有一个过程,财务手续也往往不是一次所能完成的缘故。因此,在案件事实的证明上,既需要账务证据之间的相互印证,也需要收集与之有关的其它证据,以便组成一个完整的证据体系。为使提取的证据符合我国《刑事诉讼法》的规定,经得起审判实践的检验,司法会计人员必须对每一个收集到的证据进行细致、周密的审查,确认各证据在案件中的作用和地位,确认证据与证据之间的关系。其次,必须对事实过程作整体审查,以进一步提取证据,为司法会计鉴定提供尽可能齐备的证据材料。

四、确定有无犯罪发生和涉嫌犯罪的性质

侦查的最终目的,是在查明事实的基础上确定有无犯罪发生的涉嫌犯罪的性质。由于会计专业性较强以及经济业务事项、犯罪手段的复杂性,在确定有无犯罪发生和涉嫌犯罪的性质上,往往给一般侦查人员带来一定的困

难。但对司法会计人员来说,由于兼具会计、审计等专业知识和侦查技能,在确定有无犯罪发生和涉嫌犯罪的性质上,恰恰有其独到的长处。

综上所述,是本人在实际工作中运用司法会计在引导案件侦查过程中的几点看法,随着社会经济的快速发展和科学技术水平的不断提高,司法会计在涉及经济领域的案件处理中,在预防犯罪,揭露犯罪,证实犯罪和打击犯罪中发挥着越来越重要的作用。

（汝州市检察院调查与研究第 19 期　2008 年 6 月 16 日）

提高职务犯罪案件质量对策研究

●文/张现周　雷红东

案件质量是检察工作的生命,是公平正义的前提和基础。针对职务犯罪案件具有系统性、行业性、连锁性、隐蔽性以及犯罪分子一般具有智商高、作案手段隐蔽、反侦查能力强、突破难等特点,结合我院近年来在办理职务犯罪案件的情况,就提高查办职务犯罪案件质量的对策研究,谈谈自己的粗浅看法。

一、更新初查观念,提高初查效果

一是在初查工作中,要强化初查意识,更新初查观念,克服就案查案、就事论事的做法,要开阔视野,广泛收集各种有益的信息、资料和情况。二是要改变初查工作中"粗线条"的做法,作到初查不粗,力争把初查工作做细做好。三是创新初查方式,采取"以账查事、以事查人、以人查案"的"三查"方式,深化初查工作,努力提高初查案件成案率。四是做到"密"、"实"、"快"相结合,严防案件流失。"密",就是案件线索一律由主管检察长和部门负责人掌握,最大限度的缩小知情面,重大线索直接由检察长掌握,严防跑风漏气,避免人未到、信息到,初查对象隐匿、逃跑等问题的发生。"实",就是从初查到立案,高标准,严要求,对每一个证据都严格审查,坚持全面、合法、严谨的取证标准,以经得起历史的考验。"快",就是在外来说情、干扰到来之前,突击查清案件主要事实,迅速固定重要证据,果断立案并采取强制措施,不给说情、干扰者以任何机会。

二、调整侦查思路,强化证据意识

一是将侦查重心前移到初查环节,打好质量基础。当前,随着查办职务犯罪力度的加大,犯罪预防工作的蓬勃开展,各项制度趋向健全,职务犯罪呈现出隐蔽化、智能化的特点。司法文明化、透明化,要求我们必须严格依法办案,一些旧的侦查手段、侦查方法难以适应。"十二小时"的限制,给侦查工作提出了挑战。在此情况下,就凸显出了初查工作的重要性。能否在初查环节获取大量的证据和有价值的涉案信息,就成为能否准确立案,充分灵活运用侦查手段,推动查案工作顺利开展的关键。因此,要调整侦查思路,把侦查的重心放在初查阶段,通过外围调查,收集证据,选择突破口,并尽可能储存分析案情、侦查讯问有用的相关资料,一旦查实有犯罪事实,就果断立案,为全面开展侦查活动打下坚实的基础。二是淡化言词证据的运用,加强实物证据的收集,形成证据链条,保障案件定罪量刑。言词证据具有易变性和不稳定性。在职务犯罪案件中经常会出现犯罪嫌疑人翻供、证人翻证的现象,如果没有其他实物证据,或者实物证据不充分,在庭审的过程中很容易出现犯罪嫌疑人翻供、证人翻证的现象。这就要求侦查人员在调查、收集证据的过程中要多收集间接证据以印证犯罪事实,多收集实物证据以突破口供。实践证明运用系统全面的间接证据、实物证据定案的案件不容易被推翻。三是全面收集证据,以证据保质量。在收集证据的过程中要不断完善收集证据方式的多样性,对犯罪嫌疑人、证人的询(讯)问要多层次、多人次、分阶段进行询(讯)问,做到一事多问,一证多取;对犯罪嫌疑人易翻供的供词要适时运用录音录像视听资料等方法加以固定。讲究取证方法和技巧,全面收集证据,形成证据链条,增强证据的证明力,力争使证据对案件事实起到充分的证明作用。四是全面分析、预审证据,预测把握易被犯罪嫌疑人利用的薄弱环节,及时查漏补缺,从证据上堵死犯罪嫌疑人翻供的退路。

三、巧施侦查谋略,快速突破案件

一是巧用侦查谋略,快速突破案件。在办案过程中我们要根据案件的进展情况,结合犯罪嫌疑人性格特点,适时运用侦查谋略,明确突破案件的出发点,瞄准案件的落脚点,选准案件的着眼点和切入点,充分运用审讯技巧和侦查谋略,快速突破案件。二是采取"抓系统、系统抓"的查案方法,发挥"阵地战"优势,扩大办案成果。结合职务犯罪查案实践,可以看出职务犯罪案件具有系统性、行业性、连锁性的特点，同时反映在侦查成果上表现为窝案、串案较多的状况，通过认真分析研究，从个案和小案入手，采取"抓系统、系统抓"查案方法，发挥横查到边，纵查到底，上延到梢，下溯至根的"阵地战"优势，发现和查办窝串案、大要案，实现由零打碎敲的"游击战"向挖窝提串的"阵地战"转变，推动查办职务犯罪工作向深层次发展。如我院运用"阵地战"查案法，成功侦破了市电业局窝串案，涉案犯罪嫌疑人 3 人全部被作有罪判决。

四、强化监督制约措施，切实保障案件质量

一是强化查侦部门主要负责人对部门的办案工作的具体管理和监督，部门主要负责人正确履行好一岗双责，对部门办理的重大疑难案件，坚持认真审查案件的证据情况，加大监督和管理力度，严防错案、质量不高案件的发生。二是在自侦部门推行一案四卡制度，即在原一案三卡制度的基础上增加安全责任卡制度，明确了办案人员在办案过程中的职责义务，防止了办案安全责任事故的发生。三是加强纪检监察，纪检监察部门变事后监督为办案过程中的监督，对办案实施全程跟踪监督，从而杜绝了违法办案。

五、采取多种措施，不断提高自侦部门干警的的执法水平

一是广辟教育渠道，加强培训的针对性，提高干警的专业素质以及应付复杂局面和攻坚克难的能力；二是组织反贪、渎侦与侦查监督、公诉部门业务骨干的轮岗交流，使侦查人员能够以审查逮捕、提起公诉的视野来审视侦查取证工作，克服侦查取证的盲目性，增强取证针对性；三是开展疑案研讨、办案心得交流，在一起案件侦查终结后，承办侦查人员在本部门交流办案心得活动，对疑难案件组织全体自侦部门干警研讨，共同提高了侦查水平；四是开展岗位练兵、侦查能手等评比活动，激发干警办好职务犯罪案件的积极性；五是加大科技投入，购买监控及同步录音录像等设备，建立审讯室、监控室，提高侦查工作的科技含量。

（汝州市检察院调查与研究第 13 期　2005 年 9 月 28 日）

强化刑罚执行监督之我见

●文/唐雪霞

对刑罚执行的监督是检察机关法律监督的重要组成部分,其任务是对监狱、看守所执行刑事判决、裁定的活动实行监督,保证刑事判决、裁定的依法执行。如何强化执行监督,维护公平正义和法律统一正确实施,是监所检察部门当前及今后一个时期亟待努力的关键问题。

笔者认为,做好监督工作,应从以下几个方面着手。

一、以制度为基础,建立健全监督管理机制

一是建档立制。检察人员应深入监管场所,调查走访,全面掌握被监管人员情况,并建立详细的人员情况数据库,做到查阅有档,奖惩有据。二是建立监督网络。从加强监督,完善制度,堵塞漏洞入手,建立完善的监督网络,构筑"大监督"工作格局,并努力与党委、人大、社会各界建立多级监督机制,形成监督合力,使监管人员真正处于有效监督之下。三是完善对减刑、假释、暂予监外执行的监督审核机制。推行公开审查、听证、公示等制度,将减刑、假释、暂予监外执行条件全面公开,增加执法工作透明度,避免"暗箱操作"。

二、以监督为主线,加大执法监督力度

一是充分利用计算机网络,对执行工作实行全过程监控。实行派驻检察室与监管机关微机联网,24小时对监管单位执法活动实行动态监督,确保实现"五清",即在押人员清、同案人数清、所在诉讼环节清、羁押期限清、在押人员动向清。二是建立"四长"联席会议制度。公、检、法、司负责同志每月定期召开联席会议,现场办公,集中研究解决工作中出现的新情况、新问题。三是认真开展专项检察工作。对监狱、看守所存在问题比较集中的方面,超期羁押、枉法减刑、假释、通风报信等问题,重点加强检察,发现问题,及时纠正。四是依法查办监管人员职务犯罪案件。不办案,监所检察部门的法律监督就会变得苍白无力,因此,对监管人员职务犯罪案件要严格查处,决不姑息迁就。要通过办案,教育警示广大监管人员,严格依法办事。同时,对办案中发现的刑罚执行中存在的一些深层次问题,及时提出针对性解决意见,推动执行工作深入高效开展。

（汝州市检察院调查与研究第 16 期　2005 年 10 月 9 日）

浅谈如何做好重大疑难、复杂案件的出庭公诉

●文/张志强

出庭支持公诉，是国家法律赋予检察机关的一项职权，是检察机关法律监督职能的一个重要方面。能否做好出庭公诉，尤其是对一些庭审对抗性较强的重大疑难、复杂案件的出庭公诉，不仅凸显公诉工作水平的高低，而且关系到法院的判决结果。今年，我院成功公诉了公安部督办，上级检察机关高度关注的刘某甲等9人袭警案，本案涉及故意伤害、寻衅滋事、非法拘禁、窝藏等多个罪名，9名被告人均被判有罪。为有助于提高公诉工作水平，尤其是重大疑难、复杂案件出庭公诉水平，现结合该案审查公诉中的一些做法，浅谈如何做好重大疑难、复杂案件的出庭公诉工作。

一、转变观念，提高对出庭支持公诉工作重要性的认识

新刑诉法修订实施近10年了，庭审方式由纠问式变成了控辩式。但基层院由于案多人少以及其他原因，部分干警有这样的错误认识，案件只要起诉到法院，案件即"出手"。接下来便是将案卷束之高阁，等候法院开庭通知，出庭支持公诉工作仅是走走过场而已。这种消极模糊认识严重阻碍了公诉人出庭公诉水平的提高，致使法官在私下对部分公诉人水平产生不良评价。

对于适用普通程序审理的案件，检察机关对犯罪分子的指控必须通过出庭公诉来完成，庭审方式的变革，使公诉人成为庭审的主角。公诉人在庭上组织运用好各种证据，揭露和证实犯罪成为公诉部门工作的重中之重。形势的变化，角色的转换，迫使我们必须要更新观念，转变工作方式，明确出庭公诉工作的重要性，从领导到办案人均高度重视，集中有效力量，集中智慧以应对出庭公诉。

我院在办理刘某甲等人袭警案中,从主管检察长到部门负责人、案件承办人都高度重视。从 8 月 15 日案件被提起公诉,我院即抽调业务能力强,出庭经验丰富的骨干全力以赴,精心为该案庭审作准备。主管检察长和科长多次召集承办人研究案情,并反复强调"务必搞准搞细,确保万无一失,以取得法律效果和社会效果的有效统一"。亲自审查修改庭前准备阶段拟就的各种提纲和公诉意见书,研究讨论出庭策略方案、答辩的思路和框架。正是思想上的高度重视和认真的准备工作,使得整个庭审过程中,我院 3 名公诉人牢牢把握了庭审的主动权,讯问、示证、质证、揭露犯罪、证实犯罪等庭审活动有条不紊顺利进行。

二、严格审查,努力做好庭前准备工作

公诉人庭前准备工作完备与否,是做好出庭公诉的前提。首先要全面深入地了解熟悉案情。公诉人在阅卷中紧紧围绕所指控罪名的构成要件去审查,审查"事实、证据、法律"三位是否一体。一对事实的审查,抓住被告人的犯罪时间、地点、手段、对象、动机、目的、情节及其所造成的危害结果,如发现有疏漏差错之处,庭前一定认真调查核实,使事实的来龙去脉明晰清楚。二对证据的审查,严格核实每一个证据,审查使用证据的客观性、关联性、合法性,确保证据的有效性和证据链条的形成。如发现单证、伪证或与所指控犯罪相悖的材料,要加以分析比较并予以合理排除,彻底排查一切可疑之点,确保证据确凿充分。三对法律适用的审查,应对照事实看所指控的犯罪性质和罪名是否法律依据明确。在办理刘某甲等人袭警案中,扎实的证据是本案公诉成功的关键。对证据的审查,按以上要领,我们采用集体讨论和领导把关制度,即承办人将用作指控 9 名被告人犯罪事实的证据一一进行罗列,先由集体讨论,寻找证据链条的薄弱环节,然后由科长、主管检察长把关,以确保证据的客观全面。

在严格审查,全面掌握案件材料的基础上制作高质量的起诉书。法庭调查、法庭辩论以及法院的判决都是围绕起诉书进行的。高质量的起诉书,是公诉人在法庭上立于不败之地的重要保证,因此,公诉人在制作起诉书时,应当做到用语规范、实事求是、落笔有据,适用法律准确无误,文字上简繁得当。

拟好"三个提纲",为使整个庭审活动紧凑和谐、有条不紊地进行,透彻明晰地再现犯罪事实,公诉人要精心设计调查提纲(讯问、发问提纲)、举证质证提纲和答辩提纲。

三、讲求策略,做好当庭讯问工作

讯问被告人是法庭调查中的一项重要任务,通过讯问被告人,能够使案件事实中的某些重要环节、关键证据等问题清晰地展现出来,好的讯问能起到画龙点睛、突出重点的作用。然而在实践中却存在着大量的讯问不到位现象,比如讯问时心中无数,语言不规范,表达不准确,想问什么就问什么,该问的不问,或问不到点子上,可问可不问的问了一大堆,时不时地对被告人加以训斥其认罪态度不好等等。由于公诉人的讯问不到位,再加上被告人回答讯问时往往会从自我保护的需要出发来进行狡辩,结果越讯问案情越复杂。这样就给法庭调查带来了一定的干扰,所以这就要求我们公诉人对被告人的讯问必须讲究方法和技巧,善于针对不同情况,采取不同策略,以达到讯问成功之目的。

讯问时要有针对性,即必须紧扣起诉书指控的罪行,重点围绕其犯罪的主客观要件进行发问,层层揭露剖析被告人的犯罪行为及危害性。比如要讯问被告人犯罪的时间、地点、手段、造成的后果、主观故意(过失)的表现等。若是共同犯罪则要讯问被告人在犯罪中的地位、作用、相互关系以及有关定罪量刑方面的事实等。

讯问时要讲究策略,即必须针对被告人的不同心态,运用恰当的讯问策略。一般来说,对企图避重就轻者,要以揭发式的讯问策略逼其就范,如在本案中我们对第二被告魏某甲的讯问,即采用这种方式。对有意隐瞒真相者,可施以欲擒故纵的策略,先给其说假话表演的机会,再以证据揭穿其虚假性,使谎言彻底败露。对当庭翻供者,当了解其翻供的原因不能成立后,要以严厉的质训口气发问,以挫其拒不认罪的嚣张气焰,达到惩治犯罪,教育群众,扩大办案效果的目的。

讯问时要灵活运用多种讯问方法。具体讯问中针对不同情况可采取以下几种方法:(1)直接讯问法。在公诉人宣读起诉书后,被告人认罪服法,对起诉书的指控无异议的,不必让被告人陈述整个犯罪过程,可采用直接讯问法,就案件的重点问题及需要强调的问题作简短直接的讯问即可。(2)引导讯问法。这一方法主要运用于被告人主观上愿意认罪服法,但由于公开审判造成的心理压力太大,情绪波动不定,难以详细交待其犯罪行为的情况。在刘某甲等人袭警案中,刘某甲、魏某甲、刘某乙、刘某丙4人在案发后先后到公安机关投案,但在庭审中4人的供述却带有避重就轻,大包大揽、企图蒙混过关的倾向。在这种情况下,公诉人引导4名被告人:"成立自首,除了自动投案这个条件之外,还必须如实供述自己的罪行,两个条件缺一不可。今天你们在庭上的供述将直接影响对自首的认定,进而影响你们的量刑",后4名被告人如实供述了自己的罪行。(3)间接讯问法。讯问的问题不是直接针对犯罪构成要件,而是从外围的枝节性问题逐步向实质性问题过渡。外围的枝节性问题表面上与要问的目标似乎并无关系,实际上有内在联系,被告人不明白公诉人意图可能作出肯定或否定回答,当公诉人提出实质性问题,被告人虽已明白了讯问意图,但已暴露了矛盾,堵死了退路。这样全部事实真相就被揭示出来了。(4)矛盾讯问法。对于被告人在法庭上突然翻供,不要争于驳斥,也不要简单地训斥其认罪态度不好,而是冷静地听取翻供理由,然后根据已知案情,抓住其中的矛盾和漏洞加以反问,驳回被告人辩解。(5)对质讯问法。在共同犯罪中,有的被告人为了开脱罪责,往往推诿责任,避重就轻,不肯交待自己的罪行,此时,我们可以采用对质询问法,即将其与其他愿意认罪服法的同案人当庭对质讯问,迫使其如实供述自己的犯罪行为。在刘某甲等人袭警案中,我们自始至终就采用了此方法加以讯问。

四、认真研究和掌握庭审举证、示证技巧,确保庭审效果

《刑事诉讼法》明确规定,对起诉书指控的内容,公诉人必须当庭出示宣读足以证明这些内容的证据。实践中存在的问题主要有:将全部证据和盘托出,重点不突出,重复罗嗦;证据分组不合理,导致各证据之间衔接不自然,不连贯;宣读时只言片语,断章取义,意思不完整,甚至只宣读一份证词中有利于公诉方的几句话等。上述现象,容易导致庭审过程重复、拖沓冗长或者在质证时不断被辩方提出疑义,直接影响了庭审效果。

针对这些问题,我们应本着体现证据的客观性、关联性、合法性原则,掌握一定的举证技巧和方法,将犯罪事实呈现在人们面前,以确保庭审效果。(1)严格选择证据。选择时首先考虑证据的证明力,对同类证据或者证明同一事实的多个证据,原则上只选择一件,对那些可有可无,枝蔓芜杂的证据或无关的证据应当剔除不举。(2)将选择好的证据进行分类组合。庭前公诉人对证据进行合理地分类组合,庭上举证时可避免重复,也可让法官和辩护人听得清楚。分类组合时既可以按犯罪构成要件组合证据,也可按证据种类组合证据。(3)选择恰当的举证方法,举证方法因案件不同而应有所选择,实践中常用的方法有:①时间顺序法:按照案件发展的自然顺序即按时间的先后组织证据进行举证,这种举证方法主要适用于性质单一的案件。②情节分类法:即根据案件情节的不同把整个案件划分为若干阶段,每一个情节作一举证单位。当我们把每一情节都举证清楚后,整个案件也就自然明了了,这种方法适用于一被告人或多被告人单一罪名情节复杂的案件。③罪名划分法:采用这种方法举证,首先应当确定被告人所犯数罪的名称,其次以犯罪性质为举证单位,一个罪名为一举证组,当将一个罪名举证清楚后,再举证下一个罪名的犯罪事实,该举证法对被告人所犯的每个罪都能形成一个完整的印象,不会因其犯有数罪而使举证变得凌乱没有条理,从而破坏案件的统一完整性。以上方法可以穿插适用,实践中要因案制宜,灵活适用,以达到庭审最佳效果。在刘某甲等人袭警案中,9 名被告人涉及故意伤害罪、寻衅滋

事罪、非法拘禁罪和窝藏罪 4 个罪名,针对这种情况,我们就综合运用了上述三种举证方法。在指控刘某甲犯故意伤害罪我们选择了情节分类法,将案发当天下午发生的事划分为两个阶段,然后围绕案情这根主线,分段调查,分组举证。指控魏某甲犯故意伤害罪和非法拘禁罪,我们选择了罪名分类法分别举证;指控郭某某和刘某乙犯罪故意伤害罪,指控刘某丁、刘某丙、魏某乙犯寻衅滋事罪和吴某某、张某某犯窝藏罪,我们则适用了时间顺序法组织举证。(4)及时对出示的证据进行归纳说明。为了便于法庭采信,增强举证效果,公诉人对自己当庭宣读和出示的一个或一组证据,应就其来源,制作的方法,证明的对象以及证据间的关系及时予以归纳和说明。

五、积极稳妥地进行法庭辩论

法庭辩论是整个庭审活动的高潮,是公诉人出庭公诉的难点,也是对检察机关的指控以及公诉人自身素质的全面检验,法庭答辩水平的高低,直接关系着出庭效果。实践中出现的问题有:一些公诉人对辩护人出庭辩护持不屑一顾的态度,认为不管你如何巧舌善辩,反正该判的法院都要判;对公诉意见书照本宣科,对辩护人的辩护发言,不作认真答辩,动辄与本案无关不予答辩;辩论时论点不集中,针对性不强;辩论方法简单,说理性不强,有时还强词夺理;自身素质方面的问题,如知识面窄,法律功底不深厚,对法律的理解适用不能上升到理论的高度,阐述时扩展不开。语言表达能力、分析概括能力、应变能力不强等。

上述问题是出庭公诉中必须克服和解决的,否则必将影响出庭公诉质量。公诉人要做好法庭辩论,应从以下几个方面入手。

1.认真拟写答辩提纲,做好辩护意向的预测。公诉人要想把握法庭辩论的主动权,取得令人满意的公诉效果,必须具有超前意识,做好辩护意向的预测。预测一般从以下几个方面进行:(1)从案件争论的焦点中预测。刘某甲等人袭警案中由于该案涉及被告人众多,且过程复杂,以至于在罪与非罪、此罪与彼罪上,在检察院内部讨论时也产生分歧和争论,这些争论的焦点,也是被告人及辩护人抓住不放的问题。在开庭前，主管检察长召集部分干警就刘某甲等人在定性问题上各抒己见，帮助出庭公诉人从事实、证据、法律根据上做好充分准备。(2)从被告人的辩解中预测。庭审实践证明，法庭辩论中被告人提出的问题，大多是在审查起诉阶段提审时为自己进行辩解的问题。(3)从被告人家属"申诉"信件所反映出来的问题进行预测。比如刘某甲等人袭警案审查起诉阶段被告人家属向我院反映各被告人是在被害人赵某某先找事的前提下才打赵某某的，是自卫行为。针对这些不实之词公诉人在庭前都进行了必要的辩驳准备。(4)从法庭调查中对辩护观点作进一步预测，在庭审调查时要十分注意辩护人对被告人所发问的问题，注意揣度辩护人对案件事实和证据的认识，根据庭审的进度，随时预测辩护人的辩护意向。

2.发表公诉意见，是公诉人参与庭审辩论的总结发言，重点是对举证情况作出总结性论证，明确指控犯罪的成立，因此要求公诉人必须把对整个案件的基本观点讲深讲透，明确指控的基调，只有这样才能控制庭审主导局面，同时也有利于引导法官的思维。

3.对案件情况进行第二轮辩论。公诉人在听取辩护方的总结性辩护意见以后应就有关问题与辩方进行正面辩论。首先对辩护人提出的一系列辩护观点进行综合归纳，将辩护人分散的辩护内容集中概括起来，提炼出辩护内容的焦点和核心。然后是确定答辩意向，做到原则问题不放过，枝节问题不纠缠，抓住关键击中要害。答辩时要围绕答辩的重点内容选择好案件中有关事实、证据和法律规定作为答辩的依据，做到答辩的内容有理有据有节。同时要作到条理清楚，层次分明，最好采用列举的方法一个观点一个观点讲，一个问题一个问题讲。

在第二轮及其以后的辩论中，公诉人要特别注意:(1)对辩护人在法庭调查阶段已提出的质疑，经双方辩论清楚的，如辩方再次提出，公诉人不予以答辩。(2)对于辩护人就案件事实或证据进行无理的辩论，公诉人可以运用逻辑证明等方法反驳论证。(3)对于法律适用中涉及学术观点的辩论，在简单亮明观点后应建议法庭予以制止。(4)要注意适度与风度,切忌得理不饶人,不能把出庭公诉作为自我表现的机会,哗众取宠,同时对辩护人提出的一些合理要求要实事求是,予以接纳。

做好重大疑难、复杂案件的出庭支持公诉,远不止本文所述的几个方面,它同时受到种多因素的影响和制约,特别是公诉人自身的各种素质,更是不容忽视。要想提高出庭公诉水平,公诉人要结合司法实践不断地学习总结,适应庭审的需要。

(汝州市检察院调查与研究第 9 期　2006 年 11 月 16 日)

检察人员在刑事诉讼中
如何应对犯罪嫌疑人、被告人翻供

● 文/潘军现　刘党伟

我国《刑事诉讼法》第 42 条规定:"证明案件真实情况的一切事实,都是证据。"因此,证据是正确认识案件真实情况,使案件得到正确处理的基础和根据,没有证据,就不可能正确地揭露犯罪、证实犯罪和给犯罪分子以应得的惩罚。由于犯罪嫌疑人、被告人是刑事案件的当事人,他对自己是否实施了犯罪或者如何进行犯罪的事实最清楚,加之在司法实践中,部分司法工作人员受到封建社会司法制度中"无供不录案"、"罪从供定"思想的影响,总是认为有口供定案才踏实,因而所有证据中被告人的口供历来被视为"证据之王"。我们通常所说被告人的口供,即是指犯罪嫌疑人、被告人向司法机关就案件事实所作的口头或书面的陈述。口供的内容又有供认犯罪、为自己辩解和检举他人犯罪等情况。口供正是基于犯罪嫌疑人、被告人在刑事诉讼中的特殊身份又具有不同于其他证据种类的自身特点:一方面,如果口供是真实的,他所作的有罪供述会更直接、更全面地反映出其犯罪的动机、目的、手段、时间、地点、后果及赃物去向、同案犯基本情况等真实情节,有助于司法人员全面了解案情,公正司法;另一方面,犯罪嫌疑人、被告人作为刑事诉讼被追诉的对象,他深知案件结果与他的利害关系,往往隐瞒罪行,避重就轻,甚至编造谎言,进行狡辩,企图逃避法律制裁。

一、犯罪嫌疑人、被告人翻供现象分析

在司法实践中经常出现这种现象:有的犯罪嫌疑人在公安机关供述了犯

罪过程,而到了检察机关又部分或全部否定了以前的供述;有的犯罪嫌疑人在公安、检察环节都承认犯罪事实,到了法庭上则推翻了以上供述;还有的犯罪嫌疑人在逮捕之前供认罪行,移送起诉后否认犯罪,案件退回补充侦查时又供认了罪行,开庭时仍然不认罪,反复无常。这就是通常所说的翻供。它不仅严重干扰了司法机关正常的诉讼程序,延缓案件审理,增加办案难度,甚至可能导致冤假错案,使犯罪分子逍遥法外,人民生命和财产安全无法保障,影响整个社会的稳定和发展。

笔者认为,翻供的情况较为复杂,根据不同的标准,翻供可以表现为不同的形式。以一般刑事案件为例,按照翻供的性质可以分为对抗性翻供和抗辩性翻供。前者是为了逃避或减轻罪责而狡辩,干扰诉讼的正常进行;后者是辩护权的具体表现,如纠正原先供述中某些虚假的内容。按照翻供时所处的诉讼环节不同可以分为侦查环节翻供、起诉环节翻供、当庭翻供。按照翻供的内容可以分为全部翻供和部分翻供。在共同犯罪案件中又表现为一人翻供和数人翻供。

司法人员应该辨证的对待翻供现象,保持清醒的头脑,不能有畏惧心理,害怕翻供,更不能一律以"狡辩"论处,要搞清翻供的真实原因,是我们违法办案造成的,还是嫌疑人的反侦查、对抗诉讼所造成的,查明原因才能区别对待,如果嫌疑人的辩解成立,则应"有错必纠"及时予以纠正,即使嫌疑人的翻供毫无道理,我们仍可从中找出矛盾之处,以侦查搜集的其他证据予以批驳,彻底摧毁其侥幸心理,促其伏法。

二、犯罪嫌疑人,被告人翻供原因

由于口供自身不稳定的特性,加之犯罪嫌疑人、被告人的思想受各种因素的影响,极易起伏波动,造成翻供,大致原因如下:

一是嫌疑人存在侥幸、畏罪、抗拒、悔罪的心理。他们在归案之初,由于缺乏心理准备,慑于法律的威严,对于所犯罪行供认,而经历一段牢狱生活后或者受到看守所里惯犯、"二进宫"等教唆,逐渐产生由悔罪到畏罪到侥幸再到抗拒这样一种心理过程,必然导致翻供。对于这些人,要从其心理着手,动之以情,晓之以理,讲解刑法中"惩办与宽大相结合"的原则,用法律和政策打消其抵触情绪,为其指明出路,使其看到希望,唤回他们的良知,从而交待犯罪事实。

二是嫌疑人曾受政法机关打击,具有一定的反侦查能力,知道定案的依据是证据,因此他也会根据案件情况时供时翻,在证据之间制造矛盾,故意增加办案难度,企图逃避制裁。对这些人,要适时利用证据。当其兜圈子、编谎言时,可以把部分证据点而不破暗示出来,造成其心理错觉。当其闪烁其词、避重就轻时,适时出示部分证据,打破其幻想,动摇其信心,并利用"以子之矛,攻子之盾"的方法,彻底戳穿其顽固、狡辩的心理态度。

三是嫌疑人在被侦查机关采取强制措施之后,由于受到办案人员的刑讯逼供、诱供,违心的供认了犯罪事实。而案件进行到不同的诉讼环节或是更换了新的办案人员后,嫌疑人便会推翻以前的供述,叫冤喊屈。对于这些人,我们要认真分析其原来的有罪供述,并与本案的其他证据相互比较,如:口供与被害人陈述、证人证言之间有无矛盾,口供中描述的现场与现场勘查笔录中实地概况是否一致,口供中致伤死的过程与法医鉴定结论及所用凶器(即物证)是否吻合等。若原有口供矛盾重重,则应进一步查明其作虚假供述的动机,对于翻供后的辩解成立的应予采信。

三、区分不同情况对待翻供

据统计,实践中在侦查环节供述犯罪又在侦查环节翻供的情况很少,绝大部分案件是在审查起诉环节或审判环节翻供,致使案件久拖不决、超期羁押。根据翻供的表现形式不同,可采用不同的方法来对待。

对于一人一案的犯罪,翻供之后容易给人造成"孤证"的感觉,特别是强奸案件,因为往往现场不可能有其他人存在,就形成供证之间一对一,使犯罪嫌疑人处在罪与非罪一时难以决断的有利地位,这更是一些惯犯常用的伎俩。对此,侦查的重点应围绕犯罪嫌疑人是否在现场,是否实施犯罪行为展开调查取证,获取相关证据,形成完整的证据链条。如:运用技术手段对现场进行勘查有无遗留痕迹(包括足迹、指纹等),有无遗留物证,嫌疑人与被害人是否进行过撕打搏斗,对其分别进行损伤鉴定……。在这样一起强奸案件中,犯罪嫌疑人陈某被刑警队采取强制措施后三次讯问笔录中陈某均否认与被害人有过两性关系,致使案件一度受阻,办案人员再次对现场进行仔细勘查,终于在被害人家的被褥上发现数滴精斑,经过 DNA 测试确定系陈某分泌型精斑,之后嫌疑人接受讯问时供认了罪行。而在案件移送起诉后却又翻供,辩称与被害人发生性关系是出于被害人的自愿,并非强奸,最终陈某被人民法院以强奸罪从重判处 7 年有期徒刑。

对于共同犯罪案件又要区别不同的情形,对症下药。多名嫌疑人中只有一人翻供的,要采用"教育感化"法,向其讲明我国刑诉法的有关规定如"没有被告人供述,证据确实充分的,可以认定被告人有罪和处以刑罚",必要时可向其出示同案犯的供述,从而摧垮其翻供的精神支柱,对个别顽固不化的犯罪分子就要处以重刑警示他人,多名嫌疑人中多人翻供的,可能会出现串供现象,要采用"集中优势兵力,各个打击"的办法,认真讯问被告人,研究各被告人的心理特点,找出某个人的弱点单个突破,然后使其堡垒从内部不攻自破,彻底瓦解他们的攻守同盟。如:被告人何某、王某、刘某某敲诈勒索案中,王某在给被害人打恐吓电话时被公安人员当场擒获,王供述伙同何、刘、杨共同实施炸被害人房屋的行为,然后向其勒索 8 万元的事实。何某归案后只承认开始时参加过预谋,拒不供认实施具体犯罪行为,案件因事实不清退回公安机关,不久刘某落网所供情节与王某一致,此案再次起诉。然而检察人员讯问时,刘某全部翻供也称与何某只是参加预谋,如出一辙。办案人员便从刘某做为突破口,加大审讯力度,在法律和政策面前刘某不得不交出何某趁放风时递给他的串供信,案情真相大白,三人分别被判处有期徒刑 6年、5 年、4 年。

对于开庭审理中当庭翻供的被告人,公诉人要根据案情,分别对待。如果被告人过去态度一直很好而又当庭翻供的,采用"重复宣读有罪供述"法,将被告人过去在不同诉讼阶段的有罪供述全部摘要宣读, 证明其当庭翻供是不可信的。如果被告人做过无罪供述后又做了有罪供述, 但当庭又翻供的,采用"无罪供述矛盾"法,因为被告人有反复,讯问笔录相应较多,矛盾点也较多,利用其原来无罪供述时的情节,再引用其他证据相佐证,揭穿被告人的谎言。另外,被告人当庭翻供时往往以侦查人员刑讯逼供、诱供为借口遮人耳目,如果承办此案的侦查人员作为控方证人出庭作证,即可当场戳穿其诡计。

（汝州市检察院调查与研究第 13 期　2004 年 11 月 12 日）

全力推动预防职务犯罪工作创新发展

●文 / 刘龙海

开展预防职务犯罪工作,是检察机关发挥检察职能,服务党和国家工作大局,促进反腐败斗争深入开展的一个重要方面,是贯彻党中央标本兼治、从源头上治理腐败方针的重要措施。随着我市社会经济的发展和反腐倡廉工作的不断深入,做好预防职务犯罪工作越来越重要。我院要在依法查办职务犯罪的同时,把预防职务犯罪工作摆在更加重要的位置,积极探索预防职务犯罪的有效途径,全力推动预防职务犯罪工作创新发展,为建设"富裕汝州、文明汝州、平安汝州、和谐汝州"执好法、服好务。

一、立足职能,准确定位

预防职务犯罪是全党、全社会的共同任务,是在"党委统一领导,党政齐抓共管、部门负其责,全社会共同参与"的反腐败领导体制和工作机制下开展工作,检察机关作为其中一个职能部门,必须按照自己的职责去做一些应该做,也能做好的工作。市委已成立了预防职务犯罪工作领导小组,办公室设在检察院。作为领导小组的办事机构,我院要在领导小组的领导下,加强同各成员单位的联系配合,立足职能,抓好有关预防措施的落实。

一是立足"法律监督"职能搞预防。检察机关是法律监督机关,也是司法机关,承担着查处国家工作人员职务犯罪案件的任务。开展预防工作要同办案紧密结合,把预防工作贯穿到依法查办职务犯罪案件的全过程,落实到检察业务工作的各个环节,达到办案与预防的有机结合。二是立足"职能管辖"搞预防。预防职务犯罪工作的重要特征是预防国家工作人员利用职务之便实施的犯罪,因此,我们检察院在侦查、起诉贪污、贿赂、渎职侵权等职务犯罪案件时,要紧扣我们管辖的职务犯罪开展预防。要针对某一行业和领域职务犯罪的特点,研究犯罪易发多发的可能性,从体制、机制、制度和管理等方面提出防范对策。三是不越位。在具体工作中,不离开检察职能搞预防,不越权代替有关单位职能搞预防。

二、突出重点,服务大局

当前,我院要以保障和服务新时期经济社会发展、和谐社会建设为重点开展预防职务犯罪工作。一是围绕我市经济建设搞预防。在重点工程建设的项目审批,大额资金拨付、使用、招投标、物资采购、工程验收等方面加强职务犯罪预防,着重抓好公路建设、矿产资源、土地批租、出让等领域的预防工作。二是围绕民生搞预防。重点抓好城镇建设中权钱交易案件的查处和预防,继续抓好医药购销等领域商业贿赂犯罪和重大责任事故背后的职务犯罪预防工作,依法维护人民群众的切身利益。三是围绕"三农"搞预防。对贪污、挪用救灾、抢险农用物资、救济救助资金,以及隐藏在假种子、假化肥、假农药背后的坑农、害农等职务犯罪案件,在依法严厉惩治的同时,抓好农村基层干部利用职权进行犯罪的预防工作。

三、创新工作,注重实效

开展预防工作的关键是要善于通过必要的形式和载体,把有关的预防措施落到实处,取得实效,坚决克服和防止以开展预防工作为名搞形式、摆花架子。当前我们采取比较有效的预防形式有个案预防、行业预防、工程预防等,但是,要防止用一成不变的预防思路、预防形式去应对复杂多变的职务犯罪行为。预防工作要因地制宜,因时制宜,创新发展。当前我院职务犯罪预防工作要从以下几个方面不断创新,取得实效。

(一)个案预防出"精品"

个案预防是整个预防工作最基础、最能体现预防工作成效的形式之一。我们要选择侦查的重大影响的案件,认真研究犯罪的原因、手段和发案规律,及时提出有情况、有分析、有措施高质量的检察建议,帮助发案单位堵漏建制,多出个案预防的精品案例。

（二）行业预防树"品牌"

职务犯罪具有行业特点，抓好职务犯罪高发行业的预防工作可以取得实实在在的效果。当前，我院要结合本市实际，选择公路交通、城镇建设、土地矿产资源、医药卫生、工商税务等系统作为行业预防工作的重点来抓，力争在一、二个行业内创出行业预防的"品牌"效应。

（三）预防宣传显特色

法制宣传教育是预防职务犯罪一个行之有效的途径，其形式多种多样，我们要选择实际有效的宣传教育方式开展活动。当前要重点抓好法制课、法制培训班、法律咨询、以案释法等预防职务犯罪的宣传教育方式，使其成为广大干部群众喜闻乐见的法制宣传形式。

（四）预防网络重运行

预防职务犯罪是一项社会化的系统工程。当前我市已建立由市委统一领导、有关部门和单位广泛参与、检察院在其中发挥职能作用的社会化大预防网络，但是，空有网络，不开展工作，预防工作就会流于形式，检察职能作用就难以发挥。因此，网络构建以后如何有效运转，是我们要着重解决的问题。当前我们要以信息共享为桥梁，建立涵盖各层面的整体协作机制，通过实行联席会议、案件移送等制度，逐步形成一个信息沟通快、合力强、运行效果好、稳定、长效的预防网络，推动预防网络建设向规范化、制度化、科学化管理迈进。

（五）全院预防"一盘棋"

预防工作是一项综合性检察业务工作，与各业务部门的工作相互渗透，本院各部门都有共同承担预防工作的职责，离开办案搞预防，预防苍白无力，单独办案不预防，难以扩大办案的法律效果和社会效果，因此，我们要实行预防工作全院"一盘棋"。一是加强领导、密切协作、凝聚力量。院党组把预防工作纳入年度工作计划，统一领导、统一研究部署；自侦、刑检、控申等部门加强与预防部门的沟通协作，形成合力；预防部门切实担负起预防职务犯罪的组织、综合、管理、协调工作，要根据各项业务工作的性质和特点，确定预防工作的内容,统一管理、指导各业务部门做好预防工作。二是落实预防工作责任制。本院各业务部门都是开展预防工作的主体,尤其是反贪、渎职侵权等具有职务犯罪侦查权的部门,要实行办案预防一岗双责,建立案件承办人为预防工作第一责任人的制度,强调在办案的同时做好相应的预防职务犯罪工作。

（汝州市检察院调查与研究第 7 期　2007 年 5 月 24 日）

反贪情报信息工作存在的问题和建议

●文／张艳丽

目前反贪部门受案线索下降、受案范围减少,加强情报信息工作,已势在必行。近年来我院不断探索情报信息工作机制,加强反贪情报信息的搜集和运用,努力提高自行发现和突破案件的能力。

一、我院开展反贪情报信息工作的主要做法

(一)多渠道、全方位收集情报信息

一是我们充分发挥每个反贪干警的主观能动性,要求干警在工作之余以及在亲戚、朋友们的聚会时,做个有"心"人,以高度的职业敏感性和侦查意识,时时处处留心留意,从只言片语和细枝末节中捕捉到有价值的情报信息。近年来,我院立案侦查的贪污贿赂案件中,有70%是由反贪干警自行摸排的线索;二是加强举报宣传,利用广播、电视、报刊等新闻媒体,深入发动群众,在群众、单位的举报中获取信息情报;三是加强协作,实行线索互动。为及时发现贪污贿赂案件线索,我局专门明确一名副局长为联络员,让他带领科室同志们,主动走出去,加强与纪检、监察、审计、建设部门的紧密联系,建立联系制度和案件线索移送制度,建立配合协作制度,以发挥各自优势、形成合力,通过他们移送国家工作人员贪污贿赂犯罪案件线索;四是加强上级业务部门及本院控申、渎侦、公诉等部门的联系,及时分流移送贪污贿赂等职务犯罪案件线索。如2006年我院立案侦查的王某某涉嫌行贿30万元案,就是上级院反贪局移交的线索;五是通过办案来获取其他案件的信息情报。近年来,我院不断强化干警深挖窝、串案件的意识,把侦查策略从着重办理个案转变到着重办理窝、串案。

（二）加强对信息情报工作的统一管理、综合分析

我院反贪部门对从各个渠道收集到的线索都由局办公室专人统一管理，统一对举报情况进行详细登记、分类，然后同局领导一起对所获取的信息情报进行认真分析、筛选，对有可查价值的线索及时分流到侦查科进行初查、立案；对没有查处价值或查处条件暂不成熟的线索，先存查或缓查，以便掌握更多的信息时进行查处。另外，我们还定期对存查的线索进行筛选，对同一行业、同一领域、同一犯罪手段的线索进行比较，寻找发案规律和突破口，为提高侦查工作成案率打下了较好的基础。

二、反贪情报信息工作存在的问题和建议

（一）反贪信息情报工作存在的问题

一是情报信息工作管理落后，现在还用原始的手工进行登记、分析，没有一套完善的微机管理系统，没有建立情报信息资料库，将所有信息全部输入，用微机进行管理，统计、分析，以减小工作量，提高工作效率。二是对一些暂时无可查性的线索管理没有规范的管理程序，检察机关没有专门的机构去管理这些线索，随着时间的推移，人员的变动，这些线索可能会流失。三是有些反贪干警的情报意识不强，对平时听到的情报信息置若罔闻，视而不见。

（二）对反贪情报信息工作的建议

1.加强对反贪情报信息工作的领导

反贪情报信息工作作为反贪查案工作的基础，领导重视是关键，加强领导是保障和促进工作健康发展的重要前提。主要应抓好两个方面：一是在情报信息收集、受理、分流阶段加强领导，以便系统地开展工作，引导反贪部门有序开展情报信息工作；二是加强对情报信息工作内容的指导，有利于反贪部门围绕一定时期反腐败工作重点来开展情报信息工作，提高反贪工作服务反腐败工作全局的能力和水平。

2.培养反贪干警的信息情报意识

从近年来我院反贪部门立案情况看，由反贪干警自己摸到的线索，捕捉

到的信息初查后成案率较高。有的干警在平时与亲戚们的交流,朋友们的聚会等社交场所中,情报意识很强,往往会自觉、主动地去收集情报,用情报信息去服务于侦查实践。有些干警的情报意识都非常淡薄,即使听到一些信息,也不注意收集,平时工作只靠"等案来查",工作很被动。因此,培养反贪干警的情报意识,增强做好情报信息工作的责任感和自觉性非常重要,反贪情报信息工作与每一名反贪干警都是分不开的,及时准确全面地收集、报送情报信息,特别是重大的情报信息,是每名干警义不容辞的责任。只有具备情报意识,才会产生情报工作的动机和需求,变被动工作为主动出击,这是开展反贪情报信息工作的认识基础。

3.加强情报信息的管理

由于情报信息工作具有较强的专业性,因此,检察机关应设立专门的情报信息机构和专门的人员对情报信息进行规范管理,对收集到的所有的举报信息(如被举报人的相关信息等)统一受理、分流、存查,输入信息库,建立健全情报信息收集、储存、管理、应用制度,规范情报信息工作流程;加强情报信息分析研究,发挥情报信息在反贪决策、侦查指挥和侦查办案中的作用。

4.加强情报信息工作交流

当前,各级检察机关反贪部门正在对情报信息工作进行不断探索。因此,上级院反贪部门应加强情报信息工作的指导,同级院反贪部门之间应加强情报信息工作的交流,特别是同行业、同领域中的情报信息,注意研究和借鉴其它院在反贪污贿赂斗争中的成功经验和做法,取长补短,集思广益,不断提高开展反贪情报信息工作的实效性和先进性,促进和推动反贪污贿赂斗争的深入开展。

(汝州市检察院调查与研究第14期 2007年8月6日)

如何在民行抗诉案件中发现查办职务犯罪

●文/杨西庚　宁晓蕾

在办理民事行政抗诉案件过程中发现的审判人员职务犯罪案件线索,经检察长同意和批准,可以进行初查和直接立案侦查,确立了民行检察部门对民事、行政审判人员职务犯罪的侦查权。但民事、行政审判人员职务犯罪行为隐蔽性强,犯罪行为人依靠自己熟悉的业务知识,利用法律漏洞,通过精心策划使自己的枉法裁判行为表面上合乎情理,增加了侦查的难度。本文就民行检察部门如何查办审判人员职务犯罪案件浅谈如下:

一、建立上下联动统一指挥办案机制

在查办审判人员职务犯罪案件时,要积极主动向上级人民检察院报送案件线索和汇报工作进展情况,争取上级领导和有关部门的大力支持,这是成功查处此类案件的关键。上级人民检察院要充分发挥"指挥部"的作用,加大统一组织指挥协调力度,形成统一指挥、上下联动的侦查机制。去年8月,汝州市检察院在查办原汝州市人民法院汝西法庭庭长郭某贪污诉讼费一案时,平顶山市人民检察院民行处及时给予大力支持。汝州院将汝州市某公司、冯某、刘某与浙江某公司及叶某买卖合同纠纷一案向平顶山市人民检察院提起抗诉后,立即得到市院领导的高度重视,该案发回重审后,市院民行检察处派员观摩再审法庭,在调查取证阶段,与汝州院民行检察科干警一起研究侦查方案,并亲自到外地调查取证、询问证人,参加了该案侦查的全过程,排除了案件阻力,为案件的侦破奠定了坚实的基础。

二、广辟案源,多渠道发现审判人员职务犯罪案件线索

一是经常与各律师事务所、乡镇司法所联系走访,主动发现审判人员枉法裁判案件线索。律师和基层司法工作人员同人民群众接触最多,最了解民事案件的审理情况,他们掌握着大量的有关民事行政纠纷的第一手资料,是民事行政检察部门查办职务犯罪案件重要的案源渠道。二是发动群众积极举报。利用检察长接待日,开展法律咨询服务,向来访举报申诉群众发放民行工作宣传资料,用实际案例进行民行法律宣传,使群众了解熟知民行检察法律知识,提高举报申诉积极性。三是与信访办等部门加强联系,从涉法上访的案件中,及时发现、掌握因不服法院判决而引发的民事上访案件情况,从中获取职务犯罪线索。

三、科学初查,保密进行

审判人员职务犯罪手法狡猾,反调查能力强,关系网、人情网干扰严重,保密难度大,因此,办案人员应着重提高办案能力和水平,讲究办案方法和技巧。一要搞好案件线索的筛选,要选可查性大的线索,并注意深挖线索,扩大案源。二要认真制定初查方案、初查任务、初查范围、初查方法、初查人员都要规定明确。初查应采用以秘密调查为主,公开调查为辅,声东击西的办法进行。三要选准突破口,必须选择具备最大成案可能性的问题展开初查,只要查实一宗,办案就有了信心。四要讲究突破技巧,做好保密工作,抵制说情风,初查中切忌泄露调查对象和调查意图,避免和减少泄密对办案产生的不利影响。

四、民事、行政案件审查与侦查相结合

用侦查意识审查民行申诉案件,接待申诉人时要注意了解办理该案的法官是否有贪污受贿、枉法裁判行为,往往从申诉人的陈述和申诉书中可以有针对性地发现审判人员职务犯罪的痕迹。审阅卷宗时不仅要审查案件的证据,更要审视案件诉讼的全过程,细心查找职务犯罪的蛛丝马迹,切实做到审查民行申诉案件与查找审判人员职务犯罪线索融为一体,有机结合、一并进行。原汝州市人民法院汝西法庭庭长郭某涉嫌贪污诉讼费案,就是在审查民事申诉案件中发现查处的。申诉人汝州市某公司、冯某、刘某不服汝州市人民法院(2005)汝民初字第 475 号民事判决书向我院提起申诉。办案人在审

阅卷宗时,发现卷宗没有附该案的诉讼费用收据。再审庭审中,申诉人突然指出,被申诉人没有交纳诉讼费,而被申诉人当庭出示一份通过银行汇给原汝州市人民法院汝西法庭庭长郭某 18000 元诉讼费的汇款凭证,但没有出示诉讼费收据。这与办案人事先掌握郭某有贪污诉讼费嫌疑的情况吻合,通过调查取证,证实郭某贪污案件诉讼费的事实。

五、加强与渎职侵权和反贪部门的沟通、配合与协调

民行检察干警作为查处审判人员职务犯罪案件的新军,在侦查谋略、技巧与经验等各方面都存在不足,加之初查的对象素质相对较高,其违法犯罪与案件审判密切联系,具有很强的隐蔽性和欺骗性,而且还有一定的反侦查意识和能力,民行干警在调查尤其是秘密调查方面存在着经验和能力先天不足的缺陷,没有自侦部门的配合与指导是很难做成功的。而职务犯罪侦察部门在查办职务犯罪方面有着丰富的办案经验,在案件侦查手段和审讯犯罪嫌疑人的方法上有独到之处,所以民行检察部门在侦查案件中要与职务犯罪侦察部门联合,充实查办职务犯罪的力量,进一步加大打击职务犯罪的力度。查办民事、行政审判人员职务犯罪是一项探索性、开拓性的工作。在办理此类案件过程中还要注意处理好与被调查人所在法院的关系。进一步提高办案人员的法律知识、政策水平,防止民行检察部门滥用调查、侦查权带来的负面影响,确保办案质量,做到办案的法律效果与社会效果的统一。

(汝州市检察院调查与研究第 15 期　2007 年 8 月 10 日)

浅析公诉案件中撤诉若干问题

● 文 / 张顺利

公诉案件的撤诉是指在刑事诉讼中检察机关撤回已经向人民法院提起的公诉案件的诉讼活动。修改前的《刑事诉讼法》第108条规定："人民法院对提起公诉的案件进行审查后，……对不需要判刑的，可以要求人民检察院撤回起诉。"这是立法对撤诉制度的确认。撤回公诉权的存在，不仅在于有深厚的法理基础支撑，而且符合公诉权的内涵与运行程序要求，是完善现行公诉制度的重要内容，是独立行使检察权的具体体现。

然而，由于当前我国司法体制还不够健全，在实践中，对撤回公诉的适用情形把握得也不够准确，导致撤回公诉存在一些不容忽视的问题。与此同时，案件被撤回公诉，也反映出审查起诉阶段存在把关不严、定性不准、滥用公诉权等问题，具有较为严重的危害性，必须引起应有的重视。

一是撤诉的适用范围过宽，将应当变更起诉、追加起诉、通过延期审理补充侦查，或由法院中止审理、移送管辖的，也以撤诉方式处理。如司法实践中这方面比较典型的问题有：有的被告人在庭审阶段供述其是被教唆而实施犯罪，检察机关认为需要追加被告人而撤回起诉；有的案件检察机关起诉数名被告人，而对其中一人或部分被告人起诉错误，决定撤回起诉后变更对被告人有关犯罪事实的指控，重新进行起诉等。一些检察机关对此类案件以撤诉方式处理，将全案退回侦查部门进行补充侦查，显然不妥。

二是撤诉后重新起诉较为草率，起诉书制作质量不高，有的案件多次起诉、多次撤诉，有失严肃性。案件撤诉后需要重新起诉的，要求有新的事实或新的证据作为成立要件，这一特定要求必须反映在重新起诉时所制作的起诉书上，实践中有的检察机关忽略了这一点，造成了被动局面。

三是撤回公诉以及撤回公诉后处理不及时,有的有规避无罪判决之嫌,侵害了犯罪嫌疑人的合法权益。如有的案件检察机关在提起公诉后长达数年之久才撤诉,有的检察机关得知法院要作无罪判决后才提出撤诉,实际效果不好。由于立法和司法解释对于撤诉后的处理没有特定的时限要求,一些地方检察机关在撤诉后诉讼分歧已经相当明显的情况下,办案效率仍然低下,造成案件久拖不决,不下定论,犯罪嫌疑人及其辩护人对此反映强烈。有的案件根据情况,检察机关在撤诉后应当立即变更或解除羁押措施的却不作出,不仅侵害了犯罪嫌疑人的合法权益,客观上也增加了国家赔偿的责任。

四是审查起诉和撤回公诉把关不严,造成提起公诉权和撤回公诉权被滥用。如明知案件证据有问题,影响定罪,仍决定起诉到法院试一试,如不能认定再撤诉;为延长办案期限而决定先行起诉然后再撤诉,变相超期羁押犯罪嫌疑人等。

针对当前撤回公诉工作中存在的问题,有必要采取切实措施,加强和改进撤诉工作,并从制度上加以规范,以保证撤回公诉符合刑事诉讼法的立法精神和相关司法解释确定的宗旨,达到保障实现社会公平和正义的目的。

一是准确把握撤回公诉的适用情形。审判阶段的公诉变化,包括撤回起诉、变更起诉、追加起诉、建议延期审理进行补充侦查等多种情况,分别有不同的适用情形和要求,不能相互替代。要准确把握撤回公诉与变更公诉、追加公诉不同的适用情形。检察机关在法院宣告判决前,发现被告人的真实身份或者犯罪事实与起诉书叙述的身份或者指控犯罪事实不符的,遗漏同案犯罪嫌疑人或者罪行可以一并起诉和审理的,应当分别情形,决定变更或者追加起诉,而不能通过撤回起诉的方式变更或追加起诉内容再重新起诉。要准确把握撤回公诉与延期审理不同的适用情形。在庭审过程中发现案件需要补充侦查的,出庭公诉人员应当建议法庭延期审理,而不应当在庭审结束后,先决定撤回起诉然后再补充侦查。当检察机关因案件需要补充侦查而建议法庭对案件延期审理后,因案件的客观情况,在补充侦查后案件事实仍未查清的,就不宜再通过撤诉进行补充侦查。要准确把握撤回公诉与不起诉不同的适用情形,在《高检规则》没有修改之前,对于犯罪情节轻微,依照刑法规定不需要判处刑罚或者免除刑罚的公诉案件,检察机关不宜决定撤回起诉,而由法院依法作出免予刑事处罚的判决。

二是进一步明确撤回公诉的具体事由。目前司法实践中,检察机关在《撤回起诉决定书》中提出的撤诉理由固定为"本案事实、证据有变化",不够明确、具体,既不利于法院开展审查工作,加强对撤回公诉行为的制约,也不利于加强内部监督,防止撤回公诉权被滥用。笔者认为,检察机关在作出撤回起诉决定,向法院所提出的撤诉理由中,不仅要阐明符合《高检规则》规定的三种情形之一,还要进一步具体化。实践中,可主要从以下几个方面阐述撤回公诉的具体事由:(1)因对犯罪构成的理解和把握出现偏差,被告人的行为并不构成犯罪而决定撤回公诉。(2)因认定犯罪的证据不扎实,出现了重大变化,已严重影响定罪而决定撤回公诉。(3)因重新鉴定或调查,确定被告人无刑事责任能力而决定撤回公诉。(4)因本案定罪以"原案"构成犯罪为前提条件,"原案"已被法院判决无罪而决定撤回公诉。(5)因审判阶段出台新的司法解释,不宜再认定被告人的行为构成犯罪而决定撤回公诉。(6)因向基层法院提起公诉造成管辖错误,需上报市级检察院审查起诉而决定撤回公诉。(7)因案件侦查管辖错误,需要移送公安机关侦查而决定撤回公诉。(8)因案件需要由简易程序转化为普通程序审理而决定撤回公诉。

三是要加强对撤回公诉行为的监督制约。司法实践中,对滥用撤回公诉权问题不够重视,缺乏必要的制约。为此,必须采取措施,加强对撤回公诉行为的监督制约,制止和防止滥用撤回公诉权的现象。首先检察机关要建立健全撤回公诉的监督程序。建议《高检规则》规定:撤回公诉一律由提起公诉的检察机关的检察委员会集体讨论决定,检察长和公诉部门负责人、案件承办人无权作出撤回公诉决定。建立健全撤诉前审查制度,根据检察一体化原则,可以考虑要求下级检察机关在撤回公诉前,报上一级检察机关批准。对于承办人擅自提出撤回公诉,或滥用撤回公诉权的,要严肃追究有关人员的责任。其次审判机关加强对检察机关撤回起诉决定的审查工作,对于尚未开庭的案件,检察机关决定撤回公诉的,应当裁定准许;对于已经开庭审理的案件,要认真审查撤诉是否符合《高检规则》规定的三种情形,以及是否具有侦查管辖错误等不当情形,作出是否准许的裁定;如果属于事实不清、证据不足,且明显难以查清或补充完善证据的,应尽可能地当庭宣判,减少不必要的撤回起诉。未经检察机关书面提出撤诉决定,法院裁定准许的,应当认定撤诉无效。最后,审判机关加强对撤诉后重新起诉案件的审查立案工作,通过严把审查立案关,把检察机关撤诉后不符合重新起诉条件的案件"拒之门外",在一定程度上制约撤诉权的滥用。

此外,在完善撤回公诉制度的过程中,还应积极采取措施,有效预防和减少撤回公诉。如应转变诉讼观念,依法适用不起诉。不起诉既有轻罚化的功能,也有案件过滤功能,既要防止随意滥用,导致不起诉率偏高的问题,也要防止弃而不用,出现不起诉率较低但撤回起诉率较高的现象。建议修改《刑事诉讼法》时,延长审查起诉的法定时限。根据现行《刑事诉讼法》的规定,检察机关审查起诉时间一般为1个月,重大疑难的案件可以延长半个月,这不适应一些重大疑难案件的审查起诉工作的要求。由于审查起诉时间过紧,难以保证公诉质量,就会增加撤回公诉的可能性。建议建立诉前审查制度,促使检察机关慎重起诉。目前,对重大、疑难案件,可考虑由提起公诉的检察机关的上一级检察机关承担诉前审查的任务。应加强业务培训和公诉引导侦查等工作,努力提高侦查和审查起诉水平,从源头上预防和减少撤回公诉。

(汝州市检察院调查与研究第 22 期　2007 年 12 月 3 日)

浅析当前涉检信访案件的特点及对策

●文／李素君

2011 年，汝州市检察院共接到上级领导来信、省信访窗口、群众给市委机关来信等上级交办涉法涉诉信访案件 7 件，同比 2010 年的 14 件下降 50%。通过对两年来检察环节所办涉法涉诉信访案件的情况进行统计分析，现将当前形势下涉法涉诉信访案件呈现的特点、规律及解决对策浅析如下：

一、涉法涉诉信访案件呈现的特点

1.涉检信访案件比例较低。近两年来接到上级交办的 21 件涉法涉诉信访案件，经甄别，涉及检察机关的信访案件只有 3 件，占上级交办涉法涉诉信访案件的 14.3%，其他 18 件纳入地方大信访 10 件，属公安机关管辖 4 件、属法院管辖 2 件，属检、法共同管辖 1 件，属公、检共同管辖 1 件。

2.实名信访件占主要比例。两年来接到上级交办的涉法涉诉信访案件，基本上均为实名信访，仅有 2 件署名比较笼统，为"村民代表"和"××村"。

3.信访人身份农民者居多。上级交办 21 件涉法涉诉信访案件，除去纳入地方大信访的 10 件，还有 11 件为涉法涉诉信访案件，其中信访人为农民的就有 10 人，占 90.9%。

4.涉法涉诉信访案件反映的信访事项时间跨度比较长。以 2011 年为基准，11 件涉法涉诉信访案件，5 年以上的信访事项共占 72.7%。信访事项距 2011 年 2 年内的有 3 件，占 27.2%。超过 15 年的有 2 件，最长的达 18 年。

5.重访现象较突出。11 件涉法涉诉信访案件，出现重访现象的有 7 件，占 63.6%。

6.信访人主观猜测是造成信访的一个诱因。这样的情形有 9 件，占 11 件涉法涉诉信访案件的 81.8%，比重较大。因处理结果不合信访人意思，信访人就认为办案机关违法办案,从而信访。如案发2001年的一起故意伤害案,信访人宋某的丈夫与同村村民韩某因口角发生争执,继而撕打,韩某和其子小韩用木棍将宋某丈夫头打伤致死。后韩某和小韩分别被法院判刑处理。宋某对此处理结果不满意,一直要求追究小韩二叔故意伤害罪的刑事责任和检察院徇私枉法的责任。小韩二叔被立案后,两次移送起诉均因卷宗证据证实小韩二叔是在现场拉架,因此,小韩二叔的行为不构成犯罪,该案经向上级检察院汇报,并经检察委员会研究,对小韩二叔做不起诉决定。宋某不服。我院在办理本案过程中,严格依法办案,不存在徇私枉法的问题,但宋某就是不理解,不停信访。根本纠结点就在于其丈夫被打伤死亡,对方在场的人都应该被追究责任才能平其心中的怨愤,这一点办案人员都能理解,可表示同情的同时也要维护法律的尊严。我们就不厌其烦地对宋某释法说理,宋某慢慢理解,最终主动息诉罢访。

7.办案单位在办案过程中有过错,造成信访人认为"执法不公",由"执法不公"导致对办案人员失去信任,从而联想到贪腐,进而信访。这方面因素的情形有2件,占11件涉法涉诉信访案件的18.2%,比重较小,但足以造成严重影响。如案发1993年的一起故意伤害致死案,因案发后有的嫌疑人外逃,公安机关办案过程历时过长,几易办案人员,卷宗丢失,被害人程某(当时被打伤)要求追究公安机关丢失卷宗材料、包庇杀人凶犯的刑事责任,并赔偿其受到的一切损失。后市委政法委牵头成立联合调查组,经调查,该伤害致死一案首办责任人因公已牺牲,无法予以追究。根据联合调查组的调查情况,不能认定公安局有包庇杀人凶犯的事实,反映的其他问题不属检察机关管辖,由公安机关管辖处理。但这给我们公检法办案机关敲响了警钟,办案过程中,法律手续一定要规范、完备、齐全,不能有一点瑕疵。

8.信访人对法律一知半解,容易激愤信访。主要表现在,对犯罪与一般违法、违纪不能够区别;对公检法分工不太清楚;对事实不清,证据不足或无证据证实嫌疑人有罪始终无法理解,否定某些案件受客观因素影响,证据无法证实案件事实的特殊情形。比如,信访 10 年之久的王某夫妇,因儿子被伤害致死,3 名罪犯已被判刑绳之以法,但王某夫妇还要求追究案发现场的其他 2 人的刑事责任,其他 2 人因案卷材料中没有证据证明涉嫌故意伤害,无法追究其刑事责任,案件也已向上级检察院汇报多次,可王某夫妇就是对没有证据证明涉嫌犯罪不能理解和认可,长期信访。

9.从信访易发的时间看,多集中在农闲或盛大节日,国家、省、市、县重大活动期间。这主要是基于信访者农民居多的特点和节日、重大活动能够引起重视的特殊时间背景。

二、涉法涉诉信访案件解决的对策

1.抓住一个根本,抓源头、抓本源、抓案件的质量。从各办案环节抓起,在办案时绝对要保证实体、程序甚至法律文书制作的全面合法、规范,使所办案件从内到外透出公平正义的气息,打消群众的疑惑,把"理"掌握在手中,达到不怕访,心中有数,敢公开答复;证据过硬,能公开听证的办案效果。

2.突出两个预防,静态风险评估预警预防与动态跟踪预防相结合。在办案的各个环节,在对案件拟做出决定前,都要进行风险评估预警,对可能出现的信访隐患进行等级评定和制定详细可行的预防措施,根据案件发展情况随时启动;同时进行动态跟踪预防,一旦发现信访苗头,在及时启动信访风险预警方案的同时,承办人和部门负责人要根据事态发展灵活与信访人沟通联系,想尽一切办法做好信访人的思想工作。

3.提高化解信访矛盾的方法。一是耐心交流。从法理情二方面深入与信访人交流沟通,赢得信访人的信任,解开其心头的疙瘩;二是关心爱护。了解信访人内心渴望解决的生活问题,在可能的情况下,报告组织帮助解决,用真情来感动温暖他们,必要时政法委牵头组织公检法联合解决。三是巧借外力。寻找信访人最信赖的人,调动亲情、友情做好信访人的思想工作。四是适时补救。对于确实符合被害人救助条件的,审慎实施被害人救助措施,尽力把矛盾纠纷解决在基层、解决在萌芽。

4.强化自身建设,提高政法干警素质。要加强自身职业道德修养,言谈举止要得体,树立政法干警的良好形象,减少当事人的误解,增强政法职业的公信力,提升群众对政法机关的信任度和信赖感,慢慢扭转群众"信访不信法"的观念。要转变执法观念,在执法办案过程中一定要把执法为民,化解矛盾纠纷贯穿在办案的始终,促使案结事了。要注意工作方法。在与群众接触时要热情耐心,谈到案件情况更要严谨慎重,防止案后因缺乏向群众释明的耐心态度而使矛盾激化,应尽一切力量引导群众走上正规的司法诉求程序,防止群众盲目信访扩大化。

5.加强联系,畅通涉法涉诉信访案件的信息渠道,形成工作合力。一是加强与上级的联系,争取领导支持。公检法应及时向各自上级和政法委汇报,听取上级机关和领导的指示。对上级交办的案件,及时上报结果,防止重复上访,形成及时、迅速、准确的信息渠道。二是加强横向联系,形成工作合力。一方面是公检法三机关信访接待部门要加强联系,对于群众信访要及时沟通,依法达成共识,形成一致答复,避免就同一问题因答复不一致引起群众误解,从而失去信任而导致不停信访。另一方面是三机关要加强与其他国家机关和信访部门的联系,对于不属于涉法涉诉的信访事项要及时移转,妥善处理,给群众一个满意的处理结果。

6.认真落实案件评查终结制度,严肃公正追究责任。建议对于信访案件的处理进行双向追责制。对于符合评查条件的信访案件,应快速启动案件评查程序,及时听证终结,此后不再受理、批办;需要追究责任的,按照"谁办案谁负责,谁引发谁解决"的原则,严肃追究到位;对于无理缠访缠诉的,严厉予以打击,以儆效尤。

（汝州市检察院调查与研究第 5 期　2012 年 4 月 12 日,此文在 2012年《法学教育》第 6 期上发表）

谈基层检察院如何做好涉检信访工作

●文／魏洪流

近年来,涉检信访工作在解决群众反映的实际问题,化解矛盾,维护稳定,促进司法公正等方面发挥了积极作用。如我院自 2003 年至 2006 年,共接待群众来访约计 1258 人次,受理各类案件线索 261 件,分流各部门办理 241 件,答复反馈 208 件,受理来信来访和查办涉法涉检信访案件数逐年上升。涉检信访形势是严峻的,基层检察院位于基层,守在前沿,面对大量的信访案件,如何做好涉检信访工作已成为难点、重点和热点。但是在防止和查办涉检信访案件中,部分干警还存在着认识不到位,方法不得当,基本素质不达标等问题,影响和制约着涉检信访工作的顺利开展。本文就涉检信访工作的重要作用、基层院做好涉检信访工作的机制和方法以及对检察干警的素质要求作一浅谈。

一、涉检信访工作的重要作用

涉检信访工作是获取案件线索的主要渠道,是人民检察院直接依靠群众实施法律监督的一项重要检察业务工作,是检察机关联系人民群众的“桥梁”和“纽带”,是检察机关面向社会观察社情民意的一个主要“窗口”,了解执行党的方针政策、法律情况的重要“渠道”。因此,涉检信访工作非常重要,一是给公民行使民主权利提供了方便,使群众的举报控告有地方接、委屈有地方诉、冤情有地方申、要求有地方讲;二是通过来信来访将司法机关在执法中的问题和公民对法制建设的意见、建议和要求,经过筛选作为反馈信息提供给领导机关和立法部门,作为修订法律的参考依据。有助于法制建设的不断完善;三是发现和追究犯罪,保障刑事诉讼活动的顺利进行;四是便利群众对国家工作人员的监督,促进廉政建设;五是依法进行检察监督,纠正冤案、错案,维护国家和人民的利益,维护社会稳定。

二、基层院做好涉检信访工作的机制和方法

做好涉检信访工作不但重要,而且紧迫。信访工作做不好,不仅是我们涉检信访工作不到位、不称职的问题,关键是影响社会安定、影响社会和谐。基层院不但要高度重视涉检信访工作,更要掌握方式方法,实现事半功倍的效果。本人从事涉检信访工作多年,认为基层院做好涉检信访工作,应重点做实以下几项:

1.齐抓共管,完善协调处理机制。实行"三个加强",一是加强内部各业务部门之间的协调配合,形成一盘棋格局;二是加强上下级检察机关及市委、政府(即大信访)协调配合,取得上级支持;三是加强与公安、法院及其他单位的协调,形成处理信访案件的合力。这三个加强中最重要的是,检察干警必须牢固树立"大信访"意识,并做到全院"一盘棋"。检察机关信访工作的好坏,是检验检察工作的"寒暑表",它反映人民群众对检察院工作的满意程度。检察机关的信访工作不单是控申检察部门的工作,它需要检察机关各部门紧密配合,需要每位检察干警牢树"大信访"意识,注意工作的规范性,强化工作责任。

2.强化领导责任。首先要落实院领导对涉及分管业务的信访案件的领导责任。明确各部门负责人对涉及本部门的涉检信访的预防、接待、处理和反馈的责任;明确主办检察官或办案人既要对案件的办理负责,也要对因案件所引发信访的接待、处理、反馈工作负责。其次,要实行"一站式"接待。即所有涉检信访案件均由控申部门统一受理、分流。接访时可根据来访人反映问题的性质、涉及的部门,组织相关业务科室负责人、案件承办人、主管检察长直至检察长组织接待处理。最后,把涉检信访作为一项业务工作实行动态考评。考评结果与科室和干警的年度评先评优及奖金挂钩,对没有做好工作造成赴省进京上访导致重大影响的,严格实行责任倒查追究。

3.认真贯彻落实信访机制。关键是抓好领导包案制、首办责任制、信访风险评估制、双向承诺制、公开答复听证和责任追究制度的落实。要严格实行涉检案件信访风险评估机制,强化源头治理。各业务部门在作出立案(不立案),批准逮捕(不予批准逮捕)、起诉(不起诉)、撤销案件、提请抗诉等处理决定时,案件承办人必须对案件举报人及案件当事人信访的风险进行评估,提出评估意见,由本部门决定评估的等级。对评估风险等级为一级的案件,在报检察长决定或检委会研究的同时,承办部门要填写案件信访风险评估表送控申部门,并在做出处理决定3日内,提出解决问题的息诉工作预案及时通报控申部门。需要时由控申部门协助组织公开答复或召开公开听证会,做好息诉工作。对评估风险为二级的案件,在报检察长决定或检委会研究的同时,承办部门也要填写案件信访风险评估表送控申部门,并在做出处理决定3日内,将案件相关文书送控申部门备案。

4.认真做好接访、下访巡访工作,切实把问题解决在首办环节。对涉检信访案件及上级交办案件要按照把问题"解决在基层、解决在首办环节"的原则,首先做好受理接访工作。可以实行定点接访、预约接访,必要时可以采取多部门联合接访的形式,使每个相关业务部门都是首办责任部门,充分体现"责任人"的价值,真正把问题解决在"萌芽状态"。对于群众反映强烈、社会影响大的涉检信访问题,要主动深入基层,深入农村带案下访,定点巡访,化解矛盾,维护稳定。一是定期到涉检信访案件多的乡村、集镇进行下访巡访,解决排查存在的不稳定因素;二是与乡(镇)、村(街)建立经常性的联系机制,配合相关部门做好矛盾纠纷排查、调解工作;三是积极参与社会治安综合治理,深入开展宣传工作,对可能引发集体访、告急访、越级访的不稳定因素,做到早介入处理,把矛盾解决在当地;对已经检察机关逐级处理的信访案件,要定期进行回访考察,回访案件当事人和当地人大代表、政协委员、执法执纪监督员等,充分征求群众意见,通过定期巡访、回访,做到案结事了。

5.完善案件质量监督机制,预防和减少涉检信访。一要强化质量观念提高执法水平;二要建立和完善办案规则强化案件流程管理;三要规范执法行为,加强监督制约,充分发挥人民监督员、内部执法监察、案件质量评查的职能作用。

三、做好涉检信访工作对检察干警的素质要求

做好新时期新形势下涉检信访工作检察干警应具备的素质是:政治坚定、业务精通、作风优良、执法公正。这也是对政法及检察队伍的总要求。胡锦涛总书记 2007 年 12 月 25 日同全国政法工作会议代表和全国大法官、大检察官座谈时,在推进政法队伍建设要求中对此又作了进一步强调。作为一名基层检察院的执法办案人员,在具体的司法实际工作中应当不断提高自身素质,达到上述要求,才能适应新形势下检察工作的需要。

1.牢固树立和坚持依法治国、执法为民、公平正义、服务大局、党的领导为主要内容的社会主义法治理念,以此指导检察工作和涉检信访工作。当前要认真学习贯彻党的十七大精神,全面落实科学发展观,认真学习胡锦涛总书记同全国政法工作会议代表和全国大法官、大检察官座谈时的重要讲话,贯彻落实全国和省、市政法工作和检察长会议精神,结合本地实际,正确履行法律监督职能,确保党的路线方针政策和决策部署在检察工作中得到不折不扣的贯彻执行。确保社会大局稳定是涉检信访工作的首要政治任务,做好涉检信访工作的标准,就是要看群众满意不满意,把维护好人民群众的合法权益作为涉检信访工作的根本出发点和落脚点,着力解决群众最关心、最直接、最现实的利益问题,切实化解矛盾,调处纠纷,带着深厚的感情为群众排扰解难,为他们提供有力的法治保障和法律服务,这是我们树立和坚持社会主义法治理念最重要的体现。

2.做好涉检信访工作要具备良好的职业道德。"忠诚、公正、清廉、严明"8个字是对每一个检察干警职业道德的基本要求。在工作中要不断加强职业道德修养,忠于党、忠于国家、忠于人民,忠于事实和法律,忠于人民检察事业,恪尽职守,乐于奉献。在执法办案中要崇尚法治,客观求实,坚持法律面前人人平等,自觉维护程序公正和实体公正。并且要严格执法、文明办案,刚正不阿,敢于监督,勇于纠错,捍卫宪法和法律尊严。事事处处都要模范遵守法纪,保持清正廉洁,淡泊名利,不徇私情,自尊自重,接受监督。同时,还要做到对待群众说话和气,态度和蔼,办事热情,服务周到,考虑细致,多为群众提供便利。工作中不怕苦、不怕累,自觉做人民的勤务员。

3.不断提高业务工作能力。业务熟练,法律知识全面,能够独立解决重大疑难问题。不但要够熟练掌握刑法、刑事诉讼法、两高司法解释的基本知识,而且要熟悉了解民商法、经济法、行政法及其他相关法律知识,熟练并准确使用业务工作程序。善于分析思考和归纳总结工作中的特点、经验教训和具有指导性的、倾向性的问题,分析和解决问题的能力强。工作扎实,成绩突出,有亮点、有创新。只有具备这样的业务工作能力,才能做好涉检信访工作乃至所有检察工作。

(汝州市检察院调查与研究第2期　2008年3月13日)

如何做好涉法涉诉信访工作

●文／张艳丽

党的十七大报告指出,社会和谐是中国特色社会主义的本质属性。检察机关处理涉法涉诉信访工作,事关人民群众的切身利益,事关社会的稳定和谐,是人民群众普遍关心的问题,也是检察机关的一项非常重要的工作。我们要充分认识处理涉法涉诉信访工作对构建社会主义和谐社会的重大意义,认真解决群众最关心、最直接、最现实的利益问题,积极化解矛盾。笔者就如何搞好涉法涉诉信访工作谈几点粗浅的看法:

一、注重学习,提高认识

认真学习、深刻领会胡锦涛总书记"群众利益无小事"的讲话精神,确立"信访工作无小事、人人都是信访员"的指导思想。既要学习法律、法规,也要学习方针、政策;既要学习理论知识,提高我们明辨是非、把握全局的能力,也要学习实践知识,掌握相关的法律、法规和政策,提高具体工作的能力;既要在学习中实践,也要在实践中学习。只有这样,才能不断提高素质,适应工作要求;才能不断积累经验,提高工作能力;才能在处理信访问题中厚积薄发,抓住关键,游刃有余。

二、做好排查,依法维护稳定

信访工作涉及面广,头绪较多,加大信访工作处理力度,常规排查、预警排查、应急排查、专项排查相结合,一般问题交办解决,复杂疑难问题会审解决,重大问题专案解决,立足源头控制,做到早发现、早准备、早控制,深入分析排查不稳定因素,提前制定预案。做好初信初访工作,把缠访、闹访和群体性上访、赴京上访作为工作重点,对重点案件、重点人口认真落实领导包案,做好疏通化解,准备稳控方案,强化责任落实;对无理缠访、恶意闹访的视协调各方面的关系,注意与有关部门加强沟通。

三、实行分级负责制

信访工作应围绕党和国家的中心工作,坚持"以稳定压倒一切"的重要原则,正确处理好改革、发展、稳定的关系。为控制"三访"的发生,应积极落实领导责任,抓好信访工作,着重做好上访群众的思想疏导工作,实实在在为上访群众解决实际问题,排忧解难,使大量的信访问题被消除在萌芽状态。定期对不稳定因素进行排查,形成制度,依照"分级负责、归口办理"、"谁主管,谁负责"的原则,责任到部门,责任到个人,对信访疑难积案采取"领导牵头,信访协调,部门负责"的办法逐步予以解决。特别是在"两会"等重大政治活动期间,必须进一步加强排查工作,主动和上访者所在地相关单位联系,时刻保持信息联络畅通,及时掌握重点人员的动向,做到人动我知,人动我动,责任到人,做好化解工作。杜绝进京上访、上访闹事等情况的发生。

四、热情诚恳重初访

很好地接待信访人特别是接待初访是做好信访工作的重要一环。在对待上访群众的态度上一定要做到耐心、热心、诚恳,做到一张笑脸相迎,一声"请坐"相请,一杯热茶相敬,一句"请讲"相听,一声"再见"相送,拉近与上访群众的距离。首先接访人要摆正自己的位置,在信访群众面前不能居高临下、以势压人,更不能动辄训人、专挑毛病,而应做到诚心诚意,热情相待。在接待过程中,要力求做到"官方"语言百姓化,深奥哲理形象化,思想教育情感化,讲道理实例化;要力诚官话、空话、套话、大话,使上访群众一听就懂,最终让上访群众含着怨气来,带着满意归。

五、讲求方法重引导

一般情况下,处理信访问题可以采取灵活的策略,宜情则用情,宜理则用理,宜法则依法。但很多信访案件,情、理、法纠缠交织在一起,情况十分复杂,解决起来就需要运用科学的方式方法,不能操之过急,盲目处理。第一,不能凭"高压"稳局面。在来访接待中,有时可能会遇到一些很僵的局面,对待这种情况,接访者要以冷静对粗暴,以克制对冲动。要稳定情绪,坚持原则,耐心讲解有关政策。切不可动辄以训斥代引导,用制裁相威胁,以权压人。第二,不能拿"许愿"下台阶。一些重复访之所以一而再、再而三地上门,除了其本人解决问题心切外,主要是领导者答复不果断或乱许愿造成的。接待上访时切忌推上推下,含糊许愿。上访者提出要办的事,能办就能办,不能办就讲明不能办的原因,给予明确答复;如果对方提出的问题需要再等一段时间,经过一定程序后才可以办的,就明确让其等待。第三,要注意处理好群众激烈情绪与坚持是非标准的关系,做到实事求是。不能因群众情绪激烈、规模大、涉及面广就做出让步,不坚持是非标准,那样做无疑是在助长不良的信访风气,进而诱发大规模集体访、超级访,扰乱正常的信访秩序,影响社会稳定。

六、解决问题重实效

要克服重接待、轻落实的不良倾向,信访接待完毕要迅速督促解决问题。单位一把手是第一责任人,要亲自抓、负总责。要认真坚持党政领导信访接待日制度,严格落实"首访责任制",按照"谁接待,谁负责处理"的原则,包接待、包协调、包督办、包落实、包稳定,一包到底。能当时解决的问题采取现场办公的形式当天解决;需认真调查核实才能做出处理的,责成责任单位办理,并要求回报结果;情况复杂或涉及多个部门的问题,由接待领导召开协调会议共同研究解决。信访案件办理过程中,要及时督导调度,办结后要做好回访,确保问题圆满解决,上访人息诉罢访。信访部门及信访工作人员要牢固树立稳定压倒一切的思想,树立信访无小事、信访无分外事的思想,坚持群众有百分之一的理由,就要尽百分之百的努力去解决的原则。要充分发挥信访部门的职能作用,积极协调有关部门抓早、抓小、抓苗头、抓预防,在最有效的时间内把问题处理掉,把矛盾解决在基层,解决在萌芽状态,为维护社会政治稳定做出积极贡献。

七、依法治访不迁就

依法治访的核心内容是"两个规范",即依法规范信访工作行为,依法规范群众信访行为。依法规范信访工作行为,就是要始终坚持信访工作"谁主管,谁负责"、"分级负责,归口办理"的总原则,该谁办的事谁办,该哪处理的问题哪处理。对因相互推诿扯皮、久拖不决或重视不够、工作不力造成重大影响甚至酿成事端的,该追究谁的责任就追究谁的责任,该追究到哪一级的就追究到哪一级,一律依纪、依法严肃处理,决不姑息迁就。依法规范群众信访行为,就是要在对群众做好宣传教育工作的基础上,实现依法、逐级、有序上访。从而依法规范信访工作秩序,维护社会政治稳定,为全面建设和谐社会创造良好的环境。

构建和谐社会是一个长期的、动态的、不断改革和完善的过程,因此,涉诉信访工作也需要我们不断的摸索、创新。

(汝州市检察院调查与研究第 12 期　2008 年 6 月 2 日)

浅议民行检察工作中的涉法涉诉信访问题

●文／宁晓蕾

检察机关担负着依法治国的重要职责，在构建和谐社会中使命光荣，责任重大，责无旁贷，义不容辞，必须做出积极的努力。在构建和谐社会的伟大工程中，检察机关大有可为，也应当大有作为，具体应当立足于检察职能，结合地方实际，积极主动地为构建和谐社会开展工作。目前出现的涉法涉诉信访高潮呈现出总量大，主体错综复杂；信访形式更加多样化；信访内容涉及面广，处理难度大的特征，涉法涉诉信访已成为影响社会稳定与和谐的主要因素。检察机关参与和谐社会建设就必须解决严峻的信访问题。下面对检察机关民事行政检察监督领域解决涉法涉诉信访问题浅谈几点个人的看法：

一、要狠抓案件质量，从源头上遏制引起涉法信访的诱因

检察干警首先要从思想上认识到涉法信访问题的重要性，进一步增强责任感，坚持实事求是、依法办案的原则。一旦出现信访问题要抓紧组织力量，对涉法信访案件进行全面排查，查清问题，找准原因，逐案逐人进行登记建档，做到底数清，情况明，有什么问题就依法解决什么问题。对无理上访的，要态度明确地予以告知，说服其罢访息诉。闹事的，要教育、批评直至依法制裁。把解决实际问题，加强思想教育和依法打击处理违法行为有机结合起来。要进一步完善领导包案接访制度，凡是由司法机关信访部门多次调处仍未有效解决的信访案件，原则上都要由部门领导亲自包案接访，认真落实定领导、定时间，包调处、包稳定的"两定两包"工作制度。对因案件周期较长而导致的信访，着力强化政法工作的监督与制约，通过规定办案期限、案件督察等多种形式，积极解决"久拖不决"的问题，维护当事人的合法权益，减少信访隐患；对因法律知识不清而导致的信访，应当通过建立案前、案中、案后全方位的法律咨询服务体系,积极为来访群众提供法律服务,解疑释惑,化解矛盾;对需及时办理的重大涉法信访案件,由信访组向有关部门下发督办函,限期办理,必要时由单位领导亲自挂牌督办,包案处理;对重点上访老户,应当建立"信访档案",实行长期监管,特别是对可能造成越级访的,及时采取措施,加强教育引导,努力使问题解决在基层,消除在萌芽状态。

二、信访过程要体现公开、透明原则

信访过程体现公开、透明原则,在人们可以看得见的状态下,将信访公务行为向信访人和社会公开。越来越多的经验表明,公平的实现必须在程序和形式上表现出公开性。在实践中,如果信访的公开透明度滞后,会使极少数信访人摸准了社会需要稳定的"软肋",人为地制造不稳定的假象,其"闹中求决"的手段在实践中屡试不爽,并导致更多的信访人效仿,带来了不少社会负面效应。信访信息系统可以方便信访人提出信访事项,监督信访事项的受理、办理,使上级机关能够及时了解、督促有关机关办理信访事项,避免多头信访和重复信访,节约成本。我院实行的信访听证会制度,使信访人充分表达意愿,援助律师参加听证,邀请与会人员广泛;利用多媒体示证,展示案件事实证据;当场问卷调查,征求意见,继续做好信访人工作,收到了良好的法律效果和社会效果。

三、在民事行政检察监督领域要维护司法的权威

检察机关与审判机关共同构成我国的司法体系,在强调司法的权威性和终局性的情况下, 检察机关应当充分发挥出其在维护司法裁决的公正性与稳定性中的地位与作用。因此,在我国实行两元司法的宪政框架之内,实行司法机关解决社会纠纷终局性的含义是:第一,检察机关对于生效的裁决认为是错误的,应当以有限次抗诉的方式予以救济,以维护司法机关应当具有的公正性;第二,检察机关审查认为裁决是正确的,即人民法院的生效裁决一旦经过检察机关的审查认为不符合抗诉的条件, 就应当视为终局性的裁决,除人民法院依审判监督方式外其他机关不得干预,以维护司法机关裁决的稳定性。

四、以和解促和谐

我院民行科在自愿、合法的原则上,充分尊重当事人处分权利,大胆尝试民行申诉和解这一解决民行纠纷的有益探索,通过认真阅卷,积极对双方当事人进行说服教育,成功促成当事人和解。比如我院受理的石某甲、杨某某申诉的道路交通事故人身损害赔偿纠纷一案,2007 年 6 月 28 日,汝州市焦村乡张村村民赵某某向汝州市人民法院起诉,请求判令交通肇事被告人李某甲及其法定代理人李某乙、杜某某,交通肇事被告人石某乙及其法定代理人石某甲、杨某某互负连带赔偿责任,赔偿原告医疗费、误工费等共计 30000元。2007 年 11 月 20 日汝州市人民法院做出判决,判令被告石某甲、杨某某赔偿原告赵某某医疗费、误工费等共计 13417.40 元。李某甲的法定代理人李某乙、杜某某承担连带赔偿责任。

2008 年 1 月 30 日,石某甲、石某乙对汝州市人民法院(2007)汝民初字第 981 号民事判决书不服,来我院申诉。该案受理后,承办人对卷宗进行了调阅。

经审查认定:2007 年 6 月 5 日,李某甲驾驶申诉人石某乙的两轮摩托车载着石某乙、石某丙由南向北行驶时,与骑自行车由北向南行驶的赵某某相撞,致赵某某、李某甲受伤,车辆损坏,造成交通事故。李某甲驾驶石某甲、杨某某所有的未取得行驶证的两轮摩托车将赵某某撞伤,且无驾驶资格酒后驾驶。石某甲、杨某某作为该肇事摩托车的车主应对赵某某的损失承担赔偿责任。从阅卷中我们还发现,被申诉人赵某某的部分医药费条子存在暇疵。

双方当事人都对判决不满几次赴省上访。针对此种情况,我院民行科的同志商量后,给主管检察长进行了汇报,经主管检察长同意,决定尝试民行申诉和解的途径,对双方当事人进行耐心说服教育,争取促成和解,停访息诉。

在承办人将上述情况反馈给申诉人石某甲、石某乙后,石某甲、石某乙表示愿意同被申诉人和解。在承办人向被申诉人讲解了我国法律的相关规定和本案的情况后,被申诉人也同意和解。近日,双方当事人签订了和解协议。申诉人主动给被申诉人拿出 4000 元医药费,并向我院撤回了申诉。双方当事人对我院的这一做法表示感谢,并表示不再上访。

（汝州市检察院调查与研第 13 期　2008 年 6 月 2 日）

贿赂类犯罪的心理博弈及对策

●文 / 蒋建红

在我们查办的贿赂类犯罪中主要遇到的是行贿和受贿犯罪。行贿罪是指为谋取不正当利益,给予国家工作人员财物的行为。受贿罪是指国家工作人员利用职务上的便利,索取他人财物,或者非法收受他人财物,为他人谋取利益的行为。在侦查过程中,行贿人与受贿者往往由于种种考虑不配合侦查。本文分析了双方的心理博弈状态,并结合侦查工作实际对此种心理对抗提出了进行突破的对策。

一、行贿人在侦查过程中不愿或不会配合的原因

1.与自身利益相关。行贿人之所以行贿就是为获取自己的不正当利益,而我们进行的侦查活动也正是围绕这一行为展开的,这也必然会直接涉及其自身利益,考虑到自身利益会受到影响,他们往往不会讲出实情。

2.潜规则作祟。在我们法治不是十分完善的条件下,许多人思想中还存在"没钱不办事,只要花钱把事情办了,就不说别的",诸如此类的观念,使得行贿人认为花钱办事是正常的,既然钱已花了就不想再旧事重提。

3."江湖义气"影响。在当今国人心中还有着一种江湖情结——讲义气。在行贿受贿犯罪中也是这样,行贿人说出行贿行为,受贿者就会被所谓的"公众"认为他不讲义气、靠不住,以后不能和其共事(尤其在受贿人将请托事由办好的情况下),碍于面子而不愿供出受贿事实。

4.潜在威胁。在贿赂类犯罪中,行贿人与受贿人所处的地位存在明显的优劣之分。受贿者处于明显的优势,行贿人将长期处于其势力影响下并存在潜在的威胁,如果行贿人的配合不能使受贿人受到严厉制裁将直接影响行贿人以后的利益,故在权衡利弊后往往不敢得罪相关人员。

5.对法律的惧怕。行贿人无论是作为犯罪嫌疑人还是作为证人,都会慑于法律的惩罚而闪烁其词不愿作证。

二、受贿者在侦查过程中不愿或不会配合的心理

1.地位优越感。受贿者大都是具有一定身份和地位的国家工作人员,而办案人员在受贿者眼中只不过是些"当兵的",级别和他不对等,有一种高高在上的优越感,根本不把办案人员放在眼里,更不会配合办案,讲出实情。

2.社会关系安全感。受贿者大都有一定的职务身份地位,而且还有一定的社会关系背景,他们大都竭力与办案人员周旋为社会关系网的"营救"争取时间,认为凭自己的社会关系可以摆平,所以办案之初不会轻易道出实情。

3.自信心。现在的行、受贿手段都比较隐蔽,在很多时候都是所谓的"一对一"。自以为只有天知地知,你知我知。认为只要自己不说,量你也不能奈我何。

4.侥幸心理作祟。对于一名国家工作人员,被查证有无问题的后果他们都很清楚。因此,他们都心存侥幸与侦查人员进行无谓的周旋。

三、突破行、受贿人的种种心理对抗的对策

1.先声夺人。因为我们所面对的不少是领导干部,在受审时还官架子十足,对侦查人员不屑一顾,如果不消除其威风就不可能将侦查向下进行。因此必须从心理上、气势上压倒对方,以严肃的态度和有分量的言词打掉其威风,从而使其以正确的态度接受审查。

2.闪电攻心。在心理学上,人如果突然遇到直接的冲击,往往会出现意识空白、思维混乱、反应迟钝等心理现象。这里所讲的闪电攻心实质上是以快攻心、以快取胜、以准致命。这主要是对一些反侦查准备不很充分、心理防线不太牢固的侦查对象,或者是社会经验不足、反应能力、心理素质不太强的侦查对象比较有效。

3.分散瓦解。如前面所分析的那些有江湖义气的,他们表面上牢不可破但实际上却多是同床异梦、相互猜疑。这种有利时相互勾结、不利时各保其身的团伙、群体,在侦查主体的强大政治攻势下,其部分成员会从其自身的利益考虑,容易产生对整个小利益团伙的不信任,从心理上对小利益团伙的可靠性、稳固性形成否定态势。只要我们选择薄弱环节,努力突破一个就可事半功倍,势如破竹。

4.恩威并重、刚柔相济。在攻心的内容上突出思想教育和法律威严相结合,着重对侦查对象既讲明法律又关心引导,以两者相结合的办法对侦查对象进行攻心谋略,促其供出实情。

(汝州市检察院调查与研究第 30 期 2008 年 10 月 10 日)

检察技术如何配合好职务犯罪的查案工作

●文/魏亚英

依法查办贪污贿赂、渎职侵权等职务犯罪案件,是检察机关的一项重要法律监督职能,是党和国家反腐败斗争的重要组成部分。检察技术部门和技术人员的主要职责是为办案部门做好技术保证,提供技术支持。而检察技术部门作为配合职务犯罪查案的一个重要部门,如何有效发挥法律职能作用,充分运用专业知识技能,为查办职务犯罪案件提供好技术服务,是当前检察技术部门乃至检察机关需要思考的问题。

一、检察技术配合好职务犯罪查案工作的重要意义

1.发挥检察技术视听工作职能,确保案件程序和实体公正。检察机关自侦部门以往的侦查模式对讯问职务犯罪嫌疑人往往是在封闭状态下进行,既没有律师介入,也没有录音、录像的记录和再现,致使很多犯罪嫌疑人在起诉或审判阶段,推翻其在原侦查讯问中所作的有罪供述。由于讯问方式的不公开,更容易造成人们对讯问活动合法性的质疑、误解甚至恶意中伤。翻供的犯罪嫌疑人、被告人基本上都把翻供的原因归咎于检察机关的侦查人员对他们的违法讯问上。这不仅破坏了司法公正,影响了诉讼效率,使案件质量得不到保障,错案时有发生,而且由于没有令人信服的有效手段证明侦查人员对犯罪嫌疑人的讯问是在合法、文明的状态下进行的,从而损害了检察机关的执法形象。因此,发挥检察技术视听职能,配合自侦部门在查办职务犯罪工作中进行照相、录像,把讯问活动真实、完整地记录下来,把检察人员的讯问程序置于阳光之下,及时固定证据或者保存执法音像资料,不仅使案件重要环节"事事可查",而且从制度层面也遏制了刑讯逼供等违法问题的发生,为查办职务犯罪案件质量提供了重要保证。

2.发挥技术性证据审查工作职能,提高办案效率和质量。检察技术性证据的审查工作在整体技术工作中非常重要,它不仅要从技术性审查中找到瑕疵或错误,通过一定形式予以纠正,而且要发挥技术监督作用,为检察机关办案提供客观、科学的证据和依据,确保技术证据质量,防止技术证据错误和疏漏造成错案,以及由此产生的国家赔偿。因此,自侦部门及时有效委托检察技术人员完成各项检验鉴定工作,不仅能提高工作效率,而且能确保办案质量。

3.发挥全程同步录音录像工作优势,促使办案人员规范、文明执法。对讯问犯罪嫌疑人实行同步录音录像,是检察机关加强执法规范化建设、保证职务犯罪侦查权正确行使的一项重要举措。通过全程同步录音录像,把自侦部门讯问职务犯罪嫌疑人的整个过程真实地记录下来,不仅对犯罪嫌疑人的心理起到慑作用,取得事半功倍的效果,而且对有效地促进办案人员自觉依法办案、规范执法,有利的固定关键证据有着极为重要的意义。

二、检察技术配合好职务犯罪查案工作的前提条件

1.立足检察工作职能范围,全面配合自侦查案工作。检察技术部门作为检察机关的有机组成部分,其技术工作始终贯穿于检察业务工作的各个环节。为此,要立足本职,在重视技术性证据审查、全程同步录音录像和视听工作在自侦部门查案中的重要作用的同时,继续加强和完善"侦、捕、诉、技、警协作配合办案"机制,积极协助自侦部门通过信息网络,构建案件线索管理系统和远程监控指挥系统,提高自侦工作科技含量,全面配合自侦部门讯问(询问)、搜查等工作。

2.检察技术人员具备过硬专业知识技能和政治业务素质。检察技术配合自侦部门查案,检察技术人员不是简单的参与者,更是讯问活动的监督者,要与侦查人员形成相互配合、相互制约、相互促进的关系。这就要求检察技术人员要有过硬的专业知识技能,要有较高的检察业务素质,要懂法、知法、严格执法,尽职尽责。另外,检察技术人员配合好自侦部门办案工作,也需具备过硬的政治素质。检察技术人员在参与办案活动中,不可避免的要了解一些案件信息,还可能接触一些关键证据,没有过硬的政治素质,没有"全院一盘棋"大局意识,都可能会给查案带来不良影响。

3.检察技术部门具备基本的专业技术设备和器材。检察机关配合自侦部门办案和服务全院工作,更多依靠使用专业技术设备和器材开展工作。实践中,检察技术部门设备和器材购置一次性完成,设备保养和更新换代工作非常重要,一些器材由于操作保养不到位,造成损坏无法正常使用。一些器材正落后于时代,但由于资金等原因设备更新较慢。为此,要在大力推进技术装备投入,保证常用技术设备和器材更新的同时,提高设备的熟练操作、保养、系统的维修等技术水平,保障技术专业设备及器材的正常运转,提高科技办案水平。

三、检察技术配合好职务犯罪查案工作的具体要求

1.加强与自侦部门的信息沟通,根据案件需要及时介入。职务犯罪的查办工作要实现检察机关办案"大格局"模式,自侦部门必须加强与相关部门的信息沟通,其中对办案中涉及有疑惑的书证、物证等证据,应及时委托检察技术部门搞好审查鉴定或者视听工作。检察技术部门根据自侦部门办案特点,及时指派技术人员提前介入,发挥专业知识技能,为案件取得突破奠定坚实的技术保障。

2.对自侦部门委托的各种检验鉴定要及时办结,高效完成。检察技术部门办理自侦部门委托的各种检验鉴定案件,必须高度重视,及时办结,努力做到配合不添乱,监督不影响办案进度。必要时,应明确审查检验鉴定期限,高效完成工作任务。另外检察技术人员不能就审查而审查,就办案而办案,应着眼查案全局,通过审查发现问题,提出合理化建议,注重案件法律效果和社会效果的统一,确保案件质量。

3.进一步规范全程同步录音录像工作,切实提高办案质量。同步录音录像的检察技术人员要遵守执行高检院和省市院下发的实施细则,严格履行审批程序,规范操作。由于受设备、人员等因素的影响,不重视、不规范的问题时有发生。全程同步录音录像工作主要涉及检察技术部门和自侦部门,任何一个部门不重视,技术人员或者办案人员配合不到位,就会造成"双录"工作程序违法和疏漏,使这项制度失去应有的价值。因此,技术部门和自侦部门要相互配合,共同努力,切实把职务犯罪的查案工作做细做好,决不能因为"双录"工作影响案件质量。

4.重视信息化应用在自侦部门查案中的优势,提高"数字化"含量。自检察机关自侦部门办案程序和一些职能调整以来,上下级之间通过检察专线网进行文件传输和在线交流活动日益频繁。检察技术部门要一方面积极保障好案件信息交流的网络通道畅通,另一方面要主动与自侦部门沟通,协助开发新形势下能够提高自侦工作的信息化应用系统。如远程监控指挥系统,上级院通过检察专线网直接监控基层院讯问活动,及时指挥。可以开发职务犯罪案件评估系统,把自侦案件信息以及涉及行业法规等全部输入系统,通过系统分析,对行业特点、发案规律作出评估,督促指导办案工作。

5.检察技术人员要服从统一指挥,提高保密意识。一般情况下,检察技术部门配合自侦部门查案都有明确的工作任务。实践中,技术人员接到办案部门委托的工作任务后,认为不是检察技术部门的案件,自己也不是案件承办人员,没有必要和办案人员一样执行办案纪律,严守案件秘密,容易造成案件信息的泄露。为此,要求检察技术人员必须执行办案纪律,严格保密原则,切实加强各个环节的保密工作,严防案情及录音录像资料泄露、流失。

6.重视检察技术人才培养,保证配合自侦部门办案的持续性。检察技术要配合好职位犯罪的查案工作,检察技术人才的培养显得尤为重要。相对其他检察业务部门而言,检察技术人员相对固定,但如果不及时加强检察技术人员专业知识的学习,不重视检察技术人员的培训力度,不提高检察技术全员工作水平,就容易造成办理重大或疑难案件时,查案工作中断,影响办案质量。检察技术工作要想配合好自侦部门的查案,保持工作的连续性,重点应放在培养更多专业技能人才上,使得人人都是多面手,提高应对检察技术工作的能力,确保配合自侦部门办案工作的连续性。

总之,检察技术作为配合职务犯罪查案工作的重要工作,将会逐步在自侦案件查案工作"大格局"模式下得以高效体现。检察技术部门应在重视硬件设备建设的同时,练好"内功",围绕办案搞创新,在职务犯罪案件查办过程中,全力做好配合工作,为检察机关职务犯罪案件的查办提供有力的技术支持与技术服务。

(汝州市检察院调查与研究第18期 2009年7月13日)

如何拓宽看守所职务犯罪线索渠道

●文／黄爱梅　唐雪霞

查办看守所职务犯罪是人民检察院监所检察工作的重要任务。通过查办看守所职务犯罪活动，对维护在押人员的合法权益和监管场所的正常工作秩序以及保障国家法律的统一正确实施具有十分重要的作用。但是由于看守所的特殊性，使职务犯罪隐蔽性较强、线索获取渠道单一、线索量少质次，加之部分检察干警重配合、轻监督，导致此类案件发现难、查处难、成案率低。因此，拓宽看守所职务犯罪线索渠道，是解决当前看守所职务犯罪线索匮乏、成案率低的关键。笔者认为，在强化监所检察干警查办职务犯罪意识的前提下，应从以下几方面拓宽线索渠道。

一、深化检务公开

1.坚持在看守所内设立检务公开栏、检察举报信箱，设置专门的举报电话。

2.借助检察院开设的外网，将驻所检察室的工作职能、检察人员、联系方式等信息资料在网上公布，使在押人员亲属以及社会各界人士了解驻所检察室的工作，使他们能够对发生在看守所内的职务犯罪案件进行举报。

3.向新入所的在押人员发放权利义务告知书，教育他们自觉运用法律武器来维护自身的合法权益，如果发生监管民警侵犯他们合法权益的行为，可以向驻所检察人员举报。

4.利用给在押人员进行法制教育的契机，向在押人员宣传检察机关查办监管场所职务犯罪工作职能，公布检举揭发兑现立功政策的有关案例，鼓励在押人员积极向检察机关检举揭发监管场所内发生的职务犯罪线索。

二、夯实工作基础

1.与本院相关业务部门建立沟通联系平台。监所部门应当安排专人定期和本院控申、反贪、反渎、公诉、侦监等部门开展联系,互通信息,从中获取有价值的职务犯罪线索。

2.规范线索管理。监所检察部门对收到的控告、举报材料应当指定专人负责,做好线索的登记、移送、保管等工作,防止线索的流失,并且要对线索严格保密,防止泄密。另外,对每件举报线索进行评估,使举报线索价值实现最大化。

3.加强物质保障。检察机关应当积极争取当地党委政府的支持,取得专项财政资金,建造独立的驻所检察室办公用房及相关设施,消除与看守所在物质上的依赖性,充分保障检察机关独立行使法律监督权。

三、加大检察力度

1.坚持全面检察。驻所检察人员要对在押人员生活、劳动、学习场所认真开展巡视检察,尤其对监管民警的值班记录、被监管人员违规处罚记录、就医记录等进行认真查看,从中发现监管民警的违法犯罪行为。

2.紧盯重点对象。把涉黑涉恶犯罪、职务犯罪、经济犯罪在押人员以及留所服刑人员作为监督重点,建立专门的信息档案,密切关注并掌握这几类人员的相关信息情况,注意收集在他们背后可能涉及的职务犯罪线索。

3.关注重要环节。要把在看守所日常监管活动中容易引发职务犯罪的环节作为驻所检察的工作重点,如:警械具的违规使用、对留所服刑人员违规安排探访等,作为挖掘职务犯罪线索的重要环节。

4.严审重点事项。对于看守所提请的留所服刑、减刑、假释、暂予监外执行材料进行仔细核实,发现明显违规操作的驻所检察人员应当及时组织人员开展深入调查,从中获取相关职务犯罪线索。

5.坚持谈话制度。与出所人员谈话,抓住出所人员离开羁押场所不怕打击报复并希望看守所内违法犯罪能够得到查处的心理,积极鼓励他们检举揭发职务犯罪;与在押人员亲属谈话,从一些在押人员亲属中获取职务犯罪线索;与看守所民警谈话,通过与民警之间进行沟通和联系,及时了解和掌握他们的思想及工作动态,在谈话交流中能够寻找监管场所职务犯罪的线索。

四、创新工作方法

1.建立"耳目"。可以借鉴看守所的做法,在看守所内建立检察耳目,通过这些耳目使我们能够及时了解掌握看守所民警在监管执法中的违法犯罪情况。

2.加强夜间和节假日检察。因为夜间和节假日是监管活动中最容易引发问题的重要时段,驻所检察人员通过开展夜间、节假日检察,及时发现职务犯罪线索。

3.与监管单位纪检监察部门建立联系沟通机制。通过定期走访,加强与他们的沟通,相互通报违法违纪方面的信息,争取他们的理解和支持,从而得到有关职务犯罪线索。

4.与有关部门和单位建立协调处理机制。对于在押人员检举揭发查证属实的犯罪线索,主动向有关部门和单位建议兑现政策,使检举揭发有功人员能够及时得到从宽处理,提高在押人员检举揭发的积极性,广辟案源。

5.与看守所建立监管信息和监控系统链接机制。驻所检察室与看守所不仅要实现监管信息联网,而且也要实现监控系统联网,从而扩大驻所检察的监督广度,延伸监督的触角,实现动态监督和同步监督,使驻所检察人员在第一时间内发现监管活动中违法违纪行为,并及时予以查处,维护司法公正。

(汝州市检察院调查与研究第 35 期　2010 年 8 月 11 日)

审查起诉阶段刑事和解的几点思考

●文/陈冬伟

刑事和解,又称加害人与被害人的和解,是一种以协商合作形式化解矛盾,达到良好社会效果的纠纷解决方式,其目的是弥补被害人受到的伤害,被害人在精神和物质上可以获得双重补偿,并使犯罪人赢得被害人谅解和改过自新、尽快回归社会的双重机会。正确运用刑事和解是检察机关在构建和谐社会中发挥自身职能作用的一个重要方面,各级检察机关都在积极探索和实践,但刑事和解也面临着众多疑惑,笔者结合工作实际,谈几点粗浅的认识和思考。

一、刑事和解对和谐社会建设的意义

当前刑事犯罪呈高发趋势,犯罪总量在增加,刑事积案在增加,重新犯罪率在上升,对社会和谐造成了不良的影响。司法实践证明,"重刑"在有效遏制犯罪趋势上升的同时,也带来一些负面影响,有时候为社会安定埋下了隐患,如邻里纠纷引发的轻伤害案件,交通肇事案件处理不当,两家都会因此结下更深的冤仇,不利于社会和谐,如果恰当的调解,由司法机关对犯罪人非刑罚和或轻刑化处理,使其主动悔改,真正承担责任,取得受害人谅解,恢复犯罪所损害的社会关系,减少社会对立面。因此,应用刑事和解,恰当的处理相关案件是社会和谐的需要,能对我国的和谐社会建设起到积极的推动作用。

二、审查起诉阶段办理刑事和解案件的基本情况

当前轻微及过失性刑事案件占基层院年度刑事案件的约三分之一。这些案件中邻里纠纷导致的轻伤案件、酒后出现摩擦案件、年轻人一时冲动出现的伤害案件和交通肇事案件占据相当大的比重。这些案件的犯罪嫌疑人与

被害人之间,没有很深的矛盾冲突,大都是因小事引起的摩擦。交通肇事案件更是过失犯罪,没有主观恶意。对这类案件目前的刑事和解主要是围绕民事赔偿展开的被害人和加害人之间的和解、协商和交易过程,准确地说,称为民事和解加检察机关的自由裁量权,把民事和解当作检察机关作出不起诉或建议公安机关撤案或建议法院从轻减轻处罚的一个情节,在审查起诉阶段刑事和解有如下特点:

1.适用和解案件比例较少。在刑事和解案件中,最花时间和精力的就是做加害人与被害人之间沟通协调工作,一方面,很多案件往往是检察机关花费了大量的时间和精力,但往往得不到双方的信任,并有可能引起一方或双方的误解,认为是在包庇袒护另一方,导致和解失败,仍按普通诉讼程序进行,最终吃力不讨好。另一方面,存在案多人少的问题,办案人员没有充分的时间和精力来做双方当事人的沟通协调工作。由于上述原因,检察机关承办人往往不愿意做刑事和解工作,而是选择按普通程序提起公诉。

2.处理和解案件的时间较长。由于被害人与加害人就赔偿数额达成一致需要一个较长的时间及过程,有时对已商定好的赔偿数额会反悔,反反复复,使得办案时间普遍较长。

3.和解案件在处理方式上不平衡。由于没有相应的法律规范,刑事和解尚处于探索过程中,各地适用刑事和解的模式不同,表现在经济赔偿和解和刑事责任处置两个程序上。在经济赔偿和解中,有的检察机关不参与和解,完全由双方当事人自行解决,有的则主持和解,有的由人民调解委员会主持和解。在刑事责任处置上,有的在双方达成和解后作出相对不起诉,有的建议公安撤案,有的建议法院从轻减轻处罚。

三、在审查起诉阶段刑事和解面临的实践难题

1.思想认识不统一。刑事和解与否成为同类案件同类情节在审查起诉阶段处理上不同的关键,有的检察人员认为与罪刑法定原则有冲突,我国《刑法》规定,法律明文规定为犯罪行为的,依照法律定罪处刑;法律没有明文规定为犯罪行为的,不得定罪处刑;刑罚的轻重,应当与犯罪分子所犯罪行和承担的刑事责任相适应。由此可见,是否要依法追究刑事案件中犯罪嫌疑人的刑事责任,应该以其是否达到法律规定的追责条件为依据,而不是以受害人与犯罪嫌疑人是否达成和解为依据,"刑事和解"并不是可以作出撤案或不起诉决定的法定充要条件。

2.检察官角色难定位。检察官们普遍对于如何摆正自己在刑事和解中的角色感到困惑。一方面,在贯彻宽严相济的刑事司法政策精神的指引下,检察官应积极推动刑事和解工作的愿望;另一方面,检察官所担负的代表国家追诉犯罪的职责又与其在刑事和解工作中的息讼做法相矛盾。

3.刑事和解案件的办理与审查起诉期限及办案人员紧张相矛盾。刑事案件的审查起诉期限一般只有1个月,而刑事和解程序一般要经过告知、和谈、签署协议、履行协议、审批、经科室及检委会讨论、作出处理决定、宣布等环节,每个环节都要耗费一定的时间、精力,从而使办案周期拉长,所花费的精力增多,这些都是检察人员不愿意启动刑事和解程序的重要原因,并直接影响刑事和解的适用率。

4.刑事和解确定的解决方式单一。从司法实践看,经济赔偿成为刑事和解的唯一解决方式。经济赔偿虽能在一定程度上能补偿被害人的物质、精神损失,但被害人的精神抚慰并不能全由经济赔偿代替,经济赔偿是否到位从实质上决定着刑事和解能否达成,从而在社会上容易造成刑事和解就是"赔钱免刑"或"拿钱买刑"的印象。这种单一的"以偿代刑"方式,易使部分有钱人凭借刑事和解逃避刑事责任,使无赔偿能力的人无法选择刑事和解程序,影响法律的公平正义。

5.缺乏社区矫正工作的参与。现行和解机制中没有社区代表的参与,检察机关注重的是加害人是否履行了和解协议,即是否赔付被害人经济损失,而受损社会关系的修复、加害人的矫正和回归则往往不是仅靠检察机关所能办到的。这无疑背离了刑事和解的另一价值追求——实现犯罪者的重返社会。

四、审查起诉阶段刑事和解程序的探索

1.人民调解委员会和一方或双方的代理人、辩护(代理)律师主持进行;也可由双方当事人所在单位或基层组织(比如居委会或村委会)派员主持进行;也可在征求当事人意见后由检察机关委托社区人民调解委员会或者其他基层组织主持进行,作为刑事调停人。检察机关充当调停人不但案多人少、期限紧张的矛盾更加突出,而且可能会引起双方当事人的误解,而这些组织或人员正是最佳选择,有利于公平公正和高效快捷地处理案件。

2.社区矫正工作的参与。在刑事和解案件办理过程中,由于条件限制,有些刑事和解的案件并不能马上达到预期的效果,有的社会关系需要慢慢恢复,有的违法行为需要慢慢矫治,有的可能需要社会帮助,在整个刑事和解的模式和程序中,检察机关不是唯一的,需要社会各界的共同努力。恢复性司法的一个重要价值取向就是实现犯罪者的重返社会。必须关注犯罪者的矫治和回归工作,社区、学校、单位、家庭等各方要积极参与,不能出现一"放"了之的倾向。

3.和解内容多样化。经济赔偿应该成为通常的方式但不是必须的方式,赔偿数额参照轻伤自诉案件,明确赔偿范围,确定一个具有伸缩性的赔偿额度范围。除赔偿损失外,增加其他处置手段。应该从立法上增加非监禁化处置措施,如训诫、具结悔过、社会帮教、劳动赔偿、社区公益劳动等,来保证给每个情节轻微的加害人以和解机会,保证公平公正,以防止社会上认为的刑事和解是"赔钱买刑"的错误观念的形成。

4.采用听证会的形式,保证和解程序的公开透明,防止权力的滥用。由案件主办人员主持,加害人及其代理人、监护人和亲属,受害人及其代理人、监护人、亲属,加害人生活社区或就读学校人员、工作单位人员参与,公开听取加害人、被害人、代理人及相关部门等人员的意见,并允许关注案件的群众进行旁听和监督,然后进行协商。符合条件的,制作刑事和解协议书,在主办人员的监督下,双方签字生效,以增加刑事和解程序的公开性和透明度。

5.和解程序的启动。以往刑事和解程序的启动,一般都是在刑事当事人表达和解愿望、提出和解请求之后。能否刑事和解与刑事当事人的法律政策水平息息相关,一些通晓法律政策,或有律师提供法律服务的刑事当事人,会积极地、主动地向司法机关提出和解的请求,而一些可以刑事和解的案件类型,由于刑事当事人诉讼能力、法律认知能力、法律政策水平较差,不知晓宽严相济的刑事司法政策,没有人为他们提供法律帮助,再加上没有一定的程序保障,来告知他们权利,为他们启动刑事和解程序,造成他们失去了和解的机会,形成了法律适用事实上的不平等。因此,刑事和解的启动程序理应保障刑事当事人人人享有权利的救济。刑事和解案件的启动程序,即制定刑事和解案件权利义务告知书,对符合刑事和解的案件,对被害人、加害人履行告知义务,把和解程序启动的决定权赋予被害人。

(汝州市检察院调查与研究第 1 期 2011 年 3 月 8 日,此文 2011 年 7 月在《法学教育》第 7 期上发表)

基层检察机关正确处理
涉检信访案件的实践途径

●文/乔义恩

涉检信访案件是公民、法人或其他有关单位通过信访渠道反映的涉及检察机关或检察人员的案件。依法正确处理涉检信访案件,对于扎实推进社会矛盾化解、社会管理创新、公正廉洁执法三项重点工作,维护改革发展稳定大局,促进和谐社会建设,具有十分重要的意义。汝州市检察院采取行之有效的措施,把化解矛盾纠纷贯穿于执法办案的始终,使大多数涉检信访问题解决在当地、矛盾化解在基层,由涉检上访大户变为信访工作先进单位,2011年2月被最高人民检察院授予"全国检察机关文明接待示范窗口"称号。我们的经验是要特别注意做好以下几项工作:

一、强化领导责任,完善奖惩措施,夯实处访工作基础

通过成立以检察长为组长统一指挥、协调全院信访工作的领导小组,明确检察长、副检察长和部门负责人对发生信访问题承担的领导责任,层层签订目标责任书,落实逐级负责制度,强化责任追究。对于疑难复杂信访案件实行院领导包案制度,包案领导对所包案件负责包劝返、包稳控、包处理、包息诉。对于造成赴省进京涉检上访的责任领导和责任人视责任大小分别给予通报批评、书面检查、黄牌警告、免职调离和党政纪处分。领导小组坚持每月例会制度,了解掌握涉检信访情况,研究解决重大疑难问题和制定信访工作措施。并且把涉检信访工作纳入绩效考评,与检察队伍、业务、信息化等工作同部署、同检查、同考核。制定了《涉检信访案件质量考评奖惩细则》和《执法办案监察监督工作细则》,建立干警执法办案考评档案,开展执法检查和案件质量评查,每季度对全院涉检信访情况进行考评通报一次,考评结果与部门和干警的奖励及评先评优提拔任用挂钩。形成了以奖惩强化全员责任促制度落实的处访工作模式。

二、推行信访风险逐案评估，强化涉检信访源头治理

将涉检信访风险评估作为执法办案的必经程序，实行"每案必评估"。建立《涉检信访风险评估预警制度》，规范明确案件信访风险评估预警的责任主体、等级划分、评估程序和跟踪督办、考评管理等流程。把各业务部门办理的所有案件全部纳入评估范围，突出抓好侦查监督、公诉、自侦等重点部门、重点环节执法办案的风险评估；突出抓好有重大影响、涉及民生、疑难复杂和拟作不予立案、不予批捕、不予起诉、撤回起诉、退回公安机关作其它处理以及不予提请抗诉、不予赔偿等重点案件的风险评估。通过实施逐案评估，不仅全院干警执法办案信访风险意识得到增强，信访早预测、风险早防范、矛盾早化解的工作理念成为办案自觉；而且加强了对执法办案全过程的动态监督，及时发现和纠正了错案、瑕疵案及违法办案行为，提高了办案质量；并且使各业务部门加强了协调配合，注重了释法说理，加大了矛盾化解力度，越级访、重复访减少，涉检信访案件比例明显下降。

三、严把初信初访关，力争把涉检信访解决在首办环节

在认真处理群众来信，文明接待群众来访的前提下，通过严格落实首办责任制，坚持检察长接待日和点名接访、预约接访及阅批群众来信制度，坚持下访巡访，到各乡镇现场接待群众来访，与信访人签订双向承诺，实行快分流、快调查、快结案、快反馈、快息诉等措施，使大多数涉检问题解决在首办环节，重信重访率明显下降。

四、建立健全涉检问题排查化解机制

认真开展涉检信访矛盾纠纷经常性排查和集中排查，对重信重访、可能引发集体访或群体性事件或有赴省进京苗头的涉检信访问题进行重点排查，在重大节假日、重大政治活动时期进行专项排查，对排查出的涉检问题逐案建档，制定方案，动态管理，跟踪督办，限期解决。建立联合处访制度。以参加市(县)委书记、市(县)长大接访活动为契机,加强与信访、公安、法院、行政执法、乡镇党委政府等有关单位的联系配合,在汝州市委、人大、政法委的支持下,建立了信访工作联席会议制度、信访信息通报制度和处理信访协作制度等,搭建一个联动各方、配合协作、齐抓共管处理涉法涉检信访案件的工作平台。工作中,我们既立足检察职能为公、法等部门排忧解难,又借用他们的力量解决涉检信访问题,实现了压力分担、优势互补、共同处理诉讼环节疑难信访问题的格局。同时,加大调解力度,树立调解也是执法的观念,把调解优先原则贯穿于执法办案中,努力实现案结事了。对年均约占起诉案件总数70%以上的轻微刑事案件(其中轻伤害、交通肇事案约占40%)实行刑事和解,化解矛盾纠纷,减少对抗、促进和谐稳定。建立了刑事司法救助基金制度,对生活困难确实需要帮扶的信访群众,实施司法救助,多策并举清涉检信访积案。

五、进一步畅通群众诉求反映渠道

在完善文明接待窗口建设,为群众提供良好的来访环境,实现网上举报申诉、网上回馈、案件信息公开查询等方便群众投诉举报的基础上,进一步疏通"受理、接访、办理、反馈"渠道。一是检力下沉、倾力社区、服务基层。依托乡镇检察室协调乡镇党委政府、信访、派出所、司法所、村街居委会等单位建立检察联络员制度。加强涉检信访信息报告、涉检信访案件处置、反馈、回访及法律宣传服务工作,使群众不出村、不出乡就能向检察机关反映问题。二是建立使群众合法、有序、理性维权的宣传工作制度。积极开展送法进社区入农户活动,大力宣传法律法规和检察职能,让群众充分了解熟悉涉检和非涉检诉求,避免群众"病急乱投医"、"遇事乱上访"。三是对疑难复杂涉检信访案件实施公开听证、公开质证、公开答复,认真听取当事人意见,坚持做到让当事人在公开场合讲话,把想说的话说完,充分表达合理诉求。

(汝州市检察院调查与研究第14期　2011年5月24日)

浅谈秘密技术侦查手段
在职务犯罪中的运用

●文／任川川

所谓的技术侦查,是指侦查人员利用现代科学知识、方法或技术秘密收集犯罪证据、查明犯罪嫌疑人的各种侦查措施,主要包括测谎催眠、监听监录、卫星定位、密搜密取、邮件检查等。《国家安全法》和《人民警察法》明确规定的可以行使技术侦查权的主体是国家安全机关和公安机关,而检察机关在职务犯罪侦查中能否运用技术侦查手段却没有明确的法律法规依据。而在 2010 年 11 月 19 日,最高人民检察院副检察长朱孝清在中国人民大学法学院演讲时透露,在新一轮司法改革中,包括监听、窃听等在内的技术侦查手段都将得到明确规定,可适用于重大的职务犯罪案件。这可能预示着检察机关使用秘密技术侦查手段将为期不远。

一、职务犯罪侦查中运用秘密技术侦查手段的必要性

职务犯罪,主要是指国家工作人员利用职权实施的贪污受贿、渎职侵权等形式的犯罪。这类犯罪属于高智能型犯罪,具有隐蔽性强,涉嫌犯罪嫌疑人往往有职务或较高的职务, 与承办人、领导相互认识或有这样那样的关系,导致取证困难、反侦查手段丰富、办案阻力大等,有时还无法使用严厉的侦查措施,运用常规的侦查措施也往往难以奏效。如果局限于只使用有限的侦查措施或手段,无疑是自缚手脚,根本不能适应当前我国反腐败斗争的客观需要。

赋予检察机关技术侦查权在国外司法实践中已很普遍。在美国, 根据1968 年的《综合犯罪控制与街道安全法》规定,检察官对贿赂政府官员罪,有权进行监听、窃听、使用线人等技侦手段和措施。他们认为,贿赂等腐败犯罪是一种高隐蔽性的、"一对一"的犯罪,外人无从知晓,很难取得令法庭满意的证据,因此只能依靠技术侦查和"秘密渗透"的手段。虽然这种手段过去和现在一直受到强烈批评,但司法部门坚持认为,"对官员的贪污必须使用新的手段才能查清情况,掌握证据"。另外《联合国反腐败公约》于是2003年10月31日经第五十八届联合国全体会议通过,明确规定:"为有效地打击腐败,各缔约国(包括中国)均应当在其本国法律制度基本原则许可的范围内并根据本国法律规定的条件在其力所能及的情况下采取必要措施,允许其主管机关在其领域内酌情使用控制下交付和在其认为适当时使用诸如电子或者其他监视形式和特工行动等其他特殊侦查手段,并允许法庭采信由这些手段产生的证据。"这一规定为我国检察机关查处职务犯罪行为使用技术侦查权提供了重要的法律依据。

二、职务犯罪中常用的秘密技术侦查

在职务犯罪中常用的秘密技术侦查手段很多,前期主要指电子侦听、电话监听、电子监控、秘密拍照或录像、秘密获取某些物证、邮件检查等专门技术手段。现在随着技术的进步出现了许多新的手段,如手机定位、网络IP定位等,下面就新出现的、在职务犯罪侦查中运用较为普遍的手机定位展开下说明。手机定位是指通过特定的定位技术来获取移动手机或终端用户的位置信息(经纬度坐标),在电子地图上标出被定位对象的位置的技术或服务。定位技术有两种,一种是基于GPS的定位,一种是基于移动运营网的基站的定位。基于GPS的定位方式是利用手机上的GPS定位模块将自己的位置信号发送到定位后台来实现手机定位的。基站定位则是利用基站对手机的距离的测算距离来确定手机位置的。后者不需要手机具有GPS定位能力,但是精度很大程度依赖于基站的分布及覆盖范围的大小。这项技术可以让侦查人员准确锁定犯罪嫌疑人的位置,使案件的侦查取得突破性进展。

三、职务犯罪案件适用技术侦查方面存在的问题

(一)未得到法律的明确授权

我国现有的法律没有对检察机关能否使用的技术侦查手段有明确规定,

制度本身存在重大的结构性缺陷,在今后必须要通过立法对技术侦查权的配置、适用对象、适用的案件范围、实质要件、权限、程序以及特殊侦查结果的使用、犯罪嫌疑人的合法权益的程序保障等内容予以规制。

(二)基层检察机关办案设备科技含量不高

技术侦查依靠的是强有力的高科技设备和人才,要想真正实现技术侦查必须要有技术设备的投入,这就需要有充分的财力资源支持。但在现今国情下,我们有些县区院受限于当地经济的发展,基本的办案办公设备尚不能配置齐全,更枉论高科技!总的说来,在办案中侦查技术设备做的还不到位,科技含量不高,办案大多还停留在传统的询问、熬点原始办案方式上,对于那些新增长的智能化、隐蔽性高的犯罪的查处,就无能为力、无从下手。

(三)技术侦查人才不足

设备是死的,只有与人操作的完美结合才能实现其高超的侦查能力。倘若投重资有了相应的高技术设备,但无人能操作,那么技术侦查也是无稽之谈。从长远来看,技术侦查的运用是职务犯罪侦查发展的必然趋势,但检察机关侦查人员绝大多数是法律专业,在现今检察公务员招录也局限于法律专业,这势必不利用侦查技术的发展,并且这一不利因素将在较长的一段时间内制约科技强检、强侦工作的进展。

四、技术侦查手段的新发展

十一届全国人大常委会第二十二次会议初次审议了《中华人民共和国刑事诉讼法修正案(草案)》(以下简称《修正案(草案)》)在完善侦查措施时就讨论到随着经济社会的发展和犯罪情况的变化,一方面,要完善侦查措施,赋予侦查机关必要的侦查手段,加强打击犯罪的力度;另一方面,也要强化对侦查措施的规范、制约和监督,防止滥用。《修正案(草案)》第八节技术侦查中提议:公安机关在立案后,对于危害国家安全犯罪、恐怖活动犯罪、黑社会性质的组织犯罪、重大毒品犯罪或者其他严重危害社会的犯罪案件,根据侦查犯罪的需要,经过严格的批准手续,可以采取技术侦查措施。人民检察院在立案后,对于重大的贪污、贿赂犯罪案件以及利用职权实施的严重侵犯公民人身权利的重大犯罪案件，根据侦查犯罪的需要，经过严格的批准手续,可以采取技术侦查措施。追捕被通缉或者被批准、决定逮捕的在逃的犯罪嫌疑人、被告人,经过批准,可以采取追捕所必需的技术侦查措施。如果该规定能写入刑法,这无疑是对技术侦查手段的最大肯定,也能很好的解决无法可依的尴尬局势，对职务犯罪破案率的提升也将起着不可限量的推动作用。

（汝州市检察院调查与研究第 2 期　2012 年 1 月 12 日,此文 2012 年 3 月 16 日被平顶山市检察院研究室转发并在 2012 年《法学教育》第 7 期上发表）

检察机关办理未成年人刑事案件
要做到五个强化

●文／陈冬伟

新刑事诉讼法修改后，对未成年人刑事案件诉讼程序进行了较大修改，设立了专门的特别程序，进一步强化了对未成年人的特殊保护，对检察机关办理此类案件提出了许多新的要求。结合目前检察工作实际，检察机关还需要在五个方面加以强化，以适应未成年人刑事案件诉讼程序的特殊要求。

一、强化对未成年人特殊保护司法理念

新刑事诉讼法修改之前，各地对未成年刑事案件采取不尽一致的做法，有的注重对未成年人的特殊保护，有的却较为淡化。各地思想认识还不一致，司法理念有所差异。因此新刑事诉讼法修改后，检察机关要强化对未成年人的特殊保护的理念。一是始终坚持一个方针、一个原则，即"教育、感化、挽救的方针"和"教育为主、惩罚为辅的原则"。这一方针和原则是指导办理未成年人刑事案件诉讼的标准，在出现法律规定不具体，法律条文解释有分歧时，按照以上的方针和原则进行解释或处理，处处体现刑诉法对未成年人进行特殊保护的司法理念。二是特别注重未成年人诉讼权利的保障。由于未成年人心智尚不成熟，认识问题的能力还不足，尚不能完全以自身的能力来维护自己的合法权益，不能独立的行使诉讼权利，所以要特别注重未成年人诉讼权利的保障，如，在讯问未成年人时及时通知其法定代理人到场等，有利于未成年人减少对抗，悔过自新，回归社会。三是在办理未成年人刑事案件时尽量实行非犯罪化、非刑罚化、非监禁化处理，注重亲情关怀。严格适用逮捕措施，坚持少捕、慎诉，对未成年人实行分案审理、分别羁押、分别教育、分案起诉等特殊程序，体现社会的人文关怀；实行亲情会见，文明、规范、人

性化讯问,缓减未成年人的心理压力,释放亲情关怀;办案人员在办案过程当中尽量不穿制服、庭审中使用"检察寄语"对未成年人进行教育感化等。对未成年实行特殊的司法保护,也是刑事诉讼法"尊重和保障人权"的重要体现。四是注重加强对未成年人的教育和犯罪预防。办案过程中,认真走访未成年人家庭、所在社区和学校,了解其性格特点、生活现状、成长经历及走上犯罪的原因,宣讲法律及犯罪的危害性,避免再次误入歧途;充分发挥学校主阵地作用,拓宽检校共建范围,指派经验丰富的干警深入校园开展形式多样、内容活泼的法制教育活动,结合案情为在校青少年上法制课,以案释法,营造青少年自觉学法、守法、用法的良好氛围。

二、强化专业性,建立未成年人刑事检察专业机构,配备专门人员

新刑事诉讼法设专章对未成年人刑事诉讼程序进行了专门规定,并适用了特殊程序,这体现了未成年人刑事诉讼案件与普通刑事案件的不同之处,强调了未成年人刑事案件的特别重视,对检察机关适应未成年人案件的办理提出了新的更高的要求,为检察机关建立专业机构提供了基础。

因为,一是未成年人刑事案件的特点,要求熟悉未成年人特点、掌握其心理特征的专人办理。以前检察机关办理未成年案件的专门机构大多设置在对未成年人保护重视的地区,机构设置不尽统一,如上海三级检察院均设置有专门的机构和编制。有的是在地市级所在基层院指定一个基层院专门办理辖区内的未成年人案件,如平顶山市新华区检察院设立未成年人公诉局办理市区 4 个基层检察院的未成年人公诉案件。大多数检察院尤其是基层检察院没有专门的机构和人员,有的也只是指定专门的人员成立办案小组办理未成年人案件。这些已不适应新刑事诉讼法对未成年人特殊刑事诉讼程序的更高要求。成立专门机构可以保证未成年人案件分案审理、分别起诉、分别羁押,能够加快案件办理进程,缩短办案周期,避免和减少交叉感染。二是未成年人特殊诉讼程序对附条件不起诉考察的客观要求。由于未成年人附条件不起诉的帮教考察由检察机关完成,而目前检察机关案多人少,很难抽出人员或很难专业性地对附条件不起诉的未成年人的活动进行有效地跟踪考察,由一般的案件承办人员进行考察,由于缺乏专门性,很难深入了解未成年人在学校、社会、家庭中的各种表现,成立专门的未成年人检察机构,可以更专业地由专人进行考察,提出考察报告,不至于使考察流于形式,保证这一检察环节的特殊制度落到实处。只有稳定的队伍,专门的机构,才更能适应未成年人刑事案件的特殊程序要求。三是办理未成年人案件的内在客观需求。未成年人刑事案件诉讼程序与普通刑事程序区别较大,如卷宗材料要标注未成年人字样,由专人保管,分案诉讼,分别讯问,分别羁押,分别审理等特殊要求, 由专业的机构和人员办理, 更能体现其对未成年人的特殊保护,符合司法工作专业化、精细化发展趋势和方向。未成年人刑事案件程序的特殊性也要求有专业的机构与人员进行办理,从而提高办理效率,保证办理质量,所以检察机关有必要设置专门的未成年人案件机构,配备专业的未成年人办理人员。四是成立专门的未成年人检察机关已经有较好的经验和外部条件。据《检察日报》报道,目前,全国成立有独立编制的未成年人刑事检察工作机构 298 个,没有独立编制的 303 个、专门办案组 1434 个,这为下一步在其它检察院成立未成年人检察机构积累了良好的经验。同时,建立未成年人刑事检察机构的外部条件适宜,2010 年,中央综治委预防青少年违法犯罪工作领导小组、最高人民法院、最高人民检察院、公安部、司法部、共青团中央等六部门联合出台了《关于进一步建立和完善办理未成年人刑事案件配套工作体系的若干意见》(以下简称《意见》),《意见》指出,要加强办理未成年人刑事案件专门机构和专门队伍的建设。这为成立专门的未成年刑事检察机构提供了强力政策支持。各级党委政府和社会各界多年来对未成年的关爱,社会管理创新的需要,也有利于党委政府对成立未成年人刑事检察机构的认可和支持。所以抓住这一有利时机,积极汇报,积极争取,顺应形势,及早成立未成年人刑事检察机构,为提高未成年刑事案件质量打好扎实的基础。

因此,除个别人员稀少、地处偏僻的基层检察院外,一般在省、市、县三级检察机关同时建立未成年人刑事检察机构,以加强对未成年刑事案件的监督,适应未成年人刑事案件诉讼程序的特殊需要,顺应社会强化对未成年人保护的时代潮流。

三、强化制度完善性,加紧对未成年人刑事案件办理制度的完善和修改

新刑事诉讼法设立未成年特殊诉讼程序,是刑事诉讼的较大修改,许多程序的设计都是以往刑事诉讼程序中所没有的,虽然这些制度的设计都是在各地实践经验的基础上得来的,但相对于一个检察院来说,更多的是新生的诉讼程序,即使以往已有的制度,相对于新的未成年人特殊诉讼程序也要进行调整和完善,所以结合新的特殊程序,加紧修改或完善各种制度,以适应其特殊要求。一是制订完善讯问未成年人通知法定代理人制度。细化对法定代理人身份核查、讯问过程、监督保障等环节进行具体规范。明确将讯问情况作为案件卷宗的必备内容。二是对附条件不起诉制度进行完善。现有的规定与以往工作实践有较大差别,如,汝州市检察院在 2010 年办理了河南省首例附条件不起诉案件,刑事诉讼法专家樊崇义教授参加并进行了指导,汝州市检察院出台了附条件不起诉制度办法,但是以往的实践与现行法律的规定出入较大,如附条件不起诉的适用范围为 3 年以下的轻微刑事案件,考察期为 1 个月以上 1 年以下等,这些都与新刑事诉讼的规定有较大出入,需要进行完善和修改,严格按现在新规定操作,防止突破新刑事诉讼法的规定。三是对未成年人刑事案件的考核机制的完善。由于附条件不起诉案件,程序繁杂,办案人员责任大,考察帮教工作量大,办案人员顾虑较多,如果还按以往的考核办法,很多办案人员不会主动去适用附条件不起诉,而是走一般的起诉渠道,以减少工作量,减轻责任,从而使这一检察机关多年探索出来的较好制度在实践中搁浅。因此,针对未成年人附条件不起诉案件,要改变或完善相应的考核制度,提高办案人员的主动性,减少他们办案的顾虑和担心,为这一制度下一步的推开积累实践经验。四是完善未成年人犯罪记录封存制度。《刑事诉讼法修正案(草案)》特别规定:"犯罪的时候不满十八周岁,被判五年有期徒刑以下刑罚的,应当对相关犯罪记录予以封存。"但是对于封存的主体、封存的程序,以及查询的程序都需要检察机关内部的相关制度进行明确与细化。

四、强化诉讼监督,加强检察机关对未成年人刑事案件诉讼程序的监督力度

一是强化未成年人刑事案件的羁押必要性审查。批准逮捕未成年嫌疑人后,检察机关还要加强对羁押必要性的监督审查,对不需要羁押的,应当建议予以释放或者变更强制措施。二是监督侦查机关、审判机关办理未成年人刑事案件的诉讼程序是否合法。是否讯问时通知法定代理人到场,公安机关是否通知法律援助机构指派律师,是否有女性工作人员在场,是否记录在案。对于没有通知法律代理人或者合适成年人到场而制作的讯问询问笔录,检察机关应当及时通知公安机关补正、完善。如果有证据证明这个笔录是通过刑讯逼供等非法手段取得的,则应该排除。对法院庭审时未通知法定代理人到场的,出庭支持公诉的检察人员应该提出意见,并且建议延期审理。三是监督有关机关是否按要求对未成年的犯罪记录进行封存。加强公安上网数据系统、户籍人口管理系统的法律监督,保证对未成年人犯罪记录的封存。对应该封存的记录没有封存或没有及时封存,检察机关通过提出检察建议等方式进行监督纠正。同时加强对未成年人犯罪记录封存的监督,对于负有保密责任的单位或个人由于工作不负责造成犯罪记录失密、泄密的,或者滥用职权、贪污受贿,故意泄露未成年人犯罪记录的,检察机关依法追究其法律责任。

五、强化工作合力,积极与其他司法机关、社区、学校、共青团、妇联等社会力量的沟通与协调

由于未成年人刑事案件的特殊性,其与社会各界的联系较为紧密,有些工作单靠检察机关一家难以完成,需要依靠或与其他司法机关、社区、学校、共青、团、妇等社会力量的沟通与协调。一是对构成犯罪但符合社区矫正的未成年人,依托司法行政机关的社区矫正部门、社区、乡镇设立派驻检察室以及法院、公安机关、人力资源和劳动保障等部门,并借助和发挥社会其他力量,共同做好对未成年人的社区矫正工作。二是对附条件不起诉未成年人的考察,以检察机关为主体,有效整合家庭、单位、学校、社区等多方面的帮教管理资源,由检察院牵头成立考察小组,提出考察意见。三是对未成年的犯罪记录封存工作,则要协调政法委牵头建立公安、检察、法院,以及教育、劳动、民政和档案等职能部门共同参与的联席会议制度,对未成年人犯罪记录的封存操作性和衔接性进行协调,以利于各职能部门各负其职的情况下相互协作,形成合力来贯彻落实新的刑事诉讼法特别程序当中规定的对未成年人犯罪记录的封存。四是加强部门协作,主动加强与教育、共青团、妇联及机关工委等相关部门的联系,打造未成年人合法权益维权平台,共同对未成年人犯罪进行综合预防,在社会不同领域、不同层面营造预防未成年人犯罪的氛围,合力构建维护未成年人权益的社会互动网络。

（汝州市检察院调查与研究第 15 期 2012 年 6 月 7 日,此文 2012 年在《当代学术论坛》第 7 期上发表）

如何做好新形势下的刑事申诉工作

●文／黄超锋

新刑事诉讼法修订幅度较大,内容涉及证据制度、强制措施、辩护制度、侦查措施、审判程序、执行规定、特别程序等多个方面,影响到检察工作的各个方面。结合检察工作实践,现就如何做好新刑事诉讼法框架下的刑事申诉检察工作提出一些粗浅的认识。

一、新刑事诉讼法对刑事申诉检察工作的影响

1.不服人民检察院处理决定的申诉将呈现有降有升趋势。由于逮捕条件得到进一步明确,一般案件不服不逮捕决定的申诉可能减少。对未成年人犯罪案件可以附条件不起诉,检察机关作出不起诉决定的案件会有所增加,相应地,不服不起诉决定的申诉也可能增加。

2.不服人民法院生效刑事裁判的申诉会有所增加,根据近年来受理刑事申诉案件的整体情况, 不服人民法院生效刑事裁判的申诉案件已占到全部刑事申诉案件的一半以上,随着新刑事诉讼法对刑事案件再审条件的扩张,势必会增加因诉讼程序违法和非法证据排除等理由提出的申诉。

3.检察机关作为赔偿义务机关的赔偿案件数量有望下降。新刑事诉讼法进一步澄清了证据的概念和种类、明确了证明责任和证明标准、确立了不得强迫自证其罪原则和非法证据排除规则,检察人员如果能够严格按照新的要求审查判断证据,办案质量将会显著提高,错拘错捕案件可能会大幅下降。

4.刑事被害人救助案件可能增多。由于侦查能力和水平的限制,侦查机关有依靠口供定案的积习,不得强迫自证其罪原则确立后,侦查人员获取口供受到限制,短期内可能出现刑事案件侦破率和起诉率下降,无法通过附带民事诉讼得到赔偿的刑事被害人数量可能增多。

二、如何做好新形势下刑事申诉检察工作

1.加大办理不服检察机关处理决定刑事申诉案件力度,注重办案效果。严格根据复查刑事申诉案件规定,按照"受理一件,办理一件,息诉一件"的要求,及时受理,依法复查,按时办结,确保办案效果。要认真落实首办责任制和"两见面"制度,采取调解等多种措施做好案件的执行落实和善后息诉工作,把化解矛盾、维护群众合法权益贯穿于案件办理全过程,做好释法说理、心理疏导和帮扶教育工作,最大限度兼顾法、理、情,努力实现法律效果、社会效果和政治效果的有机统一。要注重风险防范,加强源头治理和内部监督制约,把刑事申诉案件复查与评价机制、考核奖惩机制挂钩,从根本上预防和减少不服检察机关处理决定刑事申诉案件的发生。

2.落实修改后的刑事申诉案件公开审查制度,增强执法公信力。认真学习、贯彻落实修改后的《人民检察院刑事申诉案件公开审查程序规定》,积极实践公开听证以及其他公开审查方式,以公开促公正,增强执法公信力。采取多种方式,积极开展公开审查工作。要根据案件的具体情况,积极运用公开听证、公开示证、公开论证和公开答复等多种方式,简化操作程序,提高工作效率,注重办案效果,有效化解矛盾纠纷。

3.全面推进不服人民法院生效刑事裁判申诉案件办理工作,加强刑事审判监督。最高人民检察院《关于办理不服人民法院生效刑事裁判申诉案件若干问题的规定》(以下简称《规定》)出台以前,刑事申诉检察部门对于不服人民法院刑事裁判的申诉案件复查后,认为应该提出抗诉的案件,要将案件移交给公诉部门,公诉部门审查后认为符合抗诉条件的,再由公诉部门报请检察委员会讨论决定。程序繁琐,不利于提高办案效率。《规定》出台后,将不服人民法院生效刑事裁判的申诉案件办理的全过程都交由刑事申诉部门负责,包括出庭支持公诉,这就要求刑事申诉检察人员提高审查判断证据的能力、运用证据指控犯罪的能力,加强刑事审判监督职能,维护公平正义。

4.依法办理国家赔偿案件,切实履行监督职责。确保依法赔偿、及时赔偿、执行到位,正确履行赔偿义务机关和赔偿监督机关的职责,保护赔偿请求人的合法权益。要将办理国家赔偿案件与执法过错责任查究结合起来,对违法行使职权侵犯当事人合法权益的及时予以纠正,对有关责任人员移送有关部门依法依纪查究法律责任、党政纪责任。要使办理国家赔偿案件的过程成为纠正违法的过程,成为推动刑事司法工作人员树立严格规范执法的过程。

5.推动和规范刑事被害人救助工作,妥善化解社会矛盾。新刑事诉讼法规定要尊重和保障人权,不仅要体现保障犯罪嫌疑人、被告人的人权,也要体现保障被害人及其近亲属人权。实践中有案难破、有罪难认定的情况是客观存在的。一些刑事案件因各种原因无法破案,一些案件虽然公安机关宣布破案了,但受实践中重侦破而轻收集证据的办案倾向,可能存在难以起诉的情况。但被害人已经遭受了犯罪侵害,为保障被害人的人权,检察机关要在认真落实中央政法委等八部门《关于开展刑事被害人救助工作的若干意见》的基础上,对进入检察环节确需救助的,积极开展救助。将经济救助、精神抚慰、其他社会保障等多种举措有机结合,实现救助效果最大化。

(汝州市检察院调查与研究第 19 期 2012 年 7 月 20 日,此文 2012 年 8 月 31 日被平顶山市检察院研究室转发)

检察技术工作如何适应
新《刑事诉讼法》的新要求

●文／时智峰

修改后的《刑事诉讼法》对电子证据检验鉴定、司法鉴定人检验鉴定、全程同步录音录像、技术侦查等作出了新的规定,对检察技术工作提出了新的要求,但是各级检察机关适应新《刑事诉讼法》的技术装备、人员配备、制度建设等方面并不统一,检察技术工作如何适应新《刑事诉讼法》的要求,笔者略作浅谈。

一、新《刑事诉讼法》对检察技术工作影响较大的条款修改及其理解

1.证据种类中,“鉴定结论”改为“鉴定意见”。鉴定结论具有书面性,但其实质是鉴定人运用专业知识就某个专门性问题所表达的个人意见,是对案件事实的主观认识。随着社会上鉴定机构的增多,鉴定结论权威性在司法实践中经常受到质疑,成为涉法涉诉不稳定的重要因素。作为言词证据,新《刑事诉讼法》将“结论”改为“意见”,突出了此类证据在故意伤害、寻衅滋事、交通肇事等案件中的“参考”价值,加之鉴定人必要时接受法庭质询,这将削弱传统鉴定结论作为定罪量刑关键证据的作用。

2.证据种类中,增加“电子数据”。新《刑事诉讼法》没有对“电子数据”作出明确的界定。一般认为,电子数据是指除录音录像之外,以电子形式生成、以数字化形式的计算机存储信息,包含磁盘、光盘、移动硬盘等载体,用以证明案件事实的电磁记录物。传统做法将取得的“电子证据”化为书证、视听资料等证据形式出庭展示,这与传统视听资料的定义交叉较为明显。视听资料是指以图像和声音形式证明案件真实情况的证据。两者之间主要区别在于,视听资料侧重录音带、录像带、电影胶片等模拟信号,展示图像、声音等记录效果,电子数据则以计算机网络技术为载体,数字储存就是"0"和"1"组成的二进制的数字信号,展示电子邮件、电子文件、网上记录、电子签名、手机短信、域名等记录效果。

3.鉴定人出庭成为常态。鉴定制度中,我国新《刑事诉讼法》规定"鉴定人进行鉴定后,应当写出鉴定意见,并且签名。鉴定人故意作虚假鉴定的,应当承担法律责任"、"公诉人、当事人或者辩护人、诉讼代理人对鉴定意见有异议,人民法院认为鉴定人有必要出庭的,鉴定人应当出庭作证。经人民法院通知,鉴定人拒不出庭作证的,鉴定意见不得作为定案的根据"等条款。鉴定人出庭作证,接受控、辩双方的质证与询问,是对鉴定意见进行审查、确认其证据效力的主要途径,不再像以往司法实践中鉴定结论就是简单的定案"定论"。新《刑事诉讼法》把鉴定人出庭决定权交给法院,加强了审判职能,鉴定意见一旦不被采纳,一些因轻伤等引发的犯罪案件不利后果必然由检察机关承担。

4.同步录音录像成为重要证据。新《刑事诉法》规定,侦查人员讯问犯罪嫌疑人,对于重大犯罪案件,应当对讯问过程进行录音或者录像,录音或者录像应当全程进行,保持完整性。结合检察机关实施的全程同步录音录像制度规定,不难看出,"讯问人员与录制人员相分离"、"全程录制保持完整性"、"保障人权"等规定在新《刑事诉法》中都予以明确,这对于检察机关继续开展全程同步录音录像奠定了法律基础。

5.检察机关技术侦查合法化。人民检察院立案后,对于重大的贪污、贿赂犯罪案件已经利用职权实施的严重侵犯公民人身权利的重大犯罪案件,根据侦查犯罪的需要,经过严格的批准手续,可以采取技术侦查措施。此外,根据追捕被通缉或者决定逮捕的在逃的犯罪嫌疑人、被告人,可以采取追捕所必需的技术侦查措施。技术侦查措施,是新形势下侦查机关为了侦破特定犯罪行为的需要,采取的一种特定技术手段,通常包括电子侦听、电话监听、电子监控、秘密拍照、录像、进行邮件检查等秘密技术手段。技术侦查措施在《国家安全法》和《人民警察法》中有授权规定,新《刑事诉讼法》第一次对检察机关开展技术侦查的适用范围、程序与期限等做出明确的规定。

二、新《刑事诉讼法》对检察技术职能的新要求

1.证据种类的变化,凸显电子取证技术在案件侦查中的重要性。随着计算机网络技术快速发展,作为电子证据的存储载体,如硬盘、U盘、CF卡、TF卡、记忆棒等,存储容量不断增加,存储速度不断提高,通过电子记账、电子交易等手段实施的犯罪也不断增多,侦查模式沿用旧套路导致了案件质量不高、涉案数额缩水、实刑判决率底等问题。近年来,一些检察机关建立了电子取证实验室,运用电子取证技术打破办案瓶颈,取得了良好的法律效果。同时,电子数据容易人为删除、篡改,面临病毒破坏、硬件故障等危险,犯罪电子数据记录的有效获取是考验检察技术人员的难题。理论上,只要电子数据存储介质没有严重受损,可以通过数据恢复技术,获取全部或者部分被删除及硬件故障丢失的数据。

2.检察机关内部试行的全程录音录像制度上升至国家法律层面,运用计算机信息技术手段保障人权、打击犯罪,成为遏制刑讯逼供的有效举措。2006年以来,全程同步录音录像制度作为检察机关讯问职务犯罪嫌疑人的新举措,在规范执法行为、提高执法水平和办案质量、保障犯罪嫌疑人人权等方面发挥了积极作用,得到了社会各界的肯定。2011年底全国检察长会议作出了按照"全面、全部、全程"的落实全程同步录音录像制度。新《刑事诉讼法》将全程同步录音录像有条件的上升至国家法律层面,必然促使该项工作更为严格,讯问全程工作情况登记更加详细,录制光盘的安全保存更为严格,庭审中录制光盘表现出来的证据证明力将得到控、辩双方的重视。

3.随着公民法律意识的逐步提高,职务犯罪的特点呈现出犯罪手段隐蔽性、追求犯罪安全性、犯罪形式智能化等特点,技术侦查措施得到法律确认,使得办案思路转变,取证渠道更广,更有利于打击高智商、高科技职务犯罪。近些年来,高智商犯罪案例越来越多,如国家药监局原党组成员、副局长张某某受贿案,其绝大多数受贿款都是通过自己著书立说,行贿者不惜花高价购买他的书实现的。传统办案模式由供到证的方式面临诸多问题,技术侦查措施的法律确认,使得获取案件线索的渠道增多,案件科技含量得到提高,由证到供的办案模式将得以重视。进行技术侦查,必然要优化自侦部门的队伍素质,建立专门的秘密侦查制度,运用高科技技术侦查设备,这就为检察技术参与技术侦查拓宽了协作领域。

三、检察技术部门贯彻落实新《刑事诉讼法》的建议

1.提高证据意识,加大科技强检建设。定案的依据是证据。检察技术人员参与办案,鉴定人出具的鉴定意见书、全程同步录音录像系统生成的光盘资料、通过电子物证检验鉴定取得的电子数据等,出具的这些证据对于提高案件的侦查效率和执法水平有着重大意义。突破传统检验鉴定工作模式,拓展检察业务工作范围,增强获取证据的能力,实现现代办案理念和现代科学技术融合,离不开科技强检资金投入。没有科技装备基础,人才浪费流失。同样,人员配置不合理,检察技术新工作将流于文字。

2.提高规范意识,深化检察技术职能。新《刑事诉讼法》即将实施,检察技术工作参与办案职能将有"配合"转向"独立"。检察技术鉴定人要对出具的鉴定意见、技术人员要对讯问过程录音录像全程纪录等随着案件诉讼进程负责,接受法庭的质询。同时,检察技术要深化业务职能,充分借助"软件大统一"的机遇,加强业务培训,规范执法行为,保持检察技术力量成为科技强检的"前端力量"的优势地位。

3.提高服务意识,建立协作办案机制。检察技术部门作为信息化建设的牵头部门,具有综合部门的性质,技术人员参与侦查办案协作活动将更加频繁,建立更为高效的协作办案工作机制是迫切适应新《刑事诉讼法》的新要求。检察技术人员参与到执法办案过程中,不论是否从事案件有关的证据协助收集、鉴定意见出具等工作,都把自己作为独立办案和技术服务来进行定位,既要像办案人员一样遵守办案纪律,保守办案保密,又要增强围绕办案进行技术服务的意识。

总之,明年实施的新《刑事诉讼法》对检察技术部门必将产生深远影响,检察技术工作的范围得到扩展,工作规范化要求更高,科技装备及人员配备更加到位,协作办案工作新机制亟待建立。

(汝州市检察院调查与研究第 20 期　2012 年 7 月 20 日)

羁押必要性审查监所检察工作制度的构建

●文／黄爱梅

为强化检察机关对羁押措施的监督，防止超期羁押和不必要的关押，修改后的《刑事诉讼法》第 93 条规定："犯罪嫌疑人、被告人被逮捕后，人民检察院仍应当对羁押的必要性进行审查。对不需要继续羁押的，应当建议予以释放或者变更强制措施。有关机关应当在十日以内将处理情况通知人民检察院。"该规定是新增条款，明确赋予了检察机关对被逮捕后的犯罪嫌疑人、被告人羁押必要性继续审查的工作职责。作为监所检察部门必须尽快适应法律的新变化，高度重视捕后羁押必要性审查工作，结合工作实际制定细化配套工作制度，确保该项工作落到实处。

一、羁押必要性审查监所检察职责定位

捕后羁押必要性审查，是指检察机关对犯罪嫌疑人、被告人在逮捕后直至法院作出判决前，是否继续羁押的必要性进行审查，对于不需要继续羁押的，建议有关机关予以释放或者变更强制措施的一项羁押监督制度。捕后羁押必要性审查涉及侦查、公诉和审判整个诉讼环节，新刑诉法实施后必将成为检察机关的一项常规性监督工作。那么，检察机关的哪些部门能够承担起这一常规性的工作职责，保证整个刑事诉讼环节羁押必要性审查的顺利进行呢？其中监所检察部门将担任重要角色。因为，在整个刑事诉讼过程中犯罪嫌疑人、被告人的羁押情况始终在监所检察部门的监督之中，该部门对犯罪嫌疑人、被告人羁押的必要性掌握的比较清楚。譬如在侦查阶段，检察机关侦查监督部门完成捕前审查工作后，侦查机关和本院自侦部门（职务犯罪嫌疑人逮捕上提一级审查决定）一般不会再就案件情况与侦查监督部门联系，侦查监督部门人员往往不再接触案件，而在审查起诉阶段，案件也不再

经过侦查监督部门,侦查监督部门也很难知道案件的后续情况。由于审查逮捕工作属于刑事诉讼过程中比较靠前的诉讼环节,所以在实践中侦查监督部门难以掌握案件后期的发展和变化动态。因此,只有监所检察部门能够掌握案件诉讼和犯罪嫌疑人、被告人羁押的全程动态,可以在侦查监督、公诉、自侦部门和公安侦查、法院刑庭等部门之间加强沟通联系和信息交流,构建起切实有效而且方便快捷的捕后羁押必要性审查工作平台,来保证羁押必要性审查工作的深入推进。

二、羁押必要性审查监所检察工作制度的建立

羁押必要性审查工作的开展,首先要着力转变和更新执法理念,牢固树立"五个意识",坚持"六个并重",确立惩治犯罪与尊重和保障犯罪嫌疑人、被告人合法权益并重的工作原则,围绕羁押必要性审查实务操作问题研究制定可行的工作流程和机制。

(一)建立羁押必要性审查告知及受理制度

一是建立告知制度。制作《羁押必要性审查告知书》发放给每一个被羁押人员,告知其有申请和委托变更强制措施的请求权。告知书中要载明羁押期间可以申请变更强制措施的具体条件和受理审查的部门(监所检察科驻看守所检察室),以及受理后的审查期限、是否变更强制措施的书面通知和本人或委托其辩护律师、法定代理人、近亲属书面提出申请的具体要求等告知事项,方便在押人员行使请求权。另外在逮捕证书和逮捕通知书中增加犯罪嫌疑人、被告人及其法定代理人、近亲属、辩护人申请变更强制措施的告知内容。二是建立羁押必要性审查受理登记制度。监所检察部门依职权审查和由犯罪嫌疑人、被告人及其辩护律师申请进行审查的案件都要逐一登记,详细记录受理审查的时间、审查对象的基本情况、诉讼环节、羁押必要性审查的事实理由等。三是建立审查启动制度。监所检察部门发现犯罪嫌疑人、被告人出现不适宜继续羁押的情况或者侦查机关报请对犯罪嫌疑人延长侦查羁押期限的,以及犯罪嫌疑人、被告人及其法定代理人、近亲属或者辩护人申请的,就可以启动羁押必要性审查。但在审查的频次和间隔期限上,可1个月进行一次, 如果出现不适宜继续羁押的情况或侦查机关报请延长羁押期的可随时启动羁押必要性审查。犯罪嫌疑人、被告人及其辩护人、法定代理人或者近亲属提出申请,应当提供其不具有继续羁押必要性的相关事实材料,连同申请书一并报检察机关监所检察科。设立羁押必要性审查书面卷宗材料。书面卷宗材料应包括受理申请的证明材料、开展审查工作的基本情况和审查报告、审查建议等基本内容。

(二)建立羁押必要性审查工作制度

一是围绕羁押的必要性采取以下方式进行审查:对犯罪嫌疑人、被告人进行羁押必要性评估分析;向办案部门了解侦查取证和诉讼进展情况;听取有关办案部门、办案人员的意见;听取犯罪嫌疑人、被告人及其法定代理人、近亲属、辩护人,被害人或者其他有关人员的意见;查看犯罪嫌疑人、被告人身体状况;查阅有关案卷材料,审查有关人员提供的证明不需要继续羁押犯罪嫌疑人、被告人的有关证明材料;特别是犯罪嫌疑人、被告人提请审查的案件,必要时可针对是否存在羁押必要性进行公开听证。对侦查阶段和审判阶段羁押必要性的审查, 监所检察办案人员应当充分听取侦查机关和人民法院办案人员的意见,因为他们对诉讼进展、犯罪嫌疑人人身及社会危险状况有充分了解。对审查起诉阶段羁押必要性的审查,监所检察和公诉部门应当共同协作审查, 在考虑审查起诉需要和不影响后续审判的前提下直接变更强制措施,不再征求侦查机关的意见。

二是全面审查综合评判羁押必要性。以犯罪事实清楚,证据确实、充分,犯罪嫌疑人、被告人如实供述犯罪事实,采用取保候审、监视居住等措施不致发生社会危险性和犯罪嫌疑人在押期间的表现情况为前提, 全面审查案件证据固定及诉讼进展情况,犯罪嫌疑人犯罪性质、犯罪情节、主观恶性、悔罪表现、身体状况、监护帮教条件等情况,综合评判犯罪嫌疑人、被告人无逃避侦查、起诉、审判、重新违法犯罪的可能性,可以视为无羁押必要。

三是审查程序及期限。羁押必要性审查采取承办人审查、集体讨论、检察长或检察委员会决定的审查程序。羁押必要性审查应当在受理后7日内审查完成,作出是否改变强制措施或者释放的建议。经审查,认为不符合改变强制措施或者释放要求的,应当及时向申请人或提出建议方作出答复并说明理由;认为符合改变强制措施或者释放要求的,应当及时向案件所处诉讼环节的办案部门提出改变强制措施或者释放的建议,办案部门应当在收到建议10日以内将处理情况书面通知监所检察部门,不同意变更强制措施或者释放建议的,应当说明理由。

(三)建立羁押必要性审查结果执行监督制度

按照高检院和省市院关于羁押必要性审查的指导意见,捕后如果出现下列情形之一,可以视为无羁押必要,应当向有关办案机关或部门发出释放或者变更强制措施的建议。第一,犯罪嫌疑人、被告人患有严重疾病,生活不能自理,系怀孕或者正在哺乳自己婴儿的妇女,系生活不能自理的人的唯一扶养人,或者具有可以取保候审或者监视居住的其他情形的;第二,犯罪嫌疑人、被告人与被害人双方根据刑事诉讼法的有关规定达成和解协议,经过公安机关、人民检察院或者人民法院审查,认为和解系自愿、合法的;第三,案件事实已经基本查清,证明犯罪事实的主要证据已经收集固定,且犯罪嫌疑人犯罪情节较轻的;第四,案件事实、证据发生重大变化,或者犯罪嫌疑人、被告人有积极退赃、赔偿、坦白、自首情节或者有立功表现,可能被判处管制、拘役、独立适用附加刑、免予刑事处罚或者判决无罪的;第五,如果继续羁押犯罪嫌疑人、被告人,羁押期限可能超过可能被判处的刑期的;第六,犯罪嫌疑人、被告人真诚认罪、悔罪,可能被判处5年有期徒刑以下刑罚的;第七,犯罪嫌疑人、被告人系已满14周岁未满18周岁的未成年人,在校学生,70周岁以上老年人,盲人、又聋又哑的人或尚未完全丧失辨认或控制自己行为能力的精神病人,逮捕时不具备监护、帮教条件但现在具备的;第八,其他不需要继续羁押犯罪嫌疑人、被告人情形的。

对于上述不需要继续羁押的情形,监所检察部门作为羁押审查的监督部门,不是刑事案件直接的办案部门,只能向公安的侦查、法院的刑事审判和本院的公诉等部门提出变更强制措施或者释放的检察建议,而不能直接变更强制措施。如果提出的建议不被接受、办案部门既不说明理由,也不将处理结果10日内予以反馈的,监所检察部门应当依法提出纠正意见,监督其限期纠正,并跟踪监督办案部门对该案件的处理情况。

监所检察部门向办案机关或办案部门提出改变强制措施或者释放建议时,应制作使用统一的《无羁押必要意见书》,意见书中写明犯罪嫌疑人、被告人无羁押必要的事实理由、法律依据、变更强制措施或者释放的建议以及办案部门处理结果反馈的相关事项等内容。

办案机关或办案部门对羁押的犯罪嫌疑人、被告人认为需要改变强制措施或者释放的,应当在作出决定后3日内制作《无羁押必要说明书》,并附相关材料一并报监所检察部门备案审查。监所检察部门审查后有不同意见的,应当向办案机关或办案部门说明理由或者依法提出纠正意见。

三、羁押必要性审查监所检察配套工作制度的建立

羁押必要性审查及结果的执行涉及各个办案单位和整个诉讼环节以及案件当事人,在建立羁押必要性审查工作制度的基础上,还要建立一些配套的制度来辅助审查制度的落实,保证审查工作的开展。

(一)建立羁押必要性审查协调配合制度

构建监所检察与公安侦查、看守所、法院刑庭和本院侦查监督、公诉、自侦等部门羁押必要性审查沟通联系、信息交流、协作配合工作模式。就羁押必要性的审查标准、操作流程、结果处理和各部门的职责统一思想、达成共识,相互支持配合,确保羁押必要性审查工作顺利开展。有条件的地方,监所检察部门可与上述办案部门建立羁押人员情况和羁押必要性审查网络信息共享平台,畅通信息交流渠道,随时掌握犯罪嫌疑人、被告人羁押期间的信息情况。

（二）建立羁押必要性审查说理告知制度

无论是继续羁押还是解除羁押，都应当将理由和依据向提出申请的犯罪嫌疑人、被告人书面告知。尤其是有直接被害人的案件，犯罪嫌疑人、被告人捕后变更强制措施或释放的，应当及时书面告知被害人或其亲属，并进行必要的说明解释，让被害人及时了解案件的进展情况，稳定被害人情绪，避免其上访，减少社会不稳定因素。

（三）建立羁押必要性审查案件风险评估预警制度

对犯罪嫌疑人、被告人羁押必要性审查后，是否继续羁押或解除羁押，都要对影响案件诉讼进展、人权保障、社会危害、信访稳定等不利因素进行评估，对具有重大不利因素的案件要填制《案件风险评估预警表》，通报公检法相关办案部门和控告申诉部门，并协助做好矛盾化解息诉息访工作。

（四）建立羁押必要性审查跟踪回访监督制度

针对捕后变更强制措施的案件，监所检察部门应当跟踪回访，监督犯罪嫌疑人、被告人遵守取保候审、监视居住规定和办案部门对案件处理的情况。发现案件有久拖不决、久保不审情形的，应当向办案部门提出限期纠正的意见；发现犯罪嫌疑人、被告人有违反取保候审、监视居住规定，情节严重的，应当建议办案部门按照法定程序予以逮捕；发现有重新犯罪的，监所检察部门可以直接依法办理。

（五）建立羁押必要性审查报备制度和工作责任制

羁押必要性审查的建议书、审查报告等重要法律文书，要上报上一级检察院监所检察部门备案审查，上级监所检察部门审查中发现错误或执法不当的，应当要求下级监所检察部门纠正。下级监所检察部门审查中遇到的疑难复杂案件或问题，要及时向上级监所检察部门请示汇报，上级监所检察部门要给予指导和支持。认真做好羁押必要性审查工作的统计报表分析、信息文档管理、经验总结和调查研究等综合性工作。要定期向党委政法委、人大报告羁押必要性审查工作情况，争取政法委和人大的支持。

由于羁押必要性审查监督不仅是新增工作,而且工作量较大,可以在监所检察部门设立羁押审查小组,配备人员专门负责羁押必要性、羁押及办案期限和超期羁押的审查监督工作。制定"谁办案、谁负责,谁审查、谁负责"的工作责任制,实行绩效考核。实现工作机构到位、人员配备到位、工作机制到位,为羁押必要性审查工作的顺利开展做好充分准备。

(汝州市检察院调查与研究第 24 期 2012 年 7 月 25 日,此文 2012 年 8 月 31 日被平顶山市检察院研究室转发)

民行抗诉案件办理
阻力实证分析及对策研究

●文/闵秀姣　任　博

民事行政抗诉是民行检察工作中最主要的法律监督手段,也是检察机关履行宪法赋予的法律监督职能的重要抓手。但由于民行检察工作起步较晚,加之相关的制度设计和法律法规的不完善,使得民行抗诉工作面临多重阻力。对于基层人民检察院办理具体的民行抗诉案件而言,阻力不仅包括相关制度和法律缺失的"硬伤",还来自于案件复杂性、民行抗诉方式方法不灵活、检察机关与法院及当事人之间关系不协调等"软肋"。从2010年到现在,在我院受理的民事行政抗诉案件中有5件就因为各种原因无法提请抗诉,约占提请抗诉案件数的25%。笔者结合这些案例对民行检察抗诉工作中存在的阻力及原因做些浅析,并提出相应的对策。

一、存在的阻力及原因

(一)民行抗诉案件本身的模糊性

基层人民检察院办理的民事、行政抗诉案件对象为基层人民法院作出判决或者裁定已经发生法律效力的民事和行政案件,其中多为基层人民法院审理的民事案件,以合同纠纷、债权债务纠纷、邻里关系纠纷为主。基层社会是"熟人社会",这些案件的当事人在纠纷发生前通常都是亲友邻里关系,他们之间的经济交往过程往往是依靠民间的风俗习惯和彼此的信任进行的,并不注重防止产生纠纷的程序和手续的办理,甚至忽视必要的法律要件,因此造成在纠纷发生进而诉诸诉讼程序后对案件事实难以进行认定,或者在裁判后当事人不服的复杂结果。"清官难断家务事",这些案件的证据多为证明力不强的言词证据,或者其它证明力不强的孤证,就使得这些案件在民行抗诉审查之后因为案件事实的模糊性而不宜提起抗诉。

在杜某和胡某人身损害赔偿纠纷一案中,判决书认定胡某受雇于丁某在给李某建房过程中,被杜某出租、操作的卷扬机桅杆倾斜倒塌砸伤头部,杜某因为没有能够保障自己出租的机器安全运行而负主要责任。杜某向我院申诉称其当时并未在施工现场,而且自己的机器是借给李某使用而非出租,因此不应负主要责任。经我院审查,杜某提供的材料都是证人证言,甚至与之前法院认定的证人证言存在冲突,无法对该案进行准确定性,不能提起抗诉。

(二)当事人对民行抗诉不了解

民事行政检察工作开展的时间较晚,相关的法律法规尚不完备,基层检察院1年提请抗诉的案件通常仅在10件左右,加之宣传力度不强,社会公众对民行检察工作并没有很清晰的认识,甚至连一些政法类学校刚毕业的科班生都对民行检察工作知之甚少。当事人对生效的民事行政裁判不服习惯采用提请再审、上访的形式进行救济,只有在律师等提醒下才知道检察机关提起抗诉也是一种便利的途径。这种信息不畅通是民行抗诉案件在数量上一直无法提升的重要原因。即使是到检察院申请提起抗诉的当事人,对民行抗诉本身的理解上也存在一些误区,主要表现在:(1)申诉方当事人往往认为只要检察机关揭起抗诉,就能使其申诉请求得以实现,因此对民行抗诉抱以很大希望;(2)被申诉方当事人认为提起抗诉的检察机关是站在申诉当事人一方,有违法律监督之中立的角色定位,从而对检察机关提起抗诉不满,甚至于抵触。后一原因是当前民行抗诉工作的一个很大阻力。

在某铸造有限公司(以下简称"铸造公司")与某耐火材料厂(以下简称"材料厂")承包合同纠纷一案中,法院判处被告铸造公司支付材料厂耐火材料款 40 余万元。铸造公司向我院申诉称一审判决认定事实不清,公司不应承担该民事责任。经我院审查后认为,有新的证据对法院的判决构成质疑,提起抗诉有改判的可能性。材料厂对此不满,其工作人员数次在不同场合抵制对方的申诉,甚至用不当的行为阻止我院提起民行抗诉,使这起案件的抗诉工作无法顺利进行。这种由当事人对民行抗诉工作不理解造成抗诉不顺的情况时有发生,其他几起案件也均有这种阻力因素的存在。

(三)民行抗诉中检法认识不统一

民行抗诉是人民检察院对人民法院生效裁判具有质疑和纠错性质的监督方式,因此在提起抗诉过程中难免会与审判机关产生分歧和冲突。首先,检法两家在个案认识方面的差异。由于民行立法比较笼统,会因为证据采信和个人理解的不同而出现完全不同的认定结果。对于同一个案件,民行检察干警可能按照民行案件办案标准进行审查,从抗诉的角度去看待案件;而审判人员对于同一个案件则可能会从另一个角度去看待,这势必造成对同一个案件产生不同看法。其次,检法两家对民行抗诉认识不统一还表现在法院对民行抗诉工作本身的抵触,认为检察机关的抗诉会影响法官甚至法院的形象。在民行抗诉过程中人民检察院查阅人民法院审判卷宗或进行调卷缺乏明文的法律规定,而且在民行抗诉案件受理后,发回原审法院重审的为多,因为当前上级法院对基层法院办案都有考核要求,这使得再审法院对检察机关抗诉多采取回避的态度。这种监督活动有赖于被监督者的态度,而且在没有充分的调查取证权的情况下其实效可想而知。因此,来自法院的阻力使现行法律规定的民行抗诉力度受限,导致民行抗诉工作处于被动而且举步维艰。

(四)民行抗诉机制方式存在漏洞

我国的民行抗诉是具有中国特色的一项检察监督制度,不仅开展时间较晚,而且是在逐步探究和实践中摸索发展的,其机制和方式上仍存在很多不适应实际需要的不足之处，主要表现在相关立法不完善和制度不科学。

其一，《民事诉讼法》、《行政诉讼法》、《人民检察院民事行政抗诉案件办案规则》虽然都有民行抗诉的相关制度设计，但多是原则性、模糊性的规定，对检察机关的民行抗诉权更是没有规定可操作的保障性措施，比如对检察机关在民行抗诉过程中的阅卷权和调查取证权也只是原则性规定，给抗诉工作带来很大的阻力。

其二，根据法律规定，民事行政申诉案件的抗诉程序相当繁琐，基层检察院没有抗诉权。对于基层法院作出生效的裁判进行抗诉，基层检察院只能先受理审查，然后向上级人民检察院提请抗诉，上级人民检察院经审查后按照审判监督程序向同级人民法院提出抗诉。在实践中，尽管该同级人民法院对检察院提起抗诉案件通常作出受理再审，但绝大部分都不是自行再审，而是将案件按法院内部监督程序，以裁定形式指定原审人民法院进行再审，这样，原审人民法院行使了再审职权，这种被动式的监督难免导致其效果效力的低下。可以说如果法院坚持从上到下的维持原判，检察机关也是无可奈何，就造成"你抗你的，我判我的"的尴尬情况。法律规定了繁琐的民行抗诉程序，使得一个民行申诉案件如果需要经过检察机关的抗诉和审判机关的审理，整个程序走下来，一般都要跨一个年度甚至更长时间，我院之前受理的民行抗诉案件就有因为时间太长问题而导致当事人放弃民行抗诉这一途径。

此外，其他相关规定的漏洞也给民行抗诉工作带来了阻力。首先，虽然法律并未规定可以被提起民行抗诉的法院裁判的时间范围，但法院通常采用裁定不予受理等方式拒绝对生效超过2年的民行裁判的抗诉予以再审，而使一些民行申诉案件无法进行抗诉。我院之前受理的张某申请我院对其与原告鲁某保证合同纠纷一案进行抗诉，就因为申请时间已经是该案判决发生效力超过 2 年而无法进行抗诉。其次,检察机关在民行抗诉中能不能成为诉讼主体,其态度是中立的还是代表申诉一方,法律并没有给以明确的规定,这种角色定位的模糊也给民行抗诉带来很多阻力。再次,在民行检察系统内部,往往认为民行检察监督就是抗诉,把民行抗诉作为民事行政检察监督的主要甚至全部工作进行考核,这样虽然使抗诉案件数量上升,但造成很多可以采取其它监督措施能更好处理的纠纷反而不能得到很好解决,也容易造成民行检察工作为了抗诉的效果而背离法律监督的定位,最终使得社会各界对部分民行抗诉效果无法认同。

二、解决问题的对策

民行抗诉工作遇到的阻力来自多方面,对这些阻力的克服不是一蹴而就的,近到民行检察队伍自身素质的提高和办案方式方法的改进,远到民行检察制度设计的完善,是需要一个循序渐进的过程。

(一)吃透法律法规,做到对案件的全面把握

民行检察工作涉及到很多法律法规的适用,特别是民行抗诉案件通常是复杂的民事行政案件,在抗诉过程中各种问题层出不穷,这首先就要求民行检察干警具备精湛的法律功底。为此,民行检察干警要及时跟进学习民事、商事、行政等方面的法律法规的适用,通过办案、研讨、汇报等形式掌握相关法律法规的实践操作,不断提升业务素质。民行案件并不局限于法律领域,具备涉及面宽的特点,因此民行检察干警在充实自己法律素养的同时也应多涉猎其它领域的知识,成为复合型的办案能手。

其次,民行抗诉案件的复杂性就决定了检察干警如果要高质量地完成抗诉案件必须做到对案件的全面把握。在办案过程中一定要严把抗诉案件标准,多思考多分析,务必消除责任心不强,拖拉懒散等不良态度。及时跟踪案件进行的每一个环节,适时调整办案的方式方法,同时实现案件办理的效率和效果。

(二)做好民行宣传,悉心与当事人沟通交流

民行抗诉工作容易受到来自社会民众和当事人的质疑,往往在于没有充分做好民行宣传以及与当事人的沟通交流。为了加深社会民众和当事人对民行抗诉工作的了解和理解,首先要采取多种形式扩大工作宣传:(1)树立"口碑就是奖杯"意识,以办理精品案例的态度对待每一起民行抗诉案件,从案件的妥善处理为切入点提升民行抗诉工作的形象。(2)加大采用常规性和经常性的方法对民行抗诉工作的宣传力度,制作好宣传内容,加强与媒体、社区、学校、企业等沟通,采取案例讲座、上街宣传、派发宣传手册、编发网络微博、群发宣传短信、电视流水字幕等形式广泛宣传民行抗诉工作的职能、任务和作用,加强典型案例的宣传力度,提高民行抗诉工作的社会知名度。(3)重点加强与人大、党政司法机关、律师事务所、金融机构、厂矿企业、学校等部门和机构的联系沟通,让更多的纠纷当事人了解民行检察工作,营造"有申诉,找检察"的良好氛围。

其次,认真对待当事人,加深当事人对民行抗诉的理解。(1)有条件地进行民行申诉风险告知,本着"以事实为根据、以法律为准绳"的态度在对案件全面分析的基础上以书面形式告知申诉方并非所有的申诉都能提起抗诉,即使提起民行抗诉也并不意味着能够改判等可能存在的风险,最终的裁判权仍是由法院行使。这样使申诉方对结果有客观的预期,为之后的工作做好心理铺垫。(2)树立"法律监督、化解纠纷"的理念,以客观的立场设身处地为双方当事人考虑,在抗诉过程中也要注意保持与被申诉方的良好沟通,以诚恳的态度和认真的工作让其理解抗诉工作的内容和目的,最终化解矛盾。

(三)加深检法理解,促进抗诉与审判相协调

民行抗诉是检察机关对法院民事行政审判的法律监督及纠错工作,但其目的与审判活动相同,都是为了维护司法的公平公正。民行案件相对于刑事

案件弹性更大,法官的自由裁量权也大,因此为了提高抗诉案件的改判和采纳率,就必须加强于法院的沟通协调,直至达成共识。

加深检法理解可以从以下几方面工作进行:(1)民行检察部门要精心研究案件,提高抗诉案件的说理水平。以认真制作民行抗诉书为载体,做到对案件事实、法律适用和法定程序等全方面的把握,重点对法院裁判的错误部分作出详细符合逻辑的论证。(2)在民行案件抗诉的过程中,要主动与审判机关交流沟通,可以针对案件中的焦点问题和争议问题与他们进行探讨和切磋,同时注意交流方式方法的把握以避免审判机关的抵触情绪,尽可能使检法两家在事实认定、证据采信和法律适用上达成共识,从而达到抗诉目的。(3)采取定期或不定期的座谈、联席会议等形式,与法院审监部门互通交流,对近期抗诉案件类型、数量、法律适用等问题进行相互学习和研究,实现在案外的协调统一。(4)在与法院的沟通过程中,民行检察干警要经常换位思考,做到及时总结,不断改进监督方式方法,在对错误裁判进行纠正的同时积极做好正确裁判的息诉工作,实现与审判的良性互动。

(四)改进工作方法,灵活并用各种息诉方式

民行抗诉是以纠错为主的法律监督工作,改判势必对法院和当事人造成一定的影响,如果仅采用抗诉方式对法院裁判进行监督,则在一定情况下无法实现息诉、化解纠纷的目的,因此在坚持以抗诉为中心的民行检察监督的同时,也要注重息诉方式的灵活运用。首先,在抗诉案件的办理过程中明确"化解纠纷"的最终方向,适时开展"检调对接"工作。不仅要对事关人民群众重大利益的错误判决及时提起抗诉,而且要在审判过程中配合法院的民行调解工作,积极推行民行调解促和工作,引导当事人采用调解的方式实现抗诉的目的。

其次,针对目前因法律规定而造成民行抗诉案件通常要经过长时间的诉

讼过程才能结案的不足之处,基层检察院可以通过与基层法院的协调,明确"对于民行申诉案件可以采用检察建议的方式直接启动法院的再审程序,法院对具体案件采用检察建议有异议的除外",这种同级检察监督不仅可以大幅度地缩减案件审理时间,提高案件办理的效率,而且还可以缓解法院对民行检察监督的抵触情绪,达到检法两家及当事人多赢的效果。

(五)完善规范制度,实现民行抗诉规范运作

以上应对民行抗诉阻力的对策主要是从实践操作层面需要进行的改进和努力,而民行抗诉工作的阻力最根本来源还是相关规范制度的抽象和不完善,因此应当根据实践需要进行相关立法完善和制度设计,以实现民行抗诉工作的规范运作。

实现民行抗诉工作的规范化首先要完善立法规定。我国现行民事诉讼法和行政诉讼法对民行检察的规定只有少量的抽象、原则、缺乏可操作性的条文,对民行抗诉方面的规定更是模糊。对此,应当根据实践的经验和需要,对民行抗诉的案件范围、检察机关在民行抗诉中的定位、诉讼的程序和期限、民行抗诉工作的法律保障等方面进行具体可行的规定。对此,比较适合的做法是检法两个系统从上而下联合制定加强民行抗诉工作的规定,这样也可以缓解检法两家在抗诉过程中的冲突。其中,建议以试点的形式将非重大民行案件的抗诉权授予基层人民检察院,这样有助于解决民行抗诉的"倒三角"问题,也可以大幅缩短大多数民行抗诉案件的诉讼期限。

其次,规范有效的民行抗诉工作需要明确有力的法律措施予以保障,针对目前没有赋予民行抗诉案件中检察机关充分的阅卷、调查取证权的现状,应当从加强民行抗诉权利保障方面破解阻力。基于最高人民法院、最高人民检察院《关于对民事审判活动与行政诉讼实行法律监督的若干意见(试行)》的要求和精神制定具体规定,保障检察机关调取案件全部材料进行审查的阅卷权,这既是履行监督职责的要求,也是司法实践的需要;对于一

些复杂和模糊的案件,为了提高抗诉的准确性,实现检察机关对法院审判权的有效监督,应当明确规定检察机关在当事人无法获取相关证据的情况下,可以依当事人的申请,经审查有必要而进行调查取证,并对该项权能给予有可操作性的强制保障措施。

(汝州市检察院调查与研究第 30 期 2012 年 8 月 24 日,此文 2012 年 11 月 7 日被平顶山市检察院研究室转发)

基层检察机关未成年人"捕、诉、监、防"一体化工作模式构建

●文/王颖颖

　　修改后的《刑事诉讼法》专章规定了"未成年人刑事案件诉讼程序",这对基层检察机关办理未成年人犯罪案件提出了新的更高要求。基层检察机关在新的形势和要求下,应该高度重视未成年人工作,在立足"教育、感化、挽救"方针和"教育为主、惩罚为辅"原则的前提下,结合工作实际建立未成年人"捕诉监防一体化"工作模式,最大限度地挽救涉罪未成年人和预防未成年人犯罪,保障未成年人健康成长,达到未成年人刑事检察工作办案效果、法律效果和社会效果的统一。

一、未成年人"捕、诉、监、防"工作模式构建的背景

　　未成年人的健康成长关系着国家未来和民族希望,关系着亿万家庭幸福安宁和社会和谐稳定。加强未成年人刑事检察工作,是抓根本、固基础、强民族的需要,是贯彻落实党和国家有关方针、原则和法律、政策的需要,是维护社会和谐稳定的需要。修改后的《刑事诉讼法》在增设的特别程序中专章规定了"未成年人刑事案件诉讼程序",第266条规定:"对犯罪的未成年人,实行教育、感化、挽救的方针,坚持教育为主、惩罚为辅的原则。人民法院、人民检察院和公安机关办理未成年人犯罪案件,应当保障未成年人行使其诉讼权利,保障未成年人得到法律帮助,并由熟悉未成年人身心特点的审判人员、检察人员、侦查人员进行。"为了在检察工作中贯彻落实好修改后《刑事诉讼法》的相关规定,最高人民检察院在2012年11月12日公布的《人民检察院刑事诉讼规则(试行)》中也增设了专章特别程序,并于第484条规定:"人民检察院应当制定熟悉未成年人身心特点的检察人员办理未成年人刑

事案件。"

随后,最高人民检察院下发了《关于进一步加强未成年人刑事检察工作的决定》(以下简称《决定》)确定了全国检察机关当前和今后一个时期未成年人刑事检察工作总体发展思路、工作重点、工作措施。《决定》第7条规定:"大力推进专门机构建设。省级、地市级检察院和未成年人刑事案件较多的基层检察院,原则上都应争取设立独立的未成年人刑事检察机构;条件暂不具备的,省级院必须在公诉部门内部设立专门负责业务指导、案件办理的未成年人刑事检察工作办公室,地市级院原则上应设立这一机构,县级院应根据本地工作量的大小,在公诉科内部设立未成年人刑事检察工作办公室或者办案组或者指定专人。对于专门办案组或者专人,必须保证其集中精力办理未成年人犯罪案件,研究未成年人犯罪规律,落实对涉罪未成年人的帮教措施。有些地方也可以根据本地实际,指定一个基层院设立独立机构,统一办理全市(地区)的未成年人犯罪案件。"《决定》第8条规定,科学设定专门机构的工作模式。设立未成年人刑事检察独立机构的检察院,一般应实行捕、诉、监(法律监督)、防(犯罪预防)一体化工作模式,由同一承办人负责同一案件的批捕、起诉、诉讼监督和预防帮教等工作。至此,检察机关未成年人刑事检察工作"捕、诉、监、防"一体化工作模式正式确定。

二、"捕、诉、监、防"一体化工作模式的内涵

"捕、诉、监、防"一体化工作模式,是指由未成年人案件刑事检察科同一承办人全面负责同一案件的审查逮捕、审查起诉、出庭公诉、诉讼监督、预防帮教等工作,确保办案独立性、教育连续性、保护全程性、预防针对性。"捕、诉、监、防"一体化工作模式是由"捕、诉、防"一体化办案模式发展而来。"捕、诉、防"一体化办案模式集批捕、公诉和预防工作于一体,可以有效实现未成年人案件诉前引导、庭审感化、案外帮教的有机衔接。这种模式在上海已经实行了十余年。"捕、诉、监、防"一体化工作模式,打破检察机关内设机构职能壁垒,将批捕、起诉、预防、诉讼监督、被害人为未成年人的案件办理等职能,统归未检部门;打破捕诉交叉的办案方式,由同一检察官承担批捕、起诉、预防职能有利于对涉罪未成年人的教育、感化和挽救。

未成年人刑事检察工作实行"捕、诉、监、防"一体化的专业办案模式,是全国未检工作会议提出的具体要求,也是推进未成年人刑事检察工作实行专业化管理的具体举措,有利于全面贯彻"教育、感化、挽救"的方针,确保教育挽回成果,帮助未成年犯罪嫌疑人尽快回归社会,维护社会和谐稳定。

三、基层检察机关"捕、诉、监、防"一体化工作模式的具体要求

(一)设立未成年人刑事检察专门机构

按照最高人民检察院上述《决定》的要求,条件具备的基层检察机关要设立未成年人刑事案件专门机构,这是中央司法体制和工作机制改革的要求。设立专门的工作机构或者工作小组,挑选懂得未成年人心理、富有爱心、耐心细致、善于做思想工作的同志从事未检工作,提高了办理未成年人刑事案件的专门化和专业化水平,在教育、感化、挽救未成年犯罪嫌疑人方面发挥了积极作用。据罗昌平专家2011年研究课题《检察工作专业化及其机制研究》统计,全国检察机关在二十多年的工作实践中已有超过40%的公诉部门设置了专门的小组或者指定专人办理未成年人犯罪案件,有的省市还建立了独立建制的未成年人(少年)检察科(处)。可以说,专门机构建设是开展专业化未检工作的基础,也是全面贯彻落实"捕、诉、监、防"一体化的工作模式的重要前提。

(二)完善审查逮捕环节工作机制

树立未成年人刑事案件慎捕、少捕理念,制定逮捕必要性说明机制,出台《办理未成年人案件进行逮捕必要性审查制度》等相关文件,根据未成年犯罪嫌疑人涉嫌犯罪的事实、主观恶性、有无监护条件和社会帮教条件等,综合衡量其社会危险性、严格限制适用逮捕措施;完善捕后向上级院备案机制,对于下列未成年人审查逮捕案件应当报送上一级人民检察院未检部门备案审查:(1)作出批准逮捕决定的案件;(2)上级院或县级以上人大代表交办的案件;(3)重大的团伙犯罪案件;(4)经过有关部门协调、协调意见与检察机关意见不一致或者参与协调的司法机关之间意见分歧较大的案件;(5)其他按照有关规定需要备案的案件。同时,在当地有较大社会影响的敏感案件和新闻媒体关注的案件,应当随时将案件情况层报省检察院未检部门特别备案审查。适时变更强制措施,案件承办人对于被羁押的未成年人从批捕到审判,做到全程关注案件事实证据、认罪态度、帮教条件等情况的变化,发现无羁押必要性要及时变更强制措施,切实减少不当羁押。

(三)规范审查起诉环节工作机制

实行未成年人案件分诉制度,与法院出台《未成年人案件分案专人办理若干规定》,对于有未成年人参与犯罪的案件实行分案起诉、分案审理;建立附条件不起诉制度,在审查起诉阶段大胆适用附条件不起诉,制定《未成年人附条件不起诉实施意见》等相关制度,规范附条件不起诉标准和工作流程,科学界定适用范围,增强附条件不起诉制度的规范性;严格启动审核、综合考察、讨论决定 3 大环节,增强附条件不起诉制度的操作性;确立内外监督制约机制,增强附条件不起诉制度的公正性;探索建立询问未成年犯罪嫌疑人通知其法定代理人到场制度,规定在询问日期 3 天前通知其法定代理人到场,由法定代理人决定是否到场旁听,以减少对抗,修复关系;推行刑事和解,对于犯罪主观恶性不大的轻微刑事案件,积极引导双方达成和解协议,并将其作为附条件不起诉的前置程序。

(四)建立法律援助专业队伍

同司法局会签《关于未成年人案件在批捕、公诉阶段全面落实法律援助的实施办法》等相关制度,建立一支未成年人法律援助专业律师队伍,在侦查、批捕、公诉、审判的每一个环节都向涉罪未成年人提供全程化、专业化的法律服务;探索建立法律援助律师参与未成年人案件刑事和解、诉前考察帮教、矫治制度及庭前交流机制,并定期通过信息通报、座谈会等途径,就法律援助工作中出现的问题及时与司法行政机关沟通。

(五)落实跟踪回访制度

对不起诉、判处缓刑且具备监护、帮教条件的未成年人,帮助联系学校、工作单位,跟踪考察帮教,防止再犯。对办理的未成年人犯罪案件,一律建立回访教育档案,将未成年人基本情况、犯罪事实、处理情况、帮教方案、帮教情况等资料详细登记在册,及时记载回访教育的效果,推动对未成年人的教育、感化、挽救工作。同时,针对未成年人犯罪发案情况进行综合分析,积极运用检察建议,帮助有关单位建章立制。为使回访教育工作落到实处,将对未成年人的回访教育成效纳入到案件质量考评体系。注重对公安机关侦查活动、法院审判活动违法行为的法律监督,维护未成年人的合法权益。

(六)建立未成年人犯罪预防工作制度

加强与各司法机关、共青团组织以及社会各界的沟通协调,形成未成年人犯罪预防合力,努力教育、挽救涉罪未成年人,在全社会营造有利于未成年人健康成长的良好环境。与公安局、法院定期召开沟通会,促进政法机关办理未成年人刑事案件配套工作体系和未成年人犯罪社会化帮教预防体系建设;与所在基层地区教体局及学校联合会签《预防青少年犯罪工作实施办法》,选派业务精、能力强的检察官兼任部分中学法制副校长,积极开展警示教育、庭审观摩、法律宣讲等法制宣传活动;建立对未成年人犯罪的社会长效监管体系和网络,加强与综治委、关工委、共青团、妇联等方面的联系配合,依托社会力量开展未成年人权益保护和犯罪预防帮教工作,促进青少年健康成长。

(汝州市检察院调查与研究第 9 期 2013 年 4 月 22 日,此文 2013 年在《预防犯罪导刊》第 3 期上发表并于 2013 年 6 月 20 日被平顶山市检察院研究室转发)

探讨如何简化制作《审查逮捕案件意见书》

●文/王童瑶

2002年,最高人民检察院制作《审查逮捕案件意见书》样式,在各级检察机关审查逮捕工作中推广使用,统一了文书的结构及要素,加强了检察文书的规范化建设,对提高审查逮捕案件质量也起到了积极作用。然而,随着社会的发展,格式化的文书样式,已经不能适应案件多样性的客观要求,在提高工作效率、解决案多人少等方面亟待转变。

2012年12月,全国检察机关"侦查监督部门参与加强和创新社会管理工作座谈会"召开,会议明确指出:"积极探索对案件的繁简分流,进一步简化《审查逮捕案件意见书》等工作文书的制作,切实通过机制和制度建设确保把主要力量和精力用在重大疑难复杂案件的办理上。"当前,社会正处于转型的关键期,各种矛盾凸显,刑事犯罪仍处于高发态势,报请审查逮捕的案件数将仍然保持高位。审查逮捕工作的新形势,要求改革现行的审查逮捕文书样式,达到提高办案效率的目的。如何做好审查逮捕文书的改革,需要作进一步探讨。

一、基本要求

1.坚持有繁有简,区别对待。审查逮捕文书的改革,以提高效率为目的,以增强审查逮捕文书的适用性为途径。报捕的个案千差万别,采用同一个样式的《审查逮捕案件意见书》不能适应个案的需要。审查逮捕文书的改革,应根据案件的不同情况,采用繁简并用的两种审查逮捕文书样式。对报请审查逮捕的案件,通过受理审查环节,将案件划分为简单案件和复杂案件两类,分别采用简化版、普通版审查逮捕文书格式。

2.坚持有质有效,严格依法。案件承办人应以高检院制作的审查逮捕文书样式为普通版的审查逮捕文书格式,并在此基础上简化一些结构、内容,设置简化版的审查逮捕文书样式。但是,简化不同于省略。一方面,在简化文书的工作应遵循法律规定的审查逮捕案件的办理程序。审查逮捕文书样式有反映承办人意见内容的同时,还应有反映部门负责人审核意见的内容,有反映检察长或者检察委员会决定意见的内容。另一方面,简化设置审查逮捕文书应体现保质量、提效率的宗旨。简化审查逮捕文书样式,在确保审查逮捕案件质量的基础上,减少一些对审查逮捕案件质量影响不大的审查内容。通过简化结构和内容的途径,缩短制作审查逮捕文书的时间,达到案件质量与办案效率兼顾的效果。

3.坚持有主有次,全面审查。一方面,简化制作审查逮捕文书,应体现对实体和程序进行全面审查的要求。既要有实体审查的内容,反映承办的案件是否符合逮捕条件;又要有程序审查的内容,反映承办人在审查逮捕环节是否实施保障犯罪嫌疑人诉讼权利的行为。另一方面,应体现突出重点,有主有次的要求。简化制作审查逮捕文书,应对重点事项详细表述,对次要内容一笔带过,主次分明、主次得当。

二、适宜简化制作与不宜简化制作的案件范围

1.简化制作《审查逮捕案件意见书》的案件范围。简化制作《审查逮捕案件意见书》的范围,应当属于轻微刑事案件和事实清楚、经审查认定的犯罪事实与侦查机关认定事实一致的刑事案件。因为这些案件案情不复杂、适用法律不会存在争议、不需要更多地进行说理。我们认为,可以适用简化版审查逮捕文书的案件范围有:有证据证明有犯罪事实、且犯罪嫌疑人对基本犯罪事实没有异议的案件;同案犯已被批准(决定)逮捕或已被判决的共同犯罪且犯罪嫌疑人对基本犯罪事实没有异议的案件;证据不足不批捕,经补充侦查后重新提请批准逮捕的案件;无逮捕必要不捕后,违反取保候审规定,而重新逮捕的案件。

2.不宜简化制作《审查逮捕案件意见书》的案件范围。对于重大疑难复杂案件以及证据之间存在矛盾、事实不清、经审查认定的犯罪事实与侦查机关认定事实不一致的刑事案件,应加强对有疑点、矛盾的证据的整理、分析、归纳,要进行充分说理,确保办案工作精力、提高审查逮捕案件文书制作质量。这类案件一般包括:案情复杂的单独犯罪案件和共同犯罪案件;本地区出现的新型犯罪案件和重大有影响的案件;犯罪嫌疑人作无罪辩解或者部分情节翻供影响定性处理的案件;提前介入中与侦查机关在证据采信、定性有重大分歧的案件;侦查机关提出复议、复核和重新审查的案件。

三、具体建议

1.关于"犯罪嫌疑人基本情况"部分。在该部分中,可以根据实际简化"个人简历"和"家庭情况"。在"个人简历"中,对非职务犯罪嫌疑人的个人简历,可以省略,对职务犯罪嫌疑人的个人简历,只需列明与实施犯罪有关的简历。在"家庭情况"中,对未成年犯罪嫌疑人,简要列明监护人的情况,以便审查监护条件既可,反之,对于成年犯罪嫌疑人,则省略该项内容。如果该案犯罪嫌疑人属于《刑事诉讼法》第72条规定的情形,如患有严重疾病、生活不能自理;怀孕或者正在哺乳自己婴儿的妇女;系生活不能自理的人的唯一抚养人;因为案件的特殊情况或者办理案件,采取监视居住措施更为适宜的;羁押期限届满,案件尚未办结,需要采取监视居住措施的等,可以写在"需要说明的问题"。

2.关于"侦查机关认定的案件事实"部分。在该部分中,除特殊必要外,侦查机关认定的案件事实不需要在《审查逮捕案件意见书》中重复叙述,但也并非减少该项内容,而是作一明确指引,如见《提请批准逮捕书》。要转变之前"叙述侦查机关认定的案件事实、省略经审查认定的案件事实"的作法,改为"省略侦查机关认定的案件事实、叙述经审查认定的案件事实"的结构,因为《审查逮捕案件意见书》的关键在于"经审查认定的案件事实"。

3.关于"经审查认定的案件事实和证据"部分。如上文对"侦查机关认定的案件事实"部分的建议,我们应当把重点转变至"经审查认定的案件事实和证据"部分。在审查之后,无论我们认为侦查机关认定的案件事实有证据证明,或者认为现有证据不足以证明侦查机关认定的案件事实,或者有证据证明有其他犯罪事实的,都应当对案件事实作出总结性的概括,写明经审查认定的案件事实。另外,证据内容在审查逮捕文书中占用极大篇幅,是简化制作审查逮捕文书的重点部分。对证据内容的表述,应围绕犯罪要件和逮捕条件,高度概括证据证明的内容,力求简单明了,而非从卷宗中重复摘录。

4.关于"需要说明的问题"部分。在该部分中,对侦查监督事项的问题,可以简要表述侦查监督的事项及处理意见,不必赘述监督事项违反的法律条款,以及提出监督的法律依据。对逮捕必要性的问题,可以根据案情结合《刑事诉讼法》第 79 条,简要表述逮捕必要性的理由,不必重复逮捕必要性的证据情况。

(汝州市检察院调查与研究第 13 期 2013 年 5 月 20 日,此文 2013 年 6 月 13 日被平顶山市检察院研究室转发)

关于基层检察机关强化诉讼监督的几点思考

● 文/张译文

根据最高人民检察院发布的《关于进一步加强对诉讼活动法律监督工作的意见》的规定,诉讼监督主要是通过对侦查机关的刑事立案和侦查活动监督,对法院刑事审判和民事审判、行政诉讼活动监督,对监管机构的羁押和刑事裁定判决执行情况监督等职能来实现。但是基层检察机关在履行诉讼监督职能过程中还存在一定的问题, 如何强化基层检察机关诉讼监督职能值得我们思考。

一、基层检察机关履行诉讼监督职能中存在的问题

近年来,基层检察机关在诉讼监督方面做了许多积极、有效的工作,取得了一定的成绩。但是,在实践中还面临一些问题和障碍,有些是体制机制上的,有些是具体措施上的,有些则与检察官自身素质密切相关。

目前在监督机制方面存在的主要问题,一是检察机关与侦查、审判、刑罚执行机关的沟通协调机制和意见反馈机制不够健全, 信息交流不够及时;二是检察机关内部各部门之间和上下级检察机关之间的衔接配合不够顺畅,没有形成诉讼监督的整体合力;三是与诉讼监督有关的考评机制和激励机制不够完善。

在监督措施方面,存在检察机关调阅审判卷宗材料、调查违法的程序不明确、不规范,检察建议、纠正违法通知的效果难以保障,查办司法不公背后的职务犯罪的力度不够等问题。

在监督能力方面,部分检察人员对证据采信、法律适用的审查把握能力不强,导致应当发现的问题未能发现,或所提监督意见质量不高,不能得到被监督单位的认可。

二、笔者关于基层检察机关强化诉讼监督的几点思考

诉讼监督,是实现检察机关法律监督职能的基本途径,既要加大监督力度,更要监督到位、监督准确,将诉讼监督贯穿于每一起具体办理案件过程的始终。

(一)检察机关要处理好敢于监督和善于监督的关系

检察机关应当牢牢把握宪法和法律关于人民检察院是国家法律监督机关的职能定位,始终把强化法律监督、维护公平正义作为检察工作的根本任务,不断增强监督意识,做到既敢于监督,坚持原则,又善于监督,讲究方式方法,从而使监督取得最佳效果。

敢于监督是检察机关从主观上强化依法履行监督职责的意识,强化责任,排除畏难情绪,对诉讼活动中出现的违法行为、错误裁判敢于监督,敢于碰硬。而善于监督,是要牢固树立理性、平和、文明、规范执法的新理念,在诉讼监督过程中正确处理各方面利益诉求,正确处理法、理、情的关系,并充分运用各种监督方式,采取事后监督与事前预防相结合,个案监督与综合监督相结合,日常监督与专项监督相结合,切实提高干警主动发现问题、攻坚克难的能力。同时,在监督活动中注意认真落实和体现宽严相济刑事政策,保证监督效果。

(二)在诉讼监督工作中做到重要环节重点监督和薄弱环节补充监督相结合

检察机关开展诉讼监督工作,应当突出监督重点。基层检察机关应当紧紧抓住人民群众反映强烈的执法不严、司法不公、司法腐败问题,着力加强对诉讼活动各个重要环节的监督。在刑事立案监督中,重点监督纠正有罪不究、以罚代刑和动用刑事手段插手经济纠纷等问题;在侦查活动监督中,重点监督纠正违法采取强制性侦查措施和刑讯逼供、暴力取证,以及错捕漏捕、错诉漏诉等问题;在刑事审判监督中,重点监督纠正有罪判无罪、无罪判有罪、量刑畸轻畸重以及严重违反法定程序等问题;在刑罚执行和监管活动监督中,重点监督纠正违法减刑、假释、暂予监外执行以及超期羁押、体罚虐待被监管人等问题;在民事、行政诉讼监督中,重点监督纠正涉及民生和损害国家利益、社会公共利益,以及因严重违反法定程序或审判人员贪赃枉法、徇私舞弊导致的错误裁判。

但是,我们要清醒地认识到监督工作存在的一些相对薄弱的环节。如注重对刑事诉讼的监督,对民事诉讼和行政诉讼的监督相对薄弱;注重对审判程序的监督,对执行活动的监督相对薄弱;注重对普通程序的监督,对简易程序、特别程序的监督相对薄弱;注重对一审程序的监督,对二审程序、再审程序的监督相对薄弱;注重对实体错误的监督,对程序严重违法的监督相对薄弱;注重对应当立案而不立案的监督,对不应当立案而立案的监督相对薄弱;注重对有罪判无罪、重罪轻判的监督,对无罪判有罪、轻罪重判的监督相对薄弱等。基层检察机关应当深入查找诉讼监督工作中的薄弱环节,切实转变思想观念,实现诉讼监督工作的全面发展。

(三)坚持依法监督,注重监督实效

监督效能是检察监督的生命线,加强诉讼活动法律监督最重要的是实效。检察机关作为国家法律监督机关,负有维护法律统一正确实施的职责,其自身的诉讼监督工作,更应严格依法进行,严格监督标准和程序,增强质量效果意识。在监督工作中,高度重视对群众反映强烈问题的诉讼监督效果。明确要求对群众反映强烈而监督立案的案件原则上要能捕能诉能判,追捕追诉原则上尽可能判实刑,提出刑事和民事行政抗诉,既要依法、坚决,又要慎重、搞准;对把握不大或者监督以后效果不好的案件,不轻易启动监督程序;对拿准的已经启动的监督事项,加强侦捕诉衔接配合,综合运用各种监督手段,跟踪监督,一盯到底,务求实效。

(汝州市检察院调查与研究第 15 期　2013 年 5 月 23 日,此文 2013 年在《当代学术论坛》第 6 期上发表)

浅议新《刑事诉讼法》实施下的侦查活动监督

●文/王武国 王童瑶 孙雨蒙

侦查活动监督,是人民检察院对公安机关立案侦查的案件,在认定事实、适用法律上是否正确、合法和在侦查活动中有无违法行为实行的监督,是检察机关法律监督职能的重要组成部分,是高检院给侦查监督部门确定的三项职责之一。

新《刑事诉讼法》加强和完善了对侦查活动的监督、制约机制,使检察机关侦查监督职能得到进一步强化,对更好的惩治犯罪和保障人权具有重大意义和深远影响。为了积极有效地履行这一重要职责,更有力地打击犯罪,保护人民合法权益,有必要思考如何强化对侦查活动的有效监督。

一、侦查活动监督的意义

1.侦查活动监督有利于体现社会主义法制原则。公民的人身权利受法律保护,侦查机关对刑事犯罪的侦查,必须依法进行。如果侦查活动没有法律监督,就可能导致侦查权力滥用,甚至产生冤假错案。加强侦查活动监督工作,可以监督侦查活动的正确、合法进行,保证刑事诉讼任务的顺利完成。

2.侦查活动监督有利于遏制司法腐败。在开展工作中,如果发现侦查活动中存在违法情形,侦查监督部门可以及时提出纠正意见,向侦查机关发出纠正违法通知书,督促其严格依法进行侦查活动。如果侦查活动中的违法行为情节严重,构成犯罪,还可以移送给本院侦查部门审查。新《刑事诉讼法》实施以来,侦查活动进一步规范,在保障有力打击犯罪的同时,侦查活动中的违法现象也明显减少,这与侦查活动监督工作的有力开展是分不开的。

3.侦查活动监督有利于纠正侦查活动违法。侦查活动监督目的归根到底就是发现、纠正、预防侦查活动的违法行为。《刑事诉讼法》明确规定:人民检察院在审查批准逮捕工作中,如果发现侦查活动有违法情况,应当通知公安机关予以纠正,公安机关应当将纠正情况通知人民检察院。在司法实践中认真地履行侦查活动监督权,侦查活动中的违法行为就会不断减少。

二、新《刑事诉讼法》增加的侦查活动监督的内容

1.增加"捕后对继续羁押必要性审查职责"。建立检察机关对捕后羁押必要性审查制度,实现了办案期限与羁押期限的适当分离,有利于降低羁押率,革除司法实践中长期存在的对犯罪嫌疑人"一捕了之"的形象。该项职能的增加,体现了检察机关对捕后侦查活动监督的加强,拓展了侦查监督的领域和内容,维护犯罪嫌疑人的合法权利,为保护被逮捕犯罪嫌疑人的人身权利、防止超期羁押和不必要羁押提供了一条行之有效的司法救济途径。

2.明确规定检察机关对指定居所监视居住的监督。新《刑事诉讼法》为了减少逮捕强制措施的适用,将监视居住定位于减少羁押的替代措施,规定符合逮捕条件且符合特定情形的,可以监视居住,并且规定"对于特定的犯罪嫌疑人,可以指定居所执行监视居住"。该项职能完善了监视居住的适用条件和监督措施,增强了可操作性,使监视居住能够发挥作为逮捕的替代性措施的积极作用,有利于减少羁押。

3.规范侦查措施,完善救济监督机制。加强对侦查机关强制措施的监督,一直是检察机关侦查监督的重点。侦查机关在案件侦查中使用限制人身自由或财产权利的强制性措施,若存在违法情形,会直接侵犯当事人合法权益,影响证据的合法性和案件质量。新《刑事诉讼法》增加的相关规定,保证侦监部门监督侦查机关依法正确采取强制措施和查封、扣押、冻结等强制性侦查措施,维护公民、法人和其他组织的合法权益,保障刑事诉讼的顺利进行。

三、当前侦查活动监督中存在的问题

1.法律监督权威弱。我国立法在赋予检察机关侦查活动监督权的同时,确立了公检法三机关"分工负责、互相配合、互相制约"的原则。公安机关和检察机关之间是相互制约的运作关系,检察机关可以制约公安机关,同样公安机关也可以制约检察机关。公安机关对检察机关的制约,抑制了检察职能的发挥,对侦查活动监督权的行使形成一定阻碍作用,使得法律监督的权威性难以充分体现。

2.监督内容流于形式。法律规定检察机关对一切侦查活动都有权监督,但在实践中,除了逮捕犯罪嫌疑人必须经检察机关批准外,侦查活动中其他涉及公民人身、财产权利的强制性处分,包括拘留、监视居住、取保候审、搜查、扣押、查封、冻结等,都可以由公安机关自行决定、执行。侦查手段的运用由侦查机关自行掌握,在程序上缺少外部制约机制,使得侦查权力缺少限制,缺乏相应的法律制裁。

3.监督方式被动、滞后。检察机关对侦查活动实施监督的主要途径是通过审查批准逮捕、审查起诉,从中发现侦查机关在侦查活动中是否存在违法行为。而检察机关审查批捕、审查起诉以审查侦查机关报送的书面材料为主,侦查活动违法的情况可能不会全部反映在案卷中,令侦查监督活动被动。另外,即使在侦查监督中发现侦查机关的违法情况并予以纠正,但侵犯公民合法权利已经成为事实,无法挽回。这种监督的被动性和滞后性,使检察机关难以有效预防和及时纠正侦查违法,不利于保障公民合法权益。

四、强化侦查活动监督的途径

1.强化检察机关监督地位,切实发挥监督作用。检察机关是国家法律监督机关,对侦查活动的监督是检察工作的重要组成部分,宪法和刑事诉讼法明确规定了检察机关的法律监督职能。在下一步的立法、改革中,应当强化检察机关监督地位,在检察机关与公安机关的互相制约中充分体现检察机关的监督权,赋予检察机关对侦查活动更为全面的监督权力,强化检察机关的监督主体地位。

2.转变侦查监督观念,及时纠正违法现象。在实践中,侦查监督部门大多把主要精力放在案件审查批准逮捕上,对刑事诉讼法规定的侦查活动监督任务放在次要地位。侦查监督部门应当转变观念,将对侦查机关活动的监督与审查批准逮捕工作并重。同时,在工作中注意从侦查工作易出问题的地方入手,认真审查侦查活动易出问题的环节,及时发现问题,根据所发现的不同情况采取口头纠正、检察建议等多种形式进行监督,以保证监督及时、有效,把对侦查活动的监督工作落到实处。

3.适时介入侦查活动,实现同步监督。侦查监督部门要扩大监督范围,大力推行同步监督机制,将侦查监督贯穿于从立案到侦查终结的全过程,将侦查监督由事后监督转为同步监督。侦查监督部门还应更新观念,以提前介入为切入点,适时介入公安机关的侦查活动,强化监督力度,规范介入侦查工作的范围和程序,促进侦查机关办案质量的提高。

(汝州市检察院调查与研究第 16 期 2013 年 5 月 23 日,此文在 2013 年《当代学术论坛》第 6 期上发表)

浅析渎职侵权犯罪案件"零口供"办案模式

●文／任川川　李冬冬

　　"零口供"审查起诉、"零口供"判决，即不管犯罪嫌疑人是否承认其罪行，司法机关都视其供述为"零"，然后办案人员通过在案的其他证据证明其有罪。这在我国司法界已不是一个新名词，它折射出传统的中国司法审判理念正在发生新的变化，对惩治犯罪分子，提高办案效率，有着积极重要的意义。但对于渎职侵权犯罪侦查部门来讲，"零口供"能不能作为渎职犯罪侦查办案的一种模式，这种办案模式整体上能给侦查工作带来哪些影响，对侦查工作是否具有指导意义？现就检察机关侦查渎职侵权犯罪案件的"零口供"办案模式进行深入的探析。

一、渎职侵权犯罪案件"零口供"办案模式的可行性

　　渎职侵权犯罪案件"零口供"办案模式，是指在查处渎职侵权犯罪案件侦查过程中，认定犯罪事实可不依赖犯罪嫌疑人的有罪供述独立存在，从而淡化、弱化口供作用，视其口供对犯罪事实的影响为零，而以能证明案件事实真相的其它证据为中心，认定犯罪事实，确定犯罪嫌疑人，获取证据的一种办案模式。

　　一是"零口供"办案模式于法有据。我国《刑事诉讼法》在明确"重证据，重调查研究，不轻信口供"的原则下规定：只有被告人供述，没有其他证据的，不能认定被告人有罪和处以刑罚；没有被告人供述，证据确实充分的，可以认定被告人有罪和处以刑罚。因此"零口供"办案模式于法有据。"零口供"办案模式，是在我国现行法律规定的范围内，对侦查模式的一种有益选择和对法律资源的充分利用。

　　二是"零口供"办案模式具有可行性。渎职侵权犯罪案件具有一个共同

的特点,就是危害后果的明显性。无论玩忽职守犯罪还是滥用职权犯罪,其犯罪往往给国家、集体、人民群众造成重大的经济损失、人员伤亡等严重后果。而侵犯公民人身权利、民主权利类犯罪则会给公民造成一定的人身及人身自由等损害后果。所有这些危害后果都是很明显的,知情面广,影响面大,是无法隐瞒的。办案中,如果顺着危害后果向前查,搜集证据,查清原因,查明过程,分清责任,从而确定犯罪嫌疑人,在理论上分析是可行的,在实践中也是完全可以做得到的。因此,在渎职案件侦查过程中,避开犯罪嫌疑人的口供,从其危害后果查起,不影响案件的侦破。

二、侦破渎职犯罪"零口供"案件的方法

对渎职犯罪实行"零口供"办案,不是拒绝犯罪嫌疑人主动或被动供述其犯罪事实,而是不再视口供为"证据之王",侦查机关将不会再为取得口供而煞费苦心,取而代之的是努力找寻其他有力证据以证明其犯罪。这就要求侦查人员在办理案件的过程中,完全抛开嫌疑人的供述,不再把突破犯罪嫌疑人作为重点,而是把事实证据作为取证的主要方面,通过案件的有关证据进行推论,证明其有罪。

一是要转变侦查观念。彻底摒弃"口供为证据之王"观念,视口供为"零"。体现在办案思路上,就是要求侦查人员在分析案情,确定侦查范围、侦查方向、选择侦查突破口,制定侦查方案,制订侦查措施时,都要以如何获取犯罪嫌疑人口供以外的其他证据为着眼点,所有的工作都要紧紧围绕这一办案思路展开,包括如何获取物证、书证,如何获取证人证言、被害人陈述,如何获取视听资料等。

二是要讲究科学的办案方法。一要高度重视初查。制定周密可行的初查方案,初查要秘密进行,要选准突破口,要把获取核心证据作为初查的重中之重,初查要迅速,不能拖泥带水。二要及时立案。经过初查,只要证明有犯罪事实,需要追究刑事责任,就要及时立案。能确定犯罪嫌疑人的以人立案,暂时不能确定犯罪嫌疑人的以事立案。及时立案,有利于及时对犯罪嫌疑采取强制措施和制定丰富多样的侦查措施。三要果断采取强制措施。无论是以人立案还是以事立案，只要确定了犯罪嫌疑人就要迅速果断地采取强制措施。因为采取"零口供"办案模式，侦查重点避开了犯罪嫌疑人的口供，如果在确定了犯罪嫌疑人的情况下，不对犯罪嫌疑人果断采取强制措施，极容易造成犯罪嫌疑人逃跑、自杀、串供，干扰证人作证，毁灭证据等情况的发生，干扰破坏侦查工作的顺利进行。因此，反应要灵敏、决策要果断，不能贻误战机。四要大胆合理使用侦查措施。对犯罪嫌疑人采取强制措施后，要迅速抓住时机，大胆合理地使用搜查、扣押物证、书证、视听资料等法律赋予的各种侦查措施，这样就可以在犯罪嫌疑人毫无防备的情况下，及时获取证实犯罪嫌疑人有罪的大量证据。五要在侦查中获取的各种证据要排除相互间的矛盾，形成一个完整的证据体系。对案件事实的各个部分均有证据加以证明，各个证据之间，证据与案件事实之间必须协调一致，矛盾得到合理排除，依照各种证据形成的证明体系足以对案件事实得出肯定的结论，并排除其他可能性，为下一步法院的"零口供"判决打下坚实的基础。

三、"零口供"办案模式的重要意义

一是体现了一种侦查观念的转变。由以犯罪嫌疑人的供述与辩解为中心，向以认定犯罪事实和确定犯罪嫌疑人为中心转变，犯罪嫌疑人的供述与辩解只能作为一种普通的刑事证据，并无特别之处，这种转变必然会引起侦查思路，侦查方式、方法和决策过程的变化。

二是能够有效解决对犯罪嫌疑人的人权保护问题。渎职犯罪"零口供"办案模式，可视口供为零，转而以其他证据来铺垫通往定罪之路。无论犯罪嫌疑人如何矢口抵赖犯罪事实，但都将在充分确凿的证据面前，接受法律的制裁，同时，能够长期有效地遏制办案中可能发生的非法拘禁、刑讯逼供、诱供、引供事件，这对完善现行的法律制度，更好地惩治犯罪分子，提高办案效率，都有着十分重要的意义。

三是能够从根本上解决侦查环节出现的办案安全问题。侦查环节中发生

的犯罪嫌疑人逃跑、自杀等问题向检察机关提出严峻的挑战,这些问题的发生与我们的办案方式,以及我们过分依赖犯罪嫌疑人的供述有着必然的联系,这不能不引起我们的深思。当然平时增强安全防范意识,加强安全防范措施,固然有效,但是头痛医头、脚疼医脚,不能从根本上铲除这些问题,因此,"零口供"办案模式不失为目前渎职侵权犯罪侦查的一种选择。

　　(汝州市检察院调查与研究第 25 期　2013 年 7 月 3 日,此文 2013 年 7 月 8 日被平顶山市检察院研究室转发)

浅议如何在新形势下做好反渎职侵权工作

●文 / 朱江艳

新《刑事诉讼法》突出尊重和保障人权,凸显了程序的价值,在证据制度、辩护制度、强制措施、侦查措施等方面都有重要完善,这对新时期检察机关反渎职侵权侦查工作提出了更高的要求。我们反渎职侵权部门唯有积极应对挑战,促使自身工作水平有新的飞跃,才能将《刑事诉讼法》确立的新规定、新要求严格落实到位,实现人权保障、司法公正和司法效率的统一。

一、新《刑事诉讼法》有关制度改革对反渎职侵权工作的影响

(一)辩护制度改革对反渎侦查模式提出了新要求

新《刑事诉讼法》明确规定,犯罪嫌疑人自被侦查机关第一次讯问或者采取强制措施之日起,有权委托辩护人。辩护律师提前介入,保障了犯罪嫌疑人的人权,但也增强了犯罪嫌疑人的防御权,强化了犯罪嫌疑人的抗审心理。

一方面职务犯罪的犯罪嫌疑人通常学历高、智商高、社会地位高、社会经验丰富,通过律师对涉嫌犯罪的犯罪构成、刑事诉讼程序的关键性问题进行解读后,基于趋利避害和畏罪心理,犯罪嫌疑人在以后面对审讯人员时更懂得如何辩解对自己更有利,更有可能逃脱罪责的承担。另一方面,由于辩护律师与犯罪嫌疑人的会见不被监听,会见时双方谈话内容侦查员无从得知也无法制止;而从目前的司法实践看,存在一部分不遵守职业道德的律师,其从犯罪嫌疑人口中得知案情和审讯人员的意图后,可能从事违反职业道德的行为,如帮助犯罪嫌疑人毁灭、伪造证据、串供、引诱证人作伪证。一旦发生此类情事,要想提取犯罪嫌疑人有罪供述、调取证明有关犯罪事实的证据以及保障犯罪嫌疑人供述稳定而不翻供,难度大大上升。

以上不利影响,要求我们必须把侦查工作的重心前移到初查阶段,把更多的精力投入到初查工作中,谋定而后动,在立案前就要全面、认真、细致地收集、固定完善好定案的主要证据和关键证据,避免一旦立案、律师介入后可能带来的被动。

(二)证据制度改革对反渎侦查水平提出了新要求

新《刑事诉讼法》确立了较完整的非法证据排除制度,一是规定了不得强迫任何人自证其罪,不得采用刑讯逼供、暴力、威胁等有强制力的手段强迫任何人提供证明自己有罪的言词证据;二是实行非法言词证据绝对排除,程序瑕疵物证、书证裁量排除的原则;三是规定了非法证据排除的程序,包括排除的主体和阶段、申请主体和方式、提供线索或材料、法庭调查、侦查人员出庭作证,等等。非法证据排除制度对防止和遏制刑讯逼供及其他非法方法收集证据的行为,为维护司法公正和刑事诉讼参与人合法利益提供了保障。

但是,非法证据排除可能也为职务犯罪的犯罪嫌疑人、被告人逃避罪责创造了空间。首先,侦查期间犯罪嫌疑人可能会以不得强迫自证其罪为由而保持沉默,零口供案件可能会增多,加大了办案的难度。其次,随着程序的推进,犯罪嫌疑人、被告人获得越来越多的信息,掌握越来越多的法律知识,非法证据便成为他们翻供的法宝。侦查人员在侦查过程中的程序瑕疵可能就会被无限扩大,尤其在侦查人员被要求出庭作证的场合,如应对不当,很有可能证据便被认定为非法而予以排除。

这就要求我们在今后的侦查工作中,要逐步改变过去那种单纯依赖犯罪嫌疑人口供和证人证言等言词证据定案的落后的侦查模式,注意充分收集物证、书证和各种可能的间接证据,充分运用技术侦查措施,收集利用再生证据。

(三)强制措施和侦查措施的修改和完善对反渎侦查方法提出了新要求

新《刑事诉讼法》延长了传唤、拘传的时间、新设了指定居所的监视居住,增加了询问证人的地点、增加了强制采样作为人身检查的一个子类、扩充了"查冻扣"的对象范围;特别是授予了检察机关办理自侦案件过程中决定采取技侦手段的权力(但无执行权),这些都有助于解决长期以来自侦案件侦查手段受限的实际困难。

从另一方面来看,严格规范侦查讯问程序的相关修改也给自侦案件的办理带来新的挑战:拘留或逮捕后应当立即送看守所羁押,至迟不得超过 24 小时;讯问必须在看守所内进行等,这些规定都对自侦部门侦查讯问的合法性提出了更高的要求。

新《刑事诉讼法》还规定了新的证据种类——电子证据,这对于我们的侦查取证工作会带来帮助,但是法律对于电子证据的取证程序、方式、方法、注意事项等并未做出详细、具体的规定。目前,很多侦查人员对电子数据这种新的法定证据形式还不了解,技术侦查设备的运用经验比较少和落后,对如何适用技术侦查措施来获取证据还不熟悉,侦查取证的方法、能力亟待丰富和提高。

二、反渎职侵权工作针对新形势的几项应对措施

(一)加强学习,全面提升反渎侦查人员业务素质

工欲善其事,必先利其器。要想在新形势下做好反渎职侵权工作,就首先要认真学习好新《刑事诉讼法》。通过检察系统全员培训和侦查人员自行学习相结合的方式,加强对新《刑事诉讼法》的学习,确保学好、弄懂、吃透、会用,为办案能力的提升奠定良好的法律知识基础。通过学习,转变以前过分倚重口供办案的观念,树立"以证据为中心、以审判为目的"的观念,实现侦查模式"由供到证"向"以证促供、证供互动"的转变。

此外,要有针对性地开展专项业务培训。针对当前侦查人员业务能力的弱项,开展专项业务培训,重点增强主动发现线索的能力、在相对透明情况下收集固定证据的能力、综合运用侦查谋略突破案件的能力、综合分析判断证据的能力、运用法律政策的能力以及侦查技术与信息化应用的能力,解决

个别人员不会办案、办不好案的问题,加强对审讯专家和具备经济、建筑、保险、计算机等学科知识的复合型人才的培养,为反渎职侵权工作实现跨越性发展提供能力保障。

(二)正确对待,强化与律师的沟通交流

律师辩护制度是《刑事诉讼法》对犯罪嫌疑人诉讼权利保障的途径之一,针对新《刑事诉讼法》的规定,我们反渎侦查部门必须以正确的态度,积极应对律师对案件的介入,确保侦查工作质量。一是要在思想上高度重视与律师关系的处理。要将律师的介入向有利于案件的办理方向去引导。在律师介入后,尽可能的积极听取律师对于案件办理提出的合理意见和建议。对律师提交的相关案件证据要认真对待、全面分析,试图从中找出案件办理过程中是否存在缺陷与不足。二是对律师执业行为进行合法有效的监督。对于律师有意帮助犯罪嫌疑人开脱罪责的行径,要坚决予以制止;对于律师帮助犯罪嫌疑人伪造、毁灭证据、妨害证人作证、串通他人作伪证等违法犯罪行为要坚决予以打击;对于律师教唆犯罪嫌疑人对抗检察机关的讯问等违反职业规范的行为要坚决向律师主管部门反映。三是要切实加强与律师的沟通与交流,善于借助律师的作用,对犯罪嫌疑人进行一定程度的说服教育工作,以实现犯罪嫌疑人认罪悔过,进而对案件的侦查起到事半功倍的促进效果。

(三)转变理念,要树立科学的证据意识

正确面对《刑事诉讼法》的修改,我们反渎侦查人员要将过去"先入为主、有罪推定"的侦查观念,及时转变为"以证据为中心、以审判为目的"的理念,培养和强化反渎侦查人员的证据意识,提高将客观事实转化为法律事实的能力,学会用证据说话。

树立科学的证据意识,反渎侦查人员要实现以下三个方面的理念转变:一是从重口供向重证据转变。长期以来,我们的侦查思维往往是"由供到证",由于过于看重口供的作用,导致实践中刑讯逼供等非法取证情况时有发生。侦查人员应该转变观念,将侦查工作的重心转移到口供以外的证据上来,及时调取有关原始物证、书证,固定和完善案件证据体系,形成完整的证据链条。二是从重视证据客观性向重视证据合法性转变。侦查活动除了实事求是地去发现和收集证据外,还要体现程序正义的理念。作为案件事实的探求者,侦查人员首先应当依法办案、文明办案,在收集证据时,应当严格按照法定程序进行讯问、搜查等,避免有刑讯逼供等违法取证行为。三是从追求"破案"向重视"庭审"转变。要切实转变侦查办案方式,在证据规格和标准上把"破案"与"庭审"的要求结合起来,侦查人员应当转变工作思路,以证据为本,由过去侦查"抓人破案"转向用证据去证明犯罪事实上来。

(四)重心前移,把初查作为反渎侦查工作的重头戏

辩护人介入到刑事诉讼的时间已经提前到侦查阶段,反渎部门的侦查工作较之律师的辩护工作基本上已没有什么优势可言。所以,为了让案子立得起,诉得出,我们反渎部门就必须转变思路,应当将侦查工作重心前移,更加重视立案前的案件初查工作,只有初查掌握大量充足且程序合法的证据材料,才能应对辩护律师的介入和犯罪嫌疑人、证人可能出现的证据反复问题。

一是更新初查观念,实行初查侦查化,灵活运用询问、查询、鉴定等非限制性措施,拓宽初查视野,全面详细地搜集证据,力图在初查环节尽可能多的查清有关犯罪事实和案件外围的证据,走"由证到供"的侦查模式。二是必须强化初查意识,周密分析线索,严密制定初查计划,牢牢树立主攻意识和谋略意识。在侦查过程中特别注重办案人员之间的配合,在不违反相关法律的前提下,全面、有倾向性地收集与案件有关的各种证据。三是强化初查工作的秘密性,要严格保密,隐蔽初查意图。初查本身并没有进入核心攻破阶段,对犯罪嫌疑人的身份、职责和犯罪客观方面进行调查,所以在不惊动犯罪嫌疑人的情况下,迅速收集外围证据,避免行政阻力和伪证嫌疑,保密性尤其重要。

（五）讲究策略，提高反渎侦查人员的办案水平

修改后的《刑事诉讼法》规定：重大、复杂案件，传唤、拘传的时间可延长至24小时。这为第一次讯问争取了时间，使拘留前办案时间的紧张得到了缓解，但即便时间有所延长，仍然要提高讯问水平，才会真正解决审讯难的问题。

想提高讯问的成功率，一是要做好充分准备。不能急于接触犯罪嫌疑人，提前制定好讯问方案，考虑好讯问的步骤、重点、讯问谋略的使用等，对讯问中可能出现的问题做好充分的应对准备，把握好第一次讯问的时机，努力提高讯问的成功率，不给说情者以机会，也为后续的侦查工作奠定良好的基础。二是要全面收集证据。全面收集和掌握与案件有关的一切材料和信息，让犯罪嫌疑人在客观的事实和证据面前无法抵赖，无路可退，对自己的犯罪行为无法否定，就不得不交代。三是要运用科学方法。要使犯罪嫌疑人产生心理上的强制而自愿供述，侦查人员就需要学习并运用犯罪心理学和审讯心理学的方法。对共同犯罪案件，讯问时还要注重嫌疑人供述事实之间，供述与书证、物证等证据之间的相互印证，排除矛盾点，增强证明力，避免因收集的证据不能相互印证而导致案件经不起推敲。

（六）宽严相济，在反渎侦查中合理运用强制措施

修改后的《刑事诉讼法》对监视居住和逮捕等强制措施有了较为细化的规定，立案后首次讯问犯罪嫌疑人，既是法定程序，又是决定案件成败的关键。反渎侦查人员要充分运用已收集掌握的证据，宽严相济运用强制措施，打消犯罪嫌疑人逃避法律制裁的侥幸心理，摸清犯罪嫌疑人的心理，关注其言行和细节，寻找适当时机突破犯罪嫌疑人的心理防线，进而发现新的线索和取证方向。

对于立案侦查的犯罪嫌疑人，按照宽严相济的刑事政策，对认罪悔罪的一般适用取保候审强制措施，而对于责任重又拒不交代的，要大胆采用拘留、逮捕强制措施。对于已经拘留、逮捕的犯罪嫌疑人，能如实供述且符合取保或监视居住条件的，可以变更强制措施，使宽严相济刑事政策落到实处，

让坦白者有出路,让抗拒者无退路,督促其如实交代。

(七)科技强检,提高反渎侦查方法的技术含量

在新形势下,如果再按照老思路、老方法来侦查反渎职侵权案件显然跟不上时代需求,因此,我们要充分借助现代化的一些工具,来增加反渎侦查手段的科技含量。一要搭建信息查询平台,做好信息引导侦查工作。建立与通信运营、公安、房产、金融、高速公路、工商、税务、国土资源等部门的信息共享,畅通信息查询渠道;要建立案件线索数据库、相关部门内部文件数据库、在逃人员数据库等,为侦查决策提供有力支持。二要提高侦查人员运用高科技侦查的能力,全方位收集犯罪证据。在办案中善于提取犯罪嫌疑人手机、电脑中的犯罪信息,获取犯罪嫌疑人在网络上留下的犯罪痕迹,依法使用各类侦查技术,提高办案效率。对电子数据等新的证据形式要进一步熟悉、掌握,在侦查中尽可能多地调取新《刑事诉讼法》规定的各种类型的证据,克服侦查取证难。三要正确运用新《刑事诉讼法》赋予检察机关的技术侦查权。在查处犯罪嫌疑人利用职权实施的严重侵犯公民人身权利等重大犯罪案件时,依法通过技术侦查措施获取犯罪证据,瓦解犯罪嫌疑人订立的攻守同盟,发现和获取新的案件线索及证据,突破案件。

(汝州市检察院调查与研究第 30 期 2013 年 7 月 16 日,此文 2013 年《法学教育》第 8 期转载)

如何破解查办监管场所职务犯罪难题

●文／李亚军

依法查办监管场所中的职务犯罪案件是检察机关监所检察部门的重要职责,也是对监管场所的执法活动最有力、最有效的监督手段。但是,当前在基层检察院监所检察部门查办监管场所职务犯罪案件中存在线索少、发现难、查证难的"一少两难"问题,影响着监所检察反腐工作的力度和监督职能的充分发挥。

一、查办监管场所职务犯罪案件"一少两难"的原因

基层院监所检察部门查办监管场所职务犯罪案件难的主要原因有以下几个方面:一是部分基层监所检察人员监督意识淡化,查办职务犯罪的主动性不强。驻看守所检察人员长年累月与监管单位人员在同一场所工作,经常发生工作业务上的联系,久而久之,有些就与监管场所的领导和一线监管民警之间形成"老熟人"、"老朋友"的同位关系,极易导致部分派驻检察人员思想松懈、监督意识淡化,过不了感情这道坎,查办职务犯罪的主动性打折扣。二是办案实践较少缺乏办案经验。多数人没有经过侦查专业培训,无论是侦查意识,还是侦查技能,与反贪、反渎办案人员相比都不足,加之监所检察部门面临事杂人少,其他业务不可避免地影响职务犯罪查办工作,丧失侦破案件有利时机的情况也多有发生。三是监管场所的封闭性和"透明度"较差,导致检察人员很难从监管场所内部获取有价值的案件线索。四是犯罪主体身份的特殊性。监管场所职务犯罪案件的主体大多为执法者,熟悉法律规定,专业性较强,一旦实施犯罪行为,不仅犯罪手段较为高明,且具有很强的反侦查能力和规避罪责的抗辩能力,给案件的侦查工作带来较大的困难,特别是"一对一"环境下的受贿犯罪,

收集核实证据更难。

二、强化查办监管场所职务犯罪案件的措施

（一）更新执法监督理念

"办案主动性差"的根源就在于工作理念上的滞后，更新执法监督理念尤为重要。一方面要破除思想认识上的误区，提高办案的主动性。要消除"办案会影响关系"的顾虑，克服"重检查、轻办案"的思想。另一方面通过检察官职业道德、职业责任、职业纪律教育和监所检察业务培训等途径，强化监所检察干警职责定位意识，充分认识查办案件的必要性、重要性，切实把查办监管场所职务犯罪与保障羁押人员的合法权益结合起来，提高法律监督敏感度，增强执法办案意识。

（二）不断提升队伍的执法办案能力

加大查办职务犯罪工作力度，队伍的执法办案能力是基础。一是加强业务知识学习。监所检察部门可以通过组织侦查业务培训、举办职务犯罪侦查工作培训班或研讨班、开展干警自学等途径，督促干警勤于学习，刻苦钻研，加强法学理论、侦查业务等方面知识的学习，拓宽知识层面，并可邀请反贪反渎部门的干警介绍职务犯罪侦查工作中的关键环节和注意事项等经验。二是强化岗位练兵。着重从提高法律知识、增强侦查技能方面下功夫，对监所检察干警进行办案轮训，通过开展业务知识竞赛、侦查技能比武等方式，重点培养监所检察部门侦查骨干，进一步增强监所检察干警的办案观念和侦查意识，提高查办职务犯罪案件能力。通过经验交流会、案件评析会等形式，总结在查办职务犯罪工作中的得失，指导职务犯罪案件的查办，全面提高监所检察干警收集证据与依法运用侦查谋略的能力。三是学习借鉴先进院经验。组织干警学习考察查办监管场所职务犯罪工作开展较好的检察院，重点了解线索来源、线索经营、侦查技能等方面的经验做法，并就本单位执法办案工作中遇到的困难与兄弟单位进行交流，将先进的经验融入到自己的工作中。

（三）深度挖掘职务犯罪线索

查办职务犯罪，掌握线索是关键，不断扩展案件线索来源渠道，是突破办案工作瓶颈的关键。一是深化检务公开。除在监管场所利用设立举报箱、公布举报电话等形式进行检务公开外，还需要向社会各界宣传监所检察部门的职能、职权和任务，增强监所检察工作透明度，扩大社会影响。并借助网络平台，将监所检察部门特别是派驻检察人员的联系方式等信息公开，以开放的姿态受理社会各界提供的监管场所职务犯罪线索。二是强化监管场所日常监督。在坚持约见检察官、在押人员谈话、检察官接待等工作制度中，注意从获取的某些信息中发现和挖掘线索。在职务犯罪易发的环节和关键点，如刑罚变更执行、服刑人员岗位工种安排、计分考核及行政奖励等风险点，以及从被监管的职务犯罪、经济犯罪、涉黑涉恶涉毒犯罪人员中，通过及时监督，发现和掌握可能涉及的职务犯罪线索。三是畅通控告举报申诉渠道。充分利用监区内的检察信箱，迅速掌握被监管人员反映的情况，防止和避免信件被监管民警截留，保障投诉渠道的顺畅。开展被监管人亲属访查活动，对被监管人及其家属的控告申诉举报材料，实行专人管理、专人负责制度，做好登记备案，根据不同的内容进行分类处理，便于从材料中找到职务犯罪的蛛丝马迹。四是重视案件的初查工作。严格按照高检院执法规范化的要求，初核、初查监管场所职务犯罪案件线索。对于重大、复杂的案件线索，监所检察部门可商情侦查部门协助初查；必要时也可以报检察长批准后，移送侦查部门初查，监所检察部门予以配合。要充分认识和高度重视初查工作是提高职务犯罪案件立案侦查率的关键环节的重要性，监所检察部门要不断加强与相关部门的协作配合，借助全院力量做好职务犯罪案件线索的初查工作，破解查办监管场所职务犯罪难题。

（汝州市检察院调查与研究第 11 期 2014 年 9 月 15 日，此文 2014 年 11 月 17 日被平顶山市检察院研究室转发）

第三编

调研分析

对 49 起存疑不捕案件的调查分析

●文 /宋振中　潘军现　闵秀姣

在审查逮捕中,对作出不批准逮捕或者不予逮捕决定,需要公安机关补充侦查的案件称作存疑不捕案件。此类案件在不捕案件中占比例大,容易引发案件流失。据统计,汝州市院 2003 年至 2004 年第一季度,共受理汝州市公安局提请批准逮捕刑事案件 431 件 661 人,经审查,批准逮捕 362 件 548 人;不批准逮捕或不予逮捕 69 件 113 人,其中存疑不捕案件 49 件 87 人,存疑的案件和人数分别占不捕总数的 71% 和 77%。从这 49 件存疑不捕案件中,既表现出了不捕率增高的一些共性,也暴露出了一些案件流失问题。

一、49 件存疑不捕案件的性质及诉讼情况分析

1.存疑不捕案件的性质多是侵权、侵财、妨害社会管理秩序和团伙类案件。49 件存疑不捕案件中涉及这四类案件的有 39 件,占 79.6%,其中侵权的 13 件,侵财的 11 件,妨害社会管理秩序的 11 件,团伙 4 件;其他 10 件涉及危害公共安全的 5 件,破坏市场经济秩序的 5 件,占 20.4%。

2.存疑不捕案件挂案未结的多,重新提请批准逮捕的少,提请复议的为零。49 件存疑不捕案件仅结案 2 件(1 件批捕、1 件撤案),还有 47 件没有侦结,占 95.9%;重新提请批准逮捕的 7 件,占存疑不捕数的 14.3%,经审查,批准逮捕的只有 1 件。公安机关对 49 件存疑不捕案件无 1 件要求复议。

3.存疑不捕案件采取监视居住、取保候审的多,撤销案件少,移送起诉为零。49 件存疑不捕案件中除重新批捕和撤案各 1 件外,公安机关采取监视居住的 6 件 6 人,采取取保候审的 41 件 79 人,侦查终结移送起诉的为零。目前,除监居、取保到期解除强制措施的案件外,还有 38 件 67 人处在取保候审之中。

二、49 件存疑不捕案件中存在的问题

一是存疑不捕案件质量低,流失多。在这 49 件案件中,公安机关提请批准逮捕前证明案件事实的主要证据没有查证清楚的就有 23 件 46 人,因证据不足不能证明有犯罪事实的案件有 16 件 31 人。比如马某某故意伤害一案,公安机关提请批准逮捕犯罪嫌疑人马某某时,案中的主要证据仅有受害人王某某的控告和头部轻伤鉴定结论,马某某不承认王的头部伤是他所为,而辩解说王是在逃跑途中撞到三轮车上造成的,马某某的父母也出证言证明他儿子没有打王,除了这些证据外,案中再没有其他证明条件。因此,该案审查后在作出不予逮捕决定的同时列举了补充侦查提纲交公安机关办案人员作进一步侦查。调查中发现,49 件存疑不捕案件所列举的每一个案件补充侦查意见,作补充侦查的寥寥无几,绝大部分案件没有按照补查意见侦查,理由是这些案件已无法再查证清楚,其中以原案件材料再次报捕的就有 6 件 6 人。

二是存疑不捕案件多是挂案不侦,久保不结,滥用强制措施,侵犯公民合法权益。49 件 87 人存疑不捕案件中有 47 件 85 人刑拘不予逮捕后,变更为监视居住或取保候审措施,其中取保 41 件 79 人,占存疑件数与人数的 87% 和 93%,绝大多数是交纳保证金。这些案件目前没有一件继续侦查或结案,没有一件退还保证金,除少数监视居住、取保候审到期办理了解除强制措施手续外,多数取保案件一直久保不结。原因是,有的办案人员认为刑拘后不逮捕的案件不应当作撤案处理,如果撤案就意味着错误拘留,就要赔偿,不如变更强制措施后把案件往后拖,这样既不违法也不赔偿,还可收取保证金。还有的办案人员认为案件立了就不能撤,不逮捕可采取其它强制措施来控制,使嫌疑人始终处于侦查视线之下,不受追诉时效的限制,永远不作撤案处理,片面理解和扩大适用追诉时效期的规定。另外,有些办案人员提出警力不足,侦查水平较低,案件多,新案接住后,老案就要放一放,查不清的案件就搁置一边,不逮捕只有取保后坐等线索或有关证据的出现,碰到了再拿起来查一查,碰不到了就一直放在那儿,此外,被查对象大多数是文化程

度较低的农民,他们的法律知识较少,有的认为只要不被公安局管起来,能在家自由干活,就没事,未认识到自己的合法权益被侵犯。

三是对存疑不捕案件侦查监督的措施不力,出现大量的存疑不捕积案,导致不捕案件率增高。一方面是对公安机关提请批准逮捕的案件有时没有作好受理前审查,把一些不符合审查逮捕条件的案件接受后不得不作出不予逮捕决定。例如有时有的公安办案人员只是将案件提请检察院作一尝试,或者是为案件找下台阶的理由才提请,可由于审查不严受理后只好作不捕。比如卢某强奸案,卷中证据明显证明两人系通奸,但公安办案人员仍以强奸提请报捕,以尝试一下能否批捕并作为撤案的退路。另一方面不批准逮捕案件与存疑不捕案件的界限不好把握。《刑事诉讼法》中只有批准逮捕或者不批准逮捕的规定,没有不予逮捕的法条。《人民检察院刑事诉讼规则》第89条虽然规定了不予逮捕(存疑不捕),但是没有规定相应的条件,只是规定不符合逮捕条件的,或者具有《刑事诉讼法》第15条规定的情形之一的,或者应当逮捕而犯罪嫌疑人患有严重疾病、或者是正在怀孕、哺乳自己婴儿的妇女的案件,人民检察院可以作出不批准逮捕的决定或者不予逮捕,把不批准逮捕或者不予逮捕的条件混在一起,可以任意选择不批准逮捕或者不予逮捕作出决定,不受其他条件限制。例如张某盗窃财物价值820元,依据最高人民法院司法解释,张某的行为可不作为犯罪处理,但公安机关仍然对张某提请批准逮捕,审查后对张某既可作出不批准逮捕决定,也可以作出不予逮捕,但是严格的讲,应当对张某作出不批准逮捕决定,因为依据最高人民法院司法解释张某不构成犯罪,情节显著轻微,不需要作补充侦查或变更强制措施。可实际中执行的是不予逮捕,公安机关对张某取保候审后不予结案。第三个方面是对存疑不捕案件的侦结情况、取保候审措施和侦查活动监督不到位。对提出的补充侦查意见,公安办案人员是否进一步侦查,没有监督;对不批准逮捕或不予逮捕的人员,公安机关大多都采取监视居住或取保候审措施,这些人员是否都符合监视居住或取保候审条件没有监督;对这些监视居住或取保候审的案件是否作出继续侦查、移送起诉或者撤案等处理的情况没有监督;形成了一批久保不结的积案。

三、解决存疑不捕案件中问题的对策

首先,严格区分存疑不捕案件,正确把握审查逮捕案件不捕率。虽然审查逮捕案件不捕率的高低不能说明审查逮捕案件质量的高低,不应成为衡量审查逮捕案件质量的依据,只要检察机关在作出批准逮捕和不批准逮捕决定时严格依据了逮捕证明标准,就应认为是符合审查逮捕案件质量标准。但是,依据当前的社会治安形势,特别是基层治安状况,如果不捕案件不断增多,尤其存疑不捕案件总量增加,在一定程度上影响打击犯罪的力度和公、检关系。因此,我们既要严格掌握逮捕证明标准,对符合逮捕证明标准的就批准逮捕,不符合逮捕证明标准的就不批准逮捕,决不能滥捕、错捕,又要加强侦查监督,防止案件流失,不捕案件总量控制,降低不捕率。

一是切实把好审查逮捕案件受理关。严格执行《河南省检察机关案件流程管理规定》第一编《侦查监督部门案件流程管理规定》第一章第一节"审查逮捕案件受理"第1条至第5条的规定,把不符合受理条件的提请批准逮捕案件挡在受理关之外,减少不捕案件数。二是对于不予批准逮捕(存疑不捕)要求公安机关补充侦查的案件,在提出补查意见列举补查提纲时要慎重,要在全面审查案件事实证据材料和讯问犯罪嫌疑人的基础上,认真提出补查意见,并且依据案情,所提出的补查意见公安办案人员能补查到半数以上,不能随意提出补查意见,也不能是提出的补查意见多数办不到。只有严格掌握不批准逮捕需要公安机关补充侦查案件的界限,坚持补充侦查的严肃性,及时监督公安机关补充侦查情况,才能提高重新提请批准逮捕案件数,防止案件流失,降低不捕率。三是对于不予批准逮捕公安机关变更为监视居住或取保候审继续侦查的案件,不应当计算在不捕案件数里面,因为这些案件仍在诉讼程序中,有重新批捕、直接移送起诉和撤案的三种可能,只有撤案这一种情况应计入不捕案件数内,其它两种都不应该计入不捕案件内,不捕案

件应当是终结的案件。如前所述,2003 年至 2004 年的第一季度,汝州市院作出不批准逮捕或不予逮捕案件 69 件 113 人,不捕率为(案件与人数分别占公安机关提请批准逮捕数)16% 和 17%,其中不予逮捕(存疑不捕)案件 49 件 87 人,分别占不捕总数的 71% 和 77%,如果把这一部分不计入不捕数,不捕率仅为 4.6% 和 3.9%,分别下降约 12 个百分点。

其次,进一步强化侦查监督观念,延伸侦查监督触角,克服监督不力的弊端。从上述 49 件存疑不捕案件中暴露出的一些问题可以看到,在侦查监督工作、特别是在基层侦查监督工作中,由于受执法观念、警力不足等主观客条件的影响,目前存在着重审查逮捕,轻侦查监督的倾向,而在侦查监督中,又存在着重立案监督、轻不该立案而立案的监督,重大案的介入侦查监督,轻案件诉讼情况的跟踪监督等现象。这样容易弱化侦查监督权,使检察权不能够充分发挥对侦查权的配合制约作用。因此,只有全面正确履行侦查监督职责,才能纠正监督不力的问题。

针对存在的这些问题,在严格执行《刑事诉讼法》的规定下,按照《人民检察院刑事诉讼规则》和《河南省检察机关案件流程管理规定》中关于刑事立案监督和侦查活动监督具体实施细则,加强以下几个方面的监督工作:一是加强对公安机关立案及撤案的监督,切实纠正该立案不立案,不该立案而立案,该撤案不撤案,不该撤案而撤案的违法现象。二是加强对不捕案件变更强制措施和直接采取监视居住、取保候审案件侦结处理情况的监督,依法纠止滥用强制措施和久侦不结侵犯公民合法权益的行为。三是认真落实派员介入侦查活动制度,积极引导侦查机关及时收集、完善和固定证据,注意监督纠正侦查活动中的违法行为。四是基层检察院侦查监督部门要结合本地工作实际,制定和落实符合基层侦查监督工作特点的长效监督工作机制和联席会议制度,使侦查监督中的审查逮捕、立案监督、侦查活动监督三项工作全面发展,齐头并进。

(汝州市检察院调查与研究第 41 期 2004 年 5 月 25 日)

略谈捕后证据不足不能起诉案件处理难的成因及对策

——兼对135人捕后不符合起诉条件案件的调查分析

●文／宋振中　郭建伟　潘军现　王红光

捕后证据不足不能起诉案件是指被羁押的犯罪嫌疑人是否犯罪予以刑罚处于不能证实状态的案件。在刑事诉讼中,这类案件是客观存在的。但是,捕后证据不足不能起诉案件如果不断增多,比例增大,对审查逮捕质量、案件处理、捕诉配合监督关系、犯罪嫌疑人的权力保障以及刑事赔偿等方面将产生极大影响。据统计,2001年至2003年,汝州市检察院审查出捕后不符合起诉条件的案件135人,占批准逮捕人数(1456人)的9.3%,占提起公诉数(1284人)的10.5%;是捕后公安机关作撤案处理(13人)的10倍,是捕后作绝对或相对不起诉(17人)的8倍;年均积存45人。通过调查,从这135人不能起诉案件中暴露出了一些应当值得注意的问题。

一、135人捕后不能起诉案件的形成原因及诉讼情况

调查发现,135名被羁押的犯罪嫌疑人是否犯罪予以刑罚处于不能证实状态下的案件,在审查起诉时,已经过补充侦查,但仍然证据不足,不符合起诉条件。其主要原因是证明嫌疑人犯罪构成要件事实证据的质和量还不足以指控、认定犯罪。有的是据以定罪的证据存在疑问,无法查证属实;有的是犯罪构成要件事实缺乏必要的证据予以证明;有的是据以定罪的证据之间的矛盾不能合理排除;还有的是根据证据得出的结论具有其他可能性。这些案件的具体情况可大致分为以下几种:

(一)证据发生变化,不能认定犯罪

如胡某强奸妇女一案。胡某与其妻妹曾发生过性关系,此后妻妹服毒自杀,并写有遗书。遗书中叙述了她如何受到胡的精神折磨和强奸而自杀的情况。审查批准逮捕时,就是以这份遗书为主要证据将胡逮捕,但在审查起诉时发现,这份遗书是胡某妻妹丈夫向胡索要钱财不成而伪造的,否定了胡某的强奸事实。

(二)证据单一,事实证据不确实充分

如一个 3 人盗牛案,该案主犯问:"谁家有牛"? 共犯张某说:"俺隔壁有牛。"审查起诉时,整个案卷中除了张某的这句话,再没有其他证据能够印证张某有共同犯罪的故意。又如韩某、邢某自我供述盗电 1 万余度,但因没有其他证据加以证明确认,形不成证据链无法起诉。

(三)犯罪嫌疑人的辩解不能合理排除

如韩某盗窃手机一案,手机是在犯罪嫌疑人家中发现的,批捕时韩某辩解说手机是拾的,审查起诉时,韩某仍然辩解说手机是捡来的,不是偷的,案中没有其他证据证明韩某的作案时间和相关盗窃行为,没有确实的证据来排除韩某的辩解。

(四)共同犯罪中的共同故意、共同预谋不明显,难以认定有罪

如王某等人绑架他人一案,袁某(女)是王某的情人,王某等人绑架他人的自始至终,袁某都跟着,但没有证据证实袁某参与绑架的犯罪事实,共同故意不明显,不好定罪。又如闫某故意伤害致死他人一案中的共犯张某也是这种情况。闫某和张某相识在一块喝酒,酒后闫某伤害他人时,张某只是跟着闫某,没有事前预谋和事中参与伤害他人证据。

上述这些案件审查起诉时,经过法定期限的补充侦查后,公安机关对这135 名犯罪嫌疑人全部变更为取保候审措施继续侦查。目前,已终止侦查的132 人,其中已解除取保候审的 94 人,未解除取保候审的 38 人;继续侦查后起诉判刑的仅有 3 人。

在审查起诉中,对上述案件检察院没有作出一件存疑不起诉处理,均向公安机关提出建议性处理意见。一是对超期羁押的案件建议公安机关变更措施,

释放犯罪嫌疑人继续侦查;二是对法院不能判决有罪撤回起诉的案件退回公安机关建议作其它处理;三是对退回公安机关补充侦查后而无法补查到相关证据不符合起诉条件的案件建议公安机关作其他处理。

二、135 人捕后不能起诉案件中的问题

针对捕后不能起诉案件数量多比例大的情况调查,发现其中存在诸多问题。归纳起来为以下几个方面:

(一)把不符合起诉条件的案件统统挂起来

调查发现,有些明显不属于证据不足、不能起诉范围的案件也被列入该范围。如属于司法解释前后法律使用情况变化,捕时认定有罪而起诉时认定无罪的案件,譬如 2002 年最高人民法院关于非法运输、买卖、储存、制造爆炸物品用于合法生产,矿产开采的不认定为犯罪的解释实施后,此前批捕此类案件的嫌疑人,审查起诉时有一些案件退回公安机关建议作撤案处理的,但也被装入"存疑口袋"挂了起来。还有一部分属于轻伤范围的故意伤害案件,经当事人双方协商调解达成赔偿及撤诉协议,公安机关可以作撤销案件处理而没有处理挂了起来。

(二)因认识分歧产生了一些不符合起诉条件的案件

因认识发生分歧,罪与非罪界限难以区分,以及法律和司法解释对有些案件的情节严重、情节恶劣、社会影响等情形规定的比较笼统,不易把握和操作,导致了一些难诉案件。另外,侦查人员收集固定证据的能力和检察人员审查案件的水平以及对法律知识的认知程度都会对案件是否能诉产生较大影响。

(三)"宽捕、严诉、慎处理"办案模式,导致证据不足不能起诉案件增多

在检察诉讼环节,由于批捕条件标准与起诉条件标准法律规定的差异,审查批捕中,有时对部分案件放宽了逮捕条件,审查起诉时为防止法院判无罪案件的发生,对起诉标准掌握较严,结果筛选下了一些不能起诉的案件,由于这些是公安机关侦查的刑事案件,在检察环节作出处理又怕产生不好的负面影响,因此,"慎重"的退回公安机关作其他处理。这样做,抓住了中间放松了两

头,批捕时"粗沙",起诉时"细筛",过不了筛子的案件退回,表面上看似乎符合法律规定和检察工作实际,但是仔细分析存在着不公正执法的诸多问题,隐藏着检察机关暂时没有责任但以后推拖不掉责任的后患。

(四)证据不足不能起诉案件全部退回公安机关处理问题多、后遗症大

一是135人的难诉案件退回公安机关后,均取保候审并收取保证金,但终止侦查解除取保后多数案件的保金没有退还。二是难诉案件终止侦查解除取保后多数案件不告知当事人,也不作撤案处理,长期挂案没有期限。三是对公安机关处理这类案件的情况监督不到位,多数案件形成不了了之的悬案,不再过问。但是,按照《国家赔偿法》的规定,逮捕后的案件赔偿问题由检察机关负责。因此,这种只把住起诉关,放松批捕关和难诉案件处理关的做法,就等于没有把住刑事案件赔偿关。调查中还发现,目前不能起诉案件的嫌疑人、被告人提出申诉赔偿已成上升趋势,汝州市院去年以来已受理3件。假如上述135名被不能起诉的嫌疑人中有十分之一的人提出申诉赔偿,在基层财政经费困难无赔偿基金保证的条件下,基层检察院是很难解决这一疑难问题的。

三、解决捕后证据不足不能起诉案件问题的对策

捕后难诉案件中的问题不是在一个基层检察院存在,而是在多数基层院普遍存在。它从一个侧面和某种程度上反映了执法办案中的缺陷,与当前检察机关提出的"强化法律监督,维护公平正义"的主题不相适应,与"立检为公,执法为民"的根本要求有差距,因此,必须采取切实可行的措施认真解决和努力克服。

(一)统一执法思想,转变执法观念

认真贯彻惩治犯罪与保护人权的精神,坚持"无罪推定"、"疑罪从无"的原则,正确对待证据不足不符合起诉条件的案件。对经过补充侦查仍然证据不足的案件的最终诉讼结果,只能是撤案、不起诉或法院宣告无罪。如果对这些案件不作撤案或不起诉处理,那么,从实体上即已认定犯罪嫌疑人无罪,从刑事赔偿确认程序上看,撤案或不起诉处理结果等同于宣告无罪。因此,对证实犯罪事实

的证据存在质和量上的不足,不能认定犯罪的案件的处理结果,实质上就是依照"疑罪从无"原则对嫌疑人无罪的推定,也就是对"没有犯罪事实"的法律确认。但是,目前在部分检察人员尤其是基层检察人员中,对此,还存在模糊认识,甚至不被接受的现象。所以,要认真纠正影响公正执法的这一深层次问题,必须从执法思想、执法理念上澄清一些糊涂认识,彻底摒弃传统的执法观念,用科学发展的法律理念指导司法实践。

(二)正确认定和处理证据不足不能起诉案件,减少数量和比例

一是对现存的难诉案件进行一次全面清理分类。符合撤案规定的依法撤案;符合相对、绝对或存疑不起诉的分别作出决定;符合起诉条件依法提起公诉;彻底清查处理不符合起诉条件的积存案件,减小难诉案件数量。二是认真处理不能起诉案件。要坚决克服"宽捕、严诉、慎处理"办案模式中存在的滥捕、不处理问题。那种由于过宽的使用逮捕措施,又把不符合起诉条件的案件一律退回公安机关了事的做法,实际是滥用批捕权和公诉权的表现。根据《刑事诉讼法》第140条第4款"对于补充侦查的案件,人民检察院仍然认为证据不足,不符合起诉条件的,可以作出不起诉决定"的规定,作为负有法律监督职责的检察机关,应该对每一件捕后案件都要作出或者监督作出合法的处理结果,决不能一退了之,长期挂案。三是加强监督,建立难诉案件处理跟踪监督档案。当前难诉案件有多少,在检察环节就难以澄清底数,如调查分析的135人的不能起诉案件是从当地公安机关登记册上统计来的,检察院的批捕、起诉、监所检察等部门均不能弄清楚,这一现象说明对退回公安机关不再起诉的案件失去了监控。因此,要算清此类案件情况,必须建立跟踪监督档案。对需要退回公安机关作继续侦查的案件必须逐件登记造册,跟踪监督处理情况及结果;对本院作存疑不诉的案件也应逐案逐件登记造册,全面掌握难诉案件的数量和质量以及可能发生的赔偿或追诉动态,为后续工作提供准确的依据。

(三)强化捕后案件责任意识,加强捕诉部门之间的协作配合和内部监督

一是要在基层检察人员中牢固确立捕后责任意识。认真克服"管捕不管

诉,管诉不问捕"的"洗菜剥葱"各管一工的错误观念,不能把批捕、起诉仅作为一个刑事诉讼环节来看待,要从检察监督工作的整体去把握批捕、起诉工作的质和量,切实明白"捕了诉不了,诉了判不了",检察机关和检察人员都要承担法律责任的问题。二是把捕后难诉案件数量和质量作为审查批捕质量考评的主要依据之一。批准或决定逮捕犯罪嫌疑人的案件数与捕后难诉案件数要有相对的比例范围,其比例过大或过小从一定意义上讲都视为没有正确把握逮捕标准。基层检察院是行使批捕权的集中地,大量的批准逮捕案件都有基层院审查决定,因此,为避免或减少该捕不捕,不该捕而捕的问题发生,必须建立严格的审查批捕案件质量考评机制,减小捕后不能起诉案件的数量。三是加强捕诉部门之间的协作配合和相互监督。对提请逮捕的案件有拿不准或有认识分歧的情况时,批捕部门可以主动与公诉部门交换看法,听取意见和建议;对补充侦查后仍然证据不足不符合起诉条件的案件,公诉部门也可以及时向批捕部门交换意见,达成共识,采取切实可行的处理方法,消除和避免不良影响;对批准逮捕后或者退回公安机关补充侦查的案件,捕诉部门都要关注案件的进展和诉讼结果,必要时可及时介入公安机关的侦查预审活动,尤其是经补充侦查证据不足退回公安机关后,对羁押的犯罪嫌疑人变更取保候审的案件,更要及时监督公安机关继续侦查的情况及处理结果,防止长期挂案酿成后遗症。

(四)认真贯彻执行《国家赔偿法》,正确开展证据不足不符合起诉条件案件的刑事赔偿工作

一要树立"疑罪从赔"的观点,对证据不足作撤案、不起诉或无罪宣判的案件,其当事人是无罪的人,应当对其赔偿。即使某些在事实上是有罪的嫌疑人,但在法律上不能确认有罪,不符合起诉条件,也应将其视为无罪,予以赔偿。二要加强检察人员的政治素质教育和业务技能培训,提高办案质量,要使检察人员真正明白对证据不足作存疑不诉的案件,对被羁押的犯罪嫌疑人予以赔偿,是由于检察机关和检察人员行使职权失当导致的,应当承担相应责任。这

样不仅能够在一定程度上遏制以往司法实践中一贯的"以捕代侦"甚至滥捕错捕等不良做法,而且还能促使办案人员吸取教训,改进工作,提高案件质量,真正做到惩治犯罪与保护人权并重,达到少赔偿或不赔偿的社会效果。三要完善因证据不足存疑不诉案件监督制约机制,充分发挥检察委员会的职能作用,加强对不能起诉案件依法处理和监督,并且明确存疑不诉案件刑事赔偿由上一级检察机关确认的程序,坚持该赔偿,坚决予以赔偿,尽可能在检察机关把不能起诉案件的善后问题妥善处理到底,减少工作的被动性和负面影响,依法维护公民的合法权利和社会稳定以及司法工作秩序。

（汝州市检察院调查与研究第 7 期　2004 年 7 月 22 日）

多策并举惩治侵犯民企财产型犯罪

——对汝州市检察院审查起诉88件侵犯民企财产犯罪案件的调查分析

●文/关文丽 张志强 宋振中

我们对汝州市检察院2005年至2007年办理的侵犯民营企业财产犯罪案件调查分析后发现,非公有制经济作为县(市)重要经济支柱发展壮大的同时,民营企业已成侵财型犯罪的主要对象,如何提高打击和防范侵犯民企财产犯罪的能力,是当前基层检察院一个亟待解决的重要问题。

一、侵犯民企财产犯罪案件的特点

近3年来,汝州市检察院办理侵犯民企财产犯罪案件88件102人,案件罪名主要为盗窃、职务侵占、敲诈勒索等,其中盗窃案件78件96人,占91.4%,比例最大。此类案件表现出"四多一大"的特点:

(一)知名企业发案多

由于知名的民营企业规模较大,下属企业分布面广,容易受到犯罪侵害。如汝州市最大的民营企业天瑞集团的干法水泥厂、铸造厂、热电厂、焦化厂、庇山煤矿等厂矿企业,分别建立在汝州市的汝南工业区、临汝镇、陵头乡等地,近3年来,该集团公司的这些企业中共发生盗窃犯罪案件46件60人,占我院办理侵犯民企财产犯罪案件总数的52.3%。

(二)企业周边村民作案多

调查发现,78件盗窃民企财产案件犯罪嫌疑人(96人)中属企业驻地附近村民身份的占88%,他们靠山吃山,近厂偷厂,多次作案现象突出,盗窃3次以上的犯罪案件44件,占63%。如犯罪嫌疑人潘某、赵某、怯某等人利用在天瑞集团干法水泥厂附近居住生活的便利条件,于2005年7月至11月期间,先后进入该厂作案5次,盗窃钢材共计9647公斤,价值13000余元。

（三）团伙盗窃多

侵犯民企财产型犯罪多为共同犯罪，作案时互有分工，实施盗、运、销一条龙手段，此类案件共有 75 件，占总数 83.5%。如郭某、周某等 6 人团伙盗窃案，2005 年 9 月 4 日夜，该 6 人窜至汝州市瑞平公司庇山煤矿，周某负责望风，郭某、张某负责翻墙入院将价值 6 万余元的电缆盗出，李某、陈某负责用车将盗出电缆送至洛阳销售。

（四）内外勾结，监守自盗多

监守自盗犯罪案件 12 件，占 19.6%，犯罪嫌疑人多是企业雇用人员，譬如保安、一线生产工等。2006 年 1 月至 2 月间，天瑞集团铸造公司热处理车间工人闫某、史某 2 人预谋后，利用上班工作的便利条件，先后窃取该车间试棒 17 根，价值 1390 元。

（五）破坏性大

犯罪分子盗窃作案的主要目标是容易销赃的企业中的生产资料和生产设备，78 件盗窃案中的被盗物资均是钢材、铝材、电机、电缆等重要生产资料和设备。如冯某等人预谋后于 2005 年 11 月至 12 月，多次潜入天瑞集团铸造公司，盗窃铜棒、铜线 300 公斤，漆包铜圈绕阻线 149 公斤，锥形电机制动轮 165 个，直接影响到该公司的正常生产经营，但冯某等人将这些重要的生产物资按废品卖出后仅得赃款 8334 元。

二、办案中发现的问题及遇到的困难

（一）造成经济损失大，追赃难

犯罪嫌疑人多与本地或者外地废品收购个体商户有联系，物品盗出后迅速销给这些联系点，而这些收购点也按废品迅速处理，使被盗物品难以追回。办理的盗窃民企财产犯罪案件 78 件，涉案总价值 360 余万元，追回经济损失的寥寥无几。如犯罪嫌疑人王某，2006 年 12 月 7 日潜入天瑞集团铸造公司一仓库内，盗走铜锭 3.21 吨，价值 133866 元，盗窃当天即将赃物销给陈某。案发后无法追回，厂方蒙受重大经济损失。

(二)作案多发案晚,查证认定难

一方面犯罪分子盗窃作案时间与发现被盗报案侦破时间间隔较长,有的几天,有的10天半月,甚至也有数月才发现被盗的,加之异地销赃渠道顺畅,给破案查证带来许多困难。另一方面此类案件多次盗窃现象虽然突出,但多数案件中证实多次盗窃的证据欠缺,难以查证,盗窃数额上不去,处罚较轻,打击不能从重,起诉的78件盗窃民企财产案件中,认定盗窃数额在2000元以下的有37件,占43%;以盗窃罪被判刑的88人中,被判处3年以下有期徒刑、拘役、单处罚金的66人,占88.2%,被判处3年以上或10年以上有期徒刑的共12人,仅占11.8%。

(三)废品收购点多面广,行业管理不到位

当前无牌无证的地下收购场所较多,此类案件的被盗物资几乎全部都是通过废品收购渠道迅速得到处理的,有些废品收购场所其中包括一些证照齐全的收购场所已成为盗窃销赃窝点,"只要你敢偷,我就敢收",而且大宗的盗窃物资多是运到异地收购场所销赃,这对加强废品收购行业管理增加了难度。

(四)企业自身防范意识不强

办案中发现部分民营企业安全保卫措施不到位。如门卫值班人员只设1名且年龄偏大,夜间巡逻不能坚持,对使用的保安人员教育监管不严,致使个别保安人员失职甚至参与盗窃犯罪。有些企业的产品设备或其它物资在厂内露天堆放,无人看管,也无任何防盗设施,多数重要的生产厂区和库房没有完备的防盗设施。还有些企业生产材料管理随意,出库领用和报废不登记,用或没用甚至丢失也不清楚。如某企业将生产使用的冒品铁大量堆放在院内无人看管,使用时无登记,犯罪嫌疑人李某、连某、闫等写5人将冒品铁盗运出厂销赃,案发后厂方才得知被盗,但失窃数量无法核实,价值难以评估,导致调查职证认定处罚难。正是由于部分企业管理人员"家大业大,少点没啥"的无所谓观念迎合了那些"不拿白不拿,不偷白不偷"人的心理,客观上为窃贼提供可乘之机。

(五)企业用人机制不完善

有些企业重视管理层人员,轻看一线生产人员,对一线工人管理教育关爱不够,劳动保障待遇不落实,管理层与生产层人员之间收入分配悬殊过大,导致一线工人心理不平衡,甚至有的铤而走险,实施犯罪行为。检察人员讯问监守自盗犯罪嫌疑人动机和目的时,他们均都辩解说劳动强度大,工资收入低,生活压力大,受压榨感过强。

(汝州市检察院调查与研究第 1 期   2007 年 1 月 5 日)

对汝州检察院 96 起刑事和解
案件的调查分析

●文／关文丽　张志强

自 2007 年 2 月最高人民检察院发布《关于在检察工作中贯彻宽严相济刑事司法政策的若干意见》以来，我院围绕以人为本，服务于构建社会主义和谐社会大局，紧贴检察工作实际和司法实践，积极探索对刑事案件的和解处理机制。在审查起诉环节共对 96 件公诉案件进行了和解处理（其中包括 48 件因民事邻里纠纷引起的事实清楚，证据确实充分的轻伤害案件；46 件应在 3 年以下量刑，犯罪嫌疑人悔罪态度较好，积极赔偿并与对方达成和解协议的交通肇事案件；1 件非法拘禁案和 1 件非法侵入住宅案）。所办理的刑事和解案件，没有出现任何当事人另行提起自诉、民事诉讼、申诉或上访等情形。在办理上述案件过程中，我们不断规范办案程序，逐步形成了和解处理刑事案件的一整套经验和做法：

一、总体情况

2007 年 2 月至 2008 年 5 月，我院公诉部门共受理各类刑事案件 527 件，其中轻伤害案件 59 件，交通肇事案件 63 件，分别占全部案件的为 11.2% 和 12%，轻伤害案件中，我院适用和解结案的共 48 件，和解适用数占案件总数的 9.6%；轻伤害案件经和解后，建议公安机关作其他处理的共 43 件，占 87%；交通肇事案件经和解后，作相对不起诉处理的共 4 件，占 9.8%，向法院提起公诉且积极提出缓刑建议且被采纳的共 42 件，占 91.3%。

二、适用刑事和解的条件、基本程序和处理方式

我们在办理刑事和解案件时，不是违反刑法的规定随意适用刑事和解，而是有针对性地对个别罪名和个别情况,严格按照一定的条件和程序进行。

1.适用对象。适用对象我们主要界定于未成年犯罪嫌疑人和成年犯罪嫌疑人中的过失犯、初犯、偶犯。对未成年适用刑事和解是刑事司法对少年司法特殊要求的具体化,为教育、感化、挽救未成年犯罪嫌疑人,常以补偿和赔偿作为监禁的替代措施。成年犯罪嫌疑人中的过失犯、初犯、偶犯,由于其犯罪主观恶性较小,教育、改造难度不大,所以也被确定为刑事和解的适用对象。

2.案件范围。根据司法实践中的一些做法,和解主要适用于侵犯个人人身权利的案件,从严重程度方面看,主要适用于轻罪案件(法定刑在3年以下)。具体适用于:(1)因一般民事纠纷或邻里纠纷所引起;(2)被害人有重大过错,如被害人无端挑起事端;(3)带有防卫性质的,如双方殴斗过程中,侵害人有明显的退让而被害人继续纠缠;(4)当事人对方有亲属关系,(5)间接致人伤害,如伤害结果不是侵害人直接打击所致,而是介入了其他间接因素。

3.适用条件。对于是否适用刑事和解,主要从以下几方面审查,一是犯罪嫌疑人和被害人双方是否达成和解协议;二是这种和解是否客观真实,准确反映双方当事人的真实意思表示;三是是否真正彻底消除了双方的恩怨;四是是否符合法律维护公平正义,打击邪恶的要求;五是是否符合社会良俗和民意。以上要件中,只要缺少其中一项,就不能适用和解。如我们在办理轻伤害和交通肇事案件中就明确把下列几种情况排除在适用刑事和解范围之外:一是累犯、团伙、黑恶势力伤害他人的;二是作案手段残忍恶劣,造成严重社会影响的;三是犯罪嫌疑人没有真心悔改的;四是雇凶报复性伤人的;五是被害人受胁迫而达成和解协议的;六是交通肇事案件肇事后逃逸的。

4.基本程序和具体步骤。(1)案件受理后承办人首先阅卷了解案件是否符合和解的范围、条件及双方当事人和解的意向;(2)对于有和解可能的案件,由承办人分别向办案组长和公诉科长汇报,得到批准后再进行调解;

(3)具体和解过程中,检察机关如何发挥作用,办案过程中有两种做法:一是对于和解的整个过程,检察机关不介入,由双方自行协商,审限内只需将最后的和解协议提供给检察机关就可以了;二是对于有上访苗头的案件,检察机关积极介入,动员和组织双方当事人进行调解。无论哪种做法,检察机关均不会在最后的协议书上签字;(4)审批程序:根据和解处理方式不同基本分成两种:一是建议作其他处理的,适用主管检察长负责制,由主管检察长进行最后审批,另一种采取相对不诉结案的履行检委会程序。

5.处理模式。(1)轻伤害案件,双方当事人达成和解协议的审查后退回公安机关建议作其他处理(如变更强制措施或撤案);(2)交通肇事案件,双方当事人达成和解协议的,审查后有两种处理模式,一是作相对不诉,另一种是向法院提起公诉,同时提出从轻、减轻或适用缓刑的量刑建议。

6.处理原则。我们在处理刑事和解案件过程中始终坚持以下原则:一要严格遵守两法及相关司法解释的规定;二要事实求是,案件承办人向科长和主管检察长汇报案件时,对案件事实和证据负绝对责任;三是必须由被害人主动要求或确已征得被害人同意适用和解;四是必须以教育为主,务必要达到消化矛盾,维护稳定的目的;五是严格确定和解处理刑事案件的范围,目前我院适用和解主要限于故意伤害(轻伤)和交通肇事案件,对其它案件启动和解机制,必须事先向平顶山市检察院请示汇报,征得平顶山市检察院同意后方可进行;六是严禁利用刑事和解办理人情案、关系案。

三、目前刑事和解中存在的一些问题的解决途径

刑事和解机制在维护社会和谐稳定和贯彻宽严相济刑事司法政策方面的理论意义和实践意义都毋庸置疑,但在实际办理中还是存在一些需要进一步解决的问题。

1.实践中和解处理轻微刑事案件的范围还比较狭窄,和解的成功率也处于较低水平。目前在我院仅集中于故意伤害(轻伤)和交通肇事案件。公诉人员由于职业习惯对于刑事和解工作经验不足,而由邻里、同事等之间产生纠纷升级的刑事案件,双方往往积怨较深,对该类案件进行刑事和解的难度较大,成功率较低,往往历时长却达不到预期效果,还耽误了办案时间,因而公诉人员对此类案件和解的热情不高,在言语和行为方面伤害群众感情的事情还时有发生。

2.检察机关就该类案件的办理在内部工作机制上也存在冲突,相对不起诉率依然较低。《人民检察院刑事诉讼规则》规定,相对不起诉应当由检察委员会讨论作出决定,这一规定在现阶段与轻微刑事案件的快速处理产生一定的冲突,实践中等待检察委员会的召开需要一定的时间。针对这种情况我们的处理方式为:在检察委员会作出决定之前,犯罪嫌疑人被逮捕的,可将其先变更为取保候审或监视居住,如2007年我们办理的焦某某、刘某某交通肇事案即为该情况。

3.个别案件由于当事人多,进行和解较为困难。近年来,我们在办理案件中发现这样一个问题,即某案件出现多个加害人或多个被害人,如果被害人只同意与其中部分加害人或多个加害人和解,但和解时只有部分加害人到案,或只有部分被害人同意和解,对该情形应如何处理较为困难。如2007年9月,我们办理的郭某某、王某某故意伤害案,案发后王某某一次性赔偿受害人2万元,受害人撤诉明确表示不再追究王某某的刑事责任,但对郭某某应如何处理,实践中,我们的处理原则为"一致同意"和公平原则,最后我们对王某某和郭某某一并追究了刑事责任。

4.侦查机关存在的问题。近两年,在办理轻伤害案件中还出现这样几种情况,第一种情况是当事人双方在公安机关已达成和解协议,但公安机关单纯追求起诉率,不随卷移送,在起诉时称没有调解;第二种情况是公安机关在对轻伤害案件处理时,不征求当事人双方意见,不管当事人是否愿意调解,一律报捕报诉,或者是当事人双方有调解意愿却不予理睬,直接报捕报诉;第三种情况是起诉前双方已达成调解协议,并且征得检察院同意,已变更强制措施为取保候审或监视居住,但在取得取保候审或监视居住期间却再次向检察机关移送审查起诉。公安机关的上述情形,直接导致以下弊端:(1)在公安机关侦查阶段就能消化处理的案件,进入检察机关审查起诉环节,增加不必要的诉累,浪费大量人力、物力、财力,不利于节约诉讼成本。(2)不利于社会稳定,在一定程度上激化社会矛盾,轻伤害案件不少是邻里纠纷,甚至是家庭内部发生冲突,如双方已达成调解协议或有调解意向而置之不理而移送起诉的话,不利于化解矛盾,反而增加社会不稳定因素。针对上述情形,我院采取下列做法:(1)对于公安机关逮捕后移送审查起诉的轻伤害案件,检察院内勤人员在收卷时,审查卷中是否有和解协议相关材料,如果有,可要求公安机关将案件带回,由公安局法制室先进行审核,审核后以征求意见函的形式向检察院报送材料。检察院收到材料后由公诉科长指定承办人对案卷进行审查,承办人审查后向科长和主管检察长逐级汇报,最后由主管检察长决定是否同意公安机关的意见。如果没有相关书面材料,可要求公安机关将受害人带来询问当事人双方是否已进行和解或是否有调解的意向,然后再作处理。(2)对于公安机关逮捕后当事人双方达成调解协议的,征得检察院同意已变更为取保候审或监视居住的,公安机关再向检察机关移送审查起诉的,检察机关不再收卷,使此类案件在公安机关消化处理,不再进入审查起诉环节。

(汝州市检察院调查与研究第 20 期　2008 年 6 月 16 日)

对汝州市检察院审查起诉 42 件因娱乐活动引发的刑事案件的调查分析

●文/陈冬伟

近日,我们对我院 2006 年以来审查起诉的因参加娱乐活动引发的刑事案件进行了调查分析,发现了某些共有的特点,并提出了一些解决问题的建议。

一、特点及原因

2006 年以来,我院共审查起诉因娱乐活动引发的刑事案件 42 件 62 人,经过对这些案件的整理分析,发现当前此类案件有如下特点及原因:

1. 犯罪主体年龄多以 35 岁以下的青年人员为主。在所调查的 42 件 62 人中,年龄在 35 岁以下的有 50 人,占 80%;35 岁以上的有 12 人,占 20%。随着时代的发展一些营业性的歌舞厅和网吧渐渐地扩大营业范围,不少年轻人因赶潮流或无所事事,经常在上述场所活动,加之个人意识和独立意识增强,具有较强的好奇心,追求欲望的满足,表现过分固执,缺乏自控能力。一旦感情冲动,便会不顾一切,铤而走险。同时他们喜欢表现自我,以引人注目的方式表现自己。加之不良文化泛滥,暴力、色情、黑社会等内容的游戏卡、网卡、书刊杂志、影视作品在各种影视厅、网吧、电子游戏室等娱乐场所普遍存在。一些人长期沉迷于这些场所,自然而产生模仿心理从而走向犯罪。如,2006 年 5 月 1 日晚 23 时许,仅有 16 岁的被告人师某甲、师某乙伙同他人酒后行至汝州市农业银行寄料营业所时,遇到被害人王某甲。师某甲等人唱歌挑衅,与被害人生语言冲突,被告人师某甲上前打王某甲脸部。2006 年 6 月 4 日晚,被告人师某甲与他人在寄料镇贾某某的饭店内一起喝酒,期间,因喝酒发生口角后,师某甲等人将盛某甲头面部打伤。2006 年 6 月 14 晚 23 时许,师某甲、师某乙伙同他人酒后在寄料镇一街道上闲逛时遇到苏某某,遂对其进行殴打。并用钢管将赶到现场的苏某某的表哥芦某某头部夯伤。逃离现场后，又因借车遭到拒绝，师某甲、师某乙等人遂对拒绝借车给他们的盛某乙进行殴打。师某某、师某乙等人虽年龄较小但伙同他人随意殴打他人，情节恶劣，我院依此提起公诉。

2.犯罪嫌疑人文化程度普遍较低。在 62 名犯罪嫌疑人中初中及以下文化程度的有 58 人，占 93.5%，其中小学和文盲分别占 29% 和 2% 左右。只有 4 名是高中文化程度，占 6.5%，高中以上文化程度的没有 1 人。这些人文化程度普遍偏低，法律知识淡薄，守法意识不强，遇事往往不考虑法律后果。

3.案件罪名简单，多为故意伤害罪或寻衅滋事罪。在 42 件案件中属故意伤害或寻衅滋事犯罪的分别有 20 件、13 件，分别占 48% 和 31%，两项合计占所有此类案件的 79%，其它罪名少，主要有聚众斗殴、强奸、强制猥亵妇女罪等罪名。如，2006 年 12 月 25 日，被告人赵某某与被害人麻某某在汝州市文化馆直通车网吧，因电脑座位发生口角，在该网吧门口，二人相互厮打，被告人杨菲菲亦对麻某某殴打，被告人赵某某与另外两人（身份不详），击打麻某某的头部，并用匕首将其腰部刺为重伤后逃离现场。

4.犯罪少预谋、多偶发。案件发生原因多为因小事一时气极引起或逞英雄耍威风。他们的犯罪的动机往往比较单纯，他们的犯罪一般缺少事先策划协商，常常是在偶发事件的影响和刺激下，由于一时的感情冲动而突发犯罪。有的犯罪是犯罪嫌疑人图一时高兴，逞英雄，追求精神刺激，填补精神上的空虚，即通常说的无理取闹，耍威风，出于"流氓"动机而随意殴打他人，追逐、拦截、辱骂他人，强拿硬要或者任意损毁、占用公私财物，在公共场所起哄闹事，造成公共场所秩序严重混乱等行为。如，2003 年初的一天下午，王某乙、刘某某、李某甲、李某乙、李某丙、范某某与王某丙、梁某丙、朱某甲、朱某乙在汝州市汝河滩溜冰场玩耍时相遇，王某丙上前问李某丙要烟吸遭到刘某某的谩骂，双方发生争执后被劝开。后被告人王某乙伙同刘某某等 11 人在汝州市文化馆创新网吧相遇后，李某甲等人提出要找王某丙报复。下午 4 时许,被告人王某乙等 11 人在汝河一堤坝处发现正在放羊的梁某某,李某甲拿过木棍先把梁某某打翻在地,被告人王某乙伙同其他人分别用拳脚、木棍、羊鞭对梁某某进行殴打,殴打中丁某某用石头砸中梁某某的头部,致梁某某重伤。

5.案件的发生大多与饮酒有关。在调查的 42 件因娱乐活动引起的刑事案件中与饮酒有关的案件为 30 件,占 71.4%。其它原因还有网吧上网、唱歌、赌博、打麻将、溜冰等活动引发的案件。由于生活习惯等原因,群众在日常娱乐、节庆活动中,招待亲朋好友时常以饮酒助兴,这本来是件好事,但因饮酒引发的刑事案件频发不断,比例较高。从以上简单明了的数据中,我们看出,绝大多数娱乐活动引发的案件是由饮酒引起的。饮酒并非必然导致犯罪,犯罪的人也并非都与饮酒有关,但由饮酒而滋生的犯罪却不在少数,饮酒可以成为某些犯罪的主要诱因,即饮酒可以诱发某些犯罪。如,2005 年 10 月 1 日下午,被告人邵某甲伙同本村被害人邵某乙等人到本村"满天香"饭店喝酒。后二人因劝酒发生矛盾,引起厮打。被告人邵某甲用菜刀将被害人邵某乙左手拇指、右上肢等部位砍伤,被害人邵某乙用镢头将被告人邵某甲头部、右小腿打伤。经法医学鉴定,邵某乙的损伤程度为重伤,伤残九级;邵某甲的损伤程度为轻微伤。

6.有些案件的发生当事人往往不计后果。虽然大多案件发生是因日常小事引起或逞英雄耍威风。他们的犯罪的动机往往比较单纯,常常是在偶发事件的影响和刺激下,由于一时的感情冲动而突发犯罪。但他们却往往不计后果,导致较为严重的后果,致人重伤、死亡现象时有发生。如,2001 年 6 月 2 日晚 11 时许,被告人孙某某与本村的张某甲等人在喝酒时,对路过的张某乙、张某丙二人无故进行殴打,孙某某等 7 人将张某乙打翻地上,分别持石头、砖头、酒瓶等物对张进行殴打后被人发现予以制止,7 人分别逃离现场,张某乙经医院抢救无效死亡。2006 年 2 月 23 日,孙某某到汝州市公安局投案。

二、减少因娱乐活动引发犯罪的建议

1.加强对青少年的教育,筑起家庭、学校、社会互联的教育网络。家庭、学校和街道组织要切实加强对青少年的教育和管理,从各个方面对他们进行正确培养和引导,从根本上填补青少年从学校到家庭,从家庭到社会之间缺乏监督管理的空白,使学校教育、家庭教育、社会监管三道防线有机地结合起来,构筑预防减少,惩教的防控体系,达到减少和预防青少年犯罪的目的。司法机关要坚持以教育为主,惩罚为辅的原则,完善帮教组织体系,制定帮教计划,落实帮教措施。加强对青少年的基础教育,提高青少年的自身素质。运用教育、行政法律等多种手段加强管理,坚持预防和惩罚相结合的方针,依靠全社会的力量,把综合治理的各项措施真正落实到实处。要形成齐抓共管的局面。社会各部门要承担起青少年的保护、教育、管理的责任,关心、爱护他们的成长,不断地向青少年进行法制教育和宣传,用活生生的事例引导他们学法、讲法、用法,从而避免和减少青少年犯罪的发生。

2.要继续加大普法宣传力度,使每个公民有懂法,增强守法意识,减少犯罪。以深入宣传教育为举措,以法律服务为支撑,以民主法制示范建设为引导,把学法、守法、用法融会贯通,扎扎实实地实施普法教育。良好的法律素质,正确的法制观念,对于解决各类矛盾纠纷,保证社会有序运转具有重要意义。维护社会和谐稳定,必须深入开展法制宣传教育,彰显法治权威,使全体公民自觉遵守法律秩序,依法化解纠纷,依法维护权益,最大限度地增加和谐因素,最大限度地消除不和谐因素。只有不断增强公民的法制观念和法律素质,才能提高公民通过法定程序表达利益诉求、维护自身合法权益的能力,才能为实现社会和谐、维护社会稳定提供强有力的法治保障。

3.倡导正确的酒文化。饮酒引发的案件造成的社会影响不良,而且犯罪后果有的相当严重,致人死亡的案件时有发生。往往一个案件,导致两个家庭受损,伤害了两个家庭的亲人。逝去的生命给了人们血的教训,因此,为共建和谐家庭、平安社会,提出以下建议:一是亲友、朋友聚会时饮酒要适量,适可而止。二是在酒后一定要控制自己的情绪,避免与他人发生争执。三是要增加其他爱好及良好的娱乐方式,在闲暇时可以下棋、打球等多做运动,既放松身心又锻炼身体,增强体魄。

4.加强对娱乐场所的综合管理。在加大公开检查力度的同时,充分运用临时抽查、异地检查、暗访检查等方式,实时掌握娱乐场所的治安状况,及时发现和查处娱乐场所内发生的违法犯罪活动。坚决依法查处娱乐场所内的各类违法犯罪活动。加强综合治理工作,打击、防范、教育、管理和改造。必须长期坚持依法从重从快严厉打击严重危害社会治安的刑事犯罪活动,随时发现随时取缔。大力加强防范工作,广泛发动和组织群众,采取各种防范措施,消除不安定因素和不安全隐患。特别是要大力疏导调解各种社会矛盾和民间纠纷,正确处理人民内部矛盾,避免矛盾激化。加强对流动人口的管理,旅店、舞厅等特种行业的管理。总之,要坚持打防并举,标本兼治,重在治本的原则,切实落实综合治理的各项措施。

5.加强人防、技防。对重点娱乐场所、公共场所要安装摄像头,与公安110指挥中心联网,适时监控可能出现的违法犯罪事件,迅速安排警力,形成对违法犯罪分子的适时打击,同时对犯罪分子形成强大威慑。

(汝州市检察院调查与研究第 23 期　2008 年 7 月 2 日)

"小村官大腐败"现象不容忽视

●文/张艳丽

近年来,党中央、国务院出台了一系列支农惠农的政策和措施,作出了全面推进社会主义新农村建设的重大战略部署。随着各级财政对"三农"投入的大幅增加,涉农贪污贿赂等职务犯罪日益增多,"小村官大腐败"现象屡见不鲜,涉案人数和金额也呈逐年上升趋势,严重损害了农民利益,人民群众反映强烈。2007 年以来,我院共立案查处乡、村干部贪污贿赂职务犯罪案件11 件 25 人,占立案数的 50%。其中乡、镇干部 4 人(实职副科级 2 人),村干部 12 人(村支部书记兼村主任 2 人,村支部书记 6 人,村主任 2 人,村副支部书记 1 人,村委会委员 1 人),组干部 3 人,其他人员 6 人。涉案金额在 10 万元以上的有 5 件 17 人。

一、此类案件呈现的特点

1.窝案、串案多。从发案规律看,由村支书、村主任、会计、出纳等共同作案的群体性犯罪突出,窝案、串案多,占到 50%以上,这是涉农职务犯罪一个最主要的特点。

2.涉案金额大。近年来,我院立案侦查的涉农案件涉案金额呈上升趋势。今年,我院立案查处了一起涉案金额达 38 万余元的涉农案件,这是我院建院以来立案查处的涉案金额最大的一起涉农案件。

3.作案手段多为虚报冒领。从作案手段看,虚报冒领国家补助是村官犯罪惯用的一大伎俩。特别是近年来村干部虚报冒领国家退耕还林补助款和高速公路征地补偿款现象日益增多。

4.涉嫌罪名相对集中。从 2007 年以来所立涉农案件中,涉嫌罪名主要是贪污、受贿、挪用公款,其中又以涉嫌挪用公款案最多,占 55%。

5.涉案部门和领域广泛。涉农职务犯罪的涉案部门和领域遍布在农村基础设施建设、高速公路补偿款的管理和农村土地征用开发、退耕还林补偿款的管理等领域和环节。

6.案件小,危害大。农村职务犯罪案件涉及农村广大人民群众的切身利益,农村干部直接与老百姓接触,他们的腐败行为虽然案值不大,但严重损害了党和政府在人民群众中的良好形象,增加了信访压力,动摇了社会和谐稳定的基础,危害很大。

二、产生小村官大腐败的原因

1.权力过分集中是诱发"小村官"大腐败的首要原因。在案发的农村基层组织,大部分权力仍集中在村支书和村委会主任等少数人手中,加之财务管理不够规范,村民对村级财务缺少必要的监督制约。一些村干部见村里上了基建工程,有了征地补偿的机会,就千方百计地贪污、受贿,趁机捞一笔。

2.乡、村干部法律政策素质普遍偏低。从调查情况看,乡村干部的文化程度一般在初中以下,平时不注重学习,法律意识淡薄,政策水平低下。如我院查处乡村干部9人共同贪污高速公路征地补偿款38万余元案件时,当时对他们立案侦查后,在给他们办理拘留手续期间,他们还没有意识到其行为的严重性,有一名村干部给看守人员说:"事已给你们说了,钱也兑现了,农村快收麦了,村里又该进行秸秆焚烧了,我们得赶快回去。"足见其法律素质不高。

3.村级财务缺少必要的监督制约等因素。目前,村级财务制度大都极不健全,管理也较混乱,会计账薄不齐全不规范的现象较突出。加之,近年来,"支农惠农"资金的大量投入,使乡村干部有了可乘之机。

4.惩治力度不大、法律的震慑力不够,是村官们铤而走险的又一原因。据统计,法院对涉农贪污贿赂犯罪涉案人员,处刑相对比较轻缓,甚至有些涉案金额比较大、群众反映比较强烈的犯罪案件,也处理较轻,这在一定程度上增加了村官们的侥幸心理。

三、应对"小村官大腐败"现象的措施

1.构筑涉农职务犯罪防线。为更好地预防涉农职务犯罪,堵住制度上的漏洞。我院职务犯罪预防部门针对涉农职务犯罪高发的庙下乡开展了一次预防职务犯罪警示教育活动,用讲座的形式向村官普及法律知识,受教育人数达500多人,并将精心编写了预防期刊《晨钟》,免费发放并保证人手一本。

2.建立健全各项规章制度,堵塞漏洞。增强农村各项工作的透明度,切实落实"村务公开",接受群众和社会监督,乡镇党委、政府应随时对辖区内村务公开制度落实情况督促检查,发现问题及时纠正。同时,要完善村级财务管理制度,建立健全各种财务账薄、会计、出纳要由专人担任,严禁由村支书、村委会人员兼任,村集体财政收支情况应向村民及社会公开,对于重大款项的支出,乡镇政府要予以重点监督,县级审计机关要严格进行审计。

3.发挥检察机关职能优势,加大对新农村建设中贪污贿赂犯罪的惩防力度。一要"惩治"。检察机关要对新农村建设中群众反映强烈、损害人民利益的贪污贿赂案件加大打击力度,以震慑犯罪。二要"宣传"。进一步加强镇村两级贪污贿赂犯罪举报宣传,增强广大群众的举报意识和积极性,充分发挥人民群众参与的作用,形成全社会惩治贪污贿赂犯罪的合力,这样有利于维护一方稳定,促进新农村建设顺利进行。

(汝州市检察院调查与研究第16期　2009年7月9日)

加强涉检信访源头治理的几点探索

●文／刘龙海

汝州是平顶山市最大的县级市，人口约 95 万，涉检信访历来突出，近 3 年来接访数量逐年上升（如图表），其中"三道工序"刑事案件约占 95%，自侦案件约占 5%。

年　　度	辖内案件接访情况			上级交办	京访	赴省集体访	赴省个访	办结率	息诉率
	接访件次	接访人数	集体来访						
2007 年	144	427	5 批 31 人	9	0	0	8	100%	100%
2008 年	197	448	11 批 74 人	6	0	0	5	100%	100%
2009 年 1 至 10 月	356	754	31 批 182 人	3	0	0	2	100%	100%
合计	697	1629	47 批 287 人	18	0	0	15	100%	100%

为改变日益严峻的涉检信访情势，我院坚持标本兼治、重在治本的原则，积极探索涉检信访源头治理的有效途径，使大多数涉检信访问题解决在当地、解决在基层，有效地防止了矛盾上移，自 2007 年至今一直保持涉检进京零上访、赴省个访逐年下降、赴省集体上访为零的记录。

一、严把初信初访关，把涉检信访解决在首访环节

初信初访是涉检信访源头治理的关键环节，只有加大初信初访办理力度，才能把矛盾纠纷化解在当地、解决在基层，降低重信重访率和上访率。我院在坚持文明接访、检察长接访、首办责任制等有效制度的前提下,采取点名接访、承诺稳访、排查息访、下访巡访、联合处访的措施严把初信初访息诉关。

一是实行点名接访、预约接访制度。由来访群众点名要求检察长或主管检察长、部门负责人、案件承办人接访,根据来访群众要求,控申部门及时安排被点名接访人接待;若群众点名接访的人当天因故不能接待的,控申部门与来访群众预约好时间,另行安排接访时间,保证群众诉求和意愿得到充分表达。2009 年,检察长点名接访 84 次 132 人,全部批转业务部门及时办结,无重访、上访。

二是签订双向承诺。与信访人签订承诺书,一般信访举报案件在 7 日内告知受理情况,1 个月内办结并反馈;反映问题较多、情况复杂的信访举报件,1 个月内告知受理情况,3 个月内办结并反馈;信访人承诺在检察机关办理其反映问题期间,不重复上访或越级上访。3 年来与信访人签订双向承诺书 600 余件,案件均在承诺期间办结息诉。

三是实施主动排查化解制。重点排查不服检察机关处理决定,或者反映检察人员违法违纪的案件;全院各部门每月排查一次;在重大节假日及重大政治活动时期组织专项排查。如在"十七大"、全国"两会"、奥运会、建国 60 周年庆典活动期间我院累计排查有赴省进京上访可能的案件 61 件, 均做好稳控息诉工作,防止了涉检进京非访和越级访。

四是坚持下访巡访。我院与各乡镇信访部门和村街信访代理员建立联系协调制度,坚持每月到各乡镇巡回接访,与村街信访代理员保持联系沟通,搜集涉检信访问题。2007 年以来,通过基层信访联络员共发现涉检信访问题 47 件,均予以妥善解决。

五是联合处访做到"三个加强"。加强上下级之间的沟通,积极争取上级院的支持与指导;加强院内各部门间的配合,做到通力合作;加强与公安、法院、纪检、信访等有关部门的联系,通过召开多方联席会议等形式协调解决重大疑难涉法案件,最大限度地做好息诉息访工作。通过上述措施,3 年来我院接访的辖内案件,首访息诉率在 95%以上。

二、建立健全案件质量保障监督机制,从源头上预防和减少涉检信访

提高办案质量是从源头上预防和减少涉检信访的重要措施。3 年来,我院从抓好办案质量保障监督机制入手,逐步建立完善案件质量管理体系,努力改变公安侦查质量和我院审查质量不高的局面,实现办案零上访。

(一)推行案件质量流程管理制度

对审查逮捕、审查起诉案件,以《审查逮捕、审查起诉案件操作流程表》、《刑事案件犯罪构成要件审查对照表》的形式,将案件的受理审查、证据复核、讨论决定、监督备案、信访风险评估、法律文书制作等各个办案环节的具体责任明确化、规范化。制定了受理控告举报、查办职务犯罪、办理申诉案件流程管理细则,对初查、立案侦查、证据收集、办案安全和信访风险等执法责任作出详细规定。案件承办人依据操作流程表对各办案环节逐项自我评定达标,部门负责人逐项审核填写案件质量评定意见,主管检察长作出质量评语,实行逐级评定负责制,确保案件质量过关和每个办案环节不引发涉检上访。

(二)落实案件信访风险评估制度

各部门所办案件全部实行信访风险评估,划分风险等级,并根据风险等级明确责任制定措施,提前做好化解矛盾工作。2007 年至 2009 年 10 月共审查逮捕和审查起诉各类刑事案件 2000 余件,初查职务犯罪案件线索 85 件,立案侦查职务犯罪案件 68 件,全部实行信访风险评估,对评估后划分风险等级为一级和二级的 96 起案件均做好稳控息诉工作。尤其对不立案、不批捕、不起诉、不抗诉或退回公安机关做其他处理的案件,在作出决定前均与举报人、受害人、申请人联系沟通,释疑解惑,化解信访风险;而对那些在受理公安提请逮捕或移送起诉时就是涉法上访的案件,主动采取措施稳控息诉,决不让其在检察环节再上访。

（三）利用刑事和解化解矛盾

据统计，每年轻微刑事案件约占本院年起诉数的三分之一，而轻微刑事案件尤其以轻伤害和交通肇事案引发的涉法涉检上访案占比例最大。2007 年以来，我院积极尝试运用刑事和解化解矛盾、减少对抗、维护稳定，制定了《审查起诉阶段办理轻微刑事案件适用刑事和解暂行办法》，对刑事和解的适用原则、范围、条件、程序和处理模式及考察监督等做出具体规定，规范刑事和解。截至 2009 年 10 月，在审查起诉环节共对 184 件轻微刑事案件进行和解处理，通过回访没有出现当事人另行提起自诉、民事诉讼、申诉、上访或重新犯罪等情形，取得了良好的社会效果，被省院确定为刑事和解试点单位。

（四）实施办案同步监督

对各部门办理的案件指定纪检监察部门跟踪监督，对办案中不认真进行信访风险评估或不及时化解信访风险造成上访或其他严重后果的，严肃追究责任人和责任领导的责任，确保每个执法环节都体现办案零上访的要求。

三、深化检务公开，拓展便民利民服务平台

为使检务活动依法公开透明，方便群众行使知情权、参与权和监督权，我院采取积极措施深化检务公开。一是加强便民服务宣传。除投资 20 余万元装修接待大厅、候谈室外，向社会公布来信来访工作流程，公示告知检察长和接待人员照片和接待日期，向来访人发放印有检务公开十三项内容的便民服务卡引导投诉。二是加强信息化服务。设立信访门户网站，公开维权电话、电子信箱，开通了网上举报申诉、网上回馈、网上案件信息查询，接待大厅安装有电子触摸屏查询系统，公开了批捕、不捕、起诉、不起诉和申诉案件诉讼信息方便群众查询。三是实行公开听证、公开答复、公开质证制度。2007 年至今我院对 15 件疑难涉检信访案件组织社会力量参与公开听证和答复，均得到稳控息诉。

四、实施涉检信访司法救助制度

2007 年以来，我院协调有关部门解决了 7 起生活困难确实需要帮扶的信访群众,使他们基本生活得到保障,不再缠访缠诉。如冯某(男,63岁)控告汝州市法院审判人员对其非法拘禁、枉法裁判,经调查,冯反映的事实不成立,虽多次做工作但冯始终不息诉。当了解到冯孤寡无依生活困难,其长子被次子所杀,次子因故意杀人罪被执行死刑,经此打击,冯情绪偏执时,及时送去5500元救助金,协调民政部门为其解决了农村低保,帮其办理了农村新型合作医疗,使他感受到检察机关的真情,自愿停访息诉。2008年在汝州市委和政府的大力支持下,建立了刑事司法救助基金制度,目前我院共为3名生活困难的刑事被害人实施了司法救助,累计救助额达7万余元。

五、加强宣传引导,树立正确舆论导向,维护正常信访秩序

在利用"举报宣传周"、"检务公开日"开展"检察工作进基层、阳光检务进万家"活动的基础上,我院成立了检察干警法律服务团,坚持每周六开展"进村入户"法制宣传,通过发放宣传手册、上法制课、法律咨询等形式,向群众广泛宣传法律知识、信访法规和检察职能,引导群众知法守法,为群众指明投诉渠道。

2009年3月,我院与公安、法院依法处理了7名农村妇女在天安门广场集体非访闹事严重扰乱社会秩序的犯罪案件后,在汝州市委政法委的主持下,共同会签了《关于规范汝州市非正常上访处置工作的公告》,在全市展开大规模的宣传,利用电视滚动播放《公告》内容,将《公告》张贴到村街和居民小区,出动宣传车到各乡镇宣传,将非正常上访的认定以及违法非访的处罚措施详细阐明,既教育群众采取理性的方法正确维权,也维护了正常的信访秩序。

六、建立长效工作机制,保证涉检信访源头治理落到实处

为保证涉检信访源头治理工作制度化、规范化,我院逐步建立涉检信访工作长效机制,完善考评制度,强化全员责任。一是推行目标管理,落实大首办责任。检察长、副检察长、部门负责人、一般干警层层签订目标责任书,明确规定工作职责范围内不发生赴省进京涉检信访案件,对主办的信访案件在规定时限内案结事了息诉罢访。对职责内发生上访案件的，取消评先资格，发生涉检赴省重复访、集体访或进京访的，先免职、再追究。二是实行动态考核。对部门和干警工作实行周报、月考、季评，全面掌握干警执法执纪和办理信访案件的情况，为评价、任用、奖惩提供依据。把控申科作为锻炼培养干部的重要部门，2009 年初 1 名副科长因善作群众工作，办理信访案件成绩突出被院党组提任为技术科长。三是开展办案质量评比。对办案质量过硬、处理信访问题成绩突出的部门或个人实行 3000 元到 10000 元不等的奖励。2008 年公诉科因办案质量好，院党组给予 8000 元奖励；控申科因处理信访问题成绩突出，院党组给予 5000 元奖励。通过抓涉检信访长效工作机制的落实，不仅强化了干警的涉检信访预防意识，而且筑牢了源头治理涉检信访的工作基础。

（汝州市检察院调查与研究第 29 期 2009 年 11 月 18 日）

对近两年来行政执法人员
渎职侵权犯罪情况分析

●文／李素君

2009 年至 2010 年,汝州市检察院共立案侦查国家机关工作人员渎职侵权犯罪案件 13 件 19 人,其中行政执法人员 16 人,占立案人数的 84%;经法院作有罪判决 10 件 15 人,其中行政执法人员 14 人,占判决数的 93%,最高一人的刑期达 6 年。

一、行政执法人员渎职侵权犯罪案件呈现的特点

1.行政执法人员犯罪比例较大。2009 年至 2010 年共立案侦查渎职侵权犯罪案件 13 件 19 人,其中行政执法人员 16 人,占立案人数的 84%。

2.涉案领域较广。两年立案侦查渎职侵权犯罪涉及的行政执法领域多达七个行业,有林业、土地、卫生、煤炭、粮食、地质矿产、水利等。

3.重特大案件高发。两年共立案侦查行政执法人员渎职犯罪 16 人,涉及重特大案情的 13 人,占行政执法人员渎职犯罪人数的 81%。

4.玩忽职守犯罪突出。立案侦查的 16 名行政执法人员渎职侵权犯罪案件,除 1 名为滥用职权犯罪外,其他 15 名均为玩忽职守犯罪。

5.行政执法人员渎职犯罪大多发生在基层站、所、队,且 80% 以上为领导或业务骨干。如立案侦查的 16 名行政执法人员渎职犯罪案件,处在基层站、所、队一线工作的有 10 人,占立案数的 63%;为领导或业务骨干的有 14 人,占立案数的 88%。

6. 判决呈现两高特点。一是行政执法人员渎职犯罪受到有罪判决的比率高。两年所立案件经法院作有罪判决 10 件 15 人,其中行政执法人员 14 人,占判决数的 93%;二是缓免刑较高。判决的 14 人中,其中缓免刑 8 人,占判决数的 57%。

7.线索来源主要来自自行发现。两年立案侦查的 16 名行政执法人员渎职犯罪案件都是检察干警自行发现的线索。

二、行政执法人员渎职犯罪呈现上述特点的主要原因

1.行政执法人员法律意识淡薄、职业责任感不强是造成行政执法人员渎职犯罪日渐增加显现的根本原因。当事人职责意识、法纪意识淡漠,对工作不负责任,心存不会出事的侥幸心理,使行政执法流于形式,导致出现严重危害后果。在实践办案中,涉案行政执法人员都是在这样的心态支配下,不去履职、不认真履职或疏忽履职造成了严重后果,直到对其立案侦查时还不认为自己已犯罪。

2.执法程序不规范、执法态度不端正、执法行为主观化是导致渎职犯罪的直接原因。发生渎职犯罪的单位大多内部缺乏严密、科学的执法规范流程,执法不按规定操作,跟着感觉走,以致造成危害后果。如办理的某乡国土资源所所长焦某和国土资源局局长助理闫某、赵某对违法占地监管不力玩忽职守 3 起案件,均是在巡查时发现违法占地情况后,没有按规定程序立案监督处理,造成基本农田和耕地受到破坏,被非法改变用途。

3.对行政执法行为缺乏有效的监督滋生了执法者的懒散工作心态。主要表现在两个方面。一是行政执法机关的执法程序不够透明,社会大众无法参与监督;二是行政执法机关内部监督不力,约束惩戒机制不健全,造成个别执法者随心所欲,不严格执法。

4.受利益驱动影响,执法行为弱化。有的基层行政执法人员原则性差,法制观念淡漠,把执法权变为满足个人私欲的工具,大搞权钱交易。如办理的新华四矿"9·8"事故涉玩忽职守一案,新华区煤炭工业局上至局长,下至对煤矿负有直接监管职责的煤管所人员,在对该矿进行复工验收时 300 元至 3000 元不等的收受钱财,使该矿在不符合生产条件的情况下验收合格,并长期无视监管,违规大规模偷生产,煤管人员争一只眼,闭一只眼,最终导致死亡 76 人的特大瓦斯爆炸事故。

5.社会对渎职犯罪的认知度不高纵容了此类犯罪。一些领导干部、国家机关工作人员严重渎职,他们的领导却认为是工作上的疏漏,理直气壮地到处走动说情,干扰办案。同事也感到为了工作却犯罪很值得同情,当检察机关在调查取证时不予配合,查处起来阻力大。

6.对渎职犯罪证据标准采用、职责认定司法机关认识不一致导致打击不力。单从判决数量上看,2009 年至 2010 年,立案侦查行政执法人员渎职犯罪 16 人,判决 14 人,比率不低,但缓免刑较高。判决的 14 人中,缓免刑占了 8 人,占判决数的 57%。并且还有 2 起卫生监督所人员玩忽职守未依法查处非法行医行为造成母婴死亡案,由于检法两院认识不一致一直在协调中未决。

三、遏制基层行政执法人员渎职犯罪的对策建议

1.加强思想政治教育。这是一个老生常谈的话题,但也是改变提高思想行之有效的办法。一个执法人员不依法严格办事,任何看似严密的监督机制和严惩措施都是苍白无力的。因此,每个单位都要根据自己的实际情况,对执法人员进行理想信念、职业道德教育,强化执法人员的自律意识。使其正确使用自己手中的权力,不越权不失职,树立爱民意识,全心全意为服务对象服务,做依法行政的楷模。

2.加强岗位业务学习,提高行政执法能力。一个行政执法人员对本职工作不熟悉,执行起来就可能出大错,不仅使国家和人民遭受严重危害,而且也可能使自己身陷囹圄。

3.强化监督制约。教育不是万能,预防职务犯罪每个单位、每个行业都有自己的管理特点和规律。一要针对本单位或本行业的特点、分析容易滋生腐败的部位和环节,建立健全执法制度,规范程序,明确责任,加强监督,减少漏洞,确保落实。如建立执法告知制度、案件内部监督制度、上下级及时汇报制度、奖惩制约制度等。二要坚持政务公开,加强监督制约。要公开执法程序和标准、职责和权限、监督途径和方法,以防止行政执法的秘密化、特殊化。

4.强化行政执法与刑事司法相衔接机制。经常邀请司法部门进行法制授课,进一步增强执法人员法制观念,使执法人员知道该做什么、不该做什么。要与有关部门建立联系制度,构建行政执法与检察机关衔接的网络技术平台,实时动态对行政机关的执法行为进行监督。

5.加大反渎工作宣传力度,形成查处行政执法人员渎职犯罪的共识。通过广泛宣传,让全社会从观念上改变渎职侵权案件的危害性比一般刑事案件和贪污贿赂案件小的错误思想,形成打击和预防此类犯罪的合力。

6.进一步加大对行政执法人员渎职犯罪案件的惩治力度。一定要通过多办案,办有震动的大要案,来扩大社会影响,增强全民同渎职犯罪作斗争的信心。第一,必须敢办案。对符合立案条件的渎职侵权案件要坚持立案,不能以将来撤不撤案或起不起诉作为有无立错案的标准。对确实有渎职侵权行为而且情节严重的犯罪嫌疑人坚决采取强制措施。第二,实行领导带头办案,靠前指挥,为查案排除干扰和阻力。第三,纪检部门必须"痛下杀手",及时将不良行政执法人员清除出行政执法队伍。第四,各级党委、政府要敢于"揭丑"、"不护短",支持司法机关办案,要求发案的行政执法人员所在单位积极配合案件的查处和审判工作,不包庇、不纵容涉案人员。第五,建议出台立法解释或司法解释,将刑法关于渎职犯罪罪名中"情节严重"或"情节特别严重"的标准尽量量化,便于依法操作,消除不同认识,减小自由裁量权。

(汝州市检察院调查与研究第 4 期　2011 年 3 月 18 日)

对2007年以来汝州市检察院办理的119件交通肇事案的调查分析

●文/陈晓亮

近年来,交通事故呈多发趋势。据公安交警部门统计,在过去3年中,汝州市因交通肇事死亡的人数达到115人,重伤或者轻伤的更不在少数。交通肇事案件的频发给社会带来许多隐患,公共安全面临的严峻形势迫使我们认真反思这个亟待解决的社会问题。本文结合汝州市人民检察院办理的交通肇事案件,对该类案件的特点、原因进行了分析,并提出了一些合理化建议,以引起对此类案件的重视和反思。

一、交通肇事案件的现状

2007年汝州市人民检察院共受理交通肇事案件为34件34人,致7人重伤,34人死亡。2008年为37件37人,致12人重伤,35人死亡。2009年增至48件48人,致11人重伤,46人死亡。

二、交通肇事案件的特点

1.重、特大交通肇事案件呈多发态势,死伤人数逐年递增。由上述交通肇事案件的现状可知,交通肇事案件总数和交通肇事死亡的人数逐年增加。此外,还有一些尚未构成刑事案件的普通交通事故,造成的危害后果也不可估量。

2.无牌照、无证驾驶肇事案件增多。2008年我院共受理交通肇事案件37件37人,其中无证驾驶14件14人,无牌驾驶6件6人,无牌无证驾驶引发的事故占全部交通肇事案件的54%以上,有些肇事者是既无驾驶证,又驾驶无牌车辆,这种行为社会危害性极大,很容易引发大的交通事故。

3.肇事后逃逸案件增多。2008年受理的交通肇事案件,有12件12人在肇事后逃逸。由于没有立即抢救受伤人员,耽误了最佳治疗时间,造成被害人死亡结果增多,同时也给案件查处增加了难度。

三、交通肇事案件多发的原因

1.肇事者安全意识不够,超速、超车。"十次肇事九次快",在超速行车时,当遇到路面有突发情况,司机往往以为用急打方向避让或用紧急刹车就能应付,结果是车速过快刹车距离拉长,紧急制动、紧急避让车辆惯性大、离心力大而造成相撞或侧翻等交通事故。随着社会经济的发展,道路条件越来越好,车的性能也越来越好。驾驶员为一时的痛快、刺激,驾飞车的情况较为普遍。例如在道路上飙车而引起交通事故的,这种情况要区别对待,对于危及公共安全,主观恶性较大,不能按照交通肇事处理的案件,要严格依照刑法有关危害公共安全的规定严格办理。

2.被害人自我保护能力差,防范意识不强。一般情况下,小孩和老人道路安全防范意识不够,公路沿线的村民安全意识差,行走无序,不避不让,随意违章现象严重,是易发事故的另一个原因。

3.交警及相关部门查处不力。警力不足,路面监管不到位,无牌无证、违章车辆随意在公路上行驶,增大了发生事故的系数。

4.驾驶技能较差。发生交通事故的驾驶员多为驾驶机动车时间短的新手,他们驾驶机动车的技能较差,有的没经过正规培训,甚至无证驾驶,尤其是农用车驾驶员。对道路的情况观察不够,一遇到紧急情况往往判断失误、采取措施不当,以至于发生交通事故。

四、交通肇事案件多发的对策及建议

1.加大交通法规知识宣传和教育力度,增强人民的安全意识。一是开展普及交通安全法规知识讲座。到学校、社区、机关单位、街道上课,尤其重要的是到市区、农村、公路沿线的学校上安全课。二是与电视台、电台、报刊等新闻媒体多方位合作。并利用标语、资料、板报等形式进行宣传,确保对重大事故现场报道的及时性和针对性。让广大群众常见常知,警钟长鸣。三是加

强对现有驾驶员的宣传教育。以典型教育为主,请本地安全行车的驾驶员作安全行车经验介绍;开展案例剖析警示教育,搜集一些典型的事故案例让驾驶员分析讨论;有条件的组织违章驾驶员到事故现场观看,让他们亲眼目睹车毁人亡的惨景,加深其对车祸危害性的认识。

2.公安交警部门要适时而变,根据交通安全的新形势采取新措施,保障道路安全。公安交警部门要转变行政干预的态度,首先要树立服务社会的意识,打造全新的执法理念;其次要强化执法监督,在事故处理、路面执勤、车辆管理中建立严格的执法责任制和倒查制。同时要加大惩治力度,一是对交通肇事者实行从重从严惩处,尤其从重惩治肇事逃逸者,才能有效地遏制交通事故的发生。二是加大对无牌无证车辆的打击力度,加大对销赃车辆的侦破力度,从严整治,从重打击。三是结合农村社会治安综合治理,把交通管理纳入综合治理的范畴。四是对公路、街道的占道经营、马路市场、乱搭乱盖等行为进行坚持不懈的清理整治,确保车辆畅通无阻。

3.司法机关要加大对恶性交通肇事案件的处理力度。我们针对抢劫、盗窃多发的社会治安形势,大力开展“两抢一盗”专项斗争,确实取得了一些成效。必要时也可以对交通肇事案件进行某一个阶段或某一个时期的专项斗争,对一些重大肇事者判处的刑罚重一些,给交通肇事犯罪狠狠的打击。实现既重罚相关肇事者,又警示其他驾驶人员,力争警钟长鸣,防微杜渐。

(汝州市检察院调查与研究第 21 期　2010 年 7 月 5 日)

对 34 起饮酒刑事犯罪案件的调查分析

●文／焦小杰

2011 年 5 月 1 日,《刑法修正案(八)》开始实施,醉酒驾驶者被定危险驾驶罪,使人们对醉酒驾驶有了进一步的认识,醉酒驾驶减少,醉酒引发的交通肇事罪也大幅降低,但醉酒引发的其他犯罪仍不容忽视。

据统计,2010 年汝州市人民法院一审刑事判决书中明确表述为"酒后"实施犯罪的有 32 起,其中故意伤害犯罪 10 起,寻衅滋事犯罪 10 起,交通肇事犯罪 5 起,强奸、抢劫、盗窃犯罪各 2 起,故意杀人犯罪 1 起;平顶山市中级人民法院一审判决的发生在汝州的刑事案件中,由饮酒引起的 2 起,其中 1 起涉嫌强奸和故意杀人,另外 1 起是故意杀人。

一、饮酒引发犯罪的特点

1.多为暴力型犯罪。饮酒引发的犯罪多为故意杀人、故意伤害、寻衅滋事、抢劫、强奸等暴力型故意犯罪,过失犯罪有交通肇事、失火、渎职等。在 32 起饮酒犯罪中,暴力犯罪达 27 起,占 84.4%。

2.涉及犯罪数量、种类多,所占比例大。2010 年汝州市人民法院刑事判决总数为 300 起左右,"酒后"犯罪 32 起,约占总数十分之一以上。寻衅滋事犯罪中 90%以上由饮酒引起,饮酒引起的故意伤害、强奸、交通肇事犯罪也占同类犯罪的较大比例。

3.后果严重。这些犯罪行为有的造成他人财产损失,有的损害他人身体健康,轻则构成轻微伤、轻伤,重则构成重伤甚至导致死亡。如 2010 年 3 月 10 日, 汝州市庙下乡陈某醉酒驾驶豫 DT5139 号出租车, 载着自己的女朋友、表弟,表弟媳等 4 人,在汝州市庇山矿附近坠入陆浑灌渠内,造成自己的女朋友、表弟,表弟媳 3 人死亡的严重后果,陈某不但承担了民事赔偿责任,也承担了相应的刑事责任。

4.一些 KTV、酒吧、舞厅、饭店等涉酒场所,容易发生刑事犯罪,特别是寻衅滋事、故意伤害、故意毁坏财物等犯罪行为。如汝州市的"同一首歌","心连心","星光大道"KTV 和"面对面"酒吧等名字,经常出现在人民法院的刑事判决书上,涉及的罪名以寻衅滋事、故意伤害、故意毁坏财物居多。如2008 年 2 月 2 日晚,赵某、邵某打砸"心连心"歌厅,被砸物品价值 8613 元;2010 年 2 月 8 日晚,师某等人在天瑞 KTV 唱歌,因一点纠纷,闯入 999 房间,用酒瓶对不认识的刘某等 3 人进行殴打,致 1 人轻伤,2 人轻微伤。

二、饮酒引发犯罪的原因

1.饮酒之后,饮酒者情绪不稳定,容易冲动,可能因一点小事就发生争执。同时饮酒者辨认能力和自我控制能力降低,做事不计后果,心中一旦产生某种犯意,容易控制不住自己而违法犯罪。孙某与麻某是认识的朋友,2010 年 4 月的一天晚上,二人喝醉后和另外两个朋友一块步行回家,二人开始愉快地议论着谁应该问谁喊哥,后来二人转移了话题,开始比谁家里更有钱,引发争吵,继而对打,同行的二个朋友也没能劝住,麻某用随身携带的刀扎伤孙某,孙某把刀夺出后将麻某扎伤,麻某经抢救无效死亡。后来孙某投案自首,赔偿麻某家属 45 万元,孙某一审被汝州市人民法院判处有期徒刑 10 年。

2. 饮酒诱发和强化报复心理,从而产生故意伤害或故意杀人的犯意。2010 年 3 月,寄料镇的王某和李某在饮酒回家的路上,王某突然想起李某以前曾欺负过自己,就搬起路边的煤块朝李某的头上猛砸数下,致李某死亡,第二天酒醒之后的王某对自己的犯罪行为却记忆模糊,后悔不已,但法律是无情的,王某被平顶山市中级人民法院以故意杀人罪判处死刑。

3.饮酒诱发和强化贪婪心理,从而产生抢劫和盗窃的犯意。2006 年 10 月 15 日晚,郭某等 3 人(均为未成年人)饮酒后,其中 1 人提议向学生要钱,其他 2 人响应,后 3 人到小屯一中校园内,采取威胁、殴打等方法,劫取学生现金 123 元。

4.饮酒诱发和强化逞强、流氓心理,从而产生寻衅滋事的犯意。2009年8月3日17时许,张某、刘某等3人饮酒后,行至汝州市丹阳路与广育路交叉口交警岗亭时,刘某无故将协警麻某放在摩托车上的饮料摔倒在地,并与协警麻某发生争吵,张某和刘某对协警麻某和围观群众进行殴打,3人行至汝州市政府门口时,张某对前来询问情况的交警大队1名中队长进行殴打,在市政府门口谩骂,引起数百名群众围观数十分钟,造成交通堵塞。

5.饮酒诱发和强化性欲心理,从而产生强奸的犯意。临汝镇23岁的张某和24岁的王某系邻居,2009年8月25日晚,张、王二人和另外两人在王某家喝酒后,又到本村的饭店继续喝,饮酒后的张某先回家,而王某去煤矿上夜班,张某回家后翻墙进入王某家,将王某之妻强奸,王某得知后到张某家质问,二人发生争执,张某随手拿起自家院中菜刀朝王某头部猛砍数刀,致王某死亡。2011年9月30日,张某被平顶山市中级人民法院执行死刑。

三、如何避免和减少饮酒引发的犯罪

中国饮酒文化丰富,饮酒也有重要的交际作用,有时饮酒不可避免,但饮酒一定要注意安全,避免饮酒后违法犯罪的发生。

1.饮酒一定要量力而行,不纵酒、酗酒,有些人酒后不能控制自己行为,习惯酒后滋事,这样的人建议戒酒或尽量避免饮酒。

2.饮酒要选择适当的时间和地点,比如驾车前不能饮酒,否则有可能构成危险驾驶罪,也容易引发交通事故,构成交通肇事罪。

3.交友要慎重,饮酒对象要有所选择,如果对象不当,自己首先可能成为受害者,有很多因劝酒或酒桌上言语不和而引发的打斗事件。另外,自己也可能成为犯罪的帮凶。饮酒后都比较"义气",如果其中一人提议去伤害他人或抢劫,一起饮酒的人大多会响应,其中一人提出犯意,而其他人一哄而上,走上了共同犯罪道路。

4.要通过宣传,让人们都意识到饮酒的危害。虽然饮酒并不一定导致犯罪,犯罪的人也并非都与饮酒有关,但由饮酒引发犯罪却不在少数。法律也不会因为饮酒而从轻或减轻处罚,我国《刑法》第18条第4款规定:"饮酒的人犯罪,应当负刑事责任。"即使酒醒之后对犯罪行为已经遗忘,即使后悔万分,仍会得到同样的处罚,所造成的后果皆不可挽回。

(汝州市检察院调查与研究箱第 32 期　2011 年 10 月 28 日)

司法人员职务犯罪调查分析

●文 / 焦小杰

2002 年至 2011 年 10 月，汝州市检察院共立案侦查司法工作人员职务犯罪案件 23 件 30 人，其中公安机关工作人员 18 件 25 人（协警和临时工作人员 5 人），法院工作人员 5 件 5 人，贪污贿赂和挪用公款案件 10 件 10 人，渎职侵权案件 13 件 20 人。

一、司法工作人员职务犯罪的特点

1.执法部门正副职负责人占较大比例。在 30 人中，部门正副职负责人共 15 人，占 50%，其中派出所所长 4 人，副所长 3 人，法庭庭长 2 人，副庭长 1 人，警务室负责人 1 人，刑警队副大队长兼中队长 1 人、中队长 1 人，交警队副大队长 1 人、中队长 1 人。部门负责人在决策权中有一定的话语权和影响力，容易成为拉拢腐蚀的对象，如果立场不坚定，就会拿权利作交易进行犯罪。

2.涉嫌经济型职务犯罪的比例大。经济型职务犯罪包括二种情况：一是贪污、贿赂和挪用公款案件共 10 件 10 人，二是接受他人财物后实施的职务犯罪，包括徇私枉法、私放在押人员、帮助犯罪分子逃避处罚案件共 6 件 6 人，超过半数。

3.渎职侵权犯罪后果严重。司法人员渎职侵权犯罪造成的后果严重、社会影响恶劣。如原交警大队中队长裴某在查扣郭某的无牌报废解放车后又放行，致该车肇事致 1 人死亡；原蟒川派出所副所长陈某等人对被询问人刘某询问后，不履行看管、巡查职责，致刘某自杀于派出所内，刘某家属纠集多人上访。

4.徇私徇情，放纵犯罪比较突出。履行刑事侦查、看管职责的公安干警占多数，如原尚庄派出所副所长张某对盗窃牲畜的犯罪嫌疑人黄某等人作罚款处理,以罚代刑,在办理米庙村李某抢劫案时,收受嫌疑人家属20000元钱,放纵犯罪;看守所工作人员赵某、段某利用职务之便,为在押犯罪嫌疑人传递涉案信息,帮助犯罪嫌疑人逃避处罚,导致犯罪嫌疑人翻供;公安民警付某抓获嫌疑人卢某后,收受卢某朋友14000元钱,制造机会使卢某在上厕所时逃跑。

二、司法工作人员职务犯罪的原因

1.过度追求物质利益,心存侥幸心理,铤而走险,以身试法。司法工作人员离不开衣、食、住、行,追求物质利益无可厚非,但如果对物质利益的追求永不满足,就会利用手中的司法权利进行权钱交易,实施职务犯罪。司法工作人员在工作实践中经常遇到案件因证据不足而不起诉或不能定罪量刑的情况,知道即使犯了罪,也不一定受到刑事追究,另外司法工作人员阅历丰富,关系复杂,自认为一般情况下,司法同行不会为难自己,正是存在这种侥幸心理,使一部分司法工作人员走向了犯罪。

2.特权思想严重,依法办案观念和责任心不强。13件20人渎职侵权案件中,有的人是为了谋取非法利益,更多的是不能正确认识自己的地位,不能正确行使职权,权力观念错位,滥用职权或法制观念淡薄、严重不负责任、不正确履行职责,玩忽职守。

3.权力的行使缺乏严格而全面的监督和制约。不受监督和制约的权力必然导致腐败,首先司法机关内部监督不到位,纵容了司法工作人员职务犯罪的发生。司法机关内部设有纪检监察部门,但由于碍于情面,对问题不认真追究,没有做到防微杜渐。其次从外部看,司法机关要接受党委、人大、群众、新闻媒体的监督,但因为监督缺乏具体的程序保障,监督力度也不够。

4.查处难度大。司法工作人员熟悉法律,了解侦查、检察、审判、监管的工作程序,具有一定反侦查能力,作案时不留证据或选好退路,如有些贪污案,本来赃款用于个人消费,案发后说用于公务开支,检察机关如果不认真查证,就会让犯罪分子钻了空子,另外随着科技的发展,职务犯罪手段越来越专业化,隐蔽化,增加了查处案件的难度。

5.处罚力度不够,缓免刑和撤案、不起诉多。在立案侦查的30人中,有4件4人移交公安机关处理,剩余的26人中,撤销案件8人,不起诉处理3人,缓刑2人,免刑11人,实刑判决只有2人,且为3年以下有期徒刑,处罚轻使一些司法工作人员放松警惕,走向犯罪道路。

三、司法工作人员职务犯罪的预防

1.加强教育和管理,提高司法人员的政治业务素质和思想道德水平。预防司法工作人员的职务犯罪,必须加强教育,一是加强世界观、人生观和价值观教育,认真学习社会主义法制理念,做到"以人为本,司法为民";二要加强法律职业道德教育,认真学习职业道德规范,并以道德规范指导自己的行为;三是结合司法工作实际,经常性地开展正确的权力观教育,不断提高自身素质和拒腐防变能力,构筑思想上的防线。检察机关预防部门积极开展预防职务犯罪的宣传教育活动。有针对性地对司法机关工作人员进行警示教育,帮助广大司法工作人员树立程序意识和守法意识。

2.加强权力制约与监督。要消除司法工作人员对权力的滥用,就要加强监督和制约。一要加强内部监督的力度,司法机关纪检监察部门要切实发挥监督作用,对发现的违法犯罪问题决不手软,依法查处;二要完善外部监督机制,全面推行警务公开制度、检务公开制度、审判公开制度等,增加工作的透明度,自觉接受党委、人大、群众和媒体监督;三要加强司法机关各部门之间的权力制约,以权力制约权力,防止权力的失控和专断。

3.检察机关要加大查处和打击力度。要加强举报知识的宣传,使群众知道怎样利用法律武器维护自身合法权益,反贪、反渎及具有侦查权的监所、民行部门要加大查办案件力度。上级检察机关也要通过交办个案、加强与下级党政机关领导沟通协调等方法,帮助下级院创造良好的执法环境,减少查办职务犯罪案件的阻力和干扰。

4.严格控制撤销案件和不起诉率,减少缓刑、免刑判决。侦查部门和公诉部门要控制撤销案件、不起诉案件使用率,公诉部门还应加强对案件处理结果的监督,发现不宜适用缓刑、免刑而适用的,要依法提起抗诉。

5.强化检察机关的监督作用。侦监、公诉部门要加强对公安机关立案侦查活动的监督。30名司法工作人员职务犯罪中,发生在侦查过程中的犯罪共9件13人,包括刑讯逼供、玩忽职守、徇私枉法等,另外,公诉部门对法院刑事审判活动、民行部门对民事审判活动、监所部门对刑罚执行活动的监督也要加强,预防这些领域出现职务犯罪。

6.发挥"两法衔接"信息平台作用,防止"以罚代刑"。目前,检察机关与执法单位已经建立了行政执法与刑事司法衔接信息共享平台,公安、法院等司法部门在进行行政处罚时,必须将涉嫌犯罪的移送司法机关处理,防止"以罚代刑",预防渎职职务犯罪的发生。

(汝州市检察院调查与研究第35期　2011年11月9日)

对 2008 年以来汝州市掩饰、
隐瞒犯罪所得案件的调查分析

●文 / 陈晓亮

自 2007 年《刑法修正案(七)》实施以来,掩饰、隐瞒犯罪所得案件日趋增多。销赃渠道的畅通,使犯罪分子有利可图,严重扰乱社会管理秩序,不利于司法机关打击犯罪。笔者通过对 2008 年以来汝州市检察院办理掩饰、隐瞒犯罪所得案件进行调查、分析,提出对策,以期预防和遏制此类犯罪发生。

一、近年来办理掩饰、隐瞒犯罪所得案件情况

	受案总数	判决案件数	单处罚金	拘役	拘役宣告缓刑	3 年以下缓刑	3 年宣告缓刑	1 年以下实刑	不起诉
2008 年	22 件 35 人	17 件 21 人	3 人	1 人	1	14	2	0	0
2009 年	11 件 29 人	13 件 27 人	6 人	4 人	0	12 人	0	5 人	0
2010 年	13 件 20 人	11 件 25 人	9 人	2 人	4 人	8 人	1 人	1 人	0
2011 年	32 件 48 人	23 件 35 人	5 人	9 人	15 人	3 人	1 人	2 人	3 人
合计	78 件 132 人	64 件 108 人	23 人	16 人	20 人	37 人	4 人	8 人	3 人

二、掩饰、隐瞒犯罪所得案件呈现的基本特点

1.销赃渠道、区域更为集中。赃物销售渠道一旦打开,往往集中在同一区域。如我院 2011 年办理的李某等 4 人掩饰、隐瞒犯罪所得案,袁某等 8 人掩饰、隐瞒犯罪所得案。李某等 4 人均为同一村庄农民,其中 2 名犯罪嫌疑人是夫妻关系。袁某等 8 人均为我市小屯镇农民,其中 4 人为小屯村人,其余 4

人均住在附近村庄。两个案例都是通过熟人介绍从陌生人处购买电动车自用或者转卖给亲戚朋友构成犯罪的。

2.掩饰、隐瞒犯罪所得中"上游犯罪"的形式多样化。近年来,"上游犯罪"的形式从一般的盗窃、抢劫、抢夺逐渐增加到诈骗、敲诈勒索、职务侵占。如我市天瑞集团铸造二分公司保卫员安某、炼炉长助理谢某、办公室主任杨某、仓库保管员陈某等 6 人利用保管仓库的职务便利,秘密盗取价值 17520元的铬铁、硅锰合金铁两种金属,并在夜间卖给收废品的赵某。后安某等 6人以职务侵占罪、赵某以掩饰、隐瞒犯罪所得罪被定罪判刑,这是利用职务便利将犯罪所得低价出售给他人的典型案例。

3.掩饰、隐瞒犯罪所得中"犯罪所得"的对象、种类广泛。先前掩饰、隐瞒的"犯罪所得"主要是电动车、摩托车、机动车等车辆类为主,近年来随着犯罪类型的多样化,"犯罪所得"的对象发展到手机、电脑,甚至药品、奶粉等与人体健康密切相关的食品、药品领域。如果查处不到位,轻者侵犯公民财产权,重者威胁人民群众生命健康安全。

三、掩饰、隐瞒犯罪所得案件频发的主要原因

1.犯罪嫌疑人文化水平低下,法律意识淡漠。4 年来办理的 132 名掩饰、隐瞒犯罪所得案犯罪嫌疑人中,全部为初中以下文化水平。文化水平低、受教育少、法律意识淡漠,对自己行为的违法性认识不到位是走上犯罪道路的主要原因。

2.经济利益驱动。据统计,犯罪嫌疑人为农民、废品收购者、无固定职业者的案件占此类案件的比例为 85%。此类人员往往收入较低或者没有收入来源,销赃者又以明显低价相吸引,在侥幸、贪占小便宜、赚取小额利益的心理支配下,主动购买,一般为买赃自用或者买赃后再转卖获取差价。

3."犯罪所得"的交易方式隐蔽,不易查获。"犯罪所得"往往来源于外地,运输到本地后,一般通过熟人或者通过废品收购站、二手市场甚至店面等进行交易,交易活动通常较为隐蔽,前罪犯罪分子被抓获的风险较小,不易查获。如我院 2009 年办理的魏某掩饰、隐瞒犯罪所得案,魏某在经营一家药品零售店期间,以 2000 元的价格购买陌生人低价兜售的药品放置药店出售。该批被盗药品的所有人报案后无果。后经对我市经营药品的店面逐门逐户寻找,最终在魏某经营的药店中发现带有标记的价值 7000 元的被盗药品,后对魏某以掩饰、隐瞒犯罪所得罪判刑。

4."两抢一盗"等侵财型案件的破案力度决定着此类的打击力度。一是盗窃等侵财型案件因证据不足等原因, 即使在被告人住处发现大量来源不明的被盗物品,只有物证,没有被告人供述和证人证言,无法认定为盗窃、诈骗等犯罪,只能按照掩饰、隐瞒犯罪所得罪降格处理,如我院 2009 年办理的叶某掩饰隐瞒犯罪所得案,公安机关在叶某住处发现电视机、洗衣机、电脑、摩托车等物品 30 余件,有些甚至是包装完好的全新家电,叶某有很大的盗窃嫌疑,但叶某称均是从郑州、洛阳等地购买。经查,根据被害人报案记录,仅有十余件可以确定是被盗物品,该案最终仅以被确定的被盗物品价值以掩饰、隐瞒犯罪所得罪定罪判刑。二是盗窃罪无法破获,盗窃嫌疑人不到案,或者在无法确定被盗物品的情况下,即使被害人报了案,掩饰、隐瞒犯罪所得罪名也无法追究。

5.打击力度小,威慑力不足。4 年来,掩饰、隐瞒犯罪所得案件的被告人被判单处罚金的 23 人,占 21.3%;判处拘役或者适用缓刑的 77 人,占 71.3%;判处有期徒刑实刑的仅有 8 人,占 7%,且 8 人中 2 人为累犯,6 人因多次作案或者单次作案涉案价值在万元以上,才被判处 1 年以下有期徒刑。整体刑期低、刑罚力度不够,使被告人认为犯罪成本较小,威慑力不足,达不到惩罚、教育、预防的目的。

四、预防和遏制此类犯罪发生的建议和对策

为有效遏制此类犯罪的发生,针对汝州市掩饰、隐瞒犯罪所得案件的发案特点、原因及规律,特提出如下对策,以期预防和减少此类案件的发生。

1.加强法制宣传,预防犯罪。针对大多数掩饰、隐瞒犯罪所得类犯罪主体是文化水平较低、法律意识淡漠的农民、无业人员的特点,充分运用新闻媒体、乡村法制宣传栏、送法进乡村等方式加大对相关法律知识的宣传力度,提高群众的辨别分析能力,警惕陌生人兜售的来历不明、手续不全的可疑物品,自觉抵制各种诱惑,不给违法犯罪行为提供市场。

2.加强专项整治,完善相关部门监管。针对掩饰、隐瞒类犯罪场所较为隐蔽等特点,建议有关部门要加强对农村、出租房、废品收购站、车辆维修店等地的治安管控及日常管理和排查工作,严厉打击查处销售赃物活动,对销售、代为销售可疑物品、赃物的,一经发现,及时处理,避免形成恶性循环,降低此类案件的发案率。

3.加大对"两抢一盗"等上游财产犯罪的打击力度,消除犯罪源头。掩饰、隐瞒犯罪所得案件中的赃物,多来源于盗窃或诈骗等犯罪,因此对上游犯罪保持严打态势,是减少此类案件发生的有效途径。同时对具有主动提出窝藏、转移、收购或代为销售赃物、社会影响恶劣等情节的要从严惩处。

4.加大财产刑适用力度,加重犯罪成本。实施掩饰、隐瞒犯罪所得的被告人是想通过掩饰、隐瞒等行为谋取经济利益,因此应加大财产刑适用力度,使其"发财"梦落空,并认识到通过掩饰、隐瞒犯罪所得获利所付出的代价远远大于获取的利益。

(汝州市检察院调查与研究第 4 期 2012 年 3 月 23 日,此文 2012 年 5 月 21 日被平顶山市检察院调研室转发)

汝州市人民检察院
非羁押诉讼案件办理现状分析

●文/徐　源

一、2009 年至 2012 年汝州市检察院办理非羁押诉讼情况

	非羁押诉讼案件受案总数	同期受案总数	非羁押诉讼案件涉案人数占同期全部案件涉案人数比例
2009 年	52 件 77 人	368 件 518 人	14.864%
2010 年	72 件 93 人	406 件 548 人	16.971%
2011 年	108 件 156 人	411 件 566 人	27.562%
2012 年	177 件 235 人	491 件 632 人	37.183%
2009 年-2012 年	407 件 516 人	1676 件 2264 人	22.791%

从表中统计数字看,自 2009 年以来,汝州市检察院办理非羁押诉讼涉及案件逐年增加,尤其是 2011 年 6 月河南省法检公三机关联合下发《关于在办理刑事案件中实行非羁押诉讼若干问题的规定(试行)》以来,非羁押诉讼工作在该院推行较快,取得实质性成效。

具体到 2012 年,汝州市检察院非羁押诉讼表现出以下特点:

(一)未成年人非羁押诉讼

未成年人非羁押案件共 5 件 7 人,占同期全部未成年人犯罪案件 12 件 23 人的 26.923%。所犯罪行涉及故意伤害、抢劫、盗窃、敲诈勒索,所判刑罚 4 件 5 人为不满 3 年缓刑,1 件 2 人为公安机关撤回案件。

（二）关于性别比例

非羁押诉讼案件中，男性为 166 件 218 人，占全部男性犯罪人数的 36.416%，女性为 11 件 17 人，占全部女性犯罪人数的 40.476%。可以看出，由于女性本身生理因素及社会危害性较小的特点，女性的非羁押比例明显高于男性。

（三）关于涉案案由

非羁押诉讼主要涉及侵犯财产类、侵犯人身类、侵犯公共安全类三类犯罪，具体罪名主要为盗窃罪、故意伤害罪、交通肇事罪。其中，盗窃罪 17 件 26 人，占同期盗窃案件 26.262%，故意伤害罪 26 件 29 人，所占比例为 24.166%，交通肇事罪 45 件 45 人，所占比例为 56.962%。

（四）关于适用简易程序

非羁押诉讼案件在审判中多适用简易程序（70 件 88 人，占非羁押诉讼案件比例为 66.666%），高于同期全部案件中使用简易程序的比例（27.689%）。

（五）关于身份

非羁押诉讼中农民犯罪 146 件 189 人，占全部农民犯罪 36.416%，干部犯罪 14 件 23 人，占全部干部犯罪 58.974%，工人犯罪 6 件 8 人，占全部工人犯罪 47.058%。

二、汝州市检察院推行非羁押诉讼中存在的问题

（一）未成年人犯罪非羁押诉讼比率低

非羁押诉讼适用的首要群体就是有悔罪表现和监护帮教条件的未成年人、在校学生，但该院的非羁押诉讼案件中，未成年人适用非羁押案件仅占同期全部未成年人犯罪案件的 26.923%，比例偏低。

（二）相应配套机制不完善，监管保障能力差

目前非羁押措施主要是取保候审、监视居住两种。犯罪嫌疑人取保候审、监视居住期间，派出所、社区、监护人等成为主要监管主体。但司法实践

中，"取保候审不管用"、"监视居住用不了"的现象却普遍存在。派出所由于担负着繁重的司法职能，根本无力配备专职警察监督执行;社区自身建设存在严重不足,也没有执行监督的能力,所以能够行使监管权的只有监护人(主要是法定监护人)。这些司法监督的缺失,造成疏于监管的局面,出现犯罪嫌疑人非羁押后翻供、串供、与被害人矛盾激化等问题,严重影响了刑事诉讼的顺利进行。如该院办理的1起涉嫌故意伤害案件就因为犯罪嫌疑人被取保候审后证据发生重大改变,最后导致数次补充侦查,浪费了大量人力物力。

（三）犯罪嫌疑人对非羁押诉讼不了解,在被非羁押后往往不能到案或者不能及时到案

一些犯罪嫌疑人本身法律意识淡薄,再加上有些办案人员在对犯罪嫌疑人取保候审、监视居住时没有对犯罪嫌疑人解释清楚取保候审、监视居住的真正意义,导致犯罪嫌疑人在非羁押后误认为案件已经终结,对侦查机关通知其到案认为是再次追究其刑事责任,因而不敢到案,或者因联系中断而导致无法通知本人到案。尤其对于外来人员,有些没有相对固定的职业和住所,流动性较大,多数人在提供保证条件取保候审后,在没向公安机关报告的情况下就返回家乡,导致事后无法通知到案,影响案件的顺利进展。如2009年该院受理的1起交通肇事案件,犯罪嫌疑人在积极赔偿被害人的损失、取得被害人的谅解后被取保候审,之后就了无音信,致使案件无法提起公诉。

（四）部分被害人对非羁押诉讼不理解

虽然检察机关经常开展普法活动,但在老百姓心里形成的几千年来的传统观念看来,只有逮捕才是对犯罪嫌疑人、被告人的有罪认定,只要是非羁押就是对犯罪嫌疑人、被告人的放纵,甚至认为承办人员对犯罪嫌疑人存在徇私舞弊的情况。如2010年该院受理的一故意伤害案件,经审查发现犯罪嫌疑人和被害人属邻里纠纷,被害人存在过错,案发后犯罪嫌疑人积极与被害人达成调解协议,并取得了被害人的谅解,犯罪嫌疑人符合非羁押诉讼的条

件,但被害人不同意对犯罪嫌疑人取保候审直接起诉,多次到公安机关、检察院无理闹访,无故辱骂案件承办人,严重影响检察机关的正常工作。

(五)由于基层公检法对非羁押诉讼认识水平、干警综合素质和工作基础的差异,推行非羁押诉讼不可能"齐步走"

根据2011年河南省高级法院、省检察院、省公安厅联合下发的《关于在办理刑事案件中实行非羁押诉讼若干问题的规定(试行)》的规定,适用非羁押诉讼的对象应当是罪行较轻,可能判处3年以下有期徒刑、拘役(均含缓刑)、管制、单处附加刑或免于刑事处罚的犯罪嫌疑人、被告人。然而在实践中,公检法三机关对于罪行较轻,可能判处3年以下有期徒刑、拘役(均含缓刑)、管制、单处附加刑或免于刑事处罚这一标准的认定并不一致,致使出现"捕后轻判"、"非羁押重判"的现象。

三、汝州市检察院推行非羁押诉讼中面临问题的对策

(一)将未成年人列入重点保护范围

2013年该院认真执行修改后的《刑事诉讼法》以及《人民检察院刑事诉讼规则(试行)》关于未成年人特别程序的规定,设立未成年人刑事检察科,推行"捕、诉、监、防"一体化工作模式,通过社会调查、亲情疏导等方式开展羁押必要性审查,对未成年人慎用逮捕措施,逐步降低犯罪未成年人的羁押数量。同时,公诉部门与乡镇检察室结合,广泛开展"法治宣传进校园"活动,进行法律知识普及和犯罪预防教育;定期对附条件不起诉的未成年人进行回访考察,帮扶教育,了解其思想动态及生活、工作状况,切实帮助未成年人生活步入正轨,顺利地融入社会。

(二)完善配套机制

1.建立"随访"机制,深化跟踪监督职责。非羁押诉讼案件在检察环节走完程序后,公诉部门继续会同侦监、监所部门进行跟踪监督,掌握犯罪嫌疑人、被告人的行为状况,明确帮教责任人,促其转化;同时,也对被害人进行随访,避免引发新的矛盾,使案件最终的处理结果最大可能的符合案件当事人的心理预期,得到良好的社会效果。公诉部门通过发放《检察建议书》促使执行非羁押措施的单位做到监管到位;通过签订《非羁押犯罪嫌疑人帮教责任书》促使帮教责任人履行帮教责任义务;通过登记《非羁押犯罪嫌疑人跟踪考察表》全面记录犯罪嫌疑人的表现。

2.强化非羁押诉讼案件的释法说理机制,赢得当事人的理解支持。一是制作《不批准逮捕理由说明书》,将不批准逮捕理由和所适用的法律条款逐一加以说明,从犯罪嫌疑人的犯罪动机、原因、主观恶性、一贯表现、悔罪态度、帮教条件等方面说明可以适用非羁押诉讼的条件。二是在具体办案过程中不只对犯罪嫌疑人释法说理,也要与被害人及家属进行沟通,让其明白不逮捕不是案件已经了结,而是为了更好的促进和谐、化解矛盾。

3.建立风险评估机制,使非羁押诉讼更趋科学与合理。在办案中,认真听取侦查机关、被害人、犯罪嫌疑人,以及案件涉及到的相关关系人的意见和建议,复杂案件还可与侦监、控申、监所部门沟通,通过完善的案件风险评估机制,尽最大努力得出最佳的处理程序。

(三)加强对刑事案件非羁押诉讼的法律宣传

只有改变广大群众特别是被害人对非羁押诉讼的错误认识,才能更好的推行非羁押诉讼制度。通过积极运用报刊、电视等媒体对非羁押诉讼制度进行宣传、讲解,让群众知道非羁押诉讼不是放纵犯罪,而是保障人权、提高诉讼效率、节约司法资源的有效措施。只有懂得非羁押诉讼的真正内涵,群众才能理解并自觉配合司法机关做好非羁押诉讼的相关工作。

(四)主动联合法院和公安机关召开专题联席会议

及时通报刑事案件小埋情况,讨论解决在执行非羁押诉讼过程中山现的问题,总结经验,查找不足,制定改进措施。首先,以修改后的《刑事诉讼法》及《人民检察院刑事诉讼规则》为基础,结合河南省人民法院、人民检察院、公安部联合下发的《办理刑事案件中实行非羁押诉讼若干问题的规定(试行)》的具体规定与当地的实际情况,制定办理非羁押诉讼案件具体适用办法，从侦、捕、诉、审各个诉讼环节统一公检法三机关的执法理念，实现非羁押诉讼的畅通运行；其次，三机关需要充分的协商、沟通，统一思想，一个犯罪嫌疑人如果在侦查阶段或者审查阶段没有羁押而在法院的最终审判阶段被羁押，同样达不到非羁押诉讼的最终目的。三机关应充分认识到非羁押诉讼的积极意义，采取适当的方法发挥该政策的实际效能。

基层检察院所受理的案件中，轻微刑事案件居多，而非羁押诉讼作为贯彻落实宽严相济刑事政策的一项有效机制，符合理性、平和、文明、规范的现代执法理念，在提高诉讼效率，节约司法资源，化解社会矛盾，切实保障人权，实现社会和谐方面起到了积极的作用，因此非羁押诉讼在基层司法机关广泛推广有其必然性，是大势所趋，但在适用非羁押诉讼的过程中应当按照河南省公检法联合下发的规定，严格限定其适用的范围，不能滥用非羁押诉讼这一机制，确保法律效果、社会效果、政治效果的有机统一。

（汝州市检察院调查与研究第 12 期　2013 年 5 月 10 日）

由 KTV 引发的刑事犯罪不容忽视

●文／张顺利　霍世英

2011 年至 2013 年 5 月,汝州市检察院受理审查因在"KTV"唱歌引发的刑事犯罪案件 18 起,其中故意伤害案件 13 起,强奸案件 3 起,妨害公务案件 2 起,涉嫌犯罪人员共 28 人。"KTV"场所多发犯罪的情况不容忽视,应当引起高度重视。

一、案件特点分析

1.犯罪主体年轻化,文化程度偏低。在所涉案的 28 名犯罪嫌疑人中,有 22 人年龄均在 35 岁以下,其中未成年人 3 人。不仅年龄较低,犯罪嫌疑人的文化程度也普遍较低。这 28 名嫌疑人中,有 22 人是初中文化程度,3 人高中毕业,2 人中专毕业,1 人小学毕业。这些人由于文化程度不高, 法制意识淡薄,对自身行为的社会危害性缺乏认识,实施了犯罪行为还不以为然。

2.犯罪方式团伙化,危害后果严重。由于到 KTV 唱歌一般是群体性的娱乐活动,大多是一群朋友或者亲戚相约一起参加,这时只要一人参与到违法犯罪案件中,同行的其他人出于朋友义气等原因都会一起参与其中,造成严重后果。在这 18 起案件中,5 起故意伤害案件和 2 起妨害公务案件均为多人作案。例如在李某、杨某等人妨害公务一案中,嫌疑人李某、杨某等 7 人都是一个单位的同事,下班后一起到 KTV 唱歌,李某由于损坏了 KTV 的茶几等财物遂与服务员发生争执,杨某等人见状便一拥而上为李某助阵并打骂对方。接到报案后,公安民警立即赶到现场,不料却遭到李某、杨某等人的围攻,有的抢民警的执法仪,有的上前殴打民警,由于嫌疑人人数众多,多名民警在执法过程中受伤,直到增援的民警赶到,才将犯罪嫌疑人控制。经过法医鉴定,在这起案件中有 4 名民警的伤情为轻微伤。

3.犯罪动机单一化，随意性突出。在这几起案件中，涉案的犯罪嫌疑人在实施作案前一般没有周密策划，缺乏明确的动机和目的，表现出很大的盲目性和随机性。例如在董某故意伤害一案中，董某与康某、刘某、张某等是"汝州同城吧"QQ群的网友，一天，几人相约一起到汝州市西环路某KTV聚会，在聚会期间，刘某给参加聚会的一个女孩端酒时，被康某拦下替她喝了。刘某顿时心生不满，就跟董某、张某商量要教训教训康某，于是3人拿了2把砍刀和2把水果刀在KTV门口等候，等到康某出来时，3人将康某拉到一边进行殴打，康某的手部、头部被打伤，经法医鉴定为轻伤。在本案中，嫌疑人同被害人本来都是朋友，大家一起唱歌聚会，非常开心，但就是因为一点小事，嫌疑人便一时冲动，大动干戈，最终害人害己。

4.犯罪心态情绪化，醉酒是诱因。现在年轻人和朋友们一起去KTV唱歌聚会，饮酒几乎是不可避免的。适度的饮酒助兴本无可厚非，但由于行为人酒后情绪激动，行为失控所引发的刑事案件屡见不鲜。在这18起案件中，有15起都与饮酒有关。例如，2012年10月7日晚，因喝醉酒在KTV的大厅不停谩骂的杨某，与上前询问情况的KTV服务生发生争执，杨某挥舞着砍刀将服务生王某头部砍伤，王某某肋部砍伤。酒醒之后，杨某对自己的行为追悔莫及。值得一提的是，不仅犯罪嫌疑人饮酒之后容易意识模糊，行为失控，从而直接引发刑事案件，有时被害人的饮酒行为，也会使自己处于人身财产易被侵害的境地，这也为犯罪分子实施不法行为提供了可乘之机。例如在张某被强奸一案中，张某与朋友们吃饭时认识了犯罪嫌疑人梁某，几人一起吃饭并喝了3箱啤酒，饭后几人去KTV唱歌，其间张某几人又喝了一瓶洋酒。唱歌结束时，已酩酊大醉，不省人事的张某被梁某等其余几人扶着到一家宾馆开了房间。半夜，梁某趁着张某由于醉酒意识模糊的时候，把张某拉到自己的房间，意图强奸张某，由于张某被惊醒并极力反抗，梁某的犯罪行为最终没有得逞。

二、建议及对策

1.开展经常性多样化法制宣传教育。司法部门要在全社会有针对性地开展多样化的普法宣传教育活动,例如创办法制宣传栏、法制学校、法制宣传园地、印制法制宣传教育资料、开展送法下乡活动、利用流动宣传车、集会开展法律咨询、广播电视、报刊等新闻媒体开展法律专题,举办法律知识竞赛、法制培训等,同时要充分重视和利用网络、移动信息等新的大众传媒,扩大法制宣传教育的覆盖面和影响力。要组建法制文艺宣传队伍,寓教于法,寓教于乐,开创适应广大农民群众的农村法制宣传教育的新途径、新方法,使法制观念深入人心。

2.健全家庭、学校、社会相结合的青少年教育体系。由于青少年自身存在的生理、心理特点,心理不成熟、容易感情冲动、猎奇、模仿等,使得青少年行为时往往不计后果,极易引发刑事犯罪案件。对此,要建立健全家庭、学校、社会相结合的教育体系。

加强对青少年的家庭教育。家长要充分认识家庭教育的重要性,切实担负起教育子女的责任。既要从经济上,更要从思想上多关心孩子的成长,争取及时发现并解决问题。要注重言传身教,以良好的品德修养为子女做出表率,创造健康的家庭教育氛围。

转变教育观念,变应试教育为素质教育。改进和创新教学方法和形式,将预防犯罪的教育作为法制教育的内容纳入学校教育教学计划,将法制教育课程从思想政治课程中分列出来,单独规划。另外,在学校成立"三理"(伦理、心理、生理)咨询室,增设"三理"咨询老师,积极开展"三理"教育,为加强学生思想道德建设创造良好条件。

净化社会环境,建立有利于青少年健康生活、成长的娱乐场所。广播、电视、文化、工商、公安等部门要相互协作,加强合作,建立良好的娱乐场所秩序,鼓励娱乐场所举办健康向上的娱乐文化活动,引导青少年健康成长。

3.加强对 KTV 场所的综合治理。公安机关在加大对 KTV 等娱乐场所的检查公开力度之外,还应该采取有力措施积极预防违法犯罪行为的发生。

首先,增加警力,加强对 KTV 等娱乐场所的常规巡逻检查。其次,在KTV 进场口设置治安岗,对进场人员进行安全检查,发现管制刀具及违禁药品一律上缴;再次,要实行 KTV 等娱乐场所与公安机关监控数据对接,实时监控 KTV 等娱乐场所的活动。最后,对长期玩"夜场"的曾被劳改、劳教、收容后释放的重点人员、社会闲散无业人员等进行"黑名单"监控,有效查堵犯罪危险源,加强预防。另外,还要加强 KTV 从业人员的思想教育,开展法制教育和业务培训,健全岗位责任制,做到管而不死,活而不乱,强化其应急应变能力,争取使大多犯罪行为能够被早发现、早预防,从源头上减少 KTV 犯罪行为的发生,切实把综合治理的各项措施落到实处。

（汝州市检察院调查与研究第 17 期　2013 年 5 月 31 日,此文在 2013年《当代学术论坛》第 6 期上发表）

破坏环境资源类案件分析

●文/徐 源

2011年以来，汝州市检察院共审查起诉破坏环境资源类犯罪案件21件46人，其中非法采矿案件6件19人，滥伐林木案件14件26人，失火案1件1人。近日，该院对此类案件的特点、成因进行了分析并提出预防对策。

一、案件特点

1.涉嫌罪名较集中。如上所述，主要是非法采矿、滥伐林木两种罪名，这与汝州的矿产资源和林木资源较为丰富有关。

2.犯罪群体相对集中。在受理审查的破坏环境资源类犯罪的21件案件中，46名犯罪主体全部是农民身份，充分暴露出广大农村群众环保意识的淡薄。

3.破坏环境资源类案件背后的职务犯罪案件凸显。如2012年办理的宋某某玩忽职守案、华某某玩忽职守案、景某某玩忽职守案、吴某某玩忽职守案、杨某某玩忽职守案均是在办理非法采矿案件过程中，发现的公职人员渎职犯罪。

二、犯罪原因

1.非法暴利诱惑。低价签订承包合同，廉价雇佣劳动工人，简单的提炼技术，就能获取巨额不法利益，诱使不法分子铤而走险。如韩某某、李某某、靳某某非法采矿案中，找了三四人帮工，买了钩机等工具，总共投入不过十多万元，就能在××河河道上非法采砂，侵占国家资源，牟取暴利。

2.发现查处难度大。不法分子采取隐蔽的作案手段、参与人员流动性、随采随卖即时交易以转移赃物等，加大了侦查取证难度，对非法获利的统计通常仅能以现场缴获赃物认定，导致不法分子在面对违法收益与违法成本的选择时不惧怕刑罚的威慑作用。如孙某某等人非法采矿案中，有专人专门放哨，只要有人来查，立马一哄而散，致使地矿部门、侦查部门多次突袭仍不能抓现。

3.监管不规范。环境资源监管部门众多,涉及有镇(街)党(工)委综治部门、国土、林业、水务、环保、安监等,加之相关法规不健全,监管职能既有交叉重复难以落实责任之处,也有真空无人管的执法空白地带。监管漏洞的存在,推诿扯皮时有发生,犯罪分子乘虚而入。

4.办案程序存在难题:3年来所受理的案件中,被依法采取逮捕措施的犯罪嫌疑人占受案数量的50%。对其他犯罪嫌疑人均采取取保候审和监视居住的强制措施。盗伐、滥伐林木的犯罪嫌疑人能否到案顺利诉讼就成了一个问题。绝大部分犯罪嫌疑人是居住在离县城远的大山里,交通、通讯不便,客观上对犯罪嫌疑人采取取保候审和监视居住的强制措施形同虚设,所以办案中经常出现侦查人员、公诉人员、审判人员"求"犯罪嫌疑人、被告人来做个笔录,"好歹"来开个庭的不正常现象。

三、预防对策及经验做法

1.建立机制,综合治理。建立联席会议机制。一是加强与公安、法院的沟通,对司法实践中遇到的法律的适用、证据的把握乃致法律文书的规范制作等法律问题达成共识,以形成打击合力,为生态文明城市建设构筑坚实的法律屏障。二是与内部预防部门、渎职部门联合建立环保信息发布机制。环境保护信息是环保工作的载体和纽带,加大流通不仅有利于广泛的宣传,而且有利于犯罪的预防和相互的监督。如环保项目的投资、工程进度、目标、排污费的收取等信息的公布,则能有效加强舆论监督和专门监督从而预防职务犯罪的发生。

2.加大对农村有关法律、法规和刑事政策的宣传力度,预防和减少该类刑事案件的发生。以滥伐林木类案件为例,一是建议由林业行政主管部门牵头,其他相关部门配合,采取普遍宣传与重点宣传、进户宣传与到校讲课、电视、广播、手机宣传并发放宣传资料等相结合的方法,在林区相对集中、案发较多的地方,将有关的涉林法律、法规、刑事政策、办理各种手续的程序和方法制作成小册子和短信等进行宣传。二是与各乡镇中心学校联系,在法制宣传教育课中,加入有关涉林法律、法规和刑事政策内容,让学生做一名义务宣传员。三是对全县需要使用木料的煤矿等相关企业和单位进行重点宣传，对收购木料的途径、方法和必须的手续进行讲解，以切断不合法的木料销售途径。四是林业主管部门主动上门为广大农民服务，为农民讲解办理林木采伐许可证的程序和所要具备的条件。

3.检察机关要加大侦查监督、审判监督的力度，提高案件质量，增强办案的法律效果和社会效果。检察机关对侦查人员有程序违法，徇私枉法，徇情枉法办案情况的，要加大监督力度。与森林派出所、森林公安分局、地矿局、打非办等部门之间建立提前介入和定期联系制席，对重特大刑事案件、重大疑难案件，适时介入侦查，引导取证。另外，对人民法院审判该类刑事案件的程序是否合法、定性是否准确、量刑是否恰当进行依法监督。一是建议少适用简易审程序，多适用简化审程序，以便在法庭教育阶段对被告人和旁听的群众进行法制宣传。二是建议法院对金额少，确因生活所需、认罪态度较好，主观恶性不深的被告人适用缓刑，尽量少处罚金刑、但必须判处被告人补种林木，并由乡镇林业站监督执行。对那些达到刑事犯罪立案标准，没有悔罪表现，有妨碍诉讼行为，社会影响坏的犯罪嫌疑人，特别是涉及到运输、收购盗伐、滥伐林木犯罪的和那些以无证贩卖木料为生的，多次犯罪的被告人多判处监禁刑，加大打击力度，少适用缓刑。三是检察机关要依法运用抗诉手段对法院量刑不当的案件进行监督，震慑和警戒犯罪分子，有效遏制滥伐林木上升趋势。

（汝州市检察院调查与研究第 32 期　2013 年 7 月 23 日，此文 2015 年 1 月 9 日被平顶山市检察院调研室转发）

第四编

案例研讨

刘某某杀人案中刑事技术的应用

● 文／陈高潮

2004 年 5 月 23 日，汝州市杨楼乡石太村发生了一起奸情杀人案。案发后，犯罪嫌疑人自知必将受到法律制裁，产生畏惧心理而投井自杀。因受害人和嫌疑人均已死亡，对此案的定性过程中刑事技术检验（DNA 检验）发挥了关键性的作用。

一、案情简介

2004 年 5 月 23 日下午 7 时许，汝州市杨楼乡石太村南街道边沟内的玉米杆和杂草下覆盖着一具女尸，46 岁左右。经附近村民辨认系该村韩某某。案发后，经专案组调查得知，本村的刘某某失踪（男，51 岁）。5 月 31 日下午，在该村南一机井内发现了一具男尸。经辨认死者系失踪的刘某某。

二、现场勘验

经现场勘验如下：尸体的中心现场位置位于石太村南街道路边沟内，街道呈南北方向，宽 7 米，街南侧有一道宽窄深浅不一的边沟，沟内堆放着碎玉杆和杂草，沟南有一高 1~1.8 米的土坎，其上面是麦田，街道北面是居民住宅。尸体大部分被玉米杆和杂草覆盖，露出头半部和右前臂。移开玉米杆，见一具半赤裸的女尸，头东足西呈仰卧位，上穿一件白色背心，翻至乳房以上，下身赤裸，距尸体东 4.5cm 处有一只白色平底布鞋，背部相对应的地方可见 5cm×5cm 的血迹，臀部对应处有 24cm×7cm 的血迹，其余未发现异常。

2004 年 5 月 24 日凌晨，在失踪人员的家中，搜查时见木质双人床一张，在床单上发现两处点状擦拭状血迹。

经警犬搜查，在尸体南侧的田中发现了死者的裤子、腰带、钥匙及另一只白色平底鞋。

三、尸体检验

死者,韩某某,女,46岁,尸长158cm,发育正常,尸僵,已形成,尸斑位于背侧呈暗紫红色,面部呈青紫色,角膜中度混浊,左右睑结膜、球结膜见密集状点状出血。颈前有2.5cm×2cm的皮下出血,右乳上有1.2cm×0.3cm的创口,深达胸腔,右乳下见1.1cm×0.3cm的创口,右乳下外侧见一1cm×0.3cm的创口,深达胸腔,创口边缘整齐,创角一钝一锐,背部有23cm×13cm的表皮擦划伤,均为纵向。解剖见颈前胸锁乳突肌有5cm×2cm出血区,舌骨右大角处骨折,双侧胸腔有500ml血性液体,左肺上叶一0.6cm×0.3cm的创口,右肺中叶一0.6cm×0.2cm的创口,双肺呈瘀血状,肺间叶点状出血,心包前一0.5cm×0.1cm的创口,心包内积血500ml,右心室前壁一0.5cm×0.1cm的创口。

2004年5月31日,查找到失踪者刘某某在村南机井内的尸体,男,51岁左右,尸长1.72米,发育正常,尸僵已缓解,头面部轻度腐败,口鼻有血性分泌物流出,上身赤裸,下穿黑裤、蓝裤头、系腰带、衣着完整,全身未见明显损伤,符合生前入水溺死。

四、案件分析

案件性质:对受害人韩某某尸检解剖可见,颈部有明显扼痕,胸部有多处刀刺伤。分析受害人系他人扼颈暴力杀害,结合受害人赤身裸体,阴道擦拭物精斑预试验阳性,认为符合奸情杀人。

作案时间:根据死者胃肠内容物、排容情况分析符合23日凌晨2~4时被害死亡。

作案地点:根据现场勘验,尸体赤身裸体仅穿一小白背心、鞋袜不全,加之现场没有搏斗痕迹,被杂草及玉米杆覆盖。分析尸体所处位置不是第一现场,第一现场可能位于偏静的地点,现场应有血迹,距抛尸现场不会太远。

作案工具:据尸检所见,韩某某颈部有扼痕,符合徒手卡压形成。胸部损伤创口,创缘整齐,创角一钝一锐符合单刃锐器刺伤所形成。

作案动机:受害人赤身被抛尸村边,分析受害人与犯罪分子之间,存在不正当男女关系,二人可能矛盾激化或犯罪分子怕奸情暴露而杀人灭口。

犯罪分子特征：受害人系有夫之妇，赤身裸体被人杀害，而移尸村庄旁边，说明死者与犯罪分子关系密切，可能为单身男子所为。移尸后，简单覆盖尸体，反映出犯罪分子作案后的恐慌心理，符合偶犯。

五、物证检验

1.提取受害人韩某某阴道擦拭物精斑预试验阳性。

2.提取嫌疑人刘某某床单上血痕经鉴定系"B"型血与死者韩某某血型一致。

3.DNA 检验，韩某某阴道擦拭物精斑与犯罪嫌疑人刘某某相吻合的机率为 99.99%。

六、案件认定

1.根据失踪人刘某某，室内床单上的血迹与死者血型一致，刘某某住室应为第一现场。

2.受害人韩某某阴道内精斑，经 DNA 检验，证实阴道内精斑为刘某某所留。

3.调查资料：

刘某某平时性格怪癖、脾气暴躁、做事不计后果，单身一人。主要经济来源打工赚的钱主要花在女人身上。近年来，刘某某与韩某某接触来往密切，受害人以打麻将为借口，经常离家与刘某某幽会。几日前二人的奸情被其丈夫发现，而引起家庭不和。当晚受害人到刘某某住处，与其发生性关系后，可能韩某某向刘某某提出断绝不正当两性关系，引起刘某某不满，二人矛盾激化，刘某某将韩某某扼颈致死，又用单刃刀具对其胸部连刺数刀。为掩盖其罪行，将尸体抛于村边，衣服扔到麦地里。刘某某自知难逃法网，而选择了投井自杀身亡。

十、体会

该案充分应用刑事科学技术是第一破案埋念，通过现场勘验、痕迹物证的勘验分析、结合尸体解剖、物证检验，形成了完整的证据索链，并最终认定了犯罪嫌疑人刘某某的杀人事实。领导重视，现场勘查及时，尸体检验全面，物证提取检验到位，最终为该案提供了科学依据。

（汝州市检察院调查与研究第 22 期　2008 年 6 月 22 日）

无偿保管是否应予赔偿

● 文／闵秀姣　宁晓蕾

一、基本案情

2006 年 10 月份,赵某与靳某合伙做玉米棒生意,后两人发生经济纠纷,双方请于某做中间人出面协调解决。在赵某、靳某一致同意的情况下,赵某交给于某 21 张交易凭证。后赵某、靳某到于某家清算账务,在清算账务过程中, 于某将 21 张交易凭证交给靳某。靳某私自将交易凭证上的 54128 元取出,后账目一直未算清。2007 年 5 月 7 日,赵某找到于某,让其出具 21 张交易凭证的收据,2007 年 7 月 23 日赵某向汝州市人民法院提起诉讼, 请求依法判令于某返还其 21 张交易凭证或者赔偿其现金 54128 元。

二、分歧意见

第一种意见认为, 于某以帮忙清算合伙账目为由收到赵某现金票据,于某给赵某出具了收据,两人之间形成保管合同关系,双方应按照合同约定履行自己的义务,赵某将 21 张票据交给于某,于某应妥善保管,其擅自处置该保管物,造成票据不能返还的行为是错误的,因此给赵某造成的经济损失应予赔偿。

第二种意见认为,该案中于某与赵某之间为无因管理关系,于某本与赵某无任何债权债务关系,应为无因管理人。

第三种意见认为,该案中于某和赵某之间形成保管合同法律关系,但于某不应赔偿赵某的损失。

三、笔者意见

笔者赞同第三种意见,理由如下:保管合同为实践合同,基于双方真实的意思表示,赵某将 21 张交易凭证交给于某,其二人之间已经形成了保管合同法律关系。但根据《中华人民共和国合同法》第 374 条之规定,保管期间,因保管人保管不善造成保管物损毁、灭失的,保管人应当承担损害赔偿责任,但保管是无偿的,保管人证明自己没有重大过失的,不承担损害赔偿责任。笔者认为所谓无因管理即未受委托,并无法定或约定义务而为他人管理事务。该案中于某受赵某和靳某的委托为其解决生意纠纷而保管交易凭证,有约定义务并非无因管理。该案中赵某、靳某为生意合伙人,在做生意过程中产生的交易凭证应为其二人共同所有,于某应赵某请求,无偿为其保管交易凭证,后于某将交易凭证交给该凭证的共有人靳某并无重大过失,不应承担损害赔偿责任。

（汝州市检察院调查与研究第 3 期　2009 年 4 月 21 日）

犯罪未遂分析

——以一起盗窃摩托车案件为视角

●文/陈晓亮

一、基本案情

2009年3月24日中午12时许,侯某将摩托车停放在汝州市陵头乡政府院内,上锁后离开。不久,王某发现这辆摩托车无人看管,顿起盗窃之意,遂用专门的开锁工具插入锁孔后将车启动,却被归来的侯某撞个正着。侯某呵斥道:"你怎么骑我的车?"王某闻声后,非但不停,反而加大油门企图逃跑,侯某猛追30米左右,将摩托车抓住,摩托车因此撞在墙上,王某摔倒,被侯某及其同伴抓住,并扭送至派出所。经物价部门评估,该摩托车价值5000元。

二、分歧意见

本案中,王某盗窃摩托车被被害人当场抓获,毫无疑问,其行为构成了盗窃罪。但是,王某由于意志以外的原因而未能将摩托车据为己有,因此,对于其行为是盗窃既遂还是未遂,存在两种不同意见:

第一种意见认为:摩托车不同于其他物品,王某将摩托车撬开,一经启动,就视为已经脱离被害人的控制,在逃跑过程中被抓获,是盗窃既遂之后的事情,所以应视为既遂,依法追究嫌疑人盗窃(既遂)的刑事责任。

第二种意见认为:王某将车启动,主观上是想要控制该车,将其据为己有,但在车尚未脱离被害人的视线,即仍处于被害人控制时,因为意志以外的原因未能得逞,所以王某的盗窃行为属未遂。

三、笔者意见

笔者同意第一种意见,理由如下:

在刑法理论上,关于盗窃既遂与未遂划分的标准,主要有:(1)"接触说"，认为应以行为人是否接触到被盗财物为标准，接触到财物就是既遂。（2）"转移说"，认为应以行为人是否将被盗财物转移到安全地带为标准，已转移到安全地带的为既遂。（3）"控制说"，认为应以行为人是否已经取得对被盗财物的实际控制为标准，已实际控制的为既遂。（4）"移动说"，认为应以行为人是否移动被盗财物为标准，已移动的为既遂。（5）"失控说"，认为应以被害人是否失去对财物的控制为标准，失去控制的为既遂。（6）"失控加控制说"，认为应以被害人是否失去对财物的控制，并且该财物是否已置于行为人的实际控制之下为标准，失去控制的为既遂。

通说主张"失控加控制说"。按照这种学说，被害人已经丧失对自己财物的控制时，就是既遂。因为盗窃罪是典型的侵犯财产所有权的犯罪，对财产所有权的损害结果，表现在所有人或持有人控制之下的财物因被盗窃而脱离了其实际控制，一般而言，也意味着被盗财物已被行为人控制，二者是一致的。因此，从对客体的损害着眼，以财物的所有人或持有人失去对被盗财物的控制作为盗窃既遂的标准，符合盗窃罪既遂的本质特征。至于行为人是否最终达到了非法占有并任意处置该财物的目的，不影响既遂的成立。

具体到本案，王某在启动摩托车后，已经实际控制了该摩托车，即被害人已经失去了对财物的控制。因此，按照"失控加控制说"的要求，本案王某的行为已构成盗窃既遂。即使事后被抓住，也不能视为未遂。值得注意的是，盗窃犯罪为数额犯，犯罪既遂与未遂的认定直接影响着犯罪的构成要件是否齐备，即是否构成犯罪的问题。根据本地区关于盗窃数额的规定，盗窃未遂的案件，只有数额达到1万元的，才构成犯罪。因此本案的既遂与否直接决定着王某是否构成犯罪，检察机关能否向法院起诉定罪量刑的问题。如果把本该认定既遂的案件错认定为未遂，就有可能枉纵主观恶性较大的犯罪分子，不利于社会的稳定和谐。

（汝州市检察院调查与研究第 9 期　2009 年 5 月 27 日）

敲诈勒索与诈骗的区别

——以一起敲诈勒索案为视角

●文／淡亚锋

一、基本案情

2009 年 5 月中旬,登封市居民张某(男,22 岁)认识了汝州市居民李某(女,40 岁),后二人在汝州市区一宾馆发生了性关系。6 月初,张某向李某借2000 元未果。张某回到登封市后,就多次给李某发信息,谎称发生性关系时照下了李某的裸体照片,并且威胁说,如果不汇 1 万元钱就将照片贴在李某家及她孩子学校门口,将照片发给李某的丈夫。后李某急于索要照片,张某便要求,先汇五分之一(即 2000 元),再给李某发照片。6 月 22 日,张某一个人到汝州市,李某将钱给张某,张某将内存卡交给李某。经查,发生性关系时张某并没有拍照。

二、分歧意见

对于本案,构成犯罪没有异议,但构成敲诈勒索罪还是诈骗罪,存在不同意见。

第一种观点认为,张某的行为构成诈骗罪,理由是,所谓的"裸照"根本不存在,是张某本人虚构的事实。张某向李某隐瞒了真相,使李某认为张某确实存有其害怕被公开的照片,而李某也正是基于此,才交给张某财物的。所以,张某的行为符合诈骗罪的构成要件。

第二种观点认为,其行为构成敲诈勒索罪。首先,本案中犯罪嫌疑人的目的很明确,即利用其手中有"裸照",若李某不从,就公开照片,使被害人产生恐惧心理,从而非法获取钱财。被害人也正是基于这种威胁而产生精神上的恐惧,而被迫交出财物。所以,张某的行为符合敲诈勒索罪的构成要件。

三、笔者意见

笔者同意第二种观点。

诈骗罪,是指以非法占有为目的,采用虚构事实或者隐瞒真相的方法,骗取数额较大的公私财物的行为。敲诈勒索罪是指以非法占有为目的,以威胁或者要挟的方法,强索数额较大的公私财物的行为。

诈骗罪与敲诈勒索罪的根本区别在于犯罪客观方面与侵犯的法益不同,在犯罪客观方面,诈骗罪客观方面表现为用虚构事实或隐瞒真相的欺骗方法,骗取钱财的行为,受害人处分自己的财产行为是自愿的,而敲诈勒索罪表现为以威胁或要挟的方法,向公私财物的所有人或持有人强索财物的行为,受害人处分自己财产的行为是被迫的,不自愿的。诈骗罪侵犯的是法益是公私财产所有权,而敲诈勒索罪侵犯的则是公私财产所有权和公民人身权利。

基于上述区别,我们可以对本案作如下分析:(1)张某虚构了其拍下两人发生关系时的照片的事实,但从后来张某的言行看,其此举的用意是威胁李某,让李某给自己10000元钱。(2)张某的行为不仅侵犯了李某的财产权利,也侵犯了其人身权,使其精神上受到了胁迫,心理感到恐惧,即害怕张某将两人发生关系的照片公之于众。综上所述,本案被害人李某是基于张某的威胁行为而产生精神上的恐惧,继而迫于无奈交出财物的,而非由于张某的诈骗行为产生错误认识而主动交出财物的,因此犯罪嫌疑人张某的行为符合敲诈勒索的构成要件,可以认定张某的行为涉嫌敲诈勒索罪。

(汝州市检察院调查与研究第22期 2009年7月28日)

抢夺与抢劫的区分

● 文 / 陈晓亮

一、基本案情

2009年5月5日20时许,犯罪嫌疑人王某驾驶两轮摩托车,窜至汝州市寄料镇某村附近的路上,见被害人李某拿着手机边走边看,遂下车从后面将被害人李某搂倒,抢走价值340元的大显牌T802粉红色手机一部,销赃自肥。

二、分歧意见

对于犯罪嫌疑人王某的行为如何定性,有两种不同意见:

第一种意见认为,王某的行为构成抢夺罪。理由是被害人主观上符合乘人不备夺取财物的抢夺行为,并未对被害人身体造成伤害。

第二种意见认为,王某的行为构成抢劫罪。理由是王某以非法占有为目的,客观上实施了使被害人不能反抗的暴力行为,构成抢劫罪。

三、笔者意见

笔者赞同第二种意见。本案中王某的行为符合抢劫罪的行为特征,构成抢劫犯罪。

抢劫罪是指以非法占有为目的,当场使用暴力、胁迫或者其他方法,强行劫取公私财物的行为。侵犯的客体是公私财产所有权和他人的人身权利。

抢夺罪是指以非法占有为目的,公然夺取数额较大的公私财物的行为。所谓"公然夺取"有两个特征:一是当着财物所有人、保管人的面或者使其可以立即发现的情况下夺取财物;二是乘人不备,突然把财物夺走,但也有被害人觉察而防护能力丧失的情况下(如患病、轻中度醉酒等)把财物夺走的情形。

　　两罪主观方面均以非法占有为目的,其最主要的区别在于客观方面的行为。抢劫罪客观上表现为使用暴力、胁迫或被害人不能反抗的方式控制被害人,而抢夺罪则表现为乘人不备公然夺取公私财物的行为。抢劫罪的暴力行为同时侵害被害人的人身权和财产权,而抢夺罪"夺取财物"的行为只侵害被害人的财产权。抢劫罪一般情况下被害人都有不同程度的言语或行为的反抗,而抢夺罪是趁人不备实施的行为,不存在被害人反抗的现象。

　　实践中,有些趁人不备抢夺他人财物的行为也可能给被害人的身体造成伤害,但实际上这种行为仍然应当按照抢夺罪来处理,因为按照主客观相一致的原理,行为人实际上是以非法占有为目的,趁人不备夺取财物的行为,完全符合抢夺罪的构成要件。但不排除某些主观恶性较大的犯罪嫌疑人明知其夺取财物的行为可能造成被害人身体伤害却仍然实施该夺取行为,致使被害人受伤甚至死亡的情形。此时应当区别对待,综合各方面情节考察犯罪嫌疑人的主观故意和客观行为内容,而不能随意认为行为人仍然构成抢夺罪。

　　本案中,王某以非法占有为目的,从后面将被害人李某搂倒的行为,已经侵害到了被害人的人身,其实施暴力行为劫取他人财物的行为,完全符合抢劫罪的构成要件。至于王某在本案中的暴力行为并未造成被害人身体伤害问题,笔者认为只是暴力程度的不同,不能否认本案中暴力手段存在的客观性。因为行为人实际上实施的是使被害人不能反抗或不敢反抗的轻微暴力行为,但无论是从主观方面,还是从客观方面来讲,本案王某的行为都符合抢劫罪的构成要件。

(汝州市检察院调查与研究第 24 期　2009 年 8 月 11 日)

遥控电子磅取财的定性

●文/王武国

一、基本案情

2009 年 9 月 3 日,屈某某等 3 人商量后,合伙到汝州市某乡镇"棕刚玉加工厂"拉料,其中 1 人负责在电子磅上安装遥控器,在过磅时利用遥控器控制电子磅,以"出吨"的方式获取该厂棕钢玉料石 4 吨,价值 9960 元。后在其 3 人第二次实施同样行为时,被当场抓获。

二、分歧意见

针对本案的定性主要有两种意见:一种意见认为犯罪嫌疑人以非法占有为目的,采用秘密手段,盗取他人数额较大的财物,其行为构成盗窃罪。另一种意见认为,犯罪嫌疑人通过改变货物重量的方法,虚构事实,导致物的所有人在受蒙蔽的状态下"心甘情愿"地处置财产,其行为构成诈骗罪。

三、笔者意见

笔者同意第二种观点,认为行为人涉嫌诈骗罪成立。理由如下:

盗窃罪与诈骗罪同为侵财型犯罪,二者在犯罪构成要件上有许多相似之处,一是犯罪主体都是年满 16 周岁具有刑事责任能力的自然人;二是侵犯的犯罪客体都是公私财物的所有权;三是均为直接故意犯罪,行为人在主观上均具有非法占有公私财物的目的。但二者在客观行为的本质特征上仍然具有明显区别。

1.构成诈骗罪的核心条件是行为人以欺骗方法使财产控制人"自愿、主动"将财物交付给行为人。根据我国《刑法》第 266 条的规定和我国刑法学界的通说,诈骗罪是指以非法占有为目的,采用虚构事实或者隐瞒真相的方法,骗取数额较大的公私财物的行为。诈骗罪的客观方面主要包括四个部分:(1)行为人实施诈骗行为;(2)使他人陷入错误认识;(3)他人基于错误认识自愿处分财产;(4)行为人获取财产或财产性利益。这四个行为具有一定的客观逻辑顺序,形成一个前后紧密相连的因果锁链,环环相扣,前一行为是后一行为的原因,后一行为是前一行为的结果,循序渐进,因果分明,四个环节缺一不可,前后顺序也不能颠倒,否则不能成立诈骗罪。

2.成立盗窃罪的关键是行为人"秘密窃取"受害人财物。盗窃罪客观方面的行为特征,一般表现为秘密窃取财物的行为。秘密窃取是指犯罪行为人采取主观上自认为不会被财物所有人、持有人或者经手人发觉的方法将公私财物据为己有,具体包括两种情形,一种是乘财物所有人、持有人或者经手人不在场时,将财物偷走;另一种是虽然财物所有人、持有人或者经手人等在场,但是犯罪行为人却乘其不备进行偷窃。秘密窃取具有时间性要求,是就窃取财物当时而言的。秘密获取只是窃取财物的直接手段,而不是概指整个盗窃过程的作案手段。

由此可见,区分盗窃罪与诈骗罪不能被犯罪行为的表象特征所迷惑,应抓住犯罪主行为的本质特征加以分析。不管行为人在犯罪过程中采用了哪一种或者哪几种诈骗手段,只要该诈骗行为是为秘密窃取财物这一主行为制造机会、创造条件,在整个犯罪过程中处于次要地位,起辅助、准备作用,且受害人不是自愿交付财物,而是在自身毫不知情的情况下丧失对其财物的所有权的,就应根据犯罪主行为即秘密窃取行为的性质认定为盗窃罪,不能仅依据犯罪过程中存在诈骗行为即认定为诈骗罪。反之,行为人主要以诈骗的手法获取财物,如以少换多、以假换真等一般以诈骗罪论处。

本案中,3人为获取财物,采用在电子磅上安装控制器的方法,使电子磅的数据显示为控制人心中所愿,通过操控,数据失真,使处分人不可避免地陷入错误认识,认为数据真实,从而"自愿"交付多出的货物,以达到行为人非法占有之目的。本案犯罪嫌疑人的行为符合诈骗罪的客观构成要素,主观方面为故意,应定诈骗罪。

另外,3 人使用"出吨"的方式,使财产控制人处于被蒙蔽的状态,表面上看好像财产控制人对财物的丧失并不知情,符合盗窃罪的客观特征。但是,犯罪嫌疑人使用的是以少换多的方式获取财物,若没有现实财物作掩护,其行为不可能得逞,故其行为貌似盗窃实属诈骗,应以诈骗罪处理。

（汝州市检察院调查与研究第 27 期　2009 年 10 月 27 日）

追打他人致其意外摔伤的行为认定

●文/陈冬伟

一、基本案情

被告人李某与王某相邻居住，两家各有一男孩。2009年6月12日，因两家小孩打架，两家群斗被同院邻居劝开，各有所伤，后经公安派出所处理，李家赔偿王家医疗费100元。同年8月15日，李某在街上碰到王某并对其进行语言上的侮辱，然后两人开始对骂。李某手持一根棍棒追打王某，在躲避中，王某从桥上掉下摔成重伤。

二、分歧意见

第一种意见认为，李某的行为不构成犯罪，属于意外事件。理由是：王某的重伤是由于王某自己摔下桥造成的，属于意外事件，并非李某的棍棒打击所造成，属于不能预见的原因引起的，李某的追打行为与王某重伤的结果之间没有必然的因果关系。因此，李某的行为不构成犯罪，只应该承担相应的民事责任。

第二种意见认为，李某的行为构成过失致人重伤罪。过失致人重伤罪包括疏忽大意的过失和过于自信的过失。本案中王某不慎从桥上跌落是自己造成，并不是李某推或打直接造成王某跌落桥下摔成重伤，李某主观上并不希望王某跌落桥下造成重伤结果的发生。从主观上讲李某应当预料到自己的行为可能造成王某跌落桥下重伤，但却没有预料到，因此李某主观上存在疏忽大意的过失，构成了过失致人重伤罪。

第三种意见认为，李某的行为构成故意伤害罪。正是由于李某的追打行为才导致王某从桥上跌落摔成重伤的结果，李某的行为与王某重伤的结果之间存在因果关系。本案中，李某主观上有伤害的故意，客观上有故意伤害的行为,且出现了伤害结果,应当以故意伤害罪追究其刑事责任。

三、笔者意见

笔者同意第三种意见,理由如下:刑法中的因果关系是指行为与结果之间引起与被引起的关系。在司法实践中,要将所发生的结果归咎于行为人,就必须要求行为人的行为与实际发生的结果之间具有原因与结果的关系,否则这种归责就违背了罪责自负的原则。因果关系又包括必然因果关系和偶然因果关系。必然因果关系中行为人应当对危害结果承担刑事责任是毋庸置疑的。那么,偶然因果关系中行为人是否应当对危害结果承担刑事责任呢?笔者认为,如果否认偶然因果关系是刑法因果关系,必将缩小刑事责任的客观基础。并非所有的偶然因果关系都不能作为承担刑事责任的客观依据,符合以下情形的偶然因果关系,由于行为人在主观恶性、行为的目的、结果等情节上具有较大的社会危害性,行为人对危害结果就应当承担刑事责任:一是从行为人对结果所持的主观态度上看,行为人是否对最终危害结果的发生持直接故意、间接故意或者过失的态度;二是从行为人的客观行为上看,在最终危害结果发生之前,行为人的危害行为是否仍然处于实行或者持续、继续状态;三是从造成最终危害结果发生的偶然因素的介入情况看,行为人的行为是否对偶然因素的介入起到了积极的支配和促进作用。

在本案中,首先,李某将王某追打到桥上边缘,李某对王某有可能摔落桥下是明知的,但却对此结果采取了放任的态度,导致了王某摔成重伤的发生,其在主观上是一种间接故意的心态;其次,在王某摔伤之前,李某的追打行为没有停止,仍然处于持续状态,如果没有发生王某摔伤的结果,李某的追打行为仍然会继续下去,李某的追打与王某摔伤之间没有时间间隔;最后,李某的追打行为在客观上对王某摔伤的结果起到了积极的支配和促进作用,正是由于李某的追打才导致了王某惊慌失措的从桥上摔落,造成摔成重伤这一最终危害结果的发生。

(汝州市检察院调查与研究第 6 期　2010 年 4 月 13 日)

因追要彩礼而抱走婴儿的行为性质认定

●文/陈晓亮

一、基本案情

2008 年 5 月份,董某(男,28 岁,农民)经人介绍与某村周某(女,22 岁)建立恋爱关系。董某为促成婚事多次给周家现金和物品,后因两人性格不合关系破裂。董某几次到周某家索要彩礼款 10000 元,周家不给。2009 年 2 月 5 日董某再次到周家索要彩礼款时,周某不在,只有周的母亲在家,怀抱着周某嫂嫂所生的 9 个月的男婴。董某将周母怀中的婴儿强行抱走,在临走时扬言"不送回彩礼钱,你们家就别想要这孩子!"事后,媒人、村委会反复做董某的工作,促其将婴儿送回,董某提出不给钱不还人,拒不送还。2009 年 8 月 5 日,董某被公安机关刑事拘留。

二、分歧意见

第一种意见认为,董某的行为构成敲诈勒索罪。因为董某以抱走小孩的行为相要挟,逼迫周家返还已经交付给周家的 1 万元彩礼,符合敲诈勒索罪的主客观要件。

第二种意见认为,董某的行为构成绑架罪。因为周家 9 个月大的男婴是无行为能力人,董某以孩子为人质索要彩礼的行为,构成绑架罪。

第三种意见认为, 董某的行为构成非法拘禁罪。因为董某的行为属于"为索要债务而剥夺他人人身自由的行为"。

三、笔者意见

笔者同意第三种意见,认为董某的行为构成非法拘禁罪。

首先,董某的行为不构成敲诈勒索罪。敲诈勒索罪是指以非法占有为目的,对被害人以威胁或者要挟的方法,迫使其交付数额较大的财物的行为。

从主观方面来讲,敲诈勒索罪的主观目的是非法占有,在本案中董某抱走小孩主观上是为了要回1万元彩礼,而索要该1万元彩礼是否属于非法占有他人的财产成为认定敲诈勒索罪主观方面的必备要件。根据最高人民法院《关于适用〈中华人民共和国婚姻法〉若干问题的解释(二)》第10条之规定:"当事人请求返还按照习俗给付的彩礼的,如果查明双方未办理结婚登记手续,人民法院应当予以支持。"即婚前一方给予另一方的彩礼,在婚姻未缔结的情况下,接受彩礼的一方应当返还,给予彩礼的一方要求返还的,人民法院应当支持。因此,董某为缔结婚姻关系给予周家的彩礼钱,在双方未办理婚姻登记手续的情况下,周家应当返还,也即董某索要该1万元彩礼是行使自己合法的债权,不是以非法占有为目的,不符合敲诈勒索罪的主观要件。在客观方面,董某虽然实施了抱走小孩的行为,并以不归还小孩相威胁,但根据主、客观相一致原则,本案董某因不具备主观要件而不构成敲诈勒索罪。

其次,董某的行为不构成绑架罪。绑架罪是指以勒索财物为目的绑架他人或者绑架他人作为人质的行为。本罪的主体是一般主体,客体为双重客体,即同时侵犯当事人的人身权利和财产权利,主观方面是以勒索财物为目的,客观方面表现为以暴力、威胁手段剥夺他人人身自由的行为。因为婴儿属无行为能力人,董某将婴儿抱走的行为使其脱离了监护,不必使用暴力手段即可控制婴儿的人身自由,董某的行为是以婴儿为人质,索回1万元的彩礼,客观上符合绑架罪"绑架他人作为人质的行为"。但绑架罪主观方面要求以勒索财物为目的,而本案中董某主观上是为了索要自己的债务,并无勒索他人财物或其他非法目的,虽然其将周家婴儿抱走,并以不归还的形式剥夺其人身自由,但因缺乏绑架罪的主观要件而不可能构成绑架罪。

最后,董某的行为构成非法拘禁罪。非法拘禁罪是指故意非法剥夺他人行动自由的行为。本罪的客观表现可分解为两点:一是行为人的行为必须是非法的,即没有合法根据的剥夺他人人身自由;二是行为人实施了将他人限制在一定的空间内,使其不得自主脱离该空间的行为。至于行为是否具有暴力性,是作为还是不作为,使用何种手段、方式,均不影响非法拘禁罪的构成要件。本案中董某在要求返还彩礼未果的情况下,完全可以通过法律途径主张自己合法的债权,但其并非通过合法手段主张权利,而是实施了强行将周家小孩抱走的行为,以限制小孩人身自由为周家归还彩礼的交换条件。根据《刑法》第238条第3款之规定,为索取债务非法扣押、拘禁他人的,构成非法拘禁罪。按照罪刑法定原则的要求,董某的行为构成非法拘禁罪。

(汝州市检察院调查与研究第10期 2010年5月19日)

"一房二卖"如何处理

●文 / 宁晓蕾

一、基本案情

2008年4月2日,李某与张某约定:李某将一套住房出售给张某,房价200000元。张某支付房屋价款后,李某交付了房屋,但没有办理产权转移登记。张某对房屋进行了装修并入住。2008年5月29日,李某因病去世,全部遗产由其子小李继承。小李于2008年7月将该房屋卖给赵某,并办理了所有权转移登记。该案中小李、赵某谁有权请求张某返还房屋产生争议。

二、分歧意见

第一种观点认为,小李有权请求张某返还房屋。理由为根据《中华人民共和国物权法》第9条的规定,不动产物权的设立、变更、转让和消灭,经依法登记,发生效力;未经登记,不发生效力。李某将房屋交给张某后,没有办理产权转移登记手续,房屋所有权没有转移,仍归李某所有。小李作为李某的继承人拥有对房屋的所有权,所以有权请求张某返还房屋。

第二种观点认为,赵某有权请求张某返还房屋。理由是李某死后房子由小李合法继承,小李获得房屋所有权,后小李和赵某产生房屋交易,赵某作为房屋的买受人依法办理了产权登记手续,发生效力,取得房屋的所有权,所以有权请求张某返还房屋。

三、笔者意见

笔者赞同第二种观点,理由为:

1.不动产登记是登记机关对不动产权利进行登记,依法确认不动产权属关系及相关事项的行为。登记最主要的目的在于公示,通过登记将不动产权属的设立、转移、和变更的情况向公众予以公开。其价值功能在于以公示方式宣示物权的权属,满足物权对世性的要求,同时通过公示方式厘清权属,避免和减少纠纷。登记仅是一种物权变动的公示方式,其针对的对象是物权而非合同债权。合同的形式要件也没有要求向不特定的第三人公示合同的内容。但长期以来我们对登记有一种误解,即未办理登记,不仅物权不能转移而且合同也是无效的。为了避免这种错误理解带来的司法实践中的不便,《中华人民共和国物权法》第15条规定,当事人之间订立有关设立、变更、转让和消灭不动产物权的合同,除法律另有规定或者合同另有约定外,自合同成立时生效;未办理物权登记的不影响合同的效力。本案中李某将房屋出售给张某虽然未办理所有权转移登记,但双方当事人之间的买卖合同已生效,张某已按合同约定交付了房屋价款,李某应按合同约定交付房屋,并办理产权转移登记。否则,应承担违约责任。张某作为买受人,依据该买卖合同,享有占有、使用、收益的权利,在李某请求返还房屋时,享有抗辩权。该案中,小李继承了李某的全部遗产,根据《中华人民共和国继承法》第33条规定,继承遗产应当清偿被继承人依法应当缴纳的税款和债务,缴纳税款和清偿债务以他的遗产实际价值为限。超过遗产实际价值部分,继承人自愿偿还的不在此限。小李继承李某全部遗产时,也包括李某对张某的债权债务。李某无权请求张某返还房屋,作为继承人的小李当然也无权请求张某返还房屋。

2.物权的变动应产生排他的效果,这是由物权的排他性决定的。为满足这一要求,各国立法者共同认为应对物权的变动通过一定的方式进行公示。我国物权法也不例外,其第6条规定,不动产物权的设立、变更、转让和消灭,应当依照法律规定登记。其第9条规定,不动产物权的设立、变更、转让和消灭,经依法登记,发生效力;未经登记,不发生效力,但法律另有规定的除外。本案中,李某虽然将房屋交付给了张某,但没办理所有权转移登记,没有发生房屋所有权转移的效力,李某仍是房屋的所有人,小李继承了李某的全部遗产,当然包括该套房屋。小李作为房屋的所有人将房屋卖给赵某,并办理了所有权转移登记,赵某成为该套房屋的所有人。

（汝州市检察院调查与研究第20期　2010年7月2日）

犯罪形态的认定

● 文/陈冬伟

一、基本案情

张某意图抢劫，尾随一妇女身后。当该妇女回家开门后准备关门时，张某以为其家中无人，强行挤进房内，该妇女被吓得惊叫一声。她的丈夫闻声起床，拉开电灯，见张某站在门口，便问："你是干什么的？"张某答不上来，该妇女的丈夫上前打了张几个耳光。在邻居的帮助下，张某被扭送到公安机关。张某供认他的目的是抢钱。

二、分歧意见

第一种意见认为，张某的行为属于抢劫罪的预备犯。理由是，张某的抢劫行为还没有真正开始，只是刚到被害人家中，所实行的行为只是一种预备。故构成抢劫罪的预备犯。可以比照犯罪既遂从轻、减轻或者免于刑事处罚。

第二种意见认为，张某的行为属于抢劫罪的中止犯。因为张某已经进入被害人家中，开始了抢劫行为，只是由于被害人丈夫的出现，所以才自动停止了犯罪行为，故应属于抢劫的中止行为，构成抢劫罪的中止犯。由于张某并没有造成损害，故对张某应当免除处罚。

第三种意见认为，张某的行为属于抢劫罪的未遂犯。因为张某已经进入被害人家中，实际上已经开始了犯罪行为，只是由于被害人丈夫的出现而被迫中止了犯罪行为，这种中止是由于意志以外的因素造成的，故应属于犯罪未遂，构成抢劫罪的未遂犯。对于张某可以比照既遂犯从轻或者减轻处罚。

三、笔者意见

笔者同意第一种意见，张某构成抢劫罪的预备犯，可以比照犯罪既遂从轻、减轻或者免于刑事处罚。

理由是：

1.张某的行为不属于犯罪中止。我国《刑法》第24条规定："在犯罪过程中，自动中止犯罪或自动有效地防止犯罪发生的，是犯罪中止。"构成犯罪中止，必须具备如下条件：(1)必须在犯罪过程中停止犯罪。犯罪中止只能发生在犯罪过程中，即只能发生在犯罪预备，犯罪实行和实行终了之后犯罪结果发生之前的过程中。换言之，只有在犯罪预备至犯罪既遂之前的过程中停止犯罪的，才可能成立犯罪中止。犯罪中止就是在犯罪完成之前停止的意思；所以犯罪完成之后，自动恢复原状或自愿赔偿损失，都不能认为是中止，而仍应当负犯罪既遂的刑事责任。(2)必须自动地中止犯罪或自动地防止犯罪结果发生。所谓自动地中止犯罪，就是行为人出于自己的意志停止可以进行下去的犯罪活动。它表现为行为人自己有可能完成犯罪的进行的情况下，自动停止犯罪的进行。如果行为人受到阻碍或感到恐惧认为自己已不可能完成犯罪而停止犯罪的进行，就不是自动中止犯罪，而是被迫停止犯罪，因而它不是犯罪中止，而是犯罪预备或犯罪未遂。既然自动中止犯罪是行为人在自认为可能完成犯罪的情况下自动停止犯罪的进行，所以客观上不可能完成犯罪，但行为人不知道这种情况，而在认为自己有可能完成犯罪时自动停止犯罪的进行，仍然是自动中止犯罪，同样构成犯罪中止。犯罪中止的自动性，不限于自动停止犯罪的进行。在实行终了之后犯罪既遂之前，行为人出于自己的意志主动采取积极行为以防止犯罪结果的发生，也是犯罪中止自动性的一种表现。促使行为人自动中止犯罪或自动防止犯罪结果的动机是多种多样的：①真诚悔悟，认识到犯罪的危害性；②出于对被害人的同情、怜悯，不忍加害被害人；③害怕将来一旦破案，要受到法律制裁。动机如何，不影响自动中止的成立。(3)必须彻底地停止犯罪或自动有效地防止犯罪结果的发生，所谓彻底地停止犯罪，就是行为人打消了完成该种犯罪的念头而不再实施该种犯罪。否则，如果行为人感到时机不利，暂时停止进行等到适当时机再实施,那就不是彻底地停止犯罪,而是犯罪进行的暂时中断,从而就不是犯罪中止,所谓打消了完成该种犯罪的念头而不再实施该种犯罪,是就行为人已开始实施的犯罪而言,不能理解为行为人从此以后不再实施任何犯罪。

通过以上分析不难看出,犯罪未遂与犯罪中止的主要区别是犯罪没有完成是否出于犯罪分子意志以外的原因。结合本案,张某在实行抢劫过程中由于被害人丈夫的突然出现而停止了抢劫行为,这种停止不是由于其本身的原因所致,不是其自愿的,而是由于外界的因素介入使其不敢或不能进一步实行抢劫行为,故张某的行为不属于犯罪中止。

2.张某的行为也不属于犯罪未遂,而是犯罪预备。犯罪预备和犯罪未遂都是行为人因为自己意志以外的原因而被迫停止犯罪。两种犯罪未完成形态区别的根本标志,是看行为人的行为处于何种犯罪阶段:若处于着手实行具体犯罪行为之前的,一律构成犯罪预备;若处于已经着手实施具体犯罪行为之后的,一律构成犯罪未遂。两者最主要的区别是犯罪是否已经着手实施。没有着手实行犯罪具体行为时被迫停止的是犯罪预备;已经着手实行犯罪而被迫停止的属于犯罪未遂。

犯罪的着手因罪而异,具体犯罪着手的判断取决于刑法分则的具体规定。对故意杀人罪而言,开始能够剥夺他人生命的行为是杀人的着手;对盗窃罪而言,开始秘密窃取的行为,也就是能够取得对财物控制的行为是盗窃罪的着手;对敲诈勒索罪而言,为索要财物开始发出威胁行为是敲诈勒索罪的着手;对绑架罪而言,为扣押人质而开始暴力控制他人人身自由的行为是绑架罪的着手。而在着手之前,对被害人进行调查、了解、练习犯罪的技能、排除犯罪的障碍、蹲点守候被害人、接近犯罪对象、勾结共犯、准备工具,等等,均属于准备行为。如果意志以外的原因而没有能够着手,属于犯罪预备。

本案中,张某的行为属于抢劫行为。我国《刑法》第 263 条规定:"抢劫罪,是以非法占有为目的,对财物的所有人或者保管人当场使用暴力、胁迫或其他方法,强行将公私财物抢走的行为。"对抢劫罪而言,开始针对财物持有人施加暴力、胁迫的行为是抢劫的着手。张某尾随被害人并趁被害人不注意强行挤进房内,还没有开始对被害人实行暴力、胁迫的行为,尚未开始实施具体的抢劫行为,仍属于为抢劫犯罪制造方便条件的阶段,因此,应以抢劫罪的预备犯判处,不构成犯罪未遂。对于张某可以比照抢劫犯罪既遂从轻、减轻或者免于刑事处罚。

(汝州市检察院调查与研究第 30 期　2010 年 7 月 20 日)

采取秘密手段卖掉典当物的行为认定

●文/靳京伟　淡亚锋

一、基本案情

2008 年 12 月 31 日，犯罪嫌疑人麻某将其黑色桑塔纳典当在汝州市城垣路丰源典当有限公司，续当至 2009 年 6 月 26 日，犯罪嫌疑人没有按照约定归还当金。2010 年 7 月因审车需要，犯罪嫌疑人麻某将行车证取走，后在典当公司不知情的情况下将被典当的黑色桑塔纳轿车开走并卖给他人。案发后麻某将当金归还了典当行。

二、分歧意见

一种意见认为：本案中麻某将质押的车辆偷开出来并转手卖给他人，实质上就是以盗窃（秘密窃取手段）侵害合法占有的行为；麻某在将车辆开走时，此时他并不具备直接控制该车的权利，合法控制者应该是典当行，麻某秘密取回轿车的行为使自己获利，而使负有保管并归还原物职责的典当行的利益受到损害，其行为侵犯了刑法所保护或维护的占有秩序，应当认为构成盗窃罪。

另一种意见认为：麻某将车辆质押于典当行，在质押期间只是暂时失去了对该车的占有权，并非因此永久丧失对该车辆的所有权，因此麻某将质押车辆秘密开走，只是用秘密方法窃取了自己合法所有的财产，由于没有侵害财物的所有权，不符合盗窃罪构成要件中犯罪客体的条件，所以不构成盗窃罪。

三、笔者意见

笔者同意第二种意见，认为犯罪嫌疑人麻某的行为不符合盗窃罪的构成要件。

1.从主观上讲，犯罪嫌疑人麻某不具有非法占有的主观故意。麻某卖掉的是自己所有的财物,从事后没有以此为由向典当商行索要车辆,而且也归还了当金的客观事实可以看出,麻某不具有非法占有的主观动机。

2.从客体上讲,麻某的行为没有侵犯财物所有权。盗窃犯的法益为财产所有权,财产所有权包括占有、使用、受益、处分的权利。当行为人将财物让他人合法占有时,行为人对财物的所有权并没有受到非法侵害,他再窃回财物也没有侵害其对财物的所有权。对财物占有单位(典当行)而言,其对财物的占有权受到侵害是否构成盗窃罪中对所有权的侵害呢?笔者认为从根本上讲,没有构成这种侵害因为对非所有权人合法占有财物的侵害只是暂时的,本案中犯罪嫌疑人麻某归还当金行为已经证实该财物的所有权并没有受到侵害。假设,麻某拒不归还当金或者有其他行为能够证实其具有不归还当金的主观动机,此时,根据典当合同,车辆所有权已经转移为典当行所有,典当行可以进行拍卖等处分,因此,这种情况下,麻某窃取车辆的行为就已经侵犯了他人的财物所有权,应为盗窃罪。本案中犯罪嫌疑人麻某的行为并未侵犯他人的财物所有权。

综上可知,在主观上,麻某不具有非法占有的目的,在客体上,他所窃取的是属于自己所有但由他人暂时合法占有的财物,并没有侵害财物的所有权,所以麻某的行为不符合盗窃罪的构成要件,本案中麻某的行为仅构成民事上的违约,不构成犯罪。

(汝州市检察院调查与研究第 5 期 2011 年 3 月 21 日)

王某故意杀人行为的认定

●文/陈晓亮

一、基本案情

王某在自家田地里种了5亩西瓜。因在瓜成熟季节经常被盗,王某便在全村喊话:"西瓜打了农药(其实没有打),偷吃西瓜出了人命我不负责",但此后西瓜仍然被盗。于是,王某果真用注射器将农药注入瓜田中较大的5个西瓜内,并在西瓜地里插上写有"瓜内有毒,请勿食用"的白旗。李某路过瓜地,虽然看见了白旗,但以为是吓唬人的,仍然摘了一大一小两个西瓜,其中大的西瓜是注了农药的。回家后,李某先把小的西瓜吃了,然后出门干活。当天正好来了3位客人,李某的妻子赵某见桌上放着一个大西瓜,以为是李某买的,就用来招待客人,结果导致2个客人死亡,1个重伤。

二、分歧意见

第一种观点认为,王某的行为构成过失致人死亡罪,因为王某已经预见到自己向西瓜注射农药的行为可能侵害他人的生命、健康,但轻信能够避免,最终导致危害结果发生。

第二种观点认为,王某的行为构成投放危险物质罪,因为偷瓜人是不特定的,王某明知向西瓜中注射农药,可能侵害不特定多数人的生命安全,却希望或者放任危害结果的发生,因而构成投放危险物质罪。

第三种观点认为,王某的行为构成故意杀人罪,因为王某明知自己的行为可能导致特定的"偷瓜人"中毒,而希望或者放任偷瓜人中毒,构成故意杀人罪。

三、笔者意见

笔者认为,王某的行为构成故意杀人罪。

首先,王某的行为不构成过失致人死亡罪。过失致人死亡罪主观方面分为疏忽大意的过失和过于自信的过失,疏忽大意的过失是应当预见行为的危害后果,因为疏忽大意而没有预见;过于自信的过失是已经预见到行为的危害后果,而轻信能够避免危害结果的发生。本案中王某首先是散布虚假投毒消息,在村里喊话,防止西瓜继续被偷。在向全村喊话无效后,才向5个西瓜内注射农药。说明王某是在明知有人偷瓜的情况下,依然向西瓜中注射农药,其主观上已经预见到他人可能因偷瓜而中毒,故不属于疏忽大意的过失。同时,王某在预见到危害结果后,仍然投放了农药,此时其主观心态是"谁偷瓜谁就要受到中毒的惩罚",并非轻信他人不会因偷瓜而中毒,所以王某的主观心态既不是疏忽大意的过失,也不是过于自信的过失。

其次,王某的行为争议焦点在于构成投放危险物质罪还是故意杀人罪。投放危险物质罪与故意杀人罪的区别有三:

第一,主观方面的区别。投放危险物质罪的故意是指行为人明知自己的投毒行为会造成对公共安全的破坏,而希望或放任这种结果发生的心理状态;故意杀人罪的故意是指行为人明知自己的行为会造成他人的死亡,而希望或放任这种结果发生的心理状态。二者在认识因素上的区别是:行为人所认识的是自己的行为会造成公共安全的破坏,还是他人生命的终结;在意志因素上,投放危险物质罪和故意杀人罪可表现为希望或放任,其不同之处在于希望或放任的结果不同:一个是公共安全的破坏,一个是他人生命的终结。如果王某将注射了农药的西瓜对外出售,其主观心态显然是要危害不特定多数人的生命健康安全。而本案中王某在向5个西瓜中注射农药的同时,设置了"西瓜有毒,请勿食用"的警示标志,是对偷瓜人的提醒。此时王某主观上是明知有人可能会偷瓜,只要有人实施了偷瓜的行为,就要受到中毒的惩罚;如果看到警示标志不再偷瓜,便可以避免中毒。所以,其主观上并非积极追求或者放任不特定多数人的生命安全,而是放任特定的偷瓜人的生命、健康安全,属于间接故意杀人。

第二，客体方面的区别。投放危险物质罪侵害的客体是公共安全，即不特定多数人的生命、健康或重大公私财产的安全；故意杀人罪所侵犯的客体是他人的生命权利。本案中王某将农药注入 5 个较大的西瓜，是为了防止西瓜被偷。如果没有人偷瓜，也就没有人因为偷瓜而中毒，王某的行为便不可能被评价为犯罪行为；如果仅仅有人偷瓜，而没有人因为吃了有毒的瓜而中毒，王某的行为也无法按照犯罪处理；只有在有人偷并且有人吃了瓜造成中毒的后果时，王某的行为才构成犯罪。这与向河水、井水中投放危险物质的行为有本质的不同，因为向河水、井水中投放危险物质，无论是否有人因此而受到损害，投放行为本身已经危害到公共安全，构成投放危险物质罪。而本案中王某投放农药的行为在客观上仅对食用有毒西瓜的特定的少数个人的生命构成威胁，而不及于不特定多数人的生命安全。因此，从主客观相统一来说，王某的行为符合故意杀人罪的客体要件。

第三，投放危险物质罪与故意杀人罪在客观方面的区别。在行为方式上，投放危险物质罪仅限于投放危险物质，而投放危险物质也可以是故意杀人罪的一种行为方式，如本案王某正是通过注射农药的方式达到毒害他人的目的。从行为的结果看，这仅指通过投放危险物质杀人的情形，少数人的生命受到侵害，是故意杀人罪。若不特定多数人的生命受到侵害，这就涉及公共安全，有可能构成投放危险物质罪。从上述分析可以看出，王某的行为应构成故意杀人罪。

（汝州市检察院调查与研究第 6 期　2011 年 3 月 22 日，此文在《法学教育》第 6 期上发表）

持假枪抢劫的行为认定

●文/陈晓亮

一、基本案情

2010年10月9日13时许,被告人黄某与闫某(另案处理)从鲁山县城来到汝州市区。经踩点,到望嵩南路英特纳珠宝店内,被告人黄某以买金项链为名,当着营业人员的面,乘营业员不备将店内的两条金项链(价值36967.5元)夺走。王某等人闻讯追撵,在店外追赶过程中,黄某两次用携带的玩具手枪恐吓追赶的人,黄某将抢夺的两条金项链扔回,一条成功追回,一条下落不明。后黄某被群众抓获。经鉴定,黄某所持的玩具手枪不具有杀伤力。

二、分歧意见

第一种观点认为,本案中黄某的行为构成抢夺罪,且属犯罪未遂。因为玩具手枪不具有杀伤力,不能对人的身体构成威胁,因此不能转化为抢劫罪,并且黄某在被追赶过程中将金项链扔回,没能最终占有这两条金项链,属犯罪未遂。

第二种观点认为,本案中黄某的行为属于转化型抢劫罪,并且玩具手枪与真实手枪一样,足以给追捕群众造成巨大胁迫,产生巨大心理恐惧,属于持枪抢劫。

第三种观点认为,本案黄某的行为构成抢劫罪(既遂),但不属持枪抢劫。因为黄某在用玩具手枪指向追赶群众时,实际上已经对追赶的人造成心理恐惧,属于暴力、胁迫之外抗拒抓捕的其他手段,所以构成转化型抢劫罪,扔掉金项链的行为是在黄某已经构成抢劫罪之后的事后行为,其抢劫罪已经既遂。但其所持"枪"不符合最高人民法院关于"持枪抢劫"中所谓"枪"的解释,故不属于"持枪抢劫"。

三、笔者意见

笔者同意第三种意见,黄某的行为构成抢劫罪(既遂),但不属持枪抢劫。

首先,黄某在店内夺取金项链的行为构成抢夺罪。抢夺罪是指以非法占有为目的,乘人不备,公开夺取数额较大的公私财物的行为。黄某经过踩点、预谋,以买金项链为名,乘营业员不备,将价值 36967.5 元的金项链夺走,并逃至店外,此时黄某实际上已经控制了项链,抢夺行为已经完成,抢夺罪既遂。

其次,黄某的行为属于转化型抢劫。《刑法》第 269 条规定:"犯盗窃、诈骗、抢夺罪,为窝藏赃物、抗拒抓捕或者毁灭罪证而当场使用暴力或者以暴力相威胁的,依照本法第二百六十三条的规定定罪处罚。"该条规定在理论上被称之为转化型抢劫罪。《刑法》第 269 条规定表明了转化型抢劫罪的前提条件为行为人须先"犯盗窃、诈骗、抢夺罪",客观条件为"当场使用暴力或以暴力相威胁",主观条件为"为了窝藏赃物、抗拒抓捕或者毁灭罪证"。三个条件缺一不可,才能构成转化型抢劫罪。

本案中,黄某在店内夺取金项链的行为构成抢夺罪。根据最高人民法院《关于审理抢劫案件具体应用法律若干问题的解释》规定,"持枪抢劫"是指行为人使用枪支或者向被害人显示其持有,佩带的枪支进行抢劫的行为。从这一司法解释可以看出,持枪抢劫除了直接使用枪支作为抢劫的暴力或胁迫手段外,还包括向被害人显示持有、佩带的枪支,以此作为威胁被害人的手段的情形。黄某为摆脱追捕,两次掏出玩具手枪恐吓追赶群众,群众虽然无法判断枪支是真是假,但黄某的行为足以对追赶的人造成极大心理恐惧,使追赶的人在一定程度上放慢甚至停止追捕,黄某使用该"手枪"的行为已经达到抗拒抓捕的目的,其先前的抢夺罪已经转化为抢劫罪。

再次,黄某的行为不属于"持枪抢劫"。《中华人民共和国枪支管理法》明确规定:"本法所称枪支,是指以火药或者压缩气体为动力,利用管状器具发射金属弹丸或者其他物质,足以致人伤亡或者丧失知觉的各种枪支。"因为携带假枪,也是以枪支作为威胁,也足以给被害人造成巨大胁迫,产生巨大心理恐惧,持假枪造成的威胁与持真枪造成的威胁基本上没有区别。因此,实践中对于持自制或者购买的假枪抢劫的行为不能排除在"持枪抢劫"的情形之外。关键是假枪是否包括玩具手枪等假枪,上述司法解释指出:"持枪抢劫"是指行为人使用或者向被害人显示持有、佩带的枪支进行抢劫的行为。"枪支"的概念和范围,适用《中华人民共和国枪支管理法》的规定。因此,携带玩具手枪等假枪,虽然可能和真枪一样对追捕的人起到精神强制作用,但是毕竟事实上不可能损害他人健康或生命,即并无现实的危害性,不适用《刑法》关于"持枪抢劫"的加重构成规定。

最后,黄某的行为属于抢劫罪既遂,而不是抢劫未遂。对于侵财型犯罪来讲,区分犯罪既遂、未遂的标准主要有三种,即失控说、控制说、失控加控制说。实践中常用的区别标准是失控说,即财物实际上脱离了被害人的控制,犯罪行为即宣告完成。就本案而言,因为项链体积较小,黄某乘营业员不备,将项链夺走后,已经使项链脱离了商店营业员的控制,黄某实际上已经占有了项链,构成抢夺罪既遂。黄某在逃跑过程中持玩具手枪恐吓的行为已经转化为抢劫罪既遂。随后,在走投无路的情况下,为了逃避追捕将项链扔出,只是犯罪既遂之后逃避法律追究的行为,并不能割断之前已经犯罪既遂的状态,所以黄某的行为构成抢劫罪既遂。

(汝州市检察院调查与研究第 24 期　2011 年 7 月 25 日)

"介绍"他人从事色情表演而拘禁
并致人重伤的行为定性

●文/陈晓亮　毛跃帅

一、基本案情

被告人李某、张某预谋寻找跳舞女,以每个人 1 万元的价钱"介绍"到广东汕头一歌舞团从事色情表演。2010 年 9 月 13 日凌晨,李某以嫖娼为由,伙同张某将被害人姜某、赵某从宝丰县一按摩店骗至汝州市一宾馆四楼房间内。二被告人拘禁姜某、赵某,并采用言语威胁、亮刀子的手段逼迫姜某、赵某答应到汕头从事色情表演。期间,被告人李某与被害人赵某、姜某分别发生性关系。2010 年 9 月 14 日 12 时许,被害人姜某从被拘禁的宾馆房间内跳窗逃跑时坠楼摔伤。经法医学鉴定,姜某的损伤程度属重伤并六级伤残。

二、分歧意见

第一种意见认为,李某、张某的行为构成非法拘禁罪。理由是被告人李某、张某将二被害人以嫖娼的名义骗出拘禁在宾馆内,并胁迫二被害人同意从事色情表演等一系列行为的最终目的是"介绍"二被害人到汕头一歌舞团进行色情表演,并无出卖被害人的目的,而被害人在被拘禁期间跳窗受伤是非法拘禁罪的加重情节。李某与二被害人发生性关系属于嫖娼,不构成强奸罪。

第二种意见认为,李某的行为构成非法拘禁罪、强奸罪。张某的行为构成非法拘禁罪。李某、张某的行为构成非法拘禁罪理由同上,但被告人李某与二被害人发生性关系的行为,应单独构成强奸罪。理由是李某在将二被害人拘禁以后,即表明自己的真实目的,并采用了言语威胁、亮刀子等暴力手段对二被害人进行心理强制,之后在二被害人人身自由被限制、心理受到强制的情况下,与二被害人发生性关系,使二被害人不能反抗、不敢反抗,完全符合强奸罪的构成要件。

第三种意见认为,李某、张某的行为构成拐卖妇女罪。理由是李某、张某以向汕头一歌舞团"介绍"小姐从事色情表演,从而获得高额介绍费为目的,将二被害人从按摩店骗至宾馆内,并胁迫二被害人答应到汕头从事色情表演,其最终目的是获得经济利益,之后的将人骗出、拘禁、被害人跳楼等客观事实是在该目的指导下实施的后续行为,表面上的"介绍"不能够掩盖"拐卖"的本质,即二被告人在主观上是以"出卖为目的"从而获取经济利益的。李某在拐卖妇女过程中的强奸行为作为拐卖妇女的从重量刑情节,不再单独定罪。

三、笔者意见

笔者同意第二种意见,李某的行为构成非法拘禁罪、强奸罪,张某的行为构成非法拘禁罪。理由如下:

第一,拐卖妇女是指以出卖为目的,有拐骗、绑架、收买、贩卖、接送、中转妇女行为之一的。非法拘禁是指故意非法剥夺他人行动自由的行为。两者在主观方面都是故意,但故意的内容不同。拐卖妇女罪主观上要求以出卖为目的,被拐卖妇女是否同意在所不问,其实质是获取出卖妇女的非法经济利益;非法拘禁罪主观上是通过限制人身自由的方式实现被告人的其他目的,这种目的不限于经济利益。具体到本案,李某、张某为获取"介绍费",先将二被害人以嫖娼为名带至酒店,后拘禁并胁迫二被害人同意从事色情表演,也即通过限制人身自由的形式达到自己"介绍"他人进行色情表演的目的,拘禁与胁迫行为反映在主观方面实际上是为自己能够最终获得"介绍费"而使用的手段。"介绍"不等于出卖,如果主观上以出卖为目的,二被告可以直接将二被害人带至广东汕头交给对方,完全不必使用胁迫手段"征得被害人的同意"。因此,该案被告人李某、张某主观上是希望通过限制人身自由的方式,最终拿到介绍费,符合非法拘禁罪的主观要件。

第二,拐卖妇女与非法拘禁罪在客观方面具有相似之处,即都有限制人身自由的行为,但时间要求不同。非法拘禁罪客观方面要求限制他人的人身自由达到一定时间,才能构成犯罪;拐卖妇女罪客观方面表现为拐骗、绑架、收买、贩卖、接送、中转等行为之一,在拐卖过程中必然伴随限制人身自由的行为,但限制人身自由的时间比较随意,无明确规定。本案李某、张某限制二被害人的时间已超过 24 小时,符合非法拘禁罪的时间要求。

两者在客观方面的不同还表现为:拐卖妇女在出卖的同时,也可能伴随着欺骗、威胁等手段,但均被拐卖的行为吸收;而本案中李某、张某虽然使用了以嫖娼为名的欺骗行为,但在限制人身自由后,便暴露了自己的真实意图,即介绍二被害人进行色情表演,随后用言语、刀具威胁逼迫二被害人同意去色情表演的行为,都是为了获取最终的"介绍费"这个目的。符合非法拘禁的客观表现。至于被害人姜某在被限制人身自由期间跳楼致伤,应当作为非法拘禁罪的加重情节从重处罚。

第三,李某在拘禁被害人的过程中,与被害人赵某、姜某发生了性关系,李某的行为应构成强奸罪。理由是:首先,李某是在二被害人被拘禁之后,失去人身自由的情况下与二被害人发生性关系,不是简单的嫖娼;其次二被害人是在受到被告人李某、张某言语、刀具暴力威胁仍不同意从事色情表演的情况下,与李某发生了性关系;再次,虽然二被害人"出台"的目的是卖淫,而且李某已支付嫖资,但是被告人李某的目的却不仅仅是嫖娼,而是为了寻找从事色情表演的小姐,在双方到达宾馆房间后,被告人已经明确"介绍被害人到外地从事色情表演"的目的,其将二被害人带出按摩店的嫖娼意图已经发生改变,在被害人采用言语、刀具威胁的情况下,双方后期发生性关系的行为不再是卖淫与嫖娼的双方自愿,已转变为逼迫与被迫的强奸行为。

综上,笔者认为,李某的行为构成非法拘禁罪、强奸罪,张某的行为构成非法拘禁罪。

(汝州市检察院调查与研究第 29 期 2011 年 10 月 17 日)

盗窃与抢劫的区别

●文 / 刘玉林

一、基本案情

崔某某,男,河南省汝州市人,惯偷,2012年3月的一天下午,被告人崔某某携带液压钳、白色尼龙绳等作案工具窜至汝州市烟风路附近,翻墙进入被害人井某家,用液压钳剪开井某家四楼窗户防盗窗,进入屋内欲盗窃时触发报警器,崔某某用液压钳威胁井某企图逃跑,后被赶来的邻居抓获。

二、分歧意见

本案在审查起诉过程中,对崔某某行为的定性存在分歧,产生如下三种意见:

第一种意见认为,被告人崔某某实施的这一行为构成盗窃罪(未遂)。理由是:被告人崔某某进入井某家,主观上是为了盗窃财物,客观上也是在实施盗窃行为时被发现,用液压钳威胁井某是为了逃走,按照主客观相一致的定罪原则,崔某某行为只符合盗窃犯罪的构成要件,且是已经着手犯罪,由于意志以外的原因使犯罪未得逞,属犯罪的未遂状态。

第二种意见认为,被告人崔某某的这一行为构成抢劫罪中的"入户抢劫",既遂。理由是:被告人崔某某实施的这一行为属于是在"入户盗窃"的过程中,因被发现而当场使用暴力和以暴力相威胁的行为,按照最高人民法院《关于审理抢劫案件具体应用法律若干问题的解释》(以下简称《解释》)应当认定为"入户抢劫"。由于抢劫罪侵犯的是复杂客体,既侵犯了公私财产的所有权,又侵犯了被害人的人身权利。对于现行《刑法》第263条规定的基本构成的抢劫罪,应以行为人是否抢劫到公私财物作为区分既遂与未遂的标准,但是如果行为人具备《刑法》第263条规定的结果加重或者情节加重之情形的,为抢劫既遂,因此被告人崔某某的行为应认定为入户抢劫既遂,即没有抢得财物,但具有《刑法》第263条第(一)至(八)项行为之一的,无既遂、未遂之分,一律以既遂论。

第三种意见认为,被告人崔某某的这一行为构成抢劫罪,但不构成"入户抢劫"。理由是:被告人崔某某入户盗窃过程中,被发现后所采取暴力或以暴力相威胁的行为,有条件对被害人实施损害和劫走财物的行为,而没有继续实施,说明其并非要继续取得财物、护赃等继续犯罪行为的实施,而是为了逃避抓捕。该行为符合《刑法》规定的:"犯盗窃罪(在这里笔者理解为盗窃行为)……抗拒抓捕……而当场使用暴力或者以暴力相威胁的"的构成要件,即构成转化型抢劫罪。

三、笔者意见

笔者同意第三种意见。具体理由是:

（一）被告人崔某某的行为不构成盗窃罪

盗窃罪是以非法占有为目的,秘密窃取数额较大的公私财物或者多次秘密窃取公私财物的行为。构成盗窃罪的关键是行为人是否采取秘密窃取手段,这也是盗窃罪区别于其他财产性犯罪最本质的特征,所谓秘密窃取,是指行为人采取自以为不使财物所有者、保管者发觉的方法,暗中将公私财物取走。其主要特征有:(1)秘密窃取是指取得财物时没有被发觉,暗中进行。(2)秘密窃取是针对财物的所有人、保管人而言,而不是指其他人。即使窃取财物时被其他人发现,但只要乘被盗主不知觉取走财物的,仍为盗窃罪。(3)秘密窃取是行为人自以为没有被财物的所有人、保管人发觉。如果行为人在盗窃时,事实上被盗主已经发觉,但由于各种原因被盗主并没有加以阻拦,而行为人对此并不知情,仍以为是秘密将财物取走的,仍构成盗窃罪。如果行为人当时已明知被盗主发觉,继续将财物取走的,行为就具有公然性,该行为就不能定盗窃罪,而应定抢夺罪。

本案中,被告人崔某某进入井某家中虽然主观上是为了秘密窃取财物,但是在被发现后实施了暴力和以暴力相威胁的行为，且实施的暴力和以暴力相威胁的行为与其主观上的秘密窃取和客观上的入户是一个整体，是连续行为，不间断行为，被告人崔某某在被发现后实施暴力和以暴力相威行为说明其在主观上的认识，已由秘密转为公开，该暴力和以暴力相威胁行为是直接指向了受害人的人身。正因为如此，被告人崔某某实施的行为在性质上就发生转变，不再停留在秘密窃取的范围之内。因此，认定其行为为盗窃罪显然是不恰当的。

（二）被告人崔某某的行为构成转化型抢劫

抢劫犯罪是具有刑事责任能力的行为人在利己主义人生观、唯我所需的价值观支配下，为满足自己对财产的需要，不顾法律的禁止，以非法占有他人财产为目的，在一定条件下，不惜伤害甚至杀害他人，采用暴力或其他强制手段，将他人的财产占为己有，侵害公民的财产权利和人身权利，危害社会治安的行为。典型的抢劫罪与转化型抢劫罪有所不同，典型的抢劫罪是先使用暴力、胁迫或其他方法，尔后当场劫取财物的行为；而转化型抢劫罪是先以盗窃、诈骗、抢夺为手段的非法占有公私财物，后因为窝藏赃物、抗拒抓捕或者毁灭罪证而当场使用暴力或者以暴力相威胁的行为，仅是在使用暴力或以暴力相威胁与非法占有财物时间先后上与两种行为有所不同，但其性质是一致的。转化型抢劫罪应当具备以下条件：（1）行为人必须首先实施了盗窃、诈骗、抢夺行为，这是转化型抢劫的前提条件。行为人所实施的盗窃、诈骗、抢夺行为，应当是达到数额较大或情节严重的行为。所谓情节严重，笔者认为是实际对被害人造成人身伤害或其以威胁的暴力如果得以实施将会造成严重后果。（2）行为人必须是当场使用暴力或者以暴力相威胁。所谓当场，是指行为人实施盗窃、诈骗、抢夺犯罪行为的现场，或者刚一离开现场就被人发觉的过程中，其中包括被害人或其他公民抓捕犯罪行为人的过程。所谓使用暴力或者以暴力相威胁，是指犯罪行为人对抓捕他的人实施打击或者强制，或者以将要实施这种行为相威胁。（3）行为人实施暴力或者以暴力相威胁的目的,是为了窝藏赃物、抗拒抓捕或者毁灭罪证。所谓抗拒抓捕,是指抗拒执法人员或者其他任何公民的抓捕、扭送。

本案中,被告人崔某某盗窃被发现后,企图强行逃离现场,用液压钳威胁井某,是在井某邻居的帮助下抓获崔某某,说明崔某某的行为是为了逃避抓捕,而这种逃避抓捕不管是在崔某某的主观上,还是其客观行为的具体表现上,都带有强制性,即是抗拒抓捕。而崔某某是实施盗窃行为被发现后再实施的暴力和以暴力相威胁行为。所以其行为应认定为转化型抢劫罪。

(三)被告人崔某某的行为不构成入户抢劫

入户盗窃被发现后使用暴力或以暴力相威胁是否构成入户抢劫,不能一概而论。关于入户盗窃转化为入户抢劫的行为,《解释》第1条第2款已规定为,对于入户盗窃,因被发现而当场使用暴力或以暴力相威胁的行为,应当认定为入户抢劫。

笔者认为,《解释》将"入户盗窃被发现后使用暴力或以暴力相威胁"一律认定为入户抢劫,不尽合理,当然入户盗窃要比一般盗窃的社会危害性大,把入户盗窃被发现后使用暴力或以暴力相威胁的行为,认定为入户抢劫,更有利于保护公民的合法权益和惩治犯罪,但是如果不管行为人的主观故意如何,实施的暴力或以暴力相威胁的程度是否严重,一律将这一类行为认定为入户抢劫,有悖于主客观相一致和罪刑相适应的原则,势必扩大打击面。因为入户盗窃的行为人,被发现后出于人的本能,对被盗主的发现,不管基于何种故意,对"发现"均会有所"反应",以致实施暴力或以暴力相威胁,所以,对于入户盗窃被发现后使用暴力或以暴力相威胁的行为,应当区分入户后能偷则偷、能抢则抢和一惯只偷不抢两种情况。前者在主观上具有入户抢劫的故意,当然应按入户抢劫处理;后者不具有入户抢劫的故意,如果暴力手段不十分严重即不属于情节严重情况的,则不宜认定为入户抢劫。

因此,笔者认为,在《解释》第1条第2款规定的"对于入户盗窃,因被发现而当场使用暴力或以暴力相威胁"的后面,加上"情节严重"的限制条件,就使这一规定更趋合理和完善,即表述为:对于入户盗窃,因被发现而当场使用暴力或以暴力相威胁,情节严重的行为,应当认定为入户抢劫。对于情节严重,上面已作讨论,这里不再赘述。

本案中被告人崔某某以暴力相威胁的行为并非十分严重,且实施暴力和以暴力相威胁的目的,是为了脱逃,并非继续实施抢劫,也并没给井某造成什么伤害,应该说是只偷不抢之辈,因此,被告人崔某某的行为不应认定为入户抢劫。

(汝州市检察院调查与研究第 14 期 2012 年 6 月 6 日,此文 2012 年 9 月 3 日被平顶山市检察院调研室转发)

交通事故中赔偿责任的分担

●文／管建民　闵秀姣

一、基本案情

2012年7月9日15时许,张某乘坐关某驾驶的银羚牌轻便两轮摩托车(无交强险),与对向行驶的李某驾驶的五羊125两轮摩托车(无交强险)相撞,张某摔倒在地,同时被魏某驾驶的无牌照货车(报废车辆)碾伤右脚。公安交通警察大队交通事故认定书认定:关某应承担其与李某发生事故的主要责任。李某应承担关某与其发生事故的次要责任。魏某应承担张某在该事故中损害后果的同等责任,关某应承担张某在该事故中损害后果的同等责任。事故发生后,张某住院109天,支付医疗费共计122734.1元,后经司法鉴定中心鉴定属于轻伤范围十级伤残,共支付鉴定费1150元。后张某向法院提起诉讼,法院判决后,关某以适用法律错误为由向检察院申诉。

二、分歧意见

对于本案中魏某、关某、李某应承担的责任存在着两种观点,争议焦点在于:魏某驾驶的货车与关某、李某驾驶的两轮摩托车均没有交强险,三人应否先在交强险范围内各自承担责任,之后再依交通事故责任认定书认定的责任赔偿被害人损失。

第一种观点认为,三人直接依交通事故责任认定书的认定责任赔偿被害人损失。理由是:公民的健康权受法律保护。原告张某在此次交通事故中受到伤害理应获得赔偿。在本次交通事故中,被告关某无证驾驶无牌照机动车辆上道路行驶,在没有划分中心线的道路上未减速靠右行驶,且违反机动车载客规定,公安交通警察大队也作出交通事故认定书,认定关某应承担与李某发生事故的主要责任;被告李某无证驾驶无牌照机动车辆上道路行驶,应承担与关某发生事故的次要责任;被告魏某无证驾驶报废车辆上道路行驶,应承担张某在该事故中损害后果的同等责任。被告关某应承担张某在该事故中损害后果的同等责任。公安机关所作出的交通事故责任认定书符合客观事实,据此可看出正是被告关某、被告魏某、被告李某的竞合侵权才造成原告张某的人身损害。依据最高人民法院《关于审理人身损害赔偿案件使用法律若干问题的解释》,原告张某应获得的赔偿共计 148651.56 元。综观本案各被告在交通事故的发生中的作用因素及对原告张某造成的损害结果,被告关某对此交通事故应负主要责任, 以承担原告张某的经济损失的 60%为宜,被告魏某应承担原告张某的经济损失的 30%为宜;被告李某应承担原告张某的经济损失的 10%为宜。

第二种观点认为,三人应先在交强险范围内各自承担责任,之后再依交通事故责任认定书的认定责任赔偿被害人损失。理由是:《道路交通安全法》第 76 条规定:"机动车发生交通事故造成人身伤亡、财产损失的,由保险公司在机动车第三者责任强制保险责任限额范围内予以赔偿。超过责任限额的部分,按照下列方式承担赔偿责任:……。"即交通事故当事人在交强险不足部分按事故责任承担责任,被告关某、魏某、李某没有投保交强险,三人在交强险范围内存在过错应先在交强险范围内承担责任, 剩余部分再按事故责任承担责任。

三、笔者意见

笔者同意第二种观点。笔者认为该案三人应先在交强险范围内各自承担责任,之后再依交通事故责任认定书的认定责任赔偿被害人损失。现分析如下:《道路交通安全法》第 76 条规定:"机动车发生交通事故造成人身伤亡、财产损失的, 由保险公司在机动车第三者责任强制保险责任限额范围内予以赔偿;不足的部分,按照下列规定承担赔偿责任:(一)机动车之间发生交通事故的,由有过错的一方承担赔偿责任;双方都有过错的,按照各自过错的比例分担责任。……"最高人民法院《关于审理道路交通事故损害赔偿案件适用法律若干问题的解释》第 8 条规定,未按照国家规定投保机动车第三者责任强制保险的机动车,发生交通事故造成损害的,由机动车第三者责任强制保险的投保义务人在第三者责任强制保险责任限额内予以赔偿。投保义务人和行为人不一致的,由投保义务人和行为人在第三者责任强制保险责任限额内承担连带赔偿责任。不足部分,按照《道路交通安全法》第 76 条和《侵权责任法》的有关规定承担赔偿责任。如果肇事车辆没有投保机动车第三者责任强制保险,那么,投保义务人存在过错,把本应由保险公司承担的风险转嫁给了他人,从而使受害人增加了维护自身权益的难度。所以,在这种情况下,投保义务人应当首先在机动车第三者责任强制保险责任限额范围内予以赔偿,不足部分,按照《道路交通安全法》第 76 条规定承担赔偿责任。对此,《广东省道路交通安全条例》第 48 条已有明确规定,可供参考。

综上所述,本案中,首先,被告关某应在摩托车交强险范围内承担责任,魏某应在大货车交强险范围内承担责任,李某应在摩托车交强险范围内承担责任,而后,再依交通事故责任认定书确定各自承担赔偿责任的数额。目前,本案已以该理由成功抗诉。

（汝州市检察院调查与研究第 18 期 2012 年 7 月 5 日,此文 2012 年 9 月 3 日被平顶山市检察院转发）

事前通谋盗窃共犯的认定

●文／靳京伟　淡亚锋

一、基本案情

2012 年 5 月的一天晚上，陈某伙同张某在汝州市汝南办事处天瑞焦化厂盗窃 10 公分左右的钢管一根，二人将钢管搬至工厂外后，在路上找来郭某（三轮车司机）将钢管拉至一收费站以 200 元价格卖掉，郭某得到 10 元到 50 元不等的车费钱（其明知钢管是盗窃所得）；后陈某、张某多次利用上述方法盗窃钢管得手后，联系郭某到焦化厂外同一地点帮忙运输钢管至同一收费站杨某处销赃，经查证，三人前后销赃钢管价值 4300.20 元。

二、分歧意见

一种观点认为，郭某多次帮助陈某、张某运输盗窃所得钢管至同一收费站，可以得知郭某已经与陈某、张某达成盗窃共识，只是三人的分工不同，陈某、张某负责将钢管从焦化厂院中盗窃至院外，郭某负责将赃物运输至销赃处，因此，三人属于分工明确的盗窃团伙，郭某应属盗窃共犯。

另一种观点认为，郭某的行为不构成盗窃，仅构成掩饰隐瞒犯罪所得罪。因为在张某、陈某每次盗窃前，郭某并不知晓，只是在二人盗窃得手后帮忙运输赃物，郭某不能对张某、陈某可能盗窃的行为负责，因此其行为仅构成掩饰隐瞒犯罪所得罪。

三、笔者意见

笔者同意第二种观点，认为郭某的行为构成掩饰隐瞒犯罪所得罪，不构成盗窃罪共犯，理由如下：

（一）盗窃罪与"赃物犯罪"的区分

《刑法》第 312 条规定的窝藏、转移、收购、销售赃物犯罪，刑法理论上称之为"赃物犯罪"。为区分盗窃罪与赃物犯罪,理论上,又把前者称为"本犯",后者称为"加入犯"。两罪的区别是明显的:(1)从主体上看,赃物犯罪的主体只能是盗窃本犯以外的人。盗窃罪的"本犯"自己窝藏、销售、转移该赃物的,属刑法理论上的"事后不可罚行为",仅构成盗窃一罪,不再单独构成窝赃、销赃等赃物犯罪;(2)从客观上看,赃物犯罪的行为人事前没有参与过盗窃犯的盗窃行为,包括事先没有教唆、组织、帮助本犯以及参与盗窃的实行行为,仅是在本犯完成犯罪之后,单纯地加入窝赃、销赃等赃物犯罪的行为。如果事先有过上述行为,则属于在本犯未完成犯罪之前已经加入,则应以盗窃共犯论处,也不再单独构成窝赃、销赃等赃物犯罪;(3)从主观上来说,窝赃、销赃等赃物犯罪行为人事先与盗窃本犯无实际的通谋,仅是事后明知或应知是赃物,如果事先有通谋,事后代为销售、转移、窝赃、收购的,则应以盗窃共犯论处,也不单独构成窝赃、销赃等赃物犯罪。可见,区分是加入犯还是本犯的共犯,就要本着主客观相一致的原则,一看加入犯是否与本犯在本罪未完成之前有过意思联络,二看加入犯是否在本犯未完成犯罪之前有过参与行为。如果已加入本犯行列,则应与本犯同罪,即共同犯罪,不另成立赃物犯罪,反之,仅成立赃物犯罪。本案中犯罪嫌疑人郭某仅知道张某、陈某有可能去实施盗窃行为,但何时去为,采取何种方法去为并不知情,仅是在张某二人实施盗窃后,其才得知,因此,不应认定为事前通谋的盗窃共犯。

(二)何谓事前通谋

如何认定"事前通谋"。我们认为事前通谋的共犯,必须同时具备两个要件:一是加入犯必须在本犯未完成之前与其有意思联络;二是加入犯必须在事后实施了赃物犯罪构成要件的行为。行为人仅知道某人可能要盗窃,但事前未与其形成意思联络,事后与之共谋销赃的,或者虽与盗窃犯有事前意思联络,但事后未再实施销赃等行为的,均不能构成盗窃共犯。所谓"事前通谋"通常表现为与本犯在本罪的标准阶段或实行之前就形成了意思联络,但不仅限于此,"事前"的本质在于本罪未完成之前。"通谋"经常表现为双方已形成了意思联络或沟通,而意思联络或沟通方式,既可以是相互明示的,也可以是默示的、双方心照不宣的。值得指出的是,对于事前通谋、事后销赃的共犯来说,并不要求其对犯罪的时间、地点、方法、目标等具体情节都参与或者了解,只要其与实行犯共谋了特定的犯罪行为,并事后进行销赃,就可以说双方已形成了"事前通谋",即已形成共同盗窃的故意。

本案中郭某与张某二人并无事前通谋要去盗窃,郭某对张某二人的具体盗窃行为不可能知晓,只能通过二人盗窃得手后的电话联系才得知,二人已经实施了盗窃。此时盗窃行为已经完成,郭某再去帮助运输销赃,其行为属于明知是赃物而帮助转移的销赃行为。这与三人分工盗窃后销赃的行为为有着本质上区别,因此,本案中郭某的行为构成掩饰隐瞒犯罪所得罪,而非盗窃罪。

（汝州市检察院调查与研究第 36 期，此文 2012 年 10 月 8 日被平顶山市检察院调研室转发）

危险驾驶行为的定性

●文/刘玉林

一、基本案情

2012年12月20日23时许,郭某饮酒后无证驾驶两轮摩托车行驶至本市某地段时,因酒后意识不清与同向正常行驶的王某驾驶的小轿车发生碰撞,造成交通事故。后因摩托车倒地将下车与其理论的王某砸伤。经鉴定,郭某血液中乙醇含量为116mg/100ml,王某的损伤程度属重伤。

二、分歧意见

关于郭某的行为应如何定性存在较大争议,主要有如下三种意见:

第一种意见认为,郭某的行为构成故意伤害罪。郭某酒后驾驶两轮摩托车造成事故,并因摩托车倒地将王某砸伤,且损伤程度达到重伤标准。郭某的行为符合故意伤害罪的构成特征。

第二种意见认为,郭某的行为构成交通肇事罪。因郭某无证驾驶两轮摩托车,且属酒后驾驶,与同向正常行驶的王某发生碰撞,并致王某重伤。郭某的行为符合交通肇事罪的构成特征。

第三种意见以为,郭某的行为构成危险驾驶罪。郭某饮酒后在不清醒的状态下驾驶两轮摩托车,造成与前车追尾的事故。郭某的行为符合危险驾驶罪的构成特征。

三、笔者意见

笔者同意第三种意见。

第一,本案属过失犯罪,而不是故意犯罪。故意犯罪是指明知自己的行为会发生危害社会的结果,并且希望或者放任这种结果发生,因而构成犯罪的。过失犯罪是指应当预见自己的行为可能发生危害社会的结果,因为疏忽大意而没有预见,或者已经预见而轻信能够避免,以致发生这种结果的。本案中,郭某醉酒后已经实际失去了对自己身体的控制能力,此时发生交通事故属于郭某的过失行为。因摩托车倒地将王某砸伤,不是出自郭某的故意,而是属于意外事件。因此,郭某的行为是过失犯罪,而王某的重伤损害则可以由王某单独提起民事诉讼来获得救济。

第二,本案定性上应定为危险驾驶罪而非交通肇事罪。交通肇事罪是指违反道路交通管理法规,因而发生重大交通事故,致人重伤、死亡或者使公私财产遭受重大损失,依法被追究刑事责任的犯罪行为。本案中,虽然郭某饮酒后违反道路交通管理法规无证驾驶两轮摩托车发生交通事故,并致使王某重伤,符合交通肇事罪的特征,但是王某的重伤是在交通事故发生后被砸伤的,而不是在交通事故中造成的。如果将王某的重伤结果归于交通事故就有失偏颇,应当将王某的受伤视为一个单独的事件,与交通事故没有直接的因果关系,因为交通事故在郭某与王某相撞时损害结果已经固定。所以本案不能认定为交通肇事罪。《刑法》第133条之一规定:"在道路上驾驶机动车追逐竞驶,情节恶劣的,或者在道路上醉酒驾驶机动车的,处拘役,并处罚金。有前款行为,同时构成其他犯罪的,依照处罚较重的规定定罪处罚。"从而在《刑法》中新增加了一个罪名——危险驾驶罪。与交通肇事罪不同,危险驾驶罪是行为犯,该罪不以发生严重危害后果为前提,只要是有醉酒驾驶行为即可构成危险驾驶罪。本案中,郭某血液中乙醇含量为116mg/100ml,且无证驾驶两轮摩托车上路行驶,已构成醉酒驾驶机动车辆。郭某在主观是放任自己的行为,在客观上危及到了不特定多数人的生命、身体或者财产安全,符合危险驾驶罪的构成特征。据此,对郭某的行为定性为交通肇事罪不恰当,应将郭某的行为定性为危险驾驶罪。

(汝州市检察院调查与研究第1期 2013年1月15日,此文2013年4月28日被平顶山市检察院调研室转发)

试车时,将他人车辆开走的行为定性

●文/孙雨蒙

一、基本案情

2013 年 3 月 22 日上午,王某到汝州市夏店乡某村找其朋友借钱。路上遇到鲁某,与鲁某搭讪后,鲁某得知王某想买二手车,手头没钱才来找其朋友借钱,便说自己有辆白色奇瑞轿车,让王某看看如何。王某声称要试一下车。王某将车辆从鲁某家中倒出后,从车辆倒车镜内看到鲁某在一边吃饭,遂驾车快速逃离现场。鲁某报案后,车辆被公安机关追回。

二、分歧意见

针对该案,存在着三种分歧意见:

第一种意见认为,王某的行为构成诈骗罪。王某一开始便向鲁某虚构了其欲买车的事实,致使鲁某陷入了错误认识,从而误以为王某要买车,遂在王某声称试车时,将车辆交给了王某。王某虚构事实,骗取他人信任,从而骗取车辆的行为符合诈骗罪的构成要件,应定性为诈骗罪。

第二种意见认为,王某的行为构成抢夺罪。王某的行为事实上是一种"诈术抢夺"的方式,趁车主不备,将车辆突然开走,从而非法占有车辆,构成抢夺罪。

第三种意见认为,王某的行为属于盗窃罪。在这里我们就要提到一个"公然盗窃"的概念了。在西方刑法理论里,盗窃并不仅限于"秘密窃取"。日本学者大谷实教授也曾指出:"窃取,是指违反占有者的意思,排除占有者对财物的占有,将目的物转移自己或第三人占有。"此外,我国学者张明楷也曾在《盗窃与抢夺的界限》一文中指出:盗窃行为的本质是侵害他人对财物的占有,即违反被害人的意志,将他人占有的财物转移为自己或者第三人占有。而本案中,王某的行为就是以非法占有为目的,违反他人意志,将他人财物转移为自己占有的"公然盗窃"行为,故王某应构成盗窃罪。

本案的特殊性在于,犯罪嫌疑人的行为过程中,既有隐瞒事实真相骗取他人信任的因素,又有乘人不备公然转移占有的手段,关于此类抢夺、欺诈与窃取交织的客观表现如何定性,值得我们探讨。

三、笔者意见

笔者同意第二种意见,认为本案中王某的行为构成抢夺罪。理由如下:

诈骗罪是指以非法占有为目的,用虚构事实或者隐瞒真相的方法,骗取数额较大的公私财物的行为。诈骗罪在客观上表现为使用欺诈方法骗取数额较大的公私财物。首先,行为人实施了欺诈行为,欺诈行为从形式上说包括两类,一是虚构事实,二是隐瞒真相;从实质上说是使被害人陷入错误认识的行为。成立诈骗罪要求被害人陷入错误认识之后作出财产处分,财产处分包括处分行为与处分意识。处分财产表现为直接交付财产,或者承诺行为人取得财产,或者承诺转移财产性利益。

抢夺罪,是指以非法占有为目的,不使用暴力、胁迫等强制方法,公然夺取公私财物,数额较大的行为。抢夺罪在客观方面表现为,乘人不备,公然抢夺他人财物的行为。但行为人公然夺取财物时并不使用暴力、胁迫等侵犯被害人人身的手段行为,而是针对被抢夺财物使用强力,使其脱离被害人的控制而占为己有。

诈骗罪和抢夺罪的共同点主要体现在:(1)犯罪的主体都是一般主体。(2)犯罪的主观方面都以非法占有公私财产为目的。(3)犯罪的客体都有侵犯到国家、集体、公民的财产所有权。(4)都是结果犯,并且都使用非暴力手段。区别主要体现在犯罪的客观方面,即非法获取财物的方法不同。

首先,分析两罪的构成要件,王某的行为应构成抢夺罪。本案中,王某采用了欺骗手段,借买车的名义与车主鲁某搭讪,后便借口要试车,此欺诈行为让车主鲁某陷于错误认识(误以为他要买车)。基于此错误认识,车主鲁某将车辆交给王某。虽然车主鲁某将车辆交给王某是出于自愿,但车主鲁某并没有让王某占有车辆的意思表示,因为王某还没有付款,交易还没有产生,因此车主鲁某将车辆交给王某的行为不能看作是处分财产的行为。同时,王某非法占有的目的是要获得对轿车的实际控制,而不是一时地占有,此时王某的犯罪行为也还没有完成,其最终获得轿车还是要乘人不备开车逃跑,事实上,王某就是采用了一种"诈术抢夺"的方法,通过诈骗行为,为抢夺行为创造条件,对财物的取得方式最终还是靠抢夺而非诈骗。

其次,分析犯罪行为的前后逻辑顺序,王某的行为应认定为抢夺。诈骗罪的成立必须具备这样的客观逻辑顺序:诈骗行为——使他人陷入错误——他人基于错误处分财产——行为人获取财产或财产性利益。这四个行为先后有序,形成一个前后紧密相连的因果锁链,环环相扣,上一行为是下一行为的原因,而下一行为又是上一行为的结果,因果分明,不能颠倒,不可缺少。如果某一环节不符,则显然不构成或不能完成诈骗罪。在本案中,王某实施的危害行为依自然意义判断也可分为四段:虚假借买车的事实——车主上当受骗——车主交出车辆——王某开车逃跑, 似乎符合诈骗罪的逻辑顺序,但仔细分析却存在矛盾之处:车主将车辆交给王某试车并不是王某非法取得车辆所有权的原因,车主虽然交出了车辆,但并非诈骗意义上的"处分"行为,而是王某为了最终取得财物的所有权,虚构了事实,使财物暂时由其占有,造成财物支配力的一时弛缓,乘机开车逃跑,因此,王某最终非法占有车辆的原因并不是车主将车辆给其使用,而是在于他开车逃跑。从王某的行为看,更符合抢夺所表现出来的乘人不备、公然夺取使财物脱离所有人控制这一逻辑顺序,因此王某的行为应认定为抢夺。

此外,我国现行刑法条文中并没有规定盗窃就是"秘密窃取"。但刑法理论中,我国大部分学者持此观点。且在具体司法实践中,尚未承认"公然盗窃"的概念,本案中王某的行为不具备秘密窃取的手段,所以不能成立盗窃罪。

综上所述,本案中王某的行为非诈骗,也非盗窃,而是构成抢夺罪。事实上,并非所有具备"骗"因素的行为,都成立诈骗罪。具体还要看骗的是什么,是否符合诈骗罪的构成模式,某些侵犯财产权类犯罪,"骗"只是获取财物所采用的众多手段之一,最终还要看取财的根本行为性质,方能决定构成何罪。

（汝州市检察院调查与研究第 8 期　2013 年 4 月 25 日）

故意毁坏别人耕地行为的定性

●文／王童瑶　孙雨蒙

一、基本案情

2011 年 12 月,汝州市城东村委会组织召开村民代表大会,将全村农田统一收归集体后重新分配,其中, 将原属李某的 4.3 亩农田收回后分给马某承包。但李某对此分配方式有异议,多次与村委会协商未果后,与村委会产生矛盾。2012 年 5 月上旬的一天上午,李某纠集兄弟四人,将马某已耕种玉米的的 4.3 亩田地全部耙毁;当天下午,李某等人又在该地块全部种上自己家的玉米种子。经汝州市物价局评估,被耙毁的 4.3 亩玉米地损失价值 1370 元。

二、分歧意见

关于李某的行为应如何定性存在较大争议,主要有如下两种意见:

第一种意见认为, 李某的行为构成破坏生产经营罪。李某纠集兄弟四人,将他人正在耕种的耕地耙毁,破坏了正常的生产经营秩序,且符合最高人民检察院、公安部《关于公安机关管辖的刑事案件立案追诉标准的规定(一)》第 34 条“纠集三人以上公然破坏生产经营的,应予立案追诉”的规定。李某的行为符合破坏生产经营罪的构成特征。

第二种意见认为,李某的行为构成故意毁坏财物罪。李某为争夺土地承包权,将马某正在耕种的玉米地耙掉,种上自家的玉米种子,故意毁坏了马某的财物,且符合最高人民检察院、公安部《关于公安机关管辖的刑事案件立案追诉标准的规定(一)》第 33 条“纠集三人以上公然毁坏公私财物的,应予立案追诉”的规定。李某的行为符合故意毁坏财物罪的构成特征。

三、笔者意见

笔者同意第二种意见。

第一,关于破坏生产经营罪。破坏生产经营罪,是指由于泄愤报复或者其他个人目的,毁坏机器设备、残害耕畜或者以其他方法破坏生产经营的行为。根据最高人民检察院、公安部《关于公安机关管辖的刑事案件立案追诉标准的规定(一)》,涉嫌下列情形之一的,应予追诉:造成财物损失5000元以上;破坏生产经营3次以上;纠集3人以上公然破坏的;其他应予追究的情形。本罪在主观方面表现为直接故意,并且要求行为人具有泄愤报复或者其他个人目的。其他个人目的,一般是指出于个人恩怨而产生的不正当心理追求,如憎恨、厌恶、不满等。行为人出于泄愤报复或者其他个人目的,故意给生产造成较大破坏,且积极追求这种结果的发生,则构成本罪。即,构成本罪要求行为人以破坏生产经营为主观目的。

第二,破坏生产经营罪与故意毁坏财物罪的区别。破坏生产经营罪与故意毁坏财物罪同属于侵犯财产性犯罪,两罪在主观方面、行为等均有相似之处,但两者仍有本质区别。首先,主观目的不同。破坏生产经营罪的行为人一般会采用毁坏机器设备、残害牲畜等手段,这虽然会造成财物的毁坏,但却不是行为人的目的,行为人的目的是通过上述手段破坏生产经营,进而达到泄愤报复或者其他个人目的;而故意毁坏财物罪的目的,是将公私财物加以毁坏,使其部分或全部丧失价值或使用价值。其次,所侵害的对象不同。破坏生产经营罪的对象是特定的财物, 即与生产经营活动直接相关的已经投入使用的机器设备、服役期间的牲畜等;而与生产经营无关的财物,如在仓库中备用或闲置不用的机器设备,不能成为破坏生产经营罪的对象,但可以是故意毁坏财物罪的对象。最后,直接客体不同。破坏生产经营罪所侵害的是国有的、集体的、个人的正常的生产经营活动;而故意毁坏财物罪所侵害的则是公私财物的所有权。

第三,结合案情分析。在本案中,因为村集体统一收回耕地并重新分配,导致李某与马某在涉案土地的承包上产生纠纷,李某为争夺土地承包权,将马某正在耕种的玉米地耙毁,种上自己家的玉米种子。李某主观目的并非泄愤,在主观方面,不具有破坏生产经营的目的,而是将此毁坏耕地的行为作为争夺土地承包权的一种措施。但是,李某所采取的措施在客观上侵犯了马某的财产所有权,且符合追诉标准。综上,不应将李某的行为定性为破坏生产经营罪,应将李某的行为认定为故意毁坏财物罪。

（汝州市检察院调查与研究第 19 期　2013 年 6 月 7 日,此文在 2013 年《预防犯罪导刊》第 5 期上发表）

自首的认定与要求

●文/张艳丽

一、基本案情

李某系汝州市某乡供电所电工,2012年8月3日,李某接到检察院反贪局办案人员电话,通知其到检察院接受调查。次日早上8时,李某准时到检察院反贪局,并向办案人员如实供述了自己在任农电工期间,利用职务之便,采取收缴电费不上交的方式,将收缴的电费款26701元据为己有的犯罪事实。

二、分歧意见

第一种意见认为,李某是在办案人员的电话通知后才到检察院接受询问的,属于被动到案,不能认定其自动投案,因此对李某不能认定为自首,仅属于坦白。

第二种意见认为,虽然是电话通知,但李某还是自己到检察院,其行为应属于自动投案,投案后如实供述犯罪事实,因此应认定李某具有自首情节。

三、笔者意见

笔者同意第二种意见。自首的认定必须具备两个基本条件,一是自动投案;二是如实供述犯罪行为。李某如实供述了自己的犯罪事实,符合认定自首的条件之一。其行为能否构成自首,关键在于认定李某接到检察院办案人员的电话通知后到案这一行为是否属于自动投案?

自动投案是自首的前提条件。所谓"自动投案",一般是指犯罪嫌疑人在犯罪之后、归案前,在未受到讯问、未被采取强制措施之前,出于本人的意志而向公安机关、人民检察院、人民法院及其他有关单位和人员承认自己实施了犯罪,并自愿置于上述单位或人员的控制之下,等待法律制裁的行为。可以从以下几方面加以把握:一是投案行为必须发生在犯罪后、归案之前。这是对自动投案的时间限定。犯罪事实或者犯罪嫌疑人未被司法机关发觉,或者虽被发觉,但犯罪嫌疑人未受到讯问、未被采取强制措施之前,主动、直接向有关机关或个人投案。二是自动投案一般应是犯罪分子本人的意志。即犯罪分子的归案,并不是违背其本人的意愿。实践中送子女或亲友归案的情况,虽然并非完全出于犯罪人本人的意愿,而是经家长、亲友规劝陪同投案的,虽然有别于典型的自动投案,但这种行为离开犯罪人本人的意志事实上是不可能实施的,所以,只要犯罪人的行为符合如实供述自己的罪行的条件,也应视为自动投案。三是最终必须自愿置于司法控制之下,等待进一步交代犯罪事实,接受法律制裁。

就本案来说,李某是接到电话通知后到反贪局归案,投案行为是发生在犯罪后,被采取强制措施或抓获归案之前。

其次,投案是否是其本人意志? 自动投案的本质属性是投案的主动性和自愿性。主动性,是指犯罪嫌疑人在有选择的情况下,仍主动将自身置于司法机关的控制下,即"能逃而不逃",体现的是归案问题上的自主选择性。自愿性是指犯罪嫌疑人并不反对将自身置于司法机关控制之下,它强调犯罪嫌疑人对主动归案行为所导致后果的意志因素。李某在接到侦查机关电话后,人身自由尚未受到任何限制,有自主选择余地,其可以选择到案,也可以拒不到案甚至逃匿,在这种情形下,李某选择主动到案并如实供述犯罪事实,完全体现了其主动、自愿将自己交付法律制裁的意图,完全符合自动投案的本质特征。

最后,接到电话通知后到案这种情形相较于"在通缉、追捕过程中主动投案的",无论是其主观恶性还是社会危害性都要轻得多,这种情形符合最高人民法院《关于处理自首和立功若干具体问题的意见》第1条中"其他符合立法本意,应当视为自动投案的情形"。如果将这种情形不认定为自动投案,则违背了创建自首制度的初衷和本意,因此这种情形应当视为自动投案的情形。

综上,李某的行为符合自首的条件,应认定具有自首情节。

(汝州市检察院调查与研究第 22 期 2013 年 6 月 19 日,此文 2013 年9 月 18 日被平顶山市检察院研究室转发)

玩忽职守罪与国有公司、企事业单位人员失职罪的区别

●文/王超阳

一、基本案情

陈某在担任汝州市金麦粮食购销有限公司(国有公司)经理期间,担负着管理汝州市政府储备食用油的任务。2012年6月,汝州市粮油总公司与郑某(女)签订承包协议,将汝州市粮油总公司位于金麦粮食购销有限公司(原骑岭乡粮库)内10个油罐中的6个油罐租赁给郑某,由郑某独自经营。2012年7、8月份的一天晚上,郑某卸油时找陈某要泵房的钥匙,陈某因酒后不想起床,就顺手把3号罐(里面储存汝州市政府储备食用油299吨)和泵房的钥匙(在一起连着)全部交给郑某让其自己开启,未亲自到场监督,也未及时将钥匙收回,致使3号油罐的出油阀钥匙被郑某私下偷配。2012年7月至2013年2月期间,郑某(已被公安机关逮捕)分多次利用偷配的钥匙将3号油罐内政府储备食用油盗走达265.74吨,价值260万余元,给国家利益造成重大损失。

二、分歧意见

关于陈某的行为应如何定性存在较大争议,主要有如下两种意见:

第一种意见认为,陈某的行为构成国有公司、企事业单位人员失职罪。国有公司、企事业单位人员失职罪是指国有公司、企事业单位的工作人员,由于严重不负责任,造成国有公司、企业破产或者严重损失,致使国家利益遭受重大损失的行为。汝州市金麦粮食购销有限公司(以下简称金麦公司)系国有公司,陈某在该公司任经理期间,由于严重不负责任,造成3号油罐内政府储备食用油被盗走达265.74吨,给国家利益造成重大损失,其行为符合国有公

司、企事业单位人员失职罪的构成特征。

第二种意见认为,陈某的行为构成玩忽职守罪。玩忽职守罪是指国家机关工作人员严重不负责任,不履行或者不认真履行职责,致使公共财产、国家和人民利益遭受重大损失的行为。其中"国家机关工作人员"包括"在依照法律法规规定行使国家行政管理职权的组织中从事公务的人员,或者在受国家机关委托代表国家行使职权的组织中从事公务的人员"。本案中,陈某属于受委托从事公务的人员,由于其没有认真履行职责,造成3号油罐内政府储备食用油被盗走达265.74吨,致使公共财产、国家和人民利益造成重大损失,其行为符合玩忽职守罪的构成特征。

三、笔者意见

笔者同意第二种意见。

第一,关于陈某是否属受委托从事公务的人员。最高人民法院、最高人民检察院《关于办理渎职刑事案件适用法律若干问题的解释(一)》(以下简称《解释(一)》)第7条规定,依法或者受委托行使国家行政管理职权的公司、企业、事业单位的工作人员,在行使行政管理职权时滥用职权或者玩忽职守,构成犯罪的,应当依照立法解释的规定,适用渎职罪追究刑事责任。本案中,3号油罐内的油是汝州市地方政府储备油,是由汝州市政府批准设立,由汝州市粮食局组织实施,汝州市粮食局又委托金麦公司(国有公司)进行管理。陈某作为金麦公司的经理,"负责对3号油罐内的储备油的库存、轮换、质量等方面的管理,进行定期全面检查和经常性随机抽查,确保储备油数量真实、质量良好、储存安全,确保需要时调得动、用得上"。这说明,陈某的工作职责是有管理权的,但他的管理权是受行政机关即汝州市粮食局的委托,代表汝州市粮食局对地方储备植物油进行管理,属于《解释(一)》第7条规定的受委托行使国家行政管理职权的公司工作人员,符合玩忽职守罪的主体。

第二,3号油罐内的油是公共财产还是金麦公司自有财产。本案争议的另一个焦点即 3 号油罐内的油是公共财产还是金麦公司自有财产,如果是金麦公司自己的财产,则构成国有公司、企事业单位人员失职罪。因为玩忽职守罪与国有公司、企事业单位人员失职罪的主要区别就在于前者是造成公共财产的损失,而后者则是造成国有公司、企业破产或者严重损失,即国有公司自有财产的损失。本案中,3 号油罐内的油是汝州市地方政府储备油,是由汝州市政府批准设立的,由汝州市财政部门贴本付息,目的是用于调节全市粮油供求总量,稳定粮油市场,以及应对重大自然灾害或者其他突发事件时为方便百姓而储备的。同时从汝州市粮食局的请示和汝州市政府的批文中也可以看出来:"食用植物油地方储备权属汝州市政府,只有市政府有权批准动用。地方储备食用植物油各项费用补贴纳入市财政年度预算,由市财政按季度全额拨付,出现价格亏损或正常的损失、损耗,由市财政全额补贴。"从行为方式和目的来看,该油属于公共财产,而非金麦公司自有财产,因此对于公共财产的损失,应适用玩忽职守罪而非国有公司、企事业单位人员失职罪。

(汝州市检察院调查与研究第 33 期 2013 年 7 月 31 日,此文 2013 年 9 月 18 日被平顶山市检察院研究室转发并在 2013 年《预防犯罪导刊》第 6 期上发表)

许某过失致人死亡案分析

●文/王童瑶

一、基本案情

2013年7月上旬的一天傍晚,因家中第二天打井需临时用电,村民许某未经村电工许可,私自将塑料外皮的旧电线挂接在自家东侧百余米一电线杆的三相动力电源上。该电线从许某家沿村中小路平铺在地面至电线杆处,当晚,许某没有将电源切断,也未采取其他任何防护措施。第二天凌晨5点,许某在电线杆下发现同村王某的尸体,当时,王某面部朝下,左手背粘着一段塑料皮缺失的电线,全身有多处电击痕迹。经法医鉴定,王某为电击致死。

二、分歧意见

关于许某的行为应当如何定性,存在较大争议,主要有如下两种意见:

第一种意见认为,许某的行为构成过失以危险方法危害公共安全罪。许某因为疏忽大意,应当预见而没有预见其私自将旧电线沿着小路铺设至电线杆且未采取防护措施的行为,可能导致不特定人的生命、健康、财产发生危险,最终造成王某触电死亡。许某的行为构成过失以危险方法危害公共安全罪。

第二种意见认为,许某的行为构成过失致人死亡罪。许某因为疏忽大意,没有预见到自己私拉电线、不采取防护措施的行为可能发生导致他人死亡的危害结果,最终导致王某触电死亡,许某的行为与王某的死亡之间有必然的因果关系。许某的行为符合过失致人死亡罪的构成特征。

三、笔者意见

笔者同意第二种意见。

第一，许某的行为不属于过失以危险方法危害公共安全罪中的"放火、决水、爆炸、投放危险物质以外的危险方法"。《刑法》第 115 条对过失以危险方法危害公共安全罪中的"其他危险方法"并未详细界定，但是，这里的"其他危险方法"应当是与放火、决水、爆炸、投放危险物质危险性相当的行为，而不是泛指任何具有危害公共安全质性的方法。本案中，许某的行为主要是私自将旧电线沿村路平铺挂接在电线杆上未采取防护措施。这一行为具有一定的危险性，但无论是从行为本身的性质还是许某的具体操作来看，都难以认定其行为和放火、决水、爆炸、投放危险物质危险性相当。再者，将许某的行为横向同放火、决水、爆炸等危险行为相比，自然不可相提并论；将许某的行为纵向同在野外私设捕猎电网致人死亡、在鱼塘以电击方法捕鱼致人死亡等类似案例相比，许某私拉电线行为的危险性明显较小。因此，许某的行为不属于"危险方法"，许某不构成过失以危险方法危害公共安全罪。

第二，关于过失致人死亡罪。过失致人死亡罪，是指行为人因疏忽大意应当预见到而没有预见或者已经预见到而轻信能够避免造成他人死亡，剥夺他人生命权的行为。过失致人死亡的主体是一般主体，凡达到法定责任年龄且具备刑事责任能力的自然人均能构成本罪，其主观方面表现为过失，侵犯的客体是他人生命权，在客观方面表现为因过失致使他人死亡的行为。过失致人死亡罪中的"过失"具体表现为应当预见自己的行为可能会发生致人死亡的后果，由于疏忽大意而没有预见，或者已经预见而轻信能够避免。

第三，关于本案。首先，许某年满 18 周岁，具有完全的刑事责任能力，主体适格。其次，许某私拉电线的主观目的是为打井准备电源，对王某触电死亡的客观结果显然是不追求的，其在主观上应是抗拒或者不希望这种结果的发生，可以排除许某主观上的间接故意，而许某应当预见到自己私拉电线、不采取防护措施的行为可能发生导致他人死亡的结果，但其由于疏忽大意没有预见，导致王某触电死亡，应认定许某主观上有过失。许某在主观方面是过失，而非间接故意，其主观上符合过失致人死亡罪的要求。最后，许某在客观方面有过失而导致他人死亡的行为。作为成年人,许某应当具备基本的用电技能和安全常识,但其因为疏忽大意,将电线接好后,未采取防护措施,没有预见到自己行为可能导致的后果,最终,该过失行为导致同村的王某触电死亡。其过失行为与被害人王某的死亡之间存在着刑法上的因果关系,可以应认定许某客观上有因过失而导致他人死亡的行为。综上,许某的行为构成为过失致人死亡罪。

(汝州市检察院调查与研究第 34 期 2013 年 8 月 1 日,此文 2013 年 9 月 18 日被平顶山市检察院研究室转发)

非法行医犯罪如何认定共犯

●文／刘玉林

一、基本案情

2013 年 9 月 2 日晚，被害人因病到我市张某开设的私人诊所内就医，经张某雇佣的诊治大夫任某（无医师资格证）给予口服药物治疗。2013 年 9 月 3 日 12 时许，被害人被发现死于其家中床上，后经河南司法鉴定中心鉴定，被害人系在患上呼吸道感染后，因主动脉夹层破裂出血，左侧胸腔积血，左肺受压萎陷，合并广泛脑蛛网膜下腔出血等引起急性循环、呼吸功能衰竭及脑功能障碍而死亡。河南科技大学司法鉴定中心关于被害人死亡与诊疗行为因果关系的鉴定意见：诊治大夫的诊疗行为在对被害人所患疾病的发生、发展和及时诊断方面，客观上存在延误诊疗时机、加重病情的情形，与被害人死亡后果之间存在一定因果关系，为加重或促发因素。

二、分歧意见

一种观点认为，被告人的死亡仅是任某的诊疗行为造成的，张某作为任某的雇主，只在民事责任的范围内承担赔偿责任，不承担刑事责任，不是任某的共犯，不构成非法行医罪。

另一种观点认为，张某开设私人诊所后在明知任某无医师资格证的情况下，聘请任某在其诊所内给病患看病，是默许任某无证行医，造成就诊人死亡后，任某触犯《刑法》规定的非法行医罪，而张某不仅在民事赔偿范围内承担共同赔偿的责任，同时是任某的共犯，构成非法行医罪。

三、笔者意见

笔者同意第二种观点。

首先，非法行医行为可能存在共同犯罪。非法行医是指无医生执业资格而从事诊疗活动，包括在医疗机构中从事诊疗活动和擅自开业从事诊疗活动，最终造成严重后果的行为。本罪在主观方面表现为故意，即行为人对病人伤亡结果存在间接故意的罪过而不是业务过失的罪过。因为，在认识因素上，行为人既对自己缺乏行医技能和控制病情发展的能力是明知的，又对病人在得不到有效及时治疗时会伤残直至死亡是明知的，所以不是疏忽大意的过失；在意志因素上，对病人的伤残、死亡采取了漠然视之，听之任之的放纵态度。非法行医罪的主观方面具有行为故意，而不是犯罪直接故意，即明知自己不具备行医资格，仍然从事医疗活动。行为人对造成就诊人死亡、身体健康受损的后果，则可能是过失或者间接故意，即其应当预见非法行医行为有可能造成就诊人死亡、伤害的严重后果，因为疏忽大意没有预见或者已经预见但轻信能够避免，或者已经预见到可能发生上述后果而放任危害结果发生。故，非法行医犯可能存在共同犯罪的共犯。

其次，关于本案，张某和任某构成共同犯罪。共同犯罪是指二人以上共同故意犯罪，这是《刑法》第25条第1款对共同犯罪所下的定义，根据这一定义，构成共同犯罪必须具备以下要件，一是犯罪主体必须是两人以上，二是客观方面必须具有共同的犯罪行为，三是主观方面必须具有共同的犯罪故意。共同犯罪只存在于直接故意和间接故意两类罪过形式中，在过失犯罪中不存在共同犯罪的情况。如前所述，非法行医罪的主观特征表现为直接故意，而对于造成就诊人死亡、身体健康受损的后果则是间接故意或过失。那么在非法行医罪中，在哪些情况下可能会出现共同犯罪呢？

1.雇佣没有执业资格的人行医，自无疑问，被雇佣者可作为非法行医罪之主体，但雇主是不是一定构成非法行医罪呢？笔者认为这应分情况对待之：明知受雇者不具备执业资格，仍然雇佣的，为适格之主体，但由于受被雇佣者欺骗（如用假医师执业证）而雇佣没有执业资格的人行医的，则不应将其按非法行医罪论处，因为这不符合共同犯罪的主观要件，即没有共同的故意。

2.数人合伙非法开办诊所，其中一人诊治行为单独导致严重后果，应如何处理？笔者认为对其他合伙人应按共同犯罪处理。因为该数人合伙开办诊所，具有共同的犯罪故意，尽管其他合伙人的行为并没有直接造成严重后果，但非法诊所的存在为非法行医的发生创造了条件，对犯罪结果的发生具有不可推卸的责任。当然，对于该数人处罚应分清责任，即对于其中的负责人和直接行为人以主犯论处，而对于其他人一般以从犯论处。

3.出借(出租)、转让、出卖"医疗机构执业许可证"，他人利用该许可证进行非法行医，造成严重后果，对于出借(出租)、转让、出卖人可否按非法行医罪论处？笔者认为应按非法行医罪的共犯论处。原因在于：行为人对于他人没有合法的许可证，并利用其许可证进行非法行医这一事实是明知的，而且行为人的行为使他人的非法行医行为更具有隐蔽性，使他人的非法行医行为更为便利，对社会造成危害的可能性也更大。但应看到，行为人的行为对他人的非法行医行为一般只起到辅助作用，故宜按从犯从轻或减轻处罚。

4.亲戚和朋友为非法行医者出资、免费提供场所，是否构成非法行医的共犯？笔者认为对于这个问题，应分别对待，不能一概而论。在实践中，亲戚、朋友为非法行医者提供物资上的帮助，往往不知道开办医疗机构应具备哪些条件，而且法律上也没有规定对于此种情形，亲戚、朋友有审查的义务。一般情况下，亲戚、朋友仅仅是一般意义上的帮助，不具有从中牟利或其他非法目的，主观上不具有共同的犯罪故意，因此不宜按非法行医罪的共犯论处。但对于明知非法行医者没有"两证"，仍为其提供便利，造成严重后果的，则应按非法行医罪从犯论处。

5.对在非法医疗机构中工作的护士、勤杂人员，如会计、保安等应如何处理呢？笔者认为这主要看前述人员主观上是否与他人具有共同的故意行为，即是否明知其所在的医疗机构没有"医疗机构执业许可证"。若明知该机构没有"医疗机构执业许可证"，则说明上述人员至少已经知道该机构处在非法状态中，且其行为客观上对严重后果的造成具有帮助作用，自然应按非法行医罪的从犯论处。当然，对于加入时间较短、对严重后果的造成所起的作用较小者,则只宜按一般违法行为处理,而不必追究刑事责任。

本案中,张某明知任某没有医师资格证而雇佣任某在其开设的诊所内行医,造成1人死亡的严重后果,符合上文列举的第一种情形,应当认定张某为任某非法行医的共犯,构成非法行医罪。

(汝州市检察院调查与研究第1期 2014年1月9日,本文2014年4月22日被平顶山市检察院调研室转发)

关于盗窃未遂的认定

●文／王童瑶

一、基本案情

张某系我市某酒吧老板,林某系诚信租车公司出租车驾驶员。2014 年 4 月上旬的一天凌晨 3 点,张某乘坐林某驾驶的出租车回自己经营的酒吧。到达目的地后,因张某醉酒,且酒吧已打烊,林某就帮张某打开酒吧的门锁,将张某扶进酒吧。两人刚跨入酒吧大门时,林某见张某裤子口袋中的钱物将要滑出,便顺手将其掏出,装进自己的口袋,其中有现金 272 元,银行卡、名片等物。林某的行为,恰被酒吧高清监控拍到。当天上午,张某酒醒后发现财物丢失,遂报警。公安民警根据线索将林某抓获,并从林某家中找到失窃的现金、银行卡等。

二、分歧意见

关于林某的行为应当如何定性,存在较大争议,主要有如下两种意见:

第一种意见认为,林某的行为构成盗窃罪。林某在酒吧内扒窃张某随身携带的财物,其行为构成盗窃罪。

第二种意见认为, 林某的行为不构成盗窃罪。林某窃取张某财物时,酒吧已打烊,行为发生地不再具有公共场所的属性,其行为不能认定为扒窃;而林某窃得财物的数额尚未达到"数额较大"的标准,其行为不构成盗窃罪。

三、笔者意见

笔者同意第二种意见。

第一,关于盗窃罪。盗窃罪是指以非法占有为目的,采取秘密手段窃取公私财物,数额较大的行为。《刑法》第 264 条规定,盗窃公私财物,数额较大的,或者多次盗窃、入户盗窃、携带凶器盗窃、扒窃的,处 3 年以下有期徒刑、拘役或者管制,并处或者单处罚金。2013 年 9 月 23 日起施行的河南省高级人民法院、河南省人民检察院《关于我省盗窃犯罪数额认定标准的规定》规定,盗窃公私财物价值 2000 元以上,应当认定为《刑法》第 264 条的"数额较大"。

第二,关于扒窃。依据 2013 年 4 月 4 日起施行的最高人民法院、最高人民检察院《关于办理盗窃刑事案件适用法律若干问题的解释》,在公共场所或者公共交通工具上盗窃他人随身携带的财物的,应当认定为"扒窃"。此处的公共场所是指具有社会属性,有一定社会服务功能,供社会公众使用的区域,其面向社会公众开放,人员可方便进入,有高度的流动性。

第三,关于本案。本案中,林某在酒吧打烊之后,从张某身上窃取财物,其实施该行为所处的环境,相对闭塞,人员不能随意流动,已不具备公共场所的属性。林某窃取财物之处并非公共场所,则其行为不应认定为"扒窃"。林某盗窃张某的现金 272 元、银行卡等,其主观上具有非法占有的目的,客观上侵犯了张某财物的所有权,但在客观方面,其窃取的财物,尚未达到河南省规定的"数额较大"的标准,故林某的行为不能构成盗窃罪。

(汝州市检察院调查与研究第 3 期 2014 年 4 月 29 日,此文 2014 年 5 月 30 日被平顶山市检察院研究室转发)

滥用职权罪
与以危险方法危害公共安全罪的区分

●文／马建伟　钱小锋

一、基本案情

2014 年 4 月 10 日凌晨 4 时许,汝州市公路局庙下超限检测站治超员汪某、孟某,驾驶路政执法车辆在汝州市 238 线洗耳办事处藏庄路段追撵、拦截刘某甲、刘某乙、贾某分别驾驶的三辆大货车,导致三辆大货车靠路边停车时,张某驾驶的一辆小型轿车与刘某乙驾驶的大货车发生追尾事故,造成张某死亡的后果。事故发生后,三辆大货车和汪某、孟某驾驶的路政执法车皆离开事故现场。

二、分歧意见

关于汪某和孟某的行为应如何定性存在争议,主要有如下两种意见:

第一种意见认为,汪某、孟某的行为构成以危险方法危害公共安全罪。汪某、孟某明知公共交通道路上追撵车辆可能导致交通道路上行驶不特定人的生命、健康、财产发生危险仍放任危害的发生,其行为触犯了《刑法》第 115 条第 1 款关于以危险方法危害公共安全罪的规定;作为汝州市公路局超限检测站治超执法人员,汪某、孟某违反了《公路安全保护条例》、《路政文明执法管理工作规范》、《河南省公路路政及超限运输管理人员执法行为规范》等关于严禁追撵车辆的规定,超越职权追撵、拦截车辆,其行为同时触犯了《刑法》第 397 条第 1 款关于滥用职权罪的规定,两个不同的罪名应择一重罪处罚,以以危险方法危害公共安全罪追究其刑事责任。

第二种意见认为,汪某、孟某的行为仅构成滥用职权罪。汪某、孟某属于国家机关中的行政机关工作人员,该二人追撵车辆导致交通事故的发生,造成了 1 人死亡的后果,是其在行政执法过程中作出的处理公务的决定,该二人的行为是单纯的超越职权,违反规定处理公务的行为,仅符合滥用职权罪的构成特征。

三、笔者意见

笔者同意第二种意见。

第一,汪某、孟某的行为不属于以危险方法危害公共安全罪中的"以放火、决水、爆炸以及投放危险物质以外的并与之相当的危险方法"。《刑法》第 115 条规定了有以危险方法危害公共安全罪中的"其他危险方法",但是,这里的"其他危险方法"应当是与放火、决水、爆炸、投放危险物质危险性相当的行为,而不是泛指任何具有危害公共安全性质的方法。本案中,凌晨 4 时许,汪某、孟某追撵、拦截大货车,这一行为具有一定的危险性,但从行为发生的时间来看,就无法认定其行为和放火、决水、爆炸、投放危险物质危险性相当。因此,汪某、孟某的行为不属于"其他危险方法",汪某、孟某不构成以危险方法危害公共安全罪。

第二, 关于滥用职权罪。滥用职权罪是指国家机关工作人员超越职权,违法决定、处理其无权决定、处理的事项,或者违反规定处理公务,致使公共财产、国家和人民利益遭受重大损失的行为。滥用职权罪的主体是国家机关工作人员,包括立法机关、行政机关、司法机关、军事机关中从事公务的人员以及司法解释作出扩大化解释的人员;主观方面一般为故意,少为过失;侵犯的客体是公共财产、国家和人民利益;客观方面既包括非法地行使本人职务范围的权力,也包括超越本人的职权范围而事实的有关行为。并且要求致使公共财产、国家和人民利益遭受重大损失的才可以犯罪论处,最高人民检察院《关于渎职侵权犯罪案件立案标准的规定》中关于滥用职权罪应予立案的标准中规定了"造成死亡 1 人以上,或者重伤 2 人以上,或者重伤 1 人、轻伤 3 人以上,或者轻伤 5 人以上"的情形。

第三,关于本案。汪某、孟某作为汝州市公路局执法人员,符合滥用职权罪的主体要求;客观方面,二人明知《公路安全保护条例》、《路政文明执法管理工作规范》、《河南省公路路政及超限运输管理人员执法行为规范》等有关于严禁追撵车辆的规定仍然违反规定超越本职职权范围而在行车道上追撵、拦截车辆;并最终造成了1人死亡的后果,完全符合滥用职权罪的行为构成。

（汝州市检察院调查与研究第5期 2014年5月26日，本文2014年5月30日被平顶山市研究室转发）

"亲卖亲"行为的认定

●文／孙雨蒙　王童瑶

一、基本案情

2013 年,刘某甲被判刑入狱,留下一双儿女由其母亲鲁某(74 岁)照料。2013 年年底,鲁某不慎摔伤了腿。2014 年 8 月份,刘某甲妹妹刘某从深圳回到汝州,为了给母亲鲁某养老送终,其在汝州市庙下镇商业街买了房子,将鲁某及两个孩子接到新房居住。后经董某介绍,将刘某甲女儿刘某乙(12 岁、精神智障,无生活自理能力)送给李某抚养,双方商定由李某抚养刘某乙长大后,与李某 31 的儿子结婚,李某给了刘某 30660 元钱作为彩礼。此事商定后,刘某到洛阳市监狱,征求了刘某甲的同意。后刘某经鲁某同意后,将此钱款存于其个人账户。

二、分歧意见

针对该案,存在着两种分歧意见:

第一种意见认为,刘某将刘某乙送给他人抚养,并收取对方钱财的行为,属于典型的亲卖亲案件,实际上是将儿童作为商品予以出卖,以换取钱财,其行为符合拐卖儿童罪的构成要件,成立拐卖儿童罪。

第二种意见认为,刘某的行为不构成犯罪,属于民间送养。刘某因家庭贫困,生活所迫,无力抚养刘某乙,而将刘某乙送给他人抚养,虽收取了对方钱财,但该钱财宜定性为"补偿费",而非儿童的对价,刘某的行为因不具备"以出卖为目的",故不能成立拐卖儿童罪。

三、笔者意见

笔者同意第二种意见,认为刘某的行为不构成犯罪。

拐卖儿童罪,是指以出卖为目的,拐骗、绑架、收买、贩卖、接送、中转儿童的行为。最高人民法院、最高人民检察院、公安部、司法部 2010 年 3 月 15 日《关于依法惩治拐卖妇女儿童犯罪的意见》指出："以非法获利为目的，出卖亲生子女的，应当以拐卖妇女、儿童罪论处。"对于亲卖亲案件，可以比照以上规定，予以审查。

拐卖儿童罪在客观方面表现为拐骗、绑架、收买、贩卖、接送、中转，本案中刘某的行为不符合以上六种行为的任意一种，故其不具备拐卖儿童罪客观方面的要件。

拐卖儿童罪在主观方面除了要求故意外，还要求以出卖为目的。此要件也是亲卖亲案件与民间送养的关键区别。亲卖亲案件的行为人不同于职业人贩子以拐卖儿童牟取暴利的动机。实践中，有的父母、亲属，迫于生活困难，或受重男轻女思想影响，出于让儿童有更好的生活环境考虑，将儿童送养他人，并收取一定"营养费"的，属于民间送养，一般不以拐卖儿童罪论处。1999 年 10 月 27 日最高人民法院《全国法院维护农村稳定刑事审判工作座谈会纪要》(以下简称《纪要》)中阐述："对于买卖至亲的案件，要区别对待。以贩卖牟利为目的'收养'子女的，应以拐卖儿童罪处理；对于迫于生活困难，受重男轻女思想影响而出卖亲生子女或收养子女的，可以不作为犯罪。"

对于"出卖亲生子女或亲属"与民间送养予以区分可以从以下几个方面予以审查和把握：

(一)审查行为人实施行为的背景和原因，判定有无营利目的

现实中存在一些民间送养行为，送养原因有的是送养人生活困难，家庭已有多个子女，为了让子女能有更好的生活环境，而送养；有的不断超生为求生子，但不巧生了女儿，不愿意抚养而送给他人；有的未婚先孕无力抚养或不便抚养等。这些送养，行为人都不具有以营利为目的。本案中，被害人刘某乙精神智障，无生活自理能力，父亲入狱，母亲过世，奶奶年事已高，姑姑刘某迫于此情况，为了减轻母亲鲁某的负担，也为了刘某乙能有更好的成长环境，而将刘某乙送予他人抚养，刘某的行为不具备"以营利为目的"。

(二)审查行为人是否对收养人收养儿童的目的、收养人家庭条件予以关注

一般送养人都会希望子女去往经济条件好、收养人素质高、孩子成长环境较本人更好的家庭。本案中,刘某通过董某得知李某有收养意愿后,曾跑到李某家了解情况,刘某乙被送到李某家后,她还去看望过她,对刘某乙的处境予以关注。

(三)审查行为人是否收取收养人钱财以及收取数额多少

民间送养中,收养人往往为表示感谢,会给予送养人一定的"营养费"、"感谢费",为送养方家庭困难给予一定的人道资助。本案中,刘某将刘晓某送给李某抚养时,双方经协商,李某给了 30660 元。刘某、李某将此钱款均理解为"彩礼",鲁某称李某送钱时曾说"你把孩子抚养这么大,也不容易。孩子以后我们抚养,等到年龄了再办事。这钱你拿着,就当是彩礼钱了"。但该钱款更宜理解为抚养孩子 12 年的"补偿费",而非儿童的对价。

(四)审查行为人收取钱财后的用途,是否系常人情感上可接受、社会道义上可容忍的范围

本案中,刘某收取钱财后,一直存于其个人账户上,据其供述,是为其哥哥刘某甲代为保管,等其出狱后为其盖房子用的,其并没有予以侵占或挥霍。

综合上述四方面予以审查,认为刘某的行为宜定性为民间送养,而非拐卖儿童。

此外,《纪要》也规定:"对于出卖子女确属情节恶劣的,可以按照遗弃罪处罚。"本案中,刘某乙被送到李某家抚养后,生活上受到照料,也未遭受不法侵害,且案发后,已回到家中。本案未出现严重后果,也不属于情节恶劣,所以不成立遗弃罪。

综上所述,本案中刘某的行为不构成犯罪。

(汝州市检察院调查与研究第 12 期　2014 年 10 月 15 日,此文 2015 年 1 月 9 日被平顶山市检察院调研室转发)

立功行为的认定

●文 / 郭琳琳

一、基本案情

2013 年 2 月,王某与朋友 4 人在本市传奇音乐会所和网友聚会时,与一网友康某发生矛盾,将康某殴打致轻伤。王某于 2014 年 5 月被我市风穴路派出所抓捕到案。在审判期间,王某提出 2014 年 1 月其曾协助我市小屯派出所抓捕网上逃犯贾某。经调查证实,王某于 2014 年 1 月约贾某吃饭,并联系小屯派出所民警, 提供饭店地点及贾某衣帽特征协助其抓获。在王某审判期间,贾某已被安阳市法院以故意伤害罪判决。

二、分歧意见

《中华人民共和国刑法》第 68 条规定,犯罪分子有揭发他人犯罪行为,查证属实,或者提供重要线索,从而得以侦破其他案件等立功表现的,可以从轻或者减轻处罚;有重大立功表现的,可以减轻或者免除处罚。从该条关于立功的规定可以看出,对于立功主体的规定是犯罪分子,并未说明具体立功适用的期间。但最高人民法院《关于处理自首和立功具体应用法律若干问题的解释》第 5 条规定,犯罪分子到案后有检举、揭发他人犯罪行为……;协助司法机关抓捕其他犯罪嫌疑人……应当认定为有立功表现。该解释将犯罪分子可以认定为立功行为的时间限定在到案后。因此,对于立功适用期间的认定在实践中出现了矛盾。一种观点认为,到案前的协助行为不能认定为立功,因为这会产生犯罪分子的侥幸心理。案发后,犯罪分子并不是处于将自己置于司法机关控制之下认罪伏法的态度,而是主动找立功线索为自己铺垫后路将功抵罪,自己仍可暂且逍遥法外,即使被抓获仍可减轻处罚;另一种观点认为,到案前的协助行为认定为立功,因为这符合刑法关于鼓励他人揭发犯罪,缩减司法成本的精神,于国家于社会都是有益的。

三、笔者意见

笔者认同第二种观点,现从以下作分析:

第一,从效力位阶上讲,法律的效力高于司法解释。刑法仅规定立功的主体是犯罪分子,并未规定是哪个阶段的犯罪分子,因此被认为是案发后判决前犯罪分子均可以实施立功的行为。司法解释虽然是对法律具体应用的规定,但从立法目的上看,最高人民法院《关于处理自首和立功具体应用法律若干问题的解释》第5条主要是对于具体立功行为的规定,并不是立功期间的规定。并且司法机关所作的解释不能违反法律的规定,有冲突的以法律为准。

第二,将立功期间扩展至到案前,有助于节约司法成本。犯罪分子作案后,不论是否已经到案,能够积极揭发他人犯罪,使这些公安机关原本没有掌握的案件不侦自破或者使用较少的人力物力得以侦破,符合经济效益,为国家节约司法成本。

第三,到案前协助抓获行为认定为立功,符合立法宗旨。立功制度的设立目的是为了分化、瓦解犯罪,鼓励犯罪分子悔过自新。在执行阶段根据《监狱法》第29条规定检举监狱内外重大犯罪活动,经查证属实的属于有重大立功表现,应当减刑。可见法律尽可能在刑事诉讼中将立功扩展宽泛,因为这符合惩罚犯罪的刑法目的。

综上,犯罪嫌疑人在案发后到案前协助公安机关抓捕其他犯罪嫌疑人的,可以认定为立功。该案中,法院在判决时认定王某具有立功情节,依法可以从轻或减轻处理。

(汝州市检察院调查与研究第 17 期　2014 年 11 月 3 日)

第五编

创新探索

关于建立完善检察工作考评体系的几点思考

●文／朱江艳

当前,如何根据检察业务各个岗位的不同特点,制定出科学的考评体系,分别对领导班子、领导干部和一般干警的德能勤绩进行全面考核和准确评价,做到公平、公正、合理、服众,并具有针对性和可操作性,是检察机关队伍建设工作需要研究的一项重要课题,笔者结合检察工作实际,谈点粗浅看法。

一、当前检察机关考评工作中存在的问题及不足

考评工作对增强检察干警的事业心和责任感,加强检察队伍建设起到的积极作用毋庸置疑。全面正确地考核评价单位或个人的工作实绩,是推动检察工作健康发展的重要措施,是选准用好干部的前提和基础。然而,当前在有些检察院还缺乏对考核评价工作实际意义的认识,常用"多表扬,少批评,多鼓励,少监督,多宽松,少为难"的思路来考核评价单位或个人的工作,把考核作为对干警工作评定时的一道程序化的要求,落实起来走过场,搞形式,失去考核真义。同时考评工作中还存在一些不足之处,主要表现在以下三个方面:

第一,在考核范围上,注重一个方面,偏废另一个方面,主要是重业务成绩,轻队伍建设;在考核对象上,重班子成员,轻一般干警;在考核内容上,强调工作目标,忽视德、廉;重办案数量,轻办案质量;在考核标准上,多定性评价,少定量分析;在考核方式上,重书面考评,轻实际考察,只限在民主测评或个别座谈,缺少对实绩的查证和甄别,甚至仅以述职报告作为考核依据。

第二,在考核机制上,不能根据不同岗位、不同层次干警的能力素质要求和所承担的岗位职责的不同特点,制定出科学的考核体系和标准;不能做到既要保持相对稳定,还要与发展变化的客观实际相适应;考核程序随意性较大,缺乏规范性和透明度。

第三,在考核结果上,对一些大错不犯、小错不断,只求无功、但求无过的干警未作出严肃认真地处理,不能与升降、奖惩、教育、培训相衔接,纵看横比分优劣,而是"龙虾草虾一大堆"。久而久之,干警对考核不再放心,对工作不再用心,对前途失去信心,使队伍很难形成强大的战斗力。

二、正确把握考评工作的原则及指导作用

当前要解决好检察机关考评工作中存在的上述问题,必须认真执行《国家公务员条例》、《检察官法》、《基层检察院建设纲要》等法规中的考评要求,首先最关键的是要正确把握考评工作的原则和作用。

一是要把握好动态考核与静态考核相结合原则。对干警既要实行一年一度的静态总体考核,评定全年成绩,也要实行一月一考评、一季一考评、半年一总结的动态考核,及时发现平时工作中的突出之处。将静态考核与动态考核相结合,平时实绩与年度实绩相结合,以防止考评工作的形式化。

二是要把握好单项工作考核与整体工作考核相结合的原则。检察机关作为履行法律监督的部门,其职责是多方面的,仅仅某一项工作突出与否、某一件事情处理圆满与否,尚不能准确地反映干警的工作能力和素质,不能搞"以偏概全"和"一俊遮百丑"。因此,在考核时,既要看单项成绩,也要考核其总体工作完成情况,以防止考评工作的偏面化。

三是要把握好重点工作考核与一般工作考核相结合的原则,在考核的内容上,实行宜少求精、宁实戒虚的求效型机制,要把重点工作与一般性工作按一定的比例、档次加以确定、考核,这样既可以兼顾整体工作,又能突出重点工作。以防止考评工作的随意化。

三、建立完善适应检察工作特点的考评体系

在正确把握考评工作原则的前提下,我们必须结合检察机关的自身特点,按照规范、严明、高效的原则,运用政治的、法律的、行政的、经济的等多种手段,建立一套符合新时期队伍管理要求,融规范、指导、激励、奖惩于一体的考评体系,使考评工作走向制度化、规范化、科学化,确保各项检察工作有序、高效地运行。当前,应着重从以下四个方面建立完善检察工作考评体系:

(一)完善考核机制,突出目标考核

首先要建立健全五个方面的考评机制,并发挥作用:(1)目标管理考评机制。这是检察机关实现上级院对下级院领导,进行检察队伍动态管理的有效手段。主要是推行岗位目标责任,将工作的任务量化、责任细化、措施硬化、标准统一化,通过工作目标分解,责任到人,实行量化考核动态管理,使工作有导向,衡量有标尺,考核有标准,奖罚有依据。真正解决干与不干一个样,干多干少一个样,干好干坏一个样的问题。(2)岗位素质规范考评机制。就是针对不同部门、不同岗位、不同职级、不同类别的检察人员制定出本岗位的工作素质标准,并对其进行考试、考核等。合格者方可上岗,不合格者离岗学习。经重新考试、考核评议,仍不合格者,确定为下岗对象,或调离检察机关。(3)竞争激励机制。就是结合考核结果认定的工作实绩,通过全面实行中层领导干部竞争上岗、一般干警双向选择和新进人员试岗以及聘任制、任期制、任前公示、末位淘汰等制度,逐步建立有利于人才成长的"公开、平等、竞争、择优"的用人环境和"优者进,能者上,平者让"的用人机制。(4)奖励机制。就是将工作政绩与评先评优、干部任免、级别调整、辞退清退等明确挂钩,奖勤罚懒、奖优罚劣、重奖重罚,以激发干警工作的积极性、创造性和争先创优意识。(5)监督机制,要在平时把党内监督、上级检察机关的监督、群众监督和本机关的相互制约等各种形式有机地结合起来,使考评结果得到落实,并对违反考评原则和纪律的人和事,实施严格的责任追究,保障考评工作的严肃性。

为确保考核结果的准确性,应建立突出目标管理考评的科学合理的考核指标体系。一是按检察机关不同业务、不同岗位分门制定目标管理指标,突出重点,划类考核。二是目标适度,不制订不切实际的高指标,使目标既可行,又可能。三是把每项目标进一步细化、量化,增强可比性、可考性、可操作性,对目标进行层层分解,落实到人,形成全员目标管理网络。如建立下列目标管理体系,即上级院——下级党组——主管领导——分管科室——一般干警。四是根据目标的难易程度,合理设置目标考核分值。

(二)完善考核内容,突出"德""廉"考核

根据检察机关履行职责和检察人员执法办案的特点,必须突出对检察干警德、廉方面的考核。

"德"的考核方面,主要把握六点:一是理论素养和思想水平。看能否认真学习马列主义、毛泽东思想、邓小平理论和"三个代表"重要思想,学习党和国家的方针政策,并切实运用于指导工作实践。二是政治品德。看是否具有坚定正确的政治方向和敏锐的政治鉴别力,在重大原则问题上是否与中央保持一致;是否具有较强的法制观念,严格依法办事。三是从政道德。即在工作中表现出来的职业道德。主要看能否克己奉公,执法为民,正确行使手中的权力。四是群众观念。主要看是否忠诚实践党的宗旨,对待人民群众的感情和态度如何,能否密切联系群众,热心为群众办实事、解决实际问题,把对上级负责和对人民群众负责有机统一起来。五是个人品质。看是否讲原则、讲大局、讲正气,对同志以诚相见,不计较个人得失。六是社会公德。看是否作风正派,具有良好的社会形象。

在"廉"的考核方面,主要把握四点:一是生活情况,包括住房、用车、使用通讯工具等。看是否严格遵守中央关于党政领导干部廉洁自律的有关规定,中政委"四条禁令"以及检察机关"廉洁执法十不准"纪律。二是经济收入,包括工资、福利、奖金及其它收入等,看其是否合理合法,有无不廉行为,是否违法办案。三是社交圈,看有无搞宗派、拉关系、傍大款,出入娱乐场所及生活作风情况。四是看配偶、子女、亲属的工作安置情况,看其是否存在以权谋私的问题。

（三）完善考核办法，实行立体考核

一个人的素质表现和工作实绩是多方面的，要确保考核结果的准确性，就需要进行全方位的立体考核，所谓立体考核。就是通过自我评价、群众评价、领导评价、实绩评估和综合评价，对领导干部和一般干警进行全方位的考核。主要是将考核内容按照德、能、勤、绩、廉五个方面量化为数项具体指标，并规定相应的分值，依据既定的分数标准，将每个方面分为优、良、中、差四个等次，按照统一标准进行考核。一是自我评价。即考核对象对照标准要求写出本人述职报告或个人年度工作总结，报送上级院或本院考核领导小组。二是群众评价。由全体干警根据被考核对象的日常表现和工作实绩，按照标准打分；并让每位参加测评的干警发表意见，对干部的升、降、留、去作出建议，从而让干部的任免这一难点有了充分的群众基础，为上级最后决策，提供坚实的依据。三是领导评价。由检察长和主管领导对考核对象进行评价。四是实绩评估。由考核领导小组根据考核对象的自我述职、群众评价、领导评价，经过核实，将其工作实绩放在全市，与同一部门作同性质、同内容的比较，根据其在同一部门中所处的名次及升降情况，按照"升位奖分、降位减分"的原则，确定考核对象的工作实绩。五是综合评价。将考核对象德、能、勤、绩、廉的评价分数综合汇总，排出名次。

（四）推行考核结果通报制，提高考核工作透明度

目前，有的院由于考核结果对外不公开，透明度不高，使考核工作缺乏有效的群众监督，质量得不到保障，在一定程度上影响了检察队伍整体素质的提高。实行考核结果通报，把考核结果与监督管理紧密地衔接起来，能够最大限度地发挥考核结果的作用。进行考核结果通报，应注重指标导向，重点确定科学的通报内容。

对领导班子的通报内容包括整体表现、评议结果、存在问题等。其中整体表现包括三个方面：一是思想政治建设，主要包括政治理论学习、贯彻执行党的路线方针政策、宗旨意识、执行民主集中制、团结协作、选人用人、廉

政勤政等情况;二是集体领导能力,主要是总揽全局、科学决策、求实创新、解决复杂问题等能力和班子成员个体作用的发挥等情况;三是工作实绩,包括各项检察业务指标的完成情况、党建工作成效或班子职能作用发挥情况等。

对领导干部和一般干警的考证通报,一是通报综合评价,包括主要表现及成绩,存在问题及不足,民主评议结果和考核最后结果。二是通报主要表现,包括五个方面:思想政治素质,主要是政治立场、政策理论水平、群众观点、道德品行等情况;组织能力,包括决策、组织、协调、用人能力等;工作作风,主要是发扬民主、维护团结、深入实际、求真务实、勇于改革、勤政敬业等情况;廉洁自律,包括以身作则、清正廉洁及履行廉政建设责任制等情况;工作实绩,主要是履行岗位职责情况和完成工作目标情况及所发挥的作用。

通报内容要贴近部门实际,体现岗位特点,针对性要强,突出效果。通过考核结果通报,使那些工作突出的干部真正突出出来,增强他们干事创业的成就感和荣誉感;对表现差的公开曝光,给予鞭策和警示,同时,也使整个干部队伍普遍产生了危机感,激发提高自身素质的进取心,增强做好本职工作的责任感。实行考核结果通报,谁优谁劣有目共睹,谁该上谁该下一目了然,为干部的选拔任用提供可靠依据。

(汝州市检察院调查与研究第 24 期　2003 年 9 月 15 日)

浅谈如何建立检察机关科学考评体系

●文/沈　涛

当前,围绕全面正确履行法律监督职责的总体目标,建立一套职责明确、程序规范、监督严格的适合检察机关特点的管理体系,通过系统、科学、高效的管理,促进严格执法、公正执法、文明执法,维护社会的公平和正义,是检察机关面临的急需解决的重要课题。笔者就检察机关科学考评体系的建立完善谈一些粗浅的看法:

一、设计科学的考核标准

科学的考核标准应以检验出实际工作能力为终极目标,突出五个特点。一是突出全面性,考核标准运用的对象要广泛,内容要全面。二是突出系统性,按照由易到难、由浅入深的整体思路,科学安排考核内容。三是突出层次性,对不同的考核对象制定出难易程度不同的考核标准。四是突出实用性,应把那些有较强实用价值的内容纳入考核标准中,在考核题型中,应多设计能检验出实际工作能力的题型。五是突出针对性,应根据各业务实际工作的需要,有针对性地制定出相应的考核标准。

二、制定严密的考核办法

科学、规范、严密的考核办法是整个考评体系能否落到实处的关键。因此,在组织机构上,应坚持由上级检察机关组织领导下级检察机关考核工作的制度;考核时间上,应采取定期考核和随机考核相结合的方法;考核地点上,凡是重大考核、考试均应把考查点设在上级检察机关指定的地点,并聘请人大代表、政协委员到场监督,同时应把电视监控作为监考的补充手段;考核方式上,注重灵活性。应广泛动用各种能够检验实际工作能力的考核方法,如对个人业务能力方面的考核,可采用诉辨对抗赛、闭卷考试、优秀论文评选、典型案例研讨等活动,在岗位练兵活动中检验检察人员的实际工作能力。

三、确定主次分明的考核对象

(一)突出对人的考核

1.建立明确的职责和行为规范体系,以严密的制度约束干警的执法行为。首先,从院党组、检委会到各业务科室和综合部门,都要制定一套明确的职责规范,如《党组成员的职责》、《检委员的职责》、《公诉科的职责》等,从上到下使每个领导和干警都明白自己的任务和责任。其次,根据部门特点和职责要求,制定一套具体的行为规范,如对检察人员工作期间的穿着、言谈、举止等应有明确要求,可以称为《检察礼义标准》等。

2.建立科学的用人机制,全面提高干警整体素质。在建立检察机关竞争上岗,反向选择、未位淘汰、中层干部岗位轮换等用人制度的基础上,适当加大素质因素在综合量化考评体系中的比例,使素质因素在岗位竞争中的作用更加具体化、直接化。引导检察人员形成共识:岗位竞争的实质在于素质的竞争,素质是每个人的"立身之本",从而激发干警提高自身素质的积极性。

3.实行民主管理,激发广大干警的主人翁意识,充分发挥集体智慧。最佳的管理方式是民主式,最好的激励潜能的办法是变被动为主动。要激发起全体干警的主人翁意识,使每位干警随时感觉到自己既是管理的对象又是管理的参与者,让干警参与管理,参与领导决策,管理措施中融入了他们自己的智慧。

4.建立目标激励机制,多劳多得,奖勤罚懒。根据每年干警的岗位职责,分层次制定形成一个责任目标体系,在外界的激发下,激励干警自我加压,勤奋工作,努力实现各自目标,目标激励机制的关键环节有三个方面:一是要求每个干警根据自身实际都提出自己的必保目标和力争目标;二是认真兑现奖惩,赏罚分明;三是实行逐级负责制,把权力与责任进行科学合理的分解,做到权力下放,责任不减。这样才能激励干警创造出好的业绩。

(二)突出对工作实绩的考核

要使考核工作实绩做到合理、科学、具体符合检察工作特点,就要处理好"五个结合",使考核工作具有针对性和可操作性。

一是做好动态考核与静态考核相结合。对干警既要实行一年一度的静态总体考核,评定全年成绩,也要实行一月一考评、一季一考评、半年一总结的动态考核,及时发现平时工作中的突出之处。二是做好单项工作考核与整体工作考核相结合。检察机关作为履行法律监督的部门,其职责是多方面的,仅仅某一项工作突出,某一件事情处理圆满尚不能准确地反映干警的工作能力和素质。同样也不能因为某一项工作完成的不好而否定一名干警,否则容易以偏概全,因此考核实绩时,既要看单项成绩、单项指标,也要考核其总体工作完成情况。三是做好软件考核与硬件考核相结合,软件工作如思想政治建设、业务学习等弹性较大。因此,要把各项软件工作分类理顺,规范分割,附着在硬件工作上加以反映和体现。这样,既便于操作,也便于考核,可以避免重业务,轻政治现象的考核偏见。四是做好重点工作考核与一般工作考核相结合,在考核的内容上,实行宜少求精、务实戒虚的求效型机制。要把重点工作与一般性工作按一定的比例、档次加以确定、考核,这样既可以兼顾整体工作,又能突出重点工作。五是做好个人实绩考核与集体实绩考核相结合。个人与集体是个体与整体、个性与共性的关系。在考核中应将个人放在集体实绩的大环境中去把握、定位,重点考核个人在实际工作中取得的实绩,科学地评估其在集体政绩中所起作用和效果。防止"一项荣誉"大家分的现象。

四、科学考评应遵循的原则

科学考评体系是一项系统工程,它要改变一切与检察机关高效率地履行法律监督职能不相适应的管理方式,具有严密的科学性。因此必须遵守以下原则：

一是效益原则。科学考评所解决的核心问题是提高工作效益，因此，必须以最佳方式达到预期目标，着眼于提高系统的整体效益。根据这一原则，制定每一个规范，采取每一项措施，研究每一个问题，都必须充分考虑是否有利于提高某一具体工作的效益和整个检察机关的工作效益为根本，以避免产生束缚干警手脚，压抑其积极性、主动性和创造性的副作用。

二是目标原则。每个系统都要有一定的目标，因此，科学考评体系必须正确树立总的目标，然后确定各项制度和细则，并通过加强检查、监督等多种方式，促进目标的实现。

三是继承和创新相结合的原则。任何一项人类活动，都包含有继承和创新两个方面。多年来，检察机关为加强自身管理，探索了许多好路子，总结了许多好经验，因此，我们必须坚持从实际出发，充分利用现代科学所提供的各种理论和方法，对加强自身管理加以研究总结，既重视总结继承历史经验，保持现有的科学的规范，又着眼于未来和发展，大胆探索，闯出具有时代特色的"管理"新路子。

（汝州市检察院调查与研究第 23 期　2003 年 9 月 11 日）

深化检察机关党风廉政宣教工作

●文/郑占柱

党风廉政宣传教育是党风廉政建设和反腐败工作的重要内容，是教育、鼓舞、启发人的重要途径。把党的路线、方针、政策变为检察干警党员干部的实际行动,最重要的就是要抓好宣传教育。检察机关深化党风廉政宣传教育工作,必须结合检察工作实际,强化措施,突出抓好党风廉政宣传教育工作的重点内容。

一、围绕"主心骨",弘扬主旋律

搞好党风廉政建设宣传教育工作,要紧紧围绕邓小平理论和"三个代表"重要思想及党的十六大精神这个"主心骨"。"三个代表"重要思想是在新时期对马列主义的发展和创新,无论是党的宣传教育工作,纪检监察工作,还是检察各项业务工作,都要围绕这个"主心骨"来进行。检察机关党风廉政建设宣传教育工作要坚持围绕团结稳定鼓劲,以正面宣传为主的方针,宣传中央关于党风廉政建设和反腐败的路线、方针、政策,采用板报、警示栏、剖析典型案例,警钟长鸣,使广大干警不断加深和把握党风廉政建设和反腐败斗争的发展趋势,既看到反腐倡廉工作的成绩,增强反腐败的信心,又看到反腐倡廉工作中存在的问题,决不能掉以轻心。

二、抓住"主开关",突出主渠道

检察机关反腐倡廉的"主开关"就是世界观、人生观和价值观问题,理想信念问题,回答好"入党为什么,当检察官干什么,身后留什么"的问题。这些年一些腐败分子之所以走上犯罪道路,一个重要原因就是理想信念动摇,世界观、人生观、价值观出现扭曲。从对反面典型的剖析看,党风廉政宣传教育工作必须牢牢抓住解决世界观、人生观、价值观这个关键问题。通过宣传教育,使广大干警特别是党员领导干部树立起马克思主义的世界观、人生观和价值观,进一步坚定理想和信念。党风廉政宣传教育必须围绕纪检监察的重点工作开展,各级检察机关纪检监察部门,政工部门要运用多种形式,通过生动活泼、丰富多彩的形式,广泛宣传,使党的路线、方针、政策和反腐倡廉措施真正达到入脑入心,真正产生实际效果。

三、抓好"落实关",突出规范化

做好党风廉政宣传教育工作,实现以上内容,必须采取以下措施,构筑起党风廉政教育防范体系:

1.建立组织,形成强有力的领导机制。把党风廉政宣传教育工作作为各级检察机关党组的共同责任,纳入每年党组宣传教育的总体部署,建立以检察长为组长,由纪检、监察、政治处、办公室等为成员单位的领导小组,下设办公室,坚持抓领导,各级领导亲自抓、带头干,为实现教育的人员、内容、时间、效果四落实,提供组织保证。

2.健全制度,形成协调运转的工作机制。一是建立联席会议制度。由地市级检察机关组织辖区内基层院参加,结合检察机关实际情况,定期研究解决党风廉政宣传教育重点问题,确定教育内容,增强教育的针对性。二是定期开展主题教育制度,根据形势任务变化,每年确定一个主题,大张旗鼓地对全体党员干警进行党的宗旨和理想信念教育。三是实行党纪政纪条规经常性教育制度。通过印制廉政警句佩戴卡、开办廉政准则宣传专栏、典型案例剖析、举办知识竞赛等多种形式,把党纪政纪条规教育纳入经常化轨道。四是建立廉政谈话和随机教育制度。在谈话教育的时机把握上,做到六种情况下必谈:一是新进入检察机关人员必谈;二是新提拔部门副职以上干部必谈;三是干部职级晋升必谈;四是干警转岗必谈;五是任用财务等重要岗位干部时必谈;六是群众有反映的必谈。在容易发生不廉洁问题的关键环节和时期(双节),坚持话要超前说,要求超前提,教育超前搞,做到早打招呼早提醒,把各种可能出现的问题消除在萌芽状态。

3.落实责任,形成有效的监督制约机制。一是明确目标责任。每年初要结合党风廉政责任书,把领导班子、领导干部落实党风廉政教育的责任落实到人,做到党风廉政教育与其他工作一起部署,一起落实,一起检查,一起考核。二是要定期监督检查,围绕党风廉政教育内容、时间、人员、效果四落实。每半年由市院领导带队检查,年底进行综合评比。三是要发挥廉政档案作用。对每一位干警都要建立廉政档案,其主要内容要作为干警提拔,晋级调整的依据。

4.加强考核,形成严格的奖惩机制。为巩固和扩大党风廉政教育效果,要加大考核力度,要把开展党风廉政教育情况作为落实党风廉政建设责任制的一个重要方面。一是每年年底要对各基层院进行一次全面考核,考核结果纳入该院廉政档案,与落实"一岗双责",评选先进挂钩。二是确定党风廉政教育的考核标准。对基层院廉政教育工作的标准和要求,如:领导重视程度,有工作计划、有分工、有分析,对上级院部署的教育活动有计划、有安排;教育覆盖面,教育效果明显,违纪减少,群众满意等。三是实行一票否决,凡年度考核不达标单位,不能评为年终岗责目标先进单位。四是严格执行责任追究,对好的单位予以表彰,差的进行通报批评,严重者依据《检察纪律处分条例》追究党政纪责任,形成严格的党风廉政教育奖惩机制。

(汝州市检察院调查与研究第 6 期　2005 年 6 月 28 日)

浅谈检察机关经费保障制度的完善

●文/魏　娜

我国检察系统的经费来源,主要是依靠各级政府财政的拨款及预算外经费补充。目前我国财政对于检察机关收缴赃款,实行"收支两条线",即收缴的赃款全额上缴给财政专户,财政统筹后再以预算外资金的形式,根据其经济实力与检察院的开支预算报告决定拨款数额的多少。不同地区的检察院得到的财政拨款是不相同的,因此形成了有的检察院经费相对有余,有的检察院严重不足。在经济发达地区的检察院,收缴赃款多,经费相对较充足,基础设施建设相对也较先进。在经济不发达地区的检察院,案件少,财政困难,得到的经费也极有限,人员经费无法保证,办案经费和建设资金更是如此。而经费缺乏,已成为困扰检察院依法独立行使检察权的一个难题。现有的经费保障制度已难以适应形势发展的需要。

一、基层检察院经费保障现状及存在的问题

(一)由于财政状况不佳,难以全面保障基层检察院办公、办案经费需要

财政预算编制不顺和财政经费多途,严重制约基层检察机关经费保障。按照财政包干、各级负担的财政管理体系,基层检察机关的经费由当地财政负担。地方党委、政府知道靠财政的预算内经费不能维持检察工作的正常开展,就采取以预算外经费补充,即赃款、没收款返还的方法来弥补检察机关的经费不足。而这种解决经费的方式存在明显的弊端:一是存在利益为重的思想,放纵犯罪。由于经费得不到保障,每年年初基层检察机关考虑较多的是如何寻找经费的着落,存在创收增利的思想观念,主观上有办案以利益为重的思想,往往存在有钱有利的案件抢着办,无钱无利的案子不愿办的现象。而一旦形成利益为重的思想,就自然存在放纵犯罪的危险,有的案子由

于没有经费,不能正常取证,有的证据错过时机便无从深入,这必然导致放纵犯罪,不能更好地打击犯罪。二是存在执法不公的隐患,损害检察机关的形象。"有钱放人,无钱关人",对老百姓的这种说法不是不存在。司法实践中,积极退赃是一种悔罪表现,这类犯罪分子一般被关押的时间较短,大多会被改变强制措施,而不退赃的则关押时间较长,有的还会被变相超期羁押。这种观念使执法人员错误地认为交了钱就从轻、不交钱的从重,而老百姓也就自然而然有了上面的说法,这必然损害检察机关的形象。然而我们深层次思考便会发现这大都是因为经费不足所引起的。由于各地财政状况不同,有的当地财政相对困难,由于受地方经济发展落后的制约,在实际中,财政在保证统发工资的基础上,再拨一点公积金、医疗保险等固定支出外,其他公务费一概没有。要想有经费,必须依靠办案,收缴的罚没款上缴财政后,再要求返还,一旦没有罚没收入或罚没收入没有及时返还,就造成干警的差旅费、车辆燃油费、修理费、通讯费、水电费等正常办公费用不能及时支付报销,极易削弱干警的工作积极性,严重阻碍了各项检察工作的顺利开展。从2007年以来,根据上级院的要求,通过协调本级财政,我院办案经费达到人均1.6万元,有效缓解了办案经费不足这一问题。

(二)科技强检,装备建设步履为艰

随着科学技术的飞速发展,犯罪分子的作案手段日益翻新,智能犯罪、网络犯罪等高科技犯罪日益突出,严重影响了社会稳定。这要求检察机关迅速转变思想,站在现代科学技术的前沿,向科技要战斗力,已是势在必行、刻不容缓。《人民检察院器材设备配备纲要》,基层院应配备的器材设备分以下六类:信息网络设备、侦查诉讼设备、检验鉴定设备、通讯指挥设备、安全保密防范设备、诉讼档案管理设备。从目前的情况看,由于要求配备的器材设备需要大量的资金,所以均未配置完备。根据高检院经费保障工作意见和发展规划,检察机关要充分运用计算机技术、信息管理技术和先进的通讯技术,建立检察系统的综合信息网络,改善办案、交通条件,增加快速反应能力。但以信息网络为主载体的科技强检、装备建设在很多检察院根本无从谈起。这在犯罪日益科技化、智能化的今天,使检察机关打击犯罪的力度明显滞后。

在当前强调司法改革的进程中,经费保障机制也应进行相应的改革,应改变这种检察经费单纯依靠地方财政拨款的做法,应当实行全国检察系统的经费由国家财政统一拨款,并立法保障司法经费,建立独立的司法预算制度。

二、改革和完善基层检察机关经费保障机制的探讨

(一)贯彻执行"收支两条线"规定,调剂、使用好上交的罚没款经费

建立健全财务管理制度,由财务部门统一归口管理本单位财务收支活动,提高财务管理水平,确保经费按照规定用途使用,禁止截留、挤占和挪用,制止违反财经纪律和财务制度的行为。将上交的罚没款物纳入政府财政预算,统一管理、统一使用。严格执行"收支两条线"规定,制定出合理的、平衡的经费保障标准,并在实践中不断完善和提高标准,以确保基层检察机关正常有效运转。

(二)针对检察机关的双重领导体制的财政体制,争取各级支持,加大基层检察机关经费投入

检察机关由于领导体制和财政体制的特殊性,经费管理难以实行中央财政预算单列、检察系统逐级下达的办法。因此,可采取以块为主,条块结合的方法,通过地方保一块,上级检察机关补一点,中央财政补助专款充实一点的办法来解决。同时也要合理安排支出,勤俭节约,将每分钱都使在刀刃上,按"确保重点,兼顾一般"的原则统筹安排经费支出,坚决反对铺张浪费,减少"吃请招待"经费,充分发挥基层经费有限的最大效益。但从长远来看,在现行这种财政体制下,要解决检察机关经费保障问题,笔者认为只有改革经费保障体制,实行中央财政垂直管理,才能充分保证检察经费,从根本上解决经费保障问题。

(三)加强财务监督,使每一分都使在刀刃上

一方面上级院和本级财政部门要对检察机关的经费使用情况进行监督,实行报帐或报表制,统一联网。而被监督的一方应详细汇报经费的使用情况,不得瞒报、虚报等。另一方面上级院和本级财政部门应对检察机关执行财经制度进行监督,严格执行收支两条线,防止干警违法违纪,禁止单位拉赞助、私设小金库等。既从保护干警出发,又从维护检察机关形象出发,搞好财务监督。

(四)对西部或经济欠发达那些自我保障有困难的地区,适当采用中央财政转移支付的办法

国内还有很多地区的财政收入不能自给,自我保障能力欠缺,建议由当地政府通过财政预算安排,并采取中央转移支付为主,地方财政补助为辅的方式进行保障。

(五)加强组织领导,改进工作方法,进一步加大检察经费保障工作的力度

加强组织领导,形成经费保障工作齐抓共管的局面,不断学习财政知识和政策,提高运用政策指导经费保障工作的水平,大力开展调查研究,对工作中的疑点难点,及时研究解决,为做好经费保障工作创造有利条件。同时努力提高检察经费工作队伍的专业素质,积极探索建立计划财务装备干部的专业素质,培养一批在财务管理方面有一定的影响力的高层次人才,为基层检察机关经费保障工作迈向高水平奠下坚实的基础。

笔者认为,只有对"收支两条线"进一步进行完善,在"收支"的"支"上,建立起独立的司法预算制度,并立法给予保障,即将经费预算分为两部分,一部分由最高法院编制全国检察系统全年的开支预算,而这个收支预算,则建立在各个法院年初预算的基础上,由各个法院每年所需的建设资金、人员经费组成。这部分的开支预算,在年初由最高检察院交国务院主管部门审核,单列入国家预算,报经全国人大批准,国务院主管部门保证按预算拨款。

另一部分由办案经费构成,由于办案经费是随案件的多少而增减变动,属于不可预计因素, 因此这部分经费由各基层检察院根据实际情况逐月按需向同级财政提出,同级财政形成专项经费。专款专用,限时拨给检察院使用。专款的年终结余用于统筹,保证下一年度的经费。这样既有利于充分调动各个检察院的工作积极性和主动性,使经费得以充足的保障,使资金得到最有效的利用。也只有这样,才能建立起独立的司法预算保障制度,才能真正实现司法独立与司法公正,真正实现依法治国。

(汝州市检察院调查与研究第 27 期　2008 年 7 月 31 日)

加强新时期基层检察院
职业道德文化建设探析

●文/魏　娜

加强检察职业道德建设,是检察文化建设的核心内容。当前我国改革开放和经济建设正处在不断深化和空前的发展阶段,检察机关开展法律监督和反腐败工作任重而道远,面对新的形势任务和时代机遇,加强检察官职业道德建设,塑造一支政治坚定、纪律严明、作风过硬的检察官队伍刻不容缓。2007年以来,我院注重深入推进检察文化建设,坚持以先进的文化理念引导人、以高尚的文化精神鼓舞人,以浓厚的文化氛围塑造人,从而培养干警良好的职业道德,提升了队伍的整体素质,促进了检察工作的创新发展。

一、加强职业道德文化建设的必要性

检察文化是法律文化的一个重要分支,是检察机关在长期的检察工作中创造和积累的具有检察特色的精神财富。而检察职业道德是检察文化的重要组成部分,是检察人员在从事检察工作中应该遵循的行为规范和应该具备的道德品质,其具体内容概括为八个字:"忠诚、公正、清廉、严明",而这八个字的内涵也正是检察文化的核心。

1."忠诚"是新时期践行检察职业道德的政治和法律基础。检察人员必须忠于党,忠于国家,忠于人民,忠于宪法和法律;必须具有坚定的理想信念,自觉坚持党的领导,自觉用先进文化武装头脑,指导检察实践,自觉维护国家利益和尊严,严格履行法律监督职责;在检察工作中,严格以法律为标准,把为人民服务贯穿始终,接受人民群众的监督,维护人民群众的合法权益作为检察工作的出发点和归宿。始终做到"有法可依,有法必依,执法必严,违法必究"，始终做到在检察工作中牢固树立证据意识，重调查研究，不轻信口供，勇于揭示案件的本质和真相，正确适用法律，保障国家法律正确统一实施。而这些具体的要求，正是检察官职业道德建设中"忠诚"所包含的全部内容，是对每一个检察人员政治立场的基本要求。

2."公正"是新时期检察职业道德的核心要求。"公正"既是检察职业道德的核心要求，也是检察人员政治信念和法律价值观念的具体体现。"公正"要求检察人员在履行监督职责、严厉打击各种刑事犯罪、惩治和预防职务犯罪的各项工作中，公正无私，严格执法，秉公办案，坚持以事实为依据，以法律为准绳。具体来说，坚持公正执法，就必须自觉地把"加强法律监督"贯彻落实到各项检察工作中去，把"依法办案"作为检察工作的一项重要标准，把"从严治检"作为检察机关严格自律的手段，把"服务大局"作为检察工作的根本目的，把服从服务于党的中心工作作为检察工作的出发点和落脚点。

3."清廉"是新时期检察职业道德的追求目标。"清廉"既是检察职业道德人格和纪律的要求，也是新时期检察职业道德的追求目标。它要求检察人员必须自觉抵制权势和人情的干扰，抵制金钱美色的诱惑，淡泊名利，一尘不染，两袖清风，努力养成艰苦、刻苦、吃苦的作风，模范遵守各项法律法规和纪律，自觉维护检察机关的良好形象。检察人员必须用检察文化来倡导廉洁从检，增强廉政教育的亲和力、渗透力和感染力，不仅在整个检察系统营造"崇廉"的良好氛围，也要在全社会弘扬廉政的文化，用文化的力量去影响人们的思想、观念、道德和价值追求。这既是检察文化的追求，也是检察官职业道德建设的重要内容。

4."严明"是新时期检察职业道德的政治保证。"严明"不仅是检察人员内在心理和外在表现的基本要求，更是检察人员践行检察职业道德的思想和业务根基。它要求检察人员必须严格执法，铁面无私，不畏权势，刚直不阿，不渎职，不越权，敢于监督，严于监督，善于监督，坚决同一切违法行为作不妥协的斗争，维护宪法和法律尊严；必须依法办案，文明执法，严格遵守法定程序,讲求司法文明,依法维护当事人的合法权益。从这个意义来说,新时期,检察职业道德要求的完善和传承,关键在于从严治检,建设起一支政治素质和业务素质高,忠于党和人民,不徇私情,廉洁敬业,恪尽职守的检察队伍。

二、当前基层检察院在职业道德建设与检察文化建设上存在的问题

1.职业特性引发的"强势心态"。由于检察机关是法律监督机关,拥有独立的检察权,受特权思想的影响,极少数干警往往以执法者自居,盲目自大,对待申诉求助群众敷衍塞责。同时,也个别存在追求安逸,缺乏工作激情,对待工作不思进取,得过且过的现象。

2.体制局限引发的"无为心态"。现行检察官管理体制行政化,因实行行政级别制,行政职数有限,晋升渠道单一,干警的职级待遇得不到及时解决,这使他们感到晋升无望,个人价值难以实现,从而产生悲观情绪,意志衰退,工作积极性和创造性不能有效发挥。同时,一些老同志在"无作为"、"无所谓"的思想支配下,产生消极情绪,只求任务完成,不求高效优质。

3.价值取向引发的"浮躁心态"。随着市场经济的发展,受利益驱动的影响,干警的价值取向趋向多元化和功利化。重经济轻政治、重个人轻组织、重实惠轻奉献等现象在一些干警的思想和行为上时有反映。由于基层院干警待遇普遍低于其他市区院,这使个别干警对待工作讲条件待遇,满腹牢骚;对待生活总不满足,上下攀比、内外攀比、左右攀比。

三、加强职业道德建设与检察文化建设的途径

1.努力构建精神文化,激励干警忠于职守。一是进一步加强干警职业道德教育,提升队伍整体职业操守。我院 2007 年以来先后开展了"大学习、大讨论"、"学习实践科学发展观"、"思想纪律作风整顿"、向"全国模范检察官陈海宏同志学习"、向"全国先进检察院、全国模范检察院"灵宝市人民检察院学习等专项教育活动。活动中,我们开辟了"学习栏"、"交流园地"和专题讲座,全院干警先后撰写心得体会 150 余篇。2009 年 4 月 9 日,我院邀请平顶山市委党校乔东丽副教授以《加强三观教育，促进职业道德建设》为题，从讲解"世界观、人生观、价值观"概念开始，结合"三观教育"的重要现实意义与职业道德建设的重要意义，引导全院干警深刻理解加强职业道德的重要性和紧迫性。二是举行纪念、庆典活动，增进爱国情感，提高道德素养。我院在清明节开展清明节祭扫烈士陵园和参观抗日战争历史纪念馆活动，使同志们学习和发扬革命先烈们艰苦朴素、勤俭节约、迎难而上的优良作风和大无畏精神，并珍惜现在的宝贵时光和幸福生活。以庆祝党的生日为契机，在建党节组织参加"庆七一，我心中的检察官"演讲比赛，集中展示了检察干警的良好精神风貌和综合素质，通过演讲，增强了检察干警的职业自豪感，激发广大干警为祖国的检察事业而努力奋斗的信心。在2008年重阳节来临之际，也是汝州市人民检察院恢复重建30周年之时，我院主要领导和本院二十余名离退休干部及部分年轻干警欢聚一堂，共话检察机关恢复重建30年的发展历程，并向从检25年以上的检察干警颁发了最高人民检察院授予的检察荣誉勋章。三是优化工作环境，营造浓厚的文化氛围。在搞好院办公楼及办公办案环境和附属设施的整改、修缮，达到绿化、亮化、美化的同时，我们更注重教育效果。加强图书室、档案室、健身活动等场所的管理，让名人名言上墙。在办公楼大厅电子显示屏上经常滚动播出"你对生活微笑，生活也会对你微笑"、"少说空话，多做工作，扎扎实实，埋头苦干"、"快乐工作，工作快乐"之类的至理名言，从细微处浸润着干警的思想，教育引导干警树立良好、文明的工作作风。并在办公楼各层墙壁上镶置了以"八荣八耻"、"检察职业道德准则"、"加强法监督，维护公平正义"为内容的精美玻璃框，警示教育和增强广大干警荣辱观念。

2.努力构建法治文化，确保严格公正执法。一是以民为本，树立公正理念。我们把人民群众的呼声作为第一信号，把人民群众的需要作为第一选择，把人民群众的利益作为第一追求，把人民群众的满意作为第一标准。2009年7月，为加强检民联系，畅通群众诉求渠道，使检察机关更好地服务企业、服务"三农",我院成立了党员、团员法律服务志愿团,在全市开展以"登千家门、暖万人心"为主题的检察干警入企业、到农村、进社区大型法律服务活动。活动自开展以来,志愿团的成员牺牲休息日时间,先后深入我市各个乡镇的部分乡村,进行法律服务和法律宣传。目前志愿团已出动宣传人员96人(次),发放宣传单300余张、宣传册86本,记录调查问卷213份,接受法律服务的群众达800余人,收到群众举报线索5件,其中已有1件进入初查程序。法律服务志愿团被群众们亲切的誉为"流动的检察院"。二是加强监督,维护法治公平。我院紧紧围绕"强化法律监督,维护公平正义"的检察工作主题,不断增强监督意识、强化监督手段、加大监督力度。今年我院各个业务部门,紧扣《刑法》、《刑事诉讼法》对各类刑事案件所规定的证据标准,制作了科学、严谨的案件流程表,创新和完善了侦查监督、行政执法监督、案件质量监督和审判监督四大机制,确保了检察机关的监督落到实处、取得实效。

3.努力构建廉政文化,引导干警清正廉洁。一是强化自我监督。教育广大干警认真执行检察官行为规范,制订了工作文明用语,切实做到严肃执法,热情服务。并从细节抓起,做到办公场所卫生整洁,车辆停放有序,干警着装规范,仪表端庄,举止稳重。二是强化内部监督。深入开展自身反腐倡廉教育,筑牢拒腐防变的思想道德防线;认真落实党风廉政建设责任制和办案安全责任制,从办案薄弱环节规范执法行为,以办案流程规范执法行为。每年初我院全体干警层层签订党风廉政建设责任书,人人建立廉政档案和执法档案,努力防止违规、违纪。三是坚持"以德为先"用人标准,建立充满活力的干部梯队。2009年4月,院党组根据我院干部队伍现状和业务工作需要,按照"以德为先,德才兼备"的选人用人标准,确定6个中层副职岗位在全院干警中进行选拔,经部门负责人推荐介绍,候选人发表竞职演讲,干警投票推荐,院党组根据推荐结果,结合候选人的德、能、勤、绩、廉等情况,经过集体研究,最终确定了6名德才兼备的年轻干警担任中层副职。在整个选拔过程中,有效避免了过去历次竞争上岗中拉票、贿选等不良现象,干警们反映良好。

4.努力构建管理文化,不断提升严明形象。我院强化制度管理,用制度管人管事。我院建立完善一套符合新时期队伍管理要求的管理制度,把检察业务工作、检察综合工作、队伍管理工作中的81项制度汇编印制成册,发放到每位干警手中,让干警学习掌握各项制度规定,并定期对规范的学习情况进行闭卷测试,用制度规范自己的执法办案行为,用制度推动各项工作管理科学化。在日常管理中。实行上下班出勤情况定期不定期抽查通报制,开展摄像监控,不定期查看上下班及值班工作纪律的执行情况;改变会风,杜绝会议期间接打手机、交头接耳、迟到早退,抽烟瞌睡现象;加强卫生管理,杜绝了随地吐痰、乱扔烟头、乱扔碎纸垃圾等现象。

(汝州市检察院调查与研究第9期　2010年5月11日)

从根源处分析和预防青少年违法犯罪

●文/王武国

当今社会,随着社会经济的不断发展,社会治安形势也变得日趋复杂和严峻起来,犯罪形式日趋多样,犯罪手段不断变化,并不断呈现出新的犯罪特点和犯罪趋势。而其中青少年违法犯罪的数量也呈现出不断上升的势头,而且犯罪所涉及的领域也越来越广泛。当前的青少年犯罪问题,在我国已经普遍引起社会各界的关注和重视,世界各国在社会控制犯罪战略中都突出了青少年犯罪这个重点。我们只有从本质上认识青少年犯罪的原因和特点,才能够采取切实有效的措施和对策加以预防。

何谓青少年犯罪,这个概念在我国现行的各项法律中和司法解释中并没有一个十分明确的规定,因为青少年的概念在随着社会经济的发展和社会结构的变化,正在不断的延伸和扩大,本文所指的青少年违法犯罪,是指在青少年年龄阶段由于各种原因所实施的各种违法犯罪的统称。

一、当前青少年违法犯罪的显著特点

1.从青少年违法犯罪的性质上来看,首先是财产类犯罪比例最大。一些青少年没有正确的世界观、人生观和价值观,缺乏正确的理想和信念,好逸恶劳,贪图吃喝玩乐等物质享受,不劳而获,从小偷小摸开始,慢慢扩大各种财产需求,逐步走向各种财产类犯罪;其次是聚众斗殴、寻衅滋事犯罪;最后是模仿影视片中犯罪分子的作案手段,目无国法、不记后果、结帮行凶、以致故意杀人或故意伤害致人死亡等严重犯罪。

2.从青少年犯罪形式上来看,青少年犯罪两人以上共同犯罪居多数,由于种种原因,一些青少年过早辍学,又无业可就,浪迹街头,拉帮结伙,经常聚集在一起吸烟酗酒滋事,甚至模仿影视片中的黑社会组织,推举老大、老二成立帮派组织,在学校周边活动。看谁不顺眼就"修理"谁,抢夺诈骗中小学生,更有甚者还持械拦截少女实施暴力。

3.从青少年犯罪手段上来看,作案手段日趋向智能化方向发展。作案成员分工明确,相互配合,案前踩点谋划,案后转移、销赃一体化,并运用一定的反侦查手段。

4.从青少年犯罪的年龄上来看,正逐渐趋向低龄化发展。在受到刑事处罚的未成年人当中已满14周岁,不满16周岁的人数逐渐增多,已满14周岁,不负刑事责任和不满16周岁不予刑事处罚的人数也占相当大的比例。

5.从青少年犯罪人员构成来看,辍学青少年居多,家庭不和父母离异子女较多,家庭娇惯溺爱者较多。

二、青少年违法犯罪的具体原因

1.家庭和社会对青少年缺失正确的道德理想教育。青少年正处于身体、智力共生长的成长阶段,此时的青少年性格尚未成型也比较偏执,在没有形成完整的世界观和人生观、价值观之时,面对色彩缤纷的现实生活,经不起物质刺激和低俗利诱,随时会发生精神垮塌,追求物质享受,逐步走向邪路。

2.网络虚拟世界,传播暴力,淫秽等社会丑恶现象,摧生青少年走向犯罪,青少年涉嫌违法犯罪者,多有沉溺网络史。

3.法制教育不及时,没有针对性,没有在青少年头脑中真正形成有法必依,执法必严,违法必纠的守法护法理念。大多学校的法制教育课形同虚设,只是走走形式,没有达到预想效果。

4.不正确的家庭教育给孩子造成难以矫治的障碍。父母是孩子们的榜样,父母不合,离异或赌博,不务正业,缺乏爱心,缺乏责任心,都在不同成度上影响着自己的子女。不良的家庭环境,使孩子们产生孤独、自卑、怨恨、狂妄、暴躁的心理,极易被坏人利用,从而"逼"孩子走向犯罪道路。

5.学校热衷于应试教育,片面追求升学率,使学生难以全面发展。缺失道德理想信念教育的结果,使学生无法面对错综复杂的社会现实,容易在人生的十字路口误入歧途,高分低能的社会危害者就此产生。

6.鉴于青少年自身独特的生理、心理特点,把握不好会走向犯罪。处于生理和心理发育成长阶段的青少年,辩别是非,区分良莠和抵御外力的能力差,模仿力强,易被诱惑实施犯罪;学生盲目攀比,心理失衡,也会导致不良企图;社会不良风气,低级趣味的色情文化,也是犯罪的一种诱惑;学生成绩差,受到师生们歧视,自尊心受伤害,可能产生强烈逆反心理和报复心理,从而走向犯罪。

三、预防青少年犯罪

造成青少年犯罪逞走高趋势的原因是多方面的,有社会、青少年自身、家庭环境、学校教育等方面的因素。当前,我国正处于经济社会的转型期和社会主义经济建设的重要战略机遇期,不利于青少年健康成长的因素很多,而传统的教育管理模式又难以收到预期效果。积极采取预防青少年违法犯罪措施、防患于未然,尤显得特别重要。

1.建立健全少年司法制度,还应借鉴国外先进经验,以完善我国的青少年犯罪立法。如日、美等发达国家对青少年违法、犯罪行为进行矫治时,为了达到最佳的效果,专门设立缓刑机构,对青少年犯进行诊断、治疗及有效的社会监督,及时了解青少年犯的悔罪态度、改造表现、思想动态等,真正使他们改过自新,重新做人。此外,为了防止犯罪青少年释放后受到歧视,日、德等国家专门对犯罪青少年的刑事污点的取消作了有限的规定,使犯过罪的青少年能够重新过上正常人的生活。我国虽然在 1992 年就实施了《未成年人保护法》,又在 1999 年实施了《预防未成年人犯罪法》,填补了我国少年司法的空白,保护了未成年人的合法权益,但是现有法律、法规由于线条过粗,规定过于笼统,操作起来难度较大。因此,许多未成年人家长和有识之士,呼吁有关部门要在进一步完善立法的基础上,制定切实可行的防范措施,使预防青少年违法犯罪工作真正做到有法可依。

2.家庭的教育深刻影响着子女人生观、道德观的形成。家庭教育有缺陷是子女形成不良个性的基础,潜伏着青少年走上违法犯罪道路的危机。德国教育专家的一个共识是,家庭的教育和影响直接关系着孩子一生的成长,父母作为孩子第一任教师对孩子成长起着关键作用。父母应该给孩子建造预防犯罪的防火墙,带头学法、守法、护法,加强对孩子的道德修养培养,教育孩子正确对待应试成绩与综合素质,鼓励孩子与不良行为作斗争,不断激励孩子的自信心和上进心,培养孩子健康成长。

3.社会是保障,在青少年违法犯罪中,社会的责任最大,因此政府应创造更加宽松的就业机会,避免待业青少年无序流动。

4.德国教育界普遍认为,学校在防止青少年违法犯罪当中起着主导作用,只要有一个孩子不接受教育,社会将来就会多一个祸根。要充分发挥学校教书育人的作用,在校教育学生树立正确人生观,世界观。加强理想、道德、爱国主义、社会主义教育;加强遵纪守法和社会公德规范,树立自尊、自律、自强意识,增强辨别是非和自我保护能力;对沾染不良习气的青少年,加强矫治,善待学生的"过错",用爱心唤醒沉睡失误的孩子们。

5.政法部门应严厉打击危害青少年成长的各种犯罪,同时做好已犯罪青少年的改造工作。政法部门应严厉打击各种社会丑恶现象,维护社会稳定,加强社会综合治理工作,保障青少年有一个和谐、健康的生存与成长空间,加强做好已犯罪的青少年的改造以及服刑期满后回归社会后的工作。政法部门与文化、教育、卫生等部门联合,把预防青少年犯罪问题、心理学问题、青春期问题等同时进行引导、教育,组织有关人员进行上课、开讲座。政法部门特别要加大整治校园周边环境力度,清理整顿学校周边的各种场所及各种影视、网吧,让青少年远离暴力、远离淫秽,营造一个青少年舒心的学习、生活环境。

6.加强社会治安综合治理,净化校园和校园周边治安环境,坚决取缔黑网吧,遏制住传播青少年犯罪的黑手。教育青少年远离暴力,远离淫秽,远离毒品,营造健康舒心的学习和生活环境,改善社会风气,消除各种消极影响。

　　总之,预防青少年犯罪是一项紧迫而艰巨的工作,只有在党政组织领导下,实行对青少年犯罪预防的综合治理,充分利用政治、经济、法律、行政、教育、文化等手段,不断改善社会风气,消除各种消极影响,从而达到预防和减少青少年犯罪的目的。

（汝州市检察院调查与研究第 22 期　2010 年 7 月 7 日）

发挥检察职能作用　努力提高群众满意度

●文 / 管建民

　　检察工作是政法工作的重要组成部分,是维护人民群众利益和社会和谐稳定的重要保障。对检察工作评判的一个重要标准是群众对检察工作的满意度如何。所以如何赢得人民群众对检察机关的支持和满意,如何提高检察机关在人民群众心目中的地位,成为今后一个时期我们必须要重视的一个问题。

一、当前制约我院"群众满意度"指数的原因

　　经过近段时间的琢磨思考和认真分析,我认为当前制约群众满意度的问题主要表现在以下几个方面:(1)个别检察干警执法理念不够端正,执法行为不够规范;(2)法律监督力度不够,在打击和预防职务犯罪、诉讼监督等方面还存在着薄弱环节;(3)队伍管理不够严格,有极少数干警采取不同的方式参与经商办企业,与民争利,个别干警特权思想严重,执法粗放,方法简单,不注意言谈举止和检察形象,存在霸道作风;(4)对"群众满意度"指数测评工作重视程度不够,沟通协调不到位;(5)宣传和报道的力度不够,方法单一,氛围不浓,检察工作的开展,群众公知度不高,群众对检察机关一系列规范执法的举措不了解;(6)检察干警联系群众做得不够;(7)检察工作亮点和创新远没有得到有效发挥。

二、充分发挥检察职能,着力满足群众司法需求

　　如何在新形势下更有效地履行好检察职能,保障和改善民生,满足人民群众对检察工作的新要求、新期待。我认为基本的思路应是"从人民群众不满意的地方改起,从人民群众满意的地方做起。建立起让人民群众满意的长效机制,努力提升人民群众对检察工作的知晓率和满意度,用实际行动逐步

树立检察机关的良好社会形象"。具体来讲,我有一些不成熟的意见和看法:

1.高度关注涉及民生案件的办理,要把群众反映强烈的问题作为执法办案的重点,积极开展以保民生为重点的检察工作。当前,社会治安和腐败问题是人民群众最为关心的问题,也是严重影响民生建设的社会热点问题。因此,我们应当充分发挥批捕、起诉职能,依法及时、准确、有力地打击各类刑事犯罪,特别是严重影响人民群众生活安全感的黑恶势力犯罪、严重暴力犯罪、多发性侵财犯罪。切实保护人民群众的人身、财产安全,为人民群众安居乐业创造良好的法治环境。其次要充分发挥反贪、反渎职能,突出查办农业、教育、计划生育、就业、医疗、社保等领域发生的职务犯罪,特别要密切关注土地承包、征用、出让和道路建设等新农村建设当中的职务犯罪,确保农民和农村集体利益不受侵害,促进党和国家保障和改善民生的各项政策措施落到实处。突出查办挪用救灾款物和征地拆迁中严重危害民生的职务犯罪案件,切实保障人民群众的合法权益。

2.全面推进"爱民、为民"实践活动。老百姓的想法是最纯朴的,他们反映的问题也是最基本的,我们只有从他们反映的问题中找出工作中存在的症结,认真加以改正,老百姓才会对我们的工作满意。所以我们必须贴近群众,聆听呼声,了解民情民意,切实做到为老百姓排忧解难。具体想法是:(1)实行院领导挂片巡访下访制度。每月挂片领导带领相关干警深入乡、村、户,与群众面对面,对人民群众的合理诉求尽力解决,没有诉求的,注重了解掌握人民群众对检察工作的新期待、新要求。同时要将本院检察工作信息向基层传递,加大对检察工作的宣传覆盖面。(2)走进农村,维护农民权益。自侦部门在办案过程中要强化检察职能,注重保障惠农政策的落实,注重保护农民的合法权益。公诉、侦监部门要深入村庄、学校、派出所、社区对当事人进行回访。重点走访近年来受到"两抢一盗"侵害的当事人、涉检信访案件当事人、重大刑事案件被害人及其亲戚,以及已经发现和掌握的对检察机关有意见的人员等,逐人见面,当面了解这些人员的诉求和困难。(3)走进企业,为企业又好又快发展提供法律服务。结合我院正在进行的"为企业服务"活动，积极开展"送法进企业活动"，为企业保驾护航，做企业的坚强后盾。(4)走进项目，服务项目。坚持检察长带领下开展服务重大项目走访活动，与重大项目建设单位负责人联系，了解企业扩建扩产项目和各方面情况，了解生产建设中遇到的困难，并帮助协调解决。真正把检察工作融入到重大项目建设之中。

3.加大宣传力度，增强群众对检察机关的知晓率。一是积极开展形式多样的宣传活动，通过报纸、广播、电视、网络等媒体，采取制作电视宣传片、悬挂宣传横幅、宣传标语、大型宣传画等形式全面宣传我院规范执法，文明、严格、公正执法的新形象和改革、创新检察工作的举措；适时召开案情通报会，向社会公布该院近期取得办案成果；公布便民为民的新措施，让老百姓对检察工作有一个全方位的了解；二是在农村开展一次"检察助农，我们需要做些什么"的大型问卷调查活动，通过发放调查问卷(深入全市所有乡村)，就当前检察作风、检察职能、检察工作服务三农的满意度、存在的问题和不足有什么改进的意见和建议，来征求农民群众的意见和建议，使检察工作更好地体现群众的愿望和要求。在征求意见的同时，要借机开展普法宣传，重点宣讲与农民群众生产、生活密切相关的刑事法律常识、治安管理规定、土地承包和土地管理的法律规定，司法机关办理刑事案件、民事诉讼的基本程序，以及国家的各项惠农政策等。

4.提高服务水平，坚持执法为民原则，完善和落实各项司法便民、司法利民措施。坚持以促进解决民生问题为突破口，当前涉及老百姓不满意的问题存在多个方面，如农村低保问题、退耕还林问题、农民耕种直补问题、土地征用补偿款问题等等，这些关乎民生的问题都需要职能部门去进一步规范落实。然而，一部分干部总是为自己的小算盘作打算，不顾老百姓的感情，严重侵害他们的利益，从而引起老百姓的强烈不满。有些群众因此而集体上访，或因方法过激而闹事等，严重影响了人民群众对党委、政府的信任度，加剧了干群之间的矛盾。对于检察机关而言,消除这些矛盾,不是简单地查一两起职务犯罪就能解决的,关键是要靠广大干警从自身做起,在办案中要严格执法纪律,规范办案程序,把司法为民、司法便民、司法利民的要求贯彻到每一起案件当中,努力实现法律效果和社会效果的有机统一。特别是控申部门作为检察院联系群众的窗口,更要加强执法形象建设,开展热情服务、文明执法、人文执法、真心、热心、耐心、细心、公心、诚心地面对每位上访者,以人情化的方式对待案件当事人活动,以树立检察机关公正执法、热情服务的良好形象。作为民行部门要建立弱势群体民事申诉案件优先受理、优先立案、优先办结机制,同时要加强与信访、纪检、公安、法院等相关部门的协调沟通和信息交换,尽最大努力使群众反映的问题得到解决,决不把矛盾上交。

5.坚持从严治检,加强检风检纪,防止干警在办案过程中出现特权思想和霸道作风,以及伤害群众感情的现象发生。忠诚、公正、清廉、严明,是检察官的职业道德规范,也是保障和改善民生的客观要求。作为检察干警,首先要加强自身修养,不断在学习中充实自己、在工作中改造自己、在办案中警示自己。要正确认识、正确对待和谨慎行使人民赋予的权力,树立"权力就是责任"的观念。检察机关要完善和加强内部监督制约,结合当前正在深入开展的学习科学发展观和政法系统思想纪律作风集中整顿教育活动,进一步落实规范化管理体系和各项规章制度,进一步改进工作作风。坚持从严治检,切实用各项检察纪律把队伍管住、管严、管紧,以树立检察机关良好形象。

（汝州市检察院调查与研究第 23 期　2010 年 7 月 7 日）

社会发展急需"法律进基层"

●文／李素君

随着我国社会主义法制的不断健全和完善,法律影响社会的广度和深度都在发展,人们的法律意识逐步觉醒和增强,"用法"成了人们的迫切需要。然而,现实生活中,许多人需要用法律来保护自己的时候,却不知道如何正确运用,在对法律的一知半解中反而使问题和矛盾更加复杂化,成为社会矛盾凸显的诱因之一,严重影响社会的和谐稳定。因此,"送法进基层"提高全民法律意识是相关政府部门和司法机关刻不容缓的工作任务之一。

一、"法律进基层"的现实目的及意义

1."法律进基层"能进一步增强全民法律素养,提高人们解决矛盾和冲突的能力。近些年来,"涉法上访"现象突出,严重阻碍了社会的和谐发展。这固然与执法者的执法不严谨有关,但也与相当一部分"涉法上访"当事人不懂法,误解法律有关。因此,国家必须把少数法律事务者懂得的法律普及到广大人民群众,才能促进执法者与守法者之间的有效沟通,快速化解矛盾纠纷,化干戈为玉帛。人们的社会主义法律意识提高了,热爱和拥护我国现行法律的情感,信念才能加深,并且由自发上升到自觉,树立用法律维护自己的合法权益,规范自己在劳动、工作、生活中的所作所为,遵守法律,同违法现象作斗争,保证法律实施等观念,也才能不断增强。这不仅对保护国家、集体和公民个人的合法利益,巩固安定的社会秩序,而且对维护社会主义法律的尊严和权威,都具有巨大意义。

2."法律进基层"能进一步增强行政执法部门和司法机关依法治理社会的自觉性,提高依法管理和服务社会的水平,进一步提升执法人员依法办事水平。通过宣传法律、"送法下基层"活动,在教化人民群众学法的同时,行政

执法部门和司法机关及其工作人员自身法律知识、执法意识会进一步得到加强;执法理念,执法制度,执法水平会进一步取得实质性进步。试想,在人们都懂法的情况下,行政执法部门和司法机关还会、还敢不依法行政、依法执法吗? 由此,无形中行政执法部门和司法机关及其工作人员就会牢固树立起依法执法、依法行政的理念,在处理每件事务和每起案件时更加慎重、稳妥,更多地考虑到人民群众的深切感受,尤其在经济建设、城市拆迁、医疗卫生和城市管理等事关人民群众切身利益的一系列问题中,更加慎之又慎,确保处理合法、合理,减少和避免涉法信访事件的发生。实现由注重依靠行政手段管理向注重运用法律手段管理的转变。

3."法律进基层"有利于行政、司法执行力的执行。人们的法律素养提高了,守法意识增强了,生活、工作、与人交往中遇到问题,就会懂得用法律思维来解决矛盾纠纷,维护自己的合法权益,即使自己解决不了,走到诉诸行政部门、司法机关救济的地步时,面对知法、懂法的当事人,也就是有"共同语言的谈话者",执法者能够与他们更快地相互沟通、相互理解,处理起来相对比较容易,便于行政、司法执行力的执行。缠诉、误解会大大减少,取而代之的会是多一份理解,多一份信任。

二、"法律进基层"的实施主体

由于影响人们行为的法律法规繁多,所以,"法律进基层"不是单靠哪个机关一己之力就能实现,它需要全社会共同参与才能显现效果。因此,公、检、法、司等政法单位及凡是具有行政执法职能的单位都有义务送法到基层,使广大人民群众快速接受包括宪法、经济社会发展的相关法律法规、与其生产生活密切相关的法律法规、整顿和规范市场经济秩序的法律法规的学习,逐渐达到全社会人员知法、懂法、守法、用法律思维解决矛盾冲突的效果,推动社会又好又快和谐地向前发展。

三、"法律进基层"的途径和举措

"法律进基层"并不是什么新生事物,实际上是我国二十多年来"普法教育"工作的深入延伸,因此,在进行"法律进基层"实践活动时,我们要注意吸取二十多年来"普法教育"的经验教训,并根据社会发展形势,大胆创新"法律进基层"的有效途径和良好办法,把"法律进基层"活动搞的实在有效。

1.整合力量,开创法律"大宣传"模式。"普法教育"要靠行政执法部门、政法机关和懂法的专家、学子等社会力量共同的参与实施,才能深入人心,取得成效。所以,要由当地的党委、政府牵头成立"法律进基层"专门长设领导机构,把这项工作作为经常性工作抓实抓牢。精心部署、认真安排,并给予必要的经费和物质保障。进行统一规划实施,有计划、有步骤地深入推进"普法教育"工作,明确各有关部门"法律进基层"(乡村、学校、企业、机关、单位、社区)的分工职责,并要求在具体工作中发挥主观能动性和各自优势,建立健全工作责任制,做到有组织、有计划、有制度、有人员、有内容、有阵地、有考核、有档案,确保"法律进基层"活动扎实开展。提高整体国民的法律素质,推动我国法治民主进程。大概工作模式为:在综合治理办成立一个专门法律宣传机构,由公、检、法、司、民政法机关和其它具有行政执法职能的部门参加进来,也可以吸收一些法律宣传支援者参加,除各单位特定的法律法规宣传日外,每月都要组织人员到乡村、学校、企业、机关、单位、社区进行法制宣传,大力宣传各自职责范围内适用的法律法规和工作流程,并将宣传内容和对象记录上报常设领导机构,保证年年月月群众能接受到法律、法规教育,长此反复下去,人们的法律意识一定能内化于心,社会矛盾一定会逐渐减少,国民的整体素质和文明程度会越来越高。

2.丰富载体,积极推动"法律进基层"活动向纵深发展。精心搞好策划,既要充分利用专栏专题、专版专访、系列报道等形式开展宣传,又要利用标语、横幅、板报、讲座、宣传车展版、政策法制资料在城乡集贸市场等人员密集区进行法制宣传,大造声势,积极开展送法下基层活动。第一,可以在政法部门、人大代表、政协委员、行政执法部门中选聘"法制辅导员",主要针对学校开展法制宣传。学生是将来步入社会后的主要成员之一,是国民素质提高的根基,要作为主要宣传阵地。第二,可以让司法局组织几名法律援助律师组成"法律宣讲团"巡回到全市大中型企业进行法律宣传,为企业干部职工上法律课, 帮助企业解决有关法律问题, 有效增强了企业干部职工的法律意识。第三,由"法律进基层"领导机构组织力量在有关社区和居民区建固定的法律宣传栏,一个月换一次内容,从宪法到各部门法及有关法律法规循环登载,并适时的结合一些案例进行直观宣传。第四,"法律进基层"领导机构每月组织各行政执法部门和政法机关人员巡回到乡村、企业、社区等地进行实地法律宣传,向群众散发一些《法律进社区》宣传册、宣传标语、宣传画等法律宣传资料,并现场为群众解决法律答疑。第五,针对机关、单位的法律宣传,由检察院负责,因为机关、单位人员多涉及职务犯罪。第六,以重要节日、纪念日为平台,由"法律进基层"领导机构集中组织人员走上街头进行法律宣传,营造浓厚的全社会学法氛围。第七,将案例精心制作成法律宣传光盘,经常性的到基层放映,也可以在市区公共电视上放映,将法律宣传工作置身于人们的日常生活、工作、学习、休息娱乐中。

3.采取分类施教的方法增强普法的效果。针对不同对象的不同需要,选择不同的内容和不同的形式实施普法。在校园,应该支持和鼓励学生编排法制课本剧,寓法于乐。在工厂从工友打官司或涉法经历中高度凝练编成小品等艺术形式进行表演,以法明理。在农村通过身边人的涉法故事编成戏剧进行表演,使群众在艺术的氛围内接受教育。

4.完善机制,狠抓落实,努力确保"法律进基层"活动取得实效。为确保"法律进基层"活动取得实实在在的效果,就必须建立健全法律宣传工作机制,狠抓宣传工作目标和工作任务的落实,一是建立宣传机制。通过集中宣传活动和开展经常性的宣传活动、公益宣传活动相结合,专题报道"法律进基层"活动的目的和重要意义,进一步在全社会形成重视、支持、积极参与普法和依法治理的浓厚氛围。二是建立督查机制。"法律进基层"领导机构要把法律宣传工作纳入衡量各行政执法部门和政法机关工作好坏的考核中,加大督促检查力度,增强工作的实效性。三是建立考评机制。"法律进基层"领导机构要要求有关单位及时报送活动有关情况并进行认真总结。对法律宣传工作做得好,信访案件少的单位请示当地党委、政府给予通报表扬,对法律宣传工作做得不扎实,应付了事,信访不断的单位通报批评。

(汝州市检察院调查与研究第 24 期　2010 年 7 月 7 日)

检察机关提高执法满意度的对策研究

●文/郭建伟

检察机关作为国家的法律监督机关,担负着保障宪法和法律统一正确实施、惩治犯罪、保护人民的重任。检察权来源于人民,也必须用来服务人民。对检察工作评判的一个重要标准是群众对检察工作的满意度如何, 要获得大多数群众对检察工作的认可和满意, 就必须怀着对人民群众的深厚感情执法;本着对人民利益高度负责的精神办案;想群众之所想,急群众之所急,解群众之所难。牢固树立平民意识、责任意识、大局意识、和谐意识,坚持"党的事业至上、人民利益至上、宪法和法律至上"三者的有机统一,不断实现检察工作科学发展。

一、检察机关群众满意度不高的主要原因

从主观上来说,检察机关群众满意度不高的主要原因在于检察机关内部存在着队伍整体素质参差不齐、检察队伍的职业道德、执法能力和执法水平等方面存在不足之处,少数检察官受社会不良风气的影响,全心全意为人民服务的宗旨意识淡薄,出现了一些群众不满意的不正之风,影响了检察执法的社会公信力和队伍的整体形象。其次,检察职能的发挥离人民群众的期望值还有差距,规范执法不尽人意。一方面是因为落后的管理方式、陈旧的办案方式无法适应法治建设发展的需要,造成人民群众对检察院工作不满意,在一定程度上影响了检察院的声誉;另一方面少数检察官执法不规范,服务意识差,特权思想重、工作方法简单粗暴,执法不公、违规办案,损害了检察机关形象。有些案件久拖不决,少数干警在接待当事人上访或接受咨询时态度生硬冷漠等,执法质量不高,执法效果不优,使得群众满意度不高,影响了检察机关的公信力。还有就是检察宣传力度跟不上形势发展的需要,人民群

众对检察机关的认知、认同程度有限,导致相当一部分群众对检察机关的职能、职责、工作性质以及先进典型知之甚少。

不可否认,检察机关群众满意度不高也存在着一些不可忽视的客观原因,我们应正确看待。一是检察机关职能限制与人民群众对公平正义期望不对等的矛盾。一部分群众把检察院当作"包治百病"的司法机关,只要有诉求就必须得到他们所需要的结果。一旦希望和诉求无法及时实现,消极的看法就会产生,进而还可能转化为负面效应。二是有部分群众存在对法律知识、执法程序了解不多与正确认识检察正当执法行为的矛盾。由于一部分群众法律知识有限,对法律规定的法定程序知之甚少,特别是对诉讼活动中检察机关采取的强制措施和决定不起诉等有关规定不够了解,对检察院依法开展的正常诉讼活动及其引起的法律后果产生误解。三是现行的经费保障与检察职业保障不相适应的矛盾。我国《刑事诉讼法》基本取消了检察院对于除犯罪所得之外的其它违法违纪款项的追缴没收权,但在现行财政体制中,检察经费的预算和拨付却又严重不足,造成了检察办公办案经费短缺,在一定程度上影响了检察官的执法形象。

二、积极探索提升执法满意度的有效途径

检察机关要提升群众满意度,关键在于提升检察队伍形象,重点在于公正规范执法,以人为本执法,实现检察工作科学发展。要着重克服主观方面的原因,不断适应客观环境对检察工作提出的新要求,新挑战,把严格、公正、规范、文明执法的要求落实到执法办案的每个环节,体现到每个检察干警的执法行为上。

1.加强队伍建设,提升检察形象。要围绕"群众满意",追求群众认可,建设一支严格、公正、文明执法的检察队伍。始终坚持把领导班子自身建设摆在队伍建设的首位,切实抓好思想政治建设、制度建设、作风建设、组织建设和廉政建设,把领导班子建设成为坚定贯彻党的理论和路线方针政策、善于领导检察工作科学发展的坚强领导集体。加强对干警进行理想信念教育、职业道德教育、作风纪律教育,深化社会主义法治理念教育,不断增强干警爱岗敬业的自觉性,自觉做到公正执法、廉洁执法、文明执法。对检察队伍坚持严格教育、严格管理、严格监督,坚决防止执法不公、不廉问题的发生。进一步探索和实行有利于激发队伍活力的管理机制和激励机制。

2.规范执法行为,提高执法公信。执法效果和办案质量是维系检察机关公信力的生命线。要真正树立起把人权意识、程序意识、证据意识、公正意识贯穿到整个办案过程的现代司法理念。坚持以人为本、执法为民,把维护人民利益作为检察工作的根本出发点和落脚点。切实从人民群众最希望检察机关办的事情做起,突出查办与民生密切相关、严重侵害群众利益的各类犯罪案件,确保人民群众对检察机关的要求和期待得到满足和实现。要对特权思想、霸道作风、受利益驱动办案等突出问题,下"猛药"、出实招,坚决予以纠正。切实把群众工作摆上突出重要位置,深入开展检察工作进社区、进工厂、进学校、进农村活动,广泛宣传动员群众,依靠广大群众的力量加强法律监督工作。真心诚意地接受群众监督,进一步建立和完善由人民群众评判检察工作的机制,推动建立新型检民关系。

3.重视宣传沟通,扩大舆论影响力。加强检察宣传,提高人民群众对检察机关、检察职能的认知。加大检务公开力度,保证群众的知情权,增强执法过程的透明度,增强人民群众对检察机关的信任感。加强与电视台、电台、报刊、网络等新闻媒体的沟通联系,经常性地推介宣传检察机关和检察官,向社会展示检察官公正高效文明司法的形象,增进人民群众对检察机关的理性认识。要高度重视网络、论坛、博客等新兴媒介的舆论引导和宣传。由于互联网是一个相对自由开放、隐蔽性好、成本低廉、快捷高效的表达场所,所以,网络已经成为公民表达民意的首选。网民在互联网上关注国计民生、表达民主诉求、发表个人观点、渲泄内心世界的趋势越来越炽热。通过网络传播与宣传,让更多的群众了解检察机关职能、性质、工作程序,了解各项检察工作取得的新进展、新成绩,提高群众的法律意识和法律素养,形成群众信仰法治、尊重司法,自觉维护司法公信力的法治氛围。

4.正确履行检察职能,创造公正和谐的法治环境。一要着力维护民安,增强群众安全感。进一步深入开展打黑除恶专项斗争,依法严厉打击毒品、赌博犯罪和抢劫、抢夺、盗窃等严重破坏社会治安秩序、危害群众安全感的犯罪,做到除恶务尽。二要着力维护民利,增强群众认同感。要高度重视、依法保护人民群众的经济权利、民主权利。依法及时查办发生在群众身边、损害群众利益、社会影响恶劣,特别是社会保障、征地拆迁、医疗卫生、食品安全、就业就学、移民补偿、新农村建设等领域中的职务犯罪,保障和促进各项富民惠民政策措施的落实。依法及时查办国家机关工作人员利用职权实施的非法拘禁、非法搜查、刑讯逼供,破坏选举等侵犯公民人身权利、民主权利的犯罪案件。依法及时介入重大责任事故调查,坚决查办国家机关工作人员滥用职权、玩忽职守造成重大安全生产事故的犯罪案件。三要着力维护民权,增强群众公正感。要进一步加大诉讼监督力度,促进司法公正,维护公平正义。提高依法文明服务水平,对复查纠正的案件和刑事赔偿决定要及时执行到位。注意发现带倾向性的民生诉求,配合党委、政府和有关部门从源头上做好息诉工作,树立亲民、为民、护民的良好形象。

三、检察机关提升群众执法满意度的保障措施

1.狠抓执法规范化建设。坚持把执法规范化建设摆上突出位置,在执法方式上要有新举措、新突破。一是要全面落实和深化检务公开。大力推行以"公开、公正、公信"为主要内容的"阳光检察",拓展检务公开的范围和内容,创新公开方式和方法,增强检察工作的透明度。建立健全检务公开工作机制,利用检察门户网站、新闻媒体等媒介,向社会公开执法依据、执法权限、执法程序和执法纪律,拓宽人民群众了解检察工作的渠道;邀请人民监督员、检务监督员参加检察工作会议,塑造"阳光检察"形象;完善定期通报和新闻发言人制度,定期向社会公开检察机关的重大决策、重要工作、重大案件等信息,保障人民群众和当事人对检察工作的知情权、参与权、监督权和建议权。二是不断推进执法透明工作机制。推进人民监督员制度的法制化进程,规范人民监督员工作。积极邀请人大代表、政协委员旁听和评议重大案件的庭审活动,听取意见和建议,坚持抗诉案件报同级人大常委会备案制度;进一步完善案件处理的公开听证、答询制度。三是推行答疑说理机制。对于不批准逮捕、不起诉、民行抗诉等案件,应当做好答疑说理工作,妥善化解社会矛盾。四是完善执法便民、利民工作机制。公开举报、投诉电话,设立网上举报、申诉、投诉受理中心,方便群众申诉、投诉;推行程序告知、预约接待、沟通协调等工作机制。五是着力健全规范执法制度。形成统一、全程、严密、高效的执法监督机制。对每一件案件的受理、分案、告知、开具法律文书、扣押财物管理等工作进行精细管理。推行办案回访制度和检察长直接办案制度,增强规范执法、文明办案的责任和意识。针对执法中的主要问题和重要环节,集中时间、集中力量开展专项监督和专项检查。

2.狠抓执法能力建设。紧密结合检察工作实际,加强学习,加强培训,加强岗位练兵,不断提高检察干警执法能力。有计划、分类别、分层次开展正规化教育培训。改进培训工作方式,以实务培训为主,增加交流研讨,采用网上培训等形式,增强培训针对性、灵活性。根据业务和岗位的需求,积极开展岗位练兵活动。以知识竞赛、各类演讲比赛、庭审抗辩观摩、侦讯对抗赛以及检察业务知识讲座等形式,开展岗位练兵,努力提升干警的实战能力和水平。坚持抓好先进典型引导。注重宣传公正执法的先进典型,大力弘扬检察干警公正执法、文明办案、争先创优、无私奉献的敬业精神。

3.狠抓执法质量建设。一是强化质量管理机制。加强办案流程控制,实施个案跟踪制度;实行质量预警监控,开展执法活动督察;适时开展专项检查,实行案件复查制度。二是健全规范执法责任机制。着力加强执法责任体系、考评体系和监督体系建设,建立健全执法责任制、错案追究制。三是健全执法效果考评机制。健全案件回访制度,对直接受理侦查案件执法效果进行回访考评,坚持办案的法律效果与社会效果的辩证统一。四是探索社会稳定评估工作机制。决定处理案件时要充分考虑能否化解矛盾,是否有利稳定,要把化解矛盾、维护稳定作为处理案件的标准之一,努力营造和谐的司法氛围。五是提升执法效率。在案件质量管理机构的统一协调下,优化整合现有检察资源,统一监管案件办理,对将要超时限案件及时催办,防止超时限办案。

4.狠抓执法形象建设。一是健全检务督察机制。切实加强对干警工作作风及执法不公、不规范、不文明等问题的督察,防止和解决检察人员不同程度存在的特权思想、霸道作风等问题。二是健全执法形象建设机制。做到以人为本、热情服务、文明执法、人文执法,真心、热心、耐心、诚心地面对每位上访者和当事人,树立检察机关公正执法、热情服务的良好形象;注重人文关怀,将人文关怀融入司法办案;树立保护弱势群体的观念,加强对弱势群体合法权益的保护。三是健全民意征求机制。在乡镇、社区设立工作站,聘请检察联络员,建立职务犯罪联系点、民情联络点等,与群众"零距离"接触,将触角延伸到最基层,随时倾听群众合理诉求,了解和掌握民意。

(汝州市检察院调查与研究第 26 期　2010 年 7 月 7 日)

基层检察院司法警察的困境与对策

●文／王明强

人民检察院的司法警察,是一支准军事化的武装力量,肩负着人民检察院中的参与搜查、执行传唤、提解、押送、看管犯罪嫌疑人或者被告人、参与执行死刑临场监督等职责,对打击犯罪,维护法律的尊严和保证人民检察院依法履行检察权起着十分重要、不可替代的作用。尤其是《人民检察院司法警察暂行条例》颁布实施以后,人民检察院的司法警察工作从弱到强,为打击犯罪、保护群众、维护司法公正、维护社会稳定,保障检察工作秩序做了大量卓有成效的工作,取得了很大成绩,得到了各级人民检察院领导的肯定。但是,人民检察院的司法警察作为我国警察的警种之一,在依法建设中依然面临着不少的困难和问题,如不加以解决,将直接影响到司法警察队伍的健康发展。

一、基层检察院司法警察的困境

1.警力不足是困扰基层检察院法警队伍建设的主要问题。按照最高人民检察院关于基层检察院法警大队人员编制的规定和要求,基层检察院司法警察大队应保持本单位编制人数的一定比例,然而,一些基层检察院法警大队虽经几年建设,人员编制仍没有达到标准,有的甚至远远达不到编制警力数;有的基层检察院为解决其他业务科室人手不够的问题,将法警抽去帮工或做兼职司机;有的法警虽已编队管理,但部分法警长期做一些超出法警职能范围内的工作,这些现象造成法警队本身警力不足,难以统一指挥和调动,难以形成整体战斗力。

2.法警人员素质不高。新的形势和检察工作的要求,司法警察不但应具有较好的政治素质和法律知识,同时还应具备同违法犯罪分子作斗争的专业技能。当前,由于法警工作任务繁重、经费紧张的原因,基层检察院司法警察的训练很难做到经常化、正规化。一些法警大队常年不训练,只是在上级检查、应付考核时才临时集中训练几天应付了事;一些法警队没有训练场地和设施,组织训练无处可训;有的新上岗法警对业务不熟悉,未经专门培训便上岗执勤执法,以致在工作中常出现问题。

3.违法违纪问题时有发生。根据相关的规定,司法警察的主要任务是预防、制止和惩治妨碍检察活动的违法行为,维护检察工作秩序,保障检察活动的顺利进行。但在一些基层检察院,由于人员紧张和过于追求侦结率,部分法警政治思想素质不高,在值勤执法、履行职责时方法简单粗暴,滥用警械、警具,殴打辱骂当事人,甚至参与办案,造成人员伤亡,影响法警形象,影响了人民检察院的声誉。

4.进出法警队伍渠道不畅通。首先,相对于公安队伍的新人员招录,检察院进入法警队伍的人数面相对少,而且要求也高,促使一部分人不愿意报考;其次,在检察院一直工作的在编人员,由于实行检察官准入制度后,有个别没有办法通过司法考试,长期处于边缘状态,而进入法警队伍比起当书记员则相对有利,于是利用内部便利成为法警一员;最后,法警队伍出口不畅,导致部分法警年龄较大,不能完全适应新形势下的迫切要求。

二、基层检察院司法警察困境的解决对策

1.加强领导,建立健全法警组织机构。基层检察院司法警察是隶属于基层检察院直接领导的一支武装力量,是基层检察院队伍建设的重要组成部分,基层检察院配备一定比例的司法警察,是由基层检察院及基层检察院司法警察的工作性质和特点决定的,对法警队伍的建设,基层检察院在思想上应高度重视,在组织上建立健全法警机构。首先,要选配好强有力的法警领导班子。火车跑得快,全靠车头带,法警领导班子的选配对警队建设至关重要。基层检察院应挑选政治素质好,业务素质强,作风过硬,具有一定的组织指挥和管理能力的干警挑法警队的大梁,同时应按规定配备政治干部,建立一个好的法警领导班子,组建坚强有力的领导集体。其次,理顺法警进出渠道。由于体制的原因,目前一些基层的法警队仍有一些年龄偏大,身体素质及体能不太适合法警工作的老同志,这部分同志思想素质好,作风过硬,热爱工作,对基层检察院和法警队建设做出了相当的贡献,对这些老法警应给予关心爱护,适当安排他们或从事法警内勤工作,或安排其他的岗位,或提前离退休。

2.在政治、工作和生活上从优待警。首先,在政治上关心法警的成长进步。用马列主义、毛泽东思想、邓小平理论、江泽民同志"三个代表"重要思想和胡锦涛总书记科学发展观武装法警头脑,提高法警的思想觉悟,树立为人民服务的思想,树立正确的人生观、价值观,明确为谁掌权、为谁执法的道理。基层检察院法警大队要结合开展争创人民满意的好警队,争当人民满意的好法警的活动,开展作风纪律教育和职业道德教育,教育引导法警正确对待本职工作,爱岗敬业,在本职工作岗位上建功立业,实践理想,实践人生价值。其次,大力宣传法警的新人新事。司法警察工作强制性多,机动性大,责任重,实行的是暴露式、流动性押解、看管犯罪嫌疑人,执行拘留、搜查、拘传任务,处置突发性事件,其危险性是除公安刑警外其他警种无法比拟的。因此,基层对法警工作应予以大力宣传,要利用各种途径宣扬法警,报道法警工作,特别是要大力宣传司法警察在履行职责、维护检察工作秩序、严肃执法、维护人民利益和法律尊严方面的牺牲奉献精神和英勇事迹,教育法警,感染人民,宏扬社会正气。最后,在工作、生活中关心爱护法警。基层检察院法警任务繁重,工作艰苦,危险性大,接触各类疾病多,因此,基层检察院的领导对法警应当予关心和照顾,在职务调整、使用和生活福利方面要与其他干警一视同仁,要按法警条例规定落实警衔津贴和其他补贴以及保险、保健等福利待遇,在住房、子女上学入托和家属再就业等问题上给予关心帮助,努力解决他们的后顾之忧。

3.加强训练,提高法警的业务素质。训练是提高战斗力的根本途径,是提高法警素质的根本保障。司法警察是一支带有武装性质的队伍,要成为召之即来,来之能战的威武之师,除了严格的管理教育外,必须通过严格训练才能实现。第一,训练工作必须经常化、规范化。基层检察院法警队工作多人员少,个体素质差异大,不太可能将全年训练任务集中在一段时间内全员完成。因此,基层法警队根据训练大纲,结合不同时期的工作任务,制定训练计划,确定训练人员和内容,确保所有法警都参加训练,完成训练任务。在训练内容方面,由于法警训练内容十分广泛,包括政治理论、职业道德、法律知识、文化知识、业务技能等各个方面,规范法警的训练,规范专业技能,提高法警队伍规范化程度。第二,改进训练方法。法警训练内容多,工作任务多,人员业务和身体素质又参差不齐,在训练时间、内容及方法上不可能搞一刀切,必须因人而异。在训练时间上,既可集中短期时间全训,也可每周抽出一、二个工作日时间训练,还可利用空余零星时间以及进行晨练,积少成多,练功不止,逐步提高。在训练的方法上,采取全训和轮训、分散与集中、自学与铺导相结合以及能者为师、以老带新、以点带面的方法进行,确保训练时间、内容落到实处。同时,法警训练要注重实用性,"用什么,训什么,缺什么,训什么",从实际工作出发进行训练,尽量适合法警的工作特点、贴近检察工作需要,使广大法警掌握履行本职工作的技能,提高执法水平。譬如,对新上岗的法警训练,训练的重点应放在使他们掌握法警工作范围、工作程序和基本业务技能上,以解决执勤操作动作、执勤方法和处置执勤中遇到的问题。而对那些工作时间较长,经验较丰富的法警的训练,在巩固和提高原有知识、技能的基础上,训练重点应放在学习掌握新知识新技能,增强综合素质上,以提高工作效率和质量,适应新形势新任务的要求。只有做到训练的针对性、适用性,法警训练才会有生命力,才能深入持久,更有实际意义。第三,切实解决法警的训练保障问题。当前制约法警训练的一个重要因素是法警训练经费和训练场地难以保障,由于缺少必要的训练经费和场地,一些基层检察院法警队想开展训练,但苦于无场地、无装备、无器材而难以组织实施,有些法警队训练采取游击战术,一天换一个训练场地,有的甚至全年不训练。在训练保障方面,基层检察院应重点扶持重点保障,在年度财政经费和业务培训费中, 专项划拨法警业务训练经费和装备的购置费, 做到专款专用。同时在器材和场地方面,有条件的单位,应尽量考虑到法警的训练设施建设,基层检察院拟筹建和正在新建检察院办公大楼时,也应考虑法警业务训练的设备和场地情况,确保法警训练的物质保障。

（汝州市检察院调查与研究第 49 期　2010 年 10 月 12 日）

检察机关如何融入微博时代

●文／魏亚英　时智峰

　　微博是基于互联网应用技术变革，信息通信技术日益成熟的产物。自2009年新浪网推出"新浪微博"以来，中国各大网络媒体相继开通微博功能，上微博成为时尚潮流。自2010年"微博元年"以来，"微博问政"事件此起彼伏，检察机关开通官方微博参与虚拟社会管理的屈指可数，如何融入微博时代要求值得研究探讨。

一、微博时代值得注意的几个特点

　　1.微博核心应用是用户交互信息，具有超强的开放参与性。微博又叫微型博客。中国微博的应用发展，紧密与无线手机结合，玩手机发短信就能即时分享身边的人与事，限于手机短信字数限制，故又称为"140字符的革命"。

　　微博属于博客，二者本质上没有区别，较大区别是博文字数限制不同。博客又称网络日记，2000年后进入中国，2004年"木子美事件"让中国网民得以了解。2009年微博出现后，其超强的"草根"性，实现了全民"记者"，通过电脑、手机等即可随时随地记录下身边发生的一切，"沉默的大多数"网民找到了属于自己的舞台，以至于新浪微博宣称注册用户超1亿。

　　2.微博创新了人际交流方式，"背对脸"的交流演绎人人原创的魅力，微博突显民众围观性。与博客上直面交流不同，微博上是"背对脸"的交流，比如你在电脑前通过微博发表意见，从你背后路过的人看着你，而你并不需要主动和背后的人交流你的意见。当你在微博中看到你感兴趣的人或事后，两三天就会上瘾。2010年微博热议的上海大火、"李刚"、"360大战QQ"等事件，推动更多网民加入微博论战，这样的网民参与度是新闻媒体，论坛不可比拟的，"围观改变中国"也成为新的网络流行词。

3.微博作为网民表达的便捷平台,产生了大量"意见领袖",很大程度上他们的号召力左右着舆论导向。微博里,"意见领袖"是最受高度关注的一些人,有专家、学者、明星等等,他们的"粉丝"高达几十万,甚至几百万,相应的,他们有很强的"粉丝"动员话语权。《2010年中国微博年度报告》报告撰写负责人谢耘耕教授披露,2010年影响较大的74起与微博相关的舆情案例中,有近五成存在明显的意见领袖。他们通过微博转发和评论,可以将某一事件迅速推至舆论高潮,也可以设置议题,改变公共舆论议题走向。比如2010年"打假斗士"方舟子(有60多万粉丝)在自己的微博上指出唐骏的博士学位造假,不久唐骏在舆论面前被扒去了成功"青年偶像"的外衣。

4.微博日益成为网民参与社会政治和表达利益诉求的重要方式,党和政府通过微博与民众交流也逐渐增多,社会管理新平台逐渐建立。据中国传媒大学研究发现,微博已经成为继新闻、论坛之后中国互联网第三大网络舆情源。"上诉不如上访、上访不如上网"日益引起社会各界关注。2009年河南工人张海超"开胸验肺"事件、2010年春节"随手拍照解救乞讨儿童"事件等影响巨大,引起了全国人大代表和政协委员的关注。

围观就是关注,转发就是态度,跟帖就是立场。微博已经成为重要的信息发布载体,日常话题也可能"发酵"成舆情事件。

今年胡锦涛总书记对社会管理创新提出"最大限度激发社会活力、最大限度增加和谐因素、最大限度减少不和谐因素"的总要求。目前越来越多的政府机关和官员纷纷开通微博,并实名认证,与网友主动交流,收集社情民意,及时公布相关信息,应对各种网络事件。今年5月河南三门峡市委书记李文慧离任用微博留言告别引发4万粉丝关注,并获得了网友的理解和好评。政府参与微博,运用得当,对于提升政府在民众中的形象将起到重要作用。

5.微博作为"最新锐的舆论广场",缺乏有效监督和制约,"网络水军""网络推手"等有计划有组织地策划各类舆论事件,形成"网络暴力"。微博用户的广泛性和即时性,导致微博很容易爆出虚假信息、不实言论,犹如"病毒"一样到处传播。2010 年微博疯传"金庸去世"事件、今年"盐荒事件"等,都被证实为谣言引发的。

谣言可怕,比谣言更可怕的是网络阴谋。很多网络事件起因都很简单,但经过一些人组织策划,一般事件经过"挖掘""升华",传播速度之快、蔓延范围之广、升温幅度之大,令人"目瞪口呆",能使"草根"成为"明星","感性"抑制"理性","丑恶"扼杀"善良"。比如"孙倩倩事件"中的"孙倩倩"证实是虚拟人物,是"网络推手"为提升某网上社区知名度策划炒作的,可惜现在还有人相信有这样一个人。

微博时代,西方媒体利用微博工具对我国不断制造舆论压力。国外一些西方媒体、政治势力利用微博新平台宣扬西方文化,借助网络舆情事件批评中国,加之网络政客推波助澜,给中国政府施加压力,借以影响中国的发展进程。

二、检察机关如何运用微博服务检察工作

1.微博作为一种新的信息交互工具,能够成为检察机关参与虚拟社会管理的前沿阵地。近年来,公共关系作为检察机关与公众环境之间的双向沟通与受益的管理职能,检察机关重视程度越来越高。襄樊市城郊地区人民检察院检察官吴方春《略论检察机关公共关系建设》文章中指出:检察机关公共关系应是检察机关在履行法律监督职能过程中,有计划地与周边的组织和公众进行信息双向交流及行为互动的过程,以增进他们的理解、信任、支持,达到检察机关与社会协调发展、提升检察机关公信力的目的。可见,微博时代,检察机关传统单向宣传职能将面向与大众互动交流的职能转变。

微博给检察机关提供了一个前沿的公共关系平台,政法舆情很容易在这里成为舆论焦点。不会运用博客、微博等工具与网民面对面沟通,不关注"意见领袖"的看法,不注重检察公开的互动性等,检察机关参与网络虚拟社会建设管理的力度和深度将停留在表面。有的检察机关与当地有影响力网络媒体合作,开通检察互动专栏,通过网上宣传、检察长与网民互动等形式,就取得了很好的效果。

2.微博作为密集信息共享的平台,检察机关可以大量收集社情民意,推进检察事业发展。古语说,得民心者得天下。可见成功前提是了解民意、顺从民意。网络是个虚拟空间,网民都可以匿名表达自己意见,通过网民围观特定的话题或者事件表达出来的"民意",并非都是真正的民意,但这不妨碍检察机关接受网络监督,广泛收集网民检察各项工作的意见和建议。

最近几年,检察机关通过检察开放日、网上直播等活动,取得了很好的社会效果。运用微博等工具创新检务公开方式,检察机关整体上还很少,但也取得了不小的进展。如湖北省人民检察院开微博助力阳光检务受到了网民的热捧。

3."微博问政"需要引起检察机关高度重视,检务公开透明度需要加大,及时披露真相,积极应对网络舆情。微博已成为最新反腐"利器"。比如今年4月13日安徽省利辛县国土局工作人员周某某通过微博直播其向亳州市纪委自首的过程,引发"微博自首"事件。一个政府工作人员自首可能还不算"新"闻,借助微博就能成为一个反腐新闻事件,这足以需要引起我们高度重视。

微博对于检察机关而言,可以成为检务信息公开、收集案件线索、澄清相关谣言、加强队伍建设、提高执法水平等方面的有力武器。"微博问政"引发的涉检网络舆情事件,多数是由检察人员言行不当、执法不规范、检察官特殊身份、案件细节等引发的。试想,微博上正在热议这些问题,我们不进入微博中,很难知道网民正在关注什么,更谈不上第一时间应对可能发生的舆情。

三、检察机关如何应对微博时代带来的挑战

1.转变观念,检察人员尤其是领导干部要认识到"微博不微"带来的危机感和使命感,也要有善用微博应对网络突发事件能力。检察人员善于运用引导网络舆论的能力对于提升检察官形象、机关公信力起到不可估量的意义。

比如淳安"上厕所"事件在网络上披露引起围观质疑后,淳安县人民检察院检察长张哲峰研究后果断登录 19 楼网站跟帖回应网友质疑,随后接受记者采访时坦诚有度,最后赢得了网友的理解,提升了检察机关形象。

检察人员尤其是领导干部用好微博,至少具备三种能力。一是多关注网络突发事件的发生过程,多总结网络事件基本规律。我们应该从"看热闹"提升到"看门道"的水平,这样应对网络突发事件才能有的放矢。二是多学习网络语言,掌握网络沟通语言方式方法。上微博看不懂网络语言,发言内容带着官腔官调等,就不容易和网友深入交流。把自己"草根化",语言表达大众化,拉近与网民之间的距离。三是多与新闻媒体、网络媒体加强联系,推动检务公开透明度。沟通是微博的要义,公开是信任的基石。通过沟通加强信任,拓展检务公开载体。

2.加强基层检察机关执法规范化、队伍专业化、管理科学化和保障现代化建设,提升检察机关整体形象,从根本上预防和减少网络突发事件的发生。面对微博时代的挑战,检察机关要重点加强基层院建设,按照高检院部署的"四化"建设要求,为检察工作奠定坚实基础,达到政治思想坚定、执法能力过硬、领导班子坚强、队伍素质精良、管理机制健全、检务保障有力、社会形象良好的建设目标。

构建网络舆情问责机制,加强"忠诚、公正、清廉、文明"检察官职业道德建设,主动接受公众监督,杜绝检察人员由于个人不当言行引发网络突发事件。综观大大小小的网络舆情事件,举报检察人员违法办案而引发的舆情事件所占比例不多,而检察人员因为日常行为引发的舆论却影响极大。

3.加强检察机关公共关系建设,扩大民意畅通渠道,建立完善网络舆情应对及处置机制。检察机关拥有自己的微博交流平台不失为一种畅通民意的新平台,但无疑面临很多问题,比如开博利弊衡量标准、日常交流能否到位,举报线索信息是否足够保密,网友提问是否及时给予满意答复,等等。当然,好的经验做法也可以借鉴,比如整个地区集体组织开设官方微博群、实施微博网上办事服务、微博发布会、网上舆情网上回应引导等。

微博时代,检察机关还需要进一步完善网络舆情应对及处置机制,突出预防为主、积极应对的特点。一方面构建的机制要紧跟时代要求,可操作性强,制度执行力强。另一方面构建的机制要有组织,有计划,队伍专业化。

总之,微博时代已经来临,检察机关参与虚拟社会的管理空间进一步扩大,面临的机遇和挑战前所未有。不断加强自身建设,改进宣传工作管理机制,广泛接受社会监督,提高网上服务水平,积极引导社会矛盾化解,树立社会良好形象,需要各级检察机关共同努力。

（汝州市检察院调查与研究第 18 期　　此文分别在 2011 年《人民检察》第 16 期、《河南检察论坛》第 4 期上发表）

浅议如何推进基层检察院科技强检工作

●文／魏　娜

科技强检，是检察机关实现办案科学化、办公自动化、管理现代化，以及提高机关办案效率和工作质量的重大举措。随着现代社会的迅猛发展，由于科学技术的不断进步，高智商犯罪以及日趋复杂的案件不断增加，基层检察院任务也因此日益繁重。为此，"向科技要警力，向科技要战斗力"已逐步成为全国检察系统的共识。笔者结合自身工作对如何推动基层检察院科技强检工作进行了一些思考。

一、统一思想，转变观念，树立科技强检意识

科技强检是一项综合工程，不单是对检察机关办公、办案硬件条件的改造，更是对传统的工作方式、工作流程的改造。只有以业务工作、管理模式的优化为本，将现代的科学技术应用到检察工作实际之中，才能推动科技强检工作的不断前进。以前，有的领导对其概念、内涵等理解不深，对其重要性、紧迫性、战略性认识模糊，存在着"等、靠、要"的心态。他们认为此项工作投资大，人才缺乏，经费紧缺，有些甚至是有经费却不愿意投入，存在忽视或者排斥的情绪，影响了科技强检的实施进度。

对科技强检工作的忽视，不但存在于部分领导当中，它同时还普遍存在于干警中。多数基层检察院电脑数量少、配置低，还不能广泛使用计算机办公，局域网多也陈旧落后，能够投入全面运作的就为数更少，电脑办公仅仅是单台计算机的简单运用，纯粹是内勤的打字工具，干警的办案方式很多都习惯于"一张纸，一支笔，一张嘴，两条腿"的传统模式上，不会使用先进的科技装备，对办公自动化、无纸化办公等现代化办公手段非常不适应。有的干警认为有了计算机，有了现代化的办公、办案设备就是实现了科技强检，那么就会使科技强检的工作流于形式,根本无法发挥现代化设备的真正作用。改变这种现状必须统一思想,转变观念,从领导到检察机关的每位干警,必须充分认识科技强检的真正概念和内涵。只有具备了这个前提,才能实实在在地把科技强检工作搞上去。

二、必须坚持"两手抓",既要抓好硬件建设,也要抓好软件建设

(一)加大经费的投入,抓好硬件建设

离开经费谈科技强检,实际上是一句空话。科技强检目的是为办案服务,检察机关要配备车辆、计算机、摄像机、数码照相机、录音笔、局域网、网络服务器、打印机、复印机等各种硬件设施;此外,反贪部门需要配备无线监控设备、微型录像录音设备等侦查器材,刑检部门需要配备多媒体示证系统等等。而多数基层检察院在科技强检方面经费投入不够,这正是制约和困扰发展科技强检的瓶颈。

笔者所在的基层院在科技强检工作中主要是夯实基础。一是加强领导,争取资金,加强硬件建设。在党委、政府的大力支持下,本着高标准、严要求的原则,投资 300 余万元修缮了面积达 4600 余平方米集技术、办公、办案三位一体的技术装备大楼。开通了专网电话和三级机要通道,配备了计算机、打印机、数字摄像机等技术装备。全院 89 名干警,达到人手一台电脑。同时投入 50 余万元建设了同步录音录像系统,建成了高标准的法警工作区。投资 10 万余元对局域网服务器进行了更新换代,并在此基础上建成了图书储藏量多、阅读空间制约小、管理维护量小、经济适用性高的电子阅览室。二是大胆实践,建设信息网络化。按照"注重实用、共同管理"的标准建立本院的官方网站,重点突出"网上举报系统"和"案件信息查询系统"。网站开通以来累计更新文章 1200 余篇,接受群众举报 250 余件。2011 年,加大了网上办公办案的力度,真正使内网成为了检察信息共享的资源窗口、各项成就的宣传阵地。转变了办公信息共享率低、执法办案不能实时监督等难题,消除 U 盘频繁使用交叉感染病毒的信息安全问题。三是充分利用中央转移支付资金,加大对先进侦查设备、网络涉密等重点部位的资金投入。投入资金 58 万余元，购买了密码设备屏蔽柜、机要文件管理系统，建成了保密移动介质管理平台，加强了涉密网络建设，并加大了管理力度。投资 30 万余元更新了办案部门的计算机，并对机房进行了升级改造。2011 年，投资 40 余万元购买了审讯系统软件、移动终端话费分析软件、侦查、审讯管理软件等等。这些资金的投入，极大的促进了自侦案件的查办与突破，使办案与高科技紧密的结合起来。

(二)科技强检，以人为本，软件建设是关键

有了物质投入的基础，科技强检的实现最终还要落实到软件建设上来。软件建设重点在于检察人员的科技素质及其管理机制建设。目前多数基层检察院普遍存在的问题主要有：科技人才少、结构不合理、知识老化、应用能力差等。如有的地方虽然花巨资购置了一些先进设备，但却缺乏这方面的人才，致使设备长期闲置发挥不了作用；一些科技人员知识老化，不能得到及时更新，有的干警由于对计算机操作不熟练，以至于常常发出"计算机还不如手工快"的感叹，很多地方由于用人机制存在弊端，不能有效调动科技人才的积极性，使科技人才不安心本职工作，甚至另谋他就等。凡此种种情况，归要结底都是人的问题，为科技强检的主要制约因素。

应把培训科技人才作为实施科技强检的重中之重。一是更新观念，从检察工作的未来发展趋势，提高对现代化检察技术普及应用重要性的认识。当前绝大多数基层检察院注重从提高干警对信息化工作的必要性和必然性认识上下功夫，有的邀请科技专家现场讲课，多层次阐述信息化时代的必然选择和科技强检的重要性、紧迫性，使全体干警在思想上取得共识，观念上达成一致；二是采用"分层次、多渠道，由点到面，点面结合"的培训方法，加强岗位培训。利用网上办公办案系统、多媒体示证系统、检察机关专线网，邀请计算机专家或由本院引入的计算机专业的同志担任主讲，根据各个科室各个岗位，分别设置培训课目，开展全院集中培训、部门、岗位人员单独培训、

技术骨干"传、帮、带"等培训方式,营造信息网络技术的学习氛围。

三、加强规范管理,确保科技强检工作的稳步发展

科技强检工作覆盖面广,涉及面宽,如果管理工作混乱和滞后,具体措施不落实,科技设备使用不当,必然造成科技设备形同虚设,维修费用过高,发挥不出科技设备在检察工作中的应有作用,造成国家财力和人才资源的极大浪费。

以创建科技型检察院为目标,加大科技强检力度,切实做好"建设、培训、应用、管理"四个方面工作,为检察业务的开展提供了强有力的支撑,推动了检察工作全面快速发展。一是建章立制,保持信息网络的高效率。通过制定局域网管理办法等制度措施,建立起一套严密的防范体系,有效地保证信息网络设备的安全运行。二是加强维护,保持信息网络的高性能。病毒是威胁计算机网络安全的大敌,为防范病毒入侵,要针对各项检察业务的需要,对内部网的统计资料利用相关软件自动备份;安装正版网络版杀毒软件,定期升级局域网杀毒系统,定期进行计算机病毒防范安全措施检查;对新软件和因工作需要传递的软盘,规定必须坚持安全、正版和先杀毒后使用的原则。要使干警们了解关于计算机构造、保养及病毒防护的相关知识,增强责任意识,共同做好网络维护工作。

(汝州市检察院调查与研究第 25 期　2012 年 8 月 16 日,本文 2012 年11 月 7 日被平顶山市检察院研究室转发)

浅谈检察机关如何做好
涉检网络舆情引导工作

●文/时智峰

目前,中国社会处在快速转型期,深层次矛盾时有激化,而第三次科技革命取得的信息技术成果不断改变人民的生活方式和思维方式,如互联网已成为通讯交友、休闲娱乐、信息获取的重要工具。一方面,公民通过互联网参政议政意识空前提高,推动社会监督能量得到极大释放。如美国"棱镜门"事件,广大网民在网上对网络安全、隐私保护等展开热烈讨论;另一方面,作为虚拟社会,互联网运行的规则还不健全,网络舆情不时对检察机关执法办案等方面产生一定的影响,甚至损害执法公信力。本文就如何加强网络负面舆情引导,避免形成重大网络事件加以粗浅分析和探讨。

一、涉检网络舆情引导工作中需要注意的几个问题

(一)用马克思的唯物主义辩证观点看待网络舆情

马克思哲学原理认为,社会存在决定社会意识,社会意识是社会存在的反映。网络事件引发的舆论热潮正是中国现实国情在虚拟空间上的反映,因而关注网络舆情,加强舆情引导应对,就是正面对待解决现实存在的社会矛盾,规范社会运行规律,推动"中国梦"和谐实现。马克思哲学原理也认为,现象和本质是对立统一关系,现象显现事物的外在方面,本质是事物的内在方面。网络舆情引导的目的,就是透过舆情抓住人民群众的真正诉求,有针对性的采取措施加以引导解决,使"坏事"变成好事。

(二)高度重视涉检网络舆情的引导作用

网络舆情应对是指网络舆情引起围观后采取的措施,带有紧迫性、被动性。现实中,很多网络舆情事件爆发后,有关部门因调查不足、事实真相了解不够、问题处理较慢等因素制约,调查的真相事实和处理结果得不到网络舆论的认可,从而严重影响机关形象。对比网络舆情应对,笔者认为,网络舆情引导则是贯穿网络舆情出现、发展、爆发、结束全过程,舆情发展的任何阶段都可主动进行,目的是引导舆论的声音多元化、理性化和合法化,避免网络事件走向片面性、情绪化、非法的网络暴力事件。如2009年底网络出现的"吴芳宜网上开博替父喊冤"事件,网民意见多种多样,有表示同情的、有表示相信正义最终要战胜邪恶,有表示"喊冤"不如上庭辩护,诸此等等,最终没有影响到刑事案件诉讼活动,反而引发"贪官女儿喊冤为何没人相信"的探讨。

(三)运用网络工具积极融入舆论环境

信息技术变革的时代,检察机关运用网络服务检察工作的创新举措不断运用。据统计,全国检察机关开通官方微博已经超过200个,官方微信公众平台超过20个,超过500名检察官开通了实名认证微博,有的检察院官方网站推出手机版,有的检察院开通手机报功能,等等。现在很多政府机构回应网络舆情,通过微博平台回应较为普遍,尤其对一些爆料出来的不实信息,微博辟谣效果比传统媒体更迅速,效果更好。

(四)构建涉检网络舆情引导长效机制

现在检察机关开展网络舆情监测及应对处理工作已经走向日常化、常态化、制度化,对很多网络舆情事件能够很快监测到、回应到和处理到,但有些网络舆情并不是仅凭舆论就能得到真相,没有调查核实就盲目应对教训极为深刻,而舆情引导工作又比较费时费力,检察人员主动参与的人数较少,发表的引导言论容易被大量倾向性的"说法"淹没,起不到正面引导舆论的目的。因而加强舆论引导工作,需要一支熟悉讲政治、讲法治、熟悉网络的队伍,将舆情引导工作纳入岗位绩效考核范围,还可以借助媒体、专家、学者等权威话语权, 做到舆论引导不缺位, 用主导性的话语权引导舆论走向理性化、法治化轨道。

二、做好涉检网络舆情引导工作的具体措施

(一)开展涉检网络舆情监测,强化执法办案责任,为网络舆情早引导、早解决赢得时间

舆情监测是舆情引导的前提,网络舆情从爆料到引发舆论关注之间相隔的时间有时很短,因而由专人负责,工作责任很大。舆情引导早一点,调查核实早一点,解决问题快一点,一些干扰司法的虚假信息就不会有市场,人民群众通过网络曝光寻求现实解决的诉求就不会急剧演变为重大网络事件。

(二)开辟网络舆情应对阵地,为网络舆情集中引导创造平台

对一些网络舆情事件的分析中,我们发现虚拟空间缺位,发不出自己的声音,是一些机构限于舆论被动局面的一个重要原因。我们常说,宣传有纪律,舆论有阵地。网络媒体兴起后,传统平面媒体也向数字化改进,我们的宣传思路也需相应调整。尤其是在自媒体时代,都在网络空间抢先站位,重视权威信息发布源头效应,引导舆论由阵地向外扩散,引发网民向阵地集中围观,这为主动引导舆论创造了平台。

(三)加强与上级机关、权威机构、知名人士的沟通,通过权威回应增强涉检网络舆情的引导效果

法律有些规定,滞后社会发展变化,碰到"极端"案情,紧靠法律机械执法,法律的公正公平反而得不到体现。我们执法办案过程中碰到舆论关注这类问题,通过立法、司法解释等加以完善需要一个较长的过程,此时上级机关、权威部门或者知名人士的意见对舆论导向将起到很大的作用。新《刑事诉讼法》实施后,涉及民生领域关注度较高的犯罪不断出台有关司法解释,对犯罪入罪门槛、行为情节、量刑等加以细化规范,我们更要加强与有关机构、学者等沟通,深刻领会司法解释背后的社会价值导向,不断提高自身执法办案的素能。

(四)培育网络舆情引导队伍,提高舆论引导能力

组织一支网络舆情引导队伍,构建高效的工作机制,是网络舆情引导取得成效的保障。透过解密一些网络事件,发现背后是有些组织因某种利益故意导演的,也是有专门队伍进行调查引导应对的。网络舆情应对,置之不理、孤军奋战、小范围引导等做法,在高速增长的网民面前,已经力不从心,组建网络引导队伍,明确工作职责,加强网络知识技能培训,制定奖惩机制,推动网络舆情引导人才队伍和机制建设采取有所作为。

总之,网络舆情引导是把"双刃剑",检察机关应对网络舆情的工作机制需不断实践加以完善,参与网络虚拟社会的方式方法需不断紧跟时代创新,舆情引导和公正司法要紧密结合,检务公开的力度需要进一步加大,多措并举,从根本上提高网络舆情正面引导的效果。

(汝州市检察院调查与研究第 27 期　2013 年 7 月 10 日,此文 2013 月 10 月 16 日被平顶山汝州市检察院研究室转发并在 2013 年《法学教育》第 8 期上发表)

围绕人民群众新要求新期待
不断推进检察工作创新发展

●文 / 刘新义

全面正确履行法律监督职责,深化平安建设,不断推进检察工作创新发展是人民的呼声、社会的期盼。当前,汝州市检察院严格按照上级检察院和市委的部署要求,理清工作思路,突出工作重点,以改革创新,勇创一流为动力,以强化监督、维护公正为主题,以忠诚为民、务实清廉为追求,在更高起点上谋划和推进检察工作。

围绕全市中心工作新情况,全力保障经济科学发展。主动将检察工作融入全市中心大局,全面履行法律监督职责,用心做好服务保障工作,以服务大局为己任,以执法办案为依托,全面发挥打击、预防、监督、教育、保护等职能作用,为实现汝州工业强市、科学发展、绿色崛起提供更加有效的法律服务和更加有力的司法保障。当前要按照汝州市委关于"项目建设年"、"三大两新"富农惠农、"七城联创"提升整体生态环境的部署,把加强生态环境保护、维护民生民利、保护重大项目建设等作为工作重点,积极服务重大建设项目,严厉打击破坏重点项目及设施的犯罪,妥善处理涉及征地拆迁、工程建设中引发的刑事案件,确保工程建设顺利进行。通过履职尽责,使我们服务中心工作的能力水平有新提高,使我们服务发展"基础前沿"作用、维护稳定"第一道防线"作用、化解矛盾"一线平台"作用不断增强。

围绕深化平安建设新要求,着力维护社会安定稳定。认真落实关于加强和创新社会管理的重大部署,全面贯彻宽严相济刑事政策,重点打击黑恶势力犯罪、严重暴力犯罪、多发性侵犯财产犯罪,积极参与对治安重点地区和突出治安问题的集中整治,妥善处理好打击与保护、惩处与预防、调解与诉讼、从宽与从严等法律关系,全力维护社会和谐稳定。建立案前评估预警、案中促成和解、案后帮扶救助的全程矛盾化解工作体系。加强对特殊群体和困难群众的司法保护。深化派驻乡镇检察室建设,不断提高群众工作的能力,从回应群众关切中强化执法办案,从接受群众评判中改进检察工作。全面加强对侦查活动、审判活动和刑罚执行活动的法律监督。以贯彻实施修改后刑事诉讼法、民事诉讼法为契机,推动完善诉讼监督工作机制,促进公正廉洁执法。

围绕反腐倡廉新部署,积极查办和预防职务犯罪。坚决贯彻中央、省委反腐败斗争决策部署,既打"老虎",也打"苍蝇"。依法严肃查处发生在领导机关和领导干部、重点投资领域、资金密集行业的职务犯罪和破坏生态资源、重大责任事故、执法司法不公、群体性事件涉及的职务犯罪。重点查办和预防在涉农惠农、征地拆迁、社会保障、医疗卫生、教育文化等领域危害群众切身利益的职务犯罪。加强对群众反映强烈的违法占地、违规建设、食品药品安全等领域危害民生涉嫌犯罪案件的监督,依法查办背后的职务犯罪。进一步整合侦查资源,着力提高职务犯罪侦查工作水平,查处一批侵害民生民利的职务犯罪案件,以严格公正执法的新成效取信于民。深入推进职务犯罪预防工作,大力开展个案预防、行业预防和专项预防,加强预防调查、犯罪分析和对策研究,开展职务犯罪预防宣传进机关、进企业、进社区活动,加强对全市干部职工职务犯罪警示教育,努力从源头上预防腐败犯罪。

围绕执法规范化建设新要求,大力加强检察队伍建设。认真贯彻落实全国政法工作会议精神和高检院及省市院加强基层检察院规范化建设的要求,以提高专业化、职业化、正规化水平为重点,以提升创造力、凝聚力、战斗力为目标,加强业务能力建设,提升政治法律素养,努力打造一支作风过硬的高素质检察队伍。通过积极开展践行党的群众路线、政法干警核心价值观、职业道德、职业纪律教育和业务培训、岗位练兵等活动,提高干警的综合素质;通过加强案件集中管理、开展案件督察以及检容风纪专项督察等,促进执法规范化建设,形成优良的工作作风;通过开展检务公开、案件查询、检察开放日和联系人大代表等活动,增强工作透明度;通过开展案后回访、下访帮扶、法律援助以及救助特困刑事案件当事人等活动,打牢执法为民的思想基础,提升执法公信力和队伍亲和力;通过抓班子带队伍,使领导班子素质结构有新改善,队伍专业化程度和职业形象有新提升,科学管理意识和能力有新加强,执法办案能力和水平有新提升,为不断开创检察工作新局面,更好地服务经济社会发展大局提供强有力的组织保障和队伍保障。

(汝州市检察院调查与研究第 36 期　2013 年 11 月 7 日)

基层检察院提高司法公信力的路径

●文/陈锡平

党的十八大和十八届三中、四中全会,针对近年来的司法体制弊端和司法公信力低下的问题,提出了深化司法体制改革和依法治国、提高司法公信力的新要求。提升新形势下人民检察院的司法公信力势在必行、任重道远。不少专家学者从依法治国、司法体制、社会环境等宏观方面对提高司法公信力提出了许多真知灼见。笔者就基层检察院司法公信力的提升谈些粗浅看法。

一、司法公信力的含义及重要性

从词义上看,公信力包含两个方面的内容,即"公"和"信"。所谓"公"是指社会公众,而"信"是指因信任而产生的认同和服从的心理感受。司法公信力就是指社会公众普遍地对司法权的运行及运行结果具有信任和心理认同感,并因此自觉地服从并尊重司法权的运行及运行结果的一种状态和社会现象。它表明了社会公众对司法的信任和尊重程度。在法治社会里,司法的公信力在于公正司法能够为大众所感知和认可,从而获得普遍服从与信赖,直至升华为对司法的信仰。

司法公信力是法治社会的基石,司法的职能目的是平息社会矛盾和纠纷,稳定社会秩序,在实现司法职能的过程中,司法公正是永恒的追求,同样需要借助司法权威的力量。人民检察院要通过公正的检察工作、文明的形象、便民的服务,来树立司法权威、提高司法公信力。公信力的强弱是人民检察院发挥主体作用以及社会文明与进步的重要标志。司法公信力的提升,是建设社会主义法治国家的必然要求,是人民检察院发挥职能作用的重要标志,是促使案件当事人服判息诉的基本保障。

二、影响司法公信力的主要因素

当前,在一些基层检察院,司法公信力面临着严峻的考验,人们对检察官的信赖程度不高,无论检察院自身还是外部环境,都存在着一些影响司法公信力的因素。从检察院内部来讲,一些检察官作风不佳,形象不正;少数案件办案质量不高,损害检察院公平公正的司法形象;少数检察官和工作人员作风不正,责任心不强,纪律松懈、作风散漫,压案拖案、吃拿卡要,有办人情案、关系案甚至金钱案的现象;态度粗暴、对群众缺乏感情,甚至贪赃枉法、违法违纪,严重败坏人民检察院的整体形象,影响群众对检察院和检察官的信任感;部分检察官缺乏大局意识,就案办案,机械执法,造成办案的社会效果不佳,检察院的工作得不到社会的理解和支持;部分检察官解决实际问题的能力不强,特别是不善于做服判息诉工作,案结事不了;一些检察院基础建设薄弱,管理粗放,奖惩不严。这些因素使社会公众对检察工作的公正性产生了怀疑。

从当事人角度看。随着社会的发展,利益多元、诉求多样的司法需求日益增长,人民群众对司法的期待越来越高,主要表现在对司法功能更加认同,对司法公正更加关注,对司法效率更加期盼,对司法过程更加重视。一些人对司法工作的规律与特点了解不多,对司法预期过高,不能达到便转化为对检察院的不满;一些人法治观念淡薄,规避和违反法律,为达到胜诉目的,托人情、找关系、无理缠讼。

从基层检察院的外部来讲,来自方方面面的干预仍然存在,有的监督行为不够规范,造成社会公众对检察院工作的误解,影响检察院检察权威的树立,也给检察院的司法公信力、司法权威带来负面影响。但是,我们还是要认识到,影响司法公信力的因素主要还是在检察院自身。

三、基层检察院提高司法公信力的途径

司法公信力是一种软力量。所谓软力量,就是说司法公信力不是靠强制权力产生的,而是在社会公众心目中自发形成的认可心理。并不是掌握了司

法权就必然拥有司法公信力，而是要通过对司法权公正合理的运用来获得社会公众的认可，一句话，强权可以带来服从，但未必获得公信力，公信存于民众心中。作为人员、业务占整个检察机关80%的基层检察院的司法公信力，有着举足轻重的地位，提高基层检察院的司法公信力必须牢牢把握党的事业至上、人民利益至上、宪法法律至上"三个至上"的指导思想，坚持为大局服务、为人民司法，不断加强司法公信力建设。

第一，以公正高效的司法实现公信。提高司法公信力，增强司法权威，有两个关键词，一是公正，二是自身。我们要立足于公正，着眼于自身，摆问题、查原因、拿措施，全面提高队伍素质，促进司法公正，提高司法公信力，树立司法权威，做到公信立院。因此，检察机关要牢固确立正确的检察工作指导思想，紧紧围绕党和国家的工作大局开展各项检察工作，要进一步坚持实体公正和程序公正并重，倾力追求程序、实体、形象公正，充分保障当事人对案件进展情况的知情权，增强司法公正的透明度，努力实现案结事了，千方百计提高人民群众对检察工作的认同度。在业务工作上实行精细化管理，细化办案条件、量化办案时间、优化办案方式。通过繁简分流、分类办案、适时督办等举措，加快办案节奏，从速从快办理各类刑事案件。

第二，以热情文明的服务赢得公信。要善行为民之举。目前，我国正处于经济体制深刻变革、社会结构深刻变动、利益格局深刻调整、社会矛盾深刻变化的新时期，涉及人民群众的民生保障问题和纠纷日益增多，关注民生、了解民意、体察民情、解决民忧、保障民利、维护民权，已成为全社会关注的重点和热点。不仅要求维护人民财产安全，还期待保护社会政治权利；不仅要求对社会政治生活的知情权，还期待对社会政治生活的参与权；不仅要求执法公正，还期待公开透明；不仅要求提供社会服务，还期待态度热情、优质高效"等，已经成为人民群众对检察院工作的一系列新要求新期待。

第三，以强化管理制度的执行力保障公信。一要健全各项制度，靠制度约束和规范全体工作人员的司法行为；二要强化检察、队伍、行政、财务等各项管理,建立起高效、有序的检察工作秩序;三要从严治院。凡是要求检察官及其他工作人员做到的,各级领导必须带头做到。通过从严治院,树立起全新的群体形象,努力把社会公众对人民检察院的信赖提升到最大程度。

第四,以清正廉洁的队伍维护公信。始终弘扬"为民、务实、清廉"的工作作风,全面加强理想信念教育、职业道德建设和司法作风建设,培育检察官"公正、刚正、清正、勤政"的理念,坚持不懈加强反腐倡廉教育,建立健全行之有效的能够切实防变的思想道德防线,强化对权力行使的监督,不断加大监督力度,确保权力正确行使。

我国要建设社会主义法治国家,要确立社会公众对法治的服从,提升司法公信力是必然要求。"人民检察官为人民!"在检察工作中,我们要把司法岗位作为为人民服务的平台,把司法活动作为保护和落实人民利益的途径。同时,要实现办案与服务、实体和程序、法律效果和社会效果、检察工作和队伍建设相协调,以满足人民群众对检察院工作的新要求新期待。而要提升司法公信力,提高检察官的素质是前提,培养社会公众的法律素养是基础,推进司法体制改革是根本,重视司法的权威性是保证,只有这样,依法治国的目标才能得以最终实现。

（汝州市检察院调查与研究第 15 期　2014 年 10 月 22 日,此文在 2014 年《当代学术论坛》第 9 期上发表）